E. Horowitz   S. Sahni

Algorithmen

Entwurf und Analyse

Übersetzt von M. Czerwinski

Springer-Verlag
Berlin Heidelberg New York 1981

Dr. Ellis Horowitz
Dept. of Electrical Engineering
University of Southern California, University Park
Los Angeles, CA 90007, U.S.A.

Dr. Sartaj Sahni
University of Minnesota
Computer Science Dept., 136 Lind Hall, 207 Church Street S.E.
Minneapolis, MN 55455, U.S.A.

Ins Deutsche übersetzt von
M. Czerwinski
Buchenlochstraße 47, D-6750 Kaiserslautern

Deutsche Übersetzung der amerikanischen Ausgabe:
"Fundamentals of Computer Algorithms" by Ellis Horowitz and
Sartaj Sahni.
© 1978 Computer Science Press, Inc., 9125 Fall River Lane,
Potomac, Maryland 20854 U.S.A.

CIP-Kurztitelaufnahme der Deutschen Bibliothek

Horowitz, Ellis:
Algorithmen : Entwurf u. Analyse / E. Horowitz ;
S. Sahni. [Übers.: M. Czerwinski]. – Berlin ;
Heidelberg ; New York : Springer, 1981.
Einheitssacht.: Fundamentals of computer algorithms <dt.>

ISBN-13: 978-3-540-10743-9   e-ISBN-13: 978-3-642-68072-4
DOI: 10.1007/978-3-642-68072-4

NE: Sahni, Sartaj:

Vorwort

Zu den wichtigen und fundamentalen Konzepten der Informatik gehört
sicher das des Algorithmus. Seit man sich mit Maschinen beschäftigt,
die einfache mathematische Operationen ausführen können, befaßt man
sich mit den Problemen, was überhaupt berechnet werden kann und wie
diese Berechnungen effizient durchgeführt werden können. Durch die
Erfindung des Computers wurde die Behandlung dieser Fragen stark ge-
fördert; dies hat zur Entdeckung vieler wichtiger und ideenreicher
Algorithmen geführt. Das Studium von Algorithmen ist ein besonderes
Anliegen der Informatik. In diesem Buch wollen wir die Kenntnisse über
Algorithmen in zusammenhängender Weise so darstellen, daß sowohl Stu-
denten als auch in der Praxis Tätige den Entwurf und die Analyse neuer
Algorithmen erlernen können.

Ein Buch, das jeden Algorithmus enthält, der jemals erfunden wurde, müßte einen enormen Umfang haben. Daher beschränkt man sich übli-
cherweise bei Büchern über Algorithmen auf wenige Problembereiche,
die dann im Detail behandelt werden. Zu jedem speziellen Problem
wird der effizienteste Lösungsalgorithmus vorgestellt und analysiert.
Da wir mehrere Jahre lang Kurse nach dieser Methode abgehalten haben,
kennen wir den großen Nachteil dieses Verfahrens. Der Student lernt
zwar viele schnelle Algorithmen kennen und kann diese auch analysieren, im Entwurf guter Algorithmen bleibt er aber unsicher.

Was fehlt, ist die Betonung der <u>Entwurfstechniken</u>. Beherrscht man
diese, dann ist das sicher eine Hilfe beim Entwurf effizienter Algorithmen. Ohne Analysemethoden kann man jedoch das Ergebnis hinsicht-
lich seiner Qualität nicht beurteilen. Die Erkenntnis, daß Entwurfs-
und Analysemethoden gleichberechtigt nebeneinander gelehrt werden sollten, führte dazu, unsere Kurse und auch dieses Buch auf einigen grundlegenden Strategien für den Entwurf von Algorithmen aufzubauen. Die
Zahl dieser Strategien ist ziemlich klein. Außerdem kann man alle Algorithmen, für die man sich normalerweise interessiert, leicht in
diese Kategorien einordnen. So sind z.B. Quicksort und Sortieren durch
Mischen gute Beispiele für die Strategie "Teilen und Herrschen", während der Algorithmus von Kruskal für minimale spannende Bäume und der

von Dijkstra für den kürzesten Weg bei einer einzigen Quelle Beispiele
für die Greedy - Strategie sind. Das Verstehen dieser Strategien ist
der erste Schritt zur Aneignung von Fertigkeiten im Entwurf von Algorithmen.

Obwohl wir davon überzeugt sind, daß beim Studium von Algorithmen
Entwurf und Analyse gleichermaßen betont werden müssen, erscheint uns
doch eine Warnung angebracht. Erstens haben wir nicht jedes bekannte
Entwurfsprinzip behandelt, so z.B. nicht das lineare Programmieren,
das wegen seiner großen Bedeutung oft in einem eigenen Kurs behandelt
wird. Zweitens sollte der Leser keine fertigen "Kochrezepte" für den
Algorithmenentwurf erwarten. Man kann nicht jeden Algorithmus von einer
einzigen Technik ableiten.

Ein Großteil des Buches, nämlich die Kapitel 3 bis 9, behandelt
die verschiedenen Entwurfsstrategien. Zuerst wird jede Strategie allgemein beschrieben. Meistens wird ein "abstraktes Programm" angegeben,
welches die Form der Berechnung angibt, die man bei Anwendung dieser
Strategie erhält. Danach folgt eine Reihe von Beispielen, in denen
Variationen und Feinheiten der allgemeinen Strategie aufgezeigt werden.
Die Beispiele erscheinen in einer losen Folge mit wachsendem Schwierig-
keitsgrad. Die Schwierigkeiten können auf verschiedene Weise entstehen.
Gewöhnlich beginnen wir mit einem Problem, das leicht verständlich ist
und außer einem eindimensionalen Feld keine weiteren Datenstrukturen
erfordert. Meist ist es offensichtlich, daß mit Hilfe der gegebenen
Entwurfsstrategie das Problem korrekt gelöst wird. Bei späteren Beispielen ist unter Umständen ein Beweis erforderlich, daß der auf dieser Entwurfstechnik basierende Algorithmus korrekt arbeitet. Es kann
auch sein, daß spätere Algorithmen kompliziertere Datenstrukturen erfordern (z.B. Bäume oder Graphen) und daß die Analyse schwieriger ist.
Unser Hauptziel ist die Betonung der Synthese und Analyse von Algorithmen. Außerdem wollen wir den Leser mit gut strukturierten Programmen
und Korrektheitsbeweisen für Algorithmen vertraut machen.

Eines der Gebiete, mit denen sich die Forschung in der Informatik
zur Zeit stark beschäftigt, ist die sogenannte Berechnungskomplexität.
Man untersucht dabei, worin die eigentlichen Schwierigkeiten bei der
Berechnung von Funktionen liegen. Zwei Ergebnisse dieser Forschung sind
die Entwicklung von Algorithmen mit der asymptotisch geringsten Rechenzeit und Aussagen über die minimale Zahl von Operationen, die zur Berechnung einer gegebenen Funktion nötig sind. Man findet in diesem Buch
viele dieser Ergebnisse. Wir haben jedoch besonderen Wert auf die Darstellung von Algorithmen gelegt, die nicht nur von theoretischem Interesse sind, sondern auch in der Praxis eine Bedeutung haben. Leider

sind viele der asymptotisch gesehen "besten" Algorithmen schwer zu
programmieren; sie erfordern einen derart großen Mehraufwand, so daß
sie nur von begrenztem praktischen Nutzen sind. Wir haben langwierige
Darstellungen solcher Algorithmen vermieden und in diesen Fällen auf
die zur Verfügung stehende Literatur verwiesen.

Unsere Algorithmen schreiben wir in SPARKS; dies ist eine ALGOL
und PASCAL ähnliche Sprache, die wir in dem Buch "Fundamentals of Data
Structures" eingeführt haben. Inzwischen wurde die Syntax einiger Anweisungen verbessert, die Bedeutung aller Anweisungen ist aber immer
noch auf Anhieb erkennbar. Im 1. Kapitel geben wir zu jeder Anweisung
mit Hilfe eines Flußdiagramms die genaue Bedeutung an. Außerdem lernt
der Leser, Programme zu strukturieren. Wir hoffen, daß der Leser durch
die Beschäftigung mit gut strukturierten Programmen sich diese Prinzipien zu eigen macht und sie beim Entwurf eigener Programme auch verwendet. Ein weiterer Gesichtspunkt in diesem Buch ist das Testen von
Programmen. In der Informatik fehlt bisher noch eine angemessene formale Behandlung dieses Gebietes; dennoch zeigen wir für einige Algorithmen, wie man eine Menge von Datensätzen herleitet, welche man zum
Austesten und zur Leistungsmessung verwenden kann. Wir hielten es auch
für notwendig, Programme bis ins Detail gehend anzugeben. Dies kann
unter Umständen zwar dazu führen, daß die Darstellung der Algorithmen
komplizierter wird, hat aber den Vorteil, daß jeder Algorithmus schnell
programmiert und gerechnet werden kann. Zum Zweck der klareren Darstellung werden selbstverständlich Unterprogramme benutzt.

Der in diesem Buch behandelte Stoff entspricht keinem der im Cur-
riculum '68 von der ACM empfohlenen Kurse. Es ist jedoch wahrscheinlich,
daß die IEEE Computer Society in ihren neuen Empfehlungen auch einen Kurs
über Algorithmen aufnehmen wird. Da sich die Kursstruktur vieler Infor-
matikprogramme mittlerweile fest etabliert hat, ist es schwierig, neue
Kurse einzuführen. Dennoch glauben wir, daß die Behandlung dieser Themen sehr nützlich ist und daß viele in der Informatik Lehrende sich darum bemühen werden. Mit den folgenden Argumenten setzten wir auch in
unseren eigenen Fachbereichen einen Kurs "Entwurf und Analyse von Algorithmen" durch. Erstens ist der Begriff des Algorithmus ein grundle-
gendes Konzept der Informatik und sollte daher auch in einem Kurs behandelt werden. Zweitens verbessern die Fähigkeiten der Algorithmen-
synthese und -analyse die Grundkenntnisse der Studenten und ermöglichen es, komplizuertere Algorithmen in späteren Kursen zu verstehen.
Schließlich gibt es heute einige wichtige Ergebnisse, die auf jeden
Fall behandelt werden sollten (z.B. NP - Vollständigkeit, siehe Ka-

pitel 11).

Der Inhalt dieses Buches eignet sich für einen einsemestrigen
Kurs für Anfänger oder Fortgeschrittene. Lediglich eine gewisse Er-
fahrung im Umgang mit einer höheren Programmiersprache ist erforderlich.
So ist z.B. ein Kurs über Datenstrukturen sicher nützlich, weil die
Teilnahme an einem solchen zumindest eine gewisse Programmiererfah-
rung vermittelt. Wird nach einem Quartalsystem unterrichtet, dann sollte man wie folgt vorgehen. Im ersten Quartal werden die grundlegenden
Entwurfstechniken behandelt, wie sie in den Kapiteln 3 bis 8 vorgestellt werden: Teilen und Herrschen, die Greedymethode, dynamisches
Programmieren, Durchlaufen und Suchen, Rückverfolgung und Verzweigen
und Beschränken. Im zweiten Quartal werden die mehr theoretisch orien-
tierten Themen der Kapitel 10 bis 12 behandelt: Theorie der unteren
Schranke, NP - Vollständigkeit und Approximationsmethoden. Wird in
einem Semesterturnus unterrichtet und sind bereits Kenntnisse über
Datenstrukturen und die O - Notation vorhanden, dann sollte der Stoff
der Kapitel 3 bis 7 behandelt werden. Darin sind die oben genannten
wichtigen Entwurfsstrategien enthalten sowie die Schnelle Fourier -
Transformation, die Theorie der unteren Schranke und das Kapitel über
NP - vollständige Probleme. Bei Anfängern empfiehlt sich ein langsa-
meres Vorgehen; man behandelt die Kapitel 1 bis 7 und Kapitel 11. Dadurch hat man mehr Zeit, sich mit der Analyse von Algorithmen zu befassen und wichtige Techniken aus dem Bereich Datenstrukturen zu wiederholen.

Oft werden wir gefragt, in welcher Form der Unterricht stattfind-
den soll. Normalerweise besprechen wir in einer Vorlesung ein oder höchstens zwei Probleme. Wir legen dabei den Schwerpunkt auf die Herleitung
des Lösungsweges, indem wir ein Entwurfsprinzip betrachten und zeigen,
wie man dieses anwendet. Unter Umständen stoßen wir noch auf andere
Strategien und verwerfen sie wieder. Wenn möglich wird eine klare
Trennung zwischen dem Fortgang der Berechnung und den Entscheidungen
über die Art der Darstellung der Daten vollzogen. Für den daraus resultierenden Algorithmus betrachten wir Datensätze für den besten
und den ungünstigsten Fall. Danach analysieren wir den Zeit- und Platzbedarf. Damit ist die Vorgehensweise im großen und ganzen beschrieben,
in Einzelfällen wird man etwas davon abweichen.

Übungen wählen wir aus den zahlreichen Aufgaben am
Ende jedes Kapitels aus. Die beliebtesten und lehrreichsten Aufgaben
sind solche, bei denen der Student zwei Programme mit den gleichen
Datensätzen rechnen läßt und die Rechenzeiten ermittelt. Da bei den
meisten Algorithmen in diesem Buch Details zur Implementierung ange-

geben sind, können sie leicht in irgendeiner Programmiersprache formuliert werden. Das Problem reduziert sich damit auf den Entwurf geeigneter Datensätze und das Schreiben eines Hauptprogramms, welches die
Ergebnisse der Zeitmessungen ausgibt. Diese sollten mit der für den
Algorithmus durchgeführten asymptotischen Analyse übereinstimmen.
Diese nicht ganz einfache Aufgabe kann lehrreich sein und auch Spaß
machen. Vor allem betont sie einen oft vernachlässigten Aspekt, nämlich
die experimentelle Seite der Informatik.

Danksagungen

Unser Dank gilt Arnold Rosenthal, der das gesamte Manuskript korrigierte. Weiterhin gaben uns Gang Bloom und viele unserer Studenten nützliche Hinweise. Martha Ful danken wir für die administrative Zusammenarbeit, Donald Aoki, Terrie Christian, Kathy Boyer und Sybil Wright für das Tippen des Manuskriptes. Schließlich danken wir dem USC Information Sciences Institute für die Benutzung der Rechenanlage und die Anregungen der Gruppe für Programmverifikation einschließlich Ralph London, David Musser und Susan Gerhart.

Inhaltsverzeichnis

Kapitel 1
Einleitung

1.1 Was ist ein Algorithmus?

Das Wort Algorithmus ist abgeleitet von Namen eines Persers (Abu Ja'
far Mohammed ibn Musa al Khowarizmi, ca. 825 n. Chr.), der ein Lehr-
buch über Mathematik geschrieben hat. In der neuesten Ausgabe von
"Webster's dictionary" wird "Algorithmus" definiert als eine spezielle
Methode zur Lösung eines bestimmten Problems. In der Informatik hat
das Wort Algorithmus jedoch eine besondere Bedeutung erhalten: Man
versteht darunter eine eindeutige Vorschrift zur Lösung eines Problems
mit Hilfe eines Computers. Damit ist der Begriff des Algorithmus ab-
gegrenzt gegenüber anderen Begriffen wie z.B. Prozeß, Technik oder
Methode.

Ein Algorithmus besteht aus einer endlichen Anzahl von Schritten, von
denen jeder einer oder mehreren Operationen entspricht. Da diese
Operationen von einem Computer ausgeführt werden sollen, müssen sie
gewissen Forderungen genügen. Eine davon ist die Eindeutigkeit d.h.
es muß vollkommen klar sein, welche Aktion ausgeführt werden soll.
Gegenbeispiele dazu sind

$$\text{"berechne 5/0"}$$
$$\text{oder} \quad \text{"addiere 6 oder 7 zu x".}$$

Diese Anweisungen sind nicht eindeutig. Eine weitere Forderung ist
die nach Effektivität; das bedeutet, daß jeder Schritt im Prinzip
auch von einem menschlichen Rechner mit Papier und Bleistift in einer
endlichen Zeit ausgeführt werden kann. Beispielsweise besteht das
Rechnen mit ganzen Zahlen aus effektiven Operationen, das Rechnen mit
reellen Zahlen jedoch nicht, da gewisse Werte nur durch unendliche
Dezimalbrüche dargestellt werden können. Die Addition zweier solcher
Werte würde die Effektivitätseigenschaft verletzen. Ein weiteres Kennzeichen eines Algorithmus besteht darin, daß er aus null oder mehreren
Eingabewerten (inputs) einen oder mehrere Ausgabewerte (outputs)
produziert. Ein Algorithmus besitzt noch eine wichtige Eigenschaft,
die wir in diesem Buch voraussetzen werden: er terminiert nach einer
endlichen Anzahl von Operationen.

Es gibt einen anderen Begriff für einen Algorithmus, der alle Eigenschaften außer der zuletzt genannten besitzt: Rechenprozedur (computational procedure). Ein wichtiges Beispiel hierfür ist das Betriebssystem eines Computers. Es überwacht die Ausführung der einzelnen Programme (Jobs); wenn keine Programme mehr zu bearbeiten sind, hört es aber nicht auf, sondern begibt sich in einen Wartezustand, solange bis ein neuer Job eingegeben wird. Obwohl Rechenprozeduren eine wichtige Rolle spielen, wollen wir uns im folgenden nur mit solchen Prozeduren befassen, die terminieren.

Weiterhin fordert man, daß die Ausführungszeit bis zum Terminieren in vernünftigen Grenzen liegt. Denken wir z.B. an einen Algorithmus, der zu einer beliebigen Position im Schachspiel entscheidet, ob dies eine Gewinnposition ist. Der Algorithmus untersucht alle möglichen Züge und Gegenzüge, dafür benötigt er aber auch mit den modernsten Computern unter Umständen Milliarden von Jahren, um zu einer Entscheidung zu kommen. Daher werden wir unser Augenmerk stets auf die Effektivität unserer Algorithmen richten.

Wir werden unsere Algorithmen der Eindeutigkeit halber in einer Programmiersprache aufschreiben. Diese Sprachen wurden so entworfen, daß jeder gültige Satz nur eine einzige Bedeutung hat. Ein <u>Programm</u> ist die Aufschreibung eines Algorithmus in einer Programmiersprache. Manchmal werden Wörter wie "Prozedur" oder "Subroutine" gleichbedeutend mit "Programm" verwendet. Die meisten Leser werden schon einige Erfahrung im Programmieren haben. Dies ist wünschenswert, denn bevor man sich mit einem Konzept in seiner Allgemeinheit befaßt, ist es gut, wenn man schon einige praktische Erfahrung damit gesammelt hat. Vielleicht hatte der Leser Schwierigkeiten bei der Formulierung einer Lösung zu einem Problem oder bei der Entscheidung, welcher von zwei gegebenen Algorithmen der bessere ist. Das Ziel dieses Buches ist es, solche **Entscheidungsfähigkeiten zu vermitteln. Die Beschäftigung mit Algorithmen schließt eine Menge interessanter Bereiche der Forschung ein. So kann man etwa fünf Problembereiche abgrenzen:**

(i) <u>Der Entwurf von Algorithmen</u>

Der Entwurf eines Algorithmus ist eine Kunst, die niemals voll automatisiert werden wird. Ein Hauptziel dieses Buches besteht darin, verschiedene Entwurfstechniken zu vermitteln, die sich in der Praxis

als nützlich erwiesen haben. Wenn der Leser diese Technik beherrscht,
wird es für ihn leichter sein, neue Algorithmen zu entwerfen. Viele
Kapitel dieses Buches behandeln wichtige Methoden des Algorithmenentwurfs. Schauen wir uns daraufhin das Inhaltsverzeichnis nochmals
an. Einige dieser Techniken sind vielleicht schon bekannt; einige
sind auch so wichtig geworden, daß Bücher über sie geschrieben wurden.
"Dynamisches Programmieren" ist z.B.solch eine Technik. Einige Techniken haben eine besondere Bedeutung erlangt in Gebieten wie z.B.
Operations Research oder in der Elektrotechnik. In diesem Buch
können wir nur einen Überblick über die verschiedenen Möglichkeiten
der Form von Algorithmen geben. Diese finden alle Anwendung in den
verschiedensten Bereichen einschließlich der Informatik. Einige wichtige Techniken wie Lineares, Nichtlineares und Integer-Programmieren
werden hier jedoch nicht behandelt, da sie Gegenstand anderer Kurse
sind.

(ii) <u>Das Aufschreiben von Algorithmen</u>

Das "Strukturierte Programmieren" fordert die klare, knappe Beschreibung eines Algorithmus durch eine Programmiersprache. Wir wollen hier
den Leser nicht mit dieser Technik konfrontieren; sie wird behandelt
z.B. in "Structured Programming" von Dahl, Dijkstra und Hoare (Academic Press), und in "The Elements of Programming Style" von Kernighan
und Plauger (Mc Graw-Hill). Dennoch gehen wir in Abschnitt 1.3 kurz
darauf ein, wenn wir z.B. die Rekursion behandeln. Außerdem werden
wir alle unsere Algorithmen möglichst gut strukturiert beschreiben.
Allein durch das Anschauen wohlstukturierter Programme sollte der
Leser dazu motiviert werden, seine Fertigkeit diesbezüglich zu verbessern.

(iii) <u>Die Validierung von Algorithmen</u>

Nachdem man einen Algorithmus entworfen hat, muß man zeigen, daß er
zu jeder gültigen **Eingabe die richtige Ausgabe erzeugt.** Diesen Nachweis
nennen wir Algorithmusvalidierung. Der Algorithmus muß dabei noch
nicht als Programm formuliert sein; es genügt, daß er in eindeutiger
Weise beschrieben ist. Bei der Verifikation geht es darum, zu zeigen,
daß der Algorithmus korrekt arbeitet, unabhängig von der verwendeten
Programmiersprache. Nachdem dieser Nachweis erbracht worden ist, kann
man ein Programm schreiben, mit dem dann die zweite Phase beginnt.

Zur Zeit ist dieses Gebiet noch Neuland, und die Forschung beschäftigt
sich intensiv damit. Ein Korrektheitsbeweis erfordert es, daß die
Lösung auf zwei Arten formuliert wird. Gewöhnlich wird sie einmal als
Programm formuliert, welches mit sog. Zusicherungen über die Input-
und Outputvariablen versehen ist. Diese Zusicherungen werden oft im
Prädikatenkalkül ausgedrückt. Die zweite Form heißt Spezifikation;
sie kann ebenfalls im Prädikatenkalkül formuliert werden. Bei einem
Beweis zeigt man nun, daß beide Formen äquivalent sind in dem Sinne,
daß sie zu einem gültigen Input denselben Output beschreiben. Ein vollständiger Korrektheitsbeweis eines Programms verlangt, daß jede Anweisung der Programmiersprache eindeutig definiert ist und daß alle
elementaren Operationen als korrekt bewiesen sind. Wegen der Fülle
der Details kann es leicht vorkommen, daß ein Beweis erheblich länger
ist als das zugehörige Programm.

(iv) Die Analyse von Algorithmen

Wenn ein Algorithmus von einem Computer ausgeführt wird, benutzt er
zur Ausführung der Operation die Zentraleinheit (CPU =Central Processing Unit) und den Speicher (Memory) zur Aufnahme des Programms und
der Daten. Bei der Analyse eines Algorithmus untersucht man, wieviel
Rechenzeit und wieviel Speicherplatz dieser benötigt. Dieses For-
schungsgebiet ist sehr interessant und setzt eine Menge mathematischer
Kenntnisse voraus. Ein wichtiges Ergebnis dieser Forschungen besteht
darin, daß man in der Lage ist, Algorithmen quantitativ miteinander
zu vergleichen. Außerdem kann man Aussagen machen über die Effizienz
der verwendeten Software. Drei typische Fragestellungen sind folgende:
Wie verhält sich ein Algorithmus im günstigsten Fall (best case), im
ungünstigsten Fall (worst case) oder im durchschnittlichen Fall (average case). Jedem Algorithmus in diesem Buch ist eine entsprechende
Analyse beigefügt. Näheres findet man in Abschnitt 1.4.

(v) Testen eines Programms

Das Testen eines Programms besteht aus zwei Phasen: der Fehlersuche
(debugging) und dem Erstellen eines Programmprofils (profiling). Bei
der Fehlersuche läßt man das Programm mit Probedaten ablaufen und
stellt fest, ob die Ergebnisse richtig oder falsch sind. Mit dieser
Methode kann man jedoch - wie Djikstra es bereits formuliert hat -

nur das Vorhandensein von Fehlern nachweisen, nicht aber die Fehler-
freiheit eines Programms. Ein Korrektbeweis ist viel wertvoller als
tausend verschiedene Testläufe, denn er garantiert, daß das Programm
korrekt arbeitet für alle möglichen Eingabewerte. Bei der Profiler-
stellung eines Programms mißt man die Rechenzeit und den Speicherbedarf. Mit diesen Meßwerten kann man eine vorangegangene Analyse
bestätigen und einen Algorithmus optimieren.Für einige der in diesem
Buch angegebenen Algorithmen werden wir zeigen, wie man Probedaten so
wählt, daß sie für die Fehlersuche und das Erstellen eines Programmprofils nützlich sind.

Die Aufzählung dieser fünf Kategorien zeigt, mit
welchen Problemen wir bei der Behandlung von Algorithmen in diesem
Buch konfrontiert werden. Da wir nicht alle fünf Punkte vollständig
erörtern können, werden wir uns auf den Entwurf und die Analyse von
Programmen und Korrektheitsbeweisen beschränken. Wir werden sehen, daß
das Studium von Algorithmen vielfältig und interessant ist.

1.2 Die Beschreibung von Algorithmen in SPARKS

Es ist nicht einfach, eine geeignete Algorithmenbeschreibungssprache
zu finden. Zunächst untersuchten wir einige schon existierende Sprachen wie z.B. ALGOL, ALGOL-W, APL, FORTRAN, LISP, PASCAL und PL/I.
Wir konnten uns aber für keine von ihnen entscheiden. Erstens wollten
wir uns nicht mit den Besonderheiten und Eigentümlichkeiten einer
Sprache belasten, und zweitens hat jede Sprache ihre Anhänger und
ihre Gegner. Wir möchten vermeiden, daß irgendjemand unser Buch
nur deshalb nicht zur Kenntnis nimmt, weil ihm die spezielle Sprache
unbekannt oder unsympathisch ist.

Außerdem ist es auch gar nicht not-
wendig, Algorithmen in einer Sprache zu schreiben, für die ein Compiler existiert. Solange sich die Sprache eng genug an herkömmliche
Sprachen anlehnt, wird eine Übersetzung von Hand relativ einfach
durchzuführen sein. Diese Überlegungen bewogen uns, eine einfache
Sprache zu entwickeln, welche auf unsere Algorithmen entsprechend
zugeschnitten ist. Damit entfällt die Notwendigkeit, eine Fülle von
Details einer Programmiersprache zu definieren, die wir niemals benötigen werden. Wir nennen unsere Sprache SPARKS; sie ist an ALGOL 60
und PASCAL angelehnt. Abb. 1.1 zeigt, wie ein SPARKS-Programm auf
jeder beliebigen Maschine ausgeführt werden könnte. Nähere Einzelheiten bzgl. eines SPARKS-Übersetzers findet man im Anhang A.

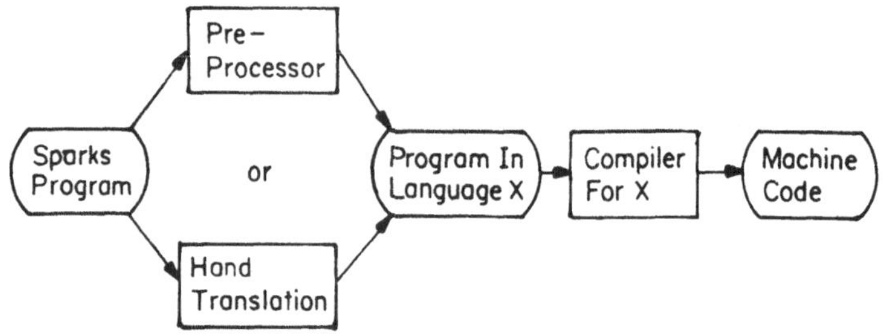

<u>Abbildung 1.1</u>   Übersetzung von SPARKS

Die Leser des Buches "Fundamentals of Data Structures" (Computer Science Press) sind unter Umständen schon mit SPARKS vertraut. Sie werden feststellen, daß die Syntax von SPARKS sich leicht verändert hat. Da wir nicht an eine Compiler-unterstützte Sprache gebunden waren, konnten wir die Syntax verbessern, ohne uns über Inkompatibili= tätsprobleme mit früheren Versionen Gedanken machen zu müssen.

Die einfachen Datentypen in SPARKS sind integer, real boolean und character. Eine Variable kann nur von einem einzigen Typ sein, dieser wird durch folgende Typvereinbarungen definiert:

<u>integer</u> x,y; <u>boolean</u> a,b; <u>char</u> c,d.

Namen mit besonderer Bedeutung in SPARKS werden als reservierte Wör= ter bezeichnet und unterstrichen (z.B. <u>integer</u>). Ein Variablenname beginnt stets mit einem Buchstaben, enthält keine Sonderzeichen, sollte nicht zu lang sein und keine reservierten Wörter enthalten. Mehrere Anweisungen können auch in eine Zeile geschrieben werden, müssen aber durch ein Semikolon getrennt werden.

Mit der Wertzuweisung ist es möglich, einer Variablen einen Wert zuzuweisen:

<Variable> ← <Ausdruck>

Im Gegensatz zu FORTRAN und PL/I bedeutet der Pfeil die Zuweisung des Wertes der rechten Seite an die Variable auf der linken Seite. Es gibt zwei Boolesche Werte

<u>true</u> und <u>false</u>

Die logischen Operatoren

$$\underline{and}, \ \underline{or}, \ \underline{not}$$

und die Relationaloperatoren

$$<, \ \leq, \ =, \ \neq, \ \geq, \ >$$

liefern als Ergebnis den Wert $\underline{true}$ oder $\underline{false}$.

Es gibt mehrdimensionale Felder mit beliebigen unteren und oberen Grenzen vom Typ $\underline{integer}$. Ein n-dimensionales Feld aus $\underline{integer}$-Variablen mit unteren und oberen Grenzen u_i, o_i $(1 \leq i \leq n)$ wird folgendermaßen definiert:

$$\underline{integer} \ \ A \ (u_1:o_1, \ \ldots, \ u_n:o_n).$$

Die unteren Grenzen u_i sind optional; bei Fehlen wird der Wert 1 angenommen. Sprachelemente wie "record" oder "structure" haben wir nicht eingeführt. In vielen Fällen sind diese Sprachelemente zwar nützlich, wir benötigen sie jedoch fast nicht und haben sie weggelassen, um die Syntax von SPARKS möglichst einfach zu halten. Daher werden alle Datenobjekte unter der Benutzung der Feldstruktur aufgebaut.

Eine bedingte Anweisung hat die Form

$$\underline{if} \ \text{cond} \ \underline{then} \ S_1 \qquad\qquad \underline{if} \ \text{cond} \ \underline{then} \ S_1 \ \underline{endif}$$

oder

$$\underline{else} \ \ S_2$$

$$\underline{endif}$$

wobei "cond" ein Boolescher Ausdruck ist (cond = condition = Bedingung) und S_1, S_2 stellvertretend für beliebige Gruppen von SPARKS - Anweisungen stehen. Die Bedeutung dieser beiden $\underline{if}$ - Anweisungen ist in Abb. 1.2 dargestellt.

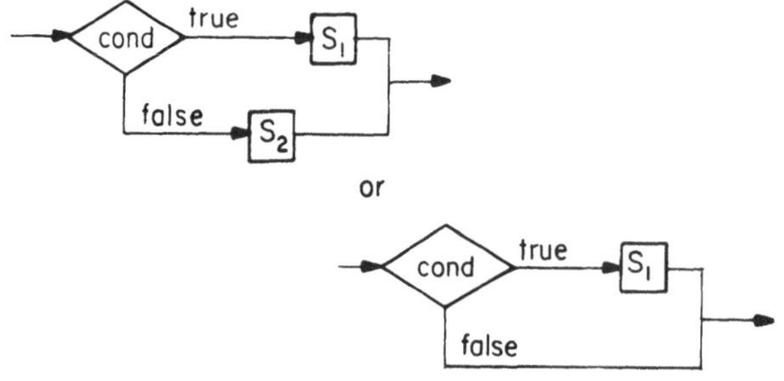

<u>Abbildung</u> 1.2   Die <u>if</u>-Anweisung

Wir gehen davon aus, daß bedingte Ausdrücke wie folgt ausgewertet
werden: Falls in dem Booleschen Ausdruck (cond 1 <u>or</u> cond 2) bereits
cond 1 den Wert true hat, wird cond 2 nicht mehr ausgewertet; falls
im Ausdruck (cond 1 <u>and</u> cond 2) bereits cond 1 den Wert false hat,
wird cond 2 ebenfalls nicht mehr ausgewertet. Nicht in allen Sprachen
werden Boolesche Ausdrücke auf diese Art und Weise ausgewertet.

Eine weitere SPARKS-Anweisung ist die <u>case</u>-Anweisung;
damit kann man auf einfache Weise Alternativen formulieren, ohne
mehrere <u>if-then-else</u>-Anweisungen zu verwenden. Die <u>case</u>-Anweisung
hat die Form

$$
\begin{array}{l}
\text{case} \\
\quad : \text{cond } 1 : S_1 \\
\quad : \text{cond } 2 : S_2 \\
\qquad\qquad \cdot \\
\qquad\qquad \cdot \\
\qquad\qquad \cdot \\
\quad : \text{cond } n : S_n \\
\quad : \underline{\text{else}} \ : S_{n+1} \\
\text{endcase}
\end{array}
$$

Wobei die S_i ($1 \leq i \leq n+1$) stellvertretend für Gruppen von SPARKS-
Anweisungen stehen und der <u>else</u>-Zusatz optional ist. Die Semantik
dieser Anweisung wird durch folgendes Flußdiagramm beschrieben:

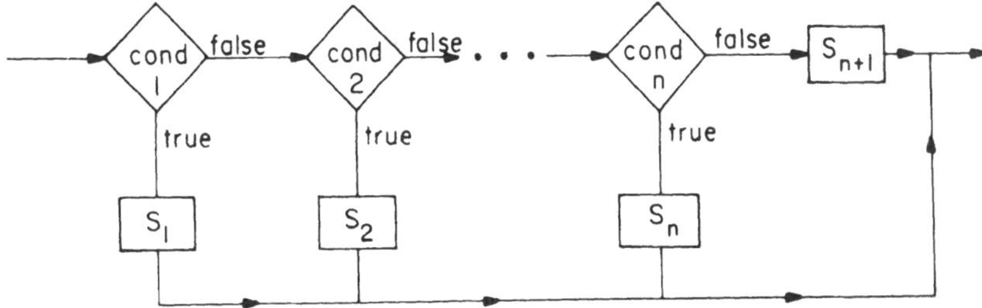

Abbildung 1.3 Die <u>case</u>-Anweisung

Zur Beschreibung von Wiederholungen (Iterationen) gibt es mehrere
Möglichkeiten. Eine davon ist die <u>while</u>-Anweisung:

$$\underline{while} \quad cond \quad \underline{do}$$
$$S$$
$$\underline{repeat}$$

wobei cond und S die gleiche Bedeutung wie zuvor haben. Die Semantik
geht aus Abb. 1.4 hervor:

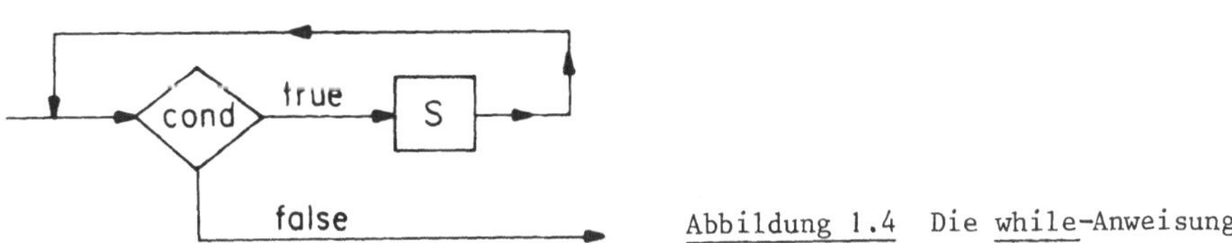

Abbildung 1.4 Die <u>while</u>-Anweisung

Bekanntlich kann man alle Programme unter Benutzung von nur drei
Anweisungstypen schreiben: der Wertzuweisung, der bedingten und der
<u>while</u>-Anweisung. Dieses Ergebnis wurde von Bohm und Jacopini (CACM
1966) veröffentlicht. Obwohl es vom theoretischen Standpunkt aus sehr
interessant ist, ist es für den Praktiker beim Programmieren natürlich keine Hilfe; im Gegenteil: je vielseitiger eine Sprache ist,
um so einfacher können wir Lösungsalgorithmen mit ihrer Hilfe formulieren. Deshalb gibt es in SPARKS noch eine weitere Wiederholungsanweisung <u>loop</u>-<u>until</u>-<u>repeat</u>:

$$\underline{loop}$$
$$S$$
$$\underline{until} \quad cond \quad \underline{repeat}$$

Ihre Bedeutung ist in Abb. 1.5 dargestellt.

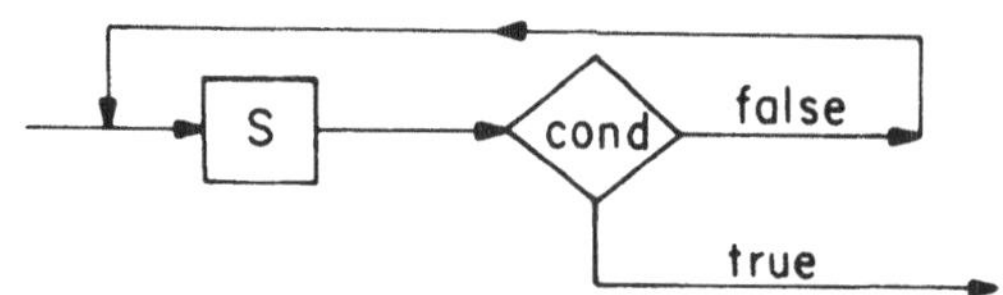

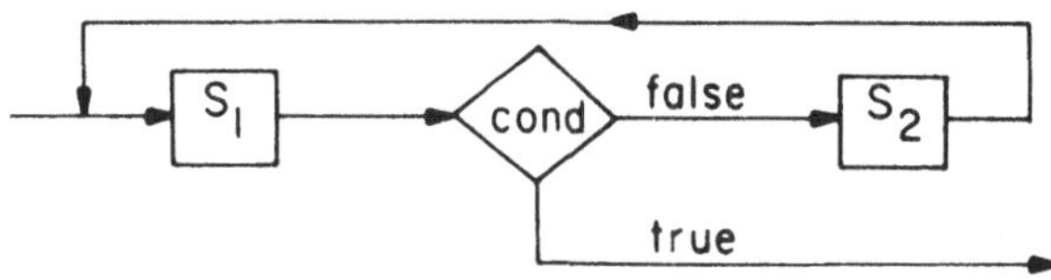

Abbildung 1.5 Die loop-until-repeat-Anweisung

Der Unterschied zur while-Anweisung besteht darin, daß bei der loop-repeat-until-Anweisung die Anweisungsgruppe S mindestens einmal ausgeführt wird.

Eine weitere Möglichkeit, Wiederholungen zu formulieren, bietet die for-Schleife; sie hat die Form

$$\textrm{for} \quad vble \leftarrow start \ \textrm{to} \ finish \ \textrm{by} \ increment \ \textrm{do}$$
$$S$$
$$\textrm{repeat}$$

wobei "vble" eine Variable ist und "start", "finish" und "increment" arithmetische Ausdrücke sind. Im einfachsten Fall besteht ein arithmetischer Ausdruck aus einer numerischen Konstanten oder einer Variablen vom Typ integer oder real. Der Zusatz "by increment" ist optional; falls er weggelassen wird, wird der Wert +1 angenommen. Die Bedeutung der for-Anweisung können wir in SPARKS wie folgt beschreiben:

$$vble \leftarrow start$$
$$fin \ \leftarrow finish$$
$$incr \leftarrow increment$$
$$\textrm{while} \ (vble-fin) * incr \leq 0 \ \textrm{do}$$
$$S$$
$$vble \leftarrow vble + incr$$
$$\textrm{repeat}$$

Man beachte, daß die arithmetischen Ausdrücke nur einmal, nämlich zu Beginn ausgewertet werden. Die errechneten Werte werden den Variablen vble,
fin und incr zugewiesen, welche vom selben Typ sind wie die Ausdrücke
auf der rechten Seite des Pfeils. S steht stellvertretend für eine
Folge von SPARKS-Anweisungen, welche den Wert der Variablen vble
nicht verändern. Eine einfache Form der loop-until-repeat-Anweisung
sieht so aus:

loop
  S
repeat

und hat die in Abb. 1.6 dargestellte Bedeutung.

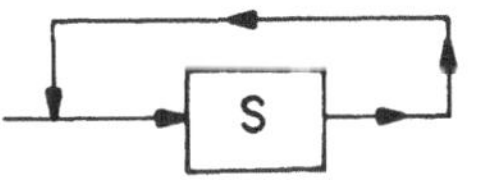

Abbildung 1.6 Die loop-repeat-Anweisung

Auf den ersten Blick wird dadurch eine unendliche Schleife beschrieben.
Wir nehmen jedoch an, daß sich in der Anweisungsfolge S eine Abfrage
befindet, die ein Herausspringen aus der Schleife ermöglicht. Eine
Möglichkeit wäre zum Beispiel die Sprunganweisung

go to Marke

die dafür sorgt, daß zu einer mit "Marke" bezeichneten Stelle im
Programm verzweigt wird. Eine Marke darf vor jede Anweisung geschrie=
ben werden; sie besteht aus einem Namen, gefolgt von einem Doppel=
punkt. Normalerweise werden wir die go-to-Anweisung nicht benötigen,
nur bei der Übersetzung rekursiver Programme in eine iterative Form
werden wir sie verwenden. Die go-to-Anweisung gibt es noch in der
eingeschränkten Form

exit

Die exit-Anweisung sorgt dafür, daß das Programm mit der ersten An=
weisung fortgesetzt wird, die nach der innersten Schleife, welche die
exit-Anweisung enthält, im Programm folgt. Diese Schleife kann als
while-repeat, loop-repeat, loop-until-repeat oder for-repeat formuliert
sein. Die exit-Anweisung kann auch in eine bedingte Anweisung einge=
schlossen werden, z.B.

```
loop
   S_1
   if cond then exit endif
   S_2
repeat
```

Die Bedeutung dieser Schleife ist in Abb. 1.7 dargestellt.

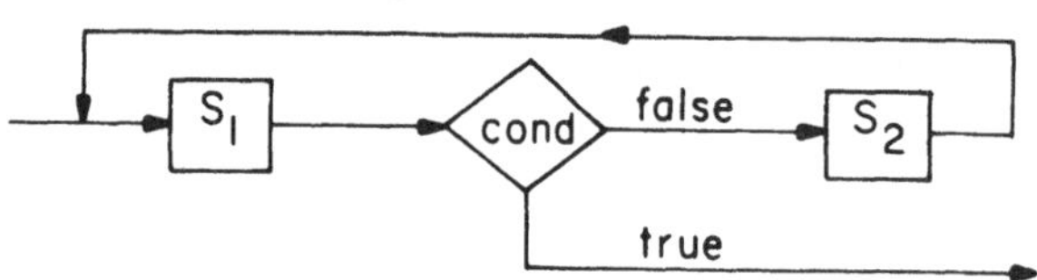

<u>Abbildung 1.7</u> Die <u>loop-repeat</u>-Anweisung mit <u>exit</u>

Eine weitere eingeschränkte Form des **goto** ist die cycle-Anweisung.
Sie bewirkt eine Verzweigung zum Ende der innersten Schleife, in der
sie vorkommt. So wird z.B. die folgende Schleife gemäß dem Flußdia=
gramm in Abb. 1.8 ausgeführt.

```
loop
   S_1
   if cond 1 then cycle endif
   S_2
until cond 2 repeat
```

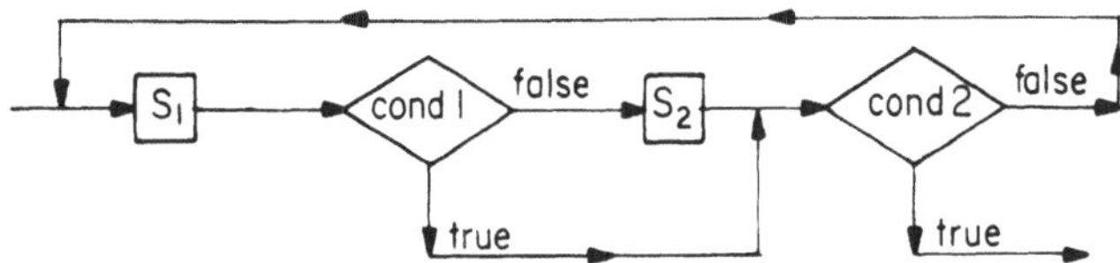

Abbildung 1.8   Die <u>cycle</u>-Anweisung

In den anderen Schleifenkonstruktionen wird die <u>cycle</u>-Anweisung analog abgearbeitet.

Ein vollständiges SPARKS-Programm besteht aus einer oder mehreren Prozeduren, von denen die erste als Hauptprogramm betrachtet wird. Stets wird als erstes das Hauptprogramm ausgeführt. Wird in einer Prozedur A eine <u>end</u>- oder <u>return</u>-Anweisung erreicht, dann wird in diejenige Prozedur zurückgesprungen, welche die Prozedur A aufgerufen hat. Falls Prozedur A das Hauptprogramm ist, übernimmt das Betriebssystem die Kontrolle. Eine einzelne SPARKS-Prozedur hat folgende Form:

<u>procedure</u>   NAME   (Parameterliste)
            Deklarationen
            S
      <u>end</u>   NAME

Eine SPARKS-Prozedur kann ein Unterprogramm oder eine Funktion sein. In beiden Fällen erhält die Prozedur einen Namen, gefolgt von der Liste der formalen Parameter, welche in Klammern eingeschlossen wird. Die Bindung zwischen formalen und aktuellen Parametern geschieht nach der Referenzaufrufmethode (call by reference): Während der Laufzeit werden die Parameteradressen der aufgerufenen Prozedur übergeben. Falls die Parameter Konstanten oder Werte von Ausdrücken sind, werden intern dafür Speicherplätze angelegt und deren Adressen der Prozedur mitgeteilt.

Bei einer Funktion gibt man den Wert, der zurückgegeben
werden soll, in Klammern unmittelbar hinter der <u>return</u>-Anweisung an,
z.B.

<u>return</u> (expr)

wobei der Wert von expr (expression) als Wert der Funktion abgeliefert
wird. Bei Prozeduren entspricht die Ausführung einer <u>end</u>-Anweisung der
einer <u>return</u>-Anweisung ohne Auswertung. Das Beenden der Programmausführung geschieht mit dem <u>stop</u>-Befehl.

Bisher haben wir die Deklaration von Variablen noch
nicht näher behandelt, **sondern lediglich mit einigen Beispielen**
angedeutet, wie man Variable vereinbart, z.B. <u>integer</u> i,j. Weil
SPARKS in erster Linie zur Darstellung von Algorithmen dient, glauben
wir, daß die ausführliche Deklaration aller Variablen äußerst wünschenswert, allerdings auch entsprechend mühsam ist. Sprachen wie
FORTRAN und PL/I sehen die implizite Deklaration von Variablen vor.
In FORTRAN ist z.B. eine Variable implizit als <u>integer</u> oder <u>real</u> definiert in Abhängigkeit vom ersten Buchstaben ihres Namens. Eine Prozedur enthält drei Arten von Variablen: lokale und globale Variable
sowie formale Parameter. Eine lokale Variable ist in der aktuellen
Prozedur erklärt. Eine globale Variable wurde bereits in einer anderen
Prozedur, die die aktuelle umfaßt, als lokale Variable erklärt. Ein
formaler Parameter ist eigentlich keine Variable, da er niemals einen
tatsächlichen Wert enthält. Er ist ein Name innerhalb der Parameterliste, welche dem Namen der Prozedur folgt. Zur Ausführungszeit werden
die formalen Parameter durch diejenigen aktuellen Parameter ersetzt,
die in der aufrufenden Anweisung aufgelistet sind.

Als Beispiel für die Deklaration von Variablen betrachten wir die SPARKS-Prozedur MAX, welche das Maximum von n Zahlen
findet (n > 0).

```
procedure  MAX (A,n,j)
    // Setze j so, daß A(j) das Maximum ist in
                                    A(1:n),n > 0.//
    xmax ← A(1); j ← 1
    for  i ← 2 to n do
        if A(i) > xmax then xmax ← A(i); j ← i,endif
```

```
        repeat
    end MAX
```

Algorithmus 1.1 Bestimmen des Maximums von n Zahlen

Wie man leicht feststellt, hat der aktuelle Parameter, der den formalen Parameter j ersetzt, nach Ausführung der Prozedur MAX als Wert
gerade die Position des größten Elements im Feld A. Aus obiger Prozedur geht nicht hervor, ob xmax eine lokale oder globale Variable ist.
Es ist sinnvoll anzunehmen, daß xmax eine globale Variable ist, denn
dann hat sie am Ende der Ausführung als Wert gerade den des größten
Elements in A. Der vollständige Deklarationsteil für die Prozedur
MAX würde wie folgt aussehen:

```
    procedure  MAX (a,n,j)
        global real xmax;
        parameters integer j,n; real A (1:n)
        local integer i;
```

Meist werden wir auf einen vollständigen Deklarationsteil verzichten,
wenn der Zusammenhang der Variablen klar ist. Da globale Variable nur
selten benutzt werden, nehmen wir in SPARKS an, daß alle Variablen
entweder lokale Variablen oder Parameter sind, falls sie nicht aus-
drücklich anders vereinbart wurden. Dadurch, daß wir die Deklaration
von Variablen etwas großzügiger handhaben, können wir allgemeinere
Aussagen machen. Zum Beispiel arbeitet die Prozedur MAX genau so gut,
wenn das Feld A(1:n) statt ganzer Zahlen reelle Zahlen oder Zeichenketten enthält. Bei den meisten Programmiersprachen ist man gezwungen,
den Datentyp der Feldelemente von A genau zu spezifizieren; man
müßte also drei verschiedene Prozeduren schreiben.
Das erscheint uns widersinnig, denn wir sind ja primär an der Beschreibung von Algorithmen interessiert. Daher werden wir oft den Datentyp
in einem Feld gar nicht näher deklarieren. Diese unvollständige Spezifikation ist von unserem Standpunkt aus ein wünschenswerter Vorteil.
        Deshalb würden die aktuellen Deklarationen in der Pro-
zedur MAX einfach so aussehen:

```
    global  xmax;
    integer  i,j,n;
```

Der Typ der Feldelemente und der Variablen xmax bleibt undefiniert.
Die Tatsache, daß A,n und j Parameter sind und daß i eine lokale
Variable ist, kann man anhand des Programms leicht erkennen, indem man
die globalen Variablen herausfindet.

Prozeduren dürfen auch andere Prozeduren aufrufen; nach
Rückkehr erfolgt die Fortsetzung des Programms bei der nächsten Anweisung innerhalb der rufenden Prozedur. Wenn eine Prozedur sich selbst
wieder aufruft, nennen wir das direkte Rekursion. Wenn eine Prozedur
eine andere Prozedur aufruft, die ihrerseits wiederum die erste
Prozedur aufruft, nennen wir das indirekte Rekursion. Beide Formen der
Rekursion sind in SPARKS zugelassen. Obwohl die Rekursion unter Umständen längere Laufzeiten verursacht, bietet sie doch eine elegante
Möglichkeit, viele Rechenprozesse zu beschreiben. Dieser Nachteil der
längeren Laufzeit wird uns nicht davon abhalten, rekursive Formulierungen zu benutzen. Viele dieser Programme können leicht in solche
ohne Rekursion übersetzt werden, wodurch die Effizienz entsprechend
erhöht wird. Damit werden wir uns im nächsten Abschnitt näher befassen.

Zur Ein- und Ausgabe bedienen wir uns zweier Funktionen

<u>read</u> (Liste der Argumente);
<u>print</u> (Liste der Argumente);

Über irgendwelche Details bei der Formatierung machen wir keine Aussagen. Ein Kommentar darf an beliebiger Stelle im Programm stehen und
wird von jeweils zwei Schrägstrichen eingeschlossen, z.B.
// Dies ist ein Kommentar //
Die Beschreibung der Sprache SPARKS ist bis jetzt noch nicht so präzise
erfolgt, daß sie vollständig wäre. So haben wir z.B. keine Regeln angegeben über gemischte Arithmetik, Formatierung dei Ein/Ausgabe und
Gültigkeitsbereiche. Auch der vollständige Zeichenvorrat wurde nicht
definiert. Mit diesen Punkten werden wir uns hier nicht näher befassen.
Schließlich wird es auch Fälle geben, bei denen es angebracht erscheint, eine Operation verbal in Form eines Satzes oder auch in Form
einer vertrauten mathematischen Notation zu beschreiben; davon werden
wir dann Gebrauch machen. So kommt es, daß einige Algorithmen in
diesem Buch in einer Art "Pseudo-SPARKS-Sprache" geschrieben sind.

1.3 Strukturiertes Programmieren

Die meisten SPARKS-Programme dienen mehr dem Zweck, gelesen als ausgeführt zu werden; daher haben wir uns bemüht, sie gut lesbar zu ge-
stalten. Dieses Ziel sollte eigentlich jeder vor Augen haben, der
Programme schreibt. Die Sprache SPARKS ist so vielfältig, daß man
unter Beachtung folgender einfacher Regeln ohne große Mühe gut lesbare
Programme erstellen kann.

(i)   In jeder Prozedur sollten genauestens die Ein- und Aus-
        gabevariablen spezifiert werden.

(ii)   Die Bedeutung aller lokalen Variablen sollte definiert
        werden.

(iii)   Der Fluß des Programms sollte im allgemeinen in einer
        Richtung verlaufen, mit Ausnahme von Schleifen und
        wenigen unvermeidbaren Fällen.

(iv)   Beim Schreiben des Programms sollte man den Text ein-
        rücken, so daß zusammengehörende Einheiten auf einfache
        Weise identifiziert werden können.

(v)   Die Dokumentation sollte kurz, aber aussagekräftig sein.
        Man vermeide Kommentare wie "i wird um Eins erhöht".

(vi)   Immer wenn es angebracht ist, sollte man Unterprogramme
        verwenden.

In dem Buch "The Elements of Programming Style" von Kernighan und
Plauger (Mc Graw Hill) findet man noch weitere Beispiele für Program-
mierregeln.

Welche Wiederholungsanweisung soll man benutzen?

SPARKS bietet vier verschiedene Möglichkeiten zur Formulierung von
Wiederholungen; daher ist die Frage sinnvoll, in welchem Fall man
die eine oder die andere Form benutzen soll. Die vier Wiederholungsanweisungen sind

(i)   loop-repeat

(ii)   while-repeat

(iii)   loop-until-repeat

(iv)   for-repeat

Nehmen wir folgenden Fall an: Wir wollen mehrere Werte einlesen, so

lange, bis ihre Summe eine vordefinierte Schranke n übersteigt. Es
bietet sich an, diesen Algorithmus mit Hilfe einer <u>while</u>-Schleife
zu formulieren.

```
y ← 0
while  y ≤ n do
    read  (x)
    y ← y+x
repeat
```

Nehmen wir nun einen etwas anders gearteten Fall an: Wir wollen n
Werte einlesen und jeden in irgend einer Weise verarbeiten. Als <u>while</u>-
Schleife könnten wir das folgendermaßen formulieren:

```
i ← 1
while  i ≤ n  do
    read  (x)
    call  PROCESS  (x)
    i ← i+1
repeat
```

In diesem Fall ist es jedoch besser, eine <u>for</u>-Schleife zu verwenden:

```
for  i ← 1  to n do
    read  (x)
    call  PROCESS  (x)
repeat
```

Man verwendet hier mit Vorteil die <u>for</u>-Schleife, nicht nur weil man
zwei Anweisungen spart (i ← 1 und i ← i+1), sondern weil die Anzahl
der Wiederholungen durch die Zahl n festgelegt und von den Eingabedaten unabhängig ist. Immer dann, wenn wir genau wissen, wie oft
eine Folge von Anweisungen wiederholt werden soll, bietet sich die
<u>for</u>-Schleife an. Wollen wir jedoch eine Anweisungsfolge so lange
wiederholen, bis eine bestimmte Bedingung erfüllt ist, bevorzugen
wir die <u>while</u>-Schleife.

Nun betrachten wir einen weiteren Fall. Eine Menge von Werten soll
eingelesen und verarbeitet werden, so lange, bis eine Endmarke
(end-of-file=eof) gelesen wird. Mit Hilfe der <u>while</u>-Anweisung läßt
sich das folgendermaßen formulieren:

```
read (x)
while x≠eof do
      call PROCESS (x)
      read (x)
repeat
```

Mit der loop-repeat-Anweisung ergibt sich jedoch eine bessere Formulierung:

```
loop
   read (x)
   if x=eof then exit endif
   call PROCESS (x)
repeat
```

In diesem Programmstück tritt die read-Anweisung nur einmal auf; dies kann dann von Vorteil sein, wenn das Programm geändert werden muß. Nehmen wir z.B. an, das Programm soll so modifiziert werden, daß die Anweisung call PROCESS (x) durch call PROCESS (x,y) ersetzt wird, und daß die Ausführung beendet werden soll, falls $y=0$ ist. Dann zeigt sich der Vorteil der loop-repeat-until-Anweisung:

```
loop
   read (x)
   if x=eof then exit endif
   call PROCESS (x,y)
until y=0 repeat
if x≠eof then...
```

Die Anwendung der case-Anweisung

Es gibt in SPARKS zwei Anweisungen zur Formulierung von Alternativen: die if-then-else- und die case-Anweisung. Wir würden auch mit nur einer von beiden auskommen, denn man kann die case-Anweisung (siehe Abb. 1.3) durch eine ineinandergeschachtelte Folge von if-then-else-Anweisungen simulieren.

```
if cond1 then S1
else if cond2 then S2
```

        <u>else</u> <u>if</u> cond3 <u>then</u> S3

                    .

                    .

                    .

        <u>else</u> <u>if</u> cond n <u>then</u> Sn
        <u>else</u> Sn+1
        <u>endif</u> <u>endif</u> ... <u>endif</u>

Der Vorteil der <u>case</u>-Anweisung besteht darin, daß die geschachtelten
<u>if</u>-Abfragen entfallen und alle Bedingungen auf der gleichen hier-
archischen Stufe stehen. Bei einer großen Anzahl von Bedingungen wird
die Syntax einfacher, und das resultierende Programm ist besser lesbar.

<u>Funktionen und echte Unterprogramme</u>

Die meisten Programmiersprachen einschließlich SPARKS erlauben die
Definition von Funktionen und **echten Unterprogrammen.** Doch nur wenige Hand-
bücher erklären, in welchen Fällen man entweder Funktionen oder Unterprogramme schreiben sollte. Bevor wir diese Frage beantworten, wollen
wir uns noch einmal in Erinnerung rufen, auf welche Weise Variablen
in einer Prozedur verwendet werden. In Abschnitt 1.2 haben wir festgestellt, daß es drei Arten von Variablen gibt, nämlich lokale Variable, globale Variable und Parameter. Die Parameter und die globalen
Variablen kann man noch einmal in drei Kategorien unterteilen. Zur
ersten Gruppe zählen Variable, die einen Wert in eine Prozedur einbringen; dieser Wert bleibt während der Ausführung der Prozedur unverändert. Zur zweiten Gruppe gehören Variable, deren Werte bei Eintritt
in die Prozedur undefiniert sind, die aber während der Ausführung der
Prozedur Werte erhalten und diese nach außen weitergeben, wenn die
Prozedur beendet ist. Die dritte Gruppe umfaßt Variable, die sowohl
Werte in die Prozedur einbringen als auch (eventuell veränderte Werte)
aus der Prozedur herausreichen. Beim Entwurf einer Sprache könnte man
sogar so weit gehen, daß man dem Programmierer zur Auflage macht, den
Typ seiner Variablen als <u>in</u>, <u>out</u> oder <u>inout</u> zu deklarieren. Dies würde
zur erhöhten Zuverlässigkeit von Programmen beitragen. Wir wollen
diese zusätzliche Typvereinbarung in SPARKS jedoch nicht **verlangen,**
zumindest am Anfang nicht.
          Wir haben diese drei Kategorien eingeführt, um den
Begriff des Seiteneffekts verstehen zu können. Die Begriffe "Unterprogramm" oder "Reine Prozedur" werden zur Kennzeichnung von Proze-

duren verwendet, die keine Funktionswerte zurückgeben, die aber unter
Umständen ihre Parameter und globalen Variablen verändern. Man sagt,
eine Prozedur hat einen Seiteneffekt, wenn sie Parameter oder globale
Variable verändert. Dies entpricht einer Prozedur, welche zumindest
eine Variable vom Typ out oder inout besitzt. Reine Prozeduren arbeiten nur mit dem Seiteneffekt. Eine Funktionsprozedur kann in gewissen
Fällen auch Seiteneffekte haben. Im Interesse der Zuverlässigkeit von
Programmen bestehen wir in SPARKS darauf, daß entweder nur Funktionen
ohne Seiteneffekt oder Reine Prozeduren verwendet werden.

Im allgemeinen schreibt man dann eine Funktion, wenn
der Wert, den sie zurückliefert, in einem Ausdruck verwendet wird.
Benötigen wir z.B. eine Prozedur, die entscheidet, ob zwei Bäume
identisch sind, dann schreiben wir eine Funktion EQUAL (S,T), welche
als Wert entweder true oder false zurückgibt (also eine Boolesche
Funktion). In einem Programm könnte man dann z.B. schreiben:

$$\text{if} \quad \text{EQUAL (S,T)} \quad \text{then...}$$

Zur Berechnung des größten gemeinsamen Teilers (ggT) könnten wir eine
Funktion ggT schreiben und diese dann in einer Wertzuweisung wie folgt
verwenden:

$$Z \leftarrow x * y \; / \; ggT \; (x,y)$$

Falls wir den ggT(x,y) jedoch öfter benötigen, können wir entweder
einer Variablen diesen Wert zuweisen (t ← ggT (x,y)), oder wir schreiben ein Unterprogramm mit Seiteneffekt (call ggT (x,y,t)).

Rekursion

Die Rekursion ist ein mächtiges Hilfsmittel bei der Programmierung;
sie wird jedoch leider nicht in dem Maße benutzt, wie es angebracht
wäre. Dafür gibt es mindestens zwei Gründe. Der erste besteht darin,
daß es in FORTRAN keine Rekursion gibt. All diejenigen, die das
Programmieren mit FORTRAN gelernt haben, hatten also keine Möglichkeit,die Vorteile der Rekursion kennenzulernen. Der zweite Grund ist
der,daß Programme mit Rekursion oft eine längere Laufzeit bei gewissen Compilern haben. Später werden wir einige Experimente betrachten,
die quantitative Aussagen über den Nachteil der längeren Laufzeit
machen.

Betrachten wir zunächst einige gute und weniger gute
Beispiele von Rekursion.

Beispiel 1.1 Die Folge der Fibonacci-Zahlen 1,1,2,3,5,8,13,21,34,...
ist definiert als

$$F_o = F_1 = 1; \quad F_i = F_{i-1} + F_{i-2}; \quad i > 1$$

Diese mathematische Notation kann unmittelbar in eine rekursive SPARKS-
Prozedur überführt werden:

```
procedure  F(n)
// liefert die n-te Fibonacci-Zahl //
        integer n
        if n ≤ 1 then return (1)
                      else return (F(n-1)+F(n-2))
        endif
end F
```

Algorithmus 1.2 Ermitteln der Fibonacci-Zahlen

Der Vorteil dieses Programms besteht darin,daß es syntaktisch fast
identisch ist mit der mathematischen Notation. In bezug auf die Rechenzeit ist es jedoch ausgesprochen ineffizient. Der Hauptgrund dafür ist
jedoch nicht die Tatsache, daß Rekursion benützt wurde, er liegt viel
mehr in der Art und Weise, wie die Ausrechnug vonstatten geht. Viele
Werte werden nämlich mehrfach ausgerechnet; z.B. wird $F(n-2)$ zweimal
berechnet, $F(n-3)$ dreimal und $F(n-4)$ fünfmal. Man kann andere rekursive Formulierungen angeben, die wesentlich effizienter sind (siehe
Übungen).

Beispiel 1.2 Der vermutlich älteste überlieferte nichttriviale Algorithmus stammt von Euklid. Er beschreibt ein Verfahren zur Berechnung
des größten gemeinsamen Teilers (ggT) zweier nichtnegativer ganzer
Zahlen. Der wichtigste Schritt, der die **Gültigkeit** des Verfahrens
garantiert, besteht in folgendem. Man muß zeigen, daß der größte
gemeinsame Teiler von a und b ($a > b \geq 0$) gleich a ist, falls b=0 ist,
und ansonsten gleich dem größten gemeinsamen Teiler von b und dem
Rest von a dividiert durch b ist.

Beispiele: ggT(22,8)= ggT(6,2)= ggT(2,0)= 2
          und
          ggT(21,13)= ggT(13,8)= ggT(8,5)= ggT(5,3)
                    = ggT(3,2)= ggT(2,1)= ggT(1,0)= 1

Dieses Verfahren kann man als rekursive Prozedur formulieren:

```
procedure  GGT (a,b)
      // sei a > b ≥ 0 //
      if  b=0 then  return (a)
                else  return (GGT (b,a mod b))
      endif
end GGT
```

Algorithmus 1.3 Auffinden des größten gemeinsamen
                       Teilers

Beispiel 1.3 Oft gewinnt man den falschen Eindruck, daß Rekursion nur
bei der Berechnung rein mathematischer Funktionen angebracht ist. Hier
nun ein Beispiel einer Prozedur, die den Wert x im Feld A(1:n)
sucht.

```
procedure  SUCH (i)
      // falls es einen Index k gibt mit A(k)=x in//
      // A(i:n) //
      // wird das erste k zurückgeliefert; //
      // im anderen Fall wird Null zurückgeliefert //
global  n,x, A(1:n)
case
      : i > n :  return (0)
      : A(i)=x :  return (i)
      : else : return (SUCH(i+1))
      endcase
end  SUCH
```

Algorithmus 1.4 Suchen von x in A(1:n)

Wir hätten diese Prozedur auch iterativ formulieren können. Bei Verwendung von Rekursion entfällt die Notwendigkeit, eine Schleife zu
formulieren. Um zu entscheiden, ob x im Feld A(1:n) enthalten ist,
benutzt man den Erstaufruf antwort ← SUCH(1). (In den Übungen findet

man Verbesserungsvorschläge für die Prozedur SUCH).

Beseitigen von Rekursion

Wir befinden uns in einem gewissen Dilemma. Einige Entwurfstechniken
sind von sich aus rekursiv, und daher ist die Rekursion die natür-
lichste Art und Weise, wie man Algorithmen zu diesen Techniken beschreibt. Außerdem ist es oft auch einfacher, einen Korrektheitsbeweis
für einen rekursiven Algorithmus zu führen als für einen entsprechenden iterativen. Auf der anderen Seite gibt es viele Programmiersprachen, die eine Rekursion nicht vorsehen. In solchen Sprachen, die
Rekursion zulassen, sind oft die Aufwendungen dafür sehr hoch. Dies
hängt meist mit dem Aufwand zusammen, der bei wiederholten Aufrufen
der Prozedur entsteht. Diese Schwierigkeiten sollen uns jedoch nicht
davon abhalten, in der Anfangsphase des Algorithmenentwurfs Rekursion
zu verwenden. Nachdem wir die Gültigkeit eines rekursiven Algorithmus
gezeigt haben und glauben, einen guten Algorithmus gefunden zu haben,
können wir die Rekursion entfernen und einen gleichwertigen iterativen
Algorithmus formulieren. Diese Übersetzung von der rekursiven in die
iterative Form wird anhand einiger einfacher Regeln durchgeführt. Danach ist es oft möglich, die Effizienz der iterativen Prozedur durch
einige leicht anzubringende Umformungen zu verbessern.

Zunächst wollen wir uns die Übersetzung einer rekursiven
Prozedur in eine äquivalente iterative Prozedur näher ansehen. Beim
Übersetzungsprozeß werden alle rekursiven Prozeduraufrufe und alle
return-Anweisungen durch einen entsprechenden nichtrekursiven Code ersetzt. Wir beschreiben diesen Prozeß im folgenden für den Fall der
direkten Rekursion. Die Behandlung der indirekten Rekursion erfordert
nur leichte Änderungen. Um eine direkt-rekursive Prozedur zu übersetzen, führe man folgende Schritte durch.

(i)   Am Anfang der Prozedur wird ein Stück Befehlscode eingefügt,
        welches einen Kellerspeicher-auch "Stack" genannt-vereinbart
        und ihn als leer initialisiert. Im allgemeinsten Fall dient
        der Keller dazu, die Werte der Parameter,lokalen Variablen,
        den Funktionswert sowie die Rücksprungadressen bei jedem
        rekursiven Aufruf abzuspeichern.
(ii)   Die erste ausführbare Anweisung erhält die Marke L1.

Nun wird jeder rekursive Aufruf durch eine Befehlsfolge ersetzt,
welche folgendes leistet:

(iii)   Speichere die Werte aller Parameter und lokalen Variablen
        im **Keller**. Der Zeiger auf den Anfang des **Kellers** (**top of the**
        stack) kann als globale Variable organisiert werden.
(iv)   Erzeuge die i-te neue Marke L i und lege i im **Keller** ab. **Der**
        Wert i dieser Marke dient dazu, die Rücksprungadresse zu er-
        rechnen. Diese Marke wird im Programm an geeigneter Stelle
        angebracht, so wie es in Schritt (vii) beschrieben ist.
(v)   Werte die Argumente dieses Aufrufs aus (es können auch
        Ausdrücke sein) und weise diese Werte den entsprechenden
        formalen Parametern zu.
(vi)   Füge einen unbedingten Sprungbefehl zum Anfang der Prozedur
        ein.
(vii)   Falls die Prozedur eine Funktion ist, schreibe die in
        Schritt (iv) erzeugte Marke vor eine Anweisung, welche den
        Funktionswert vom **obersten Kellerelement** beschafft. Füge
        Befehle ein, die es gestatten, diesen Wert so zu benutzen,
        wie es in der rekursiven Prozedur beschrieben ist. Falls
        die Prozedur keine Funktion ist, schreibe die in Schritt
        (iv) erzeugte Marke vor diejenige Anweisung, die unmittel-
        bar auf den Sprungbefehl aus Schritt (vi) folgt.

Diese Schritte reichen aus, um alle rekursiven Aufrufe aus einer
Prozedur zu eliminieren. Als nächstes müssen nun alle return-
Anweisungen geändert werden. Dazu führe man folgende Schritte durch:

(viii) Führe einen normalen Rücksprung aus, falls der **Keller leer**
        ist.
(ix)   Ansonsten nimm die aktuellen Werte aller Ausgabeparameter
        (welche explizit oder implizit vom Typ out oder inout sind)
        und weise diese Werte den zugehörigen Variablen zu, die im
        Keller zuoberst abgelegt sind.
(x)   Füge Befehle ein, die den Index der Rücksprungadresse vom
        Keller entfernen, falls dort einer abgelegt wurde. Weise
        diese Rücksprungadresse einer unbenutzten Variablen zu.
(xi)   Ist die Prozedur eine Funktion, dann füge Befehle ein, die
        den der return-Anweisung unmittelbar folgenden Ausdruck
        auswerten; speichere das Ergebnis im Keller.

(xiii)   Benutze den Index der Marke der Rücksprungadresse zu einem
          Sprung zu dieser Marke.

Beachtet man diese Regeln genau, so kann man jedes beliebige rekursive Programm in ein anderes überführen, welches genauso arbeitet,
jedoch nur eine Iteration zur Kontrolle des Programmablaufs benutzt.
Bei vielen Compilern wird dieses iterative Programm wesentlich
effizienter sein als das rekursive. Bei anderen Compilern können
die Ausführungszeiten aber auch ungefähr gleich sein. Nachdem man
die Übersetzung in eine iterative Form durchgeführt hat, kann man
oft das Programm noch weiter vereinfachen und dadurch die Effizienz
erhöhen.

__Beispiel 1.4__ Wir betrachten nun ein Problem, von dem man meistens annimmt, daß eine iterative Lösung die beste sei. Das rekursive Programm
ist auch tatsächlich nicht besser verständlich als das iterative. Wir
wollen aber an diesem Beispiel die Übersetzung von der rekursiven in
die iterative Form demonstrieren. Die Problemstellung ist uns schon
bekannt; es geht darum, eine Prozedur MAX zu schreiben, die das größte
Element in einem Feld A (1:n) findet.

```
procedure     MAX1 (i)
    // dies ist eine Funktion, welche die größte Zahl k//

    // zurückgibt, so daß A(k) das größte Element in//
    // A(i:n) ist //
    global  integer  n,A(1:n), j, k;
    integer i
    if i < n  then  j ← MAX1 (i+1)
            if  A(i) > A(j)  then  k ← i
                             else  k ← j
        endif
      else k ← n
    endif
    return (k)
  end  MAX1
```

__Algorithmus 1.5__ Rekursives Auffinden des größten Elements

Diese rekursive Version dürfte einfach zu verstehen sein, dennoch
empfehlen wir dem Leser, sie anhand eines Beispiels nachzuvollziehen,

bevor er weiterliest.Wegen der langen Laufzeit, die mit den Prozeduraufrufen verbunden ist, und wegen der Manipulation des impliziten
Kellers, entfernen wir die Rekursion, bevor das Programm vom Compiler
übersetzt wird.

```
procedure  MAX2 (i)
    local  integer j,k;  global  integer n,A(1:n);
    integer i
    integer KELLER (1:2*n);                      //Regel(i)//
    top ← 0                                      //Regel(i)//
L1: if i < n                                     //Regel(ii)//
      then top ← top + 1; KELLER(top) ← i        //Regel(iii)//
        top ← top + 1; KELLER(top) ← 2;          //Regel(iv)//
        i ← i + 1                                //Regel(v)//
        go to L1                                 //Regel(vi)//
        L2:j ← KELLER(top); top ← top - 1        //Regel(vii)//
          if A(i) > A(j) then k ← i
                         else k ← j
        endif
      else k ← n
      endif
    if  top=0 then  return (k)                   //Regel(viii)//
        else addr ← KELLER(top); top ← top-1     //Regel(x)//
          i ← KELLER(top): top ← top-1           //Regel(xi)//
          top ← top + 1; KELLER(top) ← k         //Regel(xii)//
          if addr=2  then  go  to L2 endif        //Regel(xiii)//
    endif
end  MAX2
```

Algorithmus 1.6 Iterative Version zu Algorithmus 1.5

Oft wird es der Fall sein, daß das resultierende Programm, welches
durch automatisches Anwenden der Regeln zur Entfernung von Rekursion
entstanden ist, wie Kraut und Rüben aussieht. Doch das gewissenhafte
Befolgen der Regeln gibt uns die Gewißheit, daß die iterative Version
semantisch äquivalent ist zur rekursiven Version. Nun können wir das
Programm schrittweise vereinfachen, indem wir die Art und Weise, wie
es abläuft, genauer untersuchen. So brauchen wir z.B. die Rücksprungadresse nicht auf dem Keller abzulegen, da es nur eine Stelle gibt, zu

der die Prozedur zurückspringt. Also genügt es, nur die Funktionswerte
im Keller abzulegen. Zu jedem festen Zeitpunkt existiert jedoch nur
ein einziger Wert der Funktion, nämlich der Index des gegenwärtigen
Maximums. Diesen Wert können wir auch in einer Variablen abspeichern
und somit ganz auf den Keller verzichten. Eine weitere Vereinfachung
besteht darin, die Schleife zu entfernen, die durch die Anweisung go
to L1 entstanden ist. Entsprechend setzen wir i gleich n und verwenden
k zur Abspeicherung des Index des gegenwärtigen Maximums. Das daraus
resultierende, vereinfachte Programm sieht folgendermaßen aus:

```
procedure  MAX3(A,n)
      integer  i, k, n;
        i ← k ← n
      while i > 1  do
        i ← i - 1
        if  A(i) > A(k)  then k ← i endif
      repeat
      return (k)
end  MAX3
```

Algorithmus 1.7 Vereinfachte Version zu Algorithmus
                        1.6

Dies ist zwar ein etwas umfangreiches Beispiel, der Leser sollte sich
dadurch aber nicht entmutigen lassen. Nach einigen selbst ausgeführten
Übungen wird man mit der Funktionsweise rekursiver Prozeduren besser
vertraut und man bekommt rasch einen Blick dafür, wie man bei der
Übersetzung von rekursiven Programmen Vereinfachungen vornehmen kann.
        Die obigen Regeln beziehen sich auf den allgemeinen Fall .
Oft gibt es Gelegenheiten, bei denen man einfachere Regeln anwenden
kann. Wenn z.B. die letzte Anweisung in einer Prozedur ein rekursiver
Aufruf ist, kann man diesen ganz einfach vermeiden, indem man die
neuen Parameterwerte berechnet und zum Anfang der Prozedur zurückspringt. Ein Keller wird dabei nicht benötigt. Die Prozedur GGT ist
ein Beispiel dafür. Nach Entfernen der Rekursion erhält man folgendes
Programm:

```
procedure  GGT 1 (a,b)
      L1: if  b=0  then  return (a)
                   else  t ← b; b ← a mod b; a ← t;
                             go  to L1
```

$$\underline{endif}$$

$$\underline{end} \quad GGT \ 1$$

Algorithmus 1.8 Iterative Form des Algorithmus
1.3

Wir können die Prozedur auch etwas schöner formulieren:

```
procedure  GGT 2 (a,b)
      while  b≠0  do
          t ← b; b ←·a mod b; a ← t
      repeat
      return (a)
end   GGT 2
```

Algorithmus 1.9 Verbesserte Version des Algorithmus
1.8

Das Ziel der Entfernung von Rekursion besteht darin, ein bzgl. der
Berechnungen äquivalentes, aber effizienteres iteratives Programm zu
erzeugen. Man muß die oben genannten 14 Regeln nicht immer exakt ausführen, unter Umständen braucht man eine oder mehrere nicht zu beachten. Weiterhin wird man diese Regeln überhaupt nicht benötigen,
falls der verwendete Compiler rekursive Prozeduren in einen effizienten Maschinencode übersetzt.Wir werden auf rekursive Prozeduren und
ihre Übersetzung bei Gelegenheit in späteren Kapiteln zurückkommen.

1.4 Die Analyse von Algorithmen

Warum beschäftigen wir uns überhaupt mit der Analyse von Algorithmen?
Einige Leute analysieren Algorithmen, weil es für sie ein intellek-
tueller Anreiz ist. Ein weiterer Grund besteht darin, daß man in der
Lage ist, die Zukunft vorauszusagen; wenn wir auch nur auf dem eng
begrenzten Gebiet der Algorithmen Voraussagen machen, ist es doch
befriedigend, diese erfüllt zu sehen. Ein dritter Grund ist der, daß
die Informatik viele Leute anzieht, die sich gerne als Experten für
Effizienzfragen betätigen. Bei der Analyse von Algorithmen können
diese Leute ihre Fähigkeiten zeigen, indem sie neue Möglichkeiten
erfinden, eine bekannte Aufgabe noch schneller zu lösen. Die Vorliebe
für solche Tätigkeiten zahlt sich in der Datenverarbeitung enorm aus,

denn Zeit ist Geld und effizientere Programme sind billiger.

Bevor wir uns näher mit dem Problem der Analyse von Algorithmen befassen, müssen wir einige Annahmen machen über die Art des Rechners, auf dem die Algorithmen ausgeführt werden. Diese Annahmen können wichtige Konsequenzen haben in bezug auf die Frage, wieviel Zeit man zur Lösung eines Problems braucht. Es existieren zwar formale Rechnermodelle (z.B. Turingmaschinen oder Maschinen mit **wahlfreiem** Speicherzugriff=random access machines),wir werden jedoch fast immer einen "ganz gewöhnlichen Rechner" zugrunde legen. Damit meinen wir, daß die Befehle eines Programms zeitlich nacheinander ausgeführt werden, und daß die Kosten eines Algorithmus im wesentlichen abhängen von der Anzahl der erforderlichen Operationen. Wir nehmen an, daß ein sogenanntes RAM (RAM=Random Access Memory) zur Verfügung steht, also ein Speicher mit wahlfreiem Zugriff. Mit diesem Speicher ist es möglich, jedes beliebige Element in einer fest vorgegebenen Zeitspanne einzuschreiben oder auszulesen.Zugegebenermaßen gibt es einige Gründe für die Vermutung, daß diese Annahmen bei zukünftigen Maschinen nicht mehr in vollem Umfang gültig sein werden. Schon heute stehen Maschinen wie die ILLIAC IV oder die CDC STAR zur Verfügung, welche eine Folge von Befehlen gleichzeitig parallel verarbeiten können. Die Messung der Kosten eines Algorithmus durch Aufsummieren seiner logischen Operationen liefert dann kein exaktes Ergebnis mehr. Ein zweiter Faktor kommt hinzu: der erstaunliche Preissturz logischer Schaltkreise (Mikroprozessoren). Er hat zur Folge, daß die Datentransporte zwischen solchen Prozessoren teurer sind als die arithmetischen und logischen Operationen. Wenn diese Entwicklung weiter anhält, werden wir eine neue Theorie zur Berechnung brauchen. Aber solange sich diese Maschinen noch nicht durchgesetzt haben, halten wir an der Methode fest, die logischen Operationen - ausgeführt von einem sequentiell arbeitenden Rechner - zu zählen und aufzusummieren. Diese Methode liefert noch die genauesten Vorhersagen.

Bei der Analyse von Algorithmen besteht die erste Aufgabe darin festzustellen, welche Operationen verwendet werden und wie hoch deren relative Kosten sind. Typische Operationen sind z.B. die vier Grundrechenarten, angewendet auf ganze Zahlen:Addition, Subtraktion, Multiplikation und Division. Andere elementare Operationen sind arithmetische Operationen mit Gleitkommazahlen, Vergleichsbefehle, Wertzuweisungen an Variablen und die Ausführung von Prozeduraufrufen. Diese Operationen benötigen typischerweise nie mehr als eine gewisse

feste Zeitspanne zur Ausführung; wir sagen, daß ihre Ausführungszeit
durch eine Konstante beschränkt ist. Dies trifft jedoch nicht für alle
Operationen eines Computers zu. Es kann vorkommen, daß einige aus
einer beliebig langen Folge elementarer Operationen bestehen. Betrachten wir als Beispiel den Vergleich zweier Zeichenketten. Dieser wird
mit Hilfe eines Zeichen-Vergleichsbefehls durchgeführt, der seinerseits wiederum auf Schiebe- und Bit-Vergleichsbefehle zurückgeführt
wird. Die gesamte Ausführungszeit für den Vergleich zweier Zeichenketten hängt also von deren Länge ab, während die Zeit für den Vergleichsbefehl von Einzelzeichen durch eine Konstante beschränkt ist.

Die zweite Aufgabe besteht darin, einen hinreichend
großen Datensatz zusammenzustellen, welcher bewirkt, daß der Algorithmus alle Verhaltensmöglichkeiten zeigt. Dies ist eine der wichtigen
kreativen Aufgaben bei der Analyse von Algorithmen. Sie erfordert
eine genaue Kenntnis über den Ablauf des Algorithmus; diese ermöglicht es dann, die Datensätze so zusammenzustellen, daß die drei Fälle
des besten, schlechtesten und des typischen Verhaltens auftreten. Bei
der Besprechung spezieller Algorithmen werden wir darauf noch näher
eingehen.

Die Analyse der Rechenzeit eines Algorithmus erfolgt
in zwei Phasen: eine a priori-Analyse und ein a posteriori-Testlauf.
Die a priori-Analyse liefert eine Funktion (abhängig von relevanten
Parametern), welche eine Schranke für die Ausführungszeit eines Algorithmus angibt. Beim a posteriori-Testlauf sammeln wir statistische
Daten über Zeit- und Speicherbedarf des Algorithmus während der Ausführung. Nehmen wir an, irgendwo in der Mitte eines Programms stünde
die Anweisung x ← x+y. Gegeben sei irgendeine Anfangskonfiguration der
Eingabedaten, und wir wollen die Gesamtausführungszeit dieser Anweisung ermitteln. Dazu benötigen wir zwei verschiedene Informationen:
die "Häufigkeitszahl" der Anweisung (d.h. die Anzahl der Ausführungen
insgesamt) und die Zeit für _eine_ Ausführung. Das Produkt dieser beiden
Größen ist die Gesamtzeit. Nun hängt die Ausführungszeit sowohl von
der verwendeten Maschine als auch von der Programmiersprache und deren
Compiler ab; bei der a priori-Analyse beschränken wir uns daher auf
die Ermittlung der Häufigkeitszahl. Diese können wir direkt aus dem
Algorithmus entnehmen, sie ist unabhängig vom verwendeten Rechner und
von der Programmiersprache, in welcher der Algorithmus formuliert ist.

Als Beispiel betrachten wir drei Programmsegmente
a, b, c:


```
                                            for i ← 1 to n do
                 for i ← 1 to n do            for j ← 1 to n do
x ← x + y          x ← x + y                    x ← x + y
                 repeat                       repeat
                                            repeat

   (a)               (b)                       (c)
```

In allen Fällen nehmen wir an, daß die Anweisung x ← x + y in keiner
anderen Schleife steht als in den hier gezeigten. Daher ist im Segment
(a) die Häufigkeitszahl dieser Anweisung 1. Im Segment (b) ist sie n,
und im Segment (c) ist sie n^2. Diese Häufigkeitszahlen 1, n, n^2,
unterscheiden sich um Größenordnungen. Der Begriff "Größenordnung"
ist uns allen vertraut; so unterscheiden sich z.B. Gehen, Autofahren
und Fliegen durch verschiedene Größenordnungen bzgl. der Entfernung,
die wir in einer Stunde zurücklegen können. Im Zusammenhang mit der
Algorithmenanalyse bezieht sich die Größenordnung einer Anweisung auf
die Häufigkeit ihrer Ausführung, während die Größenordnung eines
Algorithmus sich auf die Summe der Häufigkeit aller seiner Anweisungen
bezieht. Sind z.B. drei verschiedene Algorithmen gegeben, die alle das
gleiche Problem lösen, und die Größenordnungen n, n^2 und n^3 haben,
dann werden wir natürlich den ersten vorziehen, da die anderen beiden
zunehmend langsamer sind. Ist z.B. n = 1o, dann benötigen die drei
Algorithmen 1o, 1oo bzw. 1ooo Zeiteinheiten zur Ausführung (unter der
Voraussetzung, daß alle elementaren Operationen gleich lang dauern). Die
Bestimmung der Größenordnung eines Algorithmus ist sehr wichtig;
gelingt es einem, einen Algorithmus zu finden , der um eine Größenordnung schneller ist, so ist dies eine bedeutende Leistung. Die a priori-
Analyse beschäftigt sich hauptsächlich mit der Bestimmung von Größenordnungen. Glücklicherweise gibt es eine bequeme mathematische Notation, die diesem Begriff entspricht.

<u>Die asymptotische Notation</u>

Bei der a priori-Analyse der Rechenzeit werden alle Faktoren außer
acht gelassen, die von der Maschine oder der Programmiersprache abhängig sind. Man konzentriert sich ganz auf die Bestimmung der Größenordnung der Häufigkeit von Anweisungen. Es gibt mehrere Arten der
mathematischen Notation, die sich hierfür anbieten.
Eine davon ist die O-notation.

<u>Definition</u> $f(n) = O(g(n))$ (gesprochen: "f von n ist gleich groß Oh
von g von n ") genau dann, wenn zwei positive Konstante c und n_0 existieren, so daß für alle $n \geq n_0$ gilt:
$$|f(n)| \leq c|g(n)|$$

Nehmen wir an, wir ermitteln die Rechenzeit $f(n)$ für
einen gewissen Algorithmus. Die Variable n kann z.B. die Anzahl der
Ein- und Ausgabewerte sein, ihre Summe oder auch die Größe eines dieser
Werte. Da $f(n)$ maschinenabhängig ist, genügt eine a priori-Analyse
nicht. Jedoch kann man mit Hilfe einer a priori-Analyse ein $g(n)$ bestimmen, daß $f(n) = O(g(n))$. Wenn wir sagen, daß ein Algorithmus eine
Rechenzeit $O(g(n))$ hat, dann meinen wir damit folgendes: Wenn der
Algorithmus auf einem Computer mit gleichartigen Daten läuft, die Zahl
n aber immer größer wird, dann werden die resultierenden Zeiten immer
kleiner sein als gewisse konstante Zeiten $|g(n)|$. Bei der Suche nach
der Größenordnung von $f(n)$ werden wir darum bemüht sein, das kleinste
$g(n)$ zu finden, so daß $f(n) = O(g(n))$ gilt.

<u>Theorem 1.1</u> Falls $A(n) = a_m n^m + \ldots + a_1 n + a_0$ ein Polynom vom Grade
m ist, dann gilt: $A(n) = O(n^m)$.

<u>Beweis</u>: Wir benutzen die Definition von $A(n)$ und eine einfache Un-
gleichung:

$$|A(n)| \leq |a_m| n^m + \ldots + |a_1| n + |a_0|$$
$$\leq (|a_m| + |a_{m-1}|/n + \ldots + |a_0|/n^m) n^m$$
$$\leq (|a_m| + \ldots + |a_0|) n^m, \quad n \geq 1.$$

Setzt man $c = |a_m| + \ldots + |a_0|$ und $n_0 = 1$, so folgt unmittelbar
das Theorem.$\square$

Theorem 1.1 besagt, daß die Rechenzeit für eine Anweisung gleich
$O(n^m)$ ist, falls wir deren Häufigkeit bei der Ausführung in einem Algorithmus durch ein Polynom $A(n)$ beschreiben können. Jedoch ist die
oben angegebene Konstante nicht die bestmögliche. Man kann zeigen, daß
irgendeine Konstante benutzt werden kann, die größer als $|a_m|$ ist
(für genügend große n). Besitzt ein Algorithmus k Anweisungen, deren
Größenordnungen $C_1 \cdot n^{m1}$, $C_2 \cdot n^{m2}$, ..., $C_k \cdot n^{mk}$ sind, dann erhält man die
Größenordnung des gesamten Algorithmus durch $c_1 \cdot n^{m1} + \ldots + C_k \cdot n^{mk}$.
Nach Theorem 1.1 ist dies gleich $O(n^m)$ mit $m = \max\{m_i\}$, $1 \leq i \leq k$.

Nehmen wir an, wir haben zwei Algorithmen, welche die gleiche
Aufgabe mit n Eingabewerten lösen, und welche eine Rechenzeit von
$O(n)$ bzw. $O(n^2)$ haben, welcher ist dann der bessere? Es ist leicht
einzusehen, daß für genügend große Werte von n die Ausführungszeit des
zweiten Algorithmus größer sein wird als die des ersten. Betrachten
wir folgendes Beispiel: die Rechenzeiten seien 2n für den ersten und
n^2 für den zweiten Algorithmus. Für alle $n > 2$ ist dann der erste Algorithmus schneller als der zweite, da die Rechenzeit kleinere Werte annimmt. Sind die Rechenzeiten jedoch z.B. $10^4 \cdot n$ und n^2, dann ist der
zweite Algorithmus schneller für alle $n < 10^4$; für $n > 10^4$ ist der erste
schneller. Daraus folgt, daß wir nicht entscheiden können, welcher Algorithmus der bessere ist, sofern wir nichts über die Konstanten wissen, die den Wert der Größenordnung bestimmen. Sind die Konstanten vergleichbar, dann ist der Algorithmus mit der niedrigeren Größenordnung
besser als der mit der höheren. Aber das ist nur die eine Seite der Angelegenheit. Der Punkt, an dem ein Algorithmus weniger Operationen erfordert als ein anderer, hängt auch noch von den Termen niedriger Ordnung ab. In der Praxis werden diese Terme und ihre Koeffizienten durch
viele Faktoren beeinflußt, z.B. durch die ausgewählte Sprache und die
verwendete Maschine. So ist es weitaus schwieriger, die gesamte Formel
für die Rechenzeit abzuleiten als nur den führenden Term. Deshalb beschränken wir uns bei der a priori-Analyse auf die Bestimmung der Grössenordnung; die Ermittlung der Konstanten verschieben wir so lange, bis
das Programm geschrieben und ausgeführt worden ist. Im Normalfall werden wir außer der Größenordnung keine anderen Terme ableiten, es sei
denn, daß jene Terme eine bedeutende Rolle beim Vergleich zweier Algorithmen spielen.

Betrachten wir nun an einem Beispiel, welchen Vorteil es bringt, wenn
man einen Algorithmus um eine Größenordnung verbessern kann. Angenommen
wir haben zwei Algorithmen, die das gleiche Problem lösen; der erste
benötigt n^2 Operationen, der zweite $n \log n$. Die Anzahl der Eingabewerte sei n. Für $n = 1024$ braucht der erste Algorithmus 1 048 576
Operationen, der zweite nur 10 240. Wenn die Ausführung einer Operation 1 µs dauert, benötigt der erste Algorithmus ca 1,05 Sekunden, der
zweite dagegen 0,01 Sekunden. Verdoppelt man n auf 2048, dann erhält
man 4 194 304 bzw. 22 528 Operationen, das entspricht ungefähr 4,2 Sekunden bzw. 0,02 Sekunden. Wenn n verdoppelt wird, benötigt ein $O(n^2)$-
Algorithmus die vierfache Zeit, während ein $O(n \log n)$-Algorithmus nur
etwas mehr als die doppelte Zeit benötigt. Nun sind die Werte für n
von einigen tausend nicht besonders groß; wir sehen, wie wichtig eine
Verbesserung um eine Größenordnung wie diese sein kann.

Die am häufigsten auftretenden Rechenzeiten für Algorithmen sind folgende:

$$O(1) < O(\log n) < O(n) < O(n \log n) < O(n^2)$$
$$< O(n^3) \text{ und } O(2^n).$$

$O(1)$ bedeutet, daß die Anzahl der Ausführungen elementarer Operationen
fest ist, und daß die Gesamtheit daher durch eine Konstante beschränkt
ist. Die ersten sechs Größenordnungen haben eine wichtige Eigenschaft
gemeinsam: sie sind durch ein Polynom beschränkt. $O(n)$, $O(n^2)$ und
$O(n^3)$ sind selbst Polynome, die man -bzgl. ihrer Grade- linear, quadra-
tisch und kubisch nennt. Es gibt jedoch keine ganze Zahl m, so daß
n^m eine Schranke für 2^n darstellt, d.h.

$$2^n \neq O(n^m)$$

für jede ganze Zahl m. Die Ordnung dieser Formel ist $O(2^n)$.

Man sagt, daß ein Algorithmus mit der Schranke $O(2^n)$
einen exponentiellen Zeitbedarf hat. Für große n ist der Unterschied
zwischen Algorithmen mit exponentiellem bzw. durch ein Polynom begrenztem Zeitbedarf ganz beträchtlich. Es ist eine große Leistung,
einen Algorithmus zu finden, der statt eines exponentiellen einen
durch ein Polynom begrenzten Zeitbedarf hat. In Kapitel 11 werden
diese Probleme näher erörtert.

Abb. 1.9 und Tabelle 1.1 zeigen, wie die Rechenzeiten der
sechs typischen Funktionen anwachsen, wobei die Konstante gleich 1
gesetzt wurde. Wie man feststellt, zeigen die Zeiten vom Typ O(n) und
O(n log n) ein wesentlich schwächeres Wachstum als die anderen. Oft
sind bei großen Datenmengen die Algorithmen mit einer Komplexität
größer als O(n log n) in der Praxis nicht verwendbar. Algorithmen mit
exponentiell wachsender Rechenzeit sind nur für sehr kleine Werte von
n anwendbar; selbst wenn wir die führende Konstante um einen Faktor
2 oder 3 verkleinern, wird sich dadurch die Datenmenge, die wir verarbeiten können, nicht vergrößern. Ein Beispiel soll uns verdeutlichen,
warum die Änderung einer Konstanten im Gegensatz zur Änderung der
Größenordnung eines Algorithmus, nur eine ganz leichte Verbesserung
bzgl. der Rechenzeit mit sich bringt.

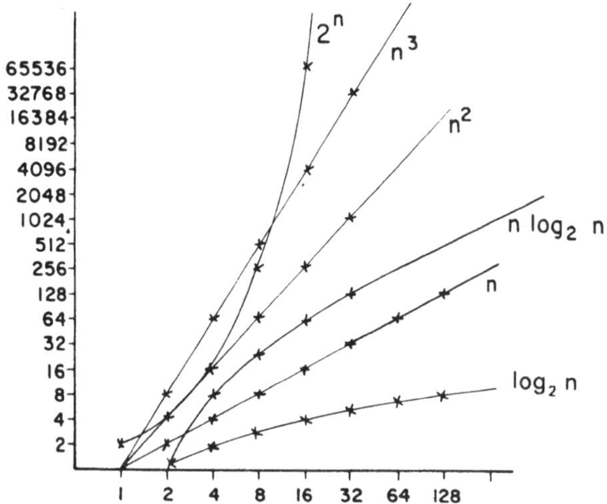

Abbildung 1.9   Wachstumsrate üblicher Rechenzeitfunktionen

$\log n$	n	$n \log n$	n^2	n^3	2^n
0	1	0	1	1	2
1	2	2	4	8	4
2	4	8	16	64	16
3	9	24	64	512	256
4	16	64	256	4096	65536
5	32	160	1024	32768	4294967296

Tabelle 1.1   Werte für Rechenfunktionen

Beispiel 1.5 Gegeben seien zwei Algorithmen mit den Größenordnungen $n^2 * 2^n$ und $n * 2^n$. Beide Algorithmen zeigen exponentielles Wachstum, aber in einem Fall tritt noch ein zusätzlicher Faktor n auf. Wir nehmen an, daß die führenden Konstanten gleich 1 sind. Die entsprechenden Häufigkeitszahlen ergeben sich dann zu:

n	$n * 2^n$	$n^2 * 2^n$
5	160	800
10	10 240	102 400
15	491 520	7 372 800
20	20 971 520	419 430 400
30	$3,2 \cdot 10^{10}$	$9,6 \cdot 10^{11}$

Nehmen wir wieder wie zuvor an, daß eine Operation 1μs dauert, dann ergeben sich für n = 30 als Zeiten ungefähr 8,9 Stunden bzw. 11 Tage. Obwohl der zusätzliche lineare Faktor sich in einer bedeutenden Differenz bemerkbar macht, dominiert doch der exponentielle Charakter dieser Zeiten und bewirkt, daß beide Zeiten schnell untragbar groß werden. Selbst wenn es uns gelingen würde, den zweiten Algorithmus um einen Faktor 10 schneller zu machen, so daß dessen Zeit dann $(1/10)\, n^2 \cdot 2^n$ wäre, würde für alle n > 10 der erste Algorithmus immer noch der schnellere sein. Außerdem wäre die Zeit für diese schnellere Version des zweiten Algorithmus im Falle n = 30 noch größer als 24 Stunden. Aus diesem Beispiel können wir die Folgerung ziehen: exponentielle Algorithmen erfordern so viel Zeit, daß man das Anwendungsgebiet lösbarer Problemgrößen nicht wesentlich dadurch erweitern kann, indem man die Verarbeitungsgeschwindigkeit sequentieller Computer schrittweise erhöht oder die führende Konstante in der Formel für die Rechenzeit verändert. Eine mögliche Abhilfe besteht darin, sich neue Algorithmen mit einer besseren Größenordnung auszudenken. □

Bisher haben wir uns mit der O-Notation beschäftigt; wir haben sie benutzt, um das Verhalten eines Algorithmus zu beschreiben. Mit Hilfe dieser Notation kann man eine obere Schranke bestimmen, oft ist aber auch die Ermittlung einer unteren Schranke wünschenswert. Wir benötigen eine mathematische Notation für eine Formel, welche bis auf eine Konstante eine untere Schranke für die Rechenzeit eines Algorithmus liefert.

Definition: $f(n) = \Omega(g(n))$ (gelesen: "f von n gleich Omega von g von
n") genau dann, wenn gilt: es gibt positive Konstante c und n_0, so daß
für alle $n > n_0$ gilt: $|f(n)| \geq c|g(n)|$.

Manchmal kommt es vor, daß für die Zeit f(n) eines Algorithmus gilt:
$f(n) = \Omega(g(n))$ und $f(n) = O(g(n))$. Dafür benutzen wir folgende Schreibweise.

Definition: $f(n) = \Theta(g(n))$ genau dann, wenn gilt: es gibt positive
Konstante c_1, c_2 und n_0, so daß für alle $n > n_0$ gilt: $c_1|g(n)| \leq
f(n) \leq c_2|g(n)|$.

Falls $f(n) = \Theta(g(n))$ gilt, dann ist g(n) sowohl eine
obere als auch eine untere Schranke bzgl. f(n). Das bedeutet, daß die
beiden Extremfälle - der beste und der schlechteste Fall - die gleiche
Zeit brauchen (bis auf einen konstanten Faktor). Betrachten wir dazu
den Algorithmus 1.1, der das Maximum von n Elementen findet. Die
Rechenzeit für diesen Algorithmus ist sowohl O(n) als auch $\Omega(n)$,
da die <u>for</u>-Schleife immer aus n-1 Wiederholungen besteht. So können
wir also sagen, daß die Zeit $\Theta(n)$ beträgt. Die Prozedur des Algorithmus 1.4 durchsucht ein Feld von n Elementen nach einem bestimmten
Wert. Die Rechenzeit beträgt O(n) und $\Omega(1)$, denn im günstigsten Fall
wird der Wert gleich beim ersten Vergleich gefunden, im ungünstigsten
müssen alle Elemente durchsucht werden.

Eine mathematische Notation mit noch stärkerer Aussage
ist die folgende:

Definition: $f(n) \sim o(g(n))$ (gelesen: "f von n ist asymptotisch zu g(n)")
genau dann, wenn gilt: es gibt eine positive Konstante n_0, so daß für
$n > n_0$ gilt:

$$\lim_{n \to \infty} f(n)/g(n) = 1.$$

Da das Verhältnis im limes gleich 1 wird, dürfen die Funktionen f(n)
und g(n) sich nicht durch einen konstanten Faktor unterscheiden. Wenn
es einen Algorithmus gibt, dessen exakte Rechenzeit f(n) ist, und
wenn wir ein g(n) bestimmen können, so daß f asymptotisch zu g ist,
dann haben wir eine präzisere Beschreibung der Rechenzeit als im Falle
der O-Notation. In der Praxis bedeutet dies, daß wir die Ordnung des
führenden Terms und seine Konstante kennen. Ist z.B. $f(n) = a_k n^k + \ldots + a_0$

dann gilt

$$f(n) = O(n^k)$$

und

$$f(n) \sim o(a_k n^k)$$

Die Summe ganzer Zahlen

Wenn es darum geht, die Häufigkeit der Ausführung von Anweisungen zu
berechnen, gebrauchen wir oft Ausdrücke der Form

$$\sum_{g(n) \leq i \leq h(n)} f(i) \tag{1.1}$$

Wobei $f(i)$ ein Polynom in i ist mit rationalen Zahlen als Koeffizienten. Am gebräuchlichsten sind folgende Formeln:

$$\sum_{1 \leq i \leq n} 1, \quad \sum_{1 \leq i \leq n} i, \quad \sum_{1 \leq i \leq n} i^2 \tag{1.2}$$

Diese Formeln nennt man die ersten drei Bernoulli-Polynome. Da diese
Summen endlich sind, gibt es Formeln - nämlich Polynome in n - die
den exakten Wert der Summe liefern. Der Wert der ersten Summe ist
offenbar n. Wie erhalten wir die Werte der anderen beiden? Eine Möglichkeit ist die Interpolationsmethode. Die zweite Formel z.B. können
wir uns vorstellen als die Beschreibung aller Punkte im zweidimensionalen Raum (n, P(n)):

$$(1,1), \ (2,3), \ (3,6), \ (4,107), \ldots$$

P(n) ist dabei das gesuchte Polynom. Mit der Formel von Lagrange
(Näheres siehe Kapitel 9) erhalten wir:

$$\sum_{1 \leq i \leq n} i = n(n+1)/2 = \theta(n^2) \tag{1.3}$$

$$\sum_{1 \leq i \leq n} i^2 = n(n+1)(2n+1)/6 = \theta(n^3) \tag{1.4}$$

Im allgemeinen Fall gilt:

$$\sum_{1 \leq i \leq n} i^k = \frac{n^{k+1}}{k+1} + \frac{n^k}{2} + \text{Terme niedrigerer Ordnung} \tag{1.5}$$

Daraus können wir schließen, daß gilt:

$$\sum_{1 \leq i \leq n} i^k = \theta(n^{k+1}) \tag{1.6}$$

Genauer:

$$\sum_{1 \leq i \leq n} i^k \sim o\left(\frac{n^{k+1}}{k+1}\right) \tag{1.7}$$

Das Erstellen eines Programmprofils

Nehmen wir an, wir haben ein Programm zur Lösung eines Problems entworfen, codiert, als korrekt bewiesen und an der Maschine die Fehlersuche erfolgreich durchgeführt. Wie können wir ein Leistungsprofil erstellen, welches exakt den Rechenzeit- und Speicherbedarf dieses Programms angibt? Um exakte Zeiten zu erhalten, muß unser Computer über eine Uhr verfügen, von der die Zeit per Programm abgelesen werden kann. Mit dieser Möglichkeit der Zeitmessung können viele Faktoren der Programmausführung überprüft werden. Der wichtigste Test eines Programms besteht darin, zu zeigen, daß die frühere Analyse

bzgl. der Größenordnung richtig war. Ein Programm, dessen Zeiten mit
Θ (n) oder Θ (n log n) ermittelt wurden, zeigt ein Leistungsprofil
analog zu den Kurven in Abb. 1.9. Mit Hilfe der tatsächlich gemessenen
Zeiten sollten wir in der Lage sein, die exakte Form dieser Kurve in
Abhängigkeit von der benutzten Programmiersprache und der Maschine zu
bestimmen.

Wir nennen das Programm LÖSUNG (x,y), wobei x die Eingabe und y die
Ausgabe bezeichnet. Bei der ersten Analyse stellten wir Betrachtungen
über mögliche Datensätze an. Diese waren nötig, um die Extremfälle -
den günstigsten bzw. ungünstigsten Fall - des Algorithmus zu ermitteln.
Wir nehmen an, daß diese Datensätze als Eingabewerte für die Prozedur
benutzt werden. Ein Programm zur Erzeugung eines Rechenzeitprofils hat
dann folgende allgemeine Form.

```
procedure PROFIL
    //dieses Programm gibt die Form an, die ein Hauptprogramm//
    //haben muß, welches das Programm  LÖSUNG (x,y) testet//
    //initialisiere alle Variablen, die für  LÖSUNG benötigt wer-//
    //den//
    print ('Test des Algorithmus  LÖSUNG  Zeiten in Millisekunden')
    loop
        read  (DATA)
        if DATA = end-of-file  then  exit  endif
        print ('Neuer Datensatz = ', DATA)
        call  ZEIT (t)
        //die Prozedur ZEIT initialisiert t mit dem aktuellen//
        //Stand der Uhr. Die Zeitbestimmung auf einem Computer//
        //ist maschinenabhängig und variiert stark//
        //nähere Auskünfte hole man sich im Rechenzentrum//
        call  LÖSUNG (DATA, OUTPUT)
        call  ZEIT (s)
        print ('Zeit =', s-t)
    repeat
    end  Profil
```

Algorithmus 1.1o Schema zur Erzeugung eines Leistungs-
profils eines Programms

Obige Prozedur druckt die Zeiten aus, die das Programm LÖSUNG
braucht, um jeden Datensatz zu verarbeiten. Wir kümmern uns nicht um
den Ausdruck von Y, denn wir nehmen an, daß LÖSUNG ein korrekt arbei-
tendes Programm ist. Weiterhin nehmen wir an, daß weder LÖSUNG‾ noch
irgendwelche Unterprogramme eine Ein- oder Ausgabe durchführen. Um eine
Größenordnungskurve zu erzeugen, werden die Datensätze so gewählt,
daß sie bzgl. ihrer Länge anwachsen. Die daraus resultierenden Zeitmeßdaten ergeben dann das Leistungsprofil von LÖSUNG. Falls bei einem
Programm die Rechenzeit nicht durch θ (f(n)), sondern durch O (f(n)) beschrieben wird, sollte man verschiedene Testläufe durchführen, die die
drei Fälle des schlechtesten, besten und durchschnittlichen Falls er-
fassen.

Eine zweite Möglichkeit, die Zeitmessung auf unserem Computer auszunutzen, besteht darin, zwei Programme laufen zu lassen, die dieselbe
Aufgabe ausführen und deren Größenordnungen identisch sind. An den daraus resultierenden Meßdaten kann man ablesen, welches Programm schneller ist. Die Auswirkungen von Änderungen an einem Programm, die nicht
die Größenordnung ändern, aber eine Rechenzeitverkürzung bedeuten,
können ebenfalls mit dieser Methode getestet werden.

Die Prozedur ZEIT dient zum Ablesen der im Computer eingebauten
Uhr. Die Methoden des Ablesens variieren stark von Maschine zu Maschine; die Ermittlung der exakten Rechenzeiten eines Algorithmus ist kei-
neswegs eine triviale Angelegenheit. Die Schwierigkeiten hängen zum
großen Teil mit den Eigenheiten der in Computern eingebauten Uhren zusammen. Diese sind nämlich oft nicht besonders genau oder es ist
schwierig, auf sie zuzugreifen. Bei der Untersuchung einiger bekannter
Computer stellte sich heraus, daß deren Uhren mit sehr verschiedenen
Zeiteinheiten arbeiten (siehe Tabelle 1.2).

IBM 37o/158	3,3 ms
UNIVAC 11o8	0,2 ms
PDP 11/45	16,7 ms
CDC Cyber 74	1 ms
HP 3ooo	1 ms
B 37oo	1 ms
B 67oo	2,64 μ s

Tabelle 1.2 Die Genauigkeiten einiger Uhren

Eine weitere Schwierigkeit beim Beschaffen zuverlässiger Zeitmeßdaten
ergibt sich dann, wenn das Betriebssystem des verwendeten Computers
im Mehrprogramm- oder im Teilnehmerbetrieb arbeitet. So enthalten z.B.
die Zeiten einer PDP-10 mit TENEX-Betriebssystem immer einen gewissen
Anteil, der sich aus dem Verdrängen des Benutzerprogramms auf die
Platte ergibt. Diese Zeit variiert in Abhängigkeit von der Anzahl der
Benutzer, die sich gerade beim System angemeldet haben haben; es gibt
keine Möglichkeit, diese Zeitanteile zu erkennen.

Wenn wir einen Algorithmus auf einer IBM 37o ausführen
lassen und die Ausführungszeit weniger als 1 ms beträgt,kann man die
resultierenden Meßdaten als reines "Rauschen" betrachten, d.h. sie sind
vollkommen unzuverlässig. Es gibt zwei Möglichkeiten, dieses Problem
zu lösen. Die erste besteht darin, die Länge der Eingabedaten so lange
zu vergrößern, bis die gesamte Ausführungszeit groß genug ist, um
eine zuverlässige Messung zu ermöglichen. Bei der zweiten Möglichkeit
läßt man den Algorithmus r mal ablaufen (für ein entsprechend groß ge-
wähltes r) und dividiert dann die Gesamtzeit durch r.

Im verbleibenden Rest dieses Abschnitts befassen wir
uns mit einem speziellen Problem; wir geben mehrere Lösungsalgorithmen
dazu an und vergleichen deren Ausführungszeiten. Das Problem, das wir
uns stellen, ist ein relativ einfaches. Im Feld A (1:n) sind n ganze
Zahlen abgespeichert. Diese Zahlen sind bereits geordnet. Der häufigste
Wert von A (engl."mode") ist das Element, das am meisten vorkommt.
(mode-Element). Wir wollen einen Algorithmus schreiben, welcher den
häufigsten Wert von A ermittelt und zusätzlich noch die Häufigkeit
(Frequenz) seines Auftretens in A feststellt. Die Prozedur MODE
stellt eine einfache Lösung dieses Problems dar.

```
procedure MODE   (A,n,mode,freq)
        // im Feld A (1:n), n ≥ 1, welches bereits geordnet //
        // ist,//
        // werden das häufigste Element (= Mode) und dessen //
        // Häufigkeit //
        // ermittelt. Falls es mehrere gibt, wird das erste //
        // genommen //
            integer i, temp;
            mode ← A (1); freq ← 1; temp ← 1
```

```
        for i ← 2 to n do
            if A (i) ≠ A(i - 1)   then temp ← 1 //neues//
                                       //Element gefunden//
                else   temp ← temp + 1 // erhöhe  Häufig-//
                                       //keit des Elements//
                if temp > freq
                    then freq ← temp; mode ← A(i)
                        // neue Häufigkeit; eventuell//
                        // neues häufigstes Element//
            endif
        endif
    repeat
end MODE
```

Algorithmus 1.11 Ermitteln des häufigsten Elements und
                  dessen Häufigkeit

Nun wollen wir versuchen, einen rekursiven Algorithmus zu entwickeln,
der das gleiche Problem löst. Nehmen wir einmal an, wir hätten bereits
eine Prozedur RMODE (n, m, f), die das häufigste Element m und dessen
Häufigkeit f innerhalb der schon geordneten Elemente im Feld A(1:n)
findet. Nehmen wir weiter an, daß wir die Prozedur auf die ersten n-1
Elemente anwenden, indem wir mit call RMODE (n-1, m, f) die Prozedeur
aufrufen, und daß wir uns überlegen, unter welchen Umständen sich ein
neues mode-Element durch Miteinbeziehen von A(n) ergeben kann. Diese
Denkweise führt zu einem rekursiven Programm und möglicherweise zu
einem weiteren Programm, welches das häufigste Element findet. Falls
A(n) ≠ A(n-1) ist, brauchen m und f natürlich nicht geändert zu werden.
Ist jedoch A(n) = A(n-1), wie kann man dann die drei Fälle unterscheiden: (i) ein neues häufigstes Element wurde gefunden, (ii) das häufigste Element bleibt unverändert, aber seine Häufigkeit wird erhöht,
(iii) m und f brauchen nicht geändert zu werden? Die Antwort findet
man, wenn man die Elemente A(n) und A(n-f) miteinander vergleicht. Es
gibt dann n-(n-f) + 1 = f+1 Fälle, bei denen A(n) auftritt; daraus
ergibt sich entweder ein neues häufigstes Element oder das alte mit
neuer Häufigkeit; andernfalls muß das häufigste Element nicht geändert werden. Diese Überlegungen führen zu der eleganten rekursiven
Prozedur, die erstmals von M. Griffiths vorgestellt wurde:

```
procedure RMODE (i, m, f)
      //das häufigste Element m und dessen Häufigkeit f//
      //in A(1:i)//
      //werden ermittelt; i ≥ 1//
      global A(1:n); integer i, m, f;
      if i = 1 then m ← A(1); f ← 1
            else call RMODE (i-1, m, f)
            if A(i) = A(i-f)
               then m ← A(i); f ← f + 1
            endif
      endif
end RMODE
```

Algorithmus 1.12 Rekursives Ermitteln des häufigsten
                 Elements und dessen Häufigkeit

Dieses Programm ist trickreich formuliert und muß näher untersucht
werden. Am Anfang wird RMODE aufgerufen durch die Anweisung call
RMODE(n, mode, freq), welche dafür sorgt, daß i den Wert n erhält
und daß die Ausführung beginnt. Für i = 1 ist es klar, daß die Prozedur korrekt arbeitet. Für i > 1 verlangen wir - die korrekte Funktion
von RMODE für i - 1 Elemente voraussetzend - daß die Prozedur für die
ersten n - 1 Elemente von A das häufigste Element und dessen Häufigkeit ermittelt. Es tut dies, indem es diese beiden Größen in m und f
zurückliefert. Falls die Häufigkeit des mode-Elements des ganzen
Feldes A(1:n) gleich g ist, dann ist die Häufigkeit f des mode-Elements
der ersten n - 1 Elemente gleich g oder gleich g - 1. Der letzte Fall
tritt nur dann ein, wenn das letzte Element A(n) das mode-Element ist.
Dann gilt: A(n-f) = A(n-f+1) = ... = A(n). Die innerste if-Anweisung
bringt daher das mode-Element auf den neuesten Stand.

    Wenn wir untersuchen, wie die Prozedur RMODE tatsäch-
lich arbeitet, stellen wir fest, daß sie sich ständig selbst aufruft,
so lange bis i = 1 geworden ist. Dann berechnet sie das Endresultat,
indem sie nacheinander das zweite, dritte, vierte, ..., n-te Element
untersucht und das mode-Element dementsprechend auf den aktuellen
Stand bringt. Diese Realisierung legt es nahe, eine Übersetzung von
RMODE in eine iterative Prozedur zu betrachten. Da es nur einen rekursiven Aufruf gibt, braucht man die Rückkehradresse nicht auf einem

Keller abzulegen. Die Übersetzung erfolgt anhand der Regeln aus Abschnitt 1.3; nach gewissen Vereinfachungen erhält man die Prozedur RMODE 1.

```
        procedure RMODE1(A, n, m, f)
            //eine nicht-rekursive Version von RMODE//
            integer i, n, f;
            m ← A(1); f ← 1
            for i ← 2 to n do
              if A(i) = A(i - f)
                    then m ← A(i); f ← f + 1
              endif
            repeat
        end RMODE 1
```

Algorithmus 1.13 Eine nicht-rekursive Version von
Algorithmus 1.12

Wir haben jetzt drei Algorithmen zur Verfügung, um das häufigste Element und dessen Häufigkeit in einem sortierten Feld zu finden. Welcher ist der beste? RMODE ist etwas kürzer als die anderen beiden. An RMODE 1 hätten wir unter Umständen gar nicht gedacht, wenn wir nicht zuerst nach einer rekursiven Lösung gesucht hätten. Da RMODE 1 durch Entfernen der Rekursion aus RMODE entstand, wird dieser Algorithmus wahrscheinlich schneller sein. Aber um wieviel schneller? Alle drei Programme haben Rechenzeiten in der Größenordnung $\Theta(n)$; eine asymptotische Analyse liefert keine weiteren Anhaltspunkte bzgl. der relativen Leistungsfähigkeit der drei Programme.

Die Lösung besteht darin, einige Datensätze zusammenzustellen und ein Leistungsprofil für diese drei Programme zu erstellen. Welcher Datensatz produziert bei diesen Programmen die längsten Rechenzeiten? Offenbar alle jene Datensätze, die nur ein einziges anderes Element enthalten. Die Häufigkeit muß ständig auf den neuesten Stand gebracht werden, und jeder der drei Algorithmen muß die größtmögliche Menge an Arbeit bei jeder Iteration leisten. Ein Datensatz, der die kürzesten Rechenzeiten produziert, ist einer, der aus lauter verschiedenen Elementen besteht. Die Zusammenstellung eines Datensatzes,der ein durchschnittliches Zeitverhalten zur Folge hat, ist schon komplizierter. Die Elemente sollten mit veränderlichen Häufigkeiten wiederholt werden. Hat man unter n Elementen k verschiedene, wobei das i-te Element mit der Häufigkeit n_i auftritt, dann gilt: $n_i + \ldots + n_k = n$. Diese Summe nennt man eine k-Partition von n. Für zufällig zusammengestellte Datensätze braucht man zufällige k-Partitionen von n für alle Werte von k.

Tabelle 1.3 zeigt die Rechenzeiten in Millisekunden für die drei Algorithmen RMODE, RMODE 1 und MODE und für den gleichen Datensatz, bestehend aus lauter verschiedenen Zahlen. RMODE ist deutlich langsamer für alle aufgeführten n, und zwar um einen Faktor 3 bis 4 gegenüber der iterativen Prozedur RMODE 1. Die ursprüngliche Lösung MODE ist ebenfalls langsamer als RMODE 1 , aber nur um einen Faktor 2. Man beachte, daß ein rekursives Programm in PL/C (ein Diagnose-Compiler für PL/1) wesentlich längere Ausführungszeiten hat als ein vereinfachtes iteratives Programm. Mit Hilfe dieser Zeiten können wir die Konstante des führenden Terms in der Zeitformel abschätzen. Seien $c_1 * n$, $c_2 * n$ und $c_3 * n$ die Zeiten im günstigsten Fall für die Prozeduren RMODE, RMODE 1 und MODE, wobei die c_i Konstante sind, die wir berechnen wollen.Aus der Tabelle entnehmen wir als Nährungswerte 11/10, 3/10 und 1/2.

n	100	200	300	400	500	600	700	800	900	1000
RMODE	110	220	340	400	640	680	720	820	940	1050
RMODE1	40	60	80	120	150	170	200	240	260	280
MODE	60	100	150	180	250	300	350	410	440	500

(Gerechnet auf einer IBM 370/158 in PL/C)

Tabelle 1.3 RMODE, RMODE1 und MODE mit Testdaten für den günstigsten
        Fall.

Eine weitere Eigenschaft können wir testen: die Zeitdifferenzen, die sich ergeben, wenn man einen Algorithmus in verschiedenen Programmiersprachen schreibt. Um diesen Faktor auszutesten, schrieben wir die Prozedur RMODE1 in FORTRAN und in PLI/X und ließen beide Programme laufen mit Datensätzen, die dem ungünstigsten Fall entsprechen.

PLI/X ist ein optimierender Compiler für PL/I. Die Tabelle faßt die
Ergebnisse zusammen.

n	500	1000	1500	2000	2500	3000	3500	4000	4500	5000
FORTRAN G:	3	13	16	26	33	39	41	46	56	66
PLI/X:	9	19	33	43	56	69	76	86	99	113

(Gerechnet auf einer IBM 370/158)

Tabelle 1.4 Zeiten in Millisekunden für RMODE1, ungünstigster Fall.

Wie man sieht, ist trotz der Anwendung eines optimierenden PL/I-Com-
pilers die FORTRAN-Version stets um etwa einen Faktor 2 schneller.

Man könnte noch eine ganze Reihe weiterer Experimente
mit diesen drei Programmen durchführen. Die Zeitmessung bei Programmen
und die Ermittlung von Leistungsprofilen ist Teil der Analyse von
Algorithmen. Wir werden noch andere Experimente dieser Art kennenlernen bei der Behandlung der Algorithmen in diesem Buch.

Zusammenfassung

Das erste Kapitel hat uns einen Eindruck vermittelt von den verschiedenen Phasen, die wir bei der Analyse eines Algorithmus und seiner
Variationen durchlaufen. Kurz gesagt sehen diese folgendermaßen aus:
Entwurf, Validierung, Analyse, Codierung, Verifikation, Fehlersuche
und Zeitmessung. Es wird öfter vorkommen, daß wir eine Phase mehrmals durchlaufen müssen. Obwohl die Erstellung eines Algorithmus
niemals vollautomatisiert werden wird, haben wir es in Abbildung 1.1o
doch gewagt, eine Prozedur für die Algorithmenerstellung anzugeben.
Der Leser studiere dieses Flußdiagramm sorgfältig. Vielleicht schreibt
irgendjemand eines Tages ein System, welches automatisch korrekte
und effiziente Algorithmen erzeugt. Sollte das tatsächlich einmal
eintreten, dann ist dieses Buch nutzlos geworden. Doch bis dahin ist
und bleibt die Entwicklung von Algorithmen eine Kunst und eine Wissen-
schaft. In den folgenden Kapiteln wird der Leser einige der klügsten,
nützlichsten und schönsten Algorithmen finden, die bekannt sind. Das
Studium dieser Algorithmen ist alleine schon ein faszinierendes Aben-
teuer. Aber die Fähigkeiten, die der Leser sich dabei erwirbt, dienen

ihm nicht nur zur Freude und Erholung. Sie werden sich bei der eigenen
Arbeit und bei der Arbeit anderer bezahlt machen.

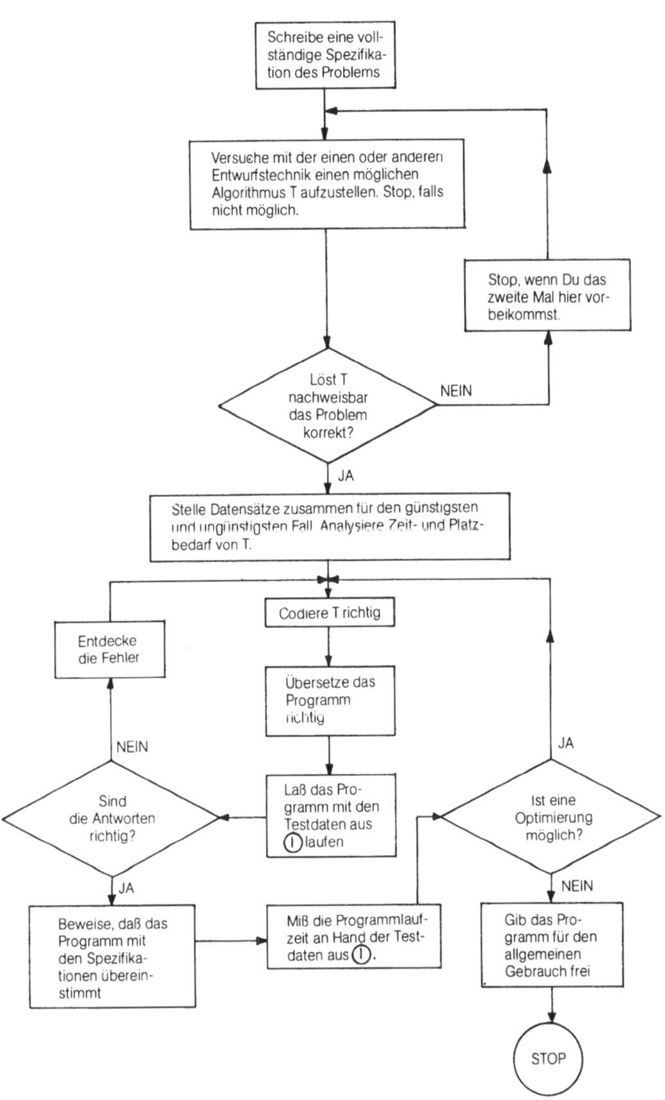

Abbildung 1.10

Die Fähigkeit, die Programme von Kollegen wirkungsvoll zu analysieren,
zu kritisieren und zu verbessern, ist ein Zeichen dafür, daß sich die
Beschäftigung des Lesers mit der Informatik gelohnt hat.

LITERATURHINWEISE

Die Beschäftigung mit Algorithmen und deren mathematischer Analyse
wurde stark voran getrieben von Donald Knuth, insbesondere durch sein
geplantes siebenbändiges Werk

> The Art of Computer Programming
>
> Band 1 : Fundamental Algorithms   (1968)
> Band 2 : Seminumerical Algorithms   (1969)
> Band 3 : Sorting and Searching   (1973)
> Band 4 : Combinatorial Search and Recursion (noch nicht er-
>   erschienen)
> Band 5 : Syntactical Algorithms   (noch nicht erschienen)
> Band 6 : Theory of Languages   (noch nicht erschienen)
> Band 7 : Compilers   (noch nicht erschienen)
>
> Addison-Wesley, Reading, Massachusetts

Mehr im populärwissenschaftlichen Stil geschrieben sind folgende
Artikel:

"Algorithms"   von D.E.Knuth, Scientific American, April 1977
"Computer science and its relation to mathematics" von D.E.Knuth
  American Math Monthly, April 1974.

Weitere wichtige Lehrbücher über die Theorie und Komplexität von
Algorithmen sind:

> The Design and Analysis of Computer Algorithms, von A.V.Aho
> J.E.Hopcroft, J.D.Ullman Addison-Wesley, Reading, Mass(1974)
>
> The computational complexity of algebraic and numeric
> problems von A.Borodin und I.Munro, American Elsevier,
> New York, 1975.

Einige Bücher sind erschienen, die den Schwerpunkt auf
"Kombinatorische Berechnungen" legen:

        Elements of Combinatorial Computing, von B. Wells, Pergamon
        Press, Oxford (1971).
        Combinatorial Algorithms: Theory and Practice, von E.M. Rein-
        gold, J. Nievergelt, und N. Deo, Prentice-Hall, Englewood
        Cliffs, N.J. (1977).
        Combinatorial algorithms, von A. Nijenhuis und H.S. Wilf,
        Academic Press, New York (1975).
        Algorithmic combinatorics, von S. Even, Macmillan Company
        New York, 1973.
        Combinatorial optimization, von E. Lawler, Holt, Rinehart,
        Winston, New York, 1976.

Asymptotische Analyse wird behandelt in:

        Asymptotic Methods in Analysis, von N.G. de Bruijn, North
        Holland Publishers, Amsterdam (1961).
        "Big Omicron and Big Omega and Big Theta," von D.E. Knuth,
        SIGACT News, ACM (April 1976).

Die Übersetzung rekursiver Programme in iterative wird behandelt in:

        "Structured Programming with Go-tos," von D.E. Knuth, Compu-
        ting Surveys, vol. 6, no. 4, (Januar 1975).
        "A system which automatically improves programs", von J. Dar-
        lington and R.M. Burstall, Proceedings of the Third Interna-
        tional Conference on Artificial Intell, Stanford, (1973),
        479 - 485. Siehe auch JACM, vol. 24, no. 1, Januar 1977, pp.
        44 - 67.
        "Toward automatic program systhesis" von Z. Manna und R. Wal-
        dinger, CACM, vol. 14, no. 3, (März 1971).

Eine ausgezeichnete Prognose über die zukünftigen Entwicklungen im Bereich der theoretischen Informatik findet man in:

        "Microelectronics and computer science", von Ivan E. Suther-
        land und Carver A. Mead, Scientific American, September, 1977,
        21o - 228.
Eine nette Einführung zu den Themen Datenflußanalyse und Programmverifikation mit vielen Literaturhinweisen findet man in:

Übungen

1. Man schlage das Wort "Algorithmus" im Lexikon nach.

2. Der abgekürzte Name al-Khowarizmi (Algorithmus) bedeutet wört-
   lich "aus der Stadt Khowarazm". Diese Stadt ist unter dem
   Namen Khiva bekannt und liegt in Usbekistan in der UdSSR. Man
   versuche, diese Stadt in einem Atlas zu finden.

3. Bringen Sie folgende Programmstücke in eine einfachere, klarere
   Form:

```
i ← n                    if a > b
while i > 1 do           then if c > d
  y ← F(x)                    then if e > f then x ← 1
  i ← i - 2                                else x ← 2
repeat                                  endif
                              else x ← 3
                         endif
                    else x ← 4
                    endif
```

4. Schreiben Sie in FORTRAN äquivalente Programmstücke, die den
   Anweisungen while, loop-until-repeat und for entsprechen. Beachten Sie dabei, daß gemäß dem ANSI-Sprachstandard die DO-
   Schleife in FORTRAN stets mindestens einmal durchlaufen wird
   und daß man nicht herunterzählen kann.

5. Diskutieren Sie die Vor- und Nachteile, die sich ergeben würden,
   wenn man aus ökonomischen Gründen folgende Anweisungen in
   SPARKS entfernen würde:
   (i)   while
   (ii) while und loop-until-repeat
   (iii) go to
   (iv) alle Wiederholungsanweisungen

6. Schreiben Sie eine Boolesche Funktion, welche ein Feld A(1:n),

$n \geq 1$, bestehend aus Nullen und Einsen; als Eingabe hat und entscheidet, ob die Anzahl von Einsen bei jeder zusammenhängenden Einsergruppe geradzahlig ist. Welche Rechenzeit hat dieser Algorithmus?

7. Schreiben Sie - falls Sie es nicht sowieso schon getan haben - einen rekursiven Algorithmus, der das Problem aus Aufgabe 6 löst.

8. Es sei $t(n)$ die Rechenzeit der Prozedur Fibonacci (n) aus Abschnitt 1.3. Zeigen Sie, daß gilt: $t(n) = O(2^{n-2})$.

9. Eine weitere rekursive Prozedur zur Berechnung der n-ten Fibonacci-Zahl ist die folgende:

```
procedure F1(n)
      //eine Funktion, welche die n-te Fibonacci-Zahl//
      //zurückliefert//
      if n < 2 then return (1)
            else return (F2(2, n, 1, 1))
      endif
end F1


procedure F2(i, n, x, y)
      if i ≤ n
         then call F2(i+1, n, y, x+y)
      endif
      return(y)
end F2
```

Verfolgen Sie den Ablauf des Algorithmus für die Aufrufe F1(1), F1(2), F1(3), F1(4); vergleichen Sie danach die Rechenzeiten der Prozeduren F1(n) und F(n) (Algorithmus 1.2) miteinander.

10. Simulieren Sie die Prozedur MAX 1 (Algorithmus 1.5) mit n=5 und dem Datensatz A (1:5) = 1o, 2o, 12, 18, 16.

11. Welche der folgenden Prozeduren findet das Maximum unter den n ver-

schiedenen Elementen im Feld A(1:n)?

```
procedure MAX4(i, j)
    global n, A(1:n)
    if i ≤ n then if A(i) > A(j) then j ← i endif
                                    call MAX4(i+1, j)
    endif
end MAX4


procedure MAX5(i, j)
    global n, A(1:n)
    if i < n then call MAX5(i+1, j)
                  if A(i) > A(j) then j ← i endif
            else  j ← n
    endif

  end MAX5
```

Wie wird jede Prozedur beim ersten Mal aufgerufen? Arbeitet
die richtige Prozedur genauso wie Algorithmus 1.5, wenn die
Elemente von A nicht verschieden sind?

12. Untersuchen Sie die fünf Algorithmen, die in diesem Kapitel
    zum Finden des Maximums vorgestellt werden, bzgl. ihrer Rechen-
    zeiten, indem Sie diese ablaufen lassen mit einem Datensatz,
    bei dem die Werte in aufsteigender Größe angeordnet sind.

13. Die Prozedur SUCH(i) aus diesem Kapitel arbeitet schneller,
    wenn man folgende Änderungen anbringt:

$$A(n+1) \leftarrow x$$
$$k \leftarrow SUCH(1).$$

Zeigen Sie, wie man die Prozedur SUCH neu schreiben muß, um
vorteilhaft auszunutzen, daß x mindestens einmal am Ende des
Feldes auftritt.

14. Übersetzen Sie die Prozedur SUCH (Algorithmus 1.4) in eine
    iterative Form, indem Sie die Regeln aus Abschnitt 1.3 an-

wenden. Formulieren Sie zuerst die rekursive Version so um,
daß es nur noch eine _return_-Anweisung gibt, und übersetzen
Sie dann dieses Programm.

15. Schreiben Sie eine Prozedur, welche das häufigste Element und
dessen Häufigkeit in einem nicht geordneten Feld findet. Analysieren Sie deren Rechenzeit. Ist diese Methode besser als Sortieren?

16. Programmieren Sie die Prozedur RMODE1 in zwei verschiedenen
Sprachen und lassen Sie diese Programme auf derselben Maschine
laufen. Verwenden Sie einen Datensatz, bei dem alle Zahlen
verschieden sind. Vergleichen Sie ihre Ergebnisse mit Tabelle
1.3.

17. Machen Sie sich klar, daß man bei den Prozeduren MODE und RMODE
nicht die Annahme machen muß, der Datensatz sei sortiert. Es
genügt, wenn die Elemente "gruppiert" sind. Definieren Sie
diese Forderung präzise und entwerfen Sie einen Algorithmus
zum Gruppieren. Dieser Algorithmus sollte wenn möglich die Elemente nicht sortieren.

18. Entwerfen Sie eine iterative Version zum Algorithmus 1.11,
die das größte Element schneller findet als dieser.
Diese neue Version wird beim Durchlaufen der Schleife weniger
Vergleiche durchführen.

19. Finden Sie den kleinsten Wert für n heraus, für den die zweite
Funktion folgender Funktionspaare kleiner wird als die erste.
   (i) n^2, 10^n
   (ii) 2^n, $2n^3$
   (iii) $n^2/\log n$, $n(\log n)^2$
   (iv) $n^3/2$, $n^{2.81}$

20. Schreiben Sie ein rekursives Programm zur Berechnung der Bino-
mial-Koeffizienten BINOM(n, m). Benutzen Sie die rekursive
Definition
BINOM(n, m) = BINOM(n-1, m) + BINOM(n-1, m-1)
und
BINOM(n, o) = BINOM(n, m) = 1.

21. Vergleichen Sie die Vorteile des rekursiven Programms aus Aufgabe 20 zur Berechnung der Binomialkoeffizienten mit einem iterativen Programm, welches Fakultäten benutzt: BINOM(n,m) = $n!/(m!(n - m)!)$.

22. Zeigen Sie, daß $1+2+3+...+n = n(n+1)/2$ ist.
    <u>Hinweis</u>: Gruppieren Sie die Terme wie folgt:

$$(1+n) + (2+n-1) + (3+n-2) + ...$$

23. Fügen Sie - mit Hilfe eines Taschenrechners oder von Hand - in der Tabelle 1.1 noch weitere Werte hinzu für folgende Spalten:

$$\log \log n, \ n^2 \log n, \ n^3 \log n \text{ und } n^n.$$

24. Fügen Sie - mit Hilfe eines Taschenrechners oder von Hand - in der Tabelle 1.1 noch weitere Werte hinzu für folgende Zeilen:

$$n = 64, \ 128, \ 256, \ 512, \ 1024.$$

Approximieren Sie falls nötig.

25. Die Häufigkeit der Ausführung jeder Anweisung in der Prozedur MAX3(A, n) (Algorithmus 1.7) ist durch n fixiert außer der Anweisung "K ← i". Bestimmen Sie die durchschnittliche Anzahl der Ausführungen dieser Anweisung. Benutzen Sie dazu folgende Hinweise:

(i) Nehmen Sie an, daß die Werte im Feld A(1:n) alle verschieden sind und daß jede der n! Permutationen mit gleicher Wahrscheinlichkeit auftritt. Es sei $p(n, k)$ die Anzahl der Permutationen von n, die eine Ausführungshäufigkeit von k dividiert durch n! erzeugen.

(i) Ermitteln Sie, wie oft die Häufigkeit der Ausführung der Anweisung k ← i entweder 0, 1 oder 2 ist, wenn n = 3 ist (d.h. finden Sie P(3,0), P(3,1), P(3,2)).

(ii) Die durchschnittliche Häufigkeit ist definiert als die Summe über $kp(n, k)$, wobei k von 0 bis n-1 läuft. Machen Sie sich klar, warum gilt:

$$p(n, k) = (1/n) \ p(n-1, k-1) + ((n-1)/n) \ p(n-1, k)$$

wobei anfangs gilt: $p(1,k) = \delta(0,1)$ und $p(n,k) = 0$
falls $k < 0$

(iii)   Es sei $G(n,z) = p(n,0) + p(n,1)z + \ldots + p(n,n-1)z^{n-1}$
und $G(1,z) = 1$. Zeigen Sie unter Verwendung dieser Definition und obiger Formeln, daß gilt:

$$G(n,z) = (z/n) \cdot G(n-1,z) + ((n-1)/n)\, G(n-1,z)$$
$$= ((z+n-1)/n)\, G(n-1,z)$$

(iv)   Lösen Sie obige Formel auf zu:

$$G(n,z) = (1/(z+n)) \; \mathrm{BINOM} \binom{z+n}{n}$$

(v)   Zeigen Sie jetzt, daß folgende Formeln gelten:

$$G'(n,z) = (1/n)\, G(n-1,z) + ((z+n-1)/n)\, G'(n-1,z)$$

und

$$G'(n,1) = 1/n + G'(n-1,1)$$
$$= \ldots = H_n - 1$$

wobei H_n die n-te harmonische Zahl ist:
$$H_n = 1 + 1/2 + 1/3 + 1/4 + \ldots + 1/n$$

(vi)   Wenn Sie diese Schritte durchgeführt haben, haben Sie jetzt sicher gemerkt, daß die mittlere Anzahl, nach der gefragt ist, gerade durch $G'(n,1)$ gegeben ist. Damit ist die Berechnung abgeschlossen.

Diese Hinweise folgen der Ableitung, wie sie in D.Knuth: Fundamental Algorithms angegeben ist.

26. In vielen Fällen ist es ratsam, die mittlere Anzahl aus einer Reihe von m Versuchen zu bestimmen, wobei die Eingabegröße fest ist. Das Testprogramm hierfür sieht folgendermaßen aus:

```
initialisiere den Zeitmesser
for i ← 1 to m do
    call LÖSUNG(x, y)
repeat
  Mittelwert ← ZEIT/m
```

Es wäre interessant herauszufinden, wie weit der Mittelwert von den tatsächlichen Messungen abweicht. Ein Maß dafür ist die sog. Standardabweichung. Schlagen Sie die Definition der Standardabweichung nach und zeigen Sie, wie man diese innerhalb des obigen Programms ausrechnet.

27. Ein weiteres Programm zur Berechnung des häufigsten Elements
    und dessen Häufigkeit ist das folgende:

```
procedure MODE2 (A, n, m, f)
   // n > 0 //
   f ← 0; Zähler ← 1; i ← 2.
   A(n+1) ← A(n) + 1   //Das Feld muß um ein Element er-//
                       //weitert werden//
   loop
      if A(i) = A(i-1)
           then Zähler ← Zähler + 1
           else if Zähler > f
                   then f ← Zähler; m ← A(i-1); Zähler ← 1
                endif
      endif
      i ← i+1
   until i > n+1 repeat
end MODE2
```

Entwerfen Sie einige Experimente und führen Sie diese aus; vergleichen Sie die Rechenzeiten von MODE2 und die der anderen
Versionen in diesem Kapitel.

28. Die Prozedur F(n) aus Abschnitt 1.3 berechnet die n-te Fibo-
    nacci-Zahl. Wie oft wird F(i) berechnet für i = 1, 2, 3, ..., n?

29. Warum kann die Prozedur PROFIL (Algorithmus 1.10) davon aus-
    gehen, daß der Aufruf von LÖSCHEN keine Eingabe- oder Ausgabe-
    Anweisungen enthält?

30. Entwerfen Sie einen Algorithmus, welcher eine römische Zahl in
    eine arabische konvertiert. Es gilt:

    I = 1, V = 5, X = 10, L = 50, C = 100, M = 1000.

31. Entwickeln Sie einen Algorithmus, der eine positive ganze ara-
    bische Zahl in eine römische konvertiert.

32. Entwerfen und testen Sie einen Algorithmus, welcher berechnet,
    wie lange es auf der von Ihnen verwendeten Maschine dauert, um
    2^n, n^n und n! Additionen für verschiedene Werte von n auszu-

führen. Machen Sie dasselbe auch für Multiplikationen.

33. Modifizieren Sie den in Abbildung 1.10 dargestellten "Algorith-
    mus" so, daß er auch den Fall erfaßt, daß zwei konkurrierende
    Algorithmen zur Lösung desselben Problems entworfen werden.

Kapitel 2
Elementare Datenstrukturen

Nachdem wir uns mit den grundlegenden Methoden vertraut gemacht haben,
die wir zur Formulierung und Analyse von Algorithmen benötigen, könnte
es jetzt eigentlich richtig losgehen. Zuvor müssen wir aber noch einen
Exkurs unternehmen: in diesem Kapitel befassen wir uns mit Datenstrukturen. Eine der elementaren Techniken zur Verbesserung von Algorithmen
besteht darin, die Daten so zu strukturieren, daß die resultierenden
Operationen effizient ausgeführt werden können. Wir können hier nicht
alle bekannten Techniken vorstellen; in diesem Kapitel haben wir daher
einige ausgewählt, von denen wir meinen, daß sie sehr oft vorkommen.
Vielleicht kennt der Leser diese Techniken schon aus einem Kurs über
Datenstrukturen (wie wir hoffen aus dem Buch "Fundamentals of data
structures"). Falls dies der Fall ist, kann der Leser dieses Kapitel
überspringen oder es flüchtig durchschauen. Sind Begriffe wie Keller,
Schlange, Menge, Baum, Graph, Halde und Hashing-Technik jedoch unbekannt, dann wollen wir das Studium der Algorithmen jetzt gleich mit
einigen interessanten Problemen aus dem Bereich der Datenstrukturen
beginnen.

2.1 Keller und Schlangen

Eine der gebräuchlichsten Datenorganisationsformen in Computerpro-
grammen ist die geordnete oder lineare Liste, die oft wie folgt geschrieben wird:

$$A = (a_1, a_2, \ldots, a_n).$$

Die Elemente a_i nennt man Atome; sie werden aus einer geeigneten

Menge gewählt. Die leere Liste oder Nulliste hat n = 0 Elemente. Ein
Keller oder Stapel, oft auch "Stack" genannt, ist eine geordnete
Liste, bei der alle Einfügungen und Tilgungen nur an einem Ende gemacht werden; dieses Ende nennen wir Kellerspitze. Eine Schlange
ist eine geordnete Liste, bei der alle Einfügungen am Anfang gemacht
werden, während alle Tilgungen am Ende erfolgen.

Abbildung 2.1 Beispiele für Keller und Schlange

Ein Keller funktioniert nach folgendem Mechanismus: wenn die Elemente
A, B, C, D, E in dieser Reihenfolge in den Keller eingefügt wurden,
dann ist das erste Element, welches entfernt oder gelöscht wird, das
Element E. Man kann auch sagen: das letzte Element, das auf dem
abgelegt wurde, ist das erste, das entfernt wird. Aus diesem Grund
nennt man einen Keller manchmal auch eine LIFO-Liste (Last In First
Out = zuletzt hinein, zuerst heraus). Die Operationen bei einer
Schlange erfordern, daß das erste Element, welches in die Schlange
eingefügt wurde, auch das erste ist, welches entfernt wird. Daher
nennt man eine Schlange auch eine FIFO-Liste (First In First Out =
als erstes hinein und als erstes heraus). In Abb. 2.1 sind Beispiele
für einen Keller und für eine Schlange gezeigt; bei beiden Listen
wurden die gleichen fünf Elemente in derselben Reihenfolge eingefügt.
Man beachte, daß die Schlange der Datenobjekte, wie sie hier definiert
ist, nicht unbedingt mit dem Begriff Schlange aus der Warteschlangen-
theorie übereinstimmen muß.

Die einfachste Möglichkeit, einen Keller darzustellen,
besteht darin, ein eindimensionales Feld, z.B. KELLER (1:n), zu verwenden, wobei n die maximale Anzahl der erlaubten Einträge ist. Das
erste (unterste) Element im Keller wird an der Stelle KELLER(1) abge-

speichert, das zweite an der Stelle KELLER(2) und das i-te an der
Stelle KELLER(i). Zu dem Feld gehört eine Variable, meist "Top" genannt, welche auf das oberste Element (top element) im Keller zeigt.
Wenn wir feststellen wollen, ob der Keller leer ist, fragen wir "if
top = 0". Ist top ≠ 0, dann finden wir das oberste Element an der
Stelle Keller (top). Zwei weitere elementare Operationen sind das Einfügen und Löschen (Tilgen) von Elementen. Die entsprechenden Prozeduren hierfür sind die Algorithmen 2.1 (a) und (b).

```
procedure EINFÜGEN (Objekt, KELLER, n, top)
   //füge das Objekt in den Keller der Länge n ein;//
   //top ist die Anzahl der momentan im Keller befind-//
   //lichen Elemente//
      if top ≥ n then call KELLERVOLL endif
      top ← top + 1
      KELLER (top) ← Objekt
end EINFÜGEN
```

(a) Einfügen eines Elements

```
procedure LÖSCHEN (Objekt, KELLER, top)
   //entferne das oberste Element im Keller und spei-//
   //chere es//
   //in "Objekt", sofern der Keller nicht leer ist.//
      if top ≤ 0 then call KELLERLEER endif
      Objekt ← KELLER (top)
      top ← top - 1
end LÖSCHEN
```

(b) Löschen eines Elements

Algorithmus 2.1 Keller-Operationen

Jede Ausführung der Prozeduren EINFÜGEN und LÖSCHEN nimmt eine
konstante Zeit in Anspruch und ist unabhängig von der Anzahl der Element im Keller. Die Prozeduren KELLERVOLL und KELLERLEER behandeln die
Fälle, wenn der Keller voll bzw. leer ist; wir führen sie hier nicht
näher aus, da sie von der speziellen Art der Anwendung abhängen. Oft
wird die Meldung "Keller ist voll" ein Zeichen dafür sein, daß es

nötig ist, neuen Speicherplatz zuzuweisen und das Programm erneut zu
starten. Die Meldung "Keller ist leer" hat oft eine besondere Bedeutung.

Eine weitere Möglichkeit, einen Keller darzustellen,
besteht in der Verwendung von Zeigern (Pointern). Ein sog. <u>Knoten</u>
setzt sich aus Datum und Zeiger zusammen. Ein Keller kann mit Hilfe
von Knoten dargestellt werden, die aus zwei Feldern bestehen, nennen
wir sie DATEN und ZEIGER (DATA und LINK). Das Datenfeld jedes Knotens
enthält ein Objekt im Keller; das zugehörige Zeigerfeld zeigt zu dem
Knoten, der das nächste Objekt im Keller enthält. Das Zeigerfeld des
letzten Knoten ist Null, denn wir nehmen an, daß jeder Knoten eine
Adresse hat, die größer als Null ist. Ein Keller, in den die Objekte
A, B, C, D, E in dieser Reihenfolge eingefügt wurden, würde z.B. so
aussehen wie in Abb. 2.2.

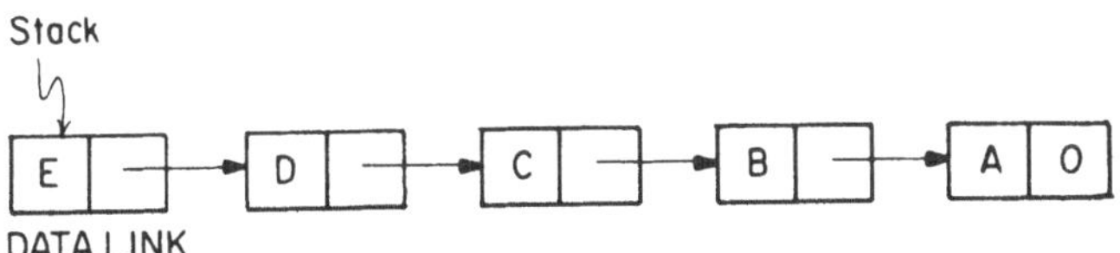

<u>Abbildung 2.2</u> Beispiel für einen Keller mit Zeigern, bestehend aus 5 Elementen

Die Variable KELLER zeigt auf den obersten Knoten (das
letzte eingefügte Objekt) in der Liste. Der leere Keller wird dargestellt, indem man KELLER = 0 setzt. Aufgrund der Anordnung der Zeiger
sind die Operationen EINFÜGEN und LÖSCHEN einfach durchzuführen. Um
z.B. ein Element in den Keller einzufügen, würde man folgendes schreiben:

```
call NEUERKNOTEN (T)
DATEN(T) ← Objekt
ZEIGER(T) ← KELLER
KELLER ← T
```

Die Prozedur NEUERKNOTEN weist der Variablen T die Adresse eines

verfügbaren Knotens zu. Wenn es keinen freien Knoten mehr gibt, wird
das Programm beendet. Die nächsten beiden Anweisungen speichern geeignete Werte in die beiden Felder eines Knotens. Dann wird die Variable KELLER auf den neusten Stand gebracht; sie zeigt auf das neue
oberste Element der Liste.Das Löschen würde folgendermaßen aussehen:

```
if KELLER = 0 then call KELLERLEER endif
Objekt ← Daten (KELLER)
T ← KELLER
KELLER ← ZEIGER (KELLER)
call KNOTENRÜCKGABE   (T)
```

Wenn der Keller leer ist, führt jeder Versuch, ein Element zu löschen,
zum Aufruf der Prozedur KELLERLEER. Wenn er nicht leer ist, wird das
oberste Element als Wert der Variablen "Objekt" abgespeichert, der
Zeiger zum ersten Knoten gerettet und KELLER so verändert, daß es zum
nächsten Knoten zeigt. Die Prozedur KNOTENRÜCKGABE hat die Aufgabe,
einen einzelnen Knoten in die Liste der freien Knoten einzureihen, wo
er später durch die Prozedur NEUERKNOTEN wieder benutzt werden kann.

Die Verwendung von Zeigern zur Darstellung eines Kellers
erfordert mehr Speicherplatz als das Feld KELLER(1:n) mit seinen aufeinanderfolgenden Elementen. Jedoch bietet die Verwendung von Zeigern
eine größere Flexibilität, denn viele Strukturen können gleichzeitig
den gleichen Vorrat an freien Knoten benutzen. Sehr wichtig ist, daß
die Zeiten für das Einfügen und Löschen bei beiden Darstellungen
konstant und unabhängig von der Größe des Stacks sind.

Eine brauchbare Darstellung einer Schlange erhält man,
indem man ein Feld Q(0:n-1) vereinbart und es so behandelt, als wäre
es zu einem Kreis geschlossen. Das Einfügen von Elementen geschieht
durch Erhöhen der Variablen ENDE, so daß sie auf die nächste freie
Position zeigt. Wenn ENDE = n-1 ist, wird das nächste Element an der
Stelle Q(0) eingefügt, falls diese Stelle frei ist. Die Variable AN-
FANG zeigt stets auf das dem ersten Element im Gegenuhrzeigersinn
benachbarte Element. ENDE = ANFANG gilt genau dann, wenn die Schlange
leer ist; am Anfang gilt ANFANG = ENDE = 0. Abb. 2.3 zeigt zwei mögliche Konfigurationen einer Ringliste, die vier Elemente J1 - J4
mit n > 4 enthält.

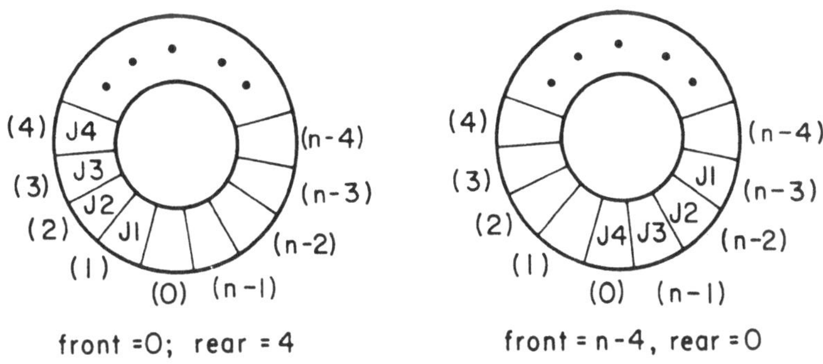

Abbildung 2.3 Kreisliste der Kapazität n mit 4 Elementen J1, J2, J3, J4

Zum Einfügen eines Elements ist es nötig, den Zeiger ENDE um eine Position im Uhrzeigersinn weiterzuschalten. Dies geschieht z.B. durch folgende Anweisung:

$$\text{if ENDE} = n-1 \ \underline{\text{then}} \ \text{ENDE} \leftarrow 0$$
$$\underline{\text{else}} \ \text{ENDE} \leftarrow \text{ENDE} + 1$$
$$\underline{\text{endif}}$$

Man kann dies auch eleganter formulieren, indem man den vorhandenen modulo-Operator benutzt, der zum Ausrechnen von Resten dient. Vor dem Einfügen würde man den ENDE-Zeiger durch folgende Anweisung erhöhen:

$$\text{ENDE} \leftarrow (\text{ENDE} + 1) \ \underline{\text{mod}} \ n$$

In gleicher Weise ist es erforderlich, den Zeiger ANFANG bei jeder Lösch-Operation um eine Position im Uhrzeigersinn weiterzuschalten. Wie eine Prüfung der Algorithmen 2.2 (a) und 2.2 (b) zeigt, ist die Zeit, die für das Einfügen und Löschen bei Schlangen, die als kreisförmige Felder behandelt werden, aufgewendet werden muß, konstant, d.h. von der Größenordnung O(1).

procedure **SCHLANGEEINFÜGEN** (Objekt, Q, n, Anfang,
                                    Ende)
   // füge das Objekt in die Ringliste Q(0:n-1) ein;//
   // "Ende" zeigt auf das letzte Objekt; "Anfang"//
   // zeigt auf das dem //
   // ersten Element im Gegenuhrzeigersinn benachbarte//
   // Element. //
   Ende ← (Ende + 1) **mod** n   // "Ende" wird um eine//
                                   // Position im //
                                   // Uhrzeigersinn weiter-//
                                   // geschaltet //
   if Anfang = Ende **then** **call** SCHLANGEVOLL **endif**
   Q (Ende) ← Objekt
end SCHLANGEEINFÜGEN

(a) Einfügen eines Elements

procedure **SCHLANGELÖSCHEN** (Objekt, Q, n, Anfang,
                                    Ende)
   // entfernt das Element am Anfang der Schlange//
   // Q(0:n-1) //
   // und speichert es in "Objekt" ab //
   if Anfang = ENDE **then** **call** SCHLANGELEER **endif**
   Anfang ← (Anfang + 1) **mod** n   // schalte "Anfang" um//
                                     // eine Position //
                                     // im Uhrzeigersinn//
                                     // weiter //
   Objekt ← Q(Anfang)   // Variable "Objekt"//
                                     // übernimmt //
                                     // Anfangselement der//
                                     // Schlange //
end SCHLANGELÖSCHEN

(b) Löschen eines Elements

Algorithmus 2.2 Elementare Schlangenoperationen

Überraschenderweise stellt sich bei beiden Algorithmen heraus, daß der
Test auf volle Schlange in der Prozedur SCHLANGEEINFÜGEN und

der Test auf leere Schlange SCHLANGELÖSCHEN gleich sind.
Im Fall SCHLANGEEINFÜGEN jedoch gibt es tatsächlich einen freien
Platz Q(Ende), wenn Anfang = Ende ist, denn das erste Element der
Schlange befindet sich nicht an der Stelle Q(Anfang), sondern um
eine Position weiter (im Uhrzeigersinn). Wenn wir jedoch an dieser
Stelle ein Objekt einfügen, können wir nicht mehr die beiden Fälle
unterscheiden, ob die Schlange voll oder leer ist, denn dieses
Einfügen würde dazu führen, daß Anfang = Ende ist. Um dies zu vermeiden, setzen wir die Meldung "Schlange ist voll" ab; somit erlauben
wir nur eine maximale Anzahl von n-1 Elementen statt von n Elementen
in der Schlange. Eine Möglichkeit, alle n Positionen auszunutzen,
würde darin bestehen, eine weitere Variable "tag" (= Marke) zu verwenden: dann könnte man die beiden Situationen unterscheiden, z.B.
könnte man tag = 0 setzen genau dann, wenn die Schlange leer ist.
Dies würde aber dazu führen, daß die beiden Algorithmen langsamer
werden. Da die beiden Algorithmen SCHLANGEEINFÜGEN und SCHLANGELÖSCHEN
ziemlich oft benutzt werden bei allen Problemen, die mit Schlangen
arbeiten, wird der Verlust von einer Position in der Schlange mehr
als wett gemacht dadurch, daß die Rechenzeit reduziert wird.

Die Prozeduren SCHLANGEVOLL und SCHLANGELEER wurden
ohne weitere Erläuterung benutzt; sie sind analog zu den Prozeduren
KELLERVOLL und KELLERLEER. Ihre Funktion hängt von der speziellen Anwendung ab.

Eine weitere Möglichkeit, eine Schlange darzustellen,
besteht in der Verwendung von Zeigern. Abb. 2.4 zeigt eine Schlange
mit vier Elementen A, B, C, D, welche in dieser Reihenfolge eingefügt wurden.

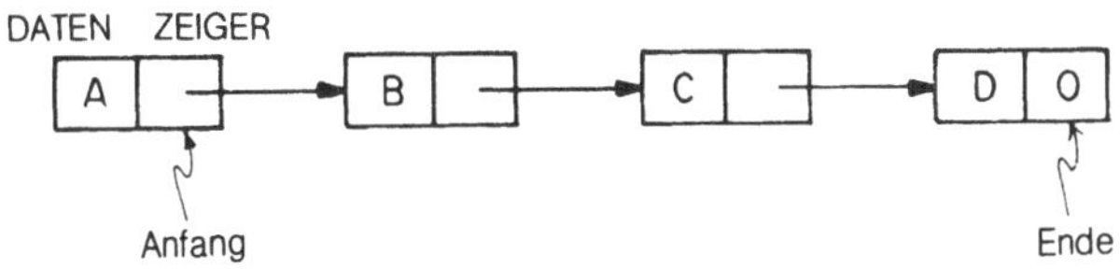

Abbildung 2.4   Eine Schlange mit Zeigerstruktur und 4 Elementen

Wie bei dem Beispiel des mit Zeigern realisierten Stacks ist auch hier
jeder Knoten der Schlange aus zwei Feldern aufgebaut: DATEN und ZEIGER.
Zwei Variable "Anfang" und "Ende" zeigen auf die Schlange. Das Löschen
von Elementen wird am Anfang vorgenommen, das Einfügen am Ende. Der
Fall Anfang = 0 bedeutet, daß die Schlange leer ist. Wie im vorigen
Beispiel nehmen wir wieder an, daß es zwei Prozeduren NEUERKNOTEN
und KNOTENRÜCKGABE gibt, die genauso arbeiten, wie es beim Keller
besprochen wurde. Die Prozeduren zum Einfügen und Löschen bei mit
Zeigern realisierten Schlangen werden dem Leser zur Übung überlassen.

2.2 Bäume

Definition: Ein Baum ist eine endliche Menge von Knoten mit folgenden
Eigenschaften:

      (i)   es gibt einen ausgezeichneten Knoten, genannt
           Wurzel;

      (ii)   die übrigen Knoten sind in n disjunkte Mengen
           (n > 0) T1, ..., Tn unterteilt, wobei jede dieser
           Mengen ein Baum ist. T1, ..., Tn werden Unter-
           bäume der Wurzel genannt.

Es gibt eine ganze Reihe von Begriffen, die im Zusammenhang mit Bäumen gebräuchlich sind. Betrachten wir den Baum in Abbildung
2.5. Dieser Baum hat 13 Knoten; der Einfachheit halber besteht das Da-
tenelement jedes Knotens gerade aus einem Buchstaben. Die Wurzel
enthält den Buchstaben A (gewöhnlich sagen wir einfach "Knoten A");
normalerweise zeichnen wir Bäume mit der Wurzel nach oben. Die Anzahl
von Unterbäumen eines Knotens nennt man dessen Grad. Der Grad von A
ist 3, von C ist er 1 und von F ist er 0. Knoten vom Grad 0 nennt man
Blätter oder Endknoten. Die Menge K, L, F, G, M, I, J ist die Menge
aller Blätter in Abbildung 2.5. Die anderen Knoten werden auch als
nichtterminale Knoten bezeichnet. Die Wurzeln der Unterbäume eines
Knotens X nennt man die Nachfolger oder Söhne von X. X ist der Vorgänger oder Vater seiner Nachfolger. So sind beispielsweise H, I und
J die Nachfolger von D; der Vater von D ist A.

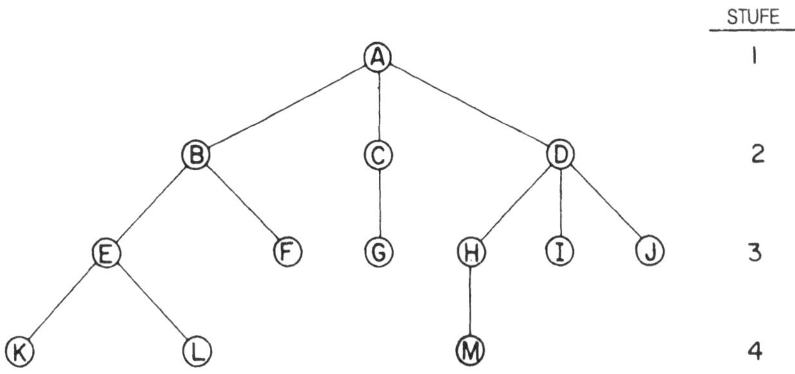

<u>Abbildung 2.5</u> Beispiel für einen Baum

Söhne desselben Vaters nennt man Brüder. So sind z.B. H, I und J
Brüder. Diese Terminologie kann man im Bedarfsfall noch entsprechend
erweitern, z.B. könnten wir nach dem Großvater von M fragen, der D ist,
usw... Der Grad eines Baumes ist der maximale Grad der Knoten im Baum.
Der Baum in Abbildung 2.5 hat den Grad 3. Die <u>Vorfahren</u> eines Knotens
sind all jene Knoten, die auf dem Weg von diesem Knoten zur Wurzel
liegen. Beispielsweise sind die Vorfahren von M die Knoten A, D und H.

Die Stufe eines Knotens ist dadurch definiert, daß man
der Wurzel die Stufe 1 zuweist. Befindet sich ein Knoten auf der Stufe
p, dann gehören seine Söhne zur Stufe p+1. Abbildung 2.5 zeigt die
Stufen aller Knoten in diesem Baum. Die <u>Höhe</u> oder <u>Tiefe</u> eines Baumes
ist definiert als die maximale Stufe irgendeines Knotens im Baum.

Ein <u>Wald</u> ist eine Menge von n verschiedenen Bäumen
(n > 0). Der Begriff des Waldes kommt dem des Baumes ziemlich nahe,
denn wenn man bei einem Baum die Wurzel entfernt, erhält man einen
Wald. So erhalten wir z.B. in Abb. 2.5 einen Wald mit drei Bäumen,
wenn wir die Wurzel A entfernen.

Nun stellt sich die Frage nach der Darstellung eines
Baumes im Speicher eines Computers. Wenn wir dazu Listen mit Zeigern
verwenden, wobei ein Knoten in der Liste genau einem Knoten im Baum
entspricht, dann muß ein Knoten eine variable Anzahl von Feldern haben,
die von der Anzahl der Zweige abhängt. Es ist jedoch oft einfacher,
Algorithmen zu schreiben, bei denen die Daten so repräsentiert werden,

daß die Knotengröße konstant ist. Es ist möglich, einen Baum als Liste
mit Knoten konstanter Größe darzustellen. Solch eine Listenstruktur
für den Baum aus Abb. 2.5 ist in Abb. 2.6 gezeigt.
In dieser Abbildung bestehen die Knoten aus drei Feldern: MARKE, DATEN
und ZEIGER. Die Felder DATEN und ZEIGER haben die gleiche Bedeutung
wie zuvor mit folgender Ausnahme:wenn MARKE = 1 ist, enthält das Feld
DATEN keine Daten, sondern den Zeiger auf eine Liste. Ein Baum wird
dargestellt, indem man die Wurzel im ersten Knoten speichert; diesem
folgen weitere Knoten, welche auf Unterlisten zeigen und die Unterbäume der Wurzel enthalten.

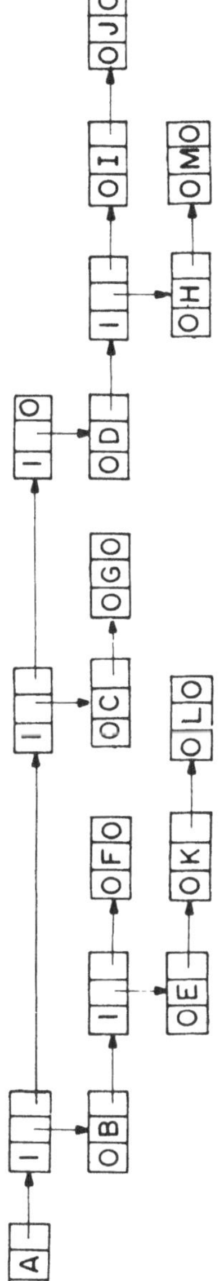

Abbildung 2.6   Listendarstellung des Baumes aus Abb.2.5

<u>Binäre Bäume</u>

Ein binärer Baum ist eine wichtige Baumstruktur, die sehr oft vorkommt. Der binäre Baum hat die Eigenschaft, daß jeder Knoten höchstens zwei Söhne haben kann, d.h. es gibt keinen Knoten vom Grad größer als 2. Bei binären Bäumen unterscheiden wir zwischen dem linken und rechten Unterbaum; bei allgemeinen Bäumen spielt die Reihenfolge der Unterbäume keine Rolle. Außerdem ist es bei einem binären Baum auch erlaubt, keinen Knoten zu haben, während ein Baum mindestens einen Knoten haben muß. Wir sehen, daß ein binärer Baum sich von einem Baum wesentlich unterscheidet.

<u>Definition</u>: Ein <u>binärer</u> <u>Baum</u> ist eine endliche Menge von Knoten, die entweder leer ist, oder aus einer Wurzel und zwei disjunkten binären Bäumen besteht, die als linker und rechter Unterbaum bezeichnet werden.

Abb. 2.7 zeigt zwei Beispiele für binäre Bäume; diese beiden Bäume sind spezielle Arten von binären Bäumen. Der erste ist ein schiefer Baum mit der Schräge nach links; es gibt einen entsprechenden mit der Schräge nach rechts. Der Baum in Abb. 2.7 (b) ist ein vollständiger binärer Baum. Später werden wir eine formale Definition für diesen Typ geben. Man beachte, daß bei diesem Baum alle Blätter auf zwei benachbarten Stufen liegen. Die Begriffe, die wir für Bäume eingeführt haben (Grad, Stufe, Höhe, Blatt, Eltern, Kind), werden sinngemäß auch bei binären Bäumen verwendet.

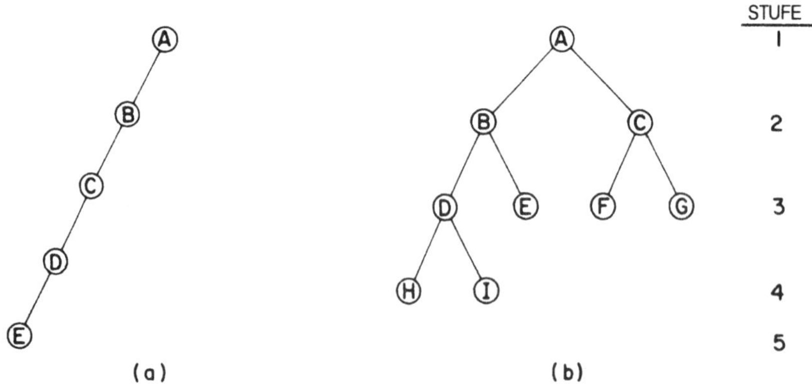

<u>Abbildung 2.7</u> Zwei Beispiele für binäre Bäume

<u>Lemma</u> <u>2.1</u> Die maximale Anzahl von Knoten der Stufe i eines binären
Baumes beträgt 2^{i-1}. Die maximale Anzahl von Knoten eines binären
Baumes der Tiefe k ist 2^k-1, k > 0. ▫

Ein binärer Baum der Tiefe k, der genau 2^k-1 Knoten
hat, wird ein <u>voller</u> binärer Baum der Tiefe k genannt. In Abb. 2.8
ist ein voller binärer Baum der Tiefe 4 gezeigt. Man erhält eine sehr
elegante sequentielle Darstellung voller binärer Bäume, indem man die
Knoten fortlaufend durchnumeriert, beginnend mit dem Knoten der ersten
Stufe, dann fortfahrend bei den Knoten der zweiten Stufe usw...(siehe
Abb. 2.8). Ein binärer Baum mit n Knoten **und** der Tiefe k ist genau
dann <u>vollständig</u>, wenn seine Knoten denen des vollen binären Baumes
der Tiefe k entsprechen, welche von 1 bis n durchnumeriert sind. Aus
dieser Definition folgt, daß in einem vollständigen Baum die Blätter
auf höchstens zwei benachbarten Stufen liegen können. Die Knoten
eines vollständigen Baumes können kompakt in einem eindimensionalen
Feld BAUM gespeichert werden, wobei der Knoten i an der Stelle BAUM(i)
abgespeichert wird. Das nächste Lemma gibt an, wie man auf einfache
Weise die Plätze des Vaters sowie des linken und rechten Sohnes jedes
beliebigen Knotens i in einem binären Baum erhält, ohne irgendeine
Zeigerstruktur explizit zu verwenden.

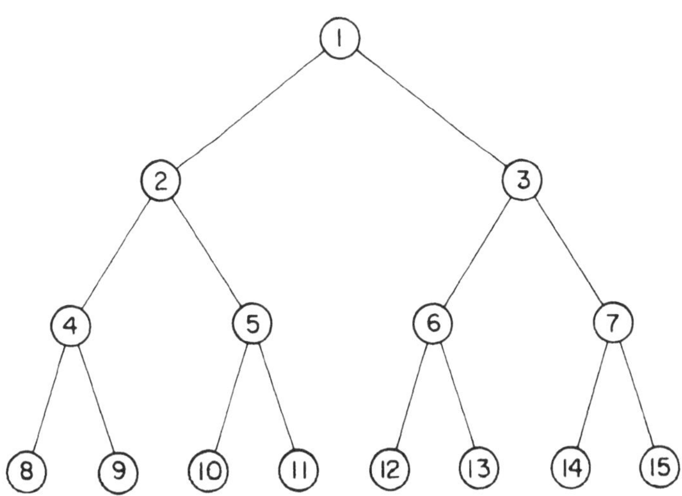

<u>Abbildung</u> 2.8 Vollständiger binärer Baum der Tiefe 4

Lemma $\underline{2.2}$ Wenn ein vollständiger binärer Baum mit n Knoten in der
oben angegebenen Weise sequentiell dargestellt ist, dann gilt für
jeden Knoten mit dem Index i ($1 \le i \le n$):

> (i)   VATER(i) befindet sich an der Stelle $\lfloor i/2 \rfloor$ falls
> $i \ne 1$. Wenn i = 1 ist, dann ist i die Wurzel und
> hat keinen Vater.
>
> (ii)   LINKERSOHN(i) befindet sich an der Stelle 2i falls
> $2i \le n$. Ist 2i > n, dann hat i keinen linken Sohn.
>
> (iii) RECHTERSOHN(i) befindet sich an der Stelle 2i+1
> falls $2i+1 \le n$. Ist 2i+1 > n, dann hat i keinen
> rechten Sohn.

Es ist einleuchtend, daß diese Darstellung für alle binären Bäume verwendet werden kann, obwohl in den meisten Fällen eine Menge Platz verschwendet wird. Für vollständige binäre Bäume ist die Darstellung
ideal, denn in diesem Fall wird kein Platz vergeudet. Bei dem schrägen
Baum in Abb. 2.7 jedoch wird weniger als ein Drittel des Platzes genutzt. Im ungünstigsten Fall erfordert ein schiefer Baum mit der
Schräge nach rechts 2^k-1 Plätze. Von diesem sind jedoch nur k besetzt.

	BAUM	BAUM
(1)	A	A
(2)	B	B
(3)	—	C
(4)	C	D
(5)	—	E
(6)	—	F
(7)	—	G
(8)	D	H
(9)	—	I
.	.	
.	.	
.	.	
(16)	E	

Abbildung $\underline{2.9}$ Sequentielle Darstellung der binären Bäume aus Abb.2.7

Die sequentielle Darstellung, wie sie in Abb. 2.9 gezeigt ist, ist für
vollständige binäre Bäume offenbar vorteilhaft; bei vielen anderen
binären Bäumen wird jedoch Platz verschwendet. Außerdem leidet diese
Darstellung noch unter den allgemeinen Nachteilen einer sequentiellen
Darstellungsform. Einfügen und Löschen von Knoten erfordern unter Umständen die Bewegung vieler Knoten, da sich die Stufennummer der
restlichen Knoten ändert. Diese Probleme vermeidet man, indem man eine
Darstellung mit Zeigern wählt. Jeder Knoten hat drei Felder: LINKER-
SOHN, DATEN und RECHTERSOHN. Mit dieser Knotenstruktur ist es zwar
schwierig, den Vater eines Knotens zu bestimmen, es wird sich aber
zeigen, daß sie für die meisten Anwendungen gut geeignet ist. Falls
es oft nötig ist, den Vater eines Knotens zu ermitteln, kann man ein
viertes Feld VATER einführen. Abb. 2.10 zeigt die Darstellung der binären Bäume aus Abb. 2.7 unter Verwendung einer Dreifelderstruktur.

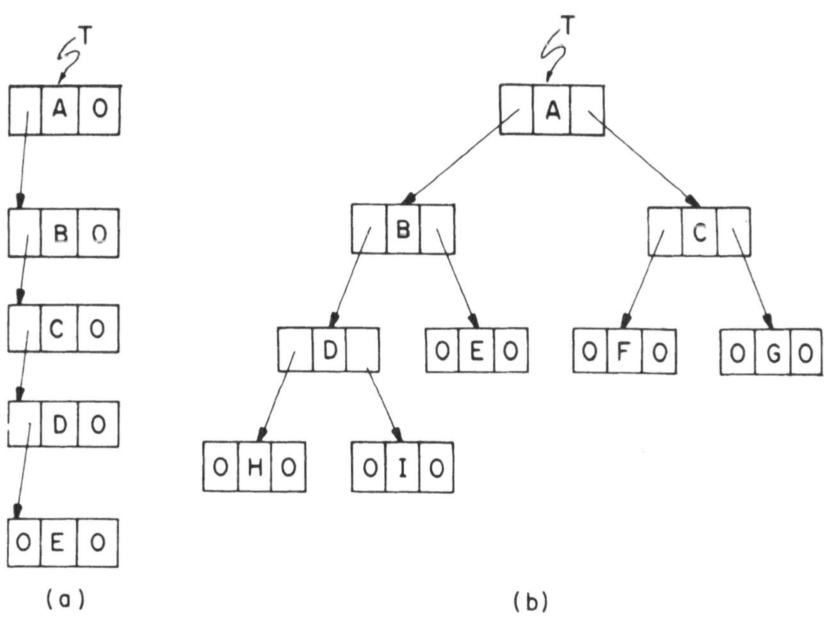

Abbildung 2.10   Zeigerdarstellung der binären Bäume aus Abb.2.7

Betrachten wir nun ein Beispiel für die Anwendung binärer Bäume. Angenommen, wir wollen eine Tabelle verwalten, welche eine Teilmenge der reservierten Wörter von SPARKS enthält. Dies nennt man eine Symboltabelle; sie könnte von einem Compiler verwendet werden, der SPARKS-Programme in eine andere, primitivere Sprache übersetzt (im Anhang A findet man Näheres hierzu). Wir wählen 13 reservierte SPARKS-Wörter aus und speichern sie in einem Zeichenkettenfeld NAME (1:13):

NAME: (1)   (2)   (3)   (4)   (5)   (6)   (7)

case do   else end   endcase endif if

NAME: (8)   (9)   (10)   (11)   (12)   (13)

loop procedure repeat return then while

Ein binärer Baum wird uns bei der Suche helfen, ob eine spezielle Zeichenfolge X tatsächlich eines dieser reservierten Wörter ist. Wir bestehen darauf, daß der binäre Baum so aufgebaut wird, daß folgendes gilt:

       Die zu einem Knoten P gehörigen Daten sind
(i) alphabetisch größer als die Daten der Knoten, die im linken Unterbaum von P enthalten sind
(ii) alphabetisch kleiner als die Daten der Knoten, die im rechten Unterbaum von P enthalten sind.
Dies muß für alle Knoten des binären Baumes gelten.

Sind diese Foderungen erfüllt, dann nennen wir dieses Datenobjekt einen binären Suchbaum. Abb. 2.11 zeigt einen binären Suchbaum für die Daten aus dem Feld NAME.

Der aktuelle binäre Baum, der in unserem Computer dargestellt wird, hat nicht diese reservierten Wörter in den DATEN-Feldern stehen, wie sie in Abb. 2.11 angegeben sind. Die Länge der reservierten Wörter ist variabel, während die der Knoten fest ist. Deshalb steht im Knoten i im Feld DATEN (i) lediglich der Index des reservierten Wortes im Feld NAME. Die Werte der Felder LINKERSOHN und RECHTERSOHN sind ebenfalls Indizes (oder Adressen); sie geben die Position eines Knotens innerhalb des Feldes (bzw. im Speicher) an. Die tatsächliche Darstellung eines Baumes in Form von Feldern ist in

Tabelle 2.1 gegeben. Die Zeigerdarstellung in dieser Tabelle erfordert
13 • 3 = 39 Plätze zur Speicherung des binären Baumes. Allgemein erfordert die Speicherung eines binären Baumes mit n Knoten 3 n Plätze.

	LINKERSOHN	DATEN	RECHTERSOHN
(1)	2	7	3
(2)	4	3	5
(3)	6	10	7
(4)	0	1	8
(5)	9	5	10
(6)	0	8	11
(7)	12	12	13
(8)	0	2	0
(9)	0	4	0
(10)	0	6	0
(11)	0	9	0
(12)	0	11	0
(13)	0	13	0

<u>Tabelle 2.1</u> Feld-Darstellung des Baumes aus Abb. 2.11

Man kann sich leicht vorstellen, wie ein Algorithmus den binären Such
baum benutzen würde, um eine Zeichenkette X zu finden. In einer Übungsaufgabe wird dieses Problem angesprochen. In den Abschnitten 3.2 und
5.4 wird diese Datenstruktur noch näher behandelt.

Verallgemeinert man das Konzept des binären Baumes, so
erhält man k-fache Bäume (k ≥ 2). Ein Knoten in einem k-fachen Baum
kann höchstens k Nachfolger haben; diese sind geordnet. Die sequentielle Darstellung binärer Bäume kann auf k-fache Bäume ausgedehnt
werden; man kann auch eine Zeigerstruktur mit Knoten fester Länge
verwenden.

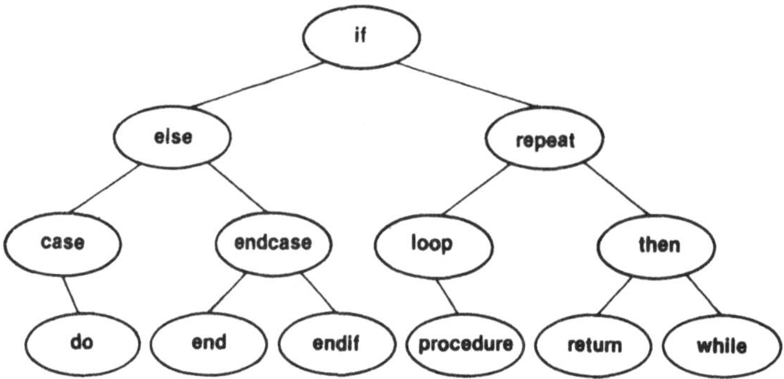

Abbildung 2.11   Ein binärer Suchbaum

Wir wollen nun zurückkehren zu Bäumen, bei denen die Unterbäume nicht geordnet und in ihrer Anzahl beliebig sind. Gegeben sei ein Baum T mit Wurzel T_1 und Unterbäumen T_{11}, T_{12}, ..., T_{1K}. Eine Möglichkeit der Darstellung dieser Struktur besteht darin, sie in einen binären Baum zu überführen. T_1 wird zur Wurzel des binären Baumes, T_{11} zum linken Sohn und T_{1i} zum rechten Sohn von $T_{1,i-1}$ $(2 \leq i \leq k)$. Abb. 2.12 zeigt diese Umformung. Der Vorteil ist, daß binäre Baumdarstellungen einfacher zu verarbeiten sind als Zeigerstrukturen mit variabler Knotenlänge. Deshalb führt diese Umformung oft zu Platzersparnis und zu einfacheren Algorithmen.

Wir gehen davon aus, daß die meisten Leser mit dem Stoff der Abschnitte 2.1 und 2.2 schon vertraut sind und deshalb diese Abschnitte möglicherweise nur flüchtig angeschaut haben. Die nächsten Abschnitte bringen eventuell etwas Neues; deshalb empfiehlt es sich, das Tempo zu drosseln und intensiver nachzulesen.

2.3 HALDEN UND SORTIEREN MIT HALDEN

In diesem Abschnitt lernen wir eine Datenstruktur kennen, die es er-

laubt, auf effiziente Weise Elemente in eine Menge einzufügen und
das größte Element zu finden. Eine Datenstruktur, die diese beiden
Möglichkeiten bietet, nennt man eine Prioritätsschlange. Viele Algorithmen benötigen Prioritätsschlangen, daher wird eine effiziente
Implementierung dieser Operationen sehr nützlich sein.

Zunächst könnten wir daran denken, eine Schlange zu
benutzen, denn das Einfügen neuer Elemente ist einfach und problemlos.
Aber zum Auffinden des größten Elements ist es notwendig, sich die
ganze Schlange anzuschauen. Weiterhin könnte man daran denken, eine
geordnete Liste zu verwenden, die sequentiell abgespeichert ist. Das
Einfügen eines neuen Elements könnte aber unter Umständen das Verschieben aller Listenelemente nach sich ziehen. Was wir gerne hätten
ist eine Datenstruktur, die es erlaubt, beide Operationen effizient
durchzuführen.

Definition: Eine Halde ist ein vollständiger binärer Baum mit der
Eigenschaft, daß der Wert jedes Knotens mindestens so groß ist wie
die Werte seiner Söhne(sofern diese existieren).

Aus dieser Definition folgt, daß ein größtes Element sich an der
Wurzel der Halde befindet. Sind die Elemente alle verschieden, dann
enthält die Wurzel das größte Element. Die Beziehung "größer als oder
gleich" kann man auch umkehren, so daß der Vater einen Wert enthält,
der kleiner oder gleich dem Wert der Söhne ist.
In diesem Fall enthält die Wurzel das kleinste Element. Wir halten
uns aber an die Tradition und nehmen an, daß die größeren Werte sich
näher an der Wurzel befinden.

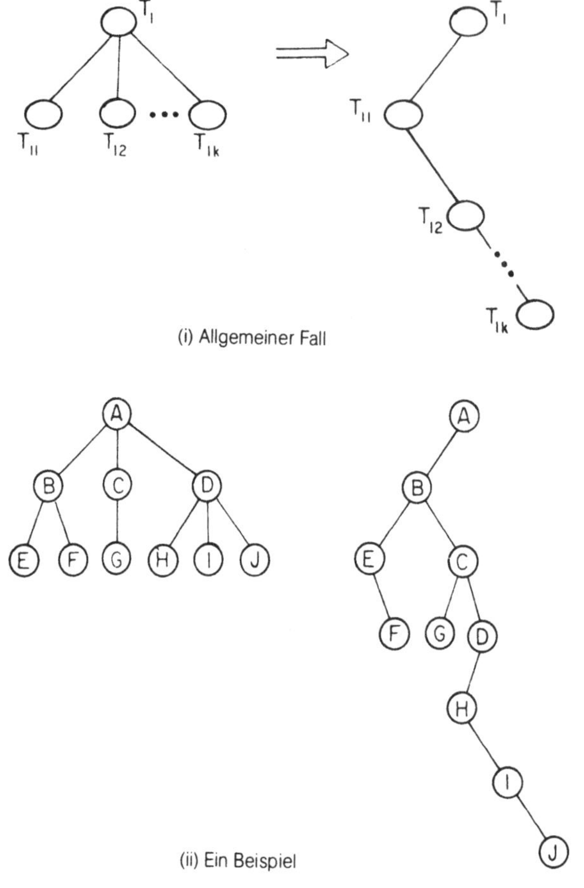

<u>Abbildung 2.12</u> Umformen eines Baumes in einen binären Baum

Es ist möglich, einen binären Baum mit Werten, für die
eine Ordnungsrelation existiert, in eine Halde umzuformen. Dazu ver-
schiebt man die Werte so wie in Abb. 2.13 angedeutet unter Bewahrung
der Form des Baumes. Meistens ist es jedoch so, daß n Elemente
z.B. n ganze Zahlen, gegeben sind und wir uns die Form des binären
Baumes aussuchen können, so wie sie uns am geeignetsten erscheint. In

diesem Fall wählen wir den vollständigen binären Baum mit sequentieller
Darstellung. (siehe Abb. 2.14). Aus diesem Grunde haben wir bei der
Definition einer Halde einen vollständigen binären Baum gefordert.

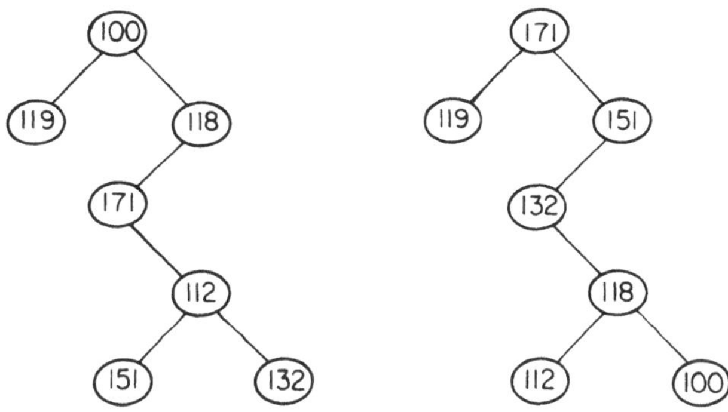

<u>Abbildung 2.13</u> Binärer Baum und Halde unter Beibehaltung der Form des Baumes

Nun wollen wir uns den Aufbau einer Halde überlegen, wenn n ganze Zahlen in einem Feld A (1:n) vorgegeben sind. Eine Strategie besteht darin zu bestimmen, wie ein einzelnes Element in eine schon bestehende
Halde eingefügt wird. Wenn wir dieses Problem gelöst haben, können wir
den Algorithmus n mal anwenden; als erstes fügen wir ein Element in
eine leere Halde und fahren dann so lange fort, bis alle n Elemente
eingefügt worden sind. Die Lösung ist einfach: man fügt ein neues Element am "Boden" der Halde ein und vergleicht es mit seinem Vater, Großvater, Urgroßvater usw. ... so lange, bis es kleiner als einer dieser
Werte oder gleich einem dieser Werte ist. Die Prozedur EINFÜGEN (Algorithmus 2.3) beschreibt dieses Verfahren im Detail.

<u>procedure</u> EINFÜGEN (A, n)
   //fügt den Wert von A(n) in die Halde ein, //
   //die in dem Bereich von A(1) bis A(n - 1) gespeichert wird//
      <u>integer</u> i,j,n;
      j ← n; i ← ⌊n/2⌋ ; Objekt ← A(n)
      <u>while</u> i > 0 <u>and</u> A(i) < Objekt <u>do</u>
        A(j) ← A(i)   //schiebe den Vater nach unten//
        j ← i;i ← ⌊i/2⌋   //der Vater von A(i) befindet sich an der//
                           //Stelle A(⌊i/2⌋)//
      <u>repeat</u>
      A(j) ← Objekt   //für A(n) ist ein Platz gefunden//
   <u>end</u> EINFÜGEN

        <u>Algorithmus 2.3</u> Die Erzeugung einer Halde durch Einfügen
                     eines einzelnen Elements.

In Abb. 2.14 ist ein Beispiel angegeben, wie die Prozedur EINFÜ-
GEN ein neues Element in eine schon bestehende Halde von sechs Elementen einfügen würde. Aus diesem Programm und aus der Abbildung geht hervor, daß die Rechenzeit der Prozedur EINFÜGEN variieren kann. Im günstigsten Fall wird das neue Element gleich am Anfang richtig positioniert, wobei keine Werte verschoben werden müssen. Im ungünstigsten
Fall ist die Anzahl der Ausführungen der while-Anweisung proportional
zur Anzahl der Stufen in der Halde.

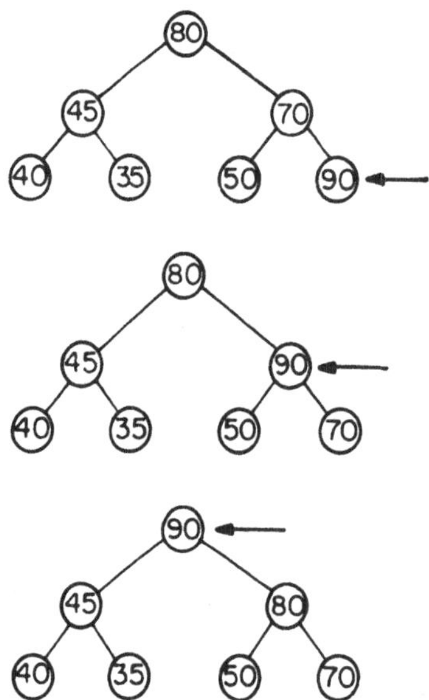

Abbildung 2.14 Wirkung von EINFÜGEN: 90 wird als
7. Element in eine Halde eingefügt

   n Objekte in einem Feld A(1:n) können zu einer Halde (die auch ein
vollständiger binärer Baum ist) angeordnet werden durch folgendes Programmstück:

```
for i ← 2 to n do
  call EINFÜGEN (A, i)
repeat
```

Abb. 2.15 zeigt, wie die Daten (4o, 8o, 35, 9o, 45, 5o, 7o) herumge-
schoben werden, bis die Halde erzeugt worden ist. Die Bäume in der linken Spalte zeigen den Zustand des Feldes A(1:i) vor jedem Aufruf von
EINFÜGEN; Bäume in der rechten Spalte zeigen, wie das Feld durch die
Prozedur EINFÜGEN verändert wurde mit dem Ziel, eine Halde zu erzeugen.
Das Feld ist der Deutlichkeit halber als vollständiger binärer Baum
gezeichnet.

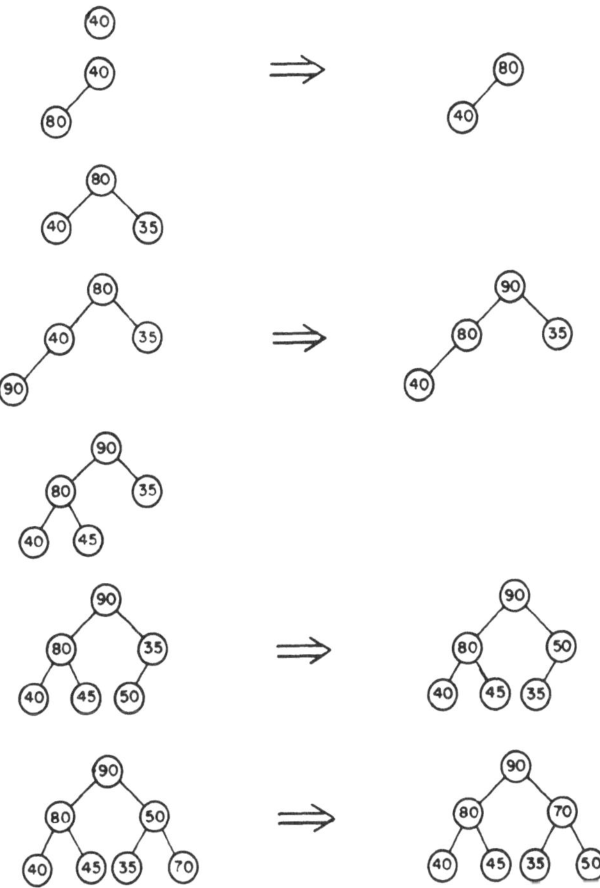

Abbildung 2.15 Aufbau einer Halde aus der Menge (40,80,35,90,45,50,70)

Analyse für den ungünstigsten Fall

Der ungünstigste Fall bei der Erzeugung einer Halde mit Hilfe der
Prozedur EINFÜGEN tritt dann ein, wenn die einzufügenden Elemente in
aufsteigender Größe angeordnet sind. Dann steigt nämlich jedes neue
Element nach oben und wird zur neuen Wurzel.

Es gibt höchstens 2^{i-1} Knoten der Stufe i bei einem vollständigen binären Baum ($1 \leq i \leq \lfloor \log_2(n+1) \rfloor$). Der Abstand eines Knotens der Stufe i zur Wurzel beträgt i-1. Also beträgt im ungünstigsten Fall die Zeit zur Erzeugung einer Halde mit Hilfe der Prozedur EINFÜGEN.

$$\sum_{1 \leq i \leq \lceil \log_2(n+1) \rceil} (i-1) 2^{i-1} < \lceil \log_2(n+1) \rceil 2^{\lceil \log_2(n+1) \rceil} = O(n \log n)$$

$$(2.1)$$

Testen des durchschnittlichen Falls

Es ist überraschend, daß das durchschnittliche Zeitverhalten der Prozedur EINFÜGEN bei n zufällig zusammengestellten Eingabewerten um eine Größenordnung besser ist als das Verhalten im ungünstigsten Fall, nämlich O(n) statt O(n log n). Daraus folgt, daß im Durchschnitt jedes neue Element sich nur um eine konstante Zahl von Stufen nach oben bewegt. Der Beweis dafür ist ziemlich kompliziert, wir wollen ihn daher hier nicht vorstellen. Wir wollen lieber einige Durchschnittstestdaten zusammenstellen, um dieses Verhalten anschaulich zu machen.

Um diese Vermutung zu testen, wurde das Feld A(1:n) mit n zufällig ausgewählten ganzen Zahlen gefüllt, wobei n von 3o bis 3oo in 3oer-Schritten zunahm. Für jedes n wurde die Prozedur EINFÜGEN 1oo mal aufgerufen, und die Datenbewegungen innerhalb des Baumes wurden berechnet. In Tabelle 2.2 sieht man die Ergebnisse. Wie man sieht, ist die Entfernung, die ein Element im Baum nach oben zurücklegt, immer kleiner als 2.

n:	30	60	90	120	150	180	210	240	270	300
Bewegungen:	1.o7	1.o8	1.o7	1.16	1.28	1.36	1.33	1.76	1.28	1.52

Tabelle 2.2 Wirkung der Prozedur EINFÜGEN mit zufälligen Werten als Eingabe

Es gibt noch einen anderen Algorithmus zur Erzeugung einer Halde, der die angenehme Eigenschaft hat, daß seine Rechenzeit im ungünstigsten Fall um eine Größenordnung besser ist, als n - 1 Aufrufe der Prozedur EINFÜGEN Diese Verbesserung erhält man durch einen Algorithmus, der A(1:n) als einen vollständigen binären Baum betrachtet und Stufe

um Stufe von den Blättern zur Wurzel arbeitet. Auf jeder Stufe gilt,
daß jeweils der linke und rechte Unterbaum jedes beliebigen Knotens
eine Halde ist. Nur der Wert im Wurzelknoten erfüllt unter Umständen
die Eigenschaft einer Halde nicht. Also genügt es, sich eine Methode
auszudenken, wie man einen binären Baum, in dem nur die Wurzel eventuell die Halden-Eigenschaft nicht erfüllt, umformt in eine Halde. Die
Prozedur ANPASSEN (Algorithmus 2.4) leistet dies für einen beliebigen
binären Baum, dessen Wurzel sich an der Stelle i befindet. Der Algorithmus geht von der Annahme aus, daß dieser binäre Baum ein Unterbaum
eines binären Baumes ist, der sequentiell dargestellt ist auf eine Weise, wie wir sie früher bereits besprochen haben.


```
procedure ANPASSEN (A, i, n)
  //Die vollständigen binären Bäume mit Wurzeln A(2 * i) und A(2 * i + 1)//
  //werden mit A(i) kombiniert und bilden eine //
  //einzige Halde; 1 ≤ i ≤ n.//
  //kein Knoten hat eine Adresse größer als n oder kleiner als 1//

    integer i, j, n;
    j ← 2 * i; Objekt ← A(i)
    while j ≤ n do
      if j < n and A(j) < A(j + 1)   //vergleiche rechten und linken Sohn//
          then j ← j + 1   //j zeigt auf den größeren Sohn//
      endif
      if Objekt ≥ A(j)
          then exit   //eine Position für "Objekt" ist gefunden//
          else A(⌊j/2⌋) ← A(j)   //der größere Sohn wird auf die nächst-//
                                 //höhere Stufe geschoben//
        j ← 2 * j
      endif
    repeat
    A(⌊j/2⌋) ← Objekt
end  ANPASSEN
```

<u>Algorithmus 2.4</u> Zusammenfügen zweier Halden zu einer
einzigen

Wenn wir n Elemente in A(1:n) gegeben haben, können wir durch Anwendung
der Prozedur ANPASSEN eine Halde erzeugen. Es ist offensichtlich, daß
Endknoten (Blätter) bereits Halden sind. Wir können also beginnen,

indem wir die Prozedur ANPASSEN für die Väter der Endknoten aufrufen
und uns dann Stufe um Stufe hocharbeiten, bis die Wurzel erreicht ist.
In Abb. 2.16 ist dargestellt, wie die Prozedur HALDEERZEUGEN aus sieben
gegebenen Elementen eine Halde generiert. Der Anfangsbaum ist in Abb.
2.16 (i) gezeigt. Da n=7 ist, hat i beim ersten Aufruf von ANPASSEN den
Wert 3. In Abb. 2.16 (ii) sieht man, wie die drei Elemente 118,151,132
neu angeordnet werden, um eine Halde zu bilden. Die Prozedur ANPASSEN
wird nacheinander mit i=2 und i=1 aufgerufen; als Ergebnis werden die
Bäume in Abb. 2.16 (iii) und (iv) gebildet.

```
procedure HALDEERZEUGEN (A,n)
    //ordne die Elemente in A(1:n) neu zu einer Halde//
    integer n,i
    for i ← ⌊n/2⌋ to 1 by - 1 do
      call ANPASSEN(A,i,n)
    repeat
end HALDEERZEUGEN
```

Algorithmus 2.5 Erzeugen einer Halde aus n beliebigen
Elementen.

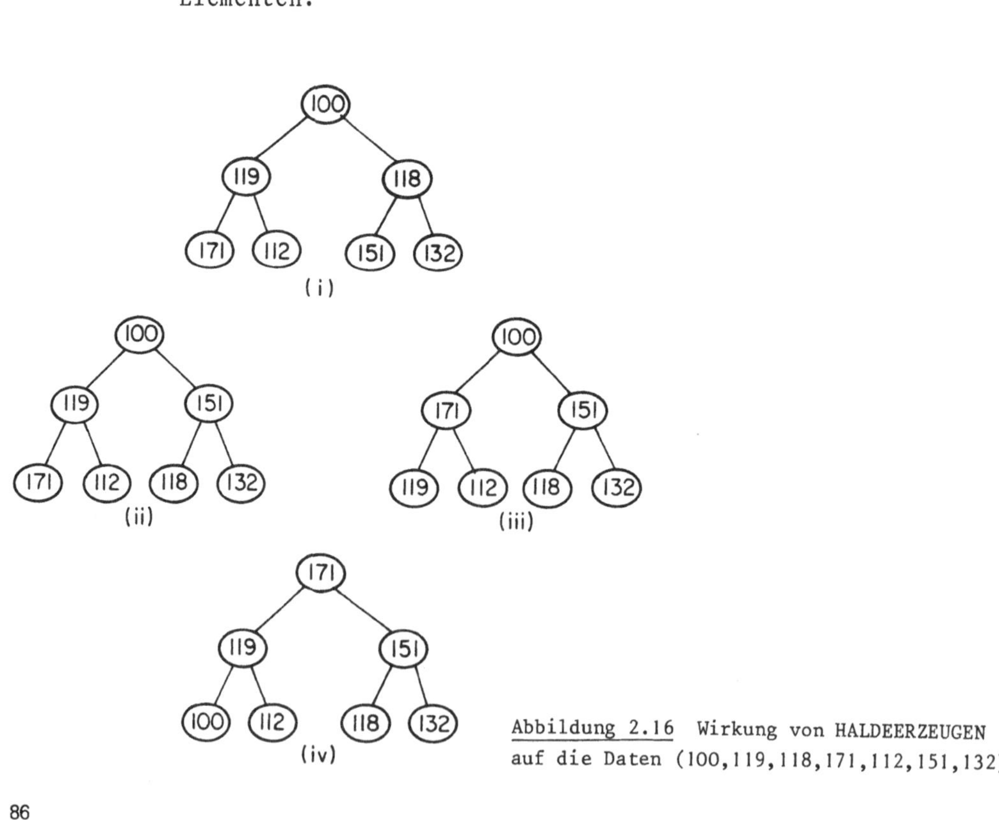

(i)

(ii)

(iii)

(iv)

Abbildung 2.16 Wirkung von HALDEERZEUGEN
auf die Daten (100,119,118,171,112,151,132)

Wir wollen die Rechenzeit der Prozedur HALDEERZEUGEN im ungünstigsten
Fall analysieren. Es sei $2^{k-1} \le n < 2^k$ mit $k = \lfloor \log(n + 1) \rfloor$, die Stufen
des vollständigen binären Baumes mit n Knoten sind numeriert von 1 bis
k. Die Anzahl der Wiederholungen von ANPASSEN im ungünstigsten Fall
ist k - i für einen Knoten der Stufe i. Daher ist die Gesamtzeit der
Prozedur HALDEERZEUGEN proportional zu

$$\sum_{1 \le i \le k} 2^{i-1}(k-i) = \sum_{1 \le i \le k-1} i2^{k-i-1} \le n \sum i/2^i < n = O(n) \qquad (2.2)$$

Vergleicht man HALDEERZEUGEN mit der wiederholten Anwendung von EINFUE-
GEN, so stellt man fest, daß im ungünstigsten Fall erstere schneller
ist; sie benötigt nur O(n) Operationen im Vergleich zu O(n log n). Die
Prozedur HALDEERZEUGEN erfordert aber, daß alle Elemente zur Verfügung
stehen, bevor die Erzeugung der Halde beginnt. Verwenden wir die Prozedur EINFÜGEN, dann können wir zu jeder beliebigen Zeit der Halde ein
neues Element hinzufügen.

Um eine Halde als Prioritätsschlange verwenden zu können, muß es möglich sein, zu einem beliebigen Zeitpunkt das größte Element einfügen
oder löschen zu können. Das Löschen kann man sehr einfach durchführen:
man entfernt das Element A(1) an der Wurzel (dies ist das größte Element) und bringt dann das Element A(n) an die Stelle A(1). Jetzt haben
wir einen binären Baum, in dem nur die Wurzel eventuell die Halden-Eigenschaft nicht erfüllt. Daher können wir die Prozedur ANPASSEN verwenden, um eine Halde zu erzeugen. Zum Einfügen von Elementen benutzen wir
die Prozedur EINFÜGEN. Aus den Ergebnissen der Analyse von ANPASSEN
und EINFÜGEN ersehen wir, daß die Zeit für Einfügen und Löschen bei
einer Prioritätsschlange von der Größenordnung O(log n) ist.

Wir haben eine Halde kennengelernt als eine Datenstruktur, bei der
der Wert in jedem Knoten mindestens so groß ist wie der Wert in den
Nachfolgerknoten. Es ist leicht einzusehen, daß wir auch entsprechende
Betrachtungen hätten anstellen können, wenn die Definition gefordert
hätte, daß der Wert in jedem Knoten mindestens so klein wie der Wert
in den Nachfolgerknoten sein muß. In diesem Fall ist die Zeit für das
Löschen des kleinsten Elements von der Größenordnung O(log n), ebenso
die Zeit für das Einfügen eines Elements. Wenn wir später Halden benutzen, nennen wir diese beiden Typen eine maximale bzw. minimale Halde.

<u>Sortieren mit Halden</u>

Das am besten bekannte Beispiel für eine Halde tritt beim Sortieren
auf. Eine einfache Sortierstrategie besteht darin, nacheinander immer
das größte Element aus einem Rest unsortierter Elemente zu entfernen.
Eine direkte Ausführung dieser Idee liefert einen Algorithmus, dessen
Rechenzeit im schlimmsten Fall $O(n^2)$ beträgt. Eine Halde erlaubt es,
das größte Element in einer Zeit $O(\log n)$ zu finden und zu löschen;
damit hat diese Sortiermethode im ungünstigsten Fall eine Zeit von
$O(n \log n)$.

<u>procedure</u> HALDENSORTIEREN(A,n)

   //A(1:n) enthält n zu sortierende Elemente//
   //HALDENSORTIEREN ordnet sie im Feld A in eine//
   //nicht absteigende Folge//

   //ordne die Elemente zuerst in einer Halde an//
   <u>call</u> HALDEERZEUGEN(A,n)

   //tausche das neue Maximum mit dem Element//
   //am Ende des Baumes aus//
   <u>for</u> i ← n <u>to</u> 2 <u>by</u> - 1 <u>do</u>
     t ← A(i);A(i) ← A(1);A(1) ← t
      <u>call</u> ANPASSEN(A, 1, i - 1)
   <u>repeat</u>
<u>end</u> HALDENSORTIEREN

<u>Algorithmus 2.6</u>   Sortieren mit Halde

Der Aufruf von HALDEERZEUGEN erfordert zwar nur $O(n)$ Operationen,
die Prozedur ANPASSEN benötigt aber $O(\log n)$ Operationen für jeden Aufruf. Daher ist im ungünstigsten Fall die Zeit $O(n \log n)$. Man beachte,
daß der Speicherplatzbedarf - abgesehen von A(1:n) - nur aus wenigen
Variablen besteht.

<u>Schlußbemerkungen zu Prioritätsschlangen</u>

Neben dem Sortieren gibt es noch eine ganze Reihe anderer Anwendungen von Prioritätsschlangen. So benutzen z.B. Simulationssprachen gewöhnlich eine sogenannte "Ereignisliste"; diese Liste ist eine Zusam-

menstellung aller Aktionen, die zu verschiedenen Zeitpunkten der simulierten Zeit durchgeführt werden müssen. Diese Ereignisliste wird als Prioritätsschlange behandelt, denn neue Ereignisse mit beliebigen Zeitpunkten werden in sie eingefügt, und das nächste zu löschende Ereignis ist dasjenige mit dem frühesten Zeitpunkt. Eine andere Anwendung von Prioritätsschlangen findet man bei der Auftragsplanung, die nach einem Prioritätssystem funktioniert. Aufträge mit zugehöriger Priorität gelangen in das System; dieses wählt unter allen Aufträgen einen aus, der zur Ausführung gelangt, und zwar denjenigen mit höchster Priorität.

Es gibt viele Möglichkeiten, Prioritätsschlangen noch in anderer Form als in der einer Halde darzustellen; darauf können wir hier aber nicht näher eingehen. Historisch gesehen war eine sortierte lineare Liste die Struktur, die als erste zur Implementierung einer Ereignisliste verwendet wurde. Bei dieser Darstellung geschieht das Löschen einfach durch Entfernen des ersten Elements; beim Einfügen muß man die gesamte Liste durchsuchen, bis man die richtige Position gefunden hat. Außerdem bietet diese Darstellung die Möglichkeit, Ereignisse mit gleichem Zeitpunkt auf einer FIFO-Basis abzuhandeln.

Das Einfügen in eine sortierte Liste kann noch beschleunigt werden, wenn man die Methode der ausgeglichenen Bäume (balanced tree) von Adel'son-Velskii und Landis benutzt (AVL-Bäume). Bei n Objekten in einem Baum können die Operationen Einfügen und Löschen in $O(\log n)$ Schritten erledigt werden. Leider sind die entsprechenden Algorithmen ziemlich kompliziert. Weitere Strukturen, die für Prioritätsschlangen brauchbar sind, sind sog. "leftist-Bäume", 2 - 3 Bäume, p-Bäume und binomische Schlangen. Im Literaturverzeichnis findet man Näheres über diese Strukturen.

2.4   MENGEN UND VEREINIGUNG DISJUNKTER MENGEN

Angenommen, wir haben eine endliche Universalmenge U von n Elementen, aus der Mengen konstruiert werden. Diese Mengen können leer sein oder irgendeine Teilmenge der Elemente von U enthalten. Eine übliche Darstellung solcher Mengen benutzt einen Bitvektor der Länge n (MENGE (1:n)), so daß MENGE (i) = 1 ist, falls das i-te Element von U in dieser Menge enthalten ist, und = 0 sonst. Dieses Feld nennt man den charakteristischen Vektor der Menge.

Der Vorteil dieser Darstellung besteht darin, daß man schnell ent-

scheiden kann, ob ein spezielles Element i in der Menge vorhanden ist.
Die Operationen zur Berechnung der Vereinigung und des Durchschnitts
zweier Mengen werden durchgeführt, indem man die logischen Operationen
"und" und "oder" des Computers benutzt. Diese Operationen sind dann
besonders effizient, wenn n "klein" ist, da jede Operation einem einzigen Maschinenbefehl entspricht. Der Nachteil dieser Darstellung macht
sich dann bemerkbar, wenn n groß ist (z.B. größer als die Anzahl Bits
in einem Wort) und die Mächtigkeit der Mengen relativ klein ist im Vergleich zu n. Die Zeit zur Ausführung einer Vereinigung oder eines
Durchschnitts ist proportional zu n und nicht zur Anzahl der Elemente
in beiden Mengen.

Eine alternative Darstellung besteht darin, jede Menge durch eine
Liste ihrer Elemente darzustellen. Existiert für diese Elemente eine
Ordnungsrelation, dann können Operationen wie Vereinigung und Durchschnitt in einer Zeit durchgeführt werden, die proportional zur Summe
der Mächtigkeiten beider Mengen ist.

In diesem Abschnitt befassen wir uns mit der Anwendung von Bäumen
zur Darstellung von Mengen. Wir nehmen an, daß die Elemente der Mengen
gerade die Zahlen von 1 bis n sind. In der Praxis können diese Zahlen
Indizes einer Symboltabelle sein, in der die tatsächlichen Namen der
Elemente abgespeichert sind. Wir nehmen weiterhin an, daß die Mengen
paarweise disjunkt sind, d.h. wenn S_i und S_j (i = j) zwei Mengen sind,
dann gibt es kein Element, welches in beiden Mengen enthalten ist. So
können wir z.B. 1o Elemente 1 bis 1o in drei disjunkte Mengen gruppieren:

$$S_1 = \{1,7,8,9\}; \ S_2 = \{2,5,1c\}; \ S_3 = \{3,4,6\} \ .$$

Folgenden Operationen wollen wir mit diesen Mengen ausführen:

(a) <u>Die Vereinigung disjunkter Mengen</u>

Sind S_i und S_j zwei disjunkte Mengen, dann gilt für ihre Vereinigung:

$$S_i \cup S_j = \{\text{alle Elemente x für die gilt, daß x in } S_i \text{ oder } S_j \text{ liegt}\}$$

Beispiel: $S_1 \cup S_2 = \{1,7,8,9,2,5,1o\}$.

Da wir von der Annahme ausgingen, daß alle Mengen disjunkt sind,
können wir annehmen, daß nach der Vereinigung von S_i und S_j die
Mengen S_i und S_j nicht mehr unabhängig voneinander existieren;
d.h. sie werden in der Sammlung der Mengen durch $S_i \cup S_j$ ersetzt.

(b)   <u>Finden der Menge, die Element i enthält: Finden (i)</u>
       So ist z.B. 4 in S_3 und 9 in S_1.

Die Aufgabe besteht darin, eine Darstellung für disjunkte Mengen zu
entwerfen, so daß diese beiden Operationen effizient ausgeführt werden
können. Das Beste, was wir erhoffen können, ist die Entwicklung zweier
Algorithmen, deren Ausführungszeiten beide konstant sind und damit unabhängig von der Anzahl der Elemente in den Mengen. Wie wir bald feststellen werden, ist das nicht möglich. Die Mengen werden durch Bäume
dargestellt. Eine mögliche Darstellung der Mengen S_1, S_2, S_3 ist in
Abb. 2.17 angegeben.

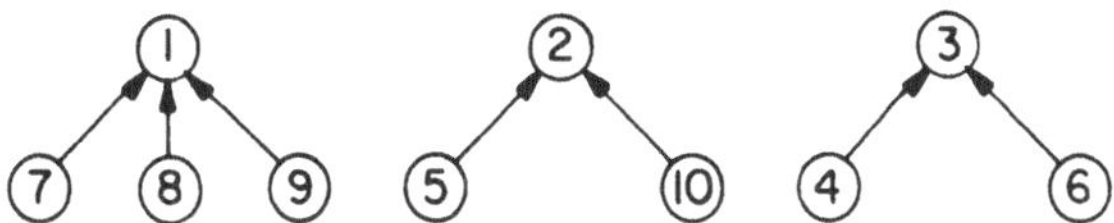

<u>Abbildung 2.17</u>   Darstellung disjunkter Mengen durch Bäume

Man beachte, daß die Knoten so miteinander verbunden sind, daß jeder
Knoten außer der Wurzel auf seinen Vorgänger zeigt. Den Vorteil dieser
Darstellung werden wir erkennen, wenn wir die Algorithmen VEREINIGUNG
und FINDEN kennenlernen. Um die Vereinigung von S_1 und S_2 zu bilden,
machen wir zunächst einfach den einen Baum zum Vaterbaum des anderen.
Die Menge $S_1 \cup S_2$ könnte dann eine der in Abb. 2.18 gezeigten Darstellungen haben.

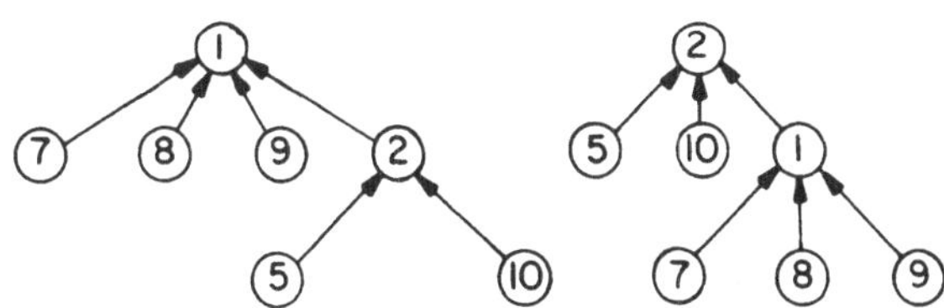

<u>Abbildung 2.18</u>   Zwei Baumdarstellungen von S1 ∪ S2

Um die Vereinigung zweier Mengen zu bestimmen, muß man nur das Vorgänger-Feld einer Wurzel so abändern, daß es auf die andere Wurzel
zeigt. Bei der Vorstellung der Algorithmen VEREINIGUNG und FINDEN werden wir Mengen durch den Index der Wurzeln der Bäume identifizieren;
dadurch vereinfacht sich die Besprechung.

Der Übergang zu den Mengennamen ist problemlos und bei vielen Anwendungen ist der Mengenname gerade der Index der Wurzel. Die Operation FINDEN (i) bedeutet jetzt: bestimme die Wurzel des Baumes, der das Element i enthält. Die Operation VEREINIGUNG (i, j) erfordert, daß zwei Bäume mit den Wurzeln i und j vereinigt werden. Wir nehmen an, daß die Knoten in den Bäumen von 1 bis n durchnumeriert sind, so daß der Knotenindex dem Elementindex entspricht. Beispielsweise wird Element 6 durch den Knoten mit dem Index 6 dargestellt. Daraus folgt, daß jeder Knoten nur ein Feld benötigt, nämlich das Vorgänger-Feld, welches auf den Vater zeigt. Bei Wurzelknoten ist der Inhalt des Vorgänger-Feldes null. Aufgrund dieser Erörterung erhalten wir nun in einem ersten Versuch, die Algorithmen VEREINIGUNG und FINDEN zu realisieren, die beiden Prozeduren V und F (Algorithmus 2.7).

```
procedure V (i, j)
  //ersetze die disjunkten Mengen mit den Wurzeln i und j//
  //(i ≠ j) durch ihre Vereinigung//
  integer  i, j
  Vater (i) ← j
end V


procedure F(i)
  //finde die Wurzel des Baumes, der Element i enthält//
  integer  i, j
  j ← i
  while Vater(j) > 0 do    //Vater(j) = 0 falls dieser Knoten//
                           //eine Wurzel ist//
    j ← Vater(j)
  repeat
  return(j)
end F
```

Algorithmus 2.7   Einfache Algorithmen für die Operationen
Vereinigung und Finden

Diese beiden Algorithmen sind zwar sehr leicht zu formulieren, ihre Leistungscharakteristik ist aber nicht besonders gut. Nehmen wir z.B. n Elemente, von denen jeweils ein Element eine Menge bildet, d.h. $S_i = \{i\}$ mit $1 \leq i \leq n$, dann besteht die Anfangskonfiguration aus einem

Wald mit n Knoten und es gilt: Vater(i) = 0 für $1 \leq i \leq n$. Nun stellen
wir uns vor, daß wir die Operationen VEREINIGUNG und FINDEN in folgender Reihenfolge ausführen:

$$U(1,2), \; F(1), \; U(2, 3), \; F(1), \; U(3,4)$$

$$F(1), \; U(4, 5), \; \ldots, \; F(1), \; U(n - 1,n)$$

Diese Folge erzeugt einen degenerierten Baum, wie er in Abb. 2.19 zu
sehen ist.

Abbildung 2.19   Ein Baum für den ungünstigsten Fall

Da die Zeit für eine Vereinigungsoperation konstant ist, können alle
n - 1 Vereinigungen in der Zeit O(n) durchgeführt werden. Die Prozedur FINDEN erfordert jedoch ein Verfolgen der Zeigerkette in den Vater-
Feldern von Knoten 1 bis zur Wurzel. Die Zeit, die die Prozedur FINDEN
für ein Element der Stufe i benötigt, beträgt O(i). Also beträgt die
Gesamtzeit $O(n^2)$ für n - 2-maliges Aufrufen von FINDEN. Offenbar zeigt
dieses Beispiel das Verhalten der Algorithmen VEREINIGUNG und FINDEN
im ungünstigsten Fall. Wenn wir uns bemühen, die Erzeugung degenerier-
ter Bäume zu vermeiden, können wir das Verhalten stark verbessern. Um
dies zu erreichen, führen wir für die Prozedur VEREINIGUNG eine Abwägregel ein: Ist die Anzahl der Knoten im Baum i kleiner als die Anzahl
im Baum j, dann mache j zum Vater von i, sonst mache i zum Vater von j.
Wenden wir diese Regel auf die Folge der Vereinigungsmengen von vorhin
an, so erhalten wir die Bäume in Abb. 2.2o. Man beachte, daß beide Argumente der Prozedur VEREINIGUNG Wurzeln sein müssen. Jetzt beträgt die
Zeit für n Aufrufe von FINDEN nur noch O(n), denn die höchste Stufe jedes beliebigen Knoten ist jetzt 2. Dies stellt allerdings nicht den ungünstigsten Fall dar. In Lemma 2.3 zeigen wir, daß unter Anwendung der

Abwägregel die maximale Stufenzahl für jeden Knoten nach jeder beliebigen Folge von n Operationen VEREINIGUNG und FINDEN $\lfloor \log n \rfloor + 1$ beträgt.

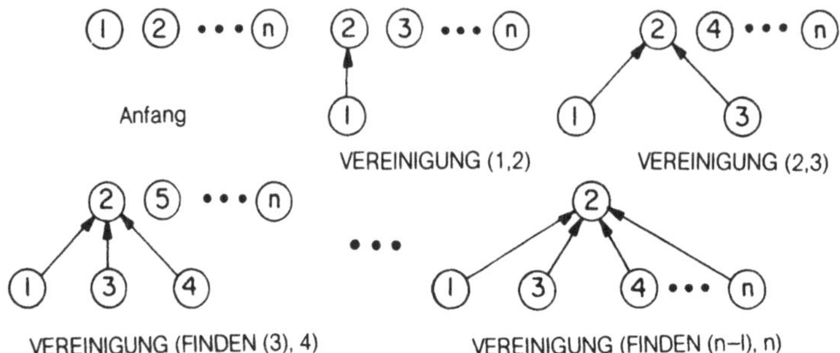

<u>Abbildung 2.20</u> Bäume nach Anwendung der Abwägregel

Zuerst wollen wir die Abwägregel implementieren. Wir müssen wissen, wieviele Knoten sich in jedem Baum befinden. Dazu legen wir einfach in der Wurzel jedes Baumes ein Zähler-Feld an. Ist i ein Wurzel-Knoten, dann ist ZÄHLER(i) die Anzahl der Knoten in jedem Baum. Das Zählerfeld kann in das VATER-Feld gelegt werden, wenn man negative Zahlen verwendet. Dies ist gleichbedeutend damit, ein Ein-Bit-Feld zu verwenden, welches zur Unterscheidung von Zähler und Zeiger dient. Es kann keine Verwirrung geben, denn bei allen anderen Knoten ist der Inhalt des VATER-Feldes positiv.

<u>procedure</u> VEREINIGUNG(i,j)
  //Vereinigungsmengen mit Wurzeln i und j, i ≠ j;//
  //Anwenden der Abwägregel//
  //VATER(i) = - ZÄHLER(i)   und VATER(j) = - ZÄHLER(j).//
  <u>integer</u> i,j,x
  x ← VATER(i) + VATER(j)
  <u>if</u> VATER(i) > VATER(j)
    <u>then</u> VATER(i) ← j   //i hat weniger Knoten//
     VATER(j) ← x
    <u>else</u> VATER(j) ← i   //j hat weniger Knoten//
     VATER(i) ← x
  <u>endif</u>
<u>end</u> VEREINIGUNG

  <u>Algorithmus 2.8</u> Weiterentwicklung des Vereinigungs-Algorithmus

Die Ausführungszeit der Prozedur VEREINIGUNG hat sich etwas erhöht, ist
aber immer noch durch eine Konstante beschränkt. Der Algorithmus FIN-
DEN bleibt unverändert. Die maximale Zeit für FINDEN wird jetzt von
Lemma 2.3 bestimmt.

__Lemma 2.3__ Es sei T ein Baum mit n Knoten und das Ergebnis des Algorithmus VEREINIGUNG. Dann hat kein Knoten in T eine Stufenzahl größer
als $\lfloor \log n \rfloor + 1$.

__Beweis:__ Für n = 1 ist das Lemma offenbar richtig. Nehmen wir an, es sei
wahr für alle Bäume mit i Knoten, $i \leq n - 1$. Wir werden zeigen, daß es
auch wahr ist für i = n. Sei T ein Baum mit n Knoten und erzeugt durch
den Algorithmus VEREINIGUNG. Wir betrachten die letzte Vereinigungsoperation VEREINIGUNG(k,j). Es sei m die Anzahl der Knoten im Baum j, und
es sei n - m die Anzahl in Baum k. Ohne Beschränkung der Allgemeinheit
nehmen wir an, daß $1 \leq m \leq n/2$ gilt. Dann ist die maximale Stufenzahl
irgendeines Knotens in T entweder die gleiche wie die in k oder sie ist
um eins größer als die in j. Im ersten Fall ist die maximale Stufenzahl
in $T \leq \lfloor \log(n - m) \rfloor + 1 \leq \lfloor \log n \rfloor + 1$. Im zweiten Fall ist sie $\leq \lfloor \log$
$m \rfloor + 2 \leq \lfloor \log(n/2) \rfloor + 2 \leq \lfloor \log n \rfloor + 1$. $\square$

Das Beispiel 2.1 zeigt, daß die in Lemma 2.3 angegebenen Schranken für
eine Beispielfolge von Vereinigungsoperationen gelten.

__Beispiel 2.1:__ Wir betrachten das Verhalten des Algorithmus VEREINIGUNG
bei der folgenden Reihenfolge von Vereinigungsoperationen, beginnend
mit der Anfangskonfiguration VATER(i) = - ZAEHLER(i) = -1 für $1 \leq i \leq n$
$= 2^3$.

    VEREINIGUNG(1, 2), VEREINIGUNG(3, 4), VEREINIGUNG(5, 6),

    VEREINIGUNG(7, 8), VEREINIGUNG(1, 3), VEREINIGUNG(5, 7),

    VEREINIGUNG(1, 5)

Man erhält die in Abb. 2.21 gezeigten Bäume. Dieses Beispiel kann
leicht verallgemeinert werden; man erhält dann m Knotenbäume mit
$\lfloor \log m \rfloor + 1$ Knoten.

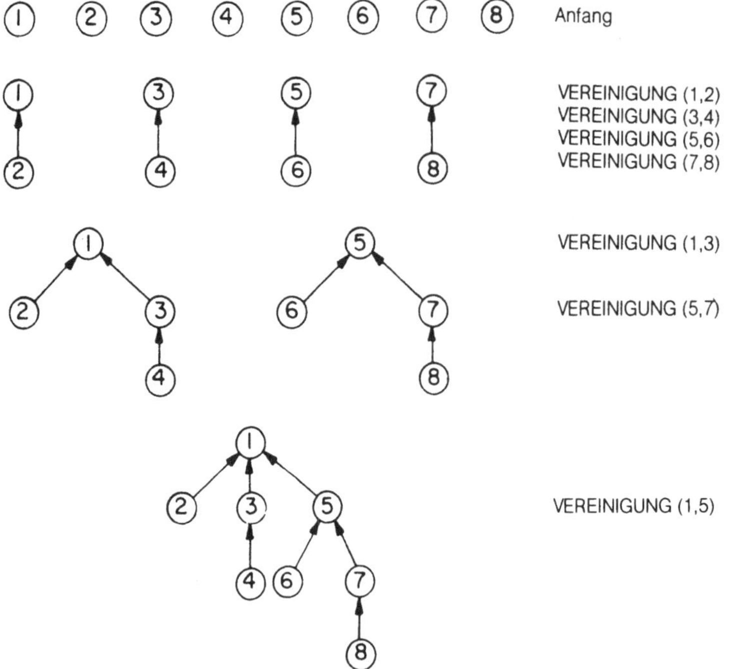

Abbildung 2.21   Ein Baum im ungünstigsten Fall unter Verwendung der Abwägregel

Aus Lemma 2.3 ergibt sich, daß die maximale Ausführungszeit von FINDEN
bei n Elementen in Baum höchstens O(log n) beträgt. Soll eine gemischte Folge von n VEREINIGUNG- und m FINDEN-Operationen verarbeitet werden, dann beträgt im ungünstigsten Fall die Zeit O(m log n). Erstaun-
licherweise ist noch eine weitere Verbesserung möglich. Dieses Mal wird
der FINDEN-Algorithmus modifiziert; man wendet die Kollapsregel an:
Ist j ein Knoten auf dem Weg von i zu dessen Wurzel, dann setze VATER
(j) ← WURZEL(i). Der neue Algorithmus sieht folgendermaßen aus:

```
procedure FINDEN(i)
    //Finde die Wurzel des Baumes, der Element i enthält.//
    //Benutze dabei die Kollapsregel für alle Knoten von i//
    //bis zur Wurzel j.//
    integer i, j, k
    j ← i
    while VATER(j) > 0 do   //finde die Wurzel//
        j ← VATER(j)
    repeat
    k ← i
```

```
  while k ≠ j do   //laß die Knoten von i bis zur Wurzel j zusammen-//
                   //fallen//
    t ← VATER(k)
    VATER(k) ← j
    k ← t
  repeat
  return(j)
end FINDEN
```

Algorithmus 2.9   FINDEN mit Kollapsregel

Diese Veränderung verdoppelt ungefähr die Ausführungszeit von FINDEN.
Deshalb muß man vorsichtig sein mit der Behauptung, es handele sich um
eine Verbesserung. Bei einigen Anwendungen (z.B. wenn viele FINDEN-Operationen auftreten und wenig Vereinigungen) ist es möglich, daß diese
Änderung die Gesamtausführungszeit verlängert. Für den ungünstigsten
Fall kann man jedoch zeigen, daß diese Änderung eine beträchtliche Verbesserung darstellt gegenüber der einfachen Abwägregel.

Beispiel 2.2: Wir betrachten den Baum, der vom Algorithmus VEREINIGUNG
erzeugt wird bei der Reihenfolge von Vereinigungsoperationen, wie sie
in Beispiel 2.1 angegeben ist. Jetzt sollen folgende 8 FINDEN-Operationen durchgeführt werden:

FINDEN(8),   FINDEN(8),   FINDEN(8),   FINDEN(8)

FINDEN(8),   FINDEN(8),   FINDEN(8),   FINDEN(8)

Wenn wir die alte Version, nämlich die Prozedur F(8) benutzen, müssen
wir jedesmal um 3 VATER-Felder nach oben gehen. Insgesamt bedeutet das
24 Bewegungen bei 8 Aufrufen. Im Algorithmus FINDEN erfordert der erste
Aufruf FINDEN(8), daß man um 3 Positionen in der Zeigerstruktur nach
oben geht und anschließend 3 Zeiger zurücksetzt. Bei den restlichen 7
Aufrufen muß man jedoch nur um 1 Zeigerfeld nach oben gehen. Der Gesamtaufwand beläuft sich also nur auf 13 Bewegungen. □

Lemma 2.4 macht eine Aussage über das Verhalten der Algorithmen VER-
EINIGUNG und FINDEN bei der Verarbeitung einer Folge dieser Operationen im ungünstigsten Fall. Bevor wir dieses Lemma formulieren, wollen
wir eine sehr langsam anwachsende Funktion α (m, n) einführen, die mit
einer Inversen der Ackermann-Funktion A(p, q) in Zusammenhang steht.

Die Ackermann-Funktion ist dem Leser vielleicht schon bekannt. Die
Funktion α (m, n) ist wie folgt definiert:

$$\alpha(m, n) = \min \{ z \geq 1 \mid A(z, 4 \lceil m/n \rceil) > \log_2 n \}$$

Die Ackermann-Funktion, wie wir sie hier gebrauchen, ist folgendermaßen
definiert:

$$A(p,q) = \begin{cases} 2q & p = 0 \\ 0 & Q = 0 \text{ und } p \geq 1 \\ 2 & p \geq 1 \text{ und } q = 1 \\ A(p - 1, A(p, q - 1)) & p \geq 1 \text{ and } q \geq 2 \end{cases}$$

Die Funktion $A(p,q)$ wächst sehr schnell. Man kann die folgenden drei
Formeln beweisen:

(a) $A(p, q + 1) > A(p,q)$ $\qquad$ (b) $A(p + 1, q) > A(p,q)$

(c) $A(3,4) = \left. 2^{2^{\cdot^{\cdot^{2}}}} \right\} 65536$ Zweier

Unter der Annahme $m \neq 0$ folgt aus (a) und (b) zusammen mit der Definition von α (m,n), daß gilt:

$$\alpha(m,n) \leq 3 \text{ für } \log n < A(3,4).$$

Aus (c) folgt, daß $A(3,4)$ tatsächlich eine riesige Zahl ist. Bei allen
praktischen Anwendungen können wir davon ausgehen, daß $\log n < A(3,4)$
gilt und damit $\alpha(m,n) \leq 3$. In Lemma 2.4 ist $n - 1$ die Anzahl der Vereinigungsoperationen.

<u>Lemma 2.4</u> $\lceil$Tarjan$\rceil$ Es sei $T(m,n)$ die Ausführungszeit für den schlimmsten Fall einer gemischten Folge von $m \geq n$ FINDEN - und $n - 1$ VEREINIGUNG-Operationen. Dann gilt:

$$k_1 m \; \alpha(m,n) \leq T(m,n) \leq k_2 m \; \alpha(m,n)$$

für zwei positive Konstante k_1 und k_2. $\square$

Den Beweis findet man in dem Artikel von Tarjan "Efficiency of a good
but not linear set union algorithm", JACM, (April 1975).

Obwohl die Funktion $\alpha(m,n)$ sehr langsam wächst, ist die Komplexität
der Abfolge VEREINIGUNG - FINDEN nicht linear in m, der Anzahl der
FINDEN-Operationen. Was den Platzbedarf betrifft gilt, daß für jedes
Element ein Knoten benötigt wird.

Wir wollen uns noch kurz eine Anwendung der Algorithmen VEREINIGUNG
und FINDEN anschauen; es geht um die Verarbeitung von Äquivalenzanwei-
sungen. Die Eingabe besteht aus einer Menge von Paaren der Form $i \equiv j$
(i ist äquivalent zu j). Das Ziel besteht darin, entweder auf neue
Paare oder auf Fragen nach der Äquivalenzklasse eines Elements schnell
zu reagieren. Dieses Problem ist eine Abstraktion der Aktionen, die
man bei einer EQUIVALENCE - Anweisung in FORTRAN ausführen müßte. Die
zu erzeugenden Äquivalenzklassen kann man als Mengen betrachten. Diese
Mengen sind disjunkt, da keine Variable in mehr als einer Äquivalenzklasse liegen kann. Am Anfang sind alle n Variablen in ihrer eigenen
Äquivalenzklasse enthalten, also gilt: VATER(i) = - $1 \leq i \leq n$. Bei der
Verarbeitung eines Äquivalenzpaares $i \equiv j$ müssen wir zuerst die Mengen
ermitteln, die i und j enthalten. Sind diese voneinander verschieden,
dann werden die beiden Mengen durch ihre Vereinigungsmenge ersetzt.
Sind sie gleich, dann braucht nichts unternommen zu werden, denn die
Relation $i \equiv j$ ist dann redundant; i und j sind bereits in derselben
Äquivalenzklasse. Bei der Verarbeitung jedes Äquivalenzpaares müssen
wir mindestens zwei FINDEN - und eine VEREINIGUNGS- Operation durchführen. Also beträgt bei n Variablen und $m \geq n$ Äquivalenzpaaren die gesamte Ausführungszeit höchstens $O(m\ \alpha(m,n))$. Der große Vorteil dieses Algorithmus besteht darin, daß er "on-line" arbeitet. Das bedeutet, daß
er zu jeder beliebigen Zeit Fragen über die Äquivalenzklasse eines Elements beantworten kann, ohne daß man ihm zuerst alle Paare präsentieren
muß. In den folgenden Kapiteln werden wir noch weitere nützliche Anwendungen dieser beiden Algorithmen zur Manipulation von Mengen kennenlernen.

2.5 GRAPHEN

Im folgenden wollen wir uns mit dem Datenobjekt "Graph" beschäftigen,
einer wichtigen Struktur, die erstmals von dem Mathematiker L. Euler
1736 eingeführt wurde. Ein Graph G besteht aus zwei Mengen: den <u>Knoten</u>
V und den <u>Kanten</u> E. V ist eine endliche, nichtleere Menge von Knoten,
die gewöhnlich von 1 bis n durchnumeriert werden; E ist eine endliche
Menge von Knotenpaaren. Jedes Paar aus E ist eine Kante von G.

Sind die Paare geordnet (d.h. das Paar <i,j> ist verschieden vom Paar
<j,i>), dann nennen wir den Graphen gerichtet, im anderen Fall unge-
richtet. Zur Kennzeichnung gerichteter Kanten benutzen wir spitze
Klammern, zur Kennzeichnung ungerichteter Kanten runde Klammern. Beispielsweise stellt <i,j> eine gerichtete Kante dar, während (i,j) eine
ungerichtete darstellt. Man beachte, daß Kanten vom Typ <i,i> oder
(i,i) nicht erlaubt sind. Bei vielen Anwendungen ordnet man jeder Kante eine positive reelle Zahl zu (Kosten genannt); solch einen Graphen
nennt man ein Netzwerk.

Bei einem ungerichteten Graphen sagen wir, daß der Knoten i benachbart (oder adjazent) zum Knoten j ist, falls die Kante (i,j) existiert.
Der Grad eines Knotens ist die Anzahl seiner Nachbarknoten. Bei gerichteten Graphen unterscheiden wir zwischen dem inneren Grad eines
Knotens i, welcher die Anzahl von Kanten mit i als zweiter Komponente
ist, und dem äußeren Grad von i, welcher die Anzahl von Knoten mit i
als erster Komponente ist. Wenn die gerichtete Kante <i,j> existiert,
dann sagen wir: "i ist benachbart zu j" und "j ist in der Nachbar-
schaft von i".

Ein Weg (oder Pfad) von Knoten v_p zum Knoten v_q ist eine Folge von
Knoten v_p, v_{i1}, v_{i2}, ..., v_{in}, v_q mit der Eigenschaft, daß (v_p, v_i),
(v_{i1}, v_{i2}), ..., (v_{in}, v_q) Kanten in E(G) sind. Die Länge eines Pfades
ist die Anzahl der Knoten auf diesem Pfad. Ein einfacher Pfad ist ein
Pfad, in dem alle Knoten außer dem ersten und letzten verschieden sind.
Ein Kreis ist ein Pfad, bei dem der erste und letzte Knoten identisch
sind.

Abb. 2.22 gibt ein Beispiel eines gerichteten und eines ungerichteten Graphen, die beide 5 Knoten und 5 Kanten enthalten. Der Knoten 1
im gerichteten Graph hat den inneren Grad 0 und den äußeren Grad 3; im
ungerichteten Graph hat derselbe Knoten den Grad 3. Im ungerichteten
Graph gibt es zwischen jedem Paar von Knoten einen Weg, während es im
gerichteten Graph nicht möglich ist, vom Knoten 3 (oder Knoten 5) zu
einem anderen Knoten zu gelangen. In Abb. 2.22 (ii) bilden die Kanten
(1,2) (2,3) einen einfachen Pfad und der Pfad (1,2) (2,3) (3,1) einen
Kreis.

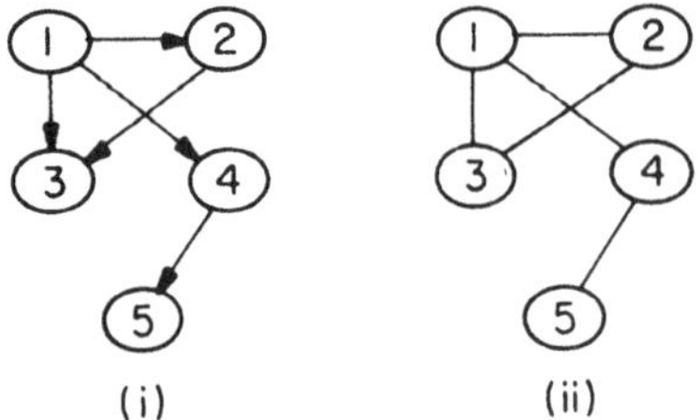

(i) (ii) Abbildung 2.22 Zwei Beispiele für Graphen

Noch einen letzten Begriff wollen wir definieren, bevor wir uns der
Darstellung von Graphen zuwenden, nämlich den des Zusammenhangs. Ein
ungerichteter Graph heißt <u>zusammenhängend</u>, wenn zu jedem Knotenpaar
ein Weg existiert. Ist ein Graph nicht zusammenhängend, dann nehmen
wir getrennt auf seine zusammenhängenden Teilgraphen Bezug. Ein Teilgraph ist eine Teilmenge VB der Knoten aus V und eine Teilmenge der
Kanten von E, welche die Knoten in VB verbinden. Ein Teilgraph $G' =$
(V', E') ist eine zusammenhängende Komponente von einem ungerichteten
Graph $G = (V,E)$ genau dann, wenn G zusammenhängend ist und es keinen
anderen Teilgraph $G'' = (V'', E'')$ von G gibt, der ebenfalls zusammenhängend ist und für den gilt: $V' \subset V''$ oder $E' \subset E''$. Mit anderen Worten
heißt das, daß eine zusammenhängende Komponente ein maximal zusammenhängender Teilgraph ist. Bei gerichteten Graphen gibt es noch einen
stärkeren Begriff des Zusammenhangs. Wenn es zu jedem Paar von Knoten
i,j einen Pfad von i nach j und von j nach i gibt, nennt man den gerichteten Graph <u>stark zusammenhängend</u>.

Zur Darstellung von Graphen gibt es zwei bekannte Methoden. Man kann
sie als sequentielle und als Zeiger-Darstellung bezeichnen. Die sequentielle Form benutzt eine quadratische Tabelle mit n Zeilen und
Spalten, wobei n die Anzahl der Knoten ist. Diese Tabelle nennen wir
die <u>Nachbarschaftsmatrix</u> (engl. adjacency matrix). Bei einem ungerichteten Graph wird die Nachbarschaftsmatrix GRAPH (1:n, 1:n) so definiert, daß GRAPH(i,j) = 1 ist falls die Kante (i,j) existiert und null
sonst. Im Falle eines Netzwerkes gilt: GRAPH(i,j) = Kosten der Kante
(i,j). Existiert die Kante (i,j) nicht, dann wird der Wert von GRAPH
(i,j) gleich "+∞" gesetzt. Bei einem gerichteten Graph gilt: GRAPH
(i,j) = 1 genau dann, wenn <i,j> eine Kante ist. Im Falle eines gerichteten Netzwerkes ist GRAPH(i,j) sinngemäß definiert.

Tabelle 2.3 zeigt die Nachbarschaftmatrizen zu den Graphen aus Abb.
2.22. Beide Matrizen haben die Größe 5 x 5 und Elemente, deren Wert
null oder eins ist. Man beachte, daß in beiden Fällen die Diagonalele-
mente null sind und damit anzeigen, daß es keine Schlingen gibt. Die
zweite Matrix hat eine spezielle Struktur, die allen ungerichteten
Graphen zu eigen ist; es gilt nämlich: GRAPH(i,j) = GRAPH(j,i). Solch
eine Matrix nennt man <u>symmetrisch</u>. Normalerweise benötigt eine Nachbarschaftsmatrix n^2 Plätze; bei ungerichteten Graphen würde es jedoch
genügen, nur die obere Dreiecksmatrix zu speichern. Man käme dann mit
n(n - 1)/2 Elementen aus. Außerdem braucht die Hauptdiagonale nicht
gespeichert zu werden, denn es gilt: GRAPH(i,i) = 0.

	1	*2*	*3*	*4*	*5*
1)	0	1	1	1	0
2)	0	0	1	0	0
3)	0	0	0	0	0
4)	0	0	0	0	1
5)	0	0	0	0	0

	1	*2*	*3*	*4*	*5*
	0	1	1	1	0
	1	0	1	0	0
	1	1	0	0	0
	1	0	0	0	1
	0	0	0	1	0

<u>Tabelle 2.3</u> Nachbarschaftsmatrizen zu Abb.2.22

Bevor wir anfangen, mit einem Graph Manipulationen vorzunehmen, müssen
wir die Nachbarschaftsmatrix initialisieren, damit sie den Graph enthält, mit dem wir arbeiten wollen. Dieser Schritt erfordert mindestens
$O(n^2)$ Operationen. Daraus ergibt sich, daß die Rechenzeit fast jedes
Algorithmus, der diese Darstellung benutzt, mindestens $O(n^2)$ sein wird.
Dies gilt auch dann, wenn der Graph nur $O(n)$ Kanten hat. Diese Tatsache
veranlaßt uns, eine andere Darstellung zu betrachten.

Die Darstellung eines gegebenen Graphen in einer <u>Nachbarschaftsliste</u>
besteht aus n Listen, nämlich für jeden Knoten i eine. Die Liste des Knotens i enthält gerade jene Knoten, die dem Knoten i benachbart sind. Da
es oft vorkommen wird, daß wir auf die Nachbarknoten eines beliebigen
Knotens zugreifen müssen, sorgen wir dafür, daß die Listenköpfe sequentiell gespeichert werden. Die Listen der Nachbarn eines Knotens dürfen
jedoch miteinander verbunden werden. Abb. 2.23 zeigt die Nachbarschafts
listen für die beiden Graphen aus Abb. 2.22.

Bei beiden Graphen gibt es fünf aufeinander folgende Plätze (Haupt-
knotenpunkte), deren Werte entweder null sind (wenn keine Nachbarn existieren) oder Zeiger zu einer Liste von Knoten. Jeder Knotenpunkt in
der Liste hat zwei Felder: einen Knoten und einen Zeiger auf das nächste Element der Liste. Der gerichtete Graph hat fünf Knotenpunkte und
der ungerichtete zehn. Allgemein benötigt ein gerichteter Graph mit n
Knoten und e Kanten n Plätze plus e Knotenpunkte, während ein ungerichteter Graph n Plätze plus 2e Knotenpunkte erfordert. Diese Forderungen
können deutlich besser sein als diejenigen der Matrixdarstellung.

Falls Kanten oder Knoten weder eingefügt noch gelöscht werden, kann
man die Nachbarschaftslisten selbst sequentiell in einem eindimensionalen Feld KNOTEN(1:p) darstellen, wobei p = e ist, falls der Graph gerichtet ist, und p = 2e ist, falls er ungerichtet ist. Kopf(i), $1 \leq i \leq n$,
bezeichnet den Anfangspunkt der Nachbarschaftsliste des Knotens i.
Definieren wir KOPF(n + 1) = p + 1, dann werden die Knoten der Nachbarschaftsliste des Knotens i an der Stelle KNOTEN(j) gespeichert mit KOPF
(i) $\leq$ j < KOPF(i + 1). Falls die Liste für den Knoten i leer ist, gilt:
KOPF(i) = KOPF(i + 1).

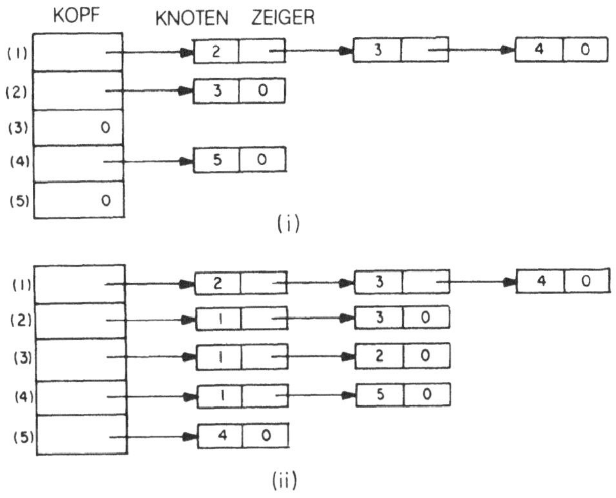

Abbildung 2.23 Nachbarschaftslisten zu Abb.2.22

Abb. 2.24 zeigt die sequentiellen Darstellungen der Nachbarschaftslisten, wie sie den Zeigerdarstellungen in Abb. 2.23 entsprechen.

Damit beenden wir den Abschnitt 2.5. In den folgenden Kapiteln werden
wir es oft mit Algorithmen zu tun haben, die Graphen benutzen. Daher
sollte eine Sicherheit im Umgang mit Graphen vorhanden sein.

2.6 HASH-TECHNIK

Eine Symboltabelle ist eine Datenstruktur, die es erlaubt, auf einfache Weise die An- oder Abwesenheit eines beliebigen Elements festzustellen. Außerdem sind Einfügen und Löschen eines Elements problemlos
durchzuführen. In diesem Abschnitt stellen wir die Hash-Technik vor,
welche zweifelsohne die praktischste Methode der Verwaltung einer Symboltabelle ist. Zwar sind viele Baum-Organisationen von Symboltabellen
(z.B. binäre Suchbäume) nützlich, wenn spezielle Informationen über die
Symbole bekannt sind; hat man jedoch von Anbeginn keine statistischen
Informationen zur Verfügung, dann ist die Hash-Technik sowohl leicht
zu verstehen als auch - wie wir noch sehen werden - sehr effizient.

In Baumtabellen wird die Suche nach einem Bezeichnerschlüssel durch
eine Folge von Vergleichen durchgeführt. Die Hash-Technik unterscheidet
sich von dieser Methode dadurch, daß man die Adresse oder den Platz eines Bezeichners X durch Anwendung einer arithmetischen Funktion f von
X berechnet. Der Wert f(X) gibt die Adresse von X in der Tabelle an.
Diese Adresse nennt man die Hash-Adresse von X. Dabei nimmt man an,
daß der Speicherplatz zur Aufnahme und Verwaltung der Symboltabelle

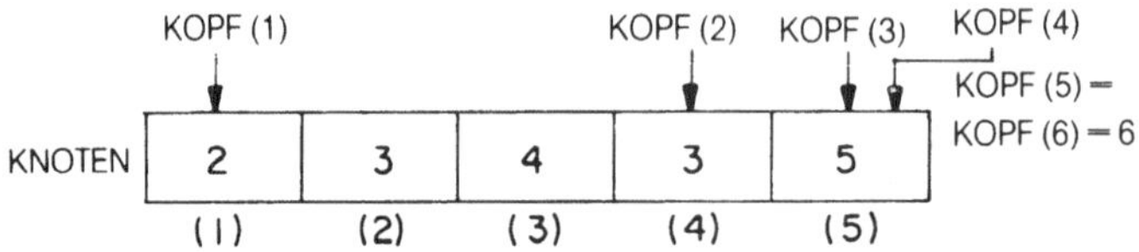

(i) Darstellung des Graphen aus Abb. 2.22 (i)

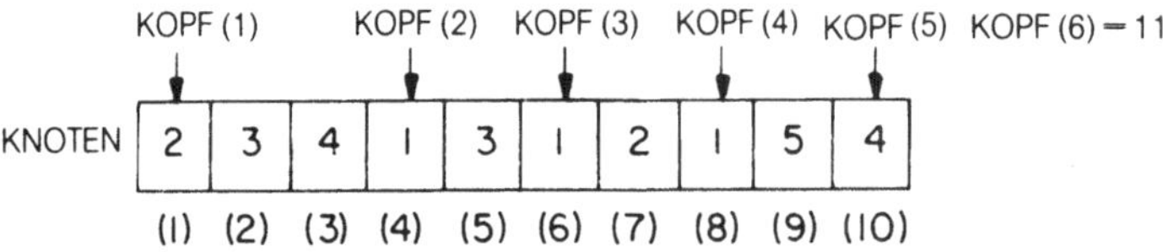

(ii) Darstellung des Graphen aus Abb. 2.22 (ii)

Abbildung 2.24 Sequentielle Nachbarschaftslisten

sequentiell ist, d.h. aus aufeinanderfolgenden Speicherzellen besteht. Diesen Speicherplatz nennt man die Hash-Tabelle, abgekürzt "HT". Die Hash-Tabelle ist in b Gruppen aufgeteilt: HT(O), ..., HT(b - 1). Jede Gruppe kann bis zu s Bezeichner aufnehmen. Man sagt auch, eine Gruppe besteht aus s Einheiten, von denen jede groß genug ist, um einen Bezeichner aufzunehmen. Gewöhnlich ist s = 1, jede Gruppe dient also zur Aufnahme genau eines Bezeichners. Mit einer Hashfunktion f(X) führt man eine Bezeichnertransformation durch; f(X) bildet die Menge aller möglichen Bezeichner auf die ganzen Zahlen O bis b - 1 ab. Es sei T die Größe des Raumes, aus dem die Bezeichner gewählt werden. Diesen Raum nennt man den Bezeichnerraum. Wenn man z.B. die Bezeichner aus der Menge aller zugelassenen FORTRAN - Variablennamen wählt, dann gibt es mehr als 1.6×10^9 verschiedene Möglichkeiten. Jedes vernünftige Programm wird jedoch weitaus weniger Bezeichner verwenden. Enthält eine Tabelle n Bezeichner, dann nennt man das Verhältnis n/T die Bezeichnerdichte, während man α = n/(sb) als Belegungsfaktor bezeichnet.

Gewöhnlich ist die Anzahl der benutzten Bezeichner um mehrere Größenordnungen kleiner als die Gesamtzahl T aller möglichen Bezeichner; daher wählt man die Anzahl der Gruppen in der Hashtabelle ebenfalls wesentlich kleiner als T. Deshalb wird die Hash-Funktion f mit Sicherheit einige verschiedene Bezeichner auf dieselbe Gruppe abbilden. Wir nennen zwei Bezeichner I_1 und I_2 Synonyme bezüglich f, wenn gilt: $f(I_1) = f(I_2)$. Synonyme werden so lange in dieselbe Gruppe eingetragen, wie noch freie Einheiten in dieser Gruppe vorhanden sind. Ein Überlauf

tritt dann auf, wenn ein neuer Bezeichner I von f auf eine volle Gruppe abgebildet wird. Eine <u>Kollision</u> tritt auf, wenn zwei Bezeichner,
die nicht miteinander identisch sind, auf dieselbe Gruppe abgebildet
werden. Ist die Gruppengröße s = 1, dann treten Kollision und Überlauf
gleichzeitig auf.

Als Beispiel betrachten wir die Hash-Tabelle HT mit b = 26 Gruppen,
von denen jede aus zwei Einheiten besteht (s = 2). Wir nehmen an, daß
in einem Programm n = 1o verschiedene Bezeichner vorkommen, und daß
jeder Bezeichner mit einem Buchstaben beginnt. Der Belegungsfaktor α
für diese Tabelle beträgt 1o/52 = o.19. Die Hash-Funktion f muß jeden
Bezeichner auf eine der Zahlen 1 - 26 abbilden. Wenn die interne Binärdarstellung der Buchstaben A - Z den Zahlen 1 - 26 entspricht, dann
bildet die Funktion "f(X) = 1.Zeichen von X" alle Bezeichner X in die
Hash-Tabelle ab. Die Bezeichner GA, D, A, G, L, A2, A1, A3, A4 und E
werden auf die Gruppen 7, 4, 1, 7, 12, 1, 1, 1, 1 und 5 durch diese
Funktion abgebildet. Die Bezeichner A, A1, A2, A3 und A4 sind Synonyme,
ebenso G und GA. Abb. 2.25 zeigt die Hash-Tabelle mit den Einträgen
der Bezeichner GA, D, A, G und A2. Man beachte, daß GA und G in der
gleichen Gruppe liegen, und daß jede Gruppe über zwei Einheiten verfügt. Ebenso liegen A und A2 in derselben Gruppe. Der nächste Bezeichner A1 wird von der Hash-Funktion in die Gruppe HT(1) abgebildet; diese ist aber bereits voll, und eine Suche zeigt, daß sie A1 nicht enthält. **Also ist ein Überlauf aufgetreten.** An welcher Stelle in der Tabelle sollte man den Bezeichner A1 jetzt eintragen, so daß man ihn bei
Bedarf wieder findet? Wir werden uns etwas später mit Strategien befassen, die Überlaufprobleme behandeln. Zuvor wollen wir aber noch etwas
über die Wahl der Hash-Funktion sagen.

	A	A2
1	A	A2
2	0	0
3	0	0
4	D	0
5	0	0
6	0	0
7	GA	G
⋮	⋮	⋮
26	0	0

Abbildung 2.25 Hash-Tabelle

Die Hash-Funktion aus dem letzten Beispiel eignet sich nicht besonders gut für das, was wir vorhaben, denn es treten unter Umständen zu
viele Kollisionen und daraus resultierende Überläufe auf. Dies ist
deshalb der Fall, weil es durchaus nicht ungewöhnlich ist, daß eine

Menge von Symbolen wie z.B. Bezeichner in einem Computerprogramm viele Namen enthält, die mit demselben Zeichen beginnen. Als ideal würden wir eine Funktion ansehen, die sowohl einfach zu berechnen ist als auch zu wenig Kollisionen führt. Aber da das Verhältnis b/T gewöhnlich sehr klein ist, ist es unmöglich, Kollisionen vollkommen zu vermeiden.

Zusammengefaßt kann man sagen, daß Hash-Techniken eine Bezeichnertransformation mit Hilfe einer Hash-Funktion f ausführen. Es ist wünschenswert, eine Funktion f zu wählen, die einfach zu berechnen ist und die Anzahl der Kollisionen minimiert. Da die Mächtigkeit des Bezeichnerraums im allgemeinen um mehrere Größenordnungen größer ist als die Anzahl der Gruppen, und da s klein ist, treten Überläufe zwangsläufig auf. Also braucht man noch einen zusätzlichen Mechanismus zur Behandlung von Überläufen.

Die Hash-Funktion

Eine Hash-Funktion f bildet einen Bezeichner X in eine Gruppenadresse in der Hash-Tabelle ab. Wie bereits zuvor erwähnt, bestehen die gewünschten Eigenschaften solch einer Funktion darin, daß sie einfach zu berechnen ist und die Anzahl der Kollisionen minimiert. Wir hätten gern, daß die Funktion von allen Zeichen des Bezeichners abhängt, nicht nur vom ersten. Zusätzlich sollte die Hash-Funktion die Eigenschaft haben, daß sie bei zufällig ausgewählten Eingabewerten die Hash-Tabelle nicht einseitig benutzt. Ist X ein zufällig ausgewählter Bezeichner aus dem Bezeichnerraum, dann wollen wir, daß die Wahrscheinlichkeit dafür, daß $f(X) = i$ ist, für alle Gruppen i gleich 1/b beträgt. Dann hat ein zufällig ausgewähltes X die gleiche Chance, auf irgendeine der b Gruppen abgebildet zu werden. Eine Hash-Funktion mit dieser Eigenschaft heißt eine <u>gleichmäßige Hash-Funktion.</u> Es gibt viele gebräuchliche Hash-Funktionen; wir werden nur zwei davon besprechen. Detailliertere Abhandlungen findet man in jeder der entsprechenden Referenzen am Ende dieses Kapitels.

Eine einfache und effektive Wahl einer Hash-Funktion besteht darin, den modulo-Operator (<u>mod</u>) zu verwenden. Man interpretiert den Bezeichner X als eine ganze Zahl und teilt diese durch eine Zahl M; der verbleibende Rest wird als Hash-Adresse für X benutzt.

$$f_D(X) = X \underline{\bmod} M$$

Dieses Verfahren liefert Gruppenadressen im Bereich von 0 bis M - 1. Daraus folgt, daß die Hashtabelle mindestens die Größe b = M hat. Die Wahl von M ist kritisch. Falls M eine Potenz von 2 ist, dann hängt f_D

(X) nur von den niederwertigsten Bits von X ab. Wenn z.B. jedes Zeichen durch sechs Bits dargestellt wird, und wenn Bezeichner rechtsbündig in einem 60-Bit-Wort mit führenden Null-Bits abgespeichert werden (siehe Abb. 2.26), dann haben für $M = 2^i$ und $i \leq 6$ die Bezeichner A1, B1, C1, X41, DNTXY1 all dieselbe Gruppenadresse. Für $M = 2^i$ und $i \leq 12$ haben die Bezeichner AXY, BXY, WTXY dieselbe Gruppenadresse. Da Programmierer dazu neigen, viele Variablennamen mit gleicher Endung zu wählen, würde die Wahl von M als Zweierpotenz zu vielen Kollisionen führen.

| 0 | 0 | 0 | 0 | 0 | 0 | A | 1 |

| A | 1 | 0 | 0 | 0 | 0 | 0 | 0 |

Abbildung 2.26 Rechts- und linksbündige Darstellung des Bezeichners A1
(6 Bit pro Zeichen)

Die Wahl von M als Potenz von 2 hätte noch verheerendere Folgen, falls der Bezeichner X linksbündig mit nachfolgenden Null-Bits abgespeichert würde. Dann würden alle Bezeichner, die nur aus einem Zeichen bestehen, auf die nullte Gruppe abgebildet für $M = 2^i$ und $i \leq 54$. Alle Bezeichner bestehend aus zwei Zeichen würden ebenfalls auf die nullte Gruppe abgebildet für $M = 2^i$ und $i \leq 48$ usw. ... Wir erkennen aus diesen Beispielen, daß bei Verwendung der Divisionsoperation f_D als Hash-Funktion die Größe der Tabelle keine Zweierpotenz sein sollte. Ein weiteres Problem bezüglich der Wahl von M besteht darin, daß ungerade Schlüssel - falls M durch 2 teilbar ist - auf ungerade Gruppen abgebildet werden (da der Rest ungerade ist), und daß gerade Schlüssel auf gerade Gruppen abgebildet werden. Dadurch wird die Benutzung der Hash-Tabelle wieder einseitig.

Eine weiter Analyse zeigt folgendes: wenn M Teiler enthält, dann ensteht daraus eine einseitige Benutzung der Tabelle, falls viele Bezeichner Permutationen voneinander sind. Diese Schwierigkeiten vermeidet man, indem man M so wählt, daß es eine Primzahl ist. Die einzigen Teiler von M sind dann M und 1. Knuth hat folgendes gezeigt: wenn M die Ausdrücke $r^k + a$ oder $r^k - a$ teilt, wobei k und a kleine Zahlen sind und r die Wurzel der Zeichen ist, dann neigt X mod M dazu, eine einfache Überlagerung der Zeichen aus X zu sein. Eine gute Wahl für M wäre daher:

> M sei eine Primzahl und teile nicht
> $r^k + a$ oder $r^k - a$ für kleine k und a.

In der Praxis hat sich gezeigt, daß es genügt, M so zu wählen, daß es keine Primteiler kleiner als 20 hat.

Eine weitere oft gebrauchte Hash-Funktion ist die Funktion, welche
die sogenannte "Quadratmitte" bildet. Diese Funktion f_m wird berechnet,
indem man den Bezeichner quadriert und dann eine geeignete Anzahl von
Bits aus der Mitte der quadrierten Zahl auswählt und damit die Gruppenadresse bildet. Man nimmt dabei an, daß der Bezeichner in ein Computer-
wort hineinpaßt. Die mittleren Bits des Quadrats hängen im allgemeinen
von allen Zeichen des Bezeichners ab; daher kann man erwarten, daß mit
hoher Wahrscheinlichkeit zu verschiedenen Bezeichnern auch verschiedene Hash-Adressen gehören, auch dann, wenn einige Zeichen gleich sind.
Die Anzahl von Bits, die man zur Bildung der Gruppenadresse heranzieht,
hängt von der Größe der Tabelle ab. Verwendet man r Bits, dann beträgt
der Bereich der Werte 2^r; daher wählt man für die Größe der Hash-Tabelle eine Zweierpotenz, wenn man diese Art von Schema verwendet.

Überlaufbehandlung

Um Kollisionen und Überläufe entdecken zu können, muß man die Hash-
Tabelle initialisieren, um die Situation darzustellen, daß alle Einheiten leer sind. Unter der Annahme, daß kein Bezeichner den Wert null
hat, kann man alle Einheiten mit null vorbesetzen. Wird nun ein neuer
Bezeichner auf eine schon belegte Gruppe abgebildet, dann muß man eine
andere Gruppe für diesen Bezeichner finden. Die einfachste Lösung würde vermutlich darin bestehen, die nächstgelegene noch freie Gruppe zu
finden. Dieses Verfahren wollen wir an einer Tabelle, bestehend aus 26
Gruppen mit je einer Einheit, erläutern. Wir nehmen folgende Bezeichner an: GA, D, A, G, L, A2, A1, A3, A4, Z, ZA, E. Der Einfachheit halber wählen wir die Hash-Funktion "f(X) = erstes Zeichen von X". Zu Anfang sind alle Einträge in der Tabelle null. f(GA) = 7, diese Gruppe
ist leer, also wird GA (inklusive anderer Informationen über diesen
Bezeichner) an der Stelle HT(7) eingetragen, D und A werden in die
Gruppen HT(4) und HT(1) eingetragen. Die Hash-Funktion liefert zum
nächsten Bezeichner G den Wert 7. Diese Einheit ist aber schon von GA
belegt. Die nächste freie Einheit ist HT(8); also wird G dort eingetragen. L wird an der Stelle HT(12) eingetragen. A2 kollidiert mit A in
der Gruppe HT(1), es tritt ein Überlauf auf und A2 wird in der nächsten freien Einheit HT(2) eingetragen. A1, A3 und A4 erhalten die Positionen HT(3), HT(5) und HT(6). Z wird an der Stelle HT(26) eingetragen, ZA an der Stelle HT(9) (die Hash-Tabelle wird **ringförmig benutzt**).
E kollidiert mit A3 an der Position HT(5) und erhält schließlich die
Position HT(1o). Abb. 2.27 zeigt die endgültige Tabelle. Diese Methode
zur Behandlung von Überläufen nennt man <u>lineares Probieren</u> oder <u>offe-
ner Hashcode</u>.

Will man die Tabelle nach einem Bezeichner X durchsuchen, muß man
zuerst f(X) berechnen und dann die Schlüssel in den Positionen HT(f(X))
HT(f(X) + 1), ..., HT(f(X) + j) daraufhin untersuchen, ob HT(f(X) + j)
entweder gleich X ist (dann ist X in der Tabelle) oder gleich 0 ist
(dann ist X nicht in der Tabelle) oder ob wir zur Position HT(f(X))
zurückgekehrt sind (dann ist die Tabelle voll). Eine Implementierung
der linearen Suche ist in folgendem Algorithmus gegeben.

```
procedure LINEARESUCHE (X,HT,b,j)
  //durchsucht die Hash-Tabelle HT(0:b - 1);//
  //jede Gruppe hat genau eine Einheit;//
  //Methode des offenen Hash-Codes;//
  //Ist HT(j) = 0, dann ist die j-te Gruppe leer//
  //und X kann in die Tabelle eingetragen werden.//
  //Ansonsten gilt HT(j) = X und X ist schon in der Tabelle;//
  //f ist die Hash-Funktion//
  i ← f(X); j ← i
  while HT(j) ≠ X and HT(j) ≠ 0 do
      j ← (j + 1) mod b  //benutze die Tabelle zyklisch//
      if j = i then call TABELLEVOLL endif   //keine leeren Einheiten//
  repeat
end  LINEARESUCHE
```

Algorithmus 2.10   Lineare Hash-Technik

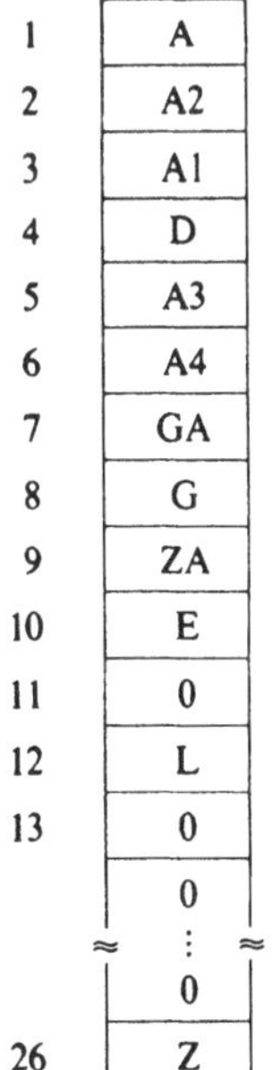

1	A
2	A2
3	A1
4	D
5	A3
6	A4
7	GA
8	G
9	ZA
10	E
11	0
12	L
13	0
	0
	⋮
	0
26	Z

Abbildung 2.27 Hash-Tabelle mit offenem Hashcode. 26 Gruppen mit je einer Einheit

Unser früheres Beispiel zeigt, daß die Bezeichner dazu neigen, in
Bündeln aufzutreten, wenn man zur Überlaufbehandlung die Methode des
offenen Hash-Codes verwendet. Außerdem tendieren benachbarte Bündel
dazu, miteinander zu verschmelzen, was die Suchzeit weiter erhöht. Um
den Bezeichner ZA in der Tabelle aus Abb. 2.27 zu finden, ist es nötig,
nacheinander die Positionen HT(26), HT(1), ..., HT(9) zu untersuchen;
insgesamt müssen zehn Vergleiche durchgeführt werden. Dies ist weitaus
schlimmer als das Verhalten bei Baumtabellen im ungünstigsten Fall.
Würde man jeden Bezeichner in der Tabelle aus Abb. 2.27 genau einmal
wiederfinden, dann müßte man insgesamt 39 Gruppen untersuchen, nämlich
1 Gruppe für A, 2 für A2, 3 für A1, 1 für D, 5 für A3, 6 für A4, 1 für
GA, 2 für G, 1o für ZA. 6 für E, 1 für L und 1 für Z. Im Mittel sind
das 3,25 Gruppen pro Bezeichner. Eine allgemeine Analyse dieser Methode zeigt, daß die erwartete mittlere Anzahl von Bezeichnervergleichen
P ungefähr $(2 - \alpha)/(2 - 2\alpha)$ ist, wobei α der Belegungsfaktor ist.
Dies ist das Mittel für alle möglichen Bezeichnermengen mit gegebenem
Belegungsfaktor unter Verwendung einer gleichmäßigen Hash-Funktion. In
obigem Beispiel ist α = 12/26 = 0.46 und P = 1.42. Obwohl die mittlere
Anzahl von Vergleichen klein ist, kann sie im ungünstigsten Fall doch
recht groß werden.

 Einer der Gründe dafür, daß die Methode des offenen Hash-Codes so in-
effizient ist, ist der, daß bei der Suche nach einem Bezeichner mehre-
re Bezeichner mit verschiedenen Hash-Werten verglichen werden müssen.
Bei der Hash-Tabelle aus Abb. 2.25 erfordert z.B. die Suche nach ZA
Vergleiche mit den Gruppen HT(1) bis HT(8), obwohl keiner der Bezeichner in diesen Gruppen mit HT(26) kollidiert und daher gar nicht gleich
ZA sein kann. Viele dieser Vergleiche könnte man vermeiden, wenn man
Listen von Bezeichnern - eine pro Gruppe - anlegen würde, die nur die
Synonyme jeder Gruppe enthalten. Dann würde man bei einer Suche nur
die Hash-Adresse $f(X)$ ausrechnen und diejenigen Bezeichner untersuchen
müssen, die in der Liste für $f(X)$ stehen. Da die Größe dieser Listen
nicht im voraus bekannt ist, würde man sie am besten als Ketten mit
Zeigerstruktur anlegen. Jede Kette hat einen Kopf-Knoten, der im allgemeinen viel kleiner sein wird als die anderen Knoten, da er nur einen Zeiger enthält. Da man auf die Listen wahlfrei zugreifen möchte,
sollten die Kopf-Knoten sequentiell organisiert sein. Wir nehmen an,
daß sie von 1 bis M durchnumeriert sind, falls die Hash-Funktion einen
Wertebereich von 1 bis M hat.

 Behandelt man Kollisionen durch Verkettung und benutzt man die Hash-
Funktion aus Abb. 2.27, dann erhält man die in Abb. 2.28 gezeigten
Ketten. Ein neuer Bezeichner X kann an beiden Enden eingefügt werden.

Dies geht deshalb, weil die Adresse des letzten Knotens in der Kette
bekannt ist; sie liegt als Ergebnis der Suche vor, bei der man fest-
stellte, daß X nicht in der Liste ist. Im Beispiel der Abb. 2.28 wurden neue Bezeichner am Anfang der Kette eingefügt. Jetzt ist die Anzahl der Vergleiche bei der Suche nach jedem Bezeichner 1 für A4,D,E,G,
L und ZA, 2 für A3,GA und Z, 3 für A1, 4 für A2 und 5 für A, insgesamt
also 24. Das Mittel beträgt jetzt 2.0, also beträchtlich weniger als
beim offenen Hash-Code. Allerdings benötigt man zusätzlichen Speicherplatz für die Zeiger.

```
procedure  KETTENSUCHE (X,HT,b,j)
   //durchsucht die Hash-Tabelle HT(0:b - 1) nach X;//
   //entweder ist HT(i) = 0 oder ein Zeiger auf die Liste//
   //von Bezeichnern X, so daß gilt: f(X) = i.//
   //Die Listenknoten haben zwei Felder BEZEICHNER und ZEIGER.//
   //Entweder zeigt j auf den Knoten, der X enthält, oder j = 0.//
   j ← HT(f(X))    //berechne Adresse des Kopfknotens//
   //durchsuche die Kette beginnend bei Position j//
   while j ≠ 0 and BEZEICHNER(j) ≠ X do
      j ← ZEIGER(j)
   repeat
end  KETTENSUCHE
```

Algorithmus 2.11 Hash-Technik mit Kettenstruktur

Es kann gezeigt werden, daß die erwartete Anzahl von Bezeichnervergleichen ungefähr gleich 1 + (α/2) ist, wobei α der Belegungsfaktor n/b
ist (b = Anzahl der Kopf-Knoten). Für α = 0.5 beträgt diese Zahl 1.25,
und für α = 1 beträgt sie 1.5. Dieses Schema hat noch den zusätzlichen
Vorteil, daß nur die b Kopf-Knoten sequentiell angeordnet sein und zu
Beginn reserviert werden müssen. Jeder Kopf-Knoten ist jedoch nur 1/2
bis 1 Wort lang. Die anderen Knoten sind wesentlich größer; ihnen wird
aber nur Platz zugewiesen, wenn es nötig ist. Daraus könnte sich insgesamt trotz der Zeigerstruktur eine Reduzierung des Platzbedarfs bei gewissen Belegungsfaktoren ergeben. Falls jeder Satz in der Tabelle fünf
Wörter lang ist, und falls n = 1oo und α = o.5 sind, dann besteht die
Hash-Tabelle aus 2oo x 5 = 1ooo Wörtern. Nur 5oo davon sind benutzt,
da α = 0.5 ist. Verwendet man andererseits eine verkettete Struktur
mit einem vollen Wort pro Zeiger, dann braucht man 2oo Wörter für die
Kopf-Knoten (b = 2oo). Jeder Kopf-Knoten ist ein Wort groß. Einhundert

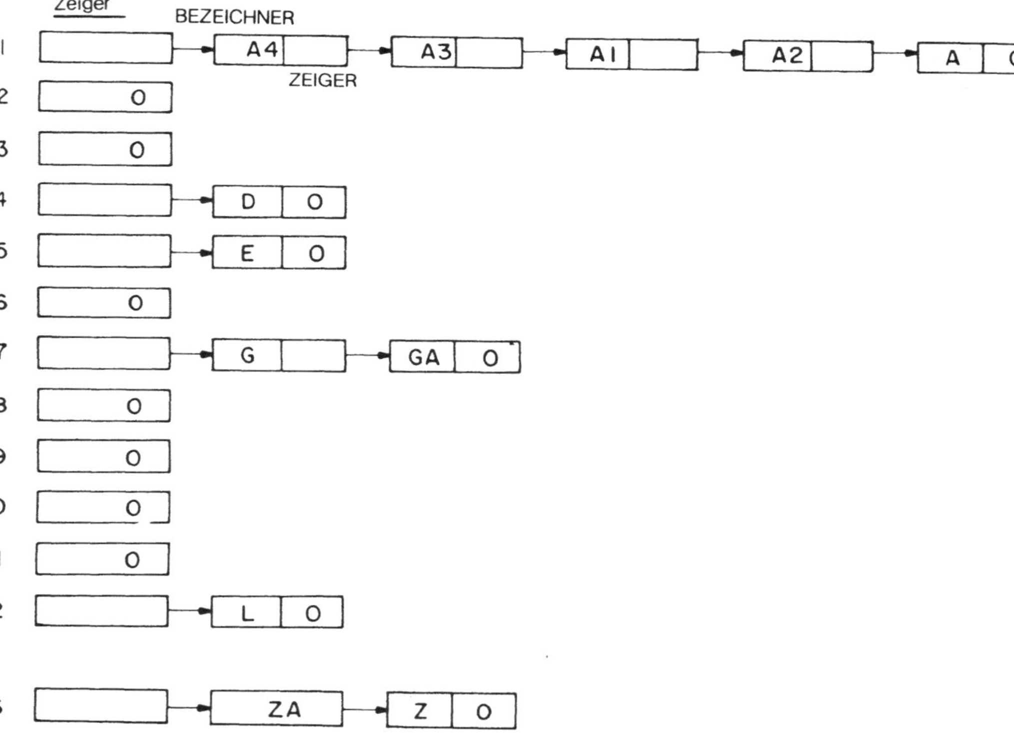

Tabelle mit 26 Gruppen; jede Gruppe kann einen Zeiger aufnehmen.

Abbildung 2.28   Hash-Ketten zu Abb.2.27

Knoten bestehend aus je sechs Wörtern braucht man für die Sätze. Also
benötigt man insgesamt 8oo Wörter und damit 2o % weniger als im Fall
ohne Kettenstruktur. Natürlich braucht die Kettenstruktur, wenn α nahe
bei 1 liegt, mehr Platz als der offene Hash-Code. Wenn α nahe bei 1
liegt, wird aber auch die durchschnittliche Zahl von Vergleichen bei
der offenen Hash-Code-Methode oder deren Varianten ziemlich groß; der
bei der Verkettung zusätzlich benötigte Platz kann durchaus gerechtfertigt werden durch die Reduzierung der erwarteten Anzahl von Vergleichen bei einer Suche. Will man einen Eintrag aus der Tabelle löschen,
geschieht dies einfach durch Entfernen des entsprechenden Knotens aus
der Kette. Das Problem, wie man Einträge bei der Methode des offenen
Hash-Codes löscht, wird in den Übungen in Angriff genommen.

Die Ergebnisse dieses Abschnitts lassen die Folgerung zu, daß die
Leistungsfähigkeit einer Hash-Tabelle nur von der Methode der Überlaufbehandlung abhängt, und daß sie unabhängig von der Hash-Funktion
ist, so lange man nur eine gleichmäßige Hash-Funktion verwendet. Dies
ist zwar richtig, wenn die Bezeichner per Zufall aus dem Bezeichnerraum ausgewählt werden, in der Praxis gilt es jedoch nicht mehr. Denn
dort neigt man dazu, gewisse Bezeichner zu bevorzugen. Viele Bezeichner haben gemeinsame Präfixe oder Suffixe oder sie sind einfache Permutationen von anderen Bezeichnern. Daher wird man in der Praxis erwarten, daß verschiedene Hash-Funktionen auch zu unterschiedlich lei-
stungsfähigen Hash-Tabellen führen. Die Tabelle aus Abb. 2.29 gibt die
Ergebnisse einer empirischen Studie wieder, die von Lum, Yuen und Dodd
durchgeführt wurde. Die Werte in jeder Spalte geben die durchschnittliche Anzahl von Gruppenzugriffen an, die beim Durchsuchen von acht
verschiedenen Tabellen auftraten mit 33 575, 25 o5o, 4 9o9, 3 o72,
2 241, 93o, 762 bzw. 5oo Bezeichnern. Die Tabelle zeigt auch die theoretisch erwartete Anzahl von Gruppenzugriffen auf der Grundlage zufäl-
liger Schlüssel. Wie erwartet übertrifft die Verkettungstechnik die
der offenen Hash-Code-Methode. Wenn wir uns die Werte für die Divisionsmethode und die der mittleren Quadrate anschauen, stellen wir
fest, daß erstere der letzteren im allgemeinen überlegen ist. Lum, Yuen
und Dodd haben Vergleichszahlen für viele andere Hash-Funktionen. Ihre
Schlußfolgerung besteht darin, daß die Divisionsmethode die beste Hash-
Funktion liefert. Bei allgemeinen Anwendungen ist es daher empfehlens-
wert, diese Methode zu verwenden. Der Teiler sollte eine Primzahl sein;
es genügt aber auch, einen Teiler zu wählen, der keine Primteiler kleiner als 2o hat.

. $\alpha = n/b$	0.5		0.75		0.9		0.95	
Hash-Funktion	V	O	V	O	V	O	V	O
Mittleres Quadrat	1.26	1.73	1.40	9.75	1.45	27.14	1.47	37.53
Division	1.19	4.52	1.31	7.20	1.38	22.42	1.41	25.79
Theoret. Wert	1.25	1.50	1.37	2.50	1.45	5.50	1.48	10.5

V = Verkettung, O = offener Hash-Code, α = Belegungsfaktor

<u>Abbildung 2.29</u> Durchschnittliche Anzahl von Gruppenzugriffen pro Bezeichner (zusammengefaßt aus: Lum, Yven und Dodd: "Key-to-Address Transform-Techniques: A Fundamental Performance Study on Large Existing Formatted Files", CACM, April 1971, Vol.14, No.4, pp.228-239).

Die experimentelle Auswertung von Hash-Techniken zeigt eine beachtliche Leistungsfähigkeit im Vergleich zu konventionellen Techniken (wie z.B. die Verwendung von ausgeglichenen Bäumen). Jedoch kann bei der Hash-Technik das Verhalten im ungünstigsten Fall sehr schlecht sein; dann kann nämlich das Einfügen oder Suchen in einer Hash-Tabelle mit n Bezeichnern die Zeit $O(n)$ in Anspruch nehmen. Wir bringen jetzt eine Wahrscheinlichkeitsanalyse für die erwartete Leistungsfähigkeit der Verkettungsmethode und geben dann ohne Beweis das Ergebnis einer ähnlichen Analyse für die offene Hash-Code-Methode an. Zuerst wollen wir formal ausdrücken, was wir mit dem Begriff "erwartete Leistungsfähigkeit" meinen.

Es sei $HT(0:b - 1)$ eine Hash-Tabelle mit b Gruppen, jede Gruppe habe eine Einheit. Es sei f eine gleichmäßige Hash-Funktion mit dem Wertebereich $[0, b - 1]$. Trägt man n Bezeichner $X_1, X_2, \ldots, X_n$ in die Hash-Tabelle ein, dann gibt es b^n verschiedene Hash-Folgen $f(X_1,), f(X_2), \ldots, f(X_n)$. Wir nehmen an, daß jedes dieser Elemente mit gleich großer Wahrscheinlichkeit auftritt. Mit S_n bezeichnen wir die erwartete Anzahl von Bezeichnervergleichen, die nötig sind, um die Position eines zufällig ausgewählten X_i $(1 \leq i \leq n)$ zu finden. Dann ist S_n die mittlere Anzahl von Vergleichen, die nötig sind, den j-ten Schlüssel X_j zu finden; wir mitteln über alle j von 1 bis n, wobei jedes j die gleiche Wahrscheinlichkeit hat, und über alle b^n Hash-Folgen unter der Annahme, daß diese ebenfalls alle gleichwahrscheinlich sind. Es sei U_n die erwartete Anzahl von Bezeichnervergleichen bei der Suche nach einem Bezeichner, der nicht in der Hash-Tabelle steht. Diese Hash-Tabelle enthält n Bezeichner. Die Größe U_n kann analog zu S_n definiert werden.

<u>Theorem 2.1</u> Es sei $\alpha = n/b$ der Belegungsfaktor einer Hash-Tabelle mit gleichmäßiger Hash-Funktion f. Dann gilt:

(i) bei offenem Hash-Code:

$$U_n \sim \frac{1}{2}\left(1 + \frac{1}{(1-\alpha)^2}\right)$$

$$S_n \sim \frac{1}{2}\left(1 + \frac{1}{1-\alpha}\right)$$

(ii) bei Verkettung:

$$U_n \sim \alpha$$

$$S_n \sim 1 + \alpha/2$$

Exakte Ableitungen für U_n und S_n sind ziemlich kompliziert; man findet sie in Knuth's Buch: The Art of Computer Programming: Sorting and Searching. Hier geben wir eine Ableitung für die Näherungsformel beim Verketten. Zuerst müssen wir uns klar werden darüber, wie wir U_n und S_n zählen. Falls der gesuchte Bezeichner X f(X) = i Knoten und die Kette i (ohne den Kopfknoten) k Knoten hat, dann sind k Vergleiche nötig, wenn X nicht in der Kette enthalten ist. Ist X um j Knoten vom Kopf-Knoten entfernt $(1 \leq j \leq k)$, dann müssen j Vergleiche durchgeführt werden.

Verteilen sich die n Bezeichner gleichmäßig über die b möglichen Ketten, dann ist die Anzahl der Bezeichner in jeder Kette gleich (i - 1)/b. Also beträgt die erwartete Anzahl von Vergleichen bei der Suche nach X_i 1+(i-1)/b, nachdem alle n Bezeichner eingetragen worden sind (dabei wird angenommen, daß neue Einträge am Ende der Kette vorgenommen werden). Somit erhalten wir:

$$S_n = \frac{1}{n} \sum_{1 \le i \le n} (1+(i-1)/b) = 1 + (n-1)/(2b) \sim 1 + \alpha/2 \qquad \square \qquad (2.3)$$

LITERATURHINWEISE

Eine breit angelegte Untersuchung von Datenstrukturen und deren effiziente Implementierung findet man in

Fundamentals of data structures. Von Ellis Horowitz und Sartaj Sahni, Computer Science Press, Potomac, Maryland, 1976.

Eine vollständige Analyse vieler Datenstrukturen einschließlich der hier behandelten Themen findet man in der Reihe von Knuth in den Bänden I und III (siehe Kapitel I). Der dritte Band von Knuth und das Buch über Datenstrukturen von Horowitz und Sahni enthalten eine tiefergehende Behandlung der Hash-Technik.

Der folgende Aufsatz enthält eine Analyse, die zeigt, daß die mittlere Zeit zum Einfügen von der Größenordnung $O(i)$ ist:

"Analysis of heap insertion", von Istvan und Porter, Computer Science Department, Stanford University, 1977.

Näheres über Prioritätsschlangen findet man in:

"The analysis of a practical and nearly optimal priority queue" von Mark R. Brown, Computer Science Dept. STAN-CS-77-6oo, Stanford University, März 1977

"Priority queues with update and finding minimum spanning trees", von Donald B. Johnson Information Processing Letters, Dezember 1975, 53-57.

"Analysis of an algorithm for priority queue administration", von Arne Jonassen und Ole-Johan Dahl, BIT, 1975, 4o9-422.

"A data structure for manipulating priority queues" von Jean Vuille-
min, C.ACM, erscheint noch.

Das Problem der Vereinigung disjunkter Mengen wird behandelt in:

"On the efficiency of a good but not linear set merging algorithm"
von R. Tarjan, J.ACM, (22,2), April, 1975, 215-225.

"On the average behavior of set merging algorithms" von Andrew C.
Yao, Proc. 8th symposium on the theory of computing, ACM, Mai 1976,
192-195.

"The expected linearity of a simple equivalence algorithm" von
Donald E. Knuth und Arnold Schonhage, STAN-CS-77-599, Computer
Science, Stanford University, März 1977.

"Linear expected time of a simple UNION-FIND algorithm" von Jon
Doyle und Ronald L. Rivest, Information Processing Letters, (1976)
146-148.

<u>ÜBUNGEN</u>

1. Schreiben Sie Algorithmen für SCHLANGEEINFÜGEN und SCHLANGELÖ-
   SCHEN, wenn die Schlange als verkettete Liste dargestellt ist.

2. Eine lineare Liste wird zyklisch verwaltet in einem Feld C(0:n - 1)
   mit A (Anfang) und E (Ende) wie bei ringförmigen Schlangen.

   a) Leiten Sie eine Formel für die Anzahl der Listenelemente her aus
      den Variablen F, R und n.

   b) Schreiben Sie einen Algorithmus zum Löschen des k-ten Elements
      in der Liste.

   c) Schreiben Sie einen Algorithmus zum Einfügen eines Elements Y
      direkt hinter dem k-ten Element.

   Welches Zeitverhalten zeigen die Algorithmen aus (b) und (c)?

3. $X = (x_1, \ldots, x_n)$ und $Y = (y_1, \ldots, y_m)$ seien zwei verkettete Listen. Schreiben Sie einen Algorithmus, der diese Listen zu einer neuen verketteten Liste $Z = (x_1, y_1, x_2, y_2, \ldots, x_m, y_m, x_{m+1}, \ldots, x_n)$ verschmilzt falls $m \leq n$ ist und zu $Z = (x_1, y_1, x_2, y_2, \ldots, x_m, y_n, y_{n+1}, \ldots, y_m)$ falls $m > n$ ist.

4. Eine Liste mit zwei Enden ("doppel-endige Liste") gestattet an beiden Enden das Einfügen und Löschen von Elementen. Zeigen Sie, wie man solch eine Liste durch ein eindimensionales Feld darstellen kann und schreiben Sie Algorithmen zum Einfügen und Löschen an beiden Enden.

5. Betrachten Sie das hypothetische Datenobjekt X2. Dieses ist eine lineare Liste mit folgender Einschränkung: das Einfügen von Elementen kann an beiden Enden erfolgen, das Löschen jedoch nur an einem Ende. Entwerfen Sie eine verkettete Listendarstellung für X2. Schreiben Sie Algorithmen zum Einfügen und Löschen. Geben Sie Anfangs- und Randbedingungen für diese Darstellung an.

6. Schreiben Sie einen Algorithmus, der einen binären Baum T nach einem Bezeichner X durchsucht. Nehmen Sie an, daß jeder Knoten von T drei Felder hat: LINKERSOHN, DATEN und RECHTERSOHN. Welches Zeitverhalten hat dieser Algorithmus?

7. Schreiben Sie Algorithmen, die den Prozeduren ANPASSEN, HALDEERZEUGEN, EINFÜGEN und LÖSCHEN entsprechen für den Fall einer minimalen Halde, die als vollständiger binärer Baum dargestellt ist.

8. Entwerfen Sie eine geeignete Darstellung für Graphen, so daß diese auf Lochkarten gespeichert werden können. Schreiben Sie einen Algorithmus, der solch einen Graph einliest und seine Nachbarschaftsmatrix erstellt.

9. Schreiben Sie einen Algorithmus, der die externe Darstellung aus Aufgabe 8 benutzt, um einen Graph einzulesen und dessen Nachbar-

schaftsliste zu erstellen.

1o. Ist der gerichtete Graph aus Abb. 2.3o stark zusammenhängend?
    Zählen Sie alle einfachen Pfade auf.

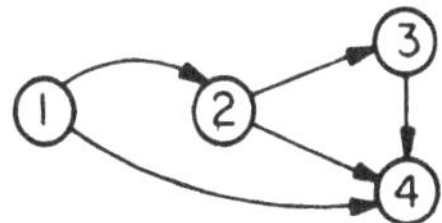

Abbildung 2.30 Gerichteter Graph

11. Geben Sie an, wie der Graph aus Aufgabe 1o aussehen würde, wenn
    man ihn durch seine Nachbarschaftsmatrix oder Nachbarschaftsliste
    darstellen würde.

12. Zeigen Sie, daß bei einem ungerichteten Graph G mit n Knoten und
    e Kanten die Summe der Grade jedes Knotens 2 e beträgt.

13. (a) Es sei G ein zusammenhängender, ungerichteter Graph mit n Kno-
    ten. Zeigen Sie, daß G mindestens n - 1 Kanten haben muß und daß
    alle zusammenhängenden, ungerichteten Graphen mit n - 1 Kanten
    Bäume sind.

    (b) Wie groß ist die minimale Anzahl von Kanten in einem stark zu-
    sammenhängenden Digraph mit n Knoten? Welche Form haben solche Di-
    graphen? Beweisen Sie Ihre Antwort.

14. Beweisen Sie, daß bei einem ungerichteten Graph G mit n Knoten fol-
    gende Aussagen äquivalent sind:

    (a) G ist ein Baum;

    (b) G ist zusammenhängend, falls man aber irgendeine Kante ent-
        fernt, ist der resultierende Graph nicht zusammenhängend;

    (c) Zu jedem Paar verschiedener Knoten $u \in V(G)$ und $v \in V(G)$ gibt es
        genau einen einfachen Pfad von u nach v;

(d) G enthält keine Schleifen und hat n - 1 Kanten;

(e) G ist zusammenhängend und hat n - 1 Kanten.

15. Programmieren Sie den Algorithmus 2.6 HALDENSORTIEREN und lassen
    Sie ihn laufen. Vergleichen Sie seine Ausführungszeit mit der Ih-
    rer bevorzugten Sortiermethode. Falls HALDENSORTIEREN bereits Ihr
    bevorzugter Algorithmus ist, dann schreiben Sie ein neues, rein
    rekursives Programm und vergleichen Sie beide Versionen an Hand
    ausgewählter Daten.

16. Weisen Sie durch Wiederholung des in Tabelle 2.2 beschriebenen Ex-
    periments nach, daß Algorithmus 2.3 EINFÜGEN nur eine konstante
    Anzahl von Vergleichen benötigt, um ein zufällig gewähltes Element
    in eine Halde einzufügen.

17. Die Gleichung 2.2 benutzt die Tatsache, daß die Summe $\sum (i/2^i)$ kon-
    vergiert und kleiner als 2 ist. Beweisen Sie diese Aussage.

18. Schreiben Sie einen Algorithmus, der alle in einer Hash-Tabelle
    eingetragenen Bezeichner in alphabetischer Reihenfolge ausdruckt.
    Wie effizient ist dieser Algorithmus?

19. Es gibt noch eine andere Möglichkeit, das Problem der Vereinigung
    disjunkter Mengen zu lösen. Sei NAME (i) der Name derjenigen Menge
    die i enthält, ANZAHL (j) die Anzahl der Elemente der Menge j, ZEI-
    GER (j) ein Zeiger auf eine verkettete Liste, die die Elemente der
    Menge j enthält. Die Operation FINDEN (i) besteht einfach im Unter-
    suchen von NAME (i). Die Operation VEREINIGUNG (j, k), wobei j und
    k Mengen bezeichnen, wird ausgeführt, indem zuerst ANZAHL (j) und
    ANZAHL (k) miteinander verglichen werden. Falls ANZAHL (j) $\leq$ ANZAHL
    (k) ist, dann wird für alle i in ZEIGER (j) die Anweisung "NAME(i)
    $\leftarrow$ k" ausgeführt, ZEIGER (j) wird an ZEIGER (k) angehängt und AN-
    ZAHL (k) wird um ANZAHL (j) erhöht. Die neue Menge ist j. Beweisen
    Sie, daß sich bei einer Gesamtheit von n Elementen für alle Ver-
    einigungsoperationen eine Zeit von höchstens O(n log n) ergibt.

2o. Knuth und Schonhage haben gezeigt, daß die mittlere Ausführungszeit aller Vereinigungsoperationen nach der Methode von Aufgabe 19
O(n) ist. Erzeugen Sie für gegebene Werte von n zufällige Paare
ganzer Zahlen i und j; vergleichen Sie die für eine Vereinigung
von i und j benötigten Zeiten, indem Sie einmal die Algorithmen
2.8 und 2.9 verwenden und zum andern die oben beschriebene Prozedur.

21. Schreiben Sie einen Algorithmus zum Löschen eines Bezeichners X
aus der Hash-Tabelle HT (O:b - 1), in der Überläufe nach der offenen Hash-Code-Methode behandelt werden.

22. [T. Gonzalez] Entwerfen Sie die Darstellung einer Symboltabelle,
die es gestattet, in einer Zeit O(1) einen Bezeichner X zu suchen,
einzufügen und zu löschen. Nehmen Sie an, daß $X \in [1,m]$ ganze Zahlen als Werte annimmt und daß m + n Speicherplätze zur Verfügung
stehen, wobei n die Anzahl der vorzunehmenden Einfügungen ist.
(Hinweis: Benutzen Sie zwei Felder A (1:n) und B (1:m), wobei A(i)
der i-te Bezeichner ist, der in die Tabelle eingefügt wird. Falls
X der i-te Bezeichner ist, dann ist B(X) = i). Schreiben Sie Algorithmen zum Suchen, Einfügen und Löschen von Bezeichnern. Beachten
Sie, daß A und B nicht mit Nullen initialisiert werden können,
denn dies würde eine Zeit O(m + n) benötigen.

23. [T. Gonzalez] Es seien $S = (X_1, \ldots, X_n)$ und $T = (Y_1, \ldots, Y_r)$
zwei Mengen. Es gelte: $1 \leq x_i \leq m$, $1 \leq i \leq n$ und $1 \leq y_i \leq m$, $1 \leq i \leq r$.
Alle Werte x_i und y_i sind ganze Zahlen. Schreiben Sie unter Benut-
zung der Methode aus Aufgabe 22 einen Algorithmus, der feststellt,
ob S in T enthalten ist. Dieser Algorithmus sollte eine Zeit O(n +
r) benötigen. Da S gleich T ist genau dann, wenn S in T und T in S
enthalten sind, folgt daraus, daß man mit linearem Zeitaufwand entscheiden kann, ob zwei Mengen gleich sind. Wie groß ist der Platzbedarf dieses Algorithmus?

Kapitel 3
Das Prinzip „Teile-und-Herrsche"

3.1 <u>DIE ALLGEMEINE METHODE</u>

Die Strategie "Teile-und-Herrsche" (latein. divide et impera) besteht
darin, bei einer vorgegebenen Funktion mit n Eingabewerten diese in k
verschiedene Teilmengen ($1 < k \leq n$) aufzuspalten und somit das Problem
in k Teilprobleme zu zergliedern. Diese Teilprobleme müssen gelöst werden, und dann muß eine Methode gefunden werden, wie man die Teillösungen zu einer Lösung des Gesamtproblems zusammensetzt. Sind die Teilprobleme immer noch relativ groß, dann muß die "Teile-und-Herrsche"-
Strategie möglicherweise noch einmal angewendet werden. Oft sind die
nach dieser Methode enstandenen Teilprobleme vom selben Typ wie das
Grundproblem. In solchen Fällen formuliert man die mehrfache Anwendung
des "Teile-und-Herrsche"-Prinzips in natürlicher Weise durch eine rekursive Prozedur. Damit werden immer kleinere Teilprobleme vom gleichen
Typ erzeugt; schließlich gelangt man zu Teilproblemen, die klein genug
sind, um ohne weiteres Zergliedern gelöst werden zu können.

Diese Vorgehensweise wollen wir präzisieren. Betrachten wir den
Vorgang des Aufspaltens der Eingabewerte in zwei Teilproblemen, die
vom selben Typ sind wie das ursprüngliche Problem. Dieses Aufspalten
ist ganz typisch für viele Probléme, die wir behandeln werden. Wir können ein abstraktes Kontrollprogramm schreiben, das die Struktur eines
tatsächlichen Programms widerspiegelt, welches auf der Methode "Teile-
und-Herrsche" basiert. Mit dem Begriff "abstraktes Kontrollprogramm"
meinen wir (ohne exakte Definition) eine Prozedur, deren Kontrollfluß

klar angegeben ist, deren hauptsächliche Operationen aber durch andere
Prozeduren spezifiziert sind. Die genaue Bedeutung dieser Prozeduren
ist jedoch undefiniert. Die n Eingabewerte seien im Feld A(1:n) abgespeichert; wir nehmen an, daß dieses Feld bezüglich des Algorithmus 3.1
eine globale Variable darstellt. Die Prozedur TUNDH (Teile-und-Herrsche) ist eine Funktion, die zu Beginn mit TUNDH (1,n) aufgerufen wird.
TUNDH (p,q) löst ein Problem, das durch die Eingabewerte A(p:q) definiert ist.

```
procedure  TUNDH(p,q)
  global n, A(1:n);  integer m,p,q;  //1≦ p ≦ q ≦ n//
  if KLEIN(p,q)
    then return (G(p,q))
    else m  TEILE(p,q)   //p ≦ m < q//
      return  (KOMBINIERE (TUNDH(p,m), TUNDH(m + 1, q)))
  endif
end TUNDH
```

Algorithmus 3.1 Abstraktes Kontrollprogramm zur Realisierung des Prinzips "Teile-und-Herrsche".

KLEIN(p,q) ist eine Boole'sche Funktion; sie entscheidet, ob die Anzahl
der Eingabewerte q - p + 1 klein genug ist, um die Antwort ohne Zergliederung zu berechnen. Ist dies der Fall, dann wird die Funktion G
aufgerufen. Andernfalls wird die Funktion TEILE(p,q) aufgerufen. Diese
Funktion liefert eine ganze Zahl, **die angibt, an welcher Stelle**
die Eingabe aufgespalten werden muß. Es sei m = TEILE(p,q). Die Eingabe wird so gespaltet, daß A(p:m) und A(m + 1:q) zwei neue Teilprobleme definieren. Die Lösungen x und y dieser beiden Teilprobleme erhält man durch rekursive Anwendung der Prozedur TUNDH. KOMBINIERE (x,y)
ist eine Funktion, welche die Lösung zu A(p:q) bestimmt aus den Lösungen x und y der beiden Teilprobleme A(p:m) und A(m + 1:q). Sind die
Größen beider Teilprobleme ungefähr gleich, dann wird die Ausführungszeit von TUNDH durch folgende Rekursionsformel beschrieben:

$$T(n) = \begin{cases} g(n), & n \text{ klein} \\ 2T(n/2) + f(n), & \text{sonst} \end{cases}$$

wobei T(n) die Zeit ist, die TUNDH für n Eingabewerte benötigt; g(n)
ist die Zeit, die man braucht, um das Ergebnis bei wenigen Eingabewerten direkt zu berechnen, und f(n) ist die Zeit, die die Prozedur KOM-
BINIERE benötigt. Solche Rekursionsformeln ergeben sich oft im Zusammenhang mit der Methode "Teile-und-Herrsche"; wir werden im weiteren
Verlauf lernen, wie man mit ihnen umgeht.

Zunächst ist es sehr naheliegend, durch eine Rekursion solche Algorithmen zu beschreiben, die auf der "Teile-und-Herrsche"-Methode basieren und Teilprobleme produzieren, welche vom gleichen Typ wie das ursprüngliche Problem sind. Aus Gründen der **Effizienz kann es jedoch**
wünschenswert sein, die daraus resultierenden Programme in eine iterative Form zu übersetzen. Algorithmus 3.2 zeigt das Ergebnis, das man
erhält, wenn man die Übersetzungsregeln aus Abschnitt 1.3 auf den Algorithmus 3.1 anwendet.

```
procedure TUNDH1(p,q)
   //iterative Version von TUNDH//
   //definiere einen Keller von geeigneter Größe//
   local s,t
   top ← 0   //setze den Keller auf "leer"//
   L1: while not KLEIN(p,q) do
         m ← TEILE(p,q)   //bestimme, wie die Eingabe aufgespaltet werden//
                          //muß//
         KELLER erhält p, q, m, 0, 2   //verarbeite den ersten rekursiven//
                                       //Aufruf; erhöhe top//
         q ← m
   repeat
   t ← G(p,q)
   while top ≠ 0 do
      entferne p, q, m, s, ret vom KELLER//vermindere top entsprechend//
      if ret = 2
         then KELLER erhält p, q, m, t, 3 //verarbeite den zweiten re-//
                                          //kursiven Aufruf//
            p ← m + 1
            go to L1
         else t ← KOMBINIERE(s,t)   //bilde aus zwei Lösungen eine Lösung//
      endif
   repeat
   return(t)
end TUNDH1
```

<u>Algorithmus 3.2</u> Iterative Version des Algorithmus 3.1

3.2 BINÄRE SUCHE

Es sei a_i $(1 \leq i \leq n)$ eine Liste von Elementen, die in nichtabsteigender Reihenfolge geordnet sind. Wir wollen entscheiden, ob ein gegebenes Element x in der Liste ist. Ist dies der Fall, dann ist ein Wert j
zu bestimmen, so daß gilt: a_j = x. Ist x nicht in der Liste, dann wird
j = 0 gesetzt. Gemäß der "Teile-und-Herrsche"-Methode zerlegen wir jedes Suchproblem I = $(n, a_1, \ldots, a_n, x)$ in Teilprobleme. Eine Möglichkeit besteht darin, einen Index k herauszugreifen und dadurch drei
Teilprobleme zu erzeugen: I1 = $(k - 1, a_1, \ldots, a_{k-1},$ x), I2 = (1,
a_k, x), und I3 = $(n - k, a_{k+1}, \ldots, a_n,$ x). Zwei dieser drei Suchpro-
bleme sind leicht zu lösen: man vergleicht x mit a_k. Sind beide gleich,
dann ist j = k und I1 und I2 brauchen nicht gelöst zu werden.Ist x < a_k,
dann ist j = 0 für I2 und I3 und nur I1 muß gelöst werden. Ist x < a_k,
dann ist für I1 und I2 j = 0 und I3 muß noch gelöst werden. Nach einem
Vergleich mit a_k kann das noch zu lösende Teilproblem - falls überhaupt noch eins existiert - durch nochmalige Anwendung des "Teile-und-
Herrsche"-Prinzips gelöst werden. Wählt man k immer so, daß a_k das
mittlere Element ist (d.h. k = $\lfloor (n + 1)/2 \rfloor$), dann nennt man den daraus
resultierenden Suchalgorithmus eine binäre Suche.

Algorithmus 3.3 beschreibt diese binäre Suchmethode in der Sprache
SPARKS. Die Prozedur BINSUCH hat drei Eingabewerte A, n und x und einen
Ausgabewert j. Die <u>while</u>-Schleife wird so lange durchlaufen, bis keine
Elemente zur Prüfung mehr vorhanden sind. Die <u>case</u>-Anweisung erlaubt
die Auswahl von drei Alternativen. Die ersten beiden Bedingungen wer-
den abgeprüft; wenn sie nicht zutreffen, wird automatisch der <u>else</u>-
Teil ausgeführt. Nach Beendigung der Prozedur ist entweder j = 0 falls
x nicht vorhanden ist, oder es ist A(j) = x.

```
procedure  BINSUCH (A,n,x,j)
   //entscheide zu gegebenem Feld A(1:n) mit Elementen in nichtab-//
   //steigender Folge (n ≥ 0), ob x vorhanden ist. Wenn ja, setze //
   //j so, daß gilt: A(j) = x, sonst setze j = 0.//
   integer  unten, oben, Mitte, j, n;
   unten ← 1; oben ← n
   while unten ≤ oben do
        Mitte ← ⌊(unten + oben)/2⌋
     case
        : x < A(Mitte) : oben ← Mitte - 1
        : x > A(Mitte) : unten ← Mitte + 1
```

```
     : else :  j ← Mitte;  return
  endcase
 repeat
 j ← 0
end BINSUCHE
```

Algorithmus 3.3 Binäre Suche

Ist BINSUCHE ein Algorithmus? Wir müssen sicher sein, daß alle Operationen wie z.B. Vergleiche zwischen x und A(Mitte) wohl definiert sind. Falls die Elemente von A vom Typ integer, real oder char sind, werden die Vergleichsoperatoren die Vergleiche korrekt ausführen. Dies gilt für jene Sprachen, die über diese Datentypen verfügen. Kommt BINSUCHE zu einem Ende? Wir stellen fest, daß "unten" und "oben" Variable vom Typ integer sind, so daß bei jedem Durchlauf durch die Schleife entweder x gefunden oder "unten" um mindestens eins erhöht oder "oben" um mindestens eins erniedrigt wird. Also haben wir zwei Folgen ganzer Zahlen, die gegeneinander laufen; schließlich wird die Variable "unten" einmal größer werden als die Variable "oben" und damit nach einer endlichen Zahl von Schritten zum Abbruch führen, falls x nicht in der Liste vorhanden ist.

Wir wollen die neun Werte

$$- 15, -6, 0, 7, 9, 23, 54, 82, 1o1$$

auswählen und in A(1:9) abspeichern. Dann simulieren wir die Schritte, welche der Algorithmus BINSUCHE bei der Suche nach verschiedenen x-Werten nacheinander ausführt. Zur Simulation des Algorithmus genügt es, die Werte der Variablen "unten", "oben" und "Mitte" zu verfolgen und aufzuschreiben. Für x wählen wir folgende Werte: 1o1, -14 und 82. Daraus ergeben sich zwei erfolgreiche Suchläufe und ein erfolgloser Lauf.

x = 1o1	unten	oben	Mitte		x = -14	unten	oben	Mitte
	1	9	5			1	9	5
	6	9	7			1	4	2
	8	9	8			1	1	1
	9	9	9			2	1	nicht gefunden
			gefunden					

x = 82   unten   oben   Mitte
                  1   9   5
                  6   9   7
                  8   9   8
                                        gefunden

<u>Tabelle 3.1</u> Drei Beispiele für die binäre Suche bei
                    neun Elementen

Diese Beispiele können uns zwar etwas mehr Vertrauen zu Algorithmus
3.3 geben, sie können aber nicht beweisen, daß er korrekt arbeitet.
Programmbeweise sind sehr nützlich, da sie die Korrektheit eines Programms für alle möglichen Eingabewerte zeigen, während man beim Testen
keine Garantien erhält. Leider ist das Beweisen von Programmen sehr
schwierig, und der vollständige Beweis eines Programms kann wesentlich
länger sein als das Programm selbst. Wir werden uns daher mit einem
"informellen Beweis" des Algorithmus BINSUCHE zufriedengeben.

<u>Theorem 3.1</u> Die Prozedur BINSUCHE(A,n,x,j) arbeitet korrekt.
<u>Beweis:</u> Wir nehmen an, daß alle Anweisungen erwartungsgemäß und alle
Vergleiche wie z.B. "x > A(Mitte)" in geeigneter Weise ausgeführt werden. Zu Beginn gilt: unten = 1, oben = n, n $\geq$ 0 und A(1) $\leq$ ... $\leq$ A(n).
Ist n = 0, wird die <u>while</u>-Schleife nicht ausgeführt und j wird null
gesetzt. Im anderen Fall stellen wir fest, daß bei jedem Durchlauf
durch die Schleife die Elemente A(unten), A(unten + 1), ..., A (Mitte), ..., A(oben) möglicherweise mit x auf Gleichheit verglichen werden. Ist X = A(Mitte), dann bricht der Algorithmus erfolgreich ab.
Ansonsten wird der Bereich verkleinert, indem entweder die Variable
"unten" auf den Wert "Mitte + 1" verringert oder die Variable "oben"
auf den Wert "Mitte - 1" erhöht wird. Es ist klar, daß die Bereichs-
einengung den Ausgang der Suche nicht beeinflußt. Wenn "unten" größer
als "oben" wird, ist x nicht in der Liste vorhanden und die Schleife
wird verlassen. ◻

Man beachte, daß man sich beim vollständigen Testen des binären
Suchverfahrens keine Gedanken über die tatsächlichen Werte von A(1:n)
zu machen braucht. Wenn wir x genügend variieren, können wir alle möglichen Berechnungsfolgen von BINSUCHE beobachten, ohne deshalb verschiedene Werte für A zusammenzustellen. Um alle erfolgreichen Suchläufe zu testen, muß x die n Werte von A annehmen. Um alle erfolglosen
Suchläufe zu testen, muß x nur n + 1 verschiedene Werte annehmen.

Also können wir sagen, daß für jedes n die Komplexität beim Testen von
BINSUCHE 2n + 1 beträgt.

Jetzt wollen wir das Ausführungsprofil von BINSUCHE analysieren. Die
beiden relevanten Eigenschaften dieses Profils sind die Häufigkeitszahlen und der Platzbedarf des Algorithmus. BINSUCHE benötigt n + 5
Plätze, nämlich für die n Elemente des Feldes und für die Variablen
"unten", "oben", "Mitte", x und j. Bezüglich des Zeitverhaltens sind
drei Fälle zu betrachten: der beste, durchschnittliche und ungünstigste Fall.

Zunächst wollen wir die Ausführungszeit von BINSUCHE unter Zugrunde-
legen des vorigen Datensatzes bestimmen. Wir stellen fest, daß die ein-
zigen Operationen im Algorithmus Vergleiche und Datenbewegungen sind.
Wir konzentrieren uns auf Vergleiche zwischen x und den Elementen von
A, da die Häufigkeitszahl aller anderen Operationen von der gleichen
Größenordnung ist. Diese Vergleiche nennen wir "Elementvergleiche".
Wir nehmen an, daß nur ein Vergleich nötig ist, um festzustellen, wel-
che der drei Möglichkeiten der case-Anweisung zutrifft. Die Anzahl von
Elementvergleichen, die zum Auffinden jedes der neun Elemente nötig
sind, beträgt:

A:	(1)	(2)	(3)	(4)	(5)	(6)	(7)	(8)	(9)
Elemente:	-15	-6	0	7	9	23	54	82	1o1
Vergleiche:	3	2	3	4	1	3	2	3	4

Kein Element erfordert mehr als vier Vergleiche. Den Durchschnittswert erhält man, indem man die Zahlen für die Vergleiche aufsummiert
und anschließend durch 9 teilt; man erhält 25/9, also ungefähr 2.77
Vergleiche pro erfolgreichem Suchlauf im Mittel. Es gibt in Abhängigkeit des x-Wertes zehn verschiedene Möglichkeiten, wie eine erfolglose
Suche enden kann. Der Algorithmus erfordert in folgenden Fällen drei
Elementvergleiche, um zu entscheiden, daß x nicht vorhanden ist:
x < A(1), A(1) < x < A(2), A(2) < x < A(3), A(5) < x < A(6), A(6) < x < A(7),
A(7) < x < A(8). Bei allen übrigen Möglichkeiten werden vier Elementvergleiche benötigt. Also beträgt die durchschnittliche Anzahl von
Elementvergleichen bei einer erfolglosen Suche: (3 + 3 + 3 + 4 + 4 +
3 + 3 + 3 + 4 + 4)/1o = 34/1o = 3.4.

Diese Analyse kann man bei jeder beliebigen Folge aus neun Elementen
anwenden. Als Ergebnis würden wir natürlich gerne eine Formel für n

Elemente haben. Solch eine Formel können wir gut ableiten und dabei
auch den Algorithmus besser verstehen, wenn wir die Folge der Werte
der Variablen "Mitte" betrachten, die der Algorithmus BINSUCHE für alle
möglichen x-Werte erzeugt. Diese Werte kann man schön an Hand eines binären Entscheidungsbaumes darstellen, in welchen der Wert in jedem Knoten gerade der Wert von "Mitte" ist. Abb. 3.1 zeigt am Beispiel n = 14
einen binären Entscheidungsbaum, der die Entstehungsgeschichte dieser
von der Prozedur BINSUCHE erzeugten Werte nachzeichnet.

Zuerst wird x mit A(7) verglichen. Ist $x < A(7)$, dann wird es als
nächstes mit A(3) vergleichen. Ist $x \geq A(7)$, wird als nächstes ein Vergleich mit A(11) durchgeführt. Jeder Pfad durch den Baum stellt eine
Folge von Vergleichen innerhalb der binären Suchmethode dar. Ist x vorhanden, dann endet der Algorithmus an einem der kreisförmigen Knoten;
Diese geben die Position im Feld an, an der x gefunden wurde. Ist x
nicht vorhanden, dann endet der Algorithmus an einem der quadratischen
Knoten. Die runden Knoten nennt man <u>interne Knoten</u>, die rechteckigen
<u>externe Knoten</u>.

<u>Theorem 3.2</u> Liegt n im Bereich $[2^{k-1}, 2^k)$, dann werden in der Proze-
dur BINSUCHE bei erfolgreicher Suche höchstens k Elementvergleiche
durchgeführt, bei erfolgloser Suche k - 1 oder k Vergleiche. (Mit anderen Worten heißt das, daß die Zeit für eine erfolgreiche Suche O(logn)
beträgt und für eine erfolglose Suche $\Theta(logn)$.

<u>Beweis</u>: Wir betrachten den binären Entscheidungsbaum, der die Aktionen
der Prozedur BINSUCHE bei n Elementen beschreibt. Alle erfolgreichen
Suchläufe enden bei einem runden Knoten, während alle erfolglosen bei
einem quadratischen Knoten enden. Für $2^{k-1} \leq n < 2^k$ gehören alle runden Knoten zu den Stufen 1, 2, ..., k, während die quadratischen Knoten zu den Stufen k und k + 1 gehören (man beachte, daß die Wurzel auf
Stufe 1 liegt). Die Anzahl der Elementvergleiche beträgt i bei einem
Suchvorgang, der an einem runden Knoten der Stufe i endet; sie beträgt
i - 1 bei einem Suchvorgang, der an einem quadratischen Knoten der Stufe i endet. Daraus ergibt sich das Theorem. □

Diese Theorem beschreibt das Zeitverhalten bei einer binären Suche
im ungünstigsten Fall. Um das Verhalten im durchschnittlichen Fall zu
bestimmen, müssen wir uns den binären Entscheidungsbaum genauer ansehen und seine Größe zu der Anzahl von Elementvergleichen im Algorithmus in Beziehung setzen. Die <u>Distanz</u> eines Knotens von der Wurzel ist
um eins kleiner als seine Stufenzahl. Die <u>interne Pfadlänge</u> I ist die

Summe der Distanzen aller internen Knoten von der Wurzel. Die <u>externe
Pfadlänge</u> E ist ganz analog definiert als die Summe der Distanzen aller externen Knoten von der Wurzel. Durch Induktion kann man leicht
nachweisen, daß für jeden Baum mit n internen Knoten zwischen den Grös-
sen E und I folgende Beziehung besteht:

$$E = I + 2n$$

Es stellt sich heraus, daß es einen einfachen Zusammenhang gibt zwischen E, I und der durchschnittlichen Anzahl von Vergleichen bei der
binären Suche. Sei S(n) die mittlere Anzahl von Vergleichen bei einer
erfolgreichen Suche und U(n) die mittlere Anzahl von Vergleichen bei
einer erfolglosen Suche. Die Anzahl der Vergleiche, die nötig sind, um
ein Element zu finden, welches durch einen internen Knoten dargestellt
wird, ist um eins größer als die Distanz dieses Knotens von der Wurzel.
Also gilt:

$$S(n) = 1 + I/n$$

Die Anzahl von Vergleichen auf einem beliebigen Pfad von der Wurzel zu
einem externen Knoten ist gleich der Distanz zwischen Wurzel und ex-
ternem Knoten. Da jeder binäre Baum mit n internen Knoten n + 1 externe Knoten hat, folgt daraus:

$$U(n) = E/(n + 1)$$

Setzen wir diese drei Formel für E, S(n) und U(n) ein, so ergibt sich:

$$S(n) = (1 + 1/n) \ U(n) - 1$$

Aus dieser Formel ersehen wir, daß S(n) und U(n) in direkter Beziehung
zueinander stehen. Den kleinsten Wert für S(n) (und damit auch für U(n))
erhält man durch einen Algorithmus, dessen binärer Entscheidungs-
baum minimale externe und interne Pfadlänge hat. Diese minimale Länge
hat ein binärer Baum, dessen externe Knoten alle auf benachbarten Stufen liegen, und das ist genau der Baum, der bei einer binären Suche
entsteht. Aus Theorem 3.2 folgt, daß E proportional zu n log n ist.
Nutzen wir dies in obigen Formeln aus, dann folgt daraus, daß S(n) und
U(n) beide proportional zu log n sind. Daraus schließen wir, daß die
Anzahl von Vergleichen bei der binären Suche im durchschnittlichen und
im schlimmsten Fall gleich ist (bis auf einen konstanten Faktor).

Die Analyse für den günstigsten Fall ist einfach. Bei einer erfolgreichen Suche braucht man nur einen Elementvergleich. Bei einer erfolglosen Suche ergibt sich aus Theorem 3.2, daß $\lfloor \log n \rfloor$ Elementvergleiche
nötig sind.

Insgesamt sind wir jetzt in der Lage, die Rechenzeit der binären Suche vollständig zu beschreiben durch Formeln für den günstigsten,
durchschnittlichen und ungünstigsten Fall.

	erfolgreiche Suche	erfolglose Suche
günstigster Fall:	Θ (1)	Θ (log n)
durchschnittlicher Fall:	Θ (log n)	Θ (log n)
ungünstigster Fall:	Θ (log n)	Θ (log n)

Können wir erwarten, daß es einen anderen Suchalgorithmus gibt, der
wesentlich besser ist als die binäre Suche im ungünstigsten Fall? Mit
dieser Frage werden wir uns im Kapitel 1o ernsthaft auseinandersetzen.
Aber wir können schon hier die Antwort vorwegnehmen: sie heißt nein. Um diese Behauptung zu beweisen, betrachtet man den binären Entscheidungsbaum als
ein allgemeines Modell irgendeines Suchalgorithmus, der auf dem Vergleich aller Elemente beruht. Unter diesem Aspekt betrachtet zeigt
sich, daß bei der binären Suche der längste Pfad, der zum Finden irgendeines Elements benötigt wird, minimiert wird; so gesehen kann es
keinen anderen Algorithmus geben, der besser ist.

Bevor wir diesen Abschnitt beenden, befassen wir uns noch mit einer
interessanten Variante der binären Suche, die dann nützlich ist, wenn
die Programmiersprache zwei Vergleiche zur Implementierung der case-
Anweisung in der Prozedur BINSUCHE benötigt. Diese Variante ist in Algorithmus 3.4 dargestellt. Der Korrektheitsbeweis für diesen Algorithmus bleibt einer Übungsaufgabe überlassen.

```
procedure BINSUCHE1(A,n,x,j)
   //Gleiche Spezifikationen wie BINSUCHE außer: n > 0//
   integer unten, oben, Mitte, j, n;
   unten ← 1; oben ← n + 1  //"oben" ist immer um eins größer//
   while unten < oben - 1 do
     Mitte ← ⌊(unten + oben)/2⌋
     if x < A(Mitte)  //nur ein Vergleich in der Schleife//
         then  oben ←Mitte
         else unten ←Mitte  //x ≥ A(Mitte)//
     endif
```

```
repeat
    if x = A(unten)  then  j ← unten   //x ist vorhanden//
                     else  j ← 0       //x ist nicht vorhanden//
    endif
end   BINSUCHE1
```

Algorithmus 3.4   Binäre Suche mit nur einem Vergleichs-
befehl pro Schleifendurchlauf

Der Vorteil dieser Prozedur besteht darin, daß innerhalb der <u>while</u>-Schleife nur ein Vergleich zwischen x und A(Mitte) durchgeführt wird. Die case-Anweisung aus der Prozedur BINSUCHE kann durch eine arithmetische IF-Anweisung in FORTRAN implementiert werden. In PL/I oder PASCAL kann sie z.B. durch folgende Befehlsfolge implementiert werden:

```
if x < A(Mitte)  then  oben ← Mitte - 1
                 else  if x > A(Mitte)  then unten ← Mitte + 1
                                        else j ← Mitte; return
                 endif
endif
```

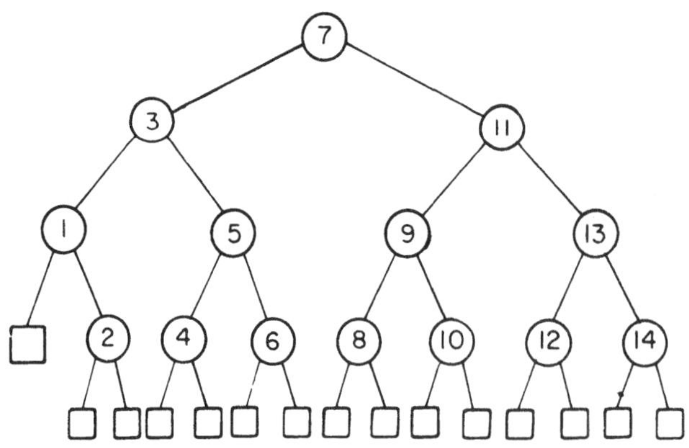

Abbildung 3.1   Binärer Entscheidungsbaum für die binäre Suche mit n = 14

In diesem Fall wird die Prozedur BINSUCHE manchmal doppelt soviele
Elementvergleiche machen wie BINSUCHE1 (z.B. wenn x > A(n) ist). Jedoch
wird bei erfolgreichen Suchläufen die Prozedur BINSUCHE1 in gewissen
Fällen (log n)/2 mehr Elementvergleiche machen als BINSUCHE (z.B. wenn
x = A(Mitte) ist). Die Analyse von BINSUCHE1 ist dem Leser zur Übung
überlassen. Es sollte relativ einfach sein zu sehen, daß die Zeiten für
BINSUCHE1 im besten, durchschnittlichen und schlimmsten Fall jeweils
Θ(log n) sind sowohl für erfolgreiche als auch für erfolglose Suchläufe.

Diese beiden Algorithmen wurden in FORTRAN codiert und auf einer IBM
37o/158 gerechnet. Eine Variante von BINSUCHE - CBINSUCHE genannt -
wurde ebenfalls codiert und getestet; sie benutzt die arithmetische IF-
Anweisung. Die Größe der Felder war 5ooo, 1o ooo, 15 ooo, 2o ooo,
25 ooo, 3o ooo. Die ersten drei Zeilen geben die mittleren Zeiten an,
die für eine erfolgreiche Suche bei n Objekten benötigt wurden. Die
nächsten drei Zeilen zeigen die durchschnittlichen Zeiten, die sich für
alle möglichen erfolglosen Suchläufe ergeben haben. Bei den erfolgreichen Suchläufen war die Prozedur BINSUCHE1 etwas besser als die beiden
anderen. Bei den erfolglosen Vergleichen war BINSUCHE die beste. Auf
der Grundlage dieser begrenzten Probedaten und unter Berücksichtigung
der unvermeidlichen Ungenauigkeiten bei der Zeitmessung muß man die
drei Algorithmen als nicht unterscheidbar bezüglich ihrer Leistung ansehen.

Feldgrößen:	5 ooo	1o ooo	15 ooo	2o ooo	25 ooo	3o ooo
CBINSUCHE	o.356	o.4o2	o.421	o.445	o.456	o.448
BINSUCHE	o.33o	o.41o	o.442	o.462	o.478	o.447
BINSUCHE1	o.385	o.398	o.462	o.475	o.453	o.433

(erfolgreiche Suchläufe)

	5 ooo	1o ooo	15 ooo	2o ooo	25 ooo	3o ooo
CBINSUCHE	o.373	o.412	o.45o	o.432	o.43o	o.422
BINSUCHE	o.35o	o.377	o.438	o.382	o.369	o.386
BINSUCHE1	o.362	o.422	o.41o	o.412	o.4o2	o.43o

(erfolglose Suchläufe)

Tabelle 3.2   Rechenzeiten in Sekunden für drei
binäre Suchalgorithmen

Wir wollen ein weiteres einfaches Problem betrachten, das mit der "Teile-und-Herrsche"-Technik gelöst werden kann. Es geht um das Auffinden von Maximum und Minimum in einer Menge von n Elementen. Obwohl das Problem ausgesprochen einfach aussehen mag, erlaubt es doch, die "Teile-und-Herrsche"-Technik an einem einfachen Fall zu demonstrieren. Ein ohne Umschweife formulierter Algorithmus sieht z.B. folgendermaßen aus:

```
procedure MAXMINEINFACH (A, n, max, min)
  //Setze "max" zum Maximum und "min" zum Minimum von A(1:n)//
  integer i, n;
  max ← min ← A(1)
  for i = 2 to n do
    if A(i) > max
      then max ← A(i) endif
    if A(i) > min
      then min ← A(i) endif
  repeat
end MAXMINEINFACH
```

> Algorithmus 3.5 Ein einfacher Algorithmus zur Bestimmung des
> Maximums und des Minimums.

Bei der Zeitanalyse dieses Algorithmus konzentrieren wir uns wieder wie bereits zuvor auf die Anzahl der Elementvergleiche. Dies kann man damit rechtfertigen, daß die anderen Operationen in obigem Algorithmus größenordnungsmäßig genauso oft ausgeführt werden wie die Elementvergleiche. Was noch wichtiger ist: die Kosten für die Elementvergleiche sind viel höher als die für andere Operationen, wenn die Elemente in A(1:n) Polynome, Vektoren, sehr große Zahlen oder Zeichenketten sind. Also wird die Zeit hauptsächlich von den Gesamtkosten der Elementvergleiche bestimmt.

Wie man leicht einsieht, erfordert die Prozedur MAXMINEINFACH 2(n-1) Elementvergleiche im günstigsten, durchschnittlichen und ungünstigsten Fall. Eine sofortige Verbesserung ist möglich, wenn man erkannt hat, daß der Vergleich "A(i) < min" nur dann nötig ist, wenn "A(i) > max" nicht zutrifft. Daher können wir den Inhalt der for-Schleife ersetzen durch:

```
if A(i) > max then  max ← A(i)
                 else  if  A(i) < min then min ← A(i) endif
endif
```

Der günstigste Fall tritt jetzt ein, wenn die Elemente in aufsteigender Folge angeordnet sind. Die Anzahl von Elementvergleichen ist $n-1$. Der schlimmste Fall tritt dann ein, wenn die Elemente in absteigender Folge angeordnet sind. In diesem Fall beträgt die Anzahl der Elementvergleiche $2(n - 1)$. Im Mittel wird zur Hälfte der Zeit $A(i) > max$ sein; damit ergibt sich die durchschnittliche Anzahl von Vergleichen zu $3n/2 - 1$.

Bei der Anwendung der Methode "Teile-und-Herrsche" wird man so vorvorgehen, daß man ein Problem $I = (n,A(1),\ldots,A(n))$ in kleinere Teilprobleme aufteilt. Zum Beispiel kann man I in die beiden Teilprobleme $I_1 = (\lfloor n/2 \rfloor, A(1),\ldots, A(\lfloor n/2 \rfloor))$ und $I_2 = (n - \lfloor n/2 \rfloor, A(\lfloor n/2 \rfloor + 1),\ldots,A(n))$ zerlegen. Seien MAX(I) und MIN(I) das Maximum bzw. Minimum der Elemente aus I; dann ist MAX(I) = der größere Wert von MAX(I1) und MAX(I2) und MIN(I) = der kleinere Wert von MIN(I1) und MIN(I2). Wenn I nur ein Element enthält, dann kann das Ergebnis ohne weitere Zergliederung berechnet werden.

Wendet man die soeben beschriebene Strategie an, dann erhält man die als Algorithmus 3.6 dargestellte Prozedur MAXMIN. Sie ist eine rekursive Prozedur, welche das Maximum und Minimum in der Menge der Elemente $\{A(i), A(i + 1),\ldots,A(j)\}$ findet. Zwei Fälle werden gesondert behandelt: wenn die Menge ein Element (i = j) oder zwei Elemente (i = j - 1) hat. Enthält eine Menge mehr als zwei Elemente, dann wird - wie bei der binären Suche - die Mitte festgestellt, wodurch zwei neue Teilprobleme erzeugt werden.   Nachdem man das Maximum und Minimum jedes dieser Teilprobleme ermittelt hat, werden die beiden Maxima und die beiden Minima miteinander verglichen, um die Lösung für die Gesamtmenge zu erhalten. Wir nehmen an, daß die Funktionen _max_ und _min_ eingebaute Funktionen sind, die zur Berechnung des Ergebnisses jeweils einen Vergleich erfordern.

```
procedure MAXMIN (i, j, fmax, fmin)
   //A ist ein globales Feld, welches n Zahlen an den Positionen//
   //A(1), ...,A(n) enthält; i und j sind Parameter//
   //(1 ≤ i ≤ j ≤ n). Wirkung: Den Variablen "fmax" und "fmin"//
   //wird der größte bzw. kleinste Wert in A(i:j) zugewiesen.//
integer i, j; global n, A(1:n)
```

```
case
  : i = j : fmax ← fmin ← A(i)
  : i = j - 1 : if A(i) < A(j) then fmax ← A(j); fmin ← A(i)
                                else fmax ← A(i); fmin ← A(j)
                endif
  : else : Mitte ← ⌊(i + j)/2⌋
           call  MAXMIN(i, Mitte, gmax, gmin)
           call  MAXMIN(Mitte + 1, j, hmax, hmin)

           fmax ← max (gmax, hmax)
           fmin ← min (gmin, hmin)
endcase
end MAXMIN
```

      __Algorithmus 3.6__   Rekursives Auffinden von Maximum und
                   Minimum

Zu Beginn wird die Prozedur folgendermaßen aufgerufen:

    __call__ MAXMIN(1, n, x, y).

__max__ und __min__ sind Funktionen die das größere bzw. kleinere von zwei Elementen finden und dabei nur einen Vergleichsbefehl benötigen. Angenommen wir simulieren die Prozedur MAXMIN mit den folgenden neun Elementen:

A:	(1)	(2)	(3)	(4)	(5)	(6)	(7)	(8)	(9)
	22	13	-5	-8	15	6o	17	31	47

Eine gute Methode zur Darstellung der Aufeinanderfolge rekursiver Aufrufe besteht darin, einen Baum aufzubauen, indem man bei jedem neuen Aufruf einen Knoten hinzufügt. In diesem Programm hat jeder Knoten vier Elemente: i, j, fmax, fmin. Mit dem Feld A von oben wird der Baum in Abb. 3.2 erzeugt.

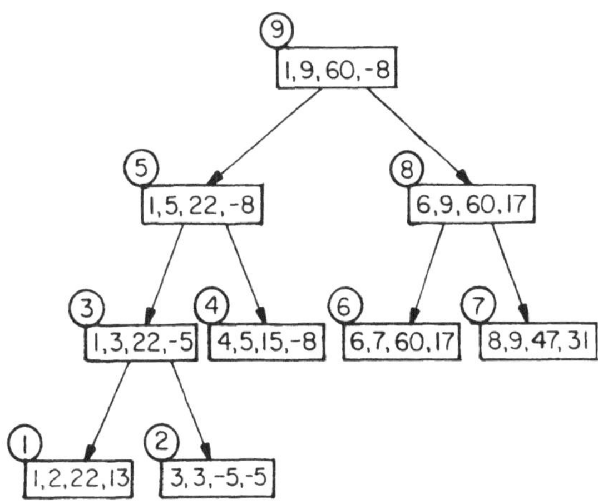

Abbildung 3.2   Rekursive Aufrufe von MAXMIN als Baumdiagramm dargestellt

Dieser Abbildung entnehmen wir, daß der Wurzelknoten für i und j die
Werte 1 und 9 enthält; dies entspricht dem Erstaufruf von MAXMIN. Die
Ausführung erzeugt zwei neue Aufrufe von MAXMIN, wobei i und j nun die
Werte 1 und 5 bzw. 6 und 9 haben. Damit wurde die Gesamtmenge in zwei
Teilmengen von etwa gleicher Größe aufgespaltet. Am Baumdiagramm sieht
man sofort, daß die maximale Rekursionstiefe 4 beträgt (den Erstauf-
ruf eingeschlossen). Die eingekreisten Zahlen in der linken oberen
Ecke jedes Knotens bezeichnen die Reihenfolge, in der die Variablen
"fmax" und "fmin" ihre Werte erhalten.

Wieviele Elementvergleiche benötigt nun die Prozedur MAXMIN?
Sei T(n) die Anzahl der Elementvergleiche; dann erhält man folgende
Rekursionsformel:

$$
T(n) = \begin{cases} T(\lfloor n/2 \rfloor) + T(\lceil n/2 \rceil) + 2, & n > 2 \\ 1, & n = 2 \\ 0, & n = 1 \end{cases}
$$

Ist n eine Zweierpotenz (n = 2^k für eine positive ganze Zahl k), dann
gilt:

$$
\begin{aligned}
T(n) &= 2T(n/2) + 2 \\
&= 2(2T(n/4)+2) + 2 \\
&= 4T(n/4) + 4 + 2 \\
&\quad\vdots \\
&= 2^{k-1}T(2) + \sum_{1 \le i \le k-1} 2^i \\
&= 2^{k-1} + 2^k - 2 = 3n/2 - 2
\end{aligned}
\tag{3.1}
$$

Man beachte, daß die Anzahl der Vergleiche im besten, durchschnittlichen und schlimmsten Fall $3n/2 - 2$ beträgt, falls n eine Zweierpotenz ist.

Im Vergleich zur einfachen Methode MAXMINEINFACH, die $2n - 2$ Vergleiche benötigt, spart man 25 % an Vergleichsbefehlen ein. Man kann zeigen, daß es keinen auf Vergleichen basierenden Algorithmus gibt, der weniger als $3n/2 - 2$ Vergleichsoperationen benötigt. In diesem Sinne ist die Prozedur MAXMIN also optimal (weitere Details siehe Kapitel 1o). Bedeutet dies nun, daß MAXMIN in der Praxis wirklich besser ist? Nicht unbedingt. Bezüglich des Speicherplatzbedarfs ist MAXMIN schlechter als der einfache Algorithmus, da er Raum für i, j, fmax und fmin benötigt, die auf einem Keller abgelegt werden müssen. Bei n Elementen tritt eine Rekursionstiefe von $\lfloor \log_2 n \rfloor + 1$ auf; wir müssen bei jedem rekursiven Aufruf fünf Werte abspeichern (die Rücksprungadresse darf man nicht vergessen). Natürlich könnten wir mit Hilfe der Übersetzungsregeln aus Kapitel 1 die Rekursion entfernen. Doch selbst wenn wir die iterative Version vereinfachen, brauchen wir immer noch einen Keller der Gößenordnung log n. Ein weiterer Mehraufwand ist durch die Vergleiche "i = j" und "i = j - 1" bedingt. Es wäre vielleicht angemessener, nicht zwischen Vergleichen von A(i) und A(j) und von i und j zu unterscheiden. Dies gilt besonders dann, wenn die A(i)-Werte selbst kleine Zahlen sind.

Wir wollen nun betrachten, welche Anzahl sich ergibt, wenn der Aufwand bei Elementvergleichen derselbe ist wie bei Vergleichen von i und j. C(n) sei diese Anzahl. Zuerst stellen wir fest, daß wir die Wirkung der ersten beiden Fälle der _case_-Anweisung auch erzielen können, indem wir den Fall "i = j" weglassen und "i = j - 1" durch "i $\geq$ j - 1" ersetzen. Daraus folgt, daß ein einziger Vergleich zwischen i und j - 1 ausreicht, um die modifizierte _case_-Anweisung zu implementieren. Unter

der Annahme, daß $n = 2^k$ gilt für eine positive ganze Zahl k, erhalten
wir:

$$C(n) = \begin{cases} 2\,C(n/2) + 3, & n > 2 \\ 2 & , & n = 2 \end{cases}$$

Als Lösung dieser Gleichung erhalten wir:

$$\begin{aligned}
C(n) &= 2C(n/2) + 3 \\
&= 4C(n/4) + 6 + 3 \\
&\;\;\vdots \\
&= 2^{k-1}C(2) + \qquad 3\sum_0^{k-2} 2^i \\
&= 2^k + 3*2^{k-1} - 3 \\
&= 5n/2 - 3 \tag{3.2}
\end{aligned}$$

Bei der Prozedur MAXMINEINFACH ist die entsprechende Zahl 3(n - 1)(einschließlich der Vergleichsoperation, die zur Implementierung der _for_-
Schleife nötig ist). Dieser Wert ist größer als 5n/2 - 3. Dennoch wird
MAXMIN langsamer sein als MAXMINEINFACH wegen des Mehraufwands mit dem
ein Kellermechanismus bei der Rekursion verbunden ist.

Am Algorithmus 3.6 können wir Verschiedenes erkennen. Falls die Vergleiche zwischen Elementen von A wesentlich aufwendiger sind als die
Vergleiche von _integer_-Variablen, dann erhält man mit der Methode "Teile-und-Herrsche" einen effizienteren Algorithmus (sogar einen optimalen). Gilt diese Annahme aber nicht, dann erhält man ein weniger effizientes Programm. Daran erkennt man, daß die Strategie "Teile-und-
Herrsche" nur als Richtschnur zum Entwurf besserer Algorithmen verstanden werden darf, die nicht immer zum Erfolg führt. Außerdem sehen
wir, daß es manchmal notwendig ist, die mit der Rechenzeitschranke verbundenen Konstanten zu berechnen. MAXMIN und MAXMINEINFACH sind beide
von der Ordnung $\theta(n)$; die asymptotische Notation genügt in diesem Fall
also nicht zur Unterscheidung. Die Rekursion von MAXMIN wird bei den
meisten Systemen dazu führen, daß diese Prozedur wesentlich langsamer
ist als MAXMINEINFACH. Daher sollten wir für einen fairen Vergleich
die Prozedur MAXMIN in ein äquivalentes iteratives Programm übersetzen
und dieses zusammen mit MAXMINEINFACH testen für den Fall, daß die Ausführungszeit der Elementvergleiche sehr groß ist. Schließlich sei auf
die Übungen verwiesen; dort wird eine andere Möglichkeit gezeigt, wie

man mit nur 3n/2 - 2 Vergleichen Maximum und Minimum finden kann unter
Benutzung von Iteration, aber ohne Kellermechanismus

3.4 SORTIEREN DURCH MISCHEN

Als weiteres Beispiel der Technik "Teile-und-Herrsche" betrachten wir
einen Sortieralgorithmus, der die angenehme Eigenschaft hat, daß sein Zeitverhalten im ungünstigsten Fall $O(n \log_2 n)$ ist. Diesen Algorithmus nennt
man Sortieren durch Mischen (mergesort). Wir nehmen im folgenden
stets an, daß die Elemente in nichtabsteigender Folge sortiert werden
sollen. Die Grundidee besteht darin, eine gegebene Folge von n Elementen (auch "Schlüssel" genannt) $A(1),\ldots, A(n)$ in zwei Mengen $A(1),\ldots,$
$A(\lfloor n/2 \rfloor$ und $A(\lfloor n/2 \rfloor + 1), \ldots, A(n)$ aufzuspalten. Jede Menge wird
dann für sich alleine sortiert; die daraus resultierenden Folgen wer-
den gemischt, um eine einzige sortierte Folge von n Elementen zu erzeugen. Damit haben wir ein weiteres gutes Beispiel der Strategie
"Teile-und-Herrsche" vor uns: die Gesamtmenge wird in zwei gleich
große Teilmengen aufgespaltet, und die Kombinationsoperation besteht
im Mischen zweier sortierter Mengen zu einer einzigen.

Die Prozedur MISCHSORT beschreibt diesen Prozeß kurz und bündig. Sie
verwendet Rekursion und eine Unterprozedur MISCHEN, welche zwei sortierte Mengen zusammenmischt.

```
procedure MISCHSORT (unten, oben)
   //A(unten : oben) ist ein globales Feld, welches genau//
   //oben - unten + 1 ≧ 0 Werte enthält; dies sind die zu //
   //sortierenden Elemente.//
   integer unten, oben;
   if unten < oben
      then Mitte ← ⌊(unten + oben)/2⌋   //finde die Mitte zum Aufspalten//
      call MISCHSORT(unten, Mitte)   //sortiere eine Teilmenge//
      call MISCHSORT(Mitte + 1, oben)   //sortiere die andere Teilmenge//
      call MISCHEN(unten, Mitte, oben)   //kombiniere die Ergebnisse//
   endif
end MISCHSORT
```

Algorithmus 3.7   Sortieren durch Mischen

```
procedure MISCHEN(unten, Mitte, oben)
  //A(unten : oben) ist ein globales Feld, welches zwei sortierte Teil-
  //mengen in A(unten : Mitte) und in A(Mitte + 1 : oben) enthält.//
  //Das Ziel besteht darin, diese sortierten Mengen in eine //
  //einzige sortierte Menge zusammenzumischen, die in//
  //A(unten : oben) gespeichert wird.Es wird ein Hilfsfeld B benutzt.//
  integer h, i, j, k, unten, Mitte, oben; //unten ≤ Mitte< oben//
  global A(unten : oben);  local B(unten : oben)
  h ← unten;  i ← unten;  j ← Mitte + 1;
  while h ≤ Mitte and j ≤ oben do  //solange beide Mengen noch//
                                   //nicht leer sind//
    if A(h) ≤ A(j) then B(i) ← A(h); h ← h + 1
                   else B(i) ← A(j); j ← j + 1
    endif
    i ← i + 1
  repeat
  if h > Mitte then for k ← j to oben do  //behandle die restlichen//
                                          //Elemente//
                     B(i) ← A(k); i ← i + 1
                   repeat
               else for k ← h to Mitte do
                     B(i) ← A(k); i ← i + 1
                   repeat
  endif
  for k ← unten to oben do  //kopiere die vermischten Mengen nach A//
    A(k) ← B(k)
  repeat
end MISCHEN
```

Algorithmus 3.8 Mischen zweier sortierter Mengen unter
                 Verwendung eines Hilfsspeichers.

Vor der Ausführung der Prozedur MISCHSORT sollten die n Elemente in
A(1:n) gespeichert und das Hilfsfeld B(1:n) deklariert sein. Dann bewirkt die Anweisung call MISCHSORT(1, n), daß die Schlüssel im Feld A
in nichtabfallender Reihenfolge angeordnet werden.

Betrachten wir als Beispiel das Feld A mit zehn Elementen:
    A = (31o, 285, 179, 652, 351, 423, 861, 254, 45o, 52o).
Die Prozedur MISCHSORT spaltet A zunächst in zwei Teilmengen der Größe
5. Die Elemente in A(1:5) werden anschließend in zwei Teilmengen der

Größe 3 bzw. 2 gespaltet. Dann werden die Objekte in A(1:3) in weitere
Teilmengen der Größe 1 bzw. 2 aufgegliedert. Die beiden Werte in A(1:2)
werden schließlich noch einmal in zwei Teilmengen der Größe 1 aufgespaltet; dann kann das Mischen beginnen. Man beachte, daß bis jetzt
noch keine Datenbewegung stattgefunden hat. Die Teilmengen werden
durch den Rekursionsmechanismus implizit verwaltet.

Graphisch kann man die Datei jetzt folgendermaßen darstellen:

(31o / 285 / 179 / 652,351 / 423, 861, 254, 45o, 52o)

wobei die vertikalen Striche die Grenzen der Untermengen angeben. A(1)
und A(2) werden zusammengemischt; man erhält dann

(285,31o / 179 / 652,351 / 423,861, 254, 45o, 52o)

Dann werden A(3) und A(1:2) miteinander gemischt:

(179, 285, 31o / 652,351 / 423, 861, 254, 45o, 52o)

Als nächstes werden die Elemente A(4) und A(5) gemischt:

(179, 285, 31o / 351,652 / 423, 861, 254, 45o, 52o)

Nun folgt das Vermischen von A(1:3) mit A(4:5):

(179, 285, 31o, 351, 652 / 423, 861, 254, 45o, 52o).

An dieser Stelle ist der Algorithmus zum Erstaufruf von MISCHSORT zurückgekehrt; jetzt wird der zweite rekursive Aufruf verarbeitet. Wiederholte rekursive Aufrufe produzieren die folgenden Teilmengen:

(179, 285, 31o, 351, 652 / 423 / 861 / 254 / 45o, 52o)

A(6) und A(7) werden gemischt; anschließend werden A(8) und A(6:7)
gemischt; man erhält:

(179, 285, 31o, 351, 652 / 254, 423, 45o, 52o, 861)

Nun sind zwei sortierte Teilmengen vorhanden; das Mischen der beiden
erzeugt schließlich das vollständig sortierte Ergebnis:

(179, 254, 285, 31o, 351, 423, 45o, 52o, 652, 861)

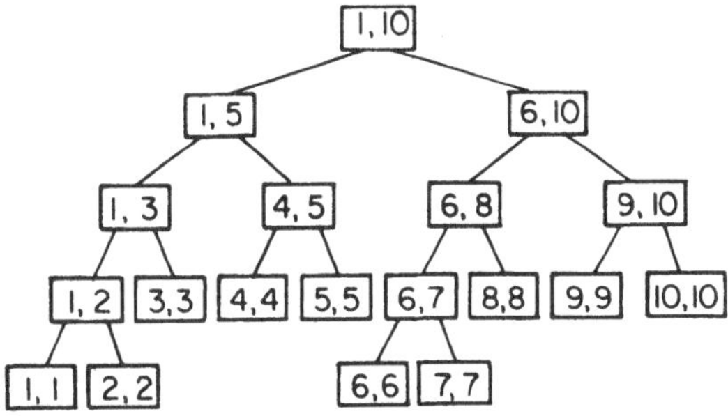

Abbildung 3.3 Die Aufrufe von MISCHSORT(1.10) als Baumdiagramm dargestellt

Abb. 3.3 ist ein Baumdiagramm, welches die Reihenfolge der rekursiven Aufrufe darstellt, die produziert werden, wenn die Prozedur
MISCHSORT auf zehn Elemente angewendet wird. Die Wertepaare in jedem
Knoten sind die Werte der Parameter "unten" und "oben". Man erkennt,
daß die Mengen so lange aufgespaltet werden, bis sie nur noch ein Element enthalten. In Abb. 3.4 ist ein Baumdiagramm gezeigt, welches die
Aufrufe der Prozedur MISCHEN durch die Prozedur MISCHSORT darstellt.
So stellt z.B. der Knoten mit den Zahlen 1, 2, 3 das Mischen von A
(1:2) und A(3) dar.

Ist die Zeit für die Mischoperation proportional zu n, dann wird die
Rechenzeit für MISCHSORT durch folgende Rekursionsformel beschrieben:

$$T(n) = \begin{cases} 0, & n = 1, \text{ a eine Konstante} \\ 2T(n/2) + cn, & n > 1, \text{ c eine Konstante} \end{cases}$$

Ist n eine Zweierpotenz ($n = 2^k$), dann können wir diese Gleichung
durch fortgesetzte Substitution lösen:

$$\begin{aligned} T(n) & = 2(2T(n/4) + cn/2) + cn \\ & = 4T(n/4) + 2\,cn \\ & = 4(2T(n/8) + cn/4) + 2\,cn \\ & = \ldots = 2^k T(1) + kcn \\ & = an + cn \log n \end{aligned}$$

Wie man leicht sieht, gilt für $2^k < n \leq 2^{k+1}$:

$$T(n) \leq T(2^{k+1})$$

Daraus folgt:

$$T(n) = O(n \log_2 n).$$

<u>Abbildung 3.4</u> Die Aufrufe von MISCHEN als Baumdiagramm dargestellt

Weitere Verfeinerungen

Obwohl Algorithmus 3.7 schön die Strategie "Teile-und-Herrsche" zum
Ausdruck bringt, enthält er doch noch einige ineffiziente Stellen, die
man nach Möglichkeit entfernen sollte. In diesem Unterabschnitt stellen
wir diese Verfeinerungen dar und versuchen, eine Version von MISCHSORT
zu erzeugen, die für eine Ausführung gut genug ist. Trotz dieser Verbesserungen wird das Zeitverhalten des Algorithmus im ungünstigsten
Fall O(n log n) sein. In Kapitel 1o werden wir sehen, daß es keinen
besseren Sortieralgorithmus gibt, der auf Vergleichen von ganzen
Schlüsseln basiert.

Wir könnten uns über den zusätzlichen Speicherbedarf von 2n Plätzen
bei MISCHSORT beklagen. Diese zusätzlichen Plätze waren nötig, da man
vernünftigerweise nicht zwei sortierte Mengen auf dem gleichen Platz
vermischen kann. Abgesehen von diesem Platzbedarf muß der Algorithmus
außerdem noch bei jedem Aufruf von MISCHEN das Ergebnis von B(unten:oben)
zurück nach A(unten:oben) transportieren. Eine Alternative zu diesem Kopieren besteht darin, jedem Schlüssel noch ein neues Informa-
tionsfeld hinzuzufügen (Die Elemente in A heißen "Schlüssel"). Dieses
Feld benutzt man dazu, die Schlüssel mitsamt der Information in einer
sortierten Liste zu verketten (Schlüssel und zugehörige Information
nennt man Datensatz oder record). Das Mischen der sortierten Liste geschieht dann durch Verketten der Zeiger; dabei werden keine Datensätze
bewegt. Im allgemeinen wird ein Feld, das nur einen Zeiger enthält,
kleiner sein als ein ganzer Datensatz; also benötigt man weniger Speicherplatz.

Zusammen mit dem ursprünglichen Feld A definieren wir ein Hilfsfeld
ZEIGER(1:n), welches ganze Zahlen von 1 bis n enthält. Diese Zahlen
werden als Zeiger auf Elemente von A interpretiert. Eine Liste ist
eine Folge von Zeigern, die mit null endet. Unten ist eine Wertemenge
für das Feld ZEIGER dargestellt, welches zwei Listen enthält: Q und R.
Q = 2 und R = 5 kennzeichnen den Anfang jeder Liste.

ZEIGER: (1)   (2)   (3)   (4)   (5)   (6)   (7)   (8)
             6   4   7   1   3   0   8   0

Die beiden Listen sind Q = (2, 4, 1, 6) und R = (5, 3, 7, 8). Interpretiert man diese Listen als eine Beschreibung sortierter Teilmengen
von A(1:8), dann kann man daraus schließen, daß gilt:

$$A(2) \leq A(4) \leq A(1) \leq A(6) \quad \text{und} \quad A(5) \leq A(3) \leq A(7) \leq A(8)$$

Weiterhin könnte man sich bei MISCHSORT über den Platz für den **Keller** beklagen, der durch die Rekursion notwendig ist. Da MISCHSORT
jede Menge in zwei ungefähr gleich große Teilmengen aufspaltet, ist
die maximale Tiefe des **Kellers proportional zu log n**. Durch die "Top -
Down"-Methode, mit der der Algorithmus entworfen wurde, scheint die
Verwendung eines **Kellers zwingend zu sein. Wir können den Platzbedarf
für den Keller vermeiden, wenn wir einen Algorithmus enwerfen, der**
nach der "Bottom-Up"-Methode arbeitet (Näheres in den Übungen).

Wie man bei der Prozedur MISCHSORT und an vorigem Beispiel sieht,
verursachen sogar Mengen mit zwei Elementen einen zweifachen rekursiven Aufruf. Sind die Mengen klein, dann wird die meiste Zeit damit
verbracht, die Rekursion abzuarbeiten, anstatt die Elemente zu sortieren. Diese Situation kann dadurch verbessert werden, daß man die Rekursion nicht mehr bis auf die unterste Stufe zuläßt. In dem abstrakten Kontrollprogramm zur Realisierung der "Teile- und-Herrsche"-Stra-
tegie (siehe Algorithmus 3.1) schlagen wir vor, daß falls KLEIN =
__true__ ist, mehr getan werden sollte als eine einfache Rückkehr ohne
Aktionen. Hilfreich würde ein zweiter Algorithmus sein, der kleine
Mengen gut sortieren kann.

Sortieren durch Einfügen ist außerordentlich schnell bei Feldern
mit weniger als ca. 16 Elementen; für große n ist die Rechenzeit allerdings $O(n^2)$. Die Grundidee zum Sortieren der Elemente in A(1:n) ist
folgende:

```
for j ← 2 to n do
  "füge A(j) an der richtigen Stelle im sortierten
   Feld A(1:j - 1) ein"
repeat
```

Obwohl unter Umständen beim Einfügen von A(j) alle Elemente in A(1:j -1)
verschoben werden müssen, kann der Algorithmus dennoch für kleine
Werte von n gut sein. Eine vollständig formulierte Prozedur ist in Algorithmus 3.9 gegeben.

```
procedure SORTEINFÜGEN(A, n)
  //sortiert die Werte in A(1:n) in nichtabsteigender Folge, n ≥ 1//
  A(o) ← - ∞//erzeuge einen unechten Anfangswert//
  for j ← 2 to n do   //A(1:j -1) wird sortiert//
    Objekt ← A(j);  i ← j - 1
    while  Objekt < A(i) do   //0 ≤ i < j//
      A(i + 1) ← A(i);  i ← i - 1
    repeat
    A(i + 1) ← Objekt
  repeat
end SORTEINFÜGEN
```

Algorithmus 3.9 Sortieren durch Einfügen

Die Anweisungen innerhalb der <u>while</u>-Schleife werden O-mal bis maximal j-mal ausgeführt. Da j von 2 bis n läuft, ist die Rechenzeit im
ungünstigsten Fall beschränkt durch

$$\sum_{2 \leq j \leq n} j = (n(n + 1)/2) - 1 = \theta(n^2)$$

Die Rechenzeit im günstigsten Fall beträgt Ω (n) unter der Annahme,
daß der Rumpf der <u>while</u>-Schleife niemals ausgeführt wird. Dies ist
dann der Fall, wenn die Daten bereits sortiert sind.

Jetzt können wir die verbesserte Version von MISCHSORT einschließlich
der Prozedur SORTEINFÜGEN und der Zeigerstruktur darstellen.

```
procedure MISCHSORT1(unten, oben, p)
  //Das globale Feld A(unten:oben) wird in nichtabsteigender Folge//
  //sortiert//
```

```
//Das Hilfsfeld ZEIGER(unten:oben) wird verwendet.//
//Die Werte in Zeiger stellen eine Indexliste von "unten" bis "oben"//
//dar und geben A in sortierter Folge an. P wird auf den Anfang der//
//Liste gesetzt.//
global A(unten:oben), ZEIGER(unten:oben)
if unten - oben + 1 < 16
    then call SORTEINFÜGEN (A, ZEIGER, unten, oben, p)
    else Mitte ← ⌊(unten + oben)/2⌋
         call MISCHSORT1(unten, Mitte, q)   //liefere Liste q zurück//
         call MISCHSORT1(Mitte + 1, oben, r) //liefere Liste r zurück//
         call MISCHEN1 (q, r, p)   //vermische die Listen q und r//
                                   //zur Liste p//
endif
end MISCHSORT1
```

Algorithmus 3.1o Sortieren durch Mischen mit Zeigern

Zu Beginn werden die Schlüssel der zu sortierenden Datensätze in A
(1:n) abgelegt und die Elemente des Feldes ZEIGER(1:n) auf Null gesetzt; mit dieser Anfangsbelegung wird die Prozedur MISCHSORT1 aufgerufen: call MISCHSORT1(1, n, p). p wird zurückgeliefert als Zeiger auf
eine Indexliste, die die Elemente von A in sortierter Reihenfolge
angibt. Die Prozedur SORTEINFÜGEN wird immer dann aufgerufen, wenn
die Anzahl der zu sortierenden Elemente kleiner als 16 ist. Die Version von SORTEINFÜGEN, wie sie in Algorithmus 3.9 gegeben ist, muß so
geändert werden, daß sie A(unten:oben) in eine verkettete Liste mit
Anfang p sortiert.

Nun stellen wir die geänderte Prozedur MISCHEN dar.

```
procedure MISCHEN1 (q, r, p)
    //q und r sind Zeiger auf Listen im globalen Feld ZEIGER(1:n).//
    //Mit Hilfe dieser Listen erhält man sortierte Teilmengen von //
    //Elementen des globalen Feldes A(1:n). Nach Ausführung ist eine//
    //neue Liste entstanden, mit deren Hilfe man eine nichtabsteigend//
    //sortierte Liste der Elemente von A erhalten kann. p zeigt auf//
    //diese Liste. Die Listen, auf die q und r zeigen, werden zerstört.//
    //Vorausgesetzt wird, daß ZEIGER(O) definiert ist und daß die Null//
    //eine Liste beendet.//
    global n, A(1:n), ZEIGER(O:n)
```

```
local integer i, j, k
i ← q;  j ← r;  k ← 0   // die neue Liste beginnt bei ZEIGER(O)//
while i ≠ 0 and j ≠ 0 do   //solange beide Listen noch nicht leer//
                           //sind//
   if A(i) ≤ A(j)   //finde den kleineren Schlüssel//
     then ZEIGER(k) ← i;  k ← i;  i ← ZEIGER(i) //füge einen neuen Schlüs-
                                        //sel in die Liste ein//
     else ZEIGER(k) ← j;  k ← j;  j ← ZEIGER(j)
   endif
repeat
if i = 0 then ZEIGER(k) ← j
         else ZEIGER(k) ← i
endif
p ← ZEIGER(O)
end MISCHEN1
```

Algorithmus 3.11   Das Mischen verketteter Listen von
                   sortierten Elementen

Um diese neue Version von MISCHSORT besser zu verstehen, wollen wir
den Algorithmus simulieren, wenn er folgende acht Elemente sortiert:

(5o, 1o, 25, 3o, 15, 7o, 35, 55).

Wir ignorieren die Tatsache, daß normalerweise bei weniger als 16 Elementen die Prozedur **SORTEINFÜGEN** angewendet **wird. Das Feld ZEIGER wird**
mit Nullen vorbesetzt. Die Tabelle 3.3 zeigt, wie das Feld ZEIGER sich
jedesmal ändert, wenn ein Aufruf von MISCHSORT1 abgearbeitet worden
ist. In jeder Zeile zeigt der Wert von p auf die Liste in ZEIGER, die
bei der letzten Abarbeitung von MISCHEN1 erzeugt worden ist. Rechts
sieht man die Teilmengen der sortierten Elemente, die durch diese Listen dargestellt werden. So ist z.B. in der letzten Zeile p = 2; damit beginnt die Liste der Verkettungen 2, 5, 3, 4, 7, 1, 8, 6, woraus
folgt: A(2) ≤ A(5) ≤ A(3) ≤ A(4) ≤ A(7) ≤ A(1) ≤ A(8) ≤ A(6).

	(O)	(1)	(2)	(3)	(4)	(5)	(6)	(7)	(8)
A:	–	5o	1o	25	3o	15	7o	35	55
ZEIGER:	0	0	0	0	0	0	0	0	0

```
q r p

1 2 2   2   0   1   0   0   0   0   0   0   (1o, 5o)
3 4 3   3   0   1   4   0   0   0   0   0   (1o, 5o), (25, 3o)
2 3 2   2   0   3   4   1   0   0   0   0   (1o, 25, 3o, 5o)
5 6 5   5   0   3   4   1   6   0   0   0   (1o, 25, 3o, 5o), (15, 7o)
7 8 7   7   0   3   4   1   6   0   8   0   (1o, 25, 3o, 5o), (15, 7o), (35, 55)
5 7 5   5   0   3   4   1   7   0   8   6   (1o, 25, 3o, 5o) (15, 7o)
2 5 2   2   8   5   4   7   3   0   1   6   (1o, 15, 25, 3o, 35, 5o, 55, 7o)
```

Tabelle 3.3   Beispiel für die Änderung von ZEIGER bei Anwendung
von MISCHSORT1 auf A(1:8) = (50, 10, 25, 30, 15,
70, 35, 55).

3.5   QUICKSORT

Mit der Methode "Teile-und-Herrsche" kann man zu einem effizienten Such-
verfahren gelangen, welches vom Sortieren durch Mischen verschieden ist.
Beim Sortieren durch Mischen wurde die Datei A(1:n) in der Mitte in zwei
Unterdateien geteilt; diese wurden unabhängig voneinander sortiert und danach gemischt. Beim Schnellsortieren (quicksort) geschieht die Unter-
teilung so, daß die sortierten Unterdateien später nicht mehr gemischt
werden müssen. Das erreicht man dadurch, daß die Elemente in A(1:n) so
angeordnet werden, daß gilt: $A(i) \leq A(j)$ für alle i von 1 bis m und
alle j von m + 1 bis n für ein m mit : $1 \leq m \leq n$. Daraus ergibt sich,
daß die Elemente in A(1:m) und A(m + 1:n) unabhängig voneinander sortiert werden können und kein Mischen nötig ist. Die Neuverteilung der
Elemente geschieht folgendermaßen: man greift sich ein Element von A,
nennen wir es t = A(s), heraus und ordnet dann alle Elemente so an, daß
die vor t stehenden Elemente aus A(1:n) kleiner als oder gleich t
sind und alle nach t vorkommenden Elemente größer als oder gleich t
sind. Diese Neuanordnung nennt man Partition.

Die Prozedur PARTITION (siehe Algorithmus 3.12) von C. A. R. Hoare
erlaubt eine Partition der Elemente von A(m:p - 1) in sich. Vorausgesetzt wird, daß $A(p) \geq A(m)$ ist und daß A(m) das Partitionselement ist.
Sind m = 1 und p - 1 = n, dann muß A(n + 1) definiert werden und es
muß größer als oder gleich jenen Elementen in A(1:n) sein. Der Einfachheit halber haben wir angenommen, daß A(m) das Partitionselement ist;
wir werden sehen, daß es bei der Wahl des Partitionselements eine bessere Lösung gibt als die Wahl des ersten Elements der Menge. Die Pro-

zedur TAUSCH(x,y) bewirkt folgendes: **temp** ← **x**; **x** ← **y**; **y** ← **temp**.

```
procedure PARTITION(m, p)
  //Im Bereich A(m), A(m + 1),..., A(p - 1) werden die Elemente//
  //neu angeordnet in folgender Weise: ist anfangs t = A(m),//
  //dann ist am Ende A(q) = t für ein q zwischen m und p - 1,//
  //A(k) ≤ t für m ≤ k < q und A(k) ≥ t für q < k < p.//
  //p nimmt zum Schluß den Wert von q an.//
  integer m, p, i; global A(m - 1:p)
  v ← A(m); i ← m  //A(m) ist Partitionselement//
  loop
    loop i ← i + 1 until A(i) ≥ v repeat  //i Verschiebungen von links//
                                          //nach rechts//
    loop p ← p - 1 until A(p) ≤ v repeat  //p Verschiebungen  von//
                                          //rechts nach links//
    if i < p
      then call TAUSCH(A(i), A(p))  //vertausche A(i) und A(p)//
      else exit
    endif
  repeat
  A(m) ← A(p); A(p) ← v  //das Partitionselement gehört zur Position p//
end PARTITION
```

<u>Algorithmus 3.12</u> Partition der Menge A(m:p - 1) mit Parti-
                  tionselement A(m).

Um die Arbeitsweise der Prozedur PARTITION kennenzulernen, betrachten wir das folgende Feld mit neun Elementen. Der Erstaufruf lautet:
call PARTITION(1, 1o). Die senkrechten, durch eine waagrechte Linie
verbundenen Striche zeigen jene Elemente an, welche miteinander vertauscht worden sind, um die nächste Zeile zu produzieren. Das Partitionselement ist A(1) = 65; in der sechsten Zeile wird es schließlich
als das fünftkleinste Element der Menge erkannt. Man beachte, daß die
übrigen Elemente unsortiert, aber bzgl. A(5) = 65 partitioniert sind.

(1)	(2)	(3)	(4)	(5)	(6)	(7)	(8)	(9)	(1o)	i	p
65	7o	75	8o	85	6o	55	5o	45	+∞	2	9
65	45	75	8o	85	6o	55	5o	7o	+∞	3	8
65	45	5o	8o	85	6o	55	75	7o	+∞	4	7
65	45	5o	55	85	6o	8o	75	7o	+∞	5	6
65	45	5o	55	6o	85	8o	75	7o	+∞	6	5
6o	45	5o	55	65	85	8o	75	7o	+∞		

Mit der Methode von Hoare zur Partitionierung einer Menge von Ele-
menten bzgl. eines ausgewählten Elements können wir direkt einen "Tei-
le-und-Herrsche"-Algorithmus zum vollständigen Sortieren von n Elemen-
ten angeben. Die Prozedur PARTITION produziert zwei Mengen S_1 und S_2.
Alle Elemente von S_1 sind kleiner als oder gleich den Elementen von S_2.
Daher können S_1 und S_2 unabhängig voneinander sortiert werden. Jede
Menge wird durch wiederholte Aufrufe der Prozedur PARTITION sortiert.
Algorithmus 3.13 beschreibt den vollständigen Prozess in Form eines
Programms.

```
procedure QUICKSORT(p, q)
  //sortiert die Elemente A(p), ..., A(q), die im globalen//
  //Feld A(1:n) liegen, in aufsteigender Reihenfolge;//
  //A(n + 1) muß definiert und größer als oder gleich allen Elementen//
  //von A(p:q) sein; A(n + 1) = + ∞ //
  integer p, q; global n, A(1:n)
  if p < q
    then j ← q + 1
      call PARTITION(p, j)
      call  QUICKSORT(p, j - 1)  //j ist die Position des Parti-//
                                 //tionselements//
      call  QUICKSORT(j + 1, q)
  endif
end  QUICKSORT
```

Algorithmus 3.13 Sortieren durch Partitionieren

Analyse von QUICKSORT

Bei der Analyse von QUICKSORT berücksichtigen wir nur die Zahl der

Elementvergleiche C(n). Es ist leicht einzusehen, daß die Häufigkeitszahl der anderen Operationen von der gleichen Größenordnung ist wie
C(n). Wir machen folgende Annahmen:

   (i) die n zu sortierenden Elemente sind verschieden;
   (ii) das Partitionselement v im Algorithmus PARTITION wird zufäl-
        lig ausgewählt.

Es sei ZUFALL(i, j) eine Funktion, die eine ganze Zufallszahl im Intervall [i, j]erzeugt. Das Partitionselement wird dann ermittelt, indem die Anweisungen

$$v \leftarrow A(m); \quad i \leftarrow m$$

im Algorithmus PARTITION ersetzt werden durch:

$$i \leftarrow ZUFALL(m, p - 1); \quad v \leftarrow A(i); \quad A(i) \leftarrow A(m); \quad i \leftarrow m.$$

Zuerst wollen wir den Wert von C(n) für den ungünstigsten Fall ermitteln; nennen wir ihn $C_W(n)$. Die Anzahl von Elementvergleichen beträgt bei jedem Aufruf von PARTITION höchstens p - m + 1.
(Man beachte, daß höchstens p - m + 2 Vergleichsoperationen durchgeführt werden, falls die Elemente nicht voneinander verschieden sind).
Es sei r die Gesamtzahl der Elemente in allen Aufrufen von PARTITION
bei beliebiger Rekursionstiefe. Auf der Rekursionsstufe 1 gibt es nur
einen Aufruf PARTITION(1, n + 1) und es gilt: r = n; auf Stufe 2 gibt
es höchstens zwei Aufrufe und es gilt: r = n - 1; usw. ... Auf jeder
Rekursionsstufe werden O(r) Elementvergleiche in der Prozedur PARTI-
TION durchgeführt. Auf jeder Stufe ist r um mindestens eins kleiner
als das r der vorherigen Stufe, da die Partitionselemente der vorherigen Stufe eliminiert werden. Damit ist $C_W(n)$ also die Summe aller r,
die von 2 bis n variieren, oder $O(n^2)$. In einer Übungsaufgabe werden
die Eingabedaten untersucht, für die die Prozedur QUICKSORT $O(n^2)$
Vergleiche benötigt.

Der Durchschnittswert $C_A(n)$ von C(n) ist wesentlich kleiner als $C_W(n)$.
   Unter den früher gemachten Voraussetzungen hat das Partitionselement v im Aufruf von PARTITION(m, p) die gleiche Wahrscheinlichkeit,
das i-te kleinste Element ($1 \leq i \leq p - m$) in A(m:p - 1) zu sein. Daher
bleiben zwei zu sortierende Unterdateien A(m:j) und A(j + 1:p - 1) mit
der Wahrscheinlichkeit 1/(p - m), m $\leq$ j < p übrig. Daraus erhalten wir
folgende Rekursionsformel:

$$C_A(n) = n + 1 + \frac{1}{n} \sum_{1 \leq k \leq n} (C_A(k-1) + C_A(n-k)) \tag{3.4}$$

n + 1 ist die Anzahl von Elementvergleichen, die von der Prozedur
PARTITION beim ersten Aufruf benötigt werden. Man beachte, daß gilt:
$C_A(0) = C_A(1) = 0$. Indem wir beide Seiten von (3.4) mit n multiplizieren, erhalten wir:

$$nC_A(n) = n(n+1) + 2(C_A(0) + C_A(1) + \ldots + C_A(n-1)) \qquad (3.5)$$

Nun wird n durch n - 1 ersetzt:

$$(n - 1)C_A(n - 1) = n(n - 1) + 2(C_A(0) + \ldots + C_A(n - 2))$$

Diese Gleichung subtrahieren wir von (3.5):

$$nC_A(n) - (n - 1)C_A(n - 1) = 2n + 2C_A(n - 1)$$

oder

$$C_A(n)/(n + 1) = C_A(n - 1)/n + 2(n + 1)$$

Wendet man nacheinander diese Gleichung zur Ersetzung von $C_A(n - 1)$,
$C_A(n - 2)$, usw...an, so erhält man:

$$
\begin{aligned}
C_A(n)/(n + 1) &= C_A(n - 2)/(n - 1) + \frac{2}{n} + \frac{2}{n+1} \\
&= C_A(n - 3)/(n - 2) + \frac{2}{n-1} + \frac{2}{n} + \frac{2}{n+1} \\
&\quad\vdots \\
&= C_A(1)/2 + 2 \sum_{3 \leq k \leq n+1} 1/k \\
&= 2 \sum_{3 \leq k \leq n+1} 1/k \qquad (3.6)
\end{aligned}
$$

Es gilt:

$$\sum_{3 \leq k \leq n+1} 1/k \leq \int_3^{n+2} 1/x\,dx < \log_e(n + 2) \qquad (3.6a)$$

Daraus folgt:

$$C_A(n) < 2(n + 1)\log_e(n + 2) = O(n \log n)$$

Obwohl die Zeit im schlimmsten Fall $O(n^2)$ beträgt, ist sie im durchschnittlichen Fall nur $O(n \log n)$. Wir wollen uns jetzt den Speicherplatz
anschauen, den der Keller bei der Rekursion benötigt. Im ungünstigsten

Fall kann die maximale Rekursionstiefe n - 1 sein. Dieser Fall tritt
z.B. dann ein, wenn das Partitionselement bei jedem Aufruf von PARTI-
TION das kleinste Element in A (m: p - 1) ist. Der Platzbedarf für den
Keller kann auf O (log n) reduziert werden, indem man eine iterative
Version von QUICKSORT verwendet, bei der stets die kleinere der bei-
den Unterdateien A (p: j - 1) und A (j + 1: g) zuerst sortiert wird.
Den zweiten rekursiven Aufruf kann man durch einige Wertzuweisungen
und einen Sprungbefehl zum Anfang des Algorithmus ersetzen. Mit diesen
Änderungen erhält QUICKSORT eine Form, wie sie in Algorithmus 3.14
wiedergegeben ist.

```
procedure QUICKSORT2(p, q)
   integer KELLER(1: max), top     //max = 2⌊log₂n⌋//
   global A(1:n); local integer j
   top ← 0
   loop
     while p < q do
       j ← q + 1
       call PARTITION(p, j)
       if j - p < q - j then KELLER(top + 1) ← j + 1
                             KELLER(top + 2) ← q
                             q ← j - 1
                        else KELLER(top + 1) ← p
                             KELLER(top + 2) ← j - 1
                             p ← j + 1
       endif
       top ← top + 2
     repeat  //sortiere die kleinere Unterdatei//
     if top = 0 then return endif
     p ← KELLER(top); q ← KELLER(top - 1)
     top ← top - 2
   repeat
end QUICKSORT2
```

     Algorithmus 3.14   Iterative Version von QUICKSORT

Nun können wir beweisen, daß der maximale Platzbedarf für den Keller
O(log n) ist. Es sei S(n) dieser Platzbedarf. Dann folgt:

$$S(n) \quad \leq \quad \begin{cases} 2 + S(\lfloor (n - 1)/2 \rfloor), & n > 1 \\ 0 & n \leq 1 \end{cases}$$

Dieser Ausdruck ist kleiner als 2 log n.

Wie wir bereits in Abschnitt 3.4 festgestellt haben, ist der Algorithmus SORTEINFÜGEN ausgesprochen schnell für n $\leq$ 16. Also können wir QUICKSORT2 noch schneller machen, wenn wir immer dann SORTEIN-FÜGEN verwenden, wenn q - p < 16 ist. In den Übungen werden mehrere Möglichkeiten bei der Wahl des Partitionselements untersucht.

<u>Testen</u>

Die Prozeduren QUICKSORT und MISCHSORT wurden auf einer IBM 370/158 getestet. In beiden Fällen wurden die rekursiven Versionen, programmiert in der Sprache PL/I, benutzt. In QUICKSORT wurde die Prozedur PARTITION so geändert, daß sie die Medianwertregel benutzt, welche besagt, daß als Partitionselement der Medianwert von A(m), A((m + p - 1)/2) und A(p - 1) gewählt wird. Die Datenmenge bestand aus zufällig ausgewählten ganzen Zahlen im Bereich (0, 1000). Die Tabelle 3.4 zeigt die tatsächlichen mittleren Rechenzeiten in Millisekunden.

n	1000	1500	2000	2500	3000	3500	4000	4500
MISCHSORT	500	750	1050	1400	1650	2000	2250	2650
QUICKSORT	400	600	850	1050	1300	1550	1800	2050

n	5000	5500	6000	6500	7000	7500	8000	8500
MISCHSORT	2900	3450	3500	3850	4250	4550	4950	5200
QUICKSORT	2300	2650	2800	3000	3350	3700	3900	4100

<u>Tabelle 3.4</u> Durchschnittliche Rechenzeiten von Sortieralgorithmen

Wenn wir uns die Tabelle anschauen, erkennen wir sofort, daß QUICKSORT für alle Werte kürzere Rechenzeiten hat als MISCHSORT. Außerdem stellen wir fest, daß bei jeder Erhöhung von n um 500 die Zeit für QUICKSORT um etwa 250 Millisekunden steigt. Das Verhalten von MISCHSORT ist etwas unregelmäßiger; die Zeiten nehmen um ca. 350

Millisekunden bei jeder Erhöhung von n um 500 zu. Das ist natürlich
nur eine Näherung, denn beide Algorithmen benötigen im Mittel eine
Zeit von O(n log n). In den Übungen werden noch andere nützliche Vergleichstests besprochen.

3.6   AUSWAHL

Mit dem Algorithmus PARTITION aus dem letzten Abschnitt kann man
auch eine effiziente Lösung des Auswahlproblems erhalten. Das Problem
besteht darin, unter n gegebenen Elementen A(1:n) das k-te kleinste
Element zu bestimmen. Setzt man das Partitionselement v an die Stelle
A(j), dann sind j - 1 Elemente kleiner als oder gleich A(j) und n - j
Elemente größer als oder gleich A(j). Falls k < j ist, dann befindet
sich das k-te kleinste Element in A(1:j - 1); für k = j ist A(j) das
k-te kleinste Element; ist k > j, dann ist das k-te kleinste Element
das (k - j)-te kleinste Element in A(j + 1:n). Der daraus resultierende Algorithmus ist die Prozedur AUSWAHL (Algorithmus 3.15). Diese
Prozedur legt das k-te kleinste Element an der Stelle A(k) ab und
teilt die restlichen Elemente so auf, daß A(i) ≤ A(k) ist für
1 ≤ i < k und A(i) ≥ A(k) ist für k < i ≤ n.

```
procedure AUSWAHL(A, n, k)
  //Im Bereich A(1), ..., A(n) wird das k-te kleinste Element s//
  //gefunden und an der Position k abgelegt. Voraussetzung://
  //1 ≤ k ≤ n. Die restlichen Elemente werden so angeordnet, daß//
  //gilt: A(k) = t, A(m) ≤ t für 1 ≤ m < k, und: A(m) ≥ t für//
  //k < m ≤ n. A(n + 1) = + ∞.//
  integer n, k, m, r, j;
  m ← 1; r ← n + 1; A(n + 1) ← + ∞;
  loop //bei jedem Eintritt in die Schleife gilt://
       //1 ≤ m ≤ k ≤ r ≤ n + 1//
    j ← r //setze j gleich dem oberen Index + 1 der restlichen//
          //Elemente//
    call PARTITION(m, j) //j wird so zurückgeliefert, daß A(j) das//
                         //j-te kleinste Element ist//
    case
      :k = j: return
      :k < j: r ← j  //j ist neue obere Grenze//
      :else: m ← j + 1  //j + 1 ist die neue untere Grenze//
    endcase
  repeat
end AUSWAHL
```

Algorithmus 3.15 Auffinden des k-ten kleinsten Elements

Wir wollen die Prozedur AUSWAHL simulieren, wenn sie mit dem gleichen
Feld arbeitet, das auch zum Testen von PARTITION in Abschnitt 3.5 verwendet wurde. Ist k = 5, dann genügt bereits der erste Aufruf von
PARTITION, da 65 an die Position A(5) gebracht wird. Daher wollen wir
besser annehmen, daß wir das siebt-kleinste Element von A suchen (d.h.
k = 7). Der nächste Aufruf von PARTITION heißt: <u>call</u> PARTITION (6, 10).

A:	(5)	(6)	(7)	(8)	(9)	(10)	i	p
	65	85	80	75	70	$+\infty$	10	9
		|-------------------|						
	65	70	80	75	85	$+\infty$		

Dieser letzte Aufruf von PARTITION hat das neunt-kleinste Element von
A aufgedeckt. Der nächste Aufruf lautet: <u>call</u> PARTITION (6, 9).

A:	(5)	(6)	(7)	(8)	(9)	(10)	i	p
	65	70	80	75	85	$+\infty$	7	6
		|-|						
	65	70	80	75	85	$+\infty$		

Dieses Mal wurde das sechste Element gefunden. Da die Bedingung
"k ≠ j" in AUSWAHL immer noch gültig ist, wird PARTITION noch einmal
aufgerufen: <u>call</u> PARTITION (7, 9).

A:	(5)	(6)	(7)	(8)	(9)	(10)	i	p
	65	70	80	75	85	$+\infty$	9	8
			|-----|					
	65	70	75	80	85	$+\infty$		

Jetzt ist 80 das Partitionselement; es steht an der richtigen Stelle
A(8). Jedoch hat AUSWAHL noch immer nicht das siebt-kleinste Element
gefunden. Noch einmal muß PARTITION aufgerufen werden: <u>call</u> PARTITION(7, 8).

Dieser Aufruf bewirkt lediglich das Vertauschen von A(7) mit sich
selbst; bei der Rückkehr wurde der richtige Wert gefunden.

ANALYSE DER PROZEDUR AUSWAHL

Bei der Analyse der Prozedur AUSWAHL halten wir uns an die gleichen
Voraussetzungen wie bei SCHNELLSORT, nämlich:

(i)   die n Elemente sind verschieden

(ii) das Partitionselement wird zufällig ausgewählt, so daß jedes
      Element in A(m:p) die gleiche Chance hat, Partitionselement zu
      sein.

Die Prozedur PARTITION erfordert die Zeit $O(p - m)$. Bei jedem aufeinanderfolgenden Aufruf von PARTITION nimmt entweder m um mindestens
eins zu oder j um mindestens eins ab. Zu Beginn sind $m = 1$ und
$j = n + 1$. Daraus ergibt sich, daß PARTITION höchstens n mal aufgerufen werden kann. Also beträgt die Komplexität von AUSWAHL im
schlimmsten Fall $O(n^2)$. Dieses Verhalten tritt z.B. dann auf, wenn
die Eingabedaten A(1:n) so beschaffen sind, daß das Partitionselement
beim i-ten Aufruf von PARTITION gerade das i-te kleinste Element ist
und daß gilt: $k = n$. In diesem Fall nimmt m nach jedem Aufruf von
PARTITION um eins zu und j bleibt unverändert. Der Gesamtaufwand bei
n Aufrufen beträgt also $O(\sum_{1}^{n} i) = O(n^2)$. Die durchschnittliche Rechenzeit von AUSWAHL beträgt jedoch nur $O(n)$. Bevor wir den Beweis hierfür
geben, wollen wir genauer spezifizieren, was wir unter der durchschnittlichen Rechenzeit verstehen.
Es sei $T_A^{k}(n)$ die durchschnittliche Zeit, die nötig ist, das k-te
kleinste Element in A(1:n) zu finden. Dieses Mittel wird genommen
über alle n! verschiedenen Permutationen von n verschiedenen Elementen.
Nun definieren wir $T_A(n)$ und $R(n)$ wie folgt:

$$T_A(n) = \frac{1}{n} \sum_{1 \leq k \leq n} T_A^{k}(n) \qquad\qquad (3.6b)$$

und

$$R(n) = \max_{k}\left\{T_A^k(n)\right\} \tag{3.6c}$$

$T_A(n)$ ist die mittlere Rechenzeit der Prozedur AUSWAHL. Wie man leicht sieht gilt: $T_A(n) \leq R(n)$. Nun können wir den Beweis führen, daß gilt: $T_A(n) = O(n)$.

<u>Theorem 3.3:</u> Die durchschnittliche Rechenzeit $T_A(n)$ der Prozedur AUSWAHL beträgt $O(n)$.

<u>Beweis:</u> Beim ersten Aufruf von PARTITION ist das Partitionselement v das i-te kleinste Element mit der Wahrscheinlichkeit $1/n$, $1 \leq i \leq n$ (dies folgt aus der zufälligen Auswahl von v). Die Zeit, die von PAR-TITION und von der <u>case</u> - Anweisung in AUSWAHL benötigt wird, ist $O(n)$. Also gibt es eine Konstante c (c > 0), so daß gilt:

$$T_A^k(n) \leq cn + \frac{1}{n}\left(\sum_{1\leq i<k} T_A^{k-i}(n-i) + \sum_{k<i\leq n} T_A^k(i-1)\right) \quad , \quad n \geq 2 \tag{3.6d}$$

Daraus folgt:

$$R(n) \leq cn + \frac{1}{n}\max_{k}\left\{\sum_{1\leq i<k} R(n-i) + \sum_{k<i\leq n} R(i-1)\right\}$$

$$= cn + \frac{1}{n}\max_{k}\left\{\sum_{n-k+1}^{n-1} R(i) + \sum_{k}^{n-1} R(i)\right\} \quad , \quad n \geq 2 \tag{3.7}$$

Wir nehmen an, daß c so gewählt wird, daß gilt: $R(1) \leq c$. Durch Induktion über n zeigen wir, daß gilt: $R(n) \leq 4\,cn$.

<u>Induktionsvoraussetzung:</u> n = 2. Daraus folgt:

$$R(n) \leq 2\,c + \frac{1}{2}\max\left\{R(1), R(1)\right\}$$

$$\leq 2.5\,c < 4\,cn$$

<u>Induktionsannahme:</u> Wir nehmen an, es gelte $R(n) \leq 4\,cn$ für alle n mit $2 \leq n < m$.

<u>Induktionsschritt:</u> Für n = m folgt aus (3.7):

$$R(m) \; \leqq \; cm + \frac{1}{m} \max_{k} \left\{ \sum_{m-k+1}^{m-1} R(i) + \sum_{k}^{m-1} R(i) \right\} \qquad\qquad (3.7a)$$

Wir wissen, daß R(n) eine nichtabnehmende Funktion von n ist; daraus
folgt:

$$\sum_{m-k+1}^{m-1} R(i) \;+\; \sum_{k}^{m-1} R(i) \qquad\qquad (3.7b)$$

wird maximal für k = m/2 falls m gerade ist, und für k = (m + 1)/2
falls m ungerade ist. Für gerades m erhalten wir also:

$$R(m) \; \leqq \; cm + \frac{2}{m} \sum_{m/2}^{m-1} R(i)$$

$$\leqq \; cm + \frac{8c}{m} \sum_{m/2}^{m-1} i$$

$$< \; 4 \; cm \qquad\qquad (3.7c)$$

Für ungerades m ergibt sich:

$$R(m) \; \leqq \; cm + \frac{2}{m} \sum_{(m+1)/2}^{m-1} R(i)$$

$$\leqq \; cm + \frac{8c}{m} \sum_{(m+1)/2}^{m-1} i$$

$$< \; cm \qquad\qquad (3.7d)$$

Da $T_A(n) \leqq R(n)$ ist, folgt daraus, daß $T_A(n) \leqq 4$ cn ist; also ist
$T_A(n)$ gleich O(n). $\square$

Der Platzbedarf der Prozedur AUSWAHL ist O(1).

Wenn wir das Partitionselement v sorgfältiger wählen, erhalten wir
einen Auswahlalgorithmus der Komplexität O(n) im ungünstigsten Fall.
Dazu müssen wir v so wählen, daß höchstens ein Bruchteil der Ele-
mente kleiner als v ist und höchstens ein (anderer) Bruchteil der
Elemente größer als v ist. Solch eine Wahl von v können wir mit
Hilfe der "mm - Regel" (median of medians) treffen. Gemäß dieser
Regel werden n Elemente in $\lfloor n/r \rfloor$ Gruppen von je r Elementen aufgeteilt

(für ein r > 1). Die restlichen n - r $\lfloor n/r \rfloor$ Elemente werden nicht benutzt. Der Medianwert m_i dieser $\lfloor n/r \rfloor$ Gruppen wird bestimmt. Dann wird der Medianwert mm der m_i's (1 $\leq$ i $\leq$ $\lfloor n/r \rfloor$) berechnet. Dieser wird als Partitionselement benutzt. Abb. 3.5 zeigt mm und die m_i's für n = 35 und r = 7. B_i, 1 $\leq$ i $\leq$ 5, sind die sieben Gruppen von Elementen. Die fünf Elemente in jeder Gruppe wurden in nichtabsteigender Folge (von oben nach unten gesehen) angeordnet. Die mittleren Elemente sind die m_i's. Die Spalten wurden in nichtabsteigender Folge bzgl. der m_i's angeordnet. Damit ist der m_i - Wert in Spalte 3 gleich mm.

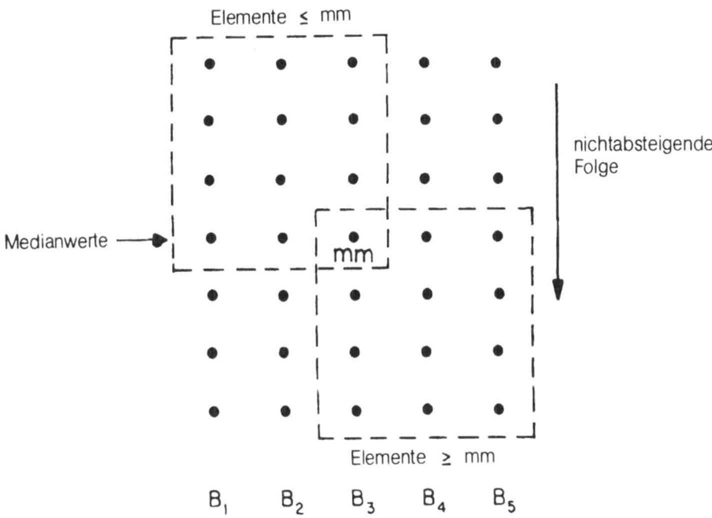

Abbildung 3.5   Beispiel zur mm-Regel für r = 7 und n = 35

Da der Medianwert von r Elementen das $\lceil r/2 \rceil$ - kleinste Element ist, folgt daraus (siehe Abb. 3.5), daß mindestens $\lceil \lfloor n/r \rfloor /2 \rceil$ der m_i's kleiner als oder gleich mm sind, und daß **mindestens**

$$\lfloor n/r \rfloor - \lceil \lfloor n/r \rfloor /2 \rceil + 1 \geq \lceil \lfloor n/r \rfloor /2 \rceil$$

m_i's größer als oder gleich mm sind. Also sind mindestens $\lceil r/2 \rceil \lceil \lfloor n/r \rfloor /2 \rceil$ Elemente kleiner als oder gleich mm (bzw. größer als oder gleich mm). Für r = 5 ist diese Größe mindestens 1.5 $\lfloor n/5 \rfloor$. Wenn wir also die mm-Regel wählen mit r = 5 zur Auswahl von v = mm, dann können wir sicher

sein, daß mindestens 1.5 $\lfloor n/5 \rfloor$ Elemente größer als oder gleich v sein
werden. Daraus wiederum ergibt sich, daß höchstens n - 1.5 $\lfloor n/5 \rfloor$ <
0.7n + 1.5 Elemente kleiner als v sind. Ebenso sind höchstens 0.7n +
1.5 Elemente größer als v. Damit wird durch die Anwendung der mm - Regel unsere frühere Forderung an v erfüllt.

<u>procedure</u> AUSWAHL2 (A, k, n)
  //finde das k-te Element in der Menge A//
1. Teile A in $\lfloor n/r \rfloor$ Teilmengen der Größe r auf; ignoriere übrigblei-
    bende Elemente.
2. Es sei M = $\{m_1, m_2, \ldots, m_{\lfloor n/r \rfloor}\}$ die Menge der Medianwerte der in
    (1) erzeugten Teilmengen.
3. v ← AUSWAHL2 (M, $\lceil \lfloor n/r \rfloor /2 \rceil$), $\lfloor n/r \rfloor$)
4. Teile A mit Hilfe von PARTITION auf; benutze v als Partitionsele-
    ment.
5. Nimm an, v sei an der Position j.
6. <u>case</u>
    :k = j: return (v)
    :k < j: es sei S die Menge der Elemente A(1:j - 1)
      <u>return</u> (AUSWAHL2 (S, k, j - 1))
    :<u>else</u>: es sei R die Menge der Elemente A(j + 1:n)
      <u>return</u> (AUSWAHL2 (R, k - j, n - j - 1))
    <u>endcase</u>
  <u>end</u> AUSWAHL2

    <u>Algorithmus 3.16</u> Beschreibung des Auswahlalgorithmus mit mm -
                Regel auf einer höheren Abstraktionsstufe

Der Algorithmus zur Bestimmung des k-ten kleinsten Elements benutzt
die mm - Regel zur Ermittlung des Partitionselements. Dieses Element
wird durch rekursive Anwendung des Auswahlalgorithmus berechnet. Der
neue Auswahlalgorithmus ist als Prozedur AUSWAHL2 (Algorithmus 3.16)
auf einer höheren Abstraktionsebene dargestellt. Die Prozedur AUSWAHL2
kann nun für ein gegebenes r analysiert werden. Zuerst wollen wir den
Fall betrachten, daß r = 5 ist und alle Elemente in A verschieden sind.
Dann sind $|S|$ und $|R|$ (siehe Nr. 6 im Algorithmus 3.16) höchstens
0.7 n + 1.5; dies ist nicht größer als 3n/4 für n $\geq$ 30. Es sei T(n)
der Zeitbedarf von AUSWAHL2 im schlimmsten Fall. Die Schritte 1, 2, 4
und 5 benötigen höchstens eine Zeit O(n) (man beachte, daß jedes m_i
- da r = 5 fest ist - in der Zeit O(1) gefunden werden kann (Schritt 2)).

Die Zeit für Schritt 3 ist $T(n/5)$ und die für Schritt 6 ist höchstens
$T(3n/4)$ für $n \geq 30$. Damit erhalten wir für $n \geq 30$:

$$T(n) \leq T(n/5) + T(3n/4) + cn \qquad (3.8)$$

wobei c genügend groß gewählt werden muß, so daß gilt:

$$T(n) \leq cn \quad \text{für} \quad n \leq 30.$$

Ein Beweis durch Induktion zeigt leicht, daß für $n \geq 1$ gilt: $T(n) \leq$
20 cn. Die Prozedur AUSWAHL2 mit r = 5 ist ein Algorithmus mit linearem Zeitverhalten bzgl. des Auswahlproblems bei verschiedenen Elementen. In den Übungen werden andere Werte von r untersucht, die ebenfalls
dieses Verhalten bewirken. Jetzt wollen wir sehen was passiert, wenn
die Elemente von A nicht alle verschieden sind. In diesem Fall kann
die Größe von S oder R nach Ausführung von PARTITION (Schritt 4) mehr
als 0.7n + 1.5 betragen, da einige Elemente, die gleich v sind, sowohl
in S als auch in R auftreten können. Eine Möglichkeit der Abhilfe besteht darin, A in drei Mengen U, S und R aufzuteilen, so daß U alle
Elemente enthält, die gleich v sind, S alle Elemente kleiner als v
und R den Rest. **Schritt 6 wird jetzt geändert:**

<u>case</u>
    : |S| $\geq$ k: <u>return</u> (AUSWAHL2(S, k, |S|)
    : |S| + |U| $\geq$ k: <u>return</u> (v)
    :<u>else</u>: <u>return</u> (AUSWAHL2(R, k - |S| - |U| , |R|))
<u>endcase</u>

Auch nach dieser Änderung gilt immer noch die Rekursionsformel (3.8),
da |S| und |R| beide kleiner als oder gleich 0.7n + 1.5 sind. Daraus
folgt, daß die neue Version von AUSWAHL2 auch dann noch eine lineare
Komplexität hat, wenn die Elemente nicht verschieden sind.

Es gibt noch eine andere Möglichkeit, den Fall der nicht voneinander verschiedenen Elemente zu behandeln: man benutzt ein anderes r.
Um zu sehen, aus welchem Grund ein anderes r nötig ist, analysieren
wir AUSWAHL2 für r = 5 und nicht verschiedene Elemente. Wir betrachten
den Fall, daß 0.7n + 1.5 Elemente kleiner als v sind und daß die restlichen Elemente gleich v sind. Eine Untersuchung der Prozedur PARTI-
TION zeigt, daß höchstens die Hälfte der restlichen Elemente in S sein
kann. Wir können zeigen, daß dies der ungünstigste Fall ist. Also gilt:
$$|S| \leq 0.7n + 1.5 + (0.3n - 1.5)/2 = 0.85n + 0.75$$

Ebenso:

$$|R| \leq 0.85n + 0.75$$

Damit beträgt die Gesamtzahl aller an den beiden rekursiven Aufrufen
beteiligten Elemente (Schritte 3 und 6) nunmehr $1.05n + 0.75 > n$, die
Komplexität von AUSWAHL2 ist nicht $O(n)$. Versuchen wir es jetzt mit $r = 9$,
dann sind mindestens $2.5 \lfloor n/9 \rfloor$ Elemente kleiner als oder gleich v
und mindestens genau so viele Elemente sind größer als oder gleich v.
Also ist die Größe von S und R höchstens $n - 2.5 \lfloor n/9 \rfloor + 1/2 \, (2.5 \lfloor n/9 \rfloor)$
$= n - 1.25 \lfloor n/9 \rfloor \leq 31/36n + 1.25 \leq 63n/72$ für $n \geq 90$. Damit erhalten
wir die Rekursionsformel:

$$T(n) \leq \begin{cases} T(n/9) + T(63n/72) + c_1 n, & n \geq 90 \\ \\ c_1 n, & n < 90 \end{cases}$$

wobei c_1 eine geeignet gewählte Konstante ist.

Eine induktive Argumentation zeigt, daß $T(n) \leq 72c_1 n$ ist für $n \geq 1$.
Andere geeignete Werte für r werden in den Übungen gegeben.

Betrachten wir nun den zusätzlichen Platzbedarf von AUSWAHL2. Wir
stellen fest, daß Platz für den Rekursions-Keller benötigt wird. Den
rekursiven Aufruf in Schritt 6 kann man leicht entfernen, da dieser
Aufruf die letzte Anweisung in AUSWAHL2 ist. Daher braucht man Platz
für den Keller nur bei der Rekursion in Schritt 3. Die maximale Rekursionstiefe beträgt log n. Also sollte der Rekursions-Keller dieser
Tiefe angepaßt sein. Wie wir noch sehen werden, wird außer für den
Keller nur noch Platz für einige einfache Variablen benötigt.

Implementierung von AUSWAHL2

Bevor wir versuchen, einen Algorithmus in SPARKS zur Implementierung
der Prozedur AUSWAHL2 zu schreiben, müssen wir zwei Entscheidungen
treffen: (i) wie soll der Medianwert einer Menge der Mächtigkeit r
ermittelt werden? (ii) wo speichern wir die $\lfloor n/r \rfloor$ Medianwerte aus
Schritt 2 ab? Da wir erwarten, daß r klein ist (z.B. $r = 5$ oder $r = 9$),
können wir auf effiziente Art und Weise mit Hilfe der Prozedur SORT-
EINFÜGEN (A, i, j) den Medianwert von r Elementen bestimmen. Dieser
Algorithmus ist eine Modifikation des Algorithmus 3.9 zum Sortieren
von A(i:j). Der Medianwert ist jetzt das mittlere Element in A(i:j).
Es ist bequem, diese Medianwerte zu Beginn des Feldes zu speichern.
Ermitteln wir z.B. das k-te kleinste Element in A(m:p), dann können
die Elemente so angeordnet werden, daß die Medianwerte A(m), A(m + 1),
A(m + 2), ... sind. Damit wird die Implementierung von Schritt 3

einfach: man wählt unter aufeinanderfolgenden Elementen von
A aus. Die Prozedur AUS (Algorithmus 3.17) resultiert aus diesen
Überlegungen und aus der Ersetzung der rekursiven Aufrufe in Schritt
6 durch äquivalente Befehle zum Neustarten des Algorithmus (d.h. die
Aufrufe werden durch loop-repeat aus Zeile 3 und Zeile 18 und durch
den Befehlscode der Zeilen 13 bis 17 ersetzt). Die Prozedur TAUSCH
(X, Y) sorgt dafür, daß die Werte von X und Y miteinander vertauscht
werden.

```
Zeile   procedure AUS(A, m, p, k)
            //liefert i zurück, so daß i ∈ [m, p] ist//
            //und daß A(i) die k-te kleinste Zahl in A(m:p) ist//
            //r ist eine globale Variable wie im Text beschrieben//
  1         global r
  2         integer n, i, j
  3         loop
  4           n ← p - m + 1  //Anzahl der Elemente//
  5             for i ← 1 to ⌊n/r⌋ do  //berechne Medianwerte//
  6                 call SORTEINFÜGEN (A, m + (i - 1)*r, m + i*r - 1)
                    //sammle Medianwerte am Anfang von A(m:p)//
  7         call TAUSCH (A(m + i - 1), A(m + (i - 1)*r + ⌈r/2⌉ - 1))
  8           repeat
  9             j ← AUS (A, m, m + ⌊n/r⌋ - 1, ⌈⌊n/r⌋ /2⌉)   //mm//
 10           call TAUSCH (A(m), A(j))  //bestimme Partitionselemente//
 11           j ← p
 12           call PARTITION (m, j)
 13           case
 14           :j - m + 1 = k: return (j)
 15           :j - m + 1 > k: p ← j - 1
 16           :else: m ← j + 1; k ← k - (j - m + 1)
 17           endcase
 18         repeat
 19         end AUS
```

Algorithmus 3.17   SPARKS - Version von AUSWAHL2

Anstatt die Medianwerte zum Anfang des Feldes A(m:p) zu schieben
(wie in Zeile 7), kann man auch Zeile 7 löschen und die Tatsache ausnutzen, daß die Medianwerte sich an den Stellen m + (i - 1)r + ⌈r/2⌉ - 1
(1 ≤ i ≤ ⌊n/r⌋) befinden. Also müssen die Prozeduren AUS, PARTITION

und SORTEINFÜGEN so verändert werden, daß sie auf Feldern arbeiten,
bei denen die Distanz zwischen Elementen b beträgt (b $\geq$ 1). Zu Beginn
des Algorithmus beträgt die Distanz aller Elemente zueinander gerade
eins, nämlich A(1), A(2), ..., A(n). Beim ersten Aufruf (Zeile 9) wollen wir nur die Elemente benutzen, die eine Distanz r voneinander haben, beginnend mit A($\lceil r/2 \rceil$). Auf der nächsten Rekursionsstufe beträgt
die Distanz r^2 usw... Diese Idee wird in den Übungen weiterentwickelt.
Wir nennen ein Feld, bei dem die Elemente einen Abstand b voneinander
haben, ein b-geteiltes Feld.

3.7 MATRIZENMULTIPLIKATION NACH STRASSEN

A und B seien zwei n x n Matrizen. Die Produktmatrix C = AB ist
ebenfalls eine n x n Matrix; man erhält das Element (i, j), indem man
die Elemente aus der i-ten Zeile von A mit denen der j-ten Spalte von
B multipliziert gemäß der Formel:

$$C(i,j) = \sum_{1 \leq k \leq n} A(i,k)B(k,j) \tag{3.9}$$

für alle i und j von 1 bis n. Berechnen wir die C (i, j) nach dieser
Formel, so benötigen wir n Multiplikationen. Die Matrix C hat n^2
Elemente; die Rechenzeit des entsprechenden Matrixmultiplikationsal-
gorithmus, den wir als "konventionelle Methode" bezeichnen wollen, beträgt also $\theta(n^3)$.

Die "Teile - und - Herrsche" - Strategie legt eine andere Möglichkeit nahe zur Berechnung des Produktes zweier n x n Matrizen. Der Einfachheit halber wollen wir annehmen, daß n eine Zweierpotenz ist, d.h.
es existiert eine nicht negative ganze Zahl k mit n = 2^k. Falls n keine Zweierpotenz ist, fügt man entsprechend viele Zeilen und Spalten
mit Nullen zu A und B hinzu, so daß die Dimensionen Zweierpotenzen
werden (in den Übungen findet man mehr darüber). Wir stellen uns vor,
daß A und B in je vier quadratische Untermatrizen aufgeteilt werden,
wobei jede Untermatrix die Dimensionen n/2 x n/2 hat. Dann kann man
das Produkt AB mit Hilfe obiger Formel berechnen. Ist nämlich AB

$$\begin{bmatrix} A_{11} & A_{12} \\ A_{21} & A_{22} \end{bmatrix} \begin{bmatrix} B_{11} & B_{12} \\ B_{21} & B_{22} \end{bmatrix} = \begin{bmatrix} C_{11} & C_{12} \\ C_{21} & C_{22} \end{bmatrix} \tag{3.10}$$

dann gilt:

$$C_{11} = A_{11}B_{11} + A_{12}B_{21}$$
$$C_{12} = A_{11}B_{12} + A_{12}B_{22}$$
$$C_{21} = A_{21}B_{11} + A_{22}B_{21}$$
$$C_{22} = A_{21}B_{12} + A_{22}B_{22} \tag{3.11}$$

Für n = 2 benutzt man eine Multiplikationsoperation für die Elemente von A und B zur Berechnung obiger Formeln. Diese Elemente sind meist Gleitkommazahlen. Für n > 2 berechnet man die Elemente von C mit Hilfe einer Matrixmuliplikation und Additionsoperationen, die man auf Matrizen der Größe n/2 x n/2 anwendet. Da n eine Zweierpotenz ist, können diese Matrixprodukte rekursiv durch denselben Algorithmus berechnet werden, den wir im Falle n x n verwenden. Dieser Algorithmus ruft sich selbst immer wieder auf, so lange bis die Dimension der Untermatrizen genügend klein ist (n = 1), um das Produkt direkt berechnen zu können.

Um das Produkt AB nach Formel (3.11) zu berechnen, müssen wir acht Multiplikationen von n/2 x n/2 Matrizen und vier Additionen von n/2 x n/2 Matrizen durchführen. Da zwei dieser Matrizen in der Zeit cn^2 (für eine entsprechende Konstante c) addiert werden können, ist die Gesamt-rechenzeit des daraus resultierenden "Teile - und - Herrsche" - Algorithmus durch folgende Rekursionsformel bestimmt:

$$T(n) = \begin{cases} b, & n \leq 2 \\ 8T(n/2) + cn^2, & n > 2 \end{cases}$$

wobei b und c Konstante sind.

Diese Formel kann in derselben Weise, wie wir das schon früher getan haben, aufgelöst werden; man erhält dann $T(n) = O(n^3)$, also keine Verbesserung gegenüber der konventionellen Methode. Nun sind Matrizenmultiplikationen teurer als Matrizenadditionen ($O(n^3)$ im Vergleich zu $O(n^2)$); man könnte also versuchen, die Gleichungen für C_{ij} so zu verändern, daß weniger Multiplikationen und eventuell mehr Additionen auftreten. Volker Strassen hat eine Möglichkeit herausgefunden, die C_{ij}'s aus Gleichung (3.11) mit nur 7 Multiplikationen und 18 Additionen oder Substraktionen zu berechnen. Seine Methode besteht darin, zuerst die sieben n/2 x n/2 Matrizen P, Q, R, S, T, U, V zu berechnen, wie in (3.12) angegeben. Wie man sieht, können P, Q, R, S, T, U, V mit 7 Matrizenmultiplikationen und 10 Additionen bzw. Substraktionen berechnet werden. Die Berechnung der C_{ij}'s erfordert weitere 8 Additionen bzw. Substraktionen.

$$P = (A_{11} + A_{22})(B_{11} + B_{22})$$
$$Q = (A_{21} + A_{22})B_{11}$$
$$R = A_{11}(B_{12} - B_{22})$$
$$S = A_{22}(B_{21} - B_{11})$$
$$T = (A_{11} + A_{12})B_{22}$$
$$U = (A_{21} - A_{11})(B_{11} + B_{12})$$
$$V = (A_{12} - A_{22})(B_{21} + B_{22}) \tag{3.12}$$

$$C_{11} = P + S - T + V$$
$$C_{12} = R + T$$
$$C_{21} = Q + S$$
$$C_{22} = P + R - Q + U \tag{3.13}$$

Die resultierende Rekursionsformel für $T(n)$ ist

$$T(n) = \begin{cases} b, & n \leq 2 \\ 7T(n/2) + a\,n^2, & n > 2 \end{cases} \tag{3.14}$$

wobei a und b Konstante sind.

Mit Hilfe dieser Formel erhalten wir:

$$
\begin{aligned}
T(n) &= an^2(1 + 7/4 + (7/4)^2 + \ldots + (7/4)^{k-1}) + 7^k T(1) \\
&\leq cn^2 (7/4)^{\log_2 n} + 7^{\log_2 n}, \quad c = \text{Konstante} \\
&= cn^{\log_2 4 + \log_2 7 - \log_2 4} + n^{\log_2 7} \\
&= O(n^{\log_2 7}) \approx O(n^{2.81}) \tag{3.14a}
\end{aligned}
$$

K. Glover hat gezeigt, daß es genau 36 verschiedene Möglichkeiten gibt, die C_{ij}'s aus (3.11) auszurechnen. Alle diese Möglichkeiten benutzen sieben Multiplikationen. Die Schranke $O(n^{2.81})$ könnte noch verkleinert werden, wenn wir irgendeine Methode fänden, zwei 2 x 2 Matrizen mit weniger als sieben Multiplikationsoperationen zu multiplizieren. Hopcroft und Kerr haben jedoch gezeigt, daß sieben Multiplikationen notwendig sind (siehe Kapitel 10). Jede weitere Verbesserung kann also nur durch die Betrachtung höherer Dimensionen - z.B. 3 x 3 oder 4 x 4 - zustande kommen bei Benutzung der "Teile - und - Herrsche" - Technik - oder aber durch eine ganz andere Methode. Eine neue Methode von Victor Pan hat die Zeitschranke auf $O(n^{2.734})$ verbessert.

Die Matrizenmultiplikation nach Strassen wurde von Cohen und Roth in Algol programmiert und auf einer PDP/10 gerechnet. Es stellte sich heraus, daß die Methode nach Strassen etwas schneller ist als die kon-

ventionelle Methode, falls n größer als ca. 40 ist. Die Differenz in
den Rechenzeiten bleibt jedoch klein für Werte von n bis 120. Außerdem spielt auch der Platzbedarf beider Methoden eine Rolle. Bei der
konventionellen Methode braucht man außer dem Platz für A, B und C nur
einen weiteren konstanten Anteil. Bei der "Teile - und - Herrsche" -
Methode benötigt man für P, Q, R, S, T, U, V auf jeder Rekursionsstufe
entsprechenden Platz. Der gesamte Platzbedarf beträgt $7n^2(1/4 + 1/16$
$+ 1/64 + ...) \leq (7n^2/4)(4/3) = 7n^2/3$. Einen Teil dieses zusätzlichen
Platzes kann man sparen, wenn man darauf bedacht ist, den nicht mehr
benötigten Platz wieder neu zu verwenden.

Eine weitere Frage, die man näher untersucht hat, ist folgende: Wie
kann man große Matrizen in einer Anlage mit Seitentausch so abspeichern,
daß die Seitentransporte während des Strassen-Algorithmus minimiert
werden? Fischer und Probert geben einen "Konversionsalgorithmus" an,
der die Elemente der beiden Matrizen so permutiert, daß nicht mehr als
$O(n^{2.81})$ Seitentransporte nötig sind.

An dieser Stelle mag man sich darüber wundern, daß an der Matrizenmultiplikation so großes Interesse besteht. Der Grund dafür besteht
darin, daß andere typische Matrizenoperationen, wie z.B. Inversion
einer Matrix oder das Bestimmen einer Determinante unmittelbar mit der
Matrizenmultiplikation verknüpft sind in dem Sinne, daß ein effizienter Algorithmus für eine dieser Operationen einen ähnlich effizienten
für die anderen Operationen nach sich zieht. Bunch und Hopcroft haben
gezeigt, daß diese anderen Operationen in der Größenordnung von
$O(n^{2.81})$ Schritten durchgeführt werden können.

LITERATURHINWEISE

Eine vollständige Behandlung des maxmin - Problems findet man in:

"A sorting problem and it's complexity", von I. Pohe, CACM, 15:6,
462 - 463.

Eine umfassendere Behandlung von Sortieren durch Mischen und QUICK-
SORT findet man in:

"The art of computer programming: sorting and searching", Volume 3,
von D.E. Knuth, Abschnitte 5.2.2 und 5.2.4.

Mehr über die Algorithmen FINDEN, AUSWAHL und QUICKSORT findet man in:

"Partition (Algorithm 63), Quicksort (Algorithm 64), and Find (Algorithm 65)", C.A.R. Hoare, CACM, vol. 4, no. 7, Juli 1961, 321 - 322.

"Algorithm 489 (SELECT)" von R. Floyd und R. Rivest, CACM, 18, (1975), 173.   3.

"Quicksort" von R. Sedgewick, Computer science dept. Stanford technical report STAN-CS-75-492, Mai 1975

"Quicksort with equal keys", von R. Sedgewick, SIAM J. Computing, vol. 6 no. 2, Juni 1977, 240 - 267.

"Time bounds for selection", von M. Blum, R. Floyd, V. Pratt, R. Rivest und R. Tarjan, J.CSS, 7:4, (1972) pp. 448 - 461.

Eine interessante Möglichkeit, Dateien verschiedener Länge zu mischen, wird behandelt in:

"A simple algorithm for merging two disjoint linearly ordered sets", von F.K. HWANG und S. Lin, SIAM J. Computing, 1, (1972), 31 - 39.

Mehr Informationen über das Problem der Matrizenmultiplikation wird in den folgenden Artikeln dargeboten. Die ursprüngliche Methode von Strassen wird vorgestellt in:

"Gaussian elimination is not optimal", von Volker Strassen Numerische Mathematik, 13, 354 - 356.

"On minimizing the number of multiplications necessary for matrix multiplication", von J.E. Hopcroft und L.R. Kerr, SIAM J. App. Math., vol. 20, no. 1, Jan. 1971, 30 - 36.

"A note on Strassen's matrix multiplication method", von Keith Glover, unveröffentlichtes Manuskript, Oxford University, England.

"On obtaining upper bounds on the complexity of matrix multiplication", von Charles M. Fiduccia, Proc. IBM Symposium on Complexity of Computations, März 1972.

"Fast matrix multiplication", von Charles M. Fiduccia Proc. 3rd
Annual ACM Symposium on Theory of Computing 45 - 49, 1971

"On the implementation of Strassen's fast multiplication algorithm",
von Jacques Cohen und Martin Roth, Acta Informatica, 6, 1976,
341 - 355.

"A note on matrix multiplication in a paging environment", von
P.C. Fischer und R.L. Rivest, Proc. ACM Annual Conf. Oct. 1976,
17 - 21.

"On the additive complexity of matrix multiplication", von R.L.
Probert, SIAM J. Computing, (5, 2), Juni 1976, 187 - 203.

"Further schemes for combining matrix algorithms", von P.C. Fischer, Automata Languages and Programming -2nd Colloquium ed. J.
Loeckx, Springer Verlag, Berlin, 1974, 428 - 436.

"Tringular factorization and inversion by fast matrix multiplication", von James Bunch und John E. Hopcroft, Math Comp., 28:125,
231 - 236.

"Duality in determining the complexity on noncommutative matrix
multiplication", von John E. Hopcroft und Jean Musinski, Proc. 5th
Annual ACM Symposium on the Theory of Computing, 73 - 87.

Ebenso:

"Divide - and - conquer in multidimensional space", von **Jon L.
Bentley und Michael I. Shamos, Proc. 8th Symposium on Theory** of
Computing, ACM, **Mai** 1976, 220 - 230.

"On some generalizations of binary search", von David Dobkin und
R.J. Lipton, Proc. 6th Symposium on the Theory of Computing, ACM,
April, 1974, 310 - 316.

"Strassen's algorithm is not optimal", von Viktor Pan, Proc. 19th
Annual Symposium on the Foundations of Computer Science, 1978.

1. Lösen Sie die Rekursionsformel (3.1) wenn gilt:

    (i) $g(n) = O(1)$ und $f(n) = O(n)$;

    (ii) $g(n) = O(1)$ und $f(n) = O(1)$;

2. Schreiben Sie ein rekursives binäres Suchprogramm ausgehend von
    der Strategie der binären Suche, wie sie am Anfang von Abschnitt
    3.2 dargestellt ist.

3. Lassen Sie das in Aufgabe 2 erzeugte Programm in einer rekursiven
    und einer iterativen Version laufen und vergleichen Sie die Zei-
    ten. Lassen Sie für entsprechendes n jeden Algorithmus jedes Ele-
    ment der Menge finden. **Probieren Sie dann alle n + 1 erfolglosen
    Suchläufe aus.**

4. Entwerfen Sie einen "binären" Suchalgorithmus, der die Menge
    nicht in zwei etwa gleich große Teilmengen aufspaltet, sondern in
    zwei Teilmengen der Größe 1/3 und 2/3. Vergleichen Sie diesen Al-
    gorithmus mit der binären Suche.

5. Entwickeln Sie einen "ternären" Suchalgorithmus. Dieser testet
    zuerst das Element an der Position n/3 auf Gleichheit mit einem
    Wert x; dann testet er unter Umständen das Element an der Position
    2n/3 und entdeckt entweder x oder reduziert die Menge auf ein
    Drittel ihrer ursprünglichen Größe. Vergleichen Sie diesen Algo-
    rithmus mit der binären Suche.

6. (a) Beweisen Sie, daß die Prozedur BINSUCH1 korrekt arbeitet.
    (b) Zeigen Sie, daß das folgende Programmstück bzgl. **der Spezifi-**
         kationen der binären Suche korrekt arbeitet. Diskutieren Sie
         die Rechenzeit.

```
unten ← 1; oben ← n
loop
   Mitte ← (unten + oben)/2
   if x ≥ A(Mitte)
```

    <u>then</u> unten ← Mitte

    <u>else</u> oben ← Mitte

   <u>endif</u>

  <u>until</u> unten + 1 = oben <u>repeat</u>

<u>Algorithmus</u> 3.19 Ein Programmstück

7. Geben Sie mit Hilfe der Transformationen zur Entfernung der Rekursion das daraus resultierende iterative Programm an, das unter Benutzung des Ergebnisses von Aufgabe 2 entsteht.

8. Zeigen Sie, daß für einen binären Baum mit n internen Knoten gilt: $E = I + 2n$. E und I sind die externe bzw. interne Pfadlänge.

9. Übersetzen Sie die Prozedur MAXMIN in eine äquivalente nichtrekursive Prozedur.

10. Vergleichen Sie die aus Aufgabe 9 entstandene iterative Version von MAXMIN mit der Prozedur MAXMINEINFACH. Zählen Sie alle Vergleiche.

11. Es gibt ein iteratives Programm zum Auffinden von Maximum und Minimum, das wahrscheinlich effizienter ist als MAXMIN, obwohl es nicht auf der "Teile - und - Herrsche" - Methode basiert. Es vergleicht aufeinanderfolgende Paare von Elementen und anschließend das größere Element mit dem momentanen Maximum und das kleinere mit dem momentanen Minimum. Geben Sie den vollständigen Algorithmus an und analysieren Sie die Anzahl von Vergleichen, die er benötigt.

12. Warum ist das Hilfsfeld B(unten:oben) in der Prozedur MISCHEN nötig? Geben Sie ein Beispiel an, welches zeigt, daß das Mischen im gleichen Feld (ohne Hilfsfeld) ineffizient ist.

13. Die Rechenzeit für die Prozedur MISCHSORT beträgt im ungünstig-
     sten Fall O(n log n). Wie groß ist sie im günstigsten Fall?
     Kann man sagen, daß die Zeit für MISCHSORT θ(n log n) ist?

14. Eine Sortiermethode nennt man _stabil_, wenn am Ende des Verfahrens
     identische Elemente in derselben Reihenfolge auftreten wie in der
     ursprünglich unsortierten Menge. Ist MISCHSORT ein stabiles Ver-
     fahren?

15. QUICKSORT ist kein stabiler Sortieralgorithmus. Ändert man je-
     doch den Schlüssel in A(i) zu A(i)*n + i - 1, dann sind alle
     neuen Schlüssel verschieden. Welche Transformation stellt nach
     dem Sortieren die ursprünglichen Werte der Schlüssel wieder her?

16. Diskutieren Sie die Vor- und Nachteile, die entstehen, wenn man
     in der Prozedur PARTITION (Algorithmus 3.12) die Anweisung "_if_
     i < p" ersetzt durch "_if_ i ≤ p". Simulieren Sie beide Algorith-
     men mit den Probedaten (5, 4, 3, 2, 5, 8, 9) um zu sehen, wie
     sie sich unterscheiden.

17. Die Prozedur QUICKSORT benutzt die Ausgabe der Prozedur PARTI-
     TION, welche die Position des Partitionselements liefert. Sind
     gleiche Schlüssel vorhanden, dann können statt einem zwei Elemen-
     te passend abgespeichert werden. Zeigen Sie, wie man die Ausga-
     beparameter von PARTITION verändern muß, so daß die Prozedur
     QUICKSORT diese Situation vorteilhaft ausnutzen kann.

18. Zeigen Sie, wie die Prozedur QUICKSORT die folgenden Mengen
     von Schlüsseln sortiert: (1, 1, 1, 1, 1, 1, 1) und (5, 5, 8, 3,
     4, 3, 2).

19. Abgesehen von der Prozedur PARTITION gibt es noch viele andere
     Möglichkeiten, eine Menge aufzuteilen. Modifizieren Sie PARTITION
     so, daß i hochgezählt wird bis A(i) > v gilt anstatt A(i) ≥ v.
     Schreiben Sie die Prozedur PARTITION neu und bringen Sie alle

nötigen Änderungen an. Vergleichen Sie die neue Prozedur mit der
alten.

20. Vergleichen Sie die beiden Sortierverfahren MISCHSORT1 und QUICK-
    SORT2 miteinander. Entwerfen Sie geeignete Datensätze zum Ver-
    gleich der Rechenzeiten der beiden Algorithmen im mittleren und
    im ungünstigsten Fall.

21. Angenommen, A(1:m) und B(1:n) enthalten beide sortierte Elemente
    in nichtabsteigender Folge. Schreiben Sie einen Algorithmus, der
    diese Elemente mischt und in C(1:m + n) ablegt. Dieser Algorith-
    mus sollte kürzer sein als Algorithmus 3.8 (MISCHEN), da man
    jetzt einen großen Wert in A(m + 1) und B(n + 1) ablegen kann.

22. Gegeben sei eine Datei aus n Datensätzen, welche teilweise sor-
    tiert sind als $x_1 \leq x_2 \leq \ldots \leq x_m$ und $x_{m + 1} \leq \ldots \leq x_n$. Ist es
    möglich, die ganze Datei in der Zeit $O(n)$ zu sortieren, wenn man
    nur einen festen Anteil von zusätzlichem Speicherplatz benutzt?

23. Eine andere Möglichkeit, eine Datei mit n Datensätzen zu sortieren,
    besteht darin, die Datei zu durchsuchen und zuerst aufeinander-
    folgende Paare der Größe eins zu mischen, dann Paare der Größe
    zwei usw... Schreiben Sie ein Programm, welches diesen Prozess
    ausführt. Zeigen Sie die Arbeitsweise dieses Algorithmus mit fol-
    genden Schlüsseln auf: (100, 300, 150, 450, 250, 350, 200, 400,
    500).

24. (i) Bei welchen Eingabedaten zeigt die Prozedur QUICKSORT ihr
         Verhalten im ungünstigsten Fall?

    (ii) Beantworten Sie (i), wenn das Partitionselement nach der Re-
         gel "Medianwert aus drei" ausgewählt wird.

25. Bei der Prozedur MISCHSORT schlossen wir das Verfahren "Sortieren
    durch Einfügen" für kleine Mengen mit ein, um den Verwaltungs-
    aufwand gering zu halten. Wie würden Sie mit Hilfe dieses Tricks

die Prozedur QUICKSORT verbessern?

26. Vergleichen Sie die iterativen Versionen von MISCHSORT und
     QUICKSORT bei Verwendung derselben Datensätze wie in Abschnitt
     3.5.

27. Im Algorithmus 3.10 wird eine Version des Sortierens durch Einfü-
     gen benutzt, um kleine Unterdateien zu sortieren. Die Parameter
     und die Zielsetzung sind jedoch etwas verschieden von denen der
     Prozedur SORTEINFÜGEN (Algorithmus 3.9). Schreiben Sie eine Ver-
     sion zum Sortieren durch Einfügen, die so arbeitet, wie es in
     Algorithmus 3.10 erwartet wird.

28. Es seien u und v zwei n Bit Zahlen und n sei der Einfachheit hal-
     ber eine Zweierpotenz. Der konventionelle Multiplikationsalgorith-
     mus benötigt $O(n^2)$ Operationen. Ein auf der Strategie "Teile -
     und - Herrsche" basierender Algorithmus spaltet die Zahlen in
     zwei gleiche Teile auf und berechnet das Produkt wie folgt:

$$uv = (a\,2^{n/2}+b)(c\,2^{n/2}+d)$$
$$= ac\,2^{n} + (ad+bc)\,2^{n/2} + bd \qquad (3.16)$$

     Die Multiplikationen ac, ad, bc, bd werden durch rekursive Anwen-
     dung des Algorithmus durchgeführt. Bestimmen Sie die Rechenzeit.
     Wie groß ist diese, wenn ad + bc berechnet wird mit der Formel
     (a + b)(c + d) - ac - bd?

29. Für eine nichtnegative Konstante k lautet die Lösung der Rekur-
     sionsformel

$$T(n) = \begin{cases} k, & n = 1 \\ 3T(n/2) + kn, & n \neq 1 \end{cases} \qquad (3.17)$$

     folgendermaßen:

$$T(n) = 3kn^{\log_2 3} - 2kn \qquad\qquad (3.18)$$

falls n eine Zweierpotenz ist.

Beweisen Sie diese Aussage.

30. (i) Angenommen, die Prozedur AUSWAHL2 wird nur dann verwendet,
        wenn alle Elemente in A verschieden sind. Welche der folgen-
        den Werte für r garantieren eine Zeit O(n) im ungünstigsten
        Fall? Beweisen Sie Ihre Antworten. r = 3, 5, 7, 9, 11.

    (ii) Erwarten Sie, daß die Rechenzeit von AUSWAHL2 größer oder
         kleiner wird, wenn man r größer wählt? Warum?

31. Bearbeiten Sie Aufgabe 30 für den Fall, daß die Elemente in A
    nicht alle verschieden sein müssen. Beantworten Sie (i) für
    r = 7, 9, 11, 13, 15. Beantworten Sie auch (ii).

32. Schreiben Sie die Prozeduren **AUS, PARTITION und SORTEINFÜGEN** neu
    unter Verwendung der "b-geteilten" Felder.

33. Welche Probedatensätze würden Sie verwenden, um die Rechenzeiten
    von AUSWAHL4 im schlimmsten und im durchschnittlichen **Fall zu**
    ermitteln?

34. Programmieren Sie die Prozeduren AUSWAHL1 und AUSWAHL3. Ermitteln
    Sie, wann AUSWAHL1 im Mittel besser wird als AUSWAHL3; ermitteln
    Sie, wann AUS besser ist als AUSWAHL3 im ungünstigsten Fall.

35. Schreiben Sie ein Programm für die Prozedur AUS und bestimmen Sie
    optimale r - Werte für den ungünstigsten und den durchschnitt-
    lichen **Fall**.

36. In Abschnitt 3.6 wird eine andere Möglichkeit gezeigt, wie man

den Fall behandeln kann, daß die Elemente von A nicht alle ver-
schieden sind. Mit Hilfe des Partitionselements v wird A in drei
Teilmengen unterteilt. Schreiben Sie Algorithmen, die auf dieser
Idee basieren und AUSWAHL1 und AUSWAHL2 entsprechen. Zeigen Sie,
daß die Rechenzeit der neuen Version von AUSWAHL2 im ungünstigsten
Fall $O(n)$ für $r = 5$ beträgt.

37. Programmieren Sie die Algorithmen aus Aufgabe 36 und die Algorith-
    men AUSWAHL3 und AUSWAHL4. Führen Sie einen vollständigen Test
    durch gemäß der in Abschnitt 3.6 besprochenen Richtlinien. Schrei-
    ben Sie einen detaillierten Bericht mit Schaubildern und erklären
    Sie die Datensätze, die Teststrategien und die Bestimmung von c_1,
    ..., c_4. Schreiben Sie die endgültigen Algorithmen und geben Sie
    Tabellen an, welche die Rechenzeiten darstellen.

38. Schreiben Sie einen Algorithmus in SPARKS, der zwei n x n Matri-
    zen multipliziert und dabei $O(n^3)$ Operationen benötigt. Ermitteln
    Sie die genaue Anzahl von Multiplikationen, Additionen und Zu-
    griffen auf Feldelemente.

39. Beweisen Sie, daß die Rekursionsformel $T(n) = mT(n/2) + an^2$ er-
    füllt ist für $T(n) = O(n^{\log m})$.

40. Weisen Sie von Hand nach, daß die Gleichungen (3.12) und (3.13)
    tatsächlich die richtigen Werte für C_{11}, C_{12}, C_{21} und C_{22} liefern.

41. Man kann das Produkt von n x n Matrizen betrachten, wobei n eine
    Dreierpotenz ist. Mit der "Teile - und - Herrsche" - Methode kann
    dieses Problem auf die Multiplikation von 3 x 3 Matrizen reduziert
    werden. Die konventionelle Methode erfordert 27 Multiplikationen.
    Mit wievielen Multiplikationen muß man 3 x 3 Matrizen multiplizie-
    ren können, so daß die sich ergebende Rechenzeit kleiner als
    $O(n^{2.81})$ ist? Stellen Sie die gleichen Überlegungen für 4 x 4
    Matrizen an.

43. (Winograd) Es sei n = 2p, $V = (v_1, \ldots v_n)$ und $W = (w_1, \ldots w_n)$.
     Dann können wir das Vektorprodukt VW durch folgende Formel be-
     rechnen:

$$\sum_{1 \leq i \leq p} (v_{2i-1} + w_{2i})(v_{2i} + w_{2i-1}) - \sum_{1 \leq i \leq p} v_{2i-1} v_{2i} - \sum_{1 \leq i \leq p} w_{2i-1} w_{2i} \qquad (3.19)$$

Es werden 3n/2 Multiplikationen benötigt. Zeigen Sie, wie man diese Formel für die Multiplikation zweier n x n Matrizen verwenden
kann und damit eine Methode erhält, die nur $n^3/2 + n^2$ Multiplikationen erfordert statt der üblichen n^3 Multiplikationen.

44. (Shamos) X(1:n) und Y(1:n) enthalten __integer__ - Zahlen, die in
     nichtabsteigender Folge angeordnet sind. Schreiben Sie einen Al-
     gorithmus, der den Medianwert der 2n Elemente findet. (Hinweis:
     Verwenden Sie die binäre Suche).

45. Gegeben seien die Vektoren $X = (x_1, \ldots, x_n)$ und $Y = (y_1, \ldots, y_n)$.
     Dann ist X < Y, wenn es ein i gibt mit $1 \leq i \leq n$, so daß gilt:
     $x_j = y_j$ für $1 \leq j < i$ und $x_i < y_i$. Gegeben seien m Vektoren der
     Dimension n; schreiben Sie einen Algorithmus, der den kleinsten
     Vektor ermittelt. Analysieren Sie die Rechenzeit dieses Algorith-
     mus.

46. [Fiduccia] Das Produkt zweier 2 x 2 Matrizen kann man auch als
     Matrix - Vektor - Produkt schreiben:

$$\begin{bmatrix} a_{11} & a_{12} & 0 & 0 \\ a_{21} & a_{22} & 0 & 0 \\ 0 & 0 & a_{11} & a_{12} \\ 0 & 0 & a_{21} & a_{22} \end{bmatrix} \begin{bmatrix} b_{11} \\ b_{21} \\ b_{12} \\ b_{22} \end{bmatrix} \qquad (3.19a)$$

Obige Matrix kann noch weiter zerlegt werden in ein Produkt aus
drei Matrizen:

$$\begin{bmatrix} 1 & 1 & 0 & 0 & 0 & 0 & 0 \\ 0 & -1 & 1 & 0 & 0 & 1 & 1 \\ -1 & 0 & 0 & -1 & 1 & 0 & -1 \\ 0 & 0 & -1 & 1 & 0 & 0 & 0 \end{bmatrix} \qquad (3.19b)$$

$$
\begin{bmatrix}
a-b & 0 & 0 & 0 & 0 & 0 & 0 \\
0 & b & 0 & 0 & 0 & 0 & 0 \\
0 & 0 & c-d & 0 & 0 & 0 & 0 \\
0 & 0 & 0 & c & 0 & 0 & 0 \\
0 & 0 & 0 & 0 & a+c & 0 & 0 \\
0 & 0 & 0 & 0 & 0 & b+d & 0 \\
0 & 0 & 0 & 0 & 0 & 0 & b+c
\end{bmatrix}
\begin{bmatrix}
1 & 0 & 0 & 0 \\
1 & 1 & 0 & 0 \\
0 & 0 & 0 & 1 \\
0 & 0 & 1 & 1 \\
1 & 0 & 1 & 0 \\
0 & 1 & 0 & 1 \\
1 & 0 & 0 & -1
\end{bmatrix}
\qquad (3.19b)
$$

Lösen Sie das Siebener-Multiplikationsschema, das durch diese
Matrixzerlegung entstanden ist. Ist es verschieden von dem in
Abschnitt 3.7 gegebenen?

47. <u>Testen</u>

Außer den Algorithmen AUSWAHL1 und AUS sind uns noch mindestens
zwei weitere Auswahlalgorithmen bekannt. Der erste ist sehr einfach
und ist als Algorithmus 3.18 (Prozedur AUSWAHL3) dargestellt. Die Zeitkomplexität von AUSWAHL3 ist

$$O(n * \min \{k, n - k + 1\})$$

Demnach ist er sehr schnell für Werte von k, die nahe bei 1 oder bei
n liegen. Im ungünstigsten Fall beträgt die Komplexität $O(n^2)$, im
mittleren Fall ebenfalls.

<u>Zeile</u>   <u>procedure</u> AUSWAHL3 (A, n, k)

```
        //liefert Index i zurück, so daß A(i) das k-te kleinste//
        //Element in A(1:n) ist//
1       integer i, j, 1, min, max
2       case
```

```
3        :k ≤ n/2: for i ← 1 to k do   //finde i-tes kleinstes//
                                       //Element//
4            l ← i; min ← A(i)
5            for j ← i + 1 to n do
6            if A(j) < min then l ← j; min ← A(j)
7         endif
8         repeat
9         call TAUSCH (A(ℓ), A(i))
10        repeat
11         :else: for i ← n to k by - 1 do   //finde i-tes größtes//
                                             //Element//
12             l ← i; max ← A(j)
13         for j ← i - 1 to l by - 1 do
14         if A(j) > max then l ← j; max ← A(j)
15        endif
16        repeat
17         call TAUSCH (A(ℓ), A(i))
18        repeat
19           endcase
20       end AUSWAHL3
```

Algorithmus 3.18   Einfacher Auswahlalgorithmus

Ein anderer Auswahlalgorithmus sortiert zuerst die n Elemente in
eine nichtabsteigende Folge und wählt dann das k-te Element aus. Ein
vollständiges Sortieren kann man durch Benutzung einer minimalen Halde vermeiden. Nur die k Elemente müssen von der Halde entfernt werden.
Die Zeit zum Aufbau der Halde beträgt $O(n)$. Für k Tilgungen wird zusätzlich die Zeit $O(k \log n)$ benötigt. Die Gesamtkomplexität beträgt
$O(n + k \log n)$. Dieser einfach Algorithmus kann weiter verbessert werden durch Verwendung einer maximalen Halde mit $k > n/2$ und Löschen von
$n - k + 1$ Elementen. Die Komplexität beträgt jetzt $O(n + \log n * \min$
$\{k, n - k + 1\})$. Den daraus resultierenden Algorithmus nennen wir
AUSWAHL4.

Da wir nun vier vernünftige Auswahlalgorithmen haben, würden wir
gerne wissen, welcher der beste ist. Aufgrund der asymptotischen Analyse der vier Auswahlalgorithmen können wir folgende qualitativen Aussagen über das machen, was wir bzgl. der Leistung der vier Algorithmen
erwarten:

(i) Wegen des Aufwandes in AUSWAHL1, AUS, AUSWAHL4 und wegen der relativen Einfachheit von AUSWAHL3 wird AUSWAHL3 der schnellste Algorithmus sein im durchschnittlichen und im ungünstigsten Fall für "kleine" Werte von n. Auch für große n und sehr kleine oder sehr große k (z.B. k = 1, 2, n, n - 1) wird er am schnellsten sein.

(ii) Für größere Werte von n wird AUSWAHL1 im Mittel das beste Zeitverhalten haben.

(iii) Was das Verhalten im ungünstigsteh Fall betrifft, so wird die Prozedur AUS die anderen übertreffen, wenn n entsprechend groß ist. Es wird aber vermutlich einen Bereich für n geben, in dem AUSWAHL4 schneller als AUS und AUSWAHL3 sein wird. Dies erwarten wir aufgrund des relativ großen Aufwandes in AUS (der konstante Term in O(n) ist relativ groß).

(iv) Aus (i) bis (iii) folgt, daß es wünschenswert ist, zusammengesetzte Algorithmen für den mittleren und ungünstigsten Fall zur Verfügung zu haben. Der zusammengesetzte Algorithmus mit gutem Verhalten im ungünstigsten Fall hat die Form der Prozedur AUS, zusätzlich aber noch eine Zeile 4.1 wie folgt:

4.1 <u>case</u>
    :n < c_1: <u>return</u> (AUSWAHL3 (A, m, p, k))
    :n < c_2: <u>return</u> (AUSWAHL4 (A, m, p, k))
  <u>endcase</u>

Da der Aufwand in AUSWAHL1 und AUSWAHL4 ungefähr derselbe ist, werden auch die Konstanten für die durchschnittliche Rechenzeit ungefähr gleich sein. Also kann AUSWAHL1 immer besser sein als AUSWAHL4, oder es kann ein kleines c_3 geben, so daß AUSWAHL4 besser ist als AUSWAHL1 für n < c_3. In jedem Fall erwarten wir, daß es ein $c_4 > 0$ gibt, so daß AUSWAHL3 schneller ist als AUSWAHL1 im mittleren Fall für n < c_4.
Um die oben gemachten Aussagen zu beweisen und c_1, c_2, c_3, c_4 zu bestimmen, müssen wir die vier Algorithmen in einer Programmiersprache formulieren und die vier Programme auf dem Rechner laufen lassen. Nachdem die Programme geschrieben worden sind, brauchen wir Testdaten zur Ermittlung der Rechenzeiten im durchschnittlichen und im ungünstigsten Fall. Wir wollen uns jetzt über die Daten Gedanken machen, die wir zur Bestimmung der c_i, $1 \leq i \leq 4$, benötigen. Da wir auch Informationen über das Verhalten der zusammengesetzten Algorithmen im durchsschnittlichen und ungünstigsten Fall haben wollen, brauchen wir auch dafür Testdaten.

Wir beschränken uns beim Testen auf den Fall der verschiedenen Elemente.

Zur Ermittlung der Rechenzeit von AUSWAHL1 im schlimmsten Fall werden wir den Algorithmus ein wenig verändern. Diese Änderung wirkt sich nicht auf das Verhalten im ungünstigsten Fall aus, wir können aber dann einen ziemlich einfachen Datensatz verwenden, um diese Zeit für verschiedene Werte von n zu bestimmen. Wir verzichten auf die Zufalls-Auswahlregel für PARTITION und wählen stattdessen A(m) als Partitionselement. Wie man leicht sieht, erhält man die Zeit für den ungünstigsten Fall dadurch, daß man $A(i) = i$, $1 \le i \le k$, und $k = n$ wählt. Für die durchschnittliche Rechenzeit bei gegebenem n ist es nicht so einfach, einen Datensatz und ein k anzugeben, die dieses Verhalten zur Folge haben. Andererseits kann man auch nicht alle n! verschiedenen Permutationen der Eingabewerte und $k = 1, 2, \ldots, n$ für jede dieser Permutationen ausprobieren. Eine Abschätzung der mittleren Rechenzeit erhält man, indem man einige wenige (z.B. 10) Zufallspermutationen der Zahlen $\{1, 2, \ldots, n\}$ probiert und jede Permutation mit wenigen (z.B. 5) Zufallswerten von k kombiniert. Der Mittelwert der so erhaltenen Zeiten kann dann als Näherung für die durchschnittliche Rechenzeit gelten. Natürlich erhält man eine bessere Näherung, wenn man noch mehr Permutationen und k - Werte hinzunimmt. Die Anzahl der Permutationen und k - Werte, die wir verwenden können, ist jedoch durch die zur Verfügung stehende Rechenzeit auf der Maschine beschränkt.

Die durchschnittliche Zeit für die Prozedur AUS kann man auf dieselbe Weise erhalten wie für AUSWAHL1. Zur Ermittlung der Zeit im ungünstigsten Fall können wir versuchen, eine Permutation von Eingabewerten zu finden, für die die Anzahl von Elementen, die kleiner als der Medianwert der Medianwerte sind, immer so groß wie möglich ist. Man setze dann $k = 1$. Eine einfachere Möglichkeit besteht darin, eine Näherung für die Zeit im ungünstigsten Fall zu finden. Diese erhält man, indem man das Maximum all der Rechenzeiten nimmt, die man beim Testen der durchschnittlichen Zeit erhalten hat. Da die Rechenzeiten für AUS mit r variieren, muß man zuerst ein r bestimmen, das ein optimales Verhalten zur Folge hat. Man beachte, daß die r - Werte für optimales Verhalten im durchschnittlichen und im ungünstigsten Fall verschieden sein können.

Man kann zeigen, daß der Datensatz, der den schlimmsten Fall von AUSWAHL3 zur Folge hat, so aussieht:

$$A(i) = n + 1 - i, \quad 1 \le i \le n \text{ und } k = n/2$$

Die Rechenzeit von AUSWAHL3 hängt relativ wenig von den Permutationen

der Eingabewerte ab. Die Permutationen beeinflussen nur die Ausführungshäufigkeit der "then" - Anweisung in Zeile 6 (Algorithmus 3.18). Im
Mittel wird diese zur Hälfte der Zeit ausgeführt. Dies erreicht man
durch folgende Wahl:

$$A(i) = n + 1 - i, \quad 1 \leq i \leq n/2 \text{ und } A(i) = n + 1, \quad n/2 < i \leq n.$$

Um die durchschnittliche Rechenzeit zu erhalten, muß man k = n/4 wählen.

In einer Übungsaufgabe wird untersucht, wie man die Zeiten von
AUSWAHL4 im durchschnittlichen und ungünstigsten Fall erhält.

Rechenzeiten

Um obige qualitative Aussagen zu beweisen, wurden die vier Auswahlalgorithmen von Elaine Frankowski und Warren Cartwright in FORTRAN
programmiert. Die Programme liefen auf einer Cyber 74 - Maschine; die
Zeiten für den durchschnittlichen und den ungünstigsten Fall wurden
wie zuvor beschrieben ermittelt. Bei der Programmierung von AUS wurden
b - geteilte Felder benutzt (damit enfällt Zeile 7 des Algorithmus).
Für r wurde der Wert 5 angenommen. Um exakte Zeiten für den ungünstigsten Fall zu erhalten, ließ man die Algorithmen dieselbe Auswahl bei
gleichen Eingabedaten sehr oft durchführen. Die dafür benötigte Gesamtzeit wurde durch die Zahl der Auswahlvorgänge dividiert; so erhält man die Zeit, die nötig ist, das gegebene Problem zu lösen. Zur
Bestimmung der durchschnittlichen Zeiten von AUSWAHL1 und AUS bei fe-
stem n wurden viele verschiedene Eingabefolgen und k - Werte benutzt.
Die Gesamtzeit wurde durch die Zahl der Einzelprobleme dividiert; so
erhält man die durchschnittliche Zeit. Diese Methode mußte deshalb
durchgeführt werden, weil die Genauigkeit der Uhr in der Cyber viel
größer ist als die Zeit, die man für die Lösung eines Problems bei
kleinem n braucht. Bei allen Tests wurden nur verschiedene Elemente
verwendet.

Die Tabelle 3.5 zeigt die Rechenzeiten. Es scheint einige offen-
sichtliche "Ungereimtheiten" in der Tabelle zu geben. So ist z.B. die
Zeit im ungünstigsten Fall für den Algorithmus AUS für n = 20 kleiner
als für n = 23. Dies kommt daher, weil die Zeiten für den ungünstigsten
Fall nur die maximale Zeit aller erzeugten Problemstellungen sind. Dies
ist nur eine (hoffentliche gute) Näherung für die Zeiten im ungünstigsten Fall. Wie man sieht, ist AUSWAHL3 der beste Algorithmus bzgl. Verhalten im ungünstigsten Fall für n $\leq$ 21. Ist n $\geq$ 21, dann ist AUS

schneller. AUS wird noch vor AUSWAHL4 schneller als AUSWAHL3. Also ist $c_1 = 21$ und $c_2 = 0$. Bzgl. des durchschnittlichen Verhaltens ist AUSWAHL3 am schnellsten für $n \leq 11$, während AUSWAHL1 für $n \geq 11$ am schnellsten ist. Also ist $c_4 = 11$. AUSWAHL4 ist nie schneller als AUSWAHL1; also ist $c_3 = 0$.

Man sollte beachten, daß die Werte von c_1 bis c_4 im allgemeinen verschieden sein werden, wenn man eine andere Programmiersprache oder eine andere Maschine verwendet.

Die in der Tabelle angegebenen Werte halten sich jedoch im Rahmen.

	AUSWAHL1		AUS		AUSWAHL3		AUSWAHL4	
n	Durchschnitt	ungünstig	Durchschnitt	ungünstig	Durchschnitt	ungünstig	Durchschnitt	ungünstig
5	0.2	0.3	0.3	0.37	0.12	0.2	0.3	0.3
10	0.3	0.8	0.64	0.86	0.32	0.4	0.8	0.8
13	0.4	1.0	0.6	1.19	0.50	0.8	0.9	1.1
15	0.4	1.2	0.9	1.28	0.60	1.0	1.1	1.3
17	0.5	1.5	1.0	1.36	0.75	1.1	1.2	1.4
20	0.5	1.9	1.27	1.77	1.1	1.6	1.6	1.9
23	0.6	2.2	1.2	1.69	1.3	2.2	1.8	2.2
25	0.6	2.6	1.5	2.01	1.5	2.4	1.9	2.4
50	1.3	7.6	3.1	4.32	5.5	9.7	4.0	5.5
75	1.5	15.0	4.9	5.86	11.0	19.0	7.0	8.5
100	2.0	26.0	6.5	12.0	17.0	31.0	9.0	12.0
500	10.0	53.9	34.0	41.0	422.0	765.0	45.0	66.0
1000	19.0	2185.0	69.0	77.0			96.0	140.0
5000	89.0	52000.02	356.0	375.0			557.0	843.0
10,000	175.0	>2 Minuten	717.0	759.0			1160.0	1745.0

Zeiten in Millisekunden

Tabelle 3.5   Rechenzeiten von Auswahlalgorithmen.
(Bearbeitet von Elaine Frankowski)

Kapitel 4
Die Greedy-Methode

Die Greedy - Methode (greedy = gierig, geizig) ist vielleicht die einfachste Entwurfstechnik, die wir in diesem Buch behandeln werden. Außerdem kann sie auf eine große Vielfalt von Problemen angewandt werden. Fast alle diese Probleme haben n Eingabewerte und erfordern die Ermittlung einer Teilmenge, die gewissen Bedingungen genügt. Jede Teilmenge, die diesen Bedingungen genügt, nennt man eine mögliche Lösung. Die Aufgabe besteht darin, eine mögliche Lösung zu finden, die eine gegebene Zielfunktion maximiert oder minimiert. Eine mögliche Lösung mit dieser Eigenschaft nennt man eine optimale Lösung. Gewöhnlich gibt es einen klaren Weg zur Bestimmung einer möglichen Lösung, aber nicht notwendigerweise auch einer optimalen Lösung.

Die Greedy - Methode empfiehlt, einen Algorithmus zu entwerfen, der in Stufen arbeitet und einen Eingabewert nach dem anderen betrachtet. Auf jeder Stufe wird die Entscheidung getroffen, ob ein spezieller Eingabewert zu einer optimalen Lösung gehört oder nicht. Dies geschieht dadurch, daß man die Eingabewerte in einer Reihenfolge betrachtet, die durch eine Auswahlprozedur vorgegeben wird. Wenn die Hinzunahme des nächsten Eingabewertes zu der teilweise konstruierten optimalen Lösung zu einer unmöglichen Lösung führt, wird dieser Eingabewert nicht zu der Teillösung hinzugefügt. Die Auswahlprozedur selbst basiert auf irgendeinem Optimierungsmaß. Dieses Maß kann die Zielfunktion sein, es muß aber nicht unbedingt diese sein. Vielmehr kann es zu einem gegebenen Problem durchaus mehrere verschiedene Optimierungsmaße geben. Die meisten von ihnen werden jedoch zu Algorithmen führen, welche nur suboptimale Lösungen produzieren.

Mit Hilfe des folgenden abstrakten Kontrollflußplans können wir die Greedy - Methode präziser beschreiben.

```
procedure GREEDY (A, n)
  //A(1:n) enthält n Eingabewerte//
  Lösung ← ∅    //intialisiere die Lösungsmenge mit der leeren Menge//
  for i ← 1 to n do
    x ← AUSWAHL (A)
    if MOEGLICH (Lösung, x)
        then Lösung ← VEREINIGUNG (Lösung, x)
    endif
  repeat
  return (Lösung)
end GREEDY
```

Algorithmus 4.1   Abstrakter Kontrollflußplan zur Greedy -
Methode

Die Funktion AUSWAHL wählt einen Eingabewert aus A, entfernt diesen und weist ihn der Variablen x zu. MOEGLICH ist eine Boole'sche
Funktion, welche entscheidet, ob x zum Lösungsvektor hinzugenommen
werden kann. VEREINIGUNG kombiniert x mit "Lösung" und bringt die Zielfunktion auf den neuesten Stand. Die Prozedur GREEDY beschreibt das
Wesentliche eines Algorithmus, der auf der Greedy - Methode basiert,
nachdem ein spezielles Problem ausgewählt und die Prozeduren AUSWAHL,
MOEGLICH und VEREINIGUNG entsprechend implementiert worden sind.

4.2   OPTIMALE SPEICHERUNG AUF BÄNDERN

Gegeben sind n Programme, die auf einem **Magnetband der Länge L** abgespeichert werden sollen. Zu jedem Programm i gibt es eine Länge l_i,
$1 \leq i \leq n$. Es ist klar, daß alle Programme genau dann auf dem Band gespeichert werden können, wenn die Summe der einzelnen Programmlängen
höchstens L ist. Wir nehmen an, daß zum Auffinden eines Programms das
Band zu Beginn stets auf Bandanfang positioniert wird. Werden die Programme in der Reihenfolge $I = i_1, i_2, \ldots, i_n$ abgespeichert, dann ist
die Zeit t_j zum Wiederauffinden des Programms i_j proportional zu
$\sum_{1 \leq k \leq j} l_{i_k}$. Werden alle Programme gleich oft gesucht, dann beträgt
die erwartete Zeit zum Wiederauffinden (MRT = mean retrieval time)
$(1/n) \sum_{1 \leq j \leq n} t_j$. Das Problem der optimalen Speicherung auf Band be-

steht darin, eine Permutation der n Programme so zu bestimmen, daß die
Zeit zum Wiederauffinden minimiert wird, wenn sie in dieser Reihenfolge
auf dem Band gespeichert werden. Die Minimierung dieser Zeit is äquiva-
lent zur Minimierung des Ausdrucks $D(I) = \sum_{i \le j \le n} \sum_{i \le k \le j} 1_{i_k}$.

<u>Beispiel 4.1</u> Es seien n = 3 und $(1_1, 1_2, 1_3) = (5, 10, 3)$. Es gibt
n! = 6 mögliche Anordnungen. Diese Anordnungen und ihre zugehörigen
D - Werte sehen folgendermaßen aus:

Anordnung I	D(I)
1, 2, 3	5 + 5 + 10 + 5 + 10 + 3 = 38
1, 3, 2	5 + 5 + 3 + 5 + 3 + 10 = 31
2, 1, 3	10 + 10 + 5 + 10 + 5 + 3 = 43
2, 3, 1	10 + 10 + 3 + 10 + 3 + 5 = 41
3, 1, 2	3 + 3 + 5 + 3 + 5 + 10 = 29
3, 2, 1	3 + 3 + 10 + 3 + 10 + 5 = 34

Die optimale Anordnung ist 3, 1, 2. □

Mit Hilfe der Greedy - Methode würde man zum Aufbau der geforder-
ten Permutation das nächste Programm aufgrund irgendeines Optimierungs-
maßes auswählen. Ein mögliches Maß wäre der D - Wert der bisher konstruierten Permutation. Das nächste auf Band zu speichernde Programm
wäre eines, welches den Zuwachs von D minimiert. Haben wir bereits die
Permutation $i_1, i_2, \ldots, i_r$ konstruiert, dann liefert das Hinzufügen
von Programm j die Permutation $i_1, i_2, \ldots, i_r, i_{r+1} = j$. Dies erhöht
den Wert von D um $\sum_{1 \le k \le r} 1_{i_k} + 1_j$. Da $\sum_{1 \le k \le r} 1_{i_k}$ fest und unabhängig von j ist, ist es klar, daß der Zuwachs von D minimiert wird,
wenn als nächstes Programm das mit der kürzesten Länge unter allen
restlichen Programmen ausgewählt wird.

Der aus diesen Überlegungen resultierende Greedy - Algorithmus ist
so einfach, daß wir uns gar nicht bemühen, ihn aufzuschreiben. Die
Greedy - Methode erfordert einfach das Abspeichern der Programme in
nichtabsteigender Folge ihrer Längen. Diese Anordnung kann in der Zeit
O(n log n) erreicht werden, wenn man einen effizienten Sortieralgorithmus benutzt (z.B. HALDENSORTIEREN aus Kapitel 2). Theorem 4.1 zeigt, daß
die mittlere Zeit zum Wiederauffinden minimiert wird, wenn die Programme in dieser Reihenfolge gespeichert werden.

<u>Theorem 4.1</u> Für $1_1 \le 1_2 \le \ldots \le 1_n$ minimiert die Anordnung $i_j = j$,
$1 \le j \le n$ den Ausdruck

$$\sum_{k=1}^{n} \sum_{j=1}^{k} l_{i_j} \qquad\qquad (4.0a)$$

über alle möglichen Permutationen der i_j.

<u>Beweis:</u> Es sei $I = i_1, i_2, \ldots, i_n$ irgendeine Permutation der Index-
menge 1, 2, ..., n . Dann gilt:

$$D(I) = \sum_{k=1}^{n} \sum_{j=1}^{k} l_{i_j} = \sum_{1 \leq k \leq n} (n-k+1) l_{i_k} \quad . \qquad (4.0b)$$

Gibt es a, b mit a < b und $l_{i_a} > l_{i_b}$, dann führt die Vertauschung von
i_a und i_b zu einer Permutation I mit

$$D(I') = \left(\sum_{\substack{k \\ k \neq a \\ k \neq b}} (n-k+1) l_{i_k} \right) + (n-a+1) l_{i_b} + (n-b+1) l_{i_a} \quad . \qquad (4.0c)$$

Wir subtrahieren $D(I')$ von $D(I)$ und erhalten:

$$D(I) - D(I') = (n - a + 1)(l_{i_a} - l_{i_b}) + (n - b + 1)(l_{i_b} - l_{i_a})$$
$$= (b - a)(l_{i_a} - l_{i_b})$$
$$> 0.$$

Also kann keine Permutation, welche aus keiner nichtabsteigenden Folge der l_i's besteht, einen minimalen D - Wert haben. Wie man leicht
feststellt, haben alle Permutationen in nichtabsteigender Folge der
l_i's den gleichen D - Wert. Also minimiert die Anordnung, die durch
$i_j = j$, $1 \leq j \leq n$ definiert ist, den Wert von D. □
   Das Problem der Bandspeicherung kann auf mehrere Bänder ausgedehnt
werden. Bei m > 1 Bändern $T_0, \ldots, T_{m-1}$ müssen die Programme auf diese Bänder verteilt werden. Zu jedem Band muß eine entsprechende Permutation angegeben werden. Falls I_j eine Speicherpermutation für die
Teilmenge der Programme auf Band j ist, dann ist der Ausdruck $D(I_j)$
derselbe wie vorher definiert. Die Gesamtzeit zum Wiederauffinden
(TD = total retrieval time) ist $\sum_{0 \leq j \leq m-1} D(I_j)$. Das Ziel besteht
darin, die Programme so zu speichern, daß diese Gesamtzeit minimiert
wird.
   Die Verallgemeinerung der Lösung für den Fall eines einzigen Bandes würde offensichtlich darin bestehen, die Programme in nichtab-

steigender Folge der l_i's zu betrachten. Das gerade aktuelle Programm
wird auf dem Band gespeichert, welches zu einem minimalen Anwachsen
der Gesamtzeit TD führt. Dieses Band wird dasjenige sein, welches bis
zu diesem Zeitpunkt über die kürzeste benutzte Bandlänge verfügt. Gibt
es mehr als ein Band mit dieser Eigenschaft, dann wird das Band mit
dem kleinsten Index genommen. Sind die Programme zu Beginn so geordnet,
daß gilt: $l_i \le l_2 \le \ldots \le l_n$, dann werden die ersten m Programme den
Bändern $T_0, \ldots, T_{m-1}$ zugewiesen. Die nächsten m Programme werden den
Bändern $T_0, \ldots, T_{m-1}$ zugewiesen. Die allgemeine Regel lautet: Programm
i wird auf Band $T_{i \bmod m}$ gespeichert. Auf jedem Band werden die Programme bzgl. ihrer Länge in nichtabsteigender Folge gespeichert. Im
Algorithmus 4.2 wird diese Regel als SPARKS - Programm formuliert. Es
wird angenommen, daß die Programme sich in der oben besprochenen Anordnung befinden. Das Programm hat eine Rechenzeit von $\theta(n)$ und muß
nicht die tatsächlichen Programmlängen kennen. Theorem 4.2 weist nach,
daß das daraus resultierende Speichermuster optimal ist.

```
procedure SPEICHERN (n, m)
  //n ist die Anzahl der Programme, m die Anzahl der Bänder//
  integer m, n, j
  j ← 0    //nächstes Band, das zum Speichern benutzt wird//
  for i ← 1 to n do
    print ('füge Programm', i, 'zur Permutation von Band', j, 'hinzu')
    j ← (j + 1) mod m
  repeat
end SPEICHERN
```

    Algorithmus 4.2 Die Zuweisung von Programmen zu Bändern

Theorem 4.2 Für $l_1 \le l_2 \le \ldots \le l_n$ erzeugt der Algorithmus 4.2 ein
optimales Speichermuster für m Bänder.

Beweis: Für jedes Speichermuster für m Bänder sei r_i um 1 größer als
die Anzahl der Programme, die auf das Programm i folgen. Dann ergibt
sich die Zeit TD zu:

$$TD = \sum_{i=1}^{n} r_i l_i \; . \tag{4.0d}$$

In jedem Speichermuster und für jedes vorgegebene n kann es höchstens
m Programme geben, für welche gilt: $r_i = j$. Aus Theorem 4.1 folgt, daß

die Gesamtzeit TD minimiert wird, falls die m längsten Programme ein
$r_i = 1$ haben, die nächsten m längsten Programme ein $r_i = 2$ usw. . Sind
die Programme bzgl. ihrer Länge geordnet, d.h. $1_1 \leq 1_2 \leq \ldots \leq 1_n$, dann
ist dieses Minimierungskriterium erfüllt für $r_i = \lceil (n - i + 1)/m \rceil$. Wie
man leicht einsieht, **erzeugt der Algorithmus 4.2 ein Speichermuster mit**
diesen r_i - Werten.   □

Obiger Beweis zeigt, daß es tatsächlich viele Speichermuster gibt,
die die Gesamtzeit TD minimieren. Berechnen wir $r_i = \lceil (n - i + 1)/m \rceil$
für jedes Programm i, dann erhalten wir denselben Wert für TD, solange
alle Programme mit gleichem r_i auf verschiedenen Bändern gespeichert
werden und $r_i - 1$ Programme als Nachfolger haben. Ist n ein Vielfaches
von m, dann gibt es mindestens $(m!)^{n/m}$ Speichermuster, die TD minimieren. Der Algorithmus 4.2 erzeugt eines davon.

4.3   DAS RUCKSACKPROBLEM

Wir wollen jetzt die Greedy - Methode zur Lösung eines etwas kompli-
zierteren Problems anwenden. Dieses Problem ist das Rucksackproblem.
Gegeben sind n Objekte und ein Rucksack. Das Objekt i hat ein Gewicht
w_i und der Rucksack hat eine Kapazität M. Legt man einen Bruchteil x_i
$(0 \leq x_i \leq 1)$ des Objekts i in den Rucksack, so erzielt **man einen Ge-**
winn $p_i x_i$. Das Ziel besteht darin, eine Rucksackfüllung zusammenzustellen, die den Gesamtgewinn maximiert. Da die Kapazität des Rucksacks M
beträgt, kann das Gesamtgewicht aller ausgewählten Objekte höchstens M
sein. Formal können wir das Problem wie folgt beschreiben:

$$\text{maximiere} \quad \sum_{1 \leq i \leq n} p_i x_i \tag{4.1}$$

$$\text{wobei} \quad \sum_{1 \leq i \leq n} w_i x_i \leq M \tag{4.2}$$

$$\text{und } 0 \leq x_i \leq 1, \quad p_i > 0, \quad w_i > 0, \quad 1 \leq i \leq n \tag{4.3}$$

Jede Menge $(x_1, \ldots, x_n)$, die die Bedingungen (4.2) und (4.3) erfüllt, ist eine mögliche Lösung (oder eine Füllung). Eine optimale Lösung ist eine mögliche Lösung, für die der Ausdruck (4.1) ein Maximum
annimmt.

Beispiel 4.2   Wir betrachten folgenden Fall des Rucksackproblems: n = 3,
M = 20, $(p_1, p_2, p_3) = (25, 24, 15)$ und $(w_1, w_2, w_3) = (18, 15, 10)$.

Vier mögliche Lösungen sind:

	(x_1, x_2, x_3)	$\sum w_i x_i$	$\sum p_i x_i$
i)	(1/2, 1/3, 1/4)	16.5	24.25
ii)	(1, 2/15, 0)	20	28.2
iii)	(0, 2/3, 1)	20	31
iv)	(0, 1, 1/2)	20	31.5

Von diesen vier möglichen Lösungen erzielt die Lösung (iv) den maximalen Gewinn. Wie wir bald sehen werden, ist diese Lösung für das oben gestellte Problem optimal. □

Falls die Summe aller Gewichte $\leq$ M ist, dann ist offenbar x_i = 1 (1 $\leq$ i $\leq$ n) eine optimale Lösung. **Wir wollen daher annehmen, daß die** Summe der Gewichte größer als M ist. Nun können nicht mehr alle x_i's gleich 1 sein. Weiterhin stellen wir fest, daß alle optimalen Lösungen den Rucksack genau füllen. **Dies kommt daher, daß wir den Beitrag irgendeines Objekts immer um einen Bruchteil vergrößern können, solange** bis das Gesamtgewicht genau gleich M ist.

Es ergeben sich von selbst mehrere einfache Greedy - **Strategien zur** Ermittlung möglicher Lösungen, bei denen die Summe der Gewichte genau gleich M ist. Als erstes können wir versuchen, den Rucksack zu füllen, indem wir als nächstes Objekt dasjenige mit dem größten Gewinn auswählen. Falls ein in Frage kommendes Objekt nicht hineinpaßt, wird ein Bruchteil davon genommen, um den Rucksack zu füllen. Damit erhalten wir jedes Mal, wenn wir ein Objekt in den Rucksack hineinlegen, den größtmöglichen Gewinnzuwachs (außer eventuell beim letzten Objekt). Man beachte, daß man möglicherweise durch Verwenden eines anderen Objekts einen größeren Zuwachs erhält, falls nur ein Bruchteil des letzten Objekts hineingelegt wird. Sind z.B. noch zwei Raumeinheiten frei, und haben wir noch zwei Objekte mit (p_i = 4, w_i =4) und (p_j = 3, w_j = 2), dann ist es besser, das Objekt j zu nehmen als die Hälfte von i. Wir wollen diese Auswahlstrategie auf die Daten von Beispiel 4.2 anwenden.

Das Objekt 1 hat den größten Gewinn (p_1 = 25). Also legen wir es als erstes in den Rucksack. Es gilt: x_1 = 1, und ein Gewinn von 25 wurde erzielt. Es sind nur noch zwei Einheiten Rucksackkapazität frei. Das Objekt 2 hat den nächst größten Gewinn (p_2 = 24). Jedoch ist w_2 = 15 und das Objekt paßt nicht in den Rucksack hinein. Wählt man x_2 = 2/15, dann wird der Rucksack exakt mit diesem Bruchteil von Objekt 2 gefüllt, und die daraus resultierende Lösung hat den Wert 28.6. Das entspricht der Lösung (ii); diese ist, wie man sieht, suboptimal. Die Methode zur Er-

mittlung dieser Lösung nennt man deshalb Greedy - Methode, weil wir
bei jedem Schritt (außer eventuell dem letzten) das Objekt auswählen,
welches den Wert der Zielfunktion am meisten vergrößert. Diese Greedy-
Methode erzeugte jedoch keine optimale Lösung. Selbst wenn wir obige
Strategie so abändern, daß im letzten Schritt die Zielfunktion **um
den** größtmöglichen Wert erhöht wird, erhalten wir dennoch keine optimale Lösung für das Problem aus Beispiel 4.2.

Wir können noch mindestens zwei andere Greedy - **Ansätze formulie-**
ren, um optimale Lösungen zu erhalten. Vom vorhergehenden Beispiel
wissen wir, daß wir keine optimale Lösung erhalten, wenn wir die Objekte in der Reihenfolge nichtzunehmender Gewinne betrachten. Die Zielfunktion nahm zwar bei jedem Schritt beträchtlich zu, die Anzahl der
Schritte war aber gering, da die Rucksackkapazität schnell erschöpft
war. Deshalb wollen wir mit der Kapazität "geizen" und diese so
langsam wie möglich verbrauchen. Dazu ist es nötig, die Objekte in
der Reihenfolge nichtabnehmender Gewichte w_i zu betrachten. In Beispiel 4.2 erhalten wir damit die Lösung (iii); diese ist ebenfalls
suboptimal. Obwohl wir diesmal die Kapazität langsam aufbrauchten,
stellten sich die Gewinne nicht schnell genug ein. Also wird unser
nächster Versuch darin bestehen, einen Algorithmus zu entwerfen, dessen Ziel ein Gleichgewicht **zwischen der Gewinnzuwachsrate und der Kapa-**
zitätsschwundrate ist. Bei jedem Schritt nehmen wir das Objekt hinzu,
welches den größten Gewinn pro Kapazitätseinheit hat. Das bedeutet,
daß wir die Objekte in der Reihenfolge ihrer Verhältnisse p_i/w_i betrachten. Mit Hilfe dieser Strategie erhalten wir die Lösung (iv) aus
Beispiel 4.2. Falls die Objekte schon in nicht zunehmender Folge der
p_i/w_i sortiert sind, liefert die Prozedur GREEDY___RUCKSACK (Algorithmus 4.3) Lösungen, wie sie dieser Strategie entsprechen. Man beachte, daß man mit diesem Algorithmus auch Lösungen erhalten kann, die
den ersten beiden Strategien entsprechen, falls sich die Objekte zu
Beginn in der entsprechenden Anordnung befinden. Jede der drei oben
beschriebenen Strategien erfordert nur eine Zeit $O(n)$, wenn wir die
Zeit zum Sortieren der Objekte vernachlässigen.


```
procedure GREEDY___RUCKSACK (P, W, M, X, n)
    //P(1:n) und W(1:n) enthalten die Gewinne bzw. die Gewichte der n//
    //Objekte, die so angeordnet sind, daß gilt://
    //P(i)/W(i) ≥ P(i+1)/W(i+1)//
    //M ist die Rucksackgröße und X(1:n) ist der Lösungsvektor//
    real P(1:n), W(1:n), X(1:n), M, cu;
    integer i, n;
    X ← 0  //initialisiere die Lösung mit Null//
```

```
cu ← M    //cu = verbleibende Rucksackkapazität//
for i ← 1 to n do
  if W(i) > cu then exit endif
  X(i) ← 1
  cu ← cu - W(i)
repeat
if i ≤ n then X(i) ← cu/W(i) endif
end GREEDY___RUCKSACK
```

<u>Algorithmus 4.3</u> Algorithmus für Greedy - Strategien zum
Rucksackproblem

Wie wir gesehen haben, gibt es bei der Anwendung der Greedy - Methode zur Lösung des Rucksackproblems mindestens drei verschiedene Maße, die man **bei der Bestimmung der nächsten hinzuzufügenden Objekte optimieren kann. Diese Maße sind der Gesamtgewinn, die benutzte Kapa**zität und das Verhältnis von angehäuftem Gewinn zu benutzter Kapazität. Nachdem man ein Optimierungsmaß festgelegt hat, wählt man nach der Greedy - Methode die Objekte für die Lösung so aus, daß jede Wahl zu dem entsprechenden Zeitpunkt das Maß optimiert. So wird man bei der Greedy - Methode mit Gewinn als Maß bei jedem Schritt ein Objekt wählen, welches den Gewinn am stärksten erhöht. Nimmt man das Kapazitätsmaß, dann wird das nächste gewählte Objekt die Kapazität am wenigsten erhöhen. Beim dritten Maß schließlich wird das nächste ausgewählte Objekt das Verhältnis Gewinn/(benutzte Kapazität) am meisten vergrössern bzw. am wenigsten verkleinern (falls keine Erhöhung möglich ist). Algorithmen nach der Greedy - Methode, welche die ersten **beiden Maße** benutzen, garantieren keine optimalen Lösungen zum Rucksackproblem; Theorem 4.3 zeigt jedoch, daß ein Greedy - Algorithmus, der die dritte Strategie anwendet, immer eine optimale Lösung liefert. Man beweist dieses Theorem, indem man die nach der Greedy - Methode erhaltene Lösung mit jeder optimalen Lösung vergleicht. Sind beide Lösungen verschieden, dann sucht man das erste x_i, bei dem sich die Lösungen unterscheiden. Als nächstes wird gezeigt, wie man die x_i der optimalen Lösung denen der Greedy - Lösung ohne Verlust im Gesamtwert angleicht. Eine wiederholte Anwendung dieser Umformung zeigt, daß die Greedy - Lösung optimal ist. Wir werden in diesem Buch noch oft diese Beweistechnik für optimale Lösungen anwenden. Deshalb sollte sich der Leser gleich jetzt mit ihr vertraut machen.

<u>Theorem 4.3</u> Ist die Bedingung $p_1/w_1 \geq p_2/w_2 \geq \ldots \geq p_n/w_n$ erfüllt, dann

erzeugt der Algorithmus GREEDY__RUCKSACK eine optimale Lösung zu dem
vorgegebenen Rucksackproblem.

Beweis: Es sei $X = (x_1, \ldots, x_n)$ die von GREEDY__RUCKSACK erzeugte
Lösung. Sind alle $x_i = 1$, dann ist offensichtlich die Lösung optimal.
Also sei j der kleinste Index mit $x_j \neq 1$. Aus dem Algorithmus folgt,
daß $x_i = 1$ ist für $1 \leq i < j$ und $x_i = 0$ ist für $j < i \leq n$ und $0 \leq x_j < 1$.
Ist X keine optimale Lösung, dann muß es eine andere mögliche Lö-
sung $Y = (y_1, \ldots, y_n)$ geben, so daß gilt: $\sum p_i y_i > \sum p_i x_i$. Ohne Beschränkung der Allgemeinheit können wir annehmen, daß gilt: $\sum w_i y_i = M$.
Es sei k der kleinste Index für den gilt: $y_k \neq x_k$. Es ist klar, daß
solch ein k existieren muß. Außerdem folgt: $y_k < x_k$. Um das einzusehen,
betrachte man die drei Möglichkeiten: $k < j$, $k = j$, $k > j$.

    (i) Ist $k < j$, dann ist $x_k = 1$. Wegen $y_k \neq x_k$ folgt $y_k < x_k$.

    (ii) Ist $k = j$, dann folgt wegen $\sum w_i x_i = M$ und $y_i = x_i$ für
        $1 \leq i < j$ daß entweder $y_k < x_k$ oder $\sum w_i y_i > M$.

    (iii) Ist $k > j$, dann ergibt sich $\sum w_i y_i > M$, was unmöglich ist.

Nun nehmen wir an, wir erhöhen y_k auf x_k und verkleinern so viele der
$(y_{k+1}, \ldots, y_n)$ wie nötig, so daß die gesamte verbrauchte Kapazität
immer noch gleich M ist. Daraus ergibt sich eine neue Lösung $Z = (z_1,
\ldots, z_n)$ mit $z_i = x_i$ $(1 \leq i \leq k)$ und $\sum_{k < i \leq n} w_i(y_i - z_i) = w_k(z_k - y_k)$. Für Z erhalten wir dann:

$$
\begin{aligned}
\sum_{1 \leq i \leq n} p_i z_i &= \sum_{1 \leq i \leq n} p_i y_i + (z_k - y_k) w_k p_k / w_k - \sum_{k < i \leq n} (y_i - z_i) w_i p_i / w_i \\
&\geq \sum_{1 \leq i \leq n} p_i y_i + \left[(z_k - y_k) w_k - \sum_{k < i \leq n} (y_i - z_i) w_i \right] p_k / w_k \\
&= \sum_{1 \leq i \leq n} p_i y_i
\end{aligned}
\tag{4.3a}
$$

Ist $\sum p_i z_i > \sum p_i y_i$, dann hätte Y keine optimale Lösung sein können.
Sind diese Summen gleich, dann gilt entweder $Z = X$ und X ist optimal
oder $Z \neq X$. Im letzteren Fall wird eine wiederholte Anwendung des obigen **Schlusses** entweder zeigen, daß Y nicht optimal ist, oder
Y in X überführen und zeigen, daß X ebenfalls optimal ist.   □

4.4 ERSTELLEN VON **AUFTRAGSFOLGEN** MIT SCHLUSSTERMINEN

Gegeben ist eine Menge von n Programmen (oder Aufträgen; engl. "jobs").

Zu jedem Auftrag i gehört ein ganzzahliger Schlußtermin $d_i \geq 0$ und
ein Gewinn $p_i \geq 0$. Der Gewinn p_i eines Auftrags i wird genau dann erzielt, wenn der Auftrag bis zum Schlußtermin erledigt ist. Um einen
Auftrag zu erledigen, muß er auf einer Maschine in einer Zeiteinheit
verarbeitet werden. Zu dieser Verarbeitung steht nur eine Maschine zur
Verfügung. Eine mögliche Lösung dieses Problems ist eine Teilmenge J
von Aufträgen, die alle bis zu ihrem Schlußtermin erledigt werden können. Der Wert einer möglichen Lösung J ist die Summe der Gewinne der
Aufträge in J oder $\sum_{i \in J} p_i$. Eine optimale Lösung ist eine mögliche Lösung mit maximalem Wert.

<u>Beispiel 4.3</u> Es seien n = 4, (p_1, p_2, p_3, p_4) = (100, 10, 15, 27) und
(d_1, d_2, d_3, d_4) = (2, 1, 2, 1). Mögliche Lösungen und ihre Werte sind:

	mögliche Lösung	Reihenfolge der Verarbeitung	Wert
(i)	(1, 2)	2, 1	110
(ii)	(1, 3)	1, 3 oder 3, 1	115
(iii)	(1, 4)	4, 1	127
(iv)	(2, 3)	2, 3	25
(v)	(3, 4)	4, 3	42
(vi)	(1)	1	100
(vii)	(2)	2	10
(viii)	(3)	3	15
(ix)	(4)	4	27

Die Lösung (iii) ist optimal. Bei dieser Lösung werden nur die Aufträge
1 und 4 erledigt; ihr Wert ist 127. Diese Aufträge müssen in der Reihenfolge "Auftrag 4 gefolgt von Auftrag 1" erledigt werden. Damit beginnt die Erledigung von Auftrag 4 zur Zeit null und die von Auftrag 1
ist zur Zeit 2 beendet. □

Will man einen Greedy - Algorithmus zur Ermittlung einer optimalen
Lösung formulieren, so muß man ein Optimierungsmaß zur Auswahl des
nächsten Auftrags beschreiben. Als ersten Versuch wählen wir die
Zeitfunktion $\sum_{i \in J} p_i$ als unser Optimierungsmaß. Mit diesem Maß ist der
nächste auszuwählende Auftrag derjenige, welcher $\sum_{i \in J} p_i$ am meisten
vergrößert unter der Einschränkung, daß das resultierende J eine mögliche Lösung ist. Dies erfordert, daß wir die Aufträge in der Reihenfolge nichtzunehmender p_i - Werte betrachten. Dieses Kriterium wollen

wir auf die Daten aus Beispiel 4.3 anwenden. Wir beginnen mit $J = \emptyset$
und $\sum_{i \in J} p_i = 0$. Auftrag 1 wird zu J hinzugenommen, weil er den größten Gewinn hat und weil $J = \{1\}$ eine mögliche Lösung ist. Als nächstes
wird Auftrag 4 betrachtet. $J = \{1, 4\}$ ist ebenfalls möglich. Dann
wird Auftrag 3 betrachtet und nicht berücksichtigt, da $J = \{1, 3, 4\}$
nicht möglich ist. Schließlich wird noch über die Hinzunahme von Auftrag 2 entschieden; dieser wird ebenfalls fallengelassen, weil $J =$
$\{1, 2, 4\}$ keine mögliche Lösung ist. Also bleibt die Lösung $J = \{1, 4\}$
mit dem Wert 127 übrig. Dies ist die optimale Lösung für das gestellte
Problem. Theorem 4.5 beweist, daß der soeben beschriebene Greedy - Algorithmus stets eine optimale Lösung zu diesem Ablaufproblem liefert.

Bevor wir den Beweis in Angriff nehmen, wollen wir erst sehen, wie
man feststellt, ob ein gegebenes J eine mögliche Lösung ist. Ein einfacher Weg würde darin bestehen, alle möglichen Permutationen der Aufträge in J auszuprobieren und zu prüfen, ob die Aufträge in J in irgendeiner dieser Permutationen (Folgen) ohne Verletzung der Schlußtermine bearbeitet werden können. Für eine gegebene Permutation $\sigma =$
$i_1 i_2 i_3 \ldots i_k$ ist dies einfach durchzuführen, da der früheste Zeitpunkt, zu dem Auftrag i_j, $1 \leq j \leq k$, beendet ist, gleich j ist. Ist
$j > d_{i_j}$, dann wird in der Permutation σ mindestens der Auftrag i_j
nicht bis zum Schlußtermin erledigt werden. Für $|J| = i$ erfor-
dert dies jedoch die Überprüfung von i! Permutationen. Tatsächlich
kann die Möglichkeit einer Menge J bestimmt werden durch das Prüfen
nur einer einzigen Permutation der Aufträge in J. Diese Permutation
ist irgendeine der Permutationen, bei denen die Aufträge in nichtabsteigender Folge bzgl. ihrer Schlußtermine angeordnet sind.

__Theorem 4.4__ Es sei J eine Menge von k Aufträgen und $\sigma = i_1, i_2, \ldots, i_k$
eine Permutation von Aufträgen in J, so daß gilt: $d_{i_1} \leq d_{i_2} \leq \ldots \leq d_{i_k}$.
J ist eine mögliche Lösung genau dann, wenn die Aufträge in J in der
Reihenfolge σ verarbeitet werden können, ohne daß irgendein Schlußtermin nicht eingehalten wird.

__Beweis:__ Es ist klar, daß J eine mögliche Lösung ist, falls die Aufträge in J in der Reihenfolge σ ohne Verletzung irgendeines Schlußtermins verarbeitet werden können. Also müssen wir nur zeigen, daß σ
- falls J eine mögliche Lösung ist - eine mögliche Anordnung darstellt,
in der die Aufträge erledigt werden können. Ist J eine mögliche
sung, dann existiert ein $\sigma' = r_1, r_2, \ldots, r_k$ mit $dr_j \geq j$, $1 \leq j \leq k$.
Es sei $\sigma' \neq \sigma$. Dann sei a der kleinste Index für den gilt: $r_a \neq i_a$. Es
sei $r_b = i_a$. Dann ist natürlich $b > a$. In σ' können wir r_a und r_b ver-

tauschen. Da $d_{r_a} \geq d_{r_b}$ ist, stellt die resultierende Permutation $\sigma'' = s_1, s_2, \ldots, s_k$ eine Reihenfolge dar, in welcher die Aufträge ohne Verletzung eines Schlußtermins verarbeitet werden können. In dieser Weise fortfahrend kann σ' in σ ohne Verletzung irgendeines Schlußtermins überführt werden. Damit ist das Theorem bewiesen. $\quad\Box$

Obiges Theorem gilt auch dann, wenn die Aufträge verschiedene Verarbeitungszeiten $t_i \geq 0$ haben (siehe Übungen).

<u>Theorem 4.5</u> Die soeben beschriebene Greedy - Methode liefert immer eine optimale Lösung des Auftragsfolgenproblems.

<u>Beweis:</u> Wir benutzen hier dieselbe Beweistechnik wie bei den Theoremen 4.3 und 4.4. Durch (p_i, d_i), $1 \leq i \leq n$, sei die Problemstellung definiert. Es sei $I = \{i_1, i_2, \ldots, i_k\}$ die Lösung, die man durch Anwendung der Greedy - Methode erhält. Es sei $J = \{j_1, j_2, \ldots, j_r\}$ eine optimale Lösung. Wir werden zeigen, wie J zu I ohne Verlust des Gewinnwertes umgeformt werden kann. Also muß I ebenfalls optimal sein.

Es sei $I \neq J$. Ohne Beschränkung der Allgemeinheit können wir annehmen, daß I und J so geordnet sind, daß gilt: $p_{i_1} \geq p_{i_2} \geq \ldots \geq p_{i_k}$ und $p_{j_1} \geq p_{j_2} \geq \ldots \geq p_{j_r}$. Weiterhin nehmen wir an, daß in I und J Aufträge mit gleichem Gewinn in aufsteigender Indexfolge angeordnet sind. Ist $p_{j_q} = p_{i_{q+1}}$, dann gilt also: $i_q < i_{q+1}$. Wir können außerdem annehmen, daß die Greedy - Methode Aufträge mit gleichem Gewinn in dieser Reihenfolge betrachtet. Man beachte, daß aus $I \not\subseteq J$ folgt, daß J keine mögliche Lösung sein kann; dies ergibt sich aus der Art, wie der Greedy - Algorithmus arbeitet. Ist $J \not\subseteq I$, dann kann J nicht optimal sein. Also gibt es einen kleinsten Index a, so daß gilt: $a \leq \min\{k, r\}$ und $i_a \neq j_a$. Aus der Definition der Greedy - Methode ergibt sich, daß $p_{i_a} \geq p_{j_a}$ ist. Ist $p_{i_a} > p_{j_a}$, dann gilt: $i_a \notin J$. Ist $p_{i_a} = p_{j_a}$, dann folgt aus der Anordnung von Aufträgen mit gleichen Werten in I und J, daß gilt: $i_a \notin J$. Also gilt in beiden Fällen: $i_a \notin J$.

Da J eine mögliche Lösung ist, folgt aus Theorem 4.4, daß die Programme in J in nichtabsteigender Folge bzgl. der Schlußtermine verarbeitet werden können. Es sei R die Menge der Aufträge, die bis zum Schlußtermin d_{i_a} in dieser Reihenfolge erledigt werden. Da zu jedem Auftrag die Einheitszeit gehört, gilt: $|R| = \min\{r, d_{i_a}\}$. Ist $|R| < d_{i_a}$, dann ist $J \cup \{i_a\}$ eine mögliche Lösung; damit kann J nicht optimal sein. Also ist $|R| = d_{i_a}$. Daraus und aus der Beziehung $\{j_1, \ldots, j_{a-1}\} = \{i_1, \ldots, i_{a-1}\}$ ergibt sich, daß R einen Auftrag j_b enthält

mit $b \geq a$. Dies kann man folgendermaßen einsehen. Wäre dies nicht der
Fall, dann würde gelten: $R \subseteq \{j_1, \ldots, j_{a-1}\} \subseteq \{i_1, \ldots, i_a\}$; somit
enthält $\{i_1, \ldots, i_a\}$ mindestens $d_{i_a} + 1$ Aufträge mit Schlußterminen
von höchstens d_{i_a}. Daher kann I keine mögliche Lösung sein. Dies steht
aber im Widerspruch zur Annahme über I. Deshalb enthält R einen Auftrag j_b mit $b \geq a$.

Es sei $J' = (J - \{j_b\}) \cup \{i_a\}$. Aus der Wahl von j_b und i_a folgt,
daß J' eine mögliche Lösung ist. Da $p_{i_a} \geq p_{j_a} \geq p_{j_b}$ ist, folgt außerdem, daß der Wert von J' nicht kleiner ist als der von J. Wiederholt
man diese Ersetzungsumformung, so kann man J' nach I überführen, ohne
dabei an Gewinnwert zu verlieren. Also ist I optimal. $\quad\square$

Eine Beschreibung des obigen Greedy - Algorithmus auf einer höheren Ebene zeigt Algorithmus 4.4. Dieser Algorithmus konstruiert eine
optimale Auswahl J von Aufträgen, die bis zu ihrem Schlußtermin erledigt werden müssen. Die ausgewählten Aufträge können in der in Theorem 4.4 angegebenen Reihenfolge verarbeitet werden.


```
Zeile     procedure GREEDY__AUFTRAG (D, J, n)
              //J ist eine Ausgabevariable. J ist die Menge der Aufträge,//
              //die bis zu ihren Schlußterminen erledigt sein müssen//
  1           j ← {1}
  2           for i ← 2 to n do
  3             if alle Aufträge in J ∪ {i} können bis zu ihren Schluß-
                   terminen beendet werden
                 then J ← J ∪ {i}
  4           endif
  5           repeat
  6         end GREEDY__AUFTRAG
```

Algorithmus 4.4   Beschreibung des Auftragsfolgealgorithmus
auf einer höheren Ebene

Nun wollen wir uns überlegen, wie man die Menge J darstellt und
wie man den Test in Zeile 3 ausführt. Aus Theorem 4.4 wissen wir, wie
man entscheidet, ob alle Aufträge in $J \cup \{i\}$ bis zu ihren Schlußterminen fertiggestellt werden können. Das Sortieren der Aufträge in J
können wir vermeiden, indem wir diese in einer Reihenfolge bzgl. ihrer
Schlußtermine anordnen. J selbst kann durch ein eindimensionales Feld

J(1:k) dargestellt werden, so daß die J(r) (1 ≤ r ≤ k) die Aufträge
in J sind und daß gilt: D(J(1)) ≤ D(J(2)) ≤...≤ D(J(k)). Um festzustellen, ob J ∪ {i} eine mögliche Lösung ist, müssen wir nur unter Beachtung der Anordnung bzgl. der Schlußtermine i in J einfügen und nachweisen, daß gilt: D(J(r)) ≤ r, 1 ≤ r ≤ k + 1. Das Einfügen von i in J
wird vereinfacht durch Verwendung eines fiktiven Auftrags 0 mit D(0)
= 0 und J(0) = 0. Außerdem beachte man, daß beim Einfügen von Auftrag
i an der Position 1 nur die Positionen von J(1), J(1 + 1), ..., J(k)
geändert werden müssen. Also genügt es nachzuweisen, daß nur diese
Aufträge (und Auftrag i) nach dem Einfügen ihre Schlußtermine nicht verletzen. Aus diesen Überlegungen ergibt sich die Prozedur AF (Auftragsfolge) als Algorithmus 4.5. Der Algorithmus geht davon aus, daß die
Aufträge bereits sortiert sind, so daß gilt: $p_1 \geq p_2 \geq...\geq p_n$. Weiterhin wird vorausgesetzt, daß n ≥ 1 ist und daß der Schlußtermin D(i)
von Auftrag i mindestens 1 ist. Man beachte, daß kein Auftrag mit
D(i) < 1 jemals bis zu seinem Schlußtermin fertiggestellt werden kann.
In Theorem 4.6 wird bewiesen, daß die Prozedur AF eine korrekte Implementierung der Greedy - Strategie ist.

```
Zeile    procedure AF (D, J, n, k)
         //D(i) ≥ 1, 1 ≤ i ≤ n, sind die Schlußtermine, n ≥ 1. Die//
         //Aufträge sind so angeordnet, daß gilt: p₁ ≥ p₂ ≥...≥ pₙ.//
         //J(i) ist der i-te Auftrag in der optimalen Lösung, 1 ≤ i//
         //≤ k. Nach Beendigung gilt: D(J(i)) ≤ D(j(i + 1)), 1 ≤ i//
         //< k.//
1        integer D(0:n), J(0:n), i, k, n, r
2        D(0) ← J(0) ← 0    //initialisieren//
3        k ← 1; J(1) ← 1    //hinzufügen von Auftrag 1//
4        for i ← 2 to n do    //betrachte die Aufträge in nichtzu-//
            //nehmender Folge von pᵢ. Suche Position für i und prüfe,//
            //ob das Einfügen eine mögliche Lösung ergibt.//
5          r ← k
6          while D(J(r)) > D(i) and D(J(r)) ≠ r do
7            r ← r - 1
8          repeat
9          if D(j(r)) ≤ D(i) and D(i) > r then
              //füge i zu J hinzu//
10            for 1 ← k to r + 1 by - 1 do
11              J(1 + 1) ← J(1)
12            repeat
13            J(r + 1) ← i; k ← k + 1
```

14   <u>endif</u>
15   <u>repeat</u>
16   <u>end</u> AF

    <u>Algorithmus 4.5</u> Greedy - Algorithmus zum Erstellen einer
                        Auftragsfolge mit einheitlichen Zeiten,
                        Schlußterminen und Gewinnen

<u>Theorem 4.6</u> Die Prozedur AF ist eine korrekte Implementierung der
oben beschriebenen Greedy - Methode.

<u>Beweis:</u> Da $D(i) \geq 1$ ist, wird der Auftrag mit größtem p_i - Wert stets
in der Greedy - Lösung enthalten sein. Da die Aufträge bzgl. der p_i's
in nichtabnehmender Folge angeordnet sind, wird in Zeile 3 der Auftrag
mit größtem p_i - Wert hinzugefügt. Die restlichen Aufträge werden in
der Schleife der Zeilen 4 - 15 betrachtet, und zwar in der Reihenfolge,
wie sie von der Greedy - Methode verlangt wird. Zu allen Zeiten enthält J die Menge aller Aufträge, die bereits zur Lösung zählen. Ist
$J(i)$, $1 \leq i \leq k$, die Menge der bereits zur Lösung gehörenden Aufträge,
dann gilt für J: $D(J(i)) \leq D(J(i + 1))$, $1 \leq i < k$. Dies erlaubt die
einfache Anwendung des Tests aus Theorem 4.4. Bei Behandlung von Auftrag i entscheidet die Schleife der Zeilen 6 - 8, an welcher Stelle
in J dieser Auftrag eingefügt werden muß. Die Verwendung eines fiktiven Auftrags 0 (Zeile 2) ermöglicht ein einfaches Einfügen an der Stelle 1. Es sei q so beschaffen, daß gilt: $D(J(q)) \leq D(i)$ und $D(J(1)) >$
$D(i)$, $q < 1 \leq k$. Wird Auftrag i zu J hinzugefügt, dann müssen die Aufträge $J(1)$, $q < 1 \leq k$, um eine Position in J nach hinten verschoben
werden (Zeilen 10 - 12). Aus Theorem 4.4 folgt, daß durch solch eine
Verschiebung die mögliche Lösung erhalten bleibt genau dann, wenn gilt:
$D(j(1)) \neq 1$, $q < 1 \leq k$. Diese Bedingung muß in Zeile 6 erfüllt sein.
Zusätzlich kann i an der Stelle q + 1 eingefügt werden genau dann, wenn
gilt: $D(i) > q$. Dies wird in Zeile 9 abgefragt (man beachte, daß beim
Verlassen der <u>while</u> - Schleife r = q ist, falls gilt: $D(j(1)) \neq 1$, $q <$
$1 \leq k$), Aus diesen Überlegungen ergibt sich die Korrektheit der Proze-
dur AF.

<u>Komplexitätsanalyse des Algorithmus AF</u>

Es gibt für AF zwei mögliche Parameter bzgl. der Messung der Komplexität. Wir können n, die Anzahl der Aufträge und s, die Anzahl der in

der Lösung J enthaltenen Aufträge verwenden. Die Schleife der Zeilen 6 - 8 wird höchstens k - mal durchlaufen. Jeder Durchlauf erfordert die Zeit $O(1)$. Ist die Bedingung in Zeile 9 erfüllt, dann werden die Zeilen 10 - 13 ausgeführt. Diese Zeilen erfordern eine Zeit $O(k - r)$ zum Einfügen von Auftrag i. Also beträgt die Gesamtzeit für jeden Durchlauf der Zeilen 4 - 15 gerade $O(k)$. Diese Schleife wird $(n - 1)$ - mal durchlaufen. Ist s der Endwert von k (d.h. s ist die Anzahl der Aufträge in der endgültigen Lösung), dann ist die Gesamtzeit des Algorithmus AF $O(sn)$. Da $s \leq n$ ist, beträgt die Zeit für den ungünstigsten Fall $O(n^2)$, ausgedrückt nur in Abhängigkeit von n. Wenn wir die Auftragsmenge $p_i = d_i = n - i + 1$, $1 \leq i \leq n$ betrachten, dann benötigt der Algorithmus AF zur Ermittlung von J die Zeit $\Theta(n^2)$. Also ist die Rechenzeit für den ungünstigsten Fall für AF gleich $\Theta(n^2)$. Zusätzlich zu dem Platz für D benötigt AF noch einen Speicherplatz $\Theta(s)$ für J. Man beachte, daß die Gewinnwerte von AF nicht benötigt werden. Es genügt zu wissen, daß gilt: $p_i \geq p_{i+1}$, $1 \leq i < n$. $\square$

Eine schnellere Implementierung

Man kann die Rechenzeit der Prozedur AF von $O(n^2)$ auf fast $O(n)$ reduzieren, wenn man die Algorithmen VEREINIGUNG und FINDEN aus Abschnitt 2.4 verwendet und auf andere Art und Weise entscheidet, ob eine mögliche Teillösung vorliegt. Ist J eine mögliche Teilmenge von Aufträgen, dann können wir mit Hilfe folgender Regel die Verarbeitungszeit jedes Auftrags ermitteln: Falls dem Auftrag i noch keine Verarbeitungszeit zugewiesen wurde, wird er dem Zeitintervall $[\alpha - 1, \alpha]$ zugewiesen, wobei α die größte <u>integer</u> - Zahl r ist mit $1 \leq r \leq d_i$ und das Zeitintervall $[\alpha - 1, \alpha]$ frei ist. Diese Regel zögert einfach die Verarbeitung von Auftrag i so weit wie möglich hinaus. Daraus ergibt sich, daß beim Aufbau von J die bereits in J vorhandenen Aufträge nicht von ihren zugewiesenen Zeitintervallen verschoben werden müssen, um den neuen Auftrag aufzunehmen. Gibt es zu dem neu zu betrachtenden Auftrag kein α wie oben definiert, dann kann es nicht zu J hinzugefügt werden. Die Gültigkeit dieser Aussage wird in den Übungen nachgewiesen.

<u>Beispiel 4.4</u> Es seien $n = 5$, $(p_1, \ldots, p_5) = (20, 15, 10, 5, 1)$ und $(d_1, \ldots, d_5) = (2, 2, 1, 3, 3)$. Mit obiger Regel erhalten wir:

J	zugewiesene Zeitintervalle	betrachteter Auftrag	Aktion
$\emptyset$	keine	1	Zuweisung zu [1, 2]
{1}	[1, 2]	2	Zuweisung zu [0, 1]
{1, 2}	[0, 1], [1, 2]	3	paßt nicht; zurückweisen
{1, 2}	[0, 1], [1, 2]	4	Zuweisung zu [2, 3]
{1, 2, 4}	[0, 1], [1, 2], [2, 3]	5	zurückweisen

Die optimale Lösung ist J = {1, 2, 4}. □

Da es nur n Aufträge gibt und jedes Programm eine Zeiteinheit benötigt, braucht man nur die Zeitintervalle [i - 1, i], $1 \leq i \leq b$,
zu betrachten, für die gilt: $b = \min \{n, \max \{d_i\}\}$. Eine Möglichkeit
zur Implementierung obiger Zeitplanungsregel besteht darin, die Zeitintervalle [i - 1, i], $1 \leq i \leq b$, in Mengen zu unterteilen. Wir verwenden i zur Darstellung des Zeitintervalls [i - 1, i]. Für jedes
Zeitintervall i sei n_i die größte ganze Zahl, so daß $n_i \leq i$
und Intervall n_i frei ist. Zwei Zeitintervalle i und j gehören zur
gleichen Menge genau dann wenn $n_i = n_j$ ist. Es ist klar, daß i, i + 1,
i + 2, ..., j zur gleichen Menge gehören, wenn i und j (i < j) in derselben Menge liegen. Zu jeder Menge k von Zeitintervallen gehört ein
Wert F(k). Es gilt: $F(k) = n_i$ für alle Zeitintervalle i in der Menge
k. Mit Hilfe der Mengendarstellung aus Abschnitt 2.4 kann jede Menge
als Baum dargestellt werden. Der Wurzelknoten identifiziert die Menge. F() ist nur für Wurzelknoten definiert. Zu Anfang sind alle Zeitintervalle frei, und wir haben b + 1 Mengen, die den b + 1 Zeitintervallen i - 1, i , $0 \leq i \leq b$ entsprechen. Zu diesem Zeitpunkt ist
$F(i) = i$, $0 \leq i \leq b$. Wir benutzen P(i), um das Zeitintervall i mit
seinem Mengenbaum zu verbinden. Mit den Vereinbarungen für VEREINIGUNG
und FINDEN aus Abschnitt 2.4 gilt anfangs: $P(i) = - 1$, $0 \leq i \leq b$. Soll
ein Auftrag mit Schlußtermin d eingeplant werden, dann müssen wir die
Wurzel des Baumes finden, der das Zeitintervall min {n, d} enthält.
Ist diese Wurzel gleich j, dann ist F(j) das nächste freie Zeitintervall, sofern $F(j) \neq 0$ ist. Nach Verwendung dieses Zeitintervalls
sollte die Menge mit der Wurzel j kombiniert werden mit der Menge, die
das Zeitintervall F(j) - 1 enthält.

<u>Beispiel 4.5</u> Wir gehen von der Problemstellung in Beispiel 4.4 aus.
Die durch die P(i)'s definierten Bäume für die ersten drei Iterationen sind folgende:

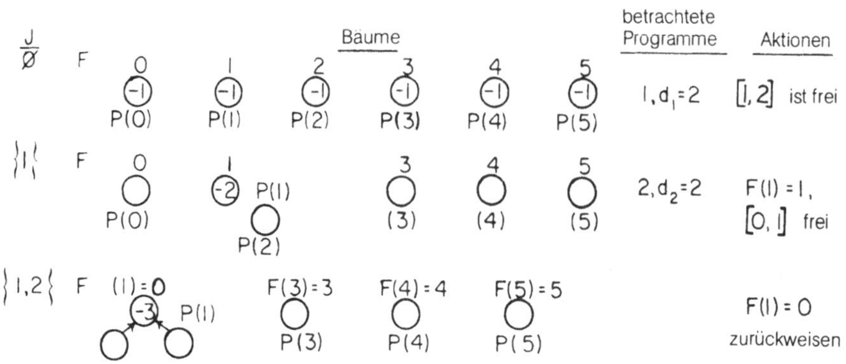

Abbildung 4.1   Schnelle Programmplanung

Der schnellere Algorithmus heißt SAF (Schnelle Auftragsfolge).
Wie man leicht feststellt, beträgt seine Rechenzeit $O(n\,\alpha(2n, n))$
(man beachte, daß $\alpha(2n, n)$ die Inverse der Ackermann - Funktion aus
Abschnitt 2.4 ist). Der Algorithmus benötigt zusätzlich 2n Wörter
Speicherplatz für F und P.

<u>Zeile</u>   <u>procedure</u> SAF (D, n, J, k)

//finde eine optimale Lösung J = J(1), ..., J(k)//

//es wird vorausgesetzt, daß gilt: $p_1 \geq p_2 \geq \ldots p_n$//

```
Zeile    procedure SAF (D, n, J, k)
         //finde eine optimale Lösung J = J(1), ..., J(k)//
         //es wird vorausgesetzt, daß gilt: p₁ ≥ p₂ ≥ ... pₙ//
1        integer D(n), J(n), F(0:n), P(0:n)
2        for i ← 0 to n do    //initialisiere die Bäume//
3            F(i) ← i; P(i) ← - 1
4        repeat
5        k ← 0    //initialisiere J//
6        for i ← 1 to n do    //benutze die Greedy - Regel//
7            j ← FINDEN (min (n, D(i)))
8            if F(j) ≠ 0 then k ← k + 1; J(k) ← i    //wähle Auftrag//
                                                     //i aus//
9                            1 ← FINDEN (F(j) - 1); call VEREINIGUNG
                                  (1, j)
10                           F(j) ← F(1)    //j kann die neue Wur-//
                                            //zel sein//
11           endif
12       repeat
13   end SAF
```

<u>Algorithmus 4.6</u>   Schnellerer Algorithmus zum Erstellen einer
Auftragsfolge

4.5 OPTIMALE MISCHMUSTER

In Abschnitt 3.4 haben wir gesehen, daß zwei sortierte Dateien mit n
bzw. m Datensätzen in einer Zeit $O(n + m)$ zu einer einzigen sortierten
Datei zusammengemischt werden können. Sollen mehr als zwei sortierte
Dateien zusammengemischt werden, kann dies durch wiederholtes Mischen
von Paaren sortierter Dateien erfolgen. Sollen z.B. die Dateien X1,
X2, X3 und X4 gemischt werden, dann könnte man zuerst X1 und X2 mischen
und dabei eine Datei Y1 erhalten. Danach könnte man Y1 und X3 mischen
und Y2 erhalten. Schließlich würde man noch Y2 und X4 mischen und so
die gewünschte sortierte Datei erhalten. Andererseits könnte man auch
zuerst X1 und X2 mischen und Y1 erhalten, dann X3 und X4 mischen und
Y2 erhalten, schließlich noch Y1 und Y2 mischen. Bei n sortierten Dateien gibt es viele Möglichkeiten, diese paarweise zu mischen und eine
einzige sortierte Datei herzustellen. Verschiedene Paarbildungen haben
auch verschiedene Rechenzeiten zur Folge. Wir wollen uns nun mit dem
Problem befassen, wie man einen optimalen Weg, d.h. einen Weg mit minimalen Vergleichen) findet zum paarweisen Zusammenwirken von n sortierten Dateien.

Beispiel: 4.6 X1, X2 und X3 sind drei sortierte Dateien bestehend aus
30, 20 und 10 Datensätzen. Das Mischen von X1 und X2 erfordert 50
Satzverschiebungen; das Mischen des Ergebnisses mit X3 erfordert weitere 60 Verschiebungen. Die Gesamtzahl von Verschiebungen, die zum
Mischen der drei Dateien auf diese Art notwendig sind, beträgt 110.
Mischen wir jedoch zuerst X2 und X3 (30 Verschiebungen) und dann X1
(60 Verschiebungen), dann ist die Gesamtzahl aller Satzverschiebungen
nur 90. Also ist das zweite Mischmuster schneller als das erste. $\square$

Der Versuch, ein optimales Mischmuster nach der Greedy - Methode
zu erhalten, kann leicht formuliert werden. Da das Mischen einer Datei
mit n Sätzen und einer Datei mit m Sätzen möglicherweise n + m Satzverschiebungen erfordert, bietet sich offensichtlich folgendes Auswahlkriterium an: bei jedem Schritt werden die beiden kürzesten Dateien vermischt. Haben wir z.B. Dateien $(F_1, \ldots, F_5)$ mit den Längen (20, 30,
10, 5, 30), dann würde unsere Greedy-Regel folgendes Mischmuster erzeu-
gen: mische F_4 und F_3 und erhalte Z_1 ($|Z_1| = 15$); mische Z_1 und F_1 und
erhalte Z_2 ($|Z_2| = 35$); mische F_2 und F_5 und erhalte Z_3 ($|Z_3| = 60$);
mische Z_2 und Z_3 und erhalte als Ergebnis Z_4. Die Gesamtzahl aller
Satzverschiebungen ist 205. Mann kann zeigen, daß dies für die gegebene
Problemstellung ein optimales Mischmuster ist.

Das soeben beschriebene Mischmuster nennen wir das 2 - Weg -

Mischmuster (bei jedem Schritt werden zwei Dateien gemischt). 2 - Weg -
Mischmuster kann man durch binäre Mischbäume darstellen. Die Abbildung
4.2 zeigt einen binären Mischbaum, der das optimale Mischmuster für
obige fünf Dateien darstellt. Die Blätter sind als Quadrate gezeichnet
und stellen die fünf gegebenen Dateien dar. Diese Knoten nennen wir
externe Knoten. Die restlichen Knoten sind als Kreise gezeichnet und
heißen interne Knoten. Jeder interne Knoten hat genau zwei Nachfolger und stellt die Datei dar, die man durch Mischen der durch die
Nachfolger dargestellten Dateien erhält. Die Zahl in jedem Knoten ist
die Länge (d.h. die Anzahl der Sätze) der Datei, die durch diesen Knoten dargestellt wird.

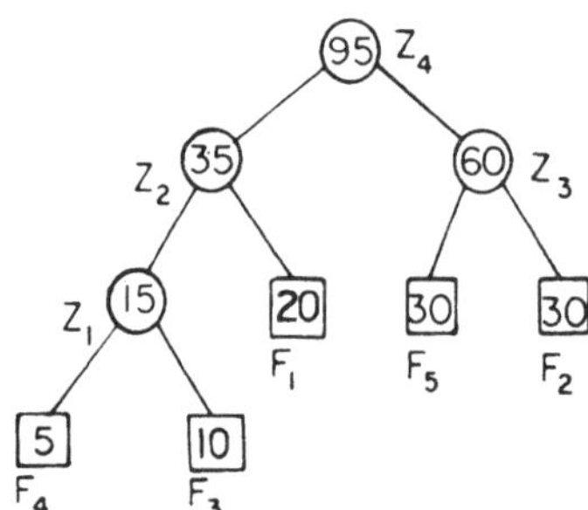

Abbildung 4.2 Binärer Mischbaum zur Darstellung
eines Mischmusters

Der externe Knoten F_4 hat vom Wurzelknoten Z_4 die Entfernung 3
(ein Knoten auf Stufe i hat von der Wurzel die Entfernung i - 1). Also
werden die Sätze der Datei F_4 dreimal verschoben, zuerst um Z_1 zu erhalten, dann um Z_2 und schließlich um Z_4 zu erhalten. Ist d_i die Entfernung von der Wurzel zum externen Knoten F_i und q_i die Länge von F_i,
dann ergibt sich als Gesamtzahl der Satzverschiebungen bei diesem binären Suchbaum:

$$\sum_{i=1}^{n} d_i q_i \quad .$$

(4.3b)

Diese Summe nennt man die <u>gewichtete externe Pfadlänge</u> des Baumes.

Ein optimales 2 - Weg - Mischmuster entspricht einem binären
Mischbaum mit minimaler gewichteter externer Pfadlänge. Die Prozedur
BAUM (Algorithmus 4.7) benutzt die zuvor beschriebene Greedy - Regel
zur Erzeugung eines 2 - Weg - Mischbaumes für n Dateien. Die Eingabe
des Algorithmus besteht aus einer Liste L von n Bäumen. Jeder Knoten

in einem Baum hat drei Felder: LSOHN, RSOHN und GEWICHT. Zu Beginn hat
jeder Baum in L genau einen Knoten. Dieser Baum ist ein externer Knoten;
die Felder LSOHN und RSOHN sind mit null vorbesetzt, während im Feld
GEWICHT die Länge einer der n zu mischenden Dateien steht. Während der
Algorithmus abläuft, enthält bei jedem Baum in L mit Wurzelknoten T das
Feld GEWICHT (T) die Länge der entsprechenden gemischten Datei (GE-
WICHT (T) ist gleich der Summe der Längen der externen Knoten im Baum
T). Die Prozedur BAUM benutzt drei Unteralgorithmen: NEUERKNOTEN (T),
MINIMUM (L) und EINFÜGEN (L, T). NEUERKNOTEN liefert einen neuen Kno-
ten zum Aufbau des Baumes; MINIMUM (L) sucht einen Baum in L, dessen
Wurzel minimales Gewicht hat. Dieser Baum wird aus L entfernt. EINFÜGEN
(L, T) fügt den Baum mit Wurzel T in die Liste L ein. Das weiter unten
folgende Theorem 4.7 zeigt, daß die Greedy - Prozedur BAUM (Algorithmus
4.7) einen optimalen 2 - Weg - Mischbaum erzeugt.

```
Zeile     procedure BAUM (L, n)
              //L ist eine Liste von n binären Bäumen mit je einem Knoten//
              //wie oben beschrieben//
  1           for i ← 1 to n - 1 do
  2             call NEUERKNOTEN (T)     //mische zwei Bäume mit//
  3             LSOHN(T) ← MINIMUM(L)    //kleinster Länge//
  4             RSOHN(T) ← MINIMUM(L)
  5             GEWICHT(T) ← GEWICHT(LSOHN(T)) + GEWICHT(RSOHN(T))
  6             call EINFÜGEN (L, T)
  7           repeat
  8           return (MINIMUM(L))       //der in L zurückbleibende Baum ist//
  9         end BAUM                     //der Mischbaum//
```

Algorithmus 4.7   Erzeugung eines 2 - Weg - Mischbaumes

Beispiel 4.7 Wir wollen sehen, wie Algorithmus 4.7 arbeitet, wenn
durch L anfangs 6 Dateien dargestellt werden mit den Längen (2, 3, 5,
7, 9, 13). Abb. 4.3 zeigt die Liste L nach jedem Durchlauf der for -
Schleife. An Hand des binären Mischbaumes, der nach Beendigung des Algorithmus erzeugt worden ist, kann man erkennen, welche Dateien gemischt wurden. Es werden die "niedrigsten" Dateien (diejenigen mit der
größten Tiefe) im Baum miteinander gemischt.

<u>Analyse des Algorithmus 4.7</u>

Die Hauptschleife wird n - 1 mal ausgeführt. Wird L so verwaltet, daß die GEWICHT - Werte in den Wurzeln in nichtabsteigender Folge ange- ordnet sind, dann erfordern die Prozeduren MINIMUM (L) und EINFÜGEN (L, T) Zeiten von O(1) bzw. O(n). Also beträgt die Gesamtzeit $O(n^2)$. Wird L als minimale Halde so dargestellt, daß der Wert in der Wurzel kleiner oder gleich den Werten der Nachfolger ist (siehe Abschnitt 2.3), dann können die Prozeduren MINIMUM(L) und EINFÜGEN (L, T) in der Zeit O(n log n) ausgeführt werden. In diesem Fall beträgt die Rechen- zeit für die Prozedur BAUM O(n log n). Eine Beschleunigung kann dadurch erzielt werden, daß man EINFÜGEN aus Zeile 6 mit MINIMUM aus Zeile 4 kombiniert.

<u>Theorem 4.7</u> Enthält L zu Beginn n ≥ 1 Bäume mit je einem Knoten mit GEWICHT - Werten $(q_1, q_2, \ldots, q_n)$, dann erzeugt der Algorithmus BAUM einen optimalen 2 - Weg - Mischbaum für n Dateien dieser Längen.

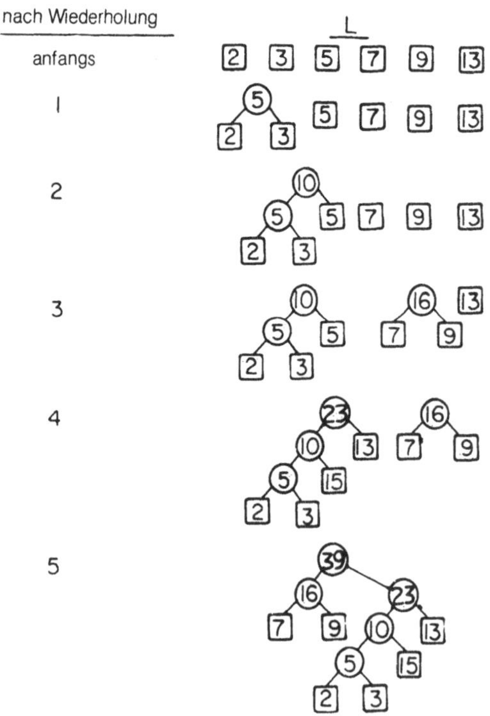

<u>Abbildung 4.3</u> Bäume in der Liste L der Prozedur BAUM (Beispiel 4.7)

<u>Beweis:</u> Der Beweis wird durch Induktion über n geführt. Für n = 1 wird ein Baum ohne interne Knoten zurückgeliefert; dieser Baum ist offensichtlich optimal. Bei der Induktionsannahme gehen wir davon aus, daß der Algorithmus einen optimalen 2 - Weg - Mischbaum für alle $(q_1, q_2, \ldots, q_m)$, $1 \leq m < n$ erzeugt. Zu zeigen ist, daß der Algorithmus auch optimale Bäume für alle $(q_1, q_2, \ldots, q_n)$ erzeugt. Ohne Beschränkung der Allgemeinheit können wir annehmen, daß gilt: $q_1 \leq q_2 \leq \ldots \leq q_n$, und daß q_1 und q_2 die Werte der GEWICHT - Felder derjenigen Bäume sind, die von Algorithmus MINIMUM in den Zeilen 3 und 4 während des ersten Durchlaufs der <u>for</u> - Schleife gefunden werden. Jetzt wird der Unterbaum T aus Abb. 4.4 erzeugt. Es sei T' ein optimaler 2 - Weg - Mischbaum für $(q_1, q_2, \ldots, q_n)$. Es sei P ein interner Knoten mit maximaler Entfernung von der Wurzel. Falls q_1 und q_2 nicht die Nachfolger von P sind, können wir die momentanen Nachfolger mit q_1 und q_2 vertauschen, ohne dadurch die gewichtete externe Pfadlänge von T' zu vergrößern. Also ist T auch ein Unterbaum eines optimalen Mischbaumes. Ersetzen wir nun in T' T durch einen externen Knoten mit dem Gewicht $q_1 + q_2$, dann ist der daraus resultierende Baum T'' ein optimaler Mischbaum für $(q_1 + q_2, q_3, \ldots, q_n)$. Nach Induktionsannahme findet die Prozedur BAUM, nachdem T durch den externen Knoten mit dem Wert $q_1 + q_2$ ersetzt worden ist, einen optimalen Mischbaum für $(q_1 + q_2, q_3, \ldots, q_n)$. Also erzeugt die Prozedur BAUM einen optimalen Mischbaum für $(q_1, q_2, \ldots, q_n)$. □

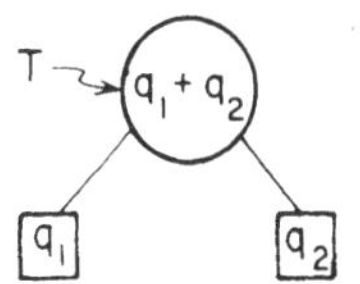

<u>Abbildung 4.4</u> Der einfachste binäre Mischbaum

Die Greedy - Methode zum Erzeugen von Mischbäumen funktioniert auch bei k-fachem Mischen. In diesem Fall ist der zugehörige Mischbaum ein k-facher Baum. Da alle internen Knoten vom Grad k sein müssen, entspricht gewissen Werten von n kein k-facher Mischbaum. So gibt es z.B. für k = 3 keinen k-fachen Mischbaum mit n = 2 externen Knoten. Deshalb muß man eine gewisse Anzahl externer "Scheinknoten" einführen. Jedem Scheinknoten wird ein q_i von null zugewiesen. Dieser Scheinwert beeinflußt nicht die gewichtete externe Pfadlänge des resultierenden k-fachen Baumes. In Übungsaufgabe 13 wird gezeigt, daß ein k-facher Baum mit internen Knoten vom Grad k nur dann existiert, wenn die Anzahl n der externen Knoten die Gleichung n mod (k - 1) = 1 erfüllt. Also müssen höchstens k - 2 Scheinknoten hinzugefügt werden. Die Greedy - Regel zur Erzeugung optimaler Mischbäume lautet: bei jedem

Schritt wähle man zum Mischen k Unterbäume mit geringster Länge. In
Aufgabe 14 wird die Optimalität dieser Regel nachgewiesen.

Huffman Codes

Eine weitere Anwendung von binären Bäumen mit minimaler gewichteter
externer Pfadlänge besteht darin, eine optimale Menge von Codes für
Nachrichten M_1, ..., M_{n+1} zu erhalten. Jeder Code ist eine binäre
Zeichenkette, die zur Übermittlung der zugehörigen Nachricht dient.
Auf der Empfängerseite wird der Code mit Hilfe eines Decodierbaumes
entschlüsselt (decodiert). Ein Decodierbaum ist ein binärer Baum, bei
dem die externen Knoten Nachrichten darstellen. Die binären Bits des
Codewortes einer Nachricht legen fest, in welche Richtung auf jeder Stufe
des Decodierbaumes verzweigt wird, um den richtigen externen Knoten zu
erreichen. Interpretieren wir z.B. eine Null als eine Verzweigung nach
links und eine Eins als eine Verzweigung nach rechts, dann entspricht
der Decodierbaum in Abb. 4.5 den Codes 000, 001, 01 und 1 mit den zugehörigen Nachrichten M_1, M_2, M_3 und M_4. Diese Codes werden Huffman
Codes genannt. Der Aufwand zum Entschlüsseln eines Codewortes ist
proportional zur Anzahl der Bits im Code. Diese Anzahl ist gleich der
Entfernung des entsprechenden externen Knotens vom Wurzelknoten. Ist
q_i die relative Häufigkeit, mit der die Nachricht M_i ausgesendet wird,
dann ist die erwartete Decordierzeit $\sum_{1 \leq i \leq n+1} q_i d_i$, wobei d_i die
Entfernung des der Nachricht M_i enstprechenden externen Knotens vom
Wurzelknoten ist. Die erwartete Decodierzeit wird minimiert, indem
man Codewörter wählt, aus denen sich ein Decodierbaum mit minimaler
gewichteter externer Pfadlänge ergibt. Man beachte, daß $\sum_{1 \leq i \leq n+1}$
$q_i d_i$ auch die erwartete Länge einer ausgesendeten Nachricht ist. Also
minimiert der Code, der die erwartete Decodierzeit minimiert, auch
die erwartete Länge einer Nachricht.

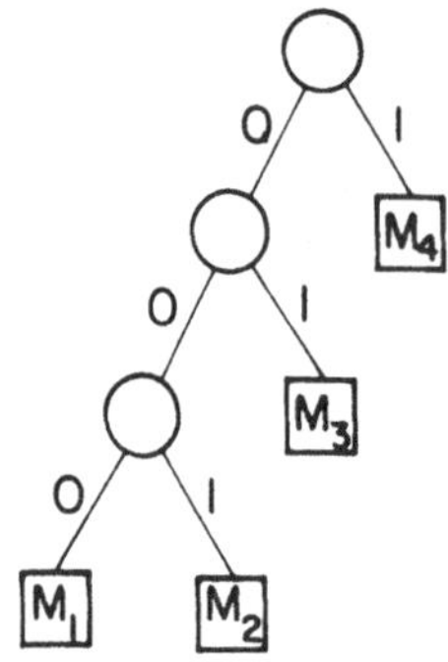

Abbildung 4.5 Huffman Codes

Definition: Ist G = (V, E) ein ungerichteter zusammenhängender Graph, dann heißt der Teilgraph T = (V, E') von G ein <u>spannender Baum</u> genau dann, wenn G ein Baum ist.

Beispiel 4.8: Die Abb. 4.6 zeigt den vollständigen Graph mit vier Knoten zusammen mit drei seiner spannenden Bäume.

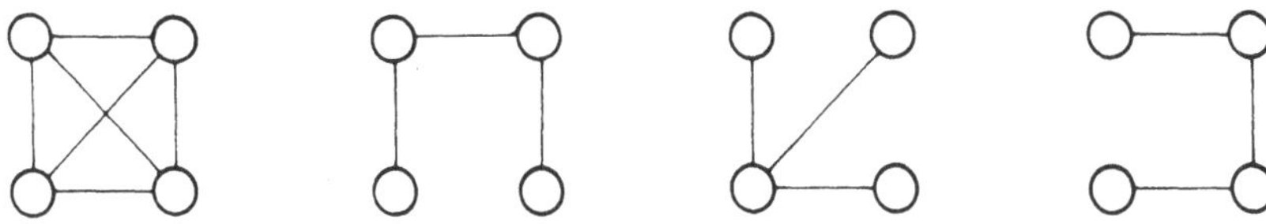

<u>Abbildung 4.6</u>   Ungerichteter Graph mit drei seiner spannenden Bäume

Spannende Bäume kann man dazu benutzen, eine unabhängige Menge von Schaltgleichungen eines elektrischen Netzwerkes zu erhalten. Zuerst stellt man einen spannenden Baum für das elektrische Netzwerk auf. Es sei B die Menge der Netzwerkkanten, die nicht im spannenden Baum vorkommen. Das Hinzufügen einer Kante aus B zum spannenden Baum erzeugt eine Schleife. Verschiedene Kanten aus B ergeben verschiedene Schleifen. Das zweite Kirchhoff'sche Gesetz wird auf jede Schleife angewendet, um eine Schaltgleichung zu erhalten. Die auf diese Art und Weise erhaltenen Schleifen sind unabhängig (d.h. man erhält keine dieser Schleifen durch eine Linearkombination der restlichen Schleifen), da jede eine Kante aus B enthält, die in keiner anderen Schleife enthalten ist. Also sind die so ermittelten Schaltgleichungen ebenfalls unabhängig. Man kann sogar folgendes zeigen: die Schleifen, die man dadurch erhält, daß man nacheinander die Kanten von B in den resultierenden Baum einfügt, bilden eine Schleifenbasis; daher können alle anderen Schleifen im Graph durch eine Linearkombination dieser Basisschleifen ausgedrückt werden (siehe Harary in den Literaturhinweisen für weitere Details).

Man kann sich leicht noch andere Anwendungen für spannende Bäume vorstellen. Eine interessante Anwendung ergibt sich aus der Eigenschaft, daß ein spannender Baum ein minimaler Teilgraph G' von G ist, so daß gilt: V(G') = V(G) und G' ist zusammenhängend (mit "minimalem Teilgraph" meinen wir einen Teilgraph mit der geringsten Anzahl von Kanten). Jeder zusammenhängende Graph mit n Knoten muß mindestens n - 1 Kanten haben, und alle zusammenhängenden Graphen mit n - 1 Kanten sind Bäume. Stellen die Knoten von G Städte dar und die Kanten mögliche Kommunikationsleitungen zur Verbindung zweier Städte, dann beträgt bei n Städten die minimale Anzahl von Verbindungsleitungen n - 1. Die spannenden Bäume von G repräsentieren sämtliche Wahlmöglichkeiten.

In allen praktischen Fällen werden die Kanten jedoch mit Gewichten versehen sein. Diese Gewichte können z.B. die Konstruktionskosten, die Länge der Verbindungsleitungen usw...darstellen. Ist solch ein gewichteter Graph gegeben, dann möchte man zur Konstruktion eine Menge von Verbindungsleitungen so auswählen, daß alle Städte miteinander verbunden sind und die Kosten oder die Gesamtlänge minimiert werden. In beiden Fällen müssen die ausgewählten Verbindungsleitungen die Form eines Baumes annehmen (unter der Annahme, daß alle Gewichte positiv sind). Ist dies nicht der Fall, dann enthält die Wahl der Verbindungsleitungen eine Schleife. Entfernt man irgendeine Verbindungsleitung aus dieser Schleife, so erhält man eine Auswahl von Leitungen, die alle Städte verbindet und deren Kostenaufwand geringer ist. Daher ist es unser Ziel, einen spannenden Baum von G mit minimalen Kosten zu finden. (Die Kosten eines spannenden Baumes setzen sich aus der Summe der Kosten aller Kanten dieses Baumes zusammen). Die Abbildung 4.7 zeigt einen Graph und einen seiner spannenden Bäume mit minimalen Kosten.

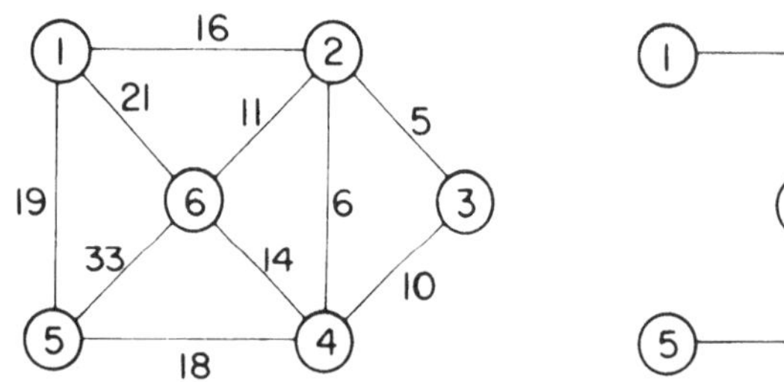

Abbildung 4.7   Ein Graph und einer seiner spannenden Bäume mit minimalen Kosten

Mit Hilfe der Greedy - Methode bauen wir einen spannenden Baum mit minimalen Kosten Kante um Kante auf. Die Wahl der nächsten Kante unterliegt irgendeinem Optimierungskriterium. Das einfachste Kriterium würde darin bestehen, eine Kante zu wählen, die ein minimales Anwachsen der Summe der Kosten aller bisher ausgewählten Kanten zur Folge hat. Es gibt zwei Möglichkeiten, dieses Kriterium zu interpretieren. Erstens bilden die bisher ausgewählten Kanten einen Baum. Ist also A

die Menge der bisher gewählten Kanten, dann bildet A einen Baum. Die
nächste der Menge A hinzuzufügende Kante (u, v) ist eine Kante mit minimalen Kosten, die nicht in A liegt und die Eigenschaft hat, daß
A ∪ {(u, v)} ebenfalls einen Baum bildet. In der Übungsaufgabe 17 wird
gezeigt, daß dieses Auswahlkriterium zu einem spannenden Baum mit minimalen Kosten führt. Der entsprechende Algorithmus ist als "Algorithmus von Prim" bekannt.

<u>Beispiel 4.9:</u> Abb. 4.8(b) zeigt die Arbeitsweise der Methode von
Prim, wenn man diese auf den Graph von Abb. 4.8(a) anwendet. Der daraus resultierende spannende Baum hat einen Kostenaufwand von 105. ▫

Nachdem wir die Arbeitsweise der Methode von Prim kennengelernt
haben, wollen wir einen Algorithmus in SPARKS aufstellen, der diese
Methode zum Auffinden eines minimalen spannenden Baumes benutzt. Der
Algorithmus beginnt mit einem Baum, der nur eine Kante von G mit minimalen Kosten enthält. Dann werden nacheinander weitere Kanten zu
diesem Baum hinzugefügt. Die nächste hinzuzufügende Kante (i, j) muß
folgende Eigenschaften haben: i ist ein Knoten, der schon im Baum vorhanden ist, j ist ein noch nicht vorhandener Knoten von (i, j), KOSTEN
(i, j), ist minimal unter allen Kanten (k, 1), für die der Knoten k
im Baum und der Knoten 1 nicht im Baum liegt.

Um diese Kante (i, j) schnell bestimmen zu können, verbinden wir
mit jedem Knoten j, der noch nicht zum Baum gehört, einen Wert NAHE(j).
NAHE(j) ist ein Knoten im Baum, für den gilt: KOSTEN(j, NAHE(j)) ist
minimal unter allen Wahlmöglichkeiten für NAHE(j). Für alle Knoten j,
die bereits zum Baum gehören, definieren wir: NAHE(j) = 0. Die nächste
hinzuzufügende Kante ist durch den Knoten j definiert, für den gilt:
NAHE(j) ≠ 0 (j gehört noch nicht zum Baum) und KOSTEN (j, NAHE(j)) ist
minimal.

In Zeile 3 der Prozedur PRIM (Algorithmus 4.8) wird eine Kante mit
minimalen Kosten ausgewählt. In den Zeilen 4 - 10 werden die Variablen
so initialisiert, daß ein Baum mit einer einzigen Kante (k, 1) dargestellt wird. In der Schleife der Zeilen 11 - 21 wird der Rest des
spannenden Baumes Kante um Kante aufgebaut. In Zeile 12 wird (j, NAHE
(j)) als nächste hinzuzufügende Kante ausgewählt. In den Zeilen 16 -
20 wird NAHE() auf den neuesten Stand gebracht.

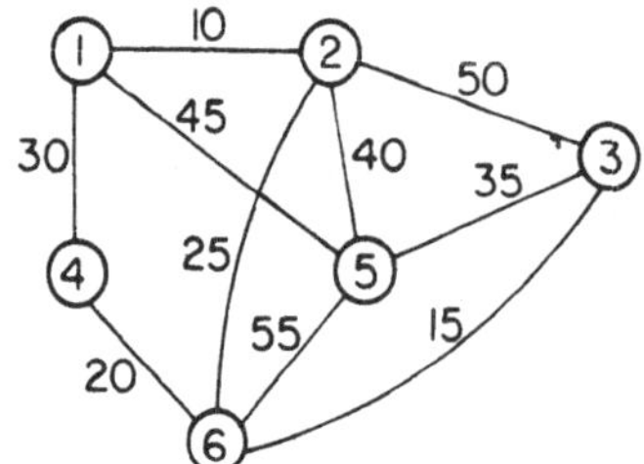

Abbildung 4.8(a)   Graph zu den Beispielen 4.9 und 4.10

Kante	Kosten	Spannender Baum
(1,2)	10	
(2,6)	25	
(3,6)	15	
(6,4)	20	
(1,4)	reject	
(3,5)	35	

Abbildung 4.8(b)   Stufen im Algorithmus von Prim

Wie man leicht sieht, beträgt die Rechenzeit der Prozedur PRIM $\Theta(n^2)$, wobei n die Anzahl der Knoten im Graph G ist. Dies erkennt man daran, daß die Zeile 3 die Zeit $\Theta(e)$ ($e = |E|$) und die Zeile 4 die Zeit $\Theta(1)$ zur Ausführung benötigt. Die Schleife der Zeilen 6 - 9 benötigt zur Ausführung die Zeit $\Theta(n)$. Zeile 12 und die Schleife der Zeilen 16 - 20 haben eine Ausführungszeit von $\Theta(n)$. Also erfordert jeder Durchlauf der Schleife der Zeilen 11 - 21 die Zeit $\Theta(n)$. Die Gesamtausführungszeit dieser Schleife ist also $\Theta(n^2)$. Damit hat die Prozedur PRIM eine Zeitkomplexität von $\Theta(n^2)$.

Zeile   procedure PRIM (E, KOSTEN, n, T, minkosten)
         //E ist die Menge der Kanten in G//
         //KOSTEN(n, n) ist die Kosten-Adjazenzmatrix eines Graphen//
         //mit n Knoten, für die gilt: KOSTEN(i, j) ist entweder//
         //eine positive reelle Zahl oder +∞, falls keine Kante(i, j)//
         //existiert. Es wird ein minimaler spannender Baum berechnet//
         //und als Menge der Kanten im Feld T(1:n - 1, 2) abgespei-//
         //chert. (T(i, 1), T(i, 2)) ist eine Kante im spannenden//
         //Baum mit minimalen Kosten. Der endgültige Kostenwert wird//
         //der Variablen "minkosten" zugewiesen.//

```
1        real KOSTEN(n, n), minkosten;
2        integer NAHE(n), n, i, j, k, l, T(1:n - 1, 2);
3        (k, l) ← Kante mit minimalen Kosten
4        minkosten ← KOSTEN(k, l)
5        (T(1, 1), T(1, 2)) ← (k, l)
6        for i ← 1 to n do    //initialisiere NAHE//
7          if KOSTEN(i, l) < KOSTEN(i, k) then NAHE(i) ← l
8                                          else NAHE(i) ← k endif
9        repeat
10       NAHE(k) ← NAHE(l) ← 0
11       for i ← 2 to n - 1 do  //suche n - 2 zusätzliche Kanten//
                                //für T//
12       es sei j ein Index, für den gilt: NAHE(j) ≠ 0 und KOSTEN
         (j, NAHE(j)) ist minimal
13       (T(i, 1), T(i, 2)) ← (j, NAHE(j))
14       minkosten ← minkosten + KOSTEN(j, NAHE(j))
15       NAHE(j) ← 0
16       for k ← 1 to n do    //bringe NAHE auf den neuesten Stand//
17         if NAHE(k) ≠ 0 and KOSTEN(k, NAHE(k)) > KOSTEN(k, j)
18           then NAHE(k) ← j
19         endif
20       repeat
21       repeat
22       if minkosten ≥ ∞  then print ('kein spannender Baum') endif
23     end PRIM
```

Algorithmus 4.8   Algorithmus von Prim zur Erzeugung eines
                  minimalen spannenden Baumes

Man kann diesen Algorithmus noch etwas schneller machen, denn ein

minimaler spannender Baum enthält zu jedem Knoten v eine zu v inzidente Kante mit minimalen Kosten. Um uns das klar zu machen, nehmen wir
an, T sei ein spannender Baum mit minimalen Kosten für G = (V, E). Es
sei v irgendein Knoten in T. Es sei (v, w) eine Kante mit minimalen
Kosten unter allen zu v inzidenten Kanten. Außerdem gelte: $(v, w) \notin E(T)$
und KOSTEN (v, w) < KOSTEN (v, x) für alle Kanten $(v, x) \in E(T)$.
Das Hinzufügen von (v, w) zu T erzeugt eine einzige Schleife. Diese
Schleife muß eine Kante (v, x) mit $x \neq w$ enthalten. Entfernt man (v, x)
aus E(T) $\cup$ {(v, w)}, dann wird die Schleife aufgebrochen, der
Graph (V, E(T) $\cup$ {(v, w)}) bleibt aber zusammenhängend. Also ist auch
(V, E(T) $\cup$ {(v, w)} - {(v, x)}) ein spannender Baum. Wegen KOSTEN
(v, w) < KOSTEN (v, x) hat dieser spannende Baum einen geringeren Kostenaufwand als T. Dies ist ein Widerspruch zur Annahme, daß T ein
spannender Baum mit minimalen Kosten von G ist. Also enthält T wie
oben behauptet Kanten mit minimalen Kosten.

Aus diesen Überlegungen ergibt sich, daß wir den Algorithmus tatsächlich mit einem Baum starten können, der aus einem ganz beliebigen
Knoten besteht und keine Kanten enthält. Nach und nach können einzelne
Kanten hinzugefügt werden. Die Zeilen 3 - 11 müssen entsprechend geändert werden; sie können durch folgende Zeilen ersetzt werden:

```
3'        minkosten ← 0
4'        for i ← 2 to n do    //Knoten 1 ist zu Beginn in T//
5'          NAHE(i) ← 1
6'        repeat
7'        NAHE(1) ← 0
8' - 11'  for i ← 1 to n - 1 do   //suche n - 1 Kanten für T//
```

Die Gesamtkomplexität beträgt nach wie vor $\theta(n^2)$.

Es gibt noch eine zweite Interpretationsmöglichkeit des früher erwähnten Optimierungskriteriums, bei welchem die Kanten des Graphen in
nichtabsteigender Folge bzgl. der Kosten betrachtet werden. Diese Interpretation sieht folgendermaßen aus: die Menge T der bisher schon
für den spannenden Baum ausgewählten Kanten sei so beschaffen, daß es
möglich ist, T zu einem Baum zu vervollständigen. T muß also nicht
bei allen Stufen des Algorithmus ein Baum sein. In Wirklichkeit wird
T im allgemeinen nur ein Wald sein, denn die Menge T der Kanten kann
genau dann zu einem Baum vervollständigt werden, wenn es in T keine
Schleifen gibt. In Theorem 4.7 wird gezeigt, daß diese Interpretation
der Greedy - Methode ebenfalls zu einem spannenden Baum mit minimalen
Kosten führt. Diese Methode geht auf Kruskal zurück.

Beispiel 4.10 Wir betrachten den Graph von Abb. 4.8(a). Bei der Methode von Kruskal werden die Kanten dieses Graphen in folgender Reihenfolge dem spannenden Baum mit minimalen Kosten hinzugefügt: (1, 2), (3, 6), (4, 6), (2, 6), (1, 4), (3, 5), (2, 5), (1, 5), (2, 3) und (5, 6). Dies entspricht der Kostenfolge 10, 15, 20, 25, 30, 35, 40, 45, 50, 55. Die ersten vier Kanten werden zu T hinzugenommen. Die nächste in Frage kommende Kante ist (3, 4). Diese Kante verbindet zwei Knoten, die bereits in T verbunden sind; also scheidet sie aus. Als nächste Kante wird (3, 5) ausgewählt; damit ist der spannende Baum vollständig. Abb. 4.9 zeigt den durch T repräsentierten Wald während verschiedener Stufen der Ausrechnung. Der resultierende spannende Baum hat einen Kostenaufwand von 105. □

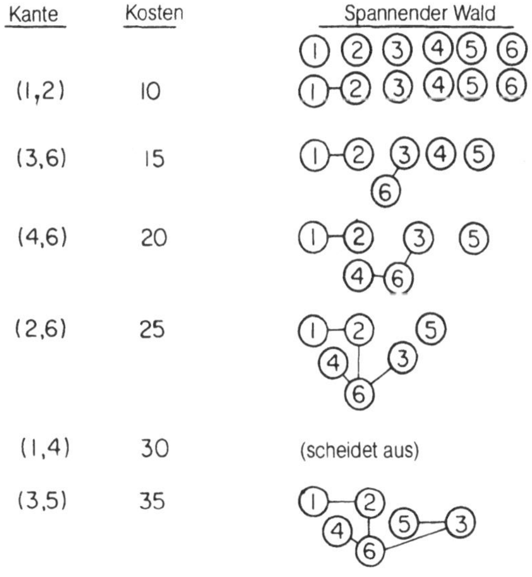

Kante	Kosten	Spannender Wald
(1,2)	10	
(3,6)	15	
(4,6)	20	
(2,6)	25	
(1,4)	30	(scheidet aus)
(3,5)	35	

Abbildung 4.9 Verschiedene Stufen im Algorithmus von Kruskal

Der Deutlichkeit halber ist der Algorithmus von Kruskal auf eine
etwas formalere Weise in Algorithmus 4.9 aufgeschrieben. Zu Beginn
ist E die Menge aller Kanten in G. Auf dieser Menge wollen wir nur
folgende Funktionen ausführen: (i) bestimme eine Kante mit minimalen
Kosten (Zeile 3), und (ii) entferne diese Kante (Zeile 4). Beide Funktionen können dann effizient ausgeführt werden, wenn die Kanten in E
als sortierte sequentielle Liste verwaltet werden. In Wirklichkeit ist
es nicht nötig, alle Kanten zu sortieren, so lange die nächste Kante
(Zeile 3) auf einfache Weise bestimmt werden kann. Werden die Kanten
als minimale Halde angeordnet, dann kann die nächste in Frage kommende Kante in der Zeit $O(\log e)$ ermittelt werden, falls G e Kanten hat.
Der Aufbau der Halde selbst erfordert die Zeit $O(e)$.

```
1    T ← ∅
2    while T weniger als n - 1 Kanten enthält do
3      wähle eine Kante (v, w) aus E mit minimalen Kosten
4      entferne (v, w) aus E
5      if (v, w) keine Schleife in T erzeugt
6        then füge (v, w) zu T hinzu
7        else betrachte (v, w) nicht weiter
8      endif
9    repeat
```

Algorithmus 4.9 Erste grobe Form des minimalen spannenden Baum -
Algorithmus nach Kruskal

Um die Schritte 5 und 6 effizient ausführen zu können, sollten die
Knoten in G so gruppiert werden, daß man leicht feststellen kann, ob
die Knoten v und w durch die frühere Auswahl von Kanten bereits verbunden sind. Ist dies der Fall, dann wird die Kante (v, w) nicht weiter betrachtet. Andernfalls wird (v, w) zu T hinzugefügt. Eine mögliche Gruppierung besteht darin, alle Knoten in der gleichen zusammenhängenden Komponente von T in einer Menge zusammenzufassen (alle zusammenhängenden Komponenten von T sind auch Bäume). Dann sind zwei
Knoten v und w miteinander verbunden in T genau dann, wenn sie der
gleichen Menge angehören. Betrachtet man z.B. die Kante (2, 6), dann
lauten die Mengen {1, 2}, {3, 4, 6} und {5}. Die Knoten 2 und 6 sind
in verschiedenen Mengen, also werden diese zu {1, 2, 3, 4, 6} und
{5} kombiniert. Die nächste zu betrachtende Kante ist (1, 4). Da die
Knoten 1 und 4 in der gleichen Menge liegen, wird diese Kante zurück-

gewiesen. Die Kante (3, 5) verbindet Knoten aus verschiedenen Mengen und liefert den endgültigen spannenden Baum. Mit Hilfe der Mengendarstellung aus Abschnitt 2.4 und der Algorithmen VEREINIGUNG und FINDEN erhalten wir eine effiziente (fast lineare) Implementierung der Zeilen 5 und 6. Die Rechenzeit wird daher von den Ausführungszeiten der Zeilen 3 und 4 bestimmt; diese beträgt im ungünstigsten Fall $O(e \log e)$.

Verwendet man die oben erwähnten Darstellungen, so erhält man die in Algorithmus 4.10 gezeigte Prozedur. In Zeile 3 wird zu Beginn eine Halde von Kanten aufgebaut. In Zeile 4 wird jeder Knoten einer anderen Menge (und damit einem anderen Baum) zugewiesen. T ist die Menge der Kanten, die der spannende Baum mit minimalen Knoten enthält; i ist die Anzahl der Kanten in T. T selbst kann als sequentielle Liste dargestellt werden, indem man ein zweidimensionales Feld $T(1:n - 1, 2)$ benutzt. Die Kante (u, v) kann durch die Zuweisungen $T(i, 1) \leftarrow u$ und $T(i, 2) \leftarrow v$ zu T hinzugefügt werden. In der Schleife der Zeilen 6 - 14 werden nacheinander Kanten von der Halde entfernt, und zwar in nichtabsteigender Folge bzgl. der Kosten. In Zeile 8 werden die Mengen ermittelt, die u und v enthalten. Ist $j \neq k$, dann liegen die Knoten u und v in verschiedenen Mengen (und damit in verschiedenen Bäumen) und die Kante (u, v) wird zu T hinzugenommen. Die Mengen, die u und v enthalten, werden vereinigt (Zeile 12). Ist $u = v$, dann scheidet die Kante (u, v) aus, denn das Hinzufügen dieser Kante zu T würde eine Schleife erzeugen. In Zeile 15 wird entschieden, ob ein spannender Baum gefunden wurde. Es folgt, daß $i \neq n - 1$ ist genau dann, wenn der Graph G nicht zusammenhängend ist. Man kann zeigen, daß die Rechenzeit $O(e \log e)$ beträgt, wobei e die Anzahl der Kanten in G ist ($e = |E|$).

```
Zeile     procedure KRUSKAL (E, KOSTEN, n, T, minkosten)
             //E ist die Menge der Kanten in G. G hat n Knoten.//
             //KOSTEN(u, v) gibt die Kosten der Kante(u, v) an. T ist//
             //die Menge der Kanten des minimalen spannenden Baumes;//
             //"minkosten" ist der Kostenaufwand des Baumes.//
  1          real minkosten, KOSTEN(1:n, 1:n)
  2          integer VATER(1:n), T(1:n - 1, 2), n
  3          erzeuge eine Halde aus den Kantenkosten mit HALDEERZEUGEN
  4          VATER ← - 1     //Jeder Knoten liegt in einer anderen Menge//
  5          i ← minkosten ← 0
  6          while i < n - 1 and Halde nicht leer do
  7              entferne eine Kante mit minimalen Kosten(u, v) aus der Hal-
                 de und verwende ANPASSEN
  8              j ← FINDEN(u); k ← FINDEN(v)
```

```
9           if j ≠ k then i ← i + 1
10                        T(i, 1) ← u; T(i, 2) ← v
11                        minkosten ← minkosten + KOSTEN(u, v)
12                        call VEREINIGUNG(j, k)
13               endif
14           repeat
15           if i ≠ n - 1 then print ('kein spannender Baum') endif
16           return
17      end KRUSKAL
```

Algorithmus 4.10 Der Algorithmus von Kruskal

Theorem 4.8 Der Algorithmus von Kruskal erzeugt einen spannenden Baum
mit minimalen Kosten für jeden zusammenhängenden ungerichteten Graph G.

Beweis: Es sei G ein beliebiger ungerichteter zusammenhängender Graph.
Es sei T der zu G gehörige spannende Baum, der vom Algorithmus nach
Kruskal erzeugt worden ist. Ferner sei T' ein spannender Baum zu G
mit minimalen Kosten. Wir werden zeigen, daß T und T' den gleichen Kostenaufwand haben.

$E(T)$ und $E(T')$ seien die Kanten von T bzw. T'. Ist n die Anzahl
der Knoten in G, dann haben T und T' beide je n - 1 Kanten. Ist $E(T) =$
$E(T')$, dann hat T natürlich minimale Kosten. Ist $E(T) \neq E(T')$, dann
sei e eine Kante mit minimalen Kosten, so daß gilt: $e \in E(T)$ und $e \notin$
$E(T')$. Es ist klar, daß solch ein e existieren muß. Nimmt man e zu T'
hinzu, so erzeugt man eine einzige Schleife (siehe Aufgabe 20). Es sei
$e, e_1, e_2, \ldots, e_k$ diese einzige Schleife. Mindestens einer dieser e_i-
Werte ($1 \le i \le k$) ist nicht in $E(T)$, denn sonst würde T ebenfalls die
Schleife $e, e_1, e_2, \ldots, e_k$ enthalten. Es sei e_j eine Kante in dieser
Schleife mit $e_j \notin E(T)$. Sind die Kosten von e_j geringer als die von e,
dann würde der Algorithmus von Kruskal zuerst e_j vor e betrachten und
e_j zu T hinzufügen. Dies erkennt man daran, daß alle Kanten in $E(T)$,
deren Kosten geringer als die Kosten von e sind, auch in $E(T')$ liegen
und mit e_j keine Schleife bilden. Also gilt: $c(e_j) \ge c(e)$ ($c(.)$ ist
die Kantenkostenfunktion).

Nun betrachten wir noch einmal den Graph mit der Kantenmenge $E(T')$
$\cup \{e\}$. Entfernt man irgendeine Kante aus der Schleife $e, e_1, e_2, \ldots,$
e_k, dann erhält man einen Baum T'' (Aufgabe 20). Wenn wir insbesondere
die Ecke e_j entfernen, dann werden die Kosten des daraus resultierenden Baumes T'' nicht höher sein als die von T' (wegen $c(e_j) \ge c(e)$).

Also ist T" auch ein Baum mit minimalen Kosten.

Bei wiederholter Anwendung der oben beschriebenen Transformation kann man den Baum T' in den spannenden Baum T umformen, ohne daß dabei die Kosten wachsen. Also ist T ein spannender Baum mit minimalen Kosten. □

4.7 KÜRZESTE WEGE BEI EINER EINZIGEN QUELLE

Die Straßennetzstruktur eines Staates oder Landes kann durch Graphen dargestellt werden; dabei stehen die Knoten stellvertretend für Städte und die Kanten für Straßenabschnitte. Den Kanten kann man dann Gewichte zuweisen; diese entsprechen entweder der Entfernung der beiden durch die Kante verbundenen Städte oder der Durchschnittszeit, die zum Befahren dieses Straßenabschnitts benötigt wird. Ein Autofahrer, der von einer Stadt A zu einer anderen Stadt B fahren möchte, hätte gerne folgende Fragen beantwortet:

(i)   Gibt es einen Weg von A nach B?
(ii) Falls es mehr als einen Weg gibt, welches ist der kürzeste?

Die durch (i) und (ii) definierten Problemstellungen sind Spezialfälle des Wegproblems, das wir in diesem Abschnitt behandeln wollen. Die Länge eines Weges ist jetzt definiert als die Summe der Gewichte der Kanten auf diesem Weg. Den Anfangsknoten des Weges nennen wir Quelle und den letzten Knoten Ziel. Die Graphen sind Digraphen, damit auch Einbahnstraßen dargestellt werden können. Das Problem, das wir betrachten werden, besteht aus einem gewichteten Graph $G = (V, E)$, einer Gewichtsfunktion $c(e)$ für die Kanten von G und einem Quellknoten v_0. Das Problem besteht darin, die kürzesten Wege von v_0 zu allen anderen Knoten von G zu ermitteln. Wir nehmen an, daß alle Gewichte positiv sind.

Beispiel 4.11 Betrachten wir den gerichteten Graph aus Abb. 4.10(a). Die Zahlen an den Kanten sind die Gewichte. Ist v_0 der Quellknoten, dann ist der kürzeste Weg von v_0 nach v_1 der Weg $v_0 v_2 v_3 v_1$. Die Länge dieses Weges ist $10 + 15 + 20 = 45$. Obwohl dieser Weg drei Kanten hat, ist er dennoch kürzer als der Weg $v_0 v_1$; dieser hat die Länge 50. Es gibt keinen Weg von v_0 nach v_5. In Abb. 4.10(b) sind die kürzesten Wege von v_0 nach v_1, v_2, v_3 und v_4 aufgelistet. Die Wege wurden in nichtabsteigender Folge bzgl. der Weglänge angeordnet.

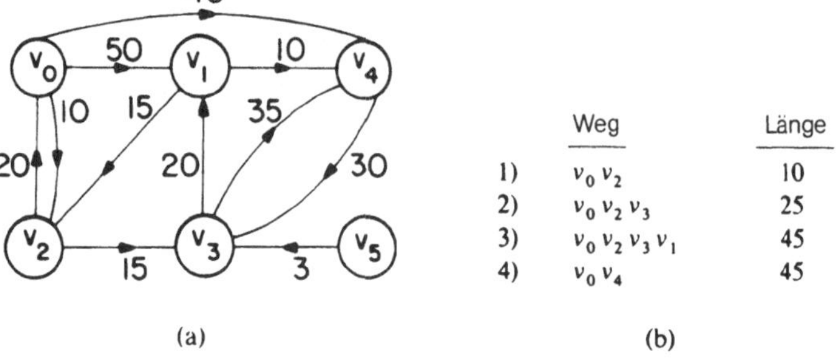

Abbildung 4.10   Graph und kürzeste Wege von v_0 zu allen Zielknoten

Wollen wir einen auf der Greedy - Methode basierenden Algorithmus
zur Erzeugung der kürzesten Wege angeben, dann müssen wir uns eine
mehrstufige Problemlösung und ein Optimierungsmaß überlegen. Eine Möglichkeit besteht darin, die kürzesten Wege der Reihe nach aufzubauen.
Als Optimierungsmaß können wir die Summe der Längen aller bisher erzeugten Wege verwenden. Soll dieses Maß minimiert werden, so muß jeder einzelne Weg minimale Länge haben. Haben wir mit Hilfe dieses Maßes schon
i kürzeste Wege konstruiert, dann sollte der nächste zu konstruierende
Weg derjenige mit der nächst - kürzesten Weglänge sein. Nach der Greedy - Methode (und auch nach einer systematischen Methode) würde man diese Wege in der Reihenfolge nichtabsteigender Weglängen erzeugen. Zuerst wird zum nächstgelegenen Knoten ein kürzester Weg erzeugt. Dann
wird zum zweitnächsten Knoten ein kürzester Weg erzeut usw... Im Graph
aus Abb. 4.10(a) ist v_2 der zu v_0 am nächsten gelegene Knoten ($c(v_0$,
$v_2) = 10$). Der Weg $v_0 v_2$ wird als erster erzeugt. Der zweitnächste Knoten zu v_0 ist v_3; die Entfernung zwischen v_0 und v_3 beträgt 25. Der Weg
$v_0 v_2 v_3$ wird als nächster Weg erzeugt. Um in dieser Reihenfolge die kürzesten Wege zu erzeugen, müssen wir (i) den nächsten Knoten ermitteln,
zu dem ein kürzester Weg erzeugt werden muß und (ii) einen kürzesten
Weg zu diesem Knoten. S bezeichne die Menge der Knoten (einschließlich
v_0), zu denen bereits die kürzesten Wege erzeugt wurden. Für ein nicht
in S liegendes w sei DIST(w) die Länge des kürzesten Weges, der bei v_0
beginnt, in w endet und nur durch solche Knoten führt, die in S liegen.
Wir stellen folgendes fest:

(i)   Geht der nächstkürzeste Weg zum Knoten u, dann beginnt der
      Weg bei v_0, endet bei u und führt nur durch solche Knoten,
      die in S liegen. Zum Beweis müssen wir zeigen, daß alle da-
      zwischenliegenden Knoten entlang des kürzesten Weges nach u

in S liegen. Angenommen, es gäbe einen Knoten w auf diesem Weg, der nicht in S liegt. Dann enthält der Weg von v_0
nach u auch einen Weg von v_0 nach w, dessen Länge geringer
ist als die des Weges von v_0 nach u. Nach Voraussetzung
werden die kürzesten Wege in nichtabsteigender Folge bzgl.
der Weglänge erzeugt, also muß der kürzere Weg von v_0 nach
w bereits erzeugt worden sein. Damit kann es keinen dazwi-
schenliegenden Knoten geben, der nicht in S liegt.

(ii)   Das Ziel des nächsten erzeugten Weges muß ein Knoten u sein,
       der minimale Distanz (DIST(u)) unter allen Knoten, die
       nicht in S liegen, hat. Dies ergibt sich aus der Definition
       von DIST und aus Punkt (i). Gibt es mehrere Knoten, die
       nicht in S liegen und die gleiche Distanz DIST haben, dann
       wird irgendeiner davon ausgewählt.

(iii) Nachdem man - wie in (ii) beschrieben - einen Knoten u aus-
       gewählt und den kürzesten Weg von v_0 nach u erzeugt hat,
       wird der Knoten u zu einem Element von S. An diesem Punkt
       kann die Länge des kürzesten Weges, der bei v_0 beginnt,
       nur durch Knoten in S führt und bei $w \notin S$ endet, abnehmen,
       d.h. der Wert von DIST(w) kann sich ändern. Diese Änderung
       wird durch einen kürzeren Weg bewirkt, der bei v_0 beginnt,
       zuerst nach u und dann nach w führt. Alle dazwischenliegen-
       den Knoten auf den Wegen von v_0 nach u und von u nach w
       müssen alle in S liegen. Außerdem muß der Weg von v_0 nach
       u der kürzeste Weg sein, sonst wäre DIST(w) nicht richtig
       definiert. Auch kann der Weg von u nach w so gewählt wer-
       den, daß er keine dazwischenliegenden Knoten enthält. Da-
       raus können wir folgendes schließen: falls DIST(w) sich
       ändert (d.h. kleiner wird), geschieht dies aufgrund eines
       Weges von v_0 über u nach w, wobei der Weg von v_0 nach u
       der kürzeste und der von u nach w die Kante (u, w)
       ist. Die Länge dieses Weges beträgt DIST(u) + c(u, w).

Die obigen Überlegungen führen zu einem einfachen Algorithmus
(Algorithmus 4.11) für das Problem des kürzesten Weges bei einer einzigen Quelle. Dieser Algorithmus (als Algorithmus von Dijkstra bekannt)
ermittelt tatsächlich nur die Längen der kürzesten Wege von v_0 zu allen anderen Knoten in G. Die wirkliche Erzeugung der Wege erfordert
eine kleine Erweiterung des Algorithmus und ist dem Leser als Übungs-

aufgabe überlassen. In der Prozedur KÜRZESTE_WEGE (Algorithmus 4.11)
wird angenommen, daß die n Knoten von G von 1 bis n durchnumeriert
sind. Die Menge S wird als Bit - Feld verwaltet mit $S(i) = 0$ falls
Knoten i nicht in S und $S(i) = 1$ falls er in S liegt. Weiterhin
wird angenommen, daß der Graph selbst durch seine Kosten - Adjazenzmatrix dargestellt wird, wobei KOSTEN (i, j) das Gewicht der Kante
(i, j) angibt. Falls die Kante (i, j) nicht in E(G) liegt, wird KOSTEN
(i, j) auf irgendeinen großen Wert $(+ \infty)$ gesetzt. Ist $i = j$, kann KO-
STEN (i, j) auf irgendeinen nichtnegativen Wert gesetzt werden, ohne
daß dadurch das Ergebnis des Algorithmus beeinflußt würde.

```
    procedure KÜRZESTE_WEGE (v, KOSTEN, DIST, n)
        //DIST(j), 1 ≤ j ≤ n wird gleich der Länge des kürzesten//
        //Weges von Knoten v nach Knoten j in einem Digraph G mit//
        //n Knoten gesetzt. DIST(v) wird gleich null gesetzt. G wird//
        //durch seine Kosten - Adjazenzmatrix KOSTEN(n, n) darge-//
        //stellt.//
        boolean S(1:n); real KOSTEN(1:n, 1:n), DIST(1:n)
        integer u, v, n, num, i, w
1       for i ← 1 to n do    //initialisiere S als leere Menge//
2         S(i) ← 0; DIST(i) ← KOSTEN(v, i)
3       repeat
4       S(v) ← 1; DIST(v) ← 0    //füge Knoten v zur Menge S hinzu//
5       for num ← 2 to n - 1 do    //ermittle n - 1 Wege von Knoten v//
6         wähle u so, daß gilt: DIST(u) = min { DIST(w)}
                                         S(w) = 0
7         S(u) ← 1    //füge Knoten u zur Menge S hinzu//
8         for alle w mit S(w) = 0 do    //bringe die Distanzwerte auf//
                                          //den neuesten Stand//
9           DIST(w) ← min(DIST(w), DIST(u) + KOSTEN(u, w))
10        repeat
11      repeat
12      end KÜRZESTE___WEGE
```

Algorithmus 4.11   Greedy - Algorithmus zur Erzeugung kürzester
                   Wege

Analyse des Algorithmus KÜRZESTE__WEGE

An Hand unserer früherer Überlegungen kann man leicht erkennen, daß
der Algorithmus korrekt ist. Die Ausführungszeit bei einem Graph mit n
Knoten beträgt $O(n^2)$. Dies erkennt man folgendermaßen: Die _for_ - Schleife in Zeile 1 benötigt zur Ausführung eine Zeit $\Theta(n)$. Die _for_ - Schleife in Zeile 5 wird (n - 2) mal ausgeführt. Jeder Durchlauf erfordert
eine Zeit $O(n)$ in Zeile 6 zur Auswahl des nächsten Knotens und noch
einmal in den Zeilen 8 - 10 zur Neuberechnung von DIST. Also ist die
Gesamtzeit für diese Schleife $O(n^2)$. Legt man eine Liste T von Knoten
an, die nicht in S liegen, dann beträgt die Anzahl von Knoten in dieser Liste zu jedem Zeitpunkt n - num. Dadurch würde zwar die Ausführung der Zeilen 6 und 8 - 10 schneller werden, die asymptotische Zeit
bliebe aber $O(n^2)$. Diese und andere Veränderungen des Algorithmus werden in den Übungen untersucht.

Jeder Algorithmus zur Ermittlung des kürzesten Weges muß jede Kante des Graphen mindestens einmal untersuchen, dann jede der Kanten
könnte zu einem kürzesten Weg gehören. Also wäre die kürzestmögliche
Zeit für solch einen Algorithmus $O(e)$. Da wir zur Darstellung des Graphen eine Kostenadjazenzmatrix verwendet haben, braucht man die Zeit
$O(n^2)$ alleine zur Feststellung, welche Kanten in G liegen; daher muß
jeder Algorithmus zur Bestimmung der kürzesten Weglänge, der diese
Darstellung verwendet, die Zeit $O(n^2)$ benötigen. Bis auf einen konstanten Faktor ist damit der Algorithmus KÜRZESTE_ WEGE bzgl. dieser Darstellung optimal. Auch wenn man die Adjazenzlisten ändert, kann nur die
Gesamtausführungszeit der _for_ - Schleife der Zeilen 8 - 10 auf $O(e)$
heruntergedrückt werden (da die Distanz sich nur für Nachbarknoten von
u ändern kann). Die Gesamtausführungszeit für Zeile 6 bleibt $O(n^2)$.

Beispiel 4.12 Wir betrachten den Digraph mit 8 Knoten aus Abb. 4.11(a)
und die zugehörige Kostenadjazenzmatrix aus Abb. 4.11(b). In Abb. 4.12
findet man die Werte von DIST und die Knoten, die bei jedem Durchlauf
durch die _while_ - Schleife in Zeile 5 bei der Suche nach allen kürzesten Wegen von Boston ausgewählt werden. Man beachte, daß der Algorithmus dann terminiert, wenn bereits sieben der acht Knoten in S liegen. Nach der Definition von DIST ist die Distanz des letzten Knotens
(in diesem Fall Los Angeles) korrekt, da der kürzeste Weg von Boston
nach Los Angeles nur durch die restlichen sechs Knoten führen kann. □

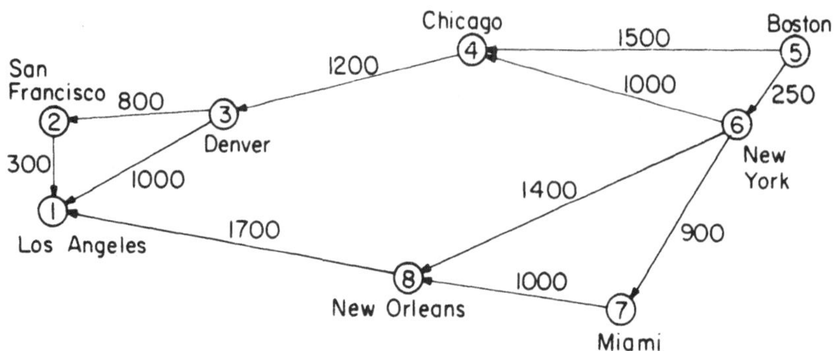

Abbildung 4.11(a)   Ein anhand einer Landkarte konstruierter gerichteter Graph

	1	2	3	4	5	6	7	8
1	0							
2	300	0						
3	1000	800	0					
4			1200	0				
5				1500	0	250		
6				1000		0	900	1400
7							0	1000
8	1700							0

Abbildung 4.11(b) Kostenadjazenzmatrix zu Abb.4.11(a);
alle nicht eingetragenen Elemente sind $+\infty$

iteration n	S	ausgewählter Knoten	DIST	LA (1)	SF (2)	D (3)	C (4)	B (5)	NY (6)	M (7)	NO (8)
zu Beginn		—									
1	5	6		$+\infty$	$+\infty$	$+\infty$	1500	0	250	$+\infty$	$+\infty$
2	5,6	7		$+\infty$	$+\infty$	$+\infty$	1250	0	250	1150	1650
3	5,6,7	4		$+\infty$	$+\infty$	$+\infty$	1250	0	250	1150	1650
4	5,6,7,4	8		$+\infty$	$+\infty$	2450	1250	0	250	1150	1650
5	5,6,7,4,8	3		3350	$+\infty$	2450	1250	0	250	1150	1650
6	5,6,7,4,8,3	2		3350	3250	2450	1250	0	250	1150	1650
	5,6,7,4,8,3,2			3350	3250	2450	1250	0	250	1150	1650

Abbildung 4.12 Wirkungsweise des Algorithmus KÜRZESTE-WEGE

Man kann leicht zeigen, daß die Kanten, die auf den kürzesten Wegen
von einem Knoten v zu allen übrigen Knoten liegen, bei einem zusammenhängenden, ungerichteten Graph G einen spannenden Baum von G bilden.
Diesen spannenden Baum nennt man einen spannenden Baum kürzester Weg-

länge. Natürlich kann es für verschiedene Wurzelknoten v verschiedene
spannende Bäume geben. Abb. 4.13 zeigt einen Graph G, seinen spannenden Baum mit minimalen Kosten und einen von Knoten 1 ausgehenden spannenden Baum kürzester Weglänge.

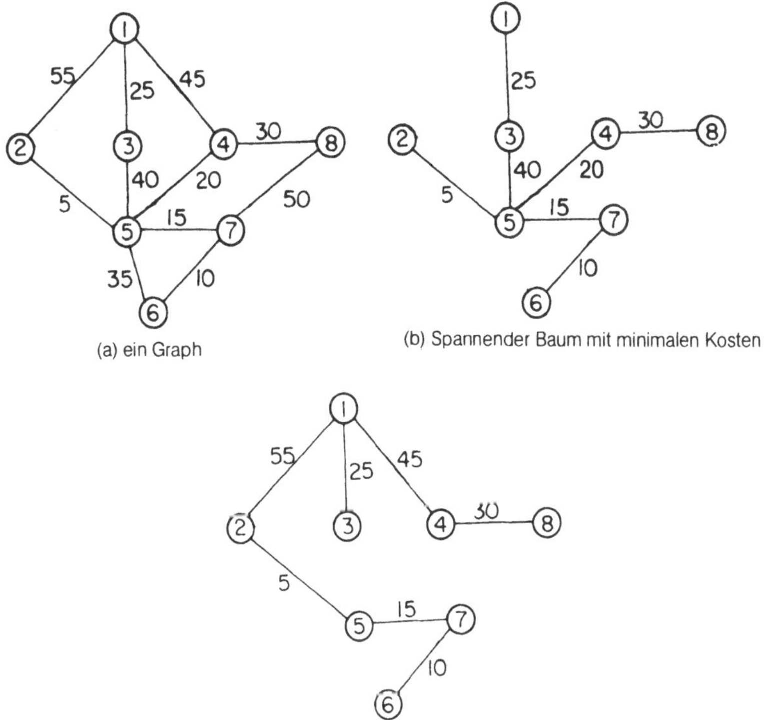

Abbildung 4.13   Graphen und spannende Bäume

<u>LITERATURHINWEISE</u>

Weitere Arbeiten, die sich mit der Anwendung der Greedy - Methode
auf Probleme vom Rucksack - Typ befassen, findet man in:

"When the greedy solution solves a class of knapsack problems",
von M. Magazine, G. Nemhauser und L. Trotter, Operations Research,
23(2), pp 207 - 217 (1975).

"Canonical coin changing and greedy solutions", von L. Chang und

J. Korsh, JACM, 23(3), pp. 412 - 422 (1976).

Die hier entwickelte Greedy - Methode zum optimalen Speichern von
Programmen auf Bändern wurde zuerst für ein Rechnerbetriebsplanungspro-
gramm ersonnen. Bei diesem Problem müssen n Programme auf m Prozessoren
verteilt werden. Das Programm i benötigt die Zeit A_i zur Ausführung.
Die Zeit, zu der ein Programm beendet wird, ergibt sich als Summe der
Zeiten all derjenigen Programme, die dem Programm i vorausgehen (einschließlich Programm i). Die durchschnittliche Beendigungszeit entspricht der mittleren Zugriffszeit für Programme auf Bändern. Die
$(m!)^{n/m}$ Planungen, auf die in Theorem 4.2 Bezug genommen wird, sind
als sogenannte SPT - Planungen bekannt (SPT = shortest processing
time). Sowohl die Regel zur Erzeugung von SPT - Planungen als auch
die Regel aus Aufgabe 9 erschienen zuerst in:

"Various optimizers for single - state production", von W.E.
Smith, Nav. Res. Log. Quart., 3(1), März (1956).

Der Greedy - Algorithmus zur Erzeugung optimaler Mischbäume geht
auf D. Huffman zurück und erschien zuerst in:

"A method for the construction of minimum - redundancy codes",
Proc. IRE 40, pp. 1098 - 1101 (1952).

Zu einer gegebenen Menge $\{q_1, \ldots, q_n\}$ gibt es eine ganze Reihe
von Huffman Codes, die $\sum q_i d_i$ minimieren. Unter diesen Codemengen gibt
es eine, welche $\sum d_i$ und max $\{d_i\}$ minimiert. Einen Algorithmus zur
Erzeugung dieser Codemenge findet man in:

"An optimal encoding with minimum longest code and total number
of digits", von E.S. Schwartz, Info. and Contr., 7, pp. 37 - 44
(1964).

Die beiden Greedy - Methoden zur Erzeugung spannender Bäume mit
minimalen Kosten erschienen zuerst in:

"On the shortest spanning subtree of a graph and the traveling
salesman problem", von J.B. Kruskal, Jr., Proc. Amer. Math. Soc.,
7(1), pp. 48 - 50 (1956).

"Shortest connection networks and some generalizations", von R.C.

Prim, Bell System Technical Jr., pp. 1389 - 1401 (1957).

D.B. Johnson hat eine Möglichkeit beschrieben, wie man die Methode von Prim für einen Graph mit e Kanten und v Knoten implementieren kann, so daß die Rechenzeit $O(e)$ beträgt, wenn $e = \Omega (v^{1+\epsilon})$ ist für irgendein festes ϵ. Er benutzt bei seiner Implementierung Prioritätsschlangen, die ständig auf den neuesten Stand gebracht werden. Eine Beschreibung findet man in:

"Priority queues with update and finding minimum spanning trees", von D.B. Johnson, Infor. Proc. Let., 4(3), pp. 53 - 57 (1975).

Ein spannender Baum - Algorithmus mit $O(e \log \log v)$ wird vorgestellt in:

"An $O(|E| \log \log |V|)$ algorithm for finding minimum spanning trees", von A.C. Yao, Infor. Proc. Letters, 4(1), pp. 21 - 23 (1975).

Eine Studie über mehrere spannende Baum - Algorithmen erscheint in:

"Finding Minimum Spanning Trees", von D. Cheriton und R. Tarjan, SIAM Jr. on Computing, 5(4), pp. 724 - 742 (1976).

Der im Text beschriebene Algorithmus zur Ermittlung des kürzesten Weges ist entnommen aus:

"A note on two problems in connexion with graphs", von E.W. Dijkstra, Numerische Mathematik, 1, pp. 269 - 271 (1959).

Ein besserer Algorithmus für Graphen mit wenig Kanten erscheint in:

"Efficient algorithms for shortest paths in sparse networks", von D.B. Johnson, J. ACM, 24(1), pp. 1 - 13 (1977).

Algorithmen, die nach dem Einfügen oder Löschen eines Knotens oder einer Kante einen minimalen spannenden Baum oder einen kürzesten Weg auf den neuesten Stand bringen, findet man in:

"On finding and updating spanning trees and shortest paths", von
P.M. Spira und A. Pan, SIAM Jr. on Computing, 4(3), pp. 375 - 380
(1975).

Die Beziehung zwischen Greedy - Methoden und Matroiden wird behandelt in:

"Combinatorial optimization" von E. Lawler, Holt, Reinhart und Win-
ston, 1976.

"Matroids and the greedy algorithm", von J. Edmonds, Math. Prog.,
1, pp. 127 - 136 (1971).

"A greedy algorithm for solving a certain class of linear pro-
grammes", von F.D.J. Dunstan und D.J.A. Welsh, Math. Prog., 5,
pp. 338 - 353 (1973).

"Optimal assignments in an ordered set: an application of Matroid
Theory", von D. Gale, Jr. of Combin. Theo., 4, pp. 176 - 180
(1968).

ÜBUNGEN

1. a) Geben Sie eine optimale Lösung zu folgendem Rucksackproblem
        an: $n = 7$, $M = 15$, $(p_1, p_2, \ldots, p_7) = (10, 5, 15, 7, 6, 18,$
        $3)$ und $(w_1, w_2, \ldots, w_7) = (2, 3, 5, 7, 1, 4, 1)$.

    b) Es sei $\hat{F}(I)$ der Wert der Lösung, die vom Algorithmus GREEDY_
        RUCKSACK zur Problemstellung I erzeugt wird, wenn die Objekte
        in nichtaufsteigender Folge bzgl. der p_i - Werte eingegeben
        werden. Es sei $F^*(I)$ der Wert einer optimalen Lösung zu diesem
        Problem. Wie groß kann das Verhältnis $F^*(I) / \hat{F}(I)$ werden?

    c) Beantworten Sie b) für den Fall, daß die Eingabewerte in
        nichtabsteigender Folge bzgl. der w_i - Werte angeordnet sind.

2. [Münzwechsel] $A_n = \{a_1, a_2, \ldots, a_n\}$ sei eine endliche Menge
    verschiedener Münztypen (z.B. $a_1 = 50$ Pfennig, $a_2 = 10$ Pfen-
    nig, $a_3 = 50$ Pfennig usw. ...). Wir nehmen an, daß jedes a_i

eine ganze Zahl ist und daß gilt: $a_1 > a_2 > ... > a_n$. Jeder Münztyp
sei in beliebiger Menge vorrätig. Das Münzwechselproblem besteht
darin, genau einen Betrag C zusammenzustellen und dabei eine minimale Anzahl von Münzen insgesamt zu verwenden. C ist eine ganze
Zahl größer als null.

a) Zeigen Sie, daß es im Fall $a_n \neq 1$ eine endliche Menge von Münztypen und ein C gibt, für welches das Münzwechselproblem keine
   Lösung hat.

b) Zeigen Sie, daß es immer eine Lösung gibt, falls $a_n = 1$ ist.

c) Für $a_n = 1$ gibt es eine Greedy - Lösung des Problems, wobei die
   Münztypen in der Reihenfolge a_1, a_2, ..., a_n verwendet werden.
   Betrachtet man den Münztyp a_i, dann werden so viel Münzen wie
   möglich von diesem Typ zum Wechseln verwendet. Schreiben Sie
   einen Algorithmus, der auf dieser Strategie beruht. Zeigen Sie,
   daß dieser Algorithmus nicht notwendigerweise Lösungen erzeugt,
   bei denen die Gesamtzahl der Münzen minimal ist.

d) Zeigen Sie, daß die in c) beschriebene Greedy - Methode immer
   zu Lösungen mit einer minimalen Anzahl von Münzen führt, falls
   gilt: $A_n = \{ k^{n-1}, k^{n-2}, ..., k^0 \}$ für irgendein $k > 1$.

3. P_1, P_2, ..., P_n sei eine Menge von n Programmen, welche auf einem
    Band der Länge L gespeichert werden sollen. Das Programm P_i hat
    auf dem Band einen Platzbedarf a_i. Ist $\sum a_i \leq L$, dann können
    selbstverständlich alle Programme auf dem Band gespeichert werden.
    Also nehmen wir an, daß gilt: $\sum a_i > L$. Es geht darum, eine maxi-
    male Teilmenge Q der Programme auszuwählen, die auf dem Band abge-
    speichert werden. Eine maximale Teilmenge ist eine Menge mit ma-
    ximaler Anzahl von Programmen. Ein Greedy - Algorithmus zur Lösung
    dieses Problems würde die Teilmenge Q aufbauen, indem er die Pro-
    gramme in nichtabsteigender Folge bzgl. der a_i - Werte betrachtet.

    a) Wir nehmen an, daß die P_i's so angeordnet sind, daß gilt:
       $a_1 \leq a_2 \leq ... \leq a_n$. Schreiben Sie für die oben erläuterte Stra-
       tegie einen Algorithmus in SPARKS. Als Ausgabe sollte dieser
       Algorithmus ein Feld S(1:n) erzeugen, für welches gilt: S(i)
       = 1 falls P_i in Q liegt und S(i) = 0 sonst.

b) Zeigen Sie, daß man mit Hilfe dieser Strategie immer eine maximale Teilmenge Q findet, so daß gilt: $\sum_{P_i \in Q} a_i \leq L$.

c) Q sei die Teilmenge, die man bei Verwendung obiger Strategie
erhält. Wie klein kann das Bandnutzungsverhältnis ($\sum_{P_i \in Q} a_i$) / L
werden?

d) Angenommen, es ginge jetzt darum, eine Teilmenge von Programmen zu bestimmen, die das Bandnutzungsverhältnis maximiert.
Nach der Greedy - Methode würde man jetzt die Programme in
nichtaufsteigender Folge bzgl. der a_i - Werte betrachten. Ist
auf dem Band noch genügend Platz frei für P_i, dann wird P_i zu
Q hinzugenommen. Angenommen, die Programme seien so angeordnet,
daß gilt: $a_1 \geq a_2 \geq \ldots a_n$. Schreiben Sie einen Algorithmus
in SPARKS, der diese Strategie anwendet. Welche Rechenzeit und
welchen Platzbedarf hat dieser Algorithmus?

e) Zeigen Sie, daß man mit der Strategie aus c) nicht notwendigerweise eine Teilmenge erhält, die ($\sum_{P_i \in Q} a_i$) / L maximiert. Wie
klein kann dieses Verhältnis werden? Beweisen Sie, daß Ihre
untere Schranke korrekt ist.

4. [0/1 Rucksack] Wir betrachten das in Abschnitt 4.3 behandelte
Rucksackproblem. Wir fordern noch zusätzlich, daß gilt: x_i = 1 oder
x_i = 0, $1 \leq i \leq n$, d.h. ein Objekt ist entweder im Rucksack enthalten oder nicht. Wir wollen folgendes Problem lösen:

$$\max \sum_1^n p_i x_i \tag{4.3c}$$

unter den Nebenbedingungen

$$\sum_1^n w_i x_i \leq M \tag{4.3d}$$

$$x_i = 0 \text{ oder } 1, \qquad 1 \leq i \leq n$$

Eine mögliche Greedy - Strategie ist folgende: man betrachte die
Objekte in nichtaufsteigender Folge bzgl. der Dichte p_i/w_i; man

lege das Objekt in den Rucksack, falls es hineinpaßt. Zeigen Sie,
daß man mit Hilfe dieser Strategie nicht notwendigerweise optimale
Lösungen erhält.

5. [Mengenhülle] Gegeben ist eine Familie S von m Mengen S_i, $1 \leq i \leq m$. Mit $|A|$ wird die Mächtigkeit der Menge A bezeichnet. Es sei $|S_i| = j_i$, d.h. $S_i = \{S_1, S_2, \ldots, S_{j_i}\}$. Eine Teilmenge $T = \{T_1, T_2, \ldots, T_k\}$ von S ist eine Familie von Mengen, so daß für jedes i, $1 \leq i \leq k$, gilt: $T_i = S_r$ für irgendein r, $1 \leq r \leq m$. T ist eine Hülle von S genau dann, wenn gilt: $\cup\, T_i = \cup\, S_i$. Die Mächtigkeit von T ($|T|$) ist die Anzahl der Mengen in T. Eine minimale Hülle von S ist eine Hülle kleinster Mächtigkeit. Betrachten Sie folgende Greedy - Strategie: man baue T iterativ auf; bei der k-ten Iteration gelte: $T = \{T_1, \ldots, T_{k-1}\}$; nun füge man zu T eine Menge S_j aus S hinzu, welche die größte Anzahl von Elementen enthält, die noch nicht in T liegen; man höre auf, wenn gilt: $\cup\, T_i = \cup\, S_i$.

a) Angenommen, es sei $\cup\, S_i = \{1, 2, \ldots, n\}$ und $m < n$. Schreiben Sie unter Verwendung obiger Strategie einen Algorithmus, der Hüllen erzeugt. Wieviel Zeit und Platz beansprucht dieser Algorithmus?

b) Zeigen Sie, daß man bei Anwendung obiger Greedy - Strategie nicht notwendigerweise eine minimale Mengenhülle erhält.

c) Angenommen, eine minimale Hülle sei nun so definiert, daß $\sum_{i=1}^{k} |T_i|$ ein Minimum annimmt. Findet man mit Hilfe obiger Strategie immer eine minimale Hülle?

6. [Knotenhülle] Es sei G = (V, E) ein ungerichteter Graph. Eine Knotenhülle von G ist eine Teilmenge U der Knotenmenge V, so daß jede Kante in E mindestens einem Knoten in U benachbart (inzident) ist. Unter einer minimalen Knotenhülle versteht man eine Hülle mit der geringsten Anzahl von Knoten. Betrachten Sie zu diesem Problem folgenden Greedy - Algorithmus:

```
procedure HÜLLE (V, E)
  U ← ∅
  loop
      es sei v ∈ V ein Knoten mit maximalem Grad
      U ← U ∪ {v}; V ← V - {v}
      E ← E - {(u, w) so daß gilt: u = v oder w = r}
  until E = ∅ repeat
  return (U)
end HÜLLE
```

Erzeugt dieser Algorithmus immer eine minimale Knotenhülle?

7. Gegeben ist eine Menge von n Aufträgen. Zu jedem Auftrag i ge-
    hören eine Verarbeitungszeit A_i und ein Schlußtermin d_i, zu dem
    der Auftrag vollständig bearbeitet sein muß. Eine ausführbare
    Planung ist eine Permutation der Aufträge, so daß jeder Auftrag
    bis zu seinem Schlußtermin abgearbeitet ist, falls die Aufträge
    in dieser Reihenfolge verarbeitet werden. Eine Greedy - Planung
    sei als eine Planung definiert, bei der die Aufträge in nichtab-
    steigender Folge bzgl. ihrer Schlußtermine verarbeitet werden.
    Zeigen Sie, daß alle Greedy - Planungen ausführbar sind, wenn es
    eine ausführbare Planung gibt.

8. [Optimale Zuordnung] Angenommen, es gibt n Arbeiter und n Auf-
    träge. Es sei v_{ij} der Wert der Zuordnung von Arbeiter i an Auf-
    trag j. Eine Zuordnung von Arbeitern zu Aufträgen entspricht einer
    Zuordnung von 0 oder 1 zu den Variablen x_{ij}, $1 \leq i, j \leq n$. $x_{ij} = 1$
    bedeutet, daß dem Arbeiter i der Auftrag j zugeordnet wird;
    $x_{ij} = 0$ bedeutet, daß dem Arbeiter i nicht der Auftrag j zugeord-
    net wird. Eine gültige Zuordnung ist eine, bei der jeder Arbeiter
    genau einem Auftrag zugeordnet und genau ein Arbeiter an irgend-
    einen Auftrag zugeordnet wird. Der Wert einer Zuordnung ist
    $\sum_i \sum_j v_{ij} \cdot x_{ij}$. Eine optimale Zuordnung ist eine gültige Zuord-
    nung mit maximalem Wert. Schreiben Sie Algorithmen für zwei ver-
    schiedene Zuordnungsmethoden, die auf der Greedy - Strategie ba-
    sieren. Bei der einen Methode wird ein Arbeiter dem bestmög-
    lichen Auftrag zugeordnet, bei der anderen wird einem Auftrag der
    bestmögliche Arbeiter zugeordnet. Zeigen Sie, daß keine der beiden
    Methoden optimale Zuordnungen garantiert. Ist eine Methode immer

besser als die andere? Es sei $v_{ij} > 0$.

9. Es sollen n Programme mit den Längen l_1, l_2, ..., l_n auf einem Band gespeichert werden. Das Programm i wird mit der Häufigkeit f_i wiederaufgefunden. Sind die Programme in der Reihenfolge i_1, i_2, ..., i_n gespeichert, dann beträgt die erwartete Zeit zum Wiederauffinden (ERT = expected retrieval time)

$$\left[\sum_j \left(f_{i_j} \sum_{k=1}^{j} l_{i_k} \right) \right] / \sum_i f_i \quad . \tag{4.3e}$$

a) Zeigen Sie, daß die ERT nicht notwendigerweise minimiert wird, wenn die Programme in nichtabsteigender Folge bzgl. der l_i - Werte gespeichert werden.

b) Zeigen Sie, daß die ERT nicht notwendigerweise minimiert wird, wenn die Programme in nichtabsteigender Folge bzgl. der f_i - Werte gespeichert werden.

c) Zeigen Sie, daß die ERT minimiert wird, wenn die Programme in nichtabsteigender Folge bzgl. der Quotienten f_i/l_i gespeichert werden.

10. Wir betrachten das Problem der Bandspeicherung aus Abschnitt 4.2. Wir nehmen an, daß zwei Bänder T_1 und T_2 zur Verfügung stehen; wir wollen n vorgegebene Programme mit den Längen l_1, l_2, ..., l_n auf diesen beiden Bändern so abspeichern, daß die maximale Zeit zum Wiederauffinden minimiert wird. Das soll folgendes heißen: Sind A und B Programmengen auf den Bändern T_1 bzw. T_2, dann möchten wir A und B so wählen, daß max $\{ \sum_{i \in A} l_i, \sum_{i \in B} l_i \}$ minimiert wird. Eine mögliche Greedy - Methode zur Gewinnung von A und B würde darin bestehen, mit A und B als zunächst leere Mengen zu beginnen. Dann wird ein Programm nach dem anderen betrachtet. Das gerade zu betrachtende Programm wird der Menge A zugeordnet, falls gilt: $\sum_{i \in A} l_i = \min\{ \sum_{i \in A} l_i, \sum_{i \in B} l_i \}$; im andern Fall wird es der Menge B zugeordnet. Zeigen Sie, daß damit keine optimalen Lösungen garantiert sind, auch dann nicht, wenn gilt: $l_1 \leq l_2 \leq ... \leq l_n$. Zeigen Sie, daß für den Fall $l_1 \geq l_2 \geq ... \geq l_n$ dasselbe gilt.

11. a) Welche Lösung erzeugt der Algorithmus 4.5, wenn folgendes
       gilt: $n = 7$, $(p_1, p_2, \ldots, p_7) = (3, 5, 20, 18, 1, 6, 30)$ und
       $(d_1, d_2, \ldots, d_7) = (1, 3, 4, 3, 2, 1, 2)$?

    b) Zeigen Sie, daß das Theorem 4.4 auch dann noch gültig ist,
       wenn die Programme bzgl. der Verarbeitung verschiedene Anfor-
       derungen haben. Zu jedem Programm i gehört ein Gewinn $p_i > 0$,
       ein Zeitbedarf $t_i > 0$ und ein Schlußtermin $d_i \geq t_i$.

    c) Zeigen Sie, daß im Fall a) die Greedy - Methode aus Abschnitt
       4.4 nicht notwendigerweise eine optimale Lösung liefert.

12. a) Zeigen Sie, daß beim Auftragsfolgeproblem aus Abschnitt 4.4
       die Teilmenge J genau dann eine mögliche Lösung darstellt,
       wenn die Aufträge in J nach folgender Regel verarbeitet wer-
       den: wurde dem Auftrag i in J noch keine Verarbeitungszeit
       zugewiesen, dann weise man diesen Auftrag dem Zeitintervall
       $[\alpha - 1, \alpha]$ zu, wobei α die kleinste ganze Zahl r ist, für die
       gilt: $1 \leq r \leq d_i$ und Zeitintervall $[\alpha - 1, \alpha]$ ist frei.

    b) Zeichnen Sie die zum Problem aus Aufgabe 11(a) gehörigen Bäu-
       me und geben Sie die Werte von $F(i)$, $0 \leq i \leq n$, an, die bei
       jedem Durchlauf durch die Schleife der Zeilen 6 - 13 in Algo-
       rithmus 4.6 entstehen.

13. a) Zeigen Sie folgendes: sind alle internen Knoten eines Baumes
       vom Grad k, dann gilt für die Anzahl n der externen Knoten:
       $n \bmod (k - 1) = 1$.

    b) Zeigen Sie, daß es zu jedem n mit $n \bmod (k - 1) = 1$ einen k-
       fachen Baum T mit n externen Knoten gibt (in einem k-fachen
       Baum haben alle Knoten höchstens den Grad k). Außerdem haben
       alle internen Knoten von T den Grad k.

14. a) Zeigen Sie, daß für $n \bmod (k - 1) = 1$ die Greedy - Methode,
       die auf Theorem 4.7 folgend beschrieben wurde, einen optimalen
       k-fachen Mischbaum für alle $(q_1, q_2, \ldots, q_n)$ erzeugt.

b) Zeichnen Sie den optimalen 3 - Wege - Mischbaum, den man erhält, wenn man diese Regel auf folgende Daten anwendet: $(q_1,
   q_2, \ldots, q_{11})$ = (3, 7, 8, 9, 15, 16, 18, 20, 23, 25, 28).

15. Geben Sie eine Menge optimaler Huffman Codes an für die sieben
    Nachrichten $(M_1, \ldots, M_7)$ mit den relativen Häufigkeiten $(q_1,
    \ldots, q_7)$ = (5, 2, 10, 3, 20, 90, 9). Zeichnen Sie den Decodier-
    baum für diese Codemengen.

16. T sei ein Decodierbaum. Ein optimaler Decodierbaum minimiert
    $\sum q_i d_i$. Für eine gegebene Menge von q - Werten soll D alle opti-
    malen Decodierbäume bezeichnen. Für irgendeinen Baum $T \in D$ sei
    $L(T) = \max \{d_i\}$ und $SL(T) = \Sigma d_i$. Schwartz hat gezeigt, daß es
    einen Baum $T^* \in D$ gibt, für den gilt: $L(T^*) = \min_{T \in D}\{L(T)\}$ und
    $SL(T^*) = \min_{T \in D}\{SL(T)\}$.

    a) Geben Sie für $(q_1, \ldots, q_8)$ = (1, 1, 2, 2, 4, 4, 4, 4) Bäume
       T1 und T2 $\in$ D an, so daß gilt: L(T1) > L(T2).

    b) Geben Sie mit den Daten aus a) Bäume T1 und T2 $\in$ D an, so daß
       gilt: L(T1) = L(T2), aber SL(T1) > SL(T2).

    c) Zeigen Sie folgendes: wenn der Unteralgorithmus MINIMUM, der
       im Algorithmus BAUM verwendet wird, im Falle eines "Unent-
       schieden" den Baum mit geringster Tiefe zurückliefert, dann
       erzeugt der Algorithmus BAUM einen Baum, der die Eigenschaf-
       ten von T* hat.

17. Beweisen Sie, daß die Methode von Prim aus Abschnitt 4.6 spannen-
    de Bäume mit minimalen Kosten erzeugt.

18. a) Schreiben Sie den Algorithmus von Prim neu unter der Annahme,
       daß die Graphen durch Adjazenzlisten dargestellt werden.

    b) Programmieren Sie obige Version des Algorithmus von Prim; las-
       sen Sie dieses Programm laufen und testen Sie es gegen den
       Algorithmus 4.9. Vergleichen Sie beide Algorithmen, indem Sie

eine repräsentative Menge von Graphen auswählen.

c) Analysieren Sie genau die Rechenzeit und den Platzbedarf dieser neuen Version des Algorithmus von Prim.

19. Programmieren Sie den Algorithmus von Kruskal (Algorithmus 4.11) und lassen Sie das Programm laufen. Die Prozeduren HALDEERZEUGEN und ANPASSEN aus Kapitel 2 müssen modifiziert werden. Benutzen Sie zum Testen die gleichen Daten, die Sie in Aufgabe 18 verwendet haben.

20. a) Zeigen Sie folgendes: ist T ein spannender Baum für den ungerichteten Graph G, dann erzeugt das Hinzufügen einer Kante e, e ∉ E(T) und e ∈ F(G), zu T eine einzige Schleife.

b) Zeigen Sie folgendes: entfernt man irgendeine Kante dieser Schleife aus E(T) ∪ {e}, dann bilden die restlichen Kanten einen spannenden Baum von G.

21. Betrachten Sie den vollständigen Graph mit n Knoten und zeigen Sie, daß die Anzahl spannender Bäume eines Graphen mit n Knoten größer als 2^{n-1} - 2 sein kann.

22. Erzeugen Sie mit Hilfe des Algorithmus KÜRZESTE_WEGE in nichtabsteigender Folge die Längen der kürzesten Wege von Knoten 1 zu allen übrigen Knoten im Digraph der Abb. 4.14.

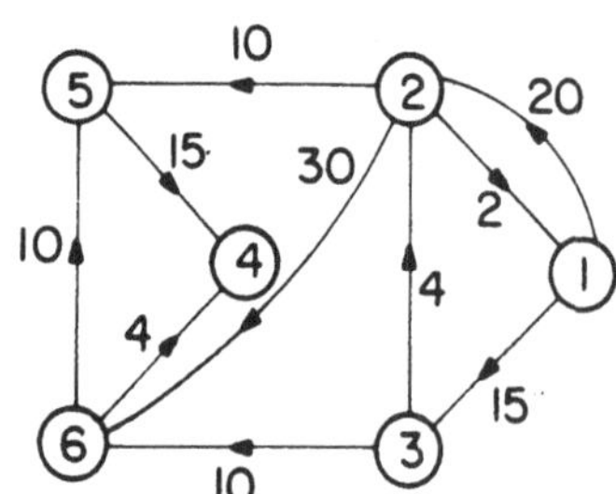

Abbildung 4.14 Gerichteter Graph

23. Erläutern Sie an Hand des gerichteten Graphen in Abb. 4.15, warum der Algorithmus KÜRZESTE_WEGE nicht korrket arbeitet. Was ist der kürzeste Weg zwischen den Knoten v_1 und v_7?

24. Schreiben Sie unter folgenden Annahmen den Algorithmus KÜRZESTE_WEGE neu!

    (i) G wird durch seine Adjazenzliste dargestellt. Die Kopfknoten sind KOPF(1), ..., KOPF(n); jeder Listenknoten hat drei Felder: KNOTEN, KOSTEN und ZEIGER. KOSTEN enthält die Länge der zugehörigen Kante und n ist die Anzahl der Knoten in G.

    (ii) Es wird nicht die Menge S dargestellt, die aus denjenigen Knoten besteht, zu denen die kürzesten Wege bereits gefunden wurden, sondern es wird die Menge T = V(G) - S mit Hilfe einer verketteten Liste dargestellt.
         Was kann man über die Rechenzeit dieses neuen Algorithmus im Vergleich zu der des Algorithmus KÜRZESTE_WEGE sagen?

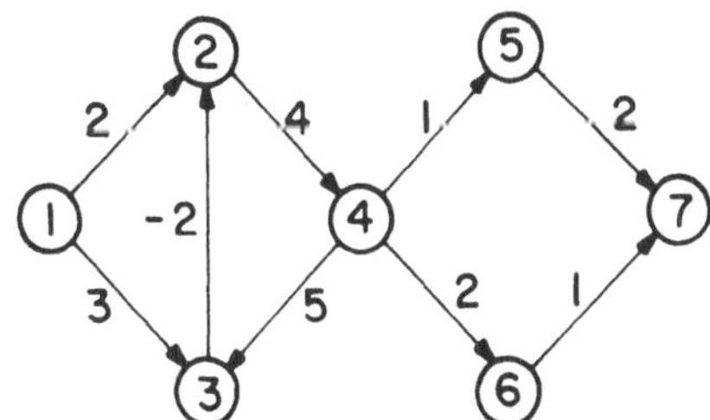

Abbildung 4.15 Gerichteter Graph

25. Modifizieren Sie den Algorithmus KÜRZESTE_WEGE so, daß er zusätzlich zu den Weglängen noch die Wege selbst liefert. Welche Rechenzeit hat dieser Algorithmus?

26. [Handlungsreisender] Es sei G ein vollständiger gerichteter Graph mit n Knoten. Es sei LÄNGE ($\langle$u, r$\rangle$) die Länge der Kante $\langle$u,r$\rangle$. Wir nennen einen Weg, der an einem gegebenen Knoten v_0 beginnt, durch jeden anderen Knoten genau einmal hindurch geht und am Ende wieder zu v_0 zurückkehrt, eine Tour. Die Länge einer Tour ist die Summe der Längen der Kanten, die auf dem Weg liegen, der

die Tour definiert. Die Aufgabe besteht darin, eine Tour minimaler Länge zu finden. Eine Greedy - Methode zur Erzeugung solch
einer Tour würde folgendermaßen aussehen: (P, v) stellt den bisher erzeugten Weg dar; dieser beginnt bei v_0 und endet bei v. Zu
Beginn ist P leer und v = v_0; liegen alle Knoten in G auf P, dann
nimmt man die Kante <v, v_0> hinzu und ist fertig; ansonsten wählt
man die Kante <v, w> aus, die minimale Länge unter allen Kanten
von v zu einem Knoten w hat, der nicht auf P liegt. Zeigen Sie,
daß diese Greedy - Methode nicht notwendigerweise eine Tour mit
minimaler Länge erzeugt.

Kapitel 5
Dynamisches Programmieren

5.1 DIE ALLGEMEINE METHODE

Das dynamische Programmieren ist eine Methode zum Entwurf von Algorithmen, die man dann anwenden kann, wenn die Lösung eines Problems als
Ergebnis einer Folge von Entscheidungen angesehen werden kann. In den
vorangehenden Kapiteln haben wir eine ganze Reihe von Problemen kennengelernt, die man unter diesem Aspekt betrachten kann. Beispiele
dafür sind:

Beispiel 5.1 [Rucksack] Die Lösung zum Rucksackproblem (Abschnitt
4.3) kann man als Ergebnis einer Folge von Entscheidungen betrachten.
Wir müssen die Werte von x_i, $1 \leq i \leq n$ bestimmen. Zuerst treffen wir
eine Entscheidung über x_1, dann über x_2, dann über x_3 usw... Eine
optimale Folge von Entscheidungen wird die Zielfunktion $\sum p_i x_i$ maximieren. (Sie wird auch die Nebenbedingungen erfüllen: $\sum w_i x_i \leq M$ und
$0 \leq x_i \leq 1$.) □

Beispiel 5.2 [Optimale Mischmuster] Dieses Problem wurde in Abschnitt 4.4 behandelt. Ein optimales Mischmuster sagt uns, welche
Dateipaare bei jedem Schritt miteinander gemischt werden sollen. Als
Entscheidungsfolge betrachtet fordert das Problem unsere Entscheidung
darüber, welches Dateipaar als erstes, als zweites, als drittes usw...
gemischt werden soll. Eine optimale Folge von Entscheidungen ist eine
Folge mit geringsten Kosten. □

Beispiel 5.3 [Kürzester Weg] Eine Möglichkeit, einen kürzesten Weg
von Knoten i zu Knoten j in einem gewichteten Graph G zu finden, besteht darin, zu entscheiden, welcher Knoten der zweite, dritte, vierte

usw... sein soll, so lange bis Knoten j erreicht ist. Eine optimale
Entscheidungsfolge liefert einen Weg kürzester Länge. □

Bei einigen auf diese Art und Weise betrachteten Problemen kann
man eine optimale Folge von Entscheidungen dadurch erreichen, daß man
eine Entscheidung nach der anderen trifft und niemals einen Fehler
macht. Dies gilt z.B. für alle Probleme, die man nach der Greedy -
Methode lösen kann. Bei vielen anderen Problemen ist es nicht möglich,
schrittweise Entscheidungen, die nur auf lokalen Informationen beruhen,
so zu treffen, daß die Entscheidungsfolge optimal wird.

Beispiel 5.4 [Kürzester Weg] Angenommen wir suchen einen kürzesten
Weg von Knoten i nach Knoten j. A_i seien die Nachbarknoten von i. Welcher der Knoten in A_i sollte der zweite Knoten auf dem Weg sein? Es
ist unmöglich, zu diesem Zeitpunkt eine Entscheidung zu fällen und zu
garantieren, daß zukünftige Entscheidungen zu einer optimalen Folge
führen werden. Suchen wir jedoch andererseits einen kürzesten Weg von
Knoten i zu allen anderen Knoten in G, dann ist es möglich, bei jedem
Schritt eine korrekte Entscheidung zu treffen (siehe Abschnitt 4.7).

Diejenigen Probleme, bei denen es nicht möglich ist, eine optimale
Entscheidungsfolge durch eine Folge von schrittweise gefällten Entscheidungen zu erhalten, kann man lösen, indem man alle möglichen Entscheidungsfolgen ausprobiert. Wir könnten alle Entscheidungsfolgen
aufzählen und die beste auswählen. Beim dynamischen Programmieren läßt
sich oft die Menge der Aufzählungen stark reduzieren, indem man einige
Entscheidungsfolgen, die unmöglich optimal sein können, bei der Aufzählung wegläßt. Beim dynamischen Programmieren erreicht man eine optimale Entscheidungsfolge, indem man sich explizit auf das Optimalitätsprinzip beruft. Dieses lautet folgendermaßen: Eine optimale Entscheidungsfolge hat die Eigenschaft, daß unabhängig vom Anfangszustand und
von der Anfangsentscheidung die übrigen Entscheidungen eine optimale
Entscheidungsfolge bilden müssen unter Berücksichtigung des aus der
ersten Entscheidung resultierenden Zustandes. Der wesentliche Unterschied zwischen der Greedy - Methode und dem dynamischen Programmieren
besteht darin, daß bei der Greedy - Methode überhaupt nur eine einzige
Entscheidungsfolge erzeugt wird. Beim dynamischen Programmieren können
viele Entscheidungsfolgen erzeugt werden. Jedoch können Folgen, welche
suboptimale Teilfolgen enthalten, nicht optimal sein (falls das Optimalitätsprinzip gilt); daher werden sie (so weit wie möglich) nicht

erzeugt.

<u>Beispiel 5.5</u> [Kürzester Weg] Wir betrachten das Problem des kürze-
sten Weges aus Beispiel 5.3. Wir nehmen an, daß i, i_1, i_2, ..., i_k, j
ein kürzester Weg von i nach j ist. Beginnend mit dem Anfangsknoten i
muß eine Entscheidung getroffen werden, daß der Weg zu Knoten i_1
führt. Nach dieser Entscheidung ist der Problemzustand durch den Knoten i_1 definiert; wir müssen jetzt einen Weg von i_1 nach j finden. Es
ist klar, daß die Folge i_1, i_2, ..., i_k, j einen kürzesten Weg von i_1
nach j bilden muß. Wenn nicht, dann sei i, r_1, r_2, ..., r_q, j ein
kürzerer Weg von i_1 nach j. Dann ist i, i_1, r_1, ..., r_q, j ein Weg
von i nach j, der kürzer ist als der Weg i, i_1, i_2, ..., i_k, j. Also
ist das Optimalitätsprinzip auf dieses Problem anwendbar. □

<u>Beispiel 5.6</u> [0/1 Rucksack] Das 0/1 - Rucksackproblem unterscheidet
sich von dem Rucksackproblem aus Abschnitt 4.3 nur dadurch, daß die
x_i's den Wert 0 oder 1 haben. Wir verwenden "RUCK (1, j, Y)" zur Darstellung des Problems

$$\text{maximiere} \quad \sum_{1 \leq i \leq j} p_i x_i$$

$$\text{unter den Nebenbedingungen} \quad \sum_{1 \leq i \leq j} w_i x_i \leq Y \qquad (5.1)$$

$$x_i = 0 \text{ oder } 1, \; 1 \leq i \leq j$$

Das 0/1 - Rucksackproblem lautet dann: RUCK(1, n, M). Es sei y_1, y_2,
..., y_n eine optimale Folge von 0/1 - Werten für x_1, x_2, ..., x_n. Ist
y_1 = 0, dann muß y_2, y_3, ..., y_n eine optimale Folge für das Problem
RUCK (2, n, M) bilden. Ist dies nicht der Fall, dann ist y_1, y_2, ...,
y_n keine optimale Folge für RUCK (1, n, M). Ist y_1 = 1, dann muß y_2,
..., y_n eine optimale Folge für das Problem RUCK (2, n, M - w_1) sein.
Ist dies nicht der Fall, dann gibt es eine andere 0/1 - Folge z_2, z_3,
..., z_n mit:

$$\sum_{2 \leq i \leq n} w_i z_i \leq M - w_1 \quad \text{und} \quad \sum_{2 \leq i \leq n} p_i z_i > \sum_{2 \leq i \leq n} p_i y_i$$

Also ist die Folge y_1, z_2, z_3, ..., z_n eine Folge für (5.1) mit grös-
serem Wert. Wiederum gilt das Optimalitätsprinzip. □

S_0 sei der Problemzustand am Anfang. Wir nehmen an, daß n Entscheidungen d_i, $1 \leq i \leq n$ getroffen werden müssen. Es sei $D_1 = \{r_1, r_2, \ldots, r_j\}$ die Menge möglicher Entscheidungswerte für d_1. Es sei S_i der auf die Wahl der Entscheidung r_i, $1 \leq i \leq j$ folgende Problemzustand. Es sei Γ_i eine optimale Entscheidungsfolge bzgl. des Problemzustands S_i. Dann folgt gemäß dem Optimalitätsprinzip: eine optimale Entscheidungsfolge bzgl. S_0 ist die beste der Entscheidungsfolgen $r_i \Gamma_i$, $1 \leq i \leq j$.

<u>Beispiel 5.7</u> [Kürzester Weg] A_i sei die Menge der dem Knoten i benachbarten Knoten. Für jeden Knoten $k \in A_i$ sei Γ_k ein kürzester Weg von k nach j. Dann ist ein kürzester Weg von i nach j der kürzeste aller Wege $\{i, \Gamma_k \mid k \in A_i\}$. □

<u>Beispiel 5.8</u> [0/1 Rucksack] Es sei $g_j(y)$ der Wert einer optimalen Lösung für das Problem RUCK $(j + 1, n, y)$. Es ist klar, daß $g_0(M)$ der Wert einer optimalen Lösung für RUCK $(1, n, M)$ ist. Die möglichen Entscheidungen für x_1 sind 0 und 1 ($D_1 = \{0, 1\}$). Aus dem Optimalitätsprinzip ergibt sich:

$$g_0(M) = \max\left\{g_1(M), g_1(M-w_1)+p_1\right\} \qquad \text{□}(5.2)$$

Während das Optimalitätsprinzip nur im Hinblick auf den Anfangszustand und die erste Entscheidung formuliert wurde, kann es ebensogut auf Zwischenzustände und -entscheidungen angewendet werden. Die nächsten beide Beispiele zeigen dies.

<u>Beispiel 5.9</u> [Kürzester Weg] Es sei k ein auf dem kürzesten Weg von i nach j liegender Knoten; dieser Weg sei i, i_1, i_2, $\ldots$, k, p_1, p_2, $\ldots$, j. Dann muß der Weg i, i_1, $\ldots$, k der kürzeste Weg von i nach k sein; ebenso muß der Weg k, p_1, $\ldots$, j der kürzeste Weg von k nach j sein. □

<u>Beispiel 5.10</u> [0/1 Rucksack] Es sei y_1, y_2, $\ldots$, y_n eine optimale Lösung für das Problem RUCK $(1, n, M)$. Dann müssen für jedes j ($1 \leq j \leq n$) y_1, $\ldots$, y_j und y_{j+1}, $\ldots$, y_n optimale Lösungen der Probleme RUCK $(1, j, \sum_{1 \leq i \leq j} w_i y_i)$ bzw. RUCK $(j + 1, n, M - \sum_{1 \leq i \leq j} w_i y_i)$ sein. Damit können wir (5.2) verallgemeinern zu:

$$g_i(y) = \max\left\{g_{i+1}(y), g_{i+1}(y-w_{i+1})+p_{i+1}\right\} \qquad \text{□ } (5.3)$$

Die rekursive Anwendung des Optimalitätsprinzips führt zu einer
Rekursionsformel vom Typ (5.3). Algorithmen, die auf dem Prinzip des
dynamischen Programmierens beruhen, lösen diese Rekursion und erhalten so die Lösung des gegebenen Problems. Bei der Lösung der Rekursionsformel (5.3) nutzt man die Tatsache aus, daß $g_n(y) = 0$ ist für
alle y. Aus $g_n(y)$ kann man $g_{n-1}(y)$ erhalten, indem man in (5.3) i =
n - 1 setzt. Aus $g_{n-1}(y)$ erhält man dann $g_{n-2}(y)$. Durch wiederholte
Anwendung erhält man schließlich $g_1(y)$ und $g_0(M)$, indem man in (5.3)
i = 0 setzt. □

Bei der Formulierung der beim dynamischen Programmieren wichtigen
Rekursionsformel(n), welche gelöst werden muß (müssen), kann man auf
zwei verschiedene Arten vorgehen, nämlich vorwärts und rückwärts. Es
seien x_1, x_2, ..., x_n die Variablen, bzgl. deren eine Folge von Entscheidungen bestimmt werden muß. Bei der <u>Vorwärtsmethode</u> wird die
Entscheidung x_i in Form optimaler Entscheidungsfolgen für x_{i+1}, ..., x_n
formuliert. Bei der Rückwärtsmethode wird die Entscheidung x_i in Form
optimaler Entscheidungsfolgen für x_1, ..., x_{i-1} formuliert. Bei der
Vorwärtsmethode schauen wir also voraus auf die Entscheidungsfolge
x_1, x_2, ..., x_n; bei der Rückwärtsmethode schauen wir zurück auf die
Entscheidungsfolge x_1, x_2, ..., x_n. Die beiden Beispiele 5.8 und 5.9
entsprechen der Vorwärtsmethode, die Beispiele 5.11 und 5.12 der
Rückwärtsmethode.

<u>Beispiel 5.11</u> [Kürzester Weg] Es sei P_j die Menge der Nachbarknoten
von j, d.h. $k \in P_j$ genau dann, wenn gilt: < k, j > $\in$ E(G). Für jedes
$k \in P_j$ sei Γ_k ein kürzester Weg von i nach k. Es gilt das Optimalitätsprinzip, und ein kürzester Weg von i nach j ist der kürzeste der
Wege $\{\Gamma_k, j \mid k \in P_j\}$.
  Um diese Formulierung zu erhalten, begannen wir bei Knoten j und
schauten auf die zuletzt getroffene Entscheidung. Bei dieser ging es
darum, welche der Kanten < k, j >, $k \in P_j$ verwendet werden sollte. In
gewissem Sinn schauen wir zurück auf den Weg von i nach j. □

<u>Beispiel 5.12</u> [0/1 Rucksack] Beim Zurückschauen auf die Entschei-
dungsfolge x_1, x_2, ..., x_n stellen wir fest:

$$f_j(y) = \max\left\{f_{j-1}(y), f_{j-1}(y-w_j)+p_j\right\} \tag{5.4}$$

Dabei ist $f_j(y)$ der Wert einer optimalen Lösung für das Problem RUCK
(1, j, y).

Der Wert einer optimalen Lösung für RUCK (1, n, M) ist $f_n(M)$. Man
kann die Gleichung (5.4) lösen, indem man mit $f_0(y) = 0$ für alle $y \geq 0$
und $f_0(y) = -\infty$ für $y < 0$ beginnt. Daraus kann man dann nacheinander
f_1, f_2, ..., f_n erhalten. □

An dieser Stelle könnte man an den Vorteilen der Rückwärtsmethode
gegenüber der Vorwärtsmethode Zweifel haben; spätere Beispiele werden
jedoch zeigen, daß es bei vielen Problemstellungen einfacher ist, die
Rekursionsbeziehungen mit Hilfe der Rückwärtsmethode zu erhalten. Außerdem sei noch angemerkt, daß bei der Formulierung der Rekursionsbeziehungen mit Hilfe der Vorwärtsmethode die Relationen "rückwärts" gelöst werden, d.h. mit der letzten Entscheidung beginnend. Umgekehrt
werden die mit Hilfe der Rückwärtsmethode formulierten Beziehungen
"vorwärts" gelöst. Dies ist in den Beispielen 5.10 und 5.12 gezeigt.

Aus der in den Beispielen 5.10 und 5.12 angegebenen Lösungsmethode könnte man schließen, daß man sich alle möglichen Entscheidungsfolgen ansehen muß, um durch dynamisches Programmieren eine optimale
Entscheidungsfolge zu erhalten. In Wirklichkeit ist dies aber nicht
der Fall. Da man das Optimalitätsprinzip anwendet, werden Entscheidungsfolgen, die suboptimale Teilfolgen enthalten, nicht betrachtet.
Die Gesamtzahl verschiedener Entscheidungsfolgen hängt exponentiell
von der Anzahl der Entscheidungen ab (sind n Entscheidungen zu treffen
und gibt es für jede Entscheidung d Wahlmöglichkeiten, dann gibt es
d^n mögliche Entscheidungsfolgen); Algorithmen, die dynamisches Programmieren verwenden, haben oft nur eine polynomiale Komplexität.

Das dynamische Programmieren hat noch eine weitere wichtige Eigenschaft: optimale Lösungen von Teilproblemen werden aufbewahrt und müssen nicht mehrmals berechnet werden. Mit Hilfe dieser tabellierten
Werte lassen sich die rekursiven Gleichungen leicht in ein iteratives
Programm umformen. Die meisten dynamischen Programmierungsalgorithmen
in diesem Kapitel werden auf diese Art und Weise formuliert.

In den übrigen Abschnitten dieses Kapitels wird das dynamische
Programmieren auf eine Vielfalt von Problemen angewendet. Diese Beispiele sollen dazu dienen, die Methode besser zu verstehen und zu erkennen, welchen Vorteil das dynamische Programmieren im Vergleich zum
expliziten Aufzählen aller Entscheidungsfolgen hat.

5.2 MEHRSTUFIGE GRAPHEN

Ein mehrstufiger Graph $G = (V, E)$ ist ein gerichteter Graph, in welchem die Knoten in $k \geq 2$ disjunkte Mengen V_i, $1 \leq i \leq k$ aufgeteilt

werden. Zusätzlich gilt: ist < u, v > eine Kante in E, dann gilt: u ∈ V_i und v ∈ V_{i+1} für irgendein i, $1 \le i < k$. Für die Mengen V_1 und V_k gilt: $|V_1| = |V_k| = 1$. Es sei s bzw. t der Knoten in V_1 bzw. V_k. Man nennt s die <u>Quelle</u> und t die <u>Senke</u>. Mit c(i, j) werden die Kosten der Kante < i, j > bezeichnet. Die Kosten eines Weges von s nach t setzen sich zusammen aus den Kosten der Kanten entlang des Weges. Das mehrstufige Graphenproblem besteht darin, einen Weg mit minimalen Kosten von s nach t zu finden. Jede Menge V_i definiert eine Stufe im Graph. Wegen der Beschränkungen, denen E unterliegt, beginnt jeder Weg von s nach t auf Stufe 1, führt dann zu Stufe 2, zu Stufe 3 usw... und endet schließlich auf Stufe k. Abb. 5.1 zeigt einen 5-stufigen Graph. Die fett eingezeichneten Kanten markieren einen Weg mit minimalen Kosten von s nach t.

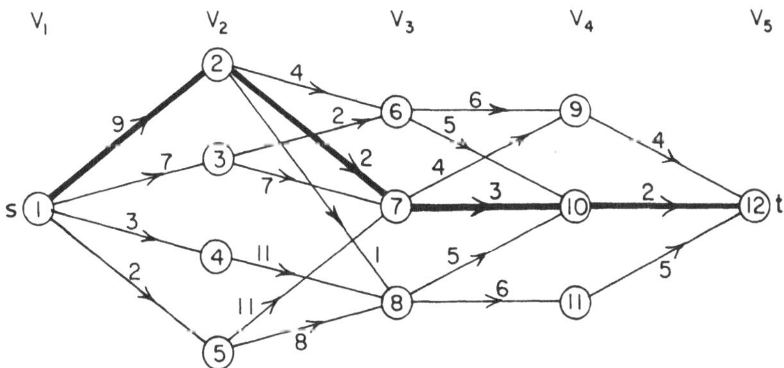

<u>Abbildung 5.1</u>   Ein 5-stufiger Graph

   Viele Probleme lassen sich als mehrstufige Graphenprobleme formulieren. Wir werden nur ein Beispiel dafür geben. Wir betrachten ein Problem der Betriebsmittelzuteilung (resource allocation), bei welchem n Betriebsmitteleinheiten auf r Projekte verteilt werden sollen. Sind j Einheiten ($0 \le j \le n$) dem Projekt i zugeteilt, dann beträgt der resultierende Nettogewinn N(i, j). Das Problem beseht darin, die Betriebsmittel so auf die r Projekte zu verteilen, daß der gesamte Nettogewinn maximiert wird. Dieses Problem kann man wie folgt als ein r + 1-stufiges Graphenproblem formulieren. Die Stufe i, $1 \le i \le r$ steht stellvertretend für das Projekt i. Zu jeder Stufe i, $2 \le i \le r$ gehören n + 1 Knoten V(i, j), $0 \le j \le n$. Jede der Stufen 1 und r + 1 hat einen Knoten V(1, 0) = s bzw. V(r + 1, n) = t. Der Knoten V(i, j), $2 \le i \le r$ repräsentiert den Zustand, in dem insgesamt j Betriebsmitteleinheiten auf die Projekte 1, 2, ..., i - 1 verteilt wurden. Die Kanten von G

haben die Form < V(i, j), V(i + 1, 1) > für alle j ≤ 1 und 1 ≤ i < r.
Der Kante < V(i, j), V(i + 1, 1) >, j ≤ 1, wird ein Gewicht (oder ein
Kostenfaktor) N(i, 1 - j) zugewiesen; diese Kante entspricht der Zuteilung von 1 - j Betriebsmitteleinheiten an das Projekt i, 1 ≤ i < r.
Außerdem hat G noch Kanten vom Typ < V(r, j), V(r + 1, n) >. Jeder
dieser Kanten wird ein Gewicht $\max_{0 \leq p \leq n - j} \{N(r, p)\}$ zugewiesen.
Der sich daraus ergebende Graph für ein Problem mit drei Projekten und
n = 4 ist in Abb. 5.2 dargestellt. Man sollte daraus leicht erkennen,
daß eine optimale Zuteilung von Betriebsmitteln durch einen Weg mit
maximalen Kosten von s nach t definiert ist. Dies kann man leicht in
ein Problem mit minimalen Kosten umwandeln, indem man die Vorzeichen
aller Kantengewichte ändert.

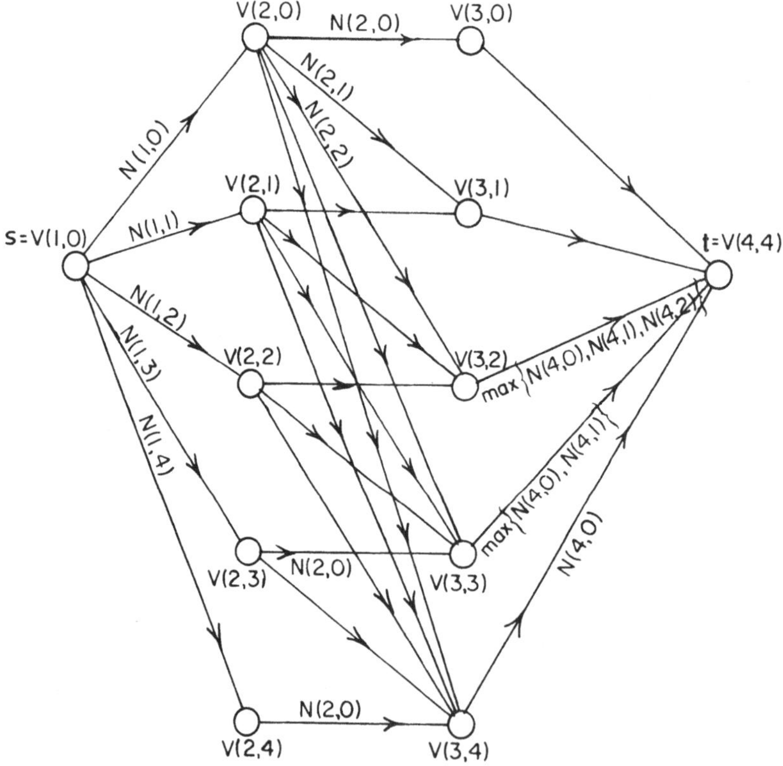

Abbildung 5.2 Ein 4-stufiger Graph, der zu einem Problem mit 3 Projekten gehört

Mit Hilfe des dynamischen Programmierens kann man ein k-stufiges
Graphenproblem wie folgt beschreiben: zuerst stellt man fest, daß jeder Weg von s nach t das Ergebnis einer Folge von k - 2 Entscheidungen
ist. Bei der i-ten Entscheidung muß man bestimmen, welcher Knoten in
V_{i+1}, $1 \le i \le k - 2$ auf dem Weg liegen soll. Wie man leicht sieht, gilt
das Optimalitätsprinzip. Es sei P(i, j) ein Weg mit minimalen Kosten
vom Knoten j in V_i zum Knoten t. Es seien KOSTEN(i, j) die Kosten
dieses Weges. Mit der Vorwärtsmethode erhalten wir dann:

$$\text{KOSTEN}(i,j) = \min_{\substack{l \in V_{i+1} \\ <j,l> \in E}} \left\{ c(j,l) + \text{KOSTEN}(i+1,l) \right\} \qquad (5.5)$$

Nun gilt: KOSTEN(k - 1, j) = c(j, t) falls $< j, t > \in E$ und KO-
STEN (k - 1, j) = ∞ falls $< j, t > \notin E$. Also kann die Formel (5.5)
für KOSTEN (1, s) gelöst werden, indem man zuerst KOSTEN (k - 2, j)
für alle $j \in V_{k-2}$ berechnet, dann KOSTEN (k - 3, j) für alle $j \in V_{k-3}$
usw... und schließlich KOSTEN (1, s). Wenden wir dieses Verfahren auf
den Graph in Abb. 5.1 an, so erhalten wir folgende Werte:

KOSTEN(3, 6) = min{6 + KOSTEN(4, 9), 5 + KOSTEN(4, 10)}
              = 7
KOSTEN(3, 7) = min{4 + KOSTEN(4, 9), 3 + KOSTEN(4, 10)}
              = 5
KOSTEN(3, 8) = 7
KOSTEN(2, 2) = min{4 + KOSTEN(3, 6), 2 + KOSTEN(3, 7), 1 +
                    KOSTEN(3, 8)}
              = 7
KOSTEN(2, 3) = 9
KOSTEN(2, 4) = 18
KOSTEN(2, 5) = 15
KOSTEN(1, 1) = min{9 + KOSTEN(2, 2), 7 + KOSTEN(2, 3), 3 +
                    KOSTEN(2, 4), 2 + KOSTEN(2, 5)}
              = 16

Also hat ein Weg mit minimalen Kosten von s nach t einen Kostenaufwand von 16. Diesen Weg können wir einfach bestimmen, wenn wir die
Entscheidung festhalten, die wir in jedem Zustand (bei jedem Knoten)
treffen. Es sei D(i, j) der Wert von l, der c(j, l) + KOSTEN(i + 1, l)
minimiert (siehe Gleichung (5.5)). Für Abb. 5.1 erhalten wir:

D(3, 6) = 10; D(3, 7) = 10; D(3, 8) = 10;
D(2, 2) = 7; D(2, 3) = 6; D(2, 4) = 8; D(2, 5) = 8;
D(1, 1) = 2;

Der Weg mit minimalen Kosten sei s = 1, v_1, v_2, ..., v_{k-1}, t. Wie man leicht sieht gilt: v_2 = D(1, 1) = 2; v_3 = D(2, D(1, 1)) = 7 und v_4 = D(3, D(2, D(1, 1))) = D(3, 7) = 10.

Bevor wir einen Algorithmus schreiben, der (5.5) für einen allgemeinen k - stufigen Graph löst, wollen wir die Knoten in V in eine gewisse Anordnung bringen. Diese Anordnung wird den Entwurf des Algorithmus erleichtern. Wir fordern, daß die n Knoten in V von 1 bis n durchnumeriert werden. Die Indizes werden in der Reihenfolge der Stufen zugewiesen. Zuerst erhält s den Wert 1, dann erhalten die Knoten in V_2 Indexwerte, dann die Knoten von V_3 usw... . t hat den Index n. Also sind die Indizes, die den Knoten in V_{i+1} zugewiesen werden, grösser als jene, die den Knoten in V_i zugewiesen werden (siehe Abb. 5.1). Aus diesem Indexschema ergibt sich, daß KOSTEN und D in der Reihenfolge n - 1, n - 2, ..., 1 berechnet werden können. Der erste Index bei KOSTEN, P und D gibt lediglich die Stufennummer an und wird im Algorithmus weggelassen. Der sich ergebende Algorithmus ist die Prozedur VGRAPH.

```
Zeile    procedure VGRAPH(E, k, n, P)
         //Die Eingabe besteht aus einem k-stufigen Graph mit n//
         //Knoten, die in der Reihenfolge der Stufen indiziert//
         //sind. E ist eine Menge von Kanten und c(i, j) bezeich-//
         //net die Kosten von < i, j >.//
         //P(1:k) ist ein Weg mit minimalen Kosten.//
  1      real KOSTEN(n); integer D(n - 1), P(k), r, j, k, n
  2      KOSTEN(n) ← 0
  3      for j ← n - 1 to 1 by - 1 do    //berechne KOSTEN(j)//
  4         r sei ein Knoten, für den gilt: < j, r > ∈ E und c(j, r)
              + KOSTEN(r) ist minimal
  5         KOSTEN(j) ← c(j, r) + KOSTEN(r)
  6         D(j) ← r
  7      repeat
         //finde einen Weg mit minimalen Kosten//
  8      P(1) ← 1; P(k) ← n
  9      for j ← 2 to k - 1 do    //finde den j-ten Knoten auf dem Weg//
 10         p(j) ← D(P(j - 1))
 11      repeat
 12      end VGRAPH
```

Algorithmus 5.1 Mehrstufiger Graphenalgorithmus, welcher der
               Vorwärtsmethode entspricht

Die Komplexitätsanalyse der Prozedur VGRAPH läßt sich einfach
durchführen. Wird G durch seine Nachbarschaftslisten (Adjazenzlisten)
dargestellt, dann kann r in Zeile 4 in einer Zeit gefunden werden, die
proportional zum Grad des Knotens j ist. Hat G e Kanten, dann ist also
die Zeit für die _for_ - Schleife der Zeilen 3 bis 7 $\Theta(n + e)$. Die Zeit
für die _for_ - Schleife der Zeilen 9 bis 11 beträgt $\Theta(k)$. Also beträgt
die Gesamtzeit $\Theta(n + e)$. Zusätzlich zu dem Speicherplatz für die Eingabewerte benötigt man noch Platz für KOSTEN, D und P.

Das mehrstufige Graphenproblem kann auch mit Hilfe der Rückwärtsmethode gelöst werden. Es sei $RP(i, j)$ ein Weg mit minimalen Kosten
vom Knoten s zum Knoten j in V_i. Mit $RKOSTEN(i, j)$ werden die Kosten
von $RP(i, j)$ bezeichnet. Aufgrund der Rückwärtsmethode erhalten wir:

$$RKOSTEN(i,j) = \min_{\substack{1 \in V_{i-1} \\ <1,j> \in E}} \left\{ RKOSTEN(i-1,1) + c(1,j) \right\} \qquad (5.6)$$

Es gilt: $RKOSTEN(2, j) = c(1, j)$ falls $<1, j> \in E$ und RKOSTEN
$(2, j) = \infty$ falls $<1, j> \notin E$. Also kann $RKOSTEN(i, j)$ nach (5.6)
berechnet werden, indem man RKOSTEN zuerst für $i = 3$, dann für $i = 4$
usw... berechnet. Für den Graph aus Abb. 5.1 erhalten wir:

$$RKOSTEN(3, 6) = \min\{RKOSTEN(2, 2) + 4, \; RKOSTEN(2, 3) + 2\}$$
$$= 9$$

RKOSTEN(3, 7) = 11

RKOSTEN(3, 8) = 10

RKOSTEN(4, 9) = 15

RKOSTEN(4, 10) = 14

RKOSTEN(4, 11) = 16

RKOSTEN(5, 12) = 16

Der entsprechende Algorithmus, der einen Weg von s nach t mit minimalen Kosten liefert, ist die Prozedur RGRAPH. Der erste Index bei
RKOSTEN, P und D wird aus den gleichen Gründen wie zuvor weggelassen.
Dieser Algorithmus hat dieselbe Komplexität wie VGRAPH, vorausgesetzt
daß G jetzt durch seine inverse Adjazenzliste dargestellt wird (d.h.
zu jedem Knoten v gibt es eine Liste von Knoten w, für die gilt:
$< w, v > \in E$).

```
procedure RGRAPH (E, k, n, P)
   //gleiche Funktion wie VGRAPH//
   real RKOSTEN(n); integer D(n - 1), P(k), r, j, k, n
   RKOSTEN(1) ← 0
   for j ← 2 to n do   //berechne RKOSTEN(j)//
      es sei r ein Knoten, für den gilt: <r, j> ∈ E und RKOSTEN(r) +
         c(r, j) ist minimal
      RKOSTEN(j) ← RKOSTEN(r) + c(r, j)
      D(j) ← r
   repeat
   //finde einen Weg mit minimalen Kosten//
   P(1) ← 1; P(k) ← n
   for j ← k - 1 to 2 by - 1 do   //finde j-ten Knoten auf dem Weg//
      P(j) ← D(P(j + 1))
   repeat
end RGRAPH
```

Algorithmus 5.2 Mehrstufiger Graphenalgorithmus, welcher der
                 Rückwärtsmethode entspricht

Es dürfte leicht einzusehen sein, daß VGRAPH und RGRAPH auch dann
noch korrekt arbeiten, wenn man eine allgemeinere Version von mehr-
stufigen Graphen zuläßt. Bei dieser Verallgemeinerung ist es erlaubt,
daß ein Graph Kanten <u, v> hat, so daß gilt: $u \in V_i$, $v \in V_j$ und $i < j$.

5.3   BESTIMMUNG ALLER KÜRZESTEN WEGE

Es sei G = (V, E) ein gerichteter Graph mit n Knoten. Es sei C eine
Kostenadjazenzmatrix für G, so daß gilt: $C(i, i) = 0$, $1 \leq i \leq n$, $C(i, j)$
ist die Länge (oder der Kostenfaktor) der Kante <i, j> falls gilt:
<i, j> ∈ E(G) und $C(i, j) = \infty$ falls $i \neq j$ und <i, j> ∉ E(G). Das
Problem, alle kürzesten Wege zu ermitteln, besteht darin, eine Matrix
A so zu bestimmen, daß A(i, j) die Länge des kürzesten Weges von i
nach j ist. Man kann die Matrix A erhalten, indem man n Probleme mit
je einer einzigen Quelle löst und dabei die Prozedur KÜRZESTE___WEGE
aus Abschnitt 4.5 verwendet. Da jede Anwendung dieser Prozedur die
Zeit $O(n^2)$ erfordert, kann man die Matrix A in der Zeit $O(n^3)$ erhalten.
Mit Hilfe des Optimalitätsprinzips erhalten wir eine andere $O(n^3)$ -
Lösung dieses Problems. Dabei stellen wir bzgl. der Kantenkosten ge-
ringere Forderungen als der Algorithmus KÜRZESTE___WEGE. Wir fordern

nicht mehr, daß alle C(i, j) $\geq$ 0 sind, sondern nur noch, daß G keine
Schleifen mit negativer Länge enthält. Würden wir solche Schleifen
zulassen, dann würde der kürzeste Weg zwischen zwei beliebigen Knoten dieser Schleife die Länge - ∞ haben.

Wir betrachten einen kürzesten Weg von i nach j in G, es sei i $\neq$
j. Dieser Weg beginnt bei Knoten i, geht durch einige Zwischenknoten
(eventuell gibt es gar keine) und endet bei Knoten j. Wir können annehmen, daß dieser Weg keine Schleifen enthält; gibt es nämlich eine
Schleife, dann kann diese entfernt werden, ohne daß sich dabei die
Weglänge erhöht (keine Schleife hat eine negative Länge). Ist k ein
Zwischenknoten auf diesem kürzesten Weg, dann müssen die Teilwege
von i nach k und von k nach j kürzeste Wege von i nach k bzw. von k
nach j sein. Sonst hätte der Weg von i nach j keine minimale Länge.
Also gilt das Optimalitätsprinzip. Dies ermuntert uns, das dynamische
Programmieren zu verwenden. Ist k der Zwischenknoten mit höchstem Index, dann ist der Weg von i nach k ein kürzester Weg in G, der durch
keinen Knoten führt, dessen Index größer als k - 1 ist. Entsprechend
ist der Weg von k nach j ein kürzester Weg in G, der durch keinen
Knoten führt, dessen Index größer als k - 1 ist. Wir können die Konstruktion eines kürzesten Weges von i nach j so sehen, daß zuerst eine
Entscheidung getroffen werden muß, welches der Zwischenknoten k mit
höchstem Index ist. Nachdem diese Entscheidung gefällt ist, müssen
wir zwei kürzeste Wege finden, einen von i nach k und einen von k
nach j. Keiner dieser beiden darf durch einen Knoten führen, dessen
Index größer als k - 1 ist. Wir verwenden A^k(i, j) zur Darstellung
der Länge eines kürzesten Weges von i nach j, der durch keinen Knoten
mit Index >k führt; dann erhalten wir:

$$A(i,j) \; = \; \min\left\{ \min_{1 \leq k \leq n} \{A^{k-1}(i,k) + A^{k-1}(k,j)\}, C(i,j) \right\} \qquad (5.7)$$

Es ist klar, daß gilt: A^0(i, j) = C(i, j), $1 \leq i \leq n$, $1 \leq j \leq n$.
Für A^k(i, j) können wir eine Rekursionsformel erhalten, indem wir
ähnlich wie zuvor schließen. Ein kürzester Weg von i nach j, der
durch keinen höheren Knoten als k führt, geht entweder durch den Knoten k oder nicht. Falls er hindurchgeht, gilt: A^k(i, j) = A^{k-1}(i, k)
+ A^{k-1}(k, j). Geht er nicht hindurch, dann hat kein Zwischenknoten
einen Index größer als k - 1. Also ist A^k(i, j) = A^{k-1}(i, j). Damit
erhalten wir:

$$A^k(i,j) = \min\left\{A^{k-1}(i,j), A^{k-1}(i,k)+A^{k-1}(k,j)\right\}, \quad k \geq 1 \qquad (5.8)$$

Das folgende Beispiel zeigt, daß (5.8) für Graphen mit Schleifen negativer Länge nicht gilt.

<u>Beispiel 5.13</u> Abb. 5.3 zeigt einen Digraph zusammen mit seiner Matrix A^0. Für diesen Graph gilt: $A^2(1, 3) \neq \min\{A^1(1, 3), A^1(1, 2) + A^1(2, 3)\}$ = 2. Stattdessen gilt: $A^2(1, 3) = -\infty$, denn die Länge des Weges

$$1, 2, 1, 2, 1, 2, \ldots, 1, 2, 3$$

kann beliebig klein gemacht werden, und zwar deshalb, weil die Schleife 1 2 1 die Länge - 1 hat. ◻

$$A^0 = \begin{bmatrix} 0. & 1. & \infty \\ -2. & 0. & 1 \\ \infty. & \infty. & 0 \end{bmatrix}$$

<u>Abbildung 5.3</u> Ein Graph mit negativer Schleife

Die Rekursionsformel (5.8) kann für A^n gelöst werden, indem man zuerst A^1 berechnet, dann A^2, A^3 usw... . Da es in G keinen Knoten gibt, dessen Index größer als n ist, gilt: $A(i, j) = A^n(i, j)$. Die Prozedur ALLE___WEGE berechnet $A^n(i, j)$. Die Berechnung erfolgt "in sich", d.h. ohne Hilfsspeicherplatz; daher wird der hochgestellte Index von A nicht benötigt. Man kann die Berechnung deshalb auf diese Weise ausführen, weil gilt: $A^k(i, k) = A^{k-1}(i, k)$ und $A^k(k, j) = A^{k-1}(k, j)$. Wenn man A^k bildet, ändern sich also weder die k-te Zeile noch die k-te Spalte. Daraus folgt, daß bei der Berechnung von $A^k(i, j)$ in Zeile 9 gilt: $A(i, k) = A^{k-1}(i, k) = A^k(i, k)$ und $A(k, j) = A^{k-1}(k, j) = A^k(k, j)$. Also ändern sich bei dieser Iteration die alten Werte, auf denen die neuen basieren, nicht.

```
procedure ALLE___WEGE (KOSTEN, A, n)
   //KOSTEN(n, n) ist die Kostenadjazenzmatrix eines Graphen//
   //mit n Knoten; A(i, j) bezeichnet die Kosten eines kürzesten//
   //Weges von v_i nach v_j//
```

```
       //KOSTEN(i, i) = 0, 1 ≤ i ≤ n//
       integer i, j, k, n; real KOSTEN(n, n), A(n, n)
1      for i ← 1 to n do
2        for j ← 1 to n do
3          A(i, j) ← KOSTEN(i, j)    //kopiere KOSTEN nach A//
4        repeat
5      repeat
6      for k ← 1 to n do    //für einen Weg, der einen Knoten mit//
                            //höchstem Index k hat//
7        for i ← 1 to n do    //für alle möglichen Knotenpaare//
8          for j ← 1 to n do
9            A(i, j) ← min{A(i, j), A(i, k) + A(k, j)}
10           repeat
11         repeat
12       repeat
13     end ALLE__WEGE
```

<u>Algorithmus 5.3</u> Eine Prozedur zur Berechnung der Längen der
kürzesten Wege

<u>Beispiel 5.14</u> Der Graph in Abb. 5.4(a) hat die Kostenmatrix in Abb.
5.4(b). Die Anfangsmatrix $A^{(0)}$ und die Werte nach drei Iterationen
$A^{(1)}$, $A^{(2)}$, $A^{(3)}$ sind in Abb. 5.5 gezeigt. □

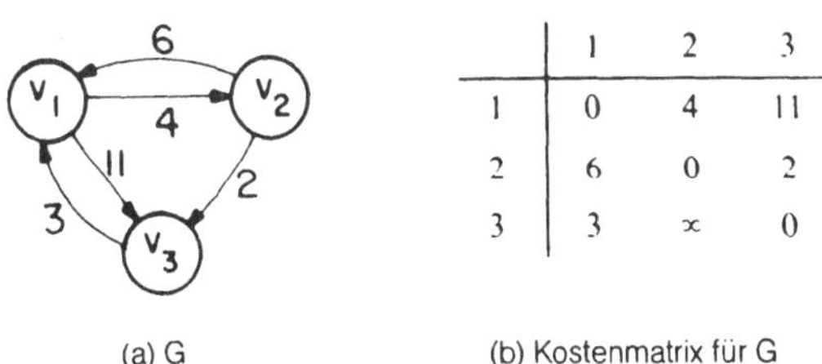

	1	2	3
1	0	4	11
2	6	0	2
3	3	∞	0

(a) G   (b) Kostenmatrix für G

<u>Abbildung 5.4</u> Gerichteter Graph mit Kostenmatrix

Es sei M = max{KOSTEN(i, j) | ⟨i, j⟩ ∈ E(G)}. Wie man leicht sieht,
ist $A^n(i, j) \le (n - 1)*M$. Aus der Arbeitsweise der Prozedur ALLE__
WEGE kann man erkennen, daß man KOSTEN(i, j) mit irgendeiner Zahl,
die größer als $(n - 1)*M$ ist, initialisieren kann (statt mit ∞), falls
gilt: ⟨i, j⟩ ∉ E(G) und i ≠ j. Ist nach Beendigung der Prozedur A(i, j)
$\ge (n - 1)*M$, dann gibt es keinen gerichteten Weg von i nach j in G

$A^{(0)}$	1	2	3
1	0	4	11
2	6	0	2
3	3	∞	0

$A^{(1)}$	1	2	3
1	0	4	11
2	6	0	2
3	3	7	0

$A^{(2)}$	1	2	3
1	0	4	6
2	6	0	2
3	3	7	0

$A^{(3)}$	1	2	3
1	0	4	6
2	5	0	2
3	3	7	0

Abbildung 5.5 Matrizen A^k, die von der Prozedur ALLE-WEGE zum Graph aus Abb.5.4 erzeugt werden

Die Rechenzeit der Prozedur ALLE___WEGE ist besonders einfach zu ermitteln, da die Schleifen unabhängig von den Daten der Matrix A sind. Die Zeile 9 wird n^3 - mal wiederholt; also beträgt die Rechenzeit der Prozedur ALLE___WEGE $\Theta(n^3)$. In einer Übungsaufgabe werden die Erweiterungen betrachtet, die nötig sind, um tatsächlich die Wege von i nach j mit diesen Längen zu erhalten. Man kann die Prozedur noch etwas schneller machen, denn die innerste _for_ - Schleife muß nur dann ausgeführt werden, wenn A(i, k) und A(k, j) nicht gleich ∞ sind.

5.4 OPTIMALE BINÄRE SUCHBÄUME

Definition Ein binärer Suchbaum T ist ein binärer Baum, der entweder leer ist oder für den gilt: jeder Knoten enthält einen Bezeichner und
(i)   alle Bezeichner im linken Teilbaum von T sind (numerisch oder alphabetisch) kleiner als der Bezeichner im Wurzelknoten T;
(ii)   alle Bezeichner im rechten Teilbaum sind größer als der Bezeichner im Wurzelknoten T;
(iii)   der linke und der rechte Teilbaum von T sind ebenfalls binäre Suchbäume.

Man beachte, daß in der Definition eines binären Suchbaumes gefordert wird, daß alle Bezeichner im Baum voneinander verschieden sind. Zu einer vorgegebenen Menge von Bezeichnern sind mehrere verschiedene binäre Suchbäume möglich. In Abb. 5.6 werden zwei mögliche binäre Suchbäume gezeigt, die zu einer Teilmenge der reservierten Wörter von SPARKS gehören.

Um festzustellen, ob ein Bezeichner X in einem binären Suchbaum vorhanden ist, wird X mit der Wurzel verglichen. Ist X kleiner als der

Bezeichner in der Wurzel, dann wird die Suche im linken Teilbaum
fortgesetzt. Ist X gleich dem Bezeichner in der Wurzel, dann ist die
Suche bereits erfolgreich beendet; andernfalls sucht man im rechten
Teilbaum weiter. Diese Methode wird in der Prozedur SUCHEN formal beschrieben.

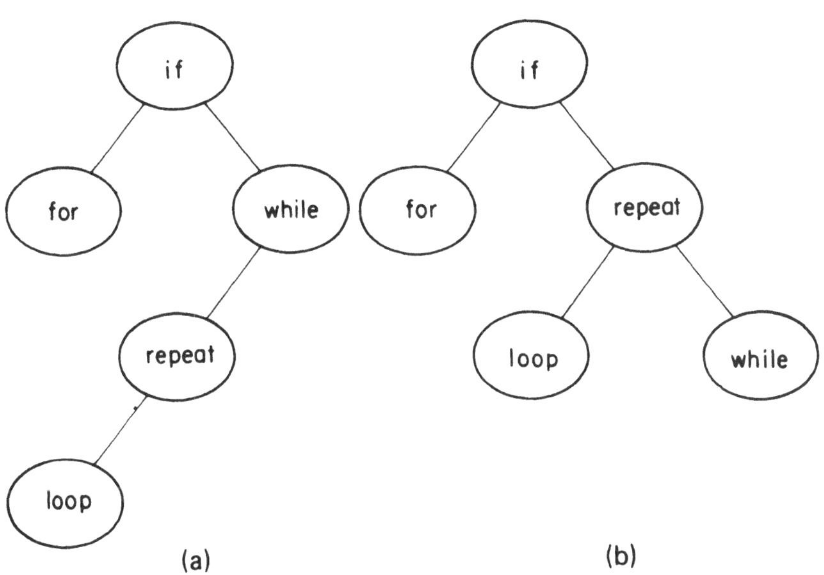

<u>Abbildung 5.6</u> Zwei mögliche binäre Suchbäume

```
     procedure SUCHEN(T, X, i)
        //Durchsuche den binären Suchbaum T nach X. Jeder Knoten des//
        //Baumes hat Felder LSOHN, BEZ, RSOHN. Ist X nicht in T,//
        //dann setze i = O, sonst setze i so, daß gilt: BEZ(i) = X.//
1       i ← T
2       while i ≠ O do
3          case
4             :X < BEZ(i): i ← LSOHN(i)    //durchsuche den linken//
                                            //Teilbaum//
5             :X = BEZ(i): return
6             :X > BEZ(i): i ← RSOHN(i)    //durchsuche den rechten//
                                            //Teilbaum//
7          endcase
8       repeat
9     end SUCHEN
```

<u>Algorithmus 5.4</u> Durchsuchen eines binären Suchbaumes

Ist eine Menge von Bezeichnern fest vorgegeben, so wollen wir diese nun als einen binären Suchbaum organisieren. Wir können erwarten, daß bei gleicher Bezeichnermenge verschiedene binäre Suchbäume auch verschiedene Leistungscharakteristiken haben. Der Baum in Abb. 5.6(a) erfordert bei der Suche nach einem Bezeichner im ungünstigsten Fall vier Vergleiche, während der Baum in Abb. 5.6(b) nur drei erfordert. Im Durchschnitt benötigt man beim ersten Baum 12/5 Vergleiche, beim zweiten 11/5. Bei dieser Berechnung wird vorausgesetzt, daß nach jedem Bezeichner mit gleicher Wahrscheinlichkeit gesucht wird und daß man niemals nach einem Bezeichner sucht, der nicht in T enthalten ist.

Im allgemeinen Fall kann man erwarten, daß nach verschiedenen Bezeichnern auch mit verschiedenen Häufigkeiten (Wahrscheinlichkeiten) gesucht wird. Zusätzlich werden auch erfolglose Suchläufe vorkommen (nach Bezeichnern, die nicht im Baum enthalten sind). Wir wollen annehmen, daß eine Menge $\{a_1, a_2, \ldots, a_n\}$ von Bezeichnern gegeben ist mit $a_1 < a_2 < \ldots < a_n$. Es sei $P(i)$ die Wahrscheinlichkeit dafür, daß wir nach a_i suchen. Es sei $Q(i)$ die Wahrscheinlichkeit dafür, daß für den Bezeichner X, nach dem man sucht, gilt: $a_i < X < a_{i+1}$, $0 \leq i \leq n$ (unter der Annahme: $a_0 = -\infty$ und $a_{n+1} = +\infty$). Dann ist $\sum_{0 \leq i \leq n} Q(i)$ die Wahrscheinlichkeit für eine erfolglose Suche. Offenbar gilt: $\sum_{1 \leq i \leq n} P(i) + \sum_{0 \leq i \leq n} Q(i) = 1$. Mit diesen Daten wollen wir einen optimalen binären Suchbaum für $\{a_1, a_2, \ldots, a_n\}$ konstruieren. Zuerst müssen wir natürlich präzisieren, was wir unter einem optimalen binären Suchbaum verstehen.

Um eine Kostenfunktion für binäre Suchbäume zu erhalten, empfiehlt es sich, an die Stelle eines jeden leeren Teilbaumes innerhalb des Suchbaumes einen fiktiven Knoten einzufügen. Solche Knoten nennt man externe Knoten; sie werden in Form eines Quadrates gezeichnet (siehe Abb. 5.7). Alle übrigen Knoten sind interne Knoten. Stellt ein binärer Suchbaum n Bezeichner dar, dann gibt es genau n interne und n + 1 externe (fiktive) Knoten. Jeder interne Knoten stellt einen Punkt dar, an welchem eine erfolgreiche Suche beendet sein kann. Jeder externe Knoten stellt einen Punkt dar, an dem eine erfolglose Suche ein Ende finden kann.

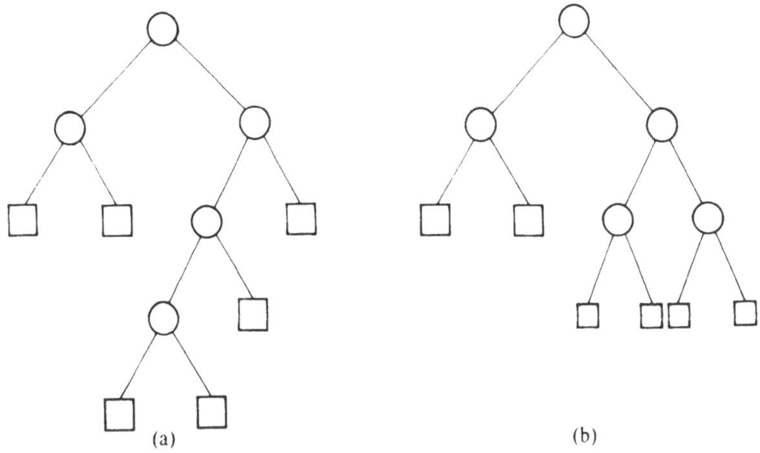

(a)   (b)

<u>Abbildung 5.7</u> Binäre Suchbäume aus Abb.5.6, bei denen externe Knoten
hinzugefügt wurden

Endet eine erfolgreiche Suche an einem internen Knoten der Stufe
1, dann sind 1 Wiederholungen der Schleife der Zeilen 2 - 7 (Algorithmus 5.4) erforderlich. Also trägt der interne Knoten für a_i zu
den Kosten den Anteil P(i)*Stufe (a_i) bei.

Erfolglose Suchläufe terminieren mit i = 0 (d.h. bei einem externen Knoten) im Algorithmus SUCHEN. Die nicht im binären Suchbaum enthaltenen Bezeichner können in n + 1 Äquivalenzklassen E_i, $0 \leq i \leq n$
eingeteilt werden. E_0 enthält alle Bezeichner X, für die gilt: $X < a_1$.
E_i enthält alle Bezeichner X, für die gilt: $a_i < X < a_{i+1}$, $1 \leq i < n$.
E_n enthält alle Bezeichner X mit $X > a_n$. Wie man leicht sieht, endet
die Suche nach allen Bezeichnern der gleichen Klasse E_i am gleichen
externen Knoten. Für Bezeichner, die in verschiedenen Klassen E_i liegen, endet die Suche an verschiedenen externen Knoten. Befindet sich
der zu E_i gehörige "Fehlerknoten" auf der Stufe 1, dann wird die
<u>while</u> - Schleife nur (1 - 1) - mal durchlaufen. Also beträgt der An-
teil dieses Knotens an den Kosten Q(i)*(Stufe(E_i) - 1).

Diese Überlegungen führen zu folgender Formel, welche die zu erwartenden Kosten eines binären Suchbaumes angibt:

$$\sum_{1 \leq i \leq n} P(i)*Stufe(a_i) \; + \sum_{0 \leq i \leq n} Q(i)*(Stufe(E_i)-1) \tag{5.9}$$

Wir definieren einen binären Suchbaum für die Bezeichnermenge
$\{a_1, a_2, \ldots, a_n\}$ als optimal, wenn (5.9) minimiert wird.

<u>Beispiel 5.15</u> Die möglichen binären Suchbäume für die Bezeichner-
menge $\{a_1, a_2, a_3\}$ = (<u>do</u>, <u>if</u>, <u>stop</u>) sind:

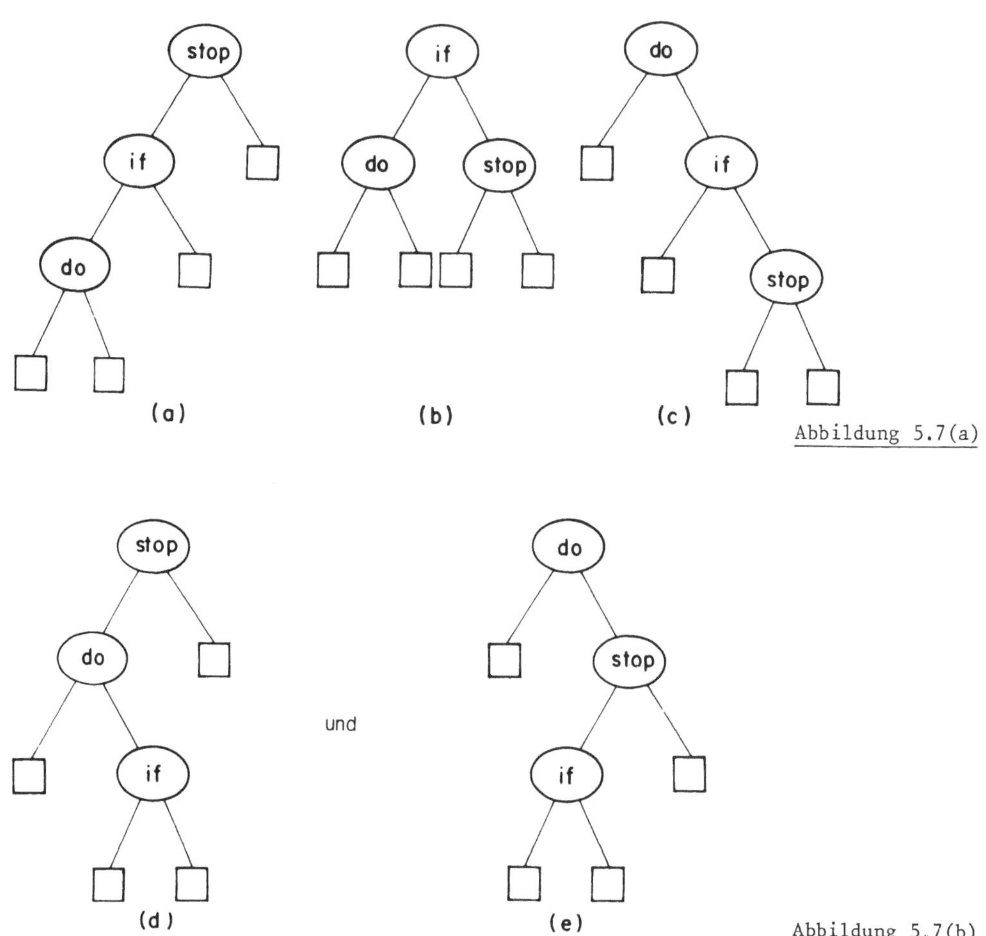

(a)   (b)   (c)

Abbildung 5.7(a)

(d) und (e)

Abbildung 5.7(b)

Nehmen wir für alle i und j gleiche Wahrscheinlichkeiten $P(i) = Q(i)$
= 1/7 an, so erhalten wir:

    KOSTEN(Baum a) = 15/7; KOSTEN(Baum b) = 13/7
    KOSTEN(Baum c) = 15/7; KOSTEN(Baum d) = 15/7
    KOSTEN(Baum e) = 15/7.

Wie erwartet ist der Baum b optimal. Mit $P(1) = 0.5$, $P(2) = 0.1$, $P(3)$
= 0.05, $Q(0) = 0.15$, $Q(1) = 0.1$, $Q(2) = 0.05$ und $Q(3) = 0.05$ ergibt

sich:

KOSTEN(Baum a) = 2.65; KOSTEN(Baum b) = 1.9
KOSTEN(Baum c) = 1.5; KOSTEN(Baum d) = 2.05
KOSTEN(Baum e) = 1.6

Mit diesen Werten von P und Q ist der Baum c optimal.

Wollen wir das dynamische Programmieren auf das Problem der Erzeugung eines optimalen binären Suchbaumes anwenden, dann müssen wir die Konstruktion eines solchen Baumes als Ergebnis einer Folge von Entscheidungen betrachten und zusehen, daß das Optimalitätsprinzip gilt, wenn man es auf den Problemzustand anwendet, der sich aus einer Entscheidung ergibt. Eine mögliche Vorgehensweise wäre die folgende: man trifft eine Entscheidung darüber, welcher der a_i - Werte dem Wurzelknoten von T zugewiesen wird. Wählen wir a_k, dann ist klar, daß die internen Knoten für a_1, a_2, ..., a_{k-1} ebenso wie die externen Knoten für die Klassen E_0, E_1, ..., E_{k-1} im linken Teilbaum L der Wurzel liegen werden. Die restlichen Knoten werden im rechten Teilbaum R liegen. Wir definieren:

$$\text{KOSTEN}(L) = \sum_{1 \leq i < k} P(i)*\text{Stufe}(a_i) + \sum_{0 \leq i < k} Q(i)*(\text{Stufe}(E_i)-1). \quad (5.9a)$$

und

$$\text{KOSTEN}(R) = \sum_{k < i \leq n} P(i)*\text{Stufe}(a_i) + \sum_{k \leq i \leq n} Q(i)*(\text{Stufe}(E_i)-1) \quad (5.9b)$$

In beiden Fällen geht man bei der Bestimmung der Stufenzahl davon aus, daß die Wurzel des entsprechenden Teilbaumes auf Stufe 1 liegt.

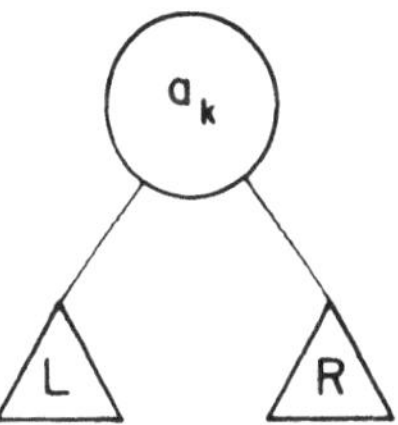

Abbildung 5.8 Ein optimaler binärer Suchbaum mit Wurzel a_k

W(i, j) stellt die Summe $Q(i) + \sum_{i+1}^{j} (Q(1) + P(1))$ dar; damit erhalten wir als die zu erwartenden Kosten des Suchbaumes T (Abb. 5.8):

$$P(k) + KOSTEN(L) + KOSTEN(R) + W(0,k-1) + W(k,n) \qquad (5.10)$$

Ist T optimal, dann muß (5.10) ein Minimum sein. Also muß KOSTEN(L) minimal sein für alle binären Suchbäume, die a_1, a_2, $\ldots$, a_{k-1} und E_0, E_1, $\ldots$, E_{k-1} enthalten. Ganz entsprechend muß auch KOSTEN(R) minimal sein. Mit C(i, j) werden die Kosten eines optimalen binären Suchbaumes T_{ij} dargestellt, der a_{i+1}, $\ldots$, a_j und E_i, $\ldots$, E_j enthält. Damit T optimal ist, muß gelten: KOSTEN(L) = C(0, k - 1) und KOSTEN(R) = C(k, n). Außerdem muß k so gewählt werden, daß der Ausdruck

$$P(k) + C(0, k - 1) + C(k, n) + W(0, k - 1) + W(k, n)$$

minimal wird. Damit erhalten wir für C(0, n):

$$C(0,n) = \min_{1 \leq k \leq n} \left\{ C(0,k-1) + C(k,n) + P(k) + W(0,k-1) + W(k,n) \right\} \qquad (5.11)$$

Verallgemeinern wir (5.11) für beliebiges C(i, j), so erhalten wir:

$$\begin{aligned}
C(i,j) &= \min_{i < k \leq j} \left\{ C(i,k-1) + C(k,j) + P(k) + W(0,k-1) + W(k,j) \right\} \\
&= \min_{i < k \leq j} \left\{ C(i,k-1) + C(k,j) \right\} + W(i,j) \qquad (5.12)
\end{aligned}$$

Die Gleichung (5.12) kann nach C(0, n) aufgelöst werden, indem man zuerst alle C(i, j) berechnet, für die gilt: j - i = 1 (man beachte, daß gilt: C(i, i) = 0 und W(i, i) = Q(i), $0 \leq i \leq n$). Danach können wir alle C(i, j) berechnen, für die gilt: j - i = 2, dann alle C(i, j) mit j - i = 3 usw... . Wenn wir uns während dieser Berechnung die Wurzeln R(i, j) jedes Baumes T_{ij} merken, dann können wir daraus einen optimalen binären Suchbaum aufbauen. Man beachte, daß R(i, j) derjenige Wert von k ist, der (5.12) minimiert.

<u>Beispiel 5.16</u>   Es sei n = 4 und (a_1, a_2, a_3, a_4) = (<u>do</u>, <u>if</u>, <u>read</u>, <u>while</u>). Es sei P(1:4) = (3, 3, 1, 1) und Q(0:4) = (2, 3, 1, 1, 1). Die Werte von P und Q wurden - damit sie zweckmäßiger sind - mit 16 multipliziert. Zu Anfang gilt: W(i, i) = Q(i), C(i, i) = 0 und R(i, i)

$= 0$, $0 \le i \le 4$. Mit Hilfe von (5.12) und der Beziehung $W(i, j) = P(j) + Q(j) + W(i, j - 1)$ erhalten wir:

$$W(0, 1) = P(1) + Q(1) + W(0, 0) = 8$$
$$C(0, 1) = W(0, 1) + \min\{C(0, 0) + C(1, 1)\} = 8$$
$$R(0, 1) = 1$$
$$W(1, 2) = P(2) + Q(2) + W(1, 1) = 7$$
$$C(1, 2) = W(1, 2) + \min\{C(1, 1) + C(2, 2)\} = 7$$
$$R(0, 2) = 2$$
$$W(2, 3) = P(3) + Q(3) + W(2, 2) = 3$$
$$C(2, 3) = W(2, 3) + \min\{C(2, 2) + C(3, 3)\} = 3$$
$$R(2, 3) = 3$$
$$W(3, 4) = P(4) + Q(4) + W(3, 3) = 3$$
$$C(3, 4) = W(3, 4) + \min\{C(3, 3) + C(4, 4)\} = 3$$
$$R(3, 4) = 4$$

Wenn wir $W(i, i + 1)$ und $C(i, i + 1)$, $0 \le i < 4$ kennen, lassen sich unter Verwendung von (5.12) $W(i, i + 2)$, $C(i, i + 2)$ und $R(i, i+2)$, $0 \le i < 3$ berechnen. Diese Vorgehensweise wird so lange wiederholt, bis $W(0, 4)$, $C(0, 4)$ und $R(0, 4)$ berechnet sind. Die Tabelle in Abb. 5.9 zeigt die Ergebnisse dieser Berechnung. Zu jeder Zeile i und zu jeder Spalte j werden die Werte von $W(j, j + i)$, $C(j, j + i)$ und $R(j, j + i)$ aufgelistet. Die Berechnung wird reihenweise ausgeführt, beginnend bei Zeile 0, endend bei Zeile 4. Aus der Tabelle entnehmen wir, daß $C(0, 4) = 32$ die minimalen Kosten eines binären Suchbaumes für (a_1, a_2, a_3, a_4) sind. Die Wurzel des Baumes T_{04} ist a_2. Also ist der linke Teilbaum T_{01} und der rechte T_{24}. T_{01} hat a_1 als Wurzel und zwei Teilbäume T_{00} und T_{11}. T_{24} hat a_3 als Wurzel; sein linker Teilbaum ist daher T_{22}, sein rechter T_{34}. Damit ist es möglich, mit Hilfe der Daten aus der Tabelle T_{04} zu rekonstruieren. In Abb. 5.10 wird T_{04} gezeigt.

Spalte →

Zeile ↓	0	1	2	3	4
0	2, 0, 0	3, 0, 0	1, 0, 0	1, 0, 0	1, 0, 0
1	8, 8, 1	7, 7, 2	3, 3, 3	3, 3, 4	
2	12, 19, 1	9, 12, 2	5, 8, 3		
3	16, 25, 2	11, 19, 2			
4	16, 32, 2				

Abbildung 5.9 Berechnung von C(0,4), W(0,4) und R(0,4)

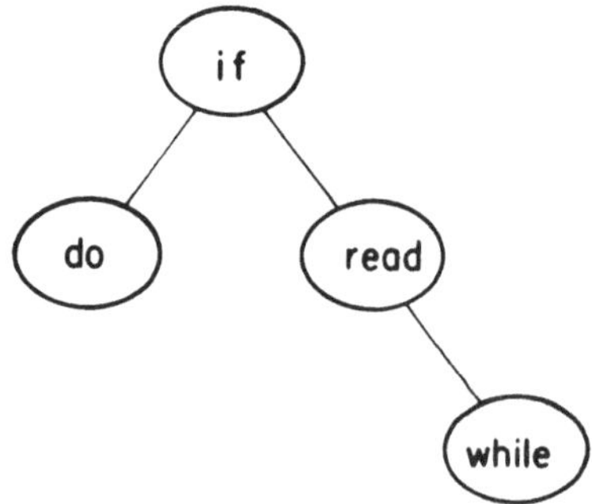

<u>Abbildung 5.10</u> Optimaler Suchbaum für Beispiel 5.16

    Das obige Beispiel zeigt, wie man mit Hilfe von Gleichung (5.12)
die Werte von C und R bestimmen und mit der Kenntnis der R - Werte T_{On}
rekonstruieren kann. Wir wollen die Komplexität dieser Prozedur zur
Auswertung der C- und R - Werte ermitteln. Bei der in obigem Beispiel
beschriebenen Auswertungsprozedur werden die C(i, j) für (j - i) = 1,
2, ..., n in dieser Reihenfolge berechnet. Für j - i = m sind n - m + 1
Werte C(i, j) zu berechnen. Bei der Ermittlung eines jeden dieser
Werte ist es erforderlich, unter m Größen das Minimum zu finden (siehe
Gleichung (5.12)). Also kann jeder C(i, j) - Wert in der Zeit O(m) berechnet werden. Die Gesamtzeit zur Ermittlung aller C(i, j) mit j - i
= m ist daher $O(nm - m^2)$. Die Gesamtzeit zur Auswertung aller C(i, j)
und R(i, j) beträgt daher

$$\sum_{1 \leq m \leq n} (nm - m^2) = O(n^3).$$

    Tatsächlich ist noch eine Verbesserung möglich; nach D.E. Knuth
kann man nämlich das optimale k in Gleichung (5.12) finden, indem man
sich bei der Suche auf den Bereich R(i, j - 1) $\leq$ k $\leq$ R(i + 1, j) beschränkt. In diesem Fall wird die Rechenzeit $O(n^2)$ (siehe Übungen).
Die Prozedur OBS (<u>O</u>ptimaler <u>b</u>inärer <u>S</u>uchbaum, Algorithmus 5.5) verwendet dieses Ergebnis und liefert in der Zeit $O(n^2)$ die Werte von
W(i, j), R(i, j) und C(i, j), 0 $\leq$ i $\leq$ j $\leq$ n. Der aktuelle Baum T_{On}
kann in der Zeit O(n) aus den Werten von R(i, j) aufgebaut werden. Der
dazugehörige Algorithmus ist dem Leser als Übungsaufgabe überlassen.

```
procedure OBS(P, Q, n)
  //Gegeben sind n verschiedene Bezeichner a_1 < a_2 <...< a_n und//
  //Wahrscheinlichkeiten P(i), 1 ≤ i ≤ n und Q(i), 0 ≤ i ≤ n. Der//
  //Algorithmus berechnet die Kosten C(i, j) der optimalen binären//
  //Suchbäume T_ij für Bezeichner a_{i+1}, ..., a_j. Ebenso wird R(i, j)//
  //berechnet, die Wurzel von T_ij. W(i, j) ist das Gewicht von T_ij.//
  real P(n), Q(0:n), C(0:n, 0:n), W(0:n, 0:n)
  integer R(0:n, 0:n)
  for i ← 0 to n - 1 do
    (W(i, i), R(i, i), C(i, i)) ← (Q(i), 0, 0)    //initialisieren//
    (W(i, i + 1), R(i, i + 1), C(i, i + 1)) ← (Q(i) + Q(i + 1) +
    P(i + 1), i + 1, Q(i) + Q(i + 1) + P(i + 1))    //optimale Bäu-//
                                                    //me mit einem//
                                                    //Knoten//

  repeat
  (W(n, n), R(n, n), C(n, n)) ← (Q(n), 0, 0)
  for m ← 2 to n do    //finde optimale Bäume mit m Knoten//
    for i ← 0 to n - m do
      j ← i + m
      W(i, j) ← W(i, j - 1) + P(j) + Q(j)
      k ← ein Wert von 1 im Bereich R(i, j - 1) ≤ 1 ≤ R(i + 1, j),
          der {C(i, 1 - 1) + C(1, j)} minimiert
          //löse (5.12) und benutze das Ergebnis von Knuth//
      C(i, j) ← W(i, j) + C(i, k - 1) + C(k, j)
      R(i, j) ← k
    repeat
  repeat
end OBS
```

Algorithmus 5.5   Ermittlung eines binären Suchbaumes mit minima-
                  len Kosten

5.5   0/1 - RUCKSACK

Die Bezeichnungen, die wir in diesem Abschnitt verwenden, sind dieselben wie in Abschnitt 5.1. Man erhält eine Lösung des Rucksackproblems, indem man bzgl. der Variablen x_1, x_2, ..., x_n eine Folge von
Entscheidungen trifft. Bei der Entscheidung über die Variable x_i geht
es darum, ob man ihr den Wert 0 oder 1 zuweist. Wir nehmen an, daß die
Entscheidungen über die x_i in der Reihenfolge x_n, x_{n-1}, ..., x_1 ge-

fällt werden. Nach einer Entscheidung über x_n können wir uns in einem von zwei möglichen Zuständen befinden: die verbleibende Kapazität im Rucksack ist M und es ist kein Gewinn entstanden - oder die verbleibende Kapazität ist $M - w_n$ und der Gewinn p_n ist entstanden. Es ist klar, daß die restlichen Entscheidungen $x_{n-1}, \ldots, x_1$ optimal sein müssen in bezug auf den Problemzustand, der sich aus der Entscheidung über x_n ergibt; sonst wird $x_n, \ldots, x_1$ nicht optimal sein. Also gilt das Optimalitätsprinzip.

Es sei $f_j(X)$ der Wert einer optimalen Lösung von RUCK(1, j, X). Da das Optimalitätsprinzip gilt, erhalten wir:

$$f_n(M) = \max\left\{f_{n-1}(M), f_{n-1}(M-w_n)+p_n\right\} \tag{5.13}$$

Für beliebige $f_i(X)$, $i > 0$, wird (5.13) verallgemeinert zu:

$$f_i(X) = \max\left\{f_{i-1}(X), f_{i-1}(X-w_i)+p_i\right\} \tag{5.14}$$

Die Gleichung (5.14) kann nach $f_n(M)$ aufgelöst werden, wenn man benutzt, daß $f_0(X) = 0$ ist für alle X und $f_i(x) = -\infty$, $x < 0$. f_1, f_2, $\ldots$, f_n können mit Hilfe von (5.14) nacheinander berechnet werden.

<u>Beispiel 5.17</u> Wir betrachten das Rucksackproblem n = 3, (w_1, w_2, w_3) = (2, 3, 4), (p_1, p_2, p_3) = (1, 2, 5) und M = 6. In Abb. 5.11 sind f_1, f_2 und f_3 graphisch dargestellt. Die erste Spalte zeigt die Funktion $f_{i-1}(X - w_i) + p_i$. Ihre Werte erhält man, indem $f_{i-1}(x)$ um w_i Einheiten auf der x - Achse nach rechts verschiebt und dann p_i dazu addiert. Die zweite Spalte zeigt die Funktion $f_i(X)$, die man durch Anwendung der Gleichung (5.14) erhält. $f_3(6) = 6$. □

Aus Abb. 5.11 ist ersichtlich, daß jedes f_i durch die Paare (P_j, W_j) bestimmt ist, wobei W_j ein X - Wert ist, für den f_i einen Sprung macht. $P_j = f_i(W_j)$. Bei r Sprüngen muß man r Paare (P_j, W_j), $1 \leq j \leq r$ kennen. Zur besseren Handhabung führen wir noch das Paar (P_0, W_0) = (0, 0) ein. Aus der Annahme $W_j < W_{j+1}$, $0 \leq j < r$ und aus (5.14) folgt $P_j < P_{j+1}$. Weiterhin gilt: $f_i(X) = f_i(W_j)$ für alle X mit $W_j \leq X < W_{j+1}$, $0 \leq j < r$. Es ist $f_i(X) = f_i(W_r)$ für alle $X \geq W_r$. Ist S^{i-1} die Menge aller Paare für f_{i-1} (einschließlich (0, 0)), dann erhält man die Menge S_1^i aller Paare für $g_i(X) = f_{i-1}(X - w_i) + p_i$, indem man zu jedem Paar in S^{i-1} das Paar (p_i, w_i) addiert.

$$S_1^i = \left\{(P,W) \mid (P-p_i, W-w_i) \in S^{i-1}\right\} \tag{5.15}$$

S^i erhält man durch das Mischen von S^{i-1} und S_1^i. Dieser Mischvorgang entspricht dem Auffinden des Maximums zweier Funktionen $f_{i-1}(X)$ und $f_{i-1}(X - w_i) + p_i$ in Gleichung (5.14).

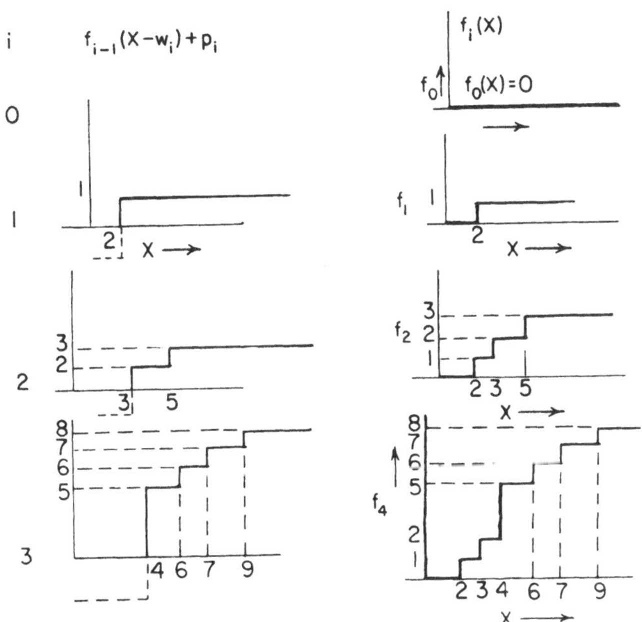

Abbildung 5.11   Rucksackwerte

Gehört also zu einer der Mengen S^{i-1} und S_1^i das Paar (P_j, W_j) und zur anderen das Paar (P_k, W_k) und gilt: $P_j \le P_k$ und $W_j \ge W_k$, dann wird das Paar (P_j, W_j) vernachlässigt. Dies wird von (5.14) gefordert. $f_i(W_j) = \max\{P_j, P_k\} = P_k$.

<u>Beispiel 5.18</u>   Mit den Daten aus Beispiel 5.17 erhalten wir:

$$S^0 = \{(0, 0)\}; \; S_1^1 = \{(1, 2)\}$$
$$S^1 = \{(0, 0), (1, 2)\}, \; S_1^2 = \{(2, 3), (3, 5)\}$$
$$S^2 = \{(0, 0), (1, 2), (2, 3), (3, 5)\}; \; S_1^3 = \{(5, 4), (6, 6),$$
$$(7, 7), (8, 9)\}$$
$$S^3 = \{(0, 0), (1, 2), (2, 3), (5, 4), (6, 6), (7, 7), (8, 9)\}.$$

Man beachte, daß das Paar $(3, 5)$ aus S^3 entfernt wurde durch Anwenden obiger Eliminationsregel. □

Man kann auch noch durch eine andere Überlegung zu obiger Prozedur zur Berechnung von S^i, $0 \leq i \leq n$ gelangen. Angenommen wir wollen das Rucksackproblem durch explizites Aufzählen aller 2^n Möglichkeiten für x_1, x_2, ..., x_n lösen. Dann repräsentiert jedes S^i die möglichen Zustände, die sich aus den 2^i Entscheidungsfolgen für x_1, ..., x_i ergeben. Jeder Zustand ist wie zuvor durch das Paar (P_j, W_j) definiert. Um S^{i+1} zu erhalten, stellen wir zunächst fest, daß es für x_{i+1} zwei Möglichkeiten gibt, nämlich $x_{i+1} = 0$ und $x_{i+1} = 1$. Ist $x_{i+1} = 0$, dann sind die sich ergebenden Zustände dieselben wie für S^i. Ist $x_{i+1} = 1$, dann erhält man die sich ergebenden Zustände, indem man (p_{i+1}, w_{i+1}) zu jedem Zustand in S^i addiert. Diese Addition liefert S_1^i (Gleichung 5.15). Nun kann S^{i+1} berechnet werden, indem man S^i und S_1^i miteinander mischt. Enthält S^{i+1} zwei Tupel (P_j, W_j) und (P_k, W_k) mit $P_j \leq P_k$ und $W_j \geq W_k$, dann kann das Tupel (P_j, W_j) vernachlässigt werden, und zwar deshalb, weil für jede beliebige Entscheidungsfolge x_{i+2}, ..., x_n mit $W_j + \sum_{i+2}^n w_1 x_1 \leq M$ gilt: $W_k + \sum_{i+2}^n w_1 x_1 \leq M$ und $P_k + \sum_{i+2}^n p_1 x_1 \geq P_j + \sum_{i+2}^n p_1 x_1$. Also kann (P_j, W_j) nicht zu einer Lösung führen, die besser ist als die beste, die man von (P_k, W_k) erhält. Diese "Vernachlässigungs - Regel" ist mit der zuvor formulierten "Entfernungs - Regel" identisch. Beide Regeln nennt man auch "Dominanz - Regel". Dominierende Tupel werden entfernt. Hier dominiert (P_k, W_k) über (P_j, W_j).

Bei der Erzeugung der S^i können wir auch alle Paare (P, W) mit $W > M$ entfernen, da diese Paare den Wert von $f_n(X)$ nur für $X > M$ bestimmen. Da die Rucksackkapazität M beträgt, interessiert uns das Verhalten von f_n nicht für $X > M$. Sind alle Paare (P_j, W_j) mit $W_j > M$ aus den S^i entfernt, dann erhält man $f_n(M)$ durch den P - Wert des letzten Paares in S^n (man beachte, daß die S^i geordnete Mengen sind). Außerdem kann man durch Berechnung von S^n die Lösung aller Rucksackprobleme RUCK(1, n, X), $0 \leq X \leq M$ erhalten und nicht nur die Lösung von RUCK(1, n, M). Da wir nur eine Lösung von RUCK(1, n, M) suchen, können wir die Berechnung von S^n ganz fallen lassen. Die Lösung von RUCK(1, n, M) erhält man durch das letzte Tupel (P, W) in S^n; nur dieses muß berechnet werden. Das letzte Tupel in S^n ist entweder das letzte Tupel in S^{n-1} oder es ist $(P_j + p_n, W_j + w_n)$, wobei gilt: $(P_j, W_j) \in S^{n-1}$ und W_j ist die größte Sprungstelle in S^{n-1} mit $W_j + w_n \leq M$.

Ist $(P1, W1)$ das letzte Tupel in S^n, dann kann eine Menge von 0/1 - Werten für die x_i so bestimmt werden, daß gilt: $\sum p_i x_i = P1$ und $\sum w_i x_i = W1$, indem man die S^i durchsucht. Wir setzen $x_n = 0$, falls

268

gilt: $(P1, W1) \in S^{n-1}$. Ist $(P1, W1) \notin S^{n-1}$, dann gilt: $(P1 - p_n, W1 - w_n) \in S^{n-1}$ und wir setzen $x_n = 1$. Also müssen wir noch feststellen, wie entweder $(P1, W1)$ oder $(P1 - p_n, W1 - w_n)$ in S^{n-1} erhalten wurde. Dazu können wir den aus der Bestimmung von x_n verwendeten Schluß benutzen.

Beispiel 5.19 Für $M = 6$ erhält man den Wert von $f_3(6)$ durch das Tupel $(6, 6)$ in S^3 (Beispiel 5.18). Wegen $(6, 6) \notin S^2$ müssen wir $x_3 = 1$ setzen. Das Paar $(6, 6)$ rührte von dem Paar $(6 - p_3, 6 - w_3) = (1, 1)$ her. Also gilt: $(1, 2) \in S_2$. Wegen $(1, 2) \in S_1$ setzen wir $x_2 = 0$. Wegen $(1, 2) \notin S^0$ erhalten wir $x_1 = 1$. Also ist $(x_1, x_2, x_3) = (1, 0, 1)$ eine optimale Lösung.

Alles bisher Gesagte fassen wir als informellen Algorithmus in der Prozedur DRP (<u>D</u>ynamisches <u>R</u>ucksack - <u>P</u>roblem) zusammen (Algorithmus 5.6). Um die Komplexität des Algorithmus angeben zu können, müssen wir darlegen, wie die Mengen S^i und $S_1^{\,i}$ dargestellt werden. Wir benötigen einen Algorithmus zum Mischen von S^i und $S_1^{\,i}$. Dieser Algorithmus muß Paare bei Bedarf entfernen. Außerdem müssen wir einen Algorithmus angeben, der die Mengen S^{n-1}, ..., S^1 durchsucht und eine Menge von $0/1$ - Werten für x_n, ..., x_1 ermittelt.

Zeile	
	<u>procedure</u> DRP(p, w, n, M)
1	$S^0 \leftarrow \{(0, 0)\}$
2	<u>for</u> $i \leftarrow 1$ <u>to</u> $n - 1$ <u>do</u>
3	$S_1^{\,i} \leftarrow \{(P1, W1) \mid (P1 - p_i, W1 - w_i) \in S^{i-1}$ und $W1 \leq M\}$
4	$S^i \leftarrow$ MISCH___ENTFERN$(S^{i-1}, S_1^{\,i})$
5	<u>repeat</u>
6	$(PX, WX) \leftarrow$ letztes Tupel in S^{n-1}
7	$(PY, WY) \leftarrow (P1 + p_n, W1 + w_n)$, wobei $W1$ das größte W in irgendeinem Tupel in S^{n-1} ist, für das gilt: $W + w_n \leq M$ //laufe zurück für $x_n, x_{n-1}, ..., x_1$//
8	<u>if</u> $PX > PY$ <u>then</u> $x_n \leftarrow 0$
9	<u>else</u> $x_n \leftarrow 1$
10	<u>endif</u>
11	laufe zurück für $x_{n-1}, ..., x_1$
12	<u>end</u> DRP

Algorithmus 5.6 Informeller Rucksack - Algorithmus

<u>Implementierung von DRP</u>

Zur Darstellung aller Paare (P1, W1) können wir zwei eindimensionale
Felder P und W verwenden. Die P1 - Werte werden in P abgespeichert,
die W1 - Werte in W. Die Mengen S^0, S^1, ..., S^{n-1} können so gespeichert werden, daß sie nebeneinander liegen. Dafür benötigt man Zeiger $F(i)$, $0 \leq i \leq n$, wobei $F(i)$ die Speicheradresse des ersten Elements in S^i, $0 \leq i < n$ angibt, und $F(n)$ die um eins erhöhte Adresse
des letzten Elements in S^{n-1}.

Beispiel 5.20 Verwenden wir obige Darstellung, dann sehen die Mengen S^0, S^1 und S^2 aus Beispiel 5.18 folgendermaßen aus:

	1	2	3	4	5	6	7
P	0	0	1	0	1	2	3
W	0	0	2	0	2	3	5

$\uparrow$ F(0) $\uparrow$ F(1) $\uparrow$ F(2) $\uparrow$ F(3) □

Das Mischen von S^{i-1} und S_1^i und das Entfernen können zur gleichen
Zeit ausgeführt werden, zu der S_1^i erzeugt wird. Da die Paare in S^{i-1}
in aufsteigender Folge von P und W geordnet sind, werden die Paare für
S^i in dieser Reihenfolge erzeugt. Ist das nächste für S_1^i erzeugte
Paar das Paar (PQ, WQ), dann können wir mit S^i alle Paare aus S^{i-1}
mischen, für deren W - Werte gilt: $W \leq WQ$. Mit Hilfe der Eliminationsregel entscheiden wir, ob irgendwelche Paare entfernt werden. Also
brauchen wir keinen zusätzlichen Platz für ein explizites Abspeichern
von S_1^i.

Die Prozedur D_RUCK erzeugt S^i aus S^{i-1} auf diese Weise. Die S^i
werden in der Schleife der Zeilen 4 - 29 erzeugt. Am Anfang jeder
Wiederholung ist $1 = F(i - 1)$ und h der Index des letzten Paares in
S^{i-1}. Also ist h = nächster - 1. k zeigt auf das nächste Tupel in
S^{i-1}, welches mit S^i gemischt werden muß. In Zeile 6 wird u so gesetzt, daß für alle W_j, $h \geq j > u$, gilt: $W_j + w_i > M$. Also werden diese Paare in S_1^i nicht einmal erzeugt. Die Paare für S_1^i sind deshalb
alle Paare $(P(j) + p_i, W(j) + w_i)$, $1 \leq j \leq u$. In der Schleife der Zeilen 7 - 22 werden diese Paare erzeugt. Jedesmal, wenn ein Paar (pp,
ww) erzeugt wird, werden alle Paare (p, w) in S^{i-1} mit w < ww, die

noch nicht entfernt oder mit S^i gemischt wurden, mit S^i vermischt. Man beachte, daß keines dieser Paare entfernt werden darf. In den Zeilen 13 - 14 wird der Fall behandelt, daß das nächste Paar in S^{i-1} einen w - Wert hat, der gleich ww ist. In diesem Fall wird das Paar mit kleinerem p - Wert entfernt. Ist pp > P(nächster - 1), dann wird das Paar (pp, ww) entfernt; ansonsten wird (pp, ww) zu S^i hinzugefügt. In den Zeilen 19 - 21 werden alle ungemischten Paare in S^{i-1} entfernt, die zu diesem Zeitpunkt entfernt werden können. Schließlich können nach dem Mischen von S_1^i und S^i noch Paare in S^{i-1} übrig sein, die mit S^i gemischt werden müssen. Dies wird in den Zeilen 23 - 26 erledigt. Man beachte, daß wegen der Zeilen 19 - 21 keines dieser Paare entfernt werden kann. Diese Prozedur TEILE in Zeile 29 implementiert die Zeilen 8 - 9 der Prozedur DRP (Algorithmus 5.6). Diese Prozedur ist dem Leser als Übungsaufgabe überlassen.

```
Zeile   procedure D_RUCK (p, w, n, M, m)
          real p(n), w(n), P(m), W(m), pp, ww, M
          integer F(0:n), l, h, u, i, j, p, nächster
  1       F(0) ← 1; P(1) ← W(1) ← 0    //S⁰//
  2       l ← h ← 1    //Start und Ende von S⁰//
  3       F(1) ← nächster ← 2    //nächste freie Stelle in P und W//
  4       for i ← 1 to n - 1 do    //erzeuge Sⁱ//
  5         k ← 1
  6         u ← größtes k, 1 ≦ k ≦ h, mit W(k) + wᵢ ≦ M
  7         for j ← 1 to u do    //erzeuge S₁ⁱ und mische//
  8           (pp, ww) ← (P(j) + pᵢ, W(j) + wᵢ))    //nächstes Element//
                                                   //in S₁ⁱ//
  9           while k ≦ h and W(k) ≦ ww do    //mische aus Sⁱ⁻¹//
 10             P(nächster) ← P(k); W(nächster) ← W(k)
 11             nächster ← nächster + 1; k ← k + 1
 12           repeat
 13           if k ≦ h and W(k) = ww then pp ← max (pp, P(k))
 14                                       k ← k + 1
 15           endif
 16           if pp > P(nächster - 1) then (P(nächster), W(nächster)) ←
                                           (pp, ww)
 17                                       nächster ← nächster + 1
 18           endif
 19           while k ≦ h and P(k) ≦ P(nächster - 1) do    //entferne//
 20             k ← k + 1
 21           repeat
 22         repeat
            //mische die restlichen Terme von Sⁱ⁻¹//
 23         while k ≦ h do
 24           (P(nächster), W(nächster)) ← (P(k), W(k))
 25           nächster ← nächster + 1; k ← k + 1
 26         repeat
            //initialisiere für Sⁱ⁺¹//
 27         l ← h + 1; h ← nächster - 1; F(i + 1) ← nächster
 28       repeat
 29       call TEILE
 30     end D_RUCK
```

Algorithmus 5.7 Algorithmus zum 0/1 - Rucksackproblem

Analyse der Prozedur D_RUCK

Ist $|S^i|$ die Anzahl der Paare in S^i, dann sollten die Felder P und W eine minimale Dimension von $m = \sum_{0 \le i \le n} |S^i|$ haben. Da man den genauen Platzbedarf nicht vorhersagen kann, muß man bei jedem Erhöhen der Variable "nächster" nachprüfen, ob nächster > m ist. Da man jedes S^i, $i > 0$, durch Mischen von S^{i-1} und S_1^i erhält, und da $|S_1^i| \le |S^{i-1}|$ ist, folgt: $|S^i| \le 2|S^{i-1}|$. Im schlimmsten Fall werden keine Paare entfernt, und es gilt:

$$\sum_{0 \le i \le n-1} |S^i| = \sum_{0 \le i \le n-1} 2^i = 2^n - 1 \quad . \tag{5.15a}$$

Die Zeit, die man benötigt, um S^i aus S^{i-1} zu erzeugen, beträgt $\Theta(|S^{i-1}|)$. Also beträgt die Zeit zur Berechnung aller S^i, $0 \le i < n$, $\Theta(\sum |S^{i-1}|)$. Wegen $|S^i| \le 2^i$ braucht man zur Berechnung aller S^i die Zeit $O(2^n)$. Sind die p_j - Werte ganze Zahlen, dann hat jedes Paar (P, W) in S^i eine ganze Zahl P mit $P \le \sum_{1 \le j \le i} p_j$. Entsprechend gilt: sind die w_j - Werte ganze Zahlen, dann ist jedes W eine ganze Zahl und es gilt: $W \le M$. In jedem S^i haben die Paare verschiedene W- und P - Werte. Also gilt:

$$|S^i| \le 1 + \sum_{1 \le j \le i} p_j \tag{5.15b}$$

wenn die p_j - Werte ganze Zahlen sind, und:

$$|S^i| \le 1 + \min\left(\sum_{1 \le j \le i} w_j, M \right) \tag{5.15c}$$

wenn die w_j - Werte ganze Zahlen sind. Sind beides ganze Zahlen, dann beträgt die Komplexität bzgl. Zeit- und Platzbedarf der Prozedur D_RUCK $O(\min\{2^n, n\sum_{1 \le i \le n} p_i, nM\})$, wenn man von der Prozedur TEILE absieht. In dieser Grenze kann $\sum_{1 \le i \le n} p_i$ ersetzt werden durch $\sum_{1 \le i \le n} p_i / \mathrm{ggT}(p_1, \ldots, p_n)$ und M durch $\mathrm{ggT}(w_1, w_2, \ldots, w_n, M)$ (siehe Übungsaufgaben). In den Übungen wird darauf hingewiesen, wie die Prozedur TEILE so implementiert werden kann, daß sie einen Platzbedarf $O(1)$ und einen Zeitbedarf $O(n^2)$ hat.

Obige Analyse könnte zu der Annahme führen, daß D_RUCK für große Werte von n zu rechenintensiv und daher nicht praktikabel ist; in der Praxis können jedoch viele Probleme mit vernünftigem Zeitaufwand gelöst werden. Dies ist deshalb der Fall, da gewöhnlich alle p- und w-Werte ganze Zahlen sind und da M viel kleiner als 2^n ist. Mit Hilfe der Eliminationsregel werden die meisten Tupel entfernt, die sonst in den S^i bleiben würden.

Die Prozedur D_RUCK kann durch heuristische Methoden noch schneller gemacht werden. Es sei L ein Schätzwert einer optimalen Lösung mit $f_n(M) \ge L$. Es sei PLINKS(i) = $\sum_{i < j \le n} p_j$. Enthält S^i ein Tupel (P, W) mit P + PLINKS(i) < L, dann kann (P, W) aus S^i entfernt werden. Um dies einzusehen, überlegt man sich, daß (P, W) im besten Fall das Paar $(P + \sum_{i < j \le n} p_j, W + \sum_{i < j \le n} w_j)$ zu S_1^n beitragen kann. Wegen P + $\sum_{i < j \le n} p_j$ = P + PLINKS(i) < L folgt, daß dieses Paar nicht zu einem Paar führen kann, dessen Wert mindestens L ist, und damit keine optimale Lösung bestimmen kann. Eine einfache Möglichkeit zur Abschätzung von L (L $\le f_n(M)$) besteht darin, daß man das letzte Paar (P, W) in S^i betrachtet. Dann gilt: P $\le f_n(M)$. Einen besseren Schätzwert erhält man, indem man einige der verbleibenden Objekte zu (P, W) hinzufügt. In Beispiel 5.21 wird dies näher erläutert. Heuristische Methoden zum Rucksackproblem werden in Kapitel 8 im Detail behandelt. In den Übungen wird untersucht, wie man mit der "Teile - und - Herrsche" - Methode die Prozedur D_RUCK schneller machen kann, so daß die Zeit für den ungünstigsten Fall $O(2^{n/2})$ beträgt.

Beispiel 5.21 Wir betrachten das folgende Rucksackproblem: n = 6; $(p_1, p_2, p_3, p_4, p_5, p_6) = (w_1, w_2, w_3, w_4, w_5, w_6) = (100, 50, 20, 10, 7, 3)$ und M = 165. Versuchen wir den Rucksack mit Objekten in der Reihenfolge 1, 2, 3, 4, 5 und 6 zu füllen, dann stellen wir fest, daß die Objekte 1, 2, 4 und 6 passen und einen Gewinn von 163 und eine Kapazitätsausnutzung von 163 erzielen. Also können wir mit L = 163 als einen Wert mit L $\le f_n(M)$ beginnen. Da $p_i = w_i$ ist, gilt für jedes Paar (P, W) $\in S^i$, $0 \le i \le 6$: P = W. Somit kann jedes Paar durch ein einzelnes P oder W ersetzt werden. PLINKS(0) = 190; PLINKS(1) = 90; PLINKS(2) = 40; PLINKS(3) = 20; PLINKS(4) =10; PLINKS(5) = 3 und PLINKS(6) = 0. Entfernt man aus jedem S^i jedes einzelne P mit P + PLINKS(i) < L, so erhält man:

$$S^0 = \{0\}; \quad S_1^1 = \{100\}$$
$$S^1 = \{100\}; \quad S_1^2 = \{150\}$$
$$S^2 = \{100, 150\}; \quad S_1^3 = \{120\}$$
$$S^3 = \{150\}; \quad S_1^4 = \{160\}$$
$$S^4 = \{160\}; \quad S_1^5 = \emptyset$$
$$S^5 = \{160\}$$

0 wird aus S^1 entfernt, da $0 + \text{PLINKS}(1) < 163$ ist. $S_1^{\,3}$ enthält nicht $150 + 20 = 170$, da $M < 170$ ist. S^3 enthält nicht 100 oder 120, da beide kleiner als $L - \text{PLINKS}(3)$ sind, usw... . $F_6(165)$ kann aus S^5 ermittelt werden. In diesem Beispiel veränderte sich der Wert von L nicht. Im allgemeinen wird L sich dann ändern, wenn man als Ergebnis der Berechnungen einiger S^i einen besseren Schätzwert erhält. Ohne heuristische Methode wäre die Berechnung wie folgt abgelaufen:

$$S^0 = \{0\}$$
$$S^1 = \{0,\ 100\}$$
$$S^2 = \{0,\ 50,\ 100,\ 150\}$$
$$S^3 = \{0,\ 20,\ 50,\ 70,\ 100,\ 120,\ 150\}$$
$$S^4 = \{0,\ 10,\ 20,\ 30,\ 50,\ 60,\ 70,\ 80,\ 100,\ 110,\ 120,\ 130,\ 150,\ 160\}$$
$$S^5 = \{0,\ 7,\ 10,\ 17,\ 20,\ 27,\ 30,\ 37,\ 50,\ 57,\ 60,\ 67,\ 70,\ 77,\ 80,\ 87,\ 100,\ 107,\ 110,\ 117,\ 120,\ 127,\ 130,\ 137,\ 150,\ 157,\ 160\}$$

$f_6(165)$ kann jetzt aus S^5 ermittelt werden, wenn man benutzt, daß $(p_6, w_6) = (3, 3)$ ist. $\square$

5.6 ENTWURF ZUVERLÄSSIGER SYSTEME

In diesem Abschnitt betrachten wir ein Beispiel, welches zeigt, wie man das dynamische Programmieren zur Lösung eines Problems mit einer multiplikativen Optimierungsfunktion einsetzt. Das Problem besteht darin, ein System zu entwerfen, welches aus verschiedenen Geräten besteht, die hintereinander geschaltet sind (siehe Abb. 5.12). Es sei r_i die Zuverlässigkeit des Geräts D_i (d.h. r_i ist die Wahrscheinlichkeit dafür, daß das Gerät i richtig funktioniert). Dann beträgt die Zuverlässigkeit des ganzen Systems πr_i. Selbst wenn die einzelnen Geräte sehr zuverlässig sind (d.h. daß die r_i nahe bei 1 liegen), kann die Zuverlässigkeit des Systems dennoch nicht besonders gut sein. Ist z.B. $n = 10$ und $r_i = 0.99$, $1 \leq i \leq 10$, dann ist $\pi r_i = 0.895$. Also ist es wünschenswert, Geräte zu verdoppeln. Mehrere Geräte vom gleichen Typ werden parallel geschaltet (siehe Abb. 5.13), indem man Schaltkreise verwendet. Diese ermitteln die korrekt arbeitenden Geräte und wählen in jeder Stufe ein Gerät zur Benutzung aus.

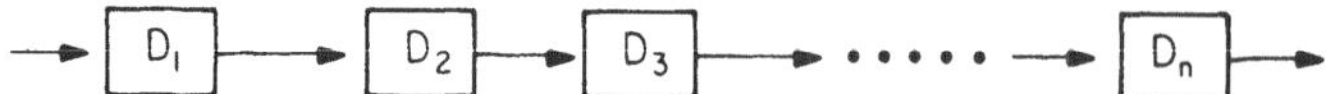

Abbildung 5.12   n Geräte D_i, $1 \leq i \leq n$, sind hintereinander geschaltet

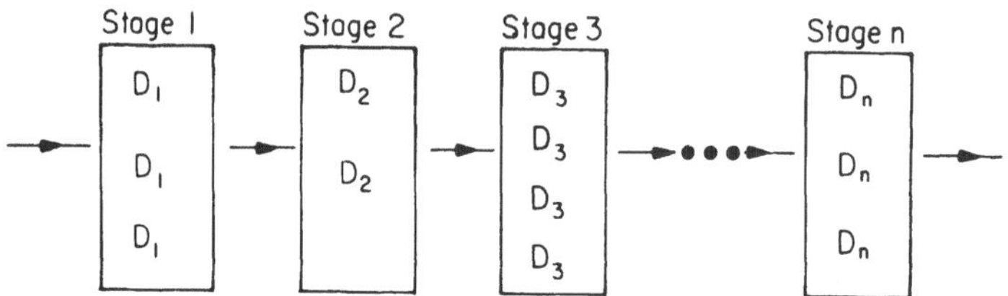

Abbildung 5.13   Mehrere Geräte sind in jeder Stufe parallel geschaltet

Enthält die Stufe i die Anzahl m_i gleicher Geräte D_i, dann ist die Wahrscheinlichkeit für ein Ausfallen aller m_i Geräte $(1 - r_i)^{m_i}$. Also ist die Zuverlässigkeit der Stufe i nun $1 - (1 - r_i)^{m_i}$. Mit $r_i = 0.99$ und $m_i = 2$ wird die Stufenzuverlässigkeit 0.9999. Bei jeder praktischen Anwendung wird die Stufenzuverlässigkeit etwas kleiner als $1 - (1 - r_i)^{m_i}$ sein, da die Schaltkreise selbst nicht uneingeschränkt zuverlässig sind. Auch können Fehler bei gleichen Geräten voneinander abhängig sein (wenn diese z.B. auf einem fehlerhaften Entwurf beruhen). Wir wollen annehmen, daß die Zuverlässigkeit der Stufe i in Wirklichkeit durch eine Funktion $\emptyset_i(m_i)$, $1 \leq i \leq n$, gegeben ist. (Es ist durchaus vorstellbar, daß $\emptyset_i(m_i)$ ab einem gewissen Wert von m_i kleiner wird). Die Zuverlässigkeit des Gesamtsystems ist dann $\prod_{1 \leq i \leq n} \emptyset_i(m_i)$.

Unser Problem besteht darin, mit der Methode der Geräteverdopplung die Zuverlässigkeit zu maximieren. Diese Maximierung ist einer Kostenbeschränkung unterworfen. Es sei c_i der Kostenaufwand jeder Geräteeinheit i, und es sei c der maximal zulässige Kostenaufwand des zu entwerfenden Systems. Wir wollen folgendes Maximierungsproblem lösen:

$$\text{maximiere} \quad \prod_{1 \leq i \leq n} \phi_i(m_i)$$

unter den Bedingungen $\sum\limits_{1 \leq i \leq m} c_i m_i \leq c$ $\hspace{3cm}$ (5.16)

$$m_i \geq 1 \text{ und Integral, } 1 \leq i \leq n$$

Mit Hilfe des dynamischen Programmierens kann man eine Lösung auf ähnliche Weise wie beim Rucksackproblem erhalten. Da wir $c_i > 0$ voraussetzen können, muß jedes m_i im Bereich $1 \leq m_i \leq u_i$ liegen, wobei

$$u_i = \lfloor (c + c_i - \sum_1^n c_j)/c_i \rfloor \qquad \text{ist.}$$

Die obere Grenze u_i ergibt sich aus der Überlegung, daß $m_j \geq 1$ ist. Eine optimale Lösung m_1, m_2, ..., m_n ist das Ergebnis einer Folge von Entscheidungen (eine Entscheidung pro m_i). Es sei $f_i(x)$ der Maximalwert von $\sum_{1 \leq j \leq i} \emptyset_j(m_j)$ unter den Randbedingungen $\sum_{1 \leq j \leq i} c_j m_j \leq x$ und $1 \leq m_j \leq u_j$, $1 \leq j \leq i$. Dann ist der Wert einer optimalen Lösung $f_n(c)$. Die letzte Entscheidung erfordert die Wahl von m_n aus $\{1, 2, ..., u_n\}$. Hat man diese Wahl getroffen, dann müssen die restlichen Entscheidungen so gefällt werden, daß die übrig gebliebenen Vorräte $c - c_n m_n$ optimal genutzt werden. Das Optimalitätsprinzip gilt und damit:

$$f_n(c) = \max_{1 \leq m_n \leq u_n} \left\{ \phi_n(m_n) f_{n-1}(c - c_n m_n) \right\} \hspace{2cm} (5.17)$$

Für beliebiges $f_i(x)$, $i \geq 1$, erhält man folgende Gleichung:

$$f_i(x) = \max_{1 \leq m_i \leq u_i} \left\{ \phi_i(m_i) f_{i-1}(c - c_i m_i) \right\} \hspace{2cm} (5.18)$$

Es ist $f_0(x) = 1$ für alle x, $0 \leq x \leq c$. Also kann man (5.18) nach einer Methode auflösen, wie sie ähnlich beim Rucksackproblem angewendet wurde. S^i bestehe aus Tupeln der Form (f, x) mit $f = f_i(x)$. Zu jedem unterschiedlichen x gibt es höchstens ein Tupel, welches sich aus einer Folge von Entscheidungen bzgl. der m_1, m_2, ..., m_i ergibt. Die Dominanzregel "(f_1, x_1) dominiert über (f_2, x_2) genau dann, wenn $f_1 \geq f_2$ und $x_1 \leq x_2$" gilt auch bei diesem Problem. Also kann man Tupel, über die andere dominieren, aus S^i entfernen.

<u>Beispiel 5.23</u> Es soll ein Dreistufensystem mit den Gerätetypen D_1, D_2 und D_3 entworfen werden. Die Kosten betragen 30.- DM, 15.- DM, 20.- DM. Die Kosten des Systems dürfen 105.- DM nicht überschreiten. Die Zuver-

lässigkeiten der einzelnen Gerätetypen betragen 0.9, 0.8 bzw. 0.5.
Wir nehmen folgendes an: hat die Stufe i m_i Geräte vom Typ i, die
parallel geschaltet sind, dann ist $\emptyset(m_i) = 1 - (1 - r_i)m_i$. Mit den
früheren Bezeichnungen heißt das: $c_1 = 30$; $c_2 = 15$; $c_3 = 20$; $c = 105$;
$r_1 = 0.9$; $r_2 = 0.8$; $r_3 = 0.5$; $u_1 = 2$; $u_2 = 3$; $u_3 = 3$.

S^i stellt die Menge aller nichtdominierter Paare (f, x) dar, die
sich aus den verschiedenen Entscheidungsfolgen für m_1, m_2, ..., m_i ergeben können. Also ist $f(x) = f_i(x)$. Mit $S^0 = \{(1, 0)\}$ beginnend können wir jedes S^i aus S^{i-1} erhalten, indem wir alle möglichen Werte für
m_i ausprobieren und die sich daraus ergebenden Tupel zusammenführen.
S_j^i stellt alle Tupel dar, die man aus S^{i-1} erhält, indem man $m_i = j$
wählt; wir erhalten dann: $S_1^{\ 1} = \{(0.9, 30)\}$ und $S_2^{\ 1} = \{(0.9, 30)$,
$(0.99, 60)\}$. $S_1^{\ 2} = \{(0.75, 45), (0.792, 75)\}$; $S_2^{\ 2} = \{(0.864, 60)\}$.
Man beachte, daß das Tupel (0.9504, 90), welches von (0.99, 60) herrührt,
aus $S_2^{\ 2}$ entfernt wurde, weil dieses nur 10.- DM übrigläßt. Dies genügt
nicht, um $m_3 = 1$ zuzulassen. $S_3^{\ 2} = \{(0.8928, 75)\}$. Durch Zusammenfügen erhalten wir $S^2 = \{(0.72, 45), (0.864, 60), (0.8928, 75)\}$, da das
Tupel (0.792, 75) von (0.864, 60) dominiert wird. $S_1^{\ 3} = \{(0.36, 65)$,
$(0.432, 80), (0.4464, 95)\}$; $S_2^{\ 3} = \{(0.54, 85), (0.648, 100)\}$; $S_3^{\ 3} =$
$\{(0.63, 105)\}$. Durch Zusammenfügen erhalten wir $S^3 = \{(0.36, 65)$;
$(0.432, 80)$; $(0.648, 100)$; $(0.63, 105)\}$.

Der beste Entwurf hat eine Zuverlässigkeit von 0.63 und einen Kostenaufwand von 105. Wenn wir die S^is zurückverfolgen, erhalten wir
$m_1 = 1$, $m_2 = 1$ und $m_3 = 3$. □

Wie beim Rucksackproblem wird auch hier ein Algorithmus, der nach
der Methode des dynamischen Programmierens arbeitet, heuristische Methoden verwenden, um die Größe der S^i zu reduzieren. Wie bereits im
Beispiel 5.23 angemerkt, ist es nicht nötig, irgendein Tupel (f, x),
dessen x - Wert größer als $c - \sum_{i \leq j \leq n} c_j$ ist, in S^i zu belassen,
da solch ein Tupel keine entsprechenden Vorräte übrigläßt, um das System zu vervollständigen. Außerdem können wir eine einfache heuristische Strategie zur Bestimmung der größten Zuverlässigkeit entwerfen,
indem wir ein Tupel (f, x) in S^i vervollständigen. Ist dies kleiner
als eine heuristisch ermittelte Schranke für die optimale Systemzuverlässigkeit, dann kann (f, x) aus S^i entfernt werden.

5.7 DAS PROBLEM DES HANDLUNGSREISENDEN

Wir haben die Anwendung des dynamischen Programmierens auf ein Teil-
mengenauswahlproblem kennengelernt (0/1 - Rucksack). Nun wollen wir

uns einem Permutationsproblem zuwenden. Man beachte, daß im allgemeinen Permutationsprobleme viel schwerer zu lösen sind als Teilmengenprobleme, denn es gibt n! verschiedene Permutationen von n Objekten, jedoch nur 2^n verschiedene Teilmengen (n! > $O(2^n)$). Es sei G = (V, E) ein gerichteter Graph mit Kantenkosten c_{ij}. c_{ij} ist so definiert, daß gilt: c_{ij} > O für alle i und j und c_{ij} = ∞, falls <i, j> ∉ E. Es sei |V| = n und n > 1. Eine <u>Tour</u> in G ist eine gerichtete Schleife, die jeden Knoten in V einschließt. Die Kosten einer Tour ergeben sich als Summe der Kosten aller Kanten dieser Tour. Das Problem des Handlungsreisenden besteht darin, eine Tour mit minimalen Kosten zu finden.

Diese Problemstellung kann man auf eine Vielzahl von Situationen übertragen. Denken wir z.B. an ein Postauto, welches die Post aus Briefkästen an n verschiedenen Stellen einsammelt. Mit Hilfe eines Graphen mit n + 1 Knoten kann diese Situation dargestellt werden. Ein Knoten stellt das Postamt dar, von welchem der Postwagen startet und zu welchem er auch zurückkehren muß. Der Kante <i, j> wird ein Kostenfaktor zugewiesen, welcher der Entfernung von Stelle i zur Stelle j entspricht. Die Fahrstrecke des Postamts ist eine Tour; wir wollen eine Tour minimaler Länge finden.

Betrachten wir ein zweites Beispiel: wir wollen mit dem Arm eines Roboters die Schrauben an einem am Fließband produzierten Werkstück festdrehen. Der Arm startet von seiner Anfangsposition (die über der ersten festzuziehenden Schraube liegt), bewegt sich dann von einer Schraube zur anderen und kehrt schließlich in die Ausgangsstellung zurück. Der Weg des Armes entspricht somit einer Tour in einem Graph, dessen Knoten die Schrauben darstellen. Eine Tour mit minimalen Kosten wird die Zeit minimieren, die der Arm zur Verrichtung seiner Aufgabe braucht (man beachte, daß nur die Gesamtzeit der Armbewegungen variabel ist, während die Zeit zum Festziehen einer Schraube von der Tour unabhängig ist).

Als letztes Beispiel betrachten wir eine Produktionsstätte, an der verschiedene Artikel mit den gleichen Maschinen hergestellt werden. Der Herstellungsprozeß verläuft in verschiedenen Produktionszyklen. In jedem Zyklus werden n unterschiedliche Artikel produziert. Wenn man die Maschinen von der Produktion des Artikels i auf die des Artikels j umstellt, treten Änderungskosten c_{ij} auf. Man ist daran interessiert, eine Produktionsfolge für diese Artikel zu finden. Diese Folge sollte die Summe der Änderungskosten minimieren (die restlichen Produktionskosten sind von der Folge unabhängig). Da der Herstellungsprozeß in Zyklen verläuft, ist es nötig, die Kosten für den Start des nächsten Zyklus miteinzubeziehen. Diese bestehen gerade in den Änderungskosten vom letzten zum ersten Artikel. Also kann man dieses Problem als Problem des Handlungsreisenden betrachten, wobei der Graph n Knoten hat und die Kantenkosten c_{ij} gerade die Änderungskosten für die Umstellung von Artikel i auf Artikel j sind.

Im folgenden werden wir ohne Beschränkung der Allgemeinheit eine Tour als einen einfachen Weg betrachten, der bei Knoten 1 beginnt und endet. Jede Tour besteht aus einer Kante $\langle 1, k \rangle$ für ein $k \in V - \{1\}$ und aus einem Weg von Knoten k zu Knoten 1. Der Weg von Knoten k zu Knoten 1 führt genau einmal durch jeden Knoten in $V - \{1, k\}$. Wie man leicht sieht, gilt: ist die Tour optimal, dann muß der Weg von k nach 1 ein kürzester Weg sein, der durch alle Knoten in $V - \{1, k\}$ führt. Also gilt das Optimalitätsprinzip. Es sei $g(i, S)$ die Länge eines kürzesten Weges, der bei Knoten i beginnt, durch alle Knoten in S geht und bei Knoten 1 endet. $g(1, V - \{1\})$ ist die Länge einer optimalen Handlungsreisendentour. Aus dem Optimalitätsprinzip folgt:

$$g(1, V-\{1\}) = \min_{2 \le k \le n} \left\{ c_{1k} + g(k, V-\{1, k\}) \right\} \qquad (5.19)$$

Verallgemeinert man (5.19), so erhält man:

$$g(i, S) = \min_{j \in S} \left\{ c_{ij} + g(j, S-\{j\}) \right\} \qquad (5.20)$$

(5.19) kann nach $g(1, V - \{1\})$ aufgelöst werden, wenn wir $g(k, V - \{1, k\})$ für alle Wahlmöglichkeiten von k kennen. Die g - Werte erhält man mit Hilfe von (5.20). Es gilt: $g(i, \emptyset) = c_{i,1}$, $1 \le i \le n$. Also erhalten wir mit Hilfe von (5.20) $g(i, S)$ für alle S der Größe 1. Dann erhalten wir $g(i, S)$ für S mit $|S| = 2$ usw... . Ist $|S| < n - 1$, dann gilt für die Werte von i und S, für die $g(i, S)$ benötigt wird, folgendes: $i \ne 1$; $1 \notin S$ und $i \notin S$.

Beispiel 5.23 Wir betrachten den gerichteten Graph in Abb. 5.14(a). Die Kantenlängen sind durch die Matrix c (Abb. 5.14(b)) gegeben.

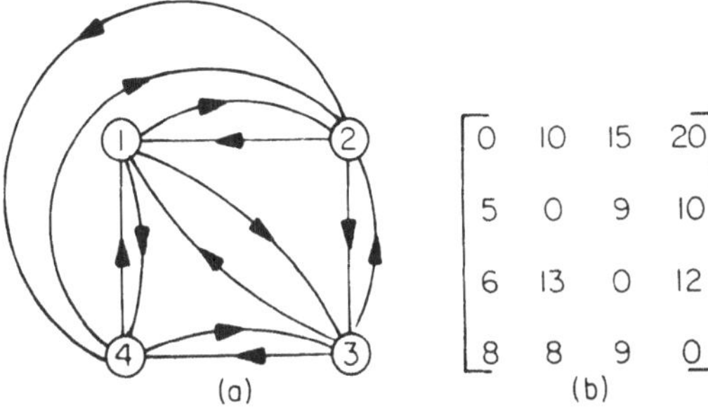

$$\begin{bmatrix} 0 & 10 & 15 & 20 \\ 5 & 0 & 9 & 10 \\ 6 & 13 & 0 & 12 \\ 8 & 8 & 9 & 0 \end{bmatrix}$$

<u>Abbildung 5.14</u> Gerichteter Graph mit Matrix C für die Kantenlängen

$g(2, \emptyset) = c_{21} = 5;\ g(3, \emptyset) = c_{31} = 6$ und $g(4, \emptyset) = c_{41} = 8$.

Mit Hilfe von (5.20) erhalten wir:

$g(2, \{3\}) = c_{23} + g(3, \emptyset) = 15;$ $g(2, \{4\}) = 18$
$g(3, \{2\}) = 18;$ $g(3, \{4\}) = 20$
$g(4, \{2\}) = 13;$ $g(4, \{3\}) = 15$

Als nächstes berechnen wir $g(i, S)$ mit $|S| = 2$ und $i \neq 1$ und $1 \notin S$ und $i \notin S$.

$g(2, \{3, 4\}) = \min\{c_{23} + g(3, \{4\}),\ c_{24} + g(4, \{3\})\} = 25$
$g(3, \{2, 4\}) = \min\{c_{32} + g(2, \{4\}),\ c_{34} + g(4, \{2\})\} = 25$
$g(4, \{2, 3\}) = \min\{c_{42} + g(2, \{3\}),\ c_{43} + g(3, \{2\})\} = 23$

Schließlich erhalten wir aus (5.19):

$g(1, \{2, 3, 4\}) = \min\{c_{12} + g(2, \{3, 4\}),\ c_{13} + g(3, \{2, 4\}),$
$\qquad\qquad\qquad c_{14} + g(4, \{2, 3\})\}$
$\qquad\qquad = \min\{35, 40, 43\}$
$\qquad\qquad = 35$

Eine optimale Tour des Graphen aus Abb. 5.14(a) hat die Länge 35. Wir können eine Tour dieser Länge konstruieren, wenn wir uns für jedes $g(i, S)$ den Wert von j merken, der die rechte Seite von (5.21) minimiert. Es sei $J(i, S)$ dieser Wert. Dann ist $J(1, \{2, 3, 4\}) = 2$. Also beginnt die Tour bei 1 und geht nach 2. Die restliche Tour erhält man aus $g(2, \{3, 4\})$. $J(2, \{3, 4\}) = 4$. Also ist <2, 4> die nächste Kante. Die rest-

liche Tour erhält man aus g(4, {3}). J(4, {3}) = 3. Die optimale Tour
ist 1, 2, 4, 3, 1. □

Es sei N die Anzahl der g(i, S), die berechnet werden müssen, bevor man (5.19) zur Berechnung von g(1, V - {1}) verwenden kann. Für
jeden Wert von |S| gibt es (n - 1) Wahlmöglichkeiten für i. Die Anzahl
disjunkter Mengen S der Größe k, die weder 1 noch i enthalten, beträgt
$\binom{n-2}{k}$.

Also gilt:

$$N = \sum_{k=0}^{n-2} (n-1)\binom{n-2}{k} = (n-1)2^{n-2} \quad . \tag{5.20a}$$

Ein Algorithmus, der zum Auffinden einer optimalen Tour die Gleichungen
(5.19) und (5.20) benutzt, benötigt die Zeit $\Theta(n^2 2^n)$, da die Berechnung
von g(i, |S|) mit |S| = k bei der Lösung von (5.20) k - 1 Vergleiche
erfordert. Dies ist besser als die Aufzählung aller n! verschiedenen
Touren, um die beste herauszufinden. Diese Lösung mit Hilfe des dynamischen Programmierens hat einen schwerwiegenden Nachteil: der Platzbedarf ist $O(n2^n)$. Dies ist auch für kleine Werte von n bereits zu
viel.

5.8 DIE ZEITPLANUNG VON FLUSSBETRIEBEN

Die Verarbeitung eines Programms erfordert oft die Durchführung
verschiedener Aufgaben. Computerprogramme, die in einem Mehrprogramm-
betriebssystem verarbeitet werden, werden zuerst eingegeben, dann ausgeführt. Nach der Ausführung gelangt das Programm in eine Ausgabe-
schlange und verbleibt dort so lange, bis die Ausgabedaten schließlich
gedruckt werden. In einem allgemeinen Flußbetrieb können n Aufträge
vorliegen, wobei jeder Auftrag die Ausführung von m Aufgaben T_{1i},
T_{2i}, ..., T_{mi}, $1 \le i \le n$ erfordert. Die Aufgabe T_{ji} muß auf dem
Prozessor P_j, $1 \le j \le m$ ausgeführt werden. Die Zeit dafür beträgt t_{ji}.
Ein Zeitplan für die n Aufträge besteht aus einer Zuweisung von Aufgaben an Zeitintervalle des Prozessors. Die Aufgabe T_{ji} muß dem Prozessor P_j zugewiesen werden. Zu jedem beliebigen Zeitintervall darf
keinem Prozessor mehr als eine Aufgabe zugewiesen werden. Außerdem
kann für jeder beliebige Auftrag i die Ausführung der Aufgabe T_{ji},

$j > 1$ nicht eher beginnen, als die Aufgabe $T_{j-1, i}$ beendet ist.

<u>Beispiel 5.24</u> Es soll ein Zeitplan für zwei Aufträge auf drei Prozessoren erstellt werden. Die Ausführungszeiten der Aufgaben sind durch die Matrix J gegeben:

$$J = \begin{bmatrix} 2 & 0 \\ 3 & 3 \\ 5 & 2 \end{bmatrix}$$

Zwei mögliche Zeitpläne für die Aufträge sind in Abb. 5.15 gezeigt.

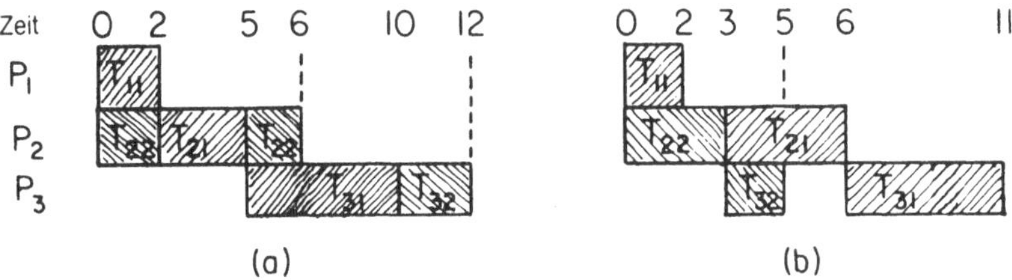

<u>Abbildung 5.15</u> Zwei mögliche Zeitpläne zum Beispiel 5.24

Wir nennen einen Zeitplan <u>nicht präemptiv</u> (nicht entziehbar), wenn die Ausführung einer Aufgabe auf irgendeinem Prozessor nicht beendet wird, bis sie vollständig ausgeführt ist. Einen Zeitplan, bei dem diese Forderung nicht gilt, nennt man <u>präemptiv</u>. Der Plan in Abb. 5.15(a) ist präemptiv, der in Abb. 5.15(b) ist nicht - präemptiv. Die Beendigungszeit $f_i(S)$ des Auftrages i ist der Zeitraum, in dem alle Aufgaben von Auftrag i im Rahmen des Zeitplans S fertiggestellt worden sind. In Abb. 5.15(a) ist $f_1(S) = 10$ und $f_2(S) = 12$. In Abb. 5.15(b) ist $f_1(S) = 11$ und $f_2(S) = 5$. Die Beendigungszeit $F(S)$ eines Zeitplans S ist gegeben durch

$$F(S) = \max_{1 \leq i \leq n} \{f_i(S)\} \tag{5.21}$$

Die <u>mittlere Flußzeit</u> (MFT = <u>m</u>ean <u>f</u>low <u>t</u>ime) ist definiert als

$$MFT(S) = \frac{1}{n} \sum_{1 \leq i \leq n} f_i(S) \tag{5.22}$$

Ein Zeitplan mit optimaler Beendigungszeit (OB) für eine vorgegebene
Menge von Aufträgen ist ein nicht - präemptiver Plan S, für den F(S)
minimal wird für alle nicht - präemptiven Pläne S. Ganz analog sind
folgende Begriffe definiert: ein Zeitplan mit präemptiver optimaler
Beendigungszeit (POB), ein Zeitplan mit optimaler durchschnittlicher
Beendigungszeit (ODB) und ein Zeitplan mit präemptiver optimaler
durchschnittlicher Beendigungszeit (PODB).

Die Lösung des allgemeinen Problems, wie man für m > 2 OB-, POB-
und ODB - Zeitpläne erhält, bereitet bei der Berechnung Schwierigkeiten (siehe Kapitel 11). Mit Hilfe des dynamischen Programmierens erhält man jedoch für den Fall m = 2 einen effizienten Algorithmus zur
Ermittlung von OB- Zeitplänen. Diesen speziellen Fall wollen wir hier
behandeln.

Der Einfachheit halber verwenden wir a_i zur Darstellung von t_{1i}
und b_i zur Darstellung von t_{2i}. Im Falle von zwei Prozessoren kann man
leicht nachweisen, daß man nichts gewinnt, wenn man für die beiden
Prozessoren verschiedene Verarbeitungsreihenfolgen anwendet (dies gilt
nicht für m > 2). Also ist ein Zeitplan durch eine Permutation der Aufträge vollständig bestimmt. Die Aufträge werden in dieser Reihenfolge von jedem Prozessor ausgeführt. Jede Aufgabe wird zum frühest
möglichen Zeitpunkt begonnen. Der Zeitplan in Abb. 5.16 ist durch die
Permutation (5, 1, 3, 2, 4) vollständig bestimmt. Wir nehmen der Einfachheit halber an, daß $a_i \neq 0$ ist ($1 \leq i \leq n$). Falls Programme mit
$a_i = 0$ zugelassen sind, dann kann man einen optimalen Zeitplan aufstellen, indem man zuerst eine optimale Permutation für alle Programme mit
$a_i \neq 0$ ermittelt und dann (in beliebiger Reihenfolge) alle Programme
mit $a_i = 0$ am Anfang dieser Permutation hinzufügt (siehe Übungen).

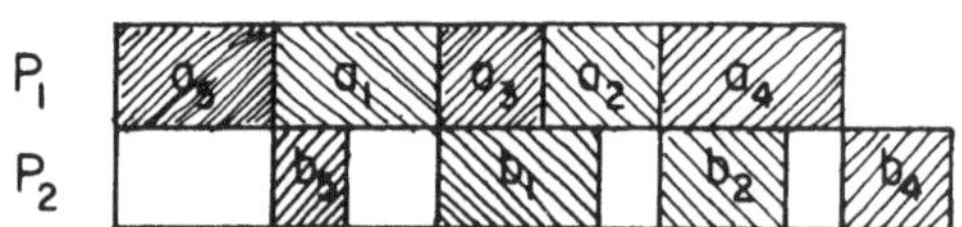

Abbildung 5.16 Ein Zeitplan

Wie man leicht sieht, hat ein Zeitplan mit optimaler Permutation
folgende Eigenschaft: ist das erste Programm in der Permutatio gegeben, dann ist die restliche Permutation optimal bzgl. des Zustandes,
in dem sich die beiden Prozessoren nach Fertigstellung des ersten Programms befinden. Es sei σ_1, σ_2, ..., σ_k der Anfang einer Permutation,
und sei dadurch ein Zeitplan für die Programme T_1, T_2, ..., T_k definiert. Für diesen Zeitplan seien f_1, f_2 die Zeitpunkte, zu denen die
Bearbeitung der Aufträge T_1, T_2, ..., T_k auf den Prozessoren P_1, P_2

abgeschlossen werden. Sei $t = f_2 - f_1$. Der Zustand der Prozessoren nach der Entscheidungsfolge T_1, T_2, ..., T_k ist durch t vollständig charakterisiert. Es sei $g(S, t)$ die Länge eines optimalen Zeitplans für die Teilmenge der Aufträge S unter der Annahme, daß Prozessor 2 bis zur Zeit t nicht verfügbar ist. Die Länge eines optimalen Zeitplans für die Auftragsmenge $\{1, 2, ..., n\}$ beträgt $g(\{1, 2, ..., n\}, 0)$.
Wegen der Gültigkeit des Optimalitätsprinzips erhalten wir

$$g(\{1,2,\ldots,n\},0) = \min_{1 \le i \le n} \left\{ a_i \, g(\{1,2,\ldots,n\}-\{i\},b_i) \right\} \qquad (5.23)$$

(5.24) ist die Verallgemeinerung von (5.23) für beliebige S und t. Diese Verallgemeinerung erfordert, daß gilt: $g(\emptyset, t) = \max\{t, 0\}$ und $a_i \neq 0$, $1 \le i \le n$.

$$g(S,t) = \min_{i \in S} \left\{ a_i + g(S-\{i\},b_i+\max\{t-a_i,0\}) \right\} \qquad (5.24)$$

Der Term $\max\{t - a_i, 0\}$ tritt deshalb in (5.24) auf, weil die Aufgabe T_{2i} nicht vor $\max\{a_i, t\}$ begonnen werden kann. (P_2 ist bis zum Zeitpunkt t nicht verfügbar). Also gilt: $f_2 - f_1 = b_i + \max\{a_i, t\} - a_i = b_i + \max\{t - a_i, 0\}$. Die Auflösung nach $g(S, t)$ geschieht ähnlich wie bei Formel (5.20). Es stellt sich jedoch heraus, daß (5.24) algebraisch gelöst werden kann und daß man dabei eine sehr einfache Regel zur Erzeugung eines optimalen Zeitplans erhält.

Wir betrachten irgendeinen Zeitplan R für eine Teilmenge der Aufträge S. Wir nehmen an, daß P_2 bis zum Zeitpunkt t nicht zur Verfügung steht. Es seien i und j die ersten beiden Programme in diesem Zeitplan. Aus (5.24) erhalten wir dann:

$$\begin{aligned}
g(S,t) &= a_i + g(S-\{i\},b_i+\max\{t-a_i,0\}) \\
&= a_i + a_j + g(S-\{i,j\},b_j+\max\{b_i+\max\{t-a_i,0\}-a_j,0\}) \qquad (5.25)
\end{aligned}$$

(5.25) kann vereinfacht werden, wenn man folgende Ergebnisse benutzt:

$$
\begin{aligned}
t_{ij} &= b_j + \max\left\{b_i + \max\{t-a_i,0\} - a_j, 0\right\} \\
&= b_j + b_i - a_j + \max\left\{\max\{t-a_i,0\}, a_j - b_i\right\} \\
&= b_j + b_i - a_j + \max\{t-a_i, a_j - b_i, 0\} \\
&= b_j + b_i - a_j - a_i + \max\{t, a_i + a_j - b_i, a_i\}
\end{aligned} \tag{5.26}
$$

Vertauscht man die Aufträge i und j in R, dann ergibt sich die Beendigungszeit g'(S, t) aus:

$$
g'(S,\ t) = a_i + a_j + g(S - \{i,\ j\},\ t_{ji})
$$

mit

$$
t_{ji} = b_j + b_i - a_j - a_i + \{\max t,\ a_i + a_j - b_j,\ a_j\}
$$

Beim Vergleich von g(s, t) und g'(s, t) stellt man fest, daß g(s, t) $\leq$ g'(s, t) ist, falls die folgende Formel gilt:

$$
\max\{t, a_i + a_j - b_i, a_i\} \leqq \max\{t, a_i + a_j - b_j, a_j\} \tag{5.27}
$$

Damit (5.27) für alle Werte von t richtig ist, muß gelten:

$$
\max\left\{a_i + a_j - b_i,\ a_i\right\} \leqq \max\left\{a_i + a_j - b_j,\ a_j\right\}
$$

oder

$$
a_i + a_j + \max\left\{-b_i,\ -a_j\right\} \leqq a_i + a_j + \max\left\{-b_j,\ -a_i\right\}
$$

oder

$$
\min\{b_i, a_j\} \geqq \min\{b_j, a_i\} \tag{5.28}
$$

Aus (5.28) können wir schließen, daß es einen optimalen Zeitplan gibt, bei dem für jedes Paar (i, j) von unmittelbar aufeinanderfolgenden Aufträgen gilt: $\min\{b_i, a_i\} \geq \{\min b_i, a_i\}$. In der Übungsaufgabe Nr. 26 wird gezeigt, daß alle Zeitpläne mit dieser Eigenschaft die gleiche Länge haben. Also genügt es, irgendeinen Zeitplan zu erzeugen, für den (5.28) für jedes Paar benachbarter Aufträge gilt. Unter Einbeziehung der folgen-

den Überlegungen, die sich aus (5.28) ergeben, erhalten wir solch
einen Zeitplan. Ist $A_i = \min\{a_1, a_2, \ldots, a_n, b_1, b_2, \ldots, b_n\}$, dann
sollte Auftrag i der erste in einem optimalen Zeitplan sein. Ist min
$\{a_1, a_2, \ldots, a_n, b_1, b_2, \ldots, b_n\}$ gleich b_j, dann sollte Auftrag j
das letzte Programm in einem optimalen Zeitplan sein. Daher können wir
eine Entscheidung über die Positionierung eines der n Aufträge treffen. Dann können wir (5.28) auf die restlichen n - 1 Aufträge anwenden und einen weiteren Auftrag an der richtigen Stelle positionieren
usw... . Die Zeitplanregel, die sich aus (5.28) ergibt, lautet also:

i) man sortiere alle a_i und b_i in eine nichtabsteigende Folge.

ii) man betrachte diese Sequenz in dieser Reihenfolge. Ist die
nächste Zahl in der Folge a_j und ist Auftrag j noch nicht
verplant, dann plane man Auftrag j an der am weitesten
links sich befindenden Stelle ein. Ist die nächste Zahl b_j
und ist Auftrag j noch nicht verplant, dann plane man ihn
an der am weitesten rechts gelegenen Stelle ein. Ist j bereits verplant, dann gehe man zur nächsten Zahl der Folge.

Man beachte, daß bei der Anwendung obiger Regel auch Aufträge mit
$a_i = 0$ an die richtige Position gelangen. Diese Aufträge müssen also
nicht gesondert betrachtet werden.

Beispiel 5.25 Gegeben seien: n = 4, $(a_1, a_2, a_3, a_4) = (3, 4, 8, 10)$
und $(b_1, b_2, b_3, b_4) = (6, 2, 9, 15)$. Die sortierte Folge von a's und
b's ist $(b_2, a_1, a_2, b_1, a_3, b_3, a_4, b_4) = (2, 3, 4, 6, 8, 9, 10, 15)$.
Es sei $\sigma_1, \sigma_2, \sigma_3, \sigma_4$ der optimale Zeitplan. Da die kleinste Zahl b_2
ist, setzen wir $\sigma_4 = 2$. Die nächste Zahl ist a_1, und wir setzen $\sigma_1 = a_1$. Die nächst kleinste Zahl ist a_2. Auftrag 2 wurde schon verplant.
Die nächste Zahl ist b_1. Auftrag 1 wurde schon verplant. a_3 ist die
nächste Zahl, wir setzen $\sigma_2 = 3$. Damit bleibt σ_3 frei und Auftrag 4
nicht verplant. Daher ist $\sigma_3 = 4$.

Obige Zeitplanregel kann so implementiert werden, daß die Rechenzeit $O(n \log n)$ beträgt (siehe Übungen). Zum direkten Lösen von (5. 23)
und (5.24) für $g(\{1, 2, \ldots, n\}, 0)$ für den optimalen Zeitplan braucht
man mindestens eine Zeit $O(2^n)$, weil es so viele verschiedene S^i
gibt, für welche $g(S, t)$ berechnet wird.

LITERATURHINWEISE

Zwei klassische Werke über dynamisches Programmieren sind:

"Introduction to Dynamic Programming", von G. Nemhauser, John Wiley and Sons, Inc., 1966.

"Applied Dynamic Programming", von R.E. Bellman und S.E. Dreyfus, Princeton University Press, 1962.

Die Formulierung des kürzesten Wegproblems mit der Methode des dynamischen Programmierens findet man in:

"Algorithm 97: shortest path", von R. Floyd, C.ACM, 5(6), p. 345, 1962.

Ein Algorithmus zur Bestimmung aller kürzesten Wege mit dem durchschnittlichen Verhalten $O(n^2 \log n)$ ist erschienen in:

"A new algorithm for finding all shortest paths in a graph of positive arcs in average time $O(n^2 \log n)$", von P. Spira, SIAM Jr. on Computing, 2, pp. 28 - 32, 1973.

Die Konstruktion optimaler binärer Suchbäume mit Hilfe des dynamischen Programmierens ist beschrieben in:

"The Art of Programming: Sorting and Searching", Vol. 3, von D.E. Knuth, Addison Wesley, 1973.

"Optimum binary search trees", von D.E. Knuth, Acta informatica, 1, pp. 14 - 25, 1971.

Eine schnelle heuristische Methode zur Erzeugung fast optimaler binärer Suchbäume ist zu finden in:

"Nearly optimal binary search trees", von K. Mehlhorn, Acta Informatica, 5, pp. 287 - 295, 1975.

Die Methode der Mengenerzeugung zur Lösung des 0/1 Rucksackproblems findet man in folgenden Artikeln:

"Discrete dynamic programming and capital allocation", von G. Nemhauser und Z. Ullman, Management Science, 15(9), pp. 494 - 505 (1969).

"Computing partitions with applications to the knapsack problem", von E. Horowitz und S. Sahni, J. ACM, 21, pp. 277 - 292 (1974).

Der Artikel von Horowitz und Sahni erweitert diese Methode noch; er schließt ein "Teile - und Herrsche" - Schema ein, so daß die Rekursionsformel (5.15) in der Zeit $O(2^{n/2})$ gelöst werden kann (siehe Aufgabe 13). Es werden auch eine ganze Reihe experimentell ermittelter Rechenzeiten dargestellt, die einen Vergleich verschiedener Lösungsalgorithmen zum Rucksackproblem ermöglichen.

Rekursionsformeln ähnlich (5.15), die auf dem dynamischen Programmieren basieren, kann man für viele Arten von Zeitplanproblemen erhalten. Hier einige Artikel dazu:

"A functional equation and its application to resource allocation and sequencing problems", von E. Lawler und J. Moore, Management Science, 16(1), pp. 85 - 103 (1969).

"Algorithms for scheduling independent tasks", von S. Sahni, J. ACM, 23(1), pp. 114 - 127 (1976).

"Exact and approximate algorithms for scheduling nonidentical processors", von E. Horowitz und S. Sahni, J. ACM, 23(2), pp. 317 - 327 (1976).

Zu vielen Übungsaufgaben findet man in obigen drei Artikeln die Lösungen. Unsere Diskussion über den Entwurf zuverlässiger Systeme und die Zeitplanung von Flußbetrieben ist dem Buch von Bellman und Dreyfus entnommen. Die Regel aus Aufgabe 20 wurde von Bellman und Dreyfus abgeleitet und ist in ihrem Buch zu finden. Dieses enthält auch eine ganze Reihe anderer interessanter Beispiele. Die Regel für die Zeitplanung von Flußbetrieben stammt ursprünglich von S. Johnson, der nicht die Methode des dynamischen Programmierens verwendete. Seine ursprüngliche Ableitung findet man in:

"Optimal two- and three-stage production schedules with set-up times included", von S. Johnson, Nav. Res. Log. Quat., 1, pp. 61 - 68 (1954).

Die Formulierung des Problems des Handlungsreisenden mit Hilfe des
dynamischen Programmierens geht auf M. Held und R. Karp zurück und ist
abgedruckt in:

"A dynamic programming approach to sequencing problems", von M.
Held und R. Karp, J. Soc. Ind. und Appl. Math., 10(2), 1962.

R. Bellman lieferte eine ähnliche Lösung zum Problem des Handlungsreisenden. Seine Arbeit ist erschienen in:

"Dynamic programming treatment of the traveling salesman problem",
J. ACM, 9, pp. 62 - 63 (1962).

Die Lösung zum Problem der Matrixproduktkette (siehe die Aufgaben 7
und 8) mit Hilfe des dynamischen Programmierens geht auf S. Godbole
zurück und ist erschienen in:

"On efficient computation of matrix chain products", von S. Godbole, IEEE Trans. on Computers, C-22(9), pp. 864 - 866, 1973.

<u>ÜBUNGEN</u>

1. i) Gilt die Rekursionsformel (5.8) für den folgenden Graph? Warum?

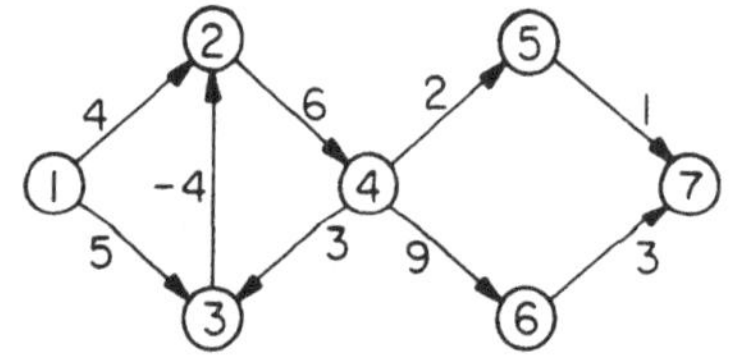

Abbildung 5.16(a)

    ii) Warum gilt Gleichung (5.8) nicht für Graphen mit Schleifen ne-
        gativer Länge?

2. Verändern Sie die Prozedur ALLE_WEGE so, daß für jedes Knotenpaar (i, j) ein kürzester Weg ausgegeben wird. Welchen Zeit- und
Platzbedarf hat dieser neue Algorithmus?

3. Es sei A die Adjazenzmatrix eines gerichteten Graphen G. Die

transitive Hülle A^+ von A ist definiert als eine Matrix mit der Eigenschaft $A^+(i, j)$ = 1 genau dann, wenn es in G einen direkten Weg mit mindestens einer Ecke von Knoten i nach Knoten j gibt. Im anderen Fall ist $A^+(i, j)$ = 0. Die reflexive transitive Hülle A^* ist eine Matrix mit der Eigenschaft $A^*(i, j)$ = 1 genau dann, wenn es in G einen Weg mit null oder mehr Kanten von i nach j gibt. Im anderen Fall ist $A^*(i, j)$ = 0.

i) Geben Sie für den folgenden gerichteten Graph A^+ und A^* an:

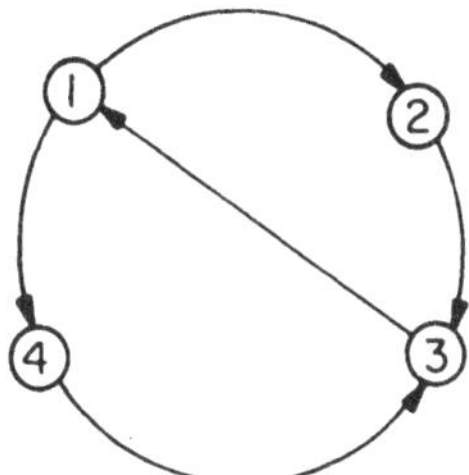

Abbildung 5.16(b)

ii) Es sei $A^k(i, j)$ = 1 genau dann, wenn es einen Weg mit null oder mehr Kanten von i nach j gibt, der durch keinen Knoten führt, dessen Index größer als k ist. Definieren Sie A^0 in der Form der Adjazenzmatrix von A.

iii) Geben Sie eine Rekursion zwischen A^k und A^{k-1} ähnlich (5.8) an. Benutzen Sie statt "<u>max</u>" und "+" die logischen Operatoren "<u>or</u>" und "<u>and</u>".

iv) Schreiben Sie unter Benutzung von iii) einen Algorithmus zum Auffinden von A^*. Dieser Algorithmus hat einen Platzbedarf von nur $O(n^2)$. Welchen Zeitbedarf hat er?

v) Zeigen Sie, daß gilt: $A^+ = A \times A^*$, wobei die Matrizenmultiplikation wie folgt definiert ist: $A^+(i, j) = V_{k=1}^n (A^*(i, k) \wedge A^*(k, j))$. Dabei ist "V" die logische Operation "<u>or</u>" und "$\wedge$" die logische Operation "<u>and</u>". Also kann man A^+ aus A^* berechnen.

4. Berechnen Sie mit Hilfe des Algorithmus OBS W(i, j), R(i, j) und C(i, j), $0 \le i < j \le 4$ für folgende Bezeichnermenge: (a_1, a_2, a_3, a_4) = (<u>end</u>, <u>goto</u>, <u>print</u>, <u>stop</u>) mit P(1) = 1/20, P(2) = 1/5, P(3) = 1/10, P(4) = 1/20, Q(0) = 1/5, Q(1) = 1/10, Q(2) = 1/5, Q(3) = 1/20, Q(4) = 1/20. Konstruieren Sie unter Verwendung der R(i, j) den optimalen

binären Suchbaum.

5. (a) Zeigen Sie, daß die Rechenzeit des Algorithmus OBS $O(n^2)$ ist.

   (b) Schreiben Sie einen Algorithmus, der zu vorgegebenen Wurzeln
       R(i, j), $0 \leq i < j \leq n$, den optimalen binären Suchbaum T kon-
       struiert. Zeigen Sie, daß diese Berechnung in der Zeit $O(n)$
       möglich ist.

6. Da oft nur die Näherungswerte der P's und Q's bekannt sind, ist es
   vielleicht genauso sinnvoll, einen binären Suchbaum zu finden, der
   fast optimal ist, d.h. dessen Kosten (Gleichung (5.9)) für die gegebenen P's und Q's fast minimal sind. In dieser Aufgabe wird ein
   $O(n \log n)$ - Algorithmus untersucht, der als Ergebnis einen fast
   optimalen binären Suchbaum liefert. Die heuristische Suchmethode,
   die wir untersuchen wollen, ist folgende:

   Wähle die Wurzel k so, daß $|W(0, k - 1) - W(k, n)|$ so klein
   wie möglich ist.

   Wiederhole dieses Verfahren, um den linken und rechten Teilbaum
   der Wurzel zu finden.

   (a) Erzeugen Sie mit Hilfe dieser Methode den binären Suchbaum,
       der zu den Daten aus Aufgabe 4 gehört. Geben Sie den Kosten-
       aufwand an!

   (b) Schreiben Sie einen Algorithmus in SPARKS, der auf obiger
       Methode basiert. Dieser Algorithmus sollte einen Zeitbedarf
       von höchstens $O(n \log n)$ haben.

   In dem Artikel von Mehlhorn findet man eine Analyse dieser heuristischen Methode.

7. [Matrizenproduktketten] Es seien A, B und C drei Matrizen mit C =
   A x B. Die Dimensionen von A, B und C seien m x n, n x p und m x p.
   Die Multiplikation ist definiert als:

$$C(i, j) = \sum_{k=1}^{n} A(i, k) * B(k, j).$$

a) Schreiben Sie einen Algorithmus zur direkten Berechnung von C nach obiger Formel. Zeigen Sie, daß mnp Multiplikationen nötig sind.

b) Es sei M_1 x M_2 x ... x M_r eine Kette von Matrizenprodukten. Diese Kette kann auf verschiedene Weise ausgewertet werden. Zwei Möglichkeiten sind $(...((M_1$ x $M_2)$ x $M_3)$ x $M_4)$ x ...) x M_r und $(M_1$ x $(M_2$ x $(...$ x $(M_{r-1}$ x $M_r)$ ...). Die Kosten jeder Multiplikation von M_1 x M_2 x ... x M_r setzen sich aus der Anzahl der Multiplikationen zusammen. Wir betrachten den Fall r = 4 und die Matrizen M_1 bis M_4 mit den Dimensionen 100 x 1, 1 x 100, 100 x 1 und 1 x 100. Was sind die Kosten für jede der fünf Möglichkeiten zur Berechnung von M_1 x M_2 x M_3 x M_4? Zeigen Sie, daß bei der optimalen Möglichkeit ein Kostenaufwand von 10200 entsteht, während sich im ursprünglichen Fall die Kosten auf 1020000 belaufen. Gehen Sie davon aus, daß alle Matrizenprodukte nach dem unter (a) angegebenen Algorithmus berechnet werden.

c) Mit M_{ij} werde das Matrizenprodukt M_i x M_{i+1} x ... x M_j bezeichnet. Also ist $M_{ii} = M_i$, $1 \leq i \leq r$. $S = p_1, p_2, ..., p_{r-1}$ ist eine Produktfolge zur Berechnung von M_{1r} genau dann, wenn jedes Produkt p_k von der Form M_{ij} x $M_{j+1, q}$ ist, wobei M_{ij} und $M_{j+1, q}$ entweder durch ein früheres Produkt p_1, $1 < k$ berechnet wurden oder eine Eingabematrix M_{tt} darstellen. Man beachte, daß gilt: M_{ij} x $M_{j+1, q} = M_{iq}$. Außerdem ist jede gültige Berechnung von M_{1r}, die bei jedem Schritt nur paarweise Matrizenprodukte benutzt, durch eine Produktfolge definiert. Zwei Produktfolgen $S_1 = p_1, p_2, ..., p_{r-1}$ und $S_2 = u_1, u_2, ..., u_{r-1}$ sind verschieden, falls $p_i \neq u_i$ ist für irgendein i. Zeigen Sie, daß die Anzahl verschiedener Produktfolgen (r - 1)! beträgt.

d) Viele dieser (r - 1)! Produktfolgen sind in dem Sinne gleich, daß dieselben Matrizenpaare multipliziert werden. So sind z.B. die Folgen $S_1 = (M_1$ x $M_2)$, $(M_3$ x $M_4)$, $(M_{12}$ x $M_{34})$ und $S_2 = (M_3$ x $M_4)$, $(M_1$ x $M_2)$, $(M_{12}$ x $M_{34})$ nach der Definition von c) verschieden, es werden jedoch dieselben Matrizenpaare sowohl in S_1 wie in S_2 multipliziert. Zeigen Sie, daß die Anzahl verschiedener Folgen gleich der Anzahl verschiedener binärer Bäume mit genau (r - 1) Knoten ist, wenn man nur diejenigen Produktfolgen betrachtet, die sich in mindestens einem Matrizenprodukt voneinander unterscheiden.

e) Zeigen Sie, daß die Anzahl verschiedener binärer Bäume mit n Knoten

$$\frac{1}{n + 1} \binom{2n}{n} \quad \text{beträgt.}$$

8. [Matrizenproduktketten] In der vorangehenden Aufgabe haben wir festgestellt, daß die Anzahl der Möglichkeiten zur Auswertung einer Matrizenproduktkette auch für relativ kleine r - Werte (10 oder 20) bereits sehr groß ist. In dieser Aufgabe entwickeln wir einen $O(r^3)$ - Algorithmus zum Auffinden einer optimalen Produktfolge (d.h. einer Folge mit minimalen Kosten). Durch D(i), $0 \le i \le r$ werden die Dimensionen der Matrizen dargestellt, d.h. M_i hat D(i - 1) Zeilen und D(i) Spalten. Es sei C(i, j) der Kostenaufwand zur Berechnung von M_{ij} mit Hilfe einer optimalen Produktfolge für M_{ij}. Man beachte, daß gilt: C(i, i) = 0, $1 \le i \le r$ und C(i, i + 1) = D(i - 1)*D(i)*D(i + 1), $1 \le i < r$.

a) Geben Sie eine Rekursionsformel für C(i, j), j > i an. Diese ähnelt der Gleichung (5.13).

b) Schreiben Sie einen Algorithmus, der die Rekursionsformel aus a) für C(1, r) löst; er sollte die Komplexität $O(r^3)$ haben.

c) Wie muß man den Algorithmus aus b) abändern, um eine optimale Produktfolge zu bestimmen? Schreiben Sie einen Algorithmus zur Bestimmung solch einer Folge. Zeigen Sie, daß die Gesamtkomplexität von $O(r^3)$ erhalten bleibt.

d) Führen Sie per Hand den Algorithmus für die Produktkette aus 7b) aus. Welche Werte haben C(i, j), $1 \le i \le r$ und $j \ge i$? Wie kann man auf optimale Weise M_{14} berechnen?

9. Erzeugen Sie die Menge S^i von Sprungstellen in $f_i(x)$, $0 \leq i \leq 4$
    (Gleichung 5.15) für $(w_1, w_2, w_3, w_4) = (10, 15, 6, 9)$ und $(p_1,
    p_2, p_3, p_4) = (2, 5, 8, 1)$.

10. Schreiben Sie einen Algorithmus TEILEN zur Bestimmung einer opti-
    malen Lösung $x_1, x_2, \ldots, x_n$ für das Rucksackproblem. Gehen Sie
    davon aus, daß die S^i, $0 \leq i < n$ bereits wie in Prozedur D__RUCK
    berechnet wurden. Kennt man $F(i)$ und $F(i + 1)$, dann kann man mit
    einer binären Suche feststellen, ob $(p', w') \in S^i$ ist. Daher soll-
    te der Zeitbedarf dieses Algorithmus nicht größer als $O(n \max\{\log
    |S^i|\}) \leq O(n^2)$ sein.

11. Geben Sie eine Menge von Problemstellungen zum Rucksackproblem
    an, für die gilt: $|S^i| = 2^i$, $0 \leq i \leq n$. Die Menge sollte für je-
    den Wert von n eine Problemstellung enthalten.

12. (i)   Zeigen Sie, daß für p_j - Werte vom Typ <u>integer</u> die Größe
          $|S^i|$ im Rucksackproblem nicht größer ist als $1 + \sum_{1 \leq i \leq j}
          p_j/\mathrm{ggT}(p_1, p_2, \ldots, p_n)$, wobei $\mathrm{ggT}(p_1, p_2, \ldots, p_n)$ der
          größte gemeinsame Teiler der p_i's ist.

    (ii) Zeigen Sie, daß für w_j - Werte vom Typ <u>integer</u> gilt: $|S^i| \leq
          1 + \min\{\sum_{1 \leq j \leq i} w_j, M\}/\mathrm{ggT}(w_1, w_2, \ldots, w_n, M)$.

13. Zeigen Sie, wie man einen $O(2^{n/2})$ - Algorithmus zum 0/1 Rucksack-
    problem erhält, indem man die "Teile - und - Herrsche" - Methode
    mit der Mengenerzeugungsmethode aus dem Text kombiniert.

14. Schreiben Sie einen dem Algorithmus D__RUCK ähnlichen Algorith-
    mus zur Lösung der Rekursion 5.18. Welchen Zeit- und Platzbedarf
    hat dieser?

15. a) Geben Sie eine Datenrepräsentation für die Werte $g(i, S)$ des
        Problems des Handlungsreisenden an. Mit dieser Darstellung
        soll es leicht möglich sein, bei gegebenem i und S auf die

Werte von g(i, S) zuzugreifen. (i) Wieviel Platz benötigt
diese Darstellung bei einem Graph mit n Knoten? (ii) Wie groß
ist der Zeitbedarf, um g(i, S) wiederzufinden oder auf den
neuesten Stand zu bringen?

b) Schreiben Sie unter der Verwendung der Darstellung aus a)
einen Algorithmus in SPARKS, welcher der Lösung des Problems
des Handlungsreisenden mit Hilfe des dynamischen Programmierens entspricht.

16. [W. Miller] Zeigen Sie, daß die Prozedur RGRAPH1 kürzeste Wege
für gerichtete, azyklische Graphen berechnet, die durch Adjazenzlisten dargestellt werden (anstatt durch inverse Adjazenzlisten
wie bei der Prozedur RGRAPH).

```
procedure RGRAPH1(E, n)
  real RKOSTEN(n); integer j, n
  RKOSTEN(1) ← 0
  for j ← 2 to n do  RKOSTEN(j) ← ∞ repeat
  for j ← 1 to n - 1 do
    for all <j, r> ∈ E do
      RKOSTEN(r) ← min(RKOSTEN(r), RKOSTEN(j) + c(j, r))
  repeat
  repeat
end RGRAPH1
```

17. Wir betrachten das integer - Rucksackproblem, das man erhält, indem man die 0/1 Randbedingung in (5.1) durch die Bedingung: "x_i
≥ 0 und ganze Zahl" ersetzt. $f_i(x)$ werde in entsprechender Weise
für dieses Problem verallgemeinert.

i) Geben Sie die auf dem dynamischen Programmieren basierende
Rekursionsformel an, die (5.14) entspricht.

ii) Zeigen Sie, wie man dieses Problem in ein 0/1 Rucksackproblem
überführen kann.
(Hinweis: Führen Sie für jedes x_i neue 0/1 Variablen ein. Ist
$0 ≤ x_i < 2^j$, dann führen Sie j Variablen ein, jede entspricht
einem Bit der Binärdarstellung von x_i).

18. Es gibt zwei Warenlager W_1 und W_2, von denen gewisse Güter zu
     Zielen D_i, $1 \le i \le n$ verschickt werden. Es seien d_i der Warenbe-
     darf am Ort D_i und r_i der Lagerbestand bei W_i. Es gelte: $r_1 + r_2$
     $= \sum d_i$. Es seien $c_{ij}(x_{ij})$ die Versandkosten für das Verschicken
     von x_{ij} Einheiten vom Warenlager W_i zum Zielort D_j. Das Warenla-
     gerproblem besteht darin, nichtnegative ganze Zahlen x_{ij} zu fin-
     den ($1 \le i \le 2$ und $1 \le j \le n$), so daß $x_{1j} + x_{2j} = d_j$ ist ($1 \le j$
     $\le n$) und $\sum_{i,j} c_{ij}(x_{ij})$ minimiert wird. Es sei $g_i(x)$ der Kostenauf-
     wand, der dadurch entsteht, daß W_1 einen Lagerbestand x hat und
     Güter nach D_j, $1 \le j \le i$ in optimaler Weise verschickt werden
     (der Lagerbestand bei W_2 ist $\sum_{1 \le j \le i} d_j - x$). Der Kostenaufwand
     einer optimalen Lösung für das Warenlagerproblem beträgt $g_n(r_1)$.

   i) Benutzen Sie das Optimalitätsprinzip, um eine Rekursionsfor-
       mel für $g_i(x)$ zu erhalten.

   ii) Schreiben Sie einen Algorithmus, der diese Rekursion löst und
       eine optimale Folge von Werten für x_{ij}, $1 \le i \le 2$, $1 \le j \le n$
       erzeugt.

19. Gegeben ist ein Warenlager mit einer Speicherkapazität von B Ein-
     heiten und einem Anfangsbestand von v Einheiten. Es sei y_i die in
     jedem Monat i, $1 \le i \le n$ verkaufte Menge. Es sei P_i der Verkaufs-
     preis pro Einheit im Monat i. Es sei x_i die im Monat i eingekauf-
     te Menge. Der Kaufpreis pro Einheit sei c_i. Am Ende jedes Monats
     darf der vorrätige Warenbestand den Wert B nicht übersteigen, d.h.

$$v + \sum_{1 \le i \le j} (x_i - y_i) \le B, \quad 1 \le j \le n.$$

Die in jedem Monat verkaufte Menge kann den Bestand des vorhergehenden Monats nicht übersteigen (neue Lieferungen kommen nur am
Monatsende), d.h.

$$y_i \le v + \sum_{1 \le j < i} (x_j - y_j), \quad 1 \le i \le n$$

Zusätzlich fordern wir, daß x_i und y_i nichtnegative ganze Zahlen
sind. Der Gesamtgewinn beträgt

$$P_n = \sum_{j=1}^{n} (p_j y_j - c_j x_j)$$

Das Problem besteht darin, x_j und y_j so zu bestimmen, daß P_n maximiert wird. Durch $f_i(v_i)$ werde der maximale Gewinn dargestellt, der in den Monaten $i + 1$, $i + 2$, ..., n erzielt werden kann, wenn man mit einem Bestand von v_i Einheiten am Ende des i-ten Monats beginnt. Dann ist $f_0(v)$ der Maximalwert von P_n.

i)   Geben Sie die auf dem dynamischen Programmieren basierende Rekursion für $f_i(v_i)$ ausgedrückt durch $f_{i+1}(v_i)$ an.

ii)   Was ist $f_n(v_i)$?

iii)   Lösen Sie i) auf analytischem Weg; Sie erhalten dann die Formel

$$f_i(v_i) = a_i x_i + b_i v_i$$

für gewisse Konstanten a_i und b_i.

iv)   Zeigen Sie, daß man bei Anwendung folgender Strategie ein optimales P_n erhält:

1.   falls $p_i \geq c_i$ und
      (a) $b_{i+1} \geq c_i$ dann $y_i = v_i$ und $x_i = B$
      (b) $b_{i+1} \leq c_i$ dann $y_i = v_i$ und $x_i = 0$

2.   falls $c_i \geq p_i$ und
      (a) $b_{i+1} \geq c_i$ dann $y_i = 0$ und $x_i = B - v_i$
      (b) $b_{i+1} \leq p_i$ dann $y_i = v_i$ und $x_i = 0$
      (c) $p_i \leq b_{i+1} \leq c_i$ dann $y_i = 0$ und $x_i = 0$

v)   Geben Sie nach (iv) unter Verwendung folgender Werte für p_i und c_i eine optimale Entscheidungsfolge an:

i	1	2	3	4	5	6	7	8
p_i	8	8	2	3	4	3	2	5
c_i	3	6	7	1	4	5	1	3

Nehmen Sie an, daß die Lagerkapazität 100 ist und der Warenbestand 60 beträgt.

vi)   Schließen Sie aus (iv), daß eine optimale Menge von Werten

für x_i und y_i immer zu folgender Strategie führt: in den
ersten k Monaten soll man weder kaufen noch verkaufen (k kann
auch null sein); in den restlichen Monaten entscheide man
sich abwechselnd für ein volles bzw. leeres Warenlager.

20. Es sollen n Programme auf zwei Bändern abgespeichert werden. Es
    sei l_i die Bandlänge, die zum Abspeichern des i-ten Programms be-
    nötigt wird. Es sei $\sum l_i \leq L$, wobei L die Länge jedes Bandes ist.
    Ein Programm kann auf jedem der beiden Bänder gespeichert werden.
    Ist S1 die Menge der Programme auf Band 1, dann ist die Zugriffs-
    zeit für ein Programm im ungünstigsten Fall proportional zu
    $\max\{\sum_{i \in S_1} l_i, \sum_{i \notin S_1} l_i\}$. Eine optimale Zuweisung von Program-
    men an Bänder minimiert diese Zugriffszeit. Formulieren Sie eine
    auf dem dynamischen Programmieren basierende Methode zur Ermitt-
    lung der Zugriffszeit bei optimaler Zuweisung im ungünstigsten
    Fall. Schreiben Sie einen Algorithmus, der diese Zeit ermittelt.
    Welche Komplexität hat dieser?

21. Lösen Sie noch einmal Aufgabe 20 unter der Annahme, daß man beim
    Abspeichern der Programme auf Band 2 eine andere Banddichte ver-
    wendet als auf Band 1. Ist l_i die Bandlänge, die Programm i beim
    Abspeichern auf Band 1 benötigt, dann ist $a \cdot l_i$ die Bandlänge, die
    man auf Band 2 benötigt.

22. Es sollen N Aufträge verarbeitet werden. Dazu stehen zwei Ma-
    schinen A und B zur Verfügung. Zur Verarbeitung von Auftrag i
    auf Maschine A werden a_i Zeiteinheiten benötigt, zur Verarbei-
    tung des gleichen Auftrags auf Maschine B werden b_i Zeiteinhei-
    ten benötigt. Wegen der Besonderheiten der Aufträge und Maschi-
    nen kann es durchaus sein, daß $a_i \geq b_i$ ist für ein gewisses i,
    während $a_j < b_j$ ist für ein gewisses $j \neq i$. Geben Sie an, wie
    man mit Hilfe des dynamischen Programmierens die minimale Zeit
    zur Verarbeitung aller Aufträge ermitteln kann. Beachten Sie,
    daß man einen Auftrag nicht auf zwei Maschinen verteilen kann.
    Skizzieren Sie eine Möglichkeit zur Lösung der erhaltenen Re-
    kursionsformel. Wählen Sie dafür ein beliebiges Beispiel aus.
    Wie würden Sie eine optimale Zuweisung von Aufträgen an Maschi-
    nen ermitteln?

23. Es soll ein Zeitplan zur Verarbeitung von N Aufträgen auf einer
Maschine erstellt werden. Zu jedem Auftrag i gehört ein Tupel
(p_i, t_i, d_i). t_i ist die Verarbeitungszeit des Auftrags i. Wird
Auftrag i bis zu seinem Schlußtermin d_i fertig bearbeitet, dann
wird der Gewinn p_i erzielt. Andernfalls erzielt man keinen Gewinn.
Aus Kapitel 4 ist uns bekannt, daß J eine Teilmenge von Aufträgen ist, die alle bis zu ihrem Schlußtermin vollständig verarbeitet werden können, genau dann, wenn die Aufträge in J in nichtabsteigender Folge bzgl. der Schlußtermine ohne Überschreitung
eines dieser Termine verarbeitet werden können. Es sei $d_i \leq d_{i+1}$,
$1 \leq i < n$. Es sei $f_i(x)$ der maximal erzielbare Gewinn einer Teilmenge J von Aufträgen mit n = i. $f_n(d_n)$ ist der Wert einer optimalen Auswahl von Aufträgen J. $f_0(x) = 0$. Zeigen Sie, daß für
$x \leq t_i$ gilt:

$$f_i(x) = \max\{f_{i-1}(x),\ f_{i-1}(x - t_i) + p_i\}.$$

24. Es sei I irgendeine Problemstellung zum Flußbetriebsproblem mit
2 Prozessoren.

    (a) Zeigen Sie, daß die Länge jedes POB - Zeitplans für I die
gleiche ist wie für jeden OB - Zeitplan. Also erzeugt der
Algorithmus aus Abschnitt 5.8 auch POB - Zeitpläne.

    (b) Zeigen Sie, daß es einen OB - Zeitplan für I gibt, bei dem
die Aufträge in der gleichen Reihenfolge auf beiden Prozessoren verarbeitet werden.

    (c) Zeigen Sie, daß es einen OB - Zeitplan für I gibt, der durch
eine Permutation σ von Aufträgen (siehe (b)) definiert ist,
so daß alle Aufträge mit $a_i = 0$ am Anfang dieser Permutation stehen. Zeigen Sie außerdem, daß es nicht auf die Reihenfolge ankommt, in der diese Aufträge am Anfang der Permutation erscheinen.

25. Es sei I irgendeine Problemstellung des Flußbetriebsproblems mit
zwei Prozessoren. Es sei $\sigma = \sigma_1, \sigma_2 \ldots \sigma_n$ eine Permutation, die
einen OB - Zeitplan für I definiert.

(a) Zeigen Sie mit Hilfe von (5.28), daß es ein OB σ gibt, so
    daß gilt: $\min\{b_i,\ a_j\} \geq \min\{b_j,\ a_i\}$ für jedes i und jedes j
    mit $i = \sigma_k$ und $j = \sigma_{k+1}$ (d.h. i und j folgen unmittelbar auf-
    einander).

(b) Zeigen Sie, daß für ein σ, welches die Bedingungen aus a)
    erfüllt, gilt: $\min\{b_i,\ a_j\} \geq \min\{b_j,\ a_i\}$ für jedes i und
    jedes j mit $i = \sigma_k$ und $j = \sigma_r$, $k < r$.

(c) Zeigen Sie, daß alle Zeitpläne, die den σ entsprechen,
    welche die Bedingungen aus a) erfüllen, die gleiche Beendi-
    gungszeit haben. (Hinweis: Formen Sie mit Hilfe von b) einen
    der beiden verschiedenen Zeitpläne, die a) erfüllen, in den
    anderen um, ohne dabei die Beendigungszeit zu erhöhen).

26. Das Optimalitätsprinzip gilt nicht bei jedem Problem, dessen Lö-
    sung man als Ergebnis einer Entscheidungsfolge betrachten kann.
    Geben Sie zwei Probleme an, bei denen dieses Prinzip nicht gilt
    und geben Sie dafür eine Begründung.

Kapitel 6
Elementare Such- und Durchlauftechniken

Bei der Lösung vieler Probleme muß man mit Bäumen, binären Bäumen oder
Graphen umgehen. Dabei ist es oft erforderlich, einen Knoten oder eine
Teilmenge von Knoten in dem gegebenen Datenobjekt zu bestimmen, welche
gewisse Eigenschaften hat. So will man z.B. alle Knoten in einem binären Baum finden, die einen Datenwert kleiner als X haben, oder man
sucht nach allen Knoten in einem vorgegebenen Graph, die von einem anderen gegebenen Knoten v aus erreicht werden können. Man kann diese
Teilmenge von Knoten, die einer bestimmten Bedingung genügen, bestimmen, indem man sich systematisch die Knoten des gegebenen Datenobjekts
ansieht. Dazu ist oft eine Suche in dem Datenobjekt notwendig. Muß dabei jeder Knoten des Objekts untersucht werden, so nennt man diese
Suche einen <u>Durchlauf</u> (traversal).

Wir kennen bereits ein Beispiel eines Problems, dessen Lösung
das Durchsuchen eines binären Baums erforderlich macht. In Abschnitt
5.4 haben wir einen Algorithmus vorgestellt, bei dem ein binärer
Suchbaum nach einem Bezeichner X durchsucht wurde. Dieser Algorithmus ist kein Durchlaufalgorithmus, da nicht jeder Knoten im Baum untersucht wird. Manchmal wollen wir einen binären Suchbaum durchlaufen (z.
B. wenn wir alle Bezeichner im Baum auflisten wollen). Algorithmen dafür werden wir in diesem Kapitel behandeln.

Die Techniken, mit denen wir uns in diesem Abschnitt befassen, werden in drei Kategorien eingeteilt: zu den ersten beiden gehören solche,
die nur auf Bäume und binäre Bäume anwendbar sind. Wie schon erwähnt,
wird dabei jeder Knoten des gegebenen Datenobjekts untersucht. Daher
nennt man diese Techniken Durchlaufmethoden. Zur dritten Kategorie gehören Techniken, die auf Graphen anwendbar sind (und damit auch auf
Bäume und binäre Bäume). Bei diesen Suchstrategien brauchen nicht alle

Knoten untersucht zu werden; daher nennt man sie nur Suchmethoden.
Während einer Suche (oder eines Durchlaufs) kann man die Felder eines
Knotens mehrmals benutzen. Es kann notwendig sein, zwischen verschie-
denartigem Gebrauch der Felder eines Knotens zu unterscheiden. Man
sagt, beim Gebrauch wird der Knoten <u>besichtigt</u>. Beim Besichtigen eines
Knotens kann z.B. das zugehörige Datenfeld ausgedruckt werden oder die
durch den Knoten angegebene Operation ausgeführt werden, falls es sich
um einen binären Baum handelt, der einen Ausdruck darstellt, oder auch
ein Markierungsbit auf null oder eins gesetzt werden usw... . Statt
die spezielle Funktion des Knotens zu benennen, verwenden wir den Ausdruck "besichtigen", da wir Suche und Durchlauf von Bäumen unabhängig
von der Anwendung beschreiben.

6.1.1. DURCHLAUF DURCH BINÄRE BÄUME

Es gibt eine ganze Reihe von Operationen, die man oft mit binären Bäumen ausführen möchte. Eine davon besteht im Durchlaufen eines Baumes
oder im einmaligen Besichtigen eines Knotens. Ein voller Durchlauf erzeugt eine lineare Ordnung für die im Baum enthaltene Information. Diese lineare Ordnung kann gewohnt und nützlich sein. Beim Durchlaufen
eines binären Baumes werden wir jeden Knoten und dessen Teilbäume auf
die gleiche Weise behandeln. Die Buchstaben L, D und R sollen stellvertretend stehen für: nach links gehen, Daten drucken und nach rechts
gehen. Dann gibt es sechs mögliche Kombinationen eines Durchlaufs: LDR
LRD, DLR, DRL, RDL und RLD. Wenn wir uns an die Vereinbarung halten,
daß wir zuerst nach links und dann nach rechts gehen, bleiben nur noch
drei Durchläufe übrig: LDR, LRD und DLR. Diesen geben wir die Namen
inorder, postorder und preorder (auch symmetrische Ordnung, Postord-
nung, Präordnung genannt). Wir werden diese drei Durchläufe definieren
und zeigen, wie sie auf dem binären Baum aus Abb. 6.1 arbeiten.

<u>Inorder Durchlauf:</u> hierbei geht man einfach auf der linken Seite des
Baumes nach unten, bis man nicht mehr weiterkommt. Dann "besichtigt" man den Knoten, geht zum rechts daneben liegenden Knoten und
fährt in gleicher Weise fort. Falls man nicht nach rechts gehen kann,
geht man um einen Knoten zurück. Diesen Durchlauf kann man auf elegante und präzise Weise als rekursive Prozedur schreiben. Das Ergebnis
ist Algorithmus 6.1. Im Unteralgorithmus BESICHTIGEN wird irgendeine
Funktion ausgeführt, die zum Zeitpunkt der Besichtigung relevant ist.

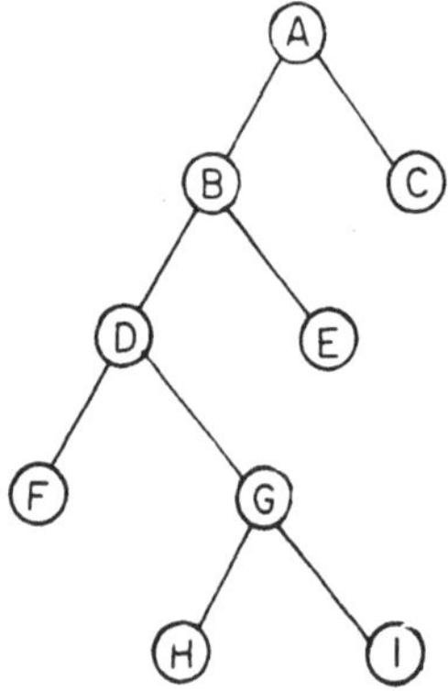

Abbildung 6.1 Ein binärer Baum

<u>procedure</u> INORDER(T)
   //T ist ein binärer Baum. Jeder Knoten von T hat 3 Felder//
   //LSOHN, DATEN, RSOHN.//
   <u>if</u> T ≠ 0 <u>then</u> <u>call</u> INORDER(LSOHN(T))
              <u>call</u> BESICHTIGEN(T)
              <u>call</u> INORDER(RSOHN(T))
  <u>endif</u>
<u>end</u> INORDER

<u>Algorithmus 6.1</u> Rekursive Formulierung des inorder Durchlaufs

Abb. 6.2 zeigt, wie INORDER auf dem binären Baum aus Abb. 6.1 arbeitet. Dabei wird angenommen, daß das Besichtigen eines Knotens nur im Ausdrucken des Feldes DATEN besteht. Bei diesem Durchlauf entsteht die Ausgabe FDHGIBEAC.

Aufruf von	Wert in der Wurzel	Aktion
HAUPTAUFRUF	A	
1	B	
2	D	
3	F	
4	—	print ('F')
4	—	print ('D')
3	G	
4	H	
5	—	print ('H')
5	—	print ('G')
4	I	
5	—	print ('I')
5	—	print ('B')
2	E	
3	—	print ('E')
3	—	print ('A')
1	C	
2	—	print ('C')
2	—	

Abbildung 6.2 Inorder Durchlauf des binären Baumes aus Abb.6.1, wobei "call (BESICHTIGEN(T))" durch "print (DATEN(T))" ersetzt wurde

Die rekursiven Prozeduren, die dem preorder und dem postorder Durchlauf entsprechen, sind in den Algorithmen 6.2 und 6.3 dargestellt.

```
procedure PREORDER(T)
   //T ist ein binärer Baum. Jeder Knoten in T hat drei Felder//
   //LSOHN, DATEN, RSOHN.//
   if T ≠ 0 then call BESICHTIGEN(T)
                call PREORDER(LSOHN(T))
                call PREORDER(RSOHN(T))
   endif
end PREORDER
```

Algorithmus 6.2 Preorder Durchlauf

```
procedure POSTORDER(T)
   //T ist ein binärer Baum. Jeder Knoten in T hat drei Felder//
   //LSOHN, DATEN, RSOHN.//
   if T ≠ 0 then call POSTORDER(LSOHN(T))
```

$$\underline{\text{call}} \text{ POSTORDER(RSOHN(T))}$$
$$\underline{\text{call}} \text{ BESICHTIGEN(T)}$$

$\underline{\text{endif}}$

$\underline{\text{end}}$ POSTORDER

$\underline{\text{Algorithmus 6.3}}$ Postorder Durchlauf

Ersetzt man "$\underline{\text{call}}$ BESICHTIGEN(T)" durch "$\underline{\text{print}}$ (DATEN(T))", dann erzeugt die Anwendung der Algorithmen 6.2 und 6.3 auf den binären Baum aus Abb. 6.1 die Ausgabe ABDFGHIEC und die Ausgabe FHIGDEBCA.

$\underline{\text{Theorem 6.1}}$ Es seien $t(n)$ und $s(n)$ der maximale Zeit- bzw. Platzbedarf irgendeines der Durchlaufalgorithmen für einen Baum mit $n \geq 0$ Knoten als Eingabe. Ist der zum Besichtigen eines Knotens erforderliche Platzbedarf $\Theta(1)$, dann gilt: $t(n) = \Theta(n)$ und $s(n) = \Theta(n)$.

$\underline{\text{Beweis:}}$ Die von jedem Durchlaufalgorithmus verrichtete Arbeit besteht aus zwei Komponenten: (i) die auf dieser Stufe der Rekursion verrichtete Arbeit; (ii) die Arbeit, die aufgrund des rekursiven Aufrufs auf dieser Stufe verrichtet wird. Die für die erste Komponente erforderliche Zeit ist durch eine Konstante c_1 beschränkt. Beträgt die Anzahl der Knoten im linken Teilbaum von T n_1, dann erhält man $t(n)$ durch folgende Rekursion:

$$t(n) = \max_{n_1}\{t(n_1) + t(n - n_1 - 1) + c_1\}, \; n \geq 1.$$

Man beachte, daß $t(0) \leq c_1$ ist. Durch Induktion beweist man, daß $t(n) \leq c_2 n + c_1$ ist, wobei c_2 eine Konstante ist, für die gilt: $c_2 \geq 2c_1$. Diese Ungleichung gilt offenbar für $n = 0$. Wir nehmen an, daß sie für alle n, $0 \leq n < m$ gilt. Wir werden zeigen, daß sie auch für $n = m$ gilt. Es sei T ein Baum mit m Knoten. Es sei n_1 die Anzahl der Knoten im linken Teilbaum von T. Dann gilt

$$
\begin{aligned}
t(m) &= \max\{t(n_1) + t(n - n_1 - 1) + c_1\} \\
&\leq \max\{c_2 n_1 + c_1 + c_2 (n - n_1 - 1) + c_1 + c_1\} \\
&= \max\{c_2 n + 3c_1 - c_2\} \\
&\leq c_2 n + c_1
\end{aligned}
$$

Wie man leicht sieht, gibt es c_1' und c_2' mit $t(n) \geq c_2'n + c_1'$. Also ist $t(n) = \Theta(n)$. Zusätzlicher Platzbedarf entsteht nur für das Retten

der Werte lokaler Variablen bei rekursiven Aufrufen. Hat T die Tiefe
d, dann ist der Platzbedarf $\Theta(d)$. Für einen binären Baum mit n Knoten
ist $d \leq n$ und daher $s(n) = \Theta(n)$. □

Die rekursiven Durchlaufalgorithmen können zwar unmittelbar angewendet werden; wegen des mit der Rekursion verbundenen Aufwandes kann
es jedoch wünschenswert sein, die Algorithmen zuerst in eine nicht-
rekursive Form zu bringen. In Kapitel 1 haben wir die Grundregeln kennengelernt, wie man zu einem rekursiven Algorithmus einen gleichwertigen nichtrekursiven erhält. Im allgemeinen führt die Anwendung dieser Regeln zu nicht besonders eleganten Formulierungen. Wenn man sich
an diese Regeln hält, kann man aber sicher sein, daß das nichtrekursive Programm bei gegebenem korrekten rekursiven Programm ebenfalls
korrekt ist. Wir wollen versuchen, einen nichtrekursiven Algorithmus
zum inorder Durchlauf direkt aufzuschreiben. Ist T die Wurzel eines
binären Baumes, dann muß zuerst dessen linker Teilbaum (falls er nicht
leer ist) durchlaufen werden, bevor T besichtigt werden kann. Also
können wir T auf einen Keller legen und mit der Verarbeitung des
linken Teilbaumes fortfahren. Der Keller wird so verwaltet, daß T
ganz oben liegt, nachdem der linke Teilbaum durchlaufen ist.

Wir betrachten den binären Baum aus Abb. 6.3. Der Knoten A hat
einen linken Teilbaum B und wird daher auf den Keller gelegt. Dann
durchlaufen wir B. Der Knoten B hat einen linken Teilbaum D und wird
ebenfalls auf den Keller gelegt, D wird weiter verarbeitet. Dessen
linker Teilbaum ist leer, also kann der Knoten D besichtigt werden.
Nun müssen wir den rechten Teilbaum von D durchlaufen. Dies erfordert
die Besichtigung von G. Damit ist der Durchlauf des linken Teilbaumes
von B abgeschlossen. Der Knoten B befindet sich oben auf dem Keller;
er wird entfernt und besichtigt. Nun sehen wir uns den rechten Teilbaum von B an. Da dieser leer ist, ist der Durchlauf des Teilbaumes
B, welcher der linke Teilbaum von A ist, abgeschlossen. A befindet
sich oben auf dem Keller. Im allgemeinen wird der Keller nur solche
Knoten enthalten, deren linke Teilbäume noch nicht durchlaufen wurden.
Immer dann, wenn das Durchlaufen eines Teilbaumes, welcher ein linker
Teilbaum irgendeines Knotens Q ist, abgeschlossen ist, liegt Q oben
auf dem Keller. Also ist B nach dem Durchlaufen des Teilbaumes mit
Wurzel D der oberste Knoten auf dem Keller. Nachdem das Durchlaufen
des Baumes B beendet ist, liegt A ganz oben; nachdem A durchlaufen
ist, ist der Keller leer.

Der formale Algorithmus ist die Prozedur INORDER1 (Algorithmus
6.4). Die Variable P durchläuft den binären Baum T und zeigt zu Beginn

der aus den Zeilen 4 - 19 bestehenden Schleife auf die Wurzel eines
zu durchlaufenden Teilbaumes. In den Zeilen 5 - 11 werden die Wurzeln
aller von P beginnenden linken Teilbäume auf den Keller gelegt. Beim
Verlassen dieser Schleife zeigt P auf einen Knoten mit leerem linken
Teilbaum, also muß P jetzt besichtigt werden. Zu Beginn der Schleife
der Zeilen 12 - 18 zeigt P auf einen Knoten, der jetzt besichtigt
werden muß (d.h. dessen linker Teilbaum wurde - falls er nicht leer
ist - durchlaufen). Nach der Besichtigung des Knotens P wird dessen
rechter Teilbaum durchlaufen, falls er nicht leer ist. Falls P einen
leeren rechten Teilbaum hat, ist der Durchlauf eines linken Teilbaumes beendet; wir müssen jetzt zum Vorgänger dieses linken Teilbaumes übergehen. Dieser ist der oberste Knoten im Keller (Zeilen 16 -
17). Wie man leicht sieht, ist R nach Beendigung des Durchlaufs von Q
der oberste Knoten im Keller, falls Q die Wurzel des linken Teilbaumes
von R ist. Jedesmal nach Besichtigung eines Knotens wird dieser vom
Keller entfernt. Alle Knoten in Q müssen besichtigt werden, bevor der
Durchlauf von Q abgeschlossen ist. Also müssen alle Knoten, die nach
R in den Keller kamen, entfernt werden, bevor der Durchlauf von Q beendet ist.

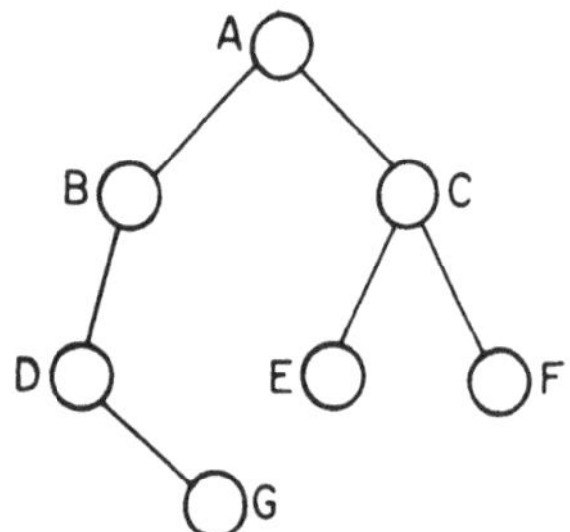

Abbildung 6.3   Ein binärer Baum

```
      procedure INORDER1 (T)
        // eine nichtrekursive Version, die einen Keller der Größe m//
        //benutzt.//
1         integer KELLER(m), i, m
2         if T = 0 then return   //T ist leer//
3         P ← T; i ← 0   //P durchläuft T; i zeigt auf den Anfang//
                         //des Kellers.//
4         loop
5           while LSOHN(P) ≠ 0 do   //durchlaufe linken Teilbaum//
6             i ← i + 1
7             if i > m then print ("Kellerüberlauf")
8                            stop
9             endif
10            KELLER(i) ← P; P ← LSOHN(P)
11          repeat
12          loop
13            call BESICHTIGEN(P)   //linker Teilbaum von P wurde//
                                    //durchlaufen//
14            P ← RSOHN(P)
15            if P ≠ 0 then exit   //durchlaufe rechten Teilbaum//
16            if i = 0 then return
17            P ← KELLER(i); i ← i - 1
18          repeat
19        repeat
      end INORDER1


      Algorithmus 6.4   Nichtrekursiver Algorithmus für inorder
                        Durchlauf
```


Analyse der Prozedur INORDER1

Wir analysieren die Rechenzeit von INORDER1 und drücken sie durch
die Anzahl n der Knoten im binären Baum T aus. Bei jeder Wiederholung
der while - Schleife der Zeilen 5 - 11 wird ein Knoten in den Keller
gelegt (Zeile 10). Jeder dieser Knoten wird besichtigt (Zeile 13). Da
kein Knoten mehr als einmal besichtigt wird, kann die Schleife der
Zeilen 5 - 11 nicht mehr als n mal während der gesamten Ausführung
des Algorithmus durchlaufen werden. Tatsächlich werden höchstens n - 1
Knoten in den Keller gelegt, da Endknoten (Zeile 5) nicht im Keller
abgespeichert werden und da jeder Baum mit $n \geq 1$ mindestens einen End-

knoten hat. Die Gesamtausführungszeit für die Zeilen 5 - 11 beträgt
daher O(n). Bei jeder Wiederholung der Schleife der Zeilen 12 - 18
wird ein Knoten besichtigt. Da jeder Knoten in T genau einmal besichtigt wird und an keiner anderen Stelle im Algorithmus Knoten besichtigt werden, wird diese Schleife insgesamt n mal durchlaufen. Die Gesamtausführungszeit für diese Schleife ist daher $\Theta(n)$. Also ist die
Zeitkomplexität von INORDER1 $\Theta(n)$.

Was den Platzbedarf für den Keller anbetrifft, stellen wir fest,
daß nur Knoten mit einem nichtleeren linken Teilbaum auf den Keller gelegt werden können. Der ungünstigste Fall tritt dann ein, wenn T ein
links schräger binärer Baum ist (siehe Abb. 6.4(b)). In solch einem
Baum hat jeder Knoten außer dem Endknoten einen nichtleeren linken
Teilbaum und einen leeren rechten Teilbaum. Man benötigt also einen
Keller der Größe n - 1. Der günstigste Fall tritt dann ein, wenn jeder
Knoten einen leeren linken Teilbaum hat, und wenn alle Knoten außer
dem Endknoten einen nichtleeren rechten Teilbaum haben. Solch einen
binären Baum nennt man einen rechts schrägen binären Baum (siehe Abb.
6.4(a)). In diesem Fall werden überhaupt keine Knoten in den Keller
gelegt. Eine nützlichere Aussage bzgl. des Platzbedarfs für den Keller
erhält man, wenn man die Tiefe von T berücksichtigt. Man kann zeigen,
daß der Platzbedarf für den Keller bei einem Baum T der Tiefe d O(d)
ist.

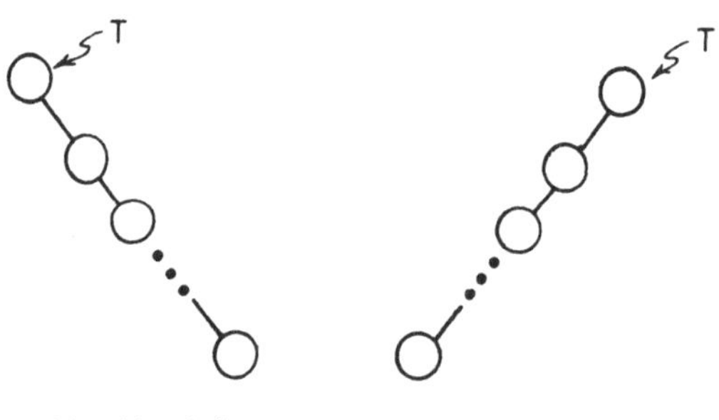

(a) rechts schräg   (b) links schräg

<u>Abbildung 6.4</u>   Schräge binäre Bäume

An dieser Stelle kann man sich fragen: kann man die Algorithmen
noch verbessern? Es ist klar, daß alle Durchlaufalgorithmen jeden Knoten besichtigen müssen und die Rechenzeit daher mindestens $\Theta(n)$ sein
muß. Als Verbesserung können wir also nur eine Verringerung des zusätzlichen Platzbedarfs (d.h. für den Keller) erwarten. Ist es möglich,
binäre Bäume in der Zeit $\Theta(n)$ mit dem Platzbedarf $\Theta(1)$ zu durchlaufen?

<u>Durchlauf binärer Bäume mit Zeitbedarf $\Theta(n)$ und Platzbedarf $\Theta(1)$</u>

Die Aufgaben 4 - 6 untersuchen, wie man Durchläufe in der Zeit $\Theta(n)$
mit dem Platzbedarf $\Theta(1)$ durchführen kann, wenn jeder Knoten ein Feld
VORGAENGER hat, welches auf den Vorgänger zeigt. Wir wenden uns hier
dem Problem zu, wie man einen sich ähnlich verhaltenden Algorithmus
erhält, wenn kein Vorgänger-Feld existiert. Bei Vorhandensein eines
solchen Feldes kann man von irgendeinem Knoten P zum Wurzelknoten gelangen. Um einen Algorithmus mit Platzbedarf $\Theta(1)$ zu erhalten, drehen
wir die Richtung der Zeiger vom Wurzelknoten zum gerade untersuchten
Knoten um. Wenn also P auf den gerade untersuchten Knoten im Baum T
zeigt, und Q auf dessen Vorgänger, dann bauen wir einen Weg von Q zur
Wurzel T auf. Diesen Weg nennen wir den Q-T-Weg; wir bauen ihn
auf, indem wir alle Knoten auf dem Weg von T nach Q aneinanderreihen.
Sind U, V und W drei Knoten auf diesem Weg und ist U der Vorgänger
von V und V der Vorgänger von W, dann wird V durch sein Feld RSOHN
mit U verbunden, falls W der RSOHN von V ist. Andernfalls wird V durch
sein Feld LSOHN mit U verbunden.

Diese Methode wollen wir auf den Baum aus Abb. 6.3 anwenden. Zu
Beginn befindet sich P an der Wurzel A; Q ist an der gleichen Stelle,
was einem leeren Q-T-Weg entspricht. P läuft dann zum Knoten B,
und der Q-T-Weg enthält nur den Wurzelknoten A. LSOHN(A) wird auf
T gesetzt, da P gleich LSOHN(A) ist und dieses Feld dazu dient, A in
die leere Q-T-Wegliste aufzunehmen. Um das Ende des Q-T-Weges anzu-
zeigen, verwenden wir statt LSOHN(A) = O die Bedingung LSOHN(A) = A.
Wie wir noch sehen werden, wird dies den sich ergebenden Durchlaufalgorithmus vereinfachen. P läuft weiter zum Knoten D. Der daraus
resultierende Q-T-Weg ist in Abb. 6.5(a) gezeigt. Knoten B wird
durch sein Feld LSOHN mit diesem Weg verbunden. Dies ist leicht zu
entscheiden, da RSOHN(B) = O ist. Da LSOHN(D) = O ist, wird jetzt Knoten D besichtigt. P läuft weiter zu dessen rechtem Unterbaum, nämlich zu Knoten G. Die sich daraus ergebende Q-T-Wegliste ist in Abb.
6.5(b) gezeigt. Da LSOHN(Q) = O ist und Q nicht der letzte Knoten
in der Q-T-Liste ist, muß Q wiederum über sein Feld RSOHN verbunden
werden. Nun kann Knoten G besichtigt werden. Da G ein Endknoten ist,
müssen wir die Q-T-Wegliste zurücklaufen, bis wir einen Knoten mit
nichtleerem rechten Teilbaum erreichen. Von G aus ist es einfach, nach
D zu gelangen, indem wir RSOHN(D) auf D setzen. Dies führt zu der in
Abb. 6.5(a) gezeigten Situation. Von D gelangen wir nach B, indem wir
LSOHN(B) auf D setzen. Nachdem wir nun vom linken Teilbaum von B zurückgekehrt sind, ist es an der Zeit, B zu besichtigen. Der rechte

Teilbaum von B ist leer, wir müssen also zum Knoten A zurückgehen. Zu
diesem Zeitpunkt müssen wir entscheiden können, ob B der linke oder
rechte Nachfolger von A ist. Nun ist weder LSOHN(A) = 0 noch RSOHN(A)
= 0, also kann der in den Knoten B und D verwendete Test hier nicht
benutzt werden. Da aber LSOHN(A) = A ist, wissen wir, daß B der linke
Teilbaum von A sein muß. Also wird LSOHN(A) auf B gesetzt und Knoten
A besichtigt. Dann laufen wir mit P zum Knoten C und dann zu E und erhalten so die in Abb. 6.5(c) gezeigte Anordnung. Von E gehen wir nach
C zurück und müssen dort entscheiden, ob E der linke oder rechte Nachfolger von C ist. LSOHN(C) und RSOHN(C) sind beide nicht gleich null.
Mit der zu diesem Zeitpunkt verfügbaren Information können wir nicht
entscheiden, ob E der linke oder rechte Nachfolger von C ist.

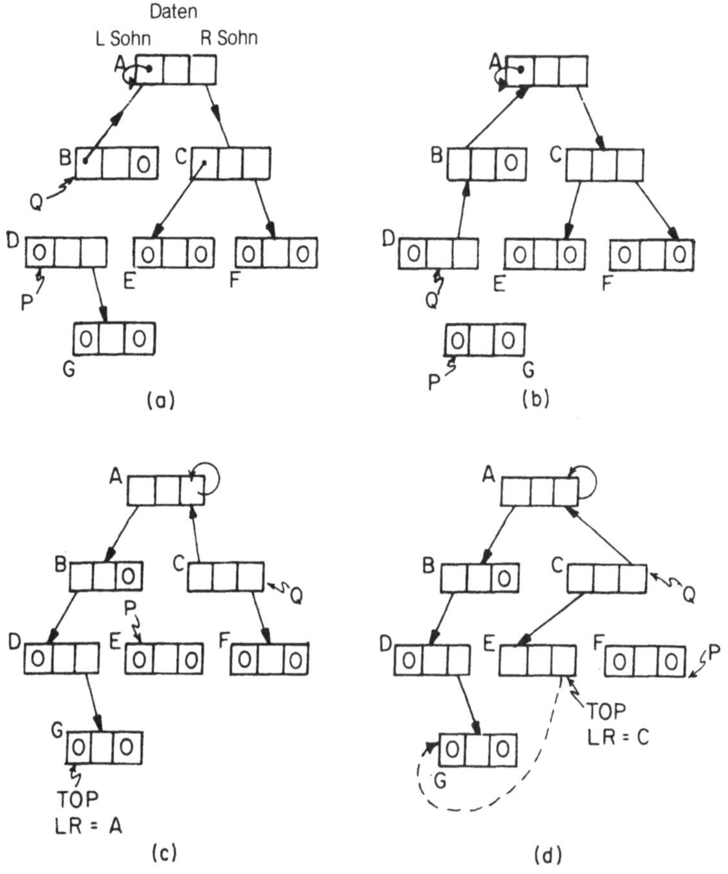

Abbildung 6.5 Durchlaufen eines binären Baumes mit Platzbedarf θ(1)

Wir benötigen weitere Informationen. Ein Markierungsfeld in jedem Knoten würde uns weiterhelfen (siehe Übungen). Solch ein Feld steht jedoch nicht zur Verfügung. Wir müssen uns explizit den letzten Knoten
R merken, für den gilt: $LSOHN(R) \neq 0$, $RSOHN(R) \neq 0$ und es wurde zum
rechten Teilbaum von R verzweigt. Dazu verwenden wir die Variable LR.
Zu Beginn ist $LR = 0$. Während wir den linken Teilbaum von A durchlaufen, bleibt $LR = 0$. Beim Zurücklaufen von B nach A folgt wegen $LR \neq A$,
daß B der linke Teilbaum von A ist. Läuft P nach C, dann wird LR auf
A gesetzt. Beim Zurücklaufen von E ist $LR = A \neq C$ und somit E der linke Nachfolger von C. Wenn wir von C nach F gehen, muß LR auf C gesetzt
werden. Da der alte Wert von LR, nachdem wir das Durchlaufen des Teilbaumes C beendet haben, noch benötigt wird, müssen wir die LR - Werte
auf einem Keller retten. Zu dessen Aufbau benötigen wir keinen zusätzlichen Platz; wir können die Endknoten von T hierfür benutzen. Da
beide Felder LSOHN und RSOHN bei den Endknoten null sind, kann LSOHN
den Wert von LR aufnehmen und RSOHN als Zeiger auf den restlichen
Keller verwendet werden. Dies ist in Abb. 6.5(d) gezeigt. Die restlichen Details des Algorithmus sind in INORDER2 (Algorithmus 6.5) formuliert.

```
Zeile   procedure INORDER2(T)
        //inorder Durchlauf des binären Baumes T mit festem zusätz-//
        //lichem Platzbedarf.//
  1     if T = 0 then return endif    //leerer binärer Baum//
  2     TOP ← LR ← 0; Q ← P ← T    //Initialisierung//
  3     loop
  4         loop    //laufe soweit wie möglich nach unten//
  5             case
  6               :LSOHN(P) = 0 and RSOHN(P) = 0:
                       //es geht nicht weiter nach unten//
  7                    call BESICHTIGEN(P); exit
  8               :LSOHN(P) = 0:    //gehe nach RSOHN(P)//
  9                    call BESICHTIGEN(P)
 10                    R ← RSOHN(P); RSOHN(P) ← Q
                       Q ← P; P ← R
 11               :else:    //gehe zu LSOHN(P)//
 12                    R ← LSOHN(P); LSOHN(P) ← Q; Q ← P;
                       P ← R
 13             endcase
 14         repeat
        //P ist ein Endknoten; gehe nach oben zu einem Knoten, des-//
```

                    //sen rechter Teilbaum noch nicht untersucht wurde.//
15   AV ← P   //Endknoten, der im Keller verwendet wird//
16   loop   //gehe von P aus nach oben//
17   case
18   :P = T: return   //von der Wurzel aus geht es nicht//
                                  //weiter nach oben//
19   :LSOHN(Q) = O: //Q ist über RSOHN verkettet//
20   R ← RSOHN(Q); RSOHN(Q) ← P; P ← Q; Q ← R
21   :RSOHN(Q) = O: //Q ist über LSOHN verkettet//
22   R ← LSOHN(Q); LSOHN(Q) ← P; P ← Q; Q ← R
                 call BESICHTIGEN(P)
23   :else: //teste ob P RSOHN von Q ist//
24   if Q = LR then   //P ist RSOHN von Q//
                  R ← TOP; LR ← LSOHN(R)   //bringe LR auf den neuesten//
                                            //Stand//
26   TOP ← RSOHN(R)   //entferne vom Keller//
27   LSOHN(R) ← RSOHN(R) ← O //lösche die Zeiger der//
                                           //Endknoten//
28   R ← RSOHN(Q); RSOHN(Q) ← P; P ← Q; Q ← R
29   else   //P ist LSOHN von Q//
30   call BESICHTIGEN(Q)
31   LSOHN(AV) ← LR; RSOHN(AV) ← TOP
32   TOP ← AV; LR ← Q
33   R ← LSOHN(Q); LSOHN(Q) ← P   //stelle den Zeiger auf//
                                                //P wieder her//
34   P ← RSOHN(Q); RSOHN(Q) ← R; exit   //gehe nach rechts//
35   endif
36   endcase
37   repeat
38   repeat
39   end INORDER2

Algorithmus 6.5   Prozedur zum Durchlauf eines binären Baumes
                  mit Zeitbedarf $\Theta(1)$ und Platzbedarf $\Theta(1)$

Analyse der Prozedur INORDER2

Es seien n_0, n_1 und n_2 die Anzahl der Knoten vom Grad 0, 1 bzw. 2. Es
sei $n = n_0 + n_1 + n_2$. Es ist klar, daß P genau einmal auf einen Knoten
vom Grad null zeigt, nämlich dann, wenn der Knoten während eines

314

Laufs nach unten in der Schleife der Zeilen 4 - 14 erreicht wird. P
erreicht genau zweimal einen Knoten mit einem Nachfolger, einmal bei
einem Lauf nach oben und dann noch einmal bei einem Lauf nach unten
(Zeilen 16 - 37). P erreicht genau dreimal einen Knoten mit zwei Nachfolgern, einmal bei einem Lauf nach unten (Zeilen 4 - 14) und zweimal
beim Nachobenlaufen von beiden Nachfolgern (Zeilen 16 - 37). Damit
ändert sich der Wert von P $(n_0 + 2n_1 + 3n_2)$-mal. Er ändert sich bei
jedem Durchlauf durch die Schleife der Zeilen 4 - 14, falls P kein
Endknoten ist. Ist P jedoch ein Endknoten, dann wird die <u>exit</u> - Anweisung ausgeführt, und der Wert von P ändert sich innerhalb der Schleife
der Zeilen 16 - 37. Bei jedem Durchlauf durch diese Schleife ändert
sich zwangsläufig der Wert von P. Insgesamt werden also die Schleifen
der Zeilen 4 - 14 und 16 - 37 zusammen $(2n_0 + 2n_1 + 3n_2)$ - mal durchlaufen. Ein Durchlauf durch jede dieser Schleifen benötigt die Zeit
$\Theta(1)$. Die Gesamtzeit für die Schleifen der Zeilen 3 - 38 ist daher
$\Theta(2n_0 + 2n_1 + 3n_2) = \Theta(n)$.

Die Zeilen 1 und 2 liefern den Beitrag $\Theta(1)$, also ist die Gesamtzeit $\Theta(n)$. Der zusätzliche Platzbedarf beträgt $\Theta(1)$, da man nur für
einfache Variablen wie P, Q, AV, LR, TOP, R und LR1 Platz benötigt. Wie
man leicht zeigen kann, befindet sich der Baum T, nachdem der Algorithmus beendet ist, in seiner ursprünglichen Form. □

Es gibt noch eine Reihe anderer Durchlaufalgorithmen; einige davon
werden in den Übungen untersucht.

Empirischer Vergleich der INORDER - Algorithmen

Wir haben drei verschiedene Algorithmen zum inorder - Durchlauf kennengelernt: INORDER, INORDER1 und INORDER2. Im folgenden wählen wir dafür die Abkürzungen IN, IN1 und IN2. Zum Durchlaufen eines binären
Baumes mit n Knoten und der Tiefe d benötigt jeder dieser Algorithmen
die Zeit $\Theta(n)$. IN1 und IN2 benötigen zusätzlich $O(d)$ Platz, während
IN3 nur $\Theta(1)$ Platz benötigt. Es ist vollkommen klar, daß IN und IN1
schneller sind als IN2; man wird also IN2 nur dann benutzen, wenn der
Platz $O(d)$ für IN und IN1 nicht zur Verfügung steht. Ist genügend Platz
vorhanden, dann muß man sich zwischen IN und IN1 entscheiden. Wegen des
Mehraufwandes aufgrund der Rekursion würde man erwarten, daß IN1
schneller ist als IN. Wir wissen jedoch nicht, um wieviel IN1 schneller
ist als IN. Dies hängt von der verwendeten Programmiersprache ab. Falls
diese den Rekursionsmechanismus nicht unterstützt (wie z.B. FORTRAN),

kann man nur IN1 verwenden.

Um ein Gefühl dafür zu bekommen, was die Rekursion "kostet", wurden IN und IN1 in PASCAL geschrieben. Wie man leicht sieht, ist die Zeit, die IN zum Durchlaufen eines binären Baumes mit n Knoten benötigt, von der Form des Baumes relativ unabhängig. Für jeden Knoten werden zwei rekursive Aufrufe ausgeführt. Also gibt es insgesamt 2n rekursive Aufrufe beim Durchlaufen von T. Die Zeit, die IN1 benötigt, hängt jedoch von der Form des binären Baumes ab, der zu durchlaufen ist. Dies erkennt man daran, daß nur Knoten mit einem linken Nachfolger auf dem Keller abgelegt werden (Zeilen 5 - 11). Hat der untersuchte Baum keinen Knoten mit linkem Nachfolger, dann werden auch keine Knoten auf den Keller gelegt. Damit müssen auch keine Knoten vom Keller wieder entfernt werden. Bei solch einem Baum wird IN1 schnell arbeiten. Hat jeder Knoten im binären Baum einen linken, aber keinen rechten Nachfolger, dann müssen n - 1 Knoten auf den Keller gelegt (und wieder entfernt) werden. IN1 braucht die maximale Zeit für einen links schrägen Baum. Im Durchschnitt wird die Hälfte der Knoten einen linken, die andere Hälfte einen rechten Nachfolger haben. Dieser Fall wird durch einen vollständigen binären Baum dargestellt.

Da IN1 nur eine iterative Version von IN ist, haben wir einen weiteren Algorithmus IN3 (Algorithmus 6.6) programmiert, den wir erhielten, indem wir nur den zweiten rekursiven Aufruf entfernten. Die drei Algorithmen IN, IN1 und IN3 wurden in PASCAL programmiert und auf einer CDC Cyber 74 gerechnet. Die gemessenen Rechenzeiten sind in Tabelle 6.1 zusammengestellt. Zum Vergleich wurde auch IN2 in PASCAL programmiert und gerechnet. Zusätzlich zu den gerade eben beschriebenen Vergleichstests wurden IN1 und IN2 noch in FORTRAN geschrieben und auf der gleichen Maschine gerechnet. Die Zeiten für die FORTRAN - Programme findet man ebenfalls in Tabelle 6.1.

```
procedure IN3(T)
   while T ≠ 0 do
      call IN3 (LSOHN(T))      //durchlaufe rekursiv den linken Teilbaum//
      call BESICHTIGEN(T)
      T ← RSOHN(T)    //durchlaufe den rechten Teilbaum//
   repeat
end IN3
```

Algorithmus 6.6 Ein weiterer INORDER - Algorithmus

n	IN	IN1	IN2	IN3	IN1	IN2
		PASCAL			FORTRAN	
31	1.15	0.75	1.85	0.85	0.3	1.2
63	2.15	1.25	4.0	1.7	0.5	2.2
127	4.3	2.55	7.5	3.5	1.0	4.45
225	8.75	5.05	15.3	7.05	2.25	8.8
511	17.75	10.4	30.85	14.3	4.35	17.3
1023	34.3	20.6	61.25	28.05	8.55	36.15
2047	70.7	40.65	124.85	55.2	17.5	70.45
4095	138.8	81.75	242.6	112.25	34.45	139.85

(a) Rechts schräger binärer Baum

n	IN	IN1	IN2	IN3	IN1	IN2
		PASCAL			FORTRAN	
31	1.15	1.3	2.1	0.9	0.75	1.15
63	2.15	2.5	4.15	1.8	1.6	2.25
127	4.35	5.1	8.4	3.65	2.85	4.85
255	8.8	10.15	16.6	7.35	6.3	9.5
511	17.85	20.6	33.35	13.85	12.05	19.2
1023	34.95	41.2	66.3	28.15	23.95	38.1
2047	69.5	82.15	133.65	56.95	48.2	75.5
4095	139.3	162.4	204.6	111.9	96.1	152.1

(b) Links schräger binärer Baum

n	IN	IN1	IN2	IN3	IN1	IN2
		PASCAL			FORTRAN	
31	1.05	0.95	2.5	0.9	0.45	1.35
63	2.2	1.85	5.0	1.85	1.0	2.85
127	4.3	4.0	10.05	3.7	2.05	5.65
255	8.8	7.85	20.1	6.9	3.95	10.65
511	17.15	15.7	41.1	13.85	7.95	21.6
1023	34.7	30.3	80.8	27.35	16.35	44.3
2047	70.25	61.55	162.75	55.4	32.55	89.45
4095	139.8	122.35	327.2	112.15	65.25	175.1

(c) Vollständiger binärer Baum

Tabelle 6.1   Rechenzeiten für IN, IN1, IN2 und IN3 in Millisekunden
(Die Tabelle wurde von N.R. Venkatesh zusammengestellt)

Wie man den Daten aus Tabelle 6.1 entnimmt, ist der Mehraufwand
für Rekursion in PASCAL nicht besonders groß. Tatsächlich braucht der
Algorithmus IN bei links schrägen binären Bäumen weniger Zeit als IN1.
Der Algorithmus IN3 benötigte bei allen Datensätzen weniger Zeit als
IN. Bei links schrägen und vollständigen binären Bäumen war er schneller als IN1. Nur bei rechts schrägen binären Bäumen ist er langsamer
als IN1. Im Vergleich zu IN1 benötigt IN2 1.5 bis 3 mal soviel Zeit.
Für eine PASCAL - Version ist IN3 der beste INORDER - Algorithmus
(vorausgesetzt, daß genügend Platz verfügbar ist). Die FORTRAN -
Versionen von IN1 und IN2 benötigen bedeutend weniger Zeit als die
entsprechenden PASCAL - Programme.

6.1.2 DURCHLAUFEN VON BÄUMEN

Ganz analog zu den Durchlaufmethoden für binäre Bäume können wir auch
für Bäume ähnliche Verfahren angeben. Die Teilbäume eines Baumes sind
zwar nicht geordnet; wir nehmen aber an, daß eine gewisse Ordnung für
die Teilbäume existiert. Dann können wir sinnvollerweise von dem ersten, zweiten, dritten Teilbaum usw... eines Knotens sprechen. Ein
Baum ist ja ein Wald bestehend aus einem Baum, und das Entfernen der
Wurzel eines Baumes erzeugt einen Wald; es ist daher bequem, das
Durchlaufen von Bäumen rekursiv als Durchlaufen eines Waldes zu beschreiben. Die Namen der Durchlaufmethoden für Bäume wurden so gewählt,
daß sie denen für binäre Bäume entsprechen. F ist ein Wald. Es gibt
folgende Techniken:

Baum Preorder (F)

   (i)   _if_ F = leer _then_ _return_;
  (ii)   besichtige die Wurzel des ersten Baumes von F;
 (iii)   durchlaufe die Teilbäume des ersten Baumes von F nach der
           Baum Preorder Methode;
  (iv)   durchlaufe die restlichen Bäume von F nach der Baum Preorder
           Methode.

Baum Inorder (F)

   (i)   _if_ F = leer _then_ _return_;
  (ii)   durchlaufe die Teilbäume des ersten Baumes von F nach der
           Baum Inorder Methode;

(iii) besichtige die Wurzel des ersten Baumes von F;

(iv) durchlaufe die restlichen Bäume von F nach der Baum Inorder
      Methode.

<u>Baum Postorder (F)</u>

(i)   <u>if</u> = leer <u>then</u> <u>return</u>;

(ii) durchlaufe die Teilbäume des ersten Baumes von F nach der Baum
      Postorder Methode;

(iii) durchlaufe die restlichen Bäume von F nach der Baum Postorder
      Methode;

(iv) besichtige die Wurzel des ersten Baumes von F.

Da Bäume im allgemeinen durch ihre entsprechenden (oder zugehörigen) binären Bäume dargestellt werden, wollen wir keine detaillierten
Durchlaufalgorithmen für Bäume schreiben. In späteren Abschnitten werden wir Beispiele kennenlernen, wie man die Postorder Durchlaufmethode
bei einem Baum anwendet. In diesen Beispielen wird aber der Baum so
erzeugt, wie es erforderlich ist. Der gesamte zu durchlaufende Baum
wird nicht zu jedem Zeitpunkt im Speicher liegen. Diese Situation ist
typisch für die meisten Anwendungen von Bäumen, bei denen der entsprechende binäre Baum nicht verwendet wird (siehe die Kapitel 7 und 8).

Im 2. Kapitel haben wir für einen Wald F den entsprechenden binären Baum T definiert. Die preorder und inorder Durchläufe des entsprechenden binären Baumes T eines Waldes F entsprechen den Durchläu-
fen von F in natürlicher Weise. Der preorder Durchlauf von T ist dem
Besichtigen der Knoten von F nach der Baum Preorder Methode äquivalent.
Der inorder Durchlauf von T ist dem Besichtigen der Knoten von F nach
der Baum Inorder Methode äquivalent. Es gibt kein Analogon zum postorder Durchlauf des entsprechenden binären Baumes eines Waldes.

6.1.3 TECHNIKEN ZUM SUCHEN UND DURCHLAUFEN VON GRAPHEN

Das Wegproblem ist ein grundsätzliches Problem bei Graphen. In seiner
einfachsten Form besteht es darin zu entscheiden, ob es einen Weg in
dem gegebenen Graph G = (V, E) gibt, der beim Knoten v beginnt und beim
Knoten u endet. Eine allgemeinere Form besteht darin, zu einem gegebenen Anfangsknoten v ∈ V alle Knoten u zu bestimmen, für die es einen
Weg von v nach u gibt. Dieses Problem kann man lösen, indem man beim
Knoten v beginnt und den Graph G systematisch nach Knoten untersucht,

die von v aus erreichbar sind. Dafür wollen wir zwei Suchmethoden angeben.

<u>Die Such- und Durchlaufmethode "Zuerst in die Breite gehen"</u>
Bei der Suchmethode "Zuerst in die Breite gehen" (breadth first
search = BFS) beginnt man beim Knoten v und markiert ihn als erreicht
(oder besichtigt). Wir sagen, daß der Knoten zu diesem Zeitpunkt "un-
erforscht" ist. Wir nennen ihn "erforscht", wenn im Verlauf des Algorithmus alle benachbarten Knoten besichtigt wurden. Alle unbesichtigten Nachbarknoten von v werden als nächstes besichtigt. Diese sind
neue unerforschte Knoten. Der Knoten v ist jetzt erforscht. Die neube-
sichtigten Knoten sind noch nicht erforscht und werden in die Liste
der unerforschten Knoten am Listenende aufgenommen. Der erste Knoten
dieser Liste wird als nächster erforscht. Die Erforschung geht so
lange weiter, bis es keinen unerforschten Knoten mehr gibt. Die Liste
der unerforschten Knoten ist als Schlange organisiert und kann durch
irgendeine der gebräuchlichen Standarddarstellungen repräsentiert
werden. In der Prozedur BFS (Algorithmus 6.7) werden die Einzelheiten
der Suchmethode beschrieben. Es werden zwei Algorithmen verwendet:
LOESCHENQ(v, Q), welche einen Knoten aus der Schlange Q entfernt und
in v dessen Index zurückliefert, und EINFUEGENQ(v, Q), welche den
Knoten v am Ende der Schlange Q einfügt.

Wir wollen den Algorithmus an dem ungerichteten Graph der Abb.
6.6(a) ausprobieren. Wird der Graph durch seine Adjazenzliste dargestellt (Abb. 6.6(b)), dann werden die Knoten in der Reihenfolge 1, 2,
3, 4, 5, 6, 7, 8 besichtigt. Eine Suche nach der Methode "Zuerst in
die Breite gehen" bei dem gerichteten Graph aus Abb. 6.6(c), die beim
Knoten 1 beginnt, führt dazu, daß nur die Knoten 1, 2 und 3 besichtigt werden. Der Knoten 4 kann von 1 aus nicht erreicht werden.

<u>Zeile</u> <u>procedure</u> BFS(v)
            //G wird nach der Methode "Zuerst in die Breite gehen"//
            //(BFS = breadth first search) beginnend beim Knoten v//
            //durchsucht. Alle besichtigten Knoten werden als BESICH-//
            //TIGT(i) = 1 markiert. Der Graph G und das Feld BESICH-//
            //TIGT sind globale Größen. BESICHTIGT wird mit Nullen//
            //initialisiert.//
  1   BESICHTIGT(v) ← 1; u ← v
  2   initialisiere Q als leere Schlange   //Q ist eine Schlange//
                                                    //der unerforschten//
                                                    //Knoten//

```
3          loop
4            for alle Knoten w, die zu u benachbart sind, do
5              if BESICHTIGT(w) = 0 then call EINFUEGENQ(w, Q)
                                      //w ist unerforscht//
6                                     BESICHTIGT(w) ← 1
7              endif
8            repeat
9            if Q = leer then return    //kein unerforschter Knoten//
10           call LOESCHENQ(u, Q)       //hole ersten unerforschten//
                                        //Knoten//
11         repeat
12       end BFS
```

<u>Algorithmus 6.7</u> Algorithmus zur Suchmethode "Zuerst in die
                      Breite gehen"

<u>Theorem 6.2</u> Der Algorithmus BFS besichtigt alle Knoten, die von v
aus erreichbar sind.

<u>Beweis:</u> Es sei $G = (V, E)$ ein (gerichteter oder ungerichteter) Graph,
und es sei $v \in V$. Wir beweisen das Theorem durch Induktion über die
Länge der kürzesten Wege von v zu allen erreichbaren Knoten $w \in V$.
Die Länge (d.h. die Anzahl der Kanten) des kürzesten Weges von v zu
einem erreichbaren Knoten w bezeichnen wir mit $d(v, w)$. Es ist klar,
daß alle Knoten w mit $d(v, w) \leq 1$ besichtigt werden. Wir machen nun
die Annahme, daß alle Knoten w mit $d(v, w) \leq r$ besichtigt werden. Wir
werden zeigen, daß alle Knoten w mit $d(v, w) = r + 1$ ebenfalls besichtigt werden. Es sei w ein Knoten in V mit $d(v, w) = r + 1$. Es sei
u ein Knoten, der auf einem kürzesten Weg von v nach w unmittelbar vor
w liegt. Dann ist $d(v, u) = r$ und u wird besichtigt. Wir können annehmen, daß gilt: $u \neq v$ und $r \geq 1$. Also wird u unmittelbar vor der
Besichtigung in die Schlange Q der unerforschten Knoten eingereiht.
Der Algorithmus ist erst dann beendet, wenn Q leer ist. Also wird u
irgendwann aus Q entfernt, und alle noch unbesichtigten Nachbarknoten
werden in der Schleife der Zeilen 4 - 8 besichtigt. Also wird w besichtigt. □

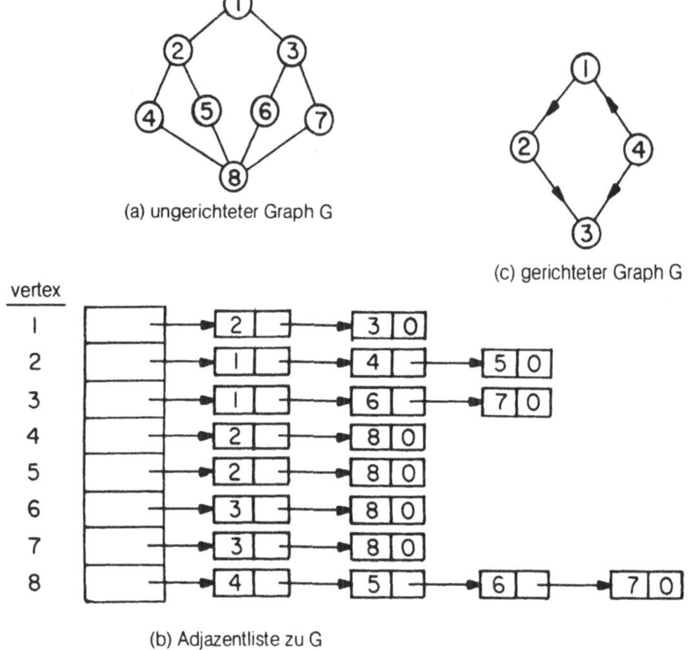

<u>Abbildung 6.6</u> Beispiele für Graphen und Adjazenzlisten

<u>Theorem 6.3</u> Es seien t(n, e) und s(n, e) die maximale Zeit und der maximale zusätzlich benötigte Platz des Algorithmus BFS für einen beliebigen Graph G mit n Knoten und e Kanten. Wird G durch seine Adjazenzliste dargestellt, dann ist $t(n, e) = \Theta(n + e)$ und $s(n, e) = \Theta(n)$. Wird G durch seine Adjazenzmatrix dargestellt, dann ist $t(n, e) = \Theta(n^2)$ und $s(n, e) = \Theta(n)$.

<u>Beweis:</u> Knoten werden nur in Zeile 5 in die Schlange eingefügt. Ein Knoten w kann nur dann in die Schlange gelangen, wenn BESICHTIGT(w) = 0 ist. Sofort nach Einfügen von w in die Schlange wird BESICHTIGT(w) = 1 gesetzt (Zeile 6). Also kann jeder Knoten höchstens einmal in die Schlange gelangen. Der Knoten v gelangt niemals in die Schlange, also werden höchstens n - 1 Knoten eingefügt. Der Platz für die Schlange beträgt höchstens n - 1. Die übrigen Variablen benötigen O(1) Platz. Also ist s(n, e) = O(n). Ist G ein Graph mit n Knoten, bei dem v mit den restlichen n - 1 Knoten verbunden ist, dann befinden sich alle n - 1 Knoten, die zu v benachbart sind, zur gleichen Zeit in der Schlange. Außerdem wird für das Feld BESICHTIGT $\Theta(n)$ Platz gebraucht. Also ist s(n, e) = $\Theta(n)$. Dieses Ergebnis ist unabhängig davon, ob Adjazenzmatrizen oder Adjazenzlisten verwendet werden.

Benutzt man Adjazenzlisten, dann können alle Nachbarknoten von u
in der Zeit d(u) ermittelt werden, wobei d(u) der Grad von u ist, falls
G ungerichtet ist, bzw. die Anzahl der von u wegführenden Kanten, falls
G gerichtet ist. Also wird die Schleife der Zeilen 4 - 8 in der Zeit
$\Theta(d(u))$ abgearbeitet, um u zu erforschen. Da jeder Knoten in G höch-
stens einmal erforscht werden kann, beträgt die Gesamtzeit für die
Ausführung der Schleife der Zeilen 3 - 11 höchstens $O(\sum d(u)) = O(e)$.
Das Feld BESICHTIGT(i) muß mit 0 initialisiert werden ($1 \leq i \leq n$).
Dazu wird die Zeit O(n) benötigt. Die Gesamtzeit beträgt somit O(n + e).
Bei der Verwendung von Adjazenzmatrizen braucht man die Zeit $\Theta(n)$
zur Ermittlung aller Nachbarknoten von u und die Zeit wird $O(n^2)$. Ist
G ein Graph, bei dem alle Knoten von v aus erreichbar sind, dann wer-
den alle Knoten erforscht und die Zeit beträgt mindestens O(n + e)
bzw. $O(n^2)$. Also ist bei Verwendung von Adjazenzlisten $t(n, e) = \Theta(n + e)$,
bei Verwendung von Adjazenzmatrizen gilt: $t(n, e) = \Theta(n^2)$.   □

Wendet man BFS auf einen zusammenhängenden ungerichteten Graph G
an, dann werden alle Knoten von G besichtigt, und der Graph wird
durchlaufen. Einen vollständigen Durchlauf erreicht man, indem man BFS
für jeden neuen unbesichtigten Startknoten wieder aufruft. Den sich
daraus ergebenden Algorithmus nennt man BFT = breadth first traversal
(Durchlaufmethode, bei der man zuerst in die Breite geht) (siehe Algorithmus 6.8). Den Beweis von Theorem 6.3 kann man auch für BFT anwenden um zu zeigen, daß Zeit- und Platzbedarf von BFT für einen Graph
mit n Knoten und e Kanten $\Theta(n + e)$ und $\Theta(n)$ betragen, falls Adjazenzlisten benutzt werden. Bei Verwendung von Adjazenzmatrizen gelten die
Schranken $\Theta(n^2)$ bzw. $\Theta(n)$.

```
procedure BFT(G, n)
  //BFT = breadth first traversal = Durchlauf von G nach der Metho-//
  //de: "Zuerst in die Breite gehen".//
    declare BESICHTIGT(n)
    for i ← 1 to n do    //markiere alle unbesichtigten Knoten//
      BESICHTIGT(i) ← 0
    repeat
    for i ← 1 to n do    //rufe BFS wiederholt auf//
      if BESICHTIGT(i) = 0 then call BFS(i) endif
    repeat
  end BFT
    Algorithmus 6.8  Durchlaufmethode: "Zuerst in die Breite gehen"
```

Ist G ein zusammenhängender ungerichteter Graph, dann werden beim
ersten Aufruf von BFS alle Knoten von G besichtigt. Ist G nicht zusammenhängend, dann sind zumindest zwei Aufrufe von BFS erforderlich.
Also kann man mit Hilfe von BFS ermitteln, ob G zusammenhängend ist
oder nicht. Außerdem stellen alle bei einem von BFS durch BFT neu besichtigten Knoten die Knoten einer zusammenhängenden Komponente von G
dar. Also erhält man mit Hilfe von BFT die zusammenhängenden Komponenten eines Graphen. Zu diesem Zweck kann man BFS so verändern, daß alle
neu besichtigten Knoten in eine Liste aufgenommen werden. Dann bildet
der Teilgraph, bestehend aus den Knoten dieser Liste, zusammen mit
deren Adjazenzlisten eine zusammenhängende Komponente. Also liefert
bei der Verwendung von Adjazenzlisten ein Durchlauf nach der Methode
"Zuerst in die Breite gehen" die zusammenhängenden Komponenten in der
Zeit $\Theta(n + e)$. Mit BFT kann man auch die Matrix der reflexiven transitiven Hülle eines ungerichteten Graphen G erhalten. Ist A^* diese
Matrix, dann gilt: $A^*(i, j)$ = 1 genau dann, wenn entweder i = j oder
i $\neq$ j ist und i und j in derselben zusammenhängenden Komponente liegen. Wir können in der Zeit O(n) ein Feld ZUSAMMEN(i) aufbauen, so daß
ZUSAMMEN(i) der Index der zusammenhängenden Komponente ist, die den
Knoten i enthält, $1 \leq i \leq n$. Damit können wir ermitteln, ob $A^*(i, j)$
gleich 1 oder 0 ist (i $\neq$ j), indem wir einfach testen, ob ZUSAMMEN(i)
= ZUSAMMEN(j) ist. Die Matrix der reflexiven transitiven Hülle eines
ungerichteten Graphen G mit n Knoten und e Kanten kann daher in der
Zeit $\Theta(n^2)$ mit dem Platzbedarf $\Theta(n)$ berechnet werden, indem man ent-
weder Adjazenzlisten oder Adjazenzmatrizen verwendet (der angegebene
Platzbedarf enthält nicht den Platz für A^* selbst).

Als eine letzte Anwendung der Methode "Zuerst in die Breite gehen" betrachten wir das Problem, einen spannenden Baum für einen ungerichteten Graph G zu ermitteln. G hat genau dann einen spannenden
Baum, wenn G zusammenhängend ist. Somit stellt BFS auf einfache Weise die Existenz eines spannenden Baumes fest. Betrachten wir ferner
die Menge der Kanten (u, w), die in den Zeilen 4 - 8 des Algorithmus
BFS dazu verwendet werden, unbesichtigte Knoten w zu erreichen. Diese
Kanten nennen wir Vorwärtskanten. Mit T bezeichnen wir die Menge
der Vorwärtskanten. Wir behaupten, daß T ein spannender Baum von G

ist, falls G zusammenhängend ist. Bei dem Graph aus Abb. 6.6(a) besteht die Menge der Kanten T aus allen Kanten von G außer (5, 8), (6, 8) und (7, 8) (siehe Abb. 6.7(a)). Spannende Bäume, die man durch Anwendung der Suchmethode "Zuerst in die Breite gehen" erhält, nennt man spannende BF - Bäume ("breadth first spanning trees").

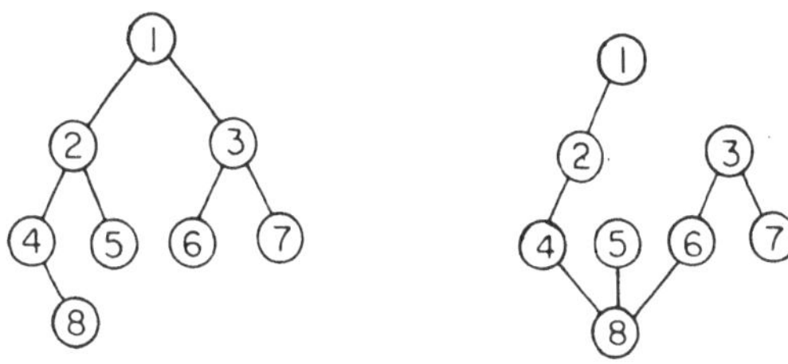

<u>Abbildung 6.7</u> Spannende BF- und DF-Bäume für den Graph aus Abb.6.6(a)

<u>Theorem 6.4</u> Man verändere den Algorithmus BFS, indem man in den Zeilen 1 bzw. 6 die Anweisungen T ← Ø bzw. T ← T ∪ {(u, w)} einfügt und diesen neuen Algorithmus BFS* nennt. Wird BFS* so aufgerufen, daß v ein beliebiger Knoten in einem zusammenhängenden ungerichteten Graph G ist, dann bilden die Kanten von T nach Beendigung des Algorithmus einen spannenden Baum von G.

<u>Beweis:</u> Wir haben bereits gesehen, daß bei einem zusammenhängenden Graph G alle n Knoten besichtigt werden und daß alle außer dem Startknoten v ein einziges Mal in die Schlange eingereiht werden (Zeile 5). Also enthält T genau n - 1 Kanten. Alle diese Kanten sind voneinander verschieden. Die n - 1 Kanten in T definieren daher einen ungerichteten Graph mit n Knoten. Dieser Graph ist zusammenhängend, denn er enthält einen Weg vom Startknoten v zu jedem anderen Knoten (und daher gibt es einen Weg zwischen jedem Knotenpaar). Ein einfacher Induktionsbeweis zeigt, daß jeder zusammenhängende Graph mit n Knoten und genau n - 1 Kanten ein Baum ist. Also ist T ein spannender Baum von G. □

In den Übungen werden weitere Anwendungen der Methode "Zuerst in die Breite suchen" behandelt. Auf diese Methode gründet sich eine wichtige Technik zur Lösung von Optimierungsproblemen. Diese Techniken, "Verzweigen und Einschränken" genannt, sind das Thema des 8. Kapitels.

325

<u>Die Such- und Durchlaufmethode "Zuerst in die Tiefe gehen" (depth
first search)</u>

Der Unterschied zur soeben beschriebenen Methode besteht darin, daß
man mit der Erforschung eines Knotens v aufhört, sobald ein neuer
Knoten erreicht wird. Zu diesem Zeitpunkt beginnt die Erforschung des
neuen Knotens u. Nachdem dieser neue Knoten erforscht worden ist, setzen wir die Erforschung von v weiter fort. Die Suche ist beendet, wenn
alle erreichten Knoten vollständig erforscht worden sind. Am besten
beschreibt man diesen Suchvorgang rekursiv wie in Algorithmus 6.9.

```
Zeile  procedure DFS(v)
          //Gegeben sind ein ungerichteter (gerichteter) Graph G =//
          //(V, E) mit n Knoten und ein Feld BESICHTIGT(n), welches//
          //zu Beginn mit Nullen vorbesetzt ist. Dieser Algorithmus//
          //besichtigt alle Knoten, die von v aus erreichbar sind.//
          //G und BESICHTIGT sind globale Größen.//
  1       BESICHTIGT(v) ← 1
  2       for jeden Knoten w, der zu v benachbart ist do
  3         if BESICHTIGT(w) = 0 then call DFS(w) endif
  4       repeat
  5       end DFS
```

<u>Algorithmus 6.9</u> Durchsuchen eines Graphen nach der Methode
                 "Zuerst in die Tiefe gehen" (DFS = depth
                 first search)

   Bei der Suchmethode "Zuerst in die Tiefe gehen" werden die Knoten
des Graphen aus Abb. 6.6(a) in der Reihenfolge 1, 2, 4, 8, 5, 6, 3, 7
besichtigt, wenn man bei Knoten 1 beginnt und die Adjazenzlisten aus
Abb. 6.6(b) verwendet. Ein nichtrekursiver Algorithmus würde einen
Keller zur Verwaltung aller teilweise erforschten Knoten verwenden.
Es ist leicht nachzuweisen, daß DFS alle vom Knoten v aus erreichbaren Knoten besichtigt. Mit $t(n, e)$ und $s(n, e)$ werden die maximale
Zeit und der maximale zusätzliche Platzbedarf von DFS bei einem Graph
mit n Knoten und e Kanten bezeichnet. Dann gilt: $s(n, e) = \Theta(n)$ und
$t(n, e) = \Theta(n + e)$, falls Adjazenzlisten verwendet werden, und $t(n, e)$
$= \Theta(n^2)$, falls Adjazenzmatrizen verwendet werden (siehe Übungen).
   Das Durchlaufen eines Graphen nach der Methode "Zuerst in die
Tiefe gehen" geschieht durch wiederholtes Aufrufen von DFS bei jedem

neuen unbesichtigten Startknoten. Der dazu gehörige Algorithmus DFT
(depth first traversal) unterscheidet sich von BFT nur dadurch, daß
der Aufruf von BFS(i) durch den Aufruf von DFT(i) ersetzt wird. Analog zu BFT kann man mit Hilfe von DFT die zusammenhängenden Komponenten eines Graphen erhalten. Ebenso kann man mit DFT die Matrix der
reflexiven transitiven Hülle eines ungerichteten Graphen ermitteln.
Ändert man DFS durch Hinzufügen von $T \leftarrow \emptyset$ und $T \leftarrow T \cup \{(v, w)\}$ in der
Zeile 1 bzw. im <u>then</u> - Zweig von Zeile 3, dann bestimmen nach Beendi-
gung von DFS die Kanten in T einen spannenden Baum für den ungerichteten Graph G, falls G zusammenhängend ist. Ein spannender Baum, den
man auf diese Weise erhalten hat, heißt spannender DF - Baum ("depth
first spanning tree"). Der zum Graph aus Abb. 6.6(a) gehörende spannende Baum enthält alle Kanten von G außer (2, 5), (8, 7) und (1, 3)
(siehe Abb. 6.7(b)). Also sind DFS und BFS bzgl. der bisher betrachteten Probleme gleich mächtig. In den Übungen findet man einige Probleme, die am besten mit Hilfe von BFS gelöst werden, und andere, die
man am besten mit Hilfe von DFS löst. In späteren Abschnitten dieses
Kapitels behandeln wir ebenfalls Graphenprobleme, die am besten durch
DFS gelöst werden.

Nachwort

BFS und DFS sind zwei grundverschiedene Methoden. Bei BFS wird ein
Knoten vollständig erforscht, bevor die Erforschung eines anderen beginnt. Der nächste zu erforschende Knoten ist der erste der restlichen
unerforschten. In den Übungsaufgaben wird eine Suchtechnik (D - Suche)
behandelt, die sich von BFS nur darin unterscheidet, daß der nächste
zu erforschende Knoten derjenige ist, der als letzter unter den unerforschten Knoten erreicht worden ist. Bei DFS wird die Erforschung
eines Knotens aufgeschoben, sobald ein neuer unerforschter Knoten erreicht worden ist. Dieser neue Knoten wird sofort erforscht. Obwohl
bei der Implementierung von DFS als auch bei der von D - Suche ein
Kellermechanismus benötigt wird, sind beide Suchmethoden jedoch verschieden. Die in diesem Abschnitt vorgestellten Suchmethoden können
auf eine Vielfalt von Problemen angewendet werden. Einige Anwendungen
werden in den restlichen Abschnitten dieses Kapitels untersucht.

Die Aufgabe eines Übersetzers besteht darin, die in irgendeiner Quell-
sprache geschriebenen Programme in äquivalente Programme in Assembler-
oder Maschinensprache zu übersetzen. So übersetzt z.B. der PASCAL-Compiler
auf der CDC Cyber 74 die PASCAL-Programme in die Maschinensprache dieses Rechners. Wir werden uns mit dem Problem befassen, wie man arithmetische Ausdrücke einer Sprache wie PASCAL in einen Assemblercode
übersetzt. Die Übersetzung wird natürlich von der speziellen Assemblersprache (und damit von der Maschine) abhängen. Zu Anfang werden wir
ein sehr einfaches Modell einer Maschine annehmen. Wir nennen dieses
Modell "Maschine A". Diese Maschine hat nur ein Register, welches wir
Akkumulator nennen. Alle Rechnungen finden in diesem Register statt.
Stellt $\odot$ einen binären Operator wie z.B. +, -, *, / dar, dann muß sich
der linke Operand von $\odot$ im Akkumulator befinden. Der Einfachheit halber beschränken wir uns auf diese vier Operatoren. Die Diskussion
kann leicht auf andere Operatoren verallgemeinert werden. Folgende
Assemblerbefehle sind wichtig:

       LOAD X: lade den Akkumulator mit dem Inhalt der Speicherzelle
                  mit der Adresse X
      STORE X: speichere den Inhalt des Akkumulators in die Speicher-
                  zelle mit der Adresse X
         OP X: OP kann einer der Operatoren ADD, SUB, MPY und DIV sein

Der Befehl OP X führt die durch den Operator OP angegebene Verknüpfung aus, indem er als linken Operanden den Inhalt des Akkumula-
tors nimmt und als rechten Operanden den Inhalt der Speicherzelle X.
Als Beispiel betrachten wir den arithmetischen Ausdruck (a + b) /
(c + d). Zwei mögliche Assemblerversionen dieses Ausdrucks sind in
Abb. 6.8 gezeigt. T1 und T2 sind Zwischenspeicher. In beiden Fällen
steht das Ergebnis im Akkumulator. Code (a) ist um zwei Befehle länger als Code (b). Falls jeder Befehl die gleiche Ausführungszeit hat,
benötigt Code (b) 25% weniger Zeit als Code (a). Es dürfte nicht
allzu schwer einzusehen sein, daß Code (b) für den Ausdruck (a + b) /
(c + d) und die gegebene Maschine A optimal ist.

LOAD	a		LOAD	c
ADD	b		ADD	d
STORE	$T1$		STORE	$T1$
LOAD	c		LOAD	a
ADD	d		ADD	b
STORE	$T2$		DIV	$T1$
LOAD	$T1$			
DIV	$T2$			

(a)   (b)

Abbildung 6.8 Zwei mögliche Codes für (a+b)/(c+d)

Definition: Die Übersetzung eines Ausdrucks E in die Maschinen- oder
Assemblersprache einer gegebenen Maschine ist optimal genau dann, wenn
sie aus einer minimalen Anzahl von Befehlen besteht.

Schauen wir uns noch drei weitere Beispiele an. Wir betrachten den
Ausdruck a + b * c. Abb. 6.9 zeigt zwei mögliche Übersetzungen. Auf
den ersten Blick könnte es aussehen, als wäre Code (b) falsch, da
wir fordern, daß sich der linke Operand von + im Akkumulator befindet
und der rechte im Speicher. Es ist jedoch x + y = y + x und daher (b)
äquivalent zu (a).

LOAD	b		LOAD	b
MPY	c		MPY	c
STORE	$T1$		ADD	a
LOAD	a			
ADD	$T1$			

(a)   (b)

Abbildung 6.9 Mögliche Codes für a + b*c

Definition: Ein binärer Operator $\odot$ ist kommutativ im Bereich D genau
dann, wenn gilt: a $\odot$ b = b $\odot$ a für alle a und b aus D.

Die Operatoren + und * sind kommutativ im Bereich der ganzen und
der reellen Zahlen, während - und / nicht kommutativ sind. Man kann
unter Ausnutzen der Kommutativität gewisser Operatoren u.U. einen
kürzeren Code erhalten. Als nächstes betrachten wir den Ausdruck a * b
+ c * b. In Abb. 6.10 sind zwei mögliche Codes gezeigt. Code (b) berechnet in Wirklichkeit (a + c) * b, was zu a * b + c * b äquivalent
ist.

```
LOAD      c          LOAD      a
MPY       b          ADD       c
STORE     T1         MPY       b
LOAD      a
MPY       b
ADD       T1

        (a)                    (b)
```

Abbildung 6.10 Mögliche Codes für a*b + c*b

<u>Definition:</u> Ein binärer Operator $\odot$ ist <u>links-distributiv</u> bzgl. des binären Operators + in einem Bereich D genau dann, wenn für alle a, b, c aus D gilt: a $\odot$ (b $\oplus$ c) = (a $\odot$ b) $\oplus$ (a $\odot$ c). Er ist <u>rechts-distributiv</u> bzgl. $\oplus$ genau dann, wenn für alle a, b, c aus D gilt: (a $\oplus$ b) $\odot$ c = (a $\odot$ c) $\oplus$ (b $\odot$ c).

Im Bereich der reellen Zahlen ist * links- und rechts-distributiv bzgl. + und -, denn es gilt:

    a * (b + c) = (a * b) + (a * c)
    a * (b - c) = (a * b) - (b * c)
    (a + b) * c = (a * c) + (b * c)
    (a - b) * c = (a * c) - (b * c).

/ ist nicht links-distributiv bzgl. +, denn es gilt:

    a/(b + c) ≠ (a/b) + (a/c)

Jedoch ist / rechts-distributiv im Bereich der reellen Zahlen. Man beachte, daß / nicht rechts-distributiv bzgl. + im Bereich der ganzen Zahlen ist, denn es gilt: (2 + 3)/5 = 1, während (2/5) + (3/5) = 0 ist (beachte: 2/3 = 0 und 3/5 = 0 bei Ganzzahlarithmetik).

Als letztes Beispiel betrachten wir den Ausdruck a * (b * c) + d * c. In Abb. 6.11 sind zwei mögliche Codes gezeigt. Der in Abb. 6.11 (b) gezeigte Code nutzt die Tatsache aus, daß (a * b) * c = a * (b * c) ist.

<u>Definition:</u> Ein binärer Operator $\odot$ ist <u>assoziativ</u> in einem Bereich D genau dann, wenn gilt: a $\odot$ (b $\odot$ c) = (a $\odot$ b) $\odot$ c für alle a, b und c in D. Im Bereich der ganzen und der reellen Zahlen ist * assoziativ.

LOAD	*b*		LOAD	*a*
MPY	*c*		MPY	*b*
STORE	*T*1		ADD	*d*
LOAD	*a*		MPY	*c*
MPY	*T*1			
STORE	*T*1			
LOAD	*d*			
MPY	*c*			
STORE	*T*2			
LOAD	*T*1			
ADD	*T*2			

(a)   (b)

Abbildung 6.11   Zwei mögliche Codes für a*(b*c)+d*c

/ ist assoziativ im Bereich der reellen Zahlen, aber nicht im Bereich
der ganzen Zahlen (z.B. (2/3)/3 = 0, aber 2/(3/3) = 2).

Nutzt man die Eigenschaften der Assoziativität, Distributivität
und Kommutativität von Operatoren aus, so kann man u.U. kürzere Codes
erhalten. Man beachte, daß die Codes aus Abb. 6.10(a) und (b) verschiedene Ergebnisse erzeugen können, obwohl für reelle Zahlen gilt:
(a + c) * b = (a * b) + (c * b). Dies kommt daher, daß im Computer nur
endliche Zahlenwerte verarbeitet werden und dadurch Fehler entstehen
könnnen. Bei unserer Betrachtung ignorieren wir diese Tatsache und gehen davon aus, daß die assoziativen, kommutativen und distributiven
Gesetze nach Belieben angewendet werden können, falls dies angebracht
ist.

Wie wir gesehen haben, gibt es zu einem vorgegebenen Ausdruck verschiedene Codes. Wir wollen uns nun mit dem Problem beschäftigen, wie
man einen optimalen Code erhält. Zunächst beschränken wir uns auf die
einfache Maschine A. Später werden wir ein allgemeineres Maschinenmodell betrachten. Die Form, in der wir bisher die Ausdrücke kennengelernt haben, nennt man die <u>Infixform</u> (Infixnotation). Dabei stehen
die Operatoren zwischen den Operanden. In dieser Form sind wir es gewohnt, Ausdrücke zu schreiben. Beim Erzeugen von optimalem Code
empfiehlt es sich, arithmetische Ausdrücke als binäre Bäume darzustellen. Jeder nichtterminale Knoten (d.h. jeder Knoten, der kein Blatt
ist) des binären Baumes stellt einen Operator dar. Solche Knoten heis-

sen _interne_ Knoten. Der linke Teilbaum eines internen Knoten P stellt
den linken Operanden des durch P repräsentierten Operators in Form
eines binären Baumes dar; der rechte Teilbaum stellt den rechten Operanden dar. Ein Endknoten repräsentiert entweder eine Variable oder
eine Konstante. Abb. 6.12 zeigt für einige Ausdrücke die entsprechenden binären Bäume. In den Übungen wird ein Algorithmus entwickelt,
der zu einem arithmetischen Ausdruck in Infixform die binäre Baumdarstellung liefert. Einen solchen Baum werden wir _Ausdrucksbaum_ (expression tree) nennen.

Bei der Erstellung eines Algorithmus zur Erzeugung eines optimalen
Codes aus einem Ausdrucksbaum nehmen wir zuerst an, daß keiner der
Operatoren kommutativ, distributiv oder assoziativ ist. Wir werden uns
auch keine Gedanken über mögliche algebraische Umformungen zur Vereinfachung des Ausdrucks machen. So ist z.B. für a + b - a - b unter dieser Annahme der optimale Code

    LOAD a; ADD b;   SUB a;   SUB b,

obwohl der Wert null ist. Wir kümmern uns auch nicht um Teilausdrücke
und nehmen alle Teilausdrücke als unabhängig an. So ist z.B. der optimale Code für a * b * (a * b - d) derselbe wie für a * b * (c * e -
d). Wie man leicht sieht, gehört unter diesen Annahmen zu einem Ausdruck mit n Operatoren ein Code mit genau n Befehlen vom Typ ADD, SUB,
MPY, DIV. Befehle dieses Typs nennen wir _Operatorbefehle_. Lediglich
die Anzahl der Akkumulator-Lade- und -Speicherbefehle kann variieren.
So haben die Codes in Abb. 6.8(a) und (b) beide je drei Operatorbe-
fehle. In Code (a) kommen drei LOAD- und zwei STORE- Befehle vor,
während in Code (b) nur zwei LOAD- und ein STORE- Befehl vorkommen.
Man kann leicht zeigen, daß in jedem Code, der keine redundanten Befehle enthält, jedem Ladebefehl außer dem ersten ein Speicherbefehl
unmittelbar vorangehen muß. Also ist die Anzahl der Ladebefehle immer
um eins größer als die der Speicherbefehle. Daraus folgt, daß es genügt, Code zu erzeugen, der entweder die Anzahl der Lade- oder die der
Speicherbefehle minimiert.

Es sei P ein interner Knoten eines beliebigen Ausdrucksbaumes. L
und R seien dessen linker bzw. rechter Teilbaum. Es sei ⊙ der Operator
am Knoten P. Wegen der über Operatoren gemachten Annahmen gibt es nur
einen Weg, L ⊙ R zu berechnen: man berechnet L und R unabhängig voneinander, und anschließend berechnet man L ⊙ R. Die Codes für L und R
müssen ebenfalls optimal sein. Verfügen wir über optimale Codes für L
und R, dann gibt es mehrere Möglichkeiten für den Code L ⊙ R.

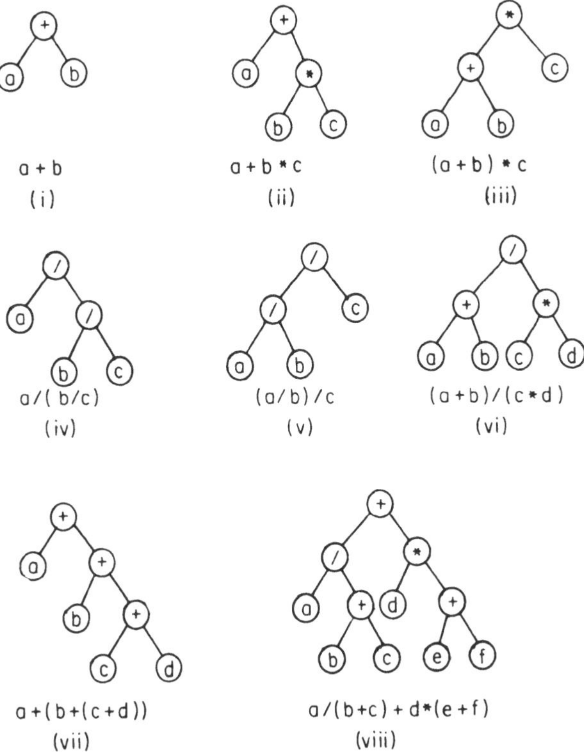

Abbildung 6.12   Binäre Baumdarstellungen für einige Infix-Ausdrücke

Es seien C_L und C_R optimale Codes für L bzw. für R. In Tabelle 6.2
sind verschiedene Möglichkeiten für den Code für L $\odot$ R zusammengestellt.
In der Bedingungsspalte sind alle Möglichkeiten für L und R aufgelistet
und mögliche Reihenfolgen zur Berechnung von L und R angegeben, falls
diese keine Endknoten sind. Beim Ausschreiben des Codes haben wir einfach "$\odot$a" geschrieben, um einen Operatorbefehl darzustellen. Ist
der Operator +, dann bedeutet dies "ADD a". Diese Änderung kann einfach
durchgeführt werden. Schaut man sich die Tabelle 6.2 genau an, dann
stellt man fest, daß man bei Erzeugung des Codes für L $\odot$ R nur dann
eine Wahlmöglichkeit hat, wenn L und R beide interne Knoten sind. Ist
einer von beiden ein Endknoten, dann gibt es nur einen einzigen Code
(Bedingungen (i), (ii) und (iii), abgesehen von der Einführung un-
nützer Befehle). Sind L und R interne Knoten, dann ist der zur Bedingung (v) gehörende Code kürzer als der zu (iv) gehörende und sollte
daher verwendet werden. Daran kann man folgendes beobachten: ist R ein

interner Knoten, dann kommt im optimalen Code C_R vor C_L; andernfalls
ist es umgekehrt.

	Bedingung	entsprechender Code
i)	L und R sind beide Endknoten; a und b sind Variablen	LOAD a; $\odot$ b
ii)	L ist ein Endknoten mit Variable a; R ist kein Endknoten	C_R; STORE T1; LOAD a; $\odot$ T1
iii)	R ist ein Endknoten mit Variable a; L ist kein Endknoten	C_L; $\odot$ a
iv)	weder L noch R sind Endknoten; L wird vor R berechnet	C_L; STORE T1; C_R; STORE T2; LOAD T1; $\odot$ T2 ·
v)	weder L noch R sind Endknoten; R wird vor L berechnet	C_R; STORE T1; C_L; $\odot$ T1

<u>Tabelle 6.2</u> Möglichkeiten zur Auswertung von L $\odot$ R

Man beachte die Ähnlichkeit zwischen der obigen Diskussion und
derjenigen, die sich aus dem dynamischen Programmieren oder aus der
"Teile und Herrsche" - Methode ergab. Bei letzterer würden wir opti‑
malen Code für L und R erhalten und die optimalen Codes auf irgendei‑
ne Weise zu einem optimalen Code für L $\odot$ R kombinieren. Beim dyna‑
mischen Programmieren könnten wir den Code als Ergebnis einer Folge
von Entscheidungen ansehen. Bei jedem Schritt wird eine Entscheidung
darüber getroffen, welcher Teilausdruck als nächster codiert wird.
Ein Teilausdruck L $\odot$ R kann als nächster nur dann codiert werden,
wenn die Codes für L und R bereits erzeugt worden sind. Man kann
leicht zeigen, daß das Optimalitätsprinzip gilt.

Aus Tabelle 6.2 ergibt sich die rekursive Code-Erzeugungsproze‑
dur CODE1 (Algorithmus 6.11). Der Algorithmus verwendet die Prozedur
TEMP(i) und RETEMP(i). TEMP(i) besorgt einen Speicherplatz zum tempo‑
rären Abspeichern, während RETEMP(i) den Speicherplatz mit der Adres‑
se i wieder freigibt. Wir nehmen an, daß T auf die Wurzel des Aus‑
drucksbaumes zeigt und daß jeder Knoten drei Felder hat: LSOHN, RSOHN
und DATEN. Bei einem internen Knoten ist das Datenfeld ein Operator;
bei einem Endknoten ist es eine Operandenadresse. Weiterhin nehmen
wir an, daß $T \neq 0$ ist. Man beachte, daß der Algorithmus im wesentli‑
chen den binären Baum T durchläuft. Die dabei benutzte Durchlaufme‑
thode unterscheidet sich jedoch von den drei in Abschnitt 6.1.1 be-

sprochenen Methoden. Nur interne Knoten werden besichtigt. Wird ein
Knoten besichtigt, dann wird ein diesem Knoten entsprechender Code
erzeugt. Ein Knoten wird erst dann besichtigt, wenn der Code für
seine zwei Teilbäume erzeugt worden ist. Dies entspricht dem postorder Durchlauf. Im Algorithmus CODE1 wird jedoch ein nichttrivialer
rechter Teilbaum durchlaufen, bevor der entsprechende linke Teilbaum
durchlaufen wird (ein trivialer Teilbaum hat nur einen Wurzelknoten).
Wird der temporäre Speicher als Keller verwaltet, wobei TEMP und RE-
TEMP dem Aus- bzw. Einkellern entsprechen, dann zeigt Abb. 6.13 die
von CODE1 erzeugten Codes für einige der Beispiele aus Abb. 6.12.
Aus unserer früheren Diskussion ergibt sich, daß der von CODE1 erzeugte Code für Maschine A optimal ist. Einen strengeren Beweis geben wir
bei der Verallgemeinerung der Maschine A.


```
procedure  CODE1 (T)
  //Code-Erzeugung für Baum T. Annahme: T ≠ 0//
  if T ist ein Endknoten then print ("LOAD", DATEN(T))
       return
  endif
  F ← 0   //F wird auf 1 gesetzt falls RSOHN(T) kein Endknoten ist//
  if RSOHN(T) ist kein Endknoten then
       call CODE1 (RSOHN(T))   //erzeuge $C_R$//
       call TEMP(i)
       print ("STORE", i)
       F ← 1
  endif
  call CODE1 (LSOHN(T))   //erzeuge $C_L$//
  if F = 1 then print (DATEN(T), i)
                call RETEMP(i)
           else print (DATEN(T), DATEN(RSOHN(T)))
  endif
end CODE1
```

   Algorithmus 6.10 Algorithmus zur Code - Erzeugung

```
LOAD     a          LOAD     b          LOAD     a
ADD      b          MPY      c          ADD      b
                    STORE    T1         MPY      c
                    LOAD     a
                    ADD      T1
       (i)                 (ii)                 (iii)
LOAD     c          LOAD     e
ADD      d          ADD      f
STORE    T1         STORE    T1
LOAD     b          LOAD     d
ADD      T1         MPY      T1
STORE    T1         STORE    T1
LOAD     a          LOAD     b
ADD      T1         ADD      c
                    STORE    T2
                    LOAD     a
                    DIV      T2
                    ADD      T1
```

Abbildung 6.13 Der von CODE1 erzeugte Code für einige der Beispiele aus Abb.6.12

Theorem 6.5 Der von CODE1 erzeugte Code wertet den arithmetischen Ausdruck, der durch den Ausdrucksbaum T dargestellt wird, korrekt aus.

Beweis: Der Beweis ist ein einfacher Induktionsbeweis über die Tiefe von T und wird dem Leser zur Übung überlassen. □

Wenn wir die kommutative Eigenschaft der Operatoren ausnutzen dürfen, dann erzeugt CODE1 keinen optimalen Code für Maschine A. Dies sieht man am Beispiel (ii) von Abb. 6.12 und 6.13. Wenn man die Kommutativität von + ausnutzt, lautet der optimale Code:

LOAD b, MPY c, ADD a.

Man beachte, daß wiederum alle nichtredundanten Codes für einen gegebenen Ausdruck die gleiche Anzahl von Operatorbefehlen haben, und daß die Anzahl der Ladebefehle um eins größer ist als die Anzahl der Speicherbefehle. Es sei P ein interner Knoten eines Ausdrucksbaumes. L, R, C_L und C_R haben dieselbe Bedeutung wie zuvor. Es ist klar, daß der optimale Code für L ⊙ R aus optimalen Codes für L und für R bestehen wird. Ist ⊙ jedoch kommutativ, dann nehmen die in Tabelle 6.2 aufgelisteten Möglichkeiten zu. Zur Übung möge sich der Leser die

Änderungen überlegen, die man bei CODE1 anbringen muß, damit unter
Berücksichtigung kommutativer Operatoren optimaler Code erzeugt
wird.

Wir verallgemeinern jetzt Maschine A und erhalten Maschine B.
Diese verfügt über $N \geq 1$ Register, in denen Rechnungen durchgeführt
werden können. Maschine B hat vier Typen von Maschinenbefehlen:

1. LOAD   M, R
2. STORE   M, R
3. OP   R1, M, R2
4. OP   R1, R2, R3

Folgende Funktionen werden damit realisiert:

1) Mit LOAD M, R wird der Inhalt der Speicherzelle mit der Adresse
   M nach Register R transportiert ($1 \leq R \leq N$).
2) Mit STORE M, R wird der Inhalt des Registers R in die Speicherzelle mit der Adresse M gebracht.
3) OP R1, M, R2 berechnet "Inhalt(R1) OP Inhalt(M)" und legt das
   Ergebnis in Register R2 ab. OP ist irgendein binärer Operator
   (z.B. +, -, *, /), R1 und R2 sind Register und M ist die Adresse
   einer Speicherzelle. R1 kann auch gleich R2 sein.
4) OP R1, R2, R3 ist analog zu 3). R1, R2 und R3 sind Register.
   Einige oder alle dieser Register können gleich sein.

Beim Vergleich der Maschinenmodelle A und B stellen wir fest, daß
für $N = 1$ die Befehle vom Typ (1), (2) und (3) bei Modell B dieselben sind wie die entsprechenden Befehle bei Modell A. Die Befehle vom
Typ (4) erlauben nur die Ausführung trivialer Operationen, wie z.B.
a + a, a - a, a * a und a/a, ohne zusätzlichen Speicherzugriff. Damit ändert sich nicht die Anzahl von Befehlen in den optimalen Codes
für A und B für $N = 1$. Also ist Modell A in gewissem Sinne mit Modell
B identisch, falls $N = 1$ ist. Bei Modell B sehen wir, daß der optimale Code für einen gegebenen Ausdruck E für verschiedene Werte von
N verschieden sein kann. Abb. 6.14 zeigt den optimalen Code für den
Ausdruck (vi) aus Abb. 6.12. Wir betrachten die beiden Fälle $N = 1$
und $N = 2$. Für $N = 1$ muß ein Speicherbefehl ausgeführt werden, für
$N = 2$ hingegen keiner. Die Register haben die Namen R1 und R2, T1
ist ein temporärer Speicherplatz (Zwischenspeicher). Außerdem beachte man, daß die Zahl der Ladebefehle nicht mehr genau um eins größer
sein muß als die der Speicherbefehle. Damit genügt es also nicht

mehr, entweder nur die Anzahl der Ladebefehle oder nur die Anzahl
der Speicherbefehle zu optimieren. Ihre Summe muß minimiert werden.
Zur Vereinfachung der Betrachtung nehmen wir zunächst an, daß keiner der Operatoren assoziativ, kommutativ oder distributiv ist. Des
weiteren nehmen wir an, daß sowohl die linken als auch die rechten
Operanden eines Operators unabhängig voneinander berechnet werden
müssen, auch dann, wenn sie gleiche Teilausdrücke darstellen. Diese
Beschränkung gilt auch für Ausdrücke der Form "a OP a"; wir verlangen, daß für den linken und rechten Operanden je ein Speicherzugriff
ausgeführt wird.

LOAD	$c, R1$	LOAD	$c, R1$
MPY	$R1, d, R1$	MPY	$R1, d, R1$
STORE	$R1, T1$	LOAD	$a, R2$
LOAD	$a, R1$	ADD	$R2, b, R2$
ADD	$R1, b, R1$	DIV	$R2, R1, R1$
DIV	$R1, T1, R1$		

(i) $N = 1$ (ii) $N = 2$

Abbildung 6.14   Optimale Codes für N=1 und N=2

Bei einem vorgegebenen Ausdruck E stellen wir zuerst die Frage:
kann E ohne Verwendung von Speicherbefehlen ausgewertet werden? Eine
ganz ähnliche Fragestellung lautet: wieviele Register benötigt man
mindestens, um E ohne Speicherbefehle auszuwerten? Diese Fragen beantworten wir im Hinblick auf die oben gemachten Annahmen. Wir nehmen an, daß der Wert von E in einem der N Register stehen soll. E
sei durch einen Ausdrucksbaum T dargestellt. Hat T nur einen einzigen Knoten, dann muß dieser ein Endknoten sein; die einzige Akti-
vität besteht also darin, den Wert der entsprechenden Variable oder
Konstante in ein Register zu laden. Dazu benötigt man nur ein einziges Register. Hat der Ausdruck E nur einen Operator, dann ist er von
der Form "a $\odot$ b". Wir laden "a" in ein Register (R1). Dann können wir
den Befehl "$\odot$R1, b, R1" anwenden. Also benötigen wir in diesem Fall
genau ein Register (Abb. 6.15(ii)). Gibt es mehr als einen Operator,
dann liegt die in Abb. 6.15(iii) gezeigte Situation vor. Es seien 1_1
und 1_2 die minimale Anzahl von Registern, die nötig sind, um unabhängig voneinander den linken (L) und rechten (R) Operanden des Wur-
zeloperators auszuwerten. Es sei 1 die minimale Anzahl von Registern,
welche man zur Berechnung von L $\odot$ R benötigt. Wegen der gemachten

Annahmen ist es nötig, daß die Werte von L und R unabhängig voneinander berechnet werden; es folgt daher: $1 \geq \max\{1_1, 1_2\}$. Ist $1_1 > 1_2$, dann können wir zuerst L berechnen, wozu wir 1_1 Register verwenden. Dann lassen wir das Register, das den Wert L enthält, unverändert und berechnen R unter Verwendung der restlichen $1_1 - 1 \geq 1_2$ Register. Schließlich können wir mit einem Befehl vom Typ (4) $L \odot R$ berechnen. Also ist $1 = 1_1$, falls $1_1 > 1_2$ ist. Genauso ist $1 = 1_2$ für $1_1 < 1_2$. Also gilt für $1_1 \neq 1_2$: $1 = \max\{1_1, 1_2\}$. Ist $1_1 = 1_2$, dann gibt es zwei Möglichkeiten. Erstens ist $1 = 1_1$, falls R ein Endknoten ist, da wir zur Berechnung von L 1_1 Register verwenden und dann $L \odot R$ mit einem Befehl vom Typ (3) berechnen und das Ergebnis in einem der 1_1 Register ablegen. Ist R kein Endknoten, dann ist $1 = 1_1 + 1$, denn unabhängig davon, ob L oder R zuerst berechnet wird, muß ein Register für den ersten Operanden reserviert werden; außerdem benötigt man 1_1 Register zur Berechnung des zweiten Operanden. Diese Überlegungen führen zur Formulierung des folgenden Theorems:

<u>Theorem 6.6</u> Es sei P ein Knoten eines Ausdrucksbaumes, der mindestens die Tiefe 2 hat. Die Funktion MR(P) (Minimale Register) sei wie folgt definiert:

$$
MR(P) = \begin{cases}
0 & \text{falls P ein Endknoten und der rechte Sohn seines Vaters ist} \\[1ex]
1 & \text{falls P ein Endknoten und der linke Sohn seines Vaters ist} \\[1ex]
\max\{1_1, 1_2\} & \text{wobei } 1_1 = MR(LSOHN(P));\; 1_2 = MR(RSOHN(P)) \text{ und } 1_1 \neq 1_2 \\[1ex]
1_1 + 1 & \text{falls } 1_1 \text{ und } 1_2 \text{ wie oben und } 1_1 = 1_2
\end{cases}
$$

MR(P) gibt für einen internen Knoten P die minimale Anzahl von Registern an, die zur Berechnung des Ausdrucksteilbaumes mit Wurzel P notwendig sind unter der Voraussetzung, daß keine Speicherbefehle zugelassen sind. □

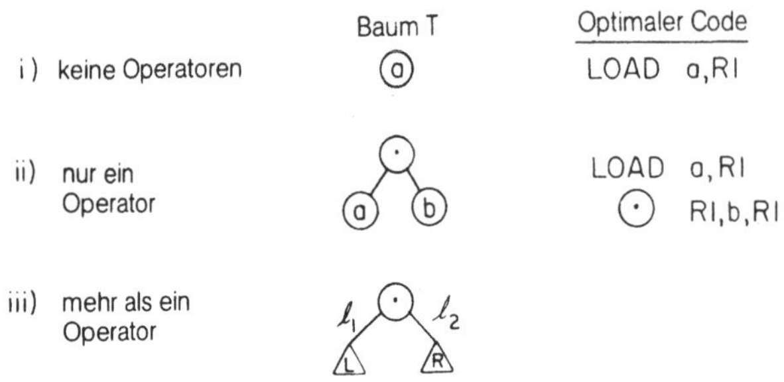

Abbildung 6.15   Bestimmung der minimalen Anzahl von Registern

Obiges Theorem gilt nur dann, wenn man über Operatoren die genannten Annahmen macht. Für einen beliebigen Ausdrucksbaum T kann man
die MR - Werte aller Knoten durch einen postorder Durchlauf berechnen. Abb. 6.16 zeigt die MR - Werte aller Knoten für einige Ausdrucksbäume. Ist die Anzahl N der verfügbaren Register größer oder gleich
dem MR - Wert der Wurzel T des Ausdrucksbaumes T, dann kann T ohne
Verwendung von Speicherbefehlen ausgewertet werden. In diesem Fall
muß ein optimäler Code nur die Anzahl der Ladebefehle minimieren.
Aufgrund der gemachten Annahmen ist die Anzahl der Befehle vom Typ
(2) und (3) gleich der Anzahl der internen Knoten. Ist MR(T) > N,
dann muß der Code einige Speicherbefehle enthalten, und ein optimaler Code minimiert die Gesamtzahl der Befehle vom Typ (1) und (2).
Der Beweis von Theorem 6.6 legt einen Algorithmus zur Code - Erzeugung nahe (Algorithmus 6.11). Wir werden zeigen, daß CODE2 unter den
gemachten Annahmen tatsächlich optimalen Code erzeugt. Zuerst wollen wir uns mit dem Algorithmus vertraut machen.

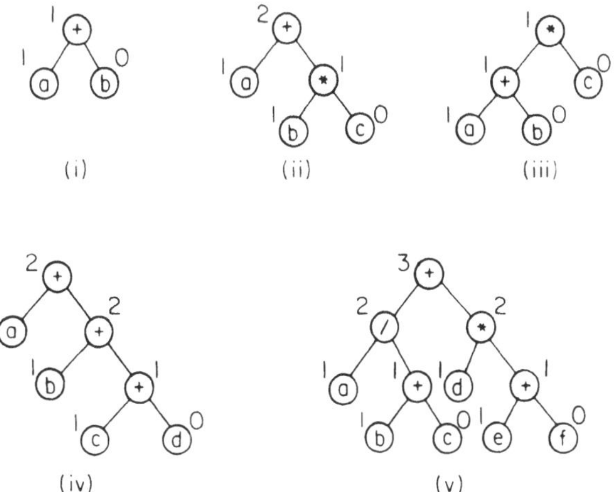

Abbildung 6.16   MR-Werte für Knoten

Der Algorithmus geht davon aus, daß jeder Knoten im Ausdrucks-
baum T vier Felder hat: LSOHN, RSOHN, DATEN und MR. Die MR - Werte
wurden nach Theorem 6.6 berechnet. CODE2 verwendet ein Unterprogramm
TEMP. Dieses entspricht genau dem aus CODE1. Um den Code für einen
Ausdrucksbaum T zu erzeugen, verwendet man den Aufruf "call CODE2
(T, 1)". Die Gesamtzahl N aller Register ist eine globale Variable.
Wir setzen $T \neq O$ voraus, d.h. der Ausdruck ist nicht null. Bei einem
Aufruf "CODE2(T, i)" wird für den Ausdruck T Code erzeugt, wobei nur
die Register Ri, ..., RN verwendet werden. Das Ergebnis steht in Ri.
Falls T ein Endknoten und der Aufruf von CODE2 ein Erstaufruf ist,
wird nur ein Ladebefehl ausgeführt. Falls T ein Endknoten ist
und ein rekursiver Aufruf vorliegt (Zeilen 6 - 24), muß T der
linke Sohn seines Vaters sein (da in den Zeilen 7 - 9 rechte Endknoten behandelt werden);wiederum muß nur ein Ladebefehl ausgeführt
werden. Ist T ein interner Knoten, dann wird die case - Anweisung
(Zeilen 6 - 24) ausgeführt. L und R zeigen auf den linken bzw. rechten Sohn von T. Es sei ⊙ der Operator an der Stelle R. Ist R ein
Endknoten, dann ist MR(R) = O; unter den früher gemachten Annahmen
ist der optimale Code für L ⊙ R der optimale Code für L, gefolgt
von der Operation ⊙. Dieser wird in den Zeilen 7 - 9 erzeugt. Sind
sowohl MR(L) als auch MR(R) beide $\geq$ N, dann muß mindestens ein Speicherbefehl ausgeführt werden (Theorem 6.6). Der optimale Code für

L $\odot$ R ist dann der optimale Code für R gefolgt von einem Speicherbefehl für das Ergebnis von R, dann der optimale Code für L gefolgt von der Operation $\odot$ (Zeilen 10 - 15). Man beachte, daß dieser Fall nur eintreten kann, wenn beim Erstaufruf MR(T) > N ist. Da bei den Aufrufen der Zeilen 10 und 13 CODE2 die Register Ri, ..., RN benutzt, folgt daraus, daß i = 1 ist, immer wenn MR(L) und MR(R) $\geq$ N sind. Ist wenigstens einer der Werte MR(R) und MR(L) kleiner als N, dann wird in den Zeilen 16 - 23 Code für T erzeugt. In Zeile 16 wird der Fall MR(L) < MR(R) behandelt. Da wenigstens einer der Werte MR(L) und MR(R) kleiner als N ist, ergibt sich, daß MR(L) < N ist. In diesem Fall ergibt sich der optimale Code aus dem optimalen Code für R, wobei die Register Ri, ..., RN benutzt werden, gefolgt vom optimalen Code für L, der die Register Ri + 1, ..., RN verwendet, gefolgt von der Operation $\odot$. Ist MR(R) nicht kleiner als N, dann ist i = 1. In Theorem 6.7 wird gezeigt, daß MR(L) $\leq$ N - i ist, jedesmal wenn dieser Codeabschnitt erzeugt wird. Da nach der Berechnung von R N - i Register frei sind (Ri + 1, ..., RN), kann R ohne Speicherbefehl berechnet werden. Ist MR(L) $\geq$ MR(R) (Zeilen 20 - 23), dann gilt nach Theorem 6.7: MR(R) $\leq$ N - i. Also kann nach der Code - Erzeugung für L R ohne Speicherbefehle unter Verwendung der Register Ri + 1, ..., RN berechnet werden. In den Theoremen 6.8 und 6.9 werden Korrektheit und Optimalität des vom Algorithmus CODE2 erzeugten Codes bewiesen. Hat T n Knoten, dann ist der Zeitbedarf von CODE2 θ(n) (siehe Übungen).

```
Zeile  procedure CODE2(T, i)
           //erzeuge Code für Maschine B mit N Registern, wobei nur//
           //die Register Ri, ..., RN verwendet werden. Das Ergebnis//
           //steht in Ri. N ist eine globale Variable//
  1        if T ist Endknoten then    //linker Sohn des Vaters//
  2            print ('LOAD', DATEN(T), 'R', i)
  3            return
  4        endif
           //T ist interner Knoten//
  5        L ← LSOHN(T); R ← RSOHN(T)
  6        case
  7          :MR(R) = 0:    //R ist Endknoten//
  8             call CODE2(L, i)
  9             print (DATEN(T), 'R', i, ',', DATEN(R), ', R', i)
 10          :MR(L) ≥ N and NR(R) ≥ N:
                call CODE2(R, i)
```

```
11            call TEMP(S)
12            print ('STORE', 'R', i, ',', S)
13            call CODE2(L, i)
14            print (DATEN(T), 'R', i , ', S, ', R', i)
15            call RETEMP(S)
16        :MR(L) < MR(R):    //MR(L) < N, werte zuerst R aus//
17            call CODE2(R, i)
18            call CODE2(L, i + 1)
19            print (DATEN(T), ', R', i + 1, ', R', i, ', R', i)
20        :else:    //MR(L) ≥ MR(R) und MR(R) < N, werte zuerst//
                   //L aus//
21            call CODE2(1, i)
22            call CODE2(R, i + 1)
23            print (DATEN(T), ', R', i, ', R', i + 1, ', R', i)
24      endcase
25    end CODE2
```

Algorithmus 6.11   Code - Erzeuger für Maschine B

Theorem 6.7   Für die Prozedur CODE2 gelten folgende Behauptungen:

  (i) $i = 1$ jedesmal, wenn die Zeilen 10 - 15 ausgeführt werden

 (ii) $MR(L) \leq N - i$ jedesmal, wenn die Zeilen 16 - 19 ausgeführt
        werden

(iii) $MR(R) \leq N - i$ jedesmal, wenn die Zeilen 20 - 23 ausgeführt
        werden

 (iv) $i = 1$ jedesmal, wenn $MR(T) \geq N$ ist.

Beweis: Der Beweis ist ein einfacher Induktionsbeweis bzgl. der
Rekursionstiefe und wird dem Leser zur Übung überlassen.

Theorem 6.8   CODE2 erzeugt für jeden Ausdrucksbaum T korrekten Code.

Beweis: Induktion über die Tiefe von T. □

   Abb. 6.17 zeigt den von CODE2 erzeugten Code für einige der
Ausdrücke aus Abb. 6.16. R1, R2 und R3 sind Register, T1 ist ein
von TEMP( ) erzeugter Zwischenraum.

LOAD	$a, R1$	LOAD	$b, R1$	LOAD	$a, R1$
ADD	$R1, b, R1$	MPY	$R1, c, R1$	LOAD	$b, R2$
		STORE	$R1, T1$	MPY	$R2, c, R2$
		LOAD	$R1, a$	ADD	$R1, R2, R1$
		ADD	$R1, T1, R1$		

$$N = 1 \qquad\qquad N = 1 \qquad\qquad N = 2$$

$$\text{(i)} \qquad\qquad \text{(ii) (a)} \qquad\qquad \text{(ii) (b)}$$

LOAD	$d, R1$		LOAD	$a, R1$
LOAD	$e, R2$		LOAD	$b, R2$
ADD	$R2, f, R2$		ADD	$R2, c, R2$
MPY	$R1, R2, R1$		DIV	$R1, R2, R1$
STORE	$R1, T1$		LOAD	$d, R2$
LOAD	$a, R1$		LOAD	$e, R3$
LOAD	$b, R2$		ADD	$R3, f, R3$
ADD	$R2, c, R2$		MPY	$R2, R3, R2$
DIV	$R1, R2, R1$		ADD	$R1, R2, R1$
ADD	$R1, T1, R1$			

$$N = 2 \qquad\qquad\qquad N = 3$$

$$\text{(v) (a)} \qquad\qquad\qquad \text{(v) (b)}$$

<u>Abbildung 6.17</u> Von CODE2 erzeugter Code für die Bäume (i), (ii) und (v) aus
Abb.6.16

Als nächstes werden wir nun zeigen, daß CODE2 optimalen Code
erzeugt. Wir müssen zwei Typen von Knoten in einem Ausdrucksbaum
unterscheiden.

<u>Definition:</u> Bei einer vorgegebenen Anzahl N von Registern nennen
wir einen Knoten <u>Majoritätsknoten</u> genau dann, wenn die MR - Werte
seiner beiden Söhne mindestens gleich N sind. Wir nennen ihn <u>Mino-
ritätsknoten</u> genau dann, wenn er entweder ein Endknoten ohne Vater
oder ein Endknoten und der linke Sohn seines Vaters ist.

<u>Lemma 6.1</u> Es sei n die Anzahl der Majoritätsknoten in einem Aus-
drucksbaum T. Zur Auswertung von T benötigt man mindestens n Speicherbefehle, wenn der Ausdruck T keine kommutativen Operatoren enthält, und wenn es zwischen Operatoren und Operanden keine Beziehungen gibt (damit sind sowohl assoziative und distributive Operatoren als auch gemeinsame Teilausdrücke verboten).

Beweis: Durch Induktion über die Anzahl der Knoten in T. □

Lemma 6.2 Bei beliebigem Ausdrucksbaum T ist die Anzahl der Speicherbefehle in dem von CODE2 erzeugten Code gleich der Anzahl der Majoritätsknoten im Ausdrucksbaum T.
Beweis: Dies ergibt sich aus der Überlegung, daß innerhalb von CODE2 nur in Zeile 12 ein Speicherbefehl erzeugt wird; diese Zeile wird für jeden Majoritätsknoten in T genau einmal ausgeführt. □

Lemma 6.3 Es sei m die Anzahl der Minoritätsknoten in T. Unter den Annahmen von Lemma 6.1 muß jeder Code, der T auswertet, mindestens m Ladebefehle enthalten.
Beweis: Durch Induktion über die Anzahl der Minoritätsknoten in einem beliebigen Ausdrucksbaum T. □

Lemma 6.4 Bei beliebigem Ausdrucksbaum T ist die Anzahl der Ladebefehle in dem von CODE2 erzeugten Code gleich der Anzahl der Minoritätsknoten in T.
Beweis: Nur in Zeile 2 wird ein Ladebefehl erzeugt. Diese Zeile wird für jeden Minoritätsknoten in T genau einmal ausgeführt. □

Theorem 6.9 Der Algorithmus CODE2 erzeugt unter den Bedingungen von Lemma 6.1 optimalen Code.
Beweis: Dieser ergibt sich aus Lemma 6.1 bis 6.4 unter der Überlegung, daß unter den gegebenen Annahmen die Anzahl der Befehle vom Typ (3) und (4) gleich der Anzahl interner Knoten (oder Operatoren) im Ausdrucksbaum T in allen gültigen Codes für T ist. □

Sind kommutative und assoziative Operatoren zugelassen, dann kann es zum gleichen Ausdruck mehrere verschiedene Ausdrucksbäume geben. Abb. 6.18(a) zeigt einen Ausdrucksbaum, der zu dem in Abb. 6.16(ii) gezeigten äquivalent ist, wenn + kommutativ ist. Man beachte, daß CODE2 für (a) und (b) Codes erzeugt und nur ein einziges Register verwendet, während für die entsprechenden Bäume aus Abb. 6.16 zwei Register nötig sind. Außerdem haben die Codes weniger Befehle, falls N = 1 ist. Läßt man also die Annahme, daß die Operatoren nicht kommutativ und nicht assoziativ sind, fallen, dann gilt Theorem 6.9 nicht mehr. Ist aber J die Klasse äquivalenter Ausdrucksbäume, die einem Ausdruck E mit kommutativen und assoziativen Operatoren entsprechen, dann haben alle Bäume in J die gleiche Anzahl interner Knoten (Operatoren). Dies ergibt sich aus der Überle-

gung, daß weder kommutative noch assoziative Transformationen die
Zahl der Operatoren in E reduzieren. Aus Lemma 6.1 bis 6.4 ergibt
sich, daß der optimale Code für E jetzt dem von CODE2 erzeugten Code
entpricht, wenn man als Eingabe einen Baum aus J verwendet, bei dem
die Summe der Majoritäts- und Minoritätsknoten minimal ist. Hat E
kommutative, aber keine assoziativen Operatoren, dann erhält man
leicht einen solchen Baum von irgendeinem Ausdrucksbaum T für E.
Kommutativität erlaubt lediglich das Vertauschen von linkem und rechtem Operanden bei einem kommutativen Operator. Die Summe aus Majori-
täts- und Minoritätsknoten ist minimal, falls jeder linke Sohn eines
kommutativen Operators ein interner Knoten ist (es sei denn, beide
Söhne sind Endknoten). Also können wir für jeden beliebigen Baum T
einen optimalen Baum T' für CODE2 erhalten, indem wir einfach alle
internen Knoten mit genau einem linken Sohn untersuchen und diesen
zum rechten Sohn machen, falls der Operator des Vaters kommutativ
ist (siehe Übungen). In den Übungen werden Algorithmen für den Fall
entwickelt, daß E kommutative und assoziative Operatoren enthält.

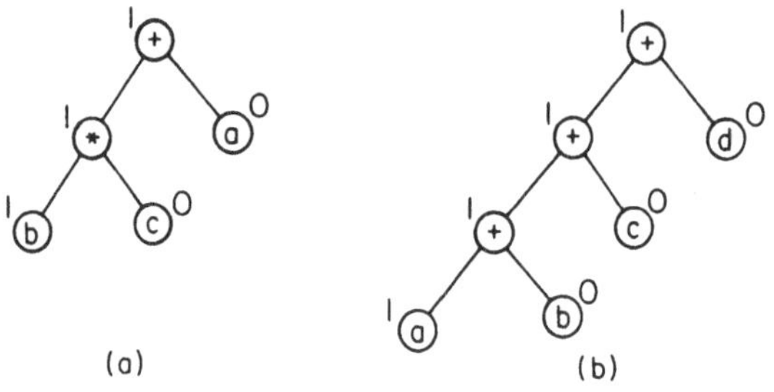

(a)   (b)

Abbildung 6.18   Äquivalente Bäume zu den Bäumen (ii) und (iv) aus Abb.6.16

Läßt man die Annahme beiseite, daß der linke und rechte Operand
eines Operators unabhängig voneinander berechnet werden müssen, dann
wird der zu einem Ausdruck gehörende "Ausdrucksbaum" zu einem Graph
(da der Ausdruck unter Umständen gemeinsame Teilausdrücke enthält).
Die Erzeugung von optimalem Code für Ausdrücke mit gemeinsamen Teilausdrücken ist rechnerisch sehr schwierig. Das Problem ist "NP -

schwierig" (siehe Kapitel 11). Tatsächlich ist bereits die Ermittlung von MR(E) NP-schwierig. Diese Komplexitätsänderung beim Wechsel von einem Baum zu einem Graph ist für viele Optimierungsprobleme typisch. Probleme, die mit Bäumen gut lösbar sind, werden mit Graphen oft sehr schwierig.

6.3 UND/ODER - GRAPHEN

Viele komplexe Probleme kann man in eine Reihe von Teilproblemen zerlegen, so daß die Lösung aller oder einiger dieser Teilprobleme die Lösung des ursprünglichen Problems liefern. Diese Teilprobleme können in weitere Teilprobleme zerlegt werden usw., so lange bis die übrig bleibenden Probleme genügend einfach sind und deren Lösung trivial ist. Dieses Zergliedern eines komplexen Problems in mehrere Teilprobleme kann man durch eine einem gerichteten Graph ähnliche Struktur darstellen, in welcher die Knoten die Probleme und die Nachfolger eines Knotens die zugehörigen Teilprobleme repräsentieren. So zeigt z.B. der Graph in Abb. 6.19(a) ein Problem A, welches gelöst werden kann, indem man entweder die Teilprobleme B und C beide zusammen oder die Teilprobleme D oder E einzeln löst. Gruppen von Teilproblemen, deren Lösungen zur Lösung des Vaterknotens erforderlich sind, werden durch einen Bogen verbunden, der über die entsprechenden Kanten führt (so führt z.B. ein Bogen über die Kanten <A, B> und <A, C>). Durch die Einführung von Scheinknoten (Abb. 6.19(b)) kann man erreichen, daß man bei allen Knoten entweder die Probleme aller Nachfolger oder nur das Problem eines einzigen Nachfolgers lösen muß. Knoten vom ersten Typ nennen wir "UND - Knoten", Knoten vom zweiten Typ "ODER - Knoten". Die Knoten A und A" in Abb. 6.19(b) sind ODER - Knoten, während A' ein UND - Knoten ist. Wir zeichnen bei UND - Knoten einen Bogen über alle Kanten, die von ihm ausgehen. Knoten ohne Nachfolger nennen wir End- oder Terminalknoten. Diese stellen einfache Probleme dar und werden als "lösbar" oder "unlösbar" markiert. Lösbare Endknoten zeichnen wir als Rechtecke. Als Beispiel betrachten wir das Problem der wöchentlichen Wäsche. Abb. 6.20 zeigt einen möglichen UND/ODER - Graph, der für dieses Problem tatsächlich ein Baum ist. Das ursprüngliche Problem wird in fünf Teilprobleme zergliedert: Wäsche sammeln, waschen, trocknen, bügeln, einräumen. Um die gesamte Aufgabe zu lösen, muß jede dieser Tätigkeiten ausgeführt werden. Das Waschen kann entweder mit der Hand oder mit der Maschine geschehen. Der Knoten, der stellvertretend für das

Waschen mit der Hand steht, hat keine Nachfolger und ist auch kein
viereckiger Knoten. Daher ist das Waschen mit der Hand bei diesem
Graph nicht möglich. Die Mehrheit der Leser wird wohl der Meinung
sein, daß das Problem "Wäsche waschen" so einfach ist, daß man zu
seiner Lösung keinen UND/ODER - Baum wie in Abb. 6.20 benötigt; es
gibt jedoch eine ganze Reihe anderer Probleme, für welche das nicht
zutrifft. Das Zergliedern eines Problems in mehrere Teilprobleme
nennt man auch Problemreduktion. Diese Methode wendet man z.B. bei
Problemen wie dem Beweisen von Theoremen, der symbolischen Integra-
tion oder der Analyse industrieller Zeitpläne an.

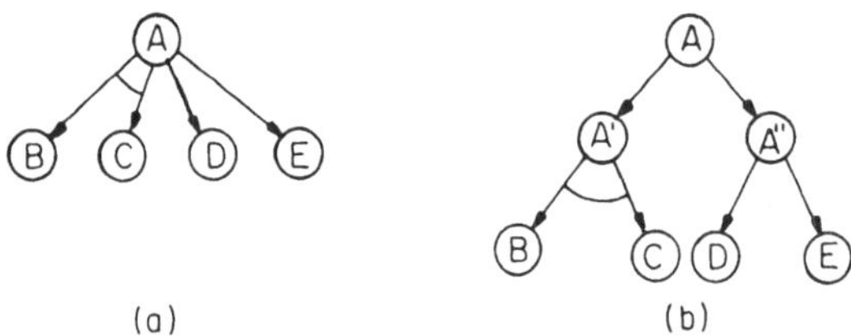

Abbildung 6.19   Graphen zur Darstellung von Problemen

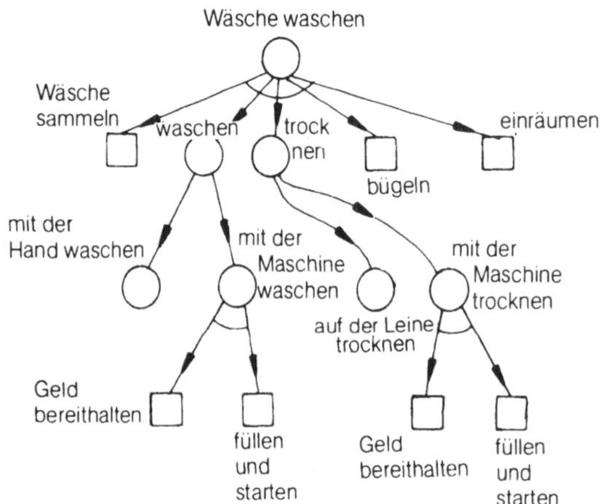

Abbildung 6.20   UND/ODER Graph zum Problem "Wäsche waschen"

Bei der Problemreduktion kann es vorkommen, daß zwei verschiedene Probleme ein gemeinsames Teilproblem erzeugen. In diesem Fall kann
es wünschenswert sein, nur einen Knoten zu haben, der dieses Teilproblem repräsentiert (daraus würde sich ergeben, daß das Teilproblem
nur einmal gelöst werden muß). Abb. 6.21 zeigt einen UND/ODER -
Graph, für den dies zutrifft. Man beachte, daß dieser Graph kein

Baum mehr ist. Außerdem können solche Graphen gerichtete Kreise
haben wie in Abb. 6.21(b). Allein aus der Anwesenheit eines solchen
Kreises ergibt sich nicht die Unlösbarkeit des Problems. Ganz im
Gegenteil: Problem A aus Abb. 6.21(b) kann gelöst werden, indem die
einfachen Probleme G, H und I gelöst werden. Dies führt zur Lösung
von D und E und damit von B und C. Ein Lösungsgraph ist ein Teilgraph, der aus lösbaren Knoten besteht und zeigt, daß das Problem
gelöst ist. Die Lösungsgraphen für die Graphen aus Abb. 6.21 sind
durch fett gezeichnete Kanten dargestellt.

Zuerst wollen wir uns damit befassen, wie man feststellt, ob ein
vorgegebener UND/ODER - Baum ein lösbares Problem darstellt (die
Ausdehnung auf Graphen ist dem Leser zur Übung überlassen). Natürlich können wir entscheiden, ob ein Problem lösbar ist oder nicht.
Dazu führen wir im UND/ODER - Baum einen postorder Durchlauf aus.
Der Algorithmus ist eine einfache Erweiterung des in Abschnitt 6.1
besprochenen Algorithmus und erscheint als Algorithmus 6.12. Anstatt alle Nachfolger eines Knotens auszuwerten, terminiert der Algorithmus, sobald er entdeckt hat, daß ein Knoten entweder unlösbar (Zeile 6) oder lösbar (Zeile 13) ist. Dadurch wird die vom Algorithmus verrichtete Arbeit reduziert, ohne das Ergebnis zu beeinflussen. Im Abschnitt 6.4 wird der postorder Algorithmus in ähnli-
cher Weise verändert, um eine Alpha - Beta - Suche zu implementieren (diese wird in Abschnitt 6.4 definiert). Der Algorithmus LÖSEN
kann leicht so abgeändert werden, daß er einen Lösungsteilbaum
identifiziert.

```
Zeile   procedure LÖSEN(T)
            //T ist ein UND/ODER Baum mit Wurzel T. T ≠ 0. Ist das//
            //Problem lösbar, dann liefert der Algorithmus 1 zurück,//
            //sonst 0.//
1           case
2             :T ist Endknoten: if T ist lösbar then return (1)
3                                                else return (0)
4                           endif
5             :T ist UND-Knoten: for jeden Sohn S von T do
6                               if LÖSEN(S) = 0 then return (0)
7                               endif
8                               repeat
9                               return(1)
10            :else: for jeden Sohn S von T do    //ODER - Knoten//
11                       if LÖSEN(S) = 1 then return (1) endif
```

```
12              repeat
13              return (0)
14         endcase
15      end LÖSEN
```

<u>Algorithmus 6.12</u> Algorithmus zur Entscheidung, ob der UND/ODER
Baum T lösbar ist.

Oft steht der einem gegebenen Problem entsprechende UND/ODER -
Baum nur implizit zur Verfügung. Gegeben ist eine Funktion F, die
alle Söhne eines bereits erzeugten Knotens generiert. In diesem Fall
müssen wir, ausgehend vom Wurzelknoten, einen Lösungsbaum für das
Problem ermitteln (falls einer existiert). Die Knoten des Baumes
können entweder nach der Methode "Zuerst in die Breite gehen" oder
nach der Methode "Zuerst in die Tiefe gehen" erzeugt werden. Da ein
UND/ODER-Baum eine unendliche Tiefe haben kann, kann es vorkommen,
daß bei der Erzeugung des Baumes nach der Methode "Zuerst in die
Tiefe gehen" die Knoten auf einem unendlichen von der Wurzel ausgehenden Weg erzeugt werden und man niemals einen Lösungsteilbaum erhält (selbst wenn einer existiert). Dies kann vermieden werden, indem man sich bei der Suche auf die Erzeugung eines UND/ODER - Baumes
einer gewissen Tiefe d beschränkt. Nichtterminale Knoten der Tiefe d

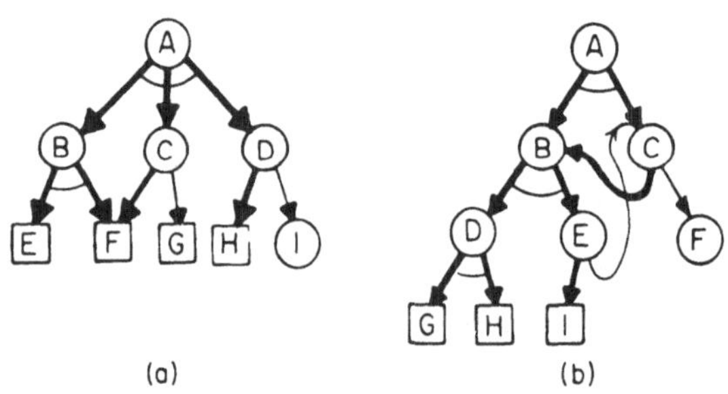

<u>Abbildung 6.21</u> Zwei UND/ODER
Graphen, die keine Bäume sind

werden als "unlösbar" markiert. In diesem Fall wird mit der Methode
"Zuerst in die Tiefe gehen" mit Sicherheit ein Lösungsteilbaum gefunden, vorausgesetzt es gibt einen solchen mit einer Tiefe $\leq$ d.
Die Suche (oder Erzeugung) nach der Methode "Zuerst in die Breite
gehen" leidet nicht unter diesem Nachteil. Da jeder Knoten nur eine
endliche Zahl von Nachfolgern haben kann, kann es auf keiner Stufe

des UND/ODER - Baumes eine unendliche Zahl von Knoten geben. Also findet man nach dieser Methode mit Sicherheit einen Lösungsteilbaum, falls einer existiert. Außerdem würde man mit solch einer Prozedur einen Lösungsteilbaum mit minimaler Tiefe erzeugen.

Der Algorithmus BFGEN(T, F) (Generieren eines BF-Baumes) erzeugt einen Lösungsbaum (falls einer existiert) nach der Methode "Zuerst in die Breite gehen" zu dem UND/ODER - Baum, den man erhält, wenn man die Nachfolgererzeugungsfunktion F beginnend mit Knoten T anwendet. Falls kein Lösungsteilbaum existiert, gelangt BFGEN unter Umständen zu keinem Ende. Dieser Fall tritt nur dann ein, wenn der UND/ODER - Baum unendliche Tiefe hat. Begrenzt man die Tiefe des gewünschten Lösungsbaumes, dann terminiert der Algorithmus. BFGEN benutzt einen Unteralgorithmus LÖSEN1(T); dieser ist dem Algorithmus LÖSEN ähnlich. Er führt in dem teilweise erzeugten UND/ODER-Baum einen postorder Durchlauf aus und markiert die Knoten als "lösbar", "unlösbar" oder "vielleicht lösbar". Da T kein vollständiger UND/ODER - Baum ist, hat er drei Arten von Endknoten: die erste Sorte sind nichtterminale Endknoten. Es handelt sich um unerforschte Knoten, die lösbar oder unlösbar sein können. Die anderen beiden Arten sind terminale Endknoten, welche bereits als "lösbar" bzw. "unlösbar" markiert sind. Ist ein Knoten, der kein Endknoten ist, ein UND - Knoten, dann ist er unlösbar, falls irgendeiner seiner Nachfolger unlösbar ist. Ein entsprechender ODER - Knoten ist lösbar, wenn er mindestens einen Nachfolger hat, der als "lösbar" markiert ist. Alle unlösbaren Knoten können aus T entfernt werden (Zeile 7). Außerdem muß keiner der Nachfolger eines unlösbaren Knotens P erforscht werden, da P auch dann nicht gelöst werden kann, wenn ein Nachfolger lösbar ist. In Zeile 9 werden alle unerforschten Nachfolger von P aus der Schlange entfernt. Ist ein Knoten bereits gelöst, dann müssen dessen Nachfolger ebenfalls nicht weiter erforscht werden (Zeile 9). Man kann leicht zeigen, daß BFGEN einen Lösungsbaum ermittelt, falls es einen solchen gibt, der (T, F) entspricht. Ist solch ein Baum gefunden, dann zeigt T auf dessen Wurzel, und der Baum kann einige lösbare Endknoten haben, die zur Lösung des Gesamtproblems nicht gelöst werden müssen. Bei nochmaligem Durchmustern von T können diese äußeren Knoten entfernt werden.

```
Zeile   procedure BFGEN(T, F)
            //F erzeugt die Nachfolger von Knoten in T; T ist der //
            //Wurzelknoten. Nach Beendigung ist T die Wurzel des Lö-//
            //sungsteilbaumes, falls einer existiert.//
  1         initialisiere Q als leere Schlange; V ← T
  2         loop
  3             erzeuge mit Hilfe von F die Nachfolger von V  //erfor-//
                                                              //sche V//
  4             if V hat keine Nachfolger then markiere V als "unlösbar"
                                       else (i) füge alle Nachfolger
                                                von V, die keine End-
                                                knoten sind, in Q ein
                                                und markiere die End-
                                                knoten als "lösbar"
                                                oder "unlösbar".
                                           (ii) füge alle Nachfolger
                                                von V zum Baum T hin-
                                                zu
  5         endif
  6         call LÖSEN1(T)
  7         entferne aus T alle Knoten, welche als "unlösbar" mar-
                kiert sind
  8         if der Wurzelknoten T ist als "lösbar" markiert then
                return (T) endif
  9         entferne aus Q alle Knoten, welche in T einen Vorfahren
                hatten oder haben, der als "unlösbar" oder "lösbar" mar-
                kiert ist.
 10         if Q ist leer then stop   //keine Lösung//  endif
 11         entferne den ersten Knoten aus Q; dieser sei V
 12         repeat
 13      end BFGEN
```

Algorithmus 6.13   Die Erzeugung eines Lösungsbaumes nach der
                Methode "Zuerst in die Breite gehen"

In den Übungen werden UND/ODER - Graphen und -Bäume noch weiter untersucht. Wir werden uns in Kapitel 11 noch näher mit UND/ODER - Bäumen und -Graphen befassen.

<u>6.4 SPIELBÄUME</u>

Bäume finden eine interessante Anwendung bei Spielen wie z.B.
tic-tac-toe, Schach, Dame oder NIM. Letzteres wollen wir als Beispiel betrachten. Es wird von zwei Spielern A und B gespielt. Das
Spiel selbst besteht aus einem Brett mit einem Haufen aus n Zahn-
stochern. Die Spieler A und B machen abwechselnd Züge, A macht den
ersten Zug. Ein <u>erlaubter Zug</u> besteht darin, 1, 2 oder 3 Zahnstocher
vom Haufen zu entfernen. Jedoch kann ein Spieler nicht mehr Zahnstocher entfernen, als auf dem Haufen vorhanden sind. Wer den letzten Zahnstocher wegnimmt, hat verloren, der andere gewonnen. Die
<u>Brettkonfiguration</u> ist zu einem beliebigen Zeitpunkt durch die Zahl
der noch im Haufen befindlichen Zahnstocher vollständig beschrieben. Der Zustand des Spiels ist zu jedem beliebigen Zeitpunkt durch
die Brettkonfiguration und die Angabe des Spielers, der den nächsten
Zug macht, definiert. Eine <u>terminale Brettkonfiguration</u> ist entweder
"gewonnen" oder "verloren" oder "unentschieden"; alle anderen Konfigurationen heißen <u>nichtterminal</u>. Beim NIM - Spiel gibt es nur
eine terminale Konfiguration: der Haufen ist leer. Diese Konfiguration entspricht einem Sieg von Spieler A, falls B den letzten Zug
gemacht hat, ansonsten einem Sieg von B. Das NIM - Spiel kann nicht
mit einem Unentschieden enden.

Eine Folge $C_1, \ldots, C_m$ von Brettkonfigurationen nennen wir <u>gül-
tig</u>, falls folgendes gilt:

   (i) C_1 ist die Anfangskonfiguration des Spiels;
  (ii) C_i ist für $0 < i < m$ eine nichtterminale Konfiguration
(iii)   man erhält C_{i+1} aus C_i durch einen erlaubten Zug von Spie-
        ler A, falls i ungerade ist, und einen Zug von Spieler B,
        falls i gerade ist. Wir nehmen an, daß es nur endlich vie-
        le erlaubte Züge gibt.

Eine gültige Folge $C_1, \ldots, C_m$ von Brettkonfigurationen mit C_m
als terminaler Konfiguration ist ein <u>Beispiel</u> für das Spiel. Die
Länge der Folge $C_1, C_2, \ldots, C_m$ ist m. Ein <u>endliches Spiel</u>, bei dem
keine gültigen Folgen mit unendlicher Länge vorkommen. Alle möglichen Beispiele für ein endliches Spiel können durch einen <u>Spiel-
baum</u> dargestellt werden. Der Baum in Abb. 6.22 ist der Spielbaum
für das NIM - Spiel im Falle n = 6. Jeder Knoten des Baumes stellt
eine Brettkonfiguration dar. Der Wurzelknoten repräsentiert die
Startkonfiguration C_1. Übergänge von einer Stufe zur anderen wer-

den durch einen Zug von A oder B vollzogen. Übergänge, die von einer
ungeraden Stufennummer ausgehen, stellen Züge von A dar. Alle anderen Übergänge sind Ergebnisse von Zügen von B. Viereckige Knoten
stellen in Abb. 6.22 Brettkonfigurationen dar, die auf einen Zug von
A zurückgehen. Runde Knoten wurden für andere Konfigurationen verwendet. Die Kanten, welche von Knoten der Stufe 1 zu solchen der
Stufe 2 bzw. von Knoten der Stufe 2 zu solchen der Stufe 3 führen,
wurden so markiert, daß sie den Zug von A bzw. B angeben (z.B. bedeutet eine Kante mit der Marke 1, daß 1 Zahnstocher entfernt wird).
Man kann leicht die Markierungen der restlichen Kanten des Baumes
errechnen. Terminale Konfigurationen werden durch Endknoten dargestellt. Diese sind mit dem Namen des Spielers markiert, der gewonnen
hat, wenn diese Konfiguration erreicht worden ist. Das NIM - Spiel
ist so strukturiert, daß Spieler A nur bei Endknoten mit ungerader
Stufennummer gewinnen kann, während B nur bei Endknoten mit gerader
Stufennummer Sieger wird. Der Grad eines beliebigen Knotens in einem
Spielbaum ist höchstens gleich der Anzahl verschiedener erlaubter
Züge. Beim NIM - Spiel gibt es höchstens drei erlaubte Züge in jeder beliebigen Konfiguration. Die Anzahl erlaubter Züge in einer be-
liebigen Konfiguration ist per Definition endlich. Die _Tiefe_ eines
Spielbaumes ist die Länge des längsten Beispiels für das Spiel. Die
Tiefe des Spielbaumes in Abb. 6.22 ist 7. Also gibt es bei diesem
Spiel vom Anfang bis zum Ende höchstens 6 Züge. Man kann sich leicht
vorstellen, wie ähnliche Spielbäume für andere endliche Spiele, wie
z.B. Schach oder tic-tac-toe, aufgebaut werden können. (Genau genommen ist Schach kein endliches Spiel, da Brettkonfigurationen im
Spiel wiederholt werden können. Verbietet man diese Möglichkeit,
dann kann man Schach als endliches Spiel ansehen. Man könnte z.B.
die Wiederholung einer Brettkonfiguration als "Unentschieden" definieren).

Nachdem wir nun wissen, was ein Spielbaum ist, stellt sich als
nächstes die Frage, wozu man Spielbäume verwenden kann. An Hand von
Spielbäumen kann man entscheiden, welchen Zug der Spieler als nächstes machen sollte. Beginnend mit der Anfangskonfiguration, die
durch die Wurzel in Abb. 6.22 dargestellt wird, muß Spieler A sich
für einen von drei möglichen Zügen entscheiden. Welchen Zug soll er
machen? Wenn Spieler A gewinnen will, sollte er denjenigen Zug machen, der seine Gewinnchancen maximiert. Bei dem einfachen Baum in
Abb. 6.22 ist es nicht allzu schwierig, diesen Zug zu ermitteln.
Wir können eine Auswertungsfunktion $E(X)$ benutzen, welche der Brett-

konfiguration X einen Zahlenwert zuweist. Diese Funktion ist ein Maß
dafür, welchen Wert die Konfiguration X für den Spieler A hat. E(X)
hat einen hohen Wert für eine Konfiguration, die für A gute Gewinnchancen bietet, und einen niedrigen Wert für eine Konfiguration, die
für A beträchtliche Verlustchancen bietet. E(X) hat einen maximalen
Wert für Konfigurationen, die entweder terminale Gewinnkonfigura-
tionen für A sind oder für Konfigurationen, die für A eine Gewinngarantie bieten, und zwar unabhängig von B's Gegenzügen. E(X) hat
einen minimalen Wert für Konfigurationen, die B eine Gewinngarantie
bieten.

Bei einem NIM - Spiel, dessen Spielbaum aus sehr wenigen Knoten
besteht (n = 6), genügt es, E(X) nur für terminale Konfigurationen
zu definieren. Wir könnten E(X) folgendermaßen definieren:

$$E(X) = \begin{cases} 1 & \text{falls X eine Gewinnkonfiguration für A ist} \\ -1 & \text{falls X eine Verlustkonfiguration für A ist} \end{cases}$$

Mit Hilfe dieser Auswertungsfunktion wollen wir feststellen,
in welche der Konfigurationen b, c, d Spieler A das Spiel bringen
sollte. Natürlich wird der größte Wert unter $\{V(b), V(c), V(d)\}$ gewählt, wobei V(x) der Wert der Konfiguration x ist. Bei Endknoten
wird V(x) gleich E(x) gesetzt. Für alle anderen Knoten x sei $d \geq 1$
der Grad von x; es seien c_1, c_2, ..., c_d die Konfigurationen, die
durch die Nachfolger von x dargestellt werden. Dann ist V(x) wie
folgt definiert:

$$V(x) = \begin{cases} \max_{1 \leq i \leq d} \{V(c_i)\} & \text{falls x ein viereckiger Knoten ist} \\ \min_{1 \leq i \leq d} \{V(c_i)\} & \text{falls x ein runder Knoten ist} \end{cases} \tag{6.1}$$

Formel 6.1 ist einfach zu begründen. Ist x ein viereckiger Knoten, dann befindet er sich auf einer Stufe mit ungerader Nummer. A
muß dann den nächsten Zug machen, falls im Spiel jemals dieser Knoten erreicht wird. Da A gewinnen möchte, wird er zu einem Nachfolgerknoten mit maximalem Wert gehen. Ist x ein runder Knoten, dann muß er
sich auf einer Stufe mit gerader Nummer befinden. Wird im Spiel dieser Knoten einmal erreicht, dann ist B am Zug. Da B das Spiel natürlich selbst gewinnen möchte, wird er (von Fehlern abgesehen) einen
Zug machen, der die Gewinnchancen von A minimiert. In diesem Fall

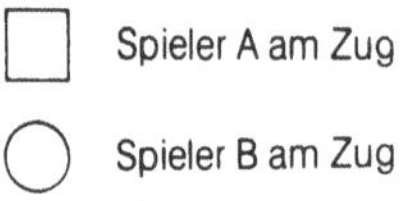

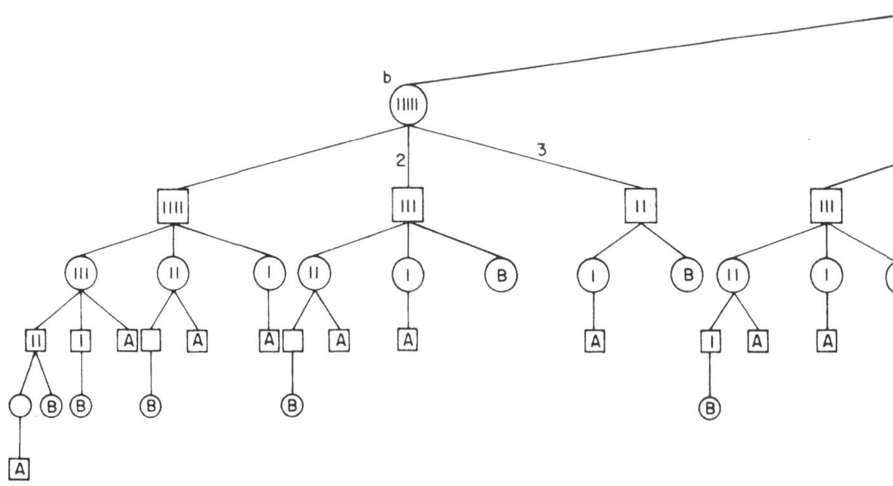

Abbildung 6.22   Vollständiger Spielbaum für das NIM-Spiel mit n = 6

wird die nächste Konfiguration $\min_{1 \leq i \leq d}\{V(c_i)\}$ sein. In Gleichung 6.1 ist die Minimax - Prozedur definiert, welche den Wert der Konfiguration x ermittelt.

In Abb. 6.23 wird dies an einem hypothetischen Spiel erläutert. P_{11} stellt eine beliebige Brettkonfiguration dar, von der aus A einen Zug machen muß. Die Werte der Endknoten erhält man durch Anwendung der Funktion E(x). Den Wert von P_{11} erhält man, indem man mit den Knoten auf Stufe 4 beginnt und deren Werte mit Hilfe von Gleichung (6.1) errechnet. Da Stufe 4 nur runde Knoten enthält, ermittelt man alle unbekannten Werte auf dieser Stufe, indem man das Minimum der Nachfolgerwerte nimmt. Als nächstes berechnet man die Werte der Stufen 3, 2 und 1 in dieser Reihenfolge. Für P_{11} ergibt sich der Wert 3. Das bedeutet, daß A bestenfalls eine Konfiguration mit Wert 3 erreichen kann. Es gibt zwar einige Knoten, deren Wert größer als 3 ist, diese werden aber nicht erreicht, da die Gegenzüge von B dies nicht zulassen (unter der Annahme, daß B's Gegenzüge im Hinblick auf A's Auswertungsfunktion optimal sind). Würde z.B. A einen Zug nach P_{21} machen in der Hoffnung, das Spiel bei P_{31} zu gewinnen, dann würde A in der Tat überrascht sein, daß B nach P_{32} geht und damit gewinnt. Bei gegebener Auswertungsfunktion von A und dem Spielbaum aus Abb. 6.23 ist der beste Zug für A derjenige zur Konfiguration P_{22}. Nach diesem

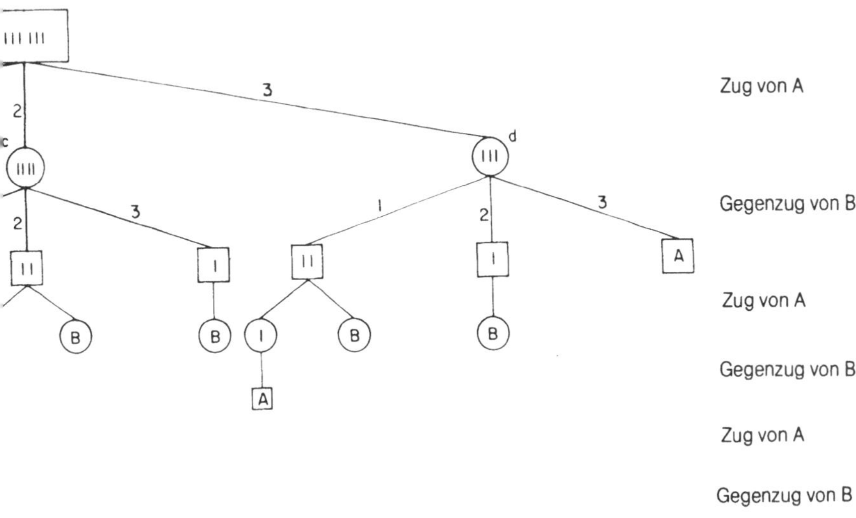

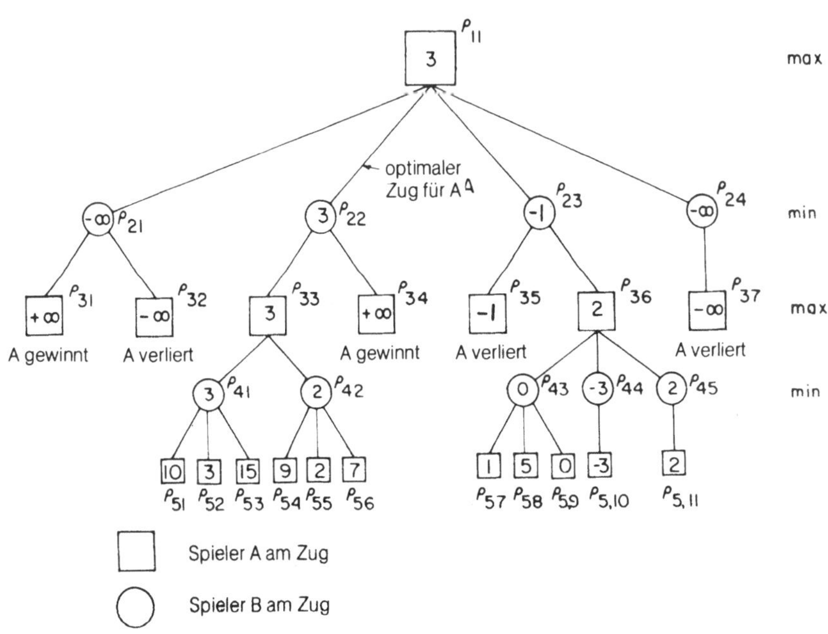

Abbildung 6.23 Teil eines Spielbaumes für ein hypothetisches Spiel. Den Wert der Endknoten erhält man durch die Auswertungsfunktion E(x) für Spieler A.

Zug kann das Spiel unter Umständen noch nicht die Konfiguration P_{52} erreichen, da B im allgemeinen eine andere Auswertungsfunktion benutzen wird, welche zu verschiedenen Brettkonfigurationen andere Werte liefern kann. In jedem Fall kann man mit Hilfe der Minimax-Prozedur den für einen Spieler besten Zug ermitteln, wenn seine Auswertungsfunktion gegeben ist. Wenn wir die Minimax-Prozedur auf den Spielbaum des NIM - Spieles (Abb. 6.22) anwenden, stellen wir fest, daß der Wert des Wurzelknotens $V(a) = 1$ ist. Nun war $E(X)$ für dieses Spiel so definiert, daß $E(X) = 1$ ist genau dann, wenn A mit Sicherheit gewinnt; dies bedeutet, daß A unabhängig von B's Gegenzügen gewinnen wird, wenn er den optimalen Zug von Knoten a aus macht. Dieser optimale Zug führt zu Knoten b. Wie man leicht zeigen kann, gewinnt A von b aus das Spiel unabhängig von B's Gegenzügen.

Bei Spielen wie dem NIM - Spiel mit $n = 6$ sind die Spielbäume genügend klein, so daß man den gesamten Baum erzeugen kann. Damit ist es einfach festzustellen, ob das Spiel eine Gewinnstrategie hat oder nicht. Außerdem kann man bei solchen Spielen eine Entscheidung über den nächsten Zug treffen, indem man den ganzen Baum bis zu den Endkonfigurationen überblickt. Spiele dieser Art sind nicht besonders interessant, denn der Ausgang des Spiels liegt von vornherein fest, falls die Spieler keine Fehler machen; beide Spieler sollten ähnliche Auswertungsfunktionen verwenden, d.h. $E_A(X) = 1$, falls X eine Gewinnkonfiguration ist, und $E_A(X) = -1$, falls X eine Verlierkonfiguration ist; B wählt dann $E_B(X) = -E_A(X)$.

Interessanter sind Spiele wie Schach, bei denen der Spielbaum zu groß ist, um ihn vollständig zu erzeugen. Man schätzt, daß der Spielbaum für Schach mehr als 10^{100} Knoten hat. Selbst wenn man einen Rechner verwendet, der pro Sekunde 10^{11} Knoten erzeugen kann, würde man zur vollständigen Erzeugung des Spielbaumes für Schach 10^{80} Jahre brauchen. Bei Spielen mit großen Spielbäumen kann man die Entscheidung über den nächsten Zug nur treffen, indem man sich einige der nächsten Stufen des Baumes ansieht. Mit Hilfe der Auswertungsfunktion $E(X)$ erhält man die Werte der Endknoten des erzeugten Teilbaumes; dann kann Gleichung (6.1) angewendet werden, um die Werte der restlichen Knoten zu ermitteln und damit den nächsten Zug zu bestimmen. Bei einem Spiel wie Schach kann es möglich sein, daß man nur wenige Stufen (z.B. 6) des Baumes erzeugen kann. In solchen Situationen werden sowohl die Qualität des sich daraus ergebenden Spiels als auch dessen Ausgang von der Güte der von beiden Spielern verwendeten Auswertungsfunktionen und von der Güte des Algorithmus abhängen, den man zur Bestimmung von $V(x)$ (Minimax) für die aktuelle

Spielkonfiguration benutzt. Durch die Effizienz dieses Algorithmus
ist die Anzahl der Knoten des erzeugbaren Suchbaumes begrenzt und
damit auch die Qualität des Spiels.

Nehmen wir an, Spieler A sei ein Rechner; wir wollen einen Al-
gorithmus schreiben, den A zur Berechnung von V(X) verwenden kann.
Natürlich kann diese Prozedur auch zur Bestimmung des nächsten Zuges
von A benutzt werden. Eine ziemlich einfache rekursive Prozedur zur
Auswertung von V(X) mit Hilfe von Minimax erhält man, wenn man die
Definition von Minimax folgendermaßen umformt:

$$
V'(X) = \begin{cases}
e(X) & \text{falls X ein Endknoten des erzeugten} \\
& \text{Teilbaumes ist} \\
\max_{1 \le i \le d} \{-V'(c_i)\} & \text{falls X kein Endknoten des erzeugten} \\
& \text{Teilbaumes ist und } C_i, \ 1 \le i \le d \text{ die} \\
& \text{Nachfolger von X sind.}
\end{cases}
$$

wobei $e(X) = E(X)$, falls X eine Position ist, von der aus A am
Zug ist, und $e(X) = - E(X)$ in allen anderen Fällen ist.

Ausgehend von einer Konfiguration X, von der aus A am Zug ist,
kann man leicht nachweisen, daß Gleichung (6.2) $V'(X) = V(X)$ wie
durch Gleichung (6.1) gegeben berechnet. Tatsächlich sind die Werte
aller Knoten, die auf Stufen liegen, auf denen A am Zug ist, die
gleichen, die durch Gleichung (6.1) gegeben sind, während die Werte
auf den anderen Stufen den negativen Werten aus Gleichung (6.1) entsprechen.

Die rekursive Prozedur zur Auswertung von $V'(X)$ nach Gleichung
(6.2) ist VE(X, 1). Dieser Algorithmus wertet $V'(X)$ aus, indem er
lediglich 1 Stufen des Spielbaumes mit Wurzel X erzeugt.
Wie man leicht nachweist, durchläuft dieser Algorithmus den gewünschten Teilbaum des Spielbaumes nach der postorder - Methode.
Diese Methode muß angewendet werden, da der Wert eines Knotens nur
ermittelt werden kann, nachdem die Werte seiner Nachfolger bestimmt
worden sind.

<u>procedure</u> VE(X, 1)

  //berechne V'(X) durch eine Vorausschau von höchstens 1 Zügen.//
  //e(X) ist die Auswertungsfunktion für Spieler A. Der Einfachheit//
  //halber wird angenommen, daß die erlaubten Züge nur einen Über-//
  //gang zu den Konfigurationen C_1, C_2, ..., C_d zulassen, wenn man//
  //bei einer beliebigen Brettkonfiguration X, die keine terminale//
  //Konfiguration ist, beginnt.//
  <u>if</u> X ist terminal <u>or</u> 1 = 0 <u>then</u> <u>return</u> e(X) <u>endif</u>
  a ← - VE(C_1, 1 - 1)   //durchlaufe den ersten Teilbaum//
  <u>for</u> i ← 2 <u>to</u> d <u>do</u>   //durchlaufe die restlichen Teilbäume//
     a ← <u>max</u>(a, - VE(C_i, 1 - 1))
  <u>repeat</u>
  <u>return</u> (a)
<u>end</u> VE

<u>Algorithmus 6.14</u>   Postorder Auswertung eines Spielbaumes

Ein Erstaufruf von VE mit X = P_{11} und 1 = 4 für das hypothetische
Spiel aus Abb. 6.23 führt zur Erzeugung des vollständigen Spielbaumes. Die Werte verschiedener Konfigurationen werden in der Reihenfolge P_{31}, P_{32}, P_{21}, P_{51}, P_{52}, P_{53}, P_{41}, P_{54}, P_{55}, P_{56}, P_{42}, P_{33},
..., P_{37}, P_{24}, P_{11} bestimmt. Es ist relativ einfach, einige heuristische Methoden in den Algorithmus VE mit aufzunehmen, die im allgemeinen dazu führen, daß nur ein Teil der möglichen Konfigurationen
erzeugt wird und dennoch V'(X) exakt berechnet wird.

Betrachten wir dazu den Spielbaum aus Abb. 6.23. Nachdem $V(P_{41})$
berechnet worden ist, weiß man, daß $V(P_{33})$ mindestens $V(P_{41})$ = 3 ist.
Ist als nächstes $V(P_{55})$ als 2 bestimmt, dann wissen wir, daß $V(P_{42})$
höchstens 2 ist. Da P_{33} eine Max - Position ist, kann $V(P_{42})$ sich
nicht auf $V(P_{33})$ auswirken. Ungeachtet der Werte der restlichen Nachfolger von P_{42} ist der Wert von P_{33} nicht durch $V(P_{42})$ bestimmt, da
$V(P_{42})$ nicht größer als $V(P_{41})$ sein kann. Diese Beobachtung kann man
etwas formaler in folgender Regel ausdrücken: Der <u>Alpha - Wert</u> einer
Max - Position ist definiert als der kleinste mögliche Wert für diese Position. Wird der Wert einer Min - Position als kleiner oder
gleich dem Alpha - Wert ihres Vorgängers ermittelt, dann kann man mit
der Erzeugung der restlichen Nachfolger dieser Min - Position aufhören. Die Beendigung der Knotenerzeugung nach dieser Regel nennt man
<u>Alpha - Schnitt</u> (alpha cutoff). Nachdem $V(P_{41})$ in Abb. 6.23 bestimmt

worden ist, nimmt der Alpha - Wert von P_{33} den Wert 3 an. Aus
$V(P_{55}) \leq$ Alpha - Wert von P_{33} ergibt sich, daß P_{56} nicht erzeugt
werden muß.

Für Min - Positionen kann man eine entsprechende Regel definieren. Der <u>Beta - Wert</u> einer Min - Position ist der größte für diese
Position mögliche Wert. Stellt sich bei der Berechnung heraus, daß
der Wert einer Max - Position größer oder gleich dem Beta - Wert
ihres Vorgängers ist, dann kann man mit der Erzeugung der restlichen
Nachfolger dieser Max - Position aufhören. Die Beendigung der Knotenerzeugung nach dieser Regel nennt man <u>Beta - Schnitt</u> (beta cut-
off). Nachdem $V(P_{35})$ in Abb. 6.23 ermittelt worden ist, wird der
Beta - Wert von P_{23} -1. Die Erzeugung von P_{57}, P_{58}, P_{59} liefert
$V(P_{43}) = 0$. Also ist $V(P_{43})$ größer oder gleich dem Beta - Wert von
P_{23}, und die Erzeugung der restlichen Nachfolger von P_{36} kann eingestellt werden. Die Kombination der beiden oben formulierten Regeln
nennt man Alpha - Beta - Schnitt. Wendet man diese Methode in Abb. 6.23
an, so wird der Teilbaum mit der Wurzel P_{36} überhaupt nicht erzeugt.
Dies ist deshalb so, da der Alpha - Wert von P_{11} gleich 3 ist, wenn
der Wert von P_{27} bestimmt wird. $V(P_{35})$ ist kleiner als der Alpha -
Wert von P_{11}, daher findet ein Alpha - Schnitt statt. Es sei nochmals betont, daß der Alpha- oder Beta - Wert eines Knotens eine dynamische Größe ist. Der Wert hängt zu beliebigem Zeitpunkt während
der Erzeugung des Spielbaumes davon ab, welche Knoten bis dahin erzeugt und ausgewertet worden sind.

Will man den Alpha - Beta - Schnitt in den Algorithmus VE aufnehmen, dann muß man diese Regel bzgl. der durch Gleichung (6.2) definierten Werte neu formulieren. Nach Gleichung (6.2) sind alle Positionen Max - Positionen, da die Werte der Min - Positionen von
Gleichung (6.1) mit - 1 multipliziert worden sind. Die Alphabeta -
Schnitt - Regel verkürzt sich dann zu folgender Regel: Es sei der
B - Wert einer Position der kleinste Wert, den diese Position haben
kann. Für jede beliebige Position X sei B der B - Wert ihres Vorgängers und D = - B. Wird dann der Wert von X als größer oder gleich
D ermittelt, so kann die Erzeugung der restlichen Nachfolger von X
eingestellt werden. Es ist einfach, diese Regel in den Algorithmus
VE aufzunehmen; man erhält dann den Algorithmus VEB. Dieser hat
einen zusätzlichen Parameter D, welcher dem negativen B - Wert des
Vorgängers von X entspricht.

```
procedure VEB(X, 1, D)
    //ermittle V'(X) wie in Gleichung (6.2), indem die B-Regel//
    //angewendet und nur 1 Züge vorausgesehen wird. Die übrigen//
    //Annahmen und Bezeichnungen sind dieselben wie in Algorith-//
    //mus VE.//
    if X ist terminal or 1 = 0 then return e(x) endif
    a ← - VEB(C₁, 1 - 1, ∞)    //momentane untere Grenze für V'(x)//
    for i ← 2 to d do
        if a ≥ D then return (a) endif    //verwende B-Regel//
        a ← max (a, - VEB(Cᵢ, 1 - 1, - a))
    repeat
    return (a)
end VEB
```

<u>Algorithmus 6.15</u> Postorder Auswertung eines Spielbaumes nach
                       dem Alpha - Beta - Schnitt

Ist Y eine Position, von der aus A am Zug ist, dann wird durch
den Erstaufruf VEB(Y, 1, ∞) V'(Y) korrekt errechnet mit einer Vorausschau von 1 Zügen. Wenn man erkannt hat, daß der B-Wert eines
Knotens X für den Wert, den Enkel - Knoten von X zur Beeinflussung
des X - Wertes haben müssen, eine untere Grenze darstellt, kann man
den Spielbaum noch weiter beschneiden. Wir betrachten den Teilbaum
in Abb. 6.24(a). Ist V'(GC(X)) $\leq$ B, dann ist V'(C(X)) $\geq$ -B. Nach
der Auswertung von C(X) beträgt der B - Wert von X max{B, - V'(C(X))}
= B, da V'(C(X)) $\geq$ - B ist. Solange nicht V'(GC(X)) > B ist,
wird V'(X) nicht beeinflußt; also ist B eine untere Grenze für den
Wert, den GC(X) haben sollte. Nimmt man diese untere Grenze noch
zum Algorithmus VEB hinzu, so erhält man den Algorithmus AB. Der
zusätzliche Parameter UG ist eine untere Grenze für den Wert, den X
haben sollte.

```
procedure  AB(X, 1, UG, D)
   //Der gleiche Algorithmus wie Algorithmus VEB. UG ist eine//
   //untere Grenze für V'(X).//
   if X ist terminal or 1 = 0 then return e(X) endif
   a ← UG   //momentane untere Grenze für V'(X)//
   for i ← 1 to d do
      if a ≥ D then return (a) endif
      a ← max(a, - AB(C_i, 1 - 1, D, - a))
      repeat
      return (a)
   end AB
```

Algorithmus 6.16 Postorder Auswertung eines Spielbaums mit
starkem Alphabeta - Schnitt

Wie man leicht zeigen kann, liefert der Erstaufruf $AB(Y, 1 - \infty,$
$\infty)$ dasselbe Ergebnis wie der Aufruf VE(Y, 1). Mit dem zusätzlichen
Parameter UG nennt man den Suchalgorithmus auch starken (tiefen)
Alphabeta - Schnitt.

In Abb. 6.24(b) wird ein hypothetischer Spielbaum gezeigt, bei
welchem die Anwendung des Algorithmus AB zu stärkerem Beschneiden
führt als die Anwendung von Algorithmus VEB. Zuerst wollen wir die
Arbeitsweise von VEB am Beispiel des Baumes in Abb. 6.24(b) verfolgen. Wir nehmen an, der Erstaufruf sei $VEB(P_1, 1, \infty)$, wobei 1 die
Tiefe des Baumes ist. Nachdem man den linken Teilbaum von P_1 untersucht hat, wird der B - Wert von P_1 auf 10 gesetzt, und es werden
die Knoten P_3, P_4, P_5 und P_6 erzeugt. Danach wird $V'(P_6)$ als 9 ermittelt, der B - Wert von P_5 wird dann - 9. Damit fahren wir mit
der Auswertung von Knoten P_7 fort. Da der B - Wert von P_1 gleich
10 ist, beträgt im Falle von AB die untere Grenze für P_4 jedoch 10,
also erhält P_4 den effektiven B - Wert 10. Daraus ergibt sich, daß
der Knoten P_7 nicht erzeugt wird, denn unabhängig von dessen Wert
ist $V'(P_5) \geq - 9$ und damit kann $V'(P_4)$ die untere Grenze nicht erreichen.

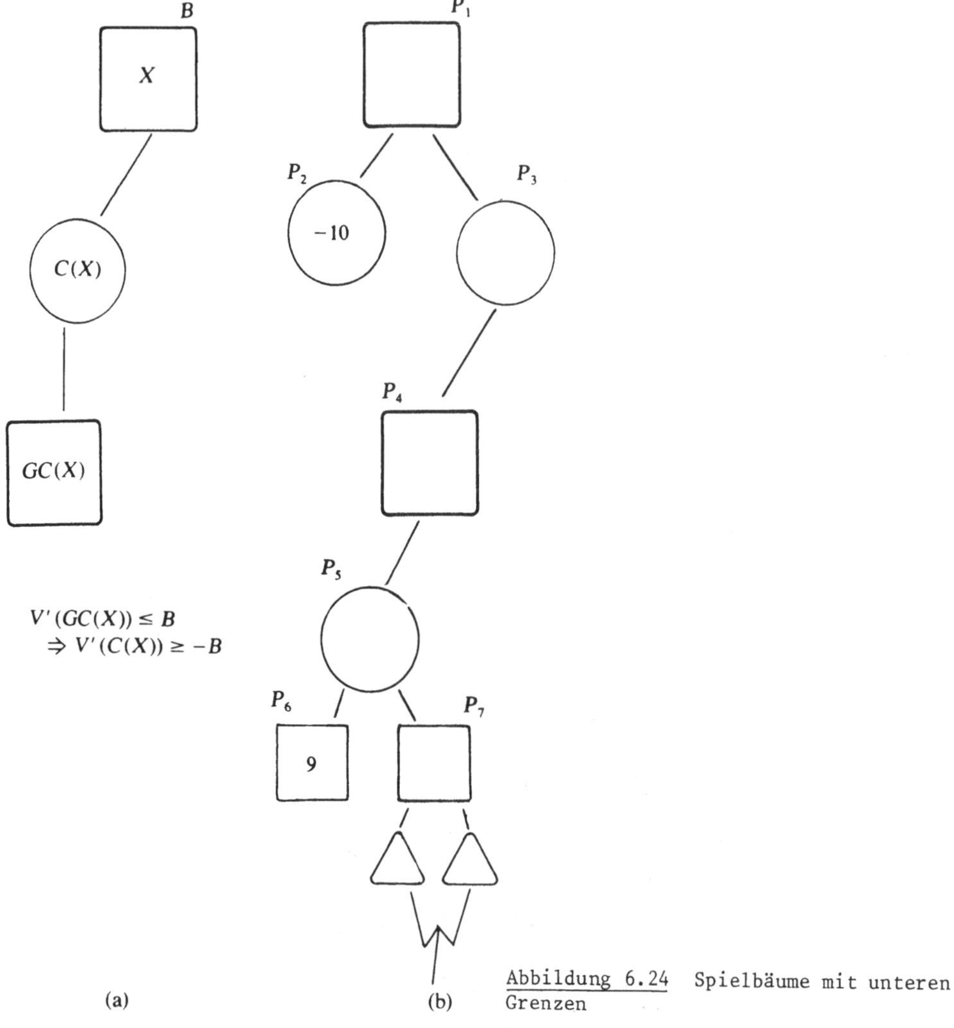

Abbildung 6.24 Spielbäume mit unteren Grenzen

Analyse der Prozeduren VEB und AB

Es ist ausgesprochen schwierig, die Prozedur AB dahingehend zu analysieren, welcher Bruchteil der Knoten in einem Spielbaum erzeugt wird. Knuth und Moore haben die Prozedur VEB für gewisse Arten von Spielbäumen analysiert. Einige ihrer Ergebnisse werden im folgenden ohne Beweis wiedergegeben.

Definition: Ein **gleichmäßiger** Spielbaum vom Grad d und der Höhe h
ist ein Spielbaum, bei dem jeder Knoten auf den Stufen 1, 2, ...,
h - 1 genau d Nachfolger hat. Außerdem ist jeder Knoten auf Stufe h
ein terminaler Knoten. Ein gleichmäßiger **Zufallsspielbaum** ist ein
gleichmäßiger Spielbaum, bei dem die terminalen Knoten unabhängige
Zufallswerte haben.

Theorem 6.10 [Knuth und Moore] Die erwartete Anzahl $T(d, h)$ von
terminalen Positionen, welche von der Alphabeta - Prozedur ohne tiefe Schnitte (d.h. Prozedur VEB) in einem gleichmäßigen Zufallsspielbaum des Grades d und der Höhe h untersucht werden, ist kleiner als
$c(d)r(d)^h$. Dabei ist $r(d)$ der größte Eigenwert der Matrix M_d, deren
Elemente $M_d(i, j)$ durch folgende Formel gegeben sind:

$$M_d(i,j) = 1 \Big/ \sqrt{\left(\frac{i-1+(j-1)/d}{i-1} \right)} \qquad \begin{array}{l} 1 \leqq i \leqq d \quad \text{und} \\ 1 \leqq j \leqq d \end{array} \quad . \qquad (6.2a)$$

Hierbei ist $c(d)$ eine geeignete Konstante. □

Da die Prozedur AB mindestens so gut wie die Prozedur VEB ist,
ist die Grenze aus Theorem 6.10 auch eine Grenze für AB. Mit Hilfe
von Theorem 6.10 kann man das folgende Theorem beweisen:

Theorem 6.11 [Knuth und Moore] $T(d, h)$ erfüllt für einen gleichmäßigen Zufallsspielbaum des Grades d und der Höhe h + 1 die Gleichung

$$\lim_{h \to \infty} T(d, h)^{1/h} = r(d)$$

wobei

$$c_1 \frac{d}{\log d} \leqq r(d) \leqq c_2 \frac{d}{\log d}$$

für positive Konstanten c_1 und c_2 gilt. □

Knuth und Moore haben die Alphabeta - Schnitt - Prozedur auch bei
einem anderen Baummodell analysiert.

Definition: Ein Spielbaum ist voll abhängig, falls für jedes Paar p_i und p_j ($i \neq j$) von nichtterminalen Positionen entweder alle terminalen Nachfolger von p_i einen größeren Wert oder alle einen kleineren Wert als die terminalen Nachfolger von p_j haben.

Theorem 6.12 [Knuth und Moore] Die erwartete Anzahl von terminalen Positionen, welche von der Prozedur AB untersucht werden (d.h. mit tiefem Schnitt) beträgt in einem voll abhängigen, gleichmäßigen Zufallsspielbaum des Grades d und der Höhe h + 1

$$\frac{d - H_d}{d - H_d^2} \, (d^{\lceil h/2 \rceil} + H_d d^{\lfloor h/2 \rfloor} - H_d^{h+1} - H_d^h) + H_d^h$$

wobei $H_d = 1 + 1/2 + \ldots + 1/d$ ist. Für $d \geq 3$ liegt diese Grenze im Bereich eines konstanten Faktors der minimalen Anzahl von terminalen Positionen, welche von jedem beliebigen Algorithmus untersucht werden müssen, der einen gleichmäßigen Spielbaum vom Grad d und der Höhe h + 1 auswertet. □

6.5 DOPPELT ZUSAMMENHÄNGENDE KOMPONENTEN UND DIE SUCHMETHODE

"ZUERST IN DIE TIEFE GEHEN"

In diesem Abschnitt meinen wir mit "Graph" stets einen ungerichteten Graph. Ein Knoten v in einem zusammenhängenden Graph G heißt ein Verbindungspunkt (articulation point) genau dann, wenn das Entfernen des Knotens und aller benachbarten Kanten den Graph in zwei oder mehrere nichtleere Komponenten zerteilt. In dem zusammenhängenden Graph in Abb. 6.25(a) ist Knoten 2 ein Verbindungspunkt, denn entfernt man Knoten 2 und die Kanten (1, 2), (2, 3), (2, 5), (2, 7) und (2, 8), so bleiben zwei nichtleere und nichtzusammenhängende Komponenten übrig (Abb. 6.25(b)). Der Graph G in Abb. 6.25(a) hat nur noch zwei weitere Verbindungspunkte: die Knoten 5 und 3. Entfernt man irgendeinen der restlichen Knoten aus G, dann bleibt genau eine Komponente übrig.

Ein Graph G heißt doppelt zusammenhängend (biconnected) genau dann, wenn er keinen Verbindungspunkt enthält. Der Graph in Abb. 6.25(a) ist nicht doppelt zusammenhängend, jedoch der Graph in Abb. 6.26. Das Vorhandensein von Verbindungspunkten in einem zusammen-

hängenden Graph kann in vielen Fällen unerwünscht sein. Stellt z.B.
G ein Kommunikationsnetzwerk dar, wobei die Knoten Kommunikations-
stationen und die Kanten Kommunikationsleitungen repräsentieren, dann
führt der Ausfall einer Kommunikationsstation i, welche ein Verbindungspunkt ist, auch dazu, daß die Verbindung zu anderen Punkten aus-
fällt. Hat G andererseits keinen Verbindungspunkt, dann bleiben beim
Ausfall der Station i die Verbindungen zwischen allen Paaren außer i
intakt.

In diesem Abschnitt werden wir einen effizienten Algorithmus
entwickeln, der es erlaubt festzustellen, ob ein zusammenhängender
Graph doppelt zusammenhängend ist. Bei den Graphen, welche nicht
doppelt zusammenhängend sind, ermittelt der Algorithmus alle Verbindungspunkte. Nachdem festgestellt worden ist, daß ein zusammenhängender Graph nicht doppelt zusammenhängend ist, kann es erwünscht
sein, eine Menge von Kanten zu bestimmen, deren Hinzunahme zu G den
Graph doppelt zusammenhängend macht. Solch eine Menge von Kanten kann
man bestimmen, wenn man die maximalen Teilgraphen von G kennt, die
doppelt zusammenhängend sind. G' = (V', E') ist ein maximaler doppelt zusammenhängender Teilgraph von G genau dann, wenn G keinen

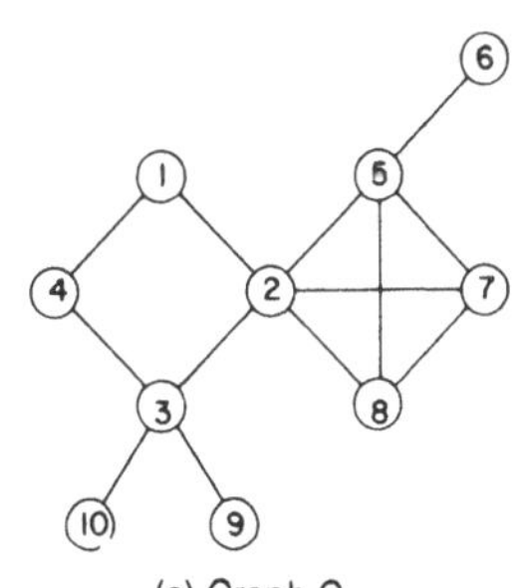

(a) Graph G

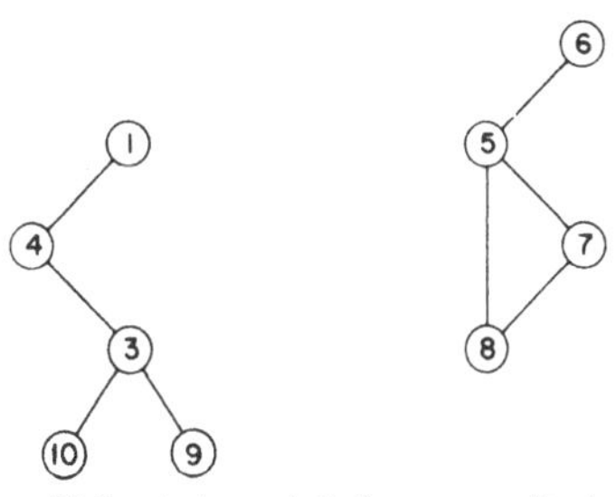

(b) Ergebnis nach Entfernen von Knoten 2

<u>Abbildung 6.25</u> Beispiel für einen Graph

doppelt zusammenhängenden Teilgraph G'' = (V'', E'') hat, so daß gilt:
V' $\subseteq$ V'' und E' $\subset$ E''. Ein maximaler doppelt zusammenhängender Teilgraph ist eine <u>doppelt zusammenhängende Komponente</u>.

Der Graph in Abb. 6.26 hat nur eine einzige doppelt zusammenhängende Komponente (nämlich den ganzen Graph). Die doppelt zusammenhängenden Komponenten des Graphen in Abb. 6125(a) sind in Abb.
6.27 gezeigt.

Man kann relativ leicht zeigen, daß zwei doppelt zusammenhängende Komponenten höchstens einen gemeinsamen Knoten haben können und
daß dieser Knoten ein Verbindungspunkt ist. Also kann keine Kante in
zwei verschiedenen doppelt zusammenhängenden Komponenten liegen (denn
dies würde zwei gemeinsame Knoten erfordern). Den Graph G kann man in
einen doppelt zusammenhängenden Graph überführen, indem man Kanten
nach dem in Abb. 6.28 gezeigten Schema hinzufügt.

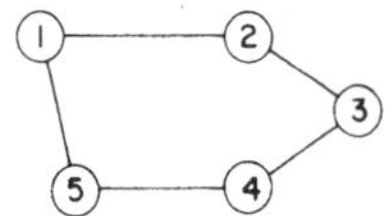

<u>Abbildung 6.26</u> Ein doppelt zusammenhängender Graph

Da jede doppelt zusammenhängende Komponente von G mindestens
zwei Knoten enthält (es sei denn, G selbst hat nur einen Knoten),
folgt daraus, daß v_i aus Schritt E3 existiert. Bei der Anwendung
dieses Schemas zur Umformung des Graphen aus Abb. 6.25(a) in einen
doppelt zusammenhängenden Graph fügen wir die Kanten (4, 10) und
(10, 9) hinzu (entsprechend dem Verbindungspunkt 3); dann die Kanten (1, 5) (Verbindungspunkt 2) und (6, 7) (Punkt 5).

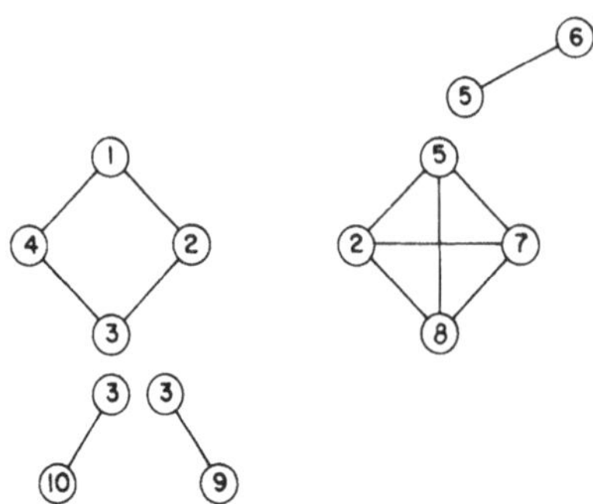

<u>Abbildung 6.27</u> Doppelt zusammenhängende
Komponenten des Graphen aus Abb.6.25(a)

E1:   <u>for</u> jeden Verbindungspunkt a <u>do</u>
E2:   es seien B_1, B_2, ..., B_k die doppelt zusammenhängenden
      Komponenten, welche den Knoten a enthalten
E3:   es sei v_i ($v_i \neq a$) ein Knoten in B_i ($1 \leq i \leq k$)
E4:   füge zu G die Kanten (v_i, v_{i+1}) ($1 \leq i < k$) hinzu
E5:   <u>repeat</u>

<u>Abbildung 6.28</u>   Schema zur Konstruktion eines doppelt zusammen-
                  hängenden Graphen

Man beachte, daß nach dem Hinzufügen der Kanten (v_i, v_{i+1}) in
Schnitt E4 der Knoten a kein Verbindungspunkt mehr ist. Also besitzt
G nach dem Hinzufügen der Kanten, die allen Verbindungspunkten entsprechen, keine Verbindungspunkte mehr und ist somit doppelt zusammenhängend. Hat G p Verbindungspunkte und b doppelt zusammenhängende
Komponenten, dann werden durch das Schema in Abb. 6.28 genau b - p
neue Kanten zu G hinzugefügt.

Nun wollen wir das Problem in Angriff nehmen, wie man bei einem
zusammenhängenden Graph mit n $\geq$ 2 Knoten die Verbindungspunkte und
die doppelt zusammenhängenden Komponenten ermittelt.

In Abb. 6.29(a) wird ein zum Graph aus Abb. 6.25(a) gehörender
spannender Baum gezeigt, welcher der Suchmethode "Zuerst in die
Tiefe gehen" entspricht (depth first spanning tree, DF - spannender
Baum). Die Zahlen, die außen an jedem Knoten stehen, entsprechen
der Reihenfolge, in der diese Knoten bei der Suchmethode "Zuerst in
die Tiefe gehen" besichtigt werden. Diese Zahlen nennen wir <u>depth
first Zahlen</u> (DFZ) der Knoten. So ist z.B. DFZ(1) = 1, DFZ(4) = 2
und DFZ(6) = 8. Die durchgezogenen Linien im rechten Teil der Abb.
6.29 bilden den DF - spannenden Baum. Diese Kanten nennen wir <u>Baum-
kanten</u>. Die gestrichelt gezeichneten (also alle übrigen) Kanten nennen wir <u>Rückkanten</u>.

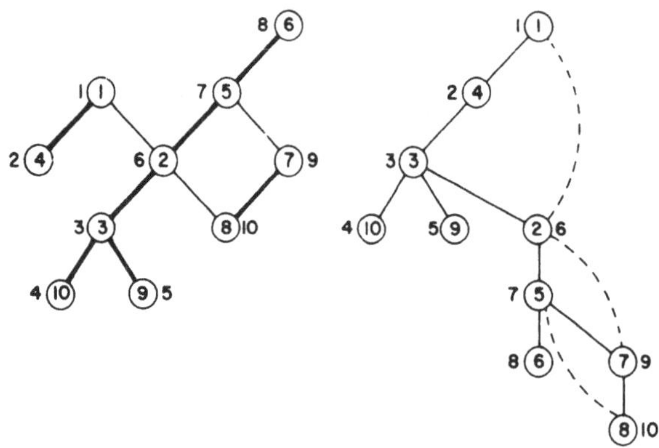

Abbildung 6.29 Ein DF-spannender Baum zum Graph aus Abb.6.25(a)

DF - spannende Bäume haben eine Eigenschaft, die sich bei der
Bestimmung von Verbindungspunkten und doppelt zusammenhängenden Komponenten als sehr nützlich erweist:
ist (u, v) eine beliebige Kante in G, dann ist bzgl. des DF -
spannenden Baumes T entweder u ein Vorgänger von v oder v ein Vorgänger von u. Also gibt es keine <u>Kreuzkanten</u> in bezug auf einen DF -
spannenden Baum ((u, v) ist eine Kreuzkante bzgl. T genau dann,
wenn weder u ein Vorgänger von v noch v ein Vorgänger von u ist.).
Um dies einzusehen, nehmen wir an, daß (u, v) ∈ E(G) und daß (u, v)
eine Kreuzkante ist. (u, v) kann keine Baumkante sein, denn sonst
wäre u der Vater von v oder umgekehrt. Also muß (u, v) eine Rückkante sein. Ohne Beschränkung der Allgemeinheit können wir annehmen,
daß DFZ(u) > DFZ(v) ist. Da der Knoten u zuerst besichtigt wird,
kann seine Erforschung so lange nicht vollständig sein, bis Knoten v
besichtigt ist. Aus der Definition der Suchmethode "Zuerst in die
Tiefe gehen" folgt, daß u ein Vorgänger all derjenigen Knoten ist,
die besichtigt werden, bevor u vollständig erforscht ist. Damit ist
u ein Vorgänger von v in T, und (u, v) kann keine Kreuzkante sein.
   Weiterhin stellen wir fest, daß der Wurzelknoten eines DF -
spannenden Baumes genau dann ein Verbindungspunkt ist, wenn er mindestens zwei Nachfolger hat. Des weiteren gilt: ist u ein beliebiger
anderer Knoten, dann ist er genau dann kein Verbindungspunkt, wenn
es von jedem Nachfolger w von u möglich ist, einen Vorgänger von u

auf einem Weg zu erreichen, der nur von Nachfolgern von w und einer
Rückkante gebildet wird. Ist dies für einen Nachfolger w von u nicht
möglich, dann bleiben nach dem Entfernen von u mindestens zwei
nichtleere Komponenten zurück (eine enthält die Wurzel, die anderen
den Knoten w). Diese Beobachtung führt zu einer einfachen Regel zur
Ermittlung von Verbindungspunkten. Für jeden Knoten u definieren wir
L(u) wie folgt:

$$L(u) = \min\{DFZ(u), \min\{L(w)\,|\,w \text{ ist Nachfolger von } u\}, \min\{DFZ(w)\,|$$
$$(u, w) \text{ ist Rückkante}\}\}$$

Es ist wohl klar, daß L(u) die niedrigste DF - Zahl ist, die von
u erreicht werden kann, wenn man einen Weg von Nachfolgern gefolgt
von höchstens einer Rückkante wählt. Aus obiger Diskussion ergibt
sich, daß u - falls es nicht die Wurzel ist - ein Verbindungspunkt
genau dann ist, wenn es einen Nachfolger w hat mit L(w) ≥ DFZ(u). In
dem spannenden Baum von Abb. 6.29(b) sind die L( ) - Werte L(1:10)
= (1, 1, 1, 1, 6, 8, 6, 7, 5, 4). Knoten 3 ist ein Verbindungspunkt,
denn für Nachfolger 5 gilt: L(5) = 6 und DFZ(2) = 6. Der einzige andere Verbindungspunkt ist Knoten 5; Nachfolger 6 hat L(6) = 8, während DFZ(5) = 7 ist.

L(u) kann auf einfache Weise berechnet werden, falls die Knoten
des DF - spannenden Baumes nach der postorder Methode besichtigt
werden. Zur Ermittlung der Verbindungspunkte wird der Graph G nach
der Methode "Zuerst in die Tiefe gehen" durchsucht; die Knoten des
sich daraus ergebenden DF - spannenden Baumes werden nach der postorder Methode besichtigt. Beide Funktionen können parallel ablaufen.
Die Prozedur VER (Algorithmus 6.17) durchsucht G nach der Methode
"Zuerst in die Tiefe gehen". Während dieser Suche wird jedem neu besichtigten Knoten seine DF - Zahl zugewiesen. Zur gleichen Zeit wird
L(i) für jeden Knoten im Baum berechnet. Der Algorithmus geht davon
aus, daß der zusammenhängende Graph G sowie die Felder DFZ und L globale Größen sind. Außerdem wird angenommen, daß die Variable "num"
ebenfalls global ist. Vom Algorithmus her ist klar, daß L(u) richtig
berechnet worden ist, nachdem Knoten u erforscht und Zeile 9 beendet
worden ist. In Zeile 5 gilt für w ≠ v: entweder ist (u, w) eine Rückkante oder es gilt die Ungleichung: DFZ(w) > FFZ(u) ≥ L(u). In beiden Fällen wird L(u) auf den neuesten Stand gebracht. Der Erstaufruf von VER lautet: <u>call</u> VER (1, 0). Vor dem Aufruf wird DFZ mit
null initialisiert.

<u>Zeile</u>   <u>procedure</u> VER(u, v)

          //u ist ein Startknoten für die Suchmethode "Zuerst in//
          //die Tiefe gehen". v ist sein Vorgänger, falls es im DF-//
          //spannenden Baum überhaupt einen gibt. Es wird angenom-//
          //men, daß das globale Feld DFZ mit null vorbesetzt wird//
          //und daß die globale Variable "num" mit 1 initiali-//
          //siert wird. n ist die Anzahl der Knoten in G.//
          <u>global</u> DFZ(n), L(n), num, n

1   DFZ(u) ← num; L(u) ← num; num ← num + 1
2   <u>for</u> jeden Knoten w, der zu u benachbart ist <u>do</u>
3   <u>if</u> DFZ(w) = 0 <u>then</u> <u>call</u> VER(w, u)   //w wird nicht be-//
                                                      //sichtigt//
4   L(u) ← <u>min</u>(L(u), L(w))
5   <u>else</u> <u>if</u> w ≠ v <u>then</u> L(u) ← <u>min</u> (L(u), DFZ(w))
6   <u>endif</u>
7   <u>endif</u>
8   <u>repeat</u>
9   <u>end</u> VER

<u>Algorithmus 6.17</u> Algorithmus zur Berechnung von DFZ und L

Nachdem L(1:n) berechnet worden ist, können die Verbindungspunkte in der Zeit O(n) ermittelt werden. Da VER eine Komplexität O(n + e) hat. wobei e die Anzahl der Kanten in G ist, können die Verbindungspunkte von G in der Zeit O(n + e) bestimmt werden.

Was muß nun unternommen werden, um die doppelt zusammenhängendden Komponenten von G zu ermitteln? Ist nach dem Aufruf von VER (Zeile 3) L(w) ≥ L(u), dann wissen wir, daß u entweder die Wurzel oder ein Verbindungspunkt ist. Die Kante (u, w) bildet zusammen mit allen Kanten (Baum- und Rückkanten), auf die man während dieses Aufrufs von VER stößt, eine doppelt zusammenhängende Komponente (außer den Kanten in anderen doppelt zusammenhängenden Komponenten, die im Teilbaum w enthalten sind). Dies gilt unabhängig davon, ob u die Wurzel ist oder nicht und ob u einen oder mehrere Nachfolger hat. Ein formaler Beweis dieser Aussage erscheint im Beweis von Theorem 6.13. Um die doppelt zusammenhängenden Komponenten zu erhalten, muß VER wie folgt geändert werden:

(i)   es wird ein globaler Keller S zur Speicherung der Kanten
      eingeführt.

(ii) es wird die Zeile 2.1 zwischen den Zeilen 2 und 3 einge-
      fügt:
      2.1 <u>if</u> v ≠ w <u>and</u> DFZ(w) < DFZ(u) <u>then</u> lege (u, w) oben auf
                                                    dem Keller ab

          <u>endif</u>
      Man beachte, daß (u, w) genau dann bereits im Keller liegt,
      wenn entweder v = w oder DFZ(w) > DFZ(u) ist.

(iii) Zwischen den Zeilen 3 und 4 werden folgende Zeilen einge-
      fügt:
      3.1 <u>if</u> L(w) ≥ DFZ(u) <u>then</u> <u>print</u> ('neue doppelt zusammen-
                                              hängende Komponente')
      3.2 <u>loop</u>
      3.3   entferne das oberste Element (eine Kante) vom Kel-
            ler S
      3.4   diese Kante sei (x, y)
      3.5   <u>print</u> ('(', x, ', ', y, ')')
                  ((x, y) = (u, w) <u>or</u> (x, y) = (w, u)) <u>repeat</u>
      3.6 <u>until</u>
      3.7 <u>endif</u>
Wie man zeigen kann, bleibt die Rechenzeit des Algorithmus VER
nach Hinzufügen dieser Zeilen O(n + e). Mit folgendem Theorem wird
die Korrektheit des Algorithmus nachgewiesen.

<u>Theorem 6.13</u> Der Algorithmus VER mit den zusätzlichen Zeilen 2.1
und 3.1 - 3.7 erzeugt korrekt die doppelt zusammenhängenden Komponenten des zusammenhängenden Graphen G, wenn G mindestens zwei Knoten hat.

<u>Beweis:</u> Hat G nur einen Knoten, dann gibt es keine Kanten; also er-
zeugt der Algorithmus auch keine Ausgabe. In diesem Fall hat G eine
doppelt zusammenhängende Komponente, nämlich einen einzigen Knoten.
Diesen Fall kann man einzeln abhandeln.
    Für n ≥ 2 arbeitet der Algorithmus korrekt. Dies kann man durch
einen Induktionsbeweis über die Anzahl der doppelt zusammenhängenden
Komponenten in G zeigen. Es ist klar, daß bei allen doppelt zusammenhängenden Graphen G die Wurzel u des DF-spannenden Baumes nur
einen einzigen Nachfolger w hat. Außerdem ist w der einzige Knoten,
für den in Zeile 3.1 L(w) ≥ DFZ(u) ist. Wenn w erforscht worden ist,
sind alle Kanten in G als eine doppelt zusammenhängende Komponente
ausgegeben.

Nun wollen wir annehmen, daß der Algorithmus für alle zusammenhängenden Graphen G mit höchstens m doppelt zusammenhängenden Komponenten korrekt arbeitet. Wir werden zeigen, daß er auch für alle
zusammenhängenden Graphen mit m + 1 doppelt zusammenhängenden Komponenten korrekt arbeitet. Es sei G ein solcher Graph. Wir betrachten den Fall, daß zum ersten Mal in Zeile 3.1 $L(w) \geq DFZ(u)$ ist. Zu
diesem Zeitpunkt sind noch keine Kanten ausgegeben worden; also liegen alle zu den Nachfolgern von w inzidente Kanten von G im Keller
über der Kante (u, w). Da keiner der Nachfolger von u ein Verbindungspunkt ist, wohl aber u selbst, folgt daraus, daß die Menge
der im Keller über (u, w) liegenden Kanten zusammen mit der Kante
(u, w) eine doppelt zusammenhängende Komponente bildet. Nachdem diese Kanten aus dem Keller entfernt und ausgegeben worden sind, verhält sich der Algorithmus im wesentlichen so, wie er sich beim Graph
G' verhalten würde, den man erhält, indem man aus G die gerade aus-
gegebene doppelt zusammenhängende Komponente entfernt. Das Verhalten
des Algorithmus bzgl. G ist von dem bzgl. G' nur in einem Punkt verschieden: während die Erforschung von Knoten u beendet wird, können
einige Kanten (u, r) betrachtet werden, für die gilt: (u, r) befindet sich in der Komponente, die gerade ausgegeben worden ist. Für
alle diese Kanten gilt jedoch: $DFZ(r) \neq 0$ und $DFZ(r) > DFZ(u) \geq L(u)$.

Also führen diese Kanten nur zu einem leeren Durchlauf der Schleife der Zeilen 2 - 8 und beeinflussen den Algorithmus nicht wesentlich.

Man kann leicht nachweisen, daß G' mindestens zwei Knoten hat.
Da außerdem G' genau m doppelt zusammenhängende Komponenten hat,
folgt daraus nach dem Induktionsprinzip, daß die restlichen Komponenten korrekt erzeugt werden. □

Der Leser möge beachten, daß der oben beschriebene Algorithmus
bei jedem beliebigen spannenden Baum arbeitet, wenn der zugehörige
Graph keine Kreuzkanten hat. Leider können Graphen Kreuzkanten bzgl.
des spannenden Baumes nach der Methode "Zuerst in die Breite gehen"
haben. Also kann der Algorithmus VER dem Algorithmus BFS nicht angepaßt werden.

<u>LITERATURHINWEISE</u>

Der Algorithmus INORDER2 stammt von J.M. Robson und ist erschienen in:

"An improved algorithm for traversing binary trees without auxiliary stack", von J.M. Robson, Info. Proc. Let., 2, pp 12 - 14
(1973).

Algorithmen, die andere Durchlaufmethoden und keinen Keller verwenden, findet man in:

"Simple algorithms for traversing a tree without an auxiliary
stack", von B. Dwyer, Info. Proc. Let., 2, pp 143 - 145 (1974).

"Scanning list structures without stacks or tag bits", von G.
Lindstrom, Info. Proc. Let., 2, pp 47 - 51 (1973).

Zwei der Algorithmen von Dwyer werden in den Aufgaben 15 und 16
entwickelt.
Durchlauf- und Suchalgorithmen für threaded trees, AVL - Bäume,
B - Bäume usw. findet man in:

"Fundamentals of Data Structures", von E. Horowitz und S. Sahni,
Computer Science Press, Potomac, Maryland (1976).

"The Art of Computer Programming", Vol. 3, von D.E. Knuth, Addison Wesley, Reading, Mass. (1973).

Unsere Behandlung der Codeoptimierung bei einer Mehrregisterma-
schine (Maschinenmodell B) gründet sich auf:

"The generation of optimal code for arithmetic expressions", von
R. Sethi und J. Ullman, JACM, 17(4), pp 715 - 728 (1970).

Mit dem Problem der Codeerzeugung haben sich schon früh Anderson,
Floyd, Nakata und Redziejowski befaßt. Die entsprechenden Aufsätze
findet man in:

"A note on some compiling algorithms", von J. Anderson, Comm. ACM,
7(3), pp 149 - 150 (1964).

"An algorithm for coding efficient arithmetic operations", von
R. Floyd, Comm. ACM, 4(1), pp 42 - 51 (1961).

"On compiling algorithms for arithmetic expressions", von I. Nakata, Comm. ACM, 10(8), pp 492 - 494 (1967).

"On arithmetic expressions and trees", von R. Redziejowski, Comm.
ACM, 12(2), pp 81 - 84 (1969).

Weitere Hinweise bzgl. Codeoptimierung stehen in Kapitel 11. Eine
gute Behandlung von Zustandsraum - Suchtechniken, Techniker für UND/
ODER - Graphen und Spielbäume findet man in Nilsson's Buch. Darin
sind auch viele Anwendungen dieser Techniken dargestellt. Weitere Anwendungen werden in dem Buch von Slagle behandelt.

"Problem Solving Methods in Artificial Intelligence", von N. Nilsson, McGraw Hill, New York, (1971).

"Artificial Intelligence: The Heuristic Programming Approach",
von J. Slagle, McGraw Hill, New York (1971).

Unsere Diskussion über Alphabeta - Schnitte stammt aus:

"An analysis of alpha - beta cutoffs", von D. Knuth, Artificial
Intelligence, 6, pp 293 - 326 (1975).

Dieser Artikel enthält die Beweise der Theoreme 6.10, 6.11 und
6.12. Andere Ergebnisse werden ebenfalls vorgestellt. Eine weitere
Analyse der Alphabeta - Schnitte findet man in:

"The efficiency of the alpha-beta search on trees with branch-
dependent terminal node scores", von M. Newborn, School of Computer Science, McGill University, Montreal, Canada (1976).

"An analysis of the full alpha-beta pruning algorithm", von G.
Baudet, Proc. 10th Ann. ACM Symp. on Theo. of Comp., San Diego,
1978, pp 296 - 313.

Eine Ausdehnung der Minimax - Regel von Bäumen auf Graphen wird
diskutiert in:

"Applying the minimax rule over graphs which are not trees",
von T. Doffey, Info. Proc. Let., 2, pp 79 - 81 (1973).

Verschiedene Anwendungen der Suchmethode "Zuerst in die Tiefe
gehen" auf Graphenprobleme werden vorgestellt in:

"Depth first search and linear graph algorithms", von R. Tarjan,
SIAM Jr. on Comp., 1(2), pp 146 - 160 (1972).

Der O(n + e) - DF - Algorithmus für doppelt zusammenhängende
Komponenten geht auf R. Tarjan zurück und ist in oben genanntem
Artikel erschienen. Darin findet man auch einen O(n + e) - Algorithmus, welcher die stark zusammenhängenden Komponenten eines gerichteten Graphen sucht. Ein O(n + e) - DF - Algorithmus der dreifach zusammenhängende Komponenten findet, steht in:

"Dividing a graph into triconnected components", von J. Hopcroft und R. Tarjan, SIAM Jr. on Comp., 2(3), pp 135 - 158 (1973).

Effiziente Graphenalgorithmen nach der Suchmethode "Zuerst in
die Tiefe gehen" findet man auch in:

"Efficient planarity testing", von J. Hopcroft und R. Tarjan,
JACM, 21(4), pp 549 - 568 (1974).

"Efficient algorithms for graph manipulation", von J. Hopcroft
und R. Tarjan, CACM, 16(6), pp 372 - 378 (1973).

"Finding all the elementary circuits of a directed graph", von
D. Johnson, SIAM Jr. on Comp., 4(1), pp 77 - 84 (1975).

"Finding dominators in directed graphs", von R. Tarjan, Proc.
7th Annual Princeton Conference on Information Sciences and
Systems, pp 414 - 418 (1973).

"Testing Flow Graph Reducibility", von R. Tarjan, Proc. 5th
Annual ACM Symp. on Th. of Comput., pp 96 - 107 (1973).

"A fast and usually linear algorithm for global flow analysis",
von S. Graham und M. Wegman, JACM, 23(1), pp 172 - 202 (1976).

Die Algorithmen, welche die Methode "Zuerst in die Breite gehen"
benutzen und in den Aufgaben 37 und 38 auftauchen, findet man in:

"Finding spanning trees with different cost functions", von E.
Horowitz und S. Sahni (1976).

<u>ÜBUNGEN</u>

Falls nicht anders angegeben, werden alle binären Bäume so dargestellt, daß die Knoten drei Felder haben: LSOHN, DATEN und RSOHN.

1. Geben Sie einen Algorithmus an, welcher die Anzahl der Endknoten
    in einem binären Baum T ermittelt. Welche Rechenzeit hat dieser
    Algorithmus?

2. Schreiben Sie einen Algorithmus BAUMTAUSCH(T), der bei einem
    binären Baum den linken und rechten Sohn jedes Knotens vertauscht.
    Als Beispiel betrachten wir folgenden Baum:

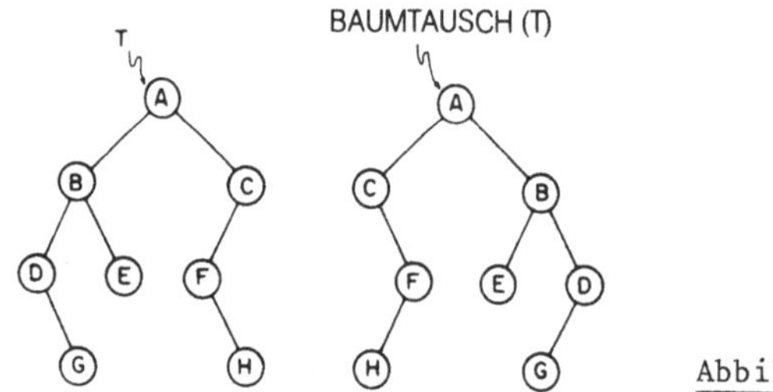

Abbildung 6.30

Benutzen Sie eine der drei in Abschnitt 6.1.1. besprochenen
Durchlaufmethoden.

3. Schreiben Sie unter Verwendung einer der drei in Abschnitt 6.1.1.
   behandelten Durchlaufmethoden einen Algorithmus EQUIV(T, U),
   welcher feststellt, ob die binären Bäume T und U äquivalent sind
   oder nicht. Zwei binäre Bäume T und U sind genau dann äquivalent,
   wenn sie von der Struktur her gleich sind und wenn die Daten in
   entsprechenden Knoten von T und U gleich sind.

4. Zeigen Sie, daß

   i) die inorder und postorder Folgen eines binären Baumes diesen
      eindeutig definieren.

   ii) die inorder und präorder Folgen eines binären Baumes diesen
       eindeutig definieren.

   iii) die präorder und postorder Folgen eines binären Baumes diesen
        nicht eindeutig definieren.

5. Schreiben Sie einen Algorithmus, welcher bei vorgegebener inorder
   Folge I und postorder Folge P den binären Baum aufbaut. Verwenden Sie den Algorithmus NEUERKNOTEN(X), um einen neuen Knoten
   zu bekommen. Welche Komplexität hat dieser Algorithmus?

6. Lösen Sie Aufgabe 5, wenn eine inorder und präorder Folge gegeben ist.

7. Zeigen Sie: hat T n Knoten, dann gilt Theorem 6.1 auch für Algorithmus INORDER1.

8. Schreiben Sie einen nichtrekursiven Algorithmus für einen präorder Durchlauf eines binären Baumes T. Der Algorithmus darf
   einen Keller verwenden. Welchen Zeit- und Platzbedarf hat dieser Algorithmus?

9. Lösen Sie Aufgabe 8 für einen postorder Durchlauf.

10. Schreiben Sie einen nichtrekursiven Algorithmus für einen inor-
     der Durchlauf des binären Baumes T. Jeder Knoten hat vier Fel-
     der: LSOHN, DATEN, VATER, RSOHN. Der Algorithmus sollte keinen
     größeren zusätzlichen Platzbedarf als O(1) und Zeitbedarf als
     O(n) bei einem Baum mit n Knoten haben. Zeigen Sie, daß dies
     zutrifft.

11. Lösen Sie Aufgabe 10 für einen präorder Durchlauf.

12. Lösen Sie Aufgabe 10 für einen postorder Durchlauf.

13. Schreiben Sie in Anlehnung an den Algorithmus INORDER2 einen
     Algorithmus für einen präorder Durchlauf eines binären Baumes T
     mit n Knoten, der einen Platzbedarf O(1) und einen Zeitbedarf
     O(n) hat.

14. Lösen Sie Aufgabe 13 für einen postorder Durchlauf.

15. Schreiben Sie einen Algorithmus mit Zeitbedarf $\Theta(n)$ und Platzbe-
     darf $\Theta(1)$ für einen inorder Durchlauf eines binären Baumes, in
     welchem jeder Knoten außer den drei Feldern LSOHN, DATEN und
     RSOHN noch ein Ein - Bit - Feld MARKE hat. (Hinweis: Verwenden
     Sie die Verkettungsmethode von INORDER2, aber nicht das LR -
     Schema. Unterscheiden Sie mit Hilfe des Markierungsbits zwi-
     schen der Behandlung linker und rechter Teilbäume.

16. Lösen Sie Aufgabe 15 für einen präorder Durchlauf.

17. Lösen Sie Aufgabe 15 für einen postorder Durchlauf.

18. [Rechtsseitig durch Faden markierter Baum] In einem rechts-
    seitig durch Faden markierten Baum hat jeder Knoten vier Fel-
    der: LSOHN, DATEN, RSOHN und MARKE. Das Feld MARKE ist 1, falls
    der Knoten einen nichtleeren rechten Teilbaum hat. Bei einem
    Knoten mit leerem rechten Teilbaum ist MARKE = 0 und das Feld
    RSOHN zeigt auf den inorder Nachfolger. Solch einen Zeiger
    nennt man auch Faden. Jeder mit Faden markierte binäre Baum
    hat einen Kopfknoten. Ein leerer binärer Baum wird durch einen
    Kopfknoten wie folgt dargestellt:

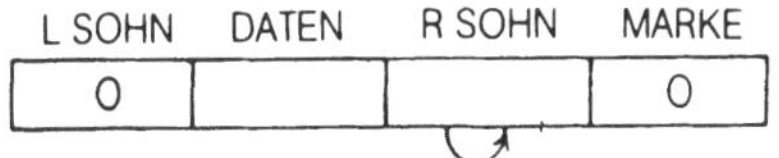

Abbildung 6.31

    Ein nichtleerer binärer Baum erscheint als linker Teilbaum
seines Kopfknotens. Der Kopfknoten ist der inorder Nachfolger
des letzten Knotens des binären Baumes in der inorder Folge.
Die nachfolgende Abbildung zeigt einen binären Baum und den
entsprechenden rechtsseitig durch Faden markierten binären Baum.

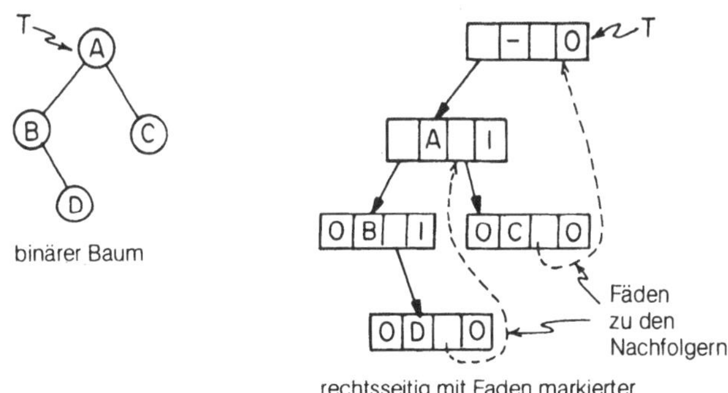

Abbildung 6.32

    Die Vereinbarungen für den Kopfknoten vereinfachen die Durch-
laufalgorithmen.

a) Schreiben Sie einen Algorithmus INNACHF(P), der den inorder
    Nachfolger eines beliebigen Knotens P in einem rechtsseitig
    mit Faden markierten binären Baum ermittelt. Beachten Sie,
    daß nur Θ(1) zusätzlicher Platz benötigt wird und keine Um-

kehrung der Zeiger nötig ist. Wie sieht im ungünstigsten
Fall die Zeitkomplexität dieses Algorithmus aus, wenn der
Baum n Knoten hat?

b) Ist es möglich, einen INNACHF(P) - Algorithmus für einen
    nicht durch Faden markierten binären Baum zu erhalten?
    Warum?

c) Geben Sie einen inorder Durchlaufalgorithmus für einen bi-
    nären Baum T an, indem Sie INNACHF(P) aus Teil a) verwen-
    den. Beachten Sie wiederum, daß nur $\Theta(1)$ zusätzlicher Platz
    nötig ist. Es werden Zeigerumkehrungen benutzt. Zeigen Sie,
    daß die Durchlaufzeit $\Theta(n)$ ist, wenn T n Knoten hat.

19. Lösen Sie a), b) und c) von Aufgabe 18, wenn "inorder" durch
    "präorder" ersetzt wird. Beachten Sie, daß ein Faden immer noch
    ein Zeiger auf den inorder Nachfolger ist.

20. Lösen Sie a), b) und c) von Aufgabe 18, wenn "inorder" durch
    "präorder" ersetzt wird. Beachten Sie, daß ein Faden immer noch
    ein Zeiger auf den inorder Nachfolger ist.

21. [Triple order Durchlauf] Ein triple order Durchlauf eines bi-
    nären Baumes T ist durch den Algorithmus 6.18 rekursiv definiert.

```
procedure TRIPLE(T)
   if T ≠ 0 then call BESICHTIGEN(T)
      call TRIPLE(LSOHN(T))
      call BESICHTIGEN(T)
      call TRIPLE(RSOHN(T))
      call BESICHTIGEN(T)
   endif
end TRIPLE
```

Algorithmus 6.18 Triple order Durchlauf

B. Dwyer hat einen sehr einfachen nichtrekursiven Algorithmus für solch einen Durchlauf angegeben (Algorithmus 6.19). In diesem Algorithmus zeigen P, Q und R zu dem aktuellen Knoten, dem gerade besichtigten bzw. dem als nächstes zu besichtigenden Knoten. Der Algorithmus geht davon aus, daß T ≠ 0 ist, und daß ein leerer Teilbaum von Knoten P statt durch null durch einen Zeiger auf P dargestellt wird.

```
Zeile   procedure TRIP(T)
            //es wird vorausgesetzt, daß alle Felder LSOHN und RSOHN//
            //> 0 sind.//
1           P ← T; Q ← - 1
2           while P ≠ - 1 do
3              call BESICHTIGEN(P)
4              R ← LSOHN(P); LSOHN(P) ← RSOHN(P)
5              RSOHN(P) ← Q; Q ← P; P ← R
6           repeat
7           end TRIP
```

    Algorithmus 6.19 Algorithmus von Dwyer für einen triple
                         order Durchlauf

a) Zeigen Sie, daß der Algorithmus von Dwyer korrekt arbeitet.
    (Hinweis: Zu jedem Knoten gehören drei Zeiger: LSOHN, RSOHN
    und einer vom Vater. Jedesmal wenn S besichtigt wird, werden
    die Zeiger im Gegenuhrzeigersinn verschoben; nach dreimaligem Besichtigen ist die ursprüngliche Konfiguration wieder
    hergestellt).

b) Zeigen Sie, daß der Algorithmus TRIP einen Zeitbedarf $\Theta(n)$
    und einen Platzbedarf $\Theta(1)$ hat. n ist die Anzahl der Knoten
    in T.

22. Binäre Bäume werden oft so gespeichert, daß die Nachfolger
    eines Knotens einen höheren Index haben als ihr Vorgänger, d.h.
    LSOHN(P) und RSOHN(P) > P oder gleich 0. Nehmen Sie dann an,
    daß LSOHN(P) (bzw. RSOHN(P)) = P ist, falls P keinen linken
    (bzw. rechten) Sohn hat. Zeigen Sie, daß unter Verwendung dieser Darstellung und der Prozedur TRIP (Algorithmus 6.19) gilt:

a) Ersetzt man Zeile 3 durch

   $\underline{if}$ RSOHN(P) < P $\underline{then}$ $\underline{call}$ BESICHTIGEN(P) $\underline{endif}$

dann führt der Algorithmus TRIP einen inorder Durchlauf aus.

b) Ersetzt man Zeile 3 durch

   $\underline{if}$ Q < P $\underline{then}$ $\underline{call}$ BESICHTIGEN(P) $\underline{endif}$

dann führt der Algorithmus einen präorder Durchlauf aus.

c) Ersetzt man Zeile 3 durch

   $\underline{if}$ LSOHN(P) < P $\underline{then}$ $\underline{call}$ BESICHTIGEN(P) $\underline{endif}$

dann führt der Algorithmus einen postorder Durchlauf aus.

23. Schreiben Sie den Algorithmus INORDER2 noch einmal unter der
     Annahme, daß der binäre Baum T so abgespeichert wird wie in
     Aufgabe 22 beschrieben. Jetzt kann man auf LR und den Keller
     derjenigen Knoten verzichten, von denen aus man zu einem rech-
     ten Teilbaum gegangen ist.

24. [Stufenordnungsdurchlauf] Bei einem Stufenordnungsdurchlauf
     des binären Baumes T werden alle Knoten auf Stufe i besichtigt,
     bevor irgendein Knoten der Stufe i + 1 besichtigt wird. Inner-
     halb einer Stufe werden die Knoten von links nach rechts besich-
     tigt. Bei der Stufenordnung werden die Knoten des in Abb. 6.4
     gezeigten Baumes in der Reihenfolge ABCDEFG besichtigt. Schrei-
     ben Sie einen Algorithmus STUFE(T), der einen binären Baum T
     nach der Stufenordnung durchläuft. Welchen Zeit- und Platzbedarf
     hat dieser Algorithmus? Nehmen Sie an, daß jeder Knoten drei
     Felder hat: LSOHN, DATEN und RSOHN.

25. Zeigen Sie: Stellt man einen Baum vom Grad k durch Knoten mit
     je k Nachfolger - Feldern dar, dann sind n(k - 1) + 1 der ins-
     gesamt nk vorhandenen Nachfolger-Felder in einem Baum mit n

Knoten gleich null.

26. Zeigen Sie, daß ein präorder Durchlauf eines Baumes die glei-
    chen Ergebnisse liefert wie ein präorder Durchlauf des entspre-
    chenden binären Baumes (d.h. die Knoten werden in der gleichen
    Reihenfolge besichtigt).

27. Zeigen Sie, daß ein inorder Durchlauf eines Baumes die gleichen
    Ergebnisse liefert wie ein inorder Durchlauf des entsprechenden
    binären Baumes (d.h. die Knoten werden in der gleichen Reihen-
    folge besichtigt).

28. Zeigen Sie: wird ein Baum nach der postorder Methode durchlau-
    fen, dann werden die Knoten unter Umständen in einer anderen
    Reihenfolge besichtigt als beim postorder Durchlauf des ent-
    sprechenden binären Baumes.

29. Schreiben Sie einen nichtrekursiven Algorithmus TI(T, k) für
    die inorder Methode. Der Baum T ist vom Grad k, und Knoten P
    hat k Nachfolger-Felder SOHN(P, i), $1 \leq i \leq k$. Welchen Zeit-
    und Platzbedarf hat dieser Algorithmus?

30. Lösen Sie Aufgabe 29 für die präorder Methode.

31. Lösen Sie Aufgabe 29 für die inorder Methode.

32. Nehmen Sie an, daß der Baum T wie in Aufgabe 29 beschrieben
    dargestellt ist. Schreiben Sie einen Algorithmus STUFE(T, k),
    welcher T stufenweise durchläuft. Innerhalb der Stufen werden
    die Knoten von links nach rechts besichtigt; es wird angenommen,
    daß der Teilbaum mit SOHN(P, i) sich links von SOHN(P, i + 1)
    befindet. Welchen Zeit- und Platzbedarf hat dieser Algorithmus?

33. Zeigen Sie, daß bei jedem ungerichteten Graph G = (V, E) ein
    Aufruf von BFS(v) mit v ∈ V dazu führt, daß alle Knoten in der
    zusammenhängenden Komponente, die v enthält, besichtigt werden.

34. Schreiben Sie BFS und BFT neu, so daß alle zusammenhängenden
    Komponenten des ungerichteten Graphen G ausgedruckt werden.
    Nehmen Sie an, daß G in Form einer Adjazenzliste eingegeben
    wird, wobei KOPF(i) der Kopfknoten für die Adjazenzliste für
    Knoten i ist.

35. Schreiben Sie unter Anlehnung an BFS einen Algorithmus, der einen
    kürzesten (gerichteten) Kreis findet, welcher einen gegebenen
    Knoten v enthält. Beweisen Sie, daß dieser Algorithmus einen
    kürzesten Kreis findet. Welchen Zeit- und Platzbedarf hat der
    Algorithmus?

36. Beweisen Sie: ist G ein zusammenhängender ungerichteter Graph
    mit n Knoten und n - 1 Kanten, dann ist G ein Baum.

37. a) Der <u>Radius</u> eines Baumes ist seine Tiefe. Zeigen Sie, daß
       durch die in BFS(v) verwendeten Vorwärtskanten ein spannen-
       der Baum mit Wurzel v definiert wird, der bzgl. des unge-
       richteten zusammenhängenden Graphen G mit Wurzel v den klein-
       sten Radius unter allen spannenden Bäumen hat.

    b) Schreiben Sie unter Verwendung des Ergebnisses von a) einen
       Algorithmus, welcher einen spannenden Baum mit minimalem Ra-
       dius für G findet. Welchen Zeit- und Platzbedarf hat dieser
       Algorithmus?

38. Der <u>Durchmesser</u> eines Baumes ist die größte Entfernung zwischen
    zwei beliebigen Knoten. Es sei d der Durchmesser eines spannen-
    den Baumes mit minimalem Durchmesser für einen ungerichteten
    zusammenhängenden Graph G. Es sei r der Radius eines spannenden
    Baumes mit minimalem Radius für G.

a) Zeigen Sie, daß gilt: $2r - 1 \leq d \leq 2r$.

b) Schreiben Sie einen Algorithmus, welcher einen spannenden Baum mit minimalem Durchmesser für G findet. (Hinweis: Verwenden Sie die Suchmethode "Zuerst in die Breite gehen" mit kleinen örtlichen Veränderungen.)

c) Beweisen Sie, daß der Algorithmus korrekt arbeitet.

d) Welchen Zeit- und Platzbedarf hat der Algorithmus?

39. Zeigen Sie, daß DFS alle Knoten in G besichtigt, die von v aus erreichbar sind.

40. Zeigen Sie, daß die in Theorem 6.3 angegebenen Schranken für DFS gelten.

41. Ein <u>doppelt geteilter</u> Graph $G = (V, E)$ ist ein ungerichteter Graph, dessen Knoten in zwei disjunkte Mengen V_1 und $V_2 = V - V_1$ aufgeteilt werden können mit den Eigenschaften (i) keine zwei Knoten in V_1 sind in G benachbart und (ii) keine zwei Knoten in V_2 sind in G benachbart. Der Graph G in Abb. 6.6(a) ist doppelt geteilt. Eine mögliche Aufteilung von V ist folgende: $V_1 = \{1, 4, 5, 6, 7\}$ und $V_2 = \{2, 3, 8\}$. Schreiben Sie einen Algorithmus, der entscheidet, ob ein Graph G doppelt geteilt ist. Ist G doppelt geteilt, dann sollte der Algorithmus eine Aufteilung der Knoten in zwei disjunkte Mengen V_1 und V_2 liefern, welche die Eigenschaften (i) und (ii) von oben erfüllen. Zeigen Sie, daß dieser Algorithmus in der Zeit $O(n + e)$ arbeiten kann, falls G durch seine Adjazenzlisten dargestellt wird ($n = |V|$ und $e = |E|$).

42. Es ist leicht einzusehen, daß DFS und BFS für einen beliebigen Graph fast die gleiche Zeit benötigen. Der Platzbedarf kann jedoch beträchtlich differieren.

a) Geben Sie ein Beispiel für einen Graph mit n Knoten, bei
   dem die Rekursionstiefe von DFS gleich n - 1 ist, wenn man
   bei einem bestimmten Knoten v beginnt, die Schlange von BFS
   jedoch höchstens aus einem einzigen Knoten zu jedem beliebigen Zeitpunkt besteht, falls BFS bei dem gleichen Knoten
   v beginnt.

b) Geben Sie ein Beispiel für einen Graph mit n Knoten, für
   den die Schlange von BFS zu einem festen Zeitpunkt n - 1
   Knoten enthält, während die Rekursionstiefe von DFS höchstens eins ist. Beide Suchläufe beginnen beim gleichen Knoten.

43. Eine andere Methode, einen Graph zu durchsuchen, ist die sog.
    D - Suche. Der Unterschied zu BFS besteht darin, daß der näch-
    ste zu erforschende Knoten derjenige ist, welcher zuletzt zur
    Liste der unerforschten Knoten hinzugefügt worden ist. Diese
    Liste arbeitet nicht als Schlange, sondern als Keller.

    a) Schreiben Sie einen Algorithmus für "D - Suche".

    b) Zeigen Sie, daß bei der D - Suche, die beim Knoten v be-
       ginnt, alle von v aus erreichbaren Knoten besichtigt wer-
       den.

    c) Welchen Zeit- und Platzbedarf hat dieser Algorithmus?

    d) Verändern Sie den Algorithmus so, daß er einen spannenden
       Baum für einen ungerichteten zusammenhängenden Graph er-
       zeugt.

44. Schreiben Sie einen Algorithmus, der die reflexive transitive
    Hüllenmatrix A^* eines gerichteten Graphen G bestimmt. Zeigen
    Sie, daß der Zeitbedarf $O(n^2 + ne)$ beträgt, falls G n Knoten
    und e Kanten hat und durch seine Adjazenzlisten dargestellt
    wird. (Hinweis: verwenden Sie entweder BFS oder DFS). Welchen
    zusätzlichen Platzbedarf hat dieser Algorithmus, wenn man von
    dem Platz für G und A^* absieht?

45. Schreiben Sie einen Algorithmus, der einen arithmetischen Aus-
    druck auswertet, welcher als binärer Baum T dargestellt wird.
    Gehen Sie davon aus, daß nur die binären Operatoren +, -, *
    und / auftreten. Jeder Knoten des binären Baumes hat drei Fel-
    der: LSOHN, DATEN und RSOHN. Ist P ein Endknoten, dann ist
    DATEN(P) die Speicheradresse der Variablen oder Konstanten, die
    durch P repräsentiert wird. WERT(DATEN(P)) ist der momentane
    Wert jener Variablen oder Konstanten. Welche Rechenzeit hat die-
    ser Algorithmus?

46. Die postfix - Darstellung eines arithmetischen Ausdrucks L $\odot$ R
    in Infix - Form ist rekursiv definiert als die postfix-Darstel-
    lung von L, gefolgt von der postfix-Darstellung von R, ge-
    folgt von "$\odot$". L und R sind die linken bzw. rechten Operanden
    von "$\odot$". Betrachten wir einige Beispiele:

    <u>Infix</u>   <u>Postfix</u>

      i)   a + b   ab +
     ii)   (a + b)*c   ab + c *
    iii)   (a - b)/(c * d)   ab - cd*/

    Bei der postfix - Notation gibt es keine Klammern.

    a) Geben Sie folgende Ausdrücke in der postfix Form an:

      i)   (a + b*c)/(c - d)
     ii)   a + (b - c)*(b + c) + d/(e - f)
    iii)   a/(b + c) + d*(e - f)

    b) Schreiben Sie einen Algorithmus, der einen postfix - Aus-
        druck E auswertet. Nehmen Sie an, daß E als Zeichenkette
        dargestellt ist, und daß es einen Algorithmus NÄCHSTES__
        ZEICHEN(E) gibt, welcher das nächste Zeichen von E (Ope-
        rator oder Operand) liefert. Wenn der gesamte Ausruck E ab-
        gearbeitet worden ist, liefert NÄCHSTES__ZEICHEN(E) den
        Wert "∞" zurück. Geben Sie davon aus, daß in E nur die bi-
        nären Operatoren +, -, * und / vorkommen. (Hinweis: Unter-
        suchen Sie E von links nach rechts und verwenden Sie einen

Keller zum Abspeichern der Operanden und der Ergebnisse. Jedesmal wenn man in E auf einen Operator stößt, sind die beiden obersten Elemente im Keller dessen rechter und linker Operand.) Welche Komplexität hat dieser Algorithmus?

47. Schreiben Sie einen Algorithmus, der zu dem postfix-Ausdruck E einen binären Ausdrucksbaum liefert. Gehen Sie davon aus, daß E die gleichen Operatoren enthält wie in Aufgabe 46. Um einen neuen Knoten zu erhalten, können Sie den Algorithmus NEUERKNOTEN(X) verwenden. Jeder Knoten hat drei Felder: LSOHN, DATEN und RSOHN. Welche Komplexität hat dieser Algorithmus?

48. Beweisen Sie Theorem 6.5.

49. Vervollständigen Sie Tabelle 6.2 so, daß alle Möglichkeiten für den Code eines Ausdrucks vorkommen, der einige kommutative Operatoren enthält.

50. Verändern Sie den Algorithmus CODE1 so, daß er auch dann optimalen Code erzeugt, wenn der Ausdruck T einige kommutative Operatoren enthält. Beweisen Sie, daß dieser Algorithmus optimalen Code erzeugt.

51. Lösen Sie Aufgabe 50 für den Fall, daß T einige assoziative Operatoren enthält.

52. Geben Sie zu den folgenden Ausdrücken einen Ausdrucksbaum an. Schreiben Sie an die Knoten die MR - Werte und geben Sie den optimalen Code an, der von CODE2 für die Fälle N = 1 und N = 2 erzeugt wird. Gehen Sie davon aus, daß keiner der Operatoren kommutativ oder assoziativ ist.

   i)   (a + b)*(c + d*(e + f)/(g + h))
  ii)   a*b*c/(e - f + g*(h - k)*(1 + m))
 iii)   a*(b - c)*(d + f)/(g*(h + j) - k*1)

53. Schreiben Sie einen Algorithmus zur Berechnung von MR(P) für je-
    den Knoten P eines binären Ausdrucksbaumes T. In Theorem 6.6
    ist die Definition von MR(P) angegeben. Nehmen Sie an, daß jeder
    Knoten P vier Felder hat: LSOHN, DATEN, MR und RSOHN.

54. Beweisen Sie Theorem 6.7.

55. Beweisen Sie Theorem 6.8.

56. Zeigen Sie, daß die Zeitkomplexität von CODE2 $\Theta(n)$ ist, wobei
    n die Anzahl der Knoten in T ist.

57. Zeigen Sie: ist $MR(T) \leq N$, dann erzeugt CODE2 Code unter Verwen-
    dung der minimalen möglichen Anzahl von Registern, wenn keine
    Speicherbefehle zugelassen sind.

58. Beweisen Sie Lemma 6.1.

59. Die Anzahl der Speicherzugriffe, die zur Auswertung eines Codes
    der Länge 1 für einen Ausdruck E notwendig sind, beträgt 1
    (Befehlsholphase) plus einen Zugriff pro Befehl vom Typ LOAD,
    STORE und OP R1, M, R2. Zeigen Sie: falls der Ausdrucksbaum für
    E n Knoten hat und jeder Code für E mindestens s Speicherbefehle
    enthält, dann ist die minimale Zahl der Speicherzugriffe zur Aus-
    wertung irgendeines Codes für E mindestens 1 + n + 3s. Zeigen
    Sie, daß der von CODE2 erzeugte Code genau diese Anzahl von Spei-
    cherzugriffen benötigt.

60. Schreiben Sie einen Algorithmus TAUSCH(T), der linke und rechte
    Teilbäume von Knoten im Ausdrucksbaum T, welche kommutative
    Operatoren darstellen, miteinander vertauscht. Der sich ergebende
    Baum sollte die Eigenschaft haben, daß für jedes gegebene N die
    Summe der Majoritäts- und Minoritätsknoten minimal ist. N ist
    die Anzahl der Register. Welche Komplexität hat dieser Algorith-

mus?

61. Dehnen Sie CODE2 auch auf assoziative Operatoren aus.

62. Schreiben Sie einen Algorithmus, der entscheidet, ob ein gegebe-
     ner UND/ODER - Graph G ein lösbares Problem darstellt. Überlegen
     Sie sich eine geeignete Darstellung für den Graph G.

63. Ändern Sie Algorithmus 6.12 so ab, daß er einen Lösungsteilbaum
     von T ermittelt.

64. Formulieren Sie den Algorithmus LÖSEN1, der im Algorithmus BFGEN
     verwendet wird.

65. Schreiben Sie einen Algorithmus SCHNITT, welcher aus dem Lösungs-
     baum T, der von BFGEN erzeugt worden ist, alle Knoten entfernt,
     die nicht gelöst werden müssen, d.h. in dem ausgegebenen Baum
     müssen alle Knoten gelöst werden, um das gesamte Problem zu lö-
     sen.

66. Betrachten Sie den folgenden hypothetischen Spielbaum:

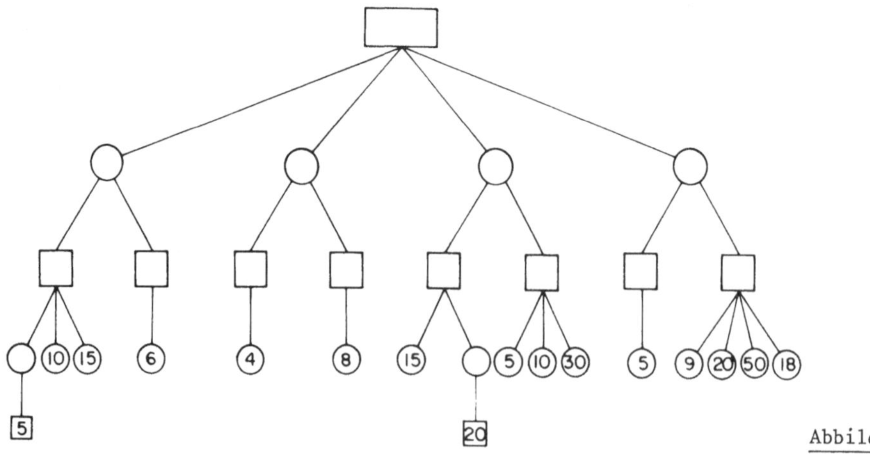

Abbildung 6.33

392

a) Ermitteln Sie mit Hilfe der Minimax - Technik (Gleichung
    (6.1)) den Wert des Wurzelknotens.

b) Welchen Zug sollte Spieler A machen?

c) Zählen Sie die Knoten dieses Spielbaumes in der Reihenfolge
    auf, in der ihre Werte von Algorithmus VE berechnet werden.

d) Berechnen Sie V'(X) für jeden Knoten X im Baum; verwenden Sie
    dabei Gleichung (6.2).

e) Welche Knoten dieses Baumes werden während der Berechnung
    des Wertes des Wurzelknotens nicht ausgewertet, wenn man Al-
    gorithmus AB mit X = Wurzel, 1 = ∞, UG = - ∞ und D = ∞ ver-
    wendet?

67. Zeigen Sie, daß V'(X), welches nach Gleichung (6.2) berechnet wur-
     de, den gleichen Wert hat, wie V(X), das nach Gleichung (6.1) be-
     rechnet wurde, für alle Knoten, die auf Stufen liegen, von denen
     aus A am Zug ist. Zeigen Sie, daß für alle anderen Knoten gilt:
     der nach Gleichung (6.1) berechnete Wert von V(X) ist gleich dem
     negativen, nach Gleichung (6.2) berechneten Wert von V'(X).

68. Zeigen Sie, daß der Algorithmus AB mit dem Erstaufruf UG = - ∞
     und D = ∞ dieselben Ergebnisse liefert wie der Algorithmus VE für
     gleiches X und 1.

69. Geben Sie zu folgenden Graphen die Verbindungspunkte an und
     zeichnen Sie die doppelt zusammenhängenden Komponenten.

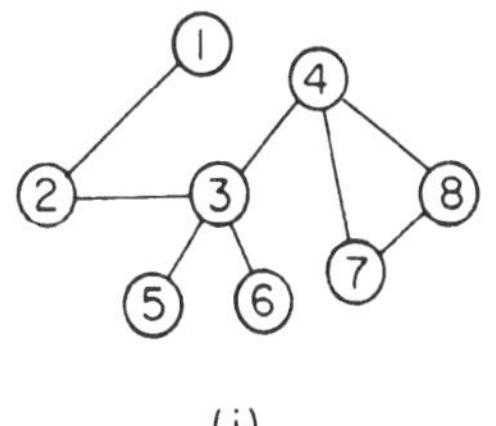

(i)

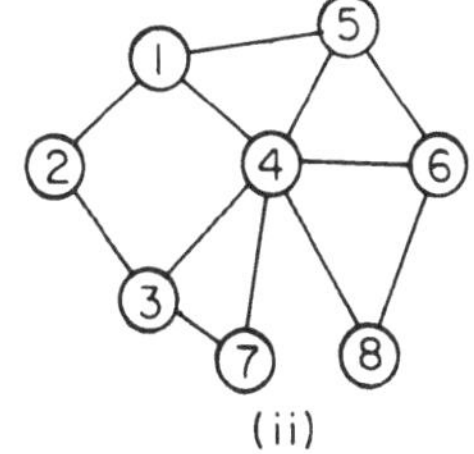

(ii)   Abbildung 6.34

70. Zeigen Sie: ist G ein zusammenhängender ungerichteter Graph,
    dann kann keine Kante von G in zwei verschiedenen doppelt zusam-
    menhängenden Komponenten liegen.

71. Es seien $G_i = (V_i, E_i)$, $1 \leq i \leq k$ die doppelt zusammenhängenden
    Graphen G. Zeigen Sie, daß gilt:

    a) ist $i \neq j$, dann enthält $V_i \cap V_j$ höchstens einen Knoten.

    b) Knoten v ist genau dann ein Verbindungspunkt von G, wenn
        $\{v\} = V_i \cap V_j$ für geeignete i und j, $i \neq j$.

72. G sei ein zusammenhängender ungerichteter Graph. Schreiben Sie
    einen Algorithmus, der die minimale Anzahl von Kanten ermittelt,
    die zu G hinzugefügt werden müssen, damit G doppelt zusammen-
    hängend wird. Der Algorithmus soll solch eine Menge von Kanten
    ausgeben. Welchen Zeit- und Platzbedarf hat dieser Algorithmus?

73. Zeigen Sie: ist T ein BF-spannender Baum für einen ungerichteten
    zusammenhängenden Graph G, dann kann G in bezug auf T Kreuzkan-
    ten haben.

74. Beweisen Sie: u ist genau dann ein Verbindungspunkt, wenn L(w)
    $\geq$ u für irgendeinen Nachfolger w von u ist.

75. Beweisen Sie: fügt man 2.1 und 3.1 - 3.6 zum Algorithmus VER
    hinzu, dann ist die Kante (u, w) - falls entweder v = w oder
    DFZ(w) > DFZ(u) ist - entweder schon im Keller oder sie ist als
    Teil einer doppelt zusammenhängenden Komponenten augegeben wor-
    den.

76. Schreiben Sie einen Algorithmus mit der Zeitkomplexität $\theta(n^2)$,
    welcher die transitive Hüllmatrix A^+ eines ungerichteten Graphen
    G ermittelt.

77. Schreiben Sie einen Algorithmus unter Verwendung von DFS, welcher
    die transitive Hüllmatrix A^+ eines gerichteten Graphen G ermit-
    telt. Zeigen Sie, daß die Rechenzeit $O(n^2 + ne)$ beträgt.

Kapitel 7
Rückverfolgung

7.1 DIE ALLGEMEINE METHODE

Die Rückverfolgung stellt unter den fundamentalen Prinzipien des Algorithmenentwurfs eine der allgemeinsten Techniken dar. Viele Probleme, bei denen man nach einer Menge von Lösungen oder nach einer,
unter gewissen Randbedingungen, optimalen Lösung sucht, können
mit der Rückverfolgungsmethode gelöst werden. Der Name "Rückverfolgung" (backtracking) wurde in den fünfziger Jahren von D. H. Lehmer
geprägt. Relativ früh beschäftigten sich mit diesem Verfahren R.J. Walker, der einen algorithmischen Bericht darüber lieferte, sowie Golomb
und Baumert, welche die Rückverfolgung sehr allgemein beschrieben und
über eine Fülle von Anwendungen berichteten (weitere Einzelheiten findet man im Literaturverzeichnis).

Um die Rückverfolgungsmethode anwenden zu können, muß die gewünschte Lösung als n - Tupel $(x_1, \ldots, x_n)$ darstellbar sein, wobei
die x_i aus einer endlichen Menge S_i gewählt werden. Oft muß man bei
dem zu lösenden Problem einen Vektor finden, welcher eine <u>Kriteriums-</u>
<u>funktion</u> $P(x_1, \ldots, x_n)$ maximiert (oder minimiert oder "erfüllt").
Manchmal sind alle Vektoren gesucht, die P erfüllen. Das Sortieren
ganzer Zahlen in A(1:n) ist z.B. ein Problem, dessen Lösung durch ein
n - Tupel dargestellt werden kann, wobei x_i der Index des i-ten kleinsten Elements in A ist. Die Kriteriumsfunktion P ist die Ungleichung
$A(x_i) \leq A(x_{i+1})$ für $1 \leq i < n$. Die Menge S_i ist endlich und enthält
die ganzen Zahlen 1 bis n. Obwohl Sortieren im allgemeinen nicht zu
den Problemen gehört, die durch Rückverfolgung gelöst werden, ist es
doch ein Beispiel für ein bekanntes Problem, dessen Lösung als n - Tupel formuliert werden kann. In diesem Kapitel behandeln wir eine Menge
von Problemen, die man am besten mit der Rückverfolgungsmethode löst.

Wir nehmen an, daß m_i die Mächtigkeit der Menge S_i ist. Dann gibt

es $m = m_1 m_2 \ldots m_n$ n - Tupel, die möglicherweise die Funktion P erfüllen. Eine drastische Methode würde darin bestehen, alle diese n -
Tupel zu bilden, jedes mit P auszuwerten und jene aufzubewahren, die
das Optimum liefern. Der Vorteil des Rückverfolgungsalgorithmus besteht darin, daß er mit weitaus weniger als m Versuchen das gleiche
Ergebnis liefert. Die Grundidee sieht folgendermaßen aus: der gleiche
Vektor wird komponentenweise aufgebaut; es werden modifizierte Kri-
teriumsfunktionen $P_i(x_1, \ldots, x_i)$ verwendet (manchmal auch Beschränkungsfunktion genannt), um festzustellen, ob der gebildete Vektor
irgendeine Erfolgschance hat. Der Hauptvorteil dieser Methode ist folgender: stellt man fest, daß der Teilvektor $(x_1, x_2, \ldots, x_i)$ unter
keinen Umständen zu einer optimalen Lösung führen kann, dann können
$m_{i+1} \cdots m_n$ mögliche Testvektoren ganz ignoriert werden.

Bei vielen Problemen, die wir mit der Rückverfolgungsmethode lösen werden, ist es erforderlich, daß alle Lösungen eine komplexe Menge
von Randbedingungen erfüllen. Bei jedem beliebigen Problem können diese Bedingungen in zwei Kategorien aufgeteilt werden: explizite und
implizite. <u>Explizite Randbedingungen</u> sind Regeln, die den Wertebereich
jedes x_i auf eine gegebene Menge beschränken. Bekannte Beispiel für
explizite Randbedingungen sind:

$$x_i \geq 0 \quad \text{oder} \quad S_i = \{\text{alle nichtnegativen reellen Zahlen}\}$$
$$x_i = 0 \text{ oder } 1 \quad \text{oder} \quad S_i = \{0, 1\}$$
$$l_i \leq x_i \leq u_i \quad \text{oder} \quad S_i = \{a: l_i \leq a \leq u_i\}$$

Die expliziten Randbedingungen können von der besonderen Problemstellung I des zu lösenden Problems abhängen, müssen aber nicht. Alle Tupel, welche die expliziten Randbedingungen erfüllen, definieren einen
möglichen <u>Lösungsraum</u> für I. Die impliziten Randbedingungen entscheiden, welche der Tupel im Lösungsraum I tatsächlich die Kriteriumsfunktion erfüllen. Sie beschreiben also, auf welche Art und Weise die
x_i zueinander in Beziehung stehen.

<u>Beispiel 7.1</u> (8-Damen-Problem) Ein klassisches Problem aus der Kombinato-
rik besteht darin, auf einem 8 x 8 - Schachbrett acht Damen so aufzustellen, daß keine zwei sich gegenseitig "bedrohen", d.h. daß sie
nicht in der gleichen Zeile, Spalte oder Diagonale stehen. Wir wollen
die Zeilen und Spalten des Schachbretts von 1 bis 8 durchnumerieren.
Da sich jede Dame in einer anderen Zeile befinden muß, können wir
ohne Beschränkung der Allgemeinheit annehmen, daß die Dame i in Zeile
i plaziert wird. Alle Lösungen zum 8 - Damen - Problem kann man daher

als 8 - Tupel $(x_1, \ldots, x_8)$ darstellen, wobei x_i die Spalte ist, in
der die Dame i sich befindet. Die expliziten Randbedingungen sind mit
dieser Formulierung S_i = {1, 2, 3, 4, 5, 6, 7, 8,}, $1 \leq i \leq n$. Also besteht der Lösungsraum aus 8^8 8 - Tupeln. Die implizite Randbedingungen lauten: keine zwei x_i dürfen gleich sein (d.h. alle Damen
müssen sich in verschiedenen Spalten befinden), und keine zwei Damen
dürfen auf der gleichen Diagonalen stehen. Aus der ersten dieser beiden Bedingungen folgt, daß alle Lösungen Permutationen des 8 - Tupels
(1, 2, 3, 4, 5, 6, 7, 8) sind. Diese Realisierung reduziert die Größe
des Lösungsraums von 8^8 Tupeln auf 8! Tupel. Später werden wir sehen,
wie man die zweite Randbedingung durch die x_i ausdrückt. Als 8 - Tupel
ausgedrückt lautet die Lösung in Abb. 7.1: (4, 6, 8, 2, 7, 1, 3, 5).

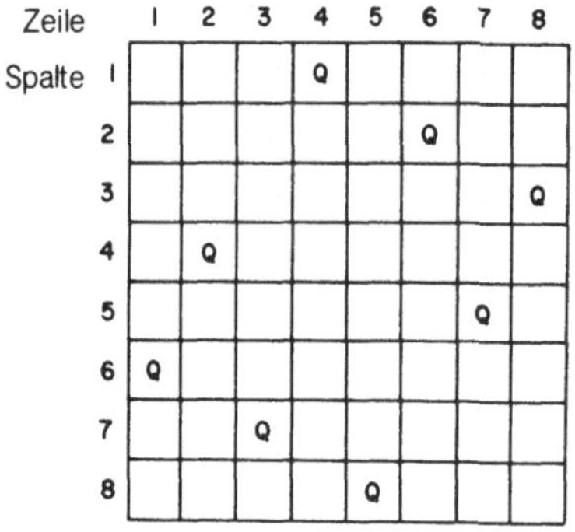

Abbildung 7.1 Eine Lösung zum 8-Damen-Problem

Beispiel 7.2 (Summe von Teilmengen) Gegeben sind n + 1 positive
Zahlen w_i, $1 \leq i \leq n$ und M; das Problem besteht darin, alle Teilmengen der w_i zu finden, deren Summe M ist. Beispiel: n = 4. $(w_1, w_2,$
$w_3, w_4)$ = (11, 13, 24, 7), M = 31. Die gewünschten Teilmengen sind
(11, 13, 7) und (24, 7). Anstatt den Lösungsvektor durch die w_i darzustellen, deren Summe M ist, könnten wir ihn auch durch Indizes dieser
w_i darstellen. Dann werden die beiden Lösungen durch die Vektoren
(1, 2, 4) und (3, 4) beschrieben. Im allgemeinen sind alle Lösungen
k - Tupel $(x_1, x_2, \ldots, x_k)$, $1 \leq k \leq n$; verschiedene Lösungen können
Tupel verschiedener Größe haben. Die expliziten Randbedingungen for-
dern, daß gilt: $x_i \in \{j \mid j$ ist eine ganze Zahl und $1 \leq j \leq n\}$. Die impliziten Randbedingungen erfordern, daß keine zwei gleich sind und
daß die Summe der entsprechenden w_i gleich M ist. Da wir die mehrfache
Erzeugung gleicher Teilmengen vermeiden wollen (z.B. stellen (1, 2, 4)

398

und (1, 4, 2) die gleiche Teilmenge dar), stellen wir eine weitere
Randbedingung auf, nämlich $x_i < x_{i+1}$, $1 \leq i < n$.

Man kann das Problem der Summe von Teilmengen auch so formulieren,
daß jede Lösungsteilmenge durch ein n - Tupel $(x_1, x_2, \ldots, x_n)$ dargestellt wird, so daß gilt: $x_i \in \{0, 1\}$, $1 \leq i \leq n$; $x_i = 0$, falls w_i
nicht gewählt wird, sonst ist $x_i = 1$. Die Lösungen zu obigem Problem
sind (1, 1, 0, 1) und (0, 0, 1, 1). Bei dieser Schreibweise sind alle
Lösungen Tupel mit fester Länge. Daraus schließen wir, daß man ein
Problem auf mehrere Arten formulieren kann, so daß alle Lösungen Tupel sind, die gewissen Randbedingungen genügen. Man kann zeigen, daß
für beide oben verwendeten Formulierungen der Lösungsraum aus 2^n verschiedenen Tupeln besteht.   □

Rückverfolgungsalgorithmen ermitteln Problemlösungen, indem sie
den Lösungsraum für die gegebene Problemstellung systematisch durchsuchen. Diese Suche wird durch eine Baumorganisation für den Lösungsraum erleichtert. Zu einem gegebenen Lösungsraum kann es eine ganze
Reihe von Baumorganisationen geben. In den nächsten Beispielen werden
einige Möglichkeiten untersucht, wie man einen Lösungsraum als Baum
organisieren kann.

Beispiel 7.3 (n-Damen-Problem) Das n-Damen-Problem ist eine Verallgemeinerung des 8 - Damen - Problems aus Beispiel 7.1. Auf einem Schach-
brett mit n x n Feldern sind n Damen so aufzustellen, daß sich keine
zwei bedrohen, d.h. daß keine zwei Damen sich in derselben Zeile,
Spalte oder Diagonale befinden. Verallgemeinern wir unsere frühere
Diskussion, dann besteht der Lösungsraum aus n! Permutationen der n -
Tupel (1, 2, ..., n). Abb. 7.2 zeigt eine mögliche Baumorganisation
für den Fall n = 4. Solch einen Baum nennt man einen Permutationsbaum.
Die Kanten sind mit möglichen x_i - Werten beschriftet. Kanten, die von
Knoten der Stufe 1 zu Knoten der Stufe 2 führen, geben die Werte für
x_1 an. So enthält z.B. der am weitesten links stehende Teilbaum alle
Lösungen mit $x_1 = 1$; dessen am weitesten links stehender Teilbaum ent-
hält alle Lösungen mit $x_1 = 1$ und $x_2 = 2$ usw.... . Kanten, welche von
Stufe i zur Stufe i + 1 führen, sind mit den Werten von x_i bezeichnet.
Der Lösungsraum ist durch alle Wege definiert, die vom Wurzelknoten
zu einem Endknoten führen. Im Baum der Abb. 7.2 gibt es 4! = 24 Endknoten. □

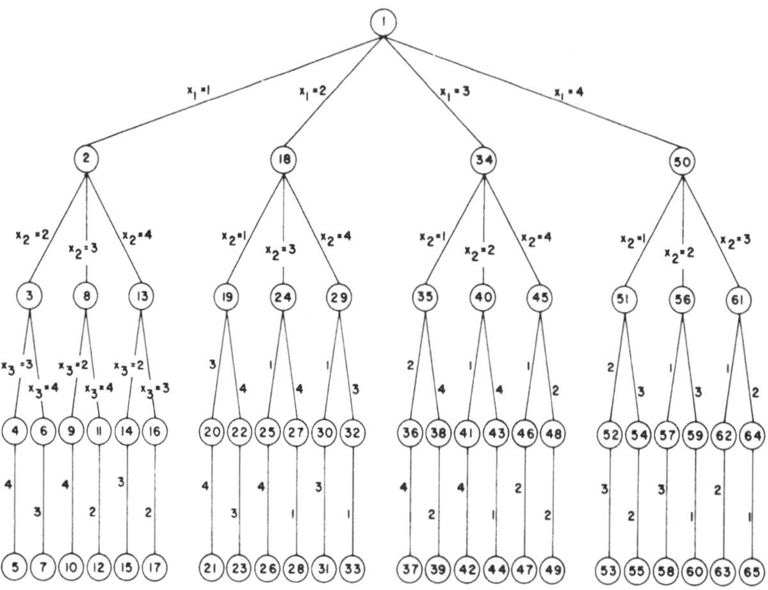

Abbildung 7.2 Baumorganisation zum Lösungsraum des 4-Damen-Problems. Die Knoten sind nach der Methode "zuerst in die Tiefe gehen" numeriert.

Beispiel 7.4   (Summe von Teilmengen) In Beispiel 7.2 haben wir zwei mögliche Beschreibungen des Lösungsraumes für das Problem "Summe von Teilmengen" angegeben. Die Abbildungen 7.3 und 7.4 zeigen eine mögliche Baumorganisation für jede dieser Beschreibungen für den Fall n = 4. Der Baum in Abb. 7.3 entspricht der Beschreibung durch Tupel variabler Länge. Die Kanten sind so bezeichnet, daß eine Kante, die von einem Knoten der Stufe i zu einem der Stufe i + 1 führt, einen Wert für x_i darstellt. Bei jedem Knoten wird der Lösungsraum in Teillösungsräume aufgeteilt. Der Lösungsraum ist durch die Gesamtheit aller Wege vom Wurzelknoten zu jedem Knoten im Baum definiert. Mögliche Wege sind: ( ) (dies entspricht dem leeren Weg von der Wurzel zu sich selbst); (1); (1, 2); (1, 2, 3); (1, 2, 3, 4); (1, 2, 4); (1, 3, 4); (2); (2, 3); usw... . So definiert z.B. der am weitesten links stehende Teilbaum alle Teilmengen, die w_1 enthalten, der nächste alle, die w_2 aber nicht w_1 enthalten, usw... .

Der Baum in Abb. 7.4 entspricht der Beschreibung durch Tupel fester Länge. Kanten, welche von Knoten der Stufe i zu solchen der Stufe i + 1 führen, sind mit dem Wert von x_i markiert, der entweder null oder eins ist. Alle Wege von der Wurzel zu einem Endknoten definieren

400

den Lösungsraum. Der linke Teilbaum der Wurzel definiert alle Teilmengen, die w_1 enthalten, während der rechte Teilbaum alle Teilmengen
definiert, die nicht w_1 enthalten, usw... . Es sind 2^4 Endknoten vorhanden, die 16 mögliche Tupel darstellen. □

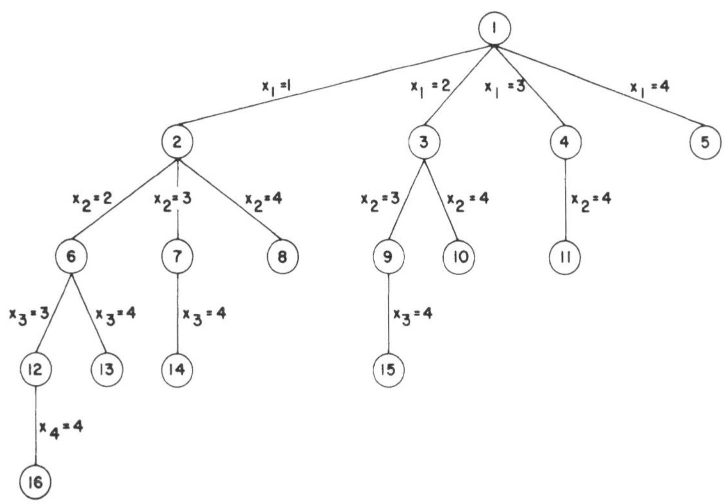

Abbildung 7.3 Eine mögliche Organisation des Lösungsraumes zum Problem der Summe von
Teilmengen. Die Knoten sind nach der Methode "zuerst in die Breite gehen" numeriert.

An dieser Stelle ist es nützlich, bzgl. der Baumorganisationen
von Lösungsräumen eine gewisse Terminologie zu entwickeln. Jeder Knoten dieses Baumes definiert einen <u>Problemzustand</u>. Alle Wege von der
Wurzel zu anderen Knoten definieren den <u>Zustandsraum</u> des Problems.
<u>Lösungszustände</u> sind Problemzustände S, für die der Weg von der Wurzel
zu S ein Tupel im Lösungsraum definiert. Im Baum der Abb. 7.3 sind
alle Knoten Lösungszustände, im Baum der Abb. 7.4 jedoch nur die Endknoten. <u>Ergebniszustände</u> sind Lösungszustände S, für die der Weg von
der Wurzel zu S ein Tupel definiert, das ein Element der Lösungsmenge
des Problems ist (d.h. das den impliziten Randbedingungen genügt). Die
Baumorganisation des Lösungsraumes nennen wir <u>Zustandsraumbaum</u>.

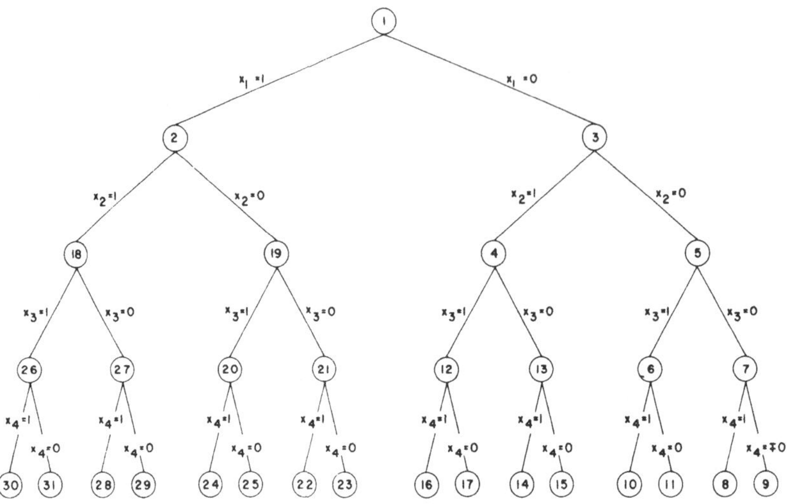

Abbildung 7.4 Eine andere mögliche Organisation für das Problem der Summe von Teilmengen. Die Knoten sind wie bei der D-Suche numeriert.

Bei jedem internen Knoten des Zustandsraumbaumes der Beispiele 7.3 und 7.4 wird der Lösungsraum in disjunkte Teillösungsräume aufgespaltet. So teilt sich z.B. am Knoten 1 der Abb. 7.2 der Lösungsraum in vier disjunkte Mengen auf. Die Teilbäume 2, 18, 34 und 50 stellen alle Elemente des Lösungsraumes mit x_1 = 1, 2, 3 und 4 dar. Am Knoten 2 wird der Teillösungsbaum mit x_1 = 1 weiter aufgespaltet in drei disjunkte Mengen. Der Teilbaum 3 stellt alle Elemente des Lösungsraumes mit x_1 = 1 und x_2 = 2 dar. Bei allen Zustandsraumbäumen, die wir in diesem Kapitel behandeln werden, wird der Lösungsraum bei jedem internen Knoten in disjunkte Teillösungsräume aufgespaltet. Man beachte jedoch, daß dies keine Forderung an einen Zustandsraumbaum ist. Die einzige Forderung besteht darin, daß jedes Element des Lösungsraumes durch mindestens einen Knoten im Zustandsraumbaum dargestellt wird.

Die in Beispiel 7.4 beschriebenen Organisationen von Zustandsraumbäumen nennt man <u>statische Bäume</u>. Der Name leitet sich von der Tatsache ab, daß die Baumorganisationen von der zu lösenden Problemstellung unabhängig sind. Bei einigen Problemen ist es jedoch vorteilhaft, für verschiedene Problemstellungen auch verschiedene Baumorganisationen zu wählen. In diesem Fall wird die Baumorganisation dynamisch beim Durchsuchen des Lösungsraumes bestimmt. Solche Baumorganisationen, die von der Problemstellung abhängig sind, nennt man <u>dynamische Bäume</u>. Be-

trachten wir als Beispiel die Formulierung des Problems der Summe von
Teilmengen mit Hilfe von Tupeln fester Länge (Beispiel 7.4). Wenn wir
eine dynamische Baumorganisation verwenden, können wir eine Problemstellung mit n = 4 mit Hilfe der in Abb. 7.4 gezeigten Organisation
lösen, während eine andere Problemstellung mit n = 4 gelöst werden
kann, indem wir einen Baum verwenden, bei dem auf Stufe 1 die Aufteilung der Konfiguration x_2 = 1 und x_2 = 0 entspricht. Auf Stufe 2 könnte die Aufteilung der Konfiguration x_1 = 1 und x_1 = 0 entsprechen, auf
Stufe 3 x_3 = 1 und x_3 = 0 usw... . In den Abschnitten 7.6 und 8.3 werden wir uns näher mit dynamischen Bäumen befassen.

Nachdem man sich zu irgendeinem Problem einen Zustandsraumbaum vorgestellt hat, kann dieses Problem dadurch gelöst werden, daß man die
Problemzustände systematisch erzeugt und entscheidet, welche davon
Lösungszustände und schließlich Ergebniszustände sind. Es gibt zwei
voneinander grundsätzlich verschiedene Methoden zur Erzeugung der Problemzustände. Beide beginnen mit dem Wurzelknoten und erzeugen andere
Knoten. Ein Knoten, der schon erzeugt worden ist, dessen Nachfolger
aber noch nicht erzeugt worden sind, nennt man einen <u>lebendigen Kno-
ten</u>. Der lebendige Knoten, dessen Nachfolger gerade erzeugt werden,
heißt der <u>E - Knoten</u> (der zu expandierende Knoten). Ein <u>toter Knoten</u>
ist ein erzeugter Knoten, der entweder nicht weiter expandiert wird
oder ein Knoten, dessen Nachfolger bereits alle erzeugt sind. Beide
Methoden zur Erzeugung von Problemzuständen verwenden eine Liste von
lebendigen Knoten. Bei der ersten Methode wird ein neuer Nachfolger
C des momentanen E - Knotens R sofort nach Erzeugung der neue E - Knoten. R wird dann wieder zum E - Knoten, wenn der Teilbaum C vollständig erforscht worden ist. Dies entspricht einer Erzeugung der Problemzustände nach der Methode "Zuerst in die Tiefe gehen". Bei der zweiten Zustandserzeugungsmethode bleibt der E - Knoten ein E - Knoten so
lange, bis er tot ist. Bei beiden Methoden verwendet man Beschränkungsfunktionen, um lebendige Knoten zu eliminieren, ohne alle Nachfolger
zu erzeugen. Dies geschieht entsprechend sorgfältig, so daß am Ende
des Prozesses immer mindestens ein Ergebnisknoten erzeugt wird oder
daß alle Ergebnisknoten erzeugt werden, falls das Problem das Auffinden aller Lösungen erfordert. Die Knotenerzeugung mit Beschränkungsfunktionen nach der Methode "Zuerst in die Tiefe gehen" nennt man
<u>Rückverfolgung.</u> Zustandserzeugungsmethoden, bei denen der E - Knoten
so lange E - Knoten bleibt, bis er tot ist, führen zu der Methode
"Verzweigen und Beschränken". Diese wird im 8. Kapitel behandelt.

Die Knoten in Abb. 7.2 wurden in der Reihenfolge numeriert, wie
sie bei einem Erzeugungsprozeß "Zuerst in die Tiefe gehen" generiert

worden wären. Die Knoten in den Abbildungen 7.3 und 7.4 wurden so
numeriert, daß sie zwei Erzeugungsmethoden entsprechen, bei denen der
E - Knoten so lange E - Knoten bleibt, bis er tot ist. In Abb. 7.3
wird jeder neue Knoten in eine Schlange eingereiht. Sind alle Nachfolger des momentanen E - Knotens erzeugt, dann wird der nächste Knoten am Anfang der Schlange der neue E - Knoten. In Abb. 7.4 werden
neue Knoten nicht in einer Schlange, sondern in einem Keller abgelegt.
Diese beiden Alternativen werden in der zur Zeit üblichen Terminologie nicht einheitlich bezeichnet. Eine typische Bezeichnung für die
Methode, welche eine Schlange verwendet, ist BF - Erzeugung (breadth
first generation; Erzeugung nach der Methode "Zuerst in die Breite
gehen"). Die Methode, welche einen Keller verwendet, nennt man D -
Suche (depth search; Tiefensuche).

<u>Beispiel 7.5</u> (4-Damen-Problem) Wir wollen uns ansehen, wie das 4-Damen-
Problem aus Beispiel 7.3 mit der Methode der Rückverfolgung gelöst
wird. Als Beschränkungsfunktion wählen wir folgendes einleuchtende
Kriterium: ist $(x_1, x_2, \ldots, x_i)$ der Weg zum momentanen E - Knoten,
dann sind alle Nachfolgerknoten mit den Vater - Sohn - Bezeichnungen
x_{i+1} so beschaffen, daß $(x_1, \ldots, x_{i+1})$ eine Schachbrettkonfiguration
repräsentiert, bei der sich keine zwei Damen bedrohen. Wir beginnen
mit dem Wurzelknoten als einzigem lebendigen Knoten. Dieser wird der
E - Knoten, und der Weg ist ( ). Wir erzeugen einen Nachfolger. Wir
nehmen an, daß die Nachfolger in aufsteigender Folge erzeugt werden.
Also wird der Knoten Nummer 2 in Abb. 7.2 erzeugt, und der Weg ist
jetzt (1). Dies entspricht dem Aufstellen der Dame 1 in Spalte 1.
Knoten 2 wird der E - Knoten. Er wird jedoch eliminiert, da alle seine Nachfolger Brettkonfigurationen darstellen, die nicht zu einem Ergebnisknoten führen können. Wir gehen zu Knoten 2 zurück und erzeugen
einen weiteren Nachfolger, nämlich Knoten 13. Der Weg ist jetzt (1, 4).
Abb. 7.5 zeigt die Brettkonfigurationen bei fortschreitender Rückverfolgung. Darin werden die Schritte graphisch dargestellt, die der
Rückverfolgungsalgorithmus beim Auffinden der Lösung durchläuft. Die
Punkte markieren Plazierungen einer Dame, die versucht aber wieder
verworfen wurden, da eine andere Dame angriff. In Abb. 7.5(6) wird
die zweite Dame in den Spalten 1 und 2 plaziert und landet schließlich
in Spalte 3. Bei c) hat der Algorithmus alle vier Spalten durchpro-
biert, konnte aber die nächste Dame nicht aufstellen. Jetzt läuft die
Rückverfolgung an. Bei d) wird die zweite Dame zur nächsten möglichen
Spalte (Spalte 4) geschoben; die dritte Dame wird in Spalte 2 aufgestellt. Die Bilder 7.5 (e, f, g, h) zeigen die restlichen Schritte,

die der Algorithmus durchläuft, bis er eine Lösung gefunden hat.

Abb. 7.6 zeigt den Teil des Baumes aus Abb. 7.2, der tatsächlich erzeugt wird. Die Knoten sind in der Reihenfolge numeriert, wie sie erzeugt wurden. Ein Knoten, der als Ergebnis der Anwendung der Beschränkungsfunktion eliminiert wurde, ist mit einem "B" markiert. Man vergleiche diesen Baum mit den 31 Knoten aus Abb. 7.2. □

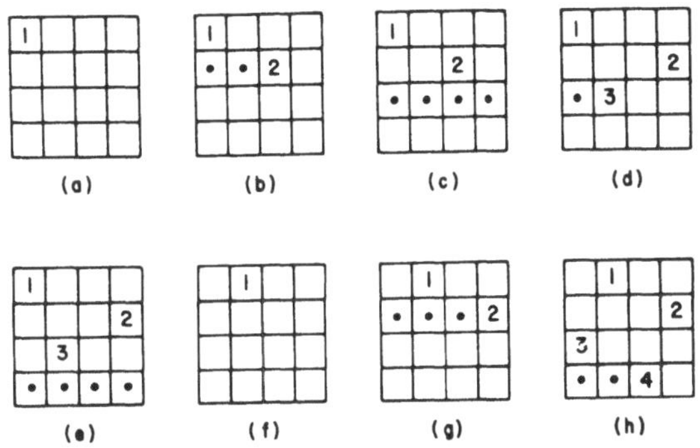

Abbildung 7.5 Beispiel für eine Rückverfolgungslösung zum 4-Damen-Problem

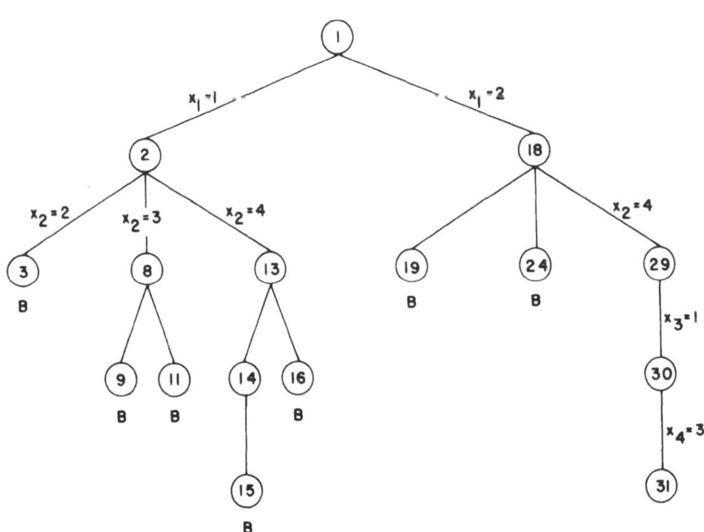

Abbildung 7.6 Teil des Baumes aus Abb.7.2, der während der Rückverfolgung
erzeugt wird

Nach Behandlung dieses Beispiels sind wir nun in der Lage, den
Rückverfolgungsprozeß präzise zu formulieren. Dabei werden wir diese
Methode allgemein behandeln. Wir nehmen an, daß nicht nur ein Ergebnisknoten gefunden werden soll, sondern alle. Es sei $(x_1, x_2, \ldots,
x_i)$ ein Weg von der Wurzel zu einem Knoten in einem Zustandsraumbaum.
Es sei $T(x_1, x_2, \ldots, x_i)$ die Menge aller möglichen Werte für x_{i+1} mit
der Eigenschaft, daß $(x_1, x_2, \ldots, x_{i+1})$ ebenfalls ein Weg zu einem
Problemzustand ist. Wir nehmen an, daß es Beschränkungsfunktion B_{i+1}
(als Prädikate ausgedrückt) gibt, mit der Eigenschaft, daß $B_{i+1}(x_1, x_2,
\ldots, x_{i+1})$ für einen Weg $(x_1, x_2, \ldots, x_{i+1})$ vom Wurzelknoten zu einem
Problemzustand nur dann den Wert "falsch" hat, wenn der Weg nicht bis
zu einem Ergebnisknoten ausgedehnt werden kann. Also kommen als Kandidaten für die Position $i + 1$ des Lösungsvektors $X(1:n)$ jene Werte in
Frage, die von T erzeugt werden und die B_{i+1} genügen. Die Prozedur
RÜCKVERFOLGUNG (Algorithmus 7.1) ist das allgemeine Rückverfolgungsschema, das T und B_{i+1} verwendet.

```
procedure RÜCKVERFOLGUNG(n)
  //Dieses Programmschema beschreibt den Rückverfolgungsprozeß.//
  //Alle Lösungen werden in X(1:n) erzeugt und ausgedruckt, sobald//
  //sie festliegen. T(X(1), ..., X(k - 1)) liefert alle möglichen//
  //Werte von X(k) unter der Voraussetzung, daß X(1), ..., X(k - 1)//
  //bereits ausgewählt worden sind. Die Prädikate B_k(X(1), ...X(k))//
  //bestimmen diejenigen Elemente X(k), welche die impliziten Rand-//
  //bedingungen erfüllen.//
  integer k, n; local X(1:n)
  k ← 1
  while k > 0 do
    if ein noch nicht getestetes X(k) bleibt übrig mit
       X(k) ∈ T(X(1), ..., X(k - 1)) and B_k(X(1), ..., X(k)) = true
    then if (X(1), ..., X(k)) ist ein Weg zu einem Ergebnisknoten
         then print (X(1), ..., X(k)) endif
         k ← k + 1    //betrachte die nächste Menge//
    else k ← k - 1    //gehe zurück zur letzten Menge//
    endif
  repeat
end RÜCKVERFOLGUNG
```

Algorithmus 7.1 Allgemeine Rückverfolgungsmethode

Man beachte, daß T( ) die Menge aller möglichen Werte liefert,
die als erste Komponente X(1) des Lösungsvektor in Frage kommen. X(1)
nimmt diejenigen Werte an, für welche die Beschränkungsfunktion $B_1(x(1))$
Den Wert "wahr" hat. Außerdem beachte man, wie die Elemente nach der
Methode "Zuerst in die Tiefe gehen" erzeugt werden. k wird fortlaufend erhöht, und es wird ein Lösungsvektor aufgebaut, bis entweder
eine Lösung gefunden worden ist oder bis alle X(k) ausprobiert worden
sind. Wird k heruntergezählt, dann muß der Algorithmus die Erzeugung
möglicher Elemente für die k-te Position, die noch nicht getestet
worden sind, wieder aufnehmen. Deshalb muß man eine Prozedur entwickeln, welche diese Werte in igendeiner Folge erzeugt. Wird nur eine
einzige Lösung gewünscht, dann genügt ein <u>return</u> nach der <u>print</u> - Anweisung.

Der Algorithmus 7.2 stellt eine rekursive Formulierung des Rückverfolgungsalgorithmus dar. Dadurch kann man die Rückverfolgung auf
eine natürliche Art und Weise beschreiben, denn diese ist im wesentlichen ein postorder Durchlauf eines Baumes (siehe Abschnitt 6.1). Diese rekursive Version wird am Anfang mit

<u>call</u> RERÜCKVERFOLGUNG(1)

aufgerufen.

```
procedure RERUCKVERFOLGUNG(k)
    //Dieses Programmschema beschreibt den Rückverfolgungsprozeß mit//
    //Hilfe der Rekursion. Beim Aufruf sind die ersten k - 1 Werte//
    //X(1), ..., X(k - 1) des Lösungsvektors X(1:n) bereits zugewie-//
    //sen.//
    global n, X(1:n)
    for jedes X(k) mit
        X(k) ∈ T(X(1), ..., X(k - 1) and B_k(X(1), ..., X(k)) = true do
        if (X(1), ..., X(k)) ist ein Weg zu einem Ergebnisknoten
            then print (X(1), ..., X(k)) endif
        call RERÜCKVERFOLGUNG(k + 1)
    repeat
end RERÜCKVERFOLGUNG
```

<u>Algorithmus</u> 7.2 Rekursiver Rückverfolgungsalgorithmus

407

Der Lösungsvektor $(x_1, \ldots, x_n)$ wird als ein globales Feld $X(1:n)$
behandelt. Alle für die k-te Position des Tupels, welches B_k erfüllt,
möglichen Elemente werden nacheinander erzeugt und zum momentanen Vektor $(X(1), \ldots, X(k - 1))$ hinzugefügt. Jedesmal wenn $X(k)$ hinzugefügt
wird, wird festgestellt, ob eine Lösung gefunden worden ist. Dann wird
der Algorithmus rekursiv aufgerufen. Beim Verlassen der <u>for</u> - Schleife existieren keine Werte mehr für $X(k)$, und die momentane Kopie von
RERÜCKVERFOLGUNG ist beendet. Jetzt wird der letzte noch nicht abge-
arbeitete Aufruf weiterbehandelt; dies ist derjenige, der die restlichen Elemente untersucht unter der Annahme, daß nur k - 1 Werte gesetzt worden sind.

Wenn k größer als n wird, liefert $T(X(1), \ldots, X(k - 1))$ die leere
Menge zurück; daher wird die <u>for</u> - Schleife nie ausgeführt. In diesem
Programm werden auch alle Lösungen ausgedruckt; es wird angenommen,
daß Tupel verschiedener Länge eine Lösung enthalten können. Wird nur
eine einzige Lösung gewünscht, dann kann als Parameter eine Anzeige
(flag) hinzugefügt werden, welche das erstmalige Auftreten eines Er-
folges signalisiert.

<u>Effizienz</u>

Die Effizienz der gerade behandelten Rückverfolgungsprogramme
hängt sehr stark von vier Faktoren ab: (i) von der Zeit, die zur Erzeugung des nächsten $X(k)$ benötigt wird; (ii) von der Anzahl der $X(k)$,
welche die expliziten Randbedingungen erfüllen; (iii) von der mit den
Beschränkungsfunktionen B_i zusammenhängenden Zeit und (iv) von der Anzahl der $X(k)$, welche die B_i für alle i erfüllen. Beschränkungsfunktionen werden als gut angesehen, wenn sie die Anzahl der erzeugten
Knoten beträchtlich reduzieren. Gewöhnlich ist es jedoch so, daß gute
Beschränkungsfunktionen auch mehr Zeit zur Auswertung brauchen. Wünschenswert ist eine Reduzierung der Gesamtrechenzeit und nicht nur
der Anzahl der erzeugten Knoten. Bei vielen Problemen ist der Zustandsraumbaum zu groß, um alle Knoten erzeugen zu können. Man muß Beschränkungsfunktionen verwenden und hofft, innerhalb einer vernünftigen
Zeitspanne wenigstens eine Lösung zu finden. Für viele Probleme kennt
man jedoch keine hochentwickelten Beschränkungsfunktionen (z.B. n -
Damen - Problem).

Ein allgemeines effizientes Suchprinzip ist das der <u>Neuordnung</u>
(rearrangement). Bei vielen Problemen kommt es auf die Reihenfolge
der Mengen S_i nicht an. Daraus ergibt sich: wenn alle anderen Dinge

gleich sind, ist es effizienter, als nächstes aus der Menge mit den
wenigsten Elementen auszuwählen. Diese Strategie rentiert sich nicht
beim n - Damen - Problem, und man kann Beispiele konstruieren, die beweisen, daß dieses Prinzip nicht immer funktioniert. Vom informations-
theoretischen Standpunkt aus kann man jedoch zeigen, daß im Durchschnitt die Wahl aus der kleinsten Menge effizienter ist. Welchen Wert
diese heuristische Methode haben kann, ist in Abb. 7.7 gezeigt, wo
zum gleichen Problem zwei Rückverfolgungssuchbäume angegeben sind.
Können wir in Abb. 7.7(a) einen Knoten der Stufe 1 entfernen, dann
nehmen wir tatsächlich zwölf mögliche 4 - Tupel von der Betrachtung
aus. Entfernen wir jedoch in Abb. 7.7(b) einen Knoten der Stufe 1 aus
dem Baum, dann werden nur acht Tupel eliminiert. Im Zusammenhang mit
dynamischen Zustandsraumbäumen werden wir noch raffiniertere Strategien zur Neuordnung kennenlernen.

Wie bereits vorher erwähnt gibt es vier Faktoren, welche die von
einem Rückverfolgungsalgorithmus benötigte Zeit bestimmen. Nachdem
einmal die Organisation des Zustandsraumbaumes festliegt, sind die
ersten drei Faktoren relativ unabhängig von der zu lösenden Problemstellung. Lediglich der vierte Faktor, nämlich die Anzahl der erzeugten Knoten, ist von Problem zu Problem verschieden. Es kann sein, daß
ein Rückverfolgungsalgorithmus bei einer Problemstellung nur $O(n)$ Knoten erzeugt, bei einer anderen (sogar nahe verwandten) aber fast alle
Knoten des Zustandsraumbaumes. Ist die Anzahl der Knoten im Lösungsraum 2^n bzw. n!, dann wird die Rechenzeit im ungünstigsten Fall bei
einem Rückverfolgungsalgorithmus im allgemeinen $O(p(n)2^n)$ bzw. $O(q(n)$
n!) sein; dabei sind $p(n)$ und $q(n)$ Polynome in n. Die Rückverfolgung
ist deshalb bedeutsam, weil einige Problemstellungen, bei denen n groß
ist, mit äußerst geringem Zeitaufwand gelöst werden können. Die einzige Schwierigkeit besteht darin, das Verhalten des Rückverfolgungsalgorithmus bei der zu lösenden Problemstellung vorherzusagen.

Mit Hilfe von Monte - Carlo - Methoden kann man die Anzahl der
von einem Rückverfolgungsalgorithmus erzeugten Knoten abschätzen. Dieser Methode liegt die Idee zugrunde, einen zufälligen Weg im Zustandsraumbaum zu erzeugen. X sei ein zu diesem Weg gehörender Knoten. Wir
nehmen an, daß X sich auf Stufe i des Zustandsraumbaumes befindet.
Mit Hilfe der Beschränkungsfunktionen wird am Knoten X die Anzahl m_i
seiner Nachfolger bestimmt, welche nicht beschränkt werden. Der nächste Knoten wird durch zufällige Auswahl unter diesen nichtbeschränk-
ten m_i Nachfolgern ermittelt. Die Wegerzeugung endet an einem Knoten der entweder ein Endknoten ist oder dessen Nachfolger alle beschränkt werden. Mit Hilfe dieser m_i-Werte kann man die Gesamtzahl m

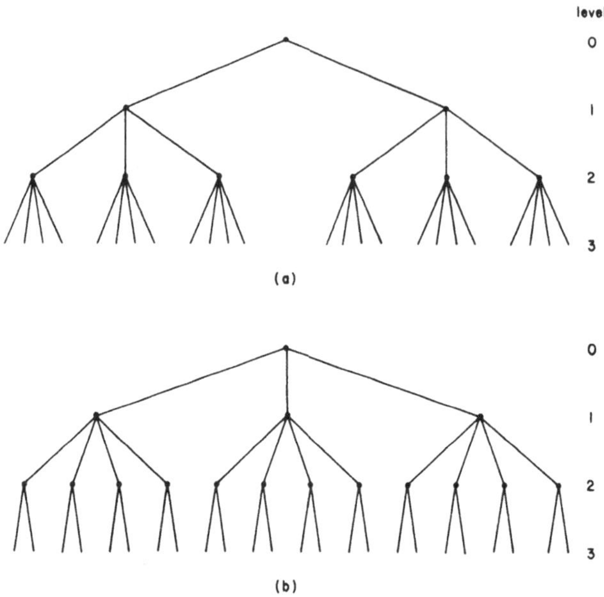

<u>Abbildung 7.7</u>   Neuanordnung

aller Knoten im Zustandsraumbaum abschätzen, die nicht beschränkt werden. Diese Zahl ist besonders dann von Nutzen, wenn nach allen Ergebnisknoten gesucht wird. In diesem Fall müssen alle unbeschränkten Knoten erzeugt werden. Ist nur eine einzige Lösung verlangt, dann kann m unter Umständen kein besonders guter Schätzwert sein, da der Rückverfolgungsalgorithmus bereits nach Erzeugung eines kleinen Teils aller m Knoten eine Lösung ermittelt hat. Wollen wir m an Hand der m_i - Werte abschätzen, dann müssen wir bzgl. der Beschränkungsfunktionen eine Annahme machen. Wir gehen davon aus, daß diese statisch sind, d.h. daß der Rückverfolgungsalgorithmus seine Beschränkungsfunktionen in der Zeit, in der er bei der Ausführung Informationen sammelt, nicht ändert. Überdies wird für alle Knoten der gleichen Stufe im Zustandsraumbaum genau dieselbe Funktion verwendet. Diese Annahme trifft für die meisten Rückverfolgungsalgorithmen nicht zu. Die Beschränkungsfunktionen werden meistens bei fortschreitender Suche stärker. In diesen Fällen ist unser Schätzwert für m größer; wir würden einen kleineren Wert erhalten, wenn wir die Änderung der Beschränkungsfunktionen in Betracht zögen.

Wir nehmen im weiteren statische Beschränkungsfunktionen an und

stellen fest, daß die Anzahl der unbeschränkten Knoten der Stufe 2
gleich m_1 ist. Falls im Suchbaum Knoten gleicher Stufe auch gleichen
Grad haben, dann würden wir erwarten, daß jeder Knoten der Stufe 2
im Durchschnitt m_2 unbeschränkte Nachfolger hat. Damit gibt es auf
Stufe 3 insgesamt $m_1 m_2$ Knoten. Die erwartete Anzahl von unbeschränkten Knoten auf Stufe 4 ist $m_1 m_2 m_3$. Allgemein gilt: die erwartete Anzahl von Knoten der Stufe $i + 1$ ist $m_1 m_2 \ldots m_i$. Also beträgt die geschätzte Zahl m von unbeschränkten Knoten, die bei der Lösung der vorgegebenen Problemstellung I erzeugt werden, $m = 1 + m_1 + m_1 m_2 + m_1 m_2 m_3$
$+ \ldots$.

Die Prozedur SCHÄTZEN ist ein Algorithmus zur Ermittlung des Wertes m. Sie wählt einen zufälligen Weg von der Wurzel des Zustandraum-
baumes aus. Die Funktion GRÖSSE liefert die Mächtigkeit der Menge T_k.
Die Funktion WÄHLEN trifft eine zufällige Auswahl eines Elements in
T_k. Die gewünschte Summe wird mit Hilfe der Variablen m und r aufgebaut.

```
procedure SCHÄTZEN
   //Diese Prozedur verfolgt einen zufälligen Weg in einem Zustands-//
   //raumbaum und erzeugt einen Schätzwert für die Anzahl der Knoten//
   //im Baum.//
   m ← 1; r ← 1; k ← 1
   loop
      T_k ← {X(k): X(k) ∈ T(X(1), ..., X(k - 1)) and B_k(X(1), ..., X(k))}
      if GRÖSSE(T_k) = 0 then exit endif
      r ← r * GRÖSSE(T_k)
      m ← m + r
      X(k) ← WÄHLEN(T_k)
      k ← k + 1
   repeat
   return (m)
end SCHÄTZEN
```

Algorithmus 7.3   Abschätzen der Effizienz der Rückverfolgung

In späteren Abschnitten werden wir diesen Schätzalgorithmus verwenden, wenn wir die Lösung verschiedener Probleme durch Rückverfolgung betrachten.
Man erhält einen besseren Schätzwert für die Zahl der unbeschränkten
Knoten, die von einem Rückverfolgungsalgorithmus erzeugt werden, wenn

man mehrere verschiedene zufällige Wege (typisch ≤ 20) auswählt und
dann einen Mittelwert bestimmt.

7.2 DAS 8 - DAMEN - PROBLEM

Jetzt sind wir soweit, daß wir die Lösung des 8 - Damen - Problems
nach der Rückverfolgungsmethode in Angriff nehmen können. Wir werden
das Problem auf triviale Weise verallgemeinern und ein Schachbrett mit
n x n Feldern betrachten und versuchen, alle Möglichkeiten zu finden,
wie man n Damen so aufstellen kann, daß sie sich nicht gegenseitig an-
greifen. Aus dem 4 - Damen - Problem wissen wir bereits, daß wir eine
Lösung durch ein n - Tupel $(x_1, \ldots, x_n)$ darstellen können, wobei x_i
die Spalte der i-ten Zeile ist, wo die i-te Dame aufgestellt wird.
Alle x_i - Werte sind verschieden, da man keine zwei Damen in derselben Spalte aufstellen darf. Wie stellt man fest, ob zwei Damen in derselben Diagonalen stehen?

Wir stellen uns vor, daß die Felder des Schachbretts so durchnumeriert werden, daß sie den Indizes des zweidimensionalen Feldes A(1:n,
1:n) entsprechen. Dann haben alle Elemente, welche in derselben Diagonalen liegen, die von links oben nach rechts unten läuft, die gleichen Zeilen- und Spaltenwerte. Auch ist bei allen Elementen der gleichen Diagonalen, die von rechts oben nach links unten führen, die
Summe der Zeilen- und Spaltenwerte gleich. Wir nehmen an, daß zwei
Damen an den Positionen (i, j) und (k, 1) aufgestellt werden. Dann
liegen sie nach dem oben Gesagten nur dann in derselben Diagonalen,
wenn gilt:

$$i - j = k - 1 \text{ oder } i + j = k + 1.$$

Aus der ersten Gleichung folgt:

$$j - 1 = i - k.$$

Aus der zweiten Gleichung ergibt sich:

$$j - 1 = k - i$$

Also liegen zwei Damen genau dann in derselben Diagonalen, wenn $|j - 1|$
$= |i - k|$ ist.

Die Prozedur PLAZIERE(k) liefert einen Boole'schen Wert,

der "true" ist, falls die k-te Dame an der Stelle plaziert werden
kann, die dem momentanen Wert von X(k) entspricht. Die Prozedur stellt
fest, ob X(k) von allen vorangehenden Werten X(1), ..., X(k - 1) verschieden ist, und ob keine zweite Dame in derselben Diagonalen aufgestellt ist. Die Rechenzeit der Prozedur ist O(k - 1).

```
procedure PLAZIERE(k)
  //Die Prozedur liefert den Wert "true", falls eine Dame in//
  //der k-ten Zeile und in der X(k)-ten Spalte plaziert werden kann.//
  //Andernfalls wird der Wert "false" geliefert. X ist ein glo-//
  //bales Feld, bei dem die ersten k Werte besetzt sind. ABS(r) lie-//
  //fert den Betrag von r.//
  global X(1:k); integer i, k
  i ← 1
  while i < k do
    if X(i) = X(k)    //zwei in derselben Spalte//
      or ABS(X(i) - X(k)) = ABS(i - k)    //in derselben Diagonalen//
        then return (false)
    endif
    i ← i + 1
  repeat
  return (true)
end PLAZIERE
```

    Algorithmus 7.4   Kann eine neue Dame plaziert werden?

Mit Hilfe der Prozedur PLAZIERE können wir jetzt die in Algorithmus
7.1 formulierte allgemeine Rückverfolgungsmethode verfeinern und eine
präzise Lösung zum n - Damen - Problem angeben.

```
procedure  NDAMEN(n)
  //Diese Prozedur benutzt die Rückverfolgungsmethode und druckt al-//
  //le möglichen Plazierungen von n Damen auf einem n x n - Schach-//
  //brett unter der Voraussetzung, daß diese sich nicht gegenseitig//
  //bedrohen.//
  integer k, n, X(1:n)
  X(1) ← 0; k ← 1    //k ist die momentane Zeile, X(k) die momentane//
                     //Spalte//
  while k > 0 do    //für alle Zeilen true//
    X(k) ← X(k) + 1    //gehe zur nächsten Spalte//
```

```
    while X(k) ≤ n and not PLAZIERE(k) do    //kann diese Dame pla-//
                                             //ziert werden?//
       X(k) ← X(k) + 1
    repeat
    if X(k) ≤ n    //eine Position wurde gefunden//
       then if k = n    //ist eine Lösung vollständig?//
           then print (X)    //ja, drucke das Feld//
           else k ← k + 1; X(k) ← 0    //gehe zur nächsten Zeile//
           endif
       else k ← k - 1    //Rückverfolgung//
    endif
  repeat
end NDAMEN
```

<u>Algorithmus 7.5</u> Alle Lösungen zum n - Damen - Problem

An dieser Stelle können wir fragen, wie effizient die Prozedur
NDAMEN im Vergleich zu der anfangs erwähnten drastischen Methode ist.
Bei einem 8 x 8 - Schachbrett gibt es $\binom{64}{8}$ Möglichkeiten, wie man
acht Elemente anordnen kann bzw. 4,4 Milliarden 8 - Tupel, die untersucht werden müssen. Läßt man jedoch die Plazierung von Damen nur in
verschiedenen Zeilen und Spalten zu, dann müssen nur höchstens 8! oder
40 320 8 - Tupel untersucht werden.

Mit Hilfe der Prozedur SCHÄTZEN können wir die Anzahl der Knoten
abschätzen, die von NDAMEN erzeugt werden. Man beachte, daß die für
die Prozedur SCHÄTZEN gemachten Annahmen auch für NDAMEN gelten. Die
Beschränkungsfunktion ist statisch. Im Verlauf der Suche wird die
Funktion nicht verändert. Außerdem haben alle Knoten derselben Stufe
des Zustandsraumbaumes den gleichen Grad. In Abb. 7.8 sind fünf 8 x 8-
Schachbretter dargestellt, die von der Prozedur SCHÄTZEN erzeugt wurden. Die Plazierungen der Damen auf dem Schachbrett wurden - wie erforderlich - zufällig ausgewählt. Bei jeder Wahl haben wir Buch geführt über die Zahl der Spalten, in denen eine Dame berechtigterweise
plaziert werden kann. Diese Zahlen stehen in dem Vektor neben jedem
Schachbrett. Die dahinterstehende Zahl entspricht dem Wert, den die
Prozedur SCHÄTZEN aus diesen Angaben erzeugen würde. Der Mittelwert
dieser fünf Versuche beträgt 1625. Die Gesamtzahl aller Knoten im
Zustandsraumbaum für das 8 - Damen - Problem ist

$$1 + \sum_{j=0}^{7} \left(\prod_{i=0}^{j} (8 - i) \right) = 69,281.$$

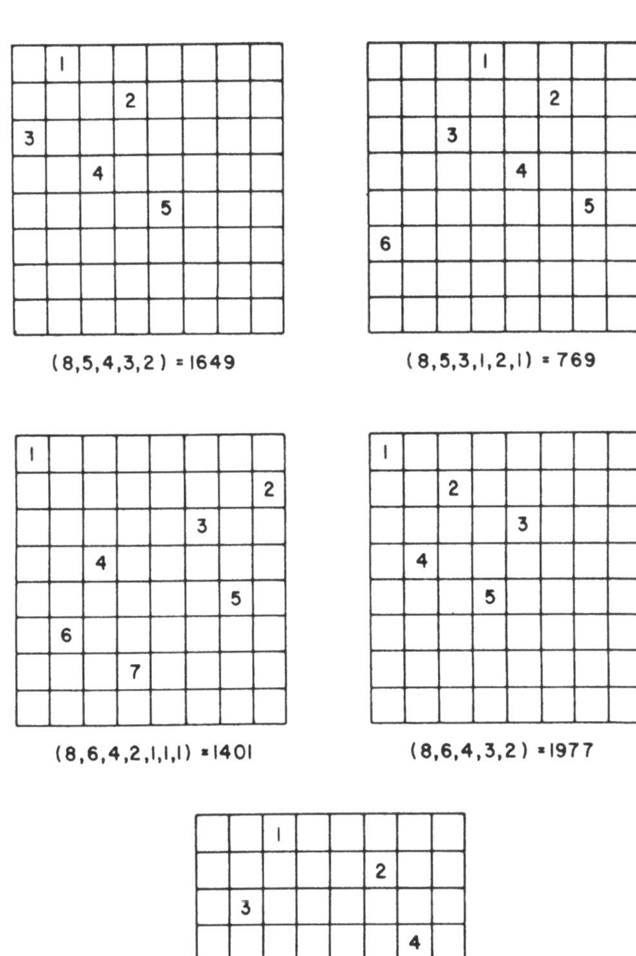

<u>Abbildung 7.8</u> Fünf Möglichkeiten zum 8-Damen-Problem
(inklusive der Schätzwerte für die Baumgröße)

Also ist die geschätzte Zahl der unbeschränkten Knoten nur etwa 2,34%
der Gesamtzahl der Knoten im Zustandsraumbaum für das 8 - Damen -
Problem. (In den Übungen findet man mehr über die Effizienz von
NDAMEN).

7.3 SUMME VON TEILMENGEN

Angenommen, es sind n verschiedene positive Zahlen (gewöhnlich Gewichte genannt) gegeben, und wir wollen alle Kombinationen dieser Zahlen herausfinden, deren Summe M ist. Dieses Problem nennt man das **Problem der Summe von Teilmengen.** In den Beispielen 7.2 und 7.4 haben
wir gesehen, wie wir dieses Problem mit Hilfe von Tupeln fester oder
variabler Länge formulieren konnten. Wir wollen eine Lösung betrachten,
welche die Rückverfolgungsmethode mit Tupeln fester Länge verwendet.
In diesem Fall ist das Element $X(i)$ des Lösungsvektors entweder eins
oder null, je nachdem ob das Gewicht $W(i)$ eingeschlossen ist oder
nicht.

Die Nachfolger eines beliebigen Knotens in Abb. 7.4 sind einfach
zu erzeugen. Bei einem Knoten der Stufe i entspricht der linke Sohn
$X(i) = 1$ und der rechte $X(i) = 0$.
Eine einfache Wahl bzgl. der Beschränkungsfunktionen ist folgende:
$B_k(X(1), \ldots, X(k))$ hat genau dann den Wert "**true**", falls gilt:

$$\sum_{i=1}^{k} W(i)X(i) + \sum_{i=k+1}^{n} W(i) \geq M$$

Es ist klar, daß $X(1), \ldots, X(k)$ nicht zu einem Ergebnisknoten führen
kann, wenn diese Bedingung nicht erfüllt ist. Die Beschränkungsfunktionen können noch verstärkt werden, wenn wir annehmen, daß die $W(i)$
zu Beginn in nichtabsteigender Folge sortiert sind. In diesem Fall
kann $X(1), \ldots, X(k)$ nicht zu einem Ergebnisknoten führen, falls gilt:

$$\sum_{i=1}^{k} W(i)X(i) + W(k + 1) > M$$

Daher verwenden wir folgende Beschränkungsfunktionen:

$$B_k(X(1),\ldots,X(k)) = \text{richtig wenn} \left(\sum_{i=1}^{k} W(i)X(i) + \sum_{i=k+1}^{n} W(i) \geq M \right.$$

$$\left. \text{und} \sum_{i=1}^{k} W(i)X(i) + W(k+1) \leq M \right) \tag{7.1}$$

Da unser Algorithmus B_n nicht verwenden wird, brauchen wir uns über
den Ausdruck $W(n + 1)$ in dieser Funktion keine Gedanken zu machen. Wir
haben jetzt alles Nötige angegeben, um eine der Rückverfolgungsmetho-
den direkt anwenden zu können. Wir erhalten jedoch einen einfachen Algorithmus, wenn wir eine dieser Methoden speziell auf das gegebene Problem zuschneiden. Diese Vereinfachung kommt daher, daß für $X(k) = 1$
gilt:

$$\sum_{i=1}^{k} W(i)X(i) + \sum_{i=k+1}^{n} W(i) > M$$

Zur Vereinfachung verfeinern wir das rekursive Schema. Der sich daraus
ergebende Algorithmus heißt TEILMENGENSUMME.

```
procedure TEILMENGENSUMME (s, k, r)
   //Finde alle Teilmengen von W(1:n), deren Summe M ist. Die Werte//
   //von X(j), 1 ≤ j < k, sind bereits bestimmt.//
   //s = ∑(j=1 to k-1) W(j)X(j) und r = ∑(j=k to n) W(j). Die W(j) sind in nichtabstei-//
   //gender Folge sortiert. Es wird angenommen, daß gilt: W(1) ≤ M und//
   //und ∑(i=1 to n) W(i) ≥ m.//
 1 global integer M, n; global real W(1:n); global boolean X(1:n)
 2 real r, s; integer k, j;
   //erzeuge den linken Sohn. Beachte, daß s + W(k) ≤ M ist, da B_{k-1}//
                                              //= true ist.//
 3 X(k) ← 1
 4 if s + W(k) = M then   //Teilmenge gefunden//
 5       print (X(j), j ← 1 to k)
         //hier gibt es keinen rekursiven Aufruf, da W(j) > O(1 ≤ j ≤ n//

 6                     else
 7          if s + W(k) + W(k + 1) ≤ m then   //B_k = true//
 8             call TEILMENGENSUMME (S + W(k), k + 1, r - W(k))//
 9          endif
10 endif
   //erzeuge rechten Sohn und werte B_k aus//
11 if s + r - W(k) ≥ M and s + W(k + 1) ≤ M   //B_k = true//
12    then X(k) ← O
13          call TEILMENGENSUMME (s, k + 1, r - W(k))
14 endif
15 end TEILMENGENSUMME
```

Algorithmus 7.6   Rekursiver Rückverfolgungsalgorithmus zum Problem
der Summe von Teilmengen

Die Prozedur TEILMENGENSUMME vermeidet es, jedesmal die Ausdrücke
$\sum_{i=1}^{k} W(i)X(i)$ und $\sum_{i=k+r}^{n} W(i)$ zu berechnen, indem sie diese Werte in den
Variablen s bzw. r speichert. Es wird vorausgesetzt, daß $W(1) \leq M$ und
$\sum_{i=1}^{n} W(i) \geq M$ ist. Der Erstaufruf lautet: <u>call</u> TEILMENGENSUMME (0, 1,
$\sum_{i=1}^{n} W(i)$). Interessanterweise testet der Algorithmus zur Beendigung
der Rekursion nicht die Bedingung $k > n$. Dieser Test ist deshalb nicht
notwendig, da zu Beginn gilt: $s \neq M$ und $s + r \geq M$. Also ist $r \neq 0$ und
k kann daher nicht größer als n sein. Man beachte auch, daß in Zeile
7 wegen $s + W(k) < M$ und $s + r \geq M$ folgt, daß $r \neq W(k)$ und somit $k + 1$
$\leq n$ ist. Außerdem müssen $X(k + 1)$, ..., $X(n)$ null sein, falls $s + W(k)$
$= M$ ist (Zeile 4). Diese Nullen erscheinen nicht im Ausdruck (Zeile 5).
In Zeile 7 prüfen wir nicht nach, ob $\sum_{i=1}^{k} W(i)X(1) + \sum_{i=k+1}^{n} W(i) \geq M$ ist,
denn wir wissen bereits, daß $s + r \geq M$ und $X(k) = 1$ ist.

<u>Beispiel 7.6</u> Abb. 7.9 zeigt denjenigen Teil des Zustandsraumbaumes,
der von der Prozedur TEILMENGENSUMME für folgende Problemstellung erzeugt wird: $n = 6$, $M = 30$, $W(1:6) = (5, 10, 12, 13, 15, 18)$. In den
rechteckigen Knoten stehen die Werte von s, k, r für jeden Aufruf von
TEILMENGENSUMME. Runde Knoten stellen Punkte dar, an denen eine Teilmenge mit Summe M ausgedruckt wird. An den Knoten A, B und C werden
ausgedruckt: $(1, 1, 0, 0, 1)$ $(1, 0, 1, 1)$ und $(0, 0, 1, 0, 0, 1)$. Man
beachte, daß der Baum in Abb. 7.9 nur 23 rechteckige Knoten enthält.
Der vollständige Zustandsraumbaum für $n = 6$ enthält $2^6 - 1 = 63$ Knoten,
von denen aus Aufrufe möglich sind (hierbei sind die 64 Endknoten
nicht berücksichtigt, da von einem Endknoten aus kein Aufruf erfolgen
muß). □

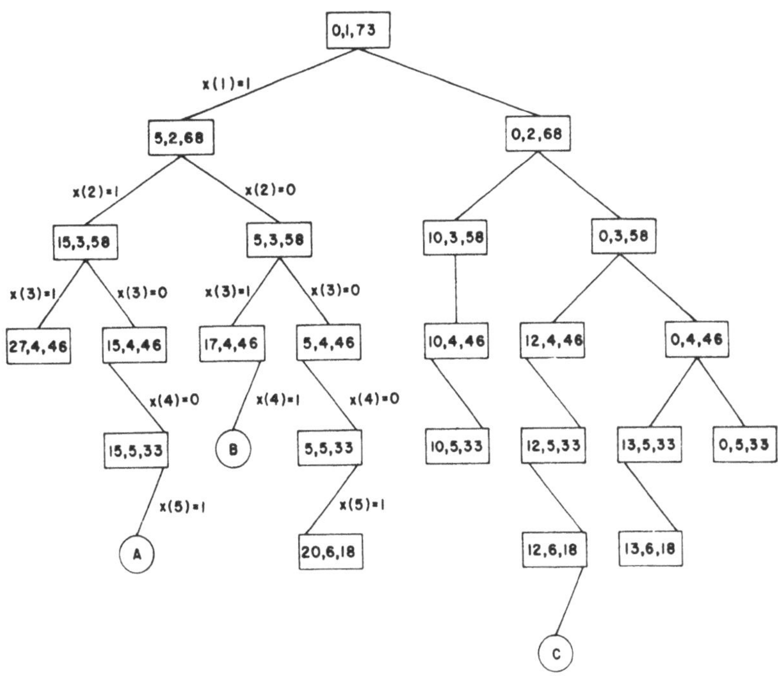

Abbildung 7.9   Teil eines Zustandsbaumes, der von der Prozedur TEILMENGENSUMME
erzeugt wurde

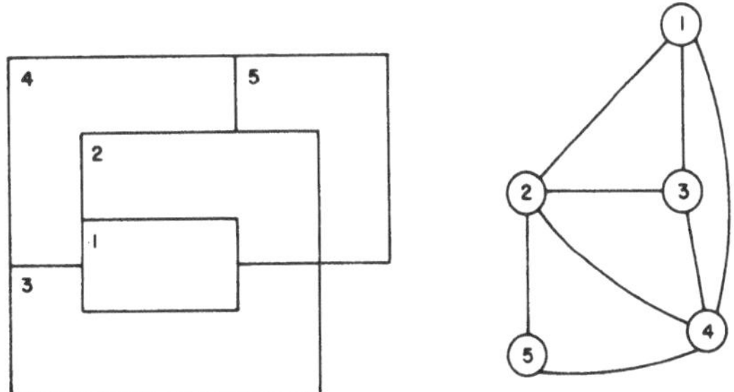

Abbildung 7.10   Eine Landkarte und ihre Darstellung als ebener Graph

Es sei G ein Graph und m eine gegebene positive ganze Zahl. Wir wollen
wissen, ob die Knoten von G so gefärbt werden können, daß bei der Verwendung von m Farben keine zwei benachbarten Knoten dieselbe Farbe haben. Dies nennt man das m - Färbbarkeitsentscheidungsproblem (m- color-
ability decision problem); wir behandeln es in Kapitel 11 noch einmal.
Beim m - Färbbarkeitsoptimierungsproblem wird die kleinste ganze Zahl
m gesucht, für die der Graph gefärbt werden kann. Diese Zahl nennt
man die Farbenzahl (chromatic number) des Graphen.

Ein Graph heißt eben (planar) genau dann, wenn er in einer Ebene
gezeichnet werden kann, ohne daß sich zwei Kanten überkreuzen. Ein be-
rühmter Spezialfall des m - Färbbarkeitsproblems ist das 4 - Farben -
Problem für ebene Graphen. Bei diesem Problem geht es um die Frage,
ob bei einer gegebenen Landkarte die einzelnen Länder so gefärbt werden können, daß keine zwei aneinander grenzenden Länder die gleiche
Farbe haben und dennoch nur vier Farben verwendet werden. Dies entpuppt
sich als ein Problem, bei dem Graphen sehr nützlich sind, da eine
Landkarte leicht in einen Graph umgeformt werden kann. Jedes Land der
Karte wird zu einem Knoten; sind zwei Länder benachbart, so werden
die zugehörigen Knoten durch eine Kante verbunden. Abb. 7.10 zeigt
eine Karte mit fünf Ländern und den zugehörigen Graph. Diese Karte erfordert vier Farben. Schon seit langem ist bekannt, daß fünf Farben
zum Einfärben einer Karte ausreichen, man hat aber niemals eine Karte
finden können, die mehr als vier Farben benötigte. Nach mehreren hun-
dert Jahren wurde dieses Problem vor kurzem gelöst (zur Genugtuung der
meisten Leute), und zwar von einer Gruppe von Mathematikern, die einen
Computer benutzten. Sie zeigten, daß tatsächlich vier Farben ausreichen. In diesem Abschnitt betrachten wir nicht nur Graphen, die aus
Landkarten entstanden sind, sondern alle Graphen. Wir möchten alle
verschiedenen Möglichkeiten bestimmen, die es bei der Färbung eines
Graphen mit m Farben gibt.
Wir gehen davon aus, daß ein Graph durch seine Adjazenzmatrix GRAPH
(1:n, 1:n) dargestellt wird, wobei gilt: GRAPH(i, j) = true, falls
(i, j) eine Kante von G ist; andernfalls ist GRAPH(i, j) = false. Wir
ziehen es vor, Boole'sche Werte zu verwenden, da es bei dem Algorithmus nur darauf ankommt, ob eine Kante existiert oder nicht. Die Farben werden durch die ganzen Zahlen 1, 2, ..., m dargestellt und die
Lösungen sind durch das n - Tupel (X(1), ..., X(n)) gegeben, wobei
X(i) die Farbe des Knotens i ist. Mit Hilfe der rekursiven Rückverfolgungsmethode, wie sie in Algorithmus 7.2 formuliert wurde, erhält

man das Problem MFÄRBEN. Der zugrundeliegende Zustandsraumbaum ist
vom Grad m und der Höhe n + 1. Jeder Knoten der Stufe i hat m Nachfolger, die den m möglichen Zuweisungen an X(i), $1 \le i \le n$ entsprechen. Knoten der Stufe n + 1 sind Endknoten. Abb. 7.11 zeigt den Zustandsraumbaum für n = 3 und m = 3.

```
procedure MFÄRBEN(k)
   //Dieses Programm verwendet das rekursive Rückverfolgungsschema.//
   //Der Graph wird durch seine Boole'sche Adjazenzmatrix GRAPH(1:n,//
   //1:n) dargestellt. Alle Zuweisungen von 1, 2, ..., m an die Kno-//
   //ten des Graphen, so daß benachbarten Knoten verschiedene ganze//
   //Zahlen zugewiesen werden, werden ausgedruckt. k ist der Index//
   //des nächsten zu färbenden Knotens.//
   global integer m, n, X(1:n) boolean GRAPH(1:n, 1:n)
   integer k
   loop   //erzeuge alle gültigen Zuweisungen an X(k)//
      call NÄCHSTERWERT(k)   //weise X(k) eine gültige Farbe zu//
      if X(k) = 0 then exit endif   //keine neue Farbe mehr möglich//
      if k = n
         then print (X)   //es werden höchstens m Farben an n Knoten//
                          //zugewiesen//
         else call MFÄRBEN(k + 1)
      endif
   repeat
end MFÄRBEN
```

   Algorithmus 7.7   Auffinden aller m Färbungen eines Graphen

   Vor Beginn der Prozedur MFÄRBEN muß der Graph seiner Adjazenzmatrix
zugewiesen werden; dann wird das Feld X mit null vorbesetzt. Mit der
Anweisung call MFÄRBEN(1) wird die Prozedur schließlich aufgerufen.
   Man beachte die Ähnlichkeit zwischen diesem Algorithmus und der
allgemein formulierten rekursiven Rückverfolgungsprozedur von Algorithmus 7.2. Die Prozedur NÄCHSTERWERT erzeugt die möglichen Farben
für X(k), nachdem X(1) bis X(k - 1) definiert worden sind. In der
Hauptschleife von MFÄRBEN wird wiederholt ein Element aus der Menge
der Möglichkeiten herausgegriffen und dem X(k) zugewiesen. Dann wird
MFÄRBEN rekursiv aufgerufen.

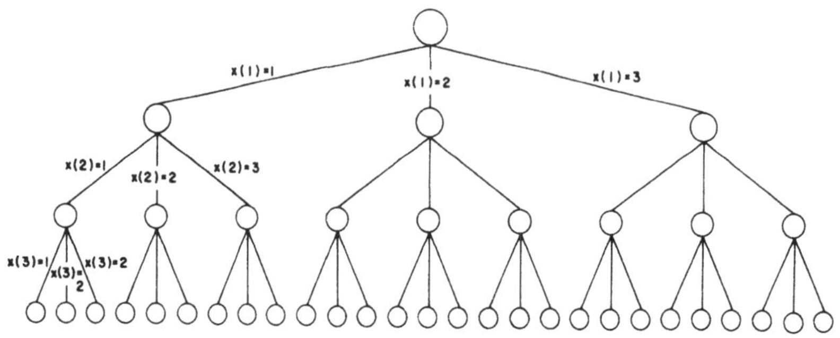

Abbildung 7.11   Zustandsraumbaum für MFÄRBEN mit n = 3 und m = 3

procedure NÄCHSTERWERT(k)
    //X(1), ..., X(k - 1) wurden ganzzahlige Werte im Bereich [1, m]//
    //zugewiesen, so daß benachbarte Knoten verschiedene Werte haben.//
    //Für X(k) wird ein Wert im Bereich [0, m] bestimmt. X(k) wird//
    //die Farbe mit der nächsthöheren Nummer zugewiesen, wobei die//
    //verschiedenartige Numerierung der zwei Knoten k benachbarten Kno-//
    //ten berücksichtigt wird. Gibt es keine solche Farbe, dann er-//
    //hält X(k) den Wert 0.//
    global integer m, n, X(1:n) boolean GRAPH(1:n, 1:n)
    integer j, k
    loop
        X(k) ← (X(k) + 1) mod (m + 1)   //nächsthöhere Farbe//
        if X(k) = 0 then return endif   //alle Farben aufgebraucht//
        for j ← 1 to n do   //teste, ob diese Farbe von benachbarten//
                             //Farben verschieden ist//
          if GRAPH(k, j) and   //falls (k, j) eine Kante ist//
            X(k) = X(j)   //und falls benachbarte Knoten dieselbe Far-//
                           //be haben//
                then exit endif
        repeat
        if j = n + 1 then return endif   //neue Farbe gefunden//
    repeat   //ansonsten versuche, eine andere Farbe zu finden//
end NÄCHSTERWERT

    Algorithmus 7.8   Erzeugung einer nächsten Farbe

Man erhält eine obere Schranke für die Rechenzeit von Algorithmus 7.7, wenn man die Tatsache ausnutzt, daß die Anzahl interner Knoten im Zustandsraumbaum $\sum_{i=0}^{n-1} m^i$ ist. An jedem internen Knoten wird von der Prozedur NÄCHSTERWERT die Zeit $O(mn)$ benötigt, um die Nachfolger zu bestimmen, die gültigen Färbungen entsprechen. Also ist die Gesamtzeit beschränkt durch

$$\sum_{i=1}^{n} m^i n = n(m^{n+1} - 1) / (m - 1) = O(nm^n).$$

Abb. 7.12 zeigt einen einfachen Graph mit vier Knoten. Darunter ist der Baum zu sehen, den die Prozedur MFÄRBEN erzeugt. Jeder Weg zu einem Endknoten stellt eine Färbung mit höchstens drei Farben dar. Man beachte, daß es nur zwölf Lösungen mit genau drei Farben gibt.

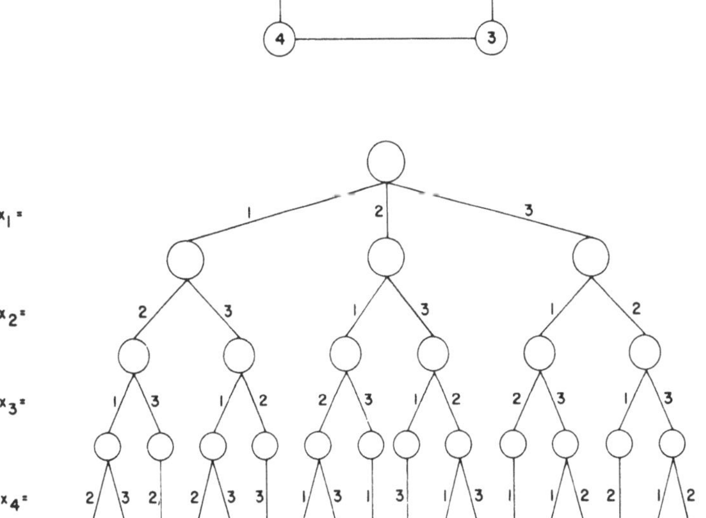

Abbildung 7.12 Ein Graph mit 4 Knoten und allen möglichen dreifachen Färbungen

Es sei G = (V, E) ein zusammenhängender Graph mit n Knoten. Ein
Hamilton'scher Kreis (vorgeschlagen von Sir William Hamilton) ist ein
ringsherum über n Knoten führender Weg in G, bei dem jeder Knoten
einmal aufgesucht wird und der wieder zum Ausgangspunkt zurückführt.
Mit anderen Worten heißt das: beginnt ein Hamilton'scher Kreis bei
irgendeinem Knoten $v_1 \in G$, und werden die Knoten von G in der Reihenfolge v_1, v_2, ..., v_{n+1} aufgesucht, dann liegen die Kanten (v_i, v_{i+1})
in E, $1 \leq i \leq n$ und die v_i sind außer v_1 und v_{n+1} alle voneinander
verschieden.

Der Graph G1 in Abb. 7.13 enthält den Hamilton'schen Kreis 1, 2,
8, 7, 6, 5, 4, 3, 1. Der Graph G2 in Abb. 7.13 enthält keinen
Hamilton'schen Kreis. Die Entscheidung, ob ein vorgegebener Graph
einen Hamilton'schen Kreis enthält, scheint nicht einfach zu sein.
Wir werden uns jetzt einen Rückverfolgungsalgorithmus ansehen, der
alle Hamilton'schen Kreise in einem Graph findet. Der Graph kann gerichtet oder ungerichtet sein. Es werden nur verschiedene Kreise ausgegeben:

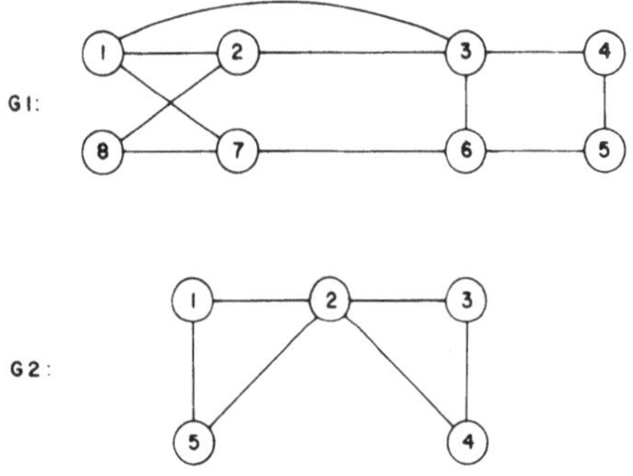

Abbildung 7.13 Zwei Graphen, von denen der obere einen Hamilton'schen Kreis enthält

Der Lösungsvektor $(x_1, ..., x_n)$ bei der Rückverfolgungsmethode
ist so definiert, daß x_i den i-ten besichtigten Knoten des vorgeschlagenen Kreises darstellt. Jetzt müssen wir nur noch angeben, wie die
Menge der möglichen Knoten für x_K zu berechnen ist, wenn x_1, ..., x_{k-1}
bereits ausgewählt worden sind. Ist k = 1, dann kann X(1) irgendeiner
der n Knoten sein. Um das n - malige Ausdrucken des gleichen Kreises

zu vermeiden, fordern wir, daß X(1) = 1 ist. Ist 1 < k < n, dann kann
X(k) irgendein Knoten v sein, der von X(1), X(2), ..., X(k - 1) verschieden ist und der durch eine Kante mit X(k - 1) verbunden ist. X(n)
kann nur noch der als einziger übrigbleibende Knoten sein; er muß mit
X(n - 1) und X(1) in Verbindung stehen. Zunächst stellen wir die Prozedur NÄCHSTERWERT(k) vor, die für den vorgeschlagenen Kreis einen
möglichen nächsten Knoten ermittelt.

```
procedure NÄCHSTERWERT(k)
  //X(1), ..., X(k - 1) ist ein Weg aus k - 1 verschiedenen Knoten.//
  //Ist X(k) = 0, dann wurde bisher dem X(k) noch kein Knoten zuge-//
  //wiesen. Nach der Ausführung wird X(k) dem Knoten mit der nächst-//
  //höchsten Zahl zugewiesen, welcher (i) nicht schon in X(1), ...,//
  //X(k - 1) vorkommt und (ii) durch eine Kante mit X(k - 1) ver-//
  //bunden ist. Ansonsten ist X(k) = 0. Ist k = n, dann ist X(k)//
  //außerdem mit X(1) verbunden.//
  global integer n, X(1:n) boolean GRAPH(1:n, 1:n)
  integer k, j
  loop
    X(k) ← (X(k) + 1) mod (n + 1)   //nächster Knoten//
    if X(k) = 0 then return endif
    if GRAPH(X(k - 1), X(k))   //gibt es eine Kante?//
      then for j ← 1 to k - 1 do   //teste auf Verschiedenheit//
              if X(j) = X(k)
                then exit   //verlasse diese for - Schleife//
              endif
           repeat
        if j = k   //wenn erfüllt, dann ist der Knoten verschieden//
          then if k < n or (k = n and GRAPH(X(n), 1)) then return
               endif
        endif
    endif
  repeat
end NÄCHSTERWERT
```

Algorithmus 7.9   Erzeugung eines nächsten Knotens

Mit Hilfe der Prozedur NÄCHSTERWERT können wir das rekursive Rückverfolgungsschema zum Auffinden aller Hamilton'schen Kreise ausführlich
angeben.

```
procedure HAMILTON(k)
  //Diese Prozedur verwendet die rekursive Formulierung der Rück-//
  //verfolgungsmethode zum Auffinden aller Hamilton'schen Kreise//
  //eines Graphen. Der Graph wird als Boole'sche Adjazenzmatrix in//
  //GRAPH(1:n, 1:n) abgespeichert. Alle Kreise beginnen am Kno-//
  //ten 1.//
  global integer X(1:n)
  local integer k, n
  loop   //erzeuge Werte für X(k)//
     call NÄCHSTERWERT(k)    //weise X(k) einen gültigen nächsten//
                             //Knoten zu//
     if X(k) = 0 then return endif
     if k = n
        then print (X, '1')   //ein Kreis wird ausgedruckt//
        else call HAMILTON(k + 1)
     endif
  repeat
end HAMILTON
```

Algorithmus 7.10 Auffinden aller Hamilton'schen Kreise

Vor dem Aufruf dieser Prozedur muß die Adjazenzmatrix GRAPH(1:n,
1:n) initialisiert werden, dann werden X(2:n) und X(1) auf 0 bzw. 1
gesetzt. Der Aufruf lautet dann: call HAMILTON(2).

Wir erinnern uns an Abschnitt 5.8, wo beim Problem des Handlungsreisenden eine "Tour" mit minimalen Kosten gesucht wurde. Diese Tour
ist ein Hamilton'scher Kreis. In dem einfachen Fall eines Graphen,
dessen Kantenkosten alle gleich sind, findet die Prozedur HAMILTON
eine Tour mit minimalen Kosten, falls eine solche existiert. Ist c der
gemeinsame Kostenfaktor, dann sind die Kosten einer Tour c - n, denn
es gibt n Kanten in einem Hamilton'schen Kreis.

7.6 DAS RUCKSACKPROBLEM

In diesem Abschnitt betrachten wir noch einmal ein Problem, das in
Kapitel 5 definiert und durch einen Algorithmus gelöst wurde, der die
Methode des dynamischen Programmierens verwendete. Es handelt sich um
das Null - Eins - Rucksackoptimierungsproblem. Gegeben sind n positive
Gewichte w_i, n positive Gewinne p_i und eine positive Zahl M, welche

die Rucksackkapazität ist. Das Problem besteht darin, eine Teilmenge
der Gewichte auszuwählen, für die gilt:

$$\sum_{1 \le i \le n} w_i x_i \le M \quad \text{und} \quad \sum_{1 \le i \le n} p_i x_i \text{ wird maximiert} \qquad (7.2)$$

Die x - Werte bilden einen Vektor, der aus Nullen und Einsen besteht.

Der Lösungsraum für dieses Problem besteht aus den 2^n verschiedenen Möglichkeiten, wie man den x - Werten null oder eins zuweisen
kann. Also ist der Lösungsraum der gleiche wie beim Problem der Summe
von Teilmengen. Zwei Baumorganisationen sind möglich. Die eine entspricht der Beschreibung durch Tupel fester Länge, die andere der
durch Tupel variabler Länge (Abb. 7.3). Durch Verwendung einer dieser
beiden Zustandsraumbäume erhält man Rückverfolgungsalgorithmen zum
Rucksackproblem. Unabhängig davon, welchen man wählt, benötigt man
Beschränkungsfunktionen zum Eliminieren einiger lebendiger Knoten,
ohne diese tatsächlich zu expandieren. Man erhält für dieses Problem
eine gute Beschränkungsfunktion, indem man eine obere Schranke für
die beste mögliche Lösung anwendet, die man dadurch bekommt, daß man
den gegebenen lebendigen Knoten und irgendeinen seiner Nachfolger expandiert. Ist diese obere Schranke nicht größer als der Wert der bisher bestimmten besten Lösung, dann kann dieser lebendige Knoten eliminiert werden.

Wir setzen die Diskussion mit der Beschreibung durch Tupel fester
Länge fort. Sind am Knoten Z die Werte der x_i, $1 \le i \le k$ bereits ermittelt, dann erhält man eine obere Schranke für Z, indem man die
Forderung $x_i = 0$ oder 1 abschwächt auf: $0 \le x_i \le 1$ für $k + 1 \le i \le n$,
und den Greedy - Algorithmus aus Abschnitt 4.3 zur Lösung des abge-
schwächten Problems verwendet. Die Prozedur SCHRANKE(p, w, k, M) ermittelt eine obere Grenze für die beste Lösung, die man erhält, indem
man irgendeinen Knoten Z der Stufe $k + 1$ im Zustandsraumbaum expandiert. Die Zielgewichte und Gewinne sind W(i) und P(i). Es ist $p =
\sum_{i=1}^{k} P(i)X(i)$ und es wird angenommen, daß gilt:

$$P(i)/W(i) \ge P(i + 1)/W(i + 1), \quad 1 \le i < n$$

```
procedure SCHRANKE(p, w, k, M)
  //p ist der aktuelle Gesamtgewinn//
  //w ist das aktuelle Gesamtgewicht//
  //k ist der Index des zuletzt entfernten Objekts//
  //M ist die Größe des Rucksacks//
  //Das Ergebnis ist ein neuer Gewinn//
  global n, P(1:n), W(1:n)
  integer k, i; real b, c, p, w, M
  b ← p; c ← w
  for i ← k + 1 to n do
    c ← c + W(i)
    if c < M then b ← b + P(i)
            else return (b + (1 - (c - M)/W(i))*P(i))
    endif
  repeat
  return (b)
end SCHRANKE
```

  <u>Algorithmus 7.11</u> Eine Beschränkungsfunktion

Aus Algorithmus 7.11 folgt, daß die Schranke für einen möglichen
linken Sohn eines Knotens Z dieselbe ist wie die für Z. Also muß
die Beschränkungsfunktion jedesmal dann nicht angewendet werden,
wenn der Rückverfolgungsalgorithmus zum linken Sohn eines Knotens
übergeht. Der Rückverfolgungsalgorithmus wird jedesmal bei der Wahl
zwischen einem linken und rechten Sohn versuchen, zum linken überzugehen; also muß die Beschränkungsfunktion nur nach einer Folge von
erfolgreichen Übergängen zum linken Sohn angewendet werden (d.h. nach
Übergängen zu möglichen linken Söhnen). Der sich daraus ergebende Algorithmus ist die Prozedur RRUCK1 (Algorithmus 7.12). Man erhält sie
aus dem iterativen Rückverfolgungsschema.

```
procedure RRUCK1 (M, n, W, P, fw, fp, X)
   //M ist die Größe des Rucksacks//
   //n ist die Anzahl der Gewichte und Gewinne//
   //W(1:n) sind die Gewichte//
   //P(1:n) sind die entsprechenden Gewinne;//
   //P(i)/W(i) ≥ P(i + 1)/W(i + 1)//
   //fw ist das Endgewicht des Rucksacks//
   //fp ist der maximale Endgewinn//
   //X(1:n) sind null oder eins. X(k) = 0, falls W(k) nicht im//
   //Rucksack ist, sonst X(k) = 1.//
1      integer n, k, Y(1:n), i, X(1:n); real M, W(1:n), P(1:n), fw,
                 fp, cw, cp;
2      cw ← cp ← 0; k ← 1; fp ← - 1;    //cw = momentanes Gewicht//
                                        //cp = momentaner Gewinn//
3      loop
4          while k ≤ n and cw + W(k) ≤ M do    //lege k in den Rucksack//
5            cw ← cw + W(k); cp ← cp + P(k); Y(k) ← 1; k ← k + 1
             //lege W(k) in den Rucksack//
6          repeat
7          if k > n then fp ← cp; fw ← cw; k ← n; X ← Y
                     //bringe die Lösung auf den neuesten Stand//
8                     else Y(k) ← 0    //M wurde überschritten, Objekt//
                                       //k paßt nicht//
9          endif
10         while SCHRANKE(cp, cw, k, M) ≤ fp do    //nachdem fp oben ge-//
                                                   //setzt wurde, ist//
                                                   //SCHRANKE = fp//
11           while k ≠ 0 and Y(k) ≠ 1 do
12             k ← k - 1    //finde das letzte im Rucksack enthaltene//
                            //Gewicht//
13           repeat
14           if k = 0 then return endif    //hier endet der Algorithmus//
15           Y(k) ← 0; cw ← cw - W(k); cp ← cp - P(k)
                     //entferne das k-te Objekt//
16         repeat
17         k ← k + 1
18      repeat
19   end RRUCK1


   Algorithmus 7.12   Lösung zum 0/1 - Rucksackproblem nach der
                      Rückverfolgungsmethode
```

Ist fp $\neq$ - 1, dann ist X(i), $1 \leq i \leq n$ so, daß gilt: $\sum_{i=1}^{n} W(i)X(i)$
= fp. In der <u>while</u> - Schleife der Zeilen 4 - 6 werden aufeinanderfolgende Züge zu möglichen linken Söhnen durchgeführt. Y(i), $1 \leq i \leq$
k ist der Weg zum momentanen Knoten. Es ist cw = $\sum_{i=1}^{k-1} W(i)Y(i)$ und
cp = $\sum_{i=1}^{k-1} P(i)Y(i)$. Ist in Zeile 7 k > n, dann ist cp > fp, denn sonst
wäre der Weg zu diesem Endknoten bei der letzten Anwendung der Beschränkungsfunktion beendet worden. Ist k $\leq$ n, dann paßt W(k) nicht,
und man muß zum rechten Sohn übergehen. Also wird Y(k) in Zeile 8 auf
null gesetzt. Ist in Zeile 10 SCHRANKE $\leq$ fp, dann kann der gegenwär-
tige Weg beendet werden, denn er kann zu keiner besseren Lösung führen als der beste bis dahin gefundene Weg. In den Zeilen 11 - 13 geht
man auf dem Weg zu dem jüngsten Knoten zurück, von dem aus ein bisher noch nicht erfolgter Zug durchgeführt werden kann. Gibt es keinen solchen Knoten, dann hört der Algorithmus in Zeile 14 auf. Im andern Fall werden Y(k), cw und cp in geeigneter Weise auf den neuesten
Stand gebracht, damit sie einem Zug zum rechten Sohn entsprechen. Die
Schranke für diesen neuen Knoten wird berechnet. Dieser in den Zeilen 10 - 16 formulierte Prozeß wird so lange fortgesetzt, bis ein Zug
zu einem rechten Sohn durchgeführt wird, von dem aus eine Möglichkeit
besteht, eine Lösung mit einem Wert größer als fp zu erhalten. Man
beachte, daß die Beschränkungsfunktion in Zeile 10 nicht statisch
ist, da sich fp beim Durchsuchen des Baumes verändert. Also wird die
Beschränkungsfunktion dynamisch stärker.

<u>Beispiel 7.7</u> Wir betrachten folgendes Beispiel zum Rucksackproblem:
P = (11, 27, 31, 33, 43, 53, 55, 65), W = (1, 11, 21, 23, 33, 43, 45,
55), M = 110, n = 8.

Abb. 7.14 zeigt den Baum, der aufgrund der verschiedenen Wahlmöglichkeiten bzgl. des Vektors Y erzeugt wird. Die i-te Stufe des
Baumes entspricht einer Zuweisung von null oder eins an Y(i), wodurch das Gewicht entweder ein- oder ausgeschlossen wird. Die beiden im Knoten stehenden Zahlen sind das Gewicht (cw) und der Gewinn
(cp) (von oben nach unten gelesen), wobei die Zuweisungen unten an
der Stufe des Knotens stehen. Bei Knoten, die keine Zahlen enthalten,
sind Gewicht und Gewinn dieselben wie beim Vater. Die Zahl, die außen
an jedem rechten Sohn und an der Wurzel steht, ist die zu dem entsprechenden Knoten gehörende Schranke. Beim linken Sohn ist die
Schranke die gleiche wie beim Vater. An jedem der Knoten A, B, C und

D wird die Variable fp aus Algorithmus 7.12 auf den neuesten Stand gebracht; gleichzeitig geschieht dies auch mit X. Nach Beendigung ist
fp = 159 und X = (1, 1, 1, 0, 1, 1, 0, 0). Von den 2^9 - 1 = 511 Knoten im Zustandsraumbaum werden nur 33 erzeugt. Diese Zahl könnte noch
auf 26 reduziert werden, wenn man beachtet, daß alle P(i)'s ganze Zahlen sind und somit auch die Werte aller möglichen Lösungen. Eine bessere untere Schranke ist daher $\lfloor \text{SCHRANKE}(p, w, k, M) \rfloor$. Also müssen die
Knoten E und F nicht expandiert werden. □

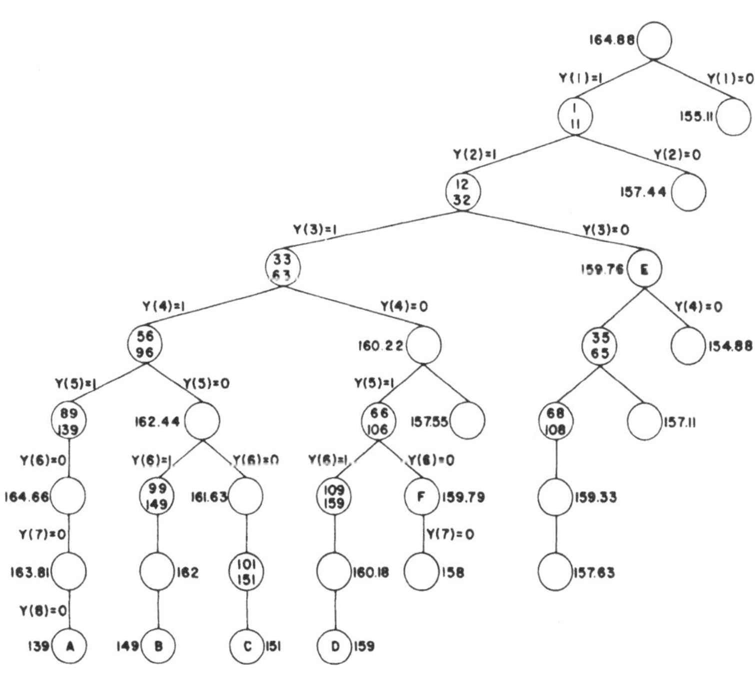

Abbildung 7.14   Der von Algorithmus 7.12 erzeugte Baum

    Der Algorithmus RRUCK1 kann noch weiter verbessert werden, denn
die Schleife der Zeilen 4 bis 6 wird jedesmal wieder ausgeführt, wenn
SCHRANKE in Zeile 10 aufgerufen wird. Daher sollte keine Notwendigkeit bestehen, diese Arbeit noch einmal neu zu machen. Um dies zu vermeiden, müssen wir SCHRANKE in eine Funktion mit Seiteneffekten abändern. Die neuen Algorithmen SCHRANKE1 und RRUCK2 erscheinen als Algorithmus 7.13 bzw. 7.14. Alle Variablen haben dieselbe Bedeutung wie

in Algorithmus 7.11 bzw. 7.12.

```
procedure SCHRANKE1(p, w, k, M, pp, ww, i)
   //pp und ww sind Gewinn und Gewicht, wie sie dem Zug zum letzten//
   //linken Sohn entsprechen. i ist der Index des ersten Objekts, wel-//
   //ches nicht paßt. Es hat den Wert n + 1, falls keine Objekte//
   //übrigbleiben.//
   global n, P(1:n), W(1:n), Y(1:n)
   integer k, i; real p, w, pp, ww, M, b
   pp ← p; ww ← w
   for i ← k + 1 to n do
     if ww + W(i) ≤ M then ww ← ww + W(i); pp ← pp + P(i); Y(i) ← 1
                      else return (pp + (M - ww)*P(i)/W(i))
     endif
   repeat
   return (pp)
end SCHRANKE1
```

Algorithmus 7.13 Erzeugen einer Schranke


```
procedure RRUCK2(M, n, W, P, fw, fp, X)
//entspricht RRUCK1//
integer n, k, Y(1:n), i, j, X(1:n)
real W(1:n), P(1:n), M, fw, fp, pp, ww, cw, cp
cw ← cp ← k ← 0; fp ← - 1
loop
   while SCHRANKE1(cp, cw, k, M, pp, ww, j) ≤ fp do
   while k ≠ 0 and Y(k) ≠ 1 do
   k ← k - 1
   repeat
   if k = 0 then return endif
   Y(k) ← 0; cw ← cw - W(k); cp ← cp - P(k)
   repeat
   cp ← pp; cw ← ww; k ← j   //entspricht der Schleife der Zeilen//
                             //4 - 6 in RRUCK1//
   if k > n then fp ← cp; fw ← cw; k ← n; X ← Y
            else Y(k) ← 0
   endif
repeat
end RRUCK2
```

Algorithmus 7.14 Modifizierter Rucksack - Algorithmus

Bis jetzt haben unsere Rückverfolgungsalgorithmen mit statischen
Zustandsraumbäumen gearbeitet. Wir werden nun sehen, wie man einen
dynamischen Zustandsraumbaum für das Rucksackproblem verwenden kann.
Eine Methode zur dynamischen Aufteilung des Lösungsraumes gründet sich
darauf, eine optimale Lösung mit Hilfe des Greedy - Algorithmus aus
Abschnitt 4.3 zu finden. Zunächst ersetzen wir die Forderung $x_i = 0$
oder 1 durch die Forderung $0 \leq x_i \leq 1$. Damit erhalten wir das abge-
schwächte Problem

$$\max \sum_{1 \leq i \leq n} p_i x_i$$

$$\text{wobei} \sum_{1 \leq i \leq n} w_i x_i \leq M \tag{7.3}$$

$$0 \leq x_i \leq 1, \quad 1 \leq i \leq n$$

Sind in der von der Greedy - Methode erzeugten Lösung alle x_i gleich
null oder eins, dann ist dies auch eine optimale Lösung zum ursprünglichen 0/1 - Rucksackproblem. Ist dies nicht der Fall, dann gibt es
genau ein x_i mit $0 < x_i < 1$. Wir teilen den Lösungsraum von (7.2) in
zwei Teilräume auf. In einem davon ist $x_i = 0$, im anderen ist $x_i = 1$.
Also entspricht der linke Teilbaum des Zustandsraumbaumes $x_i = 0$ und
der rechte $x_i = 1$. Allgemein wird der Greedy - Algorithmus an jedem
Knoten Z des Zustandsraumbaumes zur Lösung von (7.3) benutzt unter
den zusätzlichen Bedingungen, die den auf dem Weg von der Wurzel zu
diesem Knoten bereits erfolgten Zuweisungen emtsprechen. Besteht die
Lösung nur aus ganzen Zahlen, dann wurde für diesen Knoten eine optimale Lösung gefunden. Ist dies nicht der Fall, dann gibt es genau ein
x_i mit $0 < x_i < 1$. Der linke Sohn von Z entspricht $x_i = 0$ und der
rechte $x_i = 1$.

Dieses Aufteilungsschema ist deshalb gerechtfertigt, da die Tatsache, daß x_i keine ganze Zahl ist, dazu führt, daß die Greedy - Lösung keine mögliche Lösung zum 0/1 - Rucksackproblem ist. Wir würden
also erwarten, eine mögliche Greedy - Lösung schnell zu erreichen, indem wir dieses x_i gewaltsam zu einer ganzen Zahl machen. Es ist auch
gerechtfertigt, linke Zweige zu wählen, die $x_i = 0$ statt $x_i = 1$ entsprechen. Da der Greedy - Algorithmus verlangt, daß $p_j/w_j \geq p_{j+1}$ ist,
würden wir erwarten, daß die meisten Objekte mit niedrigem Index (das
bedeutet kleines j und damit hohe Dichte) zu einer optimalen Füllung

des Rucksacks gehören. Setzt man x_i gleich null, dann hindert man den
Greedy - Algorithmus nicht daran, irgendeines der Objekte mit $j < i$ zu
verwenden (falls nicht x_i bereits gleich null gesetzt wurde). Andererseits werden einige der x_j, wenn x_i gleich eins gesetzt wird, mit
$j < i$ nicht in den Rucksack kommen. Daher erwarten wir, daß wir mit
$x_i = 0$ eine optimale Lösung erhalten. Wir möchten deshalb, daß der
Rückverfolgungsalgorithmus diese Alternative zuerst probiert. Also entspricht der linke Teilbaum $x_i = 0$.

__Beispiel 7.8__ Wir wollen mit den Daten aus Beispiel 7.7 einen Rückverfolgungsalgorithmus und das oben beschriebene dynamische Aufteilungsschema ausprobieren. Die dem Wurzelknoten (d.h. Gleichung (7.3))
entsprechende Greedy - Lösung ist $x = (1, 1, 1, 1, 1, 21/45, 0, 0)$.
Ihr Wert ist 164,88. Die beiden Teilbäume der Wurzel entsprechen $x_6 = 0$
bzw. $x_6 = 1$ (siehe Abb. 7.15). Die Greedy - Lösung am Knoten 2 ist
$x = (1, 1, 1, 1, 1, 0, 21/45, 0)$. Ihr Wert ist 164,66. Der Lösungsraum
wird durch $x_7 = 0$ bzw. $x_7 = 1$ am Knoten 2 aufgespaltet. Der nächste
E - Knoten ist Knoten 3. Hier ist die Lösung $x_8 = 21/55$. Die Aufteilung findet jetzt mit $x_8 = 0$ und $x_8 = 1$ statt. Die Lösung am Knoten
4 besteht nur aus ganzen Zahlen, also braucht dieser Knoten nicht
weiter expandiert zu werden. Die beste bisher gefundene Lösung ist
$x = (1, 1, 1, 1, 0, 0, 0)$ und hat den Wert 139. Der nächste E - Knoten ist Knoten 5. Die Greedy - Lösung für diesen Knoten ist $x = (1,$
$1, 1, 22/23, 0, 0, 0, 1)$. Ihr Wert ist 159,56. Die Aufteilung geschieht
jetzt mit $x_4 = 0$ und $x_4 = 1$. Die Greedy - Lösung am Knoten 6 hat den
Wert 156,66 und $x_5 = 2/3$. Als nächstes wird Knoten 7 der E - Knoten.
Die Lösung ist hier $(1, 1, 1, 0, 0, 0, 0, 1)$. Ihr Wert ist 128. Knoten 7 wird nicht expandiert, da die Greedy - Lösung hier nur aus ganzen Zahlen besteht. Am Knoten 8 hat die Greedy - Lösung den Wert 157,71
und $x_3 = 4/7$. Die Lösung am Knoten 9 besteht nur aus ganzen Zahlen und
hat den Wert 140. Am Knoten 10 ist die Greedy - Lösung $(1, 0, 1, 0, 1,$
$0, 0, 1)$, ihr Wert beträgt 150. Der nächste E - Knoten ist Knoten 11.
Er hat den Wert 159,52 und $x_3 = 20/21$. Die Aufteilung erfolgt jetzt
durch $x_3 = 0$ und $x_3 = 1$. Der restliche Teil des Rückverfolgungspro-
zesses für dieses Rucksackbeispiel ist dem Leser zur Übung überlassen.

Die im Literaturverzeichnis genannten experimentellen Arbeiten
zeigen, daß Rückverfolgungsalgorithmen zum Rucksackproblem im allgemeinen schneller sind, wenn sie statt eines dynamischen Baumes einen
statischen Baum verwenden. Das dynamische Aufteilungsschema ist jedoch bei der Lösung von ganzzahligen linearen Programmen sehr nützlich.

Das allgemeine ganzzahlige lineare Programm ist mathematisch wie
folgt definiert:

$$\text{minimiere} \quad \sum_{1 \leq j \leq n} c_j x_j$$

$$\text{wobei} \quad \sum_{1 \leq j \leq n} a_{ij} x_j \leq b_i, \quad 1 \leq i \leq m \tag{7.4}$$

und die x_j-Werte nichtnegative ganze Zahlen sind.

Ersetzt man die Forderung nach Ganzzahligkeit der x_i in (7.4)
durch die Forderung $x_i \geq 0$, dann erhält man ein lineares Programm,
dessen optimale Lösung einen Wert hat, der mindestens so groß wie
der Wert einer optimalen Lösung zu (7.4) ist. Lineare Programme können mit Hilfe der Simplexmethode gelöst werden (siehe Literaturverzeichnis). Besteht die Lösung nicht aus lauter ganzen Zahlen, dann
wird ein nichtganzzahliges x_i zur Aufteilung des Lösungsraumes gewählt. Wir nehmen an, daß der Wert von x_i in der optimalen Lösung
eines linearen Programms, welcher irgendeinen Knoten Z im Zustandsraum entspricht, gleich v ist und daß v keine ganze Zahl ist. Der
linke Sohn von 7 entspricht $x_i \leq |v|$, während der rechte Sohn $x_i \geq$
$|v|$ entspricht. Da der sich ergebende Zustandsraumbaum unter Umständen eine unendliche Tiefe hat, wird zur Suche fast immer eine Ver-
zweigungs- und Begrenzungsmethode" (siehe Kapitel 8) verwendet. (Man
beachte, daß auf dem Weg von der Wurzel zu einem Knoten Z der Lösungsraum durch ein x_i mehrmals aufgespalten werden kann, da jedes x_i als
Wert irgendeine nichtnegative ganze Zahl haben kann).

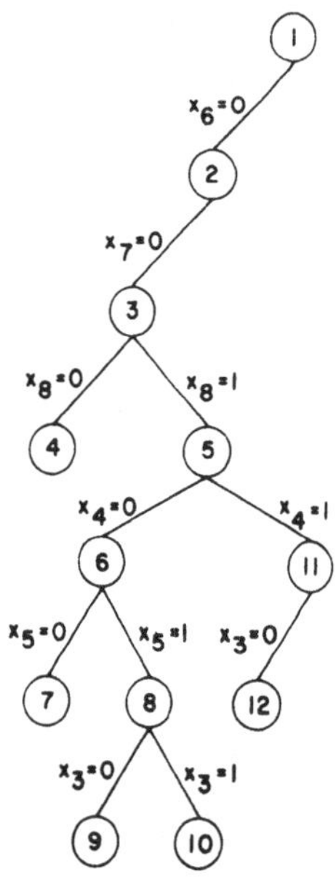

Abbildung 7.15 Ein Teil des dynamischen Zustandsraumbaum, der in
Beispiel 7.7 erzeugt wird

Testen

Der Algorithmus RRUCK1 wurde von N.R. Venkatesh in Pascal programmiert
und auf einem CDC Cyber 74 Rechner gerechnet. Das Ziel des Experi-
ments bestand darin festzustellen, wie die Rechenzeit von RRUCK1 sich
änderte, wenn die Gewinne, die Gewichte und n verändert wurden. Die
Anzahl von Datensätzen, die man entwerfen kann, ist potentiell unendlich. Für die folgenden Datensätze geben wir die Ergebnisse des Expe-
riments an:

(i)   zufällig gewählte Gewichte und Gewinne im Bereich [1, 1000]

(ii) zufällig gewählte Gewichte und Gewinne im Bereich [1, 100]

(iii) zufällig gewählte Gewichte im Bereich [1, 100] und $p_i = w_i + 10$

(iv) zufällig gewählte Gewichte im Bereich [1, 1000] und $p_i = 1.1w_i$.

436

Datensatz	(i)			(ii)		
n	Durch-schnitt	maximal	Standard-abweichung	Durch-schnitt	maximal	Standard-abweichung
10	2.15	5	1.1	2.2	4	0.81
20	7.45	15	3.22	7.2	13	2.93
30	14.5	42	9.02	11.3	25	4.64
40	16.05	28	4.71	15.85	27	4.67
75	44.8	68	11.18	41.5	60	8.53
100	81.5	174	32.62	64.95	111	13.5
125	107.9	291	47.17	106.9	163	26.12
150	166.85	426	70.02	126.3	187	23.97
175	191.5	338	54.06	185.6	262	30.25
190	227.6	413	70.44	211.0	333	48.48

Datensatz	(iii)			(iv)		
n	Durch-schnitt	maximal	Standard-abweichung	Durch-schnitt	maximal	Standard-abweichung
10	7.6	14	4.14	8.3	28	7.1
20	46.3	261	59.34	7.8	26	5.68
30	217.8	1026	300.12	8.1	13	2.53
40	1286.25	11954	2736.21	10.25	20	4.55
75				21.0	52	8.69
100				31.7	73	11.12
125				39	57	7.69
150				53.4	86	11.11
175				62.45	72	4.5
190				73.9	95	7.51

Tabelle 7.1   Rechenzeiten für RRUCK1 auf einer Cyber 74 in Millisekunden. (Die Tabelle wurde von N.R. Venkatesh angefertigt)

Datensatz	(i)			(ii)		
n	Durch-schnitt	maximal	Standard-abweichung	Durch-schnitt	maximal	Standard-abweichung
10	5.15	8	1.06	5.4	10	1.62
20	26.4	51	8.2	26.3	54	8.98
30	67.5	93	14.8	66.6	94	13.68
40	147.4	244	32.3	135.5	199	27.8
75	823.7	1468	249.6	689.1	1273	190.6
100	zuviel Speicherplatz erforderlich					

Datensatz	(iii)			(iv)		
n	Durch-schnitt	maximal	Standard-abweichung	Durch-schnitt	maximal	Standard-abweichung
10	19.4	27	2.8	12.75	22	4.13
20	170.15	245	27	134	195	34.85
30	528.6	658	69.6	423.4	571	77.7
40	989.5	1146	95.2	788.4	989	102.4
75	zuviel Speicherplatz erforderlich					

Tabelle 7.2 Rechenzeiten für dynamische Programmierungsalgorithmen in Millisekunden. (Die Tabelle wurde von N.R. Venkatesh angefertigt)

Bei jedem der oben angegebenen Datensätze wurde M gleich der halben Summe der Gewichte gesetzt. Für jedes ausgewählte n wurden von jedem Datensatz 10 verschiedene Problemstellungen erzeugt. Tabelle 7.1 zeigt die durchschnittlichen und maximalen Zeiten sowie die Standardabweichung der Zeiten. Diese Zahlen gehören nur zu ausgewählten Werten von n. Beim Datensatz (iii) wurden mehr als zwei Minuten benötigt, um zehn Beispiele für jedes n, n > 40 zu lösen. Wie man leicht sieht, hängen die Rechenzeiten für jedes feste n stark von den aktuellen Gewichten und Gewinnen ab.

In einem anderen von N.R. Venkatesh durchgeführten Test wurde festgestellt, daß der Rückverfolgungsalgorithmus, der eine Beschreibung mit Tupeln variabler Länge verwendet, 8% - 12% weniger Zeit benötigte als RRUCK1.

In der Tabelle 7.2 findet man die entsprechenden Rechenzeiten für den im 5. Kapitel besprochenen Algorithmus, der die Methode des dynamischen Programmierens verwendet. Dieser Algorithmus wurde so verändert, daß er die heuristischen Methoden enthält, die am Ende von Abschnitt 5.6 beschrieben sind. Durch Hinzunahme dieser heuristischen Methoden konnte die Zeit für D__RUCK bei den Datensätzen (i), (ii) und (iv) um mehr als 50% reduziert werden. Auch beim Datensatz (iii) verminderte sich die Rechenzeit, allerdings nicht in solchem Ausmaß. Im allgemeinen war das Verhalten des Algorithmus nach der Methode des dynamischen Programmierens schlechter als das von RRUCK1. Dieser Beobachtung sollten jedoch die Ergebnisse eines davon unabhängig durchgeführten Tests von Horowitz und Sahni gegenübergestellt werden (siehe Literaturverzeichnis). Diese Tests zeigen, daß der in den Übungen von Kapitel 5 besprochene Algorithmus, der die Methode "Teile und Herrsche" und die des dynamischen Programmierens verwendet, den Algorithmus RRUCK1 überlegen ist. In den Übungen werden die relative Effizienz von RRUCK2 und die Verstärkung der Beschränkungsfunktionen untersucht.

<u>LITERATURHINWEISE</u>

Eine frühe moderne Darstellung der Rückverfolgungsmethode ist zu finden in

"An enumerative technique for a class of combinatorial problems", von R.J. Walker, Proceedings of Symposia in Applied Mathematics, vol. X, American Mathematical Society, Providence, R. I., 1960.

Eine weitere Beschreibung der Methode sowie eine Reihe von Anwendungen
findet man in

"Backtrack programming", von S. Golomb und L. Baumert, J. ACM,
vol. 12, (1965), 516 - 524.

Eine Zusammenstellung von in FORTRAN geschriebenen Rückverfolgungs-
programmen kann man in folgendem Buch finden:

"Combinatorial Algorithms", von A. Nijenhuis und H.S. Wilf, Academic Press, New York, 1975.

Eine Methode zur Verbesserung der Effizienz von Rückverfolgungs-
programmen mit Hilfe von Macros, die in Assemblersprache geschrieben
sind, steht in

"Backtrack programming techniques", von J.R. Bitner und E.M. Reingold, C.ACM, vol. 18, (1975), 651 - 656.

Die Technik, wie man die Effizienz eines Rückverfolgungsprogramms
abschätzt, wurde erstmals vorgeschlagen in

"Combinatorial analysis and computers", von M. Hall und D.E.
Knuth, American Mathematical Monthly, vol. 72, Part II, Feb. 1965,
21 - 28.

und später veröffentlicht in

"Estimating the efficiency of backtrack programs", von D.E. Knuth,
Mathematics of Computation, vol. 29, (1975), 121 - 136.

Von Greenberg und Hegerich wurde das dynamische Aufteilungsschema
für das 0/1 - Rucksackproblem vorgeschlagen. Ihr Algorithmus ist erschienen in

"A branch-and-search algorithm for the knapsack problem", von H.
Greenberg und R. Hegerich, Manag. Sci, 16(5), 327 - 332 (1970).

Experimentelle Ergebnisse, die zeigen, daß für dieses Problem
statische Bäume besser sind, kann man finden in

"Computing partitions with applications to the knapsack problem",
von E. Horowitz und S. Sahni, J. ACM, 21(2), 277 - 292 (1974).

Die in dem Artikel von Horowitz und Sahni angegebenen Daten zeigen, daß der Algorithmus zur Lösung des Rucksackproblems, der die Methode "Teile und Herrsche" und die des dynamischen Programmierens
verwendet, dem Algorithmus RRUCK1 überlegen ist.

Ein empfehlenswertes Buch über die Verwendung von dynamischen
Zustandsraumbäumen bei der Lösung von ganzzahligen linearen Programmen ist das folgende:

"Integer Programming", von R. Garfinkel und G. Nemhauser, John
Wiley, 1973.

Die Simplexmethode zur Lösung linearer Programme wird behandelt
in:

"Linear Programming", von S. Gass, McGraw Hill, New York, 1969.

ÜBUNGEN

1. Ändern Sie die beiden abstrakt formulierten Rückverfolgungs-
    algorithmen 7.1 und 7.2 so ab, daß sie statt aller Lösungen nur
    eine einzige ermitteln.

2. Übersetzen Sie mit Hilfe der in Abschnitt 1.3 angegebenen Regeln
    den rekursiven Rückverfolgungsalgorithmus 7.2 in einen äquiva-
    lenten iterativen. Wenden Sie dann alle erdenklichen Vereinfa-
    chungen an und vergleichen Sie das Ergebnis mit Algorithmus 7.1.

3. Die Effizienz der Prozedur NDAMEN kann noch gesteigert werden,
    indem man die Prozedur PLAZIERE(k) so definiert, daß sie entwe-
    der einen ungültigen Wert zurückliefert oder aber die nächste
    gültige Spalte, in welche die k-te Dame plaziert wird. Schreiben
    Sie beide Prozeduren noch einmal, so daß diese alternative Stra-
    tegie implementiert ist.

4. Beim n - Damen - Problem stellen wir fest, daß einige Lösungen
   einfach nur Spiegelungen oder Drehungen von anderen Lösungen sind.
   Für n = 4 sind z.B. die in Abb. 7.16 gezeigten Lösungen äquivalent,
   da sie Spiegelungen sind.

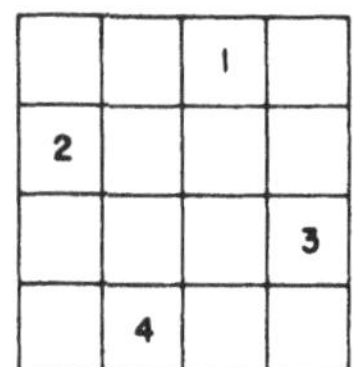

Abbildung 7.16 Äquivalente Lösungen zum
4-Damen-Problem

Man beachte, daß zum Auffinden nichtäquivalenter Lösungen der Algorithmus nur X(1) = 2, 3, ..., $\lceil n/2 \rceil$ zu setzen braucht. Verändern Sie die Prozedur NDAMEN so, daß nur nichtäquivalente Lösungen
berechnet werden.

5. Lassen Sie den oben entworfenen n - Damen - Algorithmus für n =
   8, 9, 10 laufen. Stellen Sie die Zahl der Lösungen, die dieser Algorithmus für jeden Wert von n ermittelt, in einer Tabelle dar.

6. Auf einem Schachbrett mit n x n Feldern wird ein Springer auf ein
   beliebiges Feld mit den Koordinaten (x, y) gesetzt. Das Problem
   besteht darin, n^2 - 1 Züge dieses Springers so zu bestimmen, daß
   jedes Feld genau einmal besetzt wird, falls solch eine Folge von
   Zügen existiert. Schreiben Sie einen Algorithmus zur Lösung dieses
   Problems.

7. Gegeben seien n Männer und n Frauen sowie zwei n x n - Felder P
   und Q. P(i, j) sei die Vorliebe des Mannes i für die Frau j, und
   Q(i, j) sei die Vorliebe der Frau i für den Mann j. Geben Sie einen
   Algorithmus an, der solche Paarbildungen von Männern und Frauen
   findet, daß die Summe der Produkte der Vorlieben maximiert wird.

8. Zeigen Sie: Eine Menge mit n Elementen hat 2^n Teilmengen.

9. Es sei A(1:n, 1:n) eine n x n - Matrix. Die <u>Determinante</u> von A ist
    die Zahl

$$\det(A) = \sum_s \mathrm{sgn}(s)\, a_{1, s(1)}\, a_{2, s(2)} \cdots a_{n, s(n)}$$

    Dabei wird die Summe über alle Permutationen s(1), ..., s(n) von
    {1, 2, ..., n} gebildet; sgn(s) ist + 1 oder - 1 je nachdem, ob s
    eine gerade oder ungerade Permutation ist. Die <u>Permanente</u> von A
    ist wie folgt definiert:

$$\mathrm{per}(A) = \sum_s a_{1, s(1)}\, a_{2, s(2)} \cdots a_{n, s(n)}$$

    Die Determinante fällt als Nebenprodukt bei der Gauss - Elimination
    an, welche $O(n^3)$ Operationen benötigt. Zur Berechnung der Perma-
    nenten ist jedoch kein Algorithmus mit polynominalem Zeitverhalten
    bekannt. Schreiben Sie einen Algorithmus, der die Permanente einer
    Matrix berechnet, indem er die Elemente von s nach der Rückver-
    folgungsmethode erzeugt. Analysieren Sie das Zeitverhalten dieses
    Algorithmus.

10. Es sei IRRGARTEN(1:n, 1:n) ein zweidimensionales Feld, dessen
    Elemente die Werte 0 oder 1 annehmen können. Dieses Feld soll
    einen Irrgarten (Labyrinth) darstellen. Eine Eins steht für einen
    blockierten Weg, eine Null für einen freien. Entwerfen Sie einen
    Algorithmus, der bei IRRGARTEN(1, 1) beginnt und versucht, einen
    Weg zur Stelle IRRGARTEN(n, n) zu finden. Auch in diesem Fall wird
    die Rückverfolgungsmethode nötig sein. Versuchen Sie, das Zeit-
    verhalten dieses Algorithmus zu analysieren.

11. Das <u>Zuweisungsproblem</u> wird gewöhnlich wie folgt formuliert: es
    sollen n Leuten n Arbeiten zugewiesen werden. Die Kosten der Zu-
    weisung des i-ten Mannes an die j-te Arbeit betragen KOSTEN(i, j).
    Entwickeln Sie einen Algorithmus, der jede Arbeit an eine Person
    zuweist und gleichzeitig die Gesamtkosten der Zuweisung minimiert.

12. Es sei W = (5, 7, 10, 12, 15, 18, 20) und M = 35. Suchen Sie
     alle möglichen Teilmengen von W, deren Summe M ist. Verwenden
     Sie dazu die Prozedur TEILMENGENSUMME. Zeichnen Sie den Teil des
     Zustandsraumbaumes, der erzeugt wird.

13. Lassen Sie die Prozedur TEILMENGENSUMME mit folgenden Daten lau-
     fen: M = 35 und (i) W = (5, 7, 10, 12, 15, 18, 20), (ii) W =
     (20, 18, 15, 12, 10, 7, 5) und (iii) W = (15, 7, 20, 5, 18, 10,
     12). Können Sie bei den Rechenzeiten Unterschiede feststellen?

14. Schreiben Sie zum Problem der Summe von Teilmengen einen Rückver-
     folgungsalgorithmus, der den Zustandsraumbaum verwendet, welcher
     der Beschreibung durch Tupel variabler Länge entspricht.

15. [Programmieraufgabe] Schreiben Sie ein Programm zum Problem der
     Summe von Teilmengen. Verwenden Sie die Rückverfolgungsmethode
     und die Beschreibung durch Tupel fester Länge; gehen Sie davon
     aus, daß die Objekte bzgl. der Gewichte in nichtaufsteigender
     Folge angeordnet sind. Schreiben Sie ein Programm zum Algorithmus
     TEILMENGENSUMME. Entwerfen Sie mehrere Datensätze, um die Lei-
     stung beider Programme vergleichen zu können (siehe Abschnitt
     7.6). Messen Sie die Rechenzeiten beider Programme. Welche Schluß-
     folgerungen können Sie ziehen?

16. Lassen Sie den Algorithmus MFÄRBEN (Algorithmus 7.7) laufen, wo-
     bei Sie als Daten die vollständigen Graphen der Größe n = 2, 3,
     4, 5, 6 und 7 verwenden. Die gewünschte Anzahl von Farben sei
     k = n und k = n/2. Stellen Sie die Rechenzeiten für jeden Wert
     von n und k in einer Tabelle dar.

17. Ermitteln Sie die Größenordnung der im schlimmsten Fall benötig-
     ten Rechenzeit der Rückverfolgungsprozedur, die alle Hamilton -
     Schleifen findet.

18. Zeichnen Sie den Teil des Zustandsraumbaumes, der von Algorithmus 7.10 für den Graph G1 in Abb. 7.13 erzeugt wird.

19. Verallgemeinern Sie die Prozedur HAMILTON so, daß sie Graphen verarbeitet, bei denen den Kanten Kosten entsprechen. Diese Prozedur soll einen Hamilton'schen Kreis mit minimalen Kosten finden. Sie können davon ausgehen, daß alle Kantenkosten positiv sind.

20. (i) Schreiben Sie ein Rückverfolgungsprogramm zur Lösung des Rucksackoptimierungsproblems, wobei Sie die Beschreibung durch Tupel variabler Länge verwenden.

    (ii) Zeichnen Sie den Teil des Zustandsraumbaumes, den dieser Algorithmus bei der Lösung des Rucksackproblems aus Beispiel 7.6 erzeugt.

21. Vervollständigen Sie den Zustandsraumbaum aus Abb. 7.15.

22. Verwenden Sie den in Abschnitt 7.6 besprochenen dynamischen Zustandsraumbaum und schreiben Sie einen Rückverfolgungsalgorithmus zum Rucksackproblem.

23. [Programmieraufgabe] (i) Schreiben Sie Programme für die Rucksackalgorithmen RRUCK1, RRUCK2 und die Algorithmen der Aufgaben 19 und 21. Lassen Sie die vier Algorithmen mit den gleichen Daten wie in Abschnitt 7.6 laufen. Bestimmen Sie die Durchschnittszeiten, die maximalen Zeiten und die Standardabweichungen wie in Tabelle 7.1. Von welchem Algorithmus erwarten Sie das beste Verhalten?

    (ii) Schreiben Sie anschließend ein Programm für den im 5. Kapitel formulierten Algorithmus zum Rucksackproblem, der die Methode des dynamischen Programmierens verwendet. Benutzen Sie die am Ende von Abschnitt 5.6 vorgeschlagenen heuristischen Methoden. Messen Sie die Rechenzeiten und vergleichen Sie diesen Algorithmus mit den Rückverfolgungsalgorithmen.

24. (i) Geben Sie ein Beispiel zum Rucksackproblem, bei dem der
         Rückverfolgungsalgorithmus mehr Knoten erzeugt, wenn er ei-
         nen dynamischen Baum anstelle eines statischen Baumes ver-
         wendet.

    (ii) Geben Sie ein Beispiel zum Rucksackproblem, bei dem der
         Rückverfolgungsalgorithmus mehr Knoten erzeugt, wenn er ei-
         nen statischen Baum anstelle eines dynamischen Baumes ver-
         wendet.

    (iii) Verstärken Sie die heuristischen Methoden, welche die Rück-
          verfolgungsalgorithmen von (i) verwenden, indem Sie zu-
          nächst ein Feld MINW aufbauen, das die Eigenschaft hat, daß
          MINW(i) der Index desjenigen Objekts ist, das unter den Ob-
          jekten i, i + 1, ..., n das geringste Gewicht hat. Dann kann
          jeder E - Knoten terminiert werden, an dem Entscheidungen
          für x_1, ..., x_{i-1} getroffen worden sind und die ungenutzte
          Rucksackkapazität kleiner als W(MINW(i)) ist, vorausgesetzt
          daß der bis dahin erzielte Gewinn das bis zu diesem Punkt
          ermittelte Maximum nicht übertrifft. Nehmen Sie dies in die
          Programme von (i) auf. Lassen Sie die neuen Programme mit
          denselben Datensätzen noch einmal laufen und beobachten Sie
          die Verbesserungen (falls es welche gibt). Diese Verstärkung
          der heuristischen Methode geht auf Antonie Albano und Renzo
          Orsini zurück und ist in folgendem Artikel erschienen: "A
          tree search approach to the M - Partition and Knapsack Pro-
          blem", Instituto di Scienze dell' Informazione, Pisa, Italy,
          1977.

25. Dieses Problem nennt man das Briefmarkenfrankierproblem. Ein
    Land gibt n verschiedene Werte von Briefmarken heraus, es sind
    aber auf einem einzigen Brief nur maximal m Briefmarken zum Fran-
    kieren erlaubt. Schreiben Sie einen Algorithmus, der für vorge-
    gebene Werte von m und n den größten Bereich aufeinanderfolgender
    Briefmarkenwerte berechnet. Dieser beginnt bei eins. Es sollen
    alle möglichen Mengen von Werten berechnet werden, die diesen Be-
    reich realisieren. Zum Beispiel gibt es zu den Briefmarkenwerten

(1, 4, 12, 21) für n = 4 und m = 5 die Frankierwerte von 1 bis
71. Gibt es noch andere Werte für vier Briefmarken, mit denen man
denselben Bereich erzeugen kann?

26. Wir betrachten ein Spiel, das man in den meisten Spielwarenge-
    schäften kaufen kann; es heißt Solitaire. Auf einem Brett (siehe
    Abb. 7.17) befinden sich 32 Steine. Lediglich die Position in
    der Mitte ist frei. Man darf einen Stein nur bewegen, indem man
    über einen Nachbarstein auf ein freies Feld springt. Der über-
    sprungene Stein wird entfernt. Schreiben Sie einen Algorithmus,
    der eine Folge von Sprüngen so bestimmt, daß am Schluß alle Stei-
    ne außer einem entfernt worden sind, und daß dieser letzte Stein
    sich genau in der Mitte befindet.

27. Wir stellen uns eine Menge von zwölf ebenen Figuren vor, von de-
    nen jede aus fünf gleich großen Quadraten besteht. Die Figuren
    unterscheiden sich alle in der Form voneinander; zusammen können
    sie aber zu verschieden großen Rechtecken angeordnet werden. In
    Abb. 7.18 erkennt man zwölf dieser Figuren, die zu einem 6 x 10 -
    Rechteck zusammengesetzt sind. Schreiben Sie einen Algorithmus,
    der alle Möglichkeiten ermittelt, wie man diese Figuren zu einem
    6 x 10 - Rechteck zusammensetzen kann.

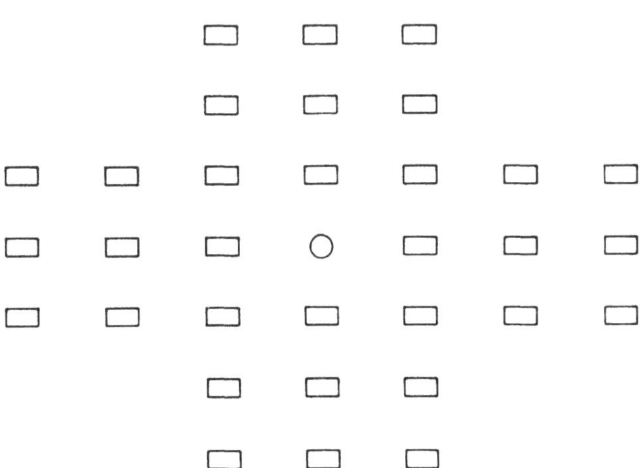

Abbildung 7.17 Anfangspositionen beim Solitaire-Spiel

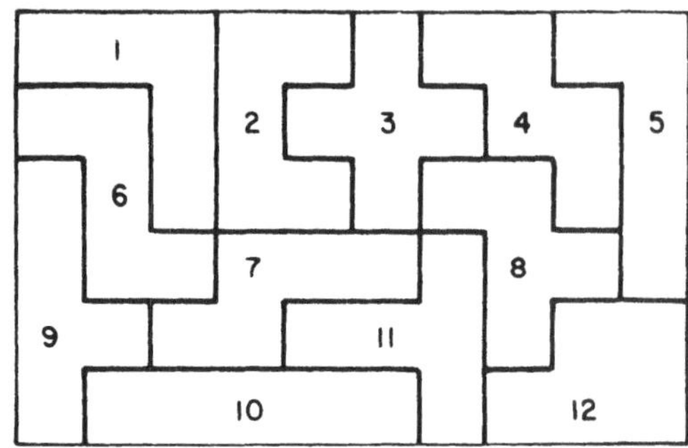

Abbildung 7.18   Eine Anordnung der zwölf in Aufgabe 27 beschriebenen Figuren

28. Wir nehmen an, daß eine Menge elektronischer Bauteile (wie z.B.
     Transistoren) auf einer Platine angeordnet werden soll. Gegeben
     ist eine Verbindungsmatrix VER, wobei VER(i, j) gleich der An-
     zahl der Verbindungen zwischen Bauteil i und Bauteil j ist; außer-
     dem ist eine Matrix DIST gegeben, wobei DIST(r, s) die Distanz
     zwischen den Positionen r und s auf der Platine ist. Die "Ver-
     drahtung" der Platine besteht darin, jedes der n Bauteile an ir-
     gendeiner Stelle anzubringen. Die Kosten dafür sind gleich der
     Summe der Produkte VER(i, j)*DIST(r, s), wobei Bauteil i an der
     Stelle r und Bauteil j an der Stelle s angebracht werden. Geben
     Sie einen Algorithmus an, der eine Zuweisung von Bauteilen an Po-
     sitionen ermittelt, welche die Gesamtkosten der Verdrahtung mini-
     miert.

29. Wir nehmen an, daß n Programme ausgeführt werden sollen, aber nur
     k Prozessoren zur Verfügung stehen, die parallel arbeiten können.
     Das Programm i benötigt die Zeit t_i. Schreiben Sie einen Algo-
     rithmus, der ermittelt, welche Programme auf welchen Prozessoren
     gerechnet werden sollen und der auch die Reihenfolge der zu
     rechnenden Programme ermittelt, so daß die Beendigungszeit des
     letzten Programms minimiert wird.

30. Zwei Graphen G(V, E) und H(A, B) heißen isomorph, falls es zwi-
     schen ihnen eine Eins-zu-Eins-Zuordnung gibt, welche die Nach-
     barschaftsbeziehungen erhält. Formaler ausgedrückt heißt das:

ist f eine Funktion von V nach A und (v, w) eine Kante in E, dann
ist (f(v), f(w)) eine Kante in H. Abb. 7.19 zeigt zwei gerichtete
Graphen, die bzgl. folgender Abbildung isomorph sind: 1, 2, 3, 4,
5 geht über nach a, b, c, d, e. Eine drastische Methode zum Über-
prüfen zweier Graphen auf Isomorphie würde darin bestehen, alle
n! möglichen Entsprechungen auszuprobieren und zu testen, ob die
Nachbarschaftsbeziehungen erhalten bleiben. Ein Rückverfolgungsalgorithmus kann diese Aufgabe besser lösen, indem er den sich
ergebenden Zustandsraumbaum entsprechend zurechtstutzt. Zunächst
einmal wissen wir, daß es nur dann zwischen zwei Knoten eine
Entsprechung geben kann, wenn diese vom gleichen Grad sind. Eine
andere Strategie besteht darin, auf einer frühen Stufe Knoten
vom Grad k auszuwählen, für die der zweite Graph die wenigste
Zahl von Knoten vom Grad k hat. In dieser Übungsaufgabe soll ein
Isomorphiealgorithmus entworfen werden, der die Rückverfolgungsmethode und die oben genannten Ideen verwendet.

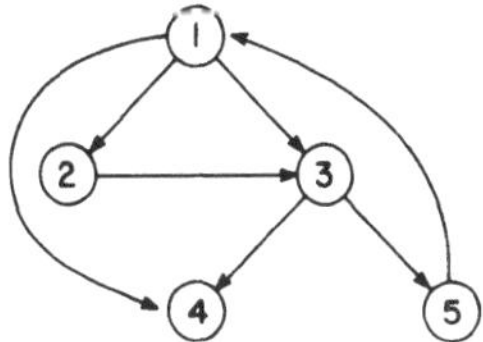

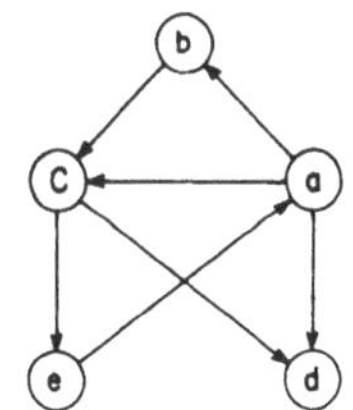

Abbildung 7.19   Zwei isomorphe Graphen

31. Ein Graph heißt __vollständig__, wenn alle seine Knoten mit allen
    anderen Knoten des Graphen zusammenhängen. Einen maximalen voll-
    ständigen Teilgraph eines Graphen nennt man eine __Clique__. Mit "ma-
    ximal" meinen wir, daß dieser Teilgraph in keinem anderen Teil-
    graph, der ebenfalls vollständig ist, enthalten ist. Eine Clique
    der Größe k hat $\binom{k}{i}$ Teilcliquen der Größe i, $1 \leq i \leq k$. Daraus

ergibt sich, daß jeder Algorithmus, der nach einer maximalen
Clique sucht, vorsichtig sein muß und jede Teilclique nur so oft
erzeugt, wie es notwendig ist. Eine Möglichkeit zur Erzeugung
der Cliquen besteht darin, eine Clique der Größe m auf die Größe
m + 1 zu erweitern und diesem Prozeß fortzusetzen, indem alle
möglichen Knoten ausprobiert werden. Diese Strategie erzeugt aber
sehr oft dieselbe Clique; dies kann durch Anwendung folgender Regeln vermieden werden: Es sei der Knoten v einer gegebenen Clique
X der erste Knoten, der zur Erzeugung einer Clique hinzugefügt
wird., die um eins größer ist. Nachdem der Rückverfolgungsprozeß
alle möglichen Cliquen, die aus X und v erzeugt werden können,
untersucht, braucht kein zu v benachbarter Knoten zu X hinzugefügt und untersucht werden. Es seien X und Y Cliquen, wobei X ganz
in Y enthalten ist. Sind alle Cliquen, die X und v enthalten,
erzeugt worden, dann können alle Cliquen mit Y und v ignoriert
werden. Schreiben Sie einen Rückverfolgungsalgorithmus, der die
maximalen Cliquen eines gerichteten Graphen erzeugt und die
zuletzt genannten Regeln verwendet, um den Zustandsraumbaum zu-
rechtzustutzen.

32. Geben Sie zu jedem der folgenden Ausdrücke eine Definition: Zu-
    standsraumbaum, Baumorganisation, Neuanordnung, explizite Rand-
    bedingungen, implizite Randbedingungen, Permutationsbaum, Problem-
    zustand, Lösungszustände, Ergebniszustände, statische Bäume, dy-
    namische Bäume, lebendiger Knoten, E - Knoten, toter Knoten, Be-
    schränkungsfunktion.

Kapitel 8
Verzweigen und Beschränken

In diesem Kapitel wird stark auf die in Abschnitt 7.1 definierte Terminologie zurückgegriffen. Der Leser sollte sich diesen Abschnitt noch
einmal anschauen, bevor er weiterliest.

Der Ausdruck "Verzweigen und Beschränken" (branch-and-bound) bezieht sich auf alle Suchmethoden für Zustandsräume, bei denen zuerst
alle Nachfolger des E - Knotens erzeugt werden, bevor irgendein anderer
lebendiger Knoten zum E - Knoten werden kann. Wir kennen bereits zwei
Suchstrategien für Graphen, nämlich die D - Suche und die Methode "Zuerst in die Breite gehen" (BFS), bei denen die Erforschung eines neuen
Knotens erst dann beginnen kann, wenn der momentane Knoten vollständig
erforscht ist. Beide Methoden lassen sich zu Verzweigungs- und Beschränkungsstrategien verallgemeinern. In dieser Terminologie nennt man
eine Zustandsraumsuche, welche die Methode "Zuerst in die Breite gehen" verwendet, eine FIFO - Suche (First In First Out, d.h. das als
erstes in die Liste aufgenommene Element wird auch als erstes wieder
entfernt). Der Name rührt daher, daß die Liste der lebendigen Knoten
eine FIFO - Liste (oder Schlange) ist. Durchsucht man den Zustandsraum
nach der D - Suchstrategie, dann nennt man dies eine LIFO - Suche
(Last In First Out, d.h. das als letztes in die Liste aufgenommene
Element wird als erstes entfernt). Hierbei wird die Liste der lebendigen Knoten nach dem LIFO - Prinzip (d.h. als Keller) verwaltet. Wie
bei der Rückverfolgungsmethode werden auch hier Beschränkungsfunktionen verwendet, um die Erzeugung von Teilbäumen, die keinen Ergebnisknoten erhalten, zu vermeiden.

Beispiel 8.1   (4 - Damen - Problem)   Wir wollen sehen, wie ein FIFO -
Verzweigungs- und Beschränkungsalgorithmus den Zustandsraumbaum (Abb.

7.7) zum 4 - Damen - Problem durchsuchen würde. Zu Beginn gibt es nur
einen lebendigen Knoten, nämlich Knoten 1. Dieser entspricht der Situation, daß noch keine Dame auf dem Schachbrett aufgestellt ist. Knoten 1 wird zum E - Knoten. Er wird expandiert, und seine Nachfolger,
die Knoten 2, 18, 34 und 50 werden erzeugt. Diese Knoten stellen folgende Brettkonfiguration dar: Dame 1 in Zeile 1 und in den Spalten 1,
2, 3 bzw. 4. Die einzigen lebendigen Knoten sind jetzt die Knoten 2,
18, 34 und 50. Sind die Knoten in dieser Reihenfolge erzeugt worden,
dann ist Knoten 2 der nächste E - Knoten. Er wird expandiert, und die
Knoten 3, 8 und 13 werden erzeugt. Unter Anwendung der Beschränkungsfunktion aus Beispiel 7.5 wird Knoten 3 sofort eliminiert. Die Knoten
8 und 13 werden zu der Schlange der lebendigen Knoten hinzugefügt.
Der nächste E - Knoten wird Knoten 18. Dann werden die Knoten 19, 24
und 29 erzeugt. Unter Anwendung der Beschränkungsfunktionen werden
die Knoten 19 und 24 eliminiert. Knoten 29 wird zur Schlange der lebendigen Knoten hinzugefügt. Knoten 34 ist der nächste E - Knoten.
Abb. 8.1 zeigt den Teil des Baumes aus Abb. 7.2, der bei einer FIFO -
Verzweigungs- und Beschränkungssuche erzeugt wird. Diejenigen Knoten,
die durch Anwendung der Beschränkungsfunktionen eliminiert werden,
sind mit einem "B" bezeichnet. Die Zahlen innerhalb der Knoten entsprechen denen aus Abb. 7.2. Die Zahlen außerhalb der Knoten geben
die Reihenfolge an, in der die Knoten nach dem FIFO - Verzweigungs-
und Beschränkungsprinzip erzeugt werden. Zu dem Zeitpunkt, zu dem der
Ergebnisknoten - nämlich Knoten 31 - erreicht wird, gibt es nur noch
zwei lebendige Knoten: 38 und 54. Ein Vergleich der beiden Abbildungen 7.6 und 8.1 zeigt, daß die Rückverfolgungsmethode für dieses Problem die bessere Suchmethode ist. □

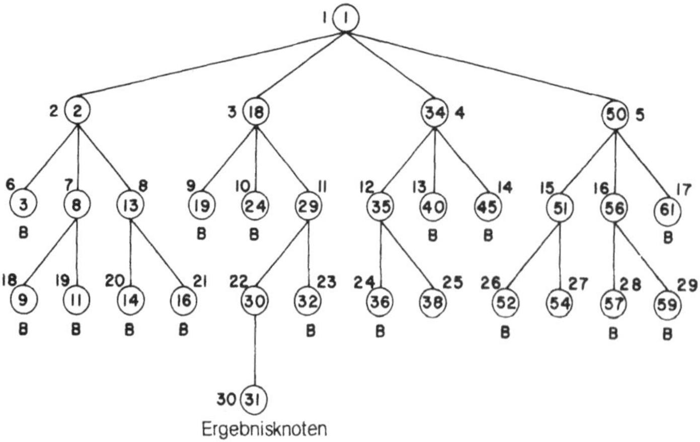

Abbildung 8.1 Teil des Zustandsraumbaumes zum 4-Damen-Problem, der nach den FIFO-
Verzweigungs- und Beschränkungsprinzip erzeugt wird

452

Sowohl bei der LIFO- als auch bei der FIFO - Verzweigungs- und Beschränkungsmethode ist die Regel zur Auswahl des nächsten E - Knotens
starr und in gewissem Sinne "blind". Bei dieser Regel wird ein Knoten nicht
bevorzugt, auch wenn er eine ausgesprochen gute Chance bietet, schnell zu
einem Ergebnisknoten zu kommen. Nachdem in Beispiel 8.1 der Knoten 30 erzeugt worden ist, sollte der Algorithmus eigentlich "merken", daß dieser Knoten in einem weiteren Zug zu einem Ergebnisknoten führt. Die
starre FIFO - Regel fordert jedoch zuerst die Expansion aller lebendigen Knoten, die vor der Erzeugung von Knoten 30 erzeugt worden sind.

Oft kann die Suche nach einem Ergebnisknoten beschleunigt werden,
indem man eine "intelligente" Ordnungsfunktion $\hat{c}(\cdot)$ für lebendige Kno-
ten verwendet. Auf Grund dieser Ordnungsfunktion wird der nächste E -
Knoten ausgewählt. Verwenden wir im 4 - Damen - Beispiel eine Ordnungsfunktion, die dem Knoten 30 einen besseren Rang als allen anderen lebendigen Knoten zuweist, dann wird Knoten 30 der auf Knoten 29 folgende E - Knoten. Die restlichen lebendigen Knoten werden niemals zu
E - Knoten, denn die Expansion von Knoten 30 führt zur Erzeugung eines
Ergebnisknotens (Knoten 31).

Am besten wäre es, wenn die Rangzuweisung auf dem zusätzlichen
rechnerischen Aufwand (oder den Kosten) basieren würde, der zur Erreichung eines Ergebnisknotens vom lebendigen Knoten aus notwendig ist.
Für einen beliebigen Knoten X könnten diese Knoten folgendermaßen aussehen: (i) die Anzahl der Knoten im Teilbaum X, die erzeugt werden
müssen, bevor ein Ergebnisknoten erzeugt wird, oder einfacher: (ii)
die Anzahl der Stufen, die sich zwischen X und dem am nächsten gelegenen Ergebnisknoten (im Teilbaum X) befinden. Verwendet man das unter (ii) genannte Maß, so sind die Kosten der Wurzel des Baumes in
Abb. 8.1 gleich 4 (Knoten 31 ist um 4 Stufen von Knoten 1 entfernt).
Die Kosten der Knoten (18 und 34), (29 und 35) und (30 und 38) betragen 3, 2 bzw. 1. Die Kosten aller übrigen Knoten der Stufen 2 (3 bzw.
4) ist größer als 3 (2 bzw. 1). Verwendet man diese Knoten als Grundlage zur Auswahl des nächsten E - Knotens, dann treten diese in folgender Reihenfolge auf: 1, 18, 29 und 30. Ansonsten werden nur die
Knoten 2, 34, 50, 19, 24, 32 und 31 erzeugt. Wie man leicht einsehen
kann, würde die Verwendung des unter (i) genannten Maßes dazu führen,
daß bei der Suche immer die minimale Zahl von Knoten erzeugt würde,
die jeder Verzweigungs- und Beschränkungsalgorithmus erzeugen muß. Bei
Verwendung des zweiten Maßes werden nur diejenigen Knoten zu E - Knoten, die auf dem Weg von der Wurzel zum nächsten Ergebnisknoten liegen.

Die Schwierigkeit bei der Anwendung dieser "idealen" Kostenfunktion
liegt darin, daß man bei der Kostenberechnung eines Knotens gewöhnlich den Teilbaum X nach einem Ergebnisknoten absuchen muß. Also ist
in der Zeit, in der die Kosten eines Knotens bestimmt werden, auch
der Teilbaum durchsucht; es besteht dann keine Notwendigkeit, X noch
einmal zu erforschen. Aus diesem Grund basiert bei Suchalgorithmen
die Rangzuweisung an Knoten im allgemeinen auf einer Schätzung $\hat{g}(\cdot)$
ihrer Kosten.

Es sei $\hat{g}(X)$ eine Abschätzung des zusätzlichen Aufwandes, der nötig ist, um von X aus zu einem Ergebnisknoten zu gelangen. Mit Hilfe
einer Funktion $\hat{c}(\cdot)$ wird dem Knoten X ein Rang zugewiesen; für $\hat{c}(\cdot)$
gilt: $\hat{c}(X) = f(h(X)) + \hat{g}(X)$, wobei h(X) die Kosten sind, die auf dem
Weg von der Wurzel zu X aufgewendet werden müssen, und f( ) eine beliebige nichtabnehmende Funktion ist. Zunächst könnte man an der
Nützlichkeit zweifeln, die eine Verwendung von f( ) anstatt f(h(X)) =
0 für alle h(X) mitsichbringt. Solch eine Funktion f( ) können wir
dadurch "rechtfertigen", daß der zur Erreichung der lebendigen Knoten
bereits investierte Aufwand nicht reduziert werden kann, und daß wir
uns jetzt nur noch darum bemühen, den zusätzlichen Aufwand zu minimieren, der zum Auffinden des Ergebnisknotens nötig ist. Also kann der
bereits erbrachte Aufwand unberücksichtigt bleiben.

Gewöhnlich beeinflußt die Verwendung der Funktion f( ) $\equiv$ 0 den
Suchalgorithmus dahingehend, daß er tief in den Suchbaum eindringt.
Dies erkennt man daran, daß man, falls Y ein Nachfolger von X ist,
normalerweise $\hat{g}(Y) \leq \hat{g}(X)$ erwarten würde. Also wird Y nach X der E -
Knoten. Dann wird einer der Nachfolger von Y zum E - Knoten, als nächstes einer der Enkel von Y usw... . Solange der Teilbaum X nicht vollständig durchsucht worden ist, werden keine Knoten in anderen Teilbäumen als im Teilbaum X erzeugt. Dies wäre kein Grund zur Beunruhi-
gung, wenn $\hat{g}(X)$ den wahren Kosten von X entsprechen würde. Denn dann
würden wir die restlichen Teilbäume in keinem Fall erforschen wollen
(denn mit X kommen wir garantiert schneller zu einem Ergebnisknoten
als mit irgendeinem anderen existierenden lebendigen Knoten). Nun ist
aber $\hat{g}(X)$ nur eine Schätzung der wahren Kosten. Es ist also durchaus
möglich, daß für zwei Knoten W und Z gilt: $\hat{g}(W) < \hat{g}(Z)$ und Z liegt in
Wirklichkeit viel näher an einem Ergebnisknoten als W. Es ist daher
wünschenswert, daß der Suchalgorithmus nicht allzusehr in die Tiefe
geht. Wenn wir eine Funktion $f(\cdot) \neq 0$ verwenden, können wir den Suchalgorithmus zwingen, einen nahe der Wurzel gelegenen Knoten Z gegenüber einem Knoten W zu bevorzugen, welcher um viele Stufen unterhalb
von Z liegt. Dadurch würden sich die Möglichkeiten für tiefe und er-

folglose Suchläufe im Baum reduzieren.

Eine Suchstrategie, die eine Kostenfunktion $\hat{c}(X) = f(h(X)) + \hat{g}(X)$ zur Auswahl des nächsten E - Knotens verwendet, würde als nächsten E - Knoten immer einen lebendigen Knoten mit kleinstem $\hat{c}(\cdot)$ wählen. Solch eine Strategie nennt man daher eine LC - Suche (Least Cost search = kleinste - Kosten - Suche). Interessanterweise sind die Suchmethoden BFS und D - Suche Spezialfälle einer LC - Suche. Eine LC - Suche erzeugt die Knoten Stufe um Stufe, wenn wir folgende Funktionen verwenden: $\hat{g}(X) \equiv 0$ und $f(h(x)) = $ Stufennummer des Knotens X. Dies ist im wesentlichen dasselbe wie eine Suche nach der Methode "Zuerst in die Breite gehen" (BFS). Ist $f(h(x)) \equiv 0$ und gilt $\hat{g}(X) < \hat{g}(Y)$, falls Y ein Nachfolger von X ist, dann ist die Suche im wesentlichen eine D - Suche. Eine mit Beschränkungsfunktionen gekoppelte LC - Suche nennen wir eine LC - Verzweigungs- und Beschränkungssuche.

Bei der Behandlung der LC - Suche werden wir manchmal eine Kostenfunktion $c(\cdot)$ benutzen, die wie folgt definiert ist: ist X ein Ergebnisknoten, dann gibt $c(X)$ die Kosten (oder die Stufen oder den rechnerischen Aufwand) an, um X von der Wurzel des Zustandsraumbaumes aus zu erreichen. Ist X kein Ergebnisknoten, dann ist $c(X) = \infty$, falls der Teilbaum X keinen Ergebnisknoten enthält; andernfalls ist $c(X)$ gleich den Kosten eines Ergebnisknotens mit minimalen Kosten im Teilbaum X. Es dürfte leicht einzusehen sein, daß $\hat{c}(\cdot)$ mit $f(h(X)) = h(X)$ eine Näherung von $c(\ )$ ist. Von jetzt ab werden wir $c(X)$ "die Kosten von X" nennen.

Das 15er - Spiel als ein Beispiel

Das 15er - Spiel (von Sam Loyd 1878 erfunden, unter dem Namen "Schiebefax" bekannt) besteht aus 15 numerierten Plättchen, die sich in einem quadratischen Rahmen befinden, der 16 Plättchen aufnehmen kann (siehe Abb. 8.2). Die Aufgabe lautet, aus einer vorgegebenen Anfangskonfiguration die in Abb. 8.2(b) gezeigte Zielkonfiguration durch eine Folge erlaubter Züge zu erzeugen. Diese bestehen darin, daß ein Plättchen, welches sich direkt neben dem freien Platz befindet, zu diesem hingeschoben wird. Von der Anfangskonfiguration in Abb. 8.2(a) ausgehend, gibt es daher vier Züge, denn wir können eines der Plättchen 2, 3, 5 und 6 auf den freien Platz schieben. Nach diesem Zug können weitere Züge gemacht werden. Jeder Zug erzeugt eine neue Anordnung der Plättchen. Wir nennen diese Anordnungen Zustände des Spiels. Die Anfangs- und die Zielkonfigurationen nennen wir Anfangs-

bzw. Zielzustände. Ein Zustand ist genau dann vom Anfangszustand aus erreichbar, wenn es eine Folge erlaubter Züge vom Anfangszustand bis zu diesem Zustand gibt.

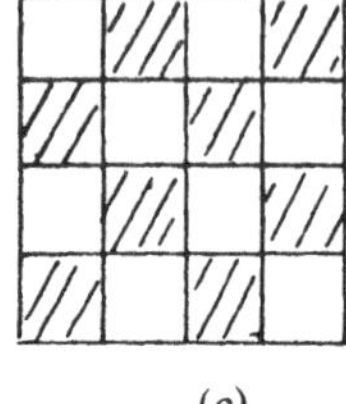

(a) eine Anordnung   (b) Zielanordnung   (c)

<u>Abbildung 8.2</u>   Anordnungen beim 15er-Spiel

Der Zustandsraum eines Anfangszustands besteht aus allen Zuständen, die vom Anfangszustand aus erreichbar sind. Der einfachste Weg zur Lösung der Aufgabe würde darin bestehen, den Zustandsraum nach dem Zielzustand zu durchsuchen und als Ergebnis den Weg vom Anfangs- zum Zielzustand zu nehmen. Wie man leicht sieht, gibt es 16! (16! $\approx$ 20,9 $*$ 10^{12}) verschiedene Anordnungen der Plättchen innerhalb des Rahmens. Nur die Hälfte ist von einem beliebig vorgegebenen Anfangszustand erreichbar. Der Zustandsraum ist für dieses Problem in der Tat sehr groß. Bevor man versucht, diesen Zustandsraum nach dem Zielzustand zu durchsuchen, würde es sich lohnen festzustellen, ob der Zielzustand überhaupt vom Anfangszustand aus erreichbar ist. Dafür gibt es eine ganz einfache Methode. Wir numerieren die Positionen von 1 bis 16 durch. Die Position i ist diejenige, welche in der Anordnung von Abb. 8.2(b) das Plättchen mit der Nummer i enthält. Die Position 16 entspricht dem freien Platz. Es sei POSITION(i) die Positionsnummer des Plättchens i im Anfangszustand. Mit POSITION(16) wird die Position des freien Platzes bezeichnet. Für jeden Zustand sei KLEINER(i) die Anzahl j der Plättchen, für die gilt: j < i und POSITION(j) > POSITION(i). In dem in Abb. 8.2(a) gezeigten Zustand gilt z.B.: KLEINER(1) = 0, KLEINER(4) = 1 und KLEINER(12) = 6. Es sei X = 1, falls der freie Platz sich im Anfangszustand an einer der schraffierten Positionen in Abb. 8.2(c) befindet; es sei X = 0, falls er sich an einer der übrigen Stellen befindet. Dann gilt folgendes Theorem:

<u>Theorem 8.1</u>   Der Zielzustand der Abb. 8.2(b) ist vom Anfangszustand ausgehend genau dann erreichbar, wenn $\sum_{i=1}^{16}$ KLEINER(i) + X gerade ist.

Beweis: Der Beweis ist dem Leser zur Übung überlassen. □

Mit Hilfe von Theorem 8.1 kann man entscheiden, ob der Zielzustand sich im Zustandsraum des Anfangszustandes befindet. Ist dies der Fall, dann können wir anschließend eine Folge von Zügen bestimmen, die zum Zielzustand führen. Um diese Suche durchzuführen, kann der Zustandsraum als Baum organisiert werden. Die Nachfolger jedes Knotens X repräsentieren die Zustände, die vom Zustand X aus in einem gültigen Zug erreichbar sind. Es ist einfacher, sich unter einem Zug nicht das Verschieben eines Plättchens, sondern das Verschieben des freien Platzes vorzustellen. Dieser bewegt sich bei jedem Zug entweder aufwärts oder abwärts oder nach rechts oder nach links. Abb. 8.3(a) zeigt die ersten drei Stufen des Zustandsraumbaumes für das 15er - Spiel, wenn man mit dem in der Wurzel dargestellten Anfangszustand beginnt. Teile der Stufen 4 und 5 des Baumes sind ebenfalls gezeigt. Der Baum wurde etwas beschnitten. Kein Knoten P hat einen Nachfolgerzustand, der dem Zustand des Vorgängers von P gleicht. Der auf diese Weise eliminierte Teilbaum ist bereits im Baum vorhanden und hat die Wurzel VATER(P). Wie man sieht, gibt es auf Stufe 4 einen Ergebnisknoten.

Eine Erzeugung des Zustandsraumbaumes nach der Methode "Zuerst in die Tiefe gehen" liefert den in Abb. 8.3(b) gezeigten Teilbaum. Dabei wird der jeweils nächste Zug in dieser Reihenfolge versucht: verschiebe den freien Platz nach oben, rechts, unten, links. An Hand der aufeinanderfolgenden Brettkonfigurationen sieht man, daß man sich mit jedem Zug vom Ziel weiter entfernt. Das Durchsuchen des Zustandsraumbaumes erfolgt blind. Es wird der von der Wurzel aus am weitesten links gelegene Weg eingeschlagen ohne Rücksicht auf die Anfangskonfiguration. Daraus ergibt sich, daß man unter Umständen nie einen Ergebnisknoten findet (es sei denn, daß der am weitesten links gelegene Weg in einem solchen Knoten endet). Bei einem FIFO - Suchlauf durch den in Abb. 8.3(a) gezeigten Baum werden die Knoten in der Reihenfolge erzeugt, wie sie durchnumeriert sind. Bei einer Suche nach der Methode "Zuerst in die Breite gehen" findet man immer einen Zielknoten, welcher der Wurzel am nächsten liegt. Solch eine Suche ist aber ebenfalls "blind" in dem Sinne, daß der Algorithmus unabhängig von der Anfangskonfiguration versucht, dieselbe Folge von Zügen durchzuführen. Eine FIFO - Suche erzeugt den Zustandsraumbaum immer Stufe um Stufe. Wir hätten gerne eine "intelligentere" Suchmethode, und zwar eine, die einen Ergebnisknoten heraussucht und ihren Weg durch den Zustandsraumbaum der speziellen Problemstellung anpaßt. Zu jedem Knoten X des Zustandsraumbaumes können wir uns einen Kostenfaktor $c(X)$ vorstellen.

c(X) ist die Länge eines Weges von der Wurzel zu einem nächsten Zielknoten (falls einer existiert) im Teilbaum mit der Wurzel X. So ist
z.B. in Abb. 8.3(a) c(1) = c(4) = c(10) = c(23) = 3. Mit Hilfe solch
einer Kostenfunktion kann man eine sehr effiziente Suche durchführen.
Wir beginnen mit der Wurzel als E - Knoten und erzeugen einen Nachfolgerknoten, der denselben c( ) - Wert wie die Wurzel hat. Damit
werden die Nachfolgerknoten 2, 3 und 5 eliminiert und nur der Knoten
4 wird zu einem lebendigen Knoten. Dieser wird dann zum nächsten E -
Knoten. Sein erster Nachfolger, Knoten 10, hat als Kostenfaktor c(10)
= c(4) = 34. Die übrigen Nachfolger werden nicht erzeugt. Knoten 4
stirbt und Knoten 10 wird zum nächsten E - Knoten. Bei der Erzeugung
seiner Nachfolger wird Knoten 22 sofort eliminiert, da c(22) > 3 ist.
Knoten 23 wird als nächster erzeugt. Er ist ein Zielknoten, die Suche
ist damit beendet. Bei dieser Suchstrategie werden nur diejenigen
Knoten zu E - Knoten, die auf dem Weg von der Wurzel zum nächsten
Zielknoten liegen. Leider ist diese Strategie unbrauchbar, da man die
oben angegebene Funktion c(·) nicht auf einfache Weise berechnen kann.

Wir können zu einer einfach zu berechnenden Schätzung $\hat{c}(X)$ von
c(X) gelangen, indem wir $\hat{c}(X) = f(X) + \hat{g}(X)$ setzen. Dabei ist f(X)
die Länge des Weges vom Wurzelknoten X; $\hat{g}(X)$ ist eine Schätzung der
Länge des kürzesten Weges von X zu einem Endknoten, der im Teilbaum
mit der Wurzel X liegt. Eine mögliche Wahl für $\hat{g}(X)$ ist folgende:

$$\hat{g}(X) = \text{Anzahl der Plättchen (außer dem freien Platz), die}$$
$$\text{sich nicht in ihrer Zielposition befinden.}$$

Es leuchtet ein, daß mindestens $\hat{g}(X)$ Züge nötig sind, um den Zustand X in einen Zielzustand zu überführen. Wie man leicht einsieht,
sind unter Umständen mehr als $\hat{g}(X)$ Züge dazu nötig. Dazu betrachten
wir den Problemzustand der Abb. 8.4. Hier ist $\hat{g}(X) = 1$, da nur Plättchen 7 nicht an seinem endgültigen Platz ist (bei $\hat{g}(X)$ zählt der freie
Platz nicht mit). Die Zahl der Züge, die zur Erreichung des Zielzu-
standes nötig sind, ist jedoch viel größer als $\hat{g}(X)$. $\hat{c}(X)$ ist eine
untere Schranke für den Wert von $\hat{c}(X)$.
In Abb. 8.3(a) wird eine LC - Suche, die $\hat{c}(X)$ verwendet, mit Knoten 1 als E - Knoten beginnen. Dessen Nachfolger werden alle erzeugt.
Knoten 1 stirbt und läßt die lebendigen Knoten 2, 3, 4 und 5 zurück.
Der nächste Kandidat für einen E - Knoten ist ein lebendiger Knoten
mit kleinstem $\hat{c}(X)$. c(2) = 1 + 4, c(3) = 1 + 4, c(4) = 1 + 2, c(5) =
1 + 4. Also wird Knoten 4 zum E - Knoten; seine Nachfolger werden erzeugt. Zu diesem Zeitpunkt gibt es folgende lebendige Knoten: 2, 3, 5,

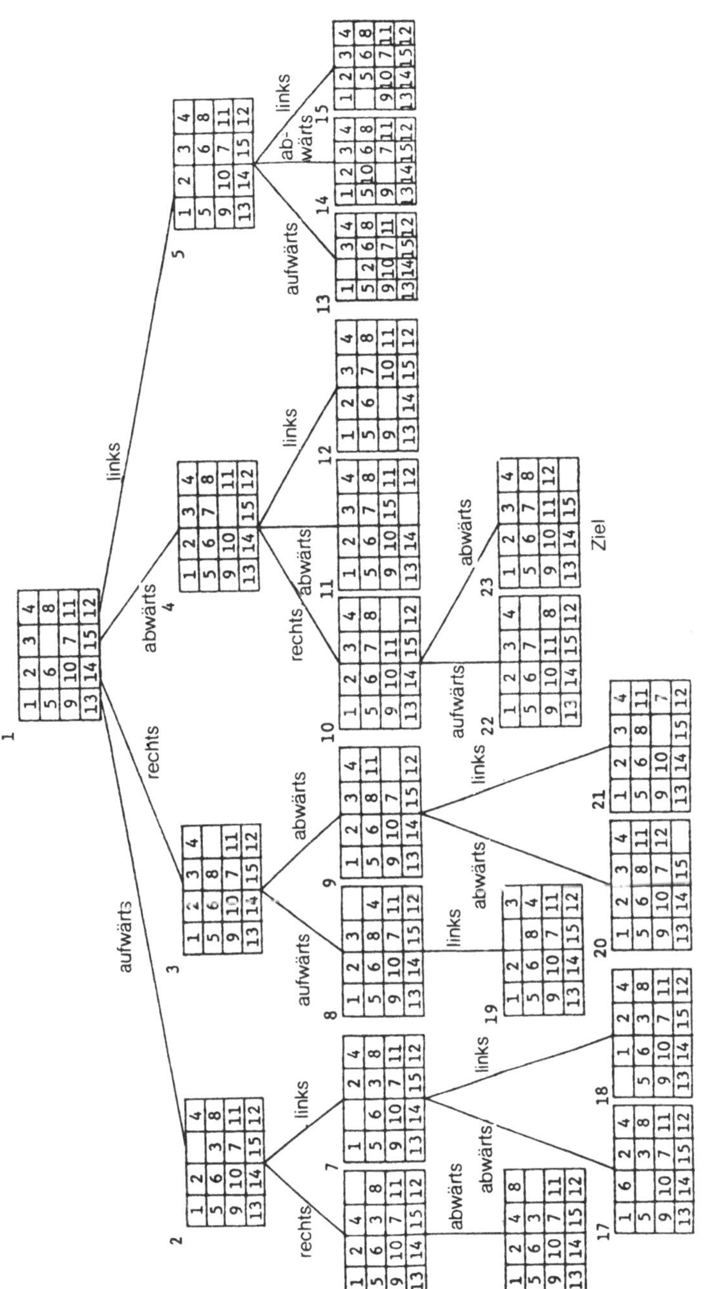

Die Bezeichnung der Kanten gibt an in welcher Richtung sich der freie Platz bewegt

Abbildung 8.3(a)   Teil des Zustandsraumbaumes zum 15er-Spiel

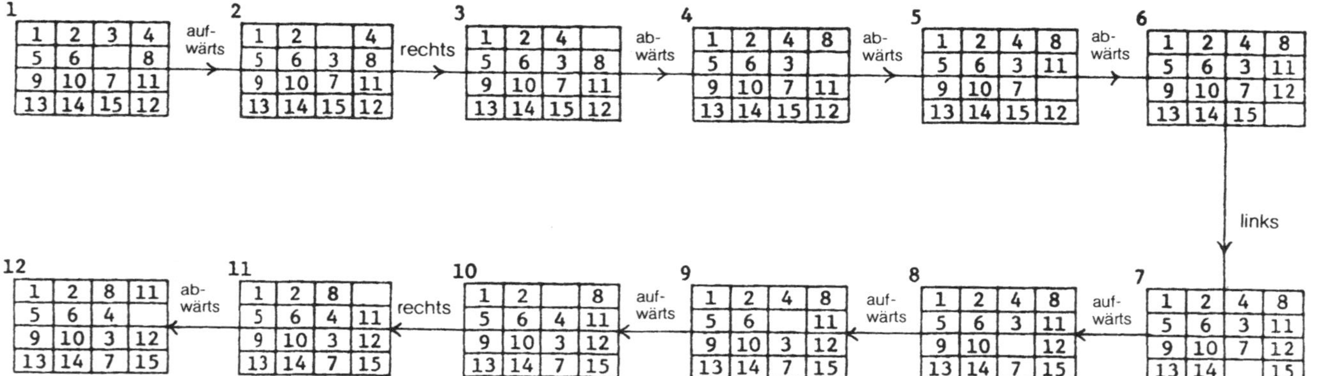

Abbildung 8.3(b) Die ersten zehn Schritte bei einer Suche nach der Methode "zuerst in die Tiefe gehen"

10, 11 und 12. $\hat{c}(10) = 2 + 1$, $\hat{c}(11) = 2 + 3$, $\hat{c}(12) = 2 + 3$. Der lebendige Knoten mit kleinstem $\hat{c}$ ist Knoten 10. Dieser wird zum nächsten E - Knoten. Die Knoten 22 und 23 werden als nächste erzeugt. Knoten 23 wird als Zielknoten erkannt, die Suche ist damit beendet. In diesem Fall war die LC - Suche fast genauso effizient wie die Verwendung der exakten Funktion c( ). Man beachte, daß eine LC - Suche bei geeigneter Wahl von $\hat{c}$( ) weitaus selektiver vorgeht als jede andere der Suchmethoden, die wir behandelt haben.

1	2	3	4
5	6		8
9	10	11	12
13	14	15	7

Abbildung 8.4 Problemzustand

Abstrakte Beschreibungen des Kontrollflusses für die LC - Suche

Es seien T ein Zustandsraumbaum und c( ) eine Kostenfunktion für die Knoten in T. Für einen Knoten X in T ist $c(X)$ der minimale Kostenfaktor für irgendeinen Ergebnisknoten im Teilbaum mit der Wurzel X. Also ist c(T) der Kostenfaktor für einen Ergebnisknoten mit minimalen Kosten in T. Wie bereits früher bemerkt, wird es im allgemeinen nicht möglich sein, eine wie oben definierte Funktion c( ) zu finden, die einfach zu berechnen ist. Stattdessen wird man eine Schätzfunktion $\hat{c}$( ) verwenden, welche c( ) abschätzt. Diese Funktion sollte leicht zu berechnen sein und wird im allgemeinen folgende Eigenschaft haben: ist X entweder ein Ergebnisknoten oder ein Endknoten, dann gilt: $c(X) = \hat{c}(X)$. Die Prozedur LC (Algorithmus 8.1) benutzt $\hat{c}$, um einen Ergebnisknoten zu finden. Der Algorithmus verwendet zwei Unteralgorithmen MIN(X) und EINFÜGEN(X), um einen lebendigen Knoten von der Liste der lebendigen Knoten zu löschen bzw. zu dieser hinzuzufügen. MIN(X) findet einen lebendigen Knoten mit kleinstem (minimalem) $\hat{c}$( ) - Wert. Dieser Knoten wird aus der Liste der lebendigen Knoten entfernt und in der Variablen X zurückgeliefert. EINFÜGEN(X) fügt den neuen lebendigen Knoten X zu der Liste der lebendigen Knoten hinzu. Die Liste der lebendigen Knoten wird man im allgemeinen als eine Min - Halde implementieren (siehe Abschnitt 2.3). Die Prozedur LC gibt den Weg vom gefundenen Ergebnisknoten zum Wurzelknoten T aus. Dies kann durch folgende Maßnahme auf einfache Weise durchgeführt werden: zu jedem Knoten X, der lebendig wird, gibt es eine Variable VATER(X), welche den Vater des Knotens X liefert. Hat man einen Ergebnisknoten G gefunden, dann kann man den Weg von G nach T dadurch ermitteln, daß man eine Kette von VATER - Werten verfolgt, indem man beim momentanen E - Knoten (welcher der Vater von G ist) beginnt und beim Knoten T aufhört.

```
Zeile    procedure LC(T, ĉ)
             //durchsuche T nach einem Ergebnisknoten. Es wird angenom-//
             //men, daß T kein Ergebnisknoten ist.//
  1          E ← T   //E- Knoten//
  2          initialisiere die Liste der lebendigen Knoten als leer
  3            loop
  4              for jeden Nachfolger X von E do
  5                if X ist ein Ergebnisknoten then gib den Weg von X
                                                    nach T aus
  6                                                 return
  7                endif
  8                call EINFÜGEN(X)   //X ist ein neuer lebendiger Knoten//
  9                VATER(X) ← E   //Zeiger für den Weg zur Wurzel//
 10              repeat
 11              if es gibt keine weiteren lebendigen Knoten then print
                                                    ('kein Ergebnisknoten')
 12                                                 stop
 13              endif
 14              call MIN(E)
 15            repeat
 16          end LC
```

Algorithmus 8.1 LC - Suche

    Die Richtigkeit des Algorithmus LC ist leicht nachzuweisen. Die Variable E zeigt zum momentanen E - Knoten. Gemäß der Definition der LC - Suche ist der Wurzelknoten der erste E - Knoten (Zeile 1). In Zeile 2 wird die Liste der lebendigen Knoten initialisiert. Während der Ausführung des Algorithmus LC enthält diese Liste zu jedem Zeitpunkt alle lebendigen Knoten außer dem E - Knoten. Also sollte diese Liste am Anfang leer sein (Zeile 2). In der for - Schleife der Zeilen 4 - 10 werden alle Nachfolger des E - Knotens untersucht. Ist einer

dieser Nachfolger ein Ergebnisknoten, dann gibt der Algorithmus den
Weg von X nach T aus und hält an. Ist ein Nachfolger von E kein Ergebnisknoten, dann wird er zum lebendigen Knoten. Er wird zur Liste der
lebendigen Knoten hinzugefügt (Zeile 8), und sein VATER - Feld wird
gleich E gesetzt. Sind alle Nachfolger von E erzeugt worden, dann wird
E ein toter Knoten und die Zeile 11 ist erreicht. Dies tritt nur dann
ein, wenn keiner der Nachfolger von E ein Ergebnisknoten ist. Also muß
die Suche weitergehen. Sind keine lebendigen Knoten mehr übrig, dann
ist der gesamte Zustandsraumbaum durchsucht worden, ohne daß ein Ergebnisknoten gefunden worden ist. Der Algorithmus hört dann in Zeile
12 auf. Andernfalls wählt MIN(X) aufgrund der Definition in der richtigen Weise den nächsten E - Knoten aus und die Suche geht weiter.

Aus der vorangegangenen Diskussion ist klar geworden, daß LC nur
dann terminiert. wenn entweder ein Ergebnisknoten gefunden oder
der gesamte Zustandsraumbaum erzeugt und durchsucht wurde. Also
terminiert der Algorithmus mit Sicherheit nur bei endlichen Zustandsraumbäumen. Auch bei unendlichen Zustandsraumbäumen terminiert er mit
Sicherheit dann, wenn diese mindestens einen Ergebnisknoten haben -
vorausgesetzt, daß die Kostenfunktion $\hat{c}(\ )$ "geeignet" gewählt wird.
Dies ist z.B. dann der Fall, wenn gilt: $\hat{c}(X) > \hat{c}(Y)$ für jedes Knotenpaar X und Y, wobei die Stufennummer von X "genügend" größer ist als
die von Y. Bei unendlichen Zustandsraumbäumen ohne Ergebnisknoten terminiert LC nicht. Also ist es ratsam, die Suche auf solche Antwort-
knoten zu beschränken, deren Kosten eine vorgegebene Schranke C nicht
übersteigen.

Man beachte die Ähnlichkeit zwischen dem Algorithmus LC und den
Algorithmen, die einen Zustandsraumbaum nach der Methode "Zuerst in
die Breite gehen" oder nach der Methode "D - Suche" durchsuchen. Implementiert man die Liste der lebendigen Knoten als Schlange und benutzt man die Prozeduren MIN(X) und EINFÜGEN(X) zum Entfernen bzw. Einfügen eines Elementes, dann wird LC in ein FIFO - Suchschema überführt.
Wird die Liste der lebendigen Knoten als Keller implementiert, wobei
MIN(X) und EINFÜGEN(X) zum Entfernen bzw. Hinzufügen eines Elementes
benutzt werden, dann führt LC eine LIFO - Suche im Zustandsraumbaum
durch. Also sind die Algorithmen für LC-, FIFO- und LIFO - Suche im
wesentlichen gleich. Der einzige Unterschied besteht darin, wie man
die Liste der lebendigen Knoten implementiert. Dies wird man erwarten,
da die drei Suchmethoden sich nur in der Auswahlregel für den nächsten
E - Knoten unterscheiden.

<u>Eigenschaften der LC - Suche</u>

Wir wollen einige Eigenschaften der Prozedur LC untersuchen. Bei vielen Anwendungen ist es wünschenswert, einen Ergebnisknoten zu finden, der unter allen Ergebnisknoten einen minimalen Kostenfaktor hat. Findet LC notwendigerweise einen Ergebnisknoten G mit minimalen Kosten $c(G)$? Diese Frage muß verneint werden. Dazu betrachten wir den Zustandsraumbaum in Abb. 8.5. Quadratische Endknoten sind Ergebnisknoten. Zu jedem Knoten gehört ein Zahlenpaar: die obere Zahl ist der Wert von c, die untere der Schätzwert $\hat{c}$. So ist z.B. $c(\text{Wurzel}) = 10$ und $\hat{c}(\text{Wurzel}) = 0$. Es ist klar, daß LC zuerst die beiden Nachfolger der Wurzel erzeugt; dann wird der Knoten mit $\hat{c}(\ ) = 2$ zum E - Knoten. Die Expansion dieses Knotens liefert den Ergebnisknoten G mit $\hat{c}(G) = c(G) = 20$; damit terminiert der Algorithmus. Die Kosten des Knotens G mit minimalen Kosten betragen $c(G) = 10$. Der Grund dafür, daß LC nicht den Knoten mit minimalen Kosten gefunden hat, liegt darin, daß die Funktion $\hat{c}$ folgende Eigenschaft hat: es gibt zwei Knoten X und Y mit $\hat{c}(X) < \hat{c}(Y)$, aber $c(X) > c(Y)$. Daraus ergibt sich, daß LC den Knoten X vor dem Knoten Y als E - Knoten wählt und möglicherweise terminiert, wenn sich unter den Nachfolgerknoten von X ein Ergebnisknoten befindet. Gilt für jedes Knotenpaar X, Y mit $c(X) < c(Y)$ stets $\hat{c}(X) < \hat{c}(Y)$, dann kann man zeigen, daß LC in einem endlichen Zustandsraumbaum, der mindestens einen Ergebnisknoten enthält, immer einen Ergebnisknoten mit minimalen Kosten findet.

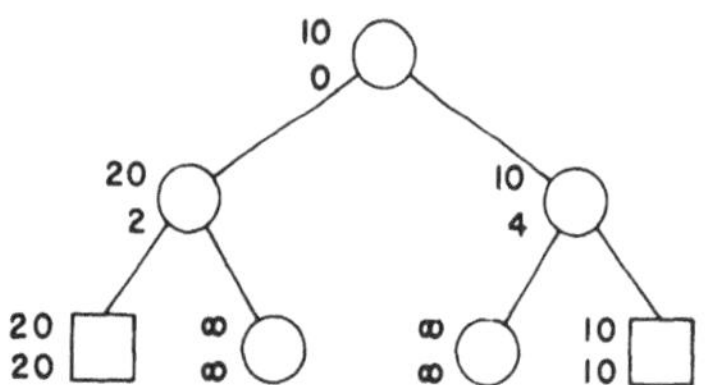

<u>Abbildung 8.5</u> LC-Suche

<u>Theorem 8.2</u> Für jeden Knoten X in einem endlichen Zustandsraumbaum T sei $\hat{c}(X)$ eine Schätzung für $c(X)$, so daß für jedes Knotenpaar Y, Z gilt: $\hat{c}(Y) < \hat{c}(Z)$ genau dann, wenn $c(Y) < c(Z)$. Der Algorithmus LC, der $\hat{c}(\ )$ als Abschätzung für $c(\ )$ verwendet, erreicht einen Ergebnisknoten mit minimalen Kosten und terminiert.

Beweis: Wie wir bereits festgestellt haben, findet LC einen Ergebnisknoten, wenn T endlich ist und einen solchen Knoten besitzt. Nehmen
wir also an, daß LC bei einem Ergebnisknoten G terminiert und daß
gilt: $c(G) > c(G')$, wobei G' ein Ergebnisknoten mit minimalen Kosten
ist. Es sei R der nächste Vorgänger von G mit der Eigenschaft, daß
der Teilbaum R einen Ergebnisknoten mit minimalen Kosten enthält (Abb.
8.6). Es sei R, α_1, α_2, ..., α_k, G' der Weg von R nach G'; es sei ferner R, β_1, β_2, ..., β_j, G der Weg von R nach G. Nach der Definition
von R gilt, daß $\alpha_1 \neq \beta_1$ ist und daß der Teilbaum β_1 keinen Ergebnisknoten mit den Kosten $c(G')$ enthält. Damit bei der Suche der Knoten G
erreicht wird, muß R irgendwann einmal zum E - Knoten werden. Zu diesem Zeitpunkt werden seine Kinder (einschließlich α_1 und β_1) lebendige
Knoten. Aus der Definition von c( ) ergibt sich, daß $c(R) = c(\alpha_1) =$
$c(\alpha_2) = ... = c(G')$ ist und daß gilt: $c(\beta_1)$, $c(\beta_2)$, ..., $c(G) > c(R)$.
Damit ergibt sich aus den Bedingungen für $\hat{c}( )$: $\hat{c}(\alpha_1)$, $\hat{c}(\alpha_2)$, ...,
$\hat{c}(\alpha_k) < \hat{c}(\beta_1)$; also kann β_1 erst dann zum E - Knoten werden, wenn die
α_i ($1 \leq i \leq k$) zu E - Knoten geworden sind und wenn G' erreicht ist.

Dieses Theorem kann leicht auf unendliche Zustandsraumbäume ausgedehnt werden, bei denen jeder Knoten von endlichem Grad ist. Gewöhnlich ist es nicht möglich, mit einem leicht berechenbaren $\hat{c}( )$ zu arbeiten, welches die Forderungen von Theorem 8.2 erfüllt. Oft findet
man nur ein $\hat{c}( )$, welches leicht zu berechnen ist und die Eigenschaft
hat, daß für jeden Knoten X $\hat{c}(X) \leq c(X)$ ist. In diesem Fall findet LC
nicht notwendigerweise einen Ergebnisknoten mit minimalen Kosten (Abb.
8.5). Gilt für jeden Knoten X $\hat{c}(X) \leq c(X)$ und für einen Ergebnisknoten
X $\hat{c}(X) = c(X)$, dann führt eine leichte Veränderung von LC zu einem
Suchalgorithmus, der terminiert, wenn ein Ergebnisknoten mit minimalen
Kosten erreicht ist. Diese Veränderung bewirkt, daß die Suche so lange
fortgesetzt wird, bis ein Ergebnisknoten zum E - Knoten wird. Der neue
Algorithmus heißt LC1 (Algorithmus 8.2).

Zeile	`procedure` LC1(T, $\hat{c}$)
	//durchsuche T nach einem Ergebnisknoten mit minimalen//
	//Kosten.//
1	E ← T //erster E - Knoten//
2	initialisiere die Liste der lebendigen Knoten als leer
3	`loop`
4	`if` E ist ein Ergebnisknoten `then` gib den Weg von E nach T aus
5	`return`
6	`endif`
7	`for` jeden Nachfolger X von E `do`
8	`call` EINFÜGEN(X); VATER(X) ← E
9	`repeat`
10	`if` es gibt keine weiteren lebendigen Knoten mehr `then` `print` ('kein Ergebnisknoten')
11	`stop`
12	`endif`
13	`call` MIN(E)
14	`repeat`
15	`end` LC1

Algorithmus 8.2 LC - Suche nach einem Ergebnisknoten mit geringsten Kosten

Theorem 8.3 $\hat{c}(\cdot)$ habe folgende Eigenschaften: $\hat{c}(X) \leq c(X)$ für jeden Knoten X in einem Zustandsraumbaum T und $\hat{c}(X) = c(X)$ für jeden Ergebnisknoten X in T. Wenn der Algorithmus LC1 in Zeile 5 terminiert, dann wurde ein Ergebnisknoten mit minimalen Kosten gefunden.

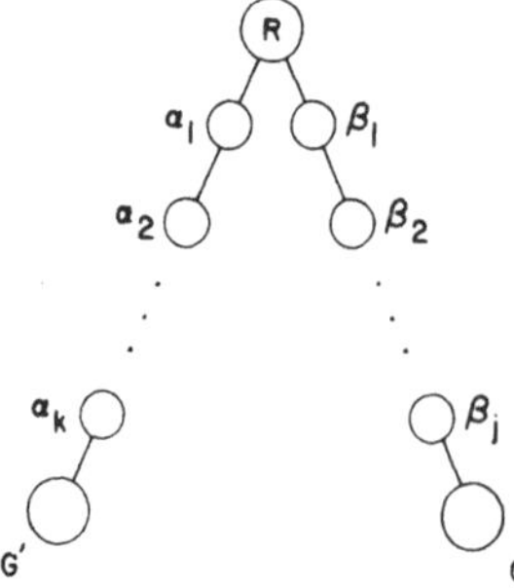

Abbildung 8.6 Unendlicher Zustandsraumbaum

<u>Beweis</u>: Zu dem Zeitpunkt, zu dem der E - Knoten E ein Ergebnisknoten ist, gilt für jeden lebendigen Knoten L in der Liste der lebendigen Knoten: $\hat{c}(E) \leq \hat{c}(L)$. Auf Grund der Annahme gilt: $\hat{c}(E) = c(E)$ und $\hat{c}(L) \leq c(L)$ für jeden lebendigen Knoten L. Also ist $c(E) \leq c(L)$ und E ist daher ein Ergebnisknoten mit minimalen Kosten. $\square$

Beschränkung

Beim Durchsuchen eines Zustandsraumbaumes nach der Verzweigungs- und Beschränkungsmethode wird irgendein Suchmechanismus verwendet, bei dem alle Nachfolger des E - Knotens erzeugt werden, bevor ein anderer Knoten zum E - Knoten wird. Wir nehmen an, daß es zu jedem Ergebnisknoten X einen Kostenfaktor $c(X)$ gibt und daß es darum geht, einen Ergebnisknoten mit minimalen Kosten zu finden. Drei übliche Suchstrategien sind FIFO, LIFO und LC. (Eine weitere Methode, die heuristische Suche, wird in den Übungen behandelt). Eine Kostenfunktion $\hat{c}(\cdot)$ mit $\hat{c}(X) \leq c(X)$ liefert untere Schranken für Lösungen, die man von irgendeinem Knoten X erhält. Ist U eine obere Schranke für eine Lösung mit minimalen Kosten, dann können alle lebendigen Knoten X mit $\hat{c}(X) > U$ eliminiert werden, da alle von X aus erreichbaren Ergebnisknoten Kosten $c(X)$ haben mit $c(X) \geq \hat{c}(X) > U$. Ist ein Ergebnisknoten mit den Kosten U bereits erreicht worden, dann können alle lebendigen Knoten mit $\hat{c}(X) \geq U$ eliminiert werden. Den Anfangswert für U erhält man entweder durch Anwendung irgendeiner heuristischen Methode oder man setzt ihn gleich ∞. Solange der Anfangswert für U nicht kleiner als die Kosten eines Ergebnisknotens mit minimalen Kosten ist, führen obige Regeln zur Elimination lebendiger Knoten nicht dazu, daß ein lebendiger Knoten eliminiert wird, von dem aus man einen Ergebnisknoten mit minimalen Kosten erreichen kann. Jedesmal, wenn ein neuer Ergebnisknoten gefunden wird, kann der Wert von U auf den neuesten Stand gebracht werden.

Wir wollen nun sehen, wie man mit diesen Ideen zu einem Verzweigungs- und Beschränkungsalgorithmus für Optimierungsprobleme gelangen kann. In diesem Abschnitt werden wir uns unmittelbar nur mit Minimierungsproblemen befassen. Ein Maximierungsproblem kann leicht in ein Minimierungsproblem verwandelt werden, indem man das Vorzeichen der Zielfunktion ändert. Wir müssen in der Lage sein, die Suche nach einer optimalen Lösung als Suche nach einem Ergebnisknoten mit kleinsten Kosten in einem Zustandsraumbaum zu formulieren. Dazu ist es nötig, die Kostenfunktion $c(\cdot)$ so zu definieren, daß $c(X)$ für alle Knoten minimal wird, die eine optimale Lösung darstellen. Der einfachste Weg besteht darin, die Zielfunktion selbst als $c(\cdot)$ zu verwenden. Für Knoten, die mögliche Lösungen darstellen, ist $c(X)$ der Wert der Zielfunktion für jene mögliche Lösung. Bei Knoten, die keine möglichen Lösungen darstellen, ist $c(X) = \infty$. Bei Knoten, die Teillösungen darstellen, ist $c(X)$ der Kostenfaktor des Knotens mit minimalen Kosten im Teilbaum mit der Wurzel X. Da es im allgemeinen genauso schwierig sein wird, $c(X)$ zu berechnen, wie das ursprüngliche Optimierungsproblem zu lösen, verwendet der Verzweigungs- und Beschränkungsalgorithmus eine Schätzung $\hat{c}(X)$ mit $\hat{c}(X) \leq c(X)$ für alle X. Die $\hat{c}(\cdot)$ - Funktion, die in der Lösung der Optimierungsfunktionen nach der Verzweigungs- und Beschränkungsmethode verwendet wird, schätzt den Wert der Zielfunktion ab und nicht den rechnerischen Aufwand zur Erreichung eines Ergebnisknotens. Um mit der beim 15er - Spiel verwendeten Terminologie in Einklang zu bleiben, ist jeder Knoten, der eine mögliche Lösung darstellt (jeder Lösungsknoten) ein Ergebnisknoten. Es entsprechen jedoch nur die Ergebnisknoten mit minimalen Kosten einer optimalen Lösung. Also sind Ergebnis- und Lösungsknoten unterscheidbar.

Als ein Beispiel für ein Optimierungsproblem betrachten wir das in Abschnitt 4.4 eingeführte Problem der Programmfolge mit Schlußterminen. Wir verallgemeinern dieses Problem und lassen auch Programme mit verschiedenen Verarbeitungszeiten zu. Gegeben sind n Programme und ein Prozessor. Zu jedem Programm i gehört ein Tripel (p_i, d_i, t_i). Programm i benötigt t_i Verarbeitungszeiteinheiten. Wird es nicht bis zum Schlußtermin d_i fertiggerechnet, dann wird eine Strafe p_i verhängt. Das Ziel besteht darin, eine Teilmenge J aus den n Programmen so auszuwählen, daß alle Programme in J bis zu ihren Schlußterminen fertiggestellt werden können. Daher kann eine Strafe nur über jene Programme verhängt werden, die nicht in J sind. J sollte als Teilmenge die Eigenschaft haben, daß die verhängte Strafe unter allen möglichen Teilmengen minimal ist. Solch ein J ist optimal.

Wir betrachten das folgende Beispiel: n = 4; $(p_1, d_1, t_1) =$ (5, 1, 1); (p_2, d_2, t_2) = (10, 3, 2); (p_3, d_3, t_3) = (6, 2, 1) und (p_4, d_4, t_4) = (3, 1, 1). Der Lösungsraum für dieses Beispiel besteht aus allen möglichen Teilmengen der Programmindexmenge $\{1, 2, 3, 4\}$. Mit Hilfe einer der beiden Formulierungen, die für das Problem der Summe von Teilmengen verwendet wurden, kann der Lösungsraum als Baum organisiert werden (Beispiel 7.3). Abb. 8.7 entspricht der Beschreibung durch Tupel variabler Länge, während Abb. 8.8 der durch Tupel fester Länge entspricht. In beiden Abbildungen stellen die quadratischen Knoten Lösungen dar, die nicht möglich sind. In Abb. 8.7 sind alle runden Knoten Ergebnisknoten. Der Knoten 9 entspricht einer optimalen Lösung und ist der einzige Ergebnisknoten mit minimalen Kosten. Für diese Knoten ist $J = \{2, 3\}$ und die Strafe (bzw. der Kostenfaktor) beträgt 8. In Abb. 8.8 sind nur die runden Knoten Ergebnisknoten. Der Knoten 25 stellt die optimale Lösung dar und ist auch ein Ergebnisknoten mit minimalen Kosten. Dieser Knoten entspricht $J = \{2, 3\}$ und einer Strafe von 8. Unterhalb der Knoten sind die Kosten der Ergebnisknoten von Abb. 8.8 angegeben.

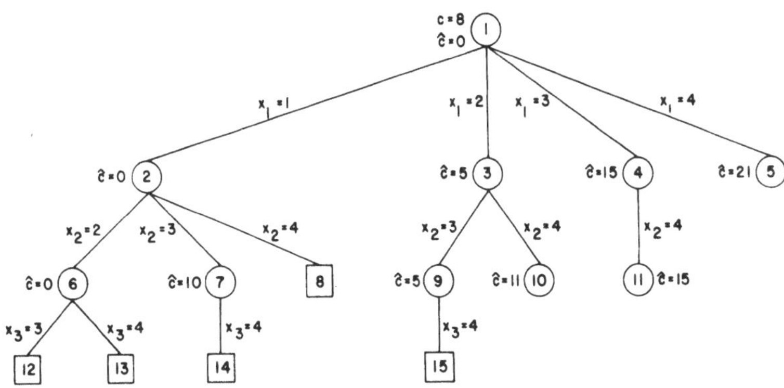

Abbildung 8.7 Zustandsraumbaum, der einer Beschreibung durch Tupel variable Länge entspricht

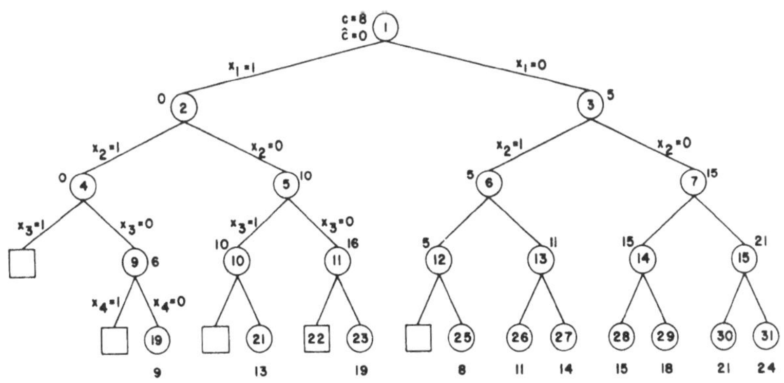

Abbildung 8.8 Zustandsraumbaum, der einer Beschreibung durch Tupel fester Länge entspricht

Für die Zustandsraumbeschreibungen der Abbildungen 8.7 und 8.8 können wir eine Kostenfunktion c( ) definieren. Für jeden runden Knoten X ist c(X) die minimale Strafe, die irgendeinem Knoten im Teilbaum mit der Wurzel X entspricht. Für einen quadratischen Knoten ist $c(X) = \infty$.

Im Baum von Abb. 8.7 gilt: c(3) = 8, c(2) = 9 und c(1) = 8. Im
Baum von Abb. 8.8 gilt: c(1) = 8, c(2) = 9, c(5) = 13 und c(6) = 8.
c(1) ist nätürlich die Strafe, die einer optimalen Auswahl J entspricht.

Man erhält leicht eine Schranke $\hat{c}(X)$ mit $\hat{c}(X) \leq c(X)$ für alle X.
Es sei S_X die Teilmenge von Programmen, die für J am Knoten X ausge-
wählt werden. Ist $m = \max\{i \mid i \in S_X\}$, dann ist $\hat{c}(X) = \sum_{\substack{i<m \\ i \notin S_X}}$ eine Ab-

schätzung für c(X) mit der Eigenschaft: $\hat{c}(X) \leq c(X)$. Für jeden runden
Knoten X in den Abbildungen 8.7 und 8.8 ist die Zahl, die außen am
Knoten X steht, der Wert von $\hat{c}(X)$. Für einen quadratischen Knoten
gilt: $\hat{c}(X) = \infty$. Eine einfache obere Schranke u(X) für die Kosten eines
Ergebnisknotens mit minimalen Kosten im Teilbaum X ist $u(X) = \sum_{i \notin S_X} p_i$.
Man beachte, daß u(X) der Kostenfaktor der Lösung S_X ist, die dem Kno-
ten X entspricht.

Ein FIFO - Verzweigungs- und Beschränkungsalgorithmus für das Pro-
grammfolgenproblem kann mit $U = \infty$ (oder $U = \sum_{1 \leq i \leq n} p_i$) als obere
Schranke für die Kosten eines Ergebnisknotens mit minimalen Kosten beginnen. Beginnt man beim Knoten 1 als E - Knoten und verwendet man die
Beschreibung durch Tupel variabler Größe wie in Abb. 8.7, dann werden
die Knoten 2, 3, 4 und 5 (in dieser Reihenfolge) erzeugt. Es gilt:
u(2) = 19, u(3) = 14, u(4) = 18 und u(5) = 21. Bei der Erzeugung von
Knoten 3 erhält U den Wert 14. Da $\hat{c}(4)$ und $\hat{c}(5)$ größer als U sind,
werden die Knoten 4 und 5 eliminiert (oder beschränkt). Nur die Knoten 2 und 3 bleiben lebendige Knoten. Knoten 2 wird zum nächsten E -
Knoten. Seine Nachfolger, die Knoten 6, 7 und 8 werden erzeugt. Es ist
u(6) = 9, daher erhält U den Wert 9. Es ist $\hat{c}(7) = 10$, also größer als
U; daher wird Knoten 7 eliminiert. Knoten 8 ist kein möglicher Ergebnisknoten und wird deshalb eliminiert. Als nächstes wird Knoten 3 zum
E - Knoten. Dann werden die Knoten 9 und 10 erzeugt. Es ist u(9) = 8,
daher erhält U den Wert 8. Es ist $\hat{c}(10) = 11$, also größer als U; daher
wird dieser Knoten eliminiert. Der nächste E - Knoten ist Knoten 6.
Keiner seiner beiden Nachfolger ist ein möglicher Ergebnisknoten, dasselbe gilt für den einzigen Nachfolger von Knoten 9. Der Ergebnisknoten mit minimalen Kosten ist Knoten 9; sein Kostenfaktor ist 8.

Bei der Implementierung eines FIFO - Verzweigungs- und Beschränkungsalgorithmus ist es nicht rationell, jedesmal wenn U einen neuen
Wert erhält, die lebendigen Knoten mit $\hat{c}(X) > U$ zu eliminieren (oder
mit $\hat{c}(X) \geq U$, falls ein Knoten mit Kosten U gefunden wurde). Dies liegt
daran, daß die lebendigen Knoten in der Reihenfolge, in der sie erzeugt
wurden, in der Schlange angeordnet sind. Daher sind Knoten mit $\hat{c}(X)$

> U (oder $\hat{c}(X) \geq U$) auf irgendeine zufällige Art und Weise in der
Schlange verteilt. Stattdessen werden lebendige Knoten mit $\hat{c}(X) > U$
(oder $\hat{c}(X) \geq U$) dann eliminiert, wenn sie als Kandidaten für E - Knoten in Frage kommen. Die Prozedur FIFOVB ist ein Programmschema für
einen FIFO - Verzweigungs- und Beschränkungsalgorithmus. Er verwendet
eine kleine positive Konstante ε mit folgender Eigenschaft: gilt für
zwei beliebige mögliche Knoten X und Y $u(X) < u(Y)$, dann ist $u(X) <$
$u(X) + \varepsilon < u(Y)$. Dieses ε benötigt man zur Unterscheidung von zwei
Fällen, nämlich ob eine Lösung mit Kosten $u(X)$ gefunden wurde oder
nicht. Im letzteren Fall erhält U den neuen Wert $\min\{U, u(X) + \varepsilon\}$.
Bringt man U auf diese Weise auf den jeweils neuesten Stand, dann können lebendige Knoten Y mit $u(Y) \geq U$ eliminiert werden. Dadurch wird
nicht der Knoten eliminiert, von dem man erwartete, daß er zu einer
Lösung mit einem Wert kleiner als U führen würde. Wir können auf die
Verwendung von ε verzichten, wenn jeder mögliche Knoten X, der erzeugt
wird, eine mögliche Lösung definiert und wenn $u(X)$ gleich den Kosten
von X ist. Dies trifft z.B. für die Abb. 8.7 zu, wenn man $u(\cdot)$ wie
oben definiert. Die Prozedur FIFOVB verwendet auch die Unteralgorithmen SCHLANGEEINFÜGEN(X) und SCHLANGELÖSCHEN(X). Diese Algorithmen
fügen einen Knoten in eine Schlange ein bzw. entfernen einen Knoten
aus einer Schlange. Für jeden Lösungsknoten X im Zustandsraumbaum entspricht KOSTEN(X) den Kosten einer zum Knoten X gehörigen Lösung. Der
Algorithmus FIFOVB nimmt an, daß für Knoten, denen keine mögliche Lösung entspricht, $\hat{c}(X) = \infty$ ist und daß für mögliche Knoten gilt:
$\hat{c}(X) \leq c(X) \leq u(X)$.

Zeile   procedure FIFOVB(T, $\hat{c}$, u, ε, KOSTEN)

        //durchsuche T nach einem Ergebnisknoten (Lösungsknoten)//

        //mit minimalen Kosten. Es wird angenommen, daß T minde-//

        //stens einen Lösungsknoten enthält und daß gilt://

        //$\hat{c}(X) \leq c(X) \leq u(X)$.//

```
 1       E ← T; VATER(E) ← 0;
 2       if T ist ein Lösungsknoten then U ← min(KOSTEN(T), u(T) + ε);
                                                          erg ← T
 3                                   else U ← u(T) + ε; erg ← 0
 4       endif
 5       initialisiere die Schlange als leer
 6       loop
 7         for jeden Nachfolger X von E do
 8           if ĉ(X) < U then call SCHLANGEEINFÜGEN(X); VATER(X) ← E
 9                         case
10                           :X ist ein Lösungsknoten and KOSTEN
                                                    (X) < U:
11                               U ← min(KOSTEN(X), u(X) + ε)
12                               erg ← X
13                           :u(X) + ε < U: U ← u(X) + ε
14                         endcase
15           endif
16         repeat
17         loop    //besorge nächsten E - Knoten//
18           if Schlange ist leer then print ('minimale Kosten = ', U)

19             while erg ≠ 0 do
20               print (erg)
21               erg ← VATER(erg)
22             repeat
23           endif
24           call SCHLANGELÖSCHEN(X)
25           if ĉ(X) < U then exit    //eliminiere die Knoten mit
                                    ĉ(X) ≥ U//
26         repeat
27       repeat
28   end FIFOVB
```

Algorithmus 8.3   FIFO - Verzweigungs- und Beschränkungsalgo-
                  rithmus zum Auffinden eines Ergebnisknotens
                  mit minimalen Kosten

LC - Verzweigen und Beschränken

Bei einer LC - Verzweigungs- und Beschränkungssuche im Baum der Abb.
8.7 beginnt man mit $U = \infty$ und Knoten 1 als erstem E - Knoten. Bei der
Expansion von Knoten 1 werden die Knoten 2, 3, 4 und 5 in dieser Reihenfolge erzeugt. Wie bei der FIFO - Verzweigungs- und Beschränkungsmethode erhält U den neuen Wert 14, wenn Knoten 3 erzeugt wird; die
Knoten 4 und 5 werden eliminiert, da $u(4) > U$ und $u(5) > U$ ist. Knoten 2 ist der nächste E - Knoten, denn $\hat{c}(2) = 0$ und $\hat{c}(3) = 5$. Die Knoten 6, 7 und 8 werden erzeugt. Wenn Knoten 6 erzeugt wird, erhält U
den neuen Wert 9. Als Folge davon wird Knoten 7 eliminiert, denn $\hat{c}(7)$
$= 10 > U$. Knoten 8 ist kein möglicher Knoten und wird daher eliminiert.
Jetzt sind nur noch die lebendigen Knoten 3 und 6 übrig. Knoten 6 ist
der nächste E - Knoten, denn $\hat{c}(6) = 0 < \hat{c}(3)$. Keiner seiner beiden
Nachfolger ist ein möglicher Knoten. Knoten 3 wird als nächster zum
E - Knoten. Wenn Knoten 9 erzeugt wird, erhält U den Wert 8, da $u(9)$
$= 8$ ist. Daher wird Knoten 10 nach der Erzeugung gleich eliminiert,
da $\hat{c}(10) = 11$ ist. Knoten 9 wird zum nächsten E - Knoten. Sein einziger Nachfolger ist kein möglicher Knoten. Nun sind keine lebendigen Knoten mehr übrig. Die Suche ist beendet, und Knoten 9 ist der
Ergebnisknoten mit minimalen Kosten. Ein LC - Verzweigungs- und Beschränkungsalgorithmus kann auch dann terminieren, wenn für den nächsten E - Knoten E gilt: $\hat{c}(E) \geq U$.

Die abstrakte Beschreibung des Kontrollflusses für die LC - Ver-
zweigungs- und Beschränkungssuche ist LCVB. Die Annahmen sind die
gleichen wie bei FIFOVB. Die Algorithmen EINFÜGEN und MIN sorgen dafür, daß ein Knoten in eine Min - Halde eingefügt bzw. aus ihr entfernt wird.

```
Zeile   procedure LCVB(T, ĉ, u, ε, KOSTEN)
            //durchsuche T nach einem Ergebnisknoten (Lösungsknoten)//
            //mit minimalen Kosten. Es wird angenommen, daß T minde-//
            //stens einen Lösungsknoten enthält und daß gilt://
            //ĉ(X) ≤ c(X) ≤ u(X).//
  1         E ← T; VATER(E) ← 0
  2         if T ist ein Lösungsknoten then U ← min(KOSTEN(T), u(T) + ε);
                                                          erg ← T
  3                               else U ← u(T) + ε; erg ← 0
  4         endif
  5         initialisiere die Liste der lebendigen Knoten als leer
  6         loop
  7           for jeden Nachfolger X von E do
  8             if ĉ(X) < U then call EINFÜGEN(X)
  9                               VATER(X) ← E
 10                               case
 11                                   :X ist ein Lösungsknoten and KOSTEN
                                               (X) < U:
 12                                   U ← min(KOSTEN(X), u(X) + ε)
 13                                   :u(X) + ε < U: U ← U(X) + ε
 14                               endcase
 15             endif
 16           repeat
 17           if es  gibt keine weiteren lebendigen Knoten mehr or
 18                   der nächste E - Knoten hat ein ĉ ≥ U then print
                                       ('minimale Kosten = ', U)
 19             while erg ≠ 0 do
 20               print (erg)
 21               erg ← VATER(erg)
 22             repeat
 23           endif
 24           call MIN(E)
 25         repeat
 26      end LCVB
```

Algorithmus 8.4   LC - Verzweigungs- und Beschränkungsalgorith-
                  mus zum Auffinden eines Ergebnisknotens mit
                  minimalen Kosten

474

Um die Verzweigungs- und Beschränkungstechnik zur Lösung irgendeines
Problems anwenden zu können, muß man sich zuerst einen Zustandsraumbaum für das Problem vorstellen. Wir haben bereits zwei mögliche Organisationen von Zustandsraumbäumen für das Rucksackproblem kennengelernt (Abschnitt 7.6). Dennoch können wir die in Abschnitt 8.1 behandelten Techniken nicht direkt anwenden, denn diese beziehen sich auf
Minimierungsprobleme, während das Rucksackproblem ein Maximierungsproblem ist. Diese Schwierigkeit ist leicht zu überwinden: man ersetzt
die Zielfunktion $\sum p_i x_i$ durch die Funktion $- \sum p_i x_i$. Es ist klar, daß
$\sum p_i x_i$ genau dann maximiert wird, wenn $- \sum p_i x_i$ minimiert wird. Dieses veränderte Rucksackproblem wird in 8.1 formuliert:

$$\text{minimiere} \quad - \sum_{i=1}^{n} p_i x_i$$

$$\text{unter der Bedingung} \quad \sum_{i=1}^{n} w_i x_i \leq M \qquad\qquad (8.1)$$

$$x_i = 0 \text{ oder } 1, \quad 1 \leq i \leq n$$

Im folgenden gehen wir davon aus, daß zur Beschreibung des Lösungsraumes Tupel fester Länge verwendet werden. Man kann leicht die Diskussion auf die Beschreibung durch Tupel variabler Länge ausdehnen. Jeder Endknoten im Zustandsraumbaum, der eine Zuweisung mit $\sum_{1 \leq i \leq n} w_i x_i$
$\leq M$ darstellt, ist ein Ergebnisknoten (oder Lösungsknoten). Alle anderen Endknoten sind keine möglichen Lösungsknoten. Damit ein Ergebnisknoten mit minimalen Kosten irgendeiner optimalen Lösung entspricht,
müssen wir für jeden Ergebnisknoten X folgendes definieren: $c(X) =$
$- \sum_{1 \leq i \leq n} p_i x_i$. Für Knoten, die keine möglichen Endknoten sind, ist $c(X)$
$= \infty$. Für nichtterminale Knoten (also keine Endknoten) ist $c(X)$ rekursiv definiert: $\underline{\min}\{c(\text{LSOHN}(X)), c(\text{RSOHN}(X))\}$.

Wir benötigen jetzt für jeden Knoten X zwei Funktionen $\hat{c}(X)$ und
$u(X)$ mit $\hat{c}(X) \leq c(X) \leq u(X)$. $\hat{c}(\cdot)$ und $u(\cdot)$, welche diese Forderung erfüllen, kann man auf folgende Weise erhalten: X sei ein Knoten der Stu-
fe j, $1 \leq j \leq n + 1$. Am Knoten X wurden den x_i, $1 \leq i < j$, bereits
Werte zugewiesen. Die Kosten dieser Zuweisungen betragen $- \sum_{1 \leq i < j} p_i x_i$.
Daher ist $c(X) \leq - \sum_{1 \leq i < j} p_i x_i$, und wir können $u(x) = - \sum_{1 \leq i < j} p_i x_i$ anwenden. Ist $q = - \sum_{1 \leq i < j} p_i x_i$, dann gibt es eine bessere obere Schran-
kenfunktion $u(x) = \text{OSCHRANKE}(q, \sum_{1 \leq i < j} w_i x_i, j - 1, M)$. OSCHRANKE ist

durch Algorithmus 8.5 definiert. Wie bei c(X) ist es klar, daß -SCHRAN-
KE(- q, $\sum_{1 \leq i < j} w_i x_i$, j - 1, M) $\leq$ c(X) ist, wobei SCHRANKE der Algorithmus 7.10 ist.

```
procedure OSCHRANKE(p, w, k, m)
   //p, w, k und m haben die gleiche Bedeutung wie in Algorithmus 7.10//
   //W(i) und P(i) sind das Gewicht bzw. der Gewinn des i-ten Objekts//
      global W(1:n), p(1:n); integer i, k, n
      b ← p; c ← w
      for i ← k + 1 to n do
         if c + W(i) ≤ m then c ← c + W(i); b ← b - P(i) endif
      repeat
      return (b)
end OSCHRANKE
```

Algorithmus 8.5 Die Funktion u( ) für das Rucksackproblem

LC - Verzweigungs- und Beschränkungslösung

Beispiel 8.2 (LCVB) Wir betrachten folgendes Beispiel zum Rucksackproblem: n = 4; (p_1, p_2, p_3, p_4) = (10, 10, 12, 18); (w_1, w_2, w_3, w_4)
= (2, 4, 6, 9) und M = 15. Wir wollen den Ablauf einer LC - Verzwei-
gungs- und Beschränkungssuche verfolgen, die $\hat{c}( )$ und u( ) wie oben
definiert verwendet. Wir verwenden auch weiterhin die Beschreibung
durch Tupel fester Länge. Die Suche beginnt mit der Wurzel als E -
Knoten. Für diesen Knoten (Knoten 1 in Abb. 8.9) gilt: $\hat{c}(1)$ = - 38
und u(1) = - 32. Da dieser kein Lösungsknoten ist, setzt die Prozedur
LCVB erg = 0 und U = - 32 + ε. Der E - Knoten wird expandiert, und
seine Nachfolger, die Knoten 2 und 3, werden erzeugt. Es gilt: $\hat{c}(2)$ =
- 38; $\hat{c}(3)$ = - 32; u(2) = - 32 und u(3) = - 27. Beide Knoten werden
in die Schlange der lebendigen Knoten eingefügt. Knoten 2 ist der
nächste E - Knoten. Er wird expandiert, und die Knoten 4 und 5 werden
erzeugt. Beide Knoten werden zur Liste der lebendigen Knoten hinzugefügt. Knoten 4 ist der lebendige Knoten mit kleinstem $\hat{c}$ - Wert, er
wird zum nächsten E - Knoten. Die Knoten 6 und 7 werden erzeugt. Unter
der Annahme, daß Knoten 6 zuerst erzeugt wird, wird dieser in die Liste der lebendigen Knoten eingereiht. Dann gelangt Knoten 7 in diese
Liste, und U erhält den neuen Wert - 38 + ε. Einer der Knoten 6 und 7
wird zum nächsten E - Knoten. Wir nehmen an, daß es Knoten 7 ist. Seine beiden Nachfolger sind die Knoten 8 und 9. Knoten 8 ist ein Lösungs-

knoten, U erhält den Wert - 38 und Knoten 8 wird zur Liste der lebendigen Knoten hinzugefügt. Für Knoten 9 gilt: $\hat{c}(9) > U$; er wird daher sofort eliminiert. Die Knoten 6 und 8 sind zwei lebendige Knoten mit kleinstem $\hat{c}$. Unabhängig davon, welcher zum nächsten E - Knoten wird, ist $\hat{c}(E) \geq U$ und die Suche beendet; Knoten 8 ist der Ergebnisknoten. Zu diesem Zeitpunkt werden der Wert - 38 und der Weg 8, 7, 4, 2, 1 ausgedruckt; der Algorithmus ist beendet. Aus der Angabe des Weges kann man nicht die Wertzuweisungen an die x_i mit $\sum_i p_i x_i = U$ entnehmen. Eine geeignete Implementierung der Prozedur LCVB muß also noch zusätzliche Informationen speichern, aus denen man die x_i - Werte entnehmen kann. Eine Möglichkeit besteht darin, jedem Knoten ein Markierungsfeld MARKE hinzuzufügen. Die Folge der Markierungsbits vom Ergebnisknoten zur Wurzel gibt die x_i - Werte an. Es gilt: MARKE(2) = MARKE(4) = MARKE(6) = MARKE(8) = 1 und MARKE(3) = MARKE(5) = MARKE(7) = MARKE(9) = 0. Die Folge der Markierungsbits für den Weg 8, 7, 4, 2, 1 ist 1 0 1 1, d.h. $x_4 = 1$, $x_3 = 0$, $x_2 = 1$ und $x_1 = 1$. □

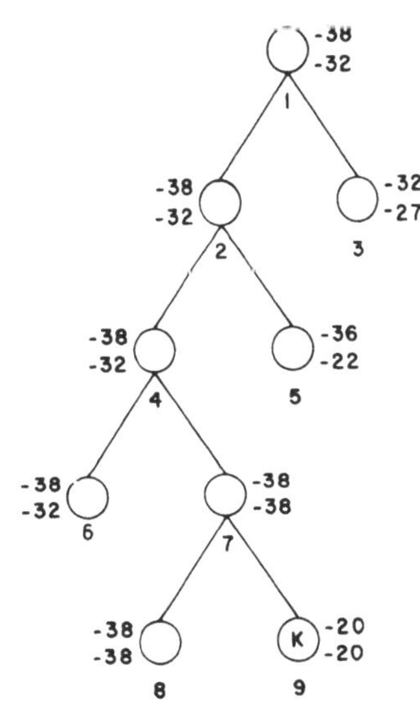

Abbildung 8.9 LC-Verzweigungs- und Beschränkungsbaum zum Beispiel 8.2

Wollen wir die Prozedur LCVB (Algorithmus 8.5) zur Lösung des Rucksackproblems anwenden, dann müssen wir folgendes genau angeben: (i) die Struktur der Knoten im zu durchsuchenden Zustandsraumbaum, (ii) wie die Nachfolger eines gegebenen Knotens erzeugt werden;

(iii) wie ein Lösungsknoten erkannt wird; (iv) eine Darstellung der Liste der lebendigen Knoten sowie die Unteralgorithmen EINFÜGEN und MIN. Die benötigte Knotenstruktur hängt davon ab, welche der beiden Beschreibungen für den Zustandsraumbaum man verwendet. Wir wollen im folgenden die Beschreibung durch Tupel fester Länge beibehalten. Jeder Knoten X, der erzeugt und in die Liste der lebendigen Knoten eingereiht wird, muß ein VATER - Feld haben. Zusätzlich sollte jeder Knoten, wie in Beispiel 8.2 erwähnt, über ein 1 - Bit - Feld MARKE verfügen. Dieses Feld braucht man zur Ausgabe der x_i - Werte, die einer optimalen Lösung entsprechen. Um die Nachfolger von X erzeugen zu können, müssen wir die Stufennummer des Knotens X im Zustandsraumbaum kennen. Dazu verwenden wir ein Feld STUFE. Den linken Nachfolger von X erhält man, indem man $x_{STUFE(X)} = 1$ setzt, den rechten, indem man $x_{STUFE(X)} = 0$ setzt. Um entscheiden zu können, ob der linke Nachfolger ein möglicher Knoten ist, müssen wir den am Knoten X zur Verfügung stehenden Platz im Rucksack kennen. Diesen können wir auf zwei Arten ermitteln: entweder wir folgen dem Weg vom Knoten X zur Wurzel, oder wir heben diesen Wert explizit im Knoten auf. Wir wählen die zweite Möglichkeit und speichern diesen Wert in einem Feld UK (= ungenutzte Kapazität). Bei der Auswertung von $\hat{c}(X)$ und $u(X)$ müssen wir den Gewinn $\sum_{1 \leq i < STUFE(X)} p_i x_i$ kennen, welcher durch die Füllung erzielt wurde, die dem Knoten X entspricht.

Dieser kann berechnet werden, indem man den Weg von X bis zur Wurzel verfolgt. Andererseits kann dieser Wert auch explizit in einem Feld EG (= erzielter Gewinn) gespeichert werden. Schließlich müssen wir $\hat{c}(X)$ kennen, um den lebendigen Knoten mit kleinstem $\hat{c}$ zu bestimmen oder um Knoten korrekt in die Liste der lebendigen Knoten einfügen zu können. Auch hier können wir wieder wählen. Wir können $\hat{c}(X)$ explizit in einem Feld OS (=obere Schranke) abspeichern oder es bei Bedarf berechnen. Wenn wir davon ausgehen, daß alle Informationen explizit gespeichert werden, brauchen wir Knoten mit je sechs Feldern: VATER, STUFE, MARKE, UK, EG und OS.

Mit Hilfe dieser aus sechs Feldern bestehenden Knotenstruktur können die Nachfolger eines beliebigen Knotens X auf einfache Weise bestimmt werden. Der linke Nachfolger Y ist genau dann ein möglicher Knoten, wenn gilt: $UK(X) \geq w_{STUFE(X)}$. In diesem Fall gilt: $VATER(Y) = X$; $STUFE(Y) = STUFE(X) + 1$; $UK(Y) = UK(X) - w_{STUFE(X)}$; $EG(Y) = EG(X) + p_{STUFE(X)}$; $MARKE(Y) = 1$ und $OS(Y) = OS(X)$. Der rechte Nachfolger kann auf ähnliche Weise erzeugt werden. Auch Lösungsknoten werden leicht erkannt. Knoten X ist genau dann ein Lösungsknoten, wenn gilt: $STUFE(X) = n + 1$.

Nun müssen wir noch die Darstellung der Liste der lebendigen Knoten angeben. Folgende Funktionen sollen mit dieser Liste ausgeführt werden können: a) feststellen, ob die Liste leer ist; b) Knoten einfügen; c) einen Knoten mit kleinstem OS - Wert entfernen. Wir kennen bereits eine Datenstruktur, welche es ermöglicht, diese drei Funktionen effizient auszuführen: eine Min - Halde. Bei m lebendigen Knoten kann die Funktion a) in der Zeit $\Theta(1)$ ausgeführt werden, während b) und c) nur $O(\log n)$ benötigen.

Die vorangegangene Diskussion ergibt zusammen mit der Prozedur LCVB eine vollständige Beschreibung eines LC - Verzweigungs- und Beschränkungsalgorithmus für das Rucksackproblem. Wir können die Effizienz des Algorithmus jedoch verbessern, wenn wir LCVB auf dieses spezielle Problem zuschneiden. Zunächst berechnet der veränderte Algorithmus $- \hat{c}$ und $- u$, welches nichtnegative Größen sind, anstelle von $\hat{c}$ und u. Außerdem speichern wir $L = - U$ anstelle von U. Schließlich gilt für jeden beliebigen Knoten X: $OS(X) = - c(X)$. Diese Änderungen bewirken nur geringe Änderungen innerhalb der Prozedur LCVB, nämlich folgende:

i) Die Bedingung in Zeile 8 heißt nun: <u>if</u> $OS(X) > L$ <u>then</u>

ii) Die Bedingung in Zeile 11 heißt jetzt: :STUFE(X) = n + 1 <u>and</u>
EG(X) > L:

iii) Zeile 12 wird zu: $L \leftarrow EG(X)$

iv) Zeile 14 wird zu: : $u(X) - \epsilon > L$: $L \leftarrow - u(X) - \epsilon$

v) Die Bedingung in Zeile 19 heißt nun: $OS(X) \leq L$

vi) In Zeile 25 ist der nächste E - Knoten der lebendige Knoten mit größtem OS - Wert.

Diese Änderungen beeinflussen die Rechenzeit des neuen Algorithmus nicht wesentlich; sie führen aber zu einem Algorithmus, welcher die Maximierungs- statt die Minimierungsbeschreibung (8.1) widerspiegelt. So ist L eine untere Schranke für den Wert einer optimalen Füllung, und $OS(X)$ ist eine obere Schranke für die maximale Füllung, die man von irgendeinem Lösungsknoten im Teilbaum mit der Wurzel X erhalten kann. Die weiteren Änderungen, die wir noch anbringen werden, reduzieren die Laufzeit des Suchalgorithmus. Der endgültige Algorithmus ist die Prozedur LCRUCK.

LCRUCK verwendet die Teilalgorithmen UOSCHRANKE (Algorithmus 8.6), NEUERKNOTEN (Algorithmus 8.7(a)); SCHLUSS (Algorithmus 8.7(b)), ANFANG und KNOTENBESORGEN. UOSCHRANKE berechnet $- \hat{c}(\cdot)$ und $- u(\cdot)$. NEUERKNOTEN erzeugt einen neuen, aus sechs Feldern bestehenden Knoten, besetzt

die Felder entsprechend und fügt diesen Knoten zur Liste der lebendigen Knoten hinzu. Die Prozedur SCHLUSS druckt sowohl den Wert der optimalen Lösungen aus als auch die Objekte, für die in einer optimalen
Lösung x_i = 1 ist. ANFANG initialisiert die Liste der verfügbaren
Knoten sowie die Liste der lebendigen Knoten. Da der Algorithmus niemals Knoten freigibt, kann man die Knoten sequentiell benutzen, d.h.
die Knoten 1 bis m können in der Reihenfolge 1, 2, ..., m zugewiesen
werden. KNOTENBESORGEN liefert einen freien Knoten. In Übereinstimmung
mit den in Abschnitt 8.1 getroffenen Vereinbarungen ist L von folgenden beiden Werten der größere: der Wert der besten bisher gefundenen
Lösung und der Wert der größten unteren Schranke kleiner ε, die von
UOSCHRANKE berechnet wird. ε ist eine "kleine" positive Zahl.

LCRUCK hat die Parameter P, W, M und N. N ist die Anzahl der Objekte. P(i) und W(i), $1 \leq i \leq N$ sind die Gewinne bzw. die Gewichte.
Die Objekte sind so indiziert, daß gilt: P(i) / W(i) $\geq$ P(i + 1) /
W(i + 1), $1 \leq i < N$. M ist die Rucksackkapazität. In den Zeilen 1 - 5
werden die Liste der freien Knoten und der Wurzelknoten des Suchbaumes
initialisiert. Dieser Wurzelknoten E ist der erste E - Knoten. In der
aus den Zeilen 6 - 24 gebildeten Schleife werden die erzeugten lebendigen Knoten der Reihe nach untersucht. Die Schleife ist dann beendet,
wenn es entweder keine lebendigen Knoten mehr gibt (Zeile 22) oder
wenn für den nächsten zur Expansion ausgewählten Knoten E (den nächsten
E - Knoten) gilt: OS(E) $\leq$ L (Zeile 24). Die Beendigung in Zeile 24 ist
wohlbegründet, da der Knoten, der als Kandidat für den nächsten E -
Knoten in Frage kommt, ein lebendiger Knoten mit maximalem Wert OS(E)
ist. Also gilt für alle anderen lebendigen Knoten X: OS(X) $\leq$ OS(E) $\leq$ L;
keiner dieser Knoten kann zu einem Lösungsknoten führen, dessen
Wert größer als L ist. Innerhalb dieser Schleife wird der neue E -
Knoten E untersucht. Dieser Knoten ist entweder ein Endknoten (STUFE(E)
= n + 1), oder er hat genau zwei Nachfolger. Im ersten Fall liegt
ein Lösungsknoten und vielleicht ein neuer Kandidat für den Ergebnisknoten vor. In den Zeilen 9 - 11 wird dies entschieden. Ist E kein
Endknoten, dann werden seine zwei Nachfolger erzeugt. Der linke Nachfolger X entspricht x_i = 1, der rechte Nachfolger Y entspricht x_i = 0,
wobei i = STUFE(E) ist. Der linke Nachfolger ist genau dann ein möglicher Knoten (d.h. er führt möglicherweise zu einem Lösungsknoten),
wenn im Rucksack genügend Platz ist, um x_i unterzubringen (Kapazität
$\geq$ W(i)). Falls dieser Nachfolger ein möglicher Knoten ist, dann ergibt sich aus der Art und Weise, wie die obere Schranke von UOSCHRANKE
berechnet wird, daß OS(X) = OS(E) ist. Aus OS(E) > L (Zeile 24) oder
aus L = UNTEN - ε < OBEN (Zeile 5) folgt, daß X zu der Liste der le-

bendigen Knoten hinzugefügt werden muß. Man beachte, daß man die unteren und oberen Schrankenwerte für diesen Knoten nicht noch einmal berechnen muß. Es sind dieselben Werte wie die für E. Der rechte Nachfolger R ist immer ein möglicher Knoten, da E ein möglicher Knoten ist. Bei diesem Knoten können die unteren und oberen Schrankenwerte von denen des Knotens E abweichen. Daher wird UOSCHRANKE aufgerufen (Zeile 16). Es ist OS(R) = OBEN. Knoten R kann eliminiert werden, falls OS(R) ≤ L ist. In Zeile 18 wird R zur Liste der lebendigen Knoten hinzugefügt, falls R nicht eliminiert wird. In Zeile 19 wird der Wert von L auf den neuesten Stand gebracht.

```
procedure UOSCHRANKE(P, W, rk, eg, N, k, UNTEN, OBEN)
   //rk ist die Restkapazität, eg ist der bereits erzielte Gewinn.//
   //Die Objekte k, ..., N müssen noch betrachtet werden.//
   //UNTEN = - u(X) und OBEN = - ĉ(X)//
   UNTEN ← eg; c ← rk
   for i ← k to N do
      if c < W(i) then OBEN ← UNTEN + c * P(I)/W(I)
                   for j ← i + 1 to N do
                      if c ≥ W(i + 1) then c ← c - W(i + 1)
                                           UNTEN ← UNTEN + P(i + 1)
                   endif
                   repeat
                   return
      endif
      c ← c - W(i); UNTEN ← UNTEN + P(i)
   repeat
   OBEN ← UNTEN
end UOSCHRANKE
```

    Algorithmus 8.6   Algorithmus zur Berechnung der unteren und oberen Schranken

```
procedure NEUERKNOTEN (Vat, Stufe, t, kap, Gew, os)
  //erzeuge einen neuen Knoten I und füge ihn zu der Liste der//
  //lebendigen Knoten hinzu.//
  call KNOTENBESORGEN(I)
  VATER(I) ← Vat; STUFE(I) ← Stufe; MARKE(I) ← t
  UK(I) ← Kap; EG(I) ← Gew; OS(I) ← os
  call EINFÜGEN(I)
end NEUERKNOTEN
```

Algorithmus 8.7(a)   Erzeugen eines neuen Knotens

```
procedure SCHLUSS(L, ERG, N)
  //drucke die Lösung aus//
  real L; global MARKE, VATER
  print ('WERT DER OPTIMALEN FÜLLUNG:', L)
  print ('OBJEKTE IM RUCKSACK:')
  for j ← N to 1 by - 1 do
    if MARKE(ERG) = 1 then print (j) endif
    ERG ← VATER(ERG)
  repeat
end SCHLUSS
```

Algorithmus 8.7(b)   Ausdrucken des Ergebnisses

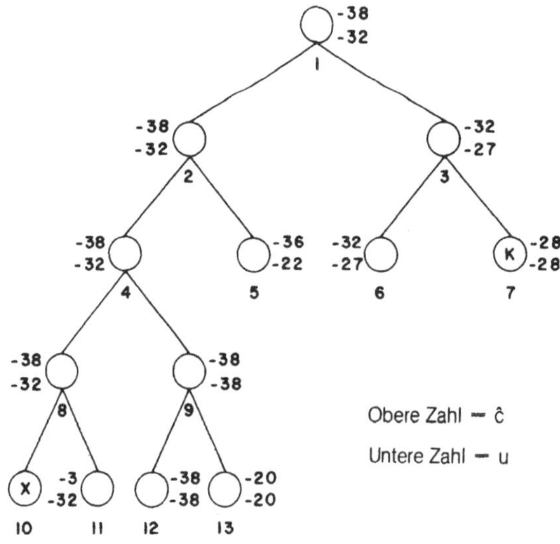

Abbildung 8.10 FIFO-Verzweigungs- und Beschränkungsbaum für das Beispiel 8.3

```
Zeile   procedure LCRUCK (P, W, M, N, ε)
          //LC - Verzweigungs- und Beschränkungsalgorithmus für das//
          //0/1 - Rucksackproblem. Es wird eine Beschreibung durch//
          //Tupel fester Länge verwendet. Es wird vorausgesetzt, daß//
          //gilt: P(1)/W(1) ≥ P(2)/W(2)≥ ...≥ P(N)/W(N)//
          real P(N), W(N), M, L, UNTEN, OBEN, Kap, Gew
          integer ERG, X, N
  1       call ANFANG    //initialisiere die Liste der verfügbaren//
                              //Knoten und die Liste der lebendigen Knoten//
  2       call KNOTENBESORGEN(E)    //Wurzelknoten//
  3       VATER(E) ← 0; STUFE(E) ← 1; UK(E) ← M; EG(E) ← 0
  4       call UOSCHRANKE(P, W, M, N, 0, 1, UNTEN, OBEN)
  5       L ← UNTEN - ε; OS(E) ← OBEN
  6       loop
  7         i ← STUFE(E); Kap ← UK(E); Gew ← EG(E)
  8         case
  9           :i = N + 1:   //Lösungsknoten//
 10             if Gew > L then L ← Gew; ERG ← E
 11             endif
 12           :else:   //E hat zwei Nachfolger//
 13             if Kap ≥ W(i) then   //linker Nachfolger ist ein mög-//
                                      //licher Knoten//
 14               call NEUERKNOTEN(E, i + 1, 1, Kap - W(i), Gew + P(I)·
                              OS(E))
 15             endif
                  //prüfe, ob rechter Nachfolger lebendiger Knoten//
                  //werden soll//
 16             call UOSCHRANKE(P, W, Kap, Gew, N, i + 1, UNTEN, OBEN)
 17             if OBEN > L then   //rechter Nachfolger soll leben-//
                                    //diger Knoten werden//
 18               call NEUERKNOTEN(E, i + 1, 0, Kap, Gew, OBEN)
 19               L ← max(L, UNTEN - ε)
 20             endif
 21         endcase
 22         if es gibt keine weiteren lebendigen Knoten mehr then exit
            endif
 23         call MAX(E)    //nächster E - Knoten wird Knoten mit ma-//
                              //ximalem OS(·)//
 24       until CS(E) ≤ L repeat
 25       call SCHLUSS(L, ERG, N)
 26     end LCRUCK
       Algorithmus 8.8  LC - Verzweigungs- und Beschränkungsalgorithmus
                      zum Rucksackproblem
```

<u>FIFO - Verzweigungs- und Beschränkungslösung</u>

<u>Beispiel 8.3</u>   (FIFOVB) Wir wollen nun die Arbeitsweise der Prozedur
FIFOVB (Algorithmus 8.3) verfolgen; gegeben sei das gleiche Rucksackproblem wie in Beispiel 8.2, wir verwenden die Formulierung (8.1). Zu
Beginn ist Knoten 1 in Abb. 8.10 (der Wurzelknoten) der E - Knoten,
und die Schlange der lebendigen Knoten ist leer. Da dieser kein Lösungsknoten ist, wird U mit $u(1) + \varepsilon = -32 + \varepsilon$ initialisiert. Wir
nehmen an, daß die Nachfolger eines Knotens von links nach rechts
fortschreitend erzeugt werden. Die Knoten 2 und 3 werden erzeugt und
in dieser Reihenfolge zur Schlange hinzugefügt. Der Wert von U bleibt
unverändert. Knoten 2 wird zum nächsten E - Knoten. Seine Nachfolger,
die Knoten 4 und 5, werden erzeugt und zu der Schlange hinzugefügt.
Der nächste E - Knoten, nämlich Knoten 3, wird expandiert. Seine Nachfolgerknoten werden erzeugt. Knoten 6 wird zur Schlange hinzugefügt.
Knoten 7 wird sofort eliminiert, da $\hat{c}(7) \geq U$ ist. Als nächster wird
Knoten 6 expandiert. Die Knoten 8 und 9 werden erzeugt und zur Schlange hinzugefügt. U erhält den neuen Wert $u(9) + \varepsilon = -38 + \varepsilon$. Die
nächsten beiden E - Knoten sind die Knoten 5 und 6. Keiner von beiden
wird expandiert, da für jeden gilt: $\hat{c}(\ ) \geq U$. Knoten 8 ist der nächste
E - Knoten. Dann werden die Knoten 10 und 11 erzeugt. Knoten 10 ist
kein möglicher Knoten, er wird daher eliminiert. Für Knoten 11 gilt:
$\hat{c}(11) \geq U$, daher wird er ebenfalls eliminiert. Als nächster wird Knoten 9 expandiert. Wenn Knoten 12 erzeugt wird, erhalten U und ERG die
Werte - 38 bzw. 12. Knoten 12 wird in die Schlange der lebendigen
Knoten eingereiht. Knoten 13 wird eliminiert, bevor er in die Schlange
der lebendigen Knoten aufgenommen wird, da $\hat{c}(13) > U$ ist. Als einziger lebendiger Knoten bleibt Knoten 12 übrig. Er hat keine Nachfolger,
die Suche ist damit beendet. Der Wert von U und der Weg von Knoten 12
zur Wurzel werden ausgegeben. Genau wie beim Beispiel 8.2 sind zusätzliche Informationen nötig, um die x_i - Werte dieses Weges zu bestimmen. □

Wie bei LCRUCK verändern wir den FIFO - Verzweigungs- und Beschränkungsalgorithmus FIFORUCK so, daß er auf das spezielle Problem und auf
die für den Zustandsraumbaum gewählte Beschreibung zugeschnitten ist.
Da die Knoten stufenweise erzeugt und untersucht (d.h. zu E - Knoten)
werden, ist es möglich, die Stufe eines Knotens zu verfolgen, indem
man eine Stufenendemarkierung '#' in der Schlange der lebendigen Knoten verwendet. Damit haben wir pro Knoten fünf Felder: UK, EG, MARKE,
OS und VATER. Die Prozedur NKNOTEN (Algorithmus 8.9) erzeugt einen
neuen lebendigen Knoten, setzt die Felder entsprechend und fügt den
Knoten zur Schlange der lebendigen Knoten hinzu.

```
procedure NKNOTEN (Vat, t, Kap, Gew, os)
   //erzeuge einen neuen lebendigen Knoten X und füge ihn zur Schlange//
   //der lebendigen Knoten hinzu//
   call KNOTENBESORGEN(I)
   VATER(I) ← Vat; MARKE(I) ← t
   UK(I) ← Kap; EG(I) ← Gew; OS(E) ← os
   call SCHLANGEEINFÜGEN(X)
end NKNOTEN
```

      Algorithmus 8.9   Erzeugen eines neuen Knotens

     Der Algorithmus FIFORUCK benutzt die Maximierungsbeschreibung des
Rucksackproblems. L stellt eine untere Grenze für den Wert einer optimalen Lösung dar. Da so lange keine Lösungsknoten erreicht werden können, bis Knoten der Stufe N + 1 erzeugt werden, können wir auf das in
LCRUCK verwendete ε verzichten. In der Zeilen 3 - 6 werden die Liste
der freien Knoten, der Wurzelknoten E, L und die Schlange der lebendigen Knoten initialisiert. Zu Beginn enthält diese Schlange den Wurzelknoten E und die Stufenendemarkierung '#'. i ist der Stufenzähler.
Während der Algorithmus ausgeführt wird, hat i diejenige Stufennummer
als Wert, die dem momentanen E - Knoten entspricht. Zu Anfang ist i = 1.
Bei jedem Durchlauf durch die <u>while</u> - Schleife der Zeilen 7 - 26
werden alle lebendigen Knoten der Stufe i aus der Schlange entfernt.
In der Schleife der Zeilen 8 - 23 werden die Knoten nacheinander aus
der Schlange entfernt. Die Schleife wird verlassen (Zeile 11), falls
die Stufenendemarkierung entfernt wird. Andernfalls wird Knoten E nur
dann expandiert, wenn OS(E) $\geq$ L ist. In den Zeilen 13 - 21 werden der
linke und der rechte Nachfolger von Knoten E erzeugt; diese Zeilen entsprechen denen in der Prozedur LCRUCK. Beim Verlassen der <u>while</u> -

Schleife, befinden sich in der Schlange nur noch lebendige Knoten der
Stufe N + 1. Jeder dieser Knoten ist ein Lösungsknoten. Ein Knoten mit
maximalem EG - Wert ist ein Ergebnisknoten. Solch einen Knoten findet
man leicht, indem man nacheinander die EG - Werte der restlichen lebendigen Knoten untersucht. Die Prozedur SCHLUSS (Algorithmus 8.7)
druckt sowohl den Wert einer optimalen Lösung aus als auch die Objekte, die im Rucksack enthalten sein müssen, um diesen Gewinn zu erzielen.

```
Zeile  procedure FIFORUCK (P, W, M, N)
          //gleiche Funktion und gleiche Voraussetzungen wie bei//
          //LCRUCK//
1         real P(N), W(N), M, L, UNTEN, OBEN, E, Gew, Kap
2         integer ERG, X, N
3         call ANFANG; i ← 1
4         call UOSCHRANKE(P, W, M, 0, N, 1, L, OBEN)
5         call NKNOTEN(0, 0, M, 0, OBEN)  //Wurzelknoten//
6         call SCHLANGEEINFÜGEN('#')   //Stufenmarkierung//
7         while i ≤ N do   //für alle lebendigen Knoten der Stufe i//
8           loop
9             call SCHLANGEEINFÜGEN(E)
10            case
11              :E = '#': exit   //Ende der Stufe i. Fortsetzung in//
                                 //Zeile 24//
12              :OS(E) ≥ L:   //E soll lebendiger Knoten sein//
13                Kap ← UK(E); Gew ← EG(E)
14                if Kap ≥ W(i) then   //linker Nachfolger ist mög-//
                                       //licher Knoten//
15                  call NKNOTEN(E, 1 Kap - W(i), Gew + P(i), OS(E))
16                endif
17                call UOSCHRANKE(P, W, Kap, Gew, N, i + 1, UNTEN, OBEN)
18                if OBEN ≥ L then   //rechter Nachfolger soll leben-//
                                     //diger Knoten sein//
19                  call NKNOTEN(E, 0, Kap, Gew, OBEN)
20                  L ← max(L, UNTEN)
21                endif
22            endcase
23          repeat
24          call SCHLANGEEINFÜGEN('#')   //Ende der Stufe//
25          i ← i + 1
26        repeat
27        ERG ← lebendiger Knoten X mit EG(X) = L
28        call SCHLUSS(L, ERG, N)
29      end FIFORUCK
```

Algorithmus 8.10 FIFO - Verzweigungs- und Beschränkungsalgo-
                  rithmus zum Rucksackproblem

Auf den ersten Blick könnte man meinen, daß FIFORUCK dem Algorithmus LCRUCK unterlegen ist. Rein intuitiv meint man, daß LCRUCK bei
der Suche nach einer optimalen Lösung weniger Knoten untersucht. Man
sollte aber berücksichtigen, daß Einfügen und Löschen bei einer Halde
wesentlich kostspieliger sind als die entsprechenden Operationen bei
einer Schlange (im ersten Fall proportional zum Logorithmus der Hal-
dengröße, im zweiten Fall $\Theta(1)$). Daraus ergibt sich, daß in LCRUCK
für jeden E - Knoten mehr Arbeit erforderlich ist als in FIFORUCK. Die
Prozedur FIFORUCK wird (bzg. der tatsächlichen Rechenzeit) der Prozedur LCRUCK überlegen sein, falls diese nicht wesentlich weniger E -
Knoten als FIFORUCK benutzt.

Wir haben jetzt vier verschiedene Lösungsmethoden für das Rucksackproblem kennengelernt: dynamisches Programmieren, Rückverfolgung,
LC - Verzweigung und Beschränkung und FIFO - Verzweigung und Beschränkung. Beim Vergleich des dynamischen Programmierungsalgorithmus D_RUCK
(Algorithmus 5.7) mit FIFORUCK stellen wir fest, daß die Erzeugung der $S^{(i)}$s der stufenweisen Erzeugung der Knoten entspricht. $S^{(i)}$
enthält alle Paare (P, W), welche den Knoten der Stufe i + 1, $0 \leq i \leq n$
entsprechen. Also erzeugen beide Algorithmen den Zustandsraumbaum
stufenweise. Beim dynamischen Programmierungsalgorithmus werden die
Knoten jeder Stufe jedoch gemäß ihrer Gewinn- und Kapazitätswerte (P
und W) angeordnet. Keine zwei Tupel haben denselben P- oder W - Wert.
Bei FIFORUCK kann es auf derselben Stufe viele Knoten mit gleichem P-
oder W - Wert geben. Es ist nicht ganz einfach, die Dominanzregel aus
Abschnitt 5.5 in der Prozedur FIFORUCK zu implementieren, da die Knoten einer Stufe nicht bzgl. ihrer P- oder W - Werte geordnet sind. Die
Beschränkungsregeln können jedoch leicht in DRUCK aufgenommen werden.
Am Ende von Abschnitt 5.5 haben wir einige einfache heuristische Methoden besprochen, mit deren Hilfe man feststellen kann, ob ein Paar
$(P, W) \in S^{(i)}$ eliminiert werden sollte. Diese Methoden sind, wie man
leicht sieht, Beschränkungsfunktionen von dem hier besprochenen Typ.
Der Algorithmus, der sich aus der Hinzunahme der Beschränkungsfunktionen zu D_RUCK ergibt, sei D_RUCK1. Wir erwarten, daß D_RUCK1 der
Prozedur FIFORUCK überlegen ist, denn D_RUCK1 verwendet zusätzlich
zu den Beschränkungsfunktionen noch die Dominanzregel. Außerdem ist der
mit der Erzeugung eines Knotens verbundene Aufwand geringer.

Um entscheiden zu können, welcher der Rucksackalgorithmen der beste
ist, muß man Programme schreiben und für verschiedene Datensätze die
echten Rechenzeiten ermitteln. Da die Effizienz der Beschränkungsfunktionen sowie der Dominanzregel in hohem Maße datenabhängig ist, erwarten wir eine große Streuung der Rechenzeiten für verschiedene Pro-

blemstellungen, bei denen die Anzahl n der Objekte gleich ist. Um repräsentative Zeiten zu erhalten, muß man für ein fest vorgegebenes n
viele Problemstellungen erzeugen und die zugehörigen Rechenzeiten ermitteln. Im Rahmen einer Programmieraufgabe werden am Ende dieses Kapitels die Erzeugung dieser Datensätze und das Problem der Testdurch-
führung besprochen. In den Literaturhinweisen dieses Kapitels kann man
die Ergebnisse einiger Tests finden.

Bevor wir die Behandlung des Rucksackproblems abschließen, wollen
wir uns kurz mit einer sehr effektiven heuristischen Methode befassen,
die es ermöglicht, ein Rucksackproblem mit großem n in ein äquivalentes
mit kleinerem n zu verwandeln. Wir nennen diese Methode REDUZIEREN; sie
verwendet einige der Ideen, die für den Verzweigungs- und Beschränkungsalgorithmus entwickelt wurden. Die Objekte $\{1, 2, \ldots, n\}$ werden
in drei Kategorien I1, I2 und I3 eingeteilt. I1 ist eine Menge von
Objekten, für die in jeder optimalen Lösung $x_i = 1$ sein muß. I2 ist
eine Menge von Objekten, für die $x_i = 0$ sein muß. I3 ist $\{1, 2, \ldots, n\}$
- I1 - I2. Nachdem I1, I2 und I3 bestimmt worden sind, muß nur noch
das reduzierte Rucksackproblem

$$\text{maximiere} \quad \sum_{i \in I3} p_i x_i$$

$$\text{unter der Bedingung} \quad \sum_{i \in I3} w_i x_i \leq M - \sum_{i \in I1} w_i x_i \qquad (8.2)$$

$$x_i = 0 \text{ oder } 1$$

gelöst werden. Aus der Lösung von (8.2) erhält man eine optimale Lösung
des ursprünglichen Rucksackproblems, indem man $x_i = 1$ setzt, falls
$i \in$ T1 ist und $x_i = 0$ setzt, falls $i \in$ I2 ist.

Die Prozedur REDUZIEREN verwendet zwei Funktionen OBEN(I1, I2) und
UNTEN(I1, I2). OBEN(I1, I2) ist eine obere Schranke für den Wert einer
optimalen Lösung des gegebenen Rucksackproblems unter den zusätzlichen
Bedingungen: $x_i = 1$ für $i \in$ I1 und $x_i = 0$ für $i \in$ I2. UNTEN(I1, I2)
ist eine untere Schranke unter den durch I1 und I2 gegebenen Bedingungen. Man beachte, daß OBEN(I1, I2) und UNTEN(I1, I2) den variablen
OBEN und UNTEN in UOSCHRANKE entsprechen, sofern sie an einem Knoten X
berechnet werden, welcher die Zuweisung $x_i = 1$ darstellt, falls $i \in$ I1
ist, und $x_i = 0$, falls $i \in$ I2 ist. Es ist nicht nötig, die Prozedur
REDUZIEREN noch weiter zu erklären. Man sollte sich klarmachen, daß
I1 und I2 so beschaffen sind, daß man aus einer optimalen Lösung zu
(8.2) leicht eine optimale Lösung für das ursprüngliche Rucksackproblem
erhält.

procedure REDUZIEREN (P, W, n, M, I1, I2)
  //Die Variablen sind oben beschrieben. P(I)/W(i) $\geq$ P(i + 1)/W(i + 1),//
  //1 $\leq$ i < n//
  I1 $\leftarrow$ I2 $\leftarrow$ $\emptyset$
  L $\leftarrow$ UNTEN($\emptyset$, $\emptyset$)
  k $\leftarrow$ größtes j mit $\sum_{1 \leq i \leq j}$ W(i) < M
  for i $\leftarrow$ 1 to k do   //ermittle I1//
      case
        :OBEN($\emptyset$, {i}) < L: I1 $\leftarrow$ I1 $\cup$ {i}
        :UNTEN($\emptyset$, {i}) > L: L $\leftarrow$ UNTEN($\emptyset$, {i})
      endcase
  repeat
  for i $\leftarrow$ k + 1 to n do   //ermittle I2//
      case
        :OBEN({i}, $\emptyset$) < L: I2 $\leftarrow$ I2 $\cup$ {i}
        :UNTEN({i}, $\emptyset$) > L: L $\leftarrow$ UNTEN({i}, $\emptyset$)
      endcase
  repeat
end REDUZIEREN

   Algorithmus 8.11   Reduktionsalgorithmus zum Rucksackproblem

   Die Zeitkomplexität von REDUZIEREN ist $O(n^2)$. Wegen der Ähnlichkeit
der Reduktionsprozedur und der heuristischen Methoden, die in D__RUCK1,
LCRUCK, RRUCK1 und RRUCK2 verwendet werden, wird durch die Prozedur
REDUZIEREN die Gesamtrechenzeit nicht in dem Maße verringert, wie man
es auf Grund der Reduktion der Anzahl der Objekte erwarten würde. Diese Algorithmen arbeiten im Vergleich zu REDUZIEREN dynamisch. In den
Übungsaufgaben wird der Wert der Prozedur REDUZIEREN weiter untersucht.

8.3   DAS PROBLEM DES HANDLUNGSREISENDEN

In Abschnitt 5.7 wurde ein Algorithmus für das Problem des Handlungsreisenden behandelt, der die Methode des dynamischen Programmierens
verwendet und eine Komplexität von $O(n^2 2^n)$ hat. Wir wollen zur Lösung
dieses Problems nun Verzweigungs- und Beschränkungsalgorithmen suchen.
Die Komplexität dieser Algorithmen ist im ungünstigsten Fall nicht
besser als $O(n^2 2^n)$; verwendet man jetzt gute Beschränkungsfunktionen,

dann kann man mit diesen Verzweigungs- und Beschränkungsalgorithmen
gewisse Problemstellungen in einer viel kürzeren Zeit lösen, als dies
mit dem dynamischen Programmierungsalgorithmus möglich ist.

Es sei $G = (V, E)$ ein gerichteter Graph, der ein Beispiel zum Problem des Handlungsreisenden definiert. Es sei c_{ij} der Kostenfaktor
der Kante $\langle i, j\rangle$, $c_{ij} = \infty$ falls $\langle i, j\rangle \notin E$; außerdem sei $|V| = n$.
Ohne Beschränkung der Allgemeinheit können wir davon ausgehen, daß je-
de Tour bei Knoten 1 beginnt und auch dort endet. Also ist der Lösungsraum S gegeben durch $S = \{1, \pi, 1 \mid \pi$ ist eine Permutation von
$(2, 3, \ldots, n)\}$. Es gilt $|S| = (n - 1)!$. Die Größe von S kann reduziert werden, indem man S wie folgt einschränkt: $(1, i_1, i_2, \ldots,$
$i_{n-1}) \in S$ genau dann, wenn $\langle i_j, i_{j+1}\rangle \in E$, $0 \leq j \leq n - 1$, $i_0 = i_n = 1$.
S kann als Zustandsraumbaum organisiert werden, der dem des n - Damen-
Problems ähnlich ist (siehe Abb. 7.2). In Abb. 8.11 sieht man die
Baumorganisation für den Fall eines vollständigen Graphen mit $|V| = 4$.
Jeder Endknoten L ist ein Lösungsknoten und steht stellvertretend für
die Tour, welche durch den Weg von der Wurzel nach L definiert ist.
Knoten 14 repräsentiert die Tour $i_0 = 1$, $i_1 = 3$, $i_2 = 4$, $i_3 = 2$ und
$i_4 = 1$.

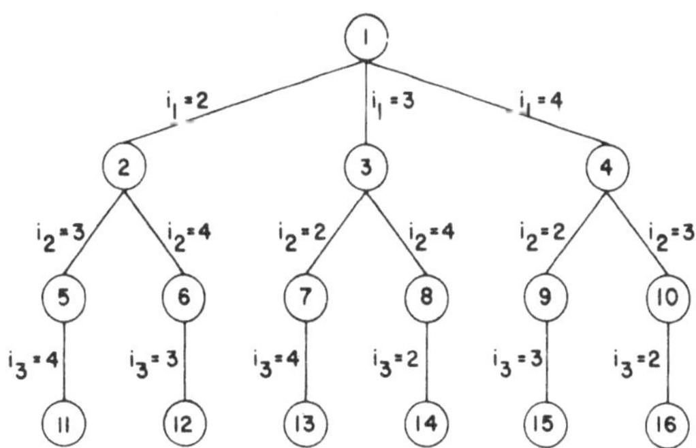

<u>Abbildung 8.11</u>   Zustandsraumbaum für das Problem des Handlungsreisenden
mit $n = 4$ und $i_0 = i_4 = 1$

Um die LC - Verzweigungs- und Beschränkungsmethode zum Durchsuchen des Zustandsraumbaumes für das Problem des Handlungsreisenden
verwenden zu können, müssen wir eine Kostenfunktion $c(\cdot)$ und zwei wei-
tere Funktionen $\hat{c}(\cdot)$ und $u(\cdot)$ definieren, für welche gilt: $\hat{c}(R) \leq c(R)$
$\leq u(R)$ für alle Knoten R. $c(\cdot)$ hat die Eigenschaft, daß der Lösungsknoten mit kleinstem c - Wert einer kürzesten Tour in G entspricht.

Eine mögliche Wahl für $c(\cdot)$ ist folgende:

$$c(A) = \begin{cases} \text{Länge der Tour, die durch den Weg von der Wurzel nach A} \\ \text{definiert ist, falls A ein Endknoten ist.} \\[1em] \text{Kosten eines Endknotens mit minimalen Kosten im Teilbaum} \\ \text{A, falls A kein Endknoten ist.} \end{cases}$$

Eine einfache Funktion $\hat{c}(\cdot)$ mit $\hat{c}(A) \leq c(A)$ für alle A erhält man,
indem man $\hat{c}(A)$ als Länge des Weges wählt, der am Knoten A definiert
ist. So ist z.B. der am Knoten 6 in Abb. 8.11 definierte Weg gleich
i_0, i_1, i_2 = 1, 2, 4. Er besteht aus den Kanten <1, 2> und <2, 4>.
Einen besseren $\hat{c}$ - Wert erhält man durch Verwendung der reduzierten
Kostenmatrix, die G entspricht. Eine Zeile (Spalte) heißt genau dann
<u>reduziert</u>, wenn sie mindestens eine Null enthält, und wenn alle übri-
gen Elemente nichtnegativ sind. Eine Matrix heißt genau dann <u>redu-
ziert</u>, wenn jede Zeile und jede Spalte reduziert ist. Als Beispiel
für die Reduktion der Kostenmatrix eines gegebenen Graphen G betrachten wir die Matrix der Abb. 8.12(a). Diese entspricht einem Graph mit
fünf Knoten. Jede Tour in diesem Graph enthält genau eine Kante <i, j>
mit i = k, $1 \leq k \leq 5$, und genau eine Kante <i, j> mit j = k, $1 \leq k \leq 5$;
die Substraktion einer Konstanten t von jedem Element einer Spalte
oder Zeile der Kostenmatrix reduziert die Länge jeder Tour um genau t.
Eine Tour mit minimalen Kosten bleibt auch nach dieser Subtraktion
erhalten. Ist t das kleinste Element in Zeile i (Spalte j), dann erhält man in Zeile i (Spalte j) eine Null, wenn man es von allen Elementen in Zeile i (Spalte j) subtrahiert. Wiederholt man diesen Schritt
so oft wie notwendig, dann kann die Kostenmatrix reduziert werden.
Die Gesamtgröße, die man von allen Zeilen und Spalten subtrahiert,
ist eine untere Schranke für die Länge einer Tour mit minimalen
Kosten und kann als $\hat{c}$ - Wert für die Wurzel des Zustandsraumbaumes
verwendet werden. Subtrahiert man 10, 2; 2, 3, 4, 1 und 3 von den Zeilen 1, 2, 3, 4, 5 und den Spalten 1 und 3 der Matrix in Abb. 8.12(a),
so erhält man die reduzierte Matrix in Abb. 8.12(b). Insgesamt wird
25 subtrahiert. Also haben alle Touren im ursprünglichen Graph mindestens eine Länge von 25.

Wir können uns zu jedem Knoten des Zustandsraumbaumes für das Problem des Handlungsreisenden eine reduzierte Kostenmatrix vorstellen.
Es sei A die reduzierte Kostenmatrix für den Knoten R. S sei ein Nachfolger von R mit der Eigenschaft, daß die Kante (R, S) im Baum der
Hinzunahme der Kante <i, j> zur Tour entspricht. Falls S kein Endkno-

ten ist, kann man die reduzierte Kostenmatrix für S wie folgt erhalten:
(i) alle Elemente der Matrix A, welche in Zeile i und in Spalte j liegen, werden gleich ∞ gesetzt. Dadurch verhindert man, daß weitere Kanten benutzt werden, die den Knoten i verlassen oder zum Knoten j führen. (ii) Man setze A(j, 1) gleich ∞. Dadurch wird die Benutzung der
Kante <j, 1> verhindert. (iii) Man reduziere alle Zeilen und Spalten
in der sich ergebenden Matrix außer denjenigen Zeilen und Spalten, die
nur ∞ enthalten. Die daraus resultierende Matrix sei B. Die Schritte

$$
\begin{bmatrix}
\infty & 20 & 30 & 10 & 11 \\
15 & \infty & 16 & 4 & 2 \\
3 & 5 & \infty & 2 & 4 \\
19 & 6 & 18 & \infty & 3 \\
16 & 4 & 7 & 16 & \infty
\end{bmatrix}
\qquad
\begin{bmatrix}
\infty & 10 & 17 & 0 & 1 \\
12 & \infty & 11 & 2 & 1 \\
0 & 3 & \infty & 0 & 2 \\
15 & 3 & 12 & \infty & 0 \\
11 & 0 & 0 & 12 & \infty
\end{bmatrix}
$$

(a) Kostenmatrix   (b) Reduzierte Kostenmatrix
L = 25

Abbildung 8.12   Ein Beispiel

(i) und (ii) sind gültige Schritte, da keine Tour im Teilbaum S Kanten
vom Typ <i, k> oder <k, j> oder <j, 1> enthalten kann. Ist r der Gesamtwert, der in Schritt (iii) subtrahiert wurde, dann gilt: $\hat{c}(S) =$
$\hat{c}(R) + A(i, j) + r$. Für Endknoten wird $\hat{c}(\cdot) = c(\ )$ leicht berechnet,
da jeder Endknoten eine einzige Tour definiert. Für die obere Schranken-
funktion u können wir u(R) = ∞ für alle Knoten R verwenden.

Wir wollen nun den Ablauf des LC - Verzweigungs- und Beschränkungsalgorithmus LCVB (Algorithmus 8.4) verfolgen, wenn er die Problemstellung der Abb. 8.12(a) bearbeitet. $\hat{c}$ und u verwenden wir wie oben. Zu
Beginn sieht die reduzierte Matrix so aus, wie in Abb. 8.12(b); es ist
U = ∞. Der Teil des Zustandsraumbaumes, der erzeugt wird, ist in Abb.
8.13 dargestellt. Beginnend mit der Wurzel als E - Knoten werden nacheinander die Knoten 2, 3, 4 und 5 erzeugt. Die diesen Knoten entsprechenden reduzierten Matrizen sind in Abb. 8.14 gezeigt. Die Matrix
in Abb. 8.14(b) erhält man aus der Matrix in Abb. 8.12(b) wie folgt:
(i) alle Elemente in Zeile 1 und Spalte 3 erhalten den Wert ∞;
(ii) das Element an der Position (3, 1) wird gleich ∞ gesetzt;
(iii) Spalte 1 wird durch Subtraktion von 11 reduziert. Daher hat $\hat{c}$
für Knoten 3 den Wert 25 + 17 (Kosten der Kante <1, 37> in der reduzierten Matrix) + 11 = 53. Auf analoge Weise erhält man die Matrizen

und $\hat{c}$ - Werte für die Knoten 2, 4 und 5. U behält seinen Wert, und
Knoten 4 wird zum nächsten E - Knoten. Seine Nachfolger 6, 7 und 8
werden erzeugt. Zu diesem Zeitpunkt sind 2, 3, 5, 6, 7 und 8 lebendige
Knoten. Knoten 6 hat den kleinsten $\hat{c}$ - Wert, er wird zum nächsten E -
Knoten. Die Knoten 9 und 10 werden erzeugt. Knoten 10 ist der nächste
E - Knoten. Dann wird Knoten 11, der Lösungsknoten, erzeugt. Die Länge
der Tour für diesen Knoten ist $\hat{c}(11)$ = 28; U erhält den neuen Wert 28.
Für den nächsten E - Knoten, Knoten 5, gilt: $\hat{c}(5)$ = 31 > U. Damit ist
LCVB beendet; 1, 4, 2, 5, 3, 1 ist die Tour mit kürzester Länge.

In einer Übungsaufgabe werden Fragen zur Implementierung des oben beschriebenen Algorithmus untersucht. Betrachtet
man eine andere Baumorganisation für den Lösungsraum, so erhält man
einen anderen LC - Verzweigungs- und Beschränkungsalgorithmus. Man
erreicht diese Organisation, indem man eine Tour als eine Menge von n
Kanten betrachtet. Hat G = (V, E) e Kanten, dann enthält jede Tour genau n der e Kanten. Zu jedem i ($1 \leq i \leq n$) gibt es jedoch in jeder Tour
genau eine Kante der Form <i, j> und eine der Form <j, i>. Eine mögliche Organisation für den Zustandsraum ist ein binärer Baum, bei dem
eine Verzweigung nach links die Hinzunahme einer besonderen Kante bedeutet, während eine Verzweigung nach rechts dem Ausschluß jener Kante
entspricht. In Abb. 8.15(b) und (c) sieht man die ersten beiden Stufen
zweier möglicher Zustandsraumbäume für den Graph mit drei Knoten aus
Abb. 8.15(a). Wie bei allen Problemen gibt es zu einer gegebenen Problemstellung viele Zustandsraumbäume. Verschiedene Bäume unterscheiden
sich durch die Reihenfolge, in der Entscheidungen getroffen werden. So
wird in Abb. 8.15(b) zuerst über das Schicksal der Kante <1, 3> entschieden, während in Abb. 8.15(c) zuerst das der Kante <1, 2> bestimmt
wird. Anstelle eines statischen Zustandsraumbaumes werden wir jetzt
einen dynamischen Zustandsraum betrachten (siehe Abschnitt 7.1). Dies
wird ebenfalls ein binärer Baum sein. Die Reihenfolge, in der die Kanten betrachtet werden, wird jedoch von der speziell vorgegebenen Problemstellung abhängen. $\hat{c}$ berechnen wir genauso, wie wir es bei der früheren Formulierung des Zustandsraumbaumes getan haben.

Wir betrachten die Kostenmatrix aus Abb. 8.12(a) als ein Beispiel
dafür, wie LCVB mit der Beschreibung durch dynamische binäre Bäume arbeiten würde. Alle Touren haben eine Länge von 25, denn um die reduzierte Matrix zu erhalten, muß insgesamt der Wert 25 von den Zeilen und
Spalten dieser Matrix subtrahiert werden. Dies wird durch die Wurzel
des Zustandsraumbaumes in Abb. 8.16 dargestellt. Nun müssen wir uns entscheiden, welche Kante wir dazu brauchen, den Lösungsraum in zwei Teilmengen aufzuspalten. Verwenden wir die Kante <i, j>, dann stellt der

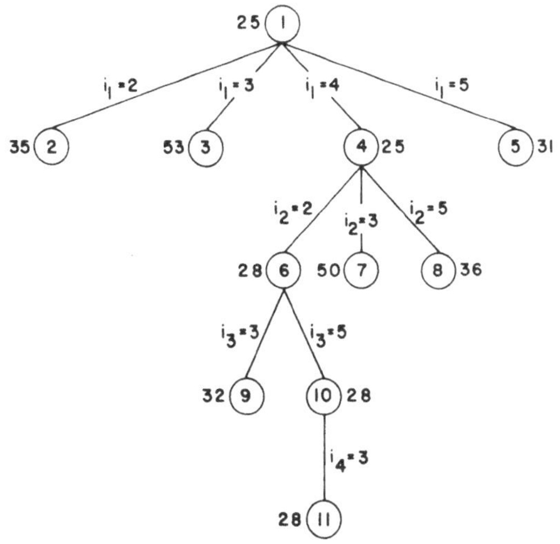

Abbildung 8.13 Der von der Prozedur LCVB erzeugte Zustandsraumbaum

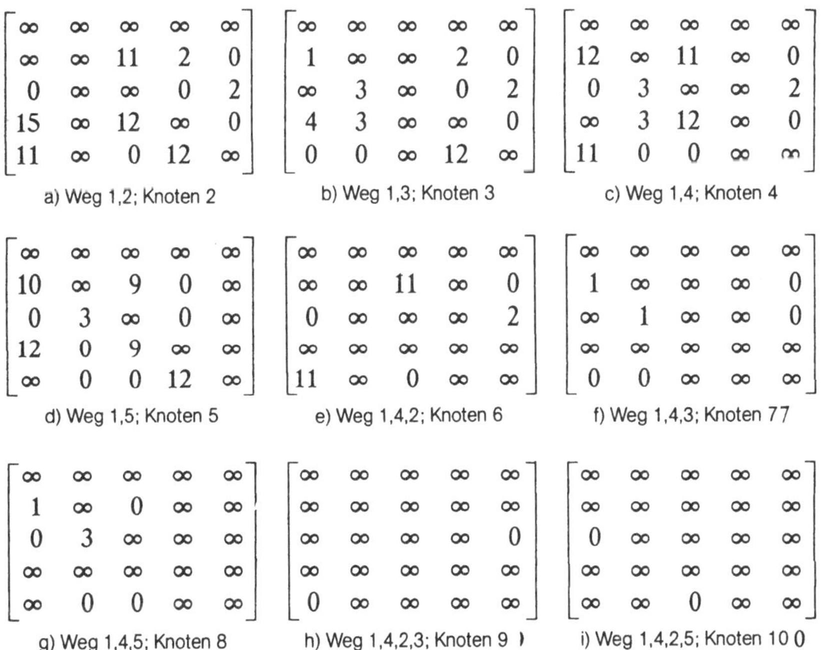

Abbildung 8.14 Reduzierte Kostenmatrizen, die den Knoten aus Abb.8.13 entsprechen

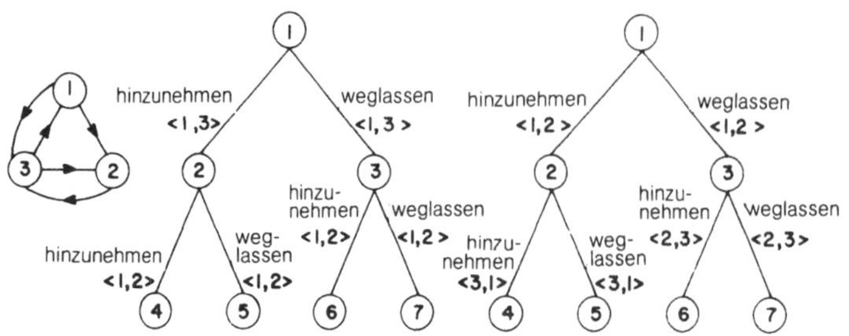

(a) Graph   (b) Teil eines Zustandsraumbaumes   (c) Teil eines Zustandsraumbaumes

Abbildung 8.15   Ein Beispiel

linke Teilbaum der Wurzel alle Touren dar, welche die Kante <i, j> enthalten, und der rechte Teilbaum stellt alle Touren dar, welche die
Kante <i, j> nicht enthalten. Befindet sich im linken Teilbaum eine
optimale Tour, dann müssen nur noch n - 1 Kanten ausgewählt werden.
Liegen alle optimalen Touren im rechten Teilbaum, dann müssen wir immer noch n Ecken auswählen. Da der linke Teilbaum weniger Kanten auswählt, müßte es einfacher sein, eine optimale Lösung im linken statt
im rechten Teilbaum zu finden. Daher würden wir es vorziehen, als
Partitionskante eine Kante <i, j> zu wählen, für welche die Wahrscheinlichkeit, zu einer optimalen Tour zu gehören, am größten ist.
Man kann mehrere heuristische Methoden zur Ermittlung einer solchen
Kante angeben. Folgende Auswahlregel wird oft verwendet: man wähle
jene Kante aus, die zu einem rechten Teilbaum mit größtem $\hat{c}$ - Wert
führt. Dieser Regel liegt die Überlegung zugrunde, daß wir schnell
rechte Teilbäume (vielleicht auf niedrigeren Stufen) haben werden, für
die der $\hat{c}$ - Wert größer als die Länge einer optimalen Tour ist. Eine
andere Möglichkeit besteht darin, eine Kante so auszuwählen, daß die
Differenz der $\hat{c}$ - Werte für die linken und rechten Teilbäume maximal
ist. Darüberhinaus gibt es noch weitere Auswahlregeln.

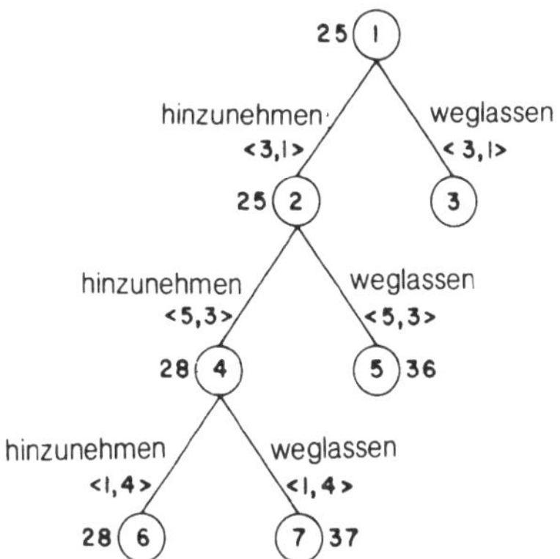

Abbildung 8.16   Zustandsraumbaum zu Abb.8.12(a)

Die Prozedur LCVB erzeugt unter Verwendung der ersten der beiden oben angegebenen Auswahlregeln und der Kostenmatrix der Abb. 8.12(a) den Baum in Abb. 8.16. Am Wurzelknoten müssen wir eine Kante $\langle i, j\rangle$ bestimmen, die den $\hat{c}$ - Wert des rechten Teilbaumes maximiert. Wählen wir eine Kante $\langle i, j\rangle$, deren Kostenfaktor in der reduzierten Matrix (Abb. 8.12(b)) positiv ist, dann bleibt der $\hat{c}$ - Wert des rechten Teilbaumes gleich 25. Dies ist deshalb so, da in der reduzierten Matrix für den rechten Teilbaum $B(i, j) = \infty$ ist, und da alle anderen Elemente denen aus Abb. 8.12(b) gleich sind. Also wird B reduziert, und $\hat{c}$ kann nicht größer werden. Wir müssen daher eine Kante mit den reduzierten Kosten 0 wählen. Nehmen wir die Kante $\langle 1, 4\rangle$, dann ist $B(1, 4) = \infty$, und wir müssen von Zeile 1 eine Eins abziehen, um eine reduzierte Matrix zu erhalten. In diesem Fall hat $\hat{c}$ den Wert 26. Wählen wir die Kante $\langle 3, 1\rangle$, dann muß 11 von Spalte 1 subtrahiert werden, um die reduzierte Matrix für den rechten Teilbaum zu erhalten. $\hat{c}$ erhält damit den Wert 36. Ist A die reduzierte Kostenmatrix für den Knoten R, dann führt die Wahl der Kante $\langle i, j\rangle$ $(A(i, j) = 0)$ als nächste Partitionskante dazu, daß der $\hat{c}$ - Wert des rechten Teilbaumes um $\Delta = \min_{k \neq j}\{A(i, k)\} + \min_{k \neq i}\{A(k, j)\}$ wächst. Diese Größe muß nämlich von Zeile i und Spalte j subtrahiert werden, damit in beiden eine Null erscheint. Für die Kanten $\langle 1, 4\rangle$, $\langle 2, 5\rangle$, $\langle 3, 1\rangle$, $\langle 3, 4\rangle$, $\langle 4, 5\rangle$, $\langle 5, 2\rangle$ und $\langle 5, 3\rangle$ ist $\Delta = 1, 2, 11, 0, 3, 3$ bzw. 11. Also kann eine der Kanten $\langle 3, 1\rangle$ oder $\langle 5, 3\rangle$ benutzt werden. Wir nehmen an, daß LCVB die Kante $\langle 3, 1\rangle$ auswählt. $\hat{c}(2)$ (siehe Abb. 8.16) kann auf ähnliche Weise wie bei dem Zustandsraumbaum der Abb. 8.13 berechnet werden. In der entsprechenden reduzierten Kostenmatrix haben alle Elemente in Zeile 3 und Spalte 1 den Wert ∞. Außerdem steht an der Stelle (1, 3) ebenfalls ∞, da die Hinzunahme dieser Kante zu einer Schleife führt. Die den Knoten 2 und 3 entsprechenden reduzierten Matrizen sind in Abb. 8.17(a) und (b) gezeigt. Die $\hat{c}$ - Werte aller Knoten sind außen an den Knoten angeschrieben.

$$
\begin{bmatrix}
\infty & 10 & \infty & 0 & 1 \\
\infty & \infty & 11 & 2 & 0 \\
\infty & \infty & \infty & \infty & \infty \\
\infty & 3 & 12 & \infty & 0 \\
\infty & 0 & 0 & 12 & \infty
\end{bmatrix}
\quad
\begin{bmatrix}
\infty & 10 & 17 & 0 & 1 \\
1 & \infty & 11 & 2 & 0 \\
\infty & 3 & \infty & 0 & 2 \\
4 & 3 & 12 & \infty & 0 \\
0 & 0 & 0 & 12 & \infty
\end{bmatrix}
\quad
\begin{bmatrix}
\infty & 7 & \infty & 0 & \infty \\
\infty & \infty & \infty & 2 & 0 \\
\infty & \infty & \infty & \infty & \infty \\
\infty & 0 & \infty & \infty & 0 \\
\infty & \infty & \infty & \infty & \infty
\end{bmatrix}
$$

(a) Knoten 2   (b) Knoten 3   (c) Knoten 4

$$
\begin{bmatrix}
\infty & 10 & \infty & 0 & 1 \\
\infty & \infty & 0 & 2 & 0 \\
\infty & \infty & \infty & \infty & \infty \\
\infty & 3 & 1 & \infty & 0 \\
\infty & 0 & \infty & 12 & \infty
\end{bmatrix}
\quad
\begin{bmatrix}
\infty & \infty & \infty & \infty & \infty \\
\infty & \infty & \infty & \infty & 0 \\
\infty & \infty & \infty & \infty & \infty \\
\infty & 0 & \infty & \infty & \infty \\
\infty & \infty & \infty & \infty & \infty
\end{bmatrix}
\quad
\begin{bmatrix}
\infty & 0 & \infty & \infty & \infty \\
\infty & \infty & \infty & 0 & 0 \\
\infty & \infty & \infty & \infty & \infty \\
\infty & 0 & \infty & \infty & 0 \\
\infty & \infty & \infty & \infty & \infty
\end{bmatrix}
$$

(d) Knoten 5   (e) Knoten 6   (f) Knoten 7

<u>Abbildung 8.17</u> Reduzierte Kostenmatrizen zu Abb.8.16

Knoten 2 ist der nächste E - Knoten. Jetzt ist für die Kanten <1, 4>, <2, 5>, <4, 5>, <5, 2> und <5, 3> Δ = 3, 2, 3, 3 bzw. 11. Die Kante <5, 3> wird ausgewählt, die Knoten 4 und 5 werden erzeugt. Die entsprechenden reduzierten Matrizen sieht man in Abb. 8.17(c) und (d). $\hat{c}(4)$ wird 28, denn wir müssen 3 von Spalte 2 abziehen, um diese zu reduzieren. Man beachte, daß in Abb. 8.17(c) an der Stelle (1, 5) der Wert ∞ steht. Dies ist deshalb notwendig, da die Hinzunahme der Kante <1, 5> zur Menge $\{$<3, 1>, <5, 3>$\}$ zu einer Schleife führt. Außerdem werden die Elemente in Spalte 3 und Zeile 5 gleich ∞ gesetzt. Knoten 4 ist der nächste E - Knoten. Den Kanten <1, 4>, <2, 5> und <4, 2> entsprechen die Δ - Werte 9, 2 und 0. Die Kante <1, 4> wird ausgewählt, die Knoten 6 und 7 werden erzeugt. Am Knoten 6 besteht die Kantenauswahl aus der Menge $\{$<3, 1>, <5, 3>, <1, 4>$\}$. Dies entspricht dem Weg 5, 3, 1, 4. Also wird in Abb. 8.17(e) an der Stelle (4, 5) ∞ eingetragen. Allgemein gilt: wird die Kante <i, j> ausgewählt, dann werden im linken Teilbaum die Elemente in Zeile i und Spalte j gleich ∞ gesetzt. Außerdem muß noch ein weiteres Element gleich ∞ gesetzt werden.

Die Hinzunahme der diesem Element entsprechenden Kante würde eine
Schleife erzeugen (in einer Übungsaufgabe wird untersucht, wie man
dies feststellen kann). Knoten 6 ist der nächste E - Knoten. Zu diesem Zeitpunkt sind bereits drei der fünf Kanten ausgewählt worden.
Die restlichen beiden können direkt ermittelt werden. Die einzige
Möglichkeit ist {<4, 2>, <2, 5>}. Dies liefert den Weg 5, 3, 1, 4, 2,
5 mit der Länge 28. U erhält den neuen Wert 28. Der nächste E - Knoten
ist Knoten 3. LCVB ist beendet, da $\hat{c}(3) = 36 > U$ ist.

In obigem Beispiel wurde LCVB leicht verändert in der Weise, daß
Knoten, die in der "Nähe" eines Lösungsknotens liegen, anders als die
übrigen behandelt werden. Knoten 6 ist nur um zwei Stufen von einem
Lösungsknoten entfernt. Anstatt nun den $\hat{c}$ - Wert bei den Nachfolgern
des Knotens 6 zu ermitteln und dann deren Nachfolger zu bestimmen, haben wir eine optimale Lösung für jenen Teilbaum einfach dadurch erhalten, daß wir eine vollständige Suche ohne Beschränkung durchführten.
Bei der Erzeugung des Baumes in Abb. 8.13 hätten wir ähnlich verfahren können. Da Knoten 6 nur um zwei Stufen von den Endknoten entfernt
ist, können wir die Berechnung von $\hat{c}$ für die Nachfolger und für deren
Nachfolger einfach weglassen, alle erzeugen und den besten auswählen.
Diese Methode ist sehr effizient, denn es ist einfacher, einen Teilbaum mit einer geringen Zahl von Knoten zu erzeugen und alle Lösungsknoten auszuwerten, als für einen der Nachfolger von Knoten 6 den $\hat{c}$ -
Wert zu berechnen. Dies gilt für viele Anwendungen der Verzweigungs-
und Beschränkungsmethode. Man wendet sie bei großen Teilbäumen an. Hat
man einen kleinen Teilbaum erreicht (mit z.B. 4 oder 6 Knoten), dann
wird dieser ohne Verwendung der Beschränkungsfunktionen voll ausgewertet.

In den Übungen wird noch ein weiterer LC - Verzweigungs- und Beschränkungsalgorithmus zur Lösung des Problems des Handlungsreisenden
untersucht. Dieser Algorithmus verwendet ebenfalls einen dynamischen
Zustandsraumbaum. Zu jedem Knoten im Zustandsraumbaum gehört ein Graph.
Jeder Knoten stellt ein Teilproblem dar, welches darin besteht, eine
Tour minimaler Länge in dem zugehörigen Graph zu finden. Zum Wurzelknoten gehört der ursprüngliche Graph $G = (V, E)$. Man erhält eine untere Schranke $\hat{c}$ für die Länge einer kürzesten Tour im Graph $H = (V, A)$,
der zu einem beliebigen Knoten X gehört, indem man das folgende
Zuweisungsproblem löst:

$$\text{minimiere} \qquad \sum_{j=1}^{n} \sum_{i=1}^{n} c_{ij} x_{ij}$$

$$\text{unter den Bedingungen} \quad \sum_{i=1}^{n} x_{ij} = 1, \ 1 \leq j \leq n$$

$$\sum_{j=1}^{n} x_{ij} = 1, \ 1 \leq i \leq n \qquad\qquad (8.2a)$$

$$x_{ij} = 0 \ \text{falls} \ <i,j> \notin A$$

$$x_{ij} = 0 \ \text{oder} \ 1, \quad 1 \leq i \leq n, \quad 1 \leq j \leq n$$

Es gilt: $|V| = n$ und c_{ij} ist die Länge der Kante $<i, j>$. Es ist $c_{ij} = \infty$, falls $<i, j> \notin E$ ist. Algorithmen zur Lösung des Zuweisungs- problems (8.2) werden behandelt in: <u>Linear Programming</u> (S. 227 - 228) von S. Gass, McGraw - Hill, New York 1969 und <u>Flows in Networks</u> (S. 111 - 112) von L. Ford und D. Fulkerson, Princetown University Press, 1962.

Falls die Lösung von (8.2) eine Tour ist, dann hat man damit die Länge einer kürzesten Tour in H. Gewöhnlich wird jedoch die Lösung von (8.2) aus mehreren disjunkten Schleifen bestehen. Eine dieser Schleifen wird zur Aufspaltung des Lösungsraumes von H verwendet. Es sei C eine beliebige Schleife in einer Lösung von (8.2) (wir nehmen an, daß es mindestens zwei Schleifen gibt). Es sei ferner $W = \{w_1, w_2, \dots, w_r\}$ die Menge der Knoten in C. Wir definieren R_i und $\overline{R}_i$ wie folgt:

$$R_i = \ \{(w_i, j) \mid j \in W\}$$

$$R_i = \ \{(w_i, j \mid j \notin W\}$$

Nun definieren wir die Kantenmengen:

$$E_1 = A - R_1$$

$$E_2 = A - \overline{R}_1 - R_2$$

$$E_3 = A - \overline{R}_1 - \overline{R}_2 - R_3$$

$$\vdots$$

$$E_r = A - \overline{R}_1 - \overline{R}_2 \dots - R_r$$

Die Nachfolger von X entsprechen den Graphen (V, E_i), $1 \leq i \leq r$. Die
Richtigkeit dieser Aufspaltungsregel ergibt sich aus folgendem Theorem:

<u>Theorem 8.4</u> [Garfinkel] Ist T eine Tour in H, dann ist T in genau
einem der Graphen (V, E_i), $1 \leq i \leq r$ eine Tour.

<u>Beweis</u>: Der Beweis ist dem Leser zur Übung überlassen. □

Wir haben jetzt mehrere Verzweigungs- und Beschränkungsstrategien
zur Lösung des Problems des Handlungsreisenden kennengelernt. Auf
analytischem Weg ist es nicht möglich, zu entscheiden, welche die
beste ist. In den Übungen werden Rechnerexperimente beschrieben, mit
denen man empirisch die relative Leistungsfähigkeit dieser Strategien
ermittelt.

8.4   EFFIZIENZ - BETRACHTUNGEN

Bezüglich der Leistungscharakteristik von Verzweigungs- und Beschränkungsalgorithmen, die Ergebnisknoten mit minimalen Kosten finden, kann
man verschiedene Fragen stellen, z.B.

(i)   Führt die Verwendung eines besseren Anfangswertes für U
immer zu einer Verringerung der Anzahl erzeugter Knoten?

(ii)   Ist es möglich, die Anzahl erzeugter Knoten zu verringern,
indem man einige Knoten mit $\hat{c}(\ ) > U$ expandiert?

(iii)   Führt die Verwendung eines besseren $\hat{c}$ - Wertes immer dazu,
daß die Anzahl erzeugter Knoten abnimmt (oder zumindest
nicht zunimmt)? ($\hat{c}_2$ ist genau dann besser als $\hat{c}_1$, wenn
gilt: $\hat{c}_1(X) \leq \hat{c}_2(X) \leq c(X)$ für alle Knoten X).

(iv)   Führt die Verwendung von Dominanzrelationen jemals dazu,
daß mehr Knoten als sonst erzeugt werden?

In diesem Abschnitt wollen wir obige Fragen beantworten. Die
meisten Antworten werden mit unserer intuitiven Vorstellung übereinstimmen, einige jedoch auch dagegen sprechen. Doch auch in diesen
letzteren Fällen können wir erwarten, daß die Leistung des Algorithmus
im allgemeinen mit unseren Vorstellungen übereinstimmt. Bei den folgenden Theoremen gehen wir davon aus, daß der Verzweigungs- und Beschränkungsalgorithmus einen Lösungsknoten mit minimalen Kosten finden

soll. Daraus folgt: $c(X)$ = Kosten des Lösungsknotens mit minimalen Kosten im Teilbaum X.

__Theorem 8.5__ Es sei T ein Zustandsraumbaum. Die Anzahl der Knoten von T, die von den FIFO-, LIFO - und LC - Verzweigungs- und Beschränkungsalgorithmen erzeugt werden, kann durch die Expansion irgendeines Knotens X mit $\hat{c}(X) \geq U$ nicht verringert werden. Dabei ist U die momentane obere Schranke für die Kosten eines Lösungsknotens mit minimalen Kosten in T.

__Beweis:__ Das Theorem folgt aus der Beobachtung, daß der Wert von U durch Expansion von X nicht verringert werden kann (da $\hat{c}(X) \geq U$ ist). Also hat solch eine Expansion keinen Einfluß darauf, wie der Algorithmus den Rest des Baumes verarbeitet. □

__Theorem 8.6__ Es seien U_1 und U_2 ($U_1 < U_2$) zwei anfängliche obere Schranken für die Kosten eines Lösungsknotens mit minimalen Kosten im Zustandsraumbaum T. Die FIFO-, LIFO- und LC - Verzweigungs- und Beschränkungsalgorithmen, welche mit U_1 beginnen, erzeugen nicht mehr Knoten als jene, die mit U_2 beginnen.

__Beweis:__ Der Beweis ist dem Leser als Übung überlassen. □

__Theorem 8.7__ Die Verwendung einer besseren $\hat{c}$ - Funktion bei FIFO - und LIFO - Verzweigungs- und Beschränkungsalgorithmen erhöht die Anzahl erzeugter Knoten nicht.

__Beweis:__ Wir betrachten den Zustandsraumbaum in Abb. 8.18. Alle Endknoten sind Lösungsknoten. Die außen an den Knoten angeschriebenen Werte sind die Kosten. Aus diesen Werten ergibt sich: $c(1) = c(3) = 3$ und $c(2) = 4$. An den Knoten 1, 2 und 3 steht je ein Zahlenpaar $\left(\begin{matrix} \hat{c}_1 \\ \hat{c}_2 \end{matrix} \right)$.

Natürlich ist $\hat{c}_2$ eine bessere Funktion als $\hat{c}_1$. Verwendet man jedoch $\hat{c}_2$, dann kann Knoten 2 vor Knoten 3 zum E - Knoten werden (da $\hat{c}_2(2) = \hat{c}_2(3)$ ist). In diesem Fall werden alle 9 Knoten des Baumes erzeugt. Verwendet man $\hat{c}_1$, dann werden die Knoten 4, 5 und 6 nicht erzeugt. □

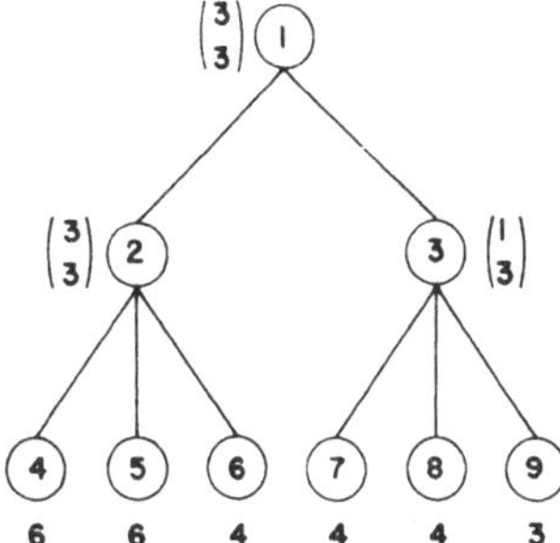

Abbildung 8.18 Beispiel eines Baumes zum Theorem 8.8

Nun wollen wir die Wirkung der Dominanzrelationen betrachten. Eine Dominanzrelation besteht formal aus einer Menge von Tupeln $D = \{(i_1, i_2), (i_3, i_4), (i_5, i_6), \ldots\}$. Ist $(i, j) \in D$, dann dominiert Knoten i über Knoten j. Darunter verstehen wir folgendes: der Teilbaum i enthält einen Lösungsknoten, dessen Kosten nicht größer sind als die eines Lösungsknoten mit minimalen Kosten im Teilbaum j. Dominierte Knoten können ohne Expansion eliminiert werden.

Da jeder Knoten über sich selbst dominiert, gilt $(i, i) \in D$ für alle i und D. Die Relation (i, i) sollte nicht zur Elimination von Knoten i führen. Außerdem ist es gut möglich, daß D Tupel der Form $(i_1, i_2), (i_2, i_3), (i_3, i_4) \ldots (i_n, i_1)$ enthält. In diesem Fall folgt aus der Transitivität von D, daß jeder Knoten i_k über alle Knoten i_j mit $1 \leq j \leq n$ dominiert. Man sollte darauf achten, daß mindestens einer der Knoten i_j lebendig bleibt. Eine Dominanzrelation D_2 heißt genau dann <u>stärker</u> als eine andere Dominanzrelation D_1, wenn gilt: $D_1 \subset D_2$. In den folgenden Theoremen wird mit "I" die identische Relation $\{(i, i) \mid 1 \leq i \leq n\}$ bezeichnet.

<u>Theorem 8.9</u> Die Anzahl der Knoten, die bei einer FIFO- oder LIFO-Verzweigungs- und Beschränkungssuche nach einem Lösungsknoten mit minimalen Kosten erzeugt werden, kann sich bei der Verwendung einer stärkeren Dominanzrelation erhöhen.

<u>Beweis:</u> Wir betrachten den Zustandsraumbaum in Abb. 8.19. Die einzigen Lösungsknoten sind die Endknoten; ihre Kosten sind außen an den Knoten angegeben. Die außenstehenden Zahlen bei den übrigen Knoten geben deren $\hat{c}$ - Wert an. Die Dominanzrelation D_2 ist stärker als D_1; bei der Verwendung von D_1 werden weniger Knoten erzeugt als bei der

von D_2. Es ist $I = \{(i, i) \mid i \in D\}$. □

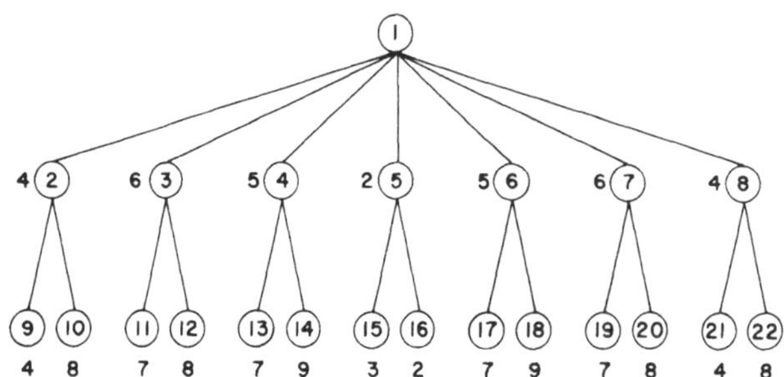

Abbildung 8.19 Beispiel eines Baumes zum Theorem 8.9

Theorem 8.10 Es seien D_1 und D_2 zwei Dominanzrelationen. D_2 sei stärker als D_1, und aus $(i, j) \in D_2$ mit $i \neq j$ folge $\hat{c}(i) < \hat{c}(j)$. Eine LC - Verzweigungs- und Beschränkungsmethode erzeugt die gleiche Anzahl von Knoten unabhängig davon, ob D_1 oder D_2 verwendet wird.

Beweis: Der Beweis ist dem Leser zur Übung überlassen. □

Theorem 8.11 Entfernt man in Theorem 8.10 die Bedingung $\hat{c}(i) < \hat{c}(j)$, dann kann eine LC - Verzweigungs- und Beschränkungsmethode weniger Knoten erzeugen, wenn sie D_1 statt D_2 verwendet.

Beweis: Der Beweis ist dem Leser zur Übung überlassen. □

LITERATURHINWEISE

LC - Verzweigungs- und Beschränkungsalgorithmen spielen in den Bereichen "Künstliche Intelligenz" und "Operations research" eine wichtige Rolle. Folgende Bücher und Aufsätze sind von allgemeinerem Interesse:

"Problem Solving Methods in Artificial Intelligence", von N.J. Nilsson, McGraw-Hill, New York, 1971.

"Integer Programming", von R.S. Garfinkel und G.L. Nemhauser, John Wiley and Sons, Inc., New York, 1972.

"Branch-and-bound methods: a survey", von E.L. Lawer und D.E. Wood,
Oper. Res., 14, pp. 699 - 719, 1966.

"Branch-and-bound methods: general formulation and properties",
von L. Mitten, Oper. Res., 18, pp. 24 - 34, 1970.

Verzweigungs- und Beschränkungsalgorithmen, welche Dominanzrelationen auf ähnliche Weise wie in FIFORUCK (der zu D__RUCK1 führt) verwenden, findet man in:

"A dynamic programming approach to sequencing problems", von M.
Held und R. Karp, Jr. of SIAM, 10, pp. 196 - 210, 1962.

"Algorithms for scheduling independent tasks", von S. Sahni, J.
ACM, 23(1), pp. 116 - 127, 1976.

"Exact and approximate algorithms for scheduling nonidentical
processors", von E. Horowitz und S. Sahni, J. ACM, 23, pp. 317 -
327, 1976.

"General techniques for combinatorial approximation", von S. Sahni,
Oper. Res., 25(6), pp. 920 - 936, 1977.

"Branch-and-bound strategies for dynamic programming", von T. Morin
und R. Marsten, Oper. Res., 24, pp. 611 - 627, 1976.

Die Algorithmen in den fünf oben aufgeführten Artikeln sind den
Algorithmen ähnlich, die das dynamische Programmieren verwenden. Weitere Verzweigungs- und Beschränkungsalgorithmen zur Lösung von Planungs-
problemen findet man in:

"Sequencing by enumerative methods", von J. Lenstra, Math Centre.
Tract 69, Mathematisch Centrum, Amsterdam, 1976.

"Job-shop scheduling by implicit enumeration", von B. Lageweg, J.
Lenstra und A. Rinnooy Kan, Manag. Sci., 24(4), pp. 441 - 450,
1977.

"Application of the branch-and-bound technique to some flow-shop
scheduling problems", von E. Ignall und L. Schrage, Oper. Res.,
13, pp. 400 - 412, 1965.

Die Reduktionstechnik beim Rucksackproblem geht auf Ingargiola und Korsh zurück. Siehe dazu:

"A reduction algorithm for zero-one single knapsack problems", von G. Ingargiola und J. Korsh, Manag. Sci., 20(4), pp. 460 - 663, 1973.

Eine damit verwandte Reduktionstechnik ist beschrieben in:

"A general algorithm for one dimensional knapsack problems", von G. Ingargiola und J. Korsh, Oper. Res., 25(5), pp. 752 - 759, 1977.

Eine Vielzahl von Verzweigungs- und Beschränkungsalgorithmen zum Problem des Handlungsreisenden wurde vorgeschlagen; eine Übersicht über diese Algorithmen findet man in:

"The traveling salesman problem: a survey", von M. Bellmore und G. Nemhauser, Oper. Res., 16, pp. 538 - 558, 1968.

Die Technik der reduzierten Matrizen zur Berechnung von c geht auf Little, Murty, Sweeny und Karel zurück. Sie wird behandelt in:

"An algorithm for the traveling salesman problem", von J. Little, K. Murty, D. Sweeny und C. Karel, Oper. Res., 11(6), pp. 972 - 989, 1963.

In diesem Artikel wird die Verwendung eines dynamischen Zustandsraumbaumes beschrieben. Das Aufspaltungsschema (8.3) stammt von Garfinkel. Er berichtet darüber in:

"On partitioning the feasible set in a branch-and-bound algorithm for the asymmetric traveling salesman problem", von R. Garfinkel, Oper. Res., 21(1), pp. 340 - 342, 1973.

Held und Karp haben einen effinzienteren Verzweigungs- und Beschränkungsalgorithmus zum Problem des Handlungsreisenden vorgeschlagen. Dieser Algorithmus kann nur dann angewendet werden, wenn $c_{ij} = c_{ji}$ ist für alle i und j. In den folgenden beiden Artikeln wird der Algorithmus beschrieben:

"The traveling salesman problem and minimum spanning trees", von
M. Held und R. Karg, Oper. Res., 18, pp 1138 - 1162, 1970.

"The traveling salesman problem and minumum spanning trees: part
II", von M. Held und R. Karg, Math. Prog., 1, pp. 6 - 25, 1971.

Die Ergebnisse aus Abschnitt 8.4 basieren auf der Arbeit von Kohler, Steiglitz und Ibaraki. Folgende Artikel sind wichtig:

"Characterization and theoretical comparison of branch-and-bound
algorithms for permutation problems", von W. Kohler und K. Steiglitz, J. ACM 21(1), pp. 140 - 156, 1974.

"Computational efficiency of approximate branch-and-bound algorithms", von T. Ibaraki, Math of Oper. Res., 1(3), pp. 287 - 298,
1976.

"Theoretical comparisons of search strategies in branch-and-bound
algorithms", von T. Ibaraki, Int. Jr. of Comp. and Info. Sci.,
5(4), pp. 315 - 344, 1976.

"On the computational efficiency of branch-and-bound algorithms",
von T. Ibaraki, Jr. of the Oper. Res. Soc. of Japan, 20(1), pp.
16 - 35, 1977.

"The power of dominance relations in branch-and-bound algorithms",
von T. Ibaraki. J. ACM, 24(2), pp. 264 - 279, 1977.

Die oben genannten Artikel von T. Ibaraki befassen sich auch mit
heuristischen Suchmethoden. Mehr über diese Methoden findet man in
dem bereits früher zitierten Buch von N. Nilsson.

<u>ÜBUNGEN</u>

1. Beweisen Sie Theorem 8.1.

2. Schreiben Sie ein Programmschema DFVB für eine LIFO - Verzwei-
    gungs- und Beschränkungssuche nach einem Ergebnisknoten mit mini-
    malen Kosten.

3. Zeichnen Sie denjenigen Teil des Zustandsraumbaumes, der von den
   FIFOVB-, LCVB- und LIFO- Verzweigungs- und Beschränkungsalgorithmen erzeugt wird, wenn man diese auf folgendes Programmfolgen-
   problem mit Schlußterminen ansetzt: $n = 5$; $(p_1, p_2, \ldots, p_5) =$
   $(6, 3, 4, 8, 5)$; $(t_1, t_2, \ldots, t_5) = (2, 1, 2, 1, 1)$; $(d_1, d_2, \ldots,$
   $d_5) = (3, 1, 4, 2, 4)$. Welcher Nachteil entsteht bzgl. einer optimalen Lösung? Verwenden Sie eine Beschreibung durch Tupel variabler Länge sowie die in Abschnitt 8.1 benutzten Funktionen $\hat{c}(\cdot)$ und
   $u(\cdot)$.

4. Schreiben Sie einen vollständigen LC - Verzweigungs- und Beschränkungsalgorithmus zum Problem der Programmfolgen mit Schlußterminen. Verwenden Sie die Beschreibung durch Tupel fester Länge.

5. Lösen Sie Beispiel 8.2 unter Verwendung von Tupeln variabler
   Länge.

6. Lösen Sie Beispiel 8.3 unter Verwendung von Tupeln variabler
   Länge.

7. Zeichnen Sie denjenigen Teil des Zustandsraumbaums, der von
   LCRUCK für folgende Problemstellung erzeugt wird:

   (i) $n = 5$; $(p_1, p_2, \ldots, p_5) = (10, 15, 6, 8, 4)$, $(w_1, w_2, \ldots,$
        $w_5) = (4, 6, 3, 4, 2)$ und $M = 12$.

   (ii) $n = 5$; $(p_1, p_2, p_3, p_4, p_5) = (w_1, w_2, w_3, w_4, w_5) = (4, 4,$
        $5, 8, 9)$ und $M = 15$.

8. Lösen Sie Aufgabe 7, indem Sie eine LC - Verzweigungs- und Beschränkungsmethode auf einen dynamischen Zustandsraumbaum anwenden (siehe Abschnitt 7.6). Verwenden Sie Tupel fester Länge.

9. Schreiben Sie einen LC - Verzweigungs- und Beschränkungsalgorithmus zum Rucksackproblem, indem Sie Tupel fester Länge und den

dynamischen Zustandsraumbaum aus Abschnitt 7.6 verwenden.

10. [Programmieraufgabe] Schreiben Sie Programme für die Algorithmen
     D__RUCK, D__RUCK1, LCRUCK und RRUCK2. Vergleichen Sie diese Al-
     gorithmen empirisch, indem Sie folgende Zufallsdaten verwenden:

   (i)   zufällig ermittelte Werte für w_i und p_i, $w_i \in [1, 100]$,
         $p_i \in [1, 100]$, $M = \sum_1^n w_i / 2$.

   (ii) zufällig ermittelte Werte für w_i und p_i, $w_i \in [1, 100]$,
         $p_i \in [1, 100]$, $M = 2*\max\{w_i\}$.

   (iii) zufällig ermittelter Wert für w_i, $w_i \in [1, 100]$; $p_i = w_i +$
         10; $M = \sum_i^n w_i / 2$.

   (iv) wie (iii), aber $M = 2*\max\{w_i\}$

   (v)   zufällig ermittelter Wert für p_i, $p_i \in [1, 100]$; $w_i = p_i +$
         10; $M = \sum_1^n w_i / 2$

(vi) wie (v), aber $M = 2*\max\{w_i\}$.

Ermitteln Sie die Rechenzeiten für n = 5, 10, 20, 30, 40, ...
Erzeugen Sie für jedes n aus jedem der oben aufgeführten Datensätze ca. 10 Problemstellungen. Ermitteln Sie für jeden dieser
Datensätze die Rechenzeiten für den durchschnittlichen und den
schlimmsten Fall. Können Sie aufgrund dieser Rechenzeiten über
das erwartete Verhalten dieser Algorithmen Aussagen machen?
     Erzeugen Sie dann folgende Problemstellungen: $p_i = w_i$, $1 \leq i$
$\leq n$, $M = \sum w_i / 2$ und $\sum w_i x_i \neq M$ für beliebige 0/1 - Zuweisungen an
die x_i's. Ermitteln Sie für die vier Programme die Rechenzeiten
für n = 10, 20 und 30.
     Falls noch Rechenzeit zur Verfügung steht, dann untersuchen
Sie, was die Ausdehnung des Bereiches auf [1, 1000] bei den Datensätzen (i) bis (vi) bewirkt. Ersetzen Sie in (iii) bis (vi)
$p_i = w_i + 10$ durch $p_i = w_i + 100$ bzw. $w_i = p_i + 10$ durch $w_i =$
$p_i + 100$.

11. [Programmieraufgabe]

   (a) Schreiben Sie ein Programm für den heuristischen Algorithmus
        REDUZIEREN aus Abschnitt 8.2. Erzeugen Sie mit den Daten-
        sätzen aus Aufgabe 10 mehrere Problemstellungen und er-
        mitteln Sie die Größe der reduzierten Problemstellungen.
        Verwenden Sie n = 100, 200, 500 und 1000.

   (b) Schreiben Sie Programme für D__RUCK1 und für den Rückverfol-
        gungsalgorithmus RRUCK2 zum Rucksackproblem. Vergleichen
        Sie wie in Aufgabe 10 die Leistungsfähigkeit von REDUZIEREN,
        indem Sie mehrere Problemstellungen bearbeiten. Ermitteln
        Sie die Rechenzeiten für D__RUCK1 und RRUCK2 für den durch-
        schnittlichen und den ungünstigsten Fall, und zwar sowohl
        für die erzeugten als auch für die reduzierten Problemstel-
        lungen. Addieren Sie zu den Zeiten für die reduzierten Pro-
        blemstellungen die Zeit, die von REDUZIEREN benötigt wird.
        Welche Schlußfolgerungen können Sie aus den Testläufen
        ziehen?

12. a) Schreiben Sie einen Verzweigungs- und Beschränkungsalgorith-
         mus für das Problem der Programmfolgenstellung mit Schluß-
         terminen. Verwenden Sie dabei eine Dominanzregel. Der Algo-
         rithmus sollte Tupel fester Länge verwenden und die Knoten
         stufenweise erzeugen. Die Knoten jeder Stufe sollten so an-
         geordnet sein, daß man die Dominanzregel leicht anwenden
         kann.

     b) Verwandeln Sie diesen Algorithmus in ein Rechnerprogramm.
         Erzeugen Sie zufällige Problemstellungen und bestimmen Sie
         sowohl den Wert der Dominanzregel als auch den der Beschrän-
         kungsfunktionen. Dazu müssen Sie das Programm in vier Ver-
         sionen laufen lassen. PROGA ohne Beschränkungsfunktionen
         und ohne Dominanzregel; PROGB ohne Dominanzregel; PROGC ohne
         Beschränkungsfunktionen und PROGD mit Beschränkungsfunktio-
         nen und Dominanzregel. Ermitteln Sie sowohl die Rechenzeiten
         als auch die Anzahl der erzeugten Knoten.

13. Betrachten Sie das durch folgende Kostenmatrix definierte Bei-
     spiel zum Problem des Handlungsreisenden:

$$\begin{bmatrix} \infty & 7 & 3 & 12 & 8 \\ 3 & \infty & 6 & 14 & 9 \\ 5 & 8 & \infty & 6 & 18 \\ 9 & 3 & 5 & \infty & 11 \\ 18 & 14 & 9 & 8 & \infty \end{bmatrix}$$

Abbildung 8.19(a)

a) Ermitteln Sie die reduzierte Kostenmatrix.

b) Verwenden Sie eine ähnliche Zustandsraumbeschreibung wie in Abb. 8.11 und $\hat{c}(\cdot)$ wie in Abschnitt 8.3 beschrieben; zeichnen Sie den Teil des Zustandsraumbaumes, der von LCVB erzeugt wird. Schreiben Sie an jeden Knoten dessen $\hat{c}$ - Wert an. Geben Sie zu jedem Knoten die entsprechende reduzierte Kostenmatrix an.

c) Lösen Sie b) unter Verwendung der reduzierten Matrixmethode und der in Abschnitt 8.3 behandelten Methode des dynamischen Zustandsraumbaumes.

d) Lösen Sie das oben formulierte Problem des Handlungsreisenden, indem Sie die Beschreibung als Zuweisungsproblem benutzen. Zeichnen Sie den Zustandsraumbaum und beschreiben Sie, wie die Methode von Knoten zu Knoten arbeitet.

e) Lösen Sie das gegebene Problem des Handlungsreisenden, indem Sie die Rückverfolgungsmethode und dieselbe $\hat{c}(\cdot)$ - Funktion wie oben verwenden. Benutzen Sie einen statischen Zustandsraumbaum.

f) Lösen Sie e) unter Verwendung eines dynamischen Zustandsraumbaumes.

14. Lösen Sie Aufgabe 13 mit der folgenden Kostenmatrix zum Problem des Handlungsreisenden:

$$\begin{bmatrix} \infty & 11 & 10 & 9 & 6 \\ 8 & \infty & 7 & 3 & 4 \\ 8 & 4 & \infty & 4 & 8 \\ 11 & 10 & 5 & \infty & 5 \\ 6 & 9 & 5 & 5 & \infty \end{bmatrix}$$

Abbildung 8.19(b)

15. a) Beschreiben Sie eine effiziente Implementierung für eine LC -
Verzweigungs- und Beschränkungsmethode zur Lösung des Problems
des Handlungsreisenden, indem Sie eine reduzierte Kostenmatrix
verwenden und

(i) einen dynamischen Zustandsraumbaum
(ii) einen statischen Baum wie in Abb. 8.11

benutzen.

b) Gibt es Problemstellungen, für welche die LC - Verzweigungs-
und Beschränkungsmethode weniger Knoten erzeugt, wenn sie
einen statischen Baum anstelle eines dynamischen Baumes verwendet? Beweisen Sie Ihre Antwort.

16. Betrachten Sie den beschriebenen LC - Verzweigungs- und Beschränkungsalgorithmus zum Problem des Handlungsreisenden, der
einen dynamischen Zustandsraumbaum verwendet. A und B seien Knoten, B sei ein Nachfolger von A. Steht die Kante (A, B) für
die Hinzunahme der Kante <i, j> zur Tour, dann werden in der reduzierten Matrix für B alle Elemente in Zeile i und Spalte j
gleich ∞ gesetzt. Außerdem wird ein weiteres Element gleich ∞ gesetzt. Geben Sie eine effiziente Methode zur Ermittlung dieses
Elements an.

17. [Programmieraufgabe] Schreiben Sie Programme für folgende Algorithmen zum Problem des Handlungsreisenden:

i) für den dynamischen Programmierungsalgorithmus aus Kapitel 5.

ii) für einen Rückverfolgungsalgorithmus, der die Beschreibung durch statische Bäume aus Abschnitt 8.3 verwendet.

iii) für einen Rückverfolgungsalgorithmus, der die Beschreibung durch dynamische Bäume aus Abschnitt 8.3 verwendet.

iv) für einen LC - Verzweigungs- und Beschränkungsalgorithmus, der ii) entspricht.

v) für einen LC - Verzweigungs- und Beschränkungsalgorithmus, der iii) entspricht.

Entwerfen Sie zum Vergleich der Effizienz obiger Algorithmen geeignete Datensätze. Erzeugen Sie aus diesen Datensätzen zufällige Problemstellungen und ermitteln Sie die Rechenzeiten der Programme. Stellen Sie wie in Abschnitt 7.6 entsprechende Tabellen auf. Welche Schlußfolgerungen können Sie aus den Rechenzeiten ziehen?

18. Beweisen Sie Theorem 8.4.

19. Beweisen Sie Theorem 8.6.

20. Beweisen Sie Theorem 8.7.

21. Beweisen Sie Theorem 8.10.

22. Beweisen Sie Theorem 8.11.

23. [Heuristische Suche] Die heuristische Suche ist eine Verallge-
    meinerung der FIFO-, LIFO- und LC - Suche. Zur Auswertung aller
    lebendigen Knoten verwendet man eine heuristische Funktion $h(\cdot)$.
    Der lebendige Knoten mit kleinstem $h(\cdot)$ ist der nächste E - Kno-
    ten. Diskutieren Sie die Vorteile, die man erzielt, wenn man bei

der Suche nach einem Ergebnisknoten mit minimalen Kosten eine
von $\hat{c}(\cdot)$ verschiedene heuristische Funktion $h(\cdot)$ verwendet. Betrachten Sie als Beispiele das Rucksackproblem und das Problem
des Handlungsreisenden. Sie können auch noch andere Probleme betrachten. Überlegen Sie sich für diese Probleme "vernünftige"
Funktionen $h(\cdot)$ (die von $\hat{c}(\cdot)$ verschieden sind). Ermitteln Sie
Problemstellungen, bei denen heuristische Suchmethoden besser
sind als die LC - Suche.

Kapitel 9

Algebraische Vereinfachung und Umformung

9.1 DIE ALLGEMEINE METHODE

In diesem Kapitel wenden wir uns von den bisher behandelten Problemen
ab und beschäftigen uns mit dem Umgang mit Zahlen und Polynomen. Rechner können zwar auf Grund ihrer eingebauten Fähigkeiten mit ganzen
und reellen Zahlen umgehen, sie sind jedoch nicht unmittelbar zur Manipulation symbolischer mathematischer Ausdrücke (wie z.B. Polynome)
imstande. Man muß sich eine Möglichkeit zur Darstellung überlegen und
dann Prozeduren schreiben, welche die gewünschten Operationen ausführen.
ren. Ein System, welches die Behandlung mathematischer Ausdrücke (zu
denen i.a. ganze Zahlen beliebiger Genauigkeit, Polynome und rationale Funktionen zählen) erlaubt, nennt man ein mathematisches Symbolma-
nipulationssystem. Diese Systeme benutzt man schon seit Jahren zur
Lösung vieler wissenschaftlicher Probleme. Die Techniken, mit denen
wir uns hier vertraut machen werden, haben oft zur effizienteren Implementierung der Operationen geführt, die von diesen Systemen zur
Verfügung gestellt werden.

Als erste Entwurfstechnik betrachten wir die sog. <u>algebraische
Umformung</u> oder <u>algebraische Transformation</u>. Gegeben sei eine Eingabe
I, welche zur Menge S_1 gehört, und eine Funktion f(I), welche einen
Rechenvorgang beschreibt. Gewöhnlich gehört die Ausgabe f(I) ebenfalls
zur Menge S_1. Nun kann es eine Methode zur Berechnung von f(I) geben,
welche mit Elementen aus S_1 Operationen durchführt; diese Methode ist
aber möglicherweise nicht besonders effizient. Die Technik der algebraischen Transformation besteht darin, die Eingabe so zu verändern,
daß sie zu einer Menge S_2 gehört. S_2 enthält genau dieselben Elemente
wie S_1, nur werden diese anders dargestellt. Welchen Grund gibt es,
die Eingabe in eine andere Form zu bringen? Die Antwort lautet: es
kann einfacher sein, die Funktion f für Elemente aus S_2 statt aus S_1
zu berechnen. Nachdem das Ergebnis in S_2 berechnet worden ist, wendet
man eine <u>inverse Transformation</u> an und erhält so das Ergebnis in der

Menge S_1.

S_1 sei beispielsweise die Menge der ganzen Zahlen, welche im De-
zimalsystem dargestellt werden; S_2 sei die Menge der ganzen Zahlen,
welche im Zweiersystem dargestellt werden. Sind zwei ganze Zahlen aus
S_1 und irgendwelche arithmetischen Operationen gegeben, die sich auf
Zahlen beziehen, dann geschieht in den heutigen Rechnern
folgendes: die Zahlen werden in Elemente der Menge S_2 umgeformt, die
Operationen werden durchgeführt, und das Ergebnis wird wieder in die
dezimale Form zurückverwandelt. Den meisten Studenten der Informatik
sind die Algorithmen zur Umwandlung der Zahlen vertraut. Aus Elementen
von S_1 erhält man solche von S_2, indem man wiederholt durch 2 dividiert, im umgekehrten Fall wendet man die wiederholte Multiplikation
an. Der Vorteil der Darstellung im Zweiersystem beruht auf der damit
verbundenen Vereinfachung der internen Schaltkreise eines Rechners

Betrachten wir ein anderes Beispiel: S_1 sei die Menge der Polynome
vom Grad n (n $\geq$ 0) mit ganzzahligen Koeffizienten, dargestellt durch
eine Liste ihrer Koeffizienten, z.B.

$$A(x) = a_n x^n + \ldots + a_1 x + a_0.$$

Die Menge S_2 besteht aus genau derselben Menge von Polynomen, diese
werden aber durch ihre Werte an 2n + 1 Punkten dargestellt; so würden die 2n + 1 Paare $(x_i, A(x_i))$, $1 \leq i \leq 2n + 1$ das Polynom A darstellen. (Im Augenblick wollen wir uns noch keine Gedanken über die
Werte der x_i machen, wir können sie uns als aufeinanderfolgende ganze
Zahlen vorstellen). Die zu berechnende Funktion f ermittelt das Produkt zweier Polynome A(x) und B(x), wobei mit der durch die Menge S_1
vorgebenen Darstellung begonnen wird. Wir könnten nach der konventionellen Methode das Produkt direkt bilden; dazu sind $O(n^2)$ Operationen nötig, wobei n der Grad von A und B ist und ein möglicher Zuwachs
in der Größe der Koeffizienten ignoriert wird. Wir können aber auch
die beiden Polynome zu Elementen der Menge S_2 umformen. Dies erreichen wir durch <u>Auswertung</u> von A(x) und B(x) an 2n + 1 Punkten. Nun
kann das Produkt auf einfache Weise berechnet werden, indem wir die
entsprechenden Punkte miteinander multiplizieren. Die Darstellung
von A(x)*B(x) ist in der Menge S_2 durch die Tupel $(x_i, A(x_i)*B(x_i))$,
$1 \leq i \leq 2n + 1$ gegeben; zur Berechnung sind nur $O(n)$ Operationen nötig. Wir können das Produkt von A(x)*B(x) in Koeffizientenform ermitteln, indem wir das Polynom finden, welches diese 2n + 1 Punkte
<u>interpoliert</u> (oder diesen Punkten genügt). Wie man leicht zeigen kann,
gibt es genau ein Polynom vom Grad $\leq$ 2n, welches durch 2n + 1 Punkte

geht.

In Abb. 9.1 ist in graphischer Form diese Transformation beschrieben. Man kann zur Erreichung des Koeffizientenproduktbereiches
zwei Wege einschlagen: entweder den direkten Weg unter Verwendung der
konventionellen Multiplikation oder den Weg über die algebraische
Transformation. Die Transformation erfolgt in der einen Richtung
durch Auswertung, in der anderen durch Interpretation (inverse Transformation). Das Schema steht und fällt damit, wie effizient diese
Transformationen durchgeführt werden können.

Der Bereich der algebraischen Algorithmen ist so vielfältig, daß
wir nur versuchen können, einige wenige interessante Themen zu behandeln. In Abschnitt 9.2 befassen wir uns mit der Frage zur Auswertung von Polynomen an einem oder mehreren Punkten sowie mit der inversen Operation der Polynominterpolation an n Punkten. Anschließend

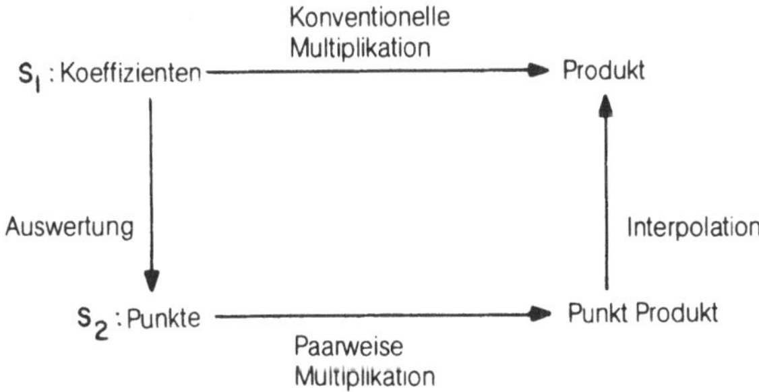

Abbildung 9.1   Transformationstechnik für Polynomprodukte

behandeln wir in Abschnitt 9.3 dieselben Probleme wie in 9.2, nehmen
jedoch an, daß die n Punkte die n-ten Einheitswurzeln sind. Wir werden zeigen, daß dies zur Berechnung der Fourier - Transformation
äquivalent ist, und wie man von der "Teile - und - Herrsche - Strategie" zum Algorithmus der schnellen Fourier - Transformation gelangt.
In Abschnitt 9.4 gilt unser Interesse ganzzahligen Problemen: wir
befassen uns mit modularer Arithmetik. Diese kann man als ein Trans-
formationsschema ansehen, welches dazu dient, bei einer ganzzahligen
Arithmetik mit hoher Genauigkeit die Operationen schneller zu machen.
Außerdem werden wir feststellen, daß die Transformationen in die modulare Form und wieder zurück Spezialfälle von Auswertung und Interpolation sind. Also gibt es eine algebraische Übereinstimmung der Abschnitte 9.2, 9.3 und 9.4. In Abschnitt 9.5 schließlich lernen wir die

bekannten asymptotisch besten Algorithmen für eine n - Punkt - Auswertung und -Interpolation kennen.

9.2 AUSWERTUNG UND INTERPOLATION

In diesem Abschnitt untersuchen wir die Polynomoperationen "Auswertung" und "Interpolation". Bei der Suche nach effizienten Algorithmen werden wir Beispiele für eine andere Entwurfsstrategie kennenlernen, die man algebraische Vereinfachung nennt. Darunter versteht man die Neuformulierung von Rechenformeln mit dem Ziel, daß die Anzahl der zur Berechnung nötigen Operationen minimal wird. Über die numerische Stabilität der daraus resultierenden Algorithmen wollen wir uns hier keine Gedanken machen. Dieser Aspekt spielt zwar oft eine wichtige Rolle, für unsere Zwecke liegt er aber am Rande. Im Literaturverzeichnis findet man einige Hinweise auf Artikel, die sich mit der numerischen Stabilität beschäftigen.

Ein Polynom in einer Veränderlichen wird im allgemeinen wie folgt geschrieben:

$$A(x) = a_n x^n + a_{n-1} x^{n-1} + \ldots + a_1 x + a_0$$

wobei x die Unbekannte ist und die a_i's ganze Zahlen, Gleitkommazahlen oder allgemeine Elemente eines kommutativen Rings oder eines Körpers sein können. Ist $a_n \neq 0$, dann heißt n der Grad von A.

Bei der Darstellung eines Polynoms durch seine Koeffizienten gibt es mindestens zwei Möglichkeiten. Die erste besteht darin, den Grad abzuspeichern, gefolgt von (Grad + 1) Koeffizienten:

$$(n, a_n, n - 1, a_{n-1}, \ldots, 1, a_1, 0, a_0).$$

Dies nennt man eine direkte Darstellung, da alle Koeffizienten explizit gespeichert werden, unabhängig davon, ob sie null sind oder nicht. Wir stellen fest, daß z.B. für das Polynom $x^{1000} + 1$ die dichte Darstellung viel Platz verschwendet, denn sie benötigt 100^2 Plätze, obwohl es nur 2 Terme ungleich null gibt

Bei der zweiten Darstellung wird nur jeder Koeffizient, der ungleich null ist, zusammen mit seinem Exponenten gespeichert. Sind alle a_i ungleich null, dann erhält man die Darstellung

$$(n, a_n, n - 1, a_{n-1}, \ldots, 1, a_1, 0, a_0).$$

518

Dies nennt man eine <u>lückenhafte</u> Darstellung, denn der benötigte Speicherplatz hängt unmittelbar von der Zahl der Terme ab, die ungleich null sind, und nicht vom Grad. Für ein Polynom vom Grad n, bei dem alle Koeffizienten von null verschieden sind, benötigt man mit dieser Darstellung ungefähr doppelt so viel Speicherplatz wie mit der ersten. Dies ist jedoch der ungünstigste Fall. Bei Polynomen mit hohem Grad und wenigen Koeffizienten, die ungleich null sind, ist die zweite Darstellung der ersten klar überlegen.

Des weiteren stellen wir fest, daß die Terme eines Polynoms oft verkettet statt sequentiell abgespeichert werden. Dieser Schwierigkeit werden wir jedoch in den folgenden Programmen aus dem Weg gehen und annehmen, daß wir durch die Angabe "a_i" Zugriff auf den i-ten Koeffizienten haben.

Gegeben sei das Polynom $A(x) = a_n x^n + \ldots + a_0$; wir wollen es an der Stelle v auswerten, d.h. $A(v)$ berechnen. Bei der direkten Methode ("von rechts nach links") addiert man $a_1 v$ zu a_0, dann $a_2 v^2$ zu dieser Summe und fährt weiter fort, so wie in Algorithmus 9.1 beschrieben. Die Analyse dieses Algorithmus ist sehr einfach: er benötigt 2n Multiplikationen, n Additionen und 2n + 2 Zuweisungen (die <u>for</u> - Schleife ausgeschlossen).

```
procedure DIREKTAUSWERTEN(A, n, v)
  s ← a₀; r ← 1
  for i ← 1 to n do
    r ← r * v
    s ← aᵢ * r + s
  repeat
  return (s)
end DIREKTAUSWERTEN
```

<u>Algorithmus 9.1</u>   Direkte Auswertung

Isaac Newton gab 1711 eine Verbesserung dieser Prozedur an. Dieselbe Verbesserung wurde 1819 von W.G. Horner zur Auswertung der Koeffizienten von A(x + c) benutzt. Sie wurde unter dem Namen "Hornerschema" bekannt. Dabei wird das Polynom wie folgt aufgeschrieben:

$$A(x) = (\ldots((a_n x + a_{n-1})x + a_{n-2})x + \ldots + a_1)x + a_0.$$

Dies ist unser erstes und vielleicht auch bekanntestes Beispiel für eine algebraische Vereinfachung. Die auf dieser Formel beruhende Prozedur zur Auswertung ist in Algorithmus 9.2 angegeben.

```
procedure HORNER(A, n, ν)
  s ← a_n
  for i ← n - 1 to 0 by - 1 do
    s ← s * ν + a_i
  repeat
  return (s)
end HORNER
```

    Algorithmus 9.2 Hornerschema

Das Hornerschema erfordert n Multiplikationen, n Additionen und n + 1 Zuweisungen (die for - Schleife ausgeschlossen). Im Vergleich zur direkten Methode bringt es also eine Verbesserung um den Faktor 2. In Kapitel 1Q werden wir sehen, daß das Hornerschema tatsächlich die beste Methode zur Auswertung eines Polynoms vom Grad n liefert.

    Wir wollen nun die lückenhafte Darstellung eines Polynoms $A(x) = a_m x^{e_m} + \ldots + a_1 x^{e_1}$ betrachten, für das gilt: $a_i \neq 0$ und $e_m > e_{m-1} > \ldots > e_1 \geq 0$. Der für diesen Fall verallgemeinerte direkte Algorithmus (Algorithmus 9.1) sieht folgendermaßen aus:

```
procedure LDIREKTAUSWERTEN(A, m, ν)
  //lückenhaft - direkte Auswertung; m ist die Zahl der Terme, die//
  //ungleich null sind.//
  s ← 0
  for i ← 1 to m do
    s ← s + a_i * ν ↑ e_i
  repeat
  return (s)
end LDIREKTAUSWERTEN
```

    Algorithmus 9.3 Auswertung eines lückenhaft dargestellten Polynoms

Wenn wir annehmen, daß $ν ↑ e$ durch wiederholte Multiplikation mit $ν$ berechnet wird, dann erfordert diese Operation $e - 1$ Multiplikationen. Algorithmus 9.3 benötigt $e_m + e_{m-1} + \ldots + e_1$ Multiplikationen, m

Additionen und m + 1 Zuweisungen. Damit ist er ausgesprochen ineffizient. Er kann leicht durch einen Algorithmus verbessert werden, der auf folgender Berechnung beruht:

$$\nu^{e_1}, \quad \nu^{e_2-e_1} * \nu^{e_1}, \quad \nu^{e_3-e_2} * \nu^{e_2}, \quad \ldots, \text{ etc.}$$

```
procedure NDIREKTAUSWERTEN(A, m, ν)
  s ← e₀ ← 0; t ← 1
  for i ← 1 to m do
    r ← ν ↑ (eᵢ - eᵢ₋₁)
    s ← s + aᵢ * r * t
    t ← r
  repeat
  return (s)
end NDIREKTAUSWERTEN
```

    Algorithmus 9.4   Auswertung eines Polynoms, das in der Form "Koeffizient - Exponent" dargestellt ist

    Algorithmus 9.4 benötigt e_m + m Multiplikationen, 3m + 3 Zuweisungen, m Additionen und m Subtraktionen.

    Ein noch raffinierteres Schema erhält man, wenn man die Methode von Horner verallgemeinert:

$$A(x) = ((\;\ldots\;((a_m x^{e_m-e_{m-1}} + a_{m-1})x^{e_{m-1}\,-\,e_{m-2}} + \ldots + a_2)x^{e_2-e_1} + a_1)x^{e_1}$$

Das folgende Programm beruht auf dieser Formel:

```
procedure LHORNER(A, m, ν)
  s ← e₀ ← 0
  for i ← m to 1 by - 1 do
    s ← (s + aᵢ) * ν ↑ (eᵢ - eᵢ₋₁)
  repeat
  return (s)
end LHORNER
```

    Algorithmus 9.5 Hornerschema für eine lückenhafte Darstellung

Die Anzahl erforderlicher Multiplikationen beträgt

$$(e_m - e_{m-1} - 1) + \ldots + (e_1 - e_0 - 1) + m = e_m$$

und ist gleich dem Grad von A. Zusätzlich werden m Additionen, m Subtraktionen und m + 2 Zuweisungen benötigt. Wir sehen also, daß das
Hornerschema sowohl der lückenhaften als auch der direkten Polynomdar-
stellung leicht angepaßt werden kann. In beiden Fällen ist die Zahl der
Operationen beschränkt und bzgl. des Grades linear. Mit etwas mehr
Mühe findet man sogar eine noch bessere Methode, die von einer lückenhaften Darstellung ausgeht und nur $m + \log_2 e_m$ Multiplikationen benötigt (in den Übungen findet man einen Hinweis).

Interpolation
============

Gegeben seien n Punkte (x_i, y_i). Unsere Aufgabe besteht darin, die
Koeffizienten des einzigen Polynoms A(x) vom Grad n - 1 zu finden,
welches durch diese n Punkte geht. Die Lösung ist durch die Formel von
Lagrange gegeben:

$$A(x) = \sum_{1 \leq i \leq n} \left(\prod_{\substack{i \neq j \\ i \leq j \leq n}} \frac{(x_i - x_j)}{(x_i - x_j)} \right) y_i \ . \tag{9.1}$$

Um nachzuweisen, daß A(x) den n Punkten genügt, stellen wir fest, daß
folgendes gilt:

$$A(x_i) = \left(\prod_{\substack{i \neq j \\ 1 \leq j \leq n}} \frac{(x_i - x_j)}{(x_i - x_j)} \right) y_i = y_i \tag{9.2}$$

Jeder andere Term wird nämlich gleich null. Der Zähler jedes Terms ist
ein aus n - 1 Faktoren bestehendes Produkt; daher ist der Grad von A
$\leq n - 1$.

Wir geben nun ein Programm an, welches auf dieser Formel basie-
rend die Koeffizienten von A(x) ermittelt. Wir müssen einige Polynome
addieren und subtrahieren und nehmen deshalb an, daß es dafür Funktionen PADD(A, B) und PMULT(A, B) gibt:

```
procedure LAGRANGE(X, Y, n, ERG)
  //X, Y sind eindimensionale Felder und enthalten n Punkte (X_i, Y_i).//
  //ERG ist ein Polynom, welches diese Punkte interpoliert.//
  integer d, n; polynomial POLY, ERG; real X(1:n), Y(1:n);
  ERG ← 0
  for i ← 1 to n do
    POLY ← d ← 1
    for j ← 1 to n do
      if i ≠ j
      then POLY ← PMULT(POLY, x - X(i))    //x - X(i) ist ein Polynom//
                                           //in x vom Grad 1//
        d ← d * (X(i) - X(j))   //X(i) - X(j) ist eine Konstante//
      endif
    repeat
    ERG ← PADD(ERG, PMULT(Y(i)/d, POLY))
  repeat
end LAGRANGE
```

Algorithmus 9.6 Lagrange - Interpolation

Es lohnt sich, die Rechenzeit von LAGRANGE zu analysieren. Die
$\underline{\text{if}}$ - Anweisung wird n^2 mal ausgeführt. Zur Berechnung jedes neuen Wertes von d sind eine Subtraktion und eine Multiplikation nötig; die
Ausführung von PMULT erfordert jedoch pro Aufruf mehr als eine konstante Zeitspanne. Da der Grad von x - X(i) gleich eins ist, ist die Zeit
für eine Ausführung von PMULT proportional zum Grad von POLY, welcher
beim j-ten Durchlauf höchstens j - 1 ist.

Somit betragen die Gesamtkosten für einen Multiplikationsschritt
bei Polynomen

$$\sum_{1 \leq i \leq n} \sum_{1 \leq j \leq n} j - 1 = \sum_{1 \leq i \leq n} \left(\frac{n(n+1)}{2} - 2 \right)$$

$$= n^2(n+1)/2 - n^2$$

$$= O(n^3) \quad . \tag{9.3}$$

Dieses Ergebnis ist nicht besonders ermutigend; vielleicht sollten
wir uns nach einer besseren Methode umsehen. Nehmen wir an, daß wir
bereits ein Interpolationspolynom $A(x)$ haben mit $A(x_i) = y_i$ für $1 \le i
\le n$, und daß wir genau einen Punkt (x_{n+1}, y_{n+1}) noch hinzufügen wollen.
Wie würden wir dieses neue Interpolationspolynom berechnen, wenn wir
davon ausgehen, daß $A(x)$ bereits zur Verfügung steht? Wenn wir dieses
Problem auf effiziente Weise lösen können, dann können wir unsere Lösung n mal anwenden, um ein Interpolationspolynom für n Punkte zu erhalten.

$G_{j-1}(x)$ interpoliere $j - 1$ Punkte (x_k, y_k), $1 \le k \le j$ so, daß
gilt: $G_{j-1}(x_k) = y_k$. Ferner sei $D_{j-1}(x) = (x - x_1) \ldots (x - x_{j-1})$.
Dann können wir $G_j(x)$ nach folgender Formel berechnen:

$$G_j(x) = (y_j - G_{j-1}(x_j))\,(D_{j-1}(x_k) / D_{j-1}(x_j)) + G_{j-1}(x_k)$$

Wir stellen fest, daß folgendes gilt:

$$G_j(x_k) = (y_j - G_{j-1}(x_j))\,(D_{j-1}(x_k) / D_{j-1}(x_j)) + G_{j-1}(x_k)$$

Es ist aber $D_{j-1}(x_k) = 0$ für $1 \le k < j$ und daher

$$G_j(x_k) = G_{j-1}(x_k) = y_k$$

Außerdem gilt:

$$G_j(x_j) = (y_j - G_{j-1}(x_j))\,(D_{j-1}(x_j) / D_{j-1}(x_j)) + G_{j-1}(x_j)$$

$$= y_j - G_{j-1}(x_j) + G_{j-1}(x_j)$$

$$= y_j$$

Nachdem wir gezeigt haben, daß diese Formel richtig ist, geben wir
einen Algorithmus zur Berechnung des Interpolationspolynoms an, der
auf dieser Formel beruht. Aus der Formel ergibt sich, daß das Hornerschema zweimal angewendet werden muß, nämlich zur Auswertung von
$G_{j-1}(x)$ an der Stelle x_j und zur Auswertung von $D_{j-1}(x)$ an der Stelle
x_j.

```
procedure INTERP(X, Y, n, G)
  //es sei n ≥ 2. X(1:n), Y(1:n) sind die n Punktepaare. Die Koef-//
  //fizienten des eindeutigen Interpolationspolynoms vom Grad < n//
  //werden in G zurückgeliefert.//
  real X(1:n), Y(1:n), z, Nenner; polynomial G, D;
  G ← Y(1)    //zu Anfang ist G konstant//
  D ← x - X(1)    //D(x) ist ein lineares Polynom.//
  for i ← 2 to n do
    Nenner ← HORNER(D, i - 1, X(i))    //werte D an der Stelle x_j//
                                       //aus//
    z ← HORNER(G, i - 2, X(i))    //werte G an der Stelle x_i aus//
    G ← PADD(PMULT((Y(i) - z) / Nenner, D), G)
    D ← PMULT(D, x - X(i))
  repeat
end INTERP
```

Algorithmus 9.7   Interpolation nach Newton

Beim i-ten Durchlauf hat D den Grad i - 1 und G den Grad i - 2.
Die Aufrufe von HORNER erfordern also insgesamt

$$\sum_{1 \le i \le n-1} (i+i-1) = n(n-1) - (n-1) = (n-1)^2 \tag{9.4}$$

Multiplikationen. Der Term (Y(i) - z) / Nenner ist eine Konstante.
Die Multiplikation dieser Konstanten mit D erfordert i + 1 Multiplikationen; die Multiplikation von D mit x - X(i) erfordert i + 1
Multiplikationen, die Addition von G keine Multiplikationen. Also
sind für die restlichen Schritte

$$\sum_{1 \le i \le n-1} (2i+2) = n(n-1) + 2(n-1) = (n-1)(n+2) \tag{9.5}$$

Operationen erforderlich. Die gesamte Prozedur INTERP benötigt $O(n^2)$
Operationen.

Zusammenfassend stellen wir fest, daß für die Auswertung eines
Polynoms vom Grad n, welches in der dichten Darstellung vorliegt,
$O(n)$ Operationen nötig sind. Für ein Polynom vom Grad n in lücken-
hafter Darstellung mit m Termen ungleich null sind höchstens $O(m + n)$
= $O(n)$ Operationen nötig. Im 10. Kapitel behandeln wir die Frage, ob
das Hornerschema zur Auswertung optimal ist. In Abschnitt 9.5 lernen
wir eine noch schnellere Methode kennen, wie man n Punkte interpoliert

und ein Polynom an n Punkten auswerten kann.

9.3 DIE SCHNELLE FOURIER - TRANSFORMATION

Der Entwurf eines Algorithmus, der um eine Größenordnung schneller als
alle bis dahin bekannten Methoden ist, stellt eine beachtliche Leistung dar. Handelt es sich dabei um ein Problem mit vielen Anwendungen,
dann werden viele Forscher und Fachleute davon profitieren. Bei der
Schnellen Fourier - Transformation (FFT = FAST FOURIER TRANSFORM) ist
dies der Fall. In der jüngsten Vergangenheit hatte keine andere Verbesserung eines Algorithmus einen größeren Einfluß als diese. Die
Fourier - Transformation wird von Elektroingenieuren auf vielen Gebieten benutzt, z.B. bei der Sprachübertragung, in der Codierungs-
theorie oder in der Bildverarbeitung. Vor der Entwicklung dieses
schnellen Algorithmus hielt man die Anwendung dieser Transformation
in der Praxis nicht für durchführbar.

Die Fourier - Transformation einer kontinuierlichen Funktion a(t)
ist gegeben durch

$$A(f) = \int_{-\infty}^{\infty} a(t) e^{2\pi i f t} \, dt \tag{9.6}$$

Die inverse Transformation sieht folgendermaßen aus:

$$a(t) = 1/(2\pi) \int_{-\infty}^{\infty} A(f) e^{-2\pi i f t} \, df \quad . \tag{9.7}$$

Dabei ist i gleich der Wurzel aus - 1, e ist die Basis des natürli-
chen Logarithmus. Die Variable t entspricht oft der Zeit, während f
der Frequenz entspricht. Die Fourier - Transformation formt dann eine
Funktion der Zeit in eine Funktion der Frequenz um.

Zu dieser kontinuierlichen Fourier - Transformation gibt es eine
entsprechende <u>diskrete</u> Fourier - Transformation, die mit einer Auswahl von Punkten von a(t), nämlich a_0, a_1, $\ldots$, a_{N-1}, arbeitet. Die
diskrete Fourier - Transformation ist wie folgt definiert:

$$A_j = \sum_{0 \le k \le N-1} a_k \, e^{2\pi i j k/N} \quad , \qquad 0 \le j \le N-1 \tag{9.8}$$

Die inverse Transformation lautet:

$$a_k = (1/N) \sum_{0 \le j \le N-1} A_j \, e^{-2\pi i j k/N} \quad , \quad 0 \le j \le N-1 \qquad (9.9)$$

Im diskreten Fall ist eine Menge von N ausgewählten Punkten gegeben, und es wird eine Ergebnismenge von N Punkten erzeugt. Zwischen
der diskreten Fourier - Transformation und der Polynomauswertung besteht ein enger Zusammenhang. Stellen wir uns folgendes Polynom vor:

$$a(x) = a_{N-1} x^{N-1} + a_{N-2} x^{N-2} + \ldots + a_1 x + a_0$$

Das Fourier - Element A_j ist der Wert von $a(x)$ für $x = w^j$, wobei
$w = e^{2\pi i/N}$ ist. Ähnliches gilt für die inverse Fourier - Transformation. Wir betrachten das Polynom mit den Fourier - Koeffizienten

$$A(x) = A_{N-1} x^{N-1} + A_{N-2} x^{N-2} + \ldots + A_1 x + A_0$$

Jedes a_k ist der Wert von $A(x)$ für $x = (w^{-1})^k$, wobei $w = e^{2\pi i/N}$ ist.
Damit entspricht die diskrete Fourier - Transformation genau der Auswertung eines Polynoms an N Punkten w^0, w^1, $\ldots$, w^{N-1}.

Aus dem vorangegangenen Abschnitt wissen wir, daß wir zur Auswertung eines Polynoms N-ten Grades an N Punkten $O(N^2)$ Operationen
benötigen. Für jeden Punkt wenden wir einmal das Hornerschema an.
Die <u>Schnelle</u> Fouriertransformation (im folgenden mit FFT = Fast
Fourier Transform abgekürzt) ist ein Algorithmus zur Berechnung dieser N Werte, der mit $O(N \log N)$ Operationen auskommt. Er wurde 1965
von Cooley und Tukey bekanntgemacht; die geschichtliche Entwicklung
dieser Methode wurde von Cooley, Lewis und Welch aufgezeichnet (siehe
Literaturverzeichnis).

Wenn man bedenkt, daß die Punkte zur Auswertung nicht beliebig
sind, sondern ganz speziell gewählt wurden, erhält man einen Hinweis
dafür, daß die Fourier - Transformation schneller als durch das Hornerschema berechnet werden kann. Die Punkte sind nämlich die N Potenzen w^j für $0 \le j \le N - 1$, wobei $w = e^{2\pi i/N}$ ist. Der Punkt w ist
eine primitive N-te Einheitswurzel in der komplexen Ebene.

<u>Definition</u>: Ein Element w in einem kommutativen Ring heißt primiti-
ve N-te Einheitswurzel, falls gilt:

$$\text{(i)} \quad w \neq 1$$

$$\text{(ii)} \quad w^N = 1$$

$$\text{(iii)} \quad \sum_{0 \leq p \leq N-1} w^{jp} = 0, \qquad 1 \leq j \leq N-1 \qquad\qquad (9.10)$$

Wir geben jetzt zwei einfache Eigenschaften N-ter Wurzeln an, mit deren Hilfe wir den FFT - Algorithmus leicht verstehen können.

<u>Theorem 9.1</u> Es sei $N = 2n$ und w eine primitive Einheitswurzel. Dann ist $- w^j = w^{j+n}$.

<u>Beweis:</u> $(w^{j+n})^2 = (w^j)^2 (w^n)^2 = (w^j)^2 w^{2n} = (w^j)^2$, da $w^N = 1$ ist. Da nun die w^j verschieden voneinander sind, gilt: $w^j \neq w^{j+n}$, also $w^{j+n} = - w^j$. □

<u>Theorem 9.2</u> Es sei $N = 2n$ und w eine primitive Einheitswurzel. Dann ist w^2 eine primitive n-te Einheitswurzel.

<u>Beweis:</u> Aus $w^N = w^{2n} = 1$, $(w^2)^n = 1$ folgt, daß w^2 eine n-te Einheitswurzel ist. Außerdem gilt: $(w^2)^j \neq 1$ für $1 \leq j \leq n - 1$, denn andernfalls wäre $w^k = 1$ für $1 \leq k < 2n = N$. Dies würde aber im Widerspruch zu der Tatsache stehen, daß w eine primitive N-te Einheitswurzel ist. Daher ist w^2 eine primitive n-te Einheitswurzel. □

Aus diesem Theorem können wir folgern: sind die w^j, $0 < j \leq N$ die primitiven N-ten Einheitswurzeln ($N = 2n$), dann sind die w^{2j}, $0 < j \leq n - 1$ die primitiven n-ten Einheitswurzeln. Mit Hilfe dieser beiden Theoreme können wir jetzt zeigen, wie man einen "Teile - und - Herrsche" - Algorithmus für die Fourier - Transformation erhält.

Die Komplexität des Algorithmus beträgt $O(N \log N)$; er ist also um eine Größenordnung schneller als der konventionelle $O(N^2)$ - Algorithmus, der eine Polynomauswertung benutzt.

Es seien $a_{N-1}, \ldots, a_0$ wiederum die zu transformierenden Koeffizienten; es sei $a(x) = a_{N-1} x^{N-1} + \ldots + a_1 x + a_0$. Wir zerlegen $a(x)$ in zwei Teile: der eine Teil enthält geradzahlige Exponenten, der andere ungeradzahlige.

$$a(x) = a_{N-1}x^{N-1} + a_{N-3}x^{N-3} + \ldots + a_1 x +$$

$$a_{N-2}x^{N-2} + \ldots + a_2 x + a_0$$

Mit $y = x^2$ können wir $a(x)$ als eine Summe zweier Polynome schreiben:

$$a(x) = (a_{N-1}y^{n-1} + a_{N-3}y^{n-2} + \ldots + a_1 x$$

$$+ (a_{N-2}y^{n-1} + a_{N-4}y^{n-2} + \ldots + a_0)$$

$$= c(y) * x + b(y)$$

Wir erinnern uns daran, daß die Werte der Fourier - Transformation $a(w^j)$, $0 \leq j \leq N - 1$ sind. Mit obiger Formulierung lassen sich die Werte von $a(x)$ an den Punkten w^j, $0 \leq j \leq n - 1$ jetzt wie folgt ausdrücken:

$$a(w^j) = c(w^{2j})w^j + b(w^{2j})$$

$$a(w^{j+n}) = - c(w^{2j})w^j + b(w^{2j})$$

Diese beiden Formeln sind sehr nützlich, was die Berechnung angeht. Sie geben an, wie man ein gegebenes Problem der Größe N in zwei identische Probleme der Größe n = N/2 umformt. Diese Teilprobleme sind die Auswertung von $b(y)$ und $c(y)$, beide vom Grad n - 1, an den Punkten $(w^2)^j$, $0 \leq j \leq n - 1$; diese Punkte sind primitive n-te Wurzeln. Dies ist ein Beispiel für die Methode "Teile - und - Herrsche"; wir können die "Teile - und - Herrsche" - Strategie so lange anwenden, wie die Anzahl der Punkte gerade bleibt. Daher wählen wir N immer so, daß es eine Zweierpotenz ist ($N = 2^m$), denn dann können wir den Aufspaltungsprozeß so lange durchführen, bis ein triviales Problem vorliegt, nämlich die Auswertung eines konstanten Polynoms.

Die Prozedur FFT (Algorithmus 9.8) ist eine rekursive Version des Algorithmus für die Schnelle Fourier - Transformation, die alle diese Ideen miteinander kombiniert.

```
procedure FFT(N, a(x), w, A)
  //N = 2^m, a(x) = a_{N-1}x^{N-1} + ... + a_0, w ist eine primitive N-te//
  //Einheitswurzel. A(0:N - 1) wird mit den Werten a(w^j),//
  //0 ≤ j ≤ N - 1 besetzt.//
  integer N real A(0:N - 1), B(0:(N/2) - 1), C(0:(N/2) - 1),
    WP(- 1:(N/2) - 1)
  if N = 1 then A(0) ← a_0
    else n ← N/2
      b(x) ← a_{N-2}x^{n-1} + ... + a_2x + a_0    //teile die Koeffizienten//
      c(x) ← a_{N-1}x^{n-1} + ... + a_3x + a_1    //in zwei Mengen auf//
      call FFT(n, b(x), w^2, B)    //wende denselben Algorithmus noch//
                                   //einmal an//
      call FFT(n, c(x), w^2, C)    //und noch einmal//
      WP(- 1) ← 1/w
      for j ← 0 to n - 1 do
        WP(j) ← w * WP(j - 1)
        A(j) ← B(j) + WP(j) * C(j)
        A(j + n) ← B(j) - WP(j) * C(j)
      repeat
    endif
end FFT
```

<u>Algorithmus 9.8</u> Rekursive Schnelle Fourier - Transformation

Wir wollen nun die Rechenzeit von FFT ermitteln. Es sei $T(N)$ die
Zeit, die der Algorithmus für N Eingabewerte benötigt. Dann gilt:

$$T(N) = 2T(N/2) + cN$$

Dabei ist c eine Konstante und cN eine Schranke für die Zeit, die zur
Bildung von b(x), c(x), A und B benötigt wird. Wegen $T(1) = d$ (d ist
eine weitere Konstante) können wir diese Rekursionsformel schrittweise vereinfachen und erhalten:

$$
\begin{aligned}
T(2^m) &= 2T(2^{m-1}) + c2^m \\
       &= ... = cm2^m + T(1)2^m \\
       &= cN \log_2 N + dN \\
       &= O(N \log_2 N)
\end{aligned}
$$

Wir wollen nun kurz zu dem Problem zurückkehren, das wir zu Beginn
dieses Kapitels betrachtet haben, nämlich die Multiplikation von Polynomen. Bei der Transformation werden A(x) und B(x) an 2N + 1 Punkten ausgewertet und die 2N + 1 Produkte $A(x_i) * B(x_i)$ berechnet. Dann
wird das Produkt A(x)B(x) in der Koeffizientenform ermittelt, indem
das Interpolationspolynom, welches diesen Punkten genügt, berechnet
wird. In Abschnitt 9.2 haben wir gesehen, daß die Auswertung und Interpolation von N Punkten $O(N^2)$ Operationen erfordert; man erzielt
also keine asymptotische Verbesserung im Vergleich zum konventionellen
Multiplikationsalgorithmus. In diesem Abschnitt haben wir jedoch gesehen, daß man Auswertung und Interpolation mit höchstens O(N log N)
Operationen durchführen kann, wenn man die Punkte so wählt, daß sie
die $N = 2^m$ verschiedenen Potenzen einer N-ten Einheitswurzel sind. Wir
können daher mit Hilfe des Algorithmus für die Schnelle Fourier -
Transformation zwei Polynome vom Grad N unter Anwendung von O(N log N)
Operationen multiplizieren.

Die "Teile - und - Herrsche" - Strategie liefert zusammen mit einigen einfachen Eigenschaften primitiver N-ter Einheitswurzeln ein schö-
nes Begriffssystem zum Verständnis der Schnellen Fourier - Transformation. Sie ist, wie die obige Analyse zeigt, asymptotisch um eine
Größenordnung besser als die direkte Methode. Dennoch kann es sein, daß
die von uns erzeugte Version nicht schneller ist. Der Grund dafür ist
der beachtliche Mehraufwand, der zur Implementierung der rekursiven
Aufrufe nötig ist. Um diesen zu eliminieren, müssen wir den Algorithmus näher betrachten. Daran nicht interessierte Leser können mit Abschnitt 9.4 fortfahren.

<u>Eine iterative Version der Schnellen Fourier - Transformation</u>

Wenn wir die Elemente des zu transformierenden Vektors $(a_0, ..., a_{N-1})$
als Koeffizienten eines Polynoms a(x) betrachten, dann ist - wie wir
bereits wissen - die Fourier - Transformation dasselbe wie die Berechnung $a(w^j)$ für $0 \leq j < N$. Dieser Transformation äquivalent ist
auch die Berechnung des Restes, der bei der Division von A(x) durch
das lineare Polynom $x - w^j$ entsteht. Denn es gilt: ist q(x) der Quo-
tient und c der Rest mit

$$A(x) = (x - w^j)q(x) + c,$$

dann ist $A(w^j) = 0 * q(x) + c = c$. Wir könnten A(x) durch diese N li-

nearen Polynome teilen, dazu wären aber aber $O(N^2)$ Operationen nötig.
Stattdessen benutzen wir ein Prinzip, das man "Ausbalancieren" nennt,
und berechnen diese Reste mit Hilfe eines Verfahrens, das wie ein binärer Baum strukturiert ist.

Wir betrachten das Produkt der linearen Faktoren $(x - w^0)(x - w^1)$
... $(x - w^7) = x^8 - w^0$. Alle Zwischenterme heben sich auf, so daß nur
die Exponenten 8 und 0 übrigbleiben. Wählen wir aus diesem Produkt die
Terme mit geradem bzw. ungeradem Grad aus, so beobachten wir ein ähnliches Phänomen: $(x - w^0)(x - w^2)(x - w^4)(x - w^6) = (x^4 - w^0)$ und
$(x - w^1)(x - w^3)(x - w^5)(x - w^7) = x^4 - w^4$. Fährt man in gleicher Weise fort, dann sieht man (Abb. 9.2), daß die ausgewählten Produkte nur
aus zwei Termen ungleich null bestehen; wir können diesen Aufspaltungsprozeß so lange fortsetzen, bis nur noch lineare Faktoren vorhanden
sind.

Angenommen, wir wollen die Reste von $A(x)$ bzgl. der acht linearen
Faktoren $(x - w^0)$, ..., $(x - w^7)$ berechnen. Zu Anfang berechnen wir
den Rest von $A(x)$, der bei der Division durch das Produkt $D(x) = (x -
w^0)...(x - w^7)$ entsteht. Ist $A(x) = Q(x)D(x) + R(x)$, dann gilt: $A(w^j)$
$= R(w^j)$, $0 \le j \le 7$, da $D(w^j) = 0$ ist und der Grad von $R(x)$ kleiner als
der von $D(x)$ ist (dieser ist gleich 8). Als nächstes teilen wir $R(x)$
durch $x^4 - w^0$ und erhalten $S(x)$; dann dividieren wir durch $x^4 - w^4$
und erhalten $T(x)$. Es gilt: $A(w^j) = R(w^j) = S(w^j)$ für $j = 0, 2, 4, 6$
und $A(w^j) = R(w^j) = T(w^j)$ für $j = 1, 3, 5, 7$; die Grade von S und T
sind kleiner als 4. Nun dividieren wir $S(x)$ durch $x^2 - w^0$ und $x^2 - w^4$
und erhalten als Rest $U(x)$ bzw. $V(x)$ mit $A(w^j) = U(w^j)$ für $j = 0, 4$
und $A(w^j) = V(w^j)$ für $j = 2, 6$. Man beachte, daß jeder Teiler nur aus
zwei Termen ungleich null besteht und daß die Division daher schnell
durchgeführt werden kann. Fahren wir in dieser Weise fort, so erhalten
wir schließlich die acht Werte $A(x)$ mod $(x - w^j)$ für $j = 0, 1, ..., 7$.

Wenn wir den binären Baum in Abb. 9.2 von oben nach unten durchlaufen und dabei nacheinander Divisionen ausführen, erhalten wir
schließlich die entsprechenden Koeffizienten der Fourier - Transformation. Die Reihenfolge dieser Koeffizienten ist zwar in der Weise vertauscht, wie die $x - w^i$ am Ende des Baumes auftreten; am Schluß des
Algorithmus kann dies jedoch korrigiert werden. Da aufgrund der Vertauschung die Polynome an jedem Knoten des Baumes solch eine einfache
Form haben, ist die Division auf jeder Stufe leicht durchführbar, und
die Gesamtrechenzeit für die ganze Transformation wird auf $O(N \log N)$
reduziert. Man sieht dies einfach daran, daß der Baum $\log N$ Stufen
mit 2^i Knoten pro Stufe hat, und daß ein zu dividierendes Polynom der
Stufe i höchstens 2^{k-i} Terme hat. Also ist die auf Stufe i zu verrich-

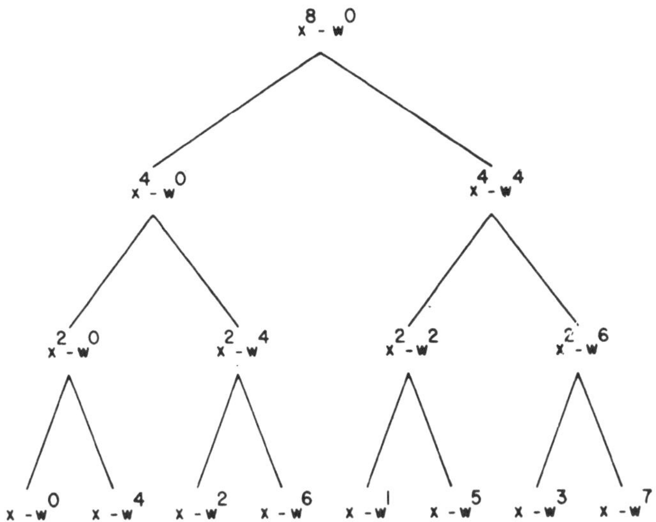

<u>Abbildung 9.2</u>   Teiler im FFT-Algorithmus des Länge 8

tende Arbeit proportional zu $2^1 * 2^{k-i} = 2^k = N$; damit ist $O(N \log N)$ eine Zeitschranke für den ganzen Algorithmus. Davon ausgehend wird in Algorithmus 9.9 ein iterativer FFT - Algorithmus entworfen.

```
procedure NFFT(A, m)
  //nicht-rekursiver FFT - Algorithmus. A(1:n) enthält die Eingabe-//
  //koeffizienten n = 2 ↑ m. Die Elemente der Transformation wer-//
  //den in sich berechnet. Es wird eine komplexe Arithmetik voraus-//
  //gesetzt. w = e^{2πi/j} wird in sinus- und cosinus- Termen ausge-//
  //drückt.//
  integer i, j, k, l, m, n, ndiv2, hoch2, hoch2m1, index
  complex A(1:n), r, s, t
  n ← 2 ↑ m; ndiv2 ← N/2; j ← 1
  for i ← 1 to n - 1 do   //vertausche die Eingabe//
    if i < j then t ← A(j); A(j) ← A(i); A(i) ← t
    endif
    k ← ndiv2
    while k < j do
      j ← j - k; k ← k/2
    repeat
    j ← j + k
  repeat
  pi ← 3.14159265   //Konstante//
  for l ← 1 to m do   //m = log_2 n//
    hoch2 ← 2 ↑ 1; hoch2m1 ← hoch2/2
    r ← (1.0, 0.)   //r ist eine kompexe Zahl, ein Paar reeller//
                    //Zahlen
    s ← cmplx (cos(pi/hoch2m1), sin(pi/hoch2m1))   //eine n-te//
                                                   //Wurzel//
    for j ← 1 to hoch2m1 do
      for i ← j to n by hoch2 do
        index ← i + hoch2m1
        t ← A(index) * r
        A(index) ← A(i) - t   //berechne des nächste Paar//
        A(i) ← A(i) + t
      repeat
      r ← r * s
    repeat
end NFFT
```

Algorithmus 9.9 Nichtrekursive Schnelle Fourier - Transformation

Die Prozedur NFFT ist eine Version der Schnellen Fourier - Transformation, welche in sich und iterativ arbeitet. Zunächst werden die
Eingabewerte so angeordnet, daß am Ende des Algorithmus die richtigen
Werte in der gewünschten Reihenfolge sind; es wird eine komplexe
Arithmetik vorausgesetzt, und $w = e^{2\pi i/j}$ wird durch sinus- und cosi-
nus- Terme ausgedrückt. Um nachzuweisen, daß die Komplexität von NFFT
tatsächlich O(n log n) ist, nehmen wir an, daß $n = 2^m$ ist, und untersuchen die dreifach geschachtelten _for_ - Schleifen. Die in der innersten _for_ - Schleife enthaltenen Anweisungen erfordern pro Durchlauf
nur eine konstante Ausführungszeit. Die innerste _for_ - Schleife wird
nicht öfter als $|n/2^l| < 2^{m-l+1}$ mal ausgeführt. Daraus folgt, daß die
Gesamtausführungszeit für NFFT beschränkt ist durch

$$\sum_{1 \leq l \leq m} \ \sum_{1 \leq j \leq 2^{l-1}} c2^{m-l+1} \ = \ \sum_{1 \leq l \leq m} c2^m \ = \ c2^m m \ = \ O(n \ \log \ n).$$

Wir wollen simulieren, wie der Algorithmus im speziellen Fall
n = 4 arbeitet. Als Eingabewerte nehmen wir die symbolischen Größen
$A(1) = a_1$, $A(2) = a_2$, $A(3) = a_3$ und $A(4) = a_4$. Zu Beginn ist m - 2
und n = 4. Nach Ausführung der ersten _for_ - Schleife enthält das Feld
die Elemente in folgender vertauschter Folge: $A(1) = a_1$, $A(2) = a_3$,
$A(3) = a_2$, $A(4) = a_4$. Die Hauptschleife wird für l = 1 und l = 2 ausgeführt. Nachdem der Durchlauf für l = 1 beendet ist, enthält das
Feld A folgende Elemente: $A(1) = a_1 + a_3$, $A(2) = a_1 - a_3$, $A(3) = a_2 +
a_4$, $A(4) = a_2 - a_4$. An dieser Stelle stellen wir fest, daß allgemein
folgendes gilt: $w^{n/2} = - 1$ oder in diesem Fall $w^2 = - 1$, und die als
2 - Tupel (cos π, sin π) ausgedrückte komplexe Zahl ist gleich w.
Nach Beendigung des Algorithmus enthält das Feld A folgende Werte:
$A(1) = a_1 + a_2 + a_3 + a_4$, $A(2) = a_1 + wa_2 + w^2a_3 + w^3a_4$, $A(3) = a_1 +
w^2a_2 + a_3 + w^2a_4$, $A(4) = a_1 + w^3a_2 + w^2a_3 + wa_4$.

Bis jetzt haben wir den Wert w als $e^{2\pi i/N}$ behandelt. Dies ist eine
komplexe Zahl (mit Imaginärteil), und ihr Wert kann in einem Digital-
rechner nicht exakt dargestellt werden. Wir haben angenommen, daß
die im Algorithmus zur Fourier - Transformation durchgeführten arithmetischen Operationen sich auf komplexe Zahlen bezogen; daraus folgt,
daß man die tatsächlichen Werte nut angenähert erhält. Entstehen die
zu transformierenden Eingabewerte durch Messungen an einem kontinuierlichen Signal, dann führen Näherungen von w zu keinem signifikanten
Genauigkeitsverlust. Es gibt aber auch Fälle, bei denen man gerne ein
exaktes Ergebnis hätte, z.B. wenn man die Schnelle Fourier - Trans-

formation zur Polynommultiplikation in einem mathematischen Symbol-
manipulationssystem verwendet. Die Probleme einer näherungsweisen
komplexen Arithmetik kann man vermeiden, indem man in einem endlichen
Körper arbeitet.

Wir wählen p so, daß es eine Primzahl ist, daß es noch in einem
Wort des verwendeten Rechners darstellbar ist und daß die ganzen Zahlen 0, 1, ..., p - 1 eine primitive n-te Einheitswurzel enthalten.
Alle Ergebnisse sind von einfacher Genauigkeit, da die Arithmetik bei
der Schnellen Fourier - Transformation modulo p arbeitet. Wenn wir
p als Primzahl wählen, bilden die ganzen Zahlen 0, 1, ..., p - 1 einen
Körper, und alle arithmetischen Operationen einschließlich der Division
können ausgeführt werden. Wenn alle während der Rechnung anfallenden
Werte durch p - 1 beschränkt sind, erhält man ein exaktes Ergebnis,
denn es gilt: x und p = x falls $0 \leq x < p$. Wird die Schranke p - 1
von einem oder von mehreren Werten überschritten, dann kann man immer
noch das exakte Ergebnis erzeugen, indem man mit mehreren verschiedenen Primzahlen die Transformation wiederholt und anschließend das sog.
Chinesische Resttheorem anwendet, welches im nächsten Abschnitt beschrieben wird. Es bleibt noch die Beantwortung folgender Frage: kann
man zu vorgegebenem N eine hinreichende Zahl von Primzahlen einer gewissen Größe finden, so daß diese N-te Wurzeln enthalten. Aus der
Theorie endlicher Körper weiß man, daß $\{0, 1, ..., p - 1\}$ genau dann
eine primitive N-te Einheitswurzel enthält, wenn N ein Teiler von
p - 1 ist. Um eine Folge der Größe $N = 2^m$ zu transformieren, muß man
daher Primzahlen der Form $p = 2^e k + 1$ finden, wobei $m \leq e$ ist. Solch
eine Zahl nennen wir eine <u>Fourier - Primzahl</u>. J. Lipson hat gezeigt,
daß es mehr als $x/(2^{e-1} \ln x)$ Fourier - Primzahlen gibt, die kleiner
als x sind und den Exponenten e haben. Für jede vernünftige Anwendung gibt es also mehr als genug davon. Beträgt die Wortlänge z.B.
32 Bits, dann setzt man $x = 2^{31}$ und e = 20. Es gibt dann ca. 182 Primzahlen der Form $2^f k + 1$ mit $f \geq 20$. Jede dieser Fourier - Primzahlen
eignet sich zur Berechnung der Schnellen Fourier - Transformation für
eine Folge bis zur Größe 2^{20}. In den Übungen findet man nähere Einzelheiten.

9.4 MODULARE ARITHMETIK

Modulare Arithmetik ist ein weiteres Beispiel für eine nützliche Menge
von Transformationen. Mit ihrer Hilfe kann man in einem bestimmten Zusammenhang die Ausführung einer Addition, Subtraktion oder Multiplika-

tion neu formulieren. Dabei nutzt man die Parallelität aus, während
man normalerweise seriell vorgeht. Dadurch, daß es in zunehmendem Maße
Rechner gibt, welche sich für Parallelverarbeitung eignen, wird die
modulare Arithmetik interessant. Eine weitere Anwendung findet sie in
Systemen, welche symbolische mathematische Berechnungen erlauben. Gewöhnlich ermöglichen diese Systeme die Verarbeitung beliebig großer
ganzer und rationaler Zahlen. Es hat sich gezeigt, daß man mit Hilfe
der modularen Arithmetik effiziente Algorithmen zur Manipulation großer
Zahlen erhält. Schließlich besteht bei den Zahlentheoretikern und bei
den Elektroingenieuren, die sich auf Kommunikations- und Codiertheorie
spezialisiert haben, ein starkes Interesse an einer endlichen Körper -
Arithmetik (die Zahlen 0, 1, ..., p - 1 bilden einen Körper (p ist eine
Primzahl)). In diesem Abschnitt wollen wir dieses Thema vom Standpunkt
des Informatikers aus betrachten; wir befassen uns nämlich mit der
Entwicklung effizienter Algorithmen für die erforderlichen Operationen.

Der Operator "mod" ist wie folgt definiert:

$$x \bmod y = x - y(x/y), \qquad \text{falls } y \neq 0$$

$$x \bmod 0 = x$$

Man beachte, daß (x/y) der Ganzzahldivision entspricht, welche bei den
meisten modernen Rechnern zum Befehlssatz gehört.

Die Menge der ganzen Zahlen $\{0, 1, ..., p - 1\}$, wobei p eine Primzahl ist, bezeichnen wir mit GF(p) (der Galois-Körper, auch G-Feld, mit
p Elementen). Diese Bezeichnung geht auf den Mathematiker Galois zurück,
der sich mit diesen Körpern befasste und deren Eigenschaften charakte-
risierte. Weiterhin nehmen wir an, daß p eine Zahl mit einfacher Genauigkeit bzgl. des verwendeten Rechners ist. Die Menge GF(p) bildet tatsächlich einen Körper, wenn man Addition, Subtraktion, Multiplikation und
Division wie folgt definiert:

Sind $a, b \in$ GF(p), dann gilt:

$$(a + b) \bmod p = \begin{cases} a + b & \text{falls } a + b < p \\ a + b & \text{falls } a + b \geq p \end{cases}$$

$$
(a - b) \bmod p = \begin{cases} a - b & \text{falls } a - b \geq 0 \\[2em] a - b + p & \text{falls } a - b < 0 \end{cases}
$$

(ab)mod p = r, wobei r der Rest ist, der bei der Division des Produktes "ab" durch p entsteht: ab = qp + r mit $0 \leq r < p$

(a/b) mod p = (ab^{-1}) mod p = r, wobei r der eindeutige Rest ist, der bei der Division von ab^{-1} durch p entsteht: ab^{-1} = qp + r mit $0 \leq r < p$

b^{-1} ist das <u>multiplikativ - inverse Element</u> von b in GF(p). Für jedes Element b in GF(p) außer null existiert ein eindeutiges Element b^{-1}, so daß gilt: bb^{-1} mod p = 1. Wir werden bald erfahren, wie man diesen Wert berechnet.

Welche Rechenzeiten haben diese Operationen? Wir sind davon ausgegangen, daß p eine ganze Zahl einfacher Genauigkeit ist. Daraus folgt, daß alle a, b $\in$ GF(p) ebenfalls solche Zahlen sind. Wie man leicht sieht, sind die Ausführungszeiten für die durch obige Formeln definierten Operationen Addition, Subtraktion und Multiplikation mod p von der Größenordnung O(1). Bevor wir jedoch die Zeit für die Division bestimmen können, müssen wir einen Algorithmus zur Berechnung des multiplikativ - inversen Elements zu einem Element b $\in$ GF(p) entwickeln.

Aufgrund der Definition wissen wir, daß zum Auffinden von x = b^{-1} eine ganze Zahl k, $0 \leq k < p$ existieren muß mit bx = kp + 1. Für p = 7 gilt z.B.:

b:	1	2	3	4	5	6	(Element)
b^{-1}:	1	4	5	2	3	6	(inverses Element)
k	0	1	2	1	2	5	

Man erhält einen Algorithmus zur Berechnung des inversen Elements von b in GF(p), indem man den Euklid'schen Algorithmus zur Berechnung des größten gemeinsamen Teilers (siehe Abschnitt 1.3) verallgemeinert. Wir erinnern uns daran, daß der Euklid'sche Algorithmus zu zwei nichtnegativen ganzen Zahlen a und b den größten gemeinsamen Teiler (ggT) berechnet. Dabei wird folgendes Theorem verwendet: für a > b $\geq$ 0 gilt:

ggT(a, b) = ggT(b, a mod b), falls b $\neq$ 0 ist, sonst: ggT(a, 0) = a.
Es ist auch möglich, zwei weitere ganze Zahlen x, y zu berechnen, für
die gilt: ax + by = ggT(a, b). Ist a eine Primzahl und b $\in$ GF(p), dann
ist ggT(p, b) = 1 (denn eine Primzahl ist nur durch sich selbst und
durch eins teilbar); die Verallgemeinerung des Euklid'schen Algorithmus besteht dann darin, ganze Zahlen x und y zu finden, für die gilt:
px + by = 1. Daraus folgt, daß y das multiplikativ - inverse Element
zu b mod p ist.

```
procedure ERWEUKLID(b, p)
  //b ∈ GF(p), p ist eine Primzahl. ERWEUKLID ist eine Funktion, die//
  //als Ergebnis eine ganze Zahl x liefert mit bx + kp = 1. Die An-//
  //weisung (e, f) ← (g, h) ist folgendermaßen zu verstehen: e ← g;//
  //f ← h.//
  (c, d, x, y) ← (p, b, 0, 1)   //Initialisierung//
  while d ≠ 1 do
    q ← c/d   //berechne den Quotienten//
    e ← c - d * q   //berechne den neuen Rest//
    w ← x - y * q
    (c, d, x, y) ← (d, e, y, w)
  repeat
  if y < 0 then y ← y + p
  return (y)
end ERWEUKLID
```

Algorithmus 9.10   Erweiterter Euklid'scher Algorithmus

Bei näherer Betrachtung des Algorithmus stellen wir fest, daß der
Euklid'sche ggT - Algorithmus durch folgende Schritte realisiert wird:
q ← c/d; e ← c - d * q; c ← d; und d ← e. Die anderen Schritte dienen
lediglich dazu, die Variablen x und y im Verlauf des Algorithmus auf
den neuesten Stand zu bringen. Um die Ausführungszeit von ERWEUKLID
analysieren zu können, müssen wir die Zahl der Divisionen kennen, die
der Euklid'sche Algorithmus benötigen kann. Lamé gab 1845 für den ungünstigsten Fall die Antwort.

Theorem 9.6   (G. Lamé, 1845): Für n $\geq$ 1 seien a und b ganze Zahlen
mit a > b > 0, so daß der auf a und b angewendete Euklid'sche Algorithmus n Schritte zur Division benötigt. Dann ist n $\leq$ 5 $\log_{10}$ b.
     Also wird die while - Schleife nicht öfter als $O(\log_{10} p)$ - mal

ausgeführt; dies ist die Rechenzeit des erweiterten Euklid'schen Algorithmus und daher auch der modularen Division. Mit "modularer Arithmetik" meinen wir die bereits früher definierten Operationen Addition, Subtraktion, Multiplikation und Division modulo p.

Wir wollen jetzt sehen, wie wir die modulare Arithmetik als eine Transformationstechnik anwenden können, die uns bei der Verarbeitung ganzer Zahlen zugute kommt. Zuerst beschäftigen wir uns damit, wie man mit einer Menge von moduli ganze Zahlen darstellen kann; als nächstes, wie man mit dieser Darstellung eine Arithmetik durchführen kann, und schließlich, wie man das richtige Ergebnis erzeugt.

a und b seien ganze Zahlen; a wird durch das r - Tupel $(a_1, \ldots, a_r)$ mit $a_i = a \bmod p_i$ dargestellt, b durch $(b_1, \ldots, b_r)$ mit $b_i = b$ und p_i. Die p_i sind typischerweise Primzahlen mit einfacher Genauigkeit. Dies nennt man eine Darstellung mit <u>gemischter Basis</u> im Gegensatz zur konventionellen Darstellung ganzer Zahlen durch eine einzige Basis (10 $\triangleq$ dezimal oder 2 $\triangleq$ binär). Für die Addition, Subtraktion und Multiplikation von Zahlen, welche diese Darstellung benutzen, gelten folgende Regeln:

$$(a_1, \ldots, a_r) + (b_1, \ldots, b_r) = ((a_1 + b_1) \bmod p_1, \ldots, (a_r + b_r)$$
$$\bmod p_r)$$

$$(a_1, \ldots, a_r) * (b_1, \ldots, b_r) = (a_1 b_1 \bmod p_1, \ldots, a_r b_r \bmod p_r)$$

Die Moduli seien z.B. $p_1 = 3$, $p_2 = 5$ und $p_3 = 7$, und wir beginnen mit den Zahlen 10 und 15.

$$10 = (10 \bmod 3, 10 \bmod 5, 10 \bmod 7) = (1, 0, 3)$$

$$15 = (15 \bmod 3, 15 \bmod 5, 15 \bmod 7) = (0, 0, 1)$$

Dann ist

$$10 + 15 = (25 \bmod 3, 25 \bmod 5, 25 \bmod 7) = (1, 0, 4)$$

$$= (1 + 0 \bmod 3, 0 + 0 \bmod 5, 3 + 1 \bmod 7) = (1, 0, 4)$$

Ferner ist

$$15 - 10 = (5 \bmod 3, 5 \bmod 5, 5 \bmod 7) = (2, 0, 5)$$

$$= (0 - 1 \bmod 3,\ 0 - 0 \bmod 5,\ 1 - 3 \bmod 7) = (2, 0, 5)$$

und

$$10*15 = (150 \bmod 3,\ 150 \bmod 5,\ 150 \bmod 7) = (0, 0, 3)$$

$$= (1*0 \bmod 3,\ 0*0 \bmod 5,\ 3*1 \bmod 7) = (0, 0, 3)$$

Nachdem wir mit diesen r - Tupeln irgendeine gewünschte Folge arithmetischer Operationen ausgeführt haben, bleibt ein r - Tupel $(c_1, \ldots, c_r)$ übrig. Nun müssen wir eine Rücktransformation aus der modularen Form durchführen und dabei sicher sein, daß die sich daraus ergebende ganze Zahl die richtige ist. Das folgende Theorem gibt dafür eine Garantie; es wurde 1734 von L. Euler zum ersten Mal in voller Allgemeinheit bewiesen.

<u>Theorem 9.7</u>   (Chinesisches Rest - Theorem): $p_1, \ldots, p_r$ seien positive ganze Zahlen, welche paarweise zueinander prim sind (d.h. je zwei ganze Zahlen haben keinen gemeinsamen Faktor). Es sei $p = p_1 \cdots p_r$, $b, a_1, \ldots, a_r$ seien ganze Zahlen. Dann gibt es genau eine ganze Zahl a, die folgenden Bedingungen genügt:

$$b \leq a < b + p \text{ und } a = a_i \pmod{p_i} \text{ für } 1 \leq i \leq r.$$

<u>Beweis:</u>   Es sei x eine andere, von a verschiedene Zahl, so daß gilt: $a = x \pmod{p_i}$ für $1 \leq i \leq r$. Dann ist $a - x$ ein Vielfaches von p_i für alle i. Da die p_i paarweise zueinander prim sind, ergibt sich daraus, daß $a - x$ ein Vielfaches von p ist. Also kann es nur eine Lösung geben, welche obigen Beziehungen genügt. Wir werden gleich zeigen, wie man diesen Wert erhält. □

In Abb. 9.3 ist die Anwendung dieser Transformationen auf die Multiplikation ganzer Zahlen graphisch dargestellt. Anstatt die konventionelle Multiplikation zu verwenden, welche $O((\log a)^2)$ Operationen erfordert ($a = \max (a, b)$), wählen wir eine Menge von Primzahlen $p_1, \ldots, p_r$ und berechnen $a_i = a \bmod p_i$, $b_i = b \bmod p_i$ und anschließend $c_i = a_i b_i \bmod p_i$. Alle diese Operationen erfordern einfache Genauigkeit, also $O(r)$ Schritte. r muß entsprechend groß sein, so daß gilt $ab < p_1, \ldots, p_r$. Die Genauigkeit von a ist proportional zu $\log a$, also ist die Genauigkeit von ab nicht größer als $2 \log a = O(\log a)$. Damit ist r = O(log a), und die Zeit, die zur Transformation in die modulare Form und zur Berechnung der r Produkte nötig ist, beträgt O(log a). Der Wert dieser Methode hängt also davon ab, wie schnell die inverse Transformation mit Hilfe des Chinesischen Rest - Algorithmus durchgeführt werden kann.

Wir wollen für nur zwei Moduli die Berechnung des Wertes im Chinesischen Rest - Theorem betrachten. Gegeben sind a mod p und b mod q; wir wollen ein eindeutiges c bestimmen, für das gilt: c mod p = a und c mod q = b. Wie man leicht sieht, erfüllt der folgende Wert diese beiden Bedingungen:

$$c = (b - a)sp + a$$

Dabei ist s das multiplikativ reziproke Element zu p mod q, d.h. s genügt der Gleichung ps mod q = 1. Um zu zeigen, daß diese Formel korrekt ist, beachten wir, daß gilt:

$$((b - a)sp + a) \bmod p = a$$

denn der Term (b - a)sp enthält p als Faktor. Außerdem gilt:

$$((b - a)sp + a) \bmod q = (b - a)sp \bmod q + a \bmod q$$
$$= (b - a) \bmod q + a \bmod q$$
$$= (b - a + a) \bmod q$$
$$= b$$

Die Prozedur EINSCHRITTCRA verwendet die Prozedur ERWEUKLID und eine Arithmetik modulo p zur Berechnung der eben beschriebenen Formel.

```
procedure EINSCHRITTCRA(a, p, b, q)
   //a und b liegen in GF(p), ggT(p, q) = 1//
   //Es wird ein Wert c zurückgeliefert, für den gilt: c mod p = a//
   //und c mod q = b.//
   integer a, b, p, q, t, pb, r, u
   t ← a mod q
   pb ← p mod q
   s ←'ERWEUKLID(pb, q)
   u ← (b - t) * s mod q
   return(u * p + a)
end EINSCHRITTCRA
```

$\underline{\text{Algorithmus 9.11}}$ Chinesischer Rest - Algorithmus in einem
Schritt

Die Rechenzeit wird durch den Aufruf von ERWEUKLID bestimmt; diese
Prozedur erfordert $O(\log q)$ Operationen.

Um mit Hilfe dieser Prozedur das Chinesische Rest - Theorem für r
Moduli zu implementieren, ist es am einfachsten, die Prozedur $r - 1$
mal wie folgt anzuwenden. Zu einer gegebenen Menge von Kongruenzen
$a_i \bmod p_i$, $1 \le i \le r$, wird die Prozedur EINSCHRITTCRA $r - 1$ mal aufgerufen, wobei die Parameter folgende Werte haben:

	a	p	b	q	Ausgabe
1. Aufruf	a_1	p_1	a_2	p_3	c_1
2. Aufruf	c_1	$p_1 p_2$	a_3	p_3	c_2
3. Aufruf	c_2	$p_1 p_2 p_3$	a_4	p_4	c_3
...	...	...	.	.	...
$(r{-}1)$. Aufruf	c_{r-2}	$p_1 p_2 \dots p_{r-1}$	a_r	p_r	c_{r-1}

Das Endergebnis c_{r-1} ist eine ganze Zahl, für die gilt: $c_{r-1} \bmod p_i =$
a_i für $1 \le i \le r$ und $c_{r-1} < p_1 \dots p_r$. Die Gesamtrechenzeit beträgt
$O(r \log q) = O(r^2)$.

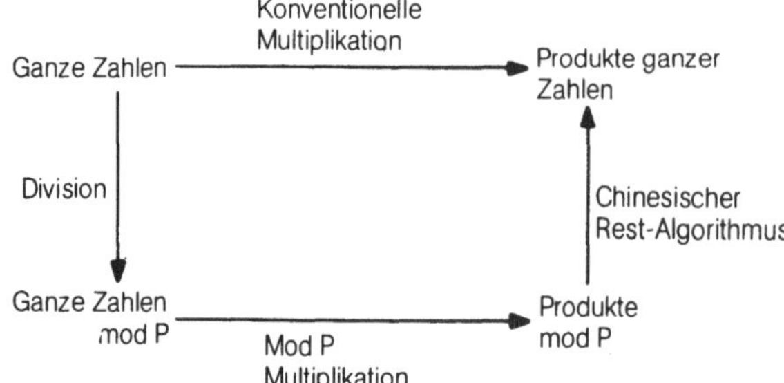

<u>Abbildung 9.3</u> Multiplikation ganzer Zahlen durch Transformation <u>mod</u> 8

Beispiel: Wir wollen aus den Zahlen 4, 6 und 8 den Ausdruck $4 + 8 * 6 = 52$ berechnen. Es sei $p_1 = 7$, $p_2 = 11$.

$$4 = (4 \bmod 7, \ 4 \bmod 11) = (4, \ 4)$$

$$6 = (6 \bmod 7, \ 6 \bmod 11) = (6, \ 6)$$

$$8 = (8 \bmod 7, \ 8 \bmod 11) = (1, \ 8)$$

$$8*6 = (6*1 \bmod 7, \ 8*6 \bmod 11) = (6, \ 4)$$

$$4 + 8*6 = (4 + 6 \bmod 7, \ 4 + \bmod 11) = (3, \ 8)$$

Wir müssen also das Paar (3, 8) in eine ganze Zahl zurückverwandeln. Dazu verwenden wir die Prozedur EINSCHRITTCRA mit a = 3, b = 8, p = 7, q = 11 und erhalten:

1) $t \leftarrow a \bmod q = 3 \bmod 11 = 3$
2) $pb \leftarrow p \bmod q = 7 \bmod 11 = 7$
3) $s \leftarrow pb \bmod q = > s = 8; \ k = 5$
4) $u \leftarrow (b - t)s \bmod q = (8 - 3)8 \bmod 11 = 40 \bmod 11 = 7$
5) <u>return</u>$(u * p + a) = 7 * 7 + 3 = 52$

Zum Schluß betrachten wir noch einmal die Ausführungszeiten für modulare Arithmetik. Sind a, b $\in$ GF(p), wobei p von einfacher Genauigkeit ist, dann gilt:

Operation	Rechenzeit
$a + b$	$O(1)$
$a \cdot b$	$O(1)$
$a \,/\, b$	$O(\log p)$
$c \leftarrow (c_1, \ldots, c_r)$ $c_i = c \bmod p_i$	$O(r \log c)$
$c \leftarrow (c_1, \ldots, c_r)$	$O(r^2)$

9.5 NOCH SCHNELLERE AUSWERTUNG UND INTERPOLATION

In diesem Abschnitt behandeln wir vier Probleme:

(1) Man berechne zu einer ganzen Zahl mit n - facher Genauigkeit
deren Residuen modulo n Primzahlen einfacher Genauigkeit.

(2) Zu einem Polynom n-ten Grades berechne man dessen Werte an
n Punkten.

(3) Zu n Residuen einfacher Genauigkeit berechne man die eindeutige ganze Zahl n - facher Genauigkeit, die zu den Residuen
kongruent ist.

(4) Zu n Punkten berechne man das eindeutige Interpolationspolynom durch diese Punkte.

In den Abschnitten 9.2 und 9.4 haben wir gesehen, daß die klassischen Methoden für die Probleme (1) - (4) $O(n^2)$ Operationen erfordern.
Wir wollen nun zeigen, wie man mit Hilfe der Schnellen Fourier - Transformation alle vier Probleme schneller lösen kann. Insbesondere werden
wir für die Probleme (1) und (2) Algorithmen ableiten, deren Ausführungszeit $O(n(\log n)^2)$ ist, und für die Probleme (3) und (4) Algorithmen mit der Ausführungszeit $O(n(\log n)^3)$. Diese Algorithmen verwenden
die Schnelle Fourier - Transformation, wie sie zur Durchführung der
Multiplikation ganzer Zahlen von n - facher Genauigkeit in der Zeit
$O(n \log n \log \log n)$ benutzt wird. Dieser von Schonhage und Strassen
entwickelte Algorithmus ist der schnellste bekannte Multiplikationsalgorithmus. Da dieser schwer zu beschreiben ist und bereits an verschiedenen Stellen veröffentlicht wurde (siehe Literaturverzeichnis),
nehmen wir einfach seine Existenz an. Außerdem werden wir der Einfach-

heit halber davon ausgehen, daß die Zeit zur Addition bzw. Subtraktion für ganze Zahlen n - facher Genauigkeit sowie für Polynome vom Grad n gleich O(n) ist, und daß die Zeit zur Multiplikation bzw. Division O(n log n) ist. Ferner nehmen wir an, daß ein erweiterter ggT - Algorithmus zur Verfügung steht (siehe Algorithmus 9.10), der mit ganzen Zahlen oder Polynomen arbeitet und dessen Ausführungszeit $O(n \ (\log n)^2)$ ist.

Wir betrachten nun den binären Baum in Abb. 9.4. Durchlaufen wir den Baum von oben nach unten, dann nehmen die Stufennummern zu, während die Wurzel des Baumes sich an der Spitze auf Stufe 1 befindet. Auf der i-ten Stufe gibt es 2^{i-1} Knoten, ein Baum mit k Stufen hat insgesamt 2^k Knoten. Wir wollen an jedem Knoten solch eines binären Baumes verschiedene Funktionen berechnen. Ein Algorithmus zum Durchlaufen eines Baumes von unten nach oben ist z.B. die Prozedur BAUM-AUFWÄRTS.

```
procedure BAUMAUFWÄRTS(T, n)
    //n = 2^(k-1) Werte werden in T (1:k, 1:n) an den Stellen T(k, 1),//
    //..., T(k, n) gespeichert. Die Knoten eines binären Baumes wer-//
    //den besichtigt; an jedem Knoten wird eine mit "*" bezeichnete//
    //abstrakte binäre Operation ausgeführt. Die Ergebnisse werden im//
    //Feld T so abgespeichert, wie es in Abb. 9.4 angegeben ist.//
    for i ← k - 1 to 1 by - 1 do
      p ← 1
      for j ← 1 to 2 ↑ (i - 1) do
        T(i, j) ← T(i + 1, p) * T(i + 1, p + 1)
        p ← p + 2
      repeat
    repeat
end BAUMAUFWÄRTS
```

Algorithmus 9.12 Durchlaufen eines Baumes von unten nach oben

Im folgenden interessieren wir uns für die Kosten der Operation *; diese bezeichnen wir mit C(*). Ist der Wert von C(*) für die i-te Stufe gegeben, dann benötigt obiger Algorithmus zur Berechnung jedes Knotens im Baum die Gesamtzeit

$$\sum_{1 \leq i \leq k-1} 2^{i-1} C(*) \tag{9.17}$$

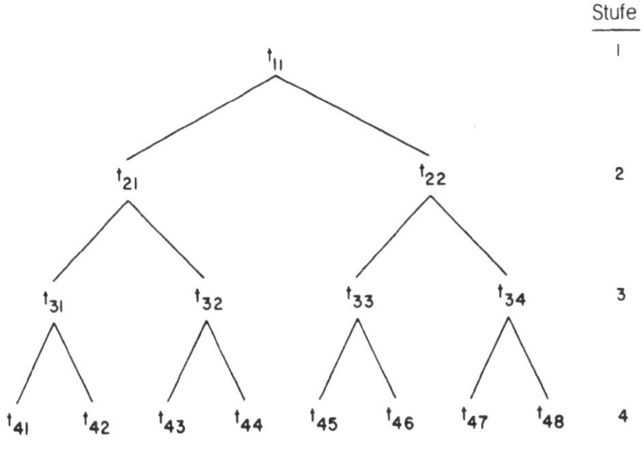

<u>Abbildung 9.4</u>   Ein binärer Baum

Ein entsprechender Algorithmus berechnet die Elemente, indem er den Baum von oben nach unten durchläuft.

```
procedure BAUMABWÄRTS(S, T, n)
  //Gegeben sind n = 2^(k-1) und T(1, 1).//
  //Außerdem ist S(1:n, 1:k) gegeben; dieses Feld enthält einen//
  //binären Baum mit Werten. Der Algorithmus erzeugt Elemente und//
  //speichert diese im Feld T(1:k, 1:n) an denjenigen Stellen, die//
  //den Knoten des binären Baumes in Abb. 9.4 entsprechen.//
  for i ← 2 to k do
    p ← 1
    for j ← 1 to 2 ↑ (i - 1) by 2 do
      T(i, j) ← S(i, j) * T(i - 1, p)
      T(i, j + 1) ← S(i, j + 1) * T(i - 1, p)
      p ← p + 1
    repeat
  repeat
end BAUMABWÄRTS
```

<u>Algorithmus 9.13</u>   Durchlaufen eines Baumes von oben nach unten

Als nächstes kommen wir nun zu den speziellen Problemen.

<u>Problem 1.</u> Es sei u eine ganze Zahl n-facher Genauigkeit; p_1, ..., p_n
seien Primzahlen einfacher Genauigkeit. Wir wollen die n Residuen
u_i = u mod p_i berechnen, um für u die Darstellung mit gemischter Basis zu erhalten. Wir betrachten den Baum in Abb. 9.5.

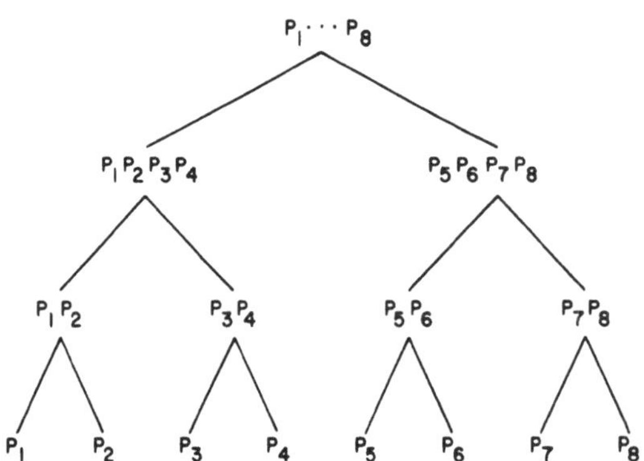

<u>Abbildung 9.5</u> Binärer Baum mit Moduli

Ist n $=$ 2^{k-1}, dann haben Produkte auf der i-ten Stufe die Genauigkeit 2^{k-i}, $1 \le i \le k$. Mit Hilfe des schnellen Multiplikationsalgorithmus können die Elemente beim Durchlaufen des Baumes von unten nach oben berechnet werden. Daher ist C(*) auf der i-ten Stufe gleich $2^{k-i-1}(k - i - 1)$; für den vollständigen Baum beträgt die Gesamtzeit

$$\sum_{1 \le i \le k-1} 2^{i-1} 2^{k-i-1} (k-i-1)$$

$$= 2^{k-2} \left\{ k^2 - \frac{k(k+1)}{2} + 1 \right\} = O(n(\log n)^2) \tag{9.18}$$

Zur Berechnung der n Residuen u_i = u mod p_i kehren wir die Richtung um und berechnen die Funktionen, während wir den Baum von oben nach unten durchlaufen. Da u von n-facher Genauigkeit ist, und da die Primzahlen alle in der Nähe der Maximalgröße einer Zahl mit einfacher Genauigkeit liegen, berechnen wir zuerst u mod $p_1...p_n$ = ub. Als nächstes berechnet der Algorithmus

$u_{2,1}$ = ub mod $p_1 \cdots p_{n/2}$ und $u_{2,2}$ = ub mod $p_{n/2+1} \cdots p_n$.

Dann berechnen wir

$$u_{3,1} = u_{2,1} \bmod p_1 \cdots p_{n/4}, \quad u_{3,2} = u_{2,1} \bmod p_{n/4+1} \cdots p_{n/2}$$

$$u_{3,3} = u_{2,2} \bmod p_{n/2+1} \cdots p_{3n/4}, \quad u_{3,4} = u_{2,2} \bmod p_{3n/4+1} \cdots p_n$$

usw..., bis wir schließlich erhalten:

$$u_{k,1} = u_1, \quad u_{k,2} = u_2, \quad \ldots, \quad u_{k,2+(k-1)} = u_n$$

Bei der Berechnung eines Knotens der Stufe i verwenden wir das bereits errechnete Produkt der Primzahlen an jener Position sowie das Element $u_{j,\,i-1}$ am Nachfolgerknoten. Da die Berechnung eine Division erfordert, ist $C(*)$ auf der i-ten Stufe $2^{k-i+1}(k - i + 1)$; die Gesamtzeit für Problem 1 beträgt

$$\sum_{1 \leq i \leq k} 2^{i-1} 2^{k-i+1} (k-i+1) = 2^k \left\{ k^2 - \frac{k(k-1)}{2} \right\} = O(n(\log n)^2) \qquad (9.19)$$

Problem 2. $P(x)$ sei ein Polynom n-ten Grades, $x_1, \ldots, x_n$ seien n Punkte einfacher Genauigkeit. Wir wollen die n Werte $P(x_i)$, $1 \leq i \leq n$ berechnen. Wir betrachten den binären Baum in Abb. 9.6.

Ist $n = 2^{k-1}$, dann sind die Produkte der i-ten Stufe vom Grad 2^{k-i}. Mit Hilfe der schnellen Polynommultiplikation berechnen wir die Elemente, während wir im Baum von unten nach oben gehen. Daher ist $C(*)$ auf der i-ten Stufe $2^{k-i-1}(k - i - 1)$, und die Gesamtzeit für den vollständigen Baum ist

$$\sum_{1 \leq i \leq k-1} 2^{i-1} 2^{k-i-1} (k-i-1)$$

$$= 2^{k-2} \left\{ k^2 - \frac{k(k+1)}{2} + 1 \right\} = O(n(\log n)^2) \qquad (9.20)$$

Man beachte, daß dieses Verfahren angibt, wie die elementaren symmetrischen Funktionen von $x_1, \ldots, x_n$ mit $O(n(\log n)^2)$ Operationen berechnet werden können.

Zur Berechnung der n Werte $P(x_i)$ kehren wir die Richtung um und

berechnen die Funktionen, indem wir den Baum von oben nach unten
durchlaufen. Ist $D(x) = (x - x_1) \ldots (x - x_n)$, dann können wir $P(x)$
durch $D(x)$ dividieren und erhalten einen Quotienten und einen Rest:

$$P(x) = D(x) \, Q(x) + R_{11}(x)$$

Dabei ist der Grad von R_{11} kleiner als der von D. Durch Substitution
folgt:

$$P(x_i) = R_{11}(x_i), \quad 1 \leq i \leq n.$$

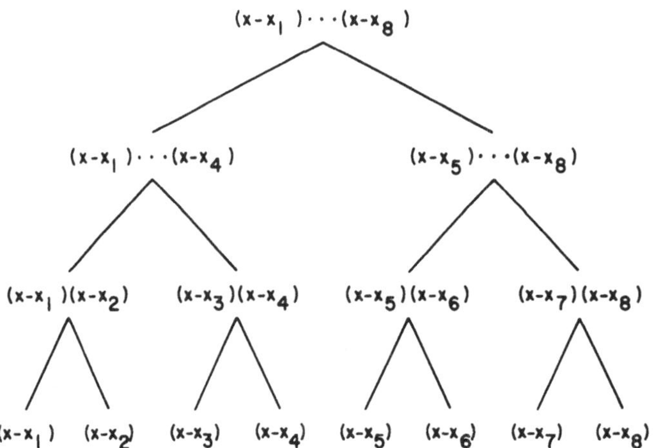

Abbildung 9.6   Ein binärer Baum mit linearen Moduli

Als nächstes teilt der Algorithmus $R_{11}(x)$ durch die ersten $n/2$
Faktoren von $D(x)$ und anschließend durch die nächsten $n/2$ Faktoren.
Nennen wir diese Polynome $D_1(x)$ bzw. $D_2(x)$, dann erhalten wir folgen-
de Quotienten und Restglieder:

$$R_{11}(x) = D_1(x)Q_1(x) + R_{12}(x)$$
$$R_{11}(x) = D_2(x)Q_2(x) + R_{22}(x)$$

Mit der gleichen Argumentation folgt:

$$P(x_i) = \begin{cases} R_{12}(x_i), & 1 \leq i \leq n/2 \\ R_{22}(x_i), & n/2+1 \leq i \leq n \end{cases} \tag{9.21}$$

Schließlich gelangen wir zu Konstanten $R_{k1}, \ldots, R_{k,2(k-1)}$
mit $P(x_i) = R_{k,1}$ für $1 \le i \le n$. Da die Zeiten für Multiplikation und
Division bei Polynomen gleich sind, ist $C(*)$ auf der i-ten Stufe
$2^{k-i}(k-i)$; die Gesamtzeit für Problem 2 ist

$$\sum_{1 \le i \le k} 2^{i-1} 2^{k-i}(k-i) = 2^{k-1}\left\{k^2 - \frac{k(k+1)}{2}\right\} = O(n(\log n)^2) \tag{9.22}$$

<u>Problem 3.</u> Gegeben sind n Residuen u_i von n Primzahlen p_i mit ein-
facher Genauigkeit. Wir suchen die eindeutige ganze Zahl u-facher
Genauigkeit mit $u \bmod p_i = u_i$, $1 \le i \le n$. Aus dem Chinesischen Rest -
Theorem (Theorem 9.7) folgt, daß diese ganze Zahl existiert und eindeutig ist. Genau wie bei Problem 1 nehmen wir auch hier an, daß der
binäre Baum in Abb. 9.5 bereits errechnet wurde. Wir müssen den Baum
von unten nach oben durchlaufen und an jedem Knoten eine neue ganze
Zahl berechnen, die zum Produkt der ganzen Zahlen an den Nachfolgerknoten kongruent ist. Auf der ersten Stufe sei z.B. $u_i = u_{k,i}$,
$1 \le i \le n = 2^{k-1}$. Für ungerades i berechnen wir dann aus $u_{k,i}$, mod p_i
und $u_{k,i+1} \bmod p_{i+1}$ die eindeutige ganze Zahl $u_{k-1,i} = u_{k,i} \bmod p_i$
und $u_{k-1,i} = u_{k,i+1} \bmod p_{i+1}$. Also liegt $u_{k-1,i}$ im Bereich [0,
$p_i p_{i+1}$). Indem wir den Baum nach oben durchlaufen und dieses Verfahren
wiederholen, erzeugen wir schließlich die ganze Zahl u im Intervall
[0, $p_1 \ldots p_n$). Wir müssen also einen Algorithmus entwickeln, der von
Stufe i zu Stufe i - 1 fortschreitet. Wir haben bereits solch einen
Algorithmus, nämlich den Chinesischen Rest - Algorithmus in einem
Schritt (Prozedur EINSCHRITTCRA). Wie wir gezeigt haben, wird die
Ausführungszeit dieses Algorithmus von der Zeit des Algorithmus ERWEU-
KLID bestimmt. Unter der Annahme, daß ERWEUKLID $O(n(\log n)^2)$ Operatio-
nen benötigt, wobei n die maximale Genauigkeit der Moduli ist, ist
dies ebenfalls die Zeit für EINSCHRITTCRA. Man beachte, daß dieser
Algorithmus in Abschnitt 9.4 anders verwendet wird als hier. Im letzten
Abschnitt ist nur einer der Moduli größer geworden.

Wir wenden diesen einschrittigen Algorithmus jetzt für einen Algorithmus an, der den Baum in Abb. 9.5 von unten nach oben durchläuft.
Die Gesamtzeit für Problem 3 ist dann

$$\sum_{1 \leq i \leq k-1} 2^{i-1} 2^{k-i-1} (k-i-1)^2$$

$$= 2^{k-2} \sum_{1 \leq i \leq k-1} (k-i-1)^2 = O(n(\log n)^3) \tag{9.23}$$

Problem 4. Gegeben sind n Werte $y_1, \ldots, y_n$ an $n = 2^{k-1}$ Punkten $x_1, \ldots, x_n$; wir wollen das eindeutige Interpolationspolynom $P(x)$ vom Grad $\leq n - 1$ berechnen, für das gilt: $P(x_i) = y_i$. Wie bei Problem 2 nehmen wir auch hier an, daß der binäre Baum in Abb. 9.6 bereits errechnet wurde. Wiederum brauchen wir einen Algorithmus, der den Baum nach oben hin durchläuft und an jedem Knoten aus den beiden Vorgängern ein neues Interpolationspolynom berechnet. Auf der Stufe k berechnen wir z.B. Polynom $R_{k1}(x), \ldots, R_{kn}(x)$ mit $R_{ki}(x_i) = y_i$. Auf Stufe $k - 1$ berechnen wir $R_{k-1, 1}, \ldots, R_{k-1, n/2}$ mit

$$R_{k-1, i}(x_i) = y_i$$

$$R_{k-1, i}(x_{i+1}) = y_{i+1}$$

usw... bis $R_{11}(x) = P(x)$. Wir benötigen daher einen Algorithmus, der zwei Interpolationspolynome miteinander kombiniert und ein drittes erzeugt, das die Punkte aus beiden Mengen interpoliert. Dazu verallgemeinern wir die Prozedur INTERP (Algorithmus 9.7).

```
procedure AUSGLEICHSINTERP(U1, U2, Q1, Q2, m)
  //U1, U2, Q1, Q2 sind Polynome in x, für die gilt://
  //U1 interpoliert die Punkte x_1, ..., x_{m/2}//
  //U2 interpoliert x_{m/2+1}, ..., x_m//
  //Q1 = (x - x) ... (x - x_{m/2}), Q2 = (x - x_{m/2+1}) ... (x - x_m)//
  //ggT(Q1, Q2) = 1. Es wird ein Polynom U3(x) berechnet und zurück-//
  //geliefert.//
  //U3(x_i) = U1(x_i) für 1 ≤ i ≤ m/2//
  //U3(x_i) = U2(x_i) für m/2 + 1 ≤ i ≤ m//
  //und der Grad von U3 ist ≤ m - 1.//
  U1B ← PMOD(U1, Q2)    //PMOD(A, B) berechnet den Polynomrest//
  CB ← PMOD(Q1, Q2)     //von A(x) dividiert durch B(x)//
  CB1 ← ERWEUKLID(CB,Q2)    //erweiterter Euklid'scher Algorithmus//
                           //für Polynome//
  C ← PMOD(CB1, Q2)
  U3 ← PADD(U1, PMUL(PMUL(PSUB(U2 - U1B), C), Q1))
end AUSGLEICHSINTERP
```

Algorithmus 9.14 Ausgleichsinterpolation

Die Schritte eins, zwei und drei besagen, daß es Quotienten C1, C2,
C3 gibt, für die gilt:

$$U1 = Q2 * C1 + U1B, \text{ Grad }(U1B) < \text{Grad }(Q2) \quad (a)$$
$$Q1 = Q2 * C2 + CB, \text{ Grad }(CB) < \text{Grad }(Q2) \quad (b)$$
$$C * CB + C3 * Q2 = 1, \text{ Grad}(C) < \text{Grad }(Q2) \quad (c)$$

C ist das multiplikativ inverse Element von CB modulo Q2. Daher gilt:

$$U3 = U1 + (U2 - U1B) * C * Q1 \quad (i)$$
$$U3 = U1 + (U2 + Q2 * C1 - U1)(C1 - C3 * Q2)/CB) * Q1 \quad (ii)$$

wobei wir (a) und (c) verwendet haben. Mit (i) gilt: $U3(x_i) = U1(x_i)$
für $1 \leq i \leq m/2$, denn Q1(x) ist an diesen Punkten gleich null. Mit
Hilfe von (ii) erkennt man leicht, daß an den Punkten $x_{m/2+1}, ..., x_m$
gilt: U3(x) = U2(x).

Die Schritte 1 und 2 benötigen $O(m \log m)$ Operationen. Um das multiplikativ inverse Element von CB zu berechnen, benutzen wir den erweiterten ggT - Algorithmus für Polynome, der $O(m(\log m)^2)$ Operationen
benötigt. Die Zeit für Schritt 4 ist nicht größer als $O(m \log m)$; also

beträgt die Gesamtzeit für die einschrittige Interpolation $O(m(\log m)^2)$.

Wendet man diesen Algorithmus an und durchläuft den Baum von unten nach oben, so ergibt sich für Problem 4 eine Gesamtrechenzeit von

$$\sum_{1 \leq i \leq k-1} 2^{i-1} 2^{k-i-1} (k-i-1)^2 = O(n(\log n)^3) \qquad (9.24)$$

In den Übungen wird gezeigt, wie man für die Probleme 3 und 4 die Zeit noch weiter reduzieren kann, indem man im voraus Bedingungen festlegt.

LITERATURHINWEISE

Mit folgendem Artikel wurde die Schnelle Fourier - Transformation bekannt gemacht:

"An algorithm for the machine calculation of complex Fourier series", von J.M. Cooley und J.W. Tukey, Math. Comp, 19, 1965, 297 - 301.

Die folgenden Aufsätze befassen sich ebenfalls mit diesem Algorithmus:

"History of the fast Fourier transform", von J.M. Cooley, P.A. Lewis und P.D. Welch, Proc. IEEE, 55, 1967, 1675 - 1679.

"The fast Fourier transform: its role as an algebraic algorithm", von John D. Lipson, Proc. XXth ACM Conf. Houston, 436 - 441.

"Algebraic theory of finite Fourier transforms", von P.J. Nicholson, J. Computer and System Sciences, 5:5, 1971, 524 - 549.

"The fast Fourier transform on a finite field", von J.M. Pollard, Math. Comp., 25, 114, April 1971, 365 - 374.

"Discrete Fourier transform when the number of data points is prime", von C.M. Rader, Proc. IEEE, 56, 1968, 1107 - 1108.

Vor kurzem wurde eine noch schnellere Methode zur Berechnung der
Fourier - Transformation publiziert. Eine Beschreibung findet man in:

"On computing the discrete Fourier transform", von S. Winograd,
IBM Research Report RC6291, Watson Research Center, Yorktown
Heights, N.Y. Dezember 1976.

Eine interessante Sammlung von Artikeln über Auswertung, Interpolation und modulare Arithmetik findet man in:

"Evaluating polynomials at many points", von A.B. Borodin und I.
Munro, Information Processing Letters, 1:2, 1971, 66 - 68.

"The Computational Complexity of Algebraic and Numeric Problems",
von Borodin, A.B., und I. Munro, American Elsevier, New York,
1975.

"Polynomial evaluation via the division algorithm - the fast Fourier transform revisited", von C.M. Fiduccia, Proc. 4th Annual
ACM Symposium on Theory of Computing, 1972, 88 - 128.

"A fast method for interpolation using preconditioning", von E.
Horowitz, Information Processing Letters, 1:4, 1972, 157 - 163.

"On decreasing the computing time for modular arithmetic", von L.
E. Heindel und E. Horowitz, Proc. IEEE 12th Annual Symposium on
Switching and Automata Theory, 1971, 126 - 128.

"A unified view of the complexity of evaluation and interpolation",
von E. Horowitz, Acta Informatica, 3, 1974, 123 - 133.

"Chinese remainder and interpolation algorithms", von J. Lipson
Proc. 2nd Symposium on Symbolic and Algebraic Manipulation, 1971,
372 - 391.

"Fast modular transforms via division", von R. Moenck und A.B.
Borodin, Proc. IEEE 13th Annual Symposium on Switching and Automata Theory, 1972, 90 - 96.

Über mathematische Symbolmanipulationssysteme, die Operationen
mit mathemtischen Ausdrücken erlauben, findet man etwas in:

"Computer algebra of polynomials and rational functions", von G.E.
Collins, American Math. Monthly, 80:7, 1973, 725 - 754.

ALTRAN Users Manual von W.S. Brown, 3rd edition, Bell laboratories, Murray Hill, New Jersey.

MACSYMA Users Manual von J. Moses et al., M.I.T., Cambridge, Mass.

REDUCE Users Manual von A. Hearn, Computer Science, University of
Utah, Salt Lake City, Utah.

Die Verwendung der Schnellen Fourier - Transformation zusammen mit
modularer Arithmetik bei der Multiplikation ganzer Zahlen von großer
Genauigkeit wurde ursprünglich in folgendem Artikel vorgestellt:

"Schnelle Multiplikation großer Zahlen", von A. Schonhage und V.
Strassen, Computing, 7, 1971, 281 - 292.

Englisch-sprachige Berichte über die Methode, die $O(n \log n \log \log n)$
Operationen zur Multiplikation zweier n Bit langer ganzer Zahlen benötigt, findet man in:

The Design and Analysis of Computer Algorithms, von A.V. Aho, J.
E. Hopcroft, und J.D. Ullman, Addison Wesley, Reading, Mass. 1974.

sowie

The Art of Computer Programming: Semi-Numerical Algorithms, von
D.E. Knuth, vol. 11, Addison Wesley, 1969.

ÜBUNGEN

1. Geben Sie einen Algorithmus an, der eine Dezimalzahl einliest und
    die zugehörige Binärzahl erzeugt.

2. Geben Sie einen Algorithmus an, der die inverse Transformation zu
   Aufgabe 1 durchführt.

3. Welche Tupel entstehen, wenn man die Polynome $5x^2 + 3x + 10$ und
   $7x + 4$ an den Werten $x = 0, 1, 2, 3, 4, 5, 6$ darstellt? Welche
   Menge von Tupeln ist für die Darstellung des Produktes dieser
   zwei Polynome hinreichend?

4. Die Ableitung des Polynoms $A(x) = a_n x^n + \ldots + a_1 x + a_0$ ist
   $A'(x) = n a_n x^{n-1} + \ldots + a_1$. Entwerfen Sie einen Algorithmus, der
   den Wert eines Polynoms und den Wert seiner Ableitung an einem
   Punkt $x = \nu$ berechnet. Ermitteln Sie, wieviele arithmetische
   Operationen dazu erforderlich sind.

5. Entwerfen Sie einen Algorithmus, der das "Teile - und - Herrsche"
   Prinzip verwendet und ein Polynom an einem Punkt auswertet. Analysieren Sie genau das Zeitverhalten dieses Algorithmus. Wie fällt
   der Vergleich mit dem Hornerschema aus?

6. Ein Polynom vom Grad $n > 0$ hat n Ableitungen; man erhält diese,
   indem man nacheinander von jeder Ableitung wieder die Ableitung
   bildet. Entwerfen Sie einen Algorithmus, der die Werte eines Polynoms und dessen n Ableitungen erzeugt.

7. Wir nehmen an, daß Polynome wie $A(x) = a_n x^n + \ldots + a_0$ durch ein
   Feld POLY(0:n + 1) dargestellt werden, wobei $P(0) = n$ ist und
   $P(i) = a_{n-i+1}$ für $1 \leq i \leq n + 1$. Schreiben Sie eine Prozedur PADD
   (R, s, T), welche die Polynome in den Feldern R und S addiert und
   die Summe im Feld T abspeichert.

8. Schreiben Sie unter den gleichen Voraussetzungen wie in Aufgabe 7
   eine Prozedur PMUL(R, S, T), welche das Produkt der Polynome in R
   und S ermittelt und das Ergebnis in T abspeichert.

9. Es sei $A(x) = a_n x^n + \ldots + a_0$, $p = n/2$ und $q = \lceil n/2 \rceil$. Eine Varia-
    tion des Hornerschemas lautet:

$$A(x) = (\ldots(a_{2_p} x^2 + a_{2_p-2})x^2 + \ldots)x^2 + a_0$$

$$+ ((\ldots(a_{2_{q-1}} x^2 + a_{2_q-3})x^2 + \ldots)x^2 + a_1)x$$

    Zeigen Sie, wie man $A(x)$ mit Hilfe dieser Formel an den Stellen
    $x = \nu$ und $x = -\nu$ auswertet.

10. Entwerfen Sie einen Algorithmus, der zu einem wie oben gegebenen
    Polynom $A(x)$ die Koeffizienten des Polynoms $A(x + c)$ für eine
    Konstante c berechnet.

11. Nehmen Sie an, daß das Polynom $A(x)$ reelle Koeffizienten hat, daß
    es aber an der komplexen Zahl $x = u + i$ ausgewertet werden soll,
    wobei u und ν reelle Zahlen sind. Entwerfen Sie dafür einen Algo-
    rithmus.

12. Nehmen Sie an, daß das Polynom $A(x) = a_m x^{em} + \ldots + a_1 x^{e1}$ mit
    $a_i \neq 0$ und $em > em - 1 > \ldots > e1 \geq 0$ durch das Feld POLY(0:2m)
    dargestellt wird, wobei gilt: $P(0) = m$, $P(1) = e_m$, $P(2) = a_m$, $\ldots$,
    $P(2m - 1) = e_1$, $P(2m) = a_1$. Schreiben Sie eine Prozedur PADD(R,
    S, T), welche die Summe zweier Polynome ermittelt und diese im
    Feld T abspeichert.

13. Legen Sie die Annahmen aus Aufgabe 9 zugrunde und schreiben Sie
    eine Prozedur PMUL(R, S, T), welche das Produkt der in R und S
    dargestellten Polynome berechnet und das Ergebnis in T ablegt.
    Welche Rechenzeit hat dieser Algorithmus?

14. Ermitteln Sie das Polynom kleinsten Grades, welches die Punkte
    (0, 1), (1, 2), (2, 3) interpoliert.

15. Gegeben sind n Punkte (x_i, y_i), $1 \leq i \leq n$. Entwerfen Sie einen

Algorithmus, der gleichzeitig das Interpolationspolynom und dessen Ableitung berechnet. Wie effizient ist dieser Algorithmus?

16. Beweisen Sie, daß das Polynom vom Grad $\leq n$, welches $n + 1$ Punkte
     interpoliert, eindeutig ist.

17. Bei der binären Methode der Exponentiation wird die binäre Expan-
     sion des Exponenten n dazu verwendet festzustellen, ob das Zwi-
     schenergebnis quadriert oder mit x multipliziert werden soll. Da
     n aus $\lfloor \log n \rfloor + 1$ Bits besteht, erfordert der Algorithmus $O(\log n)$
     Operationen. Dies ist um eine Größenordnung schneller als die
     Iteration. In Algorithmus 9.15 wird die Prozedur genau beschrie-
     ben. Zeigen Sie, wie man mit der binären Methode ein lückenhaftes
     Polynom in der Zeit $m + \log e_m$ auswerten kann.

```
procedure EXPO(x, n)
  //liefert xⁿ für eine ganze Zahl n ≥ 0.//
  integer m, n real x
  m ← n, y ← 1; z ← x
  while m > 0 do
    while mod (M, 2) = 0 do
      m ← ⌊m/2⌋; z ← z * z
    repeat
    m ← m - 1; y ← y * z
  repeat
  return (y)
end EXPO
```

Algorithmus 9.15   Binäre Exponentialen

18. Welches Ergebnis erhält man, wenn man die Fourier - Transformation
     auf die Folge $(a_0, \ldots, a_7)$ anwendet?

19. Die iterative Version von FFT (Algorithmus 9.9) beruht auf der
     Tatsache, daß ein Polynom auf effiziente Weise durch $x^t - c$ divi-
     diert werden kann. Zeigen Sie: Ist $P(x) = a_{2t-1} x^{2t-1} + \ldots + a_0$,
     dann ist der Rest von $P(x)/(x^t - c)$ gleich der Summe von $(a_j +$

$ca_{j+t})x^j$ für $j = 0, \ldots, t - 1$.

20. Gegeben ist der endliche Körper $A = (0, 1, \ldots, p - 1)$. Für eines dieser Elemente x gilt: $x^0, x, x^2, \ldots, x^{p-2}$ ist gleich allen Elementen von A, die ungleich null sind. Man nennt x ein primitives Element. Ist x ein primitives Element und wird $p - 1$ von n geteilt, dann ist $x^{(p-1)/n}$ eine n-te primitive Einheitswurzel. Um solch einen Wert x zu finden, nutzen wir aus, daß $x^{(p-1)/q} \neq 1$ ist für jeden Primfaktor q von $p - 1$. Verwenden Sie diese Tatsache und schreiben Sie einen Algorithmus, der zu gegebenem a, b und e die größten Fourier - Primzahlen findet, die $\leq b$ und von der Form $2^t k + 1$ mit $f \geq e$ sind. Für $a = 10$, $b = 2^{31}$ und $3 = 20$ sieht das Ergebnis folgendermaßen aus:

p	f	kleinstes primitives Element
2130706433	24	3
2114977793	20	3
2113929217	25	5
2099249153	21	3
2095054849	21	11
2088763393	23	5
2077229057	20	3
2070937601	20	6
2047868929	20	13
2035286017	20	10

Tabelle 9.1   Fourier-Primzahlen

21. Man kann die Fourier - Transformation auf k Dimensionen verallgemeinern. So erzeugt z.B. die zweidimensionale Transformation aus der Matrix $a(0{:}n - 1, 0{:}n - 1)$ die transformierte Matrix

$$A(i,j) = \sum_{0 \leq k \leq n-1} \sum_{0 \leq l \leq n-1} a_{k,l} w^{-(ik+jl)/n} \qquad (9.25)$$

für eine $n \times n$ Matrix mit Elementen in $GF(p)$. Die inverse Transformation ist

$$a(i,j) = (1/n^2) \sum_{0 \leq k \leq n-1} \sum_{0 \leq l \leq n-1} A(k,l) w^{-(ik+jl)/n} \qquad (9.26)$$

Definieren Sie die zweidimensionale Konvolution $C(i, j) = A(i, j) * B(i, j)$ und leiten Sie einen effizienten Algorithmus zu deren Berechnung ab.

22. Untersuchen Sie das Problem der Auswertung eines Polynoms n-ten Grades an den Stellen 2^i, $0 \le i \le n - 1$. Beachten Sie, daß man für $A(2^i)$ keine Multiplikationen, sondern nur n Additionen und n Schiebebefehle benötigt.

23. Gegeben sind n Punkte $(2^i, y_i)$, $0 \le i \le n - 1$, wobei y_i eine ganze Zahl ist. Geben Sie einen Algorithmus an, der das eindeutige Interpolationspolynom vom Grad $\le n$ erzeugt. Versuchen Sie, die Anzahl der Multiplikationen zu minimieren.

24. In Abschnitt 9.5 wurde gezeigt, daß der Chinesische Rest - Algorithmus für n Werte und eine n Punkte - Interpolation die Zeit $O(n(\log n)^3)$ benötigt. Man kann jedoch modifizierte Algorithmen erhalten, deren Komplexität $O(n(\log n)^2)$ ist, wenn man im voraus gewisse Werte ohne Kosten berechnen darf. Was sollte, wenn die Moduli und die Punkte bekannt sind, im voraus berechnet werden, um die Komplexität dieser beiden Probleme zu verringern?

25. [Diffie, Hellman, Rivest, Shamir, Adelman] Einige Personen sind durch ein Rechnernetzwerk miteinander verbunden. Sie benötigen einen Mechanismus, mit dessen Hilfe sie Nachrichten austauschen können, ohne daß diese von einem Dritten entschlüsselt werden können. Außerdem soll es ein Kennzeichen geben, mit dem es möglich ist nachzuweisen, daß eine spezielle Nachricht tatsächlich von einer gegebenen Person abgesendet wurde. Das bedeutet kurz gesagt, daß jede Person über einen Kodiermechanismus K und einen Dekodiermechanismus D verfügen muß, so daß gilt: $D(K(M)) = M$ für eine beliebige Nachricht M. Die Verwendung eines Kennzeichens ist möglich, wenn der Sender A zuerst seine Nachricht dekodiert und sie dann absendet. Vom Empfänger wird sie mit Hilfe des Kodierschemas K von A kodiert $(K(D(M)) = M)$. Das für alle Benutzer geltende K steht in einem öffentlichen Verzeichnis. Das Schema zur Implementierung von D und E wurde von den drei letztgenannten

Autoren vorgeschlagen. Es basiert darauf, daß die Faktorisierung
schwieriger als die Erzeugung verschieden großer Primzahlen (mit 100
Ziffern) ist. Verwenden Sie modulare Arithmetik und versuchen Sie,
eine Kodierfunktion zu konstruieren, die nur dann umkehrbar ist, wenn
die Faktoren einer Zahl bekannt sind.

Kapitel 10

Theorie der unteren Schranke

Techniken der unteren Schranke

In den vergangenen neun Kapiteln haben wir ein breites Spektrum von
Problemen und deren algorithmische Lösungen kennengelernt. Unsere
Hauptaufgabe bei jedem Problem bestand darin, eine korrekte und effiziente Lösung zu erhalten. Wenn wir zur Lösung des gleichen Problems
zwei Algorithmen entdeckten, und wenn deren Zeiten um eine Größenordnung verschieden waren, dann betrachteten wir im allgmeinen den Algorithmus mit der geringeren Größenordnung als den besseren. Es bleibt
aber immer noch die Frage im Raum: gibt es eine schnellere Methode?
In diesem Kapitel soll der Leser mit einigen Techniken vertraut werden, mit denen man zeigen kann, daß ein gegebener Algorithmus unter
allen möglichen der effizienteste ist. Dabei geht man folgendermaßen
vor: man sucht eine Funktion $g(n)$, die eine untere Schranke für die
Zeit ist, die <u>jeder</u> Algorithmus zur Lösung des gegebenen Problems benötigt. Haben wir einen Algorithmus gefunden, desses Rechenzeit von
der gleichen Größenordnung wie $g(n)$ ist, dann wissen wir, daß es keinen asymptotisch besseren Algorithmus geben kann.

Aus Kapitel 1 wissen wir, daß es eine mathematische Notation für
die Angabe unterer Schranken gibt. Ist $f(n)$ die Zeit irgendeines Algorithmus, dann schreiben wir $f(n) = \Omega(g(n))$ und meinen damit, daß
$g(n)$ eine untere Schranke für $f(n)$ ist. Formal kann man diese Gleichung schreiben, wenn es positive Konstanten c und n_0 gibt, so daß
für alle $n > n_0$ gilt: $|f(n)| \geq c|g(n)|$. Wir werden nicht nur untere
Schranken bzgl. eines konstanten Faktors entwickeln, sondern wir werden uns um die Bestimmung exakter Schranken bemühen, wann immer dies
möglich ist.

Es ist oftmals schwieriger, gute untere Schranken abzuleiten, als
effiziente Algorithmen zu entwerfen. Vielleicht kommt es daher, daß

eine untere Schranke eine Aussage über <u>alle</u> möglichen Algorithmen
macht, die ein Problem lösen. Gewöhnlich können wir nicht alle diese
Algorithmen aufzählen und analysieren, daher sind Beweise für untere
Schranken oft schwierig.

Bei vielen Problemen kann man jedoch leicht feststellen, daß eine
zu n identische untere Schranke existiert, wobei n die Anzahl der Eingabewerte (oder möglicherweise der Ausgabewerte) des Problems ist. Betrachten wir z.B. alle Algorithmen, die in einer ungeordneten Menge
von n ganzen Zahlen das Maximum ermitteln. Es ist klar, daß jede Zahl
mindestens einmal untersucht werden muß, also ist Ω (n) eine untere
Grenze für jeden Algorithmus, der dieses Problem löst. Oder nehmen
wir an, wir suchen einen Algorithmus, der zwei n x n Matrizen auf
effiziente Weise miteinander multipliziert. Dann ist Ω (n^2) eine untere Schranke für jeden solchen Algorithmus, denn es müssen 2n^2 Eingabewerte untersucht und n^2 Ausgabewerte berechnet werden. Solche
Schranken nennt man oft <u>triviale untere Schranken,</u> da man sie ohne
Mühe findet. Wir kennen einen Algorithmus, der mit nur n - 1 Vergleichen unter n Elementen das Maximum findet, also gibt es bei diesem
Problem keine Lücke zwischen der oberen und der unteren Schranke. Der
beste bekannte Algorithmus zur Multiplikation zweier Matrizen benö-
tigt jedoch $O(n^{2+\varepsilon})$ Operationen ($\varepsilon > 0$)(siehe Kapitel 3). Es gibt
also keinen Grund anzunehmen, daß man noch eine bessere Methode fin-
den könnte.

In Abschnitt 10.1 stellen wir als Berechnungsmodell sog. Vergleichsbäume vor. Mit ihrer Hilfe kann man für Sortier- und Suchpro-
bleme untere Schranken ermitteln. In 10.2 untersuchen wir eine Technik zur Ermittlung unterer Schranken, die man "Orakel" nennt. Außerdem beschäftigen wir uns mit einer damit eng verbundenen Methode, mit
der sog. "Umkehrschlußmethode". In Abschnitt 10.3 behandeln wir einige
Schlußfolgerungen, die man zum Auffinden unterer Schranken für die
in Kapitel 9 diskutierten arithmetischen und algebraischen Probleme
verwendet hat. In 10.4 schließlich untersuchen wir einige Ergebnisse
der Theorie der unteren Schranke unter der Annahme, daß mehrere Prozessoren zur Verfügung stehen.

10.1 <u>VERGLEICHSBÄUME ZUM SORTIEREN UND SUCHEN</u>

In diesem Abschnitt befassen wir uns mit der Verwendung von Vergleichsbäumen zur Ableitung unterer Schranken für Probleme, die man unter den
Oberbegriffen "Suchen" und "Sortieren" zusammenfaßt. Wir werden sehen,

daß man mit diesen Bäumen besonders gut die Art und Weise modellieren
kann, mit der sehr viele Sortier- und Suchalgorithmen arbeiten. Wir
erhalten die unteren Grenzen, indem wir einige elementare Tatsachen
über Bäume ausnützen.

Gegeben sei eine Menge S verschiedener Werte, für welche die Ordnungsrelation "<" gilt. Beim <u>Sortierproblem</u> geht es darum, eine Permutation der ganzen Zahlen 1 bis n, $p(1)$ bis $p(n)$, zu finden, so daß
die n verschiedenen, in $A(1:n)$ abgespeicherten Werte von S die Unglei-
chungskette $A(p(1)) < A(p(2)) <...< A(p(n))$ erfüllen. Beim <u>geordneten</u>
<u>Suchproblem</u> geht es um die Frage, ob ein gegebenes Element $x \in S$ sich
unter den Elementen in $A(1:n)$ befindet, für welche gilt: $A(1) <...$
$< A(n)$. Liegt x in $A(1:n)$, dann ist ein i zwischen 1 und n gesucht,
für das gilt: $A(i) = x$. Beim <u>Mischproblem</u> wird vorausgesetzt, daß in
$A(1:m)$ und $B(1:n)$ zwei geordnete Mengen verschiedener Eingabewerte von
S vorliegen, für welche gilt: $A(1) <...< A(m)$ und $B(1) <...< B(n)$.
Diese m + n Werte sollen in einem Feld $C(1:m+n)$ neu angeordnet werden, so daß gilt: $C(1) <...< C(m + n)$. Für alle diese Probleme werden
wir nur solche Algorithmen betrachten, die Elementvergleiche benutzen.
Arithmetische Operationen, welche die Elemente betreffen, sind nicht
erlaubt, das Verschieben von Elementen ist jedoch zulässig. Diese Klasse von Algorithmen nennen wir <u>auf Vergleichen basierende Algorithmen</u>.
Ausgeschlossen sind dabei Algorithmen wie Wurzelsortieren (radix sort),
welche die Werte in Teilwerte aufspalten.

Um die untere Schranke für das geordnete Suchproblem zu bestimmen,
betrachten wir nur jene auf Vergleichen basierenden Algorithmen, bei
denen jeder Elementvergleich vom Typ "vergleiche x mit $A(i)$" ist. Jeder Suchalgorithmus, der dieser Einschränkung genügt, kann durch einen
erweiterten binären Baum dargestellt werden (siehe die Abschnitte 3.2
und 5.3). Jeder interne Knoten in diesem Baum entspricht einem Vergleich zwischen x und $A(i)$. Dieser Vergleich kann drei mögliche Ergebnisse liefern: $x < A(i)$, $x = A(i)$ und $x > A(i)$. Wir können annehmen,
daß der Algorithmus im Falle $x = A(i)$ terminiert. Das Fortschreiten
des Algorithmus kann also durch einen binären Baum beschrieben werden,
bei dem nach links verzweigt wird, wenn $x < A(i)$ ist, und bei dem
nach rechts verzweigt wird, wenn $x > A(i)$ ist. Terminiert der Algorithmus nach einer linken oder rechten Verzweigung (aber vor einem weiteren Vergleich zwischen x und $A(i)$), dann wurde kein i gefunden, für
welches $x = A(i)$ ist; der Algorithmus muß dann die Suche als erfolglos
erklären.

Abb. 10.1 zeigt zwei Vergleichsbäume; der eine modelliert einen
linearen Suchalgorithmus, der andere eine binäre Suche (siehe Algo-

rithmus 3.3). Wie man leicht einsieht, muß der Vergleichsbaum für
irgendeinen Suchalgorithmus mindestens n interne Knoten enthalten,
welche den n verschiedenen Werten von i entsprechen, für die x = A(i)
ist, sowie mindestens einen externen Knoten, der einer erfolglosen
Suche entspricht.

<u>Theorem 10.1</u> A(1:n), n ≥ 1, enthalte n verschiedene Elemente für die
gilt: A(1) <...< A(n). Es sei FINDEN(n) die kleinste Zahl von Vergleichen, die im ungünstigsten Fall von einem beliebigen, auf Vergleichen
basierenden Algorithmus benötigt werden, um festzustellen, ob x ∈ A(1:n)
ist. Dann gilt: FINDEN(n) ≥ |log(n + 1)|.

<u>Beweis:</u> Wir betrachten alle möglichen Vergleichsbäume, welche Algo-
rithmen zur Lösung des Suchproblems modellieren. FINDEN(n) ist durch
die Entfernung des längsten Weges von der Wurzel zu einem Blatt in
solch einem Baum nach unten beschränkt. Alle diese Bäume müssen n interne Knoten enthalten, welche den n Möglichkeiten erfolgreichen Auftretens von x in A entsprechen. Befinden sich alle internen Knoten
eines binären Baumes auf Stufen, deren Stufennummer ≤ k ist, dann gibt
es höchstens $2^k - 1$ interne Knoten. Also ist n ≤ $2^k - 1$ und FINDEN(n)
= k ≥ ⌈log(n + 1)⌉. □

Aus obigem Theorem und aus Theorem 3.2 können wir schließen, daß
die binäre Suche für den ungünstigsten Fall ein optimaler Algorithmus
zur Lösung des Suchproblems ist.

Als nächstes wollen wir das Sortierproblem betrachten. Jeden beliebigen Sortieralgorithmus, der die Einschränkungen des Vergleichs-
baummodells erfüllt, können wir durch einen erweiterten binären Baum
beschreiben. Da die Schlüssel verschieden sind, muß jeder Vergleich
zwischen A(i) und A(j) zu einem von zwei Ergebnissen führen: entweder
A(i) < A(j) oder A(i) > A(j). Also ist dieser Baum ein binärer Baum,
wobei der Wert irgendeines internen Knotens das Paar i:j ist, welches
den Vergleich zwischen A(i) und A(j) darstellt. Ist A(i) kleiner als
A(j), dann verzweigt der Algorithmus nach links, sonst nach rechts.
Die externen Knoten entsprechen einer Beendigung des Algorithmus. Zu
jedem Weg von der Wurzel zu einem externen Knoten gehört eine eindeutige Permutation, weil die von uns zugelassenen Algorithmen nur mit Vergleichen und Datenverschiebungen arbeiten. Die Datenverschiebung auf irgendeinem Weg von der Wurzel zu einem externen Knoten ist aber für alle anfäng-
lichen Eingabewerte dieselbe. Der Vergleichsbaum muß mindestens n! externe Knoten haben, denn zu n Elementen gibt es n! verschiedene mögliche

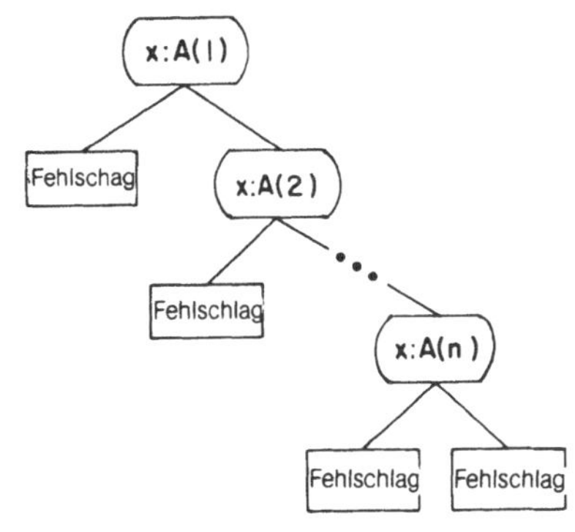

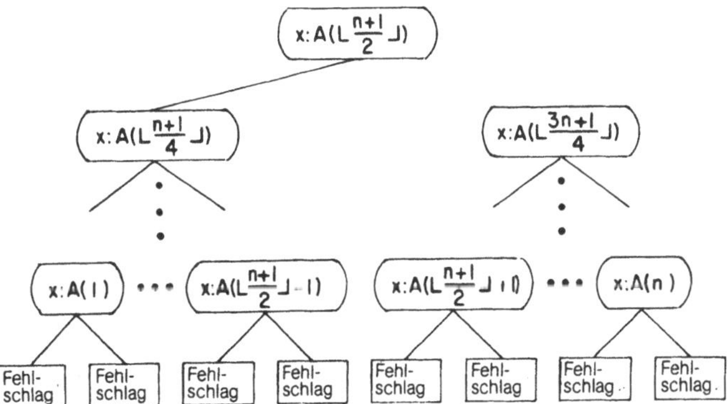

Abbildung 10.1   Vergleichsbäume für zwei Suchalgorithmen

Permutationen, und jede davon kann für eine gegebene Problemstellung zum Sortierproblem die einzige richtige Lösung sein.

Abb. 10.2 zeigt einen Vergleichsbaum zum Sortieren dreier Elemente. Der erste Vergleich ist A(1) : A(2). Ist A(1) kleiner als A(2), dann wird als nächstes A(2) mit A(3) verglichen. Ist A(2) kleiner als A(3), dann führt die linke Verzweigung zu einem externen Knoten, der 1, 2, 3 enthält. Daraus ergibt sich, daß die ursprüngliche Menge bereits sortiert war: A(1) < A(2) < A(3). Die anderen fünf externen Knoten entsprechen den anderen möglichen Anordnungen, welche zu einer geordneten Menge führen.

Wir betrachten den ungünstigsten Fall für alle auf Vergleichen basierenden Sortieralgorithmen. Es sei T(n) die kleinste Zahl von Ver-

gleichen, welche zum Sortieren von n Elementen im ungünstigsten Fall
erforderlich sind. Wir nützen wiederum die Tatsache aus, daß es höchstens 2^k externe Knoten gibt, falls alle internen Knoten sich auf
Stufen befinden, deren Stufennummer kleiner als k ist (eins mehr als
die Zahl der internen Knoten). Also gilt mit k = T(n)

$$n! \leq 2^{T(n)}$$

Da T(n) eine ganze Zahl ist, erhalten wir die untere Schranke

$$T(n) \geq \lceil \log n! \rceil$$

Mit Hilfe der Stirling'schen Näherungsformel (siehe Aufgabe 7) folgt

$$\lceil \log n! \rceil = n \log n - n/\ln 2 + (1/2) \log n + O(1)$$

Dabei ist ln 2 der natürliche Logarithmus von 2, während log n der
Logarithmus von n zur Basis 2 ist. Diese Formel zeigt, daß T(n) von
der Größenordnung n log n ist.

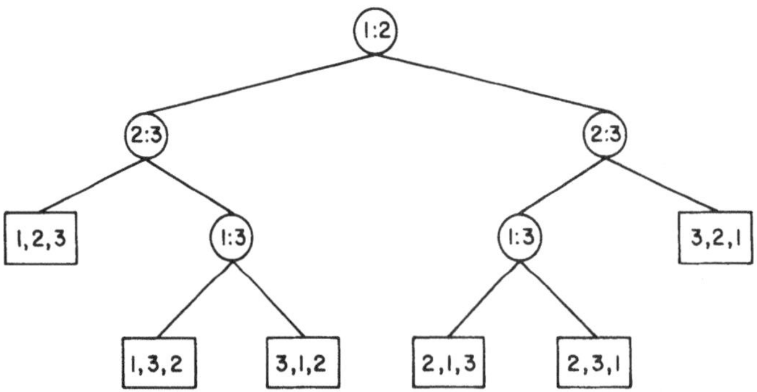

<u>Abbildung 10.2</u> Ein Vergleichsbaum zum Sortieren dreier Elemente

Daher sagen wir: <u>kein auf Vergleichen basierender Sortieralgorithmus
benötigt weniger Zeit als Ω (n log n)</u>. (Man kann zeigen, daß diese
Grenze auch dann noch gilt, wenn außer Vergleichen auch komplexere
Operationen erlaubt sind. In den Literaturhinweisen wird N. Friedman
zitiert, der Operationen wie Addition und Subtraktion betrachtet und
in einigen Fällen auch beliebige analytische Funktionen zuläßt).

Wie nahe kommen die bekannten Sortierverfahren an diese untere
Schranke für T(n) heran? Wir betrachten die "bottom-up" - Version von
"Mischsortieren", bei der zuerst aufeinanderfolgende Paare von Elementen geordnet und anschließend benachbarte Gruppen der Größe 2, 4, 8,
... so lange gemischt werden, bis die gesamte geordnete Menge erzeugt
ist. Die Zahl der Vergleiche, die dieser Algorithmus benötigt, ist beschränkt durch

$$\sum_{1 \leq i \leq k} (n/2^i)(2^i - 1) \leq n \log n - O(n) \tag{10.1}$$

Damit kennen wir also mindestens einen Algorithmus, der etwas weniger
als n log n Vergleiche benötigt. Gibt es eine noch bessere Methode?

Die Sortierstrategie "Binäres Sortieren durch Einfügen" arbeitet
folgendermaßen. Das nächste unsortierte Element wird ausgewählt, dann
wird in der sortierten Menge eine binäre Suche (siehe Algorithmus 3.3)
durchgeführt, um den Platz dieses neuen Elements zu bestimmen. Dann
werden die sortierten Elemente verschoben, damit es Platz für den neuen
Wert gibt. Dieser Algorithmus benötigt $O(n^2)$ Datenverschiebungen, um
die gesamte Menge zu sortieren, aber weit weniger Vergleiche. Es sei
BISORT(n) die Anzahl der erforderlichen Vergleiche. Aufgrund der Ergebnisse aus Abschnitt 3.2 erhalten wir:

$$\text{BISORT}(n) = \sum_{1 \leq k \leq n} \lceil \log_2 k \rceil \tag{10.2}$$

Dies ist gleichbedeutend mit:

$$\lceil \log n \rceil - 2^{\lceil \log_2 n \rceil} + 1 \tag{10.2a}$$

In Tabelle 10.1 wird BISORT(n) mit der theoretischen unteren Schranke
verglichen.

n	1	2	3	4	5	6	7	8	9	10	11	12	13
T(n)	0	1	3	5	7	10	13	16	19	22	26	29	33
BISORT(n)	0	1	3	5	8	11	14	17	21	25	29	33	37

<u>Tabelle 10.1</u> Untere Schranken für Sortieren mit möglichst wenigen Vergleichen

Aus Tabelle 10.1 ersehen wir, daß die Werte für n = 1, 2, 3 und 4 gleich sind; also ist das binäre Einfügen optimal. Für n = 5 ergibt sich aber ein Unterschied von eins; es bleibt die Frage, ob man im ungünstigsten Fall zum Sortieren von fünf Elementen 7 oder 8 Vergleiche benötigt. Diese Frage wurde von Lester Ford Jr. und Selmer Johnson beantwortet; sie stellen einen Sortieralgorithmus vor, der sogar noch weniger Vergleiche als die binäre Einfügungsmethode benötigt. Dieser Algorithmus erfordert tatsächlich genau T(n) Vergleiche für $1 \leq n \leq 11$ und $20 \leq n \leq 21$.

Sortieren durch Mischen und Einfügen

Um die Arbeitsweise der Methode von Ford - Johnson kennenzulernen, betrachten wir das Sortieren von 17 Elementen, welche ursprünglich im Feld SORTIERT(1:17) abgelegt sind. Zunächst vergleichen wir aufeinanderfolgende Paare SORTIERT(1) : SORTIERT(2), SORTIERT(3) : SORTIERT(4), ..., SORTIERT(15) : SORTIERT(16) und legen die größeren Elemente im Feld GROSS ab, die kleineren im Feld KLEIN. SORTIERT(17) wird an der Stelle KLEIN(9) abgespeichert. Dann sortieren wir das Feld GROSS, indem wir denselben Algorithmus rekursiv anwenden. Danach gilt: KLEIN(1) < GROSS(1) <...< GROSS(8). KLEIN(2) bis KLEIN(9) sind zwar noch nicht sortiert, wir wissen aber, daß gilt: KLEIN(i) $\leq$ GROSS(i) für $2 \leq i \leq 8$. Zum Einfügen von KLEIN(2) in die sortierte Menge benötigen wir möglicherweise zwei Vergleiche; das Einfügen von KLEIN(3) erfordert unter Umständen 3 Vergleiche, insgesamt sind also 5 Vergleiche nötig. Eine bessere Methode besteht darin, mit Hilfe des binären Einfügens zuerst KLEIN(3) zwischen KLEIN(1), GROSS(1) und GROSS(2) zu plazieren und dann KLEIN(2) einzufügen. Jedes Einfügen erfordert

nur 2 Vergleiche, die gemischten Elemente werden ins Feld SORTIERT
zurückgespespeichert. Damit gelten folgende Beziehungen: SORTIERT(1)
< SORTIERT(2) <...< SORTIERT(6) < GROSS(4) < GROSS(5) < GROSS(6) <
GROSS(7) < GROSS(8) sowie KLEIN(i) $\le$ GROSS(i) für $4 \le i \le 8$. Jetzt
werden elf Elemente sortiert, während sechs gemischt werden. Zum Einfügen von KLEIN(4) und KLEIN(5) werden 3 bzw. 4 Vergleiche benötigt.
Auch diesmal ist es ökonomischer, zuerst KLEIN(5) und dann KLEIN(4)
einzufügen, wobei jedes Einfügen höchstens 3 Vergleiche benötigt. Danach gilt folgendes: SORTIERT(1) <...< SORTIERT(10) < GROSS(6) <
GROSS(7) < GROSS(8) sowie KLEIN(i) < GROSS(i) für $6 \le i \le 8$. Das Einfügen von KLEIN(7) und KLEIN(8) in dieser Reihenfolge erfordert 4 bzw.
5 Vergleiche. Gehen wir aber in der Reihenfolge KLEIN(9), KLEIN(8),
KLEIN(7) und KLEIN(6) vor, dann benötigen wir für jedes Element höchstens 4 Vergleiche. Wir bevorzugen diese Reihenfolge und erhalten die
vollständig geordnete Menge der 17 Elemente.

Zum Sortieren der 17 Elemente benötigen wir insgesamt folgende
Vergleiche: 8 zum Vergleich SORTIERT(i) : SORTIERT(i + 1), 16 zum
Sortieren von GROSS(1 : 8) durch rekursives Mischen und Einfügen, 4
zum Einfügen von KLEIN(3) und KLEIN(2), 6 zum Einfügen von KLEIN(5)
und KLEIN(4) sowie 16 zum Einfügen von KLEIN(9) bis KLEIN(6). Das sind
insgesamt 50 Vergleiche. Der Wert von $T(n)$ für $n = 17$ ist 49, also
benötigt das Mischen und Einfügen nur einen Vergleich mehr, als die
theoretische untere Schranke angibt.

Allgemein kann das Mischen und Einfügen wie folgt zusammengefaßt
werden: Die n zu sortierenden Elemente seien in SORTIERT(1 : n) abgelegt. Paarweise werden SORTIERT(i) und SORTIERT(i + 1) miteinander
verglichen; die größeren Elemente werden in Feld GROSS abgelegt, die
kleineren in Feld KLEIN. Ist n ungerade, dann wird das letzte Element
von SORTIERT dem Feld KLEIN hinzugefügt. Nun werden die Elemente von
GROSS durch Mischen und Einfügen sortiert. Danach gilt: GROSS(1) $\le$
GROSS(2) $\le ... \le$ GROSS($\lfloor n/2 \rfloor$) sowie KLEIN(i) $\le$ GROSS(i) für $1 \le i \le$
$\lfloor n/2 \rfloor$. Jetzt fügen wir durch binäres Einfügen die Elemente von KLEIN
in das Feld GROSS ein. Die Reihenfolge, in der wir hierbei vorgehen,
spielt jedoch eine wichtige Rolle. Wir wollen die größte Zahl von Elementen in KLEIN auswählen, so daß die Zahl der Vergleiche, die zum
Einfügen jedes Elements in die bereits sortierte Liste erforderlich
sind, eine Konstante j ist. Wie wir aus dem Beispiel wissen, geht das
Einfügen in der Reihenfolge KLEIN(t_j), KLEIN($t_j - 1$), ..., KLEIN(t_{j-1}
+ 1) vor sich, wobei die t_j eine Menge aufsteigender ganzer Zahlen
bilden. Tatsächlich hat t_j die Form $t_j = 2^j - t_{j-1}$, und in den Übungen
wird gezeigt, daß diese Rekursionsformel die Lösung hat: $t_j = (2^{j+1} +$

$(- 1)^j)/3$. Also werden die Elemente in folgender Reihenfolge eingefügt: KLEIN(3), KLEIN(2); KLEIN(5), KLEIN(4); KLEIN(1), KLEIN(10),
KLEIN(9), KLEIN(8), KLEIN(7), KLEIN(6) usw... .

Wie man zeigen kann, beträgt die Ausführungszeit dieses Algorithmus

$$\sum_{i \leq k \leq n} \left\lceil \log_2\left(\frac{3k}{4}\right) \right\rceil \tag{10.3}$$

Für n = 1 ... 21 hat diese Summe folgende Werte:

0, 1, 3, 5, 7, 10, 13, 16, 19, 22, 26, 30, 34, 38, 42, 46, 50, 54,
58, 62, 66

Beim Vergleich dieser Werte mit der unteren Schranke $T(n)$ stellen
wir fest, daß das Mischen und Einfügen wirklich optimal ist für
$1 \leq n \leq 11$ und n = 20, 21.

Benötigt der Algorithmus von Ford - Johnson tatsächlich zum Sortieren von n Elementen die geringste Zahl von Vergleichen für alle
Werte von n? Kürzlich hat Glenn Manacher einen Algorithmus vorgestellt, der für unendlich viele n weniger Vergleiche benötigt als
der Algorithmus von Ford - Johnson. Der kleinste Wert ist n = 189.
Dieser Algorithmus benutzt einen Mischalgorithmus mit sehr wenigen
Vergleichen, den wir im nächsten Abschnitt kennenlernen werden. Weitere Ergebnisse findet man in dem Artikel von Manacher, der im Literaturverzeichnis angegeben ist.

Untere Schranken für die Auswahl

Aus der vorangegangenen Behandlung wissen wir, daß jeder Vergleichsbaum, der auf Vergleichen basierende Algorithmen zum Auffinden
das Maximums von n Elementen modelliert, mindestens 2^{n-1} externe
Knoten hat. Dies ergibt sich daraus, daß jeder Weg von der Wurzel zu
einem externen Knoten mindestens n - 1 interne Knoten enthalten muß,
welche n - 1 Vergleichen entsprechen. Andernfalls unterliegen mindestens zwei der Eingabeelemente nie in einem Vergleich, und das größte
Element wird nicht gefunden.

Es sei $L_k(n)$ eine untere Schranke für die Zahl der Vergleiche,

die ein auf Vergleichen basierender Algorithmus zur Bestimmung des
größten, zweitgrößten, ..., k-größten Elements von n Elementen im ungünstigsten Fall benötigt. Aus dem oben Gesagten folgt: $L_1(n) = n - 1$.
Der Vergleichsbaum muß genügend viele externe Knoten enthalten, damit
jede mögliche Permutation der Eingabe möglich ist; daher folgt unmittelbar: $L_k(n) \geq \lceil \log n(n - 1) \ldots (n - k + 1) \rceil$.

__Theorem 10.2__ Es gilt: $L_k(n) \geq n - k + \lceil \log n (n - 1) \ldots (n - k + 2) \rceil$
für alle ganzen Zahlen k und n mit $1 \leq k \leq n$.

__Beweis:__ Die internen Knoten des Vergleichsbaumes enthalten wie zuvor
ganze Zahlen der Form i:j, welche einem Vergleich zwischen den Einga-
beelementen A(i) und A(j) entsprechen. Ist A(i) < A(j), dann verzweigt
der Algorithmus nach links, sonst nach rechts. Wir betrachten nun die
Menge alle möglichen Eingabewerte und fassen Eingabewerte in derselben Äquivalenzklasse zusammen, falls deren (k - 1) - großen Werte an
den gleichen Positionen auftreten. Es gibt n(n - 1) ... (n - k + 2)
Äquivalenzklassen, die wir mit E_i bezeichnen. Nun betrachten wir die
externen Knoten für die Menge der Eingabewerte in der Äquivalenzklasse E_i. Die externen Knoten des gesamten Baumes werden ebenfalls in
Äquivalenzklassen X_i aufgeteilt. Die Positionen des größten, zweitgrößten, ..., (k - 1) - größten Elements sind für alle externen Knoten in X_i gleich. Schauen wir uns den Teilbaum des ursprünglichen
Vergleichsbaumes an, welcher die Klasse X_i definiert, dann stellen wir
fest, daß alle Vergleiche an der Position der (n - k + 1) - kleinsten
Elemente durchgeführt werden, im wesentlichen um das k-größte Element
zu bestimmen. Daher kann man diesen Teilbaum als Vergleichsbaum zum
Ermitteln des größten Elements unter n - k + 1 Elementen ansehen; er
hat also mindestens 2^{n-k} externe Knoten.
  Deshalb enthält der ursprüngliche Baum mindestens n(n - 1)...
$(n - k + 2)2^{n-k}$ externe Knoten. Daraus ergibt sich das Theorem. □

10.2 ORAKEL UND UMKEHRSCHLUSS

Bei einer der Beweistechniken, die zur Ermittlung unterer Schranken
nützlich ist, benutzt man ein sog. Orakel. Das berühmteste Orakel in
der Geschichte ist das Orakel von Delphi in Griechenland. Man kann
es heute noch sehen; es liegt an einem Hang inmitten einiger Felsen.
Im Altertum suchte man das Orakel auf und stellte ihm eine Frage.
Nachdem eine gewisse Zeit verstrichen war, gab das Orakel eine Ant-

wort, welche von einem Wächter gedeutet wurde.

Etwas ähnliches geschieht, wenn wir zur Bestimmung einer unteren
Schranke ein Orakel benutzen. Bei einem gegebenen Berechnungsmodell
(z.B. bei Vergleichsbäumen) sagt uns das Orakel etwas über den Ausgang
jedes Vergleichs. Um eine gute untere Schranke abzuleiten, bemüht sich
das Orakel, den Algorithmus möglichst viel und lange arbeiten zu lassen. Dies geschieht dadurch, daß das Orakel das nächste Testergebnis
so auswählt, daß die weitere Arbeit zur Bestimmung des endgültigen Ergebnisses erforderlich ist. Indem die verrichtete Arbeit registriert
wird, kann man für das Problem eine untere Schranke für den ungünstigsten Fall ableiten.

Wir betrachten jetzt das Mischproblem. Gegeben sind zwei Mengen
$A(1:m)$ und $B(1:n)$ mit Elementen, die bereits sortiert sind. Wir suchen
untere Schranken für Algorithmen, welche diese beiden Mengen zu einer
einzigen sortierten Menge zusammenmischen. Wie beim Sortieren nehmen
wir auch hier an, daß alle $m + n$ Elemente voneinander verschieden sind
und daß gilt: $A(1) < A(2) < ... < A(m)$ sowie $B(1) < B(2) < ... < B(n)$.
Nach diesem Mischvorgang können die Elemente von B in der Menge A beliebig verteilt sein. Aus der elementaren Kombinatorik wissen wir, daß
daß es $\binom{m+k}{m}$ Möglichkeiten gibt, wie man die Elemente von A und B vermischen kann, wobei die Anordnung innerhalb von A und B erhalten bleibt.
Falls wir Vergleichsbäume als Modelle für Mischalgorithmen benutzen,
gibt es $\binom{m+n}{m}$ externe Knoten. Daher sind mindestens

$$\lceil \log \binom{m+n}{m} \rceil$$

Vergleiche bei jedem beliebigen auf Ungleichungen basierendem Mischalgorithmus erforderlich. Die konventionelle Mischprozedur, die in Abschnitt
3.4 (Algorithmus 3.8) vorgestellt wurde, benötigt $m + n - 1$ Vergleiche. Es
sei MISCHEN(m, n) die kleinste Zahl von Vergleichen, welche zum Mischen von m Elementen mit n Elementen erforderlich sind. Dann gilt die
Ungleichung

$$\lceil \log \binom{m+n}{m} \rceil \leq \text{MISCHEN}(m, n) \leq m + n - 1$$

In den Übungen wird gezeigt, daß sich diese oberen und unteren Schranken beliebig voneinander entfernen können, da m viel kleiner als n
wird. Diese Tatsache überrascht nicht, denn der konventionelle Algorithmus wurde so entworfen, daß er am besten arbeitet, wenn m und n

ungefähr gleich sind. Im Extremfall, wenn m = 1 ist, benötigt das
binäre Einfügen die geringste Zahl von Vergleichen, um A(1) in B(1),
..., B(n) hineinzumischen.

Sind n und m gleich, dann ist die durch das Modell des Vergleichsbaumes gegebene untere Schranke tatsächlich zu klein. Man kann zeigen,
daß dann die Zahl der Vergleiche, die der konventionelle Mischalgorithmus benötigt, optimal ist.

<u>Theorem 10.3</u>   Es gilt: MISCHEN(m, m) = 2m - 1 für m ≥ 1.

<u>Beweis:</u> Wir betrachten einen beliebigen Algorithmus, der die beiden
Mengen A(1) <...< A(m) und B(1) <...< B(m) miteinander mischt. Wir
verfügen bereits über einen Algorithmus, der 2m - 1 Vergleiche benötigt. Das Theorem ist bewiesen, wenn wir zeigen können: MISCHEN(m, m)
≥ 2m - 1. Wir betrachten einen beliebigen auf Vergleichen basierenden Algorithmus, der das Mischproblem löst, und eine Problemstellung,
für welche die Lösung folgendermaßen aussieht: B(1) < A(1) < B(2) <
A(2) <...< B(m) < A(m), d.h. die Elemente von A und B alternieren.
Beim Mischen der gegebenen Eingabewerte muß jeder Algorithmus jeden
der 2m - 1 Vergleiche durchführen: B(1) : A(1), A(1) : B(2), B(2) :
A(2), ..., B(m) : A(m). Um dies einzusehen, nehmen wir an, daß für
irgendein i der Vergleich A(i) : B(i) nicht durchgeführt wird. Dann
kann der Algorithmus nicht zwischen obiger Anordnung und der folgenden unterscheiden: B(1) < A(1) <...< A(i - 1) < A(i) < B(i) < B(i + 1)
< ...< B(m) < A(m). Also mischt der Algorithmus die Elemente von A
und B nicht notwendigerweise korrekt. Wird ein Vergleich vom Typ A(i)
: B(i + 1) nicht durchgeführt, dann kann der Algorithmus folgende
beiden Fälle nicht unterscheiden: B(1) < A(1) < B(2) <...< B(m) <
A(m) und B(1) < A(1) < B(2) < A(2) <...< B(i) < A(i) < A(i + 1) <
B(i + 1) <...< B(m) < A(m). Also muß jeder Algorithmus 2m - 1 Vergleiche durchführen, um das endgültige Ergebnis zu erzeugen. Damit ist
das Theorem bewiesen. □

Wie Theorem 10.3 zeigt, benötigt die konventionelle Mischprozedur
tatsächlich die geringste Zahl von Vergleichen, falls m = n ist. Es
ist bekannt, daß mit kleiner werdendem m das Verhalten dieser Prozedur schlechter wird; warum sollte man daher nicht versuchen, einen
Algorithmus zu entwickeln, der für kleine m effizient arbeitet. Für
m = 1 wissen wir bereits, daß das binäre Einfügen die geringste Zahl
von Vergleichen benötigt. Von F.K. Hwang und S. Lin wurde ein gemischter Algorithmus entwickelt, welcher die Vorteile des binären

575

Mischens mit denen des konventionellen Mischens kombiniert.

```
procedure BINÄRESMISCHEN(A, m, B, n, C)
   //Für A(1:m) und B(1:n) gilt: A(1) ≤ A(2) ≤...≤ A(m) sowie B(1) ≤//
   //B(2) ≤...≤ B(n). Als Ergebnis werden die Elemente von A und B in//
   //C folgendermaßen abgespeichert: C(1) ≤ C(2) ≤...≤ C(m + n).//
   while m ≠ 0 and n ≠ 0 do
     if m ≤ n
       then t ← ⌊log n/m⌋
         if A(m) < B(n + 1 - 2**t)
           then C ← B(n + 1 - 2**t), ..., B(n)   //Bringe 2^t Elemente//
                                                  //nach C.//
             n ← n - 2**t
           else call BINSUCHE(B, n + 1 - 2**t, n, A(m), k)
             k ist die größte Zahl: A(m) > B(k)
             C ← A(m), B(k + 1), ..., B(n)   //Bringe n - m + 1 Elemen-//
                                             //te nach C.//
             m ← m - 1; n ← k
         endif
       else t ← ⌊log m/n⌋
         if B(n) < A(m + 1 - 2**t)
           then C ← A(m + 1 - 2**t), ..., A(m)   //Bringe 2^t Elemente//
                                                 //nach C.//
             m ← m + 2**t
           else call BINSUCHE(A, m + 1 - 2**t, m, B(n), k)
             k ist die größte ganze Zahl: B(n) > A(k)
             C ← B(n), A(k + 1), ..., A(m)   //Bringe m - n + 1 Ele-//
                                             //mente nach C.//
             n ← n - 1; m ← k
         endif
     endif
   repeat
   if n = 0 then C ← A(t), ..., A(m)
            else C ← B(1), ..., B(n)
   endif
end BINÄRESMISCHEN
```

Algorithmus 10.1 Mischen mit minimaler Zahl von Vergleichen

Wie man sieht, ist der Algorithmus im wesentlichen symmetrisch in
dem Sinne, daß die wichtigen _then_ - _else_ - Konstruktionen gleich arbeiten und nur davon abhängen, ob m oder n größer ist. In der Prozedur BINSUCHE (siehe Abschnitt 3.2) ist es möglich, bei einem Feld
eine untere und eine obere Schranke anzugeben. Es wird ein Index k
zurückgeliefert, der auf das größte Element des Feldes zeigt, welches
kleiner als das einzufügende ist. Die Bezeichnung $C \leftarrow A(k), A(k + 1)$,
... bedeutet, daß alle Elemente auf der rechten Seite der Wertzuweisung im Ausgabefeld C an geeigneter Stelle abgelegt werden.

Im wesentlichen arbeitet BINÄRESMISCHEN folgendermaßen. Für $m \leq n$
wird das letzte Element $A(m)$ im kleineren Feld mit einem Element aus
B verglichen, welches an demjenigen Ende des Feldes liegt, an dem sich
die hohen Indizes befinden, allerdings nicht zu nahe am Ende. Man
kann sich vorstellen, daß das Feld B in $m + 1$ Gruppen zu je $\lceil n/m \rceil$ Elementen aufgeteilt und das letzte Element in der vorletzten Gruppe mit
$A(m)$ verglichen wird. Ist $A(m) < B(k)$, dann können alle Elemente $B(k)$,
$B(k + 1)$, ..., $B(n)$ im Ausgabefeld abgelegt werden. Andernfalls wird
$A(m)$ in die am weitesten rechts stehende Gruppe mit Hilfe der binären Suche eingefügt. $A(m)$ und die Werte von B, welche größer als $A(m)$
sind, können anschließend im Ausgabefeld eingefügt werden. Auf diese
Weise fährt der Algorithmus fort.

Tabelle 10.2 zeigt ein Beispiel für BINÄRESMISCHEN mit $m = 21$ und
$n = 3$. Die drei Spalten m, n und t zeigen die Veränderung dieser
Variablen im Verlauf des Algorithmus. In der nächsten Spalte findet
man die durchgeführten Vergleiche; jedesmal, wenn die Prozedur BIN-
SUCHE aufgerufen wird, erhält k einen neuen Wert. C ist der Ausgabe-
vektor. Bei jedem Durchlauf durch die Schleife wird in diesem Beispiel mehr als ein Element in C abgelegt. Der konventionelle Mischalgorithmus würde bei diesem Beispiel 17 Vergleiche benötigen, BI-
NÄRESMISCHEN jedoch nur 5.

Ursprüngliche Eingabe: $m = 21$, $n = 3$ und

$A = (100,120,140,160,180,200,220,240,260,280,300,320,340,360,380,400,420,$
$440,460,480,500)$

$B = (170,250,370)$

m	n	t	Vergleiche	k	Ausgabe
21	3	2	$B(3) < A(18)$		$C \leftarrow A(18),A(19),A(20),A(21)$
17	3	2	$B(3) > A(14)$	14	$C \leftarrow B(3),A(15),A(16),A(17)$
14	2	2	$B(2) < A(11)$		$C \leftarrow A(11),A(12),A(13),A(14)$
10	2	2	$B(2) > A(7)$	8	$C \leftarrow B(2),A(9),A(10)$
8	1	3	$B(1) > A(1)$	4	$C \leftarrow B(1),A(5),A(6),A(7),A(8)$
4	0				$C \leftarrow A(1),A(2),A(3),A(4)$

Tabelle 10.2 Beispiel zum binären Mischen

Wir wollen noch ein weiteres Beispiel betrachten, bei dessen Lösung man Orakel verwenden kann. Aus einer Menge von n Elementen sollen das größte und das zweitgrößte Element ermittelt werden. Was ist
bzgl. der Zahl der Vergleiche eine untere Schranke für jeden Algorithmus, der diese beiden Elemente findet? Falls Vergleichsbäume verwendet werden, wissen wir bereits aus Theorem 10.2 die Antwort. Ein
Algorithmus, der zum Auffinden des größten Elements n - 1 Vergleiche
benötigt und zum Auffinden des zweitgrößten Elements n - 2 Vergleiche,
liefert sofort die obere Schranke 2n - 3. Es bleibt also noch eine
große Lücke.

Ursprünglich wurde dieses Problem in Form eines Tennisturniers
gestellt, bei dem den Werten Spieler entsprechen. Der größte Wert
wird als Sieger interpretiert, der zweitgrößte als Gewinner des zweiten Platzes. In Abb. 10.3 ist ein Beispiel für ein Turnier mit acht
Spielern gezeigt. Der Gewinner jedes Spiels (der größere der beiden
verglichenen Werte) wandert im Baum nach oben, bis er in die Endrunde
gelangt. Spieler Maier ist hier Sieger. Wer kommt für den zweiten
Platz in Frage? Es muß jemand sein, der gegen Maier verloren hat, aber
gegen keinen anderen Spieler. Wie man aus Abb. 10.3 entnimmt, kommen
als mögliche Kandidaten Dorf, Gehm, Reinhard und Fischer in Frage.

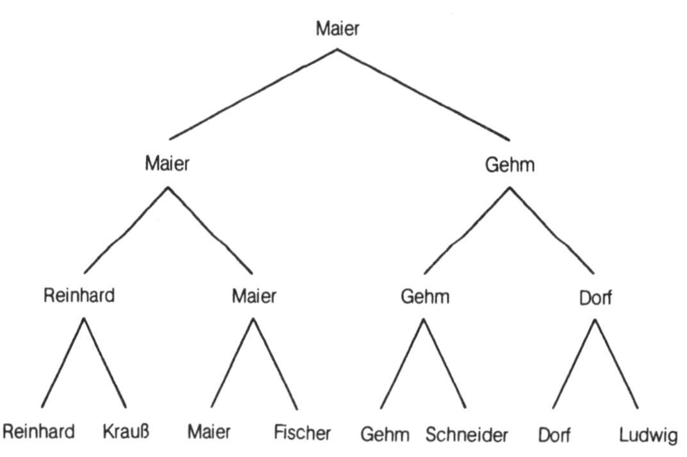

Abbildung 10.3   Ein Tennistournier

Mit Hilfe von Abb. 10.3 erhalten wir einen weiteren Algorithmus,
der den Zweitbesten ermittelt, nachdem der Sieger eines Turniers fest-
steht. Die Spieler, die gegen den Sieger verloren haben, veranstalten
ein zweites Turnier, um den Zweitbesten zu ermitteln. Dieses zweite

Turnier muß nur entlang des Weges wiederholt werden, den der Sieger
(Spieler Maier) im Baum zurückgelegt hat. Bei einem Turnier mit n
Spielern gibt es $\lceil \log n \rceil$ Stufen, also sind für dieses zweite Turnier
nur $\lceil \log n \rceil$ - 1 Vergleiche nötig. Dieser neue Algorithmus, der erstmals 1932 von J. Schreier vorgeschlagen wurde, benötigt insgesamt
n - 2 + $\lceil \log n \rceil$ Vergleiche. Daher gibt es identische Übereinstimmung
zwischen den bekannten oberen und unteren Schranken für dieses Problem.

Als nächstes wollen wir zeigen, wie man dieselbe untere Schranke
mit Hilfe eines Orakels erhält.

<u>Theorem 10.4</u> Jeder beliebige auf Vergleichen basierende Algorithmus,
der aus einer Menge von n ungeordneten Elementen das größte und zweitgrößte ermittelt, benötigt n - 2 + $\lceil \log n \rceil$ Vergleiche.

<u>Beweis</u>: Wir nehmen an, daß ein Turnier stattgefunden hat und daß
durch irgendein Verfahren das größte und das zweitgrößte Element bestimmt worden sind. Da wir das zweitgrößte Element nicht bestimmen
können, wenn das größte noch unbekannt ist, sind mindestens n - 1
Vergleiche nötig. Wir müssen also nur zeigen, daß es immer eine Folge
von Vergleichen gibt, die bewirkt, daß das zweitgrößte Element mit
$\lceil \log n \rceil$ - 1 zusätzlichen Vergleichen gefunden werden kann.

Wir nehmen an, daß der Sieger des Turniers x Spiele absolviert
hat. Dann gibt es x Spieler, die als Kandidaten für den zweiten Platz
in Frage kommen. Der Zweitbeste hat nur einmal, nämlich gegen den
Sieger, verloren, während die anderen x - 1 Kandidaten noch gegen eine
andere Person verloren haben müssen. Wir erzeugen also ein Orakel,
welches die Spielergebnisse so vorhersagt, daß der Sieger gegen
$\lceil \log n \rceil$ andere Personen spielt.

In einem Spiel zwischen a und b erklärt das Orakel a zum Sieger,
falls entweder a unbesiegt ist und b mindestens einmal verloren hat
oder falls a und b unbesiegt sind und a mehr Spiele als b gewonnen
hat. In allen anderen Fällen kann das Orakel eine beliebige Entscheidungsfolge treffen, solange sie nur konsistent bleibt.

Wir betrachten nun ein Turnier, bei welchem der Ausgang jedes
Spiels durch obiges Orakel bestimmt wird. Entsprechend diesem Turnier
können wir uns einen gerichteten Graph mit n Knoten vorstellen. Jeder
Knoten steht für einen der n Spieler. Wir zeichnen genau dann eine
gerichtete Kante vom Knoten b zu a (b $\neq$ a), wenn entweder a den Spieler b besiegt hat oder wenn a einen anderen Spieler geschlagen hat,
der seinerseits b besiegt hat. Mit Hilfe der Induktion sieht man

leicht, daß bei irgendeinem Spieler, der nur x Spiele absolviert und
gewonnen hat, höchstens 2^{x-1} Kanten zu seinem entsprechenden Knoten
führen können. Für den Gesamtsieger muß es von jedem der übrigen n - 1
Knoten eine Kante geben; daraus folgt, daß der Sieger mindestens
$\lceil \log n \rceil$ Spiele absolviert haben muß. ▫

Die Zustandsraumbeschreibungsmethode ist eine weitere, der Orakel-
methode verwandte Technik zur Ermittlung unterer Schranken. Oft kann
man irgendeinen Algorithmus, der ein gegebenes Problem löst, durch
eine Menge von n - Tupeln beschreiben. Eine <u>Zustandsraumbeschreibung</u>
ist eine Menge von Regeln, die mögliche Zustände (n - Tupel) zeigen,
welche ein Algorithmus von einem gegebenen Zustand und einem einzigen
Vergleich aus annehmen kann. Sind die Zustandsübergänge gegeben, dann
kann man untere Schranken ableiten, indem man sich zunutze macht, daß
der Endzustand nicht durch weniger Übergänge erreicht werden kann.
Als Beispiel für die Zustandsraumbeschreibungsmethode betrachten wir
ein Problem, das ursprünglich in Abschnitt 3.3 definiert und gelöst
wurde. Unter n verschiedenen Elementen soll man das Maximum finden.
Wir erinnern uns daran, daß die auf der "Teile - und - Herrsche" -
Methode basierende Lösung $\lceil 3n/2 \rceil$ - 2 Vergleiche benötigte. Wir wollen
zeigen, daß dieser Algorithmus tatsächlich optimal ist.

<u>Theorem 10.5</u> Jeder beliebige Algorithmus, der in einer Menge von n
ungeordneten Elementen das größte und kleinste Element ermittelt, benötigt $\lceil 3n/2 \rceil$ - 2 Vergleiche.

<u>Beweis</u>: Um eine untere Schranke zu erhalten, definieren wir ein Ora-
kel durch eine Zustandstafel. Wir beschreiben den Zustand eines auf
Vergleichen basierenden Algorithmus durch ein 4 - Tupel (a, b, c, d).
Dabei ist a die Zahl der Elemente, die niemals verglichen wurden; b
ist die Zahl der Elemente, die gewonnen, aber nie verloren haben; c
ist die Zahl der Elemente, die verloren, aber nie gewonnen haben; d
schließlich ist die Zahl der Elemente, die sowohl gewonnen als auch
verloren haben. Zu Beginn ist der Algorithmus im Zustand (n, 0, 0, 0),
er.endet mit (0, 1, 1, n - 2). Nach jedem Vergleich kann sich das
Tupel (a, b, c, d) nur verändern, wenn es einen von fünf möglichen
Zuständen annimmt:

$(a - 2, b + 1, c + 1, d)$ falls $a \geq 2$ //zwei Elemente von a//
//werden verglichen//

$(a - 1, b, c + 1, d)$ oder

$(a - 1, b + 1, c, d)$ falls $a \geq 1$ //ein Element von a//
//wird mit einem von//
//b oder c verglichen//

$(a, b - 1, c, d + 1)$ falls $b \geq 2$ //zwei Elemente von b//
//werden verglichen//

$(a, b, c - 1, d + 1)$ falls $c \geq 2$ //zwei Elemente von c//
//werden verglichen//

Um vom Zustand $(0, 1, 1, n - 2)$ zum Zustand $(n, 0, 0, 0)$ zu gelangen, benötigt man $\lceil 3n/2 \rceil - 2$ Vergleiche. Der schnellste Weg, die a - Komponente zu null zu machen, erfordert nämlich $n/2$ Zustandsänderungen und liefert das Tupel $(0, n/2, n/2, 0)$. Danach werden die b- und c-Komponenten zu null reduziert, wozu weitere $n - 2$ Zustandsänderungen erforderlich sind. □

Zum Schluß dieses Abschnittes leiten wir für das Auswahlproblem eine weitere untere Schranke ab. In Kapitel 3 haben wir dieses Problem bereits behandelt und mehrere Lösungen vorgestellt. Einer dieser Lösungsalgorithmen hat - unabhängig vom auszuwählenden Wert - im ungünstigsten Fall eine Komplexität von $O(n)$. Daher wissen wir, daß jeder Auswahlalgorithmus asymptotisch die Zeit $\Theta(n)$ benötigt. Es sei $SEL_k(n)$ die kleinste Zahl von Vergleichen, welche zum Auffinden des k-ten Elements in einer ungeordneten Menge der Mächtigkeit n benötigt werden. Wie wir bereits gesehen haben, gilt: $SEL_1(n) = n - 1$ und $SEL_2(n) = n - 2 + \lceil \log n \rceil$. Im folgenden geben wir eine Zustandstafel an, welche zeigt, daß gilt: $n - k + (k - 1) \lceil \log n/(k - 1) \rceil \leq SEL_k(n)$. Wir benutzen auch weiterhin die Terminologie, welche ein Element der Menge als "Spieler" bezeichnet und einen Vergleich zweier Spieler als ein "Spiel", das von einem der Spieler gewonnen werden muß. Eine Prozedur zur Auswahl des k-größten Elements wird als ein Turnier bezeichnet, das den k-besten Spieler ermittelt.

Um für das Auswahlproblem diese untere Schranke abzuleiten, konstruieren wir ein Orakel in Form einer Zustandsübergangstabelle. Das Orakel veranlaßt jeden auf Vergleichen basierenden Algorithmus, mindestens $n - k + (k - 1) \lceil \log n/(k - 1) \rceil$ Vergleiche durchzuführen. Die Zustandstupel haben die Länge zwei (beim Maximum - Minimum - Problem war die Länge vier). Die Komponenten eines Tupels, nennen wir sie

(Abbildung, Menge), haben folgende Bedeutung: die erste Komponente
entspricht einer Abbildung der ganzen Zahlen 1, 2, ..., n auf sich
selbst, die zweite einer geordneten Teilmenge der Eingabewerte. Der
Anfangszustand besteht aus der identischen Abbildung und der leeren
Menge. Zu einem beliebigen Zeitpunkt t erhält das Orakel zwei ungeordnete Elemente aus der Eingabemenge, z.B. a und b, und arbeitet dann
folgendermaßen:

(i)   Sind a und b zum Zeitpunkt t beide in der Menge, dann ge-
      winnt a genau dann, wenn a > b ist. Das Tupel (Abbildung,
      Menge) bleibt unverändert.

(ii) Ist a in der Menge und b nicht, dann gewinnt a und das Tu-
      pel (Abbildung, Menge) bleibt unverändert.

(iii) Sind a und b beide nicht in der Menge, dann gewinnt a, falls
      Abbildung (a) > Abbildung(b) ist. Ist Abbildung (a) = Ab-
      bildung (b), dann ist es gleichgültig, wer gewinnt, so lan-
      ge die Entscheidungen mit früher getroffenen konsistent ist.
      Ist zum Zeitpunkt t Abbildung (a) + Abbildung (b) $\geq$
      n/(k - 1), dann bleibt die Abbildungskomponente unverändert,
      und der Sieger wird als der neue kleinste Wert in die Men-
      ge eingefügt. Andernfalls bleibt die Menge unverändert; die
      Abbildungskomponente wird wie folgt geändert: Abbildung
      (Verlierer) $\leftarrow$ 0 zum Zeitpunkt t + 1 und Abbildung (Sieger)
      $\leftarrow$ Abbildung (a) + Abbildung (b) zum Zeitpunkt t + 1; für
      alle Elemente w mit w $\neq$ a und w $\neq$ b bleibt Abbildung (w)
      unverändert.

<u>Lemma 10.1</u> Unter Verwendung des soeben definierten Orakels haben die
(k - 1) - besten Spieler am Ende des Turniers mindestens (k - 1)
$\lceil \log(n/(k - 1)) \rceil$ Spiele ausgetragen.

<u>Beweis:</u> Zum Zeitpunkt t ist die Zahl der Spiele, die ein beliebiger
Spieler x gewonnen hat, $\geq \lceil \log$ Abbildung $(x) \rceil$. Die Elemente in der
Menge sind so angeordnet, daß gilt: x_1 ... x_j. Für alle w aus der
Eingabemenge ist $\sum($Abbildung $(w)) = n$. Es sei W = {y:y ist nicht in
der Menge, aber Abbildung (y) > 0}. Da für alle w in der Eingabemenge
Abbildung (w) < n/(k - 1) ist, folgt daraus, daß die Mächtigkeit der
Menge zusammen mit der von W größer als k - 1 ist. Die Elemente y aus
W können aber nur kleiner als irgendein x_i aus der Menge sein; ist die
Mächtigkeit der Menge am Ende des Turniers kleiner als k - 1, dann ist
jeder Spieler aus der Menge oder aus W ein Kandidat für die (k - 1) -

besten Spieler. Dies ist ein Widerspruch; also folgt, daß am Ende des
Turniers die $(k - 1)$ - besten Spieler geordnet sind und sich in der
Menge befinden. $\square$

Jetzt können wir das Haupttheorem formulieren.

<u>Theorem 10.6</u> [Hyafil] Für die Funktion $SEL_k(n)$ gilt: $n - k + (k - 1)$
$\lceil \log n/(k - 1) \rceil \leq SEL_k(n)$.

<u>Beweis</u>: Nach Aussage des Lemmas haben die $(k - 1)$ - besten Spieler
mindestens $(k - 1) \lceil \log n/(k - 1) \rceil$ Spiele ausgetragen. Jeder Spieler,
der sich nicht unter den k besten Spielern befindet, hat mindestens
ein Spiel gegen einen Spieler verloren, der nicht zu den $(k - 1)$ -
besten Spielern gehört. Also gibt es $n - k$ zusätzliche Spiele, die bei
den von den $(k - 1)$ - besten Spielern ausgetragenen Spielen nicht mit-
gezählt wurden. Daraus ergibt sich die Behauptung. $\square$

10.3 TECHNIKEN FÜR ALGEBRAISCHE PROBLEME

In diesem Abschnitt wollen wir zwei Methoden zur Ableitung unterer
Schranken für arithmetische und algebraische Probleme untersuchen:
Substitution und lineare Unabhängigkeit. Die algebraischen Probleme,
die wir hier betrachten, sind Operationen mit ganzen Zahlen, Polynomen und rationalen Funktionen. Lösungen zu diesen Problemen wurden im
9. Kapitel vorgestellt. Zusätzlich befassen wir uns auch mit der Matrizenmultiplikation und ähnlichen Operationen, die im 3. Kapitel behandelt wurden
   Das Berechnungsmodell, das wir verwenden werden, nennen wir ein
geradliniges Programm, und zwar deshalb, weil keine Verzweigungsbe-
fehle erlaubt sind. Daraus ergibt sich folgendes: wenn wir eine Methode zur Lösung eines Problems mit n Eingabewerten kennen, dann können wir eine Menge von geradlinigen Programmen angeben, von denen jedes ein Problem verschiedener Größe n löst. Die einzige in einem geradlinigen Programm vorkommende Anweisung ist die Wertzuweisung. Sie
hat die Form: $s \leftarrow p$ op q. Dabei sind s, p und q Variable beschränkter
Größe, op ist typischerweise einer der arithmetischen Operatoren Addition, Subtraktion, Multiplikation oder Division. Außerdem ist s eine
Variable, die noch in keinem früheren Schritt aufgetaucht ist; p und
q sind entweder Konstanten, Eingabevariable oder Variable, die bereits
auf der linken Seite einer Wertzuweisung erschienen sind. Als Beispiel

betrachten wir ein geradliniges Programm, **das** den Wert eines Polynoms
vom Grad zwei berechnet.

$$v1 \leftarrow a_2 * x$$
$$v1 \leftarrow v1 + a_1$$
$$v1 \leftarrow v1 * x$$
$$erg \leftarrow v1 + a_0$$

Um die Komplexität eines geradlinigen Programms zu ermitteln, gehen
wir davon aus, daß jeder Befehl eine Zeiteinheit und eine Speicher-
platzeinheit benötigt. Dann ist die Zeitkomplexität eines geradlinigen
Programms die Zahl der Zuweisungen oder dessen Länge. Eine realisti-
schere Annahme berücksichtigt die Tatsache, daß man zur Darstellung
einer ganzen Zahl n $\lfloor \log n \rfloor$ + 1 Bits benötigt. In diesem Abschnitt
wollen wir aber annehmen, daß alle Operanden genügend klein sind, so
daß sie in ein Register fester Länge passen; damit ist obige Annahme
gerechtfertigt.

Als nächstes müssen wir uns über die Klasse der Konstanten, die
wir zulassen, Gedanken machen. Dazu benötigen wir einige elementare
Definitionen aus der Algebra.

<u>Definition</u> Ein <u>Ring</u> ist eine algebraische Struktur, welche eine Menge
S von Elementen und zwei Operationen + und * enthält. Für alle a, b $\in$ S
liegen a + b und a * b ebenfalls in S. Außerdem gilt folgendes:

$$(a + b) + c = a + (b + c) \text{ und } (a * b) * c = a * (b * c) \quad \text{(Assoziativ-}$$
$$\text{gesetz)}$$
$$a + b = b + a \quad \text{(Kommutativgesetz)}$$
$$(a + b) * c = a * c + b * c \text{ und } a * (b + c) = a * b + a * c \quad \text{(Distri-}$$
$$\text{butivgesetz)}$$
$$a + 0 = 0 + a = a \quad \text{(0 ist additive Identität)}$$
$$a * 1 = 1 * a = a \quad \text{(1 ist multiplikative Identität)}$$

Zu jedem a $\in$ S gibt es ein additiv inverses Element - a, so daß gilt:
a + (- a) = (- a) + a = 0
Ist die Multiplikation ebenfalls kommutativ, dann handelt es sich um
einen kommutativen Ring.

<u>Definition</u> Ein <u>Körper</u> ist ein kommutativer Ring, so daß für jedes Ele-
ment a $\in$ S (ungleich 0) ein multiplikativ inverses Element a^{-1} existiert
mit a * a^{-1} = 1.

Die reellen Zahlen bilden mit den üblichen Operationen der Addition und Multiplikation einen Körper, ebenso die komplexen Zahlen. Die ganzen Zahlen bilden jedoch mit den Operationen + und * keinen Körper, denn es gibt nur zu + 1 und - 1 multiplikativ inverse Elemente. Ein weiterer Körper ist die Menge der ganzen Zahlen modulo einer Primzahl (siehe Kapitel 9). Sie bilden einen endlichen Körper, der aus den ganzen Zahlen (0, 1, ..., p - 1) besteht.

<u>Definition</u> Eine <u>Unbestimmte</u> über einem algebraischen System ist ein Symbol, welches in S nicht auftritt. Die <u>Erweiterung</u> von S durch die Unbestimmten x_1, ..., x_n ist der kleinste kommutative Ring, der alle Kombinationen der Elemente von S und der Unbestimmten enthält. Solch eine Erweiterung bezeichnen wir mit $S[x_1, ..., x_n]$. Wird ein Körper so erweitert, daß Quotienten von Elementkombinationen aus S und Unbestimmten zulässig sind, dann bezeichnen wir diese Erweiterung mit $S(x_1, ..., x_n)$.

Die Elemente in einer Erweiterung $S[x_1, ..., x_n]$ kann man als Polynome in den Variablen x_i mit Koeffizienten aus der Menge S betrachten. Die Elemente in einer Erweiterung $S(x_1, ..., x_n)$ sollten als rationale Funktionen der Variablen x_i mit Koeffizienten aus S angesehen werden. Die Unbestimmten sind in dem Sinne unabhängig, daß keine durch die anderen ausgedrückt werden kann. Zwei Polynome oder rationale Funktionen sind also nur dann gleich, wenn sie unter Verwendung der Gesetze des Ringes oder des Körpers ineinander überführt werden können.

Der Körper der Konstanten kann bzgl. der Komplexität der Algorithmen bei einigen Problemen eine wichtige Rolle spielen. Betrachten wir beispielsweise Programme, welche $x^2 + y^2$ berechnen, wobei der Körper aus den reellen Zahlen besteht, dann sind dazu zwei Multiplikationen erforderlich. Besteht der Körper jedoch aus den komplexen Zahlen, dann wird nur eine komplexe Multiplikation benötigt, nämlich $(x + iy) * (x - iy)$.

<u>Theorem 10.7</u> Jeder Algorithmus zur Berechnung des Wertes eines allgemeinen Polynoms vom Grad n, der nur +, -, * verwendet, benötigt n Additionen oder Substraktionen.

<u>Beweis:</u> Jedes geradlinige Programm, das den Wert von $a_n x^n + ... + a_0$ berechnet, kann in ein Programm überführt werden, welches $a_n + ... + a_0$ berechnet, wenn ein Körper K von Konstanten und Unbestimmten $(s_n, ..., a_0)$ gegeben ist. Dieses neue Programm erhält man, indem man am Anfang die Zuweisung $s \leftarrow 1$ einfügt und dann x überall durch s ersetzt.

Wir zeigen nun durch Induktion, daß $a_n + \ldots + a_0$ n Additionen oder
Substraktionen erfordert. Für n = 1 müssen wir $a_1 + a_0$ als ein Element in $K[a_1, a_0]$ berechnen. Sind Additionen oder Substraktionen verboten, dann können gemäß der Definition der Erweiterung nur Produkte
der a_i multipliziert mit Konstanten aus dem Körper erzeugt werden. So
erfordert $a_1 + a_0$ eine Addition. Nun nehmen wir an, daß wir eine Summe
oder Differenz aus mindestens zwei Termen berechnet haben, wobei jeder
Term möglicherweise ein Produkt aus Elementen des Vektors a und ein
Körperelement ist. Ohne Beschränkung der Allgemeinheit nehmen wir an,
daß a_n in einem dieser Terme vorkommt. Setzen wir für a_n null, dann
wird diese erste Addition oder Subtraktion überflüssig, da eines der
Argumente null ist. Als nächstes berechnen wir $a_{n-1} + \ldots + a_0$, wofür
wir nach Induktionsannahme n - 1 Additionen oder Subtraktionen benötigen. Daraus ergibt sich das Theorem. $\square$

Die Grundidee bei diesem Beweis ist die Substitution. Mit der gleichen Methode kann man ein nicht viel komplizierteres Theorem beweisen,
welches zeigt, daß das Hornerschema in bezug auf Multiplikationen und
Divisionen optimal ist.

<u>Definition</u> F und G seien zwei Körper, F sei in G enthalten, und wir
führen in $G(a_1, \ldots, a_n)$ Berechnungen aus. Die Operation f op q, wobei
op * oder / ist, nennen wir <u>inaktiv</u>, falls eine der folgenden Aussagen
gilt: (i) $g \in F$; (ii) $f \in F$ und die Operation ist eine Multiplikation;
(iii) $f \in G$ und $g \in G$.

Jede Multiplikation oder Division, welche nicht inaktiv ist, nennen
wir <u>aktiv</u>. Beispielsweise sind Operationen wie x * x oder $15 * a_i$ inaktiv, während die Operationen $x * a_i$, $a_1 * a_2$ oder $15/a_i$ aktiv sind.

<u>Definition</u> Es sei $a = (a_0, \ldots, a_n)$. Dann ist $p_1(a), \ldots, p_n(a)$ <u>linear
unabhängig</u>, falls es keine nichttriviale Menge von Konstanten $c_1, \ldots,$
c_n gibt, so daß $\sum c_i p_i = a$ eine Konstante ist.

Man kann sich P(a, x) als ein allgemeines Polynom in dem Sinne vorstellen, daß es nicht nur eine Funktion von x, sondern auch von den
Eingabewerten a ist. Wir können P(a, x) als $\sum (p_i(a) x^i) + r(x)$ schreiben
ben, wobei u der p_i linear unabhängig sind.

<u>Theorem 10.8</u> [Borodin, Munro] Werden zur Berechnung von P(a, x) u
aktive Operationen * oder / benötigt, dann sind n aktive Operationen
* oder / erforderlich, um ein allgemeines Polynom n-ten Grades auszuwerten.

Beweis: Der Beweis benutzt die Induktion über u. Es sei u = 1. Gibt es keine aktive Operation * oder /, dann kann man nur $p_i(a) + r(x)$ für irgendein i bilden. Nun sei $(p_i(a) + r_1(x)) * (p_j(a) + r_2(x))$ die erste aktive Multiplikation in einem geradlinigen Programm, welches $P(a, x)$ berechnet. Ohne Beschränkung der Allgemeinheit nehmen wir an: $p_j(a) \neq a$ konstant. Dann wird in dem geradlinigen Programm $p_j(a) + r_2(x)$ durch eine Konstante d so ersetzt, daß dies zu keiner verbotenen Division durch null führt. Dies kann man immer erreichen; ist p_j nämlich eine Linearkombination von Konstanten c_i mal a_i, dann setzt man, da es ein j mit $c_j \neq 0$ geben muß, a_j wie folgt:

$$a_j = -\frac{1}{c_j}\left(\sum_{i, i \neq j} c_i a_i + r_2(x) - d \right) \tag{10.4}$$

Daraus folgt, daß $p_j(a) + r_2(x) = d$ ist. Wir betrachten jetzt $P(a, x)$, nachdem die Substitution von a_j stattgefunden hat. P kann dann in folgender Form neu geschrieben werden:

$$\sum_{0 \leq i \leq n} P_i'(x) x^i + r'(x) \tag{10.5}$$

Durch eine Ersetzung können wir also eine aktive Multiplikation oder Division entfernen; wir berechnen dann einen neuen Ausdruck. Wenn man zeigen kann, daß es u - 1 linear unabhängige p_j gibt, dann bleiben nach Induktionsannahme mindestens u - 1 aktive Operationen * oder /; daraus folgt das Theorem. Dieses Lemma hat rein technische Bedeutung; wir verzichten daher auf seine Darstellung. Man findet es in den Übungen.

<u>Korollar 10.1</u> Das Hornerschema ist in bezug auf die Anzahl der Multiplikationen und Divisionen, die zur Auswertung eines Polynoms nötig sind, ein optimaler Algorithmus.

<u>Beweis</u>: Das Theorem ergibt sich aus dem vorhergehenden Theorem, aus dem Ergebnis in den Übungen, daß nach der Substitution u - 1 linear unabhängige Kombinationen übrigbleiben und aus der Tatsache, daß das Hornerschema nur n Multiplikationen benötigt. □

Eine andere Beweismethode für die Abbildungen unterer Schranken bei algebraischen Problemen besteht darin, diese als Matrizenprobleme zu behandeln. Das Problem der Polynomauswertung können wir z.B. wie folgt ausdrücken: man berechne das 1 x (n + 1) mal (n + 1) x 1 Matrizenprodukt

$$[1, x, x^2, \ldots, x^n] \begin{bmatrix} a_0 \\ a_1 \\ \cdot \\ \cdot \\ \cdot \\ a_n \end{bmatrix} \tag{10.6}$$

welches das Produkt zweier Vektoren ist. Ein weiteres Problem ist die Multiplikation komplexer Zahlen. Das Produkt (a + ib) * (c + id) = ac - bd + (bc + ad)i kann man in Form von Matrizen wie folgt schreiben:

$$\begin{bmatrix} a & -b \\ b & a \end{bmatrix} \begin{bmatrix} c \\ d \end{bmatrix} = \begin{bmatrix} ac - bd \\ bc + ad \end{bmatrix} \tag{10.7}$$

Allgemeiner ausgedrückt wollen wir Probleme betrachten, die man als das Produkt einer Matrix mit einem Vektor formulieren kann:

$$\begin{bmatrix} a_{11}, \ldots, a_{1n} \\ \cdot \\ \cdot \\ \cdot \\ a_{m1}, \ldots, a_{mn} \end{bmatrix} \begin{bmatrix} x_1 \\ \cdot \\ \cdot \\ \cdot \\ x_n \end{bmatrix} \tag{10.8}$$

<u>Definition</u> K sei ein Körper und $x_1, \ldots, x_n$ seien Unbestimmte. $K^m[x_1, \ldots, x_n]$ sei der m-dimensionale Vektorraum mit Komponenten aus $K[x_1, \ldots, x_n]$. K^m sei der m-dimensionale Vektorraum mit Komponenten aus K. Eine Menge von Vektoren $v_1, \ldots, v_k$ aus $K^m[x_1, \ldots, x_n]$ ist <u>linear unabhängig modulo K^m</u>, wenn für $u_1, \ldots, u_k$ in K aus der Summe $\sum(u_i v_i)$

mit i = 1 und k in K^m sich ergibt, daß alle u_i gleich null sind. Sind die v_i nicht linear unabhängig, dann heißen sie linear <u>abhängig</u> modulo K^m. Der <u>Zeilenrang</u> einer Matrix A modulo K^r ist die Zahl der linear unabhängigen Zeilen modulo K^r. Der <u>Spaltenrang</u> ist die Zahl der linear unabhängigen Spalten.

Wir formulieren jetzt das Haupttheorem dieses Abschnitts.

<u>Theorem 10.9</u> Es sei A eine r x s Matrix mit Elementen aus dem Erweiterungskörper K x_1, ..., x_n ; es sei y = y_1, ..., y_s ein Spaltenvektor, der s Unbestimmte enthält.

   (i)   Ist der Zeilenrang von A gleich v, dann erfordert jede Berechnung von Ay mindestens v aktive Multiplikationen.

  (ii)   Ist der Spaltenrang von A gleich w, dann erfordert jede Berechnung von Ay mindestens w aktive Multiplikationen.

(iii)   Enthält A eine Teilmatrix B der Größe v x w, so daß für beliebige Vektoren $p \in K^V$ und $q \in K^W$ gilt: $p^TBq \in K$ genau dann, wenn p = O oder q = O ist, dann erfordert jede Berechnung von Ay v + w - 1 Multiplikationen.

<u>Beweis</u>: Den Beweis von Teil (i) findet man in dem Artikel von Winograd. Die Beweise zu (ii) und (iii) kann man in dem Aufsätzen von Fiduccia nachlesen. Verwiesen wird auch auf Aho, Hopcraft und Ullman.

<u>Beispiel 10.1</u> Wir betrachten noch einmal das Problem der Multiplikation zweier 2 x 2 Matrizen.

$$\begin{bmatrix} a & b \\ c & d \end{bmatrix} \begin{bmatrix} e & f \\ g & h \end{bmatrix} = \begin{bmatrix} ae + bg, & af + bh \\ ce + dg, & cf + dh \end{bmatrix} \tag{10.3.1}$$

Gemäß Definition benötigen wir dazu 8 Multiplikationen. Wir können diese Multiplikation in Form eines Matrix - Vektor - Produkts wie folgt formulieren:

$$\begin{bmatrix} a & b & 0 & 0 \\ c & d & 0 & 0 \\ 0 & 0 & a & b \\ 0 & 0 & c & d \end{bmatrix} \begin{bmatrix} e \\ g \\ f \\ h \end{bmatrix} = \left(\begin{bmatrix} a-b & 0 & 0 & 0 \\ 0 & 0 & 0 & 0 \\ a+b & 0 & 0 & 0 \\ 0 & 0 & 0 & 0 \end{bmatrix} \right.$$

$$+ \begin{bmatrix} b & b & 0 & 0 \\ -b & -b & 0 & 0 \\ 0 & 0 & 0 & 0 \\ 0 & 0 & 0 & 0 \end{bmatrix} + \begin{bmatrix} 0 & 0 & 0 & 0 \\ 0 & 0 & 0 & c-d \\ 0 & 0 & 0 & 0 \\ 0 & 0 & 0 & -c+d \end{bmatrix} \tag{10.3.2}$$

$$+ \begin{bmatrix} 0 & 0 & 0 & 0 \\ 0 & 0 & 0 & 0 \\ 0 & 0 & -c & -c \\ 0 & 0 & c & c \end{bmatrix} + \begin{bmatrix} 0 & 0 & 0 & 0 \\ 0 & 0 & 0 & 0 \\ a+c & 0 & a+c & 0 \\ 0 & 0 & 0 & 0 \end{bmatrix}$$

$$+ \begin{bmatrix} 0 & 0 & 0 & 0 \\ 0 & b+d & 0 & b+d \\ 0 & 0 & 0 & 0 \\ 0 & 0 & 0 & 0 \end{bmatrix} + \left. \begin{bmatrix} 0 & 0 & 0 & 0 \\ b+c & 0 & 0 & -b-c \\ -b-c & 0 & 0 & b+c \\ 0 & 0 & 0 & 0 \end{bmatrix} \right) \begin{bmatrix} e \\ g \\ f \\ h \end{bmatrix}$$

Die erste 2 x 2 Matrix A wurde zu einer 4 x 4 Matrix erweitert:

$$\begin{bmatrix} A & 0 \\ 0 & A \end{bmatrix} \tag{10.3.3}$$

Diese Matrix wird noch weiter zerlegt in eine Summe von 7 Matrizen, von der jede die Größe 4 x 4 hat. Zeilen- und Spaltenrang jeder Matrix sind gleich eins. Aus Theorem 10.11 folgt, daß 7 Multiplikationen nötig sind.

Beispiel 10.2 Gegeben sind zwei komplexe Zahlen a + ib und c + id. Das Produkt (a + ib) * (c + id) = ac - bd + i(ad + bc) kann durch folgende Matrix - Vektor - Berechnung beschrieben werden:

$$\begin{bmatrix} a & -b \\ b & a \end{bmatrix} \begin{bmatrix} c \\ d \end{bmatrix} = \begin{bmatrix} ac - bd \\ bc + cd \end{bmatrix} \tag{10.9}$$

wozu offenbar 4 Multiplikationen nötig sind. Man kann aber auch folgende Form verwenden:

$$\left(\begin{bmatrix} a + b & 0 \\ 0 & a - b \end{bmatrix} + \begin{bmatrix} -b & -b \\ b & b \end{bmatrix} \right) \begin{bmatrix} c \\ d \end{bmatrix} \tag{10.10}$$

Die erste Matrix hat einen Zeilen- und einen Spaltenrang von 2, die zweite von 1. Also sind 3 Multiplikationen nötig. Das Produkt kann folgendermaßen berechnet werden:

(i)   a * (d - c)
(ii) (a + b) * c
(iii) b * (c + d)

Dann ist (ii) - (iii) = ac - bd und (i) - (ii) = ad + bc.

Beispiel 10.3 In Gleichung 10.6 wird die Auswertung eines Polynoms n-ten Grades in Form eines Matrix - Vektor - Produkts dargestellt. Die Matrix hat n linear unabhängige Spalten modulo dem Konstantenfeld K; gemäß Theorem 10.11 sind also n Multiplikationen erforderlich.

<u>Untere Schranken für Polynome mit Vorbestimmung</u>

Wie wir in diesem Abschnitt bereits gesehen haben, benötigt jeder Algorithmus, der ein allgemeines Polynom n-ten Grades auswertet, n Multiplikationen oder Divisionen und n Additionen oder Subtraktionen. Diese Aussage beruht auf der Annahme, daß die Eingabe für irgendeinen Algorithmus sowohl aus dem Wert für x als auch aus den Koeffizienten des Polynoms besteht. Wir können auch einen anderen Standpunkt einnehmen und uns fragen, wie effizient man das Problem lösen kann, wenn die Koeffizienten des Polynoms bereits im voraus bekannt sind, und wenn Funktionen dieser Koeffizienten vor Beginn der Auswertung ohne Kosten berechnet werden können. Dieses Verfahren der Berechnung von Funktionen der Koeffizienten nennt man <u>Vorbestimmung</u> (preconditioning).

Wir betrachten zunächst das allgemeine Polynom 4. Grades $A(x) = q_4 x^4 + a_3 x^3 + a_2 x^2 + a_1 x + a_0$ und das Schema

$$y \leftarrow (x + c_0)x + c_1 \qquad A(x) = ((y + x + c_2)y + c_3)c_4$$

Wenn wir die Werte der c_i durch die a_i ausdrücken können, benötigen wir nur drei Multiplikationen und fünf Additionen. Wir erweitern $A(x)$ durch Terme von x und c_i und erhalten

$$A(x) = c_4 x^4 + (2c_0 c_4 + c_4)x^3 + (c_0^2 + 2c_1 + c_0 c_4 + c_2 c_4)x^2 +$$

$$(2c_0 c_1 c_4 + c_1 c_4 + c_0 c_2 c_4)x + (c_1^2 c_4 + c_1 c_2 c_4 + c_3 c_4)$$

Setzen wir obige Koeffizienten mit den a_i gleich, so erhalten wir

$$c_4 = a_4; \qquad c_0 = (a_3/a_4 - 1)/2$$

$$bb = a_2/a_4 - c_0(c_0 + 1)$$

$$c_1 = a_1/a_4 - c_0 b; \qquad c_2 = b - 2c_1 \qquad c_3 = a_0/a_4 - c_1(c_1 + c_2)$$

Wenden wir diese Methode auf das Polynom $A(x) = -x^4 + 3x^3 - 2x^2 + 2x + 1$ an, so erhalten wir folgendes geradlinige Programm:

```
q ← x - 2
r ← q*x
y ← r - 2
```

$$s \leftarrow y + x$$
$$t \leftarrow s + 4$$
$$u \leftarrow t * y$$
$$v \leftarrow u + 3$$
$$p \leftarrow -1 * v$$

Dieses Programm wertet $A(x)$ mit nur drei Multiplikationen aus.

Man kann in der Tat folgendes zeigen: für jedes Polynom $A(x)$ vom Grad $n \geq 3$ gibt es reelle Zahlen c, d_i, e_i für $0 \leq i \leq \lceil n/2 \rceil - 1$, so daß $A(x)$ mit $\lfloor n/2 \rfloor + 2$ Multiplikationen und n Additionen ausgewertet werden kann. Die Auswertung erfolgt nach folgendem Schema:

$$y \leftarrow x + c; \quad w \leftarrow y * y$$
$$z \leftarrow (a_n y + d_0)y + e_0 \quad \text{(falls n gerade)};$$
$$z \leftarrow a_n y + e_0 \quad \text{(Falls n ungerade)};$$
$$z \leftarrow z(w - d_i) + e_i \quad \text{für } i = 1, 2, \ldots, m;$$
$$\text{Ergebnis} \leftarrow z.$$

Nachdem wir nun ein Schema gefunden haben, welches die Zahl der erforderlichen Multiplikationen um etwa die Hälfte reduziert, stellt sich natürlich die Frage, wie nahe wir an die optimale Lösung herangekommen sind. Die untere Schranke, die wir jetzt vorstellen werden, ergibt sich aus der Tatsache, daß jedes geradlinige Programm in eine "normale Form" gebracht werden kann, welche eine begrenzte Zahl von Konstanten verwendet. Wir beschränken unsere Argumentation auf Programme ohne Division und überlassen die Erweiterung dem interessierten Leser.

<u>Lemma 10.2</u> (Motzkin 1954) Zu jedem geradlinigen Programm mit k Multiplikationen und mit einer einzigen Eingangsvariablen x gibt es ein äquivalentes Programm, das höchstens $2k$ Konstanten verwendet.

<u>Beweis</u>: Mit s_i, $0 \leq i \leq k$, werde das Ergebnis der i-ten Multiplikation bezeichnet. Wir können das Programm wie folgt umschreiben:

$$s_0 \leftarrow x$$

$$s_i \leftarrow L_i * R_i, \quad 1 \leq i \leq k$$

$$A(x) \leftarrow L_{k+1}$$

wobei jedes L_i und R_i eine bestimmte Summe aus einer Konstanten (welche
der Zusammenfassung anderer Konstanten aus dem ursprünglichen Programm
entsprechen kann) und einem früheren s_j ist (ein s_j kann in dieser
Summe mehrfach auftreten). Das erste Produkt $s1 \leftarrow (c_1 + m_1 x) * (c_2 +
m_2 x)$ kann durch $s1 \leftarrow mx(x + c)$ ersetzt werden, wobei $m = m_1 m_2$ und $c =
m_1 c_2 + m_2 c_1$ ist, vorausgesetzt, daß spätere Konstanten in geeigneter
Weise geändert werden. □

<u>Lemma 10.3</u> (Belaga 1958) Zu jedem geradlinigen Programm mit k Addi-
tionen / Subtraktionen und einer einzigen Eingangsvariablen x gibt es
ein äquivalentes Programm, das höchstens k + 1 Konstanten verwendet.

<u>Beweis</u>: Es sei s_i, $0 \leq i \leq k$ das Ergebnis der k-ten Addition bzw.
Subtraktion. Wie im vorigen Beweis können wir das Programm umschrei-
ben:

$$s_0 \leftarrow x$$

$$s_i \leftarrow c_i p_i + d_i q_i, \quad 1 \leq i \leq k$$

$$A(x) \leftarrow c_{k+1} P_{k+1}$$

Dabei sind die p_i und q_i Produkte aus früheren s_j. Für k = 1, 2, ...
wird s_i durch $s_i \leftarrow (c_i d_i^{-1}) p_i + q_i$ ersetzt, gleichzeitig werden alle
folgenden Referenzen auf s_i durch $d_i s_i$ ersetzt. □

<u>Theorem 10.10</u> (Motzkin, Belaga) Die Wahrscheinlichkeit dafür, daß
ein zufällig ausgewähltes Polynom n-ten Grades entweder mit weniger
als $\lceil (n + 1/2 \rceil$ Multiplikationen bzw. Divisionen oder mit weniger als
n Additionen bzw. Subtraktionen berechnet werden kann, ist gleich
null.

<u>Beweisskizze</u>: Wenn ein gegebenes geradliniges Programm mit der einzi-
gen Eingangsvariablen x nur aus "wenigen" Operationen besteht, dann
können wir annehmen, daß es höchstens n Konstanten hat. Jedesmal, wenn
diese Konstanten gesetzt werden, bestimmen sie eine Menge von Koeffizienten des Polynoms, das von der letzten Operation des Programms berechnet wurde. Für ein gegebenes A(x) vom Grad n ist die Wahrscheinlichkeit null, daß man die maximal n Konstanten des Programms so ein-
stellen kann, daß das berechnete Polynom mit allen n + 1 Koeffizienten des gegebenen Polynoms übereinstimmt. Ein formaler Beweis beruht

darauf zu zeigen, daß die Teilmenge des n + 1 - dimensionalen Raumes,
die so dargestellt werden kann, das Lebesque - Maß null hat. Daraus
folgt, daß die Konstanten solch eines kurzen Programms nur mit der
Wahrscheinlichkeit null so gesetzt werden können, daß das Polynom
ausgewertet wird (die Menge der geradlinigen Programme ist aufzähl-
bar, wenn wir Programme identifizieren, die sich nur durch ihre Konstanten unterscheiden). ▫

Das obige Theorem zeigt, daß die oben angegebene Methode der Vor-
bestimmung fast optimal ist, daß sie aber noch verbessert werden kann.

10.4   EINIGE UNTERE SCHRANKEN FÜR PARALLELE BERECHNUNGEN

In diesem Abschnitt wollen wir einige der kürzlich entwickelten unteren Schranken vorstellen, wobei wir davon ausgehen, daß eine Maschine mit vielen Prozessoren zur Verfügung steht. In diesem Fall sprechen wir von Parallelrechnung. Bei unserem Maschinenmodell, welches
allen im folgenden vorgestellten Ergebnissen zugrunde liegt, gehen
wir davon aus, daß k unabhängig voneinander programmierbare Prozessoren zur Verfügung stehen. In einigen Fällen ist k fest, in anderen
kann die Zahl mit der Problemstellung variieren. Jeder Prozessor kann
arithmetische und Vergleichsoperationen genauso durchführen wie der
Einzelrechner, den wir bisher zugrunde gelegt haben. Zu jedem Zeitraum können alle Prozessoren arbeiten, aber während dieses Zeitraums
können sie höchstens eine konstante Zahl von Operationen durchführen.
Wir behandeln nicht die Frage, ob die Prozessoren synchron oder asyn-
chron arbeiten. Wir wollen nur bemerken, daß die Steuerung aufwendiger
wird, wenn die Prozessoren mit verschiedenen Geschwindigkeiten arbeiten können. Alle Prozessoren teilen sich einen Speicher. Außerdem
nehmen wir an, daß zu jedem Zeitpunkt alle k Prozessoren auf diesen
Speicher gleichzeitig zugreifen können. In der Praxis zeigt sich, daß
dies eine äußerst unrealistische Annahme ist. Doch von unserer Per-
spektive zur Ermittlung unterer Schranken werden die Ergebnisse dadurch nicht entkräftet. Daraus folgt nur, daß irgendeine tatsächliche
Verbesserung der Rechenzeit durch die Verwendung paralleler Prozessoren nicht so groß sein wird wie die hier angegebenen Schranken.
Ein paralleler Algorithmus ist ein Algorithmus, der von einem
Parallelprozessor ausgeführt wird, das ist eine Maschine, die es ermöglicht, daß zum gleichen Zeitpunkt mehr als ein Prozessor am gleichen Problem arbeiten kann. Einige Algorithmen, die typischerweise

für eine Maschine mit nur einem Prozessor beschrieben sind, können
für eine Mehrprozessoranlage ohne weiteres entsprechend umgeformt
werden. Ein Beweis dafür ist die im 9. Kapitel behandelte modulare
Arithmetik. Andererseits gibt es viele Lösungen, die im wesentlichen
sequentieller Natur sind; es scheint, daß man die Rechenzeiten nicht
verbessern kann, wenn man solche Algorithmen von einem Parallelrechner ausführen läßt. Daher sucht man in der letzten Zeit nach neuen
Algorithmen, welche die Möglichkeiten eines Parallelrechners entsprechend ausnützen. Die Komplexität eines parallelen Algorithmus ist die
Anzahl der Zeitspannen, die im ungünstigsten Fall zur Ausführung des
Algorithmus benötigt werden. Da zu jeder Zeitspanne k Prozessoren arbeiten können, ist die Komplexität eines parallelen Algorithmus im
allgemeinen kleiner als die für einen Einzelrechner.

Informationstheoretische Beweise

Wir betrachten die Berechnung von x^n mit $n = 2^m$. Aus der Informationstheorie wissen wir, daß es nicht möglich ist, in einer vorgegebenen Zeitspanne zu viel Informationen über ein Problem zu erzeugen.
Für dieses Problem bedeutet das, daß x^n nicht mit weniger als $\lceil \log n \rceil$
Schritten berechnet werden kann, insbesondere daß die Berechnung von
x^2, x^4, x^8, ..., x^n m Schritte erfordert - unabhängig von der Zahl
der verfügbaren Prozessoren. Dieses Ergebnis wurde von Kung zum ersten
Mal allgemein formuliert.

__Theorem 10.11__ Es sei $A(x) = P(x)/Q(x)$ eine rationale Funktion, P
und Q seien zueinander prim, n sei der höchste Grad von P und Q. Dann
ist zur Berechnung von $A(x)$ mindestens die parallele Zeit $\lceil \log n \rceil$ erforderlich.

__Beweis:__ Der Beweis geschieht durch Induktion über n, sei $n = 1$. Dann
hat $A(x)$ die Form $(ax + b)/(cx + d)$, wobei a, b, c, d Konstanten sind.
Also kann $A(x)$ in einer konstanten Zeitspanne berechnet werden, die
nach unten durch $\lceil \log n \rceil$ beschränkt ist. Wir nehmen an, das Theorem
gelte für eine beliebige rationale Funktion $A(x)$, wobei der höchste
Grad n kleiner als 2^m ist. Nach Induktionsannahme waren also zur Berechnung von $A(x)$ nur m Schritte nötig. Im Schritt $m + 1$ kann $A(x)$
entweder zu einer anderen rationalen Funktion addiert oder mit einer
anderen rationalen Funktion multipliziert werden, aber in beiden Fällen kann der Grad des anderen Arguments nicht größer als n sein.

596

Daher kann zum Zeitpunkt m + 1 der maximale Grad irgendeines Ergebnisses höchstens $2n = 2^{m+1}$ sein. Aus $\lceil \log 2^{m+1} \rceil = m + 1$ folgt das Ergebnis.

Nun wollen wir uns dem Sortierproblem zuwenden. In Abschnitt 10.1 haben wir festgestellt, daß Ω (n log n) eine untere Schranke für das Sortieren mit Hilfe einer sequentiellen Maschine ist.

<u>Theorem 10.12</u> Zum Sortieren von $N = 2^m$ ungeordneten Elementen benötigt man die parallele Zeit $\lceil \log n \rceil$.

<u>Beweis:</u> Wir betrachten das in Abschnitt 10.1 vorgestellte Vergleichsbaummodell für das Sortierproblem. Es gibt n! externe Knoten, welche den n! möglichen Permutationen der Eingabewerte entsprechen. Wir stellen uns vor, daß auf jeder Stufe dieses Vergleichsbaumes beliebig viele Prozessoren zur Verfügung stehen, um die auf dieser Stufe geltenden Bezeichnungen zu ermitteln. Die auf einer gegebenen Stufe durchgeführten Tests hängen nun aber von Testergebnissen vorhergehender Stufen ab; daraus schließen wir, daß kein Parallelrechner schneller arbeiten kann, als durch die Anzahl der Stufen des Baumes vorbestimmt. Da es mindestens $\lceil \log n \rceil$ Stufen gibt, folgt daraus das Theorem. $\square$

<u>Die Auswertung arithmetischer Ausdrücke</u>

<u>Theorem 10.13</u> [Munro und Peterson] Wir nehmen an, daß die Berechnung eines arithmetischen Ausdrucks n binäre Operationen erfordert. Dann ist die kürzeste parallele Zeit, die zur Auswertung dieses Ausdrucks unter Verwendung von höchstens k Prozessoren benötigt wird, nach unten beschränkt durch

$$(n + 1)/k + \log k - 1 \quad (\text{n genügend groß}).$$

<u>Beweis:</u> Es sei P_{min} die geringste Zahl von parallelen Schritten, die von k Prozessoren zur Auswertung eines Ausdrucks benötigt werden. In der letzten Zeitspanne wird höchstens ein Prozessor zur Auswertung des letzten binären Operators benötigt. Entsprechend werden in der Zeitspanne $P_{min} - 1$ höchstens 2 Prozessoren benötigt, zur Zeit $P_{min} - 2$ höchstens 4 Prozessoren und im allgemeinen zur Zeit $P_{min} - m$ höchstens 2^m Prozessoren. Während der Zeitspannen 1, 2, ..., $P_{min} - m - 1$ können höchstens k Prozessoren verwendet werden. Daraus erhalten wir eine

Schranke für n, nämlich

$$n \leq 1 + 2 + 2^2 + \ldots + 2^m + (P_{min} - m - 1)k$$

Die Auflösung nach P_{min} liefert

$$(n - 2^{m+1} + 1)/k \leq P_{min} - m - 1$$

Mit $k = 2^m$ erhalten wir nach Vereinfachung

$$P_{min} \geq (n + 1)/k + \log k - 1 \qquad \square$$

Es ist interessant, wie nahe man an diese untere Schranke herangekommen ist. Für Ausdrücke mit $n - 1$ binären Operatoren und k Prozessoren, in denen jede Variable einmal vorkommt und keine Division erlaubt ist, hat Brent einen Algorithmus angegeben, der $2n/k + O(\log n)$ parallele Schritte benötigt; ist die Division zugelassen, dann sind es $10n/k + O(\log n)$ parallele Schritte. Winograd hat noch bessere Algorithmen angegeben, die für Ausdrücke ohne Division $3n/2k + O((\log n)^2)$ parallele Schritte benötigen und falls die Division erlaubt ist, $5n/2k + O((\log n)^2)$. In den Literaturhinweisen findet man Näheres.

Weitere Betrachtungen über Sortieren und Suchen

__Theorem 10.14__ [Valiant] Gegeben sind n ungeordnete Elemente und $k = n$ Prozessoren. Ist MAX(n) eine untere Schranke für die Ermittlung des Maximums in paralleler Zeit im ungünstigsten Fall, dann gilt: MAX(n) $\geq$ log log n - c, wobei c eine Konstante ist.

__Beweis:__ Wir betrachten die Information, die man aus der Menge der Vergleiche erhält, welche in der Zeit t von einem parallelen Algorithmus durchgeführt werden, der das Maximum findet. Von einigen Elementen wurde gezeigt, daß sie kleiner als andere sind. Sie wurden daher eliminiert. Die anderen bilden eine Menge S, welche das richtige Ergebnis enthält. Werden zur Zeit t zwei Elemente, die nicht aus S sind, miteinander verglichen, dann wird dadurch die Menge S nicht verkleinert. Dasselbe trifft zu, wenn ein Element aus S mit einem nicht aus S verglichen wird und das größere sich in S befindet. Wir nehmen an, daß der ungünstigste Fall eintritt, das bedeutet, daß die Menge S nur verkleinert werden kann, indem Paare von Elementen aus S verglichen werden.

Wir stellen uns einen Graph vor, bei dem die Knoten die Eingabewerte darstellen; eine gerichtete Kante von a nach b bedeutet, daß b
größer als a ist. Eine Teilmenge der Knoten heißt stabil, wenn keines
ihrer Paare durch eine Kante verbunden ist. Dann kann die Mächtigkeit
von S zur Zeit t wie folgt ausgedrückt werden:

S zur Zeit t ≥ min(max(h : der Graph enthält eine stabile Menge
der Mächtigkeit h)
oder G ist ein Graph mit |S| Knoten und n Kanten)

In den Artikeln von Turan "On the theory of graphs", Collq. Math.,
1954, wurde gezeigt, daß die Mächtigkeit von S zur Zeit t ≥ der Mächtigkeit von S zur Zeit t - 1 zum Quadrat, dividiert durch 2k + Mächtigkeit von S ist. Diese Rekursionsformel können wir lösen, indem wir
die Tatsache ausnutzen, daß zu Beginn die Mächtigkeit von S gleich n
ist. Dies zeigt, daß die Mächtigkeit von S größer als eins ist, solange t < log log n - c ist.   □

Diese untere Schranke für das Auffinden des Maximums mag über-
raschen. Zunächst denkt man vielleicht, daß sie ungewöhnlich klein
ist. Noch überraschender ist die Tatsache, daß Valiant einen Algorithmus zum Auffinden des Maximums angegeben hat, der nicht mehr Zeit
braucht als log log n + eine Konstante. Obwohl dieser Algorithmus
einen großen Mehraufwand zwischen jedem parallelen Schritt voraus-
setzt, ist dieses Ergebnis doch sehr interessant. Nähere Einzelheiten
findet man in seinem Artikel, auf den in den Literaturhinweisen verwiesen wird.

Welche Aussagen können wir über das Sortieren auf einem Parallelrechner machen? Aus der Informationstheorie wissen wir, daß Ω (log n)
eine untere Schranke für jeden parallelen Algorithmus ist. Eine interessante Methode von K. Batcher benötigt auf einer sequentiellen Maschine $O((\log n)^2)$ Schritte. Auf einem Parallelrechner kommt man mit
$O((\log n)^2)$ parallelen Schritten aus, da zu jeder Zeiteinheit alle
Vergleiche voneinander unabhängig sind.

```
procedure BATCHER(A, n)
  //sortiert die Werte A(1), ..., A(n) in sich, n ≥ 2//
  t ← ⌈log n⌉
  i ← 2**(t - 1);    //2^(t-1) < n ≤ 2^t//
  while i ≥ 1 do
    q ← 2**(t - 1); r ← 0; d ← i
  L:j ← 0
    while j < n - d and ((j and i) = r) do
      if A(j + 1) > A(j + d + 1)
        then Hilf ← A(j + 1); A(j + 1) ← A(j + d + 1); A(j + d + 1)
        ← Hilf
      endif
      j ← j + 1
      repeat
      if q ≠ i then d ← q - i; q ← q/2; r ← i; go to L
        else i ← i/2
      endif
    repeat
end BATCHER
```

<u>Algorithmus 10.2</u> Sortieralgorithmus von Batcher

<u>Beispiel 10.4</u> Wir wollen die Arbeitseise des Algorithmus verfolgen,
wenn er neun Werte sortiert. Die Striche deuten Vergleiche sowie mögliche Austauschoperationen an.

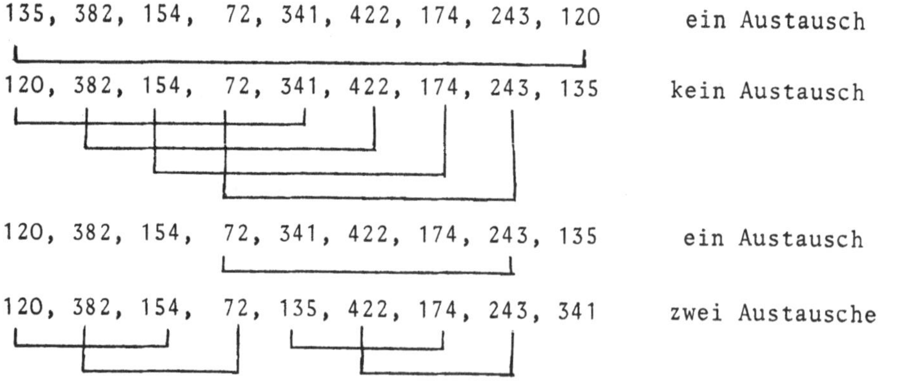

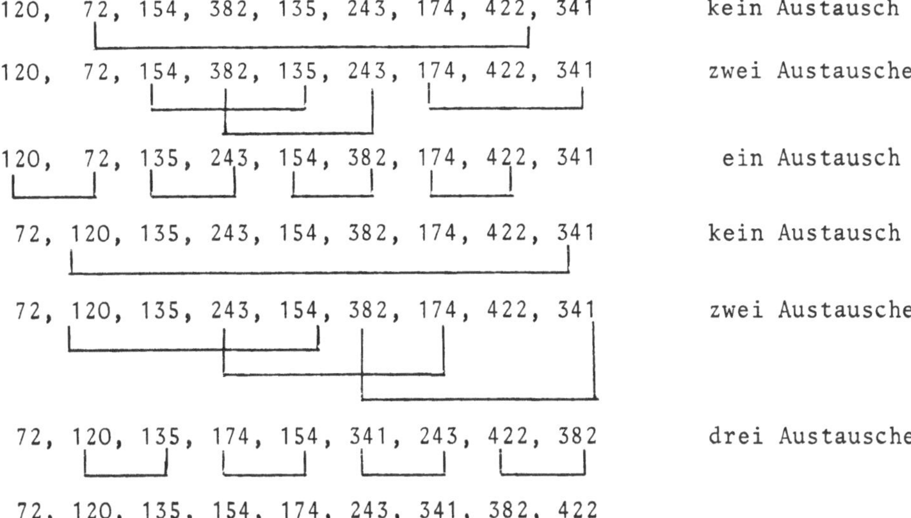

In Knuth, Band III, findet man einen Beweis dafür, daß mit der
Methode von Batcher tatsächlich in allen Fällen richtig sortiert wird.
Dort findet man auch einen Bericht darüber, wie man Batcher's Algorithmus auf einem Parallelrechner verwenden kann, so daß die Zeit für
Datenverschiebungen und für die Durchführung logischer Operationen
durch $O((\log n)^2)$ beschränkt bleibt. Die Methode von Batcher und andere parallele Algorithmen kommen erst dann zur Geltung, wenn diese
parallelen Maschinen gebaut und getestet sind. Zum gegenwärtigen Zeitpunkt scheint das reine Zählen von logischen Operationen nicht zur
Erzeugung eines wirklich effizienten Algorithmus für einen Parallelrechner geeignet zu sein. Wahrscheinlich werden Datenbewegungen ebenfalls ein wichtiger zu messender Parameter sein, um die tatsächliche
Effizienz eines Algorithmus zu bestimmen.

LITERATURHINWEISE

Einen in Einzelheiten gehenden Bericht über untere Schranken für
Sortieren, Mischen und Auswählen findet man in den Abschnitten 5.3,
5.3.1, 5.3.2 und 5.3.3 des Buches

The Art of Computer Programming, volume III sorting and searching,
von Donald Knuth, Addison-Wesley, 1973.

Weiteres Material findet man in den folgenden Berichten:

CS230 notes von Richard Karp, Univ. of California-Berkeley,
Herbst 1972 und Frühjahr 1971

Der Sortieralgorithmus, der soweit bekannt die geringste Zahl von Vergleichen benötigt, wurde zuerst vorgestellt in

"A tournament problem", von L. Ford Jr. und S. Johnson, American Math Monthly, 66, (1959), 387 - 389.

Siehe ebenso

"The Ford-Johnson algorithm is not optimal", von Glenn K. Manacher, Dept. of Information Engineering, Univ. of Illinois, Chicago, III. 60680.

Der Mischalgorithmus mit den wenigsten Vergleichen wurde vorgestellt in

"A simple algorithm for merging two disjoint linearly ordered sets", von F.K. Hwang und S. Lin, SIAM J. Computing, 1 (1972), 31 - 39.

Andere wichtige Artikel enthalten ebenfalls Ergebnisse über untere Schranken:

"Using comparison trees to derive lower bounds for selection problems", von Frank Fussenegger und Harold Gabow, Proc. 17th Found. of C. S., IEEE, Oktober, 1976, 178 - 182.

"Bounds on the complexity of the longest common subsequence problem", von A. Aho, D.S. Hirschberg und J.D. Ullman, J. ACM, vol. 23, no. 1, Januar 1976, 1 - 12.

"On the optimality of some set algorithms", von E.M. Reingold, J. ACM, vol 19, no. 4, Oktober 1972, 649 - 659.

Die untere Schranke für das Auswahlproblem findet man in

"Bounds for selection", von Laurent Hyafil, SIAM J. Computing, vol. 5, no. 1, März 1976, 109 - 114.

In

> "Computing the maximum and the median", von E.M. Reingold Proc.
> 12th Symp, on Switching and Automata Theory, IEEE, Oktober 1971,
> 216 - 218

wird gezeigt, daß man das Maximum einer Menge von n ganzen Zahlen
nicht mit weniger als n - 1 Vergleichen ermitteln kann, wenn Vergleiche nur von linearen Funktionen der ganzen Zahlen zulässig sind.
Falls Exponentialfunktionen erlaubt sind, benötigt man log n Vergleiche.

In

> "Some results on the effect of arithmetics on comparison problems",
> von Nathan Friedman, Proc. 13th Symp. on Switching and Automata
> Theory, IEEE, Oktober 1972, 139 - 143

wird gezeigt, daß die Ω (n log n) - Schranke auch dann gilt, wenn Vergleiche zwischen beliebigen Funktionen und analytischen Funktionen der
Ausgabe erlaubt sind. Weitere interessante Ergebnisse werden ebenfalls
aufgeführt.

Die Lösung zu Aufgabe 17 findet man in

> "On the complexity of computations under varying sets of primi-
> tives", von David Dobkin und Richard Lipton, Automata theory and
> formal languages, Springer-Verlag lecture notes in computer
> science 33.

> "A lower bound of $(1/2)n^2$ on linear search programs for the knap-
> sack problem", von David Dobkin und Richard Lipton, Research re-
> port 70, Yale University, New Haven, Conn.

Viele der algebraischen unteren Schranken findet man in folgenden Büchern:

> "Excursions into geometry", von David Dobkin, Richard Lipton und
> Reiss, Research report 71, Yale University, New Haven, Conn.

Viele der algebraischen unteren Schranken findet man in folgenden Büchern:

The computation complexity of algebraic and numeric problems,
von A. Borodin und I. Munro, American Elsevier, New York, 1975.

The Design and Analysis of Computer Algorithms, von A. Aho und
J.E. Hopcroft und J.D. Ullman, Addison-Wesley, Reading, 1974.

Den Beweis zu Teil (i) des Theorems 10.11 findet man in

"On the number of multiplications necessary to compute certain
functions", von S. Winograd, Comm. Pure and Applied Math., vol.
23, 1970, 165 - 179.

Der Beweis zu Teil (ii) steht in

"On obtaining upper bounds on the complexity of matrix multiplication", von C. Fiduccia, Proc. IBM Symposium on complexity of
computer computations, März 1972.

Teil (iii) wird bewiesen in

"Fast matrix multiplication", von C. Fiduccia, Proc. 3rd Annual
ACM symposium on theory of computing, (1971), 45 - 49.

Über Parallelrechnungen findet man etwas in folgenden Artikeln:

"The complexity of parallel evaluation of linear recurrences", von
L. Hyafil und H.T. Kung, J. ACM, (24, 1) Juli 1977, 513 - 521.

"The parallel evaluation of general arithmetic expressions", von
Richard P. Brent, J. ACM, (21, 2) April, 1974, 201 - 206.

"On the parallel evaluation of certain arithmetic expressions",
von S. Winograd, J. ACM, (22, 4), Oktober, 1975, 477 - 492.

"New algorithms and lower bounds for the parallel evaluation of
certain rational expressions and recurrences", von H.T. Kung, J.
ACM, (23, 2), April, 1976, 252 - 261.

"Optimal algorithms for parallel polynomial evaluation", von I.
Munro und M. Paterson, J. Comp. and Sys. Scis, vol. 7, 1973,
189 - 198.

"Parallelism in comparison problems", von Leslie Valiant SIAM J.
Comp., (4, 3), September, 1975, 348 - 355.

Schließlich sei noch auf das weiter oben erwähnte Buch von Borodin
und Munro verwiesen.

ÜBUNGEN

1. Zeichnen Sie den Vergleichsbaum für das Sortieren von vier Ele-
    menten.

2. Zeichnen Sie den Vergleichsbaum für das Sortieren von vier Ele-
    menten, der durch die Methode "Binäres Einfügen" erzeugt wird.

3. Beim Sortieren von drei Elementen gibt es 13 mögliche Permutatio-
    nen, wenn die Schlüssel gleich sein dürfen. Zählen Sie die Per-
    mutationen auf.

4. Wenn Schlüssel gleich sein dürfen, kann ein Vergleich drei Ergeb-
    nisse liefern: $A(i) < A(j)$, $A(i) = A(j)$, $A(i) > A(j)$. Sortieral-
    gorithmen können daher durch erweiterte ternäre Vergleichsbäume
    dargestellt werden. Zeichnen Sie solch einen Baum für das Sor-
    tieren von drei Elementen, wenn Gleichheit zugelassen ist.

5. Es sei $TE_{min}(n)$ die minimale Zahl von Vergleichen, die nötig
    sind, um n Elemente zu sortieren und alle Gleichheitsbeziehungen
    unter ihnen festzustellen. Es ist klar, daß $TE(n) \geq T(n)$ ist, denn
    die n Elemente können verschieden sein. Zeigen Sie, daß $TE(n) =
    T(n)$ ist.

6. Geben Sie einen Vergleichsbaum für das Sortieren von sechs Elementen an, bei dem sich alle externen Knoten auf den Stufen 10 und 11 befinden.

7. Die Stirling'sche Näherungsformel lautet: $n! \approx \sqrt{2\pi n}\,(n/e)^{n(1+n/12)}$. Zeigen Sie, wie man diese Formel beim Beweis für folgende Gleichung verwendet:

$$\lceil \log n! \rceil = n \log n - n/(\ln 2) + (1/2)\log n + O(1).$$

8. Zeigen Sie, daß die geschlossene Form für $BISORT(n) = n \lceil \log n \rceil - 2^{\lceil \log n \rceil} + 1$ richtig ist.

9. Zeigen Sie, daß $\log(n!)$ ungefähr gleich $n \log n - n \log e + O(1)$ ist. Verwenden Sie dabei die Tatsache, daß die Funktion $\log k$ monoton und nach unten beschränkt ist durch $\log x\, dx$ von $k - 1$ bis k.

10. Zeigen Sie, daß folgende Gleichung gilt:

$$2^k - 2^{k-1} + 2^{k-2} + \ldots + (-1)^k 2^0 = (2^{k+1} + (-1)^k)/3.$$

11. Es sei $m = \alpha n$. Mit Hilfe der Stirling'schen Formel gilt dann:

$$\log \binom{\alpha n + n}{\alpha n} = n((1 + \alpha)\,\log(1 + \alpha) - \alpha \log \alpha) - (1/2)\log n + O(1).$$

Zeigen Sie: Wenn α gegen null geht, wird die Differenz zwischen dieser Formel und $m + n - 1$ beliebig groß.

12. Es sei $F(n)$ die kleinste Zahl von Vergleichen, die man im ungünstigsten Fall benötigt, um $B(1)$ in die geordnete Menge $A(1) < A(2) <\ldots< A(n)$ einzufügen. Zeigen Sie durch Induktion, daß

$F(n) \geq \lceil \log n + 1 \rceil$ ist.

13. Eine <u>partielle Ordnung</u> ist eine mit "$\leq$" bezeichnete binäre Re-
    lation, für die gilt:

    (i)   ist $x \leq y$ und $y \leq z$, dann gilt: $x \leq z$

    (ii) ist $x \leq y$ und $y \leq x$, dann gilt: $x = y$

    Eine <u>totale Ordnung</u> ist eine partielle Ordnung, für die gilt:

    (iii) für alle x, y gilt entweder $x \leq y$ oder $y \leq x$.

    Wie kann man mit einem gerichteten Graph eine partielle oder to-
    tale Ordnung modellieren?

14. Wir betrachten die Bestimmung einer unteren Schranke für das
    Problem der Multiplikation einer m x n Matrix A mit einem n x 1
    Vektor. Zeigen Sie, wie man dieses Problem mit Hilfe einer an-
    deren Matrixdarstellung so formulieren kann, daß Theorem 10.11
    Anwendung findet und die untere Schranke für mn Multiplikationen
    liefert.

15. [Reingold] A(1:n) und B(1:n) enthalten je n unsortierte Elemen-
    te. Zeigen Sie: Sind keine Vergleiche zwischen Paaren von Ele-
    menten aus A oder B erlaubt, dann benötigt man $O(n^2)$ Operationen
    zur Überprüfung, ob die Elemente von A mit denen von B überein-
    stimmen (bis auf mögliche Permutationen).

16. Bei der Ableitung des Sortieralgorithmus von Ford-Johnson muß die
    Folge t_j bestimmt werden. Erklären Sie, warum $t_j + t_{j-1} = 2^j$ ist.
    Zeigen Sie anschließend, wie man die Formel $t_j = (2^{j+1} + (-1)^j)/3$
    erhält.

17. [Dobkin and Lipton] Ein Suchprogramm ist eine endliche Folge von
    Befehlen; diese bestehen aus drei Typen:

(i) <u>if</u> f(x) R 0 <u>then</u> <u>go</u> <u>to</u> L1 <u>else</u> <u>go</u> <u>to</u> L2; dabei ist R entweder <, > oder =, x ist ein Vektor.

(ii) <u>accept</u>

(iii) <u>reject</u>

Beim Problem der Summe der Teilmengen wird eine Teilmenge I der
ganzen Zahlen 1, 2, ..., n für die Eingabewerte w_1, ..., w_n gesucht, so daß gilt: $\sum (w_i) = b$, wobei b eine vorgegebene Zahl ist.
Betrachten Sie Suchprogramme, bei denen die Funktion f so eingeschränkt ist, daß sie nur Vergleiche der Form

$$\sum_{i \in i} w_i = b \tag{10.11}$$

durchführen kann. Mit Hilfe der Technik des Umkehrschlusses haben
Dobkin und Lipton gezeigt, daß man $\Omega (2^n)$ solcher Operationen benötigt, um das Problem der Summe von Teilmengen $(w_1, ..., w_n, b)$
zu lösen. Versuchen Sie, deren Beweis abzuleiten.

18. Es sei A eine symmetrische n x n Matrix, d.h. A(i, j) = A(j, i)
für $1 \le i, j \le n$. Zeigen Sie: Ist p die Zahl der Elemente in
A(i, j), i < j, die ungleich null sind, dann genügen n + p Multiplikationen zur Berechnung von Ax.

19. Zeigen Sie, wie man eine n x n Matrix mit zwei n x 1 Vektoren
multiplizieren Kann und dabei $(3n^2 + 5n)/2$ Multiplikationen benötigt.

20. [W. Miller] (i) Es sei (N, R) die reflexive transitive Hülle
eines gerichteten Graphen (N, E). Dann ist <u, v> eine Kante in
R, wenn es einen Weg von u nach v gibt, der null oder mehr Kanten in E benutzt. Zeigen Sie, daß R genau dann eine partielle
Ordnung auf N ist, wenn (N, E) azyklisch ist. (ii) Zeigen Sie,
daß (N, E ∪ <u, v>) genau dann azyklisch ist, wenn (N, E) azyklisch ist, und wenn es keinen Weg von v nach u gibt, der Kanten

aus E benutzt. (iii) Beweisen Sie: Ist (N, E) azyklisch und
sind u, v verschiedene Elemente in N, dann ist entweder (N, E ∪
<u, v>) oder (N, ∪ (E <v, u>)) azyklisch. (iv) Zeigen Sie, daß
man ein Orakel als Konstruktion eines azyklischen gerichteten
Graphen über der Menge N der Spieler ansehen kann. Interpretieren Sie (ii) und (iii) als Regeln, die bestimmen, welche
Ergebnisse das Orakel den Spielern zuweisen kann.

21. [Valiant] Entwerfen Sie einen parallelen Algorithmus, der das
Maximum unter n unsortierten Elementen in der Zeit $\log \log n + c$
findet, wobei c eine Konstante ist.

22. [Valiant] Entwerfen Sie für $k = \sqrt{mn}$ Prozessoren ($n \leq m$) einen
parallelen Algorithmus, der zwei sortierte Mengen aus m und n
Elementen miteinander mischt und dafür die Zeit $2 \log \log n + c$
benötigt.

23. [Valiant] Verwenden Sie die Idee von Mischsortieren und den
schnellen Mischalgorithmus aus der vorigen Aufgabe zum Entwurf
eines parallelen Sortieralgorithmus, der höchstens $2 \log n \log
\log n + O(\log n)$ parallele Zeit benötigt.

24. Schreiben Sie eine Prozedur, die x^n berechnet und dabei von den
niederwertigen zu den höherwertigen Bits von n fortschreitet.

25. Ermitteln Sie, wie schnell man das innere Produkt $\sum a_i b_i$ zweier
Vektoren in Parallelarbeit bilden kann.

26. Geben Sie einen parallelen Algorithmus an, der die Werte x^2, x^3,
..., x^n berechnet und weniger als $O(n)$ Zeit benötigt.

27. [Kung] Wir betrachten die Rekursionsformel $y_{i+1} = (1/2)(y_i + a/
y_i)$ für $i = 0, 1, 2, ..., n - 1$, welche $a^{1/2}$ approximiert. Zei-
gen Sie, daß jeder parallele Algorithmus zur Auswertung von y_n

die Zeit $O(n)$ benötigt.

28. [Kung] Gegeben ist die Rekursionsformel $y_i = y_{i-1}b_i + a_{i+1}$,
    $i \geq 1$. Zeigen Sie, daß bei der Auswertung von y_n höchstens eine
    Verbesserung der Rechenzeit um $(2/3)k + 1/3$ möglich ist.

29. [Borodin, Munro] Diese Aufgabe vervollständigt den Beweis von
    Theorem 10.9. Es seien $p_1(a_1, \ldots, a_s), \ldots, p_u(a_1, \ldots, a_s)$ u
    linear unabhängige Funktionen von $a_1, \ldots, a_s$. Es sei $a_1 = p(a_2,$
    $\ldots, a_s)$. Zeigen Sie, daß es dann mindestens $u - 1$ linear unab-
    hängige $p'_i = p_i$ gibt, wobei a_1 durch p ersetzt wird.

30. Entwerfen Sie einen parallelen Algorithmus, der den Wert eines
    Polynoms n-ten Grades in der Zeit $O(\log n)$ berechnet.

31. Geben Sie einen parallelen Algorithmus an, der zwei sortierte
    Mengen aus n Elementen in der Zeit $O(\log n)$ miteinander mischt.

32. [W. Miller] Zeigen Sie, daß man das innere Produkt zweier n - Vek-
    toren mit $n/2$ Multiplikationen berechnen kann, wenn die getrenn-
    te Vorbestimmung der Vektorelemente nicht mitgerechnet wird.

Kapitel 11

NP-schwere und NP-vollständige Probleme

11.1 GRUNDLAGEN

Was wir in diesem Kapitel behandeln, ist vielleicht die wichtigste
theoretische Entwicklung in der Algorithmenforschung der letzten zehn
Jahre. Sie ist deshalb so wichtig, weil ihre Ergebnisse für alle, die
Computeralgorithmen entwerfen, von Bedeutung ist: nicht nur für In-
formatiker, sondern auch für Elektroingenieure, für im Bereich "Operations research" Tätige u.a. Wir glauben daher, daß viele Leser sich
sofort mit diesem Kapitel befassen werden. Daher haben wir uns um eine
in sich abgeschlossene Darstellung bemüht. Außerdem haben wir die
späteren Abschnitte unter dem Gesichtspunkt verschiedener Interessen-
gebiete organisiert.

Mit einigen grundsätzlichen Ideen sollte man allerdings vertraut
sein, bevor man weiterliest. Die erste besteht darin, die Rechenzeit
eines Algorithmus a priori zu analysieren, indem man feststellt, wie
oft dessen Anweisungen bei verschiedenen vorgegebenen Datensätzen ausgeführt werden. Eine zweite ist das Konzept der Größenordnung der Zeitkomplexität eines Algorithmus und deren asymptotische Formulierung.
Ist $T(n)$ die Ausführungszeit eines Algorithmus für n Eingabewerte,
dann bringt die Schreibweise $T(n) = O(f(n))$ zum Ausdruck, daß die
Funktion $f(n)$ eine <u>obere</u> Schranke ist; $T(n) = \Omega(g(n))$ bedeutet, daß
$g(n)$ eine <u>untere</u> Schranke ist. In Abschnitt 1.4 findet man genaue Definitionen und eine detaillierte Ausarbeitung dieser Ideen.

Wichtig ist auch die Unterscheidung zwischen Problemen, zu denen
es Lösungsalgorithmen mit polynomialem Zeitverhalten gibt ($f(n)$ ist
ein Polynom) und solchen, zu denen kein Algorithmus dieser Art bekannt
ist ($g(n)$ ist größer als jedes Polynom). Es ist ein ungeklärtes Phänomen, daß zu vielen Problemen mit denen wir uns befassen, sich die

besten Lösungsalgorithmen bzgl. ihrer Rechenzeiten in zwei Gruppen
aufteilen. Die erste Gruppe besteht aus Problemen, deren Lösung durch
ein Polynom von kleinem Grad beschränkt ist. In diesem Buch haben wir
dafür folgende Beispiele kennengelernt: geordnetes Suchen mit $O(\log n)$,
Polynomauswertung mit $O(n)$, Sortieren mit $O(n \log n)$ und Matrizenmultiplikation mit $O(n^{2 \cdot 81})$.

Die zweite Gruppe besteht aus Problemen, bei denen die besten bekannten Lösungsalgorithmen nichtpolynomial sind. Beispiele dafür
sind das Problem des Handlungsreisenden sowie das Rucksackproblem;
die besten in diesem Buch angegebenen Lösungsalgorithmen für diese
Probleme haben eine Komplexität von $O(n^2 2n)$ bzw. $O(2^{n/2})$. Bei der Suche nach effizienten Algorithmen ist es niemand gelungen, für irgendein Problem aus der zweiten Gruppe einen Algorithmus mit polynomialem
Zeitverhalten zu entwickeln. Dies ist deshalb so bedeutsam, weil Algorithmen mit nichtpolynomialem Zeitverhalten (typischerweise mit
exponentiellem Zeitverhalten) sehr bald enorme Ausführungszeiten benötigen, so daß auch Probleme mittlerer Größe nicht gelöst werden können (Näheres findet man in Abschnitt 1.4).

Die Theorie der NP - Vollständigkeit, die wir hier vorstellen,
liefert keine Methode, wie man für Probleme aus der zweiten Gruppe
Algorithmen mit polynomialem Zeitverhalten erhält; sie behauptet
auch nicht, daß Algorithmen dieser Komplexität nicht existieren. Stattdessen werden wir zeigen, daß viele der Probleme, zu denen kein polynomialer Lösungsalgorithmus bekannt ist, von der Berechnung her miteinander verwandt sind. Wir werden zwei Klassen von Problemen aufstellen, die wir NP - schwer und NP - vollständig nennen. Ein NP - vollständiges Problem hat die Eigenschaft, daß es genau dann in polynomialer Zeit gelöst werden kann, wenn alle anderen NP - vollständigen
Probleme ebenfalls in polynomialer Zeit gelöst werden können. Kann ein
NP - schweres Problem in polynomialer Zeit gelöst werden, dann können
alle NP - vollständigen Probleme in polynomialer Zeit gelöst werden.
Wie wir sehen werden, gilt: alle NP - vollständigen Probleme sind
NP - schwer, aber nicht alle NP - schweren Probleme sind NP - vollständig.

Man kann viele unterschiedliche Problemklassen definieren, welche
die oben formulierten Eigenschaften für NP - schwere und NP - vollständige Klassen haben. Wir befassen uns mit Klassen, welche mit
nichtdeterministischen Berechnungen zu tun haben (der Begriff wird
später definiert). Die Beziehung dieser Klassen zu nichtdeterministischen Berechnungen führt zusammen mit den "offensichtlichen" Leistungen der nichtdeterministischen Betrachtungsweise zu der "intuiti-

ven" (aber noch unbewiesenen) Schlußfolgerung, daß kein NP - vollständiges oder NP - schweres Problem polynomial lösbar ist.

Wir werden sehen, daß die Klasse der NP - schweren Probleme (und die Teilklasse der NP - vollständigen Probleme) sehr reichhaltig ist; sie enthält viele interessante Probleme aus den verschiedensten Gebieten. Zunächst wollen wir obige Diskussion über die Klassen formalisieren.

Nichtdeterministische Algorithmen

Bis jetzt haben wir einen Algorithmus immer so verstanden, daß das Ergebnis jeder Operation eindeutig definiert ist. Algorithmen, welche diese Eigenschaft haben, nennt man deterministische Algorithmen. Solche Algorithmen stimmen mit der Art und Weise überein, wie Programme von einem Rechner ausgeführt werden. In einem theoretischen System können wir auf diese Einschränkung bzgl. des Ergebnisses jeder Operation verzichten. Wir können Algorithmen zulassen, welche Operationen enthalten, deren Ergebnis nicht eindeutig definiert, sondern auf eine angegebene Menge von Möglichkeiten eingeschränkt ist. Die Maschine, die solche Operationen ausführt, kann irgendeine dieser Möglichkeiten auswählen; die Auswahl ist einer Beendigungsbedingung unterworfen, die später definiert wird. Dies führt zum Konzept des nichtdeterministischen Algorithmus. Um solche Algorithmen formulieren zu können, führen wir eine neue Funktion und zwei neue Anweisungen in SPARKS ein:

(i)   choice (S) ... ein Element aus der Menge S wird beliebig ausgewählt

(ii)   failure   ... es wird eine erfolglose Beendigung signalisiert

(iii)   success   ... es wird eine erfolgreiche Beendigung signalisiert

Die Wertzuweisung X ← choice (1:n) führt dazu, daß der Variablen X eine ganze Zahl im Bereich [1, n] zugewiesen wird. Es gibt keine Regel dafür, welche Zahl ausgewählt werden soll. Mit den Signalen failure und success wird eine Berechnung des Algorithmus definiert. Diese Anweisungen sind der stop - Anweisung äquivalent, sie wirken nicht wie die return - Anweisung. Immer dann, wenn es eine Menge von Wahlmöglichkeiten gibt, die zu einer erfolgreichen Beendigung führt, wird diese Menge ausgewählt, und der Algorithmus terminiert erfolgreich. Ein

nichtdeterministischer Algorithmus terminiert genau dann ohne Erfolg,
wenn es keine Menge von Wahlmöglichkeiten gibt, die zu einem "success"-
Signal führt. Wir nehmen an, daß die Ausführungszeiten für die Anweisungen choice, success und failure $O(1)$ sind. Eine Maschine, welche auf diese Art und Weise einen nichtdeterministischen Algorithmus
ausführen kann, heißt nichtdeterministische Maschine. Solche Maschinen
(wie sie hier definiert sind) existieren in der Praxis nicht; wir
werden jedoch sehen, daß sie gute intuitive Gründe für die Schlußfolgerung liefern, daß gewisse Probleme nicht durch "schnelle" deterministische Algorithmen gelöst werden können.

Beispiel 11.1 Wir betrachten folgendes Problem: ein Element x wird
in einer gegebenen Menge $A(1:n)$, $n \geq 1$ von Elementen gesucht. Wir
sollen einen Index j so bestimmen, daß entweder $A(j) = x$ oder $j = 0$
ist, falls x nicht in A liegt. Ein nichtdeterministischer Algorithmus
für dieses Problem sieht folgendermaßen aus:

        j ← choice $(1:n)$
        if $A(j) = x$ then print (j); success endif
        print $('0')$; failure;

Aus der Art und Weise, wie eine nichtdeterministische Berechnung definiert ist, ergibt sich, daß genau dann die Zahl '0' ausgedruckt
wird, wenn es kein j gibt mit $A(j) = x$. Der oben angegebene Algorithmus hat die nichtdeterministische Komplexität $O(1)$. Man beachte, daß
jeder deterministische Suchalgorithmus die Komplexität $\Omega(n)$ hat, da
A nicht sortiert ist. □

Beispiel 11.2 [Sortieren] Es sei $A(i)$, $1 \leq i \leq n$ eine ungeordnete
Menge von positiven ganzen Zahlen. Der nichtdeterministische Algorithmus NSORT(A, n) sortiert die Zahlen in nichtabsteigender Folge
und gibt sie in dieser Reihenfolge aus. Der Einfachheit halber wird
ein Hilfsfeld $B(1:n)$ verwendet. In Zeile 1 wird B mit 0 vorbesetzt;
man hätte auch irgendeinen anderen Wert nehmen können, der in $A(i)$
nicht vorkommt. In der Schleife der Zeilen 2 - 6 erhält jedes $A(i)$
eine Position in B. In Zeile 3 wird diese Position auf nichtdeterministische Weise ermittelt. In Zeile 4 wird sichergestellt, daß $B(j)$
noch nicht benutzt ist. Somit ist die Anordnung der Zahlen in B irgendeine Permutation der ursprünglichen Anordnung in A. In den Zeilen 7
bis 9 wird bestätigt, daß B in nichtabsteigender Folge sortiert ist.
Eine erfolgreiche Beendigung tritt nur dann ein, wenn die Zahlen in

nichtabsteigender Folge ausgegeben werden. Da es in Zeile 3 immer
eine Menge von Wahlmöglichkeiten für solch eine Ausgabefolge gibt,
ist Algorithmus NSORT ein Sortieralgorithmus. Seine Komplexität beträgt O(n). Wir erinnern daran, daß alle deterministischen Sortieralgorithmen eine Komplexität von Ω(n log n) haben müssen. □

```
        procedure NSORT(A, n)
          //sortiere n positive ganze Zahlen//
          integer A(n), B(n), n, i, j
 1        B ← 0   //initialisiere B mit 0//
 2        for i ← 1 to n do
 3          j ← choice (1:n)
 4          if B(j) ≠ 0 then failure endif
 5          B(j) ← A(i)
 6        repeat
 7        for i ← 1 to n - 1 do   //bestätige die Reihenfolge//
 8          if B(i) > B(i + 1) then failure endif
 9        repeat
10        print(B)
11        success
12      end NSORT
```

Algorithmus 11.1 Nichtdeterministisches Sortieren

Man kann einen nichtdeterministischen Algorithmus auch deterministisch interpretieren, indem man eine unbeschränkte Parallelität bei
der Berechnung zuläßt. Jedesmal, wenn eine Wahl getroffen werden muß,
stellt der Algorithmus mehrere Kopien von sich selbst her. Für jede
Wahlmöglichkeit wird eine Kopie erzeugt. Dadurch werden zur gleichen
Zeit viele Kopien ausgeführt. Die erste Kopie, die erfolgreich beendet wird, bewirkt die Beendigung aller anderen Berechnungen. Signalisiert eine Kopie die Meldung failure, dann terminiert nur diese Kopie des Algorithmus. Wir erinnern daran, daß die Signale success und
failure der stop - Anweisung in deterministischen Algorithmen äquivalent sind. Sie können nicht wie return - Anweisungen verwendet werden. Mit Hilfe dieser Interpretation kann man nichtdeterministische
Algorithmen besser verstehen. Wir müssen uns aber immer vor Auge halten, daß eine nichtdeterministische Maschine nicht bei jeder Wahlmöglichkeit Kopien eines Algorithmus anfertigt; stattdessen wählt sie
auf Grund ihrer Fähigkeit ein "richtiges" Element aus der Menge der

zugelassenen Wahlmöglichkeiten aus (falls solch ein Element existiert).
Ein "richtiges" Element ist bzgl. einer kürzesten Folge von Wahlmög-
lichkeiten, die zu einer erfolgreichen Beendigung führt, definiert.
Gibt es eine derartige Folge nicht, dann nehmen wir an, daß der Algorithmus innerhalb einer Zeiteinheit mit der Ausgabe "erfolglose
Berechnung" terminiert. Immer dann, wenn eine erfolgreiche Beendigung
möglich ist, führt eine nichtdeterministische Maschine eine kürzeste
Auswahlfolge durch, welche zu einer erfolgreichen Beendigung führt.
Da die Maschine, die wir definieren, fiktiv ist, brauchen wir uns keine Gedanken darüber zu machen, wie die Maschine bei jedem Schritt eine
richtige Wahl treffen kann.

Man kann nichtdeterministische Algorithmen konstruieren, für welche es viele verschiedene Folgen von Wahlmöglichkeiten gibt, die zu
einer erfolgreichen Beendigung führen. Die Prozedur NSORT aus Beispiel
11.2 ist solch ein Algorithmus. Sind die Zahlen $A(i)$ nicht verschieden,
dann führen viele verschiedene Permutationen zu einer sortierten Folge. Wenn man NSORT so geschrieben hätte, daß die verwendeten Permutationen anstelle der sortierten Folge der $A(i)$ ausgegeben werden, dann
wäre die Ausgabe des Algorithmus nicht mehr eindeutig definiert. Wir
werden uns nur mit solchen nichtdeterministischen Algorithmen befassen,
die eine eindeutige Ausgabe erzeugen. Insbesondere werden wir nur
<u>nichtdeterministische Entscheidungsalgorithmen</u> betrachten. Solche Al-
gorithmen erzeugen als Ausgabe nur 0 oder 1. Es wird eine binäre Entscheidung getroffen. Eine erfolgreiche Beendigung tritt genau dann
ein, wenn eine '1' als Ausgabe erzeugt wird. Eine '0' wird genau dann
ausgegeben, wenn es keine Folge von Wahlmöglichkeiten gibt, die zu
einer erfolgreichen Beendigung führt. In den Signalen <u>success</u> und
<u>failure</u> ist die Ausgabeanweisung implizit enthalten. Explizite Aus-
gabeanweisungen sind in einem Entscheidungsalgorithmus nicht erlaubt.
Aus unserer früheren Definition einer nichtdeterministischen Berechnung folgt natürlich, daß die Ausgabe eines Entscheidungsalgorithmus
durch die Eingabeparameter und die Algorithmusbeschreibung eindeutig
definiert ist.

Es mag sein, daß die Idee eines Entscheidungsalgorithmus jetzt
ziemlich einschränkend erscheint; viele Optimierungsprobleme können
jedoch in die Form von Entscheidungsproblemen gebracht werden, so daß
gilt: das Entscheidungsproblem kann genau dann in polynomialer Zeit
gelöst werden, wenn das entsprechende Optimierungsproblem gelöst werden kann. In anderen Fällen kann man mindestens folgende Aussage machen: Wenn das Entscheidungsproblem nicht in polynomialer Zeit gelöst
werden kann, dann kann auch das Optimierungsproblem nicht gelöst wer-

den.

<u>Beispiel 11.3</u> [Maximale Clique] Ein maximaler vollständiger Teilgraph
eines Graphen G = (V, E) heißt eine Clique. Die Größe einer Clique ist
die Anzahl ihrer Knoten. Das <u>Problem der maximalen Clique</u> besteht darin, die Größe einer größten Clique in G zu bestimmen. Beim entsprechenden Entscheidungsproblem muß festgestellt werden, ob G eine Clique
hat, deren Größe mindestens k ist (für ein vorgegebenes k). Es sei
DCLIQUE (G, k) ein deterministischer Entscheidungsalgorithmus für das
Cliquenentscheidungsproblem. Ist n die Anzahl der Knoten in G, dann
kann man die Größe einer maximalen Clique in G durch mehrere Anwendungen von DCLIQUE finden. DCLIQUE wird für jedes k, k = n, n - 1,
n - 2, ..., einmal benutzt, so lange bis die Ausgabe von DCLIQUE gleich
1 ist. Ist $f(n)$ die Zeitkomplexität von DCLIQUE, dann kann man die
Größe einer maximalen Clique in der Zeit $n * f(n)$ finden. Ebenso gilt:
Wenn man die Größe einer maximalen Clique in der Zeit $g(n)$ ermitteln
kann, dann kann das Entscheidungsproblem in der Zeit $g(n)$ gelöst werden. Also kann das Problem der maximalen Clique genau dann in polynomialer Zeit gelöst werden, wenn das Cliquenentscheidungsproblem in
polynomialer Zeit gelöst werden kann. □

<u>Beispiel 11.4</u> [0/1 - Rucksack] Beim Rucksackentscheidungsproblem
muß man feststellen, ob es für x_i, $1 \leq i \leq n$, eine 0/1 - Zuweisung von
Werten gibt, so daß gilt: $\sum p_i x_i \geq R$ und $\sum w_i x_i \leq M$. Dabei ist R eine
gegebene Zahl. Die p_i und w_i sind nichtnegative Zahlen. Wenn das Rucksackentscheidungsproblem nicht auf deterministische Weise in polynomialer Zeit gelöst werden kann, dann kann auch das Optimierungsproblem
nicht gelöst werden. □

 Bevor wir weitergehen, führen wir einen einheitlichen Parameter n
zur Messung der Komplexität ein. Wir gehen davon aus, daß n die Länge
der Eingabe des Algorithmus ist. Weiterhin nehmen wir an, daß alle
Eingabewerte ganze Zahlen sind. Rationale Eingabewerte können wir als
Paare ganzer Zahlen beschreiben. Grundsätzlich gehen wir bei der Bestimmung der Länge einer Eingabe von einer binären Darstellung aus.
Ist die Eingabe z.B. die Zahl 10, dann wird diese als 1010 dargestellt.
Ihre Länge ist 4. Allgemein hat eine positive ganze Zahl k eine Länge
von $\lfloor \log_2 k \rfloor$ + 1 Bits, wenn sie binär dargestellt wird. Die Länge der
binären Darstellung von 0 ist 1. Die Größe oder Länge n der Eingabe
eines Algorithmus ist gleich der Summe der Längen der einzelnen Eingabewerte. Falls die Eingabe in einer anderen Darstellung (z.B. zur

Basis r) vorliegt, dann ist die Länge einer positiven Zahl k gleich $\lfloor \log_r k \rfloor + 1$. Betrachten wir als Beispiel die dezimale Darstellung (r = 10); die Zahl 100 hat dann die Länge $\log_{10} 100 + 1 = 3$ Ziffern. Wegen $\log_r k = \log_2 k / \log_2 r$ ist die Länge einer beliebigen Eingabe welche zur Basis r (r > 1) dargestellt ist, gleich $c(r) \cdot h$; dabei ist n die Länge bei der Verwendung einer binären Darstellung und c(r) eine Zahl, die für ein vorgegebenes r fest ist.

      Liegen Eingabewerte mit der Basis r = 1 vor, dann sagen wir, daß die Eingabe in <u>unärer Form</u> ist. Die Zahl 5 hat die Einheitsform 11111. Die Länge einer positiven ganzen Zahl k ist also gleich k. Man beachte, daß die Länge einer Eingabe in unärer Form in exponentieller Beziehung zu einer entsprechenden Darstellung mit Basis r (r > 1) steht.

<u>Beispiel 11.5</u> [Maximale Clique] Man kann die Eingabe für das maximale Cliquenentscheidungsproblem als eine Folge von Kanten und eine ganze Zahl k darstellen. Jede Kante in E(G) ist ein Zahlenpaar (i, j). Die Länge der Eingabe ist für jede Kante (i, j) gleich $\lfloor \log_2 i \rfloor + \lfloor \log_2 j \rfloor + 2$, falls wir eine binäre Darstellung annehmen. Die Eingabelänge einer beliebigen Problemstellung ist

$$n = \sum_{\substack{(i,\,j) \in E(G) \\ i < j}} (\lfloor \log_2 i \rfloor + \lfloor \log_2 j \rfloor + 2) + \lfloor \log_2 k \rfloor + 1.$$

Man beachte: Hat G nur eine einzige zusammenhängende Komponente, dann ist $n \geq |V|$. Wenn dieses Entscheidungsproblem also nicht durch einen Algorithmus der Komplexität p(n) für ein Polynom p( ) gelöst werden kann, dann kann es nicht durch einen Algorithmus der Komplexität p(|V|) gelöst werden. □

<u>Beispiel 11.6</u> [0/1 Rucksack] Es seien p_i, w_i, M und R ganze Zahlen. Die Eingabelänge für das Rucksackentscheidungsproblem ist dann

$$m = \sum_{1 \leq i \leq n} (\lfloor \log_2 p_i \rfloor + \lfloor \log_2 w_i \rfloor) + \lfloor \log_2 M \rfloor + \lfloor \log_2 R \rfloor + 2n + 2.$$

Man beachte, daß $m \geq n$ ist. Ist die Eingabe in unärer Form gegeben, dann beträgt ihre Länge $\sum p_i + \sum w_i + M + R$. Die Rucksackentscheidungs- und Rucksackoptimierungsprobleme können in der Zeit p(s) gelöst werden, wobei p( ) irgendein Polynom ist (siehe dazu den dynamischen Programmierungsalgorithmus). Es ist jedoch kein Algorithmus mit der

Komplexität $O(p(n))$ für ein Polynom $p(\ )$ bekannt. □

Wir sind jetzt in der Lage, die Komplexität eines nichtdeterministischen Algorithmus formal zu definieren.

<u>Definition</u> Die Zeit, die ein nichtdeterministischer Algorithmus bei
der Bearbeitung einer beliebigen Eingabe benötigt, ist die minimale
Anzahl von Schritten, die für eine erfolgreiche Beendigung nötig sind,
falls es eine Folge von Wahlmöglichkeiten gibt, die zu solch einer Beendigung führt. Ist eine erfolgreiche Beendigung nicht möglich, dann
ist die erforderliche Zeit gleich $O(1)$. Ein nichtdeterministischer Algorithmus hat die Komplexität $O(f(n))$, wenn die benötigte Zeit für alle
Eingaben der Länge n, $n \geq n_0$, die zu einer erfolgreichen Beendigung
führen, höchstens $c \cdot f(n)$ ist. Dabei sind c und n_0 Konstanten.

In obiger Definition nehmen wir an, daß jeder Berechnungsschritt
mit festen Kosten verbunden ist. Bei wortorientierten Rechnern ist
dies durch die endliche Größe jedes Wortes garantiert. Wenn nicht zu
jedem Schritt feste Kosten gehören, muß man die Kosten der einzelnen
Befehle betrachten. Die Addition von zwei m-Bit-Zahlen erfordert z.B.
die Zeit $O(m)$, die Multiplikation $O(m^2)$ (bei der klassischen Multipli-
kationsmethode) usw... Um die Notwendigkeit dafür einzusehen, betrachten wir die Prozedur SUM (Algorithmus 11.2). Es handelt sich um einen
deterministischen Algorithmus zum Entscheidungsproblem der Summe von
Teilmengen. Er verwendet ein Wort S mit M + 1 Bits. Das i-te Bit in S
ist genau dann null, wenn keine Teilmenge der ganzen Zahlen A(j),
$1 \leq j \leq n$, die Summe i ergibt. Bit 0 von S ist immer 1; die Bits sind
von links nach rechts von 0 bis M durchnumeriert. Die Funktion SHIFT
schiebt die Bits in S um A(i) Bits nach links. Die Gesamtzahl der
Schritte ist für diesen Algorithmus nur $O(n)$. Bei jedem Schritt werden
jedoch M + 1 Bits verschoben; auf einem konventionellen Rechner würde
dafür die Zeit $O(M)$ benötigt. Wenn wir annehmen, daß für jede Grund-
operation bei fester Wortlänge eine Zeiteinheit erforderlich ist, beträgt die Komplexität in Wirklichkeit nicht $O(n)$, sondern $O(nM)$.

```
procedure SUM(A, n, M)
  integer A(n), S, n, M
  S ← 1    //S ist ein Wort mit M + 1 Bits. Bit 0 ist 1//
  for i ← 1 to n do
    S ← S or SHIFT(S, A(i))
  repeat
  if M-tes Bit in S = 0 then print ('keine Teilmenge ergibt die
                                     Summe M')
                        else print ('eine Teilmenge ergibt die
                                     Summe M')
  endif
end SUM
```

     __Algorithmus 11.2__ Deterministischer Algorithmus zum Problem der Summe von Teilmengen

Der Vorteil nichtdeterministischer Algorithmen besteht darin, daß die Schreibweise im Vergleich zu deterministischen Algorithmen oft sehr einfach ist. Es ist tatsächlich sehr leicht, für viele Probleme nichtdeterministische Algorithmen mit polynomialem Zeitverhalten zu erhalten, die deterministisch durch ein systematisches Durchsuchen des Lösungsraumes mit exponentiellem Aufwand gelöst werden können.

__Beispiel 11.7__ [Rucksackentscheidungsproblem] Die Prozedur DRP (Algorithmus 11.3) ist ein nichtdeterministischer Algorithmus mit polynomialem Zeitverhalten zur Lösung des Rucksackentscheidungsproblems. In den Zeilen 1 bis 3 werden die $X(i)$, $1 \leq i \leq n$ 0/1 - Werte zugewiesen. In Zeile 4 wird überprüft, ob diese Zuweisung möglich ist und ob der daraus resultierende Gewinn mindestens R ist. Eine erfolgreiche Beendigung ist genau dann möglich, wenn das Entscheidungsproblem mit "ja" beantwortet wird. Die Zeitkomplexität beträgt $O(n)$. Ist m die Eingabelänge bei Verwendung einer binären Darstellung, dann ist die Zeit $O(m)$. ☐

```
      procedure DRP (P, W, n, M, R, X)
         integer P(n), W(n), R, X(n), n, M, i
1        for i ← 1 to n do
2            X(i) ← choice (0, 1)
3        repeat
4        if  ∑     (W(i) * X(i)) > M or  ∑     (P(i) * (X(i)) < R
              1≤i≤n                        1≤i≤n

                then failure else success
5            endif
6        end DRP
```

Algorithmus 11.3   Nichtdeterministisches Rucksackproblem

Beispiel 11.8 [Maximale Clique] Die Prozedur NCL (Algorithmus 11.4)
ist ein nichtdeterministischer Algorithmus für das Cliquenentscheidungsproblem. Am Anfang versucht der Algorithmus, eine Menge von k
verschiedenen Knoten zu bilden. Dann wird festgestellt, ob diese Knoten einen vollständigen Teilgraph bilden. Ist G durch seine Adjazenzmatrix gegeben, und ist V = n, dann ist die Eingabelänge m gleich
$n^2 + \lfloor \log_2 k \rfloor + \lfloor \log_2 n \rfloor + 2$. Die Zeilen 2 bis 6 kann man leicht so
implementieren, daß sie in der nichtdeterministischen Zeit $O(n)$ aus-
geführt werden können. Die Zeit für die Zeilen 7 bis 10 ist $O(k^2)$.
Damit beträgt die nichtdeterministische Gesamtzeit $O(n + k^2) = O(n^2) =$
$O(m)$. Für dieses Problem gibt es keinen deterministischen Algorithmus
mit polynomialem Zeitverhalten. □

```
      procedure NCL(G, n, k)
1         S ← ∅   //S ist zu Beginn die leere Menge//
2         for i ← 1 to k do    //wähle k verschiedene Knoten aus//
3            t ← choice (1:n)
4            if t ∈ S then failure endif
5            S ← S ∪ t    //füge t zur Menge S hinzu//
6         repeat
          //an dieser Stelle enthält S genau k verschiedene Knoten-//
          //indizes//
7         for alle Paare (i, j) mit i ∈ S, j ∈ S and i ≠ j do
8            if (i, j) keine Kante des Graphen ist
9               then failure endif
10        repeat
11        success
12     end NCL
```

Algorithmus 11.4 Nichtdeterministischer Algorithmus zum
                  Cliquenentscheidungsproblem

Beispiel 11.9 [Erfüllbarkeitsproblem] Es seien x_1, x_2, ..., Boole'
sche Variablen (deren Wert true oder false ist). Mit $\bar{x}_i$ bezeichnen
wir die Negation von x_i. Ein Literal ist entweder eine Variable oder
deren Negation. Eine Formel im Prädikatenkalkül ist ein Ausdruck, der
mit Hilfe von Literalen und den Operationen and und or gebildet wer-
den kann. Beispiele für solche Formeln sind $(x_1 \land x_2) \lor (x_3 \land \bar{x}_4)$;
$(x_3 \lor \bar{x}_4) \land (x_1 \lor x_2)$. Mit $\lor$ wird or, mit $\land$ and bezeichnet. Eine Formel ist genau dann in konjunktiver Normalform (KNF), wenn sie als
$\bigwedge_{i=1}^{k} c_i$ dargestellt ist und wenn für jedes c_i gilt: $\bigvee l_{ij}$. Dabei
sind die l_{ij} Literale. Die Formel ist in disjunktiver Normalform
(DNF) genau dann, wenn sie als $\bigvee_{i=j}^{k} c_i$ dargestellt ist und für jedes
c_i gilt: $c_i \land l_{ij}$. So ist z.B. $(x_1 \land x_2) \lor (x_3 \land \bar{x}_4)$ in DNF, während
$(x_3 \lor \bar{x}_4) \land (x_1 \lor \bar{x}_2)$ in KNF ist. Beim Erfüllbarkeitsproblem muß festgestellt werden, ob eine Formel für jede Zuweisung von Wahrheitswer-
ten an die Variablen gilt. KNF - Erfüllbarkeit ist das Erfüllbarkeitsproblem für KNF - Formeln.

Man erhält leicht einen nichtdeterministischen Algorithmus mit polynomialem Zeitverhalten, der genau dann erfolgreich terminiert, wenn
eine im Prädikatenkalkül gegebene Formel $E(x_1, ..., x_n)$ erfüllbar ist.
Solch ein Algorithmus könnte folgendermaßen vorgehen: es wird auf
nichtdeterministische Weise eine der 2^n möglichen Zuweisungen von

Wahrheitswerten an die Variablen $(x_1, \ldots, x_n)$ ausgewählt; dann wird
bestätigt, daß $E(x_1, \ldots, x_n)$ für diese Zuweisung den Wert <u>true</u> hat.

Die Prozedur EVAL (Algorithmus 11.5) leistet dies. Der Algorithmus benötigt die nichtdeterministische Zeit $O(n)$, um den Wert von $(x_1, \ldots, x_n)$ auszuwählen. Hinzukommt die Zeit, die nötig ist, um auf deterministische Weise E für diese Zuweisung auszuwerten. Diese Zeit ist proportional zur Länge von E. □

```
procedure EVAL(E, n)
  //Es wird festgestellt, ob die im Prädikatenkalkül gegebene Formel//
  //E erfüllbar ist. Die Variablen sind x_i, 1 ≤ i ≤ n//
  boolean x(n)
  for i ← 1 to n do     //wähle eine Zuweisung der Wahrheitswerte aus//
     x_i ← choice (true, false)
  repeat
  if E(x_1, ..., x_n) ist true then success      //erfüllbar//
                                else failure
  endif
end EVAL
```

<u>Algorithmus 11.5</u> Nichtdeterministische Erfüllbarkeit

Die Klassen NP-schwer und NP-vollständig

Beim Messen der Komplexität eines Algorithmus verwenden wir die
Länge der Eingabe als Parameter. Ein Algorithmus A hat eine <u>polynomiale Komplexität</u>, wenn es ein Polynom $p(\ )$ gibt, so daß die Rechenzeit
von A gleich $O(p(n))$ für jede Eingabe der Länge n ist.

<u>Definition</u> P ist die Menge aller Entscheidungsprobleme, die von einem
deterministischen Algorithmus in polynomialer Zeit gelöst werden können. NP ist die Menge aller Entscheidungsprobleme, die von einem nichtdeterministischen Algorithmus in polynomialer Zeit gelöst werden können.

Da deterministische Algorithmen nur ein Spezialfall von nichtdeterministischen sind, können wir daraus schließen, daß $P \subseteq NP$ ist. Wir
wissen jedoch nicht, und dies ist vielleicht das berühmteste ungelöste
Problem in der Informatik, ob $P = NP$ oder $P \neq NP$ ist.

Könnte es sein, daß es für alle Probleme aus NP deterministische
Algorithmen mit polynomialem Zeitverhalten gibt, die bis jetzt noch

nicht entdeckt worden sind? Dies erscheint unwahrscheinlich, allein
schon in Anbetracht der enormen Anstrengungen die zur Lösung dieser
Probleme unternommen wurden. Nichtsdestoweniger ist ein Beweis für
$P \neq NP$ genauso unvorstellbar; anscheinend sind dafür bis jetzt noch
unbekannte Techniken nötig. Doch wie bei vielen berühmten ungelösten
Problemen führt auch hier die Frage, ob $P = NP$ ist, zu anderen nütz-
lichen Ergebnissen.

S. Cook behandelte dieses Problem und formulierte folgende Frage:
Gibt es ein einziges Problem in NP, für das gilt: Wenn man jetzt gezeigt hat, daß es in P liegt, dann folgt daraus, daß $P = NP$ ist. Mit
dem folgendem Theorem beantwortete Cook diese Frage positiv.

<u>Theorem 11.1</u> (Cook) Genau dann gibt es Erfüllbarkeit in P, wenn
$P = NP$ ist.

<u>Beweis</u>: Siehe Abschnitt 11.2 □

Nun können wir die Problemklassen NP-schwer und NP-vollständig
definieren. Zuerst definieren wir den Begriff der Reduzierbarkeit.

<u>Definition</u> L_1 und L_2 seien Probleme. L_1 kann genau dann auf L_2 re-
duziert werden (auch als $L_1 \propto L_2$ geschrieben), wenn es eine Möglichkeit gibt, L_1 durch einen deterministischen Algorithmus mit polynomialem Zeitverhalten zu lösen, wobei ein deterministischer Algorithmus
verwendet wird, der L_2 in polynomialer Zeit löst.

Aus dieser Definition folgt: Gibt es für L_2 einen Algorithmus mit
polynomialem Zeitverhalten, dann können wir L_1 in polynomialer Zeit
lösen. Wie man leicht zeigen kann, ist die Relation $\propto$ transitiv (d.h.
aus $L_1 \propto L_2$ und $L_2 \propto L_3$ folgt: $L_1 \propto L_3$).

<u>Definition</u> Ein Problem L ist genau dann <u>NP-schwer</u>, wenn die Erfüll-
barkeit auf L reduziert werden kann (Erfüllbarkeit $\propto$ L). Ein Problem
ist genau dann NP-vollständig, wenn L NP-schwer und $L \in NP$ ist.

Es ist leicht einzusehen, daß es NP-schwere Probleme gibt, die
nicht NP-vollständig sind. Nur ein Entscheidungsproblem kann NP-vollständig sein. Ein Optimierungsproblem kann jedoch NP-schwer sein.
Außerdem gilt: Ist L_1 ein Entscheidungs- und L_2 ein Optimierungsproblem,
dann ist es durchaus möglich, daß $L_1 \propto L_2$ gilt. Es ist trivial zu zeigen, daß das Rucksackentscheidungsproblem sich auf das Rucksackoptimierungsproblem reduzieren läßt. Ebenso zeigt man leicht, daß das
Cliquenentscheidungsproblem auf das Cliquenoptimierungsproblem reduziert

werden kann. Wir können sogar zeigen, daß sich diese Optimierungsprobleme auf die entsprechenden Entscheidungsprobleme reduzieren lassen (siehe dazu die Übungen). Optimierungsprobleme können jedoch
nicht NP-vollständig sein; dies gilt nicht für Entscheidungsprobleme.
Es gibt auch NP-schwere Entscheidungsprobleme, die nicht NP-vollständig sind.

<u>Beispiel 11.10</u> Als ein extremes Beispiel eines NP-schweren Entscheidungsproblems, das nicht NP-vollständig ist, betrachten wir das Halteproblem für deterministische Algorithmen. Beim <u>Halteproblem</u> geht es
darum festzustellen, ob ein beliebiger deterministischer Algorithmus
A bei gegebener Eingabe I jemals terminiert (oder in eine unendliche
Schleife gerät). Bekanntlich ist dieses Problem nicht entscheidbar.
Also gibt es keinen Algorithmus (ganz gleich von welcher Komplexität),
der dieses Problem löst. Also kann es nicht in NP liegen. Um zu zeigen,
daß "Erfüllbarkeit $\propto$ Halteproblem" gilt, konstruieren wir einfach
einen Algorithmus A, dessen Eingabe eine Formel X aus dem Prädikatenkalkül ist. Kommen n Variable in X vor, dann probiert A alle 2^n möglichen Zuweisungen von Wahrheitswerten aus und weist nach, ob X erfüllbar ist. Ist dies der Fall, dann hält A an. Ist X nicht erfüllbar, dann
gerät A in eine unendliche Schleife. A hält also genau dann bei der
Eingabe X an, wenn X erfüllbar ist. Hätten wir für das Halteproblem einen
Algorithmus mit polynomialem Zeitverhalten, dann könnten wir das Erfüllbarkeitsproblem in polynomialer Zeit lösen, indem wir A und X als
Eingabe für den Algorithmus zum Halteproblem verwenden würden. Also
ist das Halteproblem ein NP-schweres Problem, das nicht in NP liegt.

<u>Definition</u> Zwei Probleme L_1 und L_2 heißen genau dann <u>polynomial</u>
<u>äquivalent</u>, wenn gilt: $L_1 \propto L_2$ und $L_2 \propto L_1$.
  Um zu zeigen, daß ein Problem L_2 NP-schwer ist, genügt es zu zeigen, daß $L_1 \propto L_2$ gilt, wobei L_1 ein bereits als NP-schwer bekanntes
Problem ist. Da die Relation $\propto$ transitiv ist, folgt aus "Erfüllbarkeit $\propto L_1$" und "$L_1 \propto L_2$":"Erfüllbarkeit $\propto L_2$". Um zu zeigen, daß ein
NP-schweres Entscheidungsproblem NP-vollständig ist, müssen wir nur
einen nichtdeterministischen Lösungsalgorithmus mit polynomialem Zeitverhalten angeben. In späteren Abschnitten werden wir zeigen, daß viele Probleme NP-schwer sind. Wir beschränken uns zwar auf Entscheidungsprobleme, es sollte aber klar sein, daß die entsprechenden Optimierungsprobleme ebenfalls NP-schwer sind. Die Beweise für die NP-Vollständigkeit werden dem Leser zur Übung überlassen (für diejenigen Probleme, die NP-vollständig sind).

625

Das Theorem von Cook (Theorem 11.1) besagt: Es gibt genau dann Erfüllbarkeit in P, wenn P = NP ist. Wir wollen dieses wichtige Theorem jetzt
beweisen. Wir wissen bereits, daß es Erfüllbarkeit in NP gibt (Beispiel 11.9). Falls P = NP ist, gibt es also auch Erfüllbarkeit in P.
Es bleibt noch zu zeigen: Gibt es Erfüllbarkeit in P, dann ist P = NP.
Um dies zu beweisen, werden wir zeigen, wie man von einem beliebigen
nichtdeterministischen Entscheidungsalgorithmus A mit polynomialem
Zeitverhalten und Eingabe I eine Formel Q(A, I) erhält, so daß gilt:
Q ist genau dann erfüllbar, wenn A mit der Eingabe I erfolgreich terminiert. Hat I die Länge n und ist die Zeitkomplexität von A gleich
p(n) für irgendein Polynom p( ), dann ist die Länge von Q gleich
$O(p^3(n) \log n) = O(p^4(n))$. Die zum Aufbau von Q benötigte Zeit ist
ebenfalls $O(p^3(n) \log n)$. Einen deterministischen Algorithmus Z, der
das Ergebnis der Anwendung von A auf irgendeine Eingabe I ermittelt,
kann man leicht erhalten. Z berechnet einfach Q und benutzt dann einen
deterministischen Algorithmus für das Erfüllbarkeitsproblem um festzustellen, ob Q erfüllbar ist oder nicht. Benötigt man zur Entscheidung,
ob eine Formel der Länge m erfüllbar ist, die Zeit $O(q(m))$, dann ist
die Komplexität von Z gleich $O(p^3(n) \log n + q(p^3(n) \log n))$. Gibt es
Erfüllbarkeit in P, dann ist q(m) eine polynomiale Funktion von m, und
die Komplexität von Z wird $O(r(n))$ für ein Polynom r( ). Wenn es Erfüllbarkeit in P gibt, dann können wir also für jeden nichtdeterministischen Algorithmus A in NP einen deterministischen Z in P erhalten.
Die obige Konstruktion wird also zeigen: Gibt es Erfüllbarkeit in P, dann
ist P = NP.

Bevor wir uns mit der Konstruktion von Q aus A und I befassen, wollen wir für unser nichtdeterministisches Maschinenmodell und für die Form
von A einige vereinfachende Annahmen machen. Diese Annahmen werden in
keiner Weise die Klasse der Entscheidungsprobleme in NP oder P verändern.
Wir machen folgende Annahmen:

    i)   Die Maschine, auf der A ausgeführt wird, ist wortorientiert.
         Jedes Wort hat die Länge w Bits. Multiplikation, Addition,
         Substraktion und ähnliche Operationen für Zahlen, die ein
         Wort belegen, benötigen eine Zeiteinheit. Sind die Zahlen
         länger als ein Wort, dann benötigen die entsprechenden Ope-
         rationen mindestens so viele Zeiteinheiten, wie die längste
         Zahl an Worten belegt.

    ii) Ein _einfacher Ausdruck_ ist ein Ausdruck, der höchstens einen

Operator enthält, und bei dem alle Operanden aus einfachen Variablen
bestehen (d.h. Feldvariable sind nicht zugelassen). Beispiele für
einfache Ausdrücke sind: -B, B + C, D $\underline{or}$ E, F.

Wir nehmen an, daß alle Wertzuweisungen in A eine der folgenden
Formen haben:

a) (einfache Variable) ← (einfacher Ausdruck)

b) (Feldvariable) ← (einfache Variable)

c) (einfache Variable) ← (Feldvariable)

d) (einfache Variable) ← $\underline{choice}$ (S), wobei S eine endliche Menge
$\{S_1, S_2, \ldots, S_k\}$ oder 1:u sein kann. Im letzten Fall wählt
die Funktion eine ganze Zahl im Bereich [1:u] aus.

Die Indexierung innerhalb eines Feldes erfolgt mit Hilfe einer einfachen Variablen vom Typ $\underline{integer}$; alle Indexwerte sind positiv. Es werden
nur eindimensionale Felder zugelassen. Natürlich kann man alle Wertzuweisungen, die nicht zu einer der obigen Kategorien gehören, durch
eine Menge von Zuweisungen dieses Typs ersetzen. Diese Einschränkung
ändert also nicht die NP-Klasse.

iii) Alle Variablen in A sind vom Typ $\underline{integer}$ oder $\underline{boolean}$.

iv) A enthält keine $\underline{read}$- oder $\underline{print}$- Anweisungen. Die einzige
Eingabe für A geschieht durch Parameter. Wenn A aufgerufen
wird, haben alle Variablen (außer den Parametern) den Wert
null (bzw. $\underline{false}$ bei Boole'schen Variablen).

v) A enthält keine Konstanten. Man kann natürlich alle Konstanten in einem Algorithmus durch neue Variablen ersetzen. Diese kann man der Parameterliste von A hinzufügen; die zugehörigen Konstanten können Teile der Eingabe sein.

vi) Außer einfachen Wertzuweisungen darf A nur noch folgende
Anweisungen enthalten:

a) $\underline{go}$ $\underline{to}$ k, wobei k die Nummer eines Befehls ist

b) $\underline{if}$ c $\underline{then}$ $\underline{go}$ $\underline{to}$ a $\underline{endif}$. c ist eine einfache Boole'sche
Variable (d.h. keine Feldvariable), und a ist die Nummer
eines Befehls.

c) $\underline{success}$, $\underline{failure}$, $\underline{end}$

d) A darf Typ- und Dimensionsvereinbarungen enthalten. Diese werden während der Ausführung von A nicht benutzt und
müssen daher nicht nach Q übersetzt werden. Die Dimen-
sionsangabe dient zur Reservierung von Speicherplatz für

das Feld. Wir nehmen an, daß aufeinanderfolgende Feldelemente in neben-
einanderliegenden Wörtern im Speicher abgelegt werden.

Es wird vorausgesetzt, daß die Befehle in A der Reihe nach von 1 bis 1
durchnumeriert sind (falls A genau 1 Befehle hat). Jede Anweisung in A
hat eine Nummer. Die <u>go</u> <u>to</u> - Befehle in a) und b) benutzen diese Nu-
merierung bei Sprüngen. Es ist leicht einzusehen, daß man die Anwei-
sungen <u>while</u> - <u>repeat</u>, <u>repeat</u> - <u>until</u>, <u>case</u> - <u>endcase</u>, <u>for</u> - <u>repeat</u>
usw... durch die Anweisungen <u>go</u> <u>to</u> und <u>if</u> c <u>then</u> <u>go</u> <u>to</u> a <u>endif</u> ausdrücken kann. Man beachte auch, daß man die Anweisung <u>go</u> <u>to</u> k durch
<u>if</u> <u>true</u> <u>then</u> <u>go</u> <u>to</u> k <u>endif</u> ersetzen kann. Man könnte sie also auch
weglassen.

vii)   Es sei $p(n)$ ein Polynom mit der Eigenschaft, daß A für eine
beliebige Eingabe der Länge n nicht mehr als $p(n)$ Zeiteinheiten benötigt. Wegen der Komplexitätsannahmen aus (i) kann A
nicht mehr als $p(n)$ Wörter im Speicher verändern oder benutzen. Wir nehmen an, daß A eine Teilmenge 1, 2, 3, ..., $p(n)$
der Wörter verwendet. Diese Annahme schränkt die Klasse der
Entscheidungsprobleme in NP nicht ein. Man kann dies folgendermaßen einsehen. Es seien $f(1)$, $f(2)$, ..., $f(k)$,
$1 \leq k \leq p(n)$ die verschiedenen Wörter, die A bei der Bearbeitung der Eingabe I benutzt. Wir können einen anderen nichtdeterministischen Algorithmus A' mit polynomialem Zeitverhalten konstruieren, der 2 $p(n)$ Wörter 1, 2, ..., 2 $p(n)$ benutzt
und dasselbe Entscheidungsproblem wie A löst. A' simuliert
das Verhalten von A. A' bildet jedoch die Adressen $f(1)$,
$f(2)$, ..., $f(k)$ auf die Menge $\{1, 2, ..., k\}$ ab. Die verwendete Abbildungsfunktion wird dynamisch bestimmt und als
Tabelle in den Wörtern $p(n) + 1$ bis $2 p(n)$ gespeichert. Ist
im Wort $p(n) + i$ die Zahl j gespeichert, dann benutzt A'
das Wort i zur Speicherung desselben Wertes, den A im Wort j
speichert. Die Simulation von A geschieht wie folgt: Es sei k
die Zahl der verschiedenen Wörter, auf die A bis zum momentanen Zeitpunkt zugegriffen hat. Es sei j ein Wort, auf das
A gerade jetzt zugreift. A' durchsucht seine Tabelle nach
dem Wort $p(n) + i$, $1 \leq i \leq k$, dessen Inhalt gleich j ist.
Wenn kein solches i existiert, dann wird $k \leftarrow k + 1$, $i \leftarrow k$
gesetzt, und das Wort $p(n) + k$ erhält den Wert j. A' macht
mit dem Wort i genau das, was A mit dem Wort j macht. Es ist
klar, daß A' und A das gleiche Entscheidungsproblem lösen.

Die Komplexität von A' ist $O(p^2(n))$, denn A' benötigt die
Zeit p(n), um seine Tabelle zu durchsuchen und einen Schritt
von A zu simulieren. Da $p^2(n)$ ebenfalls ein Polynom in n
ist, ändert die Beschränkung unserer Algorithmen auf die
Benutzung aufeinanderfolgender Wörter die Klassen P und NP
nicht.

Die Formel Q verwendet mehrere Boole'sche Variablen. Zwei Mengen
von Variablen, die in Q benutzt werden, haben folgende Bedeutung:

i) B(i, j, t), $1 \leq i \leq p(n)$, $1 \leq j \leq w$, $0 \leq t < p(n)$.
    B(i, j, t) repräsentiert den Zustand von Bit j im Wort i
nach t Schritten (oder Zeiteinheiten) der Berechnung. Die
Bits in einem Wort werden von rechts nach links mit 1 beginnend numeriert. Q wird folgendermaßen konstruiert: Für jede
Zuweisung von Wahrheitswerten, für die Q den Wert <u>true</u> annimmt, ist B (i, j, t) genau dann <u>true</u>, wenn das entsprechende Bit nach t Schritten einer erfolgreichen Bearbeitung der
Eingabe I durch A den Wert 1 hat.

ii) S(j, t), $1 \leq j \leq 1$, $1 \leq t \leq p(n)$.
    Wir erinnern daran, daß 1 die Zahl der Befehle in A ist.
S(j, t) repräsentiert den zum Zeitpunkt t auszuführenden Befehl. Q wird folgendermaßen konstruiert: Für jede Zuweisung
von Wahrheitswerten, für die Q den Wert <u>true</u> hat, ist S(j, t)
genau dann <u>true</u>, wenn der von A zum Zeitpunkt t ausgeführte
Befehl der Befehl j ist.

Q besteht aus sechs Teilformeln C, D, E, F, G und H. Q = C $\wedge$ D $\wedge$
E $\wedge$ F $\wedge$ G $\wedge$ H. Diese Teilformeln machen folgende Zusicherungen:

C: Der Anfangszustand der p(n) Wörter stellt die Eingabe I dar.
    Alle nicht zur Eingabe gehörenden Variablen sind null.
D: Als erster wird Befehl 1 ausgeführt.
E: Am Ende des i-ten Schrittes kann es nur einen nächsten auszu-
    führenden Befehl geben. Also kann für ein festes i höchstens
    eines der S(j, i), $1 \leq j \leq 1$ den Wert <u>true</u> haben.
F: Hat S(j, i) den Wert <u>true</u>, dann ist auch S(j, i + 1) <u>true</u>,
    falls der Befehl j eine der Anweisungen <u>success</u>, <u>failure</u>
    oder <u>end</u> ist. S(j + 1, i + 1) ist <u>true</u>, wenn j eine Wertzu-
    weisung ist. Ist j eine <u>go</u> <u>to</u> k - Anweisung, dann ist

S(k, i + 1) <u>true</u>. Die letzte Möglichkeit für j ist die Anweisung <u>if</u> c <u>then</u> a <u>endif</u>. In diesem Fall ist S(a, i + 1) <u>true</u>,
falls c den Wert <u>true</u> hat; S(j + 1, i + 1) ist <u>true</u>, falls c
den Wert <u>false</u> hat.

H: Der zum Zeitpunkt p(n) auszuführende Befehl ist eine <u>success</u> -
Anweisung. Somit endet die Berechnung erfolgreich.

Wenn C bis H obige Zusicherungen machen, dann ist $Q = C \wedge D \wedge E \wedge F \wedge G \wedge H$ genau dann erfüllbar, wenn A die Eingabe I erfolgreich bearbeitet. Wir geben jetzt die Formeln C bis H an. Dabei zeigen wir auch,
wie diese in die KNF überführt werden können. Diese Transformation vergrößert die Länge von Q um einen Betrag, der von n unabhängig ist (aber
von w und 1 abhängt). Damit können wir zeigen, daß die KNF - Erfüllbarkeit NP-vollständig ist.

1. Die Formel C beschreibt die Eingabe. Es gilt:

$$C = \bigwedge_{\substack{1 \leq i \leq p(n) \\ 1 \leq j \leq w}} T(i, j, 0)$$

T(i, j, 0) ist B(i, j, 0), falls auf Grund der Eingabe das Bit
B(i, j, 0) (d.h. Bit j im Wort i) gleich 1 sein muß. Im andern Fall
ist T(i, j, 0) gleich $\overline{B}(i, j, 0)$. Ist keine Eingabe vorhanden, dann
gilt also:

$$C = \bigwedge_{\substack{1 \leq i \leq p(n) \\ 1 \leq j \leq w}} \overline{B}(i, j, 0)$$

Es ist klar, daß C durch I eindeutig bestimmt ist und sich in KNF
befindet. Ebenso ist C nur durch eine Zuweisung von Wahrheitswerten erfüllbar, welche die Anfangswerte aller Variablen in A darstellt.

2. $D = S(1,1) \wedge \overline{S}(2,1) \wedge \overline{S}(3,1) \wedge ... \wedge \overline{S}(1, 1)$.
Es ist klar, daß D nur durch die Zuweisungen S(1,1) = <u>true</u> und
S(i, 1) = <u>false</u>, $2 \leq i \leq 1$ erfüllbar ist. Mit unserer Interpreta-
tion von S(i, 1) bedeutet das, daß D genau dann <u>true</u> ist, wenn
der Befehl 1 als erster ausgeführt wird. Man beachte, daß D in
KNF ist.

3. $E = \bigwedge\limits_{1<t\leq p(n)} E_t$

Jedes E_t macht die Zusicherung, daß es für den Schritt t einen eindeutigen Befehl gibt. Wir können E_t wie folgt definieren:

$$E_t = (S(1,\ t)\ \vee\ S(2,\ t)\ \vee\dots\vee\ S(1,\ t))\ \wedge\ (\bigwedge\limits_{\substack{1\leq j\leq 1\\ 1\leq j\leq 1\\ j\neq k}}\ (\overline{S}(j,\ t)\ \vee\ \overline{S}(k,\ t))$$

Man kann zeigen, daß E_t genau dann <u>true</u> ist, wenn genau eins der $S(j,\ t)$, $1 \leq j \leq 1$ den Wert <u>true</u> hat. Man beachte daß E in KNF vorliegt.

4. $F = \bigwedge\limits_{\substack{1\leq i\leq 1\\ 1\leq t<p(n)}} F_{i,\ t}$

Jedes $F_{i,\ t}$ macht die Zusicherung, daß entweder der Befehl i nicht zum Zeitpunkt t ausgeführt wird oder daß - falls er ausgeführt wird - der zum Zeitpunkt t + 1 auszuführende Befehl durch den Befehl i korrekt bestimmt wird. Formal gilt:

$$F_{i,\ t} = \overline{S}(i,\ t)\ \vee\ L$$

wobei L wie folgt definiert ist:

    i)   Ist der Befehl i eine der Anweisungen <u>success</u>, <u>failure</u> oder <u>end</u>, dann ist L gleich $S(i,\ t + 1)$. Also kann das Programm solch einen Befehl nicht verlassen.

    ii) Ist der Befehl i eine Anweisung <u>go to</u> k, dann ist L gleich $S(k,\ t + 1)$.

    iii) Ist der Befehl i eine Anweisung <u>if</u> X <u>then go to</u> k <u>endif</u>, und wird die Variable X durch das Wort j dargestellt, dann ist L gleich

$$((B(j,\ 1,\ t - 1)\ \wedge\ S(k,\ t + 1))\ \vee\ (\overline{B}(j,\ 1,\ t - 1)\ \wedge\ S(i + 1,\ t + 1))).$$

    Dabei wird angenommen, daß Bit 1 von X genau dann 1 ist,

wenn X den Wert __true__ hat.

iv) Ist der Befehl i keine der oben genannten Anweisungen, dann
ist L gleich S(i + 1, t + 1).

Die unter (i), (ii) und (iv) definierten $F_{i,t}$ sind in KNF.
Die $F_{i,t}$ aus (iii) können unter Verwendung der folgenden Boole'
schen Identität in die KNF umgeformt werden:

$$a \vee (b \wedge c) \vee (d \wedge e) \equiv (a \vee b \vee d) \wedge (a \vee c \vee d) \wedge (a \vee b \vee e)$$
$$\wedge (a \vee c \vee e)$$

5. $G = \bigwedge_{\substack{1 \leq i \leq 1 \\ 1 \leq t < p(n)}} G_{i,t}$

Jedes $G_{i,t}$ macht die Zusicherung, daß zum Zeitpunkt t (i) entweder (i) der Befehl i nicht ausgeführt wird oder (ii) der Befehl
ausgeführt wird und der Zustand der p(n) Wörter nach Schritt t bezüglich des Zustandes vor Schritt t und der aus Befehl i resultierenden Änderungen korrekt ist. Formal gilt:

$$G_{i,t} = \overline{S}(i, t) \vee M$$

wobei M wie folgt definiert ist:

i) Ist der Befehl i eine der Anweisungen __go to__, __if - then go to -
endif__, __success__, __failure__ oder __end__, dann macht M die Zusicherung,
daß der Zustand der p(n) Wörter unverändert bleibt, d.h.
$B(k, j, t - 1) = B(k, j, t)$, $1 \leq k \leq p(n)$ und $1 \leq j \leq w$.

$$M = \bigwedge_{\substack{1 \leq k \leq p(n) \\ 1 \leq j \leq w}} ((B(k, j, t - 1) \wedge B(k, j, t)) \vee (\overline{B}(k, j, t - 1) \wedge \overline{B}(k, j, t)))$$

In diesem Fall kann man $G_{i,t}$ schreiben als

$$G_{i,t} = \bigwedge_{\substack{1 \leq k \leq p(n) \\ 1 \leq j \leq w}} (\overline{S}(i, t) \vee (B(k, j, t - 1) \wedge B(k, j, t)) \vee (\overline{B}(k, j, t - 1) \wedge \overline{B}(k, j, t)))$$

Jeder Teilausdruck in $G_{i,t}$ ist von der Form $z \vee (x \wedge s) \vee
(\overline{x} \wedge \overline{s})$, wobei z gleich $\overline{S}(i, t)$ ist, x ein $B(,, t - 1)$ und s

ein B(,, t) darstellt. Man beachte, daß $z \vee (x \wedge s) \vee (\bar{x} \wedge \bar{s})$
äquivalent ist zu $(x \vee \bar{s} \vee z) \wedge (\bar{x} \vee s \vee z)$. Somit kann $G_{i,\,t}$
leicht in die KNF überführt werden.

ii) Ist i eine Wertzuweisung vom Typ a), dann hängt M vom Operator
auf der rechten Seite ab (falls einer vorhanden ist). Zuerst
beschreiben wir die Form von M für den Fall, daß der Befehl i
vom Typ $Y \leftarrow V + Z$ ist. Die Variablen Y, V und Z seien durch
die Wörter y, v und z repräsentiert. Der Einfachheit halber
nehmen wir an, daß alle Zahlen nicht-negativ sind. In den
Übungen wird der Fall behandelt, daß auch negative Zahlen erlaubt sind und Einerkomplementarithmetik benutzt wird. Um eine
Formel zu erhalten, welche die Zusicherung macht, daß die Bits
$B(y, j, t)$, $1 \leq j \leq w$ die Summe aus $B(v, j, t - 1)$ und
$B(z, j, t - 1)$, $1 \leq j \leq w$ darstellen, müssen wir weitere w Bits
$C(j, t)$, $1 \leq j \leq w$ verwenden. $C(j, t)$ stellt den Übertrag dar,
der aus der Addition der Bits $B(v, j, t - 1)$, $B(z, j, t - 1)$
und $C(j - 1, t)$, $1 < j \leq w$ entsteht. $C(1, t)$ ist der Übertrag
aus der Addition von $B(v, 1, t - 1)$ und $B(z, 1, t - 1)$. Wir
erinnern daran, daß ein Bit genau dann gleich 1 ist, wenn die
entsprechende Variable den Wert _true_ hat. Wir führen eine bit-
weise Addition von V und Z durch und erhalten $C(1, t) =$
$B(v, 1, t - 1) \wedge B(z, 1, t - 1)$ und $B(y, 1, t) = B(v, 1, t - 1)$
$\oplus B(z, 1, t - 1)$. Dabei bezeichnet $\oplus$ die Operation "exclusives
Oder" ($a \oplus b$ ist genau dann _true_, wenn genau eine der Variablen a oder b den Wert _true_ hat). Es gilt:

$$a \oplus b \equiv (a \vee b) \wedge \overline{(a \wedge b)} \equiv (a \vee b) \wedge (\bar{a} \vee \bar{b}).$$

Also kann die rechte Seite des Ausdruckes für $B(y, 1, t)$ mit
Hilfe dieser Identität in die KNF überführt werden. Für die
anderen Bits von Y kann man zeigen, daß gilt:

$$B(y, j, t) = B(v, j, t - 1) \oplus (B(z, j, t - 1) \oplus C(j - 1, t))$$

und

$$C(j, t) = (B(v, j, t - 1) \wedge B(z, j, t - 1)) \vee (B(v, j, t - 1) \wedge C(j - 1, t)) \vee (B(z, j, t - 1) \wedge C(j - 1, t)).$$

Schließlich benötigen wir, daß $C(w, t) = \underline{false}$ ist (d.h. es gibt keinen Überlauf). M' sei die UND - Verknüpfung aller Gleichungen für $B(y, j, t)$ und $C(j, t)$, $1 \leq j \leq w$. M ist gegeben durch

$$M = (\bigwedge_{\substack{1 \leq k \leq p(n) \\ k \neq y \\ 1 \leq j \leq w}} ((B(k, j, t - 1) \wedge B(k, j, t))$$

$$\vee (\overline{B}(k, j, t - 1) \wedge \overline{B}(k, j, t))) \wedge M'$$

Mit der in 5 (i) beschriebenen Idee kann $G_{i, t}$ in die KNF umgewandelt werden. Durch diese Transformation wird die Länge von $G_{i, t}$ um einen konstanten Faktor vergrößert, der von n unabhängig ist. Wir überlassen es dem Leser, die Form von M herauszufinden, wenn der Befehl i die Gestalt $Y \leftarrow V$; $Y \leftarrow V \ (op) \ Z$ usw... hat, wobei (op) einer der Operatoren $-$, $/$, $*$, $<$, $>$, $\leq$, $=$ ist.

Ist i eine Wertzuweisung vom Typ b) oder c), dann muß das richtige Feldelement ausgewählt werden. Wir betrachten einen Befehl vom Typ b): $R(m) \leftarrow X$. In diesem Fall kann die Formel M wie folgt geschrieben werden:

$$M = W \wedge (\bigwedge_{1 \leq j \leq u} M_j)$$

wobei u die Dimension von R ist. Man beachte, daß wegen der Einschränkung (vii) des Algorithmus A $u \leq p(n) \cdot W$ die Zusicherung macht, daß gilt: $1 \leq m \leq u$. Die Beschreibung von W ist dem Leser zur Übung überlassen. Jedes M_j macht die Zusicherung, daß entweder $m \neq j$ ist oder daß $m = j$ ist und sich nur das j-te Element von R ändert. Wir nehmen an, daß die Werte von X und M in den Wörtern x bzw. m und $R(1:u)$ in den Wörtern α, $\alpha + 1$, ..., $\alpha + u - 1$ abgespeichert werden. M_j ist gegeben durch:

$$M_j = \bigvee_{1 \leq k \leq w} T(m, k, t - 1) \vee Z$$

wobei T gleich B ist, wenn das k-te Bit in der Binärdarstellung von j gleich 0 ist; ansonsten ist T gleich $\overline{B}$. Z ist wie folgt definiert:

$$Z = \bigwedge_{\substack{1 \leq k \leq w \\ 1 \leq r \neq p(n) \\ r \neq \alpha + j - 1}} ((B(r, k, t-1) \wedge B(r, k, t)) \vee (\overline{B}(r, k, t-1)$$

$$\wedge \, \overline{B}(r, k, t-1)))$$

$$\wedge \bigwedge_{1 \leq k \leq w} ((B(\alpha + j - 1, k, t) \wedge B(x, k, t-1))$$

$$\bigvee (\overline{B}(\alpha + j - 1, k, t) \wedge \overline{B}(x, k, t-1)))$$

Man beachte, daß die Anzahl der Literale in M gleich $O(p^2(n))$ ist. Da j die Länge von w Bits hat, kann es nur Zahlen darstellen, die kleiner als 2^w sind. Für $u \geq 2^w$ benötigen wir also ein anderes Indexschema. Eine einfache Verallgemeinerung besteht darin, eine Arithmetik mit mehrfacher Genauigkeit zuzulassen. Die Indexvariable j kann dann so viele Wörter wie notwendig belegen. Die Anzahl benutzter Wörter hängt von u ab. Höchstens log (p(n)) Wörter werden gebraucht. M_j muß deswegen leicht geändert werden, aber die Anzahl der Literale in M bleibt $O(p^2(n))$. Wir müssen die Arithmetik mit mehrfacher Genauigkeit nicht explizit angeben; das Programm hat auf jedes einzelne Wort eines Indexwertes j mit mehrfacher Genauigkeit Zugriff, und wir können per Programm eine mehrfach genaue Arithmetik simulieren.

Ist i ein Befehl vom Typ c), dann ist die Form von M ähnlich derjenigen, die wir für Befehle vom Typ b) erhalten haben. Als nächstes beschreiben wir, wie M zu konstruieren ist, falls i von der Form Y ← <u>choice</u> (S) ist. Dabei ist S entweder eine Menge der Form $S = \{S_1, S_2, \ldots, S_k\}$ oder S ist von der Form r:u. Wir nehmen an, daß Y durch das Wort y dargestellt wird. Ist S eine Menge, dann definieren wir

$$M = \bigwedge_{1 \leq j \leq k} M_j.$$

M_j macht die Zusicherung, daß Y gleich S_j ist. Dazu wählen wir $M_j = a_1 \wedge a_2 \wedge \ldots \wedge a_w$; dabei ist $a_1 = B(y, 1, t)$, falls Bit 1 in S_1 gleich 1 ist und $a_1 = \overline{B}(y, 1, t)$, falls Bit 1 in S_1 gleich O ist. Hat S die Form r:u, dann macht M die Zusicherung: $r \leq Y \leq u$. Dies zu zeigen, ist dem Leser als Übung überlassen. In beiden Fällen kann $G_{i, t}$ in die KNF überführt werden; dabei wird die Länge von $G_{i, t}$ um höchstens einen konstanten Betrag vergrößert.

6. Es seien i_1, i_2, ..., i_k die Anweisungsnummern, welche den
    success - Anweisungen in A entsprechen. H ist gegeben durch

$$H = S(i_1, p(n)) \lor S(i_2, p(n)) \lor \ldots \lor S(i_k, p(n)).$$

Wie man leicht zeigt, ist $Q = C \land D \land E \land F \land G \land H$ genau
dann erfüllbar, wenn die Berechnung des Algorithmus A mit der
Eingabe I erfolgreich beendet wird. Weiterhin kann Q wie oben beschrieben in die KNF transformiert werden. Die Formeln C bis H
enthalten die folgende Anzahl von Literalen:

C: $wp(n)$	F: $O(lp(n))$
D: 1	G: $O(lwp^3(n))$
E: $O(l^2 p(n))$	H: höchstens 1

Insgesamt treten in Q $O(lwp^3(n)) = O(p^3(n))$ Literale auf (lw ist
konstant). Da es $O(wp^2(n) + lp(n))$ verschiedene Literale in Q gibt,
kann jedes Literal mit $O(\log (wp^2(n) + lp(n))) = O(\log n)$ Bits
geschrieben werden. Die Länge von Q beträgt daher $O(p^3(n) \log n) =$
$O(p^4(n))$, da $p(n)$ mindestens n ist. Die Zeit für die Konstruktion
von Q aus A und I ist ebenfalls $O(p^3(n) \log n)$.
Die obige Konstruktion zeigt, daß sich jedes Problem in NP auf Erfüllbarkeit und auch auf KNF - Erfüllbarkeit reduziert. Ist
also eines dieser beiden Probleme in P, dann ist $NP \subseteq P$ und daher
$P = NP$. Da es Erfüllbarkeit in NP gibt, zeigt die Konstruktion
einer KNF - Formel Q, däß gilt: Erfüllbarkeit $\propto$ KNF - Erfüllbarkeit. Zusammen mit der Tatsache, daß es KNF - Erfüllbarkeit in
NP gibt, folgt daraus, daß KNF - Erfüllbarkeit NP-vollständig ist.
Man beachte, daß Erfüllbarkeit ebenfalls NP-vollständig ist, denn
es gilt: Erfüllbarkeit $\propto$ Erfüllbarkeit und in NP gibt es Erfüllbarkeit.

Um zu zeigen, daß ein Problem L_2 NP - schwer ist, benutzen wir folgende Strategie:

i)   Man suche ein Problem L_1, von dem man weiß, daß es NP - schwer ist.

ii) Man zeige, wie man (in polynomialer deterministischer Zeit) aus einer Problemstellung I zu L_1 eine Problemstellung I' zu L_2 erhält, so daß man aus der Lösung von I' (in polynomialer deterministischer Zeit) die Lösung von I zu L_1 erhält.

iii) Aus ii) schließt man, daß $L_1 \propto L_2$ gilt.

iv) Aus (i), (iii) und der Transitivität von $\propto$ folgert man, daß L_2 NP - schwer ist.

Für die ersten Beweise gehen wir alle oben aufgeführten Schritte durch. Später behandeln wir bei den Beweisen nur noch die Schritte (i) und (ii). Wir können zeigen, daß ein NP - schweres Entscheidungsproblem L_2 NP-vollständig ist, indem wir für L_2 einen nichtdeterministischen Algorithmus mit polynomialem Zeitverhalten angeben. Alle NP - schweren Entscheidungsprobleme, die wir hier behandeln, sind auch NP - vollständig. Die Konstruktion nichtdeterministischer Algorithmen mit polynomialem Zeitverhalten für diese Probleme ist dem Leser zur Übung überlassen.

Das Cliquenentscheidungsproblem (CEP)

In Abschnitt 11.1 wurde das Cliquenentscheidungsproblem eingeführt. Wir werden in Theorem 11.2 folgendes zeigen: KNF-Erfüllbarkeit $\propto$ CEP. Mit diesem Ergebnis, mit der Transitivität von $\propto$ und mit der Aussage aus Abschnitt 11.2 "Erfüllbarkeit $\propto$ KNF-ERFÜLLBARKEIT" können wir zeigen: Erfüllbarkeit $\propto$ CEP. Also ist CEP NP-schwer. Da CEP $\in$ NP ist, ist CEP auch NP-vollständig.

Theorem 11.2   KNF-Erfüllbarkeit $\propto$ Cliquenentscheidungsproblem (CEP)

Beweis: Es sei $F = \wedge_{1 \le i \le k} C_i$ eine in KNF vorliegende Formel aus dem Prädikatenkalkül. x_i, $1 \le i \le n$ seien die Variablen in F. Wir werden zeigen, wie man aus F einen Graph $G = (V, E)$ so konstruiert, daß G ge-

nau dann eine Clique der Mindestgröße k hat, wenn F erfüllbar ist. Ist
m die Länge von F, dann erhält man G aus F in der Zeit O(m). Haben
wir also einen polynomialen Algorithmus für CEP, dann können wir mit
Hilfe dieser Konstruktion einen polynomialen Algorithmus für KNF - Erfüllbarkeit erhalten.

Für beliebiges F ist G = (V, E) wie folgt definiert: $V = \{<\sigma,\ i> \mid \sigma$
ist ein Literal im Teilausdruck $C_i\}$;

$$E = \{(<\sigma,\ i>,\ <\delta,\ j>\ )\ \mid\ i \neq j \text{ und } \sigma \neq \delta\}.$$

(Siehe dazu Beispiel 11.11)

Ist F erfüllbar, dann gibt es eine Menge von Wahrheitswerten für
x_i, $1 \leq i \leq n$, so daß jeder Teilausdruck bei dieser Zuweisung den Wert
<u>true</u> hat. Es gibt also bei dieser Zuweisung mindestens ein Literal
in jedem C_i, so daß σ den Wert <u>true</u> hat. Es sei $S = \{<\sigma,\ i> \mid \sigma$ ist
<u>true</u> in $C_i\}$ eine Menge, die für jedes i genau ein $<\sigma,\ i>$ enthält. S
bildet in G eine Clique der Größe k. Hat G eine Clique k = (V', E')
der Mindestgröße k, dann sei $S = \{\ <\sigma,\ i> \mid <\sigma,i> \in V'\}$. Natürlich ist
$|S| = k$, da G keine Clique enthält, deren Größe größer als k ist. Aus-
serdem gilt: Ist $S' = \{\sigma \mid <\sigma,\ i> \in S$ für irgendein i$\}$, dann kann S'
nicht gleichzeitig ein Literal δ und dessen Komplement $\overline{\delta}$ enthalten,
denn es gibt in G keine Kante, die $<\delta,\ i>$ mit $<\overline{\delta},\ j>$ verbindet. Setzen
wir also $x_i = $ <u>true</u>, falls $x_i \in S'$ und $x_i = $ <u>false</u>, falls $\overline{x}_i \in S'$, und
wählen wir für die nicht in S' gelegenen Variablen beliebige Wahrheits-
werte, dann können wir alle Teilausdrücke in F erfüllen. Also ist F
genau dann erfüllbar, wenn G eine Clique der Mindestgröße k enthält. □

<u>Beispiel 11.11</u> Wir betrachten $F = (x_1 \vee x_2 \vee x_3) \wedge (\overline{x}_1 \vee \overline{x}_2 \vee \overline{x}_3)$.
Die Konstruktion nach Theorem 11.2 liefert den in Abb. 11.1 gezeigten
Graph.

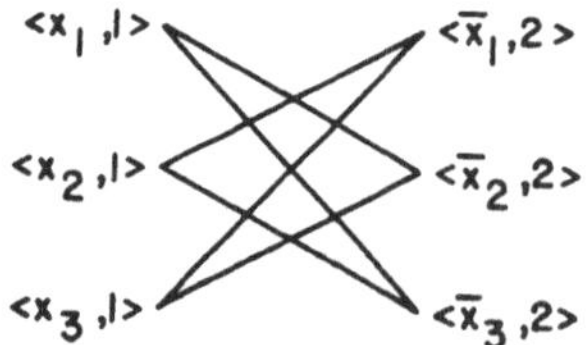

<u>Abbildung 11.1</u> Beispielgraph für Erfüllbarkeit

Dieser Graph enthält sechs Cliquen der Größe zwei. Wir betrachten
die Clique mit den Knoten $\{<x_1, 1>, <\overline{x}_2, 2>\}$. F ist erfüllt, wenn wir
x_1 = <u>true</u> und $\overline{x}_2$ = <u>true</u> (d.h. x_2 = <u>false</u>) setzen; x_3 kann den Wert
<u>true</u> oder <u>false</u> erhalten. □

Das Knotenhüllenentscheidungsproblem (KHEP)

Eine Menge $S \subseteq V$ heißt genau dann <u>Knotenhülle</u> für einen Graph G = (V, E),
wenn alle Kanten in E mit mindestens einem Knoten in S verbunden sind.
Die Größe der Hülle $|S|$ ist die Zahl der Knoten in S.

<u>Beispiel 11.12</u> Wir betrachten folgenden Graph:

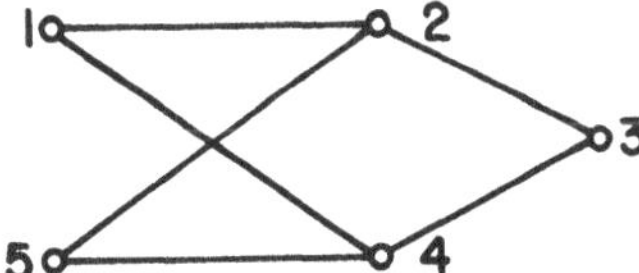

Abbildung 11.2 Beispielgraph für Knotenhüllen

$S = \{2, 4\}$ ist eine Knotenhülle der Größe 2. $S = \{1, 3, 5\}$ ist eine
Knotenhülle der Größe 3. □

Beim Knotenhüllenentscheidungsproblem (KHEP) sind ein Graph G und
eine ganze Zahl k gegeben. Es soll entschieden werden, ob G eine Knotenhülle höchstens der Größe k enthält.

<u>Theorem 11.3</u> Cliquenentscheidungsproblem (CEP) $\propto$ Knotenhüllenent-
scheidungsproblem (KHEP).

<u>Beweis</u>: Es sei G = (V, E), k definiere eine Problemstellung des CEP.
Es sei $|V|$ = n, Wir werden einen Graph G' mit folgender Eigenschaft
konstruieren: G' enthält genau dann eine Knotenhülle höchstens der
Größe n - k, wenn G eine Clique der Mindestgröße k enthält. G' ist
durch $(V, \overline{E})$ gegeben, wobei $\overline{E} = \{(u, v) \mid u \in V, v \in V, (u, v) \notin E\}$
ist.

Wir werden jetzt zeigen, daß G genau dann eine Clique der Mindest-

größe k enthält, wenn G' eine Knotenhülle höchstens der Größe n - k
enthält. K sei eine beliebige Clique in G. Da es in $\bar{E}$ keine Kanten
gibt, die Knoten aus K verbinden, müssen die restlichen n - |K| Kno-
ten in G' alle Kanten in $\bar{E}$ einhüllen. Ebenso muß V - S, falls S eine
Knotenhülle von G' ist, einen vollständigen Teilgraph in G bilden.

Da man G' aus G in polynomialer Zeit erhalten kann, ist CEP in
polynomialer deterministischer Zeit lösbar, wenn es für KHEP einen
polynomialen deterministsichen Algorithmus gibt. □

Wegen KNF - Erfüllbarkeit $\propto$ CEP, CEP $\propto$ KHEP und der Transitivität
von $\propto$ folgt: KHEP ist NP - schwer.

Das Farbzahlenentscheidungsproblem (FZ)

Eine Färbung eines Graphen G = (V, E) ist eine Funktion f: V $\leftarrow$ {1, 2
..., k}, die für alle i $\in$ V definiert ist. Ist (u, v) $\in$ E, dann ist
f(u) $\neq$ f(v). Beim Farbzahlenentscheidungsproblem muß festgestellt
werden, ob es für ein vorgegebenes k eine Färbung für G gibt.

Beispiel 11.13 Eine mögliche 2 - Färbung des Graphen aus Abb. 11.2
ist: f(1) = f(3) = f(5) = 1 und f(2) = f(4) = 2. Es ist klar, daß es
für diesen Graph keine 1 - Färbung gibt. □

Beim Beweis, daß FZ NP - schwer ist, verwenden wir das NP - schwere Problem ERF. Dies ist das KNF - Erfüllbarkeitsproblem mit der Einschränkung, daß jeder Teilausdruck höchstens drei Literale enthält.
Die Reduktion KNF - Erfüllbarkeit $\propto$ ERF ist dem Leser zur Übung überlassen.

Theorem 11.4 ERF $\propto$ FZ, d.h. Erfüllbarkeit mit höchstens drei Literalen pro Teilausdruck $\propto$ Farbzahlenentscheidungsproblem.

Beweis: Es sei F eine Formel in KNF, die pro Teilausdruck höchstens
drei Literale enthält und aus r Teilausdrücken besteht. x_i, $1 \leq i \leq n$
seien die n Variablen in F. Es sei $n \geq 4$. Ist $n < 4$, dann können wir
durch Ausprobieren aller acht möglichen Zuordnungen von Wahrheitswerten zu x_1, x_2, x_3 nachprüfen, ob F erfüllbar ist. Wir werden in
polynomialer Zeit einen Graph G konstruieren, der genau dann n + 1 -
färbbar ist, wenn F erfüllbar ist. Der Graph G = (V, E) ist folgendermaßen definiert:

$$V = \{x_1, x_2, \ldots, x_n\} \cup \{\bar{x}_1, \bar{x}_2, \ldots, \bar{x}_n\}$$

$$\cup \{y_1, y_2, \ldots, y_n\} \cup \{C_1, C_2, \ldots, C_r\}$$

und

$$E = \{(x_i, \bar{x}_i), 1 \leq i \leq n\} \cup \{(y_i, y_j) \mid i \neq j\} \cup \{(y_i, x_j) \mid i \neq j\}$$

$$\cup \{(y_i, \bar{x}_j) \mid i \neq j\} \cup \{(x_i, C_j) \mid x_i \notin C_j\} \cup \{(x_i, C_j) \mid$$

$$\bar{x}_i \notin C_j\}$$

Um zu sehen, daß G genau dann n + 1 - färbbar ist, wenn F erfüllbar ist, stellen wir zuerst fest, daß die y_i für n Knoten einen vollständigen Teilgraph bilden. Somit muß jedem y_i eine andere Farbe zugeordnet werden. Ohne Beschränkung der Allgemeinheit können wir annehmen, daß bei jeder Färbung von G y_i die Farbe i erhält. Da y_i auch mit allen x_j und $\bar{x}_j$ außer x_i und $\bar{x}_i$ verbunden ist, kann die Farbe i nur x_i oder $\bar{x}_i$ zugeordnet werden. Es ist aber $(x_i, \bar{x}_i) \in E$, also wird für diese Knoten eine neue Farbe n + 1 benötigt. Den Knoten, dem die neue Farbe n + 1 zugewiesen wird, nennen wir den <u>falschen Knoten</u>, den anderen den <u>wahren Knoten</u>. Es gibt nur eine Möglichkeit, G mit n + 1 Farben einzufärben: die Farbe n + 1 wird einem der $\{x_i, \bar{x}_i\}$ für jedes i, $1 \leq i \leq n$ zugewiesen.

Unter welchen Bedingungen können die restlichen Knoten ohne die Verwendung neuer Farben eingeführt werden? Da n $\geq$ 4 ist und jeder Teilausdruck höchstens drei Literale enthält, ist jedes C_i zu seinem Knotenpaar x_j, $\bar{x}_j$ für mindestens ein j benachbart. Also kann keinem C_i die Farbe n + 1 zugewiesen werden. Ebenso kann keinem C_i eine Farbe zugewiesen werden, die einem x_j oder $\bar{x}_j$ entspricht, das nicht in C_i vorkommt. Aus den beiden letzten Aussagen ergibt sich, daß die einzigen Farben, die C_i zugewiesen werden können, den Knoten x_j oder $\bar{x}_j$ entsprechen, die in C_i vorkommen und wahre Knoten sind. Somit ist G genau dann n+1 - färbbar, wenn es zu jedem C_i einen wahren Knoten gibt. Also ist G genau dann n+1 - färbbar, wenn F erfüllbar ist. $\quad\square$

<u>Gerichtete Hamilton'sche Kreise (GHK)</u>

Ein gerichteter Hamilton'scher Kreis in einem gerichteten Graph G =
(V, E) ist eine gerichtete Schleife der Länge n = |V|. Die Schleife
führt also genau einmal durch jeden Knoten und kehrt zum Anfangsknoten
zurück. Beim GHS - Problem muß entschieden werden, ob G einen gerichteten Hamilton'schen Kreis enthält.

<u>Beispiel 11.14</u> Der Graph in Abb. 11.3 enthält einen gerichteten Ha-
milton'schen Kreis 1, 2, 3, 4, 5, 1.

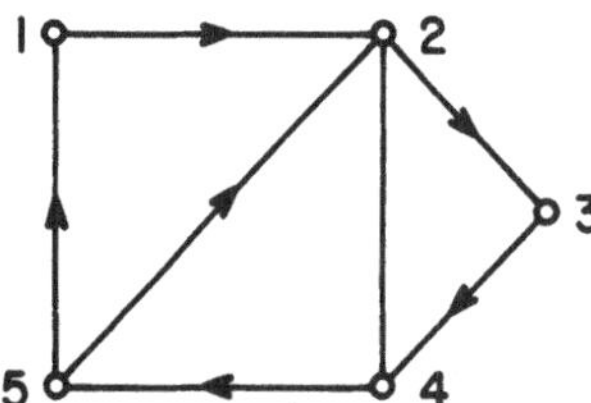

<u>Abbildung 11.3</u> Ein Beispielgraph für einen
Hamilton'schen Kreis

<u>Theorem 11.5</u>   KNF - Erfüllbarkeit $\propto$ gerichteten Hamilton'schen Kreis
(GHK)

<u>Beweis</u>: Es sei F eine in KNF vorliegende Formel aus dem Prädikaten-
kalkül. Wir werden zeigen, wie man einen gerichteten Graph G so
konstruiert, daß F genau dann erfüllbar ist, wenn G einen gerichteten
Hamilton'schen Kreis enthält. Da man diese Konstruktion in einer bzgl.
der Größe von F polynomialen Zeit ausführen kann, folgt daraus: KNF -
Erfüllbarkeit $\propto$ GHK. An Hand eines Beispiels wollen wir uns die Vorgehensweise bei der Konstruktion von G klarmachen. Wir wählen F =
$C_1 \wedge C_2 \wedge C_3 \wedge C_4$ mit

$$C_1 = x_1 \vee \bar{x}_2 \vee x_4 \vee \bar{x}_5$$
$$C_2 = \bar{x}_1 \vee x_2 \vee x_3$$
$$C_3 = \bar{x}_1 \vee \bar{x}_3 \vee x_5$$
$$C_4 = \bar{x}_1 \vee \bar{x}_2 \vee \bar{x}_3 \vee x_4 \vee \bar{x}_5$$

Wir nehmen an, daß F aus r Teilausdrücken C_1, C_2, ..., C_r besteht und n Variablen x_1, x_2, ..., x_n enthält. Wir zeichnen ein Feld mit r Zeilen und 2n Spalten. Die Zeile i entspricht dem Teilausdruck C_i. Jede Variable x_i wird durch zwei benachbarte Spalten dargestellt, eine für x_i und eine für $\bar{x}_i$. In Abb. 11.4 ist das zu diesem Beispiel gehörende Feld dargestellt. Wir tragen das Zeichen ⊛ genau dann in Spalte x_i und Zeile C_j ein, wenn x_i ein Literal in C_j ist. Dasselbe Zeichen tragen wir genau dann in Spalte $\bar{x}_i$ und Zeile C_j ein, wenn $\bar{x}_i$ ein Literal in C_j ist. Zwischen jedem Paar der Spalten x_i und $\bar{x}_i$ führen wir zwei Knoten u_i und v_i ein: M_i am oberen Ende und v_i am unteren Ende der Spalte. Für jedes i zeichnen wir Ketten von Kanten, die von v_i nach oben zu u_i führen; die eine Kette verbindet alle Zeichen ⊛ in der Spalte x_i, die andere alle in der Spalte $\bar{x}_i$ (siehe Abb. 11.4). Jetzt zeichnen wir die Kanten $\langle u_i, v_{i+1}\rangle$, $1 \leq i < n$. Am rechten Ende jeder Zeile C_i, $1 \leq i \leq r$ führen wir ein Kästchen $\boxed{i}$ ein. Dann zeichnen wir die Kanten $\langle u_r, \boxed{1}\rangle$ und $\langle \boxed{r}, v_1\rangle$, anschließend die Kanten $\langle \boxed{i}, \boxed{i+1}\rangle$, $1 \leq i < r$ (siehe Abb. 11.4).

Um den Graph zu vervollständigen, ersetzen wir jedes Zeichen ⊛ und $\boxed{i}$ durch einen Teilgraph. Jedes Symbol ⊛ wird durch den in Abb. 11.5 (a) gezeigten Teilgraph ersetzt (natürlich müssen bei jeder Kopie des Teilgraphen die Knoten eindeutig bezeichnet werden). Jedes Kästchen $\boxed{i}$ wird durch den in Abb. 11.6 gezeigten Teilgraph ersetzt. In diesem Teilgraph ist A_i ein Eingangs- und B_i ein Ausgangsknoten. Die oben erwähnten Kanten $\langle \boxed{i}, \boxed{i+1}\rangle$ sind in Wirklichkeit die Kanten $\langle B_i, A_{i+1}\rangle$. Die Kante $\langle u_r, \boxed{1}\rangle$ ist $\langle u_r, A_1\rangle$, die Kante $\langle \boxed{r}, v_1\rangle$ ist $\langle B_r, v_1\rangle$. i_j ist die Anzahl der Literale in C_j. Im Teilgraph aus Abb. 11.6 bedeutet eine Kante

$$R_{i_a} \longrightarrow \odot \longrightarrow R_{i_{a+1}} \qquad \text{Abbildung 11.3(a)}$$

eine Verbindung mit einem ⊛ - Teilgraph in Zeile C_i. R_{i_a} ist mit dem "1" - Knoten von ⊛ verbunden, $R_{i_{a+1}}$ (oder R_{i_1} falls a = j ist) steht mit dem "3" - Knoten in Verbindung. In dem Teilgraph

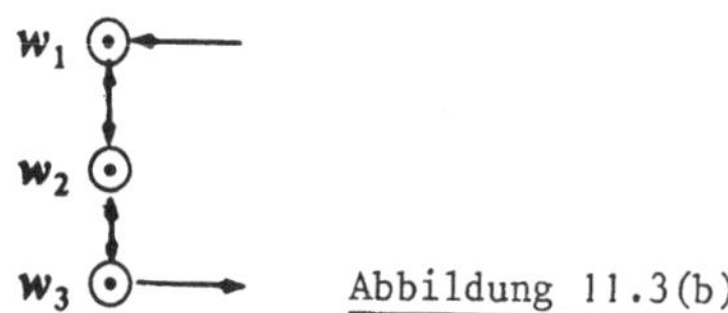

Abbildung 11.3(b)

aus Abb. 11.5 (b) sind w_1 und w_3 die "1" - bzw. "3" - Knoten. Die hereinführende Kante ist $\langle R_{i_1}, w_1 \rangle$, die wegführende Kante ist $\langle w_3, R_{i_2} \rangle$. Damit ist die Konstruktion von G beendet.

Wenn F erfüllbar ist, dann sei S eine Zuweisung von Wahrheitswerten, für welche F den Wert _true_ annimmt. Ein Hamilton'scher Kreis für G kann bei v_1 beginnen, und dann durch u_1, v_2, u_2, v_3, u_3, ..., u_r gehen. Auf dem Abschnitt von v_i zu u_i verwendet dieser Kreis die Spalte, die x_i entspricht, falls x_i in S den Wert _true_ hat. Andernfalls wird die dem $\bar{x}_i$ entsprechende Spalte benutzt. Von u_r aus führt dieser Kreis zu A_1 und geht dann durch R_{1_1}, R_{1_2}, R_{1_3}, ..., R_{1_i}, B_1 bis A_2 ... v_1. Auf dem Weg von R_{i_a} nach $R_{i_{a+1}}$ in irgendeinem Teilgraph $\boxed{i}$ macht man genau dann eine Umleitung zu einem $\circledast$ - Teilgraph in Zeile i, wenn die Knoten dieses $\circledast$ - Teilgraphen noch nicht auf dem Weg von v_1 nach R_{i_a} liegen. Man beachte: Hat C_i i_j Literale, dann läßt die Konstruktion von $\boxed{i}$ eine Umleitung zu höchstens $i_j - 1$ $\circledast$ - Teilgraphen zu. Dies ist ausreichend, denn mindestens ein $\circledast$ - Teilgraph muß in Zeile C_i bereits durchlaufen worden sein (denn mindestens ein solcher Teilgraph muß einem Literal mit dem Wert _true_ entsprechen). Ist also F erfüllbar, dann enthält G einen gerichteten Hamilton'schen Kreis. Wir müssen noch zeigen: Enthält G einen gerichteten Hamilton'schen Kreis, dann ist F erfüllbar. Dies kann man folgendermaßen einsehen. Wir beginnen bei Knoten v_1 eines beliebigen Hamilton'schen Kreises in G. Auf Grund der Konstruktion der $\circledast$ - und $\boxed{i}$ - Teilgraphen muß solch eine Schleife in genau einer Spalte eines jeden Paares $(x_i, \bar{x}_i)$ nach oben gehen. Außerdem muß dieser Teil der Schleife mindestens einen $\circledast$ - Teilgraph in jeder Zeile durchlaufen. Damit definieren die Spalten, die auf dem Weg von v_i nach u_i, $1 \le i \le n$ benutzt werden, eine Zuweisung von Wahrheitswerten, für die F den Wert _true_ annimmt.

Wir schließen daraus, daß F genau dann erfüllbar ist, wenn G einen Hamilton'schen Kreis enthält. Das Theorem ergibt sich aus der Feststellung, daß man G in polynomialer Zeit aus F enthalten kann. □

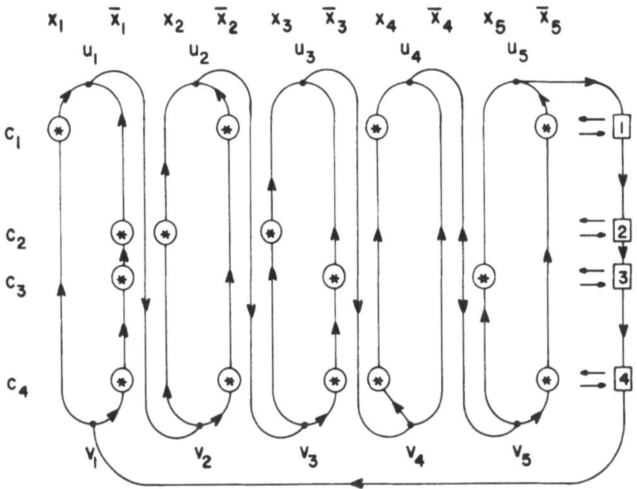

Abbildung 11.4 Struktur des Feldes, das beim Beweis von Theorem 11.5 verwendet wird

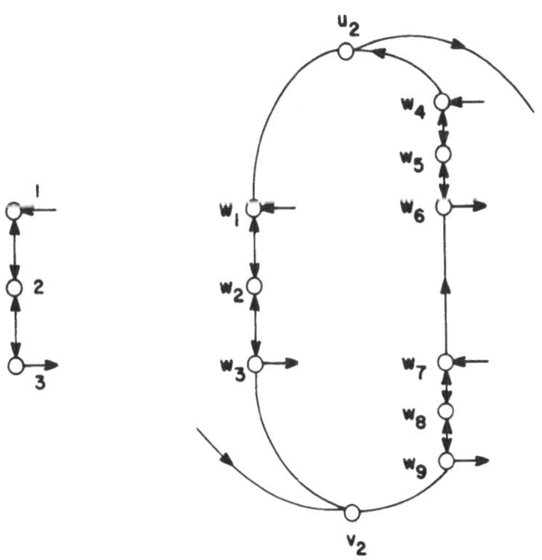

Abbildung 11.5 Der ⊕-Teilgraph und seine Einfügung in Spalte 2

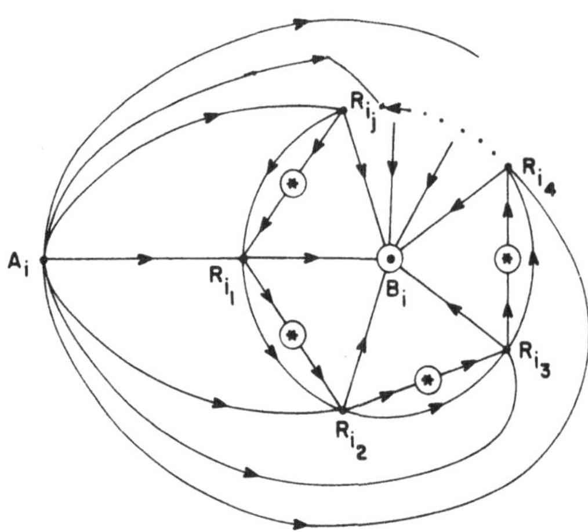

Abbildung 11.6 Der $\boxed{i}$-Teilgraph

Das Problem des Handlungsreisenden als Entscheidungsproblem (HEP)

Im 5. Kapitel haben wir das Problem des Handlungsreisenden kennengelernt. Das entsprechende Entscheidungsproblem besteht darin festzustellen, ob ein vollständiger gerichteter Graph G = (V, E) mit Kantenkosten c(u, v) eine Tour mit höchstens M Kosten enthält.

<u>Theorem 11.6</u> GHK $\propto$ HEP, d.h. gerichteter Hamilton'scher Kreis $\propto$ Ent-
scheidungsproblem zum Problem des Handlungsreisenden.

<u>Beweis</u>: Aus dem gerichteten Graph G = (V, E) konstruieren wir den
vollständigen gerichteten Graph G' = (V, E'), E = $\{<i, j> \mid i \neq j\}$
und c(i, j) = 1 falls $<i, j> \in$ E ist; c(i, j) = 2, falls i $\neq$ j und
$<i, j> \notin$ E ist. Es ist klar, daß G' genau dann eine Tour mit höchstens
n Kosten enthält, wenn G einen gerichteten Hamilton'schen Kreis enthält. $\square$

<u>UND/ODER - Graphenentscheidungsproblem (UOG)</u>

UND/ODER - Graphen wurden in Abschnitt 6.3 eingeführt. Wir gehen davon aus, daß es zu jeder Kante des Graphen einen Kostenfaktor gibt. Die Kosten eines Lösungsgraphen H für einen UND/ODER - Graph G setzen sich aus den Kantenkosten in H zusammen. <u>Beim UND/ODER - Graphenentscheidungsproblem</u> muß man feststellen, ob G einen Lösungsgraph mit höchstens k Kosten hat, wobei k ein vorgegebener Eingabewert ist.

<u>Beispiel 11.15</u> Wir betrachten den gerichteten Graph in Abb. 11.7. Das Problem P_1 ist zu lösen. Dazu genügt es, einen der Knoten P_2, P_3 oder P_7 zu lösen, denn P_1 ist ein ODER - Knoten. Die dabei auftretenden Kosten sind 2, 2 bzw. 8; das sind die Kosten, die zusätzlich zu denen auftreten, die bei der Lösung von P_2, P_3 oder P_7 anfallen. Um P_2 zu lösen, müssen P_4 und P_5 gelöst werden, denn P_2 ist ein UND - Knoten. Die Gesamtkosten dafür betragen 2. Um P_3 zu lösen, kann man entweder P_5 oder P_6 lösen. Die minimalen Kosten dafür betragen 1. P_7 erfordert keine weiteren Kosten. Bei diesem Beispiel besteht der optimale Weg zur Lösung von P_1 also darin, zuerst P_6, dann P_3 und schließlich P_1 zu lösen. Die Gesamtkosten für diese Lösung betragen 3. □

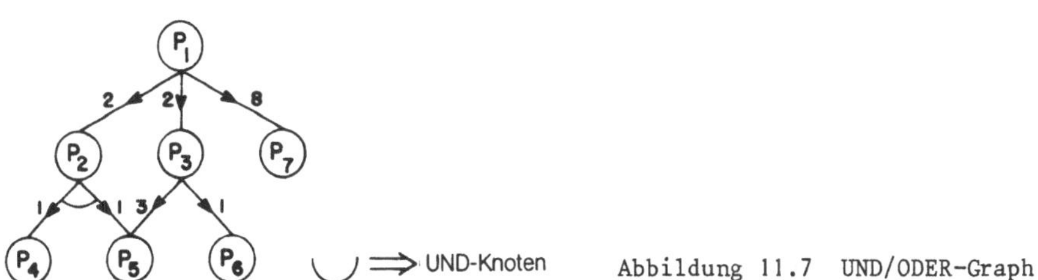

<u>Abbildung 11.7</u>   UND/ODER-Graph

<u>Theorem 11.7</u>   KNF - Erfüllbarkeit ∝ UND/ODER - Graphenentscheidungsproblem.

<u>Beweis:</u>   Es sei P eine in KNF vorliegende Formel aus dem Prädikatenkalkül. Wir werden zeigen, wie man eine solche Formel so in einen UND/ODER - Graph überführt, daß dieser genau dann eine Lösung mit minimalen Kosten hat, wenn P erfüllbar ist.

Es sei

$$P = \bigwedge_{i=1}^{k} C_i, \quad C_i = \bigvee l_j$$

wobei die l_j Literale sind. Die Variablen $V(P)$ von P seien x_1, x_2, ...,
x_n. Der UND/ODER - Graph hat folgende Knoten:

1. Es gibt einen besonderen Knoten S, zu dem keine Kanten hinführen.
    Dieser Knoten stellt das zu lösende Problem dar.

2. S ist ein UND - Knoten mit den Nachfolgern P, x_1, x_2, ..., x_n.

3. Jeder Knoten x_i stellt die entsprechende Variable in der Formel P
    dar. Jedes x_i ist ein ODER - Knoten mit zwei Nachfolgern, die wir
    mit Tx_i bzw. Fx_i bezeichnen. Wird Tx_i gelöst, dann entspricht das
    einer Zuweisung des Wahrheitswertes <u>true</u> an die Variable x_i. Wird
    Fx_i gelöst, so entspricht das einer Zuweisung von <u>false</u> an x_i.

4. Der Knoten P repräsentiert die Formel P; er ist ein UND - Knoten
    und hat k Nachfolger C_1, C_2, ..., C_k. Der Knoten C_i entspricht dem
    Teilausdruck C_i in der Formel P. Die C_i - Knoten sind ODER - Kno-
    ten.

5. Jeder Knoten vom Typ Tx_i oder Fx_i hat genau einen Endknoten als
    Nachfolger. Diese Endknoten bezeichnen wir mit v_1, v_2, ..., v_{2n}.

Um den UND/ODER - Graph zu vervollständigen, fügen wir folgende
Kanten und Kosten hinzu:

1. Zu jedem Knoten C_i wird eine Kante $\langle C_i, Tx_j \rangle$ hinzugefügt, falls
    x_j im Teilausdruck C_i vorkommt. Eine Kante $\langle C_i, Fx_j \rangle$ wird hinzu-
    gefügt, falls $\bar{x}_j$ in C_i auftritt. Dies geschieht für alle Variab-
    len x_j, die im Teilausdruck C_i erscheinen. C_i wird als ODER - Kno-
    ten dargestellt.

2. Den Kanten, die von Knoten des Typs Tx_i oder Fx_i zu den entspre-
    chenden Endknoten führen, wird ein Gewicht oder Kostenfaktor 1
    zugewiesen.

3. Alle anderen Kanten haben einen Kostenfaktor 0.

Um S zu lösen, muß jeder der Knoten P, x_1, x_2, ..., x_n gelöst werden. Das Lösen der Knoten x_1, x_2, ..., x_n erfordert einen Kostenaufwand n. Um P zu lösen, müssen wir alle Knoten C_1, C_2, ..., C_k lösen.
Die Kosten eines Knotens C_i betragen höchstens 1. Wurde aber beim Lösen der Knoten x_1, x_2, ..., x_n einer der Nachfolger gelöst, dann be-

tragen die zusätzlichen Kosten zum Lösen von C_i 0, denn die Kanten zu
dessen Nachfolgern haben die Kosten 0, und einer dieser Nachfolgerknoten wurde bereits gelöst. Dies bedeutet, daß ein Knoten C_i auch ohne
Kosten gelöst werden kann, wenn einem der in C_i vorkommenden Literale
der Wert <u>true</u> zugewiesen wurde. Daraus ergibt sich, daß der gesamte
Graph (d.h. Knoten S) mit dem Kostenaufwand n gelöst werden kann, wenn
es eine Zuweisung von Wahrheitswerten an die x_i gibt, so daß mindestens
ein Literal in jedem Teilausdruck bei dieser Zuweisung den Wert <u>true</u>
hat, d.h. wenn die Formel P erfüllbar ist. Ist P nicht erfüllbar, dann
sind die Kosten größer als n.

Wir haben gezeigt, wie man aus einer Formel P einen UND/ODER -
Graph so konstruieren kann, daß dieser genau dann mit dem Kostenauf-
wand n gelöst werden kann, wenn P erfüllbar ist. Andernfalls sind die
Kosten größer als n. Es ist klar, daß die Konstruktion in polynomialer
Zeit ausgeführt werden kann. Damit ist der Beweis vollständig. □

<u>Beispiel 11.16</u> Wir betrachten folgende Formel:

$$P = (x_1 \vee x_2 \vee x_3) \wedge (\vec{x}_1 \vee \vec{x}_2 \vee x_3) \wedge (\bar{x}_1 \vee x_2); \quad V(P) = x_1, x_2, x_3;$$

$$n = 3.$$

In Abb. 11.8 ist der UND/ODER - Graph gezeigt, den man erhält, wenn
man die Konstruktion von Theorem 11.7 anwendet.

Die Knoten Tx_1, Tx_2, Tx_3 können mit einem gesamten Kostenaufwand
von 3 gelöst werden. Für den Knoten P entstehen keine zusätzlichen
Kosten. Den Knoten S kann man lösen, indem man alle Nachfolgerknoten
und die Knoten Tx_1, Tx_2, Tx_3 löst. Die Gesamtkosten für diese Lösung
betragen 3 (n = 3). Weist man den Variablen von P den Wahrheitswert
<u>true</u> zu, dann nimmt P den Wert <u>true</u> an.

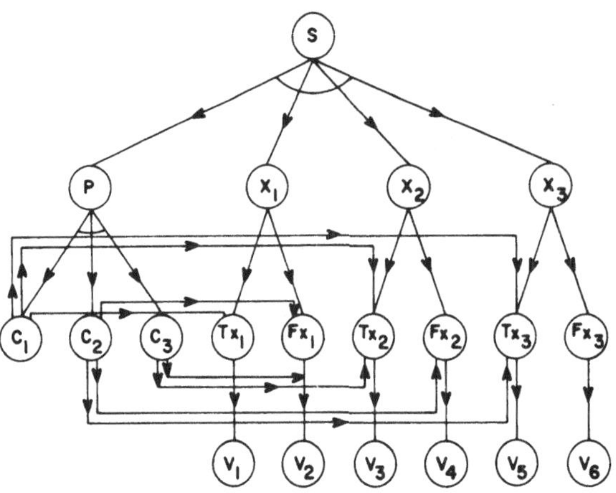

UND-Knoten sind mit ‿ markiert

Alle anderen Knoten sind ODER-Knoten

Abbildung 11.8   UND/ODER-Graph zu Beispiel 11.16

11.4   NP - SCHWERE PLANUNGSPROBLEME

Um die Ergebnisse dieses Abschnitts beweisen zu können, müssen wir das
NP - schwere Teilungsproblem verwenden. Dabei geht es um die Entscheidung, ob es zu einer gegebenen Mehrfachmenge $A = \{a_1, a_2, \ldots, a_n\}$ aus
n positiven ganzen Zahlen eine Aufteilung (oder Partition) P gibt, so
daß gilt: $\sum_{i \in P} a_i = \sum_{i \notin P} a_i$. Wir können zeigen, daß dieses Problem NP -
schwer ist, indem wir zuerst nachweisen, daß das Problem der Summe von
Teilmengen (siehe Kapitel 7) NP - schwer ist. Bei diesem zuletzt genannten Problem ging es darum zu entscheiden, ob $A = \{a_1, a_2, \ldots, a_n\}$
eine Teilmenge S enthält, deren Summe gleich einer gegebenen ganzen
Zahl M ist.

Theorem 11.8   Exakte Hülle $\propto$ Summe von Teilmengen

Beweis: In den Übungen wird gezeigt, daß das Problem der exakten
Hülle NP - schwer ist. Bei diesem Problem ist eine Familie von Mengen $F = \{S_1, S_2, \ldots, S_k\}$ gegeben; es muß entschieden werden, ob es
eine Teilmenge $T \subseteq F$ aus disjunkten Mengen gibt, so daß gilt:

650

$$US_i = US_i = \{u_1, u_2, \ldots, u_n\}$$
$$S_i \in T \quad S_i \in F$$

Zu einer beliebig vorgegebenen Problemstellung konstruieren wir das
Problem der Summe von Teilmengen $A = \{a_1, \ldots, a_k\}$ mit $a_j = \sum_{1 \leq i \leq n} \varepsilon_{ji}$
$(k + 1)^{i-1}$, wobei $\varepsilon_{ji} = 1$ ist, falls $u_i \in S_j$ ist, und $\varepsilon_{ji} = 0$ sonst. Für
M gilt: $M = \sum_{0 \leq i < n}(k + 1)^i = ((k + 1)^n - 1)/k$. Es ist klar, daß F ge-
nau dann eine exakte Hülle hat, wenn $A = \{a_1, \ldots, a_k\}$ eine Teilmenge
mit der Summe M enthält. Da A und M aus F in polynomialer Zeit konstruiert werden können, gilt: exakte Hülle $\propto$ Summe von Teilmengen. $\square$

Theorem 11.9   Summe von Teilmengen $\propto$ Partition

<u>Beweis:</u>   Es sei $A = \{a_1, \ldots, a_n\}$; M definiere eine Problemstellung
zum Problem der Summe von Teilmengen. Wir konstruieren die Menge
$B = \{b_1, b_2, \ldots, b_{n+2}\}$ mit $b_i = a_i$, $1 \leq i \leq n$, $b_{n+1} = M + 1$ und
$b_{n+2} = (\sum_{1 \leq i \leq n} a_i) + 1 - M$. B enthält genau dann eine Partition, wenn
A eine Teilmenge mit der Summe M enthält. Da man B aus A und M in polynomialer Zeit erhalten kann, gilt: Summe von Teilmengen $\propto$ Partition. $\square$

Wie man leicht zeigen kann, gilt: Partition $\propto$ 0/1 - Rucksack sowie Partition $\propto$ Auftragsfolgeplanung mit Schlußterminen. Somit sind
diese Probleme ebenfalls NP - schwer.

<u>Die Verplanung gleicher Prozessoren</u>

P_i, $1 \leq i \leq m$ seien m gleiche Prozessoren (oder Maschinen). Wir können uns z.B. Zeilendrucker im Ausgaberaum einer Rechenanlage vorstellen. J_i, $1 \leq i \leq n$ seien n Aufträge. Der Auftrag J_i benötigt die Verarbeitungszeit t_i. Eine Verplanung S besteht aus einer Zuordnung von
Aufträgen zu Prozessoren. Für jeden Auftrag J_i gibt S die Zeitintervalle und die Prozessoren an, die den Auftrag bearbeiten. Ein Auftrag
kann zu jedem vorgegebenen Zeitpunkt nur von einem Prozessor ausgeführt werden. Es sei f_i die Zeit, die der Auftrag J_i zur vollständigen Verarbeitung benötigt. Die mittlere Beendigungszeit (MFT = mean
finish time) der Verplanung S beträgt

$$MFT(S) = \frac{1}{n} \sum_{1 \leq i \leq n} f_i$$

Es sei w_i ein Gewicht, das zum Auftrag J_i gehört. Die <u>gewichtete mittlere Beendigungszeit</u> (WMFT = weighted mean finish time) der Verplanung S beträgt

$$WMFT(S) = \frac{1}{n} \sum_{1 \leq i \leq n} w_i f_i$$

Es sei T_i die Zeit, nach der P_i die Verarbeitung aller Aufträge (oder Auftragssegmente), die ihm zugewiesen wurden, beendet hat. Die Beendigungszeit (FT = finish time) von S beträgt

$$FT(S) = \max_{1 \leq i \leq m} \{T_i\}$$

S ist genau dann eine nicht - <u>präemptive Verplanung</u>, wenn jeder Auftrag J_i ohne Unterbrechung vom Anfang bis zum Ende vom gleichen Prozessor bearbeitet wird. Bei einer <u>präemptiven Verplanung</u> muß nicht jeder Auftrag ohne Unterbrechung bis zur Beendigung von einem einzigen Prozessor bearbeitet werden.

An dieser Stelle wollen wir auf die Ähnlichkeit zwischen dem optimalen Bandspeicherungsproblem (Abschnitt 4.2) und der nicht-präemptiven Verplanung hinweisen. Mittlere Zugriffszeit, gewichtete mittlere Zugriffszeit und maximale Zugriffszeit entsprechen der mittleren Beendigungszeit, der gewichteten mittleren Beendigungszeit bzw. der Beendigungszeit. Mit Hilfe des in Abschnitt 4.2 entwickelten Algorithmus kann man daher eine Verplanung mit minimaler Beendigungszeit erhalten. Die Probleme, eine nicht - präemptive Verplanung mit minimaler gewichteter Beendigungszeit und eine mit minimaler Beendigungszeit zu erhalten, sind NP - schwer.

<u>Theorem 11.10</u> Partition $\propto$ nicht - präemptive Verplanung mit minimaler Beendigungszeit.

<u>Beweis</u>: Wir beweisen dieses Theorem für m = 2. Die Erweiterung für $m \geqslant 2$ ist trivial. Es sei a_i, $1 \leq i \leq n$ eine Problemstellung zum Partitionsproblem. Wir definieren n Aufträge mit den Verarbeitungszeiten $t_i = a_i$, $1 \leq i \leq n$. Für diese Menge von Aufträgen gibt es genau dann eine nicht - präemptive Verplanung für zwei Prozessoren mit maximaler Beendigungszeit $\sum t_i/2$, wenn es eine Partition der a_i gibt. $\square$

__Theorem 11.11__ Partition $\propto$ minimale nicht - präemptive WMFT - Verplanung.

__Beweis:__ Auch hier führen wir den Beweis wieder für m = 2. Die Erweiterung auf m > 2 ist trivial. Es sei a_i, $1 \leq i \leq n$ eine Problemstellung zum Partitionsproblem. Wir konstruieren ein Verplanungsproblem mit n Aufträgen für zwei Prozessoren und für $w_i = t_i = a_i$, $1 \leq i \leq n$. Für diese Menge von Aufträgen gibt es genau dann eine nicht - präemptive Verplanung S mit einer maximalen WMFT von $1/2 \sum a_i^2 + 1/4 (\sum a_i)^2$, wenn es für die a_i eine Partition gibt. Um dies einzusehen, nehmen wir folgendes an: Die Gewichte und Zeiten der Aufträge für Prozessor P_1 seien $(\bar{w}_1, \bar{t}_1)$, ..., $(\bar{w}_k, \bar{t}_k)$, für P_2 seien sie $(\bar{\bar{w}}_1, \bar{\bar{t}}_1)$, ..., $(\bar{\bar{w}}_1, \bar{\bar{t}}_1)$. Dies sei die Reihenfolge , in welcher die Aufträge von den zugehörigen Prozessoren verarbeitet werden. Für diese Verplanung S gilt dann:

$$\mathrm{WMFT}(S) = \bar{w}_1 \bar{t}_1 + \bar{w}_2 (\bar{t}_1 + \bar{t}_2) + \ldots + \bar{w}_k (\bar{t}_1 + \ldots + \bar{t}_k)$$

$$+ \bar{\bar{w}}_1 \bar{\bar{t}}_1 + \bar{\bar{w}}_2 (\bar{\bar{t}}_1 + \bar{\bar{t}}_2) + \ldots + \bar{\bar{w}}_t (\bar{\bar{t}}_1 + \ldots + \bar{\bar{t}}_1)$$

$$= \frac{1}{2} \sum w_i^2 + \frac{1}{2} (\sum \bar{w}_i)^2 + \frac{1}{2} (\sum w_i - \sum \bar{w}_i)^2.$$

Also ist $\mathrm{WMFT}(S) \geq (1/2)\sum w_i^2 + (1/4) (\sum w_i)^2$. Diesen Wert erhält man genau dann, wenn es für die w_i (und damit auch für die a_i) eine Partition gibt. $\square$

Flußbetriebsverplanung

Wir verwenden die in Abschnitt 5.8 entwickelte Terminologie. Für m = 2 kann man in der Zeit $O(n \log n)$ eine Verplanung mit minimaler Beendigungszeit erhalten, wenn n Aufträge verplant werden sollen. Für m = 3 ist das Problem eine Verplanung (Präemptiv oder nicht-präemptiv) mit minimaler Beendigungszeit zu bestimmen, NP - schwer. Im Falle der nicht - präemptiven Verplanung ist das leicht einzusehen (siehe Aufgabe 30). Wir geben den Beweis für eine präemptive Verplanung an, der auch im nicht - präemptiven Falle gültig ist. Für letzteren Fall gibt es jedoch einen viel einfacheren Beweis.

__Theorem 11.12__ Partition $\propto$ präemptive Flußbetriebsplanung mit minimaler Beendigungszeit (m > 2).

$\underline{\text{Beweis}}$: Wir verwenden nur drei Prozessoren. $A = \{a_1, a_2, \ldots, a_n\}$ definiere eine Problemstellung zum Partitionsproblem. Wir konstruieren folgende präemptive Flußbetriebsproblemstellung FB mit $n + 2$ Aufträgen, $m = 3$ Maschinen mit Aufgaben, von denen höchstens zwei pro Auftrag ungleich null sind:

$$t_{1,i} = a_i; \; t_{2,i} = 0; \; t_{3,i} = a_i, \; 1 \le i \le n$$

$$t_{1,n+1} = T/2; \; t_{2,n+1} = T; \; t_{3,n+1} = 0$$

$$t_{1,n+2} = 0; \; t_{2,n+2} = T; \; t_{3,n+2} = T/2$$

Dabei ist

$$T = \sum_1^n a_i$$

Wir werden jetzt zeigen, daß es zu obiger Problemstellung genau dann eine präemptive Verplanung mit maximaler Beendigungszeit 2T gibt, wenn es für A eine Partition gibt.

(a) Gibt es für A eine Partition u, dann existiert eine nicht-präemptive Verplanung mit der Beendigungszeit 2T. Eine solche ist in Abb. 11.9 dargestellt.

(b) Gibt es für A keine Partition, dann muß jede Verplanung für FB eine Beendigungszeit haben, die größer als 2T ist. Dies zeigt man durch Widerspruch. Wir nehmen an, es gäbe für FB eine präemptive Verplanung mit einer Beendigungszeit von höchstens 2T. Dann stellen wir folgendes fest:

(i) Die Aufgabe $t_{1,n+1}$ muß nach der Zeit T beendet sein (denn $t_{2,n+1} = T$ kann nicht beginnen, bevor $t_{1,n+1}$ fertig ist).

(ii) Die Aufgabe $t_{3,n+2}$ kann nicht in Angriff genommen werden, bevor T Zeiteinheiten verstrichen sind, denn $t_{2,n+2} = T$.

Aus (i) folgt, daß nur T/2 der ersten T Zeiteinheiten auf Prozessor 1 frei sind. Es sei V die Menge der Indizes jener Aufgaben, die auf Prozessor 1 nach der Zeit T fertiggestellt sind (außer $t_{1,n+1}$).

Dann gilt

$$\sum_{i \in V} t_{1,i} < T/2$$

da es für A keine Partition gibt. Somit gilt

$$\sum_{\substack{i \notin V \\ 1 \leq i \leq n}} t_{3,i} > T/2.$$

Die Verarbeitung der nicht in V enthaltenen Aufträge kann auf Prozessor 3 erst nach der Zeit T beginnen, denn dessen Verarbeitung durch Prozessor 1 ist erst nach der Zeit T beendet. Daraus ergibt sich zusammen mit (ii) die zum Zeitpunkt T für Prozessor 3 noch übrige Verarbeitungszeit:

$$t_{3,n+2} + \sum_{\substack{i \notin V \\ 1 \leq i \leq n}} t_{3,i} > T.$$

Also muß der Planungszeitraum größer als 2T sein. □

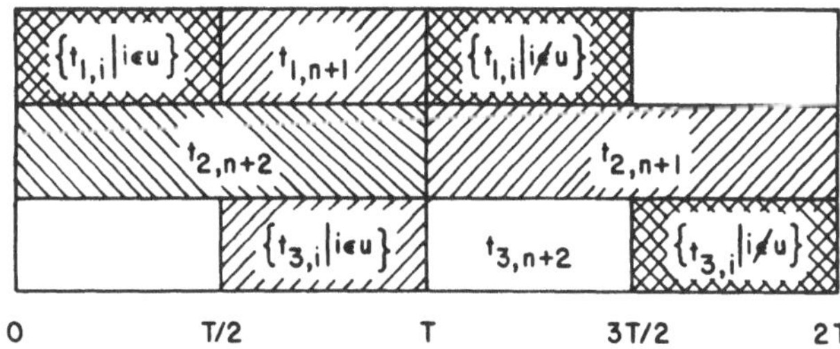

Abbildung 11.9   Eine mögliche Verplanung

Auftragsplanung

Ein Auftragsbetrieb hat wie ein Flußbetrieb m verschiedene Prozessoren. Die n zu verplanenden Aufträge erfordern die Erledigung mehrerer Aufgaben. Die Zeit zur Erledigung der j-ten Aufgabe für Auftrag J_i ist $t_{k,i,j}$. Die Aufgabe j muß auf dem Prozessor P_k ausgeführt werden. Die Aufgaben für einen beliebigen Auftrag J_i müssen in der Reihenfolge 1, 2, 3, ... erledigt werden. Mit der Aufgabe j kann nicht begonnen werden, bevor die Aufgabe j - 1 (für j > 1) erledigt ist. Man beachte, daß es durchaus möglich ist, daß ein Auftrag viele Aufgaben hat, die auf dem gleichen Prozessor erledigt werden müssen. Bei einer nicht - präemptiven Verplanung wird eine einmal begonnene Aufgabe ohne Unterbrechung bis zum Ende ausgeführt. Die Definitionen von FT(S) und MFT(S) finden bei diesem Problem sinngemäß Anwendung. Bereits für m = 2 ist das Problem, eine präemptive oder nicht - präemptive minimale Beendigungszeit zu erhalten, NP - schwer. Der Beweis für den nicht - präemptiven Fall ist sehr einfach (man verwende eine Partition). Wir geben den Beweis für den präemptiven Fall an, der auch für den nicht - präemptiven gültig ist. Für letzteren Fall gibt es jedoch einen einfacheren Beweis.

<u>Theorem 11.13</u> Partition $\propto$ präemptive Auftragsbetriebsverplanung mit minimaler Beendigungszeit (m > 1).

<u>Beweis</u>: Wir verwenden nur zwei Prozessoren. $A = \{a_1,\ a_2,\ \ldots,\ a_n\}$ definiere eine Problemstellung zum Partitionsproblem. Wir konstruieren folgende Auftragsbetriebsproblemstellung AB mit n + 1 Aufträgen und m = 2 Prozessoren:

Aufträge 1, $\ldots$, n : $t_{1,i,1} = t_{2,i,2} = a_i$ für $1 \le i \le n$

Auftrag n + 1: $t_{2,n+1,1} = t_{1,n+1,2} = t_{2,n+1,3} = t_{1,n+1,4} = T/2$

mit

$$T = \sum_1^n a_i$$

Wir werden zeigen, daß es zu obigem Problem genau dann eine präemptive Verplanung mit maximaler Beendigungszeit 2T gibt, wenn es eine Partition für S gibt.

  a) Gibt es für A eine Partition u, dann existiert eine Verplanung
      mit der Beendigungszeit 2T (siehe Abb. 11.10).

  b) Gibt es für A keine Partition, dann muß jede Verplanung für
      AB eine Beendigungszeit haben, die größer als 2T ist. Um dies
      einzusehen, nehmen wir an, daß es für AB eine Verplanung S
      mit einer Beendigungszeit von höchstens 2T gibt. Dann muß der

Auftrag n + 1 so verplant werden, wie es in Abb. 11.10 angegeben ist. Es kann auch für die Prozessoren P_1 oder P_2 keine
Leerlaufzeit entstehen. Es sei R die Menge der Aufträge, die
im Intervall [0, T/2] für P_1 verplant werden. Es sei R' eine
Teilmenge von R, welche diejenigen Aufträge repräsentiert, deren erste Aufgabe in diesem Intervall von P_1 erledigt wird.
Da es für die a_i keine Partition gibt, gilt: $\sum_{j \in R} t_{i,j} < T/2$.
Daraus ergibt sich: $\sum_{j \in R} t_{2,j} < T/2$. Da nur die zweiten Aufgaben der Aufträge in R' im Intervall [T/2, T] für P_2 verplant
werden können, folgt daraus, daß für P_2 in diesem Intervall
eine gewisse Leerlaufzeit entsteht. Somit muß S eine Beendigungszeit haben, die größer als 2T ist. □

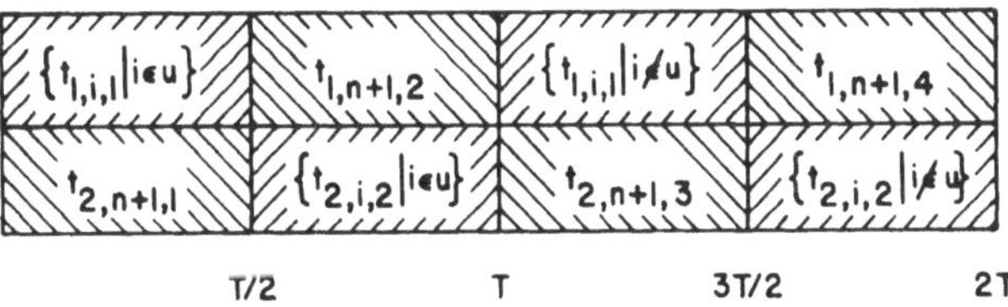

Abbildung 11.10   Weiteres Beispiel für eine Verplanung

11.5   NP - SCHWERE CODEERZEUGUNGSPROBLEME

Codeerzeugung bei gemeinsamen Teilausdrücken

Haben arithmetische Ausdrücke gemeinsame Teilausdrücke, dann kann man
sie als gerichteten azyklischen Graph (dag = directed acyclic graph)
darstellen. Jeder interne Knoten im gerichteten azyklischen Graph
stellt einen Operator dar. Gehen wir davon aus, daß der Ausdruck nur
binäre Operatoren enthält, dann gehen von jedem internen Knoten P zwei
Kanten aus. Die beiden zu P benachbarten Knoten nennen wir den linken
bzw. rechten Nachfolger (oder Sohn) von P. Die Nachfolger von P sind
die Wurzeln der gerichteten azyklischen Graphen für den linken bzw.
rechten Operanden von P. P ist der Vorgänger (oder Vater) seiner Nachfolger (oder Söhne). Enthält der Ausdruck keine gemeinsamen Teilausdrücke, dann ist seine Darstellung als gerichteter azyklischer Graph

mit der Baumdarstellung aus Abschnitt 6.2 identisch. In Abb. 11.11
sieht man einige Ausdrücke und ihre Darstellung in Form gerichteter
azyklischer Graphen.

<u>Definition</u>: Ein <u>Blatt</u> (oder Endknoten) ist ein Knoten, von dem keine
Kante wegführt. Ein Knoten der <u>Stufe eins</u> ist ein Knoten, bei dem bei-
de Nachfolger Blätter (Endknoten) sind. Ein <u>geteilter Knoten</u> ist ein
Knoten, der mehr als einen Vorgänger hat. Ein <u>gerichteter azyklischer
Endgraph</u> ist ein gerichteter azyklischer Graph, bei dem alle geteil-
ten Knoten Blätter sind. Ein gerichteter azyklischer Graph der <u>Stufe
eins</u> ist ein gerichteter azyklischer Graph, bei dem alle geteilten
Knoten Knoten der Stufe eins sind.

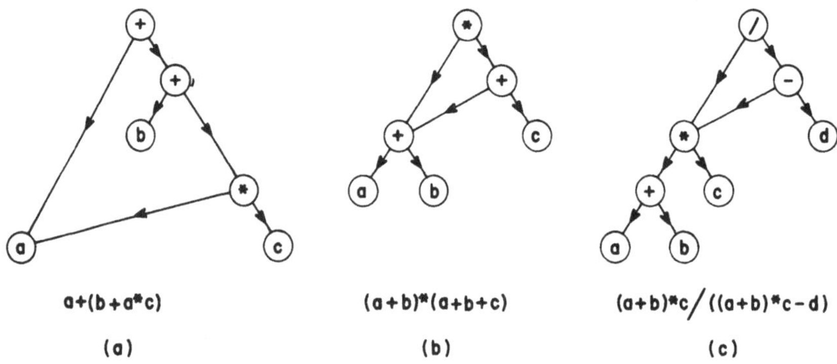

<u>Abbildung 11.11</u> Ausdrücke und ihre Darstellung als gerichtete azyklische Graphen

<u>Beispiel 11.17</u> Der gerichtete Graph aus Abb. 11.11 (a) ist ein ge-
richteter azyklischer Endgraph. Der in Abb. 11.11 (c) gezeigte Graph
ist weder ein gerichteter azyklischer Endgraph noch ein gerichteter
azyklischer Graph der Stufe eins. □

Einen gerichteten azyklischen Endknoten erhält man aus einem
arithmetischen Ausdruck, bei dem die einzigen gemeinsamen Teilausdrücke einfache Variablen oder Konstanten sind. Einen gerichteten
azyklischen Graph der Stufe eins erhält man aus einem Ausdruck, bei
dem die einzigen gemeinsamen Teilausdrücke von der Form a ⓞⓟ b sind,
wobei a und b einfache Variablen oder Konstanten sind und ⓞⓟ ein Operator ist.

Das Problem der optimalen Codeerzeugung für gerichtete azyklische
Graphen der Stufe eins ist auch dann NP - schwer, wenn die Maschine,
für die Code erzeugt wird, nur ein einziges Register hat. Ebenso ist
das Problem der Ermittlung der minimalen Anzahl von Registern, die
zur Auswertung eines gerichteten azyklischen Graphen ohne Speicherbefehle nötig sind, NP - schwer. Man beachte, daß man beide Probleme
mit linearem Zeitaufwand lösen kann, wenn es keine gemeinsamen Teilausdrücke gibt (Siehe Abschnitt 6.2).

<u>Beispiel 11.18</u>   In Abb. 11.12 ist der optimale Code für den gerichte-
ten azyklischen Graph aus Abb. 11.11 (b) für eine Ein- und eine Zwei-
registermaschine gezeigt.

Die minimale Anzahl der Register, die zur Auswertung dieses gerichteten azyklischen Graphen ohne Speicherbefehle benötigt werden, beträgt 2. □

LOAD	a,R1	LOAD	a,R1
ADD	R1,b,R1	ADD	R1,b,R1
STORE	T1,R1	ADD	R1,c,R2
ADD	R1,c,R1	MUL	R1,R2,R1
STORE	T2,R1		
LOAD	T1,R1		
MUL	R1,T2,R1		

(a)   (b)

<u>Abbildung 11.12</u> Optimaler Code für eine Ein- und eine Zweiregistermaschine

Um obige Aussagen zu beweisen, verwenden wir das Problem der Rückkopplungsknotenmenge (RKM), von dem in den Übungen gezeigt wird, daß
es NP - schwer ist.

RKM: Gegeben sind ein gerichteter Graph G = (V, E) und eine ganze
Zahl k. Es soll festgestellt werden, ob es eine Knotenteilmenge
$V' \subseteq V$ mit $|V'| \leq k$ gibt, so daß der Graph H = (V - V', E - {<u,v> |
u ∈ V' oder v ∈ V'}), den man durch Entfernen aller Knoten in V' und
aller zu einem Knoten in V' führenden Kanten erhält, keine gerichteten Schleifen enthält.

Explizit werden wir nur zeigen, daß die Erzeugung von optimalem
Code NP - schwer ist. Mit Hilfe dieser Beweisführung kann man zeigen,
daß die Ermittlung der minimalen Anzahl von Registern, die zur Auswer-

tung eines gerichteten azyklischen Graphen ohne Speicherbefehle nötig
sind, ebenfalls NP - schwer ist. Beim Beweis geht man davon aus, daß
Ausdrücke kommutative Operatoren enthalten können und daß es genügt,
geteilte Knoten nur einmal zu berechnen. Die Erweiterung auf wiederholte Berechnung geteilter Knoten ist einfach durchzuführen. Nach einer
Idee von Ravi Sethi kann man den Beweis auch leicht auf den Fall ausdehnen, daß nur nichtkommutative Operatoren erlaubt sind (siehe Aufgabe 41).

<u>Theorem 11.14</u> RKM $\propto$ optimale Codeerzeugung für gerichtete azyklische
Graphen der Stufe eins für eine Einregistermaschine.

<u>Beweis:</u> Es sei G, k eine RKM - Problemstellung. Es sei n die Anzahl
der Knoten in G. Wir konstruieren einen gerichteten azyklischen Graph
A, der die Eigenschaft hat, daß der optimale Code für den entsprechenden Ausdruck genau dann höchstens n + k Ladebefehle hat, wenn G eine
Menge von Rückkopplungsknoten enthält, deren Mächtigkeit höchstens R
ist.

Der gerichtete azyklische Graph A enthält drei Typen von Knoten:
Endknoten (Blätter), Kettenknoten und Baumknoten. Alle Ketten- und
Baumknoten sind interne Knoten, die kommutative Operatoren (z.B. +)
repräsentieren. Endknoten stehen stellvertretend für verschiedene Variable. Mit d_v bezeichnen wir die Anzahl der vom Knoten v wegführenden
Kanten. Jedem Knoten v aus G entspricht eine gerichtete Kette aus
Kettenknoten v_1, v_2, ..., v_{d_v+1} in A. Der Knoten v_{d_v+1} ist der Kopf-
knoten der zu v gehörenden Kette und der Vorgänger zweier Endknoten
v_L und v_R (siehe Beispiel 11.15 und Abb. 11.13). v_1 ist der <u>Schluß-
knoten</u> der Kette. Von jedem der zu v gehörenden Kettenknoten (außer
vom Kopfknoten) führt eine gerichtete Kante zum Kopfknoten einer der
Ketten, die einem Knoten w entsprechen, so daß <v, w> eine Kante in G
ist. Jede dieser Kanten führt zu einem verschiedenen Kopfknoten. Man
beachte, daß wegen dieser Kanten von jedem Kettenknoten jetzt zwei
Kanten wegführen. Da jeder Kettenknoten einen kommutativen Operator
darstellt, spielt es keine Rolle, welchen seiner beiden Nachfolger
man als linken Nachfolger betrachtet.

Nun haben wir einen gerichteten azyklischen Graph, bei dem zum
Schlußknoten jeder Kette keine Kanten hinführen. Wir führen jetzt
Baumknoten ein, um alle Kopfknoten so miteinander zu verbinden, daß
nur noch ein einziger Knoten (der Wurzelknoten) übrigbleibt, zu dem
keine Kanten hinführen. Da G n Knoten enthält, benötigen wir n - 1
Baumknoten (bekanntlich hat jeder binäre Baum mit n - 1 internen Kno-

ten n externe Knoten). Diese n - 1 Knoten werden miteinander zu einem
binären Baum verbunden (jeder beliebige binäre Baum mit n - 1 Knoten
ist geeignet). An Stelle der externen Knoten verbinden wir die Schlußknoten der n Ketten (siehe Abb. 11.13 (b)). So erhalten wir einen gerichteten azyklischen Graph A, der einem arithmetischen Ausdruck entspricht.

Wie man leicht einsieht, hat jeder optimale Code für A genau n
Ladebefehle für die Endknoten. Auch gibt es für jeden Ketten - und
Baumknoten genau einen Befehl vom Typ op (wir nehmen an, daß ein geteilter Knoten nur einmal berechnet wird). Die einzige Variable ist
also die Zahl der Lade- und Speicherbefehle der Ketten- und Baumknoten. Enthält G keine gerichteten Schleifen, dann können die Knoten
topologisch angeordnet werden (bei einer topologischen Anordnung kommt
Knoten u nur dann vor Knoten v, wenn es keinen gerichteten Weg von u
nach v in G gibt). Es sei v_1, v_2, ..., v_n eine topologische Anordnung
der Knoten in G. Der Ausdruck A kann ohne Verwendung von Ladebefehlen
für Ketten- und Baumknoten berechnet werden, indem man zuerst alle
Knoten der Kette für v_n berechnet und das Ergebnis des Schlußknotens
abspeichert. Als nächstes werden alle Knoten der Kette für v_{n-2} berechnet. Wiederum berechnen wir alle Knoten auf dem Weg von diesem
Schlußknoten zur Wurzel, für welche beide Operanden zur Verfügung
stehen. Auf diese Weise fortfahrend berechnen wir den gesamten Ausdruck.

Enthält G mindestens eine Schleife v_1, v_2, ..., v_i, v_1, dann
muß jeder Code für A mindestens einen Speicherbefehl für einen Kettenknoten einer Kette enthalten, die zu einem der Knoten v_1, v_2, ..., v_i
gehört. Liegt keiner dieser Knoten in irgendeiner anderen Schleife,
dann können alle deren Kettenknoten mit nur einem Ladebefehl berechnet werden. Verallgemeinert man diese Überlegung, dann kann man folgendes zeigen: Ist p die Mächtigkeit einer minimalen Menge von Rückkopplungsknoten, dann enthält jeder optimale Code für A genau n + p Ladebefehle. Die p Ladebefehle entsprechen einer Kombination von Schlußknoten; diese wiederum entsprechen einer minimalen Menge von Rückkopplungsknoten und den Geschwisterknoten dieser Schlußknoten. Benutzen wir für die Kettenknoten nichtkommutative Operatoren und machen jeden Nachfolger in einer Kette zum linken Sohn seines Vaters,
dann entsprechen die p Ladebefehle den Schlußknoten der Ketten einer
beliebigen minimalen Menge von Rückkopplungsknoten. Enthält der optimale Code p Ladebefehle für die Kettenknoten, dann hat G eine Menge
von Rückkopplungsknoten der Mächtigkeit p. □

<u>Beispiel 11.19</u> In Abb. 11.13 (b) ist der gerichtete azyklische Graph
A gezeigt, der dem Graph G aus Abb. 11.13 (a) entspricht. $\{r, s\}$ ist
eine minimale Menge von Rückkopplungsknoten für G. Als Operator in jedem Ketten- und Baumknoten nehmen wir + an. Jeder Code für A hat einen
Ladebefehl, der einem der Paare (p_L, p_R), (q_L, q_R), ..., (u_L, u_R) entspricht. Der Ausdruck A kann mit nur zwei zusätzlichen Ladebefehlen berechnet werden, wenn man die Knoten in der Reihenfolge r_4, s_2, q_2, q_1,
p_2, p_1, c, u_3, u_2, u_1, t_2, t_1, e, s_1, r_3, r_2, r_1, d, b, a berechnet.
Man beachte, daß man zur Berechnung von s_1 und r_3 je einen Ladebefehl
benötigt. □

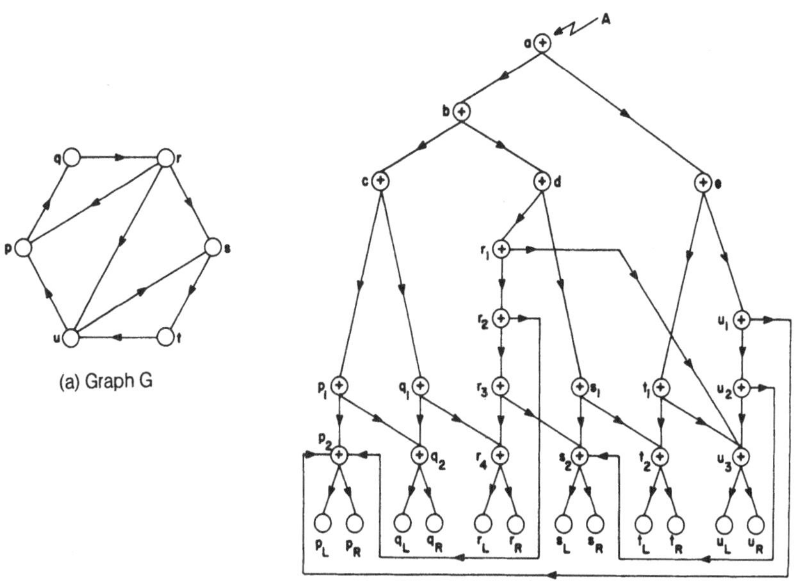

(a) Graph G

(b) Zugehöriger gerichteter azyklischer Graph A

<u>Abbildung 11.13</u> Ein Graph und sein zugehöriger gerichteter azyklischer Graph

Die Implementierung paralleler Zuweisungsbefehle

Eine parallele Wertzuweisung hat in SPARKS folgende Form:

$$(v_1, v_2, \ldots, v_n) \leftarrow (e_1, e_2, \ldots, e_n)$$

Dabei sind die v_i unterschiedliche Variablen, die e_i sind verschiedene Ausdrücke. Diese Anweisung bedeutet, daß der neue Wert der Variablen v_i sich aus dem Wert des Ausdrucks e_i, $1 \leq i \leq n$ ergibt. Bei der
Berechnung des Ausdrucks e_i werden diejenigen Werte der in e_i auftretenden Varaiblen verwendet, welche diese vor Ausführung dieser Anweisung haben.

Beispiel 11.20

    (i)   (A, B) $\leftarrow$ (B, C) ist gleichbedeutend mit A $\leftarrow$ B; B $\leftarrow$ C

    (ii)   (A, B) $\leftarrow$ (B, A) ist gleichbedeutend mit T $\leftarrow$ A; A $\leftarrow$ B; B $\leftarrow$ T

    (iii) (A, B) $\leftarrow$ (A + B, A - B) ist gleichbedeutend mit T1 $\leftarrow$ A;
          T2 $\leftarrow$ B; A $\leftarrow$ T1 + T2; B $\leftarrow$ T1 - T2 und ebenso mit T1 $\leftarrow$ A;
          A $\leftarrow$ A + B; B $\leftarrow$ T1 - B. □

Wie obiges Beispiel zeigt, muß man bei der Ausführung einer parallelen Wertzuweisung unter Umständen einige der Variablen v_i in Zwischenspeichern ablegen. Dies ist dann der Fall, wenn einige der Variablen v_i im Ausdruck e_j auftreten ($1 \leq j \leq n$). Auf eine Variable v_i
wird genau dann durch einen Ausdruck e_j Bezug genommen, wenn v_i in e_j
auftritt. Es ist klar, daß nur Variablen, auf die durch einen Ausdruck
Bezug genommen wird, in Zwischenspeichern abgelegt werden müssen. Ferner zeigen die Beispiele 11.20 (ii) und 11.20 (iii), daß nicht alle
Variablen, auf die Bezug genommen wird, zwischengespeichert werden
müssen.

Die Implementierung einer parallelen Wertzuweisung besteht aus einer
Folge von Befehlen vom Typ $T_j \leftarrow v_i$ und $v_i \leftarrow e'_i$. Dabei erhält man e'_i
aus e_i, indem man ein v_i, das bereits einen neuen Wert hat, überall
wo es auftritt durch eine Referenz auf den Zwischenspeicherplatz, wo
der alte Wert von v_i gespeichert ist, ersetzt. Es sei $R = (\tau(1), \ldots, \tau(n))$
eine Permutation von $(1, 2, \ldots, n)$. R ist eine Realisierung einer
Wertzuweisung. R gibt die Reihenfolge an, in welcher die Anweisungen
vom Typ $v_i \leftarrow e'_i$ in einer Implementierung einer parallelen Wertzuwei-

sung erscheinen. Die Reihenfolge lautet: $v_{\tau(1)} \leftarrow e'_{\tau(1)}$; $v_{\tau(2)} \leftarrow e'_{\tau(2)}$; usw... . In der Implementierung kommen zwischendurch auch Anweisungen der Form $T_j \leftarrow v_i$ vor. Ohne Beschränkung der Allgemeinheit nehmen wir an, daß die Anweisung $T_j \leftarrow v_i$ (falls sie vorkommt) unmittelbar vor der Anweisung $v_i \leftarrow e'_i$ steht. Somit wird eine Implementierung durch eine Realisierung vollständig beschrieben. Man kann leicht die minimale Anzahl von Befehlen vom Typ $T_j \leftarrow v_i$ für irgendeine vorgegebene Realisierung bestimmen. Diese Zahl entspricht den Kosten für die Realisierung. Die <u>Kosten</u> $C(R)$ einer Realisierung R ist die Anzahl der v_i, auf die in einem e_j Bezug genommen wird, welches einem Befehl $v_j \leftarrow e'_j$ entspricht, der auf den Befehl $v_i \leftarrow e'_i$ folgt.

<u>Beispiel 11.21</u> Wir betrachten die Wertzuweisung $(A, B, C) \leftarrow (D, A + B, A - B)$. Es gibt $3! = 6$ verschiedene Realisierungen; diese sind:

R	C(R)
1, 2, 3	2
1, 3, 2	2
2, 1, 3	2
2, 3, 1	1
3, 1, 2	1
3, 2, 1	0

Bei der Realisierung 3, 2, 1, welche der Implementierung $C \leftarrow A - B$; $B \leftarrow A + B$; $A \leftarrow D$ entspricht, werden keine Zwischenspeicherplätze benötigt $(C(R) = 0)$. $\square$

Eine optimale Realisierung für eine parallele Wertzuweisung ist eine mit minimalen Kosten. Besteht der Ausdruck e_i nur aus Variablennamen oder Konstanten, dann kann man eine optimale Realisierung in linearer Zeit $(O(n))$ finden. Dürfen in den Ausdrücken auch Operatoren vorkommen, dann ist das Problem, eine optimale Realisierung zu finden, NP - schwer. Diese Behauptung werden wir beweisen, indem wir das Problem der Rückkopplungsknotenmenge benutzen.

<u>Theorem 11.15</u> RKM $\propto$ Realisierung mit minimalen Kosten.

<u>Beweis:</u> $G = (V, E)$ sei ein beliebiger gerichteter Graph mit n Knoten. Wir konstruieren die parallele Wertzuweisung $P: (v_1, v_2, \ldots, v_n) \leftarrow (e_1, e_2, \ldots, e_n)$, wobei die v_i den n Knoten in V entsprechen und e_i

der Ausdruck $v_{i_1} + v_{i_2} + \ldots + v_{i_j}$ ist. $\{v_{i_1}, v_{i_2}, \ldots, v_{i_j}\}$ ist die Menge der Nachbarknoten von v_i (d.h. $\langle v_i, v_{i_1} \rangle \in E(G)$, $1 \leq 1 \leq j$). Für diese Konstruktion benötigen wir höchstens die Zeit $O(n^2)$.

Es sei U eine beliebige Rückkopplungsknotenmenge für G. Es sei $G' = (V', E') = (V - U, E - \{\langle x, y \rangle \mid x \in U \text{ oder } y \in U\})$ der Graph, den man erhält, indem man die Knotenmenge U und alle mit Knoten aus U verbundenen Kanten eliminiert. Aus der Definition einer Rückkopplungsknotenmenge folgt, daß G' azyklisch ist. Also kann man die Knoten in V - U in einer Folge s_1, s_2, $\ldots$, s_m anordnen, wobei $m = |V - U|$ ist und E' keine Kante $\langle s_j, s_i \rangle$ für irgendein i, j, $1 \leq i < j \leq m$ enthält. Damit ist eine Implementierung von P mit den folgenden Eigenschaften korrekt: Variablen, die Knoten in U entsprechen, werdem zuerst in Zwischenspeichern abgelegt, gefolgt von den Befehlen $v_i \leftarrow e'_i$, welche den $v_i \in U$ entsprechen, gefolgt von entsprechenden Befehlen für s_1, s_2, $\ldots$, s_m (in dieser Reihenfolge). (e'_i entspricht e_i, wenn $v_i \in U$ überall dort, wo es auftritt, durch den entsprechenden Zwischenspeicherplatz ersetzt wird). Die Kosten der Realisierung R, die dieser Implementierung entspricht, betragen $C(R) = |U|$. Somit gilt: Enthält G eine Menge von Rückkopplungsknoten, deren Mächtigkeit höchstens gleich k ist, dann gibt es zu P eine optimale Realisierung, deren Kosten höchstens gleich k sind.

Nehmen wir an, daß P eine Realisierung mit den Kosten k hat. Es sei U die Menge von k Variablen, welche in Zwischenspeichern abgelegt werden müssen; es sei $R = (q_1, q_2, \ldots, q_n)$. Aus der Definition von $C(R)$ folgt, daß in keinem Ausdruck e_{q_i} auf eine Variable v_{q_j} mit $j < i$ Bezug genommen wird, es sei denn, daß $v_{q_j} \in U$ ist. Also bleibt G auch nach dem Entfernen der Knoten aus U azyklisch. Daher definiert U eine Menge von Rückkopplungsknoten der Mächtigkeit k für G.

G enthält genau dann eine Menge von Rückkopplungsknoten, deren Mächtigkeit höchstens gleich k ist, wenn es für P eine Realisierung gibt, deren Kosten höchstens k betragen. Daher können wir das Problem der Rückkopplungsknotenmenge in polynomialer Zeit lösen, wenn wir über einen polynomialen Algorithmus verfügen, der eine Realisierung mit minimalen Kosten bestimmt. $\square$

Wenn wir gezeigt haben, daß ein Problem L NP - schwer ist, nehmen wir nicht an, daß L in deterministischer polynomialer Zeit lösbar ist. Nun kann man allerdings die Frage stellen: kann eine entsprechend eingeschränkte Version (d.h. irgendeine Teilklasse) eines NP - schweren Problems in deterministsicher polynomialer Zeit gelöst werden? Es sollte leicht einzusehen sein, daß man ein in polynomialer Zeit lösbares Problem erhält, wenn man ein beliebiges NP - schweres Problem genügend einschränkt (oder eine genügend kleine Teilklasse definiert). Wir betrachten dazu folgende Beispiele:

    i)   KNF - Erfüllbarkeit mit höchstens drei Literalen pro Teilausruck ist NP - schwer. Läßt man für jeden Teilausdruck höchstens zwei Literale zu, dann ist dieses Problem in polynomialer Zeit lösbar.

    ii) Das Problem der optimalen Codeerzeugung für eine parallele Wertzuweisung ist NP - schwer. Läßt man aber in den Ausdrücken nur einfache Variablen zu, dann kann optimaler Code in polynomialer Zeit erzeugt werden.

    iii) Die Erzeugung von optimalem Code für gerichtete azyklische Graphen der Stufe eins ist NP - schwer; optimaler Code für Bäume kann jedoch in polynomialer Zeit erzeugt werden.

    iv) Das Entscheidungsproblem, ob ein planarer Graph mit drei Farben färbbar ist, ist NP - schwer. Um zu entscheiden, ob er mit zwei Farben gefärbt werden kann, müssen wir nur feststellen, ob er zweigeteilt ist.

Da es sehr unwahrscheinlich ist, daß NP - schwere Probleme in polynomialer Zeit lösbar sind, ist es von Bedeutung, die schwächsten Einschränkungen zu ermitteln, unter denen ein Problem in polynomialer Zeit lösbar ist.

Um die Kluft zwischen den Teilklassen, für die polynomiale Algorithmen bekannt sind, und denjenigen, für die solche Algorithmen nicht bekannt sind, zu schließen, möchten wir solch eine Menge von Einschränkungen erhalten, unter denen ein Problem NP - schwer oder NP - vollständig bleibt.

Ohne Beweis geben wir die stärksten Einschränkungen an, unter denen

bestimmte Probleme NP - schwer oder NP - vollständig sind. Diese ver-
einfachten oder eingeschränkten Probleme formulieren wir als Entscheidungsprobleme. Bei jedem Problem geben wir nur die Eingabe und
die zu treffende Entscheidung an.

<u>Theorem 11.16</u> Folgende Entscheidungsprobleme sind NP - vollständig:

1. <u>Knotenhülle</u>
   <u>Eingabe</u>: Ein ungerichteter Graph G mit Knoten vom Grad höchstens
             3 und eine ganze Zahl k.
   <u>Entscheidung</u>: Hat G eine Knotenhülle der Größe höchstens k?

2. <u>Planare Knotenhülle</u>
   <u>Eingabe</u>: Ein planarer ungerichteter Graph G mit Knoten vom Grad
             höchstens 6 und eine ganze Zahl k.
   <u>Entscheidung</u>: Hat G eine Knotenhülle der Größe höchstens k?

3. <u>Färbbarkeit</u>
   <u>Eingabe</u>: Ein ebener ungerichteter Graph G mit Knoten vom Grad
             höchstens 4.
   <u>Entscheidung</u>: Ist G 3 - färbbar?

4. <u>Ungerichteter Hamilton'scher Kreis</u>
   <u>Eingabe</u>: Ein ungerichteter Graph G mit Knoten vom Grad höch-
             stens 3.
   <u>Entscheidung</u>: Enthält G einen Hamilton'schen Kreis?

5. <u>Ebener ungerichteter Hamilton'scher Kreis</u>
   <u>Eingabe</u>: Ein ebener ungerichteter Graph.
   <u>Entscheidung</u>: Enthält G einen Hamilton'schen Kreis?

6. <u>Ebener gerichteter Hamilton - Weg</u>
   <u>Eingabe</u>: Ein ebener gerichteter Graph G, bei dem zu jedem Knoten
             höchstens 3 Kanten hin- und 4 Kanten wegführen.
   <u>Entscheidung</u>: Enthält G einen gerichteten Hamilton - Weg?

7. <u>Unäre Eingabezerlegung (-Partition)</u>

<u>Eingabe</u>: Positive ganze Zahlen a_i, $1 \leq i \leq m$, n und B mit

$$\sum_{1 \leq i \leq m} a_i = nB, \quad \frac{B}{4} < a_i < \frac{B}{2}, \quad 1 \leq i \leq m \text{ und } m = 3n.$$

Die Eingabe liegt in unärer Form vor.

<u>Entscheidung</u>: Gibt es eine Zerlegung (Partition) $\{A_1, \ldots, \underline{A}_n\}$ der a_i, so daß jedes A_i drei Elemente enthält und daß gilt:

$$\sum_{a \in A_i} a = B, \quad 1 \leq i \leq n?$$

8. <u>Unärer Flußbetrieb</u>

<u>Eingabe</u>: Die Ausführungszeiten von Aufgaben in unärer Darstellung und eine ganze Zahl T.

<u>Entscheidung</u>: Gibt es eine nicht - präemptive Verplanung für zwei Prozessoren mit einer mittleren Beendigungszeit höchstens T?

9. <u>Einfacher maximaler Schnitt</u>

<u>Eingabe</u>: Ein Graph G = (V, E) und eine ganze Zahl k.

<u>Entscheidung</u>: Hat V eine Teilmenge V_1, so daß es mindestens k Kanten $\langle u, v \rangle \in E$ mit $u \in V_1$ und $v \notin V_1$ gibt?

10. <u>ERF2</u>

<u>Eingabe</u>: Eine in KNF vorliegende Formel aus dem Prädikatenkalkül. Jeder Teilausdruck in F enthält höchstens zwei Literale. Außerdem eine ganze Zahl k.

<u>Entscheidung</u>: Sind mindestens k Teilausdrücke von F erfüllbar?

11. <u>Elimination einer minimalen Zahl von Kanten zur Erzeugung eines zweigeteilten Graphen</u>

<u>Eingabe</u>: Ein ungerichteter Graph G und eine ganze Zahl k.

<u>Entscheidung</u>: Kann man durch Entfernen von höchstens k Kanten G zweigeteilt machen?

12. **Elimination einer minimalen Zahl von Knoten zur Erzeugung eines zweigeteilten Graphen**

Eingabe: Ein ungerichteter Graph G und eine ganze Zahl k.

Entscheidung: Kann man durch Entfernen von höchstens k Knoten G zweigeteilt machen?

13. **Minimaler Schnitt mit Teilmengen gleicher Größe**

Eingabe: Ein ungerichteter Graph $G = (V, E)$, zwei besondere Knoten s und t und eine positive ganze Zahl W.

Entscheidung: Gibt es eine Zerlegung $V = V_1 \cup V_2$, $V_1 \cap V_2 = \emptyset$, $|V_1| = |V_2|$, $s \in V_1$, $t \in V_2$ und $|\{(u, v) \mid u \in V_1, v \in V_2 \text{ und } (u, v) \in E\}| \leq W$?

14. **Einfache optimale lineare Anordnung**

Eingabe: Ein ungerichteter Graph $G = (V, E)$ und eine ganze Zahl k. $|V| = n$.

Entscheidung: Gibt es eine Eins - zu - Eins - Abbildung f: $V \rightarrow \{1, 2, \ldots, n\}$, so daß gilt:

$$\sum_{(u,v) \in E} |f(u) - f(v)| \leq k?$$

LITERATURHINWEISE

Eine umfassende Behandlung der NP - schweren und NP - vollständigen Probleme findet man in folgendem Buch:

Computers and intractability: A guide to the theory of NP-Completeness, von M. Garey und D. Johnson, Freeman and Co., San Francisco, 1978.

Das Theorem von Cook (Abschnitt 11.2) ist veröffentlicht in:

"The complexity of theorem-proving procedures", von S.A. Cook, Proc. of the Third ACM Symposium on Theory of Computing, 1971, pp. 151 - 158.

In diesem Artikel wird auch gezeigt, daß gilt: Erfüllbarkeit $\propto$ Clique. Cook verwendete bei seinem Beweis ursprünglich die Terminologie von Turing - Maschinen. Der im Text gegebene Beweis wurde von S. Sahni bearbeitet. Wir danken R. Kain für den Hinweis auf einen Fehler in der ursprünglichen Bearbeitung. J. Ullman hat den Beweis von Cook so verändert, daß er für ein etwas anderes Maschinenmodell gilt.

Karp hat die Bedeutung der Klasse der NP - vollständigen Probleme hervorgehoben, indem er 21 NP - vollständige Probleme vorgestellt hat. Dazu zählen u.a. Knotenhülle, Rückkopplungskantenmenge, Rückkopplungsknotenmenge, Hamilton'scher Kreis, Zerlegung, Summe von Teilmengen, Erstellen einer Auftragsfolge mit Schlußterminen, maximaler Schritt. Dieser Artikel ist erschienen in:

"Reducibility among combinatorial problems", von R. Karp, Complexity of Computer Computations. R.E. Miller und J.W. Thatcher, eds., Plenum Press, New York, 1972, pp. 85 - 104. [Übungen 6, 10, 11, 14, 19, 20, 21, 23, 24, 29, 37, 40].

Der von uns verwendete Beweis für "Erfüllbarkeit $\propto$ gerichtete Hamilton - Schleife" stammt aus:

"On reducibility among combinatorial problems", von P. Hermann, MIT MAC Report TR - 113, Dezember 1973. [Übungen 8, 9].

Der Beweis für "Erfüllbarkeit $\propto$ UND/ODER - Graphen" ist aus:

"Computationally related problems", von S. Sahni, SIAM Journal on Computing, 3:4(1974), pp. 262 - 279. [Übungen 18, 25, 35].

Dieser Artikel enthält auch Reduktionen für viele Probleme aus den Bereichen Fluß durch Netzwerke, n-Personen-Spieltheorie und Optimierung. Das Theorem 11.11 geht auf Bruno, Coffman und Sethi zurück. Es wurde in folgendem Artikel veröffentlicht:

"Scheduling independent tasks to reduce mean finishing - time", von J. Bruno, E.G. Coffman, Jr. und R. Sethi, Comm. ACM, 17:7, Juli 1974, pp. 382 - 387.

Der darin verwendete Beweis stammt von S. Sahni und ist erschienen in:

"Algorithms for scheduling independent tasks", von S. Sahni,
JACM, 23, 1976, pp. 114 - 127.

Die Theoreme 11.12 und 11.13 stammen von Gonzalez und Sahni und
sind zu finden in:

"Flow shop and job schedules: complexity and approximation", von
T. Gonzalez und S. Sahni, Op. Res., 26(1), pp. 36 - 52, 1978.

Der darin enthaltene Beweis für Theorem 11.13 ist von D. Nassimi.
Von vielen anderen Verplanungsproblemen ist bekannt, daß sie NP -
schwer sind. Hier einige Artikel darüber:

"Machine scheduling problems", von A. Rinnooy Kan, Ph.D. thesis,
Mathematical Centrum, Amsterdam, 1976.

"Sequencing by enumerative methods", von J.K. Lenstra, Ph.D. thesis, Mathematical Centrum Amsterdam, 1976.

"Polynomial complete scheduling problems", von J.D. Ullman, JCSS,
Juni 1975, pp. 384 - 393.

Computer and Job Shop Scheduling Theory, von E.G. Coffman, J.
Wiley, New York 1976.

"The Complexity of Flowshop and Jobshop Scheduling", von M. Garey,
D. Johnson, und R. Sethi, Math. of Operations Research, 1:2(1976),
pp. 117 - 129 [Übungen 30, 31].

"Complexity results for multiprocessor scheduling under resource
constraints", von M. Garey und D. Johnson, SIAM Journal on Computing, 4:4(1975), pp. 397 - 411.

"On the complexity of a timetable and multicommodity flow problems", von S. Even, SIAM Jr. on Computing, 5, 691 - 703 (1976).

"Algorithms for minimizing mean flow time", von J. Bruno, E.G.
Coffman, und R. Sethi, Proc. IFIP Congr. 74, 1974, pp. 504 - 510.

"On the complexity of mean flow time scheduling", von R. Sethi,
Math. of Op. Res., 2(4), 320 - 330 (1977).

"Open Shop Scheduling to Minimize Finish Time", von T. Gonzalez
und S. Sahni, JACM, 23(4), pp. 665 - 679 (1976).

"Optimization and approximation in deterministic sequencing and
scheduling: a survey", von R. Graham, E. Lawler, J. Lenstra und
A. Rinnooy Kan, Department of Operations Research, Mathematical
Centrum, Amsterdam, Report Nr. BW 82/77, 1977.

"Complexity of machine scheduling problems", von P. Brucker, J.
Lenstra und A. Rinnooy Kan, Math. Centrum, Amsterdam, Report Nr.
BW 43/75, 1975. [Übungen 30, 31, 32, 33].

"Complexity of scheduling shops with no wait in process", von S.
Sahni und Y. Cho, Univeristy of Minnesota, Technical Report Nr.
77-20, 1977 (to appear in Math. of Oper. Res.).

"Preemptive shop scheduling of independent job with release times",
von Y. Cho und S. Sahni, Univeristy of Minnesota, Technical Report Nr. 78-5, 1978. [Übung 36].

Der Beweis für Theorem 11.14 geht auf einen Beweis zurück, der
erschienen ist in:

"Code generation for expressions with common subexpressions", von
A. Aho, S. Johnson und J. Ullman, JACM, 24(1), pp. 146 - 160
(1971). [Übung 41].

Die Tatsache, daß das Problem der Codeerzeugung für Einregister-
maschinen NP - schwer ist, wurde zuerst von Bruno und Sethi bewiesen:

"Code generation for a one - register machine", von J. Bruno und
R. Sethi, J.ACM. 23(3), pp. 502 - 510 (1976).

Das Ergebnis des obigen Artikels ist bedeutungsvoller als Theorem
11.14, denn es gilt auch für Ausdrücke, die keine kommutativen Operatoren enthalten. Theorem 11.15. geht auf R. Sethi zurück; man findet
es in:

"A note on implementing parallel assignment instructions", von R.
Sethi, Info. Proc. Let., 2, pp. 91 - 95 (1973).

Weitere Ergebnisse zu NP - schweren Codeerzeugungsproblemen sind
erschienen in:

"Complete register allocation problems", von R. Sethi, SIAM, Jr.
on Comp., 4(3), pp. 226 - 248 (1975).

"Code generation for short/long address machines", von E. Robert-
son, University of Wisconsin, MRC report Nr. 1779, August 1977.

Die in Abschnitt 11.6 dargestellten Ergebnisse findet man in:

"Some simplified NP - complete graph problems", von M. Garey, D.
Johnson und L. Stockmeyer, Jr. Theo. Comp. Sci. 1, pp. 237 - 267
(1976).

"The planar Hamiltonian circuit problem is NP - Complete", von M.
Garey, D. Johnson und R. Tarjan, SIAM Jr. on Computing, 5(4), pp.
704 - 714, 1976.

"The complexity of flowshop and jobshop scheduling", von M. Garey,
D. Johnson und R. Sethi, Math. of Oper. Res., 1(2), pp. 117 - 129
(1976).

Die folgenden Artikel befassen sich mit NP - schweren und NP -
vollständigen Problemen:

"Some complexity results for the traveling salesman problem", von
C. Papadimitriou und K. Steiglitz, Proc. Eigth Annual ACM Symposium on Theory of Computing, Mai 1976, pp. 1 - 9.

"On the computational complexity of combinatorial problems", von
R. Karp, Networks, 5, 1975, pp. 45 - 68.

"Polynomially complete fault detection problems", von O. Ibarra
und S. Sahni, IEEE Trans Comp., 24(3), pp. 242 - 249 (1975).
[Aufgaben 26, 27].

"Generalizing NP - Completeness to permit different input measures",
von M. Garey und D. Johnson, Bell Laboratories, New Jersey, 1976.

"Strong NP - Completeness results: motivation, examples and
implications", von M. Garey und D. Johnson, Bell Laboratories,
New Jersey, 1976.

"Constructing optimal binary trees is NP - Complete", von L. Hyafil
und R. Rivest, Info. Proc. Let., 5(1), pp. 15 - 17 (1976).

"Assignment commands with array references", von P. Downey und R.
Sethi, Proc. 17th Annual Symp. on Found. of Comp., pp. 57 - 66
(1976) (erscheint in JACM).

"On the computational complexity of schema equivalence", von R.
Constable, H. Hunt und S. Sahni, 8th Annual Princeton Conference
on Information Sciences and Systems, pp. 15 - 20 (1974).

"Complexity of trie index construction", von D. Comer und R. Sethi,
JACM, 24(3), 1977, pp. 428 - 440.

"Combinatorial problems: reducibility and approximation", von S.
Sahni und E. Horowitz, Operations Research, erscheint demnächst.

"Complexity of decision problems based on finite two - person
perfect - information games", von T. Schaefer, Proc. Eighth Annual
ACM Symposium on Theory of Computing, Mai 1976, pp. 41 - 49.

"Some polynomial and integer divisibility problems are NP - Hard",
von D. Plaisted, Proc., 17th Annual Symp. on Found. of Comp., pp.
264 - 267 (1976).

"Traversal marker placement problems are NP - Complete", von S.
Maheshwari, University of Colorado, Computer Science Technical Report Nr. CU-CS-092-76, Mai 1976.

"A note on reduction to directed HC", von J. Seiferas, 8th Annual
Princeton Conference on Information Sciences and Systems, pp. 24 -
28 (1974).

"Two NP - complete problems in nonnegative integer programming",
von G. Leuker, Princeton University Computer Science Laboratory,
Technical Report TR-178, 1975. [Aufgabe 44].

"The complexity of satisfiability problems", von T. Schaefer,
10th ACM Symposium on Theory of Computing, pp. 216 - 226, 1978.

ÜBUNGEN

1. Geben Sie einen nichtdeterministischen Algorithmus der Komplexität
    $O(n)$ an, der entscheidet, ob es eine Teilmenge der n Zahlen a_i,
    $1 \le i \le n$ gibt, deren Summe M ist.

2. (i)   Zeigen Sie, daß man das Rucksackoptimierungsproblem auf das
          Rucksackentscheidungsproblem reduzieren kann, wenn p_i, w_i
          und M ganze Zahlen sind und die Komplexität als eine Funktion
          der Eingabelänge gemessen wird. (Hinweis: Ist die Eingabe-
          länge gleich m, dann ist $\sum p_i \le n2^m$; dabei ist n die Anzahl
          der Objekte. Ermitteln Sie mit Hilfe einer binären Suche den
          optimalen Lösungswert).

    (ii) REP sei ein Algorithmus zum Rucksackentscheidungsproblem.
          R sei der Wert einer optimalen Lösung für das Rucksackopti-
          mierungsproblem. Zeigen Sie, wie man für die x_i, $1 \le i \le n$,
          eine 0/1 - Zuweisung erhält, so daß gilt: $\sum p_i x_i = R$ und
          $\sum w_i x_i \le M$, indem Sie REP n mal anwenden.

3. Geben Sie in Verbindung mit Formel G aus dem Beweis des Theorems
    von Cook (siehe Abschnitt 11.2) den Wert von M für die folgenden
    Befehle an. Beachten Sie, daß M höchstens $O(p(n))$ Literale (als
    Funktion von n) enthalten kann. Gehen Sie davon aus, daß negative
    Zahlen im Einerkomplement dargestellt werden. Zeigen Sie, wie man
    die entsprechenden $G_{i,t}$ in die KNF überführen kann. Bei dieser
    Transformation darf die Länge von $G_{i,t}$ nur um einen konstanten Faktor
    (z.B. w^2) zunehmen.

      i) $Y \leftarrow Z$
     ii) $Y \leftarrow V - Z$
    iii) $Y \leftarrow V + Z$
     iv) $Y \leftarrow V * Z$

v) Y ← <u>choice</u> (0, 1)

vi) Y ← <u>choice</u> (r:u), wobei r und u Variablen sind.

4. Zeigen Sie, daß man das Cliquenoptimierungsproblem auf das Cliquen-
    entscheidungsproblem reduzieren kann.

5. Es sei ERF(E) ein Algorithmus, der entscheidet, ob eine in KNF vor-
    liegende Formel E aus dem Prädikatenkalkül erfüllbar ist. Zeigen
    Sie: Ist E erfüllbar und enthält E n Variablen x_1, x_2, ..., x_n,
    dann kann man durch n - malige Anwendung von ERF(E) eine Zuweisung
    von Wahrheitswerten an die x_i ermitteln, für welche E den Wert
    <u>true</u> annimmt.

6. Es sei ERFÜL das Problem zu entscheiden, ob eine in KNF vorliegen-
    de Formel aus dem Prädikatenkalkül, die pro Teilausdruck höchstens
    drei Literale enthält, erfüllbar ist. Zeigen Sie: KNF - Erfüllbar-
    keit ∝ ERFÜL. (Hinweis: Zeigen Sie, daß man einen Teilausdruck mit
    mehr als drei Literalen als UND - Verknüpfung mehrerer Teilaus-
    drücke schreiben kann, von denen jeder höchstens drei Literale ent-
    hält. Dazu müssen Sie einige neue Variablen einführen. Jede Zuwei-
    sung, welche den ursprünglichen Teilausdruck erfüllt, muß auch die
    neu erzeugten Teilausdrücke erfüllen).

7. ERFÜL3 unterscheide sich von ERFÜL (Aufgabe 6) nur dadurch, daß
    jeder Teilausdruck genau drei Literale enthält. Zeigen Sie: ERFÜL
    ∝ ERFÜL3.

8. F sei eine in KNF vorliegende Formel aus dem Prädikatenkalkül. Zwei
    Literale x und y aus F heißen genau dann <u>vereinbar</u>, wenn sie nicht
    im gleichen Teilausdruck auftreten und wenn x ≠ $\bar{y}$ ist. x und y heis-
    sen genau dann <u>unvereinbar</u>, wenn sie nicht vereinbar sind. Es sei
    ERFÜLVER das Problem zu entscheiden, ob eine Formel erfüllbar ist,
    bei der jedes Literal mit höchstens drei anderen Literalen unver-
    einbar ist. Zeigen Sie: ERFÜL3 ∝ ERFÜLVER.

9. Es sei 3 - KNOTENHÜLLE das Knotenhüllenproblem aus Abschnitt
    11.3, welches auf Graphen vom Grad 3 eingeschränkt ist. Zeigen
    Sie: ERFÜLVER ∝ 3 - KNOTENHÜLLE (siehe Aufgabe 8).

10. [Rückkopplungsknotenmenge]
    (a) G = (V, E) sei ein gerichteter Graph. S ⊆ V sei eine Teil-
         menge von Knoten, so daß die Elimination von S und von allen
         mit Knoten in S verbundenen Kanten zu einem Graph G' führt,
         der keine gerichteten Schleifen enthält. Solch eine Menge S
         ist eine Rückkopplungsknotenmenge. Die Mächtigkeit von S
         ist gleich der Anzahl der Knoten in S. Beim Entscheidungs-
         problem der Rückkopplungsknotenmenge (RKM) muß für einen ge-
         gebenen Eingabewert k festgestellt werden, ob G eine Rück-
         kopplungsknotenmenge der Mächtigkeit höchstens k enthält.
         Zeigen Sie: Knotenhüllenentscheidungsproblem ∝ RKM.

    (b) Schreiben Sie zur Lösung von RKM einen nichtdeterministischen
         polynomialen Algorithmus.

11. [Rückkopplungskantenmenge]
    (a) G = (V, E) sei ein gerichteter Graph. S ⊆ E ist genau dann
         eine Rückkopplungskantenmenge von G, wenn jede gerichtete
         Schleife in G eine Kante aus S enthält. Beim Entscheidungs-
         problem der Rückkopplungskantenmenge (RBM) muß festgestellt
         werden, ob G eine Rückkopplungskantenmenge der Mächtigkeit
         höchstens k enthält. Zeigen Sie: Knotenhüllenentscheidungs-
         problem ∝ RBM.

    (b) Schreiben Sie einen nichtdeterministischen polynomialen
         Algorithmus zur Lösung von RBM.

12. Beim Optimierungsproblem der Rückkopplungsknotenmenge muß eine
    minimale Rückkopplungsknotenmenge gefunden werden (siehe Aufgabe
    10). Zeigen Sie, daß man dieses Problem auf das Problem RKM re-
    duzieren kann.

13. Zeigen Sie, daß man das Minimierungsproblem der Rückkopplungsbo-
    genmenge auf das Problem RBM reduzieren kann (siehe Aufgabe 11).

14. [Hamilton'scher Kreis] Es sei UHK das Problem zu entscheiden, ob
    es in einem beliebig vorgegebenen ungerichteten Graph G einen un-
    gerichteten Kreis gibt, der genau einmal durch jeden Knoten
    führt und zum Anfangsknoten zurückkehrt. Zeigen Sie: GHK $\propto$ UHK
    (GHK ist in Abschnitt 11.3 definiert).

15. Zeigen Sie: UHK $\propto$ KNF - Erfüllbarkeit

16. Zeigen Sie: GHK $\propto$ KNF - Erfüllbarkeit

17. [Hamilton - Weg] Ein von i nach j führender Hamilton - Weg in
    einem Graph G ist ein Weg vom Knoten i zum Knoten j, der jeden
    Knoten genau einmal enthält. Zeigen Sie, daß man das UHS - Pro-
    blem auf die Entscheidung reduzieren kann, ob G einen von i nach
    j führenden Hamilton - Weg enthält.

18. [Minimaler äquivalenter Graph] Ein gerichteter Graph G = (V, E)
    ist genau dann ein äquivalenter Graph zu dem gerichteten Graph
    G' = (V, E'), wenn E $\subseteq$ E' und die transitiven Hüllen von G und G'
    gleich sind. G ist genau dann ein minimaler äquivalenter Graph,
    wenn $|E|$ unter allen äquivalenten Graphen zu G' minimal ist. Das
    Entscheidungsproblem zum minimalen äquivalenten Graph (MÄG) be-
    steht darin zu entscheiden, ob G' einen minimalen äquivalenten
    Graph mit $|E| \leq k$ enthält, wobei k irgendein gegebener Eingabe-
    wert ist.

    (a) Zeigen Sie: GHK $\propto$ MÄG

    (b) Schreiben Sie einen nichtdeterministischen polynomialen Al-
        gorithmus zur Lösung des MÄG - Problems.

19. [Cliquenhülle] Beim Cliquenhüllenentscheidungsproblem (CH) muß
    festgestellt werden, ob G die Vereinigung von 1 oder weniger
    Cliquen ist. Zeigen Sie: Farbzahlenproblem ∝ CH.

20. [Mengenhülle] Es sei $F = \{S_j\}$ eine endliche Familie von Mengen,
    $T \subseteq F$ sei eine Teilmenge von F. T ist genau dann eine Hülle von
    F, wenn gilt:

$$\bigcup_{S_i \in T} S_i = \bigcup_{S_i \in F} S_i$$

    Beim Mengenhüllenentscheidungsproblem muß festgestellt werden, ob
    F eine Hülle T hat, welche nicht mehr als k Mengen enthält. Zei-
    gen Sie, daß man das Knotenhüllenentscheidungsproblem auf dieses
    Problem reduzieren kann.

21. [Exakte Hülle] Es sei $F = \{S_j\}$ wie oben beschrieben. $T \subseteq F$ ist
    genau dann eine exakte Hülle von F, wenn T eine Hülle von F ist
    und wenn die Mengen in F paarweise disjunkt sind. Zeigen Sie, daß
    man das Farbzahlenproblem zurückführen kann auf das Problem zu
    entscheiden, ob F eine exakte Hülle hat.

22. Zeigen Sie: ERFÜL3 ∝ EXAKTE HÜLLE (siehe Aufgabe 21).

23. [Treffende Menge] Es sei F wie in Aufgabe 21 beschrieben. Beim
    Problem der treffenden Menge muß man feststellen, ob es eine Menge
    H gibt, für die gilt: $|H \cap S_j| = 1$ für alle $S_j \in F$. Zeigen Sie:
    EXAKTE HÜLLE ∝ Treffende Menge

24. [Tautologie] Eine Formel aus dem Prädikatenkalkül ist genau dann
    eine Tautologie, wenn sie für alle möglichen Zuweisungen von Wahr-
    heitswerten an ihre Variablen den Wert <u>true</u> annimmt. Beim Tautolo-
    gieproblem muß entschieden werden, ob eine in KNF vorliegende
    Formel eine Tautologie ist.

    (a) Zeigen Sie: KNF - Erfüllbarkeit ∝ DNF - Tautologie

(b)   Schreiben Sie einen nichtdeterministischen polynomialen Al-
      gorithmus TAUT(F), der genau dann erfolgreich terminiert,
      wenn F keine Tautologie ist.

25. [Minimale Boole'sche Form]
     Die Länge einer Formel aus dem Prädikatenkalkül sei gleich der
     Summe der Zahl der Literale in jedem Teilausdruck. Zwei Formeln
     F und G mit Variablen $x_1, \ldots, x_n$ sind äquivalent, wenn für alle
     Zuweisungen an $x_1, \ldots, x_n$ F genau dann den Wert _true_ hat, wenn
     G _true_ ist. Zeigen Sie, daß das Entscheidungsproblem, ob es zu F
     eine äquivalente Formel der Länge höchstens k gibt, NP - schwer
     ist. (Hinweis: Zeigen Sie, daß man das Problem "DNF - Tautologie"
     auf dieses Problem reduzieren kann).

26. [Schaltkreisrealisierung] Es sei C ein aus UND-, ODER- und
     NICHT - Gattern bestehender Schaltkreis. $x_1, \ldots, x_n$ seien die
     Eingabewerte, f sei der Ausgabewert. Zeigen Sie: Das Entschei-
     dungsproblem, ob $f(x_1, \ldots, x_n) = F(x_1, \ldots, x_n)$ ist, wobei F eine
     Formel aus dem Prädikatenkalkül darstellt, ist NP - schwer.

27. Zeigen Sie: Das Entscheidungsproblem, ob C ein minimaler Schalt-
     kreis (mit minimaler Zahl von Gattern, siehe Aufgabe 26) ist,
     der eine Formel F realisiert, ist NP - schwer.

28. [0/1 - Rucksack] Zeigen Sie: Partition $\propto$ 0/1 - Rucksackentschei-
     dungsproblem.

29. [Erstellen einer Auftragsfolge] Zeigen Sie: Das Problem der Er-
     stellung einer Auftragsfolge mit Schlußterminen (siehe 10. Ka-
     pitel) ist NP - schwer.

30. Zeigen Sie: Partition $\propto$ nicht - präemptive Flußbetriebsverplanung
     mit minimaler Beendigungszeit bei 3 Prozessoren. Verwenden Sie
     nur einen einzigen Auftrag, der drei Aufgaben enthält, die nicht
     gleich null sind. Alle anderen Aufträge haben nur eine von null

verschiedene Aufgabe.

31. Zeigen Sie: Partition $\propto$ nicht - präemptive Flußbetriebsverplanung
    mit minimaler Beendigungszeit bei 2 Prozessoren. Verwenden Sie
    nur einen einzigen Auftrag, der drei Aufgaben enthält, die nicht
    gleich null sind. Alle anderen Aufträge haben nur eine von null
    verschiedene Aufgabe.

32. $J_1, \ldots, J_n$ seien n verschiedene Aufträge. Der Auftrag i hat eine
    Verarbeitungszeit t_i und einen Schlußtermin d_i; er ist erst ab
    der Zeit r_i zur Verarbeitung verfügbar. Zeigen Sie: Das Entschei-
    dungsproblem, ob alle n Aufträge ohne Überschreitung der Schluß-
    termine auf einer Maschine verarbeitet werden können, ist NP -
    schwer. (Hinweis: Verwenden Sie eine Zerlegung).

33. J_i, $1 \le i \le n$, seien n Aufträge wie in Aufgabe 32. Es sei $r_i = 0$,
    $1 \le i \le n$. Es sei f_i die Beendigungszeit von J_i bei einer Ver-
    planung mit einem Prozessor. Die <u>Verspätung</u> T_i von J_i ist max
    $\{0, f_i - d_i\}$. w_i, $1 \le i \le n$, seien zu den J_i gehörende nichtne-
    gative Gewichte. Die gesamte gewichtete Verspätung ist $\sum w_i T_i$.
    Zeigen Sie, daß das Problem, eine Verplanung zu finden, die
    $\sum w_i T_i$ minimiert, NP - schwer ist. (Hinweis: Verwenden Sie eine
    Zerlegung).

34. J_i, $1 \le i \le n$ seien n Aufträge. Der Auftrag J_i hat die Verarbei-
    tungszeit t_i. Die Verarbeitung kann erst nach der Zeit r_i be-
    ginnen. w_i sei ein zu J_i gehörendes Gewicht; f_i sei die Beendi-
    gungszeit von J_i bei einer Verplanung mit einem Prozessor. Zei-
    gen Sie, daß das Problem, eine Verplanung zu finden, die $\sum w_i f_i$
    minimiert, NP - schwer ist.

35. [Quadratisches Programmieren] Zeigen Sie: Das Auffinden des
    Maximums einer Funktion $f(x_1, \ldots, x_n)$ unter den linearen Be-
    schränkungen $\sum_{1 \le j \le n} a_{ij} x_j \le b_i$, $1 \le i \le n$ und $x_i \ge 0$, $1 \le i \le n$
    ist NP - schwer. Die Funktion muß von der Form $\sum c_i x_i^2 + \sum d_i x_i$ sein.

36. Zeigen Sie: Das Problem, eine präemptive Verplanung für einen
    Zwei - Prozessor - Flußbetrieb mit optimaler Beendigungszeit
    zu erhalten, ist NP - schwer, wenn die Aufträge zu zwei ver-
    schiedenen Zeitpunkten R_1 und R_2 zur Verarbeitung freigegeben
    werden. Die zum Zeitpunkt R_i freigegebenen Aufträge können nicht
    vor R_i verplant werden.

37. $G = (V, E)$ sei ein Graph, $w(i, j)$ sei eine Gewichtsfunktion für
    die Kanten von G. Ein <u>Schnitt</u> von G ist eine Teilmenge $S \subseteq V$.
    Das <u>Gewicht</u> eines Schnittes ist

$$\sum_{\substack{i<j \\ i\in S,\ j\notin S}} w(i, j)$$

    Ein <u>maximaler Schnitt</u> ist ein Schnitt mit maximalem Gewicht. Zei-
    gen Sie, daß das Problem, das Gewicht eines maximalen Schnittes
    zu bestimmen, NP - schwer ist.

38. [Plazierung von Fabriken] S_i, $1 \le i \le n$, seien n mögliche Pla-
    zierungen von Fabriken. An jedem Platz kann es höchstens eine
    Fabrik geben. Wird eine Fabrik an der Stelle S_i plaziert, dann
    treten feste Kosten F_i zur Errichtung der Fabrik auf. Eine Fabrik
    am Platz S_i hat eine maximale Produktionskapazität von C_i. Es
    gibt m Zielorte D_i, $1 \le i \le m$, zu denen die Produkte transpor-
    tiert werden müssen. Der Warenbedarf am Ort D_i ist d_i, $1 \le i \le m$.
    Die Versandkosten vom Platz i zum Zielort j betragen pro Einheit
    c_{ij}. Ein Zielort kann von vielen Fabriken beliefert werden. Wir
    definieren $y_i = 0$, falls es am Platz i keine Fabrik gibt; andern-
    falls ist $y_i = 1$. Es sei x_{ij} die Anzahl von Produktionseinheiten,
    die von S_i nach D_j versandt werden. Die Gesamtkosten betragen
    dann

$$\sum_i F_i y_i + \sum_i \sum_j c_{ij} x_{ij}, \qquad \sum_i x_{ij} = d_j \text{ und } \sum_j x_{ij} \le C_i y_i.$$

    Alle x_{ij} sind nichtnegative ganze Zahlen. Wir nehmen an, daß
    $\sum C_{ij} \ge \sum d_i$ ist. Zeigen Sie, daß das Problem, y_i und x_{ij} so zu
    finden, daß die Gesamtkosten minimiert werden, NP - schwer ist.

39. [Konzentrierungsproblem] Dieses Problem ist dem aus Aufgabe 38
    ähnlich. Der einzige Unterschied besteht darin, daß jeder Ziel-
    ort nur von einer Fabrik beliefert werden darf. Mit dieser Ein-
    schränkung wird aus dem Problem der Plazierung von Fabriken das
    Problem der Datenkonzentrierung beim Entwurf von Rechnernetz-
    werken. Die Zielorte entsprechen Ein/Ausgabegeräten, die Fabriken
    entsprechen der Konzentrierung von Daten von den Ein/Ausgabege-
    räten. Zeigen Sie, daß das Konzentrierungsproblem unter jeder
    der folgenden Bedingungen NP - schwer ist:

    i) $n = 2$, $C_1 = C_2$, $F_1 = F_2$ (Hinweis: Verwenden Sie eine Zer-
         legung)
    ii) $F_i/C_i = F_{i+1}/C_{i+1}$, $1 \le i < n$, $d_i = 1$ (Hinweis: Verwenden
         Sie die exakte Hülle)

40. [Steiner - Bäume] T sei ein Baum und R eine Teilmenge der Knoten
    in T. Es sei $w(i, j)$ das Gewicht der Kante (i, j) in T. Ist (i, j)
    keine Kante in T, dann ist $w(i, j) = \infty$. Ein Steiner - Baum ist
    ein Teilbaum von T, welcher die Knotenmenge R enthält. Er kann
    auch noch andere Knoten enthalten. Die Kosten von T ergeben sich
    aus der Summe der Gewichte der Kanten in T. Zeigen Sie, daß das
    Problem, einen Steiner - Baum mit minimalen Kosten zu finden,
    NP - schwer ist.

41. a) Wie müßte man den Beweis von Theorem 11.14 abändern, damit
       auch die wiederholte Berechnung geteilter Knoten zulässig
       ist?

    b) [Ravi Sheti] Verändern Sie den Beweis von Theorem 11.14 so,
       daß er für gerichtete azyklische Graphen der Stufe eins gilt,
       welche Ausdrücke repräsentieren, bei denen alle Operatoren
       nichtkommutativ sind. Hinweis: Bezeichnen Sie den Nachfolger-
       knoten in einer Kette als linken Sohn seines Vorgängerknotens
       und verwenden Sie folgenden binären Baum mit $n + 1$ Knoten,
       um die Schlußknoten der n Ketten miteinander zu verbinden:

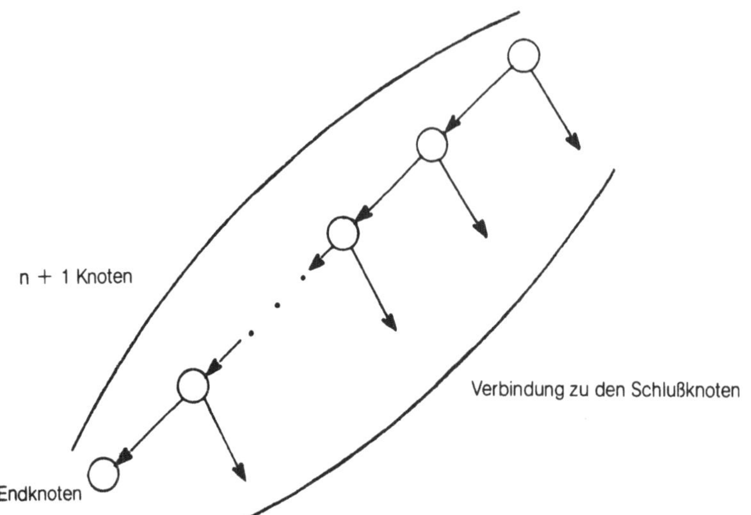

Abbildung 11.14

c) Zeigen Sie: Das Problem der optimalen Codeerzeugung für gerichtete azyklische Endgraphen ist auf einer Maschine mit unendlich vielen Registern NP - schwer. (Hinweis: Verwenden Sie RKM).

42. P sei eine parallele Wertzuweisung der Form

$$(v_1, \ldots, v_n) \leftarrow (e_1, \ldots, e_n),$$

wobei jedes e_i eine einfache Variable ist und alle v_i verschieden sind, Der Einfachheit halber nehmen wir an, daß $v_1, \ldots, v_m$ die verschiedenen Variablen in P sind ($m \geq n$) und daß $E = (i_1, i_2, \ldots, i_n)$ eine Indexmenge mit $e_{i_j} = v_{i_j}$ ist. Schreiben Sie einen $O(n)$ - Algorithmus, der eine optimale Realisierung für P findet.

43. $F = \{S_j\}$ sei eine endliche Familie von Mengen. $T \leq F$ sei eine Unterfamilie von F. Die Mächtigkeit von T ist die Anzahl der Mengen in T. S_i und S_j seien zwei Mengen aus T. S_i und S_j sind genau dann disjunkt, wenn $S_i \cap S_j = \emptyset$ ist. T ist genau dann eine disjunkte Teilmenge von F, wenn die Mengen in T paarweise disjunkt sind. Das Mengenerzeugungsproblem besteht darin, eine disjunkte Unter-

familie von T mit maximaler Mächtigkeit zu bestimmen. Zeigen
Sie: Clique $\propto$ Mengenerzeugung.

44. Zeigen Sie, daß folgendes Entscheidungsproblem NP - vollständig
ist.

Eingabe: Positive ganze Zahlen n; w_i, $1 \leq i \leq n$, sowie M.

Entscheidung: Gibt es nichtnegative ganze Zahlen $x_i \geq 0$,
$1 \leq i \leq n$, so daß gilt:

$$\sum_{1 \leq i \leq n} w_i x_i = M \quad .$$

Kapitel 12

Approximationsalgorithmen für NP-schwere Probleme

12.1 EINFÜHRUNG

Wie wir im vorangehenden Kapitel gesehen haben, ist es sehr unwahrscheinlich, daß ein NP-schweres Problem in polynomialer Zeit gelöst
werden kann. Viele NP-schwere Optimierungsprobleme haben jedoch gros-
se praktische Bedeutung, und man möchte umfangreiche Problemstellungen
in einer "vernünftigen" Zeit lösen. Die besten bekannten Algorithmen
zur Lösung NP - schwerer Probleme haben für den ungünstigsten Fall
eine Komplexität, die bzgl. der Zahl der Eingabewerte exponentiell
ist. Aufgrund der Ergebnisse des letzten Kapitels könnte man die Suche
nach Algorithmen mit polynomialem Zeitverhalten aufgeben und sich stattdessen mit der Verbesserung exponentieller Algorithmen befassen. Wir
können nach Algorithmen mit subexponentieller Komplexität suchen, z.B.
$2^{n/c}$ (für $c > 1$), $2^{\sqrt{n}}$ oder $n^{\log n}$. In den Übungen zum 5. Kapitel wurde
ein $O(2^{n/2})$ - Algorithmus für das Rucksackproblem entwickelt. Diesen
Algorithmus kann man auch für die Probleme Partition, Summe von Teilmengen und exakte Hülle verwenden. Tarjan und Trojanowski haben für
die Probleme der maximalen Clique, der maximalen unabhängigen Menge
und der minimalen Knotenhülle einen $O(2^{n/3})$ - Algorithmus angegeben
("Finding a maximum independent set", SIAM Computing, 6(3), pp. 537 -
596, 1977). Durch die Entdeckung eines subexponentiellen Algorithmus
für ein NP - schweres Problem wächst die maximale Problemgröße der in
der Praxis lösbaren Probleme. Für große Problemstellungen erfordert
jedoch selbst ein $O(n^4)$ - Algorithmus einen zu großen rechnerischen
Aufwand. Man hätte gerne einen Algorithmus mit niedriger polynomialer
Komplexität (z.B. $O(n)$ oder $O(n^2)$).
  Bei der Verwendung heuristischer Methoden in einem Algorithmus
kann man unter Umständen zu einer großen Problemstellung eine schnelle

Lösung finden, falls die heuristische Methode in diesem speziellen
Fall "funktioniert". Dies haben wir in den Kapiteln über Rückverfol-
gungs- und Verzweigungs- und Beschränkungstechniken gesehen. Eine heuristische Methode funktioniert jedoch nicht bei allen Problemstellungen
gleich gut. So werden auch exponentielle Algorithmen, die heuristische
Methoden verwenden, bei gewissen Eingabewerten immer noch exponentielles Verhalten zeigen. Wenn wir einen Algorithmus mit niedriger polynomialer Komplexität zur Lösung eines NP - schweren Optimierungspro-
blems entwerfen sollen, wird es notwendig sein, die Bedeutung des
Wortes "lösen" abzuschwächen. Zwei Formen dieser Abschwächung werden
wir hier behandeln. Zunächst heben wir die Forderung auf, daß der Algorithmus, der das Optimierungsproblem P löst, immer eine optimale
Lösung erzeugen muß. Diese Forderung ersetzen wir durch die folgende:
Der Algorithmus für P muß immer eine mögliche Lösung erzeugen, deren
Wert dem einer optimalen Lösung entsprechend "nahe" kommt. Solch eine
Lösung nennen wir eine <u>approximative Lösung</u> (Näherungslösung). Ein
<u>Approximationsalgorithmus</u> für P erzeugt approximative Lösungen für P.

Auf den ersten Blick hin könnte man den Wert einer approximativen
Lösung in Zweifel ziehen. Man muß jedoch bedenken, daß oft die Daten
für die zu lösende Problemstellung nur ungefähr bekannt sind. Somit
kann eine approximative Lösung (falls deren Wert dem einer exakten
Lösung "genügend nahe" kommt) die gleiche Bedeutung wie eine exakte
Lösung haben. Bei NP - schweren Problemen spielen approximative Lösungen eine wichtige Rolle, denn es kann vorkommen, daß man mit vertret-
barem Rechenzeitaufwand nur eine Näherungslösung, aber keine exakte
(d.h. optimale) Lösung erhalten kann.

Die zweite Abschwächung besteht darin, daß wir einen Algorithmus
für P suchen, der <u>fast immer</u> optimale Lösungen erzeugt. Algorithmen mit
dieser Eigenschaft nennen wir <u>probabilistisch gute</u> Algorithmen; in Abschnitt 12.6 betrachten wir sie näher. Im folgenden entwickeln wir
eine Terminologie, die wir bei der Behandlung der Approximationsalgorithmen benötigen.

P sei ein Problem wie z.B. das Rucksackproblem oder das Problem des
Handlungsreisenden. I sei eine Problemstellung zu P, $F^*(I)$ sei der
Wert einer optimalen Lösung für I. Ein Approximationsalgorithmus erzeugt allgemein eine mögliche Lösung für I, deren Wert $\hat{F}(I)$ kleiner
(größer) als $F^*(I)$ ist, falls P ein Maximierungs- (Minimierungs-) Problem ist. Man kann verschiedene Kategorien von Approximationsalgorithmen definieren.

Es sei A ein Algorithmus, der zu jeder Problemstellung I eines
Problems P eine mögliche Lösung erzeugt. $F^*(I)$ sei der Wert einer op-

timalen Lösung für I, $\hat{F}(I)$ sei der Wert der von $\mathbb{A}$ erzeugten möglichen
Lösung.

Definition $\mathbb{A}$ ist genau dann ein <u>absoluter Approximationsalgorithmus</u>
für das Problem P, wenn für jede Problemstellung I zu P gilt:
$|F^*(I) - \hat{F}(I)| \leq k$, wobei k eine Konstante ist.

Definition $\mathbb{A}$ ist genau dann ein f(n) - <u>approximativer Algorithmus</u>,
wenn für jede Problemstellung I der Größe n gilt:
$|F^*(I) - \hat{F}(I)| / F^*(I) \leq f(n)$. Wir nehmen an, daß $F^*(I) > 0$ ist.

Definition Ein <u>ε - approximativer Algorithmus</u> ist ein f(n) - approximativer Algorithmus, für den f(n) ≤ ε ist, wobei ε eine Konstante
ist.

Bei einem Maximierungsproblem gilt für jede mögliche Lösung für I:
$|F^*(I) - \hat{F}(I)| / F^*(I) \leq 1$. In diesem Fall werden wir also für einen
ε - approximativen Algorithmus fordern, daß ε < 1 ist. Bei den näch-
sten Definitionen betrachten wir Algorithmen $\mathbb{A}(\varepsilon)$, wobei ε ein Eingabewert für $\mathbb{A}$ ist.

Definition $\mathbb{A}(\varepsilon)$ ist genau dann ein <u>Approximationsschema</u>, wenn $\mathbb{A}(\varepsilon)$
für jedes ε > 0 und für jede Problemstellung I eine mögliche Lösung
erzeugt, so daß gilt: $|F^*(I) - \hat{F}(I)| / F^*(I) \leq \varepsilon$. Auch hier nehmen
wir wieder an, daß $F^*(I) > 0$ ist.

Definition Ein Approximationsschema ist genau dann ein <u>Approxima-
tionsschema mit polynomialem Zeitverhalten</u> (kurz: polynomiales Approximationsschema), wenn für jedes ε > 0 die Rechenzeit bzgl. der Problemgröße polynomial ist.

Definition Ein Approximationsschema, dessen Rechenzeit sowohl bzgl.
der Problemgröße als auch in 1/ε polynomial ist, heißt ein <u>volles
polynomiales Approximationsschema</u>.

Am meisten gefragt ist natürlich ein absoluter Approximationsalgorithmus. Leider existieren für NP - schwere Probleme schnelle Algorithmen dieses Typs nur, falls P = NP ist. Diese Aussage gilt überraschenderweise auch für die Existenz f(n) - approximativer Algorithmen zur Lösung bestimmter NP - schwerer Probleme.

<u>Beispiel 12.1</u> Wir betrachten folgende Problemstellung zum Rucksack-
problem: n = 3, M = 100, $\{p_1, p_2, p_3\}$ = $\{20, 10, 19\}$ und $\{w_1, w_2, w_3\}$
= $\{65, 20, 35\}$. (x_1, x_2, x_3) = (1, 1, 1) ist keine mögliche Lösung,
da $\sum w_i x_i$ > M ist. (x_1, x_2, x_3) = (1, 0, 1) ist eine optimale Lösung;
ihr Wert $\sum p_i x_i$ ist 39. Somit ist für diese Problemstellung $F^*(I)$ = 39.
Die Lösung (x_1, x_2, x_3) = (1, 1, 0) ist suboptimal; ihr Wert $\sum p_i x_i$
ist 30. Sie könnte eine mögliche Ausgabe eines Approximationsalgorithmus sein. Tatsächlich kann jede mögliche Lösung (in diesem Fall sind
alle 0/1 - Vektoren mit drei Elementen außer (1, 1, 1) mögliche Lösungen) die Ausgabe eines Approximationsalgorithmus sein. Wird von
einem Approximationsalgorithmus zu dieser Problemstellung die Lösung
(1, 1, 0) erzeugt, so gilt: $\hat{F}(I)$ = 30; $|F^*(I) - \hat{F}(I)|$ = 9; $|F^*(I) -$
$\hat{F}(I)|$ / $F^*(I)$ = 0.3. □

<u>Beispiel 12.2</u> Wir betrachten folgenden Approximationsalgorithmus für
das 0/1 - Rucksackproblem. Wir stellen uns die Objekte in nichtzunehmender Folge bzgl. der p_i/w_i vor. x_i wird gleich 1 gesetzt, falls
Objekt i in den Rucksack hineinpaßt, andernfalls wird es gleich 0
gesetzt. Wendet man diesen Algorithmus auf die Problemstellung von
Beispiel 12.1 an, dann werden die Objekte in der Reihenfolge 1, 3, 2
betrachtet. Das Ergebnis ist (x_1, x_2, x_3) = (1, 0, 1); man erhält die
optimale Lösung. Wenden wir uns nun folgender Problemstellung zu:
n = 2, (p_1, p_2) = (2, r), (w_1, w_2) = (1, r) und M = r. Ist r > 1, dann
ist die optimale Lösung (x_1, x_2) = (0, 1). Ihr Wert $F^*(I)$ ist r. Die
vom Approximationsalgorithmus erzeugte Lösung ist (x_1, x_2) = (1, 0).
Ihr Wert $\hat{F}(I)$ ist 2. Also ist $|F^*(I) - \hat{F}(I)|$ = r - 2. Dieser Algo-
rithmus ist kein absoluter Approximationsalgorithmus, denn es gibt
nicht für alle Problemstellungen I eine Konstante k mit $|F^*(I) -$
$\hat{F}(I)|$ ≤ k. Außerdem gilt: $|F^*(I) - \hat{F}(I)|$ / $F^*(I)$ = 1 - 2/r. Dieser
Ausdruck nähert sich 1 für große Werte von r. Es ist $|F^*(I) - \hat{F}(I)|$ /
$F^*(I)$ ≤ 1 für jede mögliche Lösung zu jeder Rucksackproblemstellung.
Da obiger Algorithmus immer eine mögliche Lösung erzeugt, ist er ein
1 - approximativer Algorithmus. Er ist jedoch kein ε - approximativer
Algorithmus für ein beliebiges ε < 1. □

Entsprechend den Bezeichnungen "absoluter Approximationsalgorithmus" und "f(n) - approximativer Algorithmus" können wir auch die
Approximationsprobleme entsprechend benennen: k - absolute approximative Probleme und f(n) - approximative Probleme. Das 0.5 - approximative Rucksackproblem besteht darin, eine mögliche 0/1 - Lösung mit

$|F^*(I) - \hat{F}(I)| / F^*(I) \leq 0.5$ zu finden.

Wir werden sehen, daß Approximationsalgorithmen im allgemeinen heuristische Methoden und Regeln sind, die auf den ersten Blick so aussehen, als würden sie das Optimierungsproblem exakt lösen. Dies ist jedoch nicht der Fall. Es wird lediglich garantiert, daß mögliche Lösungen erzeugt werden, deren Wert sich von der optimalen Lösung nur um eine Konstante oder einen Faktor unterscheidet. Aufgrund ihrer heuristischen Natur hängen diese Algorithmen stark von der speziellen Problemstellung ab.

12.2 ABSOLUTE APPROXIMATION

Färbung ebener (planarer) Graphen

Es gibt nur sehr wenige NP - schwere Optimierungsprobleme, für die polynomiale absolute Approximationsalgorithmen bekannt sind. Ein Problem besteht darin, die minimale Zahl der Farben zu bestimmen, die zur Färbung eines ebenen Graphen G = (V, E) nötig sind. Bekanntlich ist jeder ebene Graph mit 4 Farben färbbar (4 - färbbar). Es ist leicht zu entscheiden, ob ein Graph 0, 1- oder 2 - färbbar ist. Er ist genau dann 0 - färbbar, wenn $V \neq 0$ ist. Er ist genau dann 1 - färbbar, wenn $E \neq 0$ ist; schließlich ist er genau dann 2 - färbbar, wenn er zweigeteilt ist (siehe Übungsaufgabe 6.4c). Das Entscheidungsproblem, ob ein Graph 3 - färbbar ist, ist NP - schwer. Alle ebenen Graphen sind jedoch 4 - färbbar. Man erhält leicht einen Approximationsalgorithmus mit $|F^*(I) - \hat{F}(I)| \leq 1$; Algorithmus 12.1 ist solch ein Algorithmus. Er findet eine exakte Lösung, wenn der Graph mit höchstens zwei Farben färbbar ist. Da man in der Zeit $O(|V| + |E|)$ entscheiden kann, ob ein Graph zweigeteilt ist, beträgt die Komplexität dieses Algorithmus $O(|V| + |E|)$.

procedure AFÄRBEN(V, E)
  //Bestimme eine Näherung für die minimale Zahl der Farben, die//
  //zum Färben des planaren Graphen G = (V, E) nötig sind.//

    case
      : V = ∅: return (0)
      : E = ∅: return (1)
      : G ist zweigeteilt: return (2)
      : else: return (4)
    endcase
end AFÄRBEN

Algorithmus 12.1 Approximationsalgorithmus zum Farbproblem

Das Problem der maximalen Zahl abgespeicherter Programme (MAP)

Gegeben seien n Programme und zwei Speichergeräte (z.B. Platten oder
Bänder). Im folgenden gehen wir davon aus, daß es sich um Platten
handelt, unsere Überlegungen gelten aber auch für alle anderen Speichergeräte. Es sei l_i der zum Abspeichern des i-ten Programms benötigte Platz. L sei die Speicherkapazität jeder Platte. Das Problem, die
maximale Zahl dieser n Programme zu bestimmen, die auf beiden Platten
gespeichert werden können (ohne daß sich ein Programm über zwei Platten erstreckt), ist NP - schwer.

Theorem 12.1 Partition ∝ MAP

Beweis: Durch $\{a_1, a_2, \ldots, a_n\}$ sei eine Problemstellung zum Partitionsproblem definiert. Wir nehmen an, daß $\sum a_i = 2T$ ist. Wir definieren nun eine Problemstellung zu MAP: $L = T$ und $l_i = a_i$, $1 \le i \le n$. Es
ist klar, daß es zu $\{a_1, \ldots, a_n\}$ genau dann eine Partition gibt, wenn
alle n Programme auf beiden Platten gespeichert werden können. □

Indem wir die Programme in der Reihenfolge nichtabnehmender Speicher-
platzanforderungen l_i betrachten, erhalten wir einen polynomialen absoluten Approximationsalgorithmus. Die Prozedur PSPEICHERN geht davon
aus, daß $l_1 \le l_2 \le \ldots \le l_n$ ist und weist der 1. Platte so lange Programme zu, bis kein freier Platz mehr zur Verfügung steht. Dann werden
die Programme der 2. Platte zugewiesen. Zusätzlich zu der Zeit, die
am Anfang zum Sortieren der Programme in nichtabnehmender Folge der l_i

erforderlich ist, wird die Zeit O(n) für die Speicherplatzzuweisung
benötigt.

```
procedure PSPEICHERN (1, n, L)
   //Es wird vorausgesetzt, daß 1_i ≤ 1_{i+1} ist für 1 ≤ i < n.//
      i ← 1
      for j ← 1 to 2 do
         Summe ← 0   //Anteil der Platte j, der bereits vergeben ist//
         while Summe + 1_i ≤ L do
            print ('Speichere Programm', i, 'auf Platte', j)
            Summe ← Summe + 1_i
            i ← i + 1
            if i > n then return endif
         repeat
      repeat
end PSPEICHERN
```

   <u>Algorithmus 12.2</u> Approximationsalgorithmus zum Speichern von
             Programmen

<u>Beispiel 12.3</u> Es sei $L = 10$, $n = 4$, $(1_1, 1_2, 1_3, 1_4) = (2, 4, 5, 6)$.
Die Prozedur PSPEICHERN speichert die Programme 1 und 2 auf der 1. Platte, auf der 2. Platte nur Programm 3. Bei einem optimalen Abspeicher-
ungsschema werden alle vier Programme gespeichert. Eine Möglichkeit
besteht z.B. darin, die Programme 1 und 4 auf der ersten Platte und
die anderen beiden auf der zweiten Platte zu speichern. □

<u>Theorem 12.2</u> Es sei I eine Problemstellung zu MAP. $F^*(I)$ sei die
maximale Zahl der Programme, die auf zwei Platten gespeichert werden
können, von denen jede die Länge L hat. Es sei $\hat{F}(I)$ die Zahl der Programme, die von der Prozedur PSPEICHERN abgespeichert werden. Dann ist
$|F^*(I) - \hat{F}(I)| \leq 1$.

<u>Beweis</u>: Wir nehmen an, daß der Algorithmus 12.2 k Programme abspei-
chert. Also ist $\hat{F}(I) = k$. Wir betrachten das Programmspeicherproblem
für den Fall, daß nur eine Platte mit der Kapazität 2L zur Verfügung
steht. Dann wird die Zahl der gespeicherten Programme maximiert, indem
man diese in der Reihenfolge nichtabnehmender Speicherplatzanforderun-
gen betrachtet. Wir nehmen an, daß wir bei dieser Strategie p Programme
auf einer Platte der Länge 2L unterbringen können. Es gilt: $p \geq F^*(I)$

und $\sum_1^p 1_i \leq 2L$. Es sei j der größte Index, für den gilt: $\sum_1^j 1_i \leq L$.
Man kann leicht zeigen, daß $j \leq p$ ist und daß PSPEICHERN die ersten j
Programme der 1. Platte zuweist.
Außerdem gilt:

$$\sum_{i=j+1}^{p-1} 1_i \leq \sum_{i=j+2}^{p} 1_i \leq L.$$

Somit weist PSPEICHERN mindestens die Programme $j + 1$, $j + 2$, ...,
$p - 1$ der 2. Platte zu. Es gilt: $\hat{F}(I) \geq p - 1$ und $|F^*(I) - \hat{F}(I)| \leq 1$. $\square$

Man kann den Algorithmus PSPEICHERN so erweitern, daß man für den
Fall von k Platten einen $(k - 1)$ - absoluten Approximationsalgorithmus erhält.

NP - schwere absolute Approximation

Die absoluten Approximationsalgorithmen für das Problem der Färbung
eines ebenen Graphen und für das Speicherproblem MAP sind sehr einfach. Man könnte daher erwarten, daß es auch für die meisten anderen
NP - schweren Probleme absolute Approximationsalgorithmen mit polynomialem Zeitverhalten gibt. Leider ist es so, daß man für die Mehrheit
der NP - schweren Probleme zeigen kann, daß genau dann ein polynomialer absoluter Approximationsalgorithmus existiert, wenn es einen polynomialen exakten Algorithmus gibt. Wir wollen uns einige Beispiele
für solche Beweise ansehen.

<u>Theorem 12.3</u> Das absolute approximative Rucksackproblem ist NP -
schwer.

<u>Beweis:</u> Wir zeigen, daß das 0/1 - Rucksackproblem, bei dem die Ge-
winne aus ganzen Zahlen bestehen, auf das absolute approximative Rucksackproblem reduziert werden kann. Aus der Tatsache, daß das Rucksackproblem mit ganzzahligen Gewinnen NP - schwer ist, ergibt sich
dann das Theorem. Wir nehmen an, daß es einen polynomialen Algorith-
mus A gibt, der mögliche Lösungen mit $|F^*(I) - \hat{F}(I)| \leq k$ garantiert.
Dabei ist I eine beliebige Problemstellung, k ist fest vorgegeben.
Durch (p_i, w_i), $1 \leq i \leq n$ und M werde eine Problemstellung zum Rucksackproblem definiert. Wir nehmen an, daß die p_i ganze Zahlen sind.

I' sei die durch $((k + 1)p_i, w_i)$, $1 \leq i \leq n$ und M definierte Problemstellung. Es ist klar, daß I und I' die gleiche Menge möglicher Lösungen haben. Ferner ist $F^*(I') = (k + 1)F^*(I)$, und I und I' haben die gleichen optimalen Lösungen. Da alle p_i ganze Zahlen sind, folgt daraus, daß alle möglichen Lösungen für I' entweder den Wert $F^*(I')$ oder höchstens den Wert $F^*(I') - (k + 1)$ haben. Ist $\hat{F}(I')$ der Wert der Lösung, die von $\mathbb{A}$ für die Problemstellung I' erzeugt wird, ist $F^*(I') - \hat{F}(I')$ entweder 0 oder mindestens $k + 1$. Ist $F^*(I') - \hat{F}(I') \leq k$, dann ist also $F^*(I') = \hat{F}(I')$. Also erhält man durch $\mathbb{A}$ eine optimale Lösung für I' und somit für I. Da die Länge von I' höchstens (log k) * (Länge von I) ist, ergibt sich daraus, daß wir mit Hilfe obiger Konstruktion einen polynomialen Algorithmus zur Lösung des Rucksackproblems mit ganzzahligen Gewinnern erhalten können. □

Beispiel 12.4 Wir betrachten folgende Problemstellung zum Rucksackproblem: $n = 3$, $M = 100$, $(p_1, p_2, p_3) = (1, 2, 3)$ und $(w_1, w_2, w_3) =$ (50, 60, 30). Mögliche Lösungen sind (1, 0, 0), (0, 1, 0), (0, 0, 1), (1, 0, 1) und (0, 1, 1). Die zugehörigen Werte sind 1, 2, 3, 4 bzw. 5. Wenn wir die p - Werte mit 5 multiplizieren, erhalten wir $(\hat{p}_1, \hat{p}_2, \hat{p}_3)$ = (5, 10, 15). Die möglichen Lösungen bleiben unverändert, ihre Werte sind jetzt 5, 10, 15, 20 bzw. 25. Ein absoluter Approximationsalgorithmus für $k = 4$ würde die Lösung (0, 1, 1) ausgeben, denn alle anderen Lösungen sind um mehr als 4 von der optimalen Lösung entfernt. □

Wir betrachten nun das Problem, wie man eine maximale Clique eines ungerichteten Graphen erhält. Das folgende Theorem zeigt, daß es genau so schwer ist, einen polynomialen Approximationsalgorithmus für dieses Problem zu erhalten wie einen polynomialen Algorithmus für das exakte Problem.

Theorem 12.4 Maximale Clique $\propto$ absolute Approximation der maximalen Clique

Beweis: Wir nehmen an, daß der Algorithmus für das absolute Approximationsproblem Lösungen mit $|F^*(I) - \hat{F}(I)| \leq k$ findet. Zu einem beliebigen Graph $G = (V, E)$ konstruieren wir einen Graph $G' = (V', E')$, so daß G' aus $k + 1$ Kopien von G besteht, die so miteinander verbunden sind, daß es eine Kante zwischen je zwei Knoten in verschiedenen Kopien gibt, d.h. falls $V = \{v_1, v_2, \ldots, v_n\}$ ist, dann gilt:

$$V' = \bigcup_{i=1}^{k+1} \{v_1{}^i, v_2{}^i, \ldots, v_n{}^i\}$$

und

$$E' = \left(\bigcup_{i=1}^{k+1} \{(v_p{}^i, v_r{}^i) \mid (v_p, v_r) \in E\} \right)$$

$$\cup \{(v_p{}^i, v_r{}^j) \mid i \neq j\}.$$

Die maximale Cliquengröße in G ist genau dann q, wenn die maximale Cliquengröße in G' gleich (k + 1)q ist. Ferner muß jede Clique in G', deren Größe höchstens um k von der optimalen Cliquengröße in G' abweicht, eine Teilclique der Größe q enthalten, welche eine Clique der Größe q in G ist. Somit können wir aus einer k - absoluten approximativen maximalen Clique für G' eine maximale Clique für G erhalten. □

<u>Beispiel 12.5</u> In Abb. 12.1(b) ist der Graph G' gezeigt, den man erhält, wenn man die im Beweis zu Theorem 12.4 angegebene Konstruktion auf den Graph in Abb. 12.1(a) anwendet. Wir haben k = 1 angenommen. Der Graph in Abb. 12.1(a) hat zwei Cliquen. Die eine besteht aus der Knotenmenge {1, 2}, die andere aus der Menge {2, 3, 4}. Ein absoluter Approximationsalgorithmus für k = 1 könnte also die eine oder die andere Lösung ausgeben. Im Graph der Abb. 12.1(b) sind die beiden Cliquen jedoch {1, 2, 1', 2'} und {2, 3, 4, 2', 3', 4'}. Nur die letzte Clique kann ausgegeben werden. Somit gibt ein absoluter Approximationsalgorithmus mit k = 1 die maximale Clique aus. □

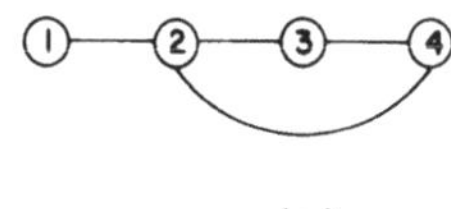

(a)

(b)

<u>Abbildung 12.1</u>   Graphen zum Beispiel 12.5

12.3   ε - APPROXIMATION

Die Verplanung unabhängiger Aufgaben

Das Problem, für m > 2 identische Prozessoren eine Verplanung mit minimaler Beendigungszeit zu erstellen, ist NP - schwer. Es gibt eine
sehr einfache Regel, wie man eine Verplanung erstellen kann, deren
Beendigungszeit der einer optimalen Verplanung sehr nahe kommt. Eine
Problemstellung I des Verplanungsproblems ist durch eine Menge von n
Bearbeitungszeiten t_i, $1 \leq i \leq n$ und der Zahl m der Prozessoren definiert. Die Verplanungsregel, die wir beschreiben wollen, ist als
LPT - Regel bekannt (LPT = longest processing time = längste Verar-
beitunszeit). Unter einer LPT - Verplanung versteht man eine Verplanung, welche sich aus der Anwendung dieser Régel ergibt.

<u>Definition</u>   Eine <u>LPT - Verplanung</u> ist das Ergebnis eines Algorithmus,
der folgendermaßen arbeitet: Wenn ein Prozessor frei wird, wird ihm
eine Aufgabe zugewiesen, deren Bearbeitungszeit die längste unter den

Zeiten aller noch nicht zugewiesenen Aufgaben ist. Gleiche Bearbeitungszeiten werden nach Belieben behandelt.

<u>Beispiel 12.6</u> Es sei $m = 3$, $n = 6$, $(t_1, t_2, t_3, t_4, t_5, t_6) = (8, 7,$
$6, 5, 4, 3)$. Bei einer LPT - Verplanung werden die Aufgaben 1, 2 und 3
den Prozessoren 1, 2 bzw. 3 zugewiesen. In Abb. 12.2 sieht man diese
LPT - Verplanung. Die Beendigungszeit ist 11. Wegen $\sum t_i/3 = 11$ ist
die Verplanung optimal.

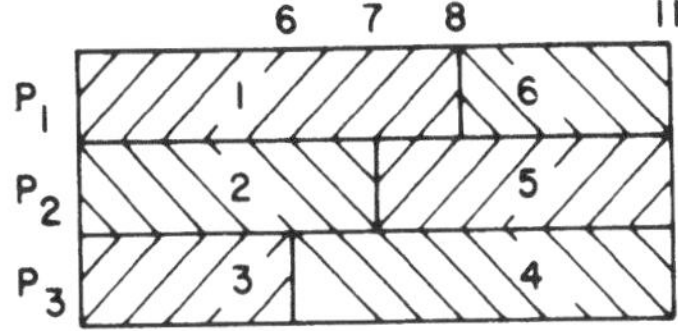

<u>Abbildung 12.2</u> LPT-Verplanung zum Beispiel 12.6

<u>Beispiel 12.7</u> Es sei $m = 3$, $n = 7$, $(t_1, t_2, t_3, t_4, t_5, t_6, t_7) =$
$(5, 5, 4, 4, 3, 3, 3)$. Abb. 12.3(a) zeigt die LPT - Verplanung. Sie
hat eine Beendigungszeit von 11. Abb. 12.3(b) zeigt eine optimale
Verplanung, deren Beendigungszeit gleich 9 ist. Also gilt für diese
Problemstellung: $|F^*(I) - \hat{F}(I)| / F^*(I) = (11 - 9) / 9 = 2 / 9.$ □

Man kann die LPT - Regel so implementieren, daß man in der Zeit
von höchstens $O(n \log n)$ eine LPT - Verplanung für n Aufgaben und m
Prozessoren erzeugen kann. In einer Übungsaufgabe wird dies untersucht.
Aus den vorangehenden Beispielen sieht man, daß die LPT - Regel zwar
für einige Problemstellungen eine optimale Verplanung erzeugen kann,
aber nicht für alle. Wie schlecht kann eine LPT - Verplanung im Vergleich zu einer optimalen Verplanung ausfallen? Diese Frage wird durch
folgendes Theorem beantwortet.

<u>Theorem 12.5</u> [Graham] $F^*(I)$ sei die Beendigungszeit einer optimalen
Verplanung von m Prozessoren für die Problemstellung I des Aufgaben-
verplanungsproblems. Es sei $\hat{F}(I)$ die Beendigungszeit einer LPT - Verplanung für die gleiche Problemstellung. Dann gilt:

$$\frac{|F^{*}(I) - \hat{F}(I)|}{F^{*}(I)} \leq \frac{1}{3} - \frac{1}{3m}$$

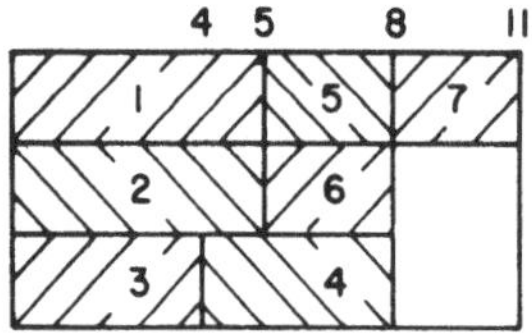

(a) LPT Verplanung

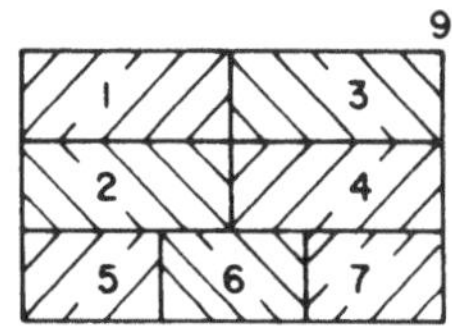

(b) Optimale Verplanung

Abbildung 12.3 LPT- und optimale Verplanung zum Beispiel 12.7

Beweis: Es ist klar, daß das Theorem für m = 1 richtig ist. Also sei m ≥ 2. Wir nehmen an, daß es für irgendein m > 1 eine Menge von Aufgaben gibt, für welche das Theorem falsch ist. Es sei $(t_1, t_2, \ldots, t_n)$ eine Problemstellung I mit der geringsten Zahl von Aufgaben, für welche das Theorem nicht gilt. Es sei $t_1 \geq t_2 \geq \ldots \geq t_n$; man erhalte eine LPT - Verplanung, indem man die Aufgaben in der Reihenfolge 1, 2, 3, ..., n zuweist.

S sei die LPT - Verplanung, die man erhält, wenn man die n Aufgaben in dieser Reihenfolge zuweist. F(I) sei die Beendigungszeit von S. Ferner sei k der Index einer Aufgabe mit der spätesten Beendigungszeit. Dann ist k = n. Um dies einzusehen, nehmen wir an, daß k < n ist. Dann ist die Beendigungszeit f der LPT - Verplanung für die Aufgaben 1, 2, ..., k ebenfalls F(I). Die Beendigungszeit f^{*} einer optimalen Verplanung für diese k Aufgaben ist nicht größer als $F^{*}(I)$. Somit gilt:

$$|f^* - f|/f^* \geq |F^*(I)|/F^*(I) > 1/3 - 1/(3m)$$

(Die letzte Ungleichung ergibt sich aus der Annahme über I). Die Ungleichung

$$|f^* - \hat{f}| / f^* > 1/3 - 1/(3m)$$

ist ein Widerspruch zur Annahme, daß I die kleinste Problemstellung für m Prozessoren ist, für die das Theorem nicht gilt. Also ist $k = n$.

Nun zeigen wir, daß bei keiner optimalen Verplanung für I mehr als zwei Aufgaben an irgendeinen Prozessor zugewiesen werden können. Somit ist $n \leq 2m$. Da die Aufgabe n die späteste Beendigunszeit in der LPT - Verplanung für I hat, beginnt ihre Bearbeitung zur Zeit $\hat{F}(I) - t_n$. Weiterhin kann kein Problem bis zu diesem Zeitpunkt eine Leerlaufzeit haben. Somit erhalten wir:

$$\hat{F}(I) - t_n \leq \frac{1}{m} \sum_1^{n-1} t_i$$

Also gilt:

$$\hat{F}(I) \leq \frac{1}{m} \sum_1^n t_i + \frac{m-1}{m} t_n.$$

Aus

$$F^*(I) \geq \frac{1}{m} \sum_1^n t_i ,$$

ergibt sich:

$$\hat{F}(I) - F^*(I) \leq \frac{m-1}{m} t_n$$

oder

$$\frac{|F^*(I) - \hat{F}(I)|}{F^*(I)} \leq \frac{m-1}{m} \frac{t_n}{F^*(I)}$$

Aus der Annahme über I folgt aber, daß die linke Seite der obigen Ungleichung größer als 1/3 - 1/(3m) ist. Daher gilt:

$$\frac{1}{3} - \frac{1}{3m} < \frac{m-1}{m} \cdot \frac{t_n}{F^*(I)}$$

oder

$$m - 1 < 3(m - 1)t_n/F^*(I)$$

oder

$$F^*(I) < 3t_n.$$

Bei einer optimalen Verplanung für I können also maximal zwei Aufgaben an irgendeinen Prozessor zugewiesen werden. Gibt es bei einer optimalen Verplanung höchstens zwei Aufgaben pro Prozessor, dann kann man zeigen, daß die LPT - Verplanung ebenfalls optimal ist. Diesen Teil des Beweises überlassen wir dem Leser zur Übung. Somit gilt in diesem Fall: $|F^*(I) - \hat{F}(I)| / F^*(I) = 0$. Dies ist ein Widerspruch zur Annahme über I. Also kann es kein I geben, für welches das Theorem nicht gilt. □

In Theorem 12.5 wird die LPT - Regel als (1/3 - 1/(3m)) - approximative Regel für die Aufgabenverplanung bezeichnet. Wie wir bereits früher bemerkt haben, kann man diese Regel so implementieren, daß sie die Komplexität $O(n \log n)$ hat. Das folgende Beispiel zeigt, daß 1/3 - 1/(3m) eine enge Schranke für das Verhalten der LPT - Regel im ungünstigsten Fall ist.

Beispiel 12.8 Es sei $n = 2m + 1$, $t_i = 2m - \lfloor (i + 1)/2 \rfloor$, $i = 1, 2, \ldots,$ 2m und $t_{2m+1} = m$. In Abb. 12.4(a) sieht man die LPT - Verplanung. Diese hat eine Beendigungszeit von 4m - 1. Abb. 12.4(b) zeigt eine optimale Verplanung. Ihre Beendigungszeit ist 3m. Somit gilt:

$$|F^*(I) - \hat{F}(I)| / F^*(I) = 1/3 - 1/(3m). \quad □$$

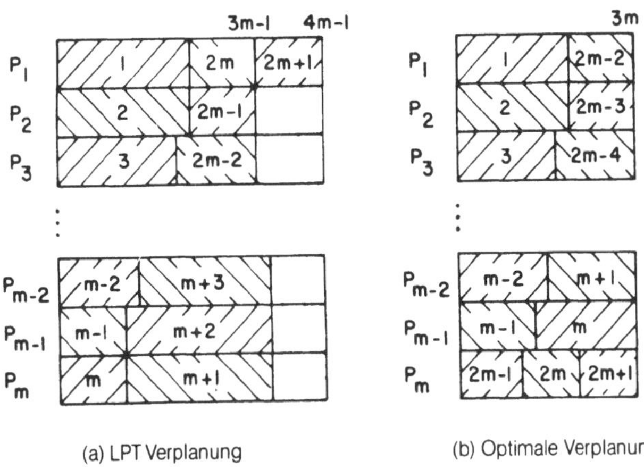

(a) LPT Verplanung   (b) Optimale Verplanung

Abbildung 12.4   Verplanungen zum Beispiel 12.8

Bei der LPT - Verplanung zeigt die Fehlerschranke von $1/3 - 1/(3m)$
im ungünstigsten Fall nicht das erwartete enge Beieinanderliegen der
LPT- und der optimalen Beendigungszeit. Für m = 10 ist die Fehlerschranke im ungünstigsten Fall 0.3. Es wurden zwei Experimente durchgeführt ("An application of bin-packing to multiprocessor scheduling",
von E. Coffman. M. Garey und D. Johnson, SIAM Computing, 7(1), pp.
1 - 17, 1978) um zu sehen, welchen Fehler man für ein zufällig ausgewähltes Problem mit m = 10 erwarten würde. Im ersten Experiment wurden
30 Aufgaben erzeugt, deren Bearbeitungszeiten aus einer gleichmäßigen
Verteilung zwischen 0 und 1 ausgewählt wurden. $F^*(I)$ wurde mit
$\sum_1^{30} t_i/10$ geschätzt, $\hat{F}(I)$ war die Länge der erzeugten LPT - Verplanung.
Das Experiment wurde zehnmal wiederholt, dann wurde der Durchschnitts-
wert von $|F^*(I) - \hat{F}(I)| / F^*(I)$ berechnet; er betrug 0.074. Beim zwei-
ten Experimentieren wurden die Bearbeitungszeiten an Hand einer Normal-
verteilung bestimmt. Der Durchschnittswert von $|F^*(I) - \hat{F}(I)| / F^*(I)$
war diesmal 0.023. Wahrscheinlich sind diese Werte etwas zu groß, da
der Schätzwert $\sum_1^{30} t_i/10$ für $F^*(I)$ vermutlich zu klein ist.

Es gibt für viele Verplanungsprobleme effiziente ε - approximative
Algorithmen. In den Literaturhinweisen am Ende dieses Kapitels findet
man Verweise auf einige der bekanntesten ε - approximativen Verplanungs-
algorithmen. Einige dieser Algorithmen werden auch in den Übungen behandelt.

Füllen von Kästen

Bei diesem Problem sind n Objekte gegeben, welche in Kästen gleicher
Größe L untergebracht werden müssen. Das Objekt i beansprucht l_i
Kapazitätseinheiten. Es soll die minimale Zahl von Kästen bestimmt
werden, die erforderlich ist, um alle n Objekte unterzubringen. Es
darf kein Objekt auf mehrere Kästen aufgeteilt werden.

Beispiel 12.9 Es sei L = 10, n = 6, $(l_1, l_2, l_3, l_4, l_5, l_6)$ = (5, 6,
3, 7, 5, 4). Abb. 12.5 zeigt, wie man sechs Objekte verteilen kann.
Die in den Kästen stehenden Zahlen sind die Indizes der Objekte. Wie
man leicht einsieht, sind mindestens drei Kästen erforderlich.

<u>Abbildung 12.5</u> Optimales Füllen von Kästen zum
Beispiel 12.9

Man kann das Problem des Füllens von Kästen als eine Variation des
bereits betrachteten Verplanungsproblems auffassen. Die Kästen entsprechen den Prozessoren, L entspricht der Zeit, in der alle Aufgaben beendet sein müssen. l_1 repräsentiert die Bearbeitungszeit der Aufgabe i.
Es soll die minimale Zahl der erforderlichen Prozessoren bestimmt
werden. Bei einer anderen Interpretation betrachtet man die Kästen als
Bänder. Dann ist L die Länge eines Bandes und l_i die Bandlänge, welche zum Speichern von Programm i erforderlich ist. Es soll die minimale Zahl von Bändern bestimmt werden, die zum Speichern aller n Programme erforderlich sind. Natürlich kann man dieses Problem noch auf
viele andere Arten interpretieren.

<u>Theorem 12.6</u> Das Kastenfüllproblem ist NP - schwer

<u>Beweis:</u> Wir betrachten das Partitionsproblem. $\{a_1, a_2, \ldots, a_n\}$ sei
eine Problemstellung hierzu. Wir definieren eine Problemstellung zum
Kastenfüllproblem wie folgt: $l_i = a_i$, $1 \leq i \leq n$ und $L = \sum a_i/2$. Die
minimale Zahl benötigter Kästen ist genau dann 2, wenn es zu $\{a_1, a_2,$
$\ldots, a_n\}$ eine Partition gibt. □

Man kann eine ganze Reihe einfacher heuristischer Methoden zur
Lösung des Kastenfüllproblems angeben. Im allgemeinen werden diese
allerdings keine optimalen Füllungen liefern. Man erhält jedoch Füllungen, die nur einen "kleinen" Bruchteil mehr an Kästen benötigen als
eine optimale Füllung. Es gibt vier einfache heuristische Methoden:

I. First Fit (FF)

Die Kästen werden von 1 an durchnumeriert und sind zu Beginn alle
leer. Die unterzubringenden Objekte werden in der Reihenfolge 1, 2,
..., n betrachtet. Um Objekt i unterzubringen, suche man den kleinsten
Index j, so daß der Kasten j bis zur Höhe r, $r \le L - 1_i$ gefüllt wird.
Dann fülle man Objekt i in den Kasten j. Dieser ist nun bis zur Höhe
$r + 1_i$ gefüllt.

II. Best Fit (BF)

Die Anfangsbedingungen für die Kästen und Objekte sind die gleichen wie bei FF. Für Objekt i suche man das kleinste j, so daß Kasten j
bis zur Höhe r, $r \le L - 1_i$ gefüllt und r so groß wie möglich ist.
Dann fülle man Objekt i in den Kasten j. Dieser ist nun bis zur Höhe
$r + 1_i$ gefüllt.

III. First Fit Decreasing (FFD)

Man ordne die Objekte so an, daß $1_i \ge 1_{i+1}$ ist für $1 \le i < n$. Dann
fülle man die Kästen nach der First - Fit - Methode.

IV. Best Fit Decreasing (BFD)

Man ordne die Objekte so an, daß $1_i \ge 1_{i+1}$ ist für $1 \le i < n$; anschließend wende man die Best - Fit - Methode an.

Beispiel 12.10 Wir betrachten die Problemstellung aus Beispiel 12.9.
In Abb. 12.6 sieht man die verschiedenen Füllungen, die man erhält,
wenn man obige Regeln anwendet. Bei FFD und BFD werden die sechs Objekte in der Reihenfolge (4, 2, 1, 5, 6, 3) betrachtet. Wie aus der
Abbildung hervorgeht, sind FFD und BFD bei dieser Problemstellung besser als FF oder BF. In diesem Beispiel liefern FFD und BFD optimale
Füllungen, das ist im allgemeinen jedoch nicht der Fall. □

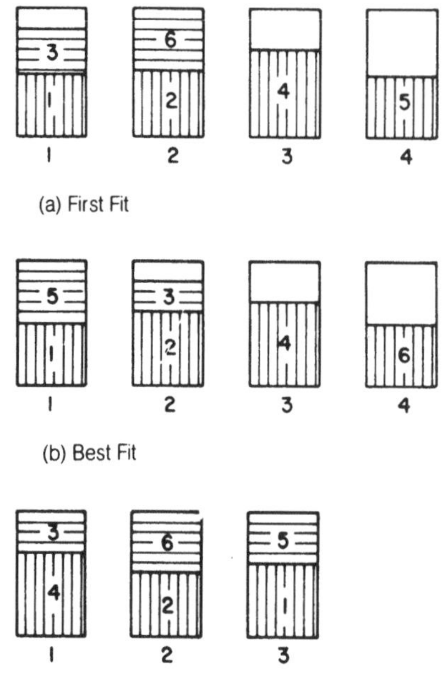

Abbildung 12.6 Füllung der Kästen nach Anwendung der vier heuristischen Methoden

<u>Theorem 12.7</u> Es sei I eine Problemstellung zum Kastenfüllproblem; $F^*(I)$ sei die minimale Zahl von Kästen, die für diese Problemstellung erforderlich sind. Bei Verwendung der Methode FF oder BF werden nicht mehr als $(17/10)F^*(I) + 2$ Kästen benötigt. Bei Verwendung der Methode FFD oder BFD sind nicht mehr als $(11/9)F^*(I) + 4$ Kästen erforderlich. Diese Schranken sind für die entsprechenden Algorithmen die besten möglichen Schranken.

<u>Beweis</u>: Der Beweis dieses Theorems ist ziemlich lang und nicht ganz einfach. Man findet ihn in folgendem Artikel: "Worst-Case Performance Bounds For Simple One-Dimensional Packing Algorithms", von Johnson, Demers, Ullman, Garey und Graham, SIAM Jr. On Computing, 3(4), pp. 299 - 325 (1974). □

<u>NP-schwere ε - Approximationsprobleme</u>

Genau wie bei absoluten Approximationsproblemen gibt es viele NP -
schwere Optimierungsprobleme, für welche die entsprechenden ε - Approximationsprobleme ebenfalls NP - schwer sind. Einige davon wollen wir
uns näher ansehen. Betrachten wir zunächst das Problem des Handlungsreisenden.

<u>Theorem 12.8</u>   Hamilton'sche Kreise $\propto \varepsilon$ - approximatives Problem des
Handlungsreisenden

<u>Beweis:</u>   G(N, A) sei ein beliebiger Graph. Wir konstruieren den voll-
ständigen Graph $G_1(V, E)$, so daß $V = N$ und $E = \{(u, v) \mid u, v \in V,$
$u \neq v\}$ ist. Die Kantenkostenfunktion definieren wir wie folgt:

$$w(u, v) = \begin{cases} 1 & \text{falls } (u, v) \in A \\ k & \text{sonst} \end{cases}$$

Es sei $n = |N|$. Für $k > 1$ hat das Problem des Handlungsreisenden
bzgl. G_1 genau dann eine Lösung der Länge n, wenn G einen Hamilton'schen
Kreis enthält. Andernfalls haben alle Lösungen für G_1 eine Länge
$\geq k + n - 1$. Wählen wir $k \geq (1 + \varepsilon)n$, dann haben die einzigen Lösungen,
die eine Lösung mit Wert n approximieren (falls es in G_1 einen Hamilton'
schen Kreis gibt) ebenfalls die Länge n. Hat die ε - approximative Lösung
eine Länge $\leq (1 + \varepsilon)n$, dann muß sie also die Länge n haben. Hat sie
eine Länge $> (1 + \varepsilon)n$, dann enthält G keine Hamilton'schen Kreise.   □

Ein weiteres NP - schweres ε- Approximationsproblem ist das ganzzahlige 0/1 - Programmierungsproblem. In der Optimierungsversion ist
eine lineare Optimierungsfunktion $f(x) = \sum p_i x_i + p_0$ gegeben. Wir suchen
einen 0/1 - Vektor $(x_1, x_2, \ldots, x_n)$, so daß $f(x)$ unter den Randbedingungen $\sum a_{ij} x_j \leq b_i$, $1 \leq i \leq k$ optimiert (d.h. maximiert oder minimiert)
wird. Dabei ist k die Zahl der Randbedingungen. Man beachte, daß das
0/1 - Rucksackproblem ein Spezialfall des soeben beschriebenen ganzzahligen 0/1 - Programmierungsproblems ist. Somit ist das ganzzahlige
Programmierungsproblem ebenfalls NP - schwer. Wir werden nun zeigen,
daß das entsprechende ε - Approximationsproblem für alle $\varepsilon > 0$ NP -
schwer ist. Dies gilt auch für den Fall, daß nur eine einzige Randbedingung vorhanden ist ($k = 1$).

$\underline{\text{Theorem 12.9}}$ Partition $\propto$ ϵ - approximative ganzzahlige Programmierung

$\underline{\text{Beweis:}}$ $(a_1, a_2, \ldots, a_n)$ sei eine Problemstellung zum Partitionsproblem. Wir konstruieren folgendes ganzzahliges 0/1 - Programm:

$$\text{minimiere } 1 + k \ (m - \textstyle\sum a_i x_i)$$

$$\text{unter der Bedingung } \textstyle\sum a_i x_i \le m$$

$$x_i = 0 \text{ oder } 1, \ 1 \le i \le n$$

$$m = \textstyle\sum a_i / 2$$

Der Wert einer optimalen Lösung ist genau dann 1, wenn es für die a_i
eine Partition gibt. Andernfalls hat jede optimale Lösung einen Wert,
der mindestens gleich $1 + k$ ist. Wir nehmen an, daß es für das ganzzahlige 0/1 - Programmierungsproblem einen polynomialen ϵ - approximativen Algorithmus für irgendein $\epsilon > 0$ gibt. Durch die Wahl eines
$k > \epsilon$ und mit Hilfe obiger Konstruktion können wir den Approximationsalgorithmus dazu benutzen, das Partitionsproblem in polynomialer Zeit
zu lösen. Für die gegebene Problemstellung gibt es genau dann eine
Partition, wenn der ϵ - approximative Algorithmus eine Lösung mit dem
Wert 1 erzeugt. Alle anderen Lösungen haben einen Wert $\widehat{F}(I)$, so daß
gilt:

$$|F^*(I) - \widehat{F}(I)| \ / \ F^*(I) \ge k > \epsilon. \quad \square$$

Als letztes Beispiel betrachten wir ein ϵ - Approximationsproblem,
das für alle $\epsilon > 0$ NP - schwer ist; es ist das quadratische Zuweisungsproblem. Man kann es als optimales Plazierungsproblem für m Fabriken
interpretieren. Für diese m Fabriken gibt es $n \ge m$ mögliche Plätze.
An jedem der n Plätze darf höchstens eine Fabrik errichtet werden.
Wir benutzen $x_{i,k}$, $1 \le i \le n$, $1 \le k \le m$ als mn 0/1 - Variable. x_{ik} ist
genau dann gleich 1, wenn die Fabrik k am Platz i errichtet wird. Die
Fabriken sollen so plaziert werden, daß die Gesamtkosten für den Gü-
tertransport zwischen den Fabriken minimiert werden. Es sei $d_{k,1}$ die
Menge der Güter, die von Fabrik k zu Fabrik 1 transportiert werden
sollen. Es ist $d_{k,k} = 0$ für $1 \le k \le m$. c_{ij} sei der Kostenfaktor für
den Transport einer Gütereinheit von Platz i nach Platz j. Es ist
$c_{ij} = 0$ für $1 \le i \le n$. Das $\underline{\text{quadratische Zuweisungsproblem}}$ wird folgendermaßen formuliert:

$$\text{maximiere } f(x) = \sum_{i,j=1}^{n} \sum_{k,l=1}^{m} c_{ij} d_{k,l} x_{i,k} x_{j,l}$$

$$\text{unter den Bedingungen (a)} \quad \sum_{k=1}^{m} x_{i,k} \leq 1, \ 1 \leq i \leq n$$

$$\text{(b)} \quad \sum_{i=1}^{n} x_{i,k} = 1, \ 1 \leq k \leq m$$

$$\text{(c)} \quad x_{i,k} = 0, 1 \text{ für alle } i, k$$

$$c_{ij}, \ d_{k,l} \geq 0, \ 1 \leq i, j \leq n,$$

$$1 \leq k, \ l \leq m$$

Durch Bedingung (a) wird sichergestellt, daß an jedem Platz höchstens eine Fabrik errichtet wird. Bedingung (b) fordert, daß jede Fabrik an genau einem Platz errichtet wird.

<u>Beispiel 12.11</u> Es sollen zwei Fabriken (m = 2) errichtet werden, und es stehen drei mögliche Plätze (n = 3) zur Auswahl. Gegeben sei

$$\begin{bmatrix} d_{11} & d_{12} \\ d_{21} & d_{22} \end{bmatrix} = \begin{bmatrix} 0 & 4 \\ 10 & 0 \end{bmatrix}$$

und

$$\begin{bmatrix} c_{11} & c_{12} & c_{13} \\ c_{21} & c_{22} & c_{23} \\ c_{31} & c_{32} & c_{33} \end{bmatrix} = \begin{bmatrix} 0 & 9 & 3 \\ 5 & 0 & 10 \\ 2 & 6 & 0 \end{bmatrix}$$

Werden Fabrik 1 am Platz 1 und Fabrik 2 am Platz 2 errichtet, dann betragen die Transportkosten f(x) = 9 * 4 + 5 * 10 = 86. Errichtet man Fabrik 1 am Platz 3 und Fabrik 2 am Platz 1, dann betragen die Kosten f(x) = 2 * 4 + 3 * 10 = 38. Die optimale Plazierung ist folgende: Fabrik 1 am Platz 1 und Fabrik 2 am Platz 3. Die Kosten belaufen sich in diesem Fall auf f(x) = 3 * 4 + 2 * 10 = 32. □

<u>Theorem 12.10</u>   Hamilton'scher Kreis $\propto_\epsilon$ approximative quadratische Zuweisung

<u>Beweis</u>:   G(N, A) sei ein ungerichteter Graph mit m = N . Wir konstruieren folgende Problemstellung zum quadratischen Zuweisungsproblem:

$$n = m$$

$$c_{ij} = \begin{cases} 1 & i = (j \bmod m) + 1,\ 1 \le k,\ j \le m. \\ 0 & \text{sonst} \end{cases}$$

$$d_{k,1} = \begin{cases} 1 & \text{falls } (k,\ 1) \in A,\ 1 \le k,\ 1 \le m. \\ \omega & \text{sonst} \end{cases}$$

Die Gesamtkosten $f(\gamma)$ einer Zuweisung γ von Fabriken an Plätze beträgt $\sum_{i=1}^{n} c_{ij} d_{\gamma(i)\gamma(j)}$. Dabei ist $j = (i \bmod m) + 1$ und $\gamma(i)$ der Index der Fabrik, die dem Platz i zugewiesen wird. Enthält G eine Hamilton - Schleife $i_1,\ i_2,\ \ldots,\ i_n,\ i_1$, dann sind die Kosten $f(\gamma)$ für die Zuweisung $\gamma(j) = i_j$ gleich m. Enthält G keine Hamilton - Schleife, dann muß mindestens einer der Werte $d_{\gamma(i),\ \gamma(i \bmod m+1)}$ gleich ω sein; die Kosten sind dann $\ge m + \omega - 1$. Wählen wir $\omega > (1 + \epsilon)m$, so erhalten wir optimale Lösungen mit dem Wert m, falls G eine Hamilton - Schleife enthält, und Lösungen mit einem Wert $> (1 + \epsilon)m$, falls G keine Hamilton - Schleife enthält. Also kann man an Hand einer ϵ - approximativen Lösung entscheiden, ob G eine Hamilton - Schleife enthält. $\square$

Viele andere ϵ - Approximationsprobleme sind NP - schwer. Einige davon werden in den Übungen untersucht. Die drei beschriebenen Probleme waren für ein $\epsilon > 0$ NP - schwer. Es ist aber auch möglich, daß ein ϵ - Approximationsproblem nur für ϵ - Werte in einem gewissen Bereich (z.B. $0 < \epsilon \le r$) NP - schwer ist. Für $\epsilon > r$ kann es einfache polynomiale Approximationsalgorithmen geben.

Die Verplanung unabhängiger Aufgaben

Wie wir gesehen haben, führt die LPT - Regel zu einem (1/3 - 1/(3m)) - approximativen Algorithmus, der das Verplanungsproblem für m Prozessoren und n Aufgaben löst. Für dieses Problem ist auch ein polynomiales Approximationsschema bekannt. Dieses Schema basiert auf folgender Verplanungsregel: (i) Es sei k eine angegebene, feste ganze Zahl. (ii) Man erstelle eine optimale Verplanung für die k längsten Aufgaben. (iii) Mit Hilfe der LPT - Regel verplane man die restlichen n - k Aufgaben.

Beispiel 12.12 Es sei m = 2, n = 6, $(t_1, t_2, t_3, t_4, t_5, t_6)$ = (8, 6, 5, 4, 4, 1) und k = 4. Die vier längsten Aufgaben haben die Bearbeitungszeiten 8, 6, 5 (siehe Abb. 12.7(a)). Abb. 12.7(b) zeigt das Ergebnis der Verplanung der restlichen beiden Aufgaben nach der LPT - Regel. Die Bearbeitungszeit ist 15. In Abb. 12.7(c) sieht man eine optimale Verplanung mit der Beendigungszeit von 14. □

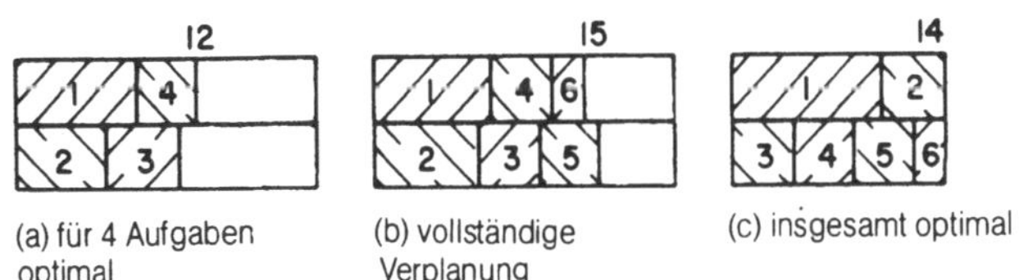

Abbildung 12.7 Anwendung des Approximationsschemas für k = 4

Theorem 12.11 [Graham] Es sei I eine Problemstellung zum Verplanungsproblem mit m Prozessoren. $F^*(I)$ sei die Beendigungszeit einer optimalen Verplanung für I, $\hat{F}(I)$ sei die Länge der nach obiger Regel erzeugten Verplanung. Dann gilt:

$$\frac{|F^*(I) - \hat{F}(I)|}{F^*(I)} \leq \frac{1 - 1/m}{1 + \lfloor k/m \rfloor}$$

Beweis: Es sei r die Beendigungszeit einer optimalen Verplanung für die k längsten Aufgaben. Ist $\hat{F}(I) = r$, dann ist $F^*(I) = \hat{F}(I)$, und das Theorem ist bewiesen. Also sei $\hat{F}(I) > r$. Es seien t_i, $1 \leq i \leq n$ die

Bearbeitungszeiten der n Aufgaben aus I. Ohne Beschränkung der Allgemeinheit nehmen wir an, daß $t_i \geq t_{i+1}$ ist für $1 \leq i < n$ und $n > k$. Ferner sei $n > m$. Für $j > k$ gelte, daß die Aufgabe j die Beendigungszeit $\hat{F}(I)$ hat. Dann gibt es im Intervall $[0, \hat{F}(I) - t_j]$ für keinen Prozessor einen Leerlauf. Wegen $t_{k+1} \geq t_j$ folgt, daß kein Prozessor im Intervall $[0, \hat{F}(I) - t_{k+1}]$ einen Leerlauf hat. Also gilt:

$$\sum_{i=1}^{n} t_i \geq m(\hat{F}(I) - t_{k+1}) + t_{k+1}$$

und somit

$$F^*(I) \geq \frac{1}{m} \sum_{1}^{n} t_i \geq \hat{F}(I) - \frac{m-1}{m} t_{k+1}$$

oder

$$|F^*(I) - \hat{F}(I)| \leq \frac{m-1}{m} t_{k+1}.$$

Nun ist $t_i \geq t_{k+1}$ für $1 \leq i \leq k + 1$. Mindestens ein Prozessor muß mindestens $1 + \lfloor k/m \rfloor$ dieser $k + 1$ Aufgaben bearbeiten. Daraus folgt:

$$F^*(I) \geq (1 + \lfloor k/m \rfloor) t_{k+1}.$$

Wir kombinieren diese beiden Ungleichungen miteinander und erhalten:

$$\frac{|F^*(I) - \hat{F}(I)|}{F^*(I)} \leq ((m-1)/m)/(1 + \lfloor k/m \rfloor) = \frac{1 - 1/m}{1 + \lfloor k/m \rfloor}. \qquad \square$$

Mit Hilfe des Ergebnisses von Theorem 12.11 können wir zum Verplanungsproblem ein polynomiales ε - Approximationsschema konstruieren. Für dieses Schema ist ε eine Eingabevariable. Es ermittelt zu jedem Eingabewert ε eine ganze Zahl k, so daß $\varepsilon \leq (1 - 1/m)/(1 + \lfloor k/m \rfloor)$ ist. Damit ist das k aus obiger Verplanungsregel definiert. Bei der Auflösung nach k erhalten wir, daß jede ganze Zahl $k > (m-1)/\varepsilon - m$ eine ε - approximative Verplanung garantiert. Die erforderliche Zeit, um solch eine Verplanung zu erhalten, hängt jedoch hauptsächlich von der Zeit ab, welche für die Erstellung einer optimalen Verplanung von k Aufgaben bei m Maschinen erforderlich ist. Bei Verwendung eines Algorithmus nach der Methode "Verzweigen und Beschränken" beträgt diese

Zeit $O(m^k)$. Die Zeit zur Anordnung der Aufgaben in der Reihenfolge
$t_i \geq t_{i+1}$ und zur Erstellung der LPT - Verplanung für die restlichen
n - k Aufgaben ist $O(n \log n)$. Somit beträgt die Gesamtzeit des ε -
approximativen Schemas $O(n \log n + m^k) = O(n \log n + m^{((m-1)/\varepsilon-m)})$.
Da diese Zeit bzgl. $1/\varepsilon$ nicht polynomial (sondern exponentiell) ist,
ist dieses Approximationsschema kein volles polynomiales Approximationsschema. Es ist (für beliebiges festes m) ein polynomiales Approximationsschema, da die Rechenzeit bzgl. der Anzahl n der Aufgaben polynomial ist.

0/1 - Rucksackproblem

Die in Beispiel 12.2 zum 0/1 - Rucksackproblem vorgeschlagene heuri-
stische Methode liefert nicht zu jedem ε, $0 < \varepsilon < 1$ einen ε - approximativen Algorithmus. Nehmen wir an, wir probieren die durch Prozedur
ε - APPROX (Algorithmus 12.3) beschriebene heuristische Methode aus.
In dieser Prozedur sind P und W die Mengen der Gewinne bzw. der Gewichte. Es wird angenommen, daß $p_i/w_i \geq p_{i+1}/w_{i+1}$ für $1 \leq i < n$ ist.
M ist die Rucksackkapazität, k ist eine nichtnegative ganze Zahl. In
der Schleife der Zeilen 2 bis 5 werden alle $\sum_{i=0}^{k} \binom{n}{i}$ verschiedenen Teilmengen I erzeugt, welche höchstens k von n Objekten enthalten. Gilt
für die gerade erzeugte Teilmenge I, daß $\sum_{i \in I} w_i > M$ ist, dann wird
diese nicht beachtet (da es keine mögliche Lösung ist). Ansonsten
wird der im Rucksack zur Verfügung stehende Raum (d.h. $M - \sum_{i \in I} w_i$)
unter Anwendung der in Beispiel 12.2 beschriebenen heuristischen Methode gefüllt. Formal wird diese Methode in Prozedur L beschrieben
(Algorithmus 12.4).

<u>Zeile</u>   <u>procedure</u> ε - APPROX(P, W, M, n, k)
            // (i)   Die Größe einer Kombination ist die Zahl der in//
                     //ihr enthaltenen Objekte//
            // (ii) Das Gewicht einer Kombination ist die Summe der//
                     //Gewichte aller in ihr enthaltener Objekte//
            //(iii) k ist eine nichtnegative ganze Zahl, welche die//
                     //Ordnung des Algorithmus definiert//

1   PMAX ← 0;
2   <u>for</u> alle Kombinationen I der Größe ≤ k <u>and</u> Gewicht ≤ M <u>do</u>
3               $P_1 ← \sum_{i \in I} p_i$
4   PMAX ← <u>max</u>(PMAX, P_1 + L(I, P, W, M, n))
5   <u>repeat</u>
6   <u>end</u> ε - APPROX

<u>Algorithmus 12.3</u> Heuristischer Algorithmus zum Rucksack-
                        problem

<u>procedure</u> L(I, P, W, M, n)
  S ← 0; i ← 1; T ← M - $\sum_{i \in I} w_i$ //Initialisierung//
  <u>for</u> i ← 1 <u>to</u> n <u>do</u>
    <u>if</u> i ∉ I <u>and</u> w_i ≤ T <u>then</u> S ← S + p_i
                                T ← T - w_i
    <u>endif</u>
  <u>repeat</u>
  <u>return</u> (S)
<u>end</u> L

<u>Algorithmus 12.4</u> Unteralgorithmus zur Prozedur ε - APPROX

<u>Beispiel 12.13</u> Wir betrachten folgende Problemstellung zum Rucksack-
problem: Gegeben sind n = 8 Objekte, M = 110 ist die Größe des Rucksacks, P = {11, 21, 31, 33, 43, 53, 55, 65}, W = {1, 11, 21, 23, 33,
43, 45, 55}.

Man erhält die optimale Lösung, indem man die Objekte 1, 2, 3, 5
und 6 in den Rucksack packt. Der optimale Gewinn P^* beträgt dann 159,
das Gewicht ist 109.

Für verschiedene Werte von k erhalten wir folgende Ergebnisse:

a) $k = 0$, PMAX ist gerade die Lösung $L(\emptyset, P, W, M, n)$, welche
   die untere Grenze erreicht; PMAX = 139; $x = (1, 1, 1, 1, 1,$
   $0, 0, 0)$; $W = \sum_i x_i w_i = 89$; $(P^* - PMAX)/P^* = 20/159 = 0.126$.

b) $k = 1$, PMAX = 151; $x = (1, 1, 1, 1, 0, 0, 1, 0)$; $W = 101$;
   $(P^* - PMAX)/P^* = 8/159 = 0.05$.

c) $k = 2$, PMAX = P^* = 159; $x = (1, 1, 1, 0, 1, 1, 0, 0)$; $W = 109$.

Der Tabelle aus Abb. 12.8 entnimmt man weitere Einzelheiten für
$k = 1$. Interessanterweise braucht man die Kombinationen $I = \{1\}$, $\{2\}$,
$\{3\}$, $\{4\}$, $\{5\}$ nicht auszuprobieren, denn für $I = \{\emptyset\}$ ist x_6 das erste
x_i, das gleich 0 ist. Diese Kombinationen liefern also dasselbe PMAX
wie $I = \{\emptyset\}$. Dies gilt für alle Kombinationen I, die nur solche Objekte enthalten, für die x_i in der Lösung für $I = \{\emptyset\}$ gleich 1 war. □

<u>Theorem 12.12</u> J sei eine Problemstellung zum Rucksackproblem. n, M,
P und W haben die gleiche Bedeutung wie in der Prozedur ε - APPROX.
P^* sei der Wert einer optimalen Lösung für J. PMAX habe den Wert, den
diese Variable nach Beendigung der Prozedur ε - APPROX hat. Dann gilt:

$$|P^* - PMAX| \, /P^* < 1/(k + 1).$$

<u>Beweis</u>: Es sei R die Menge der Objekte, die sich bei einer optimalen
Lösung im Rucksack befinden. Dann ist $\sum_{i\in R} p_i = P^*$ und $\sum_{i\in R} w_i \leq M$. Ist
die Anzahl der Objekte in R kleiner als $k(|R| \leq k)$, dann ist zu irgend-
einem Zeitpunkt während der Ausführung der Prozedur ε - APPROX $I = R$
und damit PMAX = P^*. Also sei $|R| > k$. $(\hat{p}_i, \hat{w}_i)$, $1 \leq i \leq |R|$ seien
die Gewinne und Gewichte der Objekte in R. Wir nehmen an, daß diese
so indiziert wurden, daß $\hat{p}_1, \ldots, \hat{p}_k$ die k größten Gewinne in R sind
und daß gilt: $\hat{p}_i/\hat{w}_i \geq \hat{p}_{i+1}/\hat{w}_{i+1}$, $k \leq i \leq |R|$. Aus der ersten Annahme
folgt, daß $\hat{p}_{k+t} \leq P^*/(k + 1)$ ist für $1 \leq t \leq |R| - k$. Innerhalb der
Schleife der Zeilen 2 bis 5 werden alle Kombinationen, deren Größe
höchstens k ist, ausprobiert. Daraus folgt, daß I bei irgendeinem
Durchlauf der Menge der k größten Gewinne in R entspricht. Also ist
$P_I = \sum_{i\in I} p_i = \sum_{i=1}^{k} \hat{p}_i$. Betrachten wir nun Zeile 4 in dieser Schleife.
Bei der Berechnung von $L(I, P, W, M, n)$ sei j der kleinste Index mit
$j \notin I$, $w_j > T$ und $j \in R$. Also entspricht Objekt j einem der Objekte
$(\hat{p}_r, \hat{w}_r)$, $k < r \leq |R|$; Objekt j gelangt durch den Algorithmus L nicht
in den Rucksack; es möge $(\hat{p}_m, \hat{w}_m)$ entsprechen.

I	PMAX	P_1	R_1	L	PMAX = max $\{$PMAX, $P_1+L\}$	$x_{optimal}$
ϕ	0	11	1	128	139	(1,1,1,1,1,0,0,0)
6	139	53	43	96	149	(1,1,1,1,0,1,0,0)
7	149	55	45	9	151	(1,1,1,1,0,0,1,0)
8	151	65	55	63	151	(1,1,1,1,0,0,1,0)

*Statt $x_{optimal}$ bringt man einfacher das optimale I
auf den neuesten Stand und berechnet $x_{optimal}$ am Ende
neu

Abbildung 12.8 Einzelheiten zum Beispiel 12.13 für k = 1

Zum Zeitpunkt, zu dem Objekt j betrachtet wird, ist $T < w_j = w_m$.
Die Prozedur L füllt den Raum $M - \sum_{i \in I} w_i - T$; dies ist größer als
$\sum_{i=k+1}^{m-1} \hat{w}_i$ (da $\sum_1^m \hat{w}_i \leq M$ ist). Da dieser Raum gefüllt wird, indem die
Objekte in nichtabnehmender Folge der p_i/w_i betrachtet werden, folgt
daraus, daß der von L hinzugefügte Gewinn S nicht kleiner als

$$\sum_{i=k+1}^{m-1} \hat{p}_1 + \frac{\hat{p}_m}{\hat{w}_m} \Delta \quad \text{ist.}$$

Dabei ist

$$\Delta = M - T - \sum_1^{m-1} \hat{w}_i.$$

Ferner gilt:

$$\sum_{i=m}^{|R|} \hat{p}_i \leq \frac{\hat{p}_m}{\hat{w}_m} \left(M - \sum_1^{m-1} \hat{w}_i\right).$$

Aus diesen Ungleichungen erhalten wir:

$$P^* = P_1 + \sum_{k+1}^{|R|} \hat{p}_i$$

$$\leq P_I + S - \frac{\hat{p}_m}{\hat{w}_m}\Delta + \frac{\hat{p}_m}{\hat{w}_m}(M - \sum_1^{m-1}\hat{w}_i)$$

$$= P_I + S + \hat{p}_m(T/\hat{w}_m)$$

$$< P_I + S + \hat{p}_m$$

Wegen PMAX $\geq P_I + S$ und $\hat{p}_m \leq P^*/(k+1)$ folgt:

$$\frac{|P^* - \text{PMAX}|}{P^*} < \frac{\hat{p}_m}{P^*} \leq \frac{1}{k+1}$$

Damit ist der Beweis vollständig. $\square$

Die von Algorithmus 12.3 benötigte Zeit ist $O(n^{k+1})$. Um dies ein-zusehen, sehen wir uns die Gesamtzahl der betrachteten Teilmengen an:

$$\sum_{i=0}^{k}\binom{n}{i} \text{ und } \sum_{i=0}^{k}\binom{n}{i} \leq \sum_{i=0}^{k}n^i = \frac{n^{k+1}-1}{n-1} = O(n^k).$$

Der Teilalgorithmus L hat die Komplexität $O(n)$. Somit ergibt sich als Gesamtzeit $O(n^{k+1})$.

Man kann den Algorithmus ε - APPROX als polynomiales Approxima-tionsschema benutzen. Zu gegebenem ε, $0 < \varepsilon < 1$ können wir eine Zahl k wählen, wleches die kleinste ganze Zahl $\geq (1/\varepsilon) - 1$ ist. Dies garan-tiert in der Lösung einen Fehlerbruchteil von höchstens ε. Die Rechen-zeit beträgt $O(n^{1/\varepsilon})$.

Theorem 12.12 liefert zwar eine obere Grenze für $|P^* - \text{PMAX}|/P^*$, es macht aber keine Aussage über die Güte dieser Schranke oder über das Verhalten, das wir in der Praxis erwarten können. Diesen beiden Proble-men wollen wir uns jetzt zuwenden.

__Theorem 12.13__ Für jedes k gibt es Problemstellungen zum Rucksackpro-blem, für die $|(P^* - \text{PMAX})/P^*|$ beliebig nahe an $1/(k+1)$ herankommt.

__Beweis:__ Für beliebiges k erhält man die einfachsten Beispiele, welche sich der unteren Schranke nähern, durch folgende Wahl: $n = k + 2$; $w_1 = 1$; $p_1 = 2$; p_i, $w_1 = q$, $2 \leq i \leq k + 2$, $q > 2$, $M = (k+1)q$. Dann ist $P^* = (k+1)q$. Die durch den Algorithmus ε - APPROX definierte Variable PMAX hat für dieses k den Wert kq + 2; also ist $|(P^* - \text{PMAX})/P^*| = (1 - 2/q)/(k + 1)$. Indem man q immer größer werden läßt, kommt man beliebig nahe an $1/(k + 1)$ heran. □

Eine andere obere Schranke für den Wert von $|(P^* - \text{PMAX})/P^*)$ erhält man aus dem Beweis von Theorem 12.12. Wir wissen, daß $P^* - \text{PMAX} < \hat{p}_m$ und $P^* \geq \text{PMAX}$ ist. Da $\hat{p}_m$ eines der $p_{k+1}, \ldots, p_{|R|}$ ist, folgt $\hat{p}_m < \bar{p}$, wobei $\bar{p}$ das $(k + 1)$-größte p ist. Somit gilt: $|(P^* - \text{PMAX}/P^*| < \min\{1/k + 1)\bar{p}/\text{PMAX}\}$. In den meisten Fällen wird $\bar{p}/\text{MAX}$ kleiner als $1/(k + 1)$ sein; damit erhält man also eine bessere Abschätzung, wenn die optimale Lösung unbekannt ist. $\bar{p}$ ist einfach zu berechnen.

Unsere Überlegungen führen zu folgendem Theorem:

<u>Theorem 12.14</u> Die Abweichung der durch den ε - approximativen Algorithmus erhaltenen Lösung PMAX von der optimalen Lösung P^* ist beschränkt durch $|(P^* - \text{PMAX})/P^*| < \min\{1/(k + 1), \bar{p}/\text{PMAX}\}$.

Um ein Gefühl dafür zu bekommen, was das Approximationsschema in der Praxis leistet, wurde eine Simulation durchgeführt. Es wurden 600 Problemstellungen zum Rucksackproblem untersucht, dabei hatte n die Werte 15, 20, 25, 30, ..., 60. Zu jeder Problemgröße wurden 60 Problemstellungen erzeugt. Diese enthielten fünf aus jeder der folgenden sechs Verteilungen:

I.   Zufällig ausgewählte Gewichte w_i und zufällig ausgewählte Gewinne p_i, $1 \leq w_i$, $p_i \leq 100$.

II.   Zufällig ausgewählte Gewichte w_i und zufällig ausgewählte Gewinne p_i, $1 \leq w_i$, $p_i \leq 1000$.

III.   Zufällig ausgewählte Gewichte w_i, $1 \leq w_i \leq 100$, $p_i = w_i + 10$.

IV.   Zufällig ausgewählte Gewichte w_i, $1 \leq w_i \leq 1000$, $p_i = w_i + 100$.

V.   Zufällig ausgewählte Gewinne w_i, $1 \leq p_i \leq 100$, $w_i = p_i + 10$.

VI.   Zufällig ausgewählte Gewinne p_i, $1 \leq p_i \leq 1000$, $w_i = p_i + 100$.

Die Gewinne und Gewichte wurden aus einer gleichförmigen Verteilung über den entsprechenden Bereich ausgewählt. Für jede Menge der p- und w- Werte wurden zwei Werte für M verwendet: $M = 2*\max\{w_i\}$ und $M = \sum w_i/2$. So erhält man insgesamt 600 Problemstellungen. In Abb. 12.9

716

sind die Ergebnisse zusammengefaßt. Man sieht die Zahl der Probleme, für die $(P^* - PMAX)/P^*$ in einem gewissen Bereich lag. 0.5 - APPROX ist ε - APPROX mit $k = 1$, und 0.33 - APPROX ist ε - APPROX mit $k = 2$. Wie man sieht, sind die tatsächlichen Werte von $|P^* - PMAX|/P^*$ viel kleiner als es die Schranke aus Theorem 12.12 für den ungünstigsten Fall angibt.

In Abb. 12.10 sieht man die Ergebnisse einer Simulation für große Werte von n. Die Rechenzeiten beziehen sich auf ein FORTRAN - Programm, das auf einer IBM 360/65 lief.

Methode	0 (Optimaler Wert)	$(P^* - PMAX)/P^*$ $*100$								
		0.1%	0.5%	1%	2%	3%	4%	5%	10%	25%
$L(\phi,P,S,M,n)$	239	267	341	390	443	484	511	528	583	600
0.5-APPROX	360	404	477	527	567	585	593	598	600	
0.33-APPROX	483	527	564	581	596	600				

Die Zahlen sind die Anzahl der Lösungen, die innerhalb von r Prozent der optimalen Lösung liegen; r steht oben in jeder Spalte

Abbildung 12.9   Ergebnisse der Simulation für eine Menge von 600 Probleme

Problemgröße n	100	200	500	1000	2000	3000	4000	5000
Rechenzeit	0.25	0.9	3.5	14.6	60.4	98.3	180.0	350.0
geschätzte Differenz $\min\{p/PMAX,0.5\}*100$	2.5%	1.3%	0.5%	0.25%	0.12%	0.08%	0.06%	0.04%

$M = \Sigma w_i/2$; $w_i, p_i \in [1,1000]$; die Zeiten sind in Sekunden angegeben

Abbildung 12.10   Rechenzeiten bei Verwendung des 0.5-approximativen Algorithmus

12.5 VOLL - POLYNOMIALE APPROXIMATIONSSCHEMATA

Die Approximationsalgorithmen und -schemata, die wir bis jetzt kennengelernt haben, beziehen sich auf das spezielle Problem, das man gerade betrachtet. Es gibt keine wohldefinierten Techniken, um solche
Algorithmen zu erhalten. Die verwendeten heuristischen Methoden waren
stark vom jeweiligen Problem abhängig. Im Falle der voll - polynomialen Approximationsschemata können wir drei zugrundeliegende Techniken
angeben. Diese sind auf eine Vielzahl von Optimierungsproblemen anwendbar. Bei der folgenden Behandlung dieser drei Techniken betrachten wir Maximierungsprobleme.

Wir gehen davon aus, daß das Maximierungsproblem folgende Form
hat:

$$\max \sum_{i=1}^{n} p_i x_i$$

$$\text{unter der Bedingung} \quad \sum_{i=1}^{n} a_{ij} x_i \leq b_j, \quad 1 \leq j \leq m$$

$$x_i = 0 \text{ oder } 1 \qquad 1 \leq i \leq n$$

$$p_i, a_{ij} \geq 0$$

$$(12.1)$$

Ohne Beschränkung der Allgemeinheit nehmen wir an, daß $a_{ij} \leq b_j$
ist für $1 \leq i \leq n$ und $1 \leq j \leq m$.

Ist $1 \leq k \leq n$, so nennen wir die Zuweisung $x_i = y_i$ genau dann eine
mögliche Zuweisung, wenn es für (12.1) mindestens eine mögliche Lösung
mit $x_i = y_i$, $1 \leq i \leq k$ gibt. Eine Erfüllung einer möglichen Zuweisung
$x_i = y_i$ ist irgendeine mögliche Lösung für (12.1) mit $x_i = y_i$, $1 \leq i \leq k$.
$x_i = y_i$ und $x_i = z_i$, $1 \leq i \leq k$ seien zwei mögliche Zuweisungen, so daß
für mindestens ein j, $1 \leq j \leq k$ gilt: $y_j \neq z_j$. Es sei $\sum p_i y_i = \sum p_i z_i$.
Wir sagen, daß $y_1, \ldots, y_k$ genau dann $z_1, \ldots, z_k$ dominiert, wenn es
eine Erfüllung $y_1, \ldots, y_k, y_{k+1}, \ldots, y_n$ gibt, so daß $\sum_{i=1}^{n} p_i y_i \geq$
$\sum_{1 \leq i \leq n} p_i z_i$ für alle Erfüllungen $z_1, \ldots, z_n$ von $z_1, \ldots, z_k$ ist. Die
Approximationstechniken, die wir behandeln werden, finden auf Probleme
Anwendung, wie sie in (12.1) formuliert sind, und für die man einfache
Regeln angeben kann, wie man feststellt, ob eine mögliche Zuweisung die
andere dominiert. Solche Regeln gibt es z.B. für Probleme, die durch
die Technik des dynamischen Programmierens gelöst werden können. Einige

solcher Probleme sind: 0/1 - Rucksackproblem, Erstellen einer Auftragsfolge mit Schlußterminen; Erstellen einer Auftragsfolge mit Minimierung
der Beendigungszeit bzw. der gewichteten mittleren Beendigungszeit.

Eine Möglichkeit, Probleme obiger Form zu lösen, besteht darin,
mit der Nullzuweisung beginnend systematisch alle möglichen Zuweisungen zu erzeugen. $S^{(i)}$ sei die Menge aller möglichen Zuweisungen für
x_1, x_2, ..., x_i. Daran stellt $S^{(0)}$ die Nullzuweisung dar und $S^{(n)}$ die
Menge aller Erfüllungen. Wir suchen eine Zuweisung in $S^{(n)}$, welche die
Zielfunktion maximiert. Um die Lösung zu erhalten, erzeugen wir $S^{(i+1)}$
aus $S^{(i)}$, $1 \leq i < n$. Enthält eine Menge $S^{(i)}$ zwei mögliche Zuweisungen
y_1, ..., y_i und z_1, ..., z_i, so daß $\sum p_i y_i = \sum p_i z_i$ ist, dann können
wir mit Hilfe der Dominanzregeln diejenige Zuweisung eliminieren, die
dominiert wird. In manchen Fällen kann bei Verwendung der Dominanzregeln auch dann eine mögliche Zuweisung eliminiert werden, wenn $\sum p_i y_i$
$\neq \sum p_j z_j$ ist. Dies geschieht z.B. beim Rucksackproblem (siehe Abschnitt
5.5). Nach Anwendung der Dominanzregeln ist $\sum_{j=1}^{i} p_j x_j$ für jede mögliche Zuweisung in $S^{(i)}$ verschieden. Dennoch kann es vorkommen, daß jede Menge $S^{(i)}$ doppelt so viele mögliche Zuweisungen enthält wie $S^{(i-1)}$.
Dies führt dazu, daß die Rechenzeit im ungünstigsten Fall exponentiell
in n ist. Man beachte, daß diese Lösungsmethode mit der dynamischen
Programmierungsmethode zum Rucksackproblem (Abschnitt 5.5) und dem
Verzweigungs- und Beschränkungsalgorithmus, der später zur Länge dieses Problems entwickelt wurde (Abschnitt 8.2), identisch ist.

Die Approximationsmethoden, die wir jetzt behandeln wollen, sind
die Rundungs-, Intervallteilungs- und Trennungsmethoden. Mit diesen
Methoden wird die Zahl der verschiedenen $\sum_{j=1}^{i} p_j x_j$ auf eine nur polynomiale Funktion von n eingeschränkt. Der damit verbundene Fehler
hält sich innerhalb vorher angegebener Grenzen.

Die Rundungsmethode

Das Ziel dieser Methode besteht darin, eine wie in (12.1) formulierte
Problemstellung I in eine andere Problemstellung I' zu überführen,
die einfacher zu lösen ist. Diese Transformation wird so ausgeführt,
daß die optimale Lösung zu I' der optimalen Lösung zu I entsprechend
"nahe" kommt. Ist insbesondere eine Schranke ε für den Differenz-
bruchteil zwischen der exakten und der approximativen Lösung gegeben,
dann fordern wir, daß $|F^*(I) - F^*(I')/F^*(I)| \leq \varepsilon$ ist, wobei $F^*(I)$ und
$F^*(I')$ die optimalen Lösungen zu I bzw. I' darstellen.

Man erhält I' aus I, indem man die Zielfunktion zu max $\sum q_i x_i$ umändert. Da für I und I' dieselben Randbedingungen gelten, haben sie auch dieselben möglichen Lösungen. Unterscheiden sich die p_i und q_i nur um einen "kleinen Betrag", dann wird eine optimale Lösung zu I' derjenigen zu I entsprechend nahe kommen.

Betrachten wir dazu folgendes Beispiel: (p_1, p_2, p_3, p_4) = (1.1, 2.1, 1001.6, 1002.3). Konstruieren wir I' mit (q_1, q_2, q_3, q_4) = (0, 0, 1000, 1000), dann sieht man leicht, daß jede Lösung in I einen Wert hat, der höchstens um 7.1 größer ist als der Wert der gleichen Lösung in I'. Diese Differenz im ungünstigsten Fall erhält man nur dann, wenn x_i = 1, $1 \le i \le 4$ eine mögliche Lösung für I (und damit auch für I') ist. Wegen $a_{ij} \le b_j$, $1 \le i \le n$ und $1 \le j \le m$ folgt, daß $F^*(I) \ge 1002.3$ ist (denn eine mögliche Lösung ist $x_1 = x_2 = x_3 = 0$ und x_4 = 1). Es ist aber $F^*(I) - F^*(I') \le 7.1$ und damit $(F^*(I) - F^*(I'))/F^*(I) \le 0.007$. Löst man I mit Hilfe der oben beschriebenen Prozedur, dann könnten die möglichen Zuweisungen in $S^{(i)}$ folgende verschiedenen Gewinnwerte haben:

$$
\begin{array}{ll}
S^{(0)} & \{0\} \\
S^{(1)} & \{0,\ 1.1\} \\
S^{(2)} & \{0,\ 1.1,\ 2.1,\ 3.2\} \\
S^{(3)} & \{0,\ 1.1,\ 2.1,\ 3.2,\ 1001.6,\ 1002.7,\ 1003.7,\ 1004.8\} \\
S^{(4)} & \{0,\ 1.1,\ 2.1,\ 3.2,\ 1001.6,\ 1002.3,\ 1002.7,\ 1003.4,\ 1003.7, \\
& \quad 1004.4,\ 1004.8,\ 1005.5,\ 2003.9,\ 2005,\ 2006,\ 2007.1\}
\end{array}
$$

Verbindet man alle Eliminationen möglicher Zuweisungen, die aus den Dominanzregeln oder irgendwelchen heuristischen Methoden resultieren, so würde die Lösung von I unter Verwendung der obigen Prozedur die Berechnung von $\sum_{0 \le i \le n} |S^{(i)}|$ = 31 möglichen Zuweisungen erfordern.

Die möglichen Zuweisungen für I' haben folgende Werte:

$$
\begin{array}{ll}
S^{(0)} & \{0\} \\
S^{(1)} & \{0\} \\
S^{(2)} & \{0\} \\
S^{(3)} & \{0.\ 1000\} \\
S^{(4)} & \{0,\ 1000,\ 2000\}
\end{array}
$$

Man beachte, daß $\sum_{i=0}^{n} S^{(i)}$ nur 8 ist. Somit kann I' in ungefähr einem Viertel der Zeit gelöst werden, die man für I braucht. Es tritt eine Ungenauigkeit von höchstens 0.7% auf.

Zu gegebenen p_i - Werten und vorgebenem ϵ suchen wir q_i, so daß gilt:

$$(F^*(I) - F^*(I'))/F^*(I) \leq \varepsilon \quad \text{und} \quad \sum_{i=0}^{n} |S^{(i)}| \leq u(n, 1/\varepsilon)$$

Dabei ist u ein Polynom in n und $1/\varepsilon$. Wenn wir die q_i kennen, haben wir für unser Problem ein voll - polynomiales Approximationsschema, denn um von $S^{(i-1)}$ zu $S^{(i)}$ überzugehen, benötigen wir eine Zeit, die proportional zu $O(S^{(i-1)})$ ist. (siehe den Rucksackalgorithmus in Abschnitt 5.5).

Es sei LB eine Abschätzung für $F^*(I)$, so daß gilt: $F^*(I) \geq LB$. Wir können natürlich davon ausgehen, daß $LB \geq \max_i\{p_i\}$ ist. Ist

$$\sum_{i=1}^{n} |p_i - q_i| \leq \varepsilon\, F^*(I),$$

dann ist klar, daß $(F^*(I) - F^*(I'))/F(I) \leq \varepsilon$ ist. Wir definieren $q_i = p_i - \mathrm{rem}\,(p_i(LB \cdot \varepsilon)/n)$. Dabei ist rem (a, b) der Rest von a/b, d.h. $a - \lfloor a/b \rfloor$. (z.B. ist rem (7, 6) = 1/6 und rem (2.2, 1.3) = 0.9). Da rem $(p_i,\ LB \cdot \varepsilon, n) < LB \cdot \varepsilon/n$ ist, folgt daraus: $\sum |p_i - q_i| < LB \cdot \varepsilon \leq F^* \cdot \varepsilon$. Benutzt man also eine optimale Lösung zu I' als optimale Lösung zu I, dann ist der Fehlerbruchteil kleiner als ε.

Um die Zeit zu ermitteln, die zur exakten Lösung von I' nötig ist, führen wir ein weiteres Problem I'' ein mit s_i, $1 \leq i \leq n$ als Koeffizienten der Zielfunktion. Wir definieren $s_i = \lfloor (p_i \cdot n) / (LB \cdot \varepsilon) \rfloor$, $1 \leq i \leq n$. Wie man leicht sieht, ist $s_i = (q_i \cdot n) / (LB \cdot \varepsilon)$. Die $S^{(i)}$, die den Lösungen von I' und I'' entsprechen, haben natürlich dieselbe Zahl von Tupeln. (r, t) ist genau dann ein Tupel in einer Menge $S^{(i)}$ für I', wenn $((r \cdot n) / (LB \cdot \varepsilon), t)$ ein Tupel in $S^{(i)}$ für I'' ist. Somit ist die Zeit, die man zum Lösen von I' und I'' benötigt, dieselbe. Wegen $p_i \leq LB$ ist $s_i \leq \lfloor n/\varepsilon \rfloor$. Also gilt:

$$|S^{(i)}| \leq 1 + \sum_{j=1}^{i} s_j \leq 1 + i \lfloor n/\varepsilon \rfloor$$

und damit

$$\sum_{i=0}^{n-1} |S^{(i)}| \leq n + \sum_{i=0}^{n-1} i \lfloor n/\varepsilon \rfloor = O(n^3/\varepsilon).$$

Wenn wir also von $S^{(i-1)}$ nach $S^{(i)}$ in der Zeit $O(|S^{(i-1)}|)$ übergehen können, dann ist I'' und damit I' in der Zeit $O(n^3/\varepsilon)$ lösbar. Außerdem

ist die Lösung zu I' eine ε - approximative Lösung zu I; wir hätten
dann also ein voll - polynomiales Approximationsschema. Bei der Rundungsmethode lösen wir I" und nehmen die sich ergebende optimale Lösung für I.

<u>Beispiel 12.14</u> Wir betrachten das 0/1 - Rucksackproblem aus Abschnitt
5.5. Wir lösen dieses Problem, indem wir nacheinander $S^{(0)}$, $S^{(1)}$, ...,
$S^{(n)}$ erzeugen. Die möglichen Zuweisungen für $S^{(i)}$ können wir als Paare
der Form (r, t) darstellen, wobei gilt:

$$r = \sum_{j=1}^{i} p_j x_j \quad \text{und} \quad t = \sum_{j=1}^{i} w_j x_j.$$

Die in Abschnitt 5.5 entwickelte Dominanzregel lautet bei diesem Problem: (r, t) dominiert genau dann (r_2, t_2), wenn $t_1 \leq t_2$ und $r_1 \geq r_2$
ist.

Wir wollen folgende Problemstellung zum 0/1 - Rucksackproblem lösen: $n = 5$, $M = 112$, $(p_1, p_2, p_3, p_4, p_5) = (w_1, w_2, w_3, w_4, w_5) =$
(1, 2, 10, 100, 1000). Da für $1 \leq i \leq 5$ $p_i = w_i$ ist, gilt für die
Tupel (r, t) in $S^{(i)}$, $0 \leq i \leq 5$, daß r = t ist. Es genügt daher, nur
eine der beiden Koordinaten r, t zu betrachten. Man erhält zu dieser
Problemstellung folgende Mengen: $S^{(0)} = \{0\}$; $S^{(1)} = \{0, 1\}$; $S^{(2)} =$
$\{0, 1, 2, 3\}$; $S^{(3)} = \{0, 1, 2, 3, 10, 11, 12, 13\}$; $S^{(4)} = \{0, 1, 2, 3,$
10, 11, 12, 13, 100, 101, 102, 103, 110, 111, 112, 113$\}$; $S^{(5)} = \{0, 1,$
2, 3, 10, 11, 12, 13, 100, 101, 102, 103, 110, 111, 112, 113, 1000,
1001, 1002, 1003, 1010, 1011, 1012, 1013, 1100, 1101, 1102, 1103,
1110, 1111, 1112$\}$.

Die optimale Lösung hat den Wert $\sum p_i x_i = 1112$.

Nun wollen wir mit der Rundungsmethode eine approximative Lösung
finden, die höchstens um 10% von der optimalen abweicht. ε ist also
1/10. Wir wissen, daß $F^*(I) \geq LB \geq \max\{p_i\} = 1000$ ist. Das zu lösende
Problem I" lautet: $n = 5$, $M = 1112$, $(s_1, s_2, s_3, s_4, s_5) = (0, 0, 0,$
5, 50) und $(w_1, w_2, w_3, w_4, w_5) = (1, 2, 10, 100, 1000)$. Somit ist
$S^{(0)} = S^{(1)} = S^{(2)} = S^{(3)} = \{(0, 0)\}$; $S^{(4)} = \{(0, 0), (5, 100)\}$; $S^{(5)}$
$= \{(0, 0), (5, 100), (50, 1000), (55, 1100)\}$.

Die optimale Lösung ist $(x_1, x_2, x_3, x_4, x_5) = (0, 0, 0, 1, 1)$.
Ihr Wert in I" ist 55 und im ursprünglichen Problem 1100. Der Fehler
$(F^*(I) - \hat{F}(I))/F^*(I)$ ist daher $12/1112 < 0.011 < \varepsilon$. Wir sehen jetzt,
daß man die Länge verbessern kann, indem man entweder x_1 oder x_2 oder
x_3 gleich 1 setzt.   □

Mit der Rundungsmethode, wie sie in voller Allgemeinheit beschrieben wurde, erhält man $O(n^3/\varepsilon)$ - Approximationsschemata. Man kann diese Technik auf das spezielle zu lösende Problem zuschneiden. Insbesondere kann man für das Rucksackproblem und das Problem der Verplanung von Aufgaben bei zwei Prozessoren mit minimaler Beendigungszeit spezielle, asymptotisch schnellere polynomiale Approximationsschemata erhalten. Die Komplexität dieser Algorithmen ist $O(n(\log n + 1/\varepsilon^2))$.

Wir wollen das spezielle Rundungsschema für das 0/1 - Rucksackproblem näher untersuchen. I sei eine Problemstellung hierzu, ε sei die erwünschte Genauigkeit. $P^*(I)$ sei der Wert einer optimalen Lösung. Zuerst erhält man für P (I) eine gute Abschätzung UB, indem man die n Objekte in I so anordnet, daß $p_i/w_i \geq p_{i+1}/w_{i+1}$, $1 \leq i < n$ ist. Man sucht das größte j, so daß $\sum_1^j w_i \leq M$ ist. Ist $j = n$, dann ist die optimale Lösung $x_i = 1$, $1 \leq i \leq n$ und $P^*(I) = \sum p_i$. Es sei also $j < n$. Wir setzen $UB = \sum_1^{j+1} p_i$ und zeigen dann, daß $1/2\ UB \leq P^*(I) < UB$ ist. Die Ungleichung $P^*(I) < UB$ folgt aus der Anordnung der p_i/w_i. Die Ungleichung $1/2\ UB \leq P^*(I)$ folgt aus

$$P^*(I) \geq \sum_{i=1}^j p_i \quad \text{und} \quad P^*(I) \geq \max\{\sum_1^j p_i,\ p_{j+1}\}.$$

Also ist $2P^*(I) \geq \sum_1^{j+1} p_i = UB$.

Nun sei $\delta = UB * \varepsilon^2/9$. Wir teilen die n Objekte in zwei Klassen GROSS und KLEIN auf. In GROSS sind alle Objekte mit $p_i > \varepsilon UB/3$, die anderen Objekte sind in KLEIN. Die Zahl der Objekte in GROSS sei r. Wir ersetzen jedes p_i in GROSS so durch ein q_i, daß $q_i = \lfloor p_i/\delta \rfloor$ ist. (Dies ist der Rundungsschritt). Mit den q_i und diesen r Objekten wird das Rucksackproblem exakt gelöst.

$S^{(r)}$ sei die Menge der Tupel, die sich aus dem dynmaischen Programmierungsalgorithmus ergibt. Für jedes Tupel $(x, y) \in S^{(r)}$ füllen wir den restlichen Paltz M - y, indem wir die Objekte in KLEIN in nichtabnehmender Folge der p_i/w_i betrachten. Wir nehmen diejenige Füllung, die zu einem Ergebnis mit maximalem Wert führt.

Beispiel 12.15 Wir betrachten die Problemstellung in Beispiel 12.14. n = 5, $(p_1, p_2, p_3, p_4, p_5) = (w_1, w_2, w_3, w_4, w_5) = (1, 2, 10, 100, 1000)$, M = 1112 und $\varepsilon = 1/10$. Die Objekte sind bereits in nichtaufsteigender Folge der p_i/w_i sortiert. In diesem Beispiel ist $UB = \sum_1^5 p_i = 1113$. Somit ist $\delta = 3.71/3$ und $\varepsilon \cdot UB/3 = 37.1$. Daher enthält KLEIN die Objekte 1, 2 und 3. GROSS = {4, 5}. $q_4 = \lfloor p_4/\delta \rfloor = 94$ und $q_5 = \lfloor p_5/\delta \rfloor = 946$, Als Lösung für das Rucksackproblem mit n = 2, M = 1112,

$(q_4, w_4) = (94, 100)$ und $(q_5, w_5) = (946, 1000)$ erhalten wir: $S^{(0)} = \{(0, 0)\}$; $S^{(1)} = \{(0, 0), (94, 100)\}$ und $S^{(2)} = \{(0, 0), (94, 100), (946, 1000), (1040, 1100)\}$. Wenn wir $(0, 0)$ aus KLEIN einfüllen, erhalten wir das Tupel $(13, 13)$. Wenn wir die Tupel $(94, 100)$, $(946, 1000)$ und $(1040, 1100)$ einfüllen, erhalten wir die Tupel $(107, 113)$ $(959, 1013)$ bzw. $(1043, 1100)$. Das Ergebnis ist durch das Tupel $(1043, 1100)$ gegeben. Dies entspricht $(x_1, x_2, x_3, x_4; x_5) = (1, 1, 0, 1, 1)$ und $\sum p_i x_i = 1103$. $\square$

In einer Übungsaufgabe wird eine Modifikation des oben beschriebenen Rundungsschemas untersucht. Diese führt zu "besseren" Lösungen.

<u>Theorem 12.15</u> [Ibarra und Kim] Der oben beschriebene Algorithmus ist ein ε - approximativer Algorithmus zur Lösung des 0/1 - Rucksackproblems.

<u>Beweis:</u> Den Beweis findet man in dem Artikel von Ibarra und Kim, der am Ende dieses Kapitels zitiert wird. $\square$

Die Zeit zum anfänglichen Sortieren der Objekte bzgl. der p_i/w_i ist $O(n \log n)$. UB kann in der Zeit $O(n)$ berechnet werden. Wegen $P^*(I) \leq$ UB gibt es höchstens UB/δ = $9/\varepsilon^2$ Tupel in jeder Menge $S^{(i)}$ in der Lösung von KLEIN. Die Zeit, um $S^{(r)}$ zu erhalten, beträgt daher $O(r/\varepsilon^2) \leq O(n/\varepsilon^2)$. Um jedes Tupel in $S^{(r)}$ mit Objekten aus KLEIN zu füllen, benötigt man die Zeit $O(|KLEIN|)$. Da $|S^{(r)}| \leq 9/\varepsilon^2$ ist, beträgt die Gesamtzeit für diesen Schritt höchstens $O(n/\varepsilon^2)$. Die Gesamtzeit des Algorithmus ist daher $O(n(\log n + 1/\varepsilon^2))$. Lawler hat ein schnelleres Approximationsschema für das Rucksackproblem angegeben (siehe Literaturhinweise). Er verwendet ebenfalls die Rundungsmethode.

Die Intervallteilungsmethode

Bei dieser Methode wird das ursprüngliche Problem nicht wie bei der Rundungsmethode in ein anderes transformiert, das leichter zu lösen ist. Stattdessen wird eine eingeschränkte Klasse der möglichen Zuweisungen für $S^{(0)}$, $S^{(1)}$, ..., $S^{(n)}$ erzeugt und dadurch versucht, die Problemstellung I zu lösen. Es sei P_i der größte Wert $\sum_{j=1}^{i} p_j x_j$ unter allen für $S^{(j)}$ erzeugten Zuweisungen. Das Gewinnintervall $[0, P_i]$ wird in Teilintervalle geteilt, von denen jedes die Länge $P_i \varepsilon/(n - 1)$ hat (bis auf das letzte Intervall, das unter Umständen etwas kleiner sein

kann). Man geht davon aus, daß alle möglichen Zuweisungen in $S^{(i)}$
mit $\sum_{j=1}^{i} p_j x_j$ im gleichen Teilintervall den gleichen Wert $\sum_{j=1}^{i} p_j x_j$
haben; mit Hilfe der Dominanzregeln werden alle Zuweisungen außer
einer eliminiert. Die daraus resultierende Menge $S^{(i)}$ wird zur Erzeugung von $S^{(i+1)}$ verwendet. Da die Zahl der Teilintervalle für jedes
$S^{(i)}$ höchstens $\lceil n/\varepsilon \rceil + 1$ ist, gilt: $|S^{(i)}| \leq \lceil n/\varepsilon \rceil + 1$. Somit ist
$\sum_{1}^{n} |S^{(i)}| = O(n^2/\varepsilon)$.

Der auf Grund dieser Elimination in $S^{(i)}$ bei jeder möglichen Zuweisung auftretende Fehler ist kleiner als die Teilintervalllänge.
Dieser Fehler kann sich jedoch von $S^{(1)}$ bis $S^{(n)}$ fortpflanzen; er ist
additiv. F(I) sei der Wert einer optimalen Lösung, die mit der Intervallteilungsmethode erzeugt wurde; $F^*(I)$ sei der Wert einer echten optimalen Lösung. Darum gilt

$$F^*(I) - \hat{F}(I) \leq \left(\varepsilon \sum_{i=1}^{n-1} p_i \right) / \ (n - 1).$$

Wegen $P_i \leq F^*(I)$ ist $(F^*(I) - \hat{F}(I)) / F^*(I) \leq \varepsilon$.

In vielen Fällen kann man den Algorithmus schneller machen, indem
man mit einem guten Schätzwert LB für $F^*(I)$ beginnt, so daß $F^*(I) \geq$
LB ist. Die Größe eines Teilintervalls ist dann LB $\cdot \varepsilon/(n - 1)$ statt
$P_i\ \varepsilon/(n - 1)$. Entdeckt man eine mögliche Zuweisung mit einem Wert grösser als LB, dann kann die Teilintervallänge so wie oben beschrieben
gewählt werden.

Beispiel 12.16 Wir betrachten die gleiche Problemstellung zum Rucksackproblem wie in Beispiel 12.14. Es ist $\varepsilon = 1/10$ und $F^*(I) \geq LB \geq$
1000. Wir beginnen mit einer Teilintervallänge LB $\cdot \varepsilon/(n - 1) = 1000/$
$40 = 25$. Da bei allen Tupeln O(p, t) in $S^{(i)}$ p = t ist, betrachten wir
nur p. Die Intervalle sind [0, 25), [25, 50), ... usw. . Mit der Intervallteilungsmethode erhalten wir: $S^{(0)} = S^{(1)} = S^{(2)} = S^{(3)} = \{0\}$;
$S^{(4)} = \{0, 1000\}$; $S^{(5)} = \{0, 100, 1000, 1100\}$.

Die beste Lösung, die durch die Intervallteilungsmethode erzeugt
wird, ist $(x_1, x_2, x_3, x_4, x_5) = (0, 0, 0, 1, 1)$; ihr Wert ist F(I) =
1100. Es gilt: $(F^*(I) - \hat{F}(I)) / F^*(I) = 12/1112 < 0.011 < \varepsilon$. Auch hier
kann die Lösung noch verbessert werden, indem man eine heuristische
Methode zur Änderung einiger x_i - Werte von 0 nach 1 verwendet. □

Die Trennungsmethode

Wir nehmen an, daß wir bei der Lösung einer Problemstellung I eine Menge $S^{(i)}$ mit möglichen Lösungen erhalten haben, die folgende Werte für $\sum_{1 \leq j \leq i} p_j x_j$ haben: 0, 3.9, 4.1, 7.8, 8.2, 11.9, 12.1. Weiterhin nehmen wir an, daß die Intervallänge $P_i \, \varepsilon/(n - 1)$ gleich 2 ist. Die Teilintervalle sind dann [0, 2), [2, 4), [4, 6), [6, 8), [8, 10), [10, 12) und [12, 14). Jeder der oben angegebenen Werte fällt in ein anderes Teilintervall, daher werden keine möglichen Zuweisungen eliminiert. Es gibt jedoch drei Zuweisungspaare mit Werten, die innerhalb von $P_i \, \varepsilon/(n - 1)$ liegen. Wendet man für jedes Paar die Dominanzregeln an, dann bleiben nur vier Zuweisungen übrig. Der damit verbundene Fehler ist höchstens $P_i \, \varepsilon/(n - 1)$. Formal ausgedrückt bedeutet das: a_0, a_1, a_2, ..., a_r seien die verschiedenen Werte von $\sum_{j=1}^{i} p_j x_j$ in $S^{(i)}$. Es sei $a_0 < a_1 < a_2 < ... < a_r$. Wir konstruieren eine neue Menge J aus $S^{(i)}$, indem wir die Menge von links nach rechts durchsuchen und ein Tupel nur dann behalten, wenn sein Wert um mehr als $P_i \, \varepsilon/(n - 1)$ größer ist als der Wert des letzten Tupels in J. Dieses Verfahren wird durch folgenden Algorithmus beschrieben:

```
J ← Zuweisung, die a₀ entspricht; XP ← a₀
for j ← 1 to r do
  if aⱼ > XP + Pᵢ ε/(n - 1)
                then füge die aⱼ entsprechende Zuweisung zu J hin-
                     zu; XP ← aⱼ
  endif
repeat
```

    Dieser Algorithmus setzt voraus, daß die Zuweisung mit kleinerem Gewinn diejenige mit größerem dominiert, falls wir davon ausgehen, daß beide Zuweisungen den gleichen Gewinn $\sum p_j x_j$ erzielen. Ist das Gegenteil der Fall, dann beginnt der Algorithmus mit a_r und arbeitet von oben nach unten. Die Analyse dieser Strategie ist dieselbe wie die für die Intervallteilungsmethode. Die Bemerkungen über einen guten Schätzwert für $F^*(I)$ gelten auch hier.

    Rein intuitiv könnte man erwarten, daß die Trennungsmethode stets besser ist als die Intervallteilungsmethode. Das folgende Beispiel zeigt, daß dies nicht immer der Fall sein muß. An Hand empirischer Studien mit einem Problem zeigt sich jedoch, daß die Intervallteilungsmethode in der Praxis die schlechtere von beiden ist.

<u>Beispiel 12.17</u> Mit der Trennungsmethode erhalten wir für die Daten
aus Beispiel 12.14 die gleiche Menge $S^{(i)}$ wie mit der Intervallteilungsmethode. Wir kennen bereits eine Problemstellung, bei der die
Trennungsmethode besser als die Intervallteilungsmethode ist. Jetzt
werden wir für den umgekehrten Fall ein Beispiel kennenlernen. Wir nehmen an, daß die Teilintervallänge $LB \cdot \epsilon/(n-1)$ gleich 2 ist. Dann
entstehen die Intervalle $[0, 2)$, $[2, 4)$, $[4, 6)$ usw... . Weiter nehmen
wir an, daß $(p_1, p_2, p_3, p_4, p_5) = (3, 1, 5.1, 5.1, 5.1)$ ist. Mit der
Intervallteilungsmethode erhalten wir dann: $S^{(0)} = \{0\}$; $S^{(1)} = \{0, 3\}$;
$S^{(2)} = \{0, 3, 4\}$; $S^{(3)} = \{0, 3, 4, 8.1\}$; $S^{(4)} = \{0, 3, 4, 8.1, 13.2\}$;
$S^{(5)} = \{0, 3, 4, 8.1, 13.2, 18.3\}$.

Die Trennungsmethode liefert mit $LB \cdot \epsilon/(n-1) = 2$: $S^{(0)} = \{0\}$;
$S^{(1)} = \{0, 3\}$; $S^{(2)} = \{0, 3\}$; $S^{(3)} = \{0, 3, 5.1, 8.1\}$; $S^{(4)} = \{0, 3,$
$5.1, 8.1, 10.2, 13.2\}$; $S^{(5)} = \{0, 3, 5.1, 8.1, 10.2, 13.2, 15.3, 18.3\}$.

Um die relativen Leistungen der Intervallteilungsmethode (I) und
der Trennungsmethode (T) vergleichen zu können, wurde eine Simulation
durchgeführt. Als Testproblem verwendeten wir das Problem der Erstellung von Auftragsfolgen mit Schlußterminen. Die Algorithmen für I und
S wurden in FORTRAN programmiert und auf einer CDC CYBER 74 gerechnet.
Beide Algorithmen wurden mit $\epsilon = 0.1$ getestet. Wir verwendeten drei
Datensätze (p_i = Gewinn, t_i = benötigte Verarbeitungszeit; d_i = Schlußtermin).

Datensatz A: zufällig ausgewählte Gewinne $p_i \in [1, 100]$, $t_i = p_i$
und $d_i = \sum_1^n t_i/2$.

Datensatz B: zufällig ausgewählte Gewinne $p_i \in [1, 100]$; $t_i = p_i$
und zufällig ausgewählte $d_i \in [t_i, t_i + 25n]$.

Datensatz C: zufällig ausgewählte Gewinne $p_i \in [1, 100]$; zufällig
ausgewählte $t_i \in [1, 100]$ und zufällig ausgewählte
$d_i \in [t_i, t_i + 25n]$.

Das Programm konnte alle Probleme lösen, die nicht mehr als 9000
Tupel erzeugten (d.h. $\sum_0^n |S^{(i)}| \leq 9000$). Für jeden Datensatz wurde
versucht, 10 Probleme der Größe 5, 15, 25, 35, 45, ... zu lösen. Die
Ergebnisse sind in Abb. 12.11 zusammengefaßt.

In den Übungen werden einige andere Probleme untersucht, auf die
diese Techniken anwendbar sind. Bemerkenswerterweise kann man bestehende heuristische Methoden mit den Approximationsschemata koppeln, die

sich aus den oben genannten drei Techniken ergeben. Dies geht deshalb, weil sich die Lösungsprozeduren für das exakte und das approximative Problem ähneln. In den Approximationsalgorithmen der Abschnitte 12.2 - 12.4 kann man im allgemeinen die bestehenden heuristischen Methoden nicht verwenden.

Man könnte nun die Frage stellen: Zu welchen NP - schweren Problemen gibt es voll - polynomiale Approximationsschemata? Es ist klar, daß kein NP - schweres ϵ - Approximationsproblem solch ein Schema haben kann, falls nicht P = NP ist. Man kann ein in der Aussage stärkeres Ergebnis beweisen. Dieses lautet, daß nur diejenigen NP - schweren Probleme voll - polynomiale Approximationsschemata haben (falls nicht P = NP ist), die polynomial lösbar sind, wenn man sich auf Problemstellungen beschränkt, bei denen alle Zahlen durch ein festes Polynom in n beschränkt sind. Beispiele dafür sind das Rucksackproblem und das Problem der Erstellung einer Auftragsfolge mit Schlußterminen.

Datensatz	A	B	C
Gesamtzahl der gelösten Probleme	80	30	30
Zahl der durch I erzeugten optimalen Lösungen	54	20	16
Zahl der durch T erzeugten optimalen Lösungen	53	18	14
Durchschnittlicher Fehlerbruchteil bei nichtoptimalen Lösungen von I	0.0025	0.0047	0.0040
Durchschnittlicher Fehlerbruchteil bei nichtoptimalen Lösungen von T	0.0024	0.0047	0.0040
Zahl der I-Lösungen, die besser als T-Lösungen sind	3	7	9
Zahl der T-Lösungen, die besser als I-Lösungen sind	1	7	6

<u>Abbildung 12.11</u>   Relative Leistung von I und T

<u>Definition</u> [Garey und Johnson] L sei ein beliebiges Problem, I eine Problemstellung zu L und LÄNGE(I) die Zahl der Bits in der Darstellung von I. MAX(I) sei der Betrag der größten Zahl in I. Ohne Beschränkung der Allgemeinheit nehmen wir an, daß alle Zahlen in I ganze Zahlen sind. Für ein festes Polynom p sei L_p das Problem L, welches auf jene Problemstellungen I beschränkt ist, für die MAX(I) $\leq$ p(LÄNGE(I)) ist.

Das Problem L ist genau dann <u>streng NP - schwer</u>, wenn es ein Polynom
p gibt, so daß L_p NP - schwer ist.

Folgende Probleme sind z.B. streng NP - schwer: Hamilton - Schleife, Knotenhülle, Rückkopplungsbogenmenge, Handlungsreisender, maximale
Clique, u.a. Das 0/1 - Rucksackproblem gehört wahrscheinlich nicht dazu (man beachte, daß keine Methode bekannt ist, mit der man zeigen
kann, daß ein Problem nicht streng NP - schwer ist). Ist nämlich
$MAX(I) \leq p(LÄNGE(I))$, dann kann I mit Hilfe des dynamischen Programmierungsalgorithmus aus Abschnitt 5.5 in der Zeit $O(LÄNGE(I)^2 *
p(LÄNGE(I)))$ gelöst werden.

<u>Theorem 12.16</u> [Garey und Johnson] L sei ein Optimierungsproblem, so
daß alle möglichen Lösungen für alle Problemstellungen als Wert eine
positive ganze Zahl haben. Weiterhin nehmen wir an, daß für alle Problemstellungen I zu L der optimale Wert $F^*(I)$ durch ein Polynom p in
den Variablen $LÄNGE(I)$ und $MAX(I)$ beschränkt ist, d.h. $0 < F^*(I) <
p(LÄNGE(I)$, $MAX(I)$ und $F^*(I)$ ist eine ganze Zahl. Gibt es zu L ein
voll - polynomiales Approximationsschema, dann hat L einen exakten
Algorithmus, dessen Komplexität der eines Polynoms in $LÄNGE(I)$ und
$MAX(I)$ entspricht.

<u>Beweis</u>: Wir nehmen an, daß es für L ein voll - polynomiales Approxi-
mationsschema gibt. Wir werden zeigen, wie man in polynomialer Zeit
optimale Lösungen für L findet. Es sei I eine beliebige Problemstel-
lung zu L. Wir definieren $\varepsilon = 1/(p(LÄNGE(I)$, $MAX(I))$. Mit diesem ε -
Wert muß das Approximationsschema eine optimale Lösung erzeugen. Um
dies einzusehen, sei $\hat{F}(I)$ der Wert der erzeugten Lösung. Dann gilt:

$$|F^*(I) - \hat{F}(I)| \leq \varepsilon F^*(I) \leq F^*(I)/p(LÄNGE(I), MAX(I)) < 1$$

Da auf Grund unserer Annahme alle möglichen Lösungen ganzzahlige
Werte haben, ist $F^*(I) = F(I)$. Somit wird mit diesem ε - Wert das
Approximationsschema zu einem exakten Algorithmus.

Man erhält leicht die Komplexität dieses Algorithmus. Es sei
$q(LÄNGE(I)$, $1/\varepsilon)$ ein Polynom, so daß die Komplexität des Approximationsschema gleich $O(q(LÄNGE(I)$, $1/\varepsilon))$ ist. Wählt man ε wie oben angegeben, dann ist die Komplexität dieses Schemas $O(q(LÄNGE(I), MAX(I)))$.
Dies ist gleich $O(q(LÄNGE(I), MAX(I)))$ für ein Polynom q'. □

Wendet man Theorem 12.16 auf streng NP - schwere Probleme mit ganzzahligen Werten an, dann hat keines dieser Probleme ein voll - polyno-

miales Approximationsschema, es sei denn, daß P = NP ist. Obiges Theorem sagt auch etwas über die Art exakter Algorithmen, die man für streng NP - schwere Probleme erhält. Ein <u>pseudo - polynomialer</u> Algorithmus hat eine Komplexität, die ein Polynom in LÄNGE(I) und MAX(I) ist. Der dynamische Programmierungsalgorithmus für das Rucksackproblem (Abschnitt 5.5) ist ein pseudo - polynomialer Algorithmus. Für kein streng NP - schweres Problem kann es (falls nicht P = NP ist) einen pseudo - polynomialen Algorithmus geben.

12.6 PROBABILISTISCH GUTE ALGORITHMEN

Die Approximationsalgorithmen der vorangehenden Abschnitte hatten die angenehme Eigenschaft, daß ihr Verhalten im ungünstigsten Fall durch gewisse Konstanten beschränkt werden konnte (k bei einer absoluten Approximation und ϵ bei einer ϵ - Approximation). Durch die Forderung nach dieser Einschränkung neigt man dazu, andere Algorithmen, die "gewöhnlich zufriedenstellend arbeiten", als schlecht zu beurteilen. Einige Algorithmen ohne diese Einschränkung können tatsächlich "fast immer" entweder ein Problem exakt lösen oder eine Lösung erzeugen, die der optimalen Lösung "außerordentlich nahe kommt". Solche Algorithmen sind im Sinne der Wahrscheinlichkeitsrechnung "gut" (probabilistisch gut). Wählen wir eine Problemstellung I zufällig aus, dann ist die Wahrscheinlichkeit sehr groß, daß der Algorithmus eine sehr gute approximative Lösung erzeugt. In diesem Abschnitt werden wir zwei Algorithmen mit dieser Eigenschaft betrachten. Beide lösen NP - schwere Probleme.

Da wir für den Algorithmus eine Wahrscheinlichkeitsanalyse durchführen wollen, müssen wir zuerst für die Eingabewerte einen Zufallsraum definieren. Dieser wird aufgebaut, indem wir zunächst für jede Problemgröße n einen Zufallsraum S_n definieren. Problemstellungen der Größe n werden aus S_n gewählt. Der Gesamtzufallsraum ist das unendliche kartesische Produkt $S_1 \times S_2 \times S_3 \times \ldots \times S_n \times \ldots$. Ein Element aus dem Zufallsraum ist eine Folge $X = x_1, x_2, \ldots, x_n, \ldots$, so daß jedes x_i aus S_i stammt.

<u>Definition</u> [Karp] Ein Algorithmus A löst ein Problem L <u>fast überall</u>, wenn bei Wahl von $X = x_1, x_2, \ldots, x_n, \ldots$ aus dem Zufallsraum $S_1 \times S_2 \times \ldots \times S_n, \ldots$, die Zahl der x_i, für welche der Algorithmus L nicht löst, mit der Wahrscheinlichkeit 1 endlich ist.

Da beide der zu behandelnden Algorithmen zu NP - schweren Graphenpro-
blemen gehören, beschreiben wir zuerst den Zufallsraum, für den wir
die Wahrscheinlichkeitsanalyse durchführen. Es sei p(n) eine Funktion
mit $0 \leq p(n) \leq 1$ für alle $n \geq 0$. Wir konstruieren einen Zufallsgraph
mit n Knoten, indem wir die Kante (i, j), $i \neq j$ mit der Wahrscheinlichkeit p(n) hinzunehmen.

Der erste Algorithmus, den wir behandeln, stammt von Posa. Er sucht
eine Hamilton - Schleife in einem ungerichteten Graph. Dieser Algorithmus arbeitet folgendermaßen: Zuerst wird ein beliebiger Knoten (z.B.
Knoten 1) als Startknoten gewählt. Der Algorithmus baut einen einfachen Weg P auf, der bei Knoten 1 beginnt und bei Knoten k endet. Zu
Beginn ist P ein trivialer Weg mit k = 1, d.h. es gibt keine Kanten
in P. Bei jeder Wiederholung des Algorithmus wird versucht, die Länge
von P zu vergrößern. Dazu betrachtet man eine Kante (i, j), die zum
Endpunkt k benachbart ist. Für die Kante (k, j) gibt es drei Möglichkeiten:

  (i)   [j = 1 und der Weg P enthält alle Knoten des Graphen]
         In diesem Fall hat man eine Hamilton - Schleife gefunden;
         der Algorithmus terminiert.

  (ii)   [j liegt nicht auf dem Weg P]
         In diesem Fall wird durch Hinzufügen von (k, j) die Länge
         des Weges P vergrößert.

  (iii) [j liegt bereits auf dem Weg P]
         Jetzt gibt es eine eindeutige Kante e = (j, m) in P, so
         daß deren Entfernen und die Hinzunahme von (k, j) zu P
         zu einem einfachen Weg führt. e wird entfernt, (k, j) wird
         zu P hinzugefügt. Jetzt ist P ein einfacher Weg mit End-
         punkt m.

Der Algorithmus ist so eingeschränkt, daß im Fall (iii) nicht zwei
Wege mit gleicher Länge und gleichem Endpunkt erzeugt werden. Stellt
man die Daten entsprechend dar, dann kann dieser Algorithmus so implementiert werden, daß er in der Zeit $O(n^2)$ läuft, wobei n die Zahl der
Knoten im Graph G ist. Wie man leicht sieht, findet dieser Algorithmus
nicht immer eine Hamilton - Schleife in einem Graph, der eine solche
enthält. Posa hat jedoch folgendes gezeigt:

Theorem 12.17 [Posa] Ist $p(n) \simeq \alpha \cdot (\ln n)/n$, $\alpha > 1$, dann findet der oben beschriebene Algorithmus eine Hamilton - Schleife (fast überall).

<u>Beweis:</u> Siehe den Artikel von Posa. □

<u>Beispiel 12.18</u> Wir wollen obigen Algorithmus mit dem Graph aus Abb.
12.12 ausprobieren. Zu Anfang besteht der Weg P nur aus dem Knoten 1.
Wir nehmen an, daß die Kante (1, 4) gewählt wird. Nun werde die Kante
(4, 5) ausgewählt; P wird dann $\{1, 4, 5\}$. Kante (1, 5) ist die einzige
mögliche nächste Kante. Damit tritt Fall (iii) ein, und P wird
$\{1, 5, 4\}$. Als nächstes mögen die Kanten (4, 3) und (3, 2) gewählt
werden. P wird $\{1, 5, 4, 3, 2\}$. Wird anschließend die Kante (1, 2) betrachtet, dann hat der Algorithmus eine Hamilton - Schleife gefunden
und terminiert. □

Der nächste probabilistisch gute Algorithmus löst das Problem der
maximalen unabhängigen Menge. Eine Teilmenge N vom Knoten eines
Graphen (V, E) heißt genau unabhängig, wenn keine zwei Knoten in N
benachbart in G sind. Der Algorithmus 12.5 verwendet die Greedy - Methode zur Konstruktion einer maximalen unabhängigen Menge.

<u>procedure</u> UNABH (V, E)
  N ← Ø
  <u>while</u> es gibt ein v ∈ (V - N) <u>and</u> v ist zu keinem Knoten in N benach-
      bart <u>do</u>
    N ← N ∪ $\{v\}$
  <u>repeat</u>
  <u>return</u> (N)
<u>end</u> UNABH

<u>Algorithmus 12.5</u> Auffinden einer unabhängigen Menge

Man kann leicht Beispiele für Graphen mit n Knoten angeben, für
welche UNABH unabhängige Mengen der Mächtigkeit 1 erzeugt, während in
Wirklichkeit eine maximale unabhängige Menge n - 1 Knoten enthält. Für
gewisse Wahrscheinlichkeitsverteilungen kann man jedoch zeigen, daß
UNABH fast überall gute Approximationen erzeugt. $F^*(I)$ sei die Mächtigkeit einer maximalen unabhängigen Menge und $\hat{F}(I)$ die einer vom Algorithmus UNABH erzeugten Menge. Dann erhält man folgendes Theorem:

<u>Theorem 12.18</u> [Karp] Ist p(n) = c für eine Konstante c, dann gilt

für jedes $\varepsilon > 0$:

$$(F^*(I) - \hat{F}(I)) \,/\, F^*(I) \leq 0.5 + \varepsilon \qquad \text{(fast überall)}.$$

Beweis: Siehe den Artikel von Karp. □

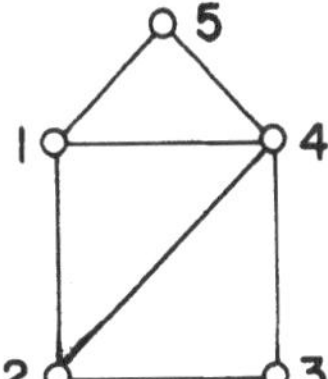

Abbildung 12.12 Graph zum Beispiel 12.18

Man kann den Algorithmus UNABH leicht so implementieren, daß er
eine polynomiale Komplexität hat. Beispiele für NP - schwere Probleme,
für welche probabilistisch gute Algorithmen bekannt sind, sind folgende: das euklid'sche Problem des Handlungsreisenden, minimale Färbung
von Graphen, Mengenhülle, maximale gewichtete Clique und Partition.

LITERATURHINWEISE

Bemerkung: Aufgabennummern am Ende einer Referenz zeigen an, daß diese Aufgaben mit den entsprechenden Arbeiten in Zusammenhang stehen. In
den Artikeln findet man jedoch mehr Ergebnisse, als für die zugehörigen Aufgaben benötigt werden.

Unsere Terminologie für absolute, f(n)- und ε - Approximationsalgorithmen stammt aus folgendem Artikel:

"Combinatorial problems: reducibility and approximation", von S.
Sahni und E. Horowitz, Op. Res., 26(4), 1978.

Die Bezeichnungen Approximationsschema, polynomiales Approximationsschema und voll - polynomiales Approximationsschema wurden von Garey
und Johnson geprägt und in ihrem Vortrag über Approximationsalgorithmen
verwendet, der 1976 auf dem "Symposium on Algorithms and Complexity"

am Carnegie Mellon Institute in Pittsburgh gehalten wurde. Sahni hat
gezeigt, daß das zum O/1 - Rucksackproblem gehörende absolute Approximationsproblem ebenfalls NP - schwer ist. In folgendem Artikel findet
man die Behandlung des Rucksackproblems:

"Approximate algorithms for the O/1 - knapsack problem", von S.
Sahni, JACM, 22, pp. 115 - 124, 1975. [Aufgabe 18].

Der Artikel enthält auch das polynomiale Approximationsschema für
das in § 12.4 behandelte O/1 - Rucksackproblem. In folgendem Artikel
werden andere absolute Approximationsprobleme behandelt, die NP -
schwer sind:

"A computer scientist looks at reliability computations", von A.
Rosenthal, in Reliability and Fault Tree Analysis, herausgegeben
von J. Fussel und N. Singpurwalla, SIAM, 1975.

Die Analyse der LPT - Regel aus Abschnitt 12.3 stammt von R. Graham und ist erschienen in:

"Bounds on multiprocessor timing anomalies", von R. Graham, SIAM
Jr. on Appl. Math., 17(2), pp. 416 - 429, 1969.

Dieser Artikel enthält auch das in § 12.4 behandelte polynomiale
Approximationsschema zur Verplanung unabhängiger Aufgaben. ε - approximative Algorithmen zum Kastenfüllproblem findet man in:

"Performance bounds for simple one dimensional bin packing algorithms", von D. Johnson, A. Demers, J. Ullman, M. Garey und R. Graham, SIAM, Jr. on Comput., 3(4), pp. 299 - 325, 1974.

Eine hervorragende Bibliographie über Approximationsalgorithmen ist
die folgende:

"Approximation algorithms for combinatorial problems: an annotated
bibliography", von M. Garey und D. Johnson, in Algorithms and Complexity: Recent Results and New Directions, J. Traub, ed., Academic
Press, 1976.

Polynomiale ε - approximative Algorithmen für viele Verplanungsprobleme findet man in folgenden Artikeln:

"Scheduling independent tasks to reduce mean finishing time", von
J. Bruno, E. Coffman und R. Sethi, CACM, 17(7), 382 - 387, 1974.

"Algorithms for minimizing mean flow time", von J. Bruno, E. Coffman und R. Sethi, Proc. IFIP Congr. 74, North Holland Pub. Co.,
Amsterdam, 1974, pp. 504 - 510.

"A level algorithm for preemptive scheduling", von E. Horvath, S.
Lam und R. Sethi, JACM, 24(1), pp. 32 - 43, 1977.

"Bounds on LPT schedules on uniform processors", von T. Gonzalez,
O. Ibarra und S. Sahni, SIAM Jr. on Computing, 6(1), pp. 155 - 166,
1977   [Aufgaben 4 - 6]

"Job shop and flow shop schedules: complexity and approximation",
von T. Gonzalez und S. Sahni, Oper. Res., 26(1), pp. 36 - 52, 1978.

"Heuristic algorithms for scheduling independent tasks on nonidentical processors", von O. Ibarra und C. Kim, JACM, 24(2), pp. 280 -
289, 1977   [Aufgaben 8 - 10]

Ein 0.5 - approximativer Algorithmus zum euklid'schen Problem des
Handlungsreisenden ist erschienen in:

"Worst-case analysis of a new heuristic for the traveling salesman problem", von N. Christofedes, Manag. Sci. Res. Report # 388,
Carnegie Mellon University, 1976.

ε - approximative Algorithmen für andere NP - schwere Probleme findet
man in:

"Approximation algorithms for some routing problems", von G. Fred-
rickson, M. Hecht und C. Kim, Proc. 17th An. Symp. on Found. of
Comp. Sci., Houston, Texas, pp. 216 - 277, 1976.

"Location of bank accounts to optimize float: an analytic study
of exact and approximate algorithms", von G. Cornuejols, M. Fisher
und G. Nemhauser, Manag. Sci. 23(8), pp. 789 - 810, 1977.

"An analysis of approximation for maximizing submodular set functions - II", von M. Fisher, G. Nemhauser und L. Wolsey, CORE dis-

cussion paper # 7629, Universite Catholique De Louvain, Belgium, 1976.

"An analysis of approximations for finding a maximum weight hamiltonian circuit", von M. Fisher, G. Nemhauser und L. Wolsey, CORE, University of Louvain, Belgium, 1977.

"Code generation for expressions with common subexpressions", von A. Aho, S. Johnson und J. Ullman, JACM, 24(1), pp. 146 - 160, 1977.

Einige f(n) - approximative Algorithmen sind erschienen in:

"Approximation algorithms for combinatorial problems", von D. Johnson, JCSS, 9, pp. 256 - 278, 1974.   [Aufgaben 11 - 16]

Der Approximationsalgorithmus MERF2 (Aufgabe 12) für das maximale Erfüllbarkeitsproblem wurde auch von K. Lieberherr bearbeitet. Das <u>Gewicht</u> einer KNF - Formel F ist als $w(F) = \sum_i 2^{-|C_i|}$ definiert. Dabei ist $|C_i|$ die Zahl der Literale im i-ten Teilausdruck von F. Lieberherr zeigt, daß MERF2 höchstens $\lfloor w(f) \rfloor$ Teilausdrücke unerfüllt läßt. Dieses Ergebnis sowie die Verallgemeinerung von MERF2 findet man in:

"Interpretations of 2-satisfiable conjunctive normal forms", von K. Lieberherr, Florida State Univ., Tallahassee, erscheint demnächst in JACM.

Lieberherr betrachtet auch optimale polynomiale Approximationsalgorithmen. Ein polynomialer Approximationsalgorithmus ist genau dann optimal, wenn das Problem der Garantie besserer Lösungen NP - schwer ist. Im folgenden Artikel wird gezeigt, daß MERF2 (Aufgabe 12) und einige heuristische Methoden für andere NP - schwere Probleme optimal sind:

"Optimal heuristics for combinatorial optimization problems", von K. Lieberherr, Florida State University, Tallahassee, 1978.

Sahni und Gonzalez haben als erste auf die Existenz NP - schwerer ε - approximativer Probleme hingewiesen. Ihre Ergebnisse sind in folgendem Artikel erschienen:

"P-complete approximation problems", von S. Sahni und T. Gonzalez,

JACM, 23, pp. 5555 - 565, 1976.   [Aufgaben 20 - 26, 29].

Garey und Johnson haben gezeigt, daß das ε - approximative Graphen-
färbungsproblem für $\varepsilon < 1$ NP - schwer ist. Ihre Ergebnisse findet man
in:

"The complexity of near optimal graph coloring", von M. Garey und
D. Johnson, JACM, 23, pp. 43 - 49, 1976.

Einige andere NP - schwere ε - approximative Probleme werden in
folgendem Artikel behandelt:

"Traversal marker placement problems are NP - complete", von S.
Maheshwari, University of Colorado, Technical Report # CU-CS-092-
76, 1976.

"Code generation for short/long address machines", von E. Robert-
son, Univ. of Wisconsin, MRC Report # 1779, 1977.

Über ein polynomiales Approximationsschema für submodulare Mengen-
funktionen wird in folgendem Artikel berichtet:

"Best algorithms for approximating the maximum of a submodular set
function", von G. Nemhauser und L. Wolsey, CORE discussion paper
7636, Universite Catholique De Louvain, Belgium, 1976.

Ein Approximationsschema zur Verplanung von Aufgaben mit Prioritä-
ten findet man in:

"Scheduling for maximum profits/minimum time", von O. Ibarra und
C. Kim, Math. of Oper. Res., erscheint demnächst.

Ibarra und Kim haben als erste die Existenz voll - polynomialer
Approximationsschemata für NP - schwere Probleme entdeckt. In folgendem Artikel berichten sie darüber:

"Fast approximation algorithms for the knapsack and sum for sub-
sets problems", von O. Ibarra und C. Kim, JACM, 22, pp. 463 - 468,
1975. [Aufgaben 27 - 28].

Hierin wird der $O(n(\log n + 1/\epsilon^2))$ Algorithmus für das 0/1 - Rucksackproblem beschrieben. Auch für das ganzzahlige Rucksackproblem wird
ein Approximationsschema entwickelt. E. Lawler hat diese Schemata noch
verbessert. Er hat ein $O(n \log (1/\epsilon) + 1/\epsilon^4)$ und ein $O(n + 1/\epsilon^3)$ -
Schema für das Rucksackproblem und das Teilmengensummenproblem ange-
geben. Siehe dazu:

"Fast approximation algorithms for knapsack problems", von E. Lawler, Proc. 18th Ann. Symp. on Foundations of Computer Science,
Rhode Island, pp. 206 - 213, 1977.

Voll - polynomiale Approximationsschemata für viele Verplanungsprobleme findet man in:

"Algorithms for scheduling independent tasks", von S. Sahni, JACM,
23, pp. 114 - 127, 1976.   [Aufgaben 30, 31, 33 - 37, 39 - 41].

"Exact and approximate algorithms for scheduling nonidentical processors", von E. Horowitz und S. Sahni, JACM, 23, pp. 317 - 327,
1976.   [Aufgaben 31 und 38].

Unsere Abhandlung über die allgemeinen Techniken der Rundungs-,
Intervallteilungs- und Trennungsmethode ist folgendem Artikel entnommen:

"General techniques for combinatorial approximation", von S. Sahni, Oper. Res., 25(6), pp. 920 - 936, 1977.

Die Bezeichnung "streng NP - schwer" geht auf Garey und Johnson
zurück, ebenso das Theorem 12.16, das erschienen ist in:

""Strong" NP - Completeness results: motivation, examples and implications", von M. Garey und D. Johnson, Bell Laboratories Report, Murray Hill, 1976.

Der Behandlung probabilistisch guter Algorithmen liegen folgende
Artikel zugrunde:

"The probilistic analysis of some combinatorial search algorithms",
von R. Karp, University of California, Berkeley, Memo Nr. ERL-M581,
April 1976.

"The fast approximate solution of hard combinatorial problems",
von R. Karp, Proc. Sixth Southeastern Conf. on Combinatorics,
Graph Theory, and Computing, Winnipeg, 1975.

"Hamiltonian circuits in random graphs", von L. Posa, Discrete
Mathematics, 14, pp. 359 - 364, 1976.

"Probabilistic analysis of partitioning algorithms for the traveling salesman problem in the plane", von R. Karp, Math. of Oper.
Res., 2(3), pp. 209 - 224, 1977.

Der folgende Artikel enthält einen "guten" Algorithmus für das
allgemeine Problem des Handlungsreisenden. Dieser hat alle getesteten
Problemstellungen gut gelöst, es wurde jedoch keine statistische oder
Wahrscheinlichkeitsanalyse vorgenommen.

"An effective heuristic algorithm for the traveling salesman problem", von S. Lin und P. Kernighan, Operations Research, 21(2),
1973, 498 - 516.

Die Analyse anderer probabilistisch guter Algorithmen findet man
in:

"Fast Probabilistic algorithms for hamiltonian circuits and match-
ings", von D. Angluin und L. Valiant, Proc. 9th Annual Symp. on
Theo. of Computing, pp. 30 - 41, 1977.

"Analysis of the expected performance of algorithms for the partition problem", von C. Kim, Technical Report, University of Maryland, 1976.

"Maximization problems on graphs with edge weights chosen from a
normal distribution", von G. Lueker Proc. 10th Annual Symp. on
Theo. of Computing, pp. 13 - 18, 1978.

1. In Kapitel 11 oder 12 wurden folgende NP - schwere Probleme definiert. Hinter jedem Problem erscheint die Aufgabennummer in Klammern. Formulieren Sie zu jedem Problem das entsprechende absolute
   Approximationsproblem. (Einige dieser Probleme wurden als Entscheidungsprobleme definiert. Diesen entsprechen Optimierungsprobleme, die ebenfalls NP - schwer sind. Das absolute Approximationsproblem muß relativ zum entsprechenden Optimierungsproblem definiert werden). Zeigen Sie außerdem, daß das zugehörige absolute
   Approximationsproblem NP - schwer ist.

   i)   Knotenhülle

   ii)   Mengenhülle (Aufgabe 11.20)

   iii) Mengenerzeugung (Aufgabe 11.43)

   iv)   Rückkopplungsknotenmenge

   v)   Rückkopplungsbogenmenge (Aufgabe 11.11)

   vi)   Farbenzahl

   vii) Cliquenhülle (Aufgabe 11.19)

   viii) maximale unabhängige Menge (siehe Abschnitt 12.6)

   ix)   Nicht - präemptive Verplanung unabhängiger Aufgaben zur
         Minimierung bei m > 1 Prozessoren (siehe Abschnitt 12.3)

   x)   Flußbetriebsverplanung mit minimaler Beendigungszeit (m > 2)

   xi)   Auftragsbetriebsverplanung mit minimaler Beendigungszeit
         (m > 1)

2. Geben Sie einen O(n log n) - Algorithmus an, durch den die LPT -
   Verplanungsregel implementiert wird.

3. Zeigen Sie, daß LPT - Verplanungen für alle Mengen von Aufgaben
   optimal sind, für die es eine optimale Verplanung gibt, bei der
   nicht mehr als zwei Aufgaben an irgendeinen Prozessor zugewiesen
   werden.

4. Ein gleichförmiges Prozessorsystem ist eine Menge von $m \geq 1$ Prozessoren. Der Prozessor i hat die Verarbeitungsgeschwindigkeit s_i,
   $s_i > 0$. Benötigt die Aufgabe i t_i Verarbeitungseinheiten, dann
   kann sie auf Prozessor p_i in t_i/s_i echten Zeiteinheiten vollständig bearbeitet werden. Für $s_i = 1$, $1 \leq i \leq m$ handelt es sich um
   ein System aus identischen Prozessoren (siehe Abschnitt 12.3).
   Eine MLPT - Verplanung erhält man, indem man die Aufgaben in der
   Reihenfolge nichtzunehmender Verarbeitungszeiten den Prozessoren
   zuweist. Eine Aufgabe wird demjenigen Prozessor zugewiesen, der
   die kürzeste Beendigungszeit erzielt. Kommen mehrere Prozessoren
   in Frage, dann wird derjenige mit kleinstem Index genommen.

   a) Es sei $m = 3$, $s_1 = 1$, $s_2 = 2$ und $s_3 = 3$. Die Anzahl der Auf-
       gaben sei $n = 6$. $(t_1, t_2, t_3, t_4, t_5, t_6) = (9, 6, 3, 3,$
       $2, 2)$. Geben Sie für diese Menge von Aufgaben die MLPT - Ver-
       planung an. Ist diese optimal? Falls nicht, geben Sie eine
       optimale Verplanung an.

   b) Zeigen Sie, daß es ein Zweiprozessorsystem und eine Menge I
       gibt, so daß gilt: $|F^*(I) - \hat{F}(I)|/F^*(I) > 1/3 - 1/(3m)$. $\hat{F}(I)$
       ist die Beendigungszeit der MLPT - Verplanung. Man beachte,
       daß $1/3 - 1/(3m)$ die Schranke für LPT - Verplanungen bei iden-
       tischen Prozessoren ist.

   c) Schreiben Sie einen Algorithmus für eine MLPT - Verplanung.
       Welche Komplexität hat dieser?

5. I sei irgendeine Problemstellung zum Problem der Verplanung eines
   gleichförmigen Prozessorsystems. $\hat{F}(I)$ und $F^*(I)$ seien die Beendi-
   gungszeiten der MLPT- bzw. der optimalen Verplanung. Zeigen Sie,
   daß $\hat{F}(I)/F^*(I) \leq 2m/(m+1)$ ist (siehe Aufgabe 4).

6. Zeigen Sie, daß bei einem gleichförmigen Prozessorsystem (siehe
    Aufgaben 4 und 5) für m = 2 gilt: $F(I)/F^*(I) \leq (1 + \sqrt{17})/4$. Zei-
    gen Sie, daß dies für den Fall m = 2 die beste mögliche Schranke
    ist.

7. $P_1, \ldots, P_m$ sei eine Menge von Prozessoren. t_{ij}, $t_{ij} > 0$ sei die
    Zeit, die benötigt wird, um die Aufgabe i auf dem Prozessor P_j,
    $1 \leq i \leq n$, $1 \leq j \leq m$ zu erledigen. In einem gleichförmigen Prozes-
    sorsystem ist $t_{ij}/t_{ik} = s_k/s_j$, wobei s_k und s_j die Verarbeitungs-
    geschwindigkeiten von P_k bzw. P_j sind. In einem System aus nicht-
    identischen Prozessoren muß solch eine Beziehung nicht bestehen.
    Als Beispiel betrachten wir n = 2 und m = 2:

$$\begin{bmatrix} t_{11} & t_{12} \\ t_{21} & t_{22} \end{bmatrix} = \begin{bmatrix} 1 & 2 \\ 3 & 2 \end{bmatrix}$$

Werden Aufgabe 1 auf P_2 und Aufgabe 2 auf P_1 erledigt, dann beträgt die Beendigungszeit 3. Im umgekehrten Fall beträgt sie 2.
Zeigen Sie, daß bei einer Verplanung, bei der Aufgabe i so an Prozessor j zugewiesen wird, daß $t_{i,j} \leq t_{i,k}$, $1 \leq k \leq m$ ist, folgendes gilt: $\hat{F}(I)/F^*(I) \leq m$. Dabei sind $\hat{F}(I)$ und $F^*(I)$ die Beendigungs-
zeiten der so konstruierten bzw. der optimalen Verplanung. Zeigen
Sie, daß dies die beste mögliche Schranke für diesen Algorithmus
ist.

8. Für das Verplanungsproblem aus Aufgabe 7 definieren wir die Prozedur A wie folgt:

```
procedure A
    f_j ← 0, 1 ≤ j ≤ m
    for i ← 1 to n do
        k ← kleinstes j, so daß f_j + t_i,j ≤ f_l + t_i,1, 1 ≤ l ≤ m
        f_k ← f_k + t_i,k
        print ('ordne Aufgabe', i, 'dem Prozessor', k, 'zu')
    repeat
end A
```

Algorithmus 12.6 Verplanung

f_j ist die momentane Beendigungszeit auf Prozessor j. Somit ist $\hat{F}(I) = \max_j\{f_j\}$. Zeigen Sie, daß $\hat{F}(I)/F^*(I) \leq m$ ist und daß dies die beste mögliche Schranke ist.

9. Ordnen Sie in Übung 8 die einzelnen Aufgaben so an, daß $\min_j\{t_{i,j}\} \geq \min_j\{t_{i+1,j}\}$, $1 \leq i < n$ ist. Verwenden Sie dann Algorithmus A. Zeigen Sie, daß $\hat{F}(I)/F^*(I) \leq m$ und daß dies die beste mögliche Schranke ist.

10. Zeigen Sie, daß die Ergebnisse aus Aufgabe 8 auch noch für folgende Anfangsordnung gelten: $\max_j\{t_{i,j}\} \geq \max_j\{t_{i+1,j}\}$, $1 \leq i < n$.

11. Im 11. Kapitel wurde das Erfüllbarkeitsproblem eingeführt. Beim maximalen Erfüllbarkeitsproblem geht es darum, eine maximale Teilmenge von Teilausdrücken zu bestimmen, die gleichzeitig erfüllt werden können. Bei einer Formel mit p Teilausdrücken können diese genau dann gleichzeitig erfüllt werden, wenn die Formel erfüllbar ist. Zeigen Sie, daß für die Prozedur MERF für jede Problemstellung I gilt: $|F^*(I) - F(I)|/F^*(I) \leq 1/(k + 1)$. Dabei ist k die kleinste Anzahl von Literalen in irgendeinem Teilausdruck von I. Zeigen Sie, daß dies die beste mögliche Schranke für diesen Algorithmus ist.

```
procedure MERF(I)
   //Approximationsalgorithmus zum Problem der maximalen Erfüll-//
   //barkeit: I ist eine Formel. x_i, 1 ≤ i < n seien die Variab-//
   //len in I; C_i, 1 ≤ i ≤ p seien die Teilausdrücke.//
   CL ← ∅    //Die Menge der Teilausdrücke, die gleichzeitig er-//
            //füllbar sind.//
   LINKS ← {C_i |1 ≤ i ≤ p}    //restliche Teilausrücke//
   LIT ← {x_i, x̃_i 1 ≤ i ≤ n}    //Menge aller Literale//
   while LIT enthält ein Literal, das in einem Teilausdruck in
         LINKS auftritt, do
      es sei y ein Literal in LIT, das in den meisten Teilausdrücken
      von LINKS vorkommt; es sei R die Teilmenge der Teilausdrücke
      in LINKS, die y enthalten.
      CL ← CL ∪ R; LINKS ← LINKS - R
      LIT ← LIT - {y, y̆}
   repeat
   return (CL)
end MERF
```

Algorithmus 12.7   Prozedur zu Aufgabe 11

12. Zeigen Sie: Verwendet man zur Lösung des maximalen Erfüllbarkeits-
     problems aus Aufgabe 11 die Prozedur MERF2, dann gilt: $|F^*(I) - \hat{F}(I)|/F^*(I) \le 1/2^k$. Dabei haben k, $\hat{F}$ und F^* die in Aufgabe 11 er-
     läuterte Bedeutung.

```
procedure MERF2(I)
  //gleiche Funktion wie MERF//
  w(i) ← 2^(-|C_i|), 1 ≤ i ≤ p    //Gewichtsfunktion |C_k| = Anzahl//
                                  //der Literale in C_i//
  CL ← ∅; LINKS ← {C_i|1 ≤ i ≤ p}
  LIT ← {x_i, ~x_i|1 ≤ i ≤ n}
  while LIT enthält ein Literal, das in einem Teilausdruck in
        LEFT vorkommt, do
    es sei y ∈ LIT ein Literal, das in einem Teilausdruck in
    LINKS auftritt;
    es sei R die Teilmenge der Teilausdrücke in LINKS, welche y
    enthalten;
    es sei S die Teilmenge der Teilausdrücke in LINKS, welche ~y
    enthalten;
    if ∑_{C_i∈R} w(i) ≥ ∑_{C_i∈S} w(i) then CL ← CL ∪ R
                                          LINKS ← LINKS - R
                                          w(i) ← 2 w(i) für jedes C_i ∈ S
                                     else CL ← CL ∪ S
                                          LINKS ← LINKS - S
                                          w(i) ← 2 w(i) für jedes C_i ∈ R
    endif
    LIT ← LIT - {y, ~y}
  repeat
  return (CL)
end MERF2
```

   Algorithmus 12.8   Prozedur zu Aufgabe 12

13. Wir betrachten das Mengenhüllenproblem aus Aufgabe 11.20. Zeigen
    Sie: Verwendet man die Prozedur MENGENHÜLLE für die Optimierungs-
    version dieses Problems, dann gilt:

$$\widehat{F}(k)/F^*(I) \le \sum_1^k (1/j)$$

    wobei k die maximale Zahl der Elemente in irgendeiner Menge ist.
    Zeigen Sie, daß dies die beste mögliche Lösung ist.

```
procedure MENGENHÜLLE(F)
   //S_i, 1 ≤ i ≤ m sind die Mengen in F. |S_i| ist die Zahl der//
   //Elemente in S_i. |∪S_i| = n.//
   G ← ∪S_i; R_i ← S_i, 1 ≤ i ≤ m
   HÜLLE ← ∅   //Elemente in der Hülle//
   T ← ∅   //zu konstruierende Hülle//
   while HÜLLE ≠ G do
      für R_j gelte: |R_j| ≥ |R_q|, 1 ≤ q ≤ m
      HÜLLE ← HÜLLE ∪ R_j; T ← T ∪ S_j
      R_i ← R_i - R_j, 1 ≤ i ≤ m
   repeat
   return (T)
end MENGENHÜLLE
```

Algorithmus 12.9 Prozedur zu Aufgabe 13

14. Wir betrachten ein modifiziertes Mengenhüllenproblem (MMH), bei
    dem eine Hülle T gesucht ist, so daß $\sum_{S \in T} |S|$ minimal ist.

    a) Zeigen Sie: exakte Hülle $\propto$ MMH (siehe Aufgabe 11.21)

    b) Zeigen Sie, daß die Prozedur MMH für beliebige $\varepsilon > 0$ kein ε -
       approximativer Algorithmus für dieses Problem ist.

```
procedure MMH(F)
   //Die Variablen sind dieselben wie in MENGENHÜLLE//
   T ← ∅; LINKS ← {S_i | 1 ≤ i ≤ m}; G ← ∪S_i
   while G ≠ ∅ do
      es sei S_j eine Menge in LINKS, so daß gilt:
         |S_j - G|/|S_j ∩ G| ≤ |S_q - G|/|S_q ∩ G|
           für alle S_q ∈ LINKS
      T ← T ∪ S_j; G ← G - S_j; LINKS ← LINKS - S_j
   repeat
   return (T)
end MMH
```

Algorithmus 12.10 Prozedur zu Aufgabe 14

15. Wir betrachten folgende heuristische Methode zum Problem der
    maximalen Clique: (i) Man eliminiert aus G einen Knoten, der
    nicht mit jedem anderen Knoten verbunden ist; (ii) man wieder-
    hole (i) so lange, bis der übrigbleibende Graph eine Clique ist.
    Zeigen Sie, daß man mit dieser Methode für beliebiges ε,
    $0 < \varepsilon < 1$ keinen ε - approximativen Algorithmus zur Lösung des
    Problems der maximalen Clique erhält.

16. Wir betrachten folgende heuristische Methode zum Problem der
    maximalen Clique: (i) $S \leftarrow \emptyset$, (ii) man füge zu S einen Knoten
    hinzu, der nicht in S und mit allen Knoten in S verbunden ist.
    Gibt es keinen solchen Knoten, dann höre man auf und nehme S als
    approximative maximale Clique, ansonsten wiederhole man (ii).
    Zeigen Sie, daß man mit dieser Methode für beliebiges $\varepsilon < 1$ keinen
    ε - approximativen Algorithmus zur Lösung des Problems der maxi-
    malen Clique erhält.

17. Zeigen Sie, daß die Prozedur FÄRBEN für beliebiges $\varepsilon > 0$ kein ε -
    approximativer Färbungsalgorithmus zur Lösung des minimalen Färb-
    barkeitsproblems ist.

```
procedure FÄRBEN(G)
   //G = (V, E) ist ein Graph mit |V| = n Knoten. FARB(i) ist die//
   //Farbe, die für Knoten i, 1 ≤ i ≤ n verwendet wird.//
   i ← 1   //nächste zu verwendende Farbe//
   j ← 0  //Zahl der gefärbten Knoten//
   while j ≠ n do
     S ← ∅   //Knoten, die mit Farbe i gefärbt sind//
     while es gibt einen ungefärbten Knoten v, der zu keinem Kno-
           ten in S benachbart ist, do
       FARB(v) ← i; S ← S ∪ {v}; j ← j + 1
     repeat
     i ← i + 1
   repeat
   return (FARB)
end FÄRBEN
```

  Algorithmus 12.11 Prozedur zu Aufgabe 17

18. Zeigen Sie: Bringt man an Algorithmus 12.3 folgende Änderungen
    an, dann ist der geänderte Algorithmus nicht ε - approximativ
    für beliebige ε, $0 < \varepsilon < 1$:

    Zeile 4: PMAX $\leftarrow$ max$\{$PMAX, L(I, P, W, M, n)$\}$

    Zeile 1 in Prozedur L: S $\leftarrow$ 0; i $\leftarrow$ 1; T $\leftarrow$ M

    Man beachte, daß die neue heuristische Methode I so einschränkt,
    daß es außerhalb des Rucksacks liegt. Die ursprünglich heuristische
    Methode schränkt I so ein, daß es innerhalb des Rucksacks liegt.

19. Zeigen Sie, daß die Prozedur UNABH aus Abschnitt 12.6 für belie-
    biges ε, $0 < \varepsilon < 1$ kein ε - approximativer Algorithmus zur Lö-
    sung des Problems der maximalen unabhängigen Menge ist.

20. Wir betrachten eine beliebige Tour beim Problem des Handlungsrei-
    senden. Die Stadt i, sei der Anfangspunkt. Wir nehmen an, daß
    die n Städte in der Tour in der Reihenfolge i_1, i_2, i_3, ..., i_n,
    $i_{n+1} = i_1$ auftreten. Es sei $1(i_j, i_{j+1})$ die Länge der Kante
    $\langle i_j, i_{j+1}\rangle$. Die Ankunftszeit Y_k in der Stadt i_k ist

    $$Y_k = \sum_{j=1}^{k-1} 1(i_j, i_{j+1}), \quad 1 \leq k \leq n + 1$$

    Die mittlere Ankunftszeit $\overline{Y}$ ist

    $$\overline{Y} = \frac{1}{n} \sum_{k=2}^{n+1} Y_k.$$

    Zeigen Sie, daß für jedes $\varepsilon > 0$ das ε - approximative Problem
    der minimalen mittleren Ankunftszeit NP - schwer ist.

21. Y_k und Y_k seien wie in Aufgabe 20. Die Varianz σ in den Ankunfts-
    zeiten ist

    $$\frac{1}{n} \sum_{2}^{n+1} (Y_k - \overline{Y})^2 .$$

    Zeigen Sie, daß für alle $\varepsilon > 0$ das ε - approximative Problem der minimalen Varianzzeit NP - schwer ist.

22. Eine kantendisjunkte Kreishülle eines ungerichteten Graphen
    G ist eine Menge von kantendisjunkten Schleifen, so daß jeder
    Knoten in mindestens einer Schleife vorkommt. Die Mächtigkeit
    solch einer Schleifenhülle ist gleich der Zahl der in ihr vor-
    kommenden Schleifen.

    (a) Zeigen Sie, daß das Problem, eine minimale Schleifenhülle
        dieses Typs zu finden, NP - schwer ist.

    (b) Zeigen Sie, daß die ϵ - Approximationsversion dieses Pro-
        blems für alle $\epsilon > 0$ NP - schwer ist.

23. Zeigen Sie: Fordert man von den Schleifen in Aufgabe 22, daß sie
    kantendisjunkt sind, dann bleibt das Problem NP - schwer. Zeigen
    Sie, daß die ϵ - approximative Version für alle $\epsilon > 0$ NP - schwer
    ist.

24. Wir betrachten folgendes Partitionsproblem:

    $G = (V, E)$ sei ein ungerichteter Graph. $f: E \rightarrow Z$ sei eine
    Kantengewichtsfunktion, $w: V \rightarrow Z$ sei eine Knotengewichtsfunktion.
    k sei eine feste ganze Zahl ≥ 2. Das Problem besteht darin, k
    disjunkte Mengen $S_1, \ldots, S_k$ zu erhalten, so daß gilt:

    a) $\cup S_i = V$

    b) $S_i \cap S_j = \emptyset$ für $i \neq j$

    c) $\sum_{j \in S_i} w(j) \leq W; \quad 1 \leq i \leq k$

    d) $\sum_{i=1}^{k} \sum_{\substack{(u,v) \in E \\ u,v \in S_i}} f(u, v)$ wird maximiert.

    W ist eine Zahl, die von einer Problemstellung zur anderen
    variieren kann. Eine Anwendung dieses Problems ist die Minimierung
    der Kosten der Seitenreferenzen zwischen Unterprogrammen. Zeigen

Sie, daß die ϵ - approximative Version dieses Problems für alle
ϵ, $0 < \epsilon < 1$ NP - schwer ist.

25. $G = (V, E)$ sei ein ungerichteter Graph. Die Knoten sollen Doku-
    mente darstellen. Zu jeder Kante gehört ein Gewicht, so daß
    $w(i, j)$ die Verschiedenheit der Dokumente i und j angibt. Die
    Knoten sollen so in $k \geq 3$ disjunkte Gruppen zerlegt werden, daß
    folgender Ausdruck minimiert wird:

$$\sum_{i=1}^{k} \sum_{\substack{(u,v) \in E \\ u,\, v \in C_i}} w(u, v)$$

C_i ist die Menge der Dokumente in Gruppe i. Zeigen Sie, daß für
alle $\epsilon > 0$ die ϵ - approximative Version dieses Problems NP -
schwer ist. Beachten Sie, daß k eine feste ganze Zahl ist, die
zu einer bestimmten Problemstellung gehört und bei verschiedenen
Problemstellungen verschiedene Werte annehmen kann.

26. Das verallgemeinerte Zuordnungsproblem kann unter anderem wie
    folgt interpretiert werden: m Ausführende sollen n Aufgaben er-
    ledigen. Bei der Zuweisung des Ausführenden i an die Aufgabe j
    entstehen die Kosten c_{ij}. Wenn i die Aufgabe j ausführt, muß er
    dazu r_{ij} Einheiten seiner Mittel aufwenden; insgesamt hat er b_i
    Einheiten zur Verfügung. Das Ziel besteht darin, die Ausführenden
    so den Aufgaben zuzuordnen, daß die Gesamtkosten der Zuordnung
    minimiert werden und daß jeder Ausführende seine ihm zugewiesene
    Aufgabe mit den ihm verfügbaren Mitteln bewältigen kann. Es darf
    nur ein einziger Ausführender einer Aufgabe zugewiesen werden.
    x_{ij} sei eine 0/1 - Variable, so daß gilt: $x_{ij} = 1$, falls der
    Ausführende i der Aufgabe j zugewiesen wird, im anderen Fall ist
    $x_{ij} = 0$. Das verallgemeinerte Zuweisungsproblem kann dann folgen-
    dermaßen mathematisch formuliert werden:

$$\text{minimiere} \quad \sum_{i=1}^{m} \sum_{j=1}^{n} c_{ij} x_{ij}$$

unter den Nebenbedingungen

$$\sum_{j=1}^{n} r_{ij}x_{ij} \leq b_i, \quad 1 \leq i \leq m$$

$$\sum_{i=1}^{m} x_{ij} = 1, \quad 1 \leq j \leq n$$

$$x_{ij} = 0 \text{ oder } 1, \text{ für alle } i \text{ und } j$$

Die Einschränkungen $x_{ij} = 1$ stellen sicher, daß jeder Aufgabe genau ein Ausführender zugewiesen wird. Dieses Problem kann auch noch auf viele andere Arten interpretiert werden.

Zeigen Sie, daß das entsprechende ε - Approximationsproblem für alle $\varepsilon > 0$ NP - schwer ist.

27. Wir betrachten den $O(n(\log n + 1/\varepsilon^2))$ - Rundungsalgorithmus für das 0/1 - Rucksackproblem. Es sei $S^{(r)}$ die endgültige Menge von Tupeln bei der Lösung von GROSS. Zeigen Sie, daß nicht mehr als $(9/\varepsilon^2)/q_i$ Objekte mit gerundetem Gewinnwert q_i zu irgendeinem Tupel in $S^{(r)}$ beitragen können. Schließen Sie daraus, daß GROSS höchstens $(9/\varepsilon^2)/q_i$ Objekte mit gerundetem Gewinnwert q_i enthalten kann. Somit ist $r \leq \sum (9/\varepsilon^2)/q_i$, wobei q_i im Bereich $[3/3, 9/\varepsilon^2]$ liegt. Zeigen Sie anschließend, daß man $S^{(r)}$ in der Zeit $O(81/\varepsilon^4 \ln (3/\varepsilon))$ erhält. Verwenden Sie folgende Beziehung:

$$\sum_{3/\varepsilon}^{9/\varepsilon^2} (9/\varepsilon^2)/q_i \simeq \int_{3/\varepsilon}^{9/\varepsilon^2} (9/\varepsilon^2)dq_i/q_i = \frac{9}{\varepsilon^2} \ln(3/\varepsilon).$$

28. Schreiben Sie einen Algorithmus in SPARKS für das in § 12.5 behandelte $O(n (\log n + 1/\varepsilon^2))$ - Rundungsschema. Verwenden Sie bei der Lösung von GROSS Dreiertupel (P, Q, W) mit $P = \sum p_i x_i$, $Q = \sum q_i x_i$ und $W = \sum w_i x_i$. Das Tupel (P, Q, W) dominiert das Tupel (P_2, Q_2, W_2) genau dann, wenn $Q_1 \geq Q_2$ und $W_1 \leq W_2$ ist. Falls $Q_1 = Q_2$ und $W_1 = W_2$ ist, verwendet man folgendes Kriterium:

(P_1, Q_1, W_1) dominiert (P_2, Q_2, W_2) genau dann , wenn $P_1 > P_2$
ist; ansonsten gilt: (P_2, Q_2, W_2) dominiert (P_1, Q_1, W_1). Zeigen
Sie, daß dieser Algorithmus die Komplexität $O(n(\log n + 1/\varepsilon^2))$
hat.

29. Zeigen Sie: Ändert man die Optimierungsfunktion aus Aufgabe 25
so ab, daß

$$\sum_{\substack{u \in C_i \\ v \notin C_i \\ (u,v) \in E}} w(u, v)$$

maximiert werden soll, dann gibt es für ein ε, $0 < \varepsilon < 1$ einen
polynomialen ε - Approximationsalgorithmus.

30. Geben Sie mit Hilfe der Trennungsmethode ein voll - polynomiales
Approximationsschema für das Problem der Verplanung unabhängiger
Aufgaben mit $m = 2$ an (siehe Abschnitt 12.4).

31. Lösen Sie Aufgabe 30 für den Fall, daß die beiden Prozessoren
mit den Geschwindigkeiten s_1 und s_2, $s_1 \neq s_2$ arbeiten (siehe
Aufgabe 4).

32. Lösen Sie Aufgabe 30 für den Fall, daß die beiden Prozessoren
nicht identisch sind (siehe Aufgabe 5).

33. Geben Sie mit Hilfe der Trennungsmethode einen voll - polynomialen Algorithmus zur Lösung des Problems der Erstellung einer
Auftragsfolge mit Schlußterminen an.

34. Geben Sie mit Hilfe der Trennungsmethode ein voll - polynomiales
Approximationsschema an, welches das Problem löst, eine Verplanung für zwei Prozessoren mit minimaler mittlerer gewichteter
Beendigungszeit zu erstellen (siehe Abschnitt 11.4). Gehen Sie
davon aus, daß beide Prozessoren identisch sind.

35. Lösen Sie Aufgabe 34 für den Fall, daß man eine Verplanung mit
    minimaler mittlerer Beendigungszeit sucht, die unter allen Ver-
    planungen mit minimaler mittlerer Beendigungszeit die kürzeste
    Beendigungszeit hat. Gehen Sie wiederum davon aus, daß die Pro-
    zessoren identisch sind.

36. Lösen Sie Aufgabe 30 mit Hilfe der Rundungsmethode.

37. Lösen Sie Aufgabe 31 mit Hilfe der Rundungsmethode.

38. Lösen Sie Aufgabe 32 mit Hilfe der Rundungsmethode.

39. Lösen Sie Aufgabe 33 mit Hilfe der Rundungsmethode.

40. Lösen Sie Aufgabe 34 mit Hilfe der Rundungsmethode.

41. Lösen Sie Aufgabe 35 mit Hilfe der Rundungsmethode.

42. Zeigen Sie, daß folgende Probleme streng NP - schwer sind:

     i)   maximale Clique

    ii)   Mengenhülle

   iii)   Knotenhülle

    iv)   Mengenerzeugung

     v)   Rückkopplungsknotenmenge

    vi)   Rückkopplungsbogenmenge

   vii)   Farbenzahl

  viii)   Cliquenhülle

Anhang A: SPARKS

Dieser Abschnitt ist für solche Leser bestimmt, die den größten Teil
ihrer Programme in FORTRAN schreiben. FORTRAN zeichnet sich dadurch
aus, daß es die erste höhere Programmiersprache ist; es wurde 1957
von IBM entwickelt. Seit dieser Zeit ist FORTRAN mit seinen verschiedenen Versionen zur ersten und wichtigsten Programmiersprache im wis-
senschaftlichen und technischen Bereich geworden. Mit wachsender Ein-
sicht in den Prozeß der Programmerzeugung wurden jedoch auch die
Nachteile von FORTRAN sichtbar. Bei der Erzeugung eines Programms
wird ein aus der Realität stammendes Problem in eine rechnergerechte
Lösung übersetzt. Begriffe aus dem Alltag, wie z.B. ein Stammbaum
oder eine Flugzeugwarteschlange, müssen in eine rechnergemäße Form
übersetzt werden. Wir bezeichnen eine Sprache als gut, wenn sie in
natürlicher Weise eine Beschreibung dieser Abstraktionen der Realität
ermöglicht. FORTRAN besitzt diese Eigenschaften nur in geringem Maße,
vielleicht deshalb, weil diese Sprache sehr früh entwickelt wurde.
Wir wollen im Anhang einen Vorübersetzer für FORTRAN behandeln, der
ohne großen Aufwand einige dieser Eigenschaften hinzufügt.

Ein Vorübersetzer ist ein Programm, welches die in einer Sprache X
geschriebenen Anweisungen nach FORTRAN übersetzt. In unserem Fall ist X
die Sprache SPARKS. Normalerweise nennt man solch ein Programm einen
Übersetzer, wozu also der Name Vorübersetzer? Ein Vorübersetzer unterscheidet sich von einem Übersetzer darin, daß die Quell- und die Ziel-
sprache viele gemeinsame Anweisungen haben.

Solch ein Vorübersetzer hat viele Vorteile. Am wichtigsten ist, daß
er eine enge Verbindung zu FORTRAN bewahrt. Trotz vieler schlechter
Eigenschaften hat FORTRAN in der Praxis einige Pluspunkte: 1) Die
Sprache FORTRAN ist fast auf jeder Anlage verfügbar, oft kann man
gute Übersetzer verwenden. 2) Die Sprache ist so standardisiert, daß
die Programme - wie bei keiner anderen Sprache - in hohem Maße unabhängig
von der speziellen Anlage sind. 3) Es gibt umfangreiche Unterprogramm-
bibliotheken. 4) Viele Programmierer sind mit dieser Sprache vertraut.
Aus diesen Gründen spielt FORTRAN in der Industrie eine dominierende
Rolle. Ein strukturierter FORTRAN - Übersetzer bewahrt diese Vorteile
und erweitert die Sprache noch durch verbesserte syntaktische Konstruktionen und andere nützliche Eigenschaften.

Auf vielen Rechenanlagen steht keine gut strukturierte Sprache
zur Verfügung. Dann kann man mit einem Vorübersetzer auf einfache Weise
die bereits vorhandenen Möglichkeiten von FORTRAN ergänzen. Interessierte Leser können den hier beschriebenen Übersetzer unter der am
Ende des Anhangs genannten Adresse anfordern.

Um den Unterschied zwischen FORTRAN und SPARKS zu sehen, betrachten wir ein Programm, welches in dem sortierten Feld $A(N)$, $N \leq 100$
mit ganzzahligen Elementen das Element X sucht. Ausgegeben wird die
ganze Zahl J; diese ist entweder null, falls X nicht gefunden wurde,
oder es gilt: $A(J) = X$, $1 \leq J \leq N$. Wir verwenden den bekannten binären
Suchalgorithmus. Die FORTRAN - Version sieht etwa folgendermaßen aus:

```
      SUBROUTINE BINS (A, N, X, J)
      IMPLICIT INTEGER (A - Z)
      DIMENSION A(100)
      BOT = 1
      TOP = N
      J = 0
100   IF (BOT .GT. TOP) RETURN
       MID = (BOT + TOP)/2
       IF (X .GE. A (MID)) GO TO 101
         TOP = MID - 1
         GO TO 100
101    IF (X .EQ. A (MID)) GO TO 102
         BOT = MID + 1
         GO TO 100
102    J = MID
       RETURN
       END
```

Eventuell kann man obiges Programm noch verbessern. Nun schreiben wir
den gleichen Algorithmus in SPARKS.

```
SUBROUTINE BINS (A, N, X, J)
IMPLICIT INTEGER (A - Z)
DIMENSION A(100)
BOT = 1; TOP = N; J = 0
WHILE BOT .LE. TOP DO
  MID = (BOT + TOP)/2
  CASE
```

```
        :X .LT. A(MID): TOP = MID - 1
        :X .GT. A(MID): BOT = MID + 1
        :ELSE: J = MID; RETURN
      ENDCASE
    REPEAT
    RETURN
    END
```

Der Unterschied zwischen beiden Algorithmen ist nicht besonders
auffällig, aber er ist signifikant. Durch die WHILE- und die CASE -
Anweisung kann der Algorithmus auf natürliche Weise beschrieben werden. Man kann das Programm von oben nach unten lesen, ohne ständig
hin- und herschauen zu müssen. Verwendet man in einem großen Software-
projekt durchweg solche Verbesserungen, dann sind die daraus resultierenden Programme zwangsläufig besser durchschaubar.

Zunächst geben wir eine exakte Definition der Sprache SPARKS. Wir
machen eine Unterscheidung zwischen Anweisungen in FORTRAN und in
SPARKS. Letztere werden an gewissen Schlüsselwörtern und/oder Begren-
zungssymbolen erkannt. Alle anderen werden als FORTRAN - Anweisungen
betrachtet und dem FORTRAN - Übersetzer unmittelbar übergeben. Damit
ist SPARKS mit FORTRAN verträglich, ein FORTRAN - Programm ist ein
SPARKS - Programm. SPARKS - Anweisungen bewirken, daß der Vorübersetzer
ANSI FORTRAN - Anweisungen erzeugt, welche äquivalente Berechnungen
zustande bringen. Somit definiert letzten Endes der lokale Vorübersetzer
die Semantik aller SPARKS - Anweisungen.

Es gibt folgende reservierte Wörter und besondere Symbole:

```
BY          CASE        CYCLE       DO      ELSE      ENDCASE
ENDIF       EOJ         EXIT        FOR     IF        LOOP
REPEAT      UNTIL       WHILE       TO      THEN      :
  ;           //
```

Reservierte Wörter müssen von Leerstellen umgeben sein. Sie können
nicht vom Programmierer als 'Namen' für Variable verwendet werden.

Wir definieren jetzt die SPARKS - Anweisungen, indem wir die äqui-
valenten FORTRAN - Anweisungen angeben. Im folgenden bezeichnen wir
mit "Anweisung" sowohl SPARKS- als auch FORTRAN - Anweisungen. In
SPARKS gibt es sechs Grundanweisungen; zwei davon ermöglichen ein bes-
seres Testen von Fällen, vier eine bessere Beschreibung von Schleifen.

```
IF cond THEN                           IF(.NOT.(cond)) GO TO 100
     S                                      S
      1                                      1
   ELSE                                  GO TO 101
     S                           100     S
      2                                   2
ENDIF                           101     CONTINUE
```

S_1 und S_2 stehen für beliebig große Gruppen von Anweisungen. "cond"
muß eine in FORTRAN erlaubte Bedingung sein. Der ELSE - Zweig ist
optional, das ENDIF muß geschrieben werden und beendet die innerste
IF - Anweisung.

```
CASE                               IF(.NOT. (cond1)) GO TO 101
  :cond1 : S                           S
            1                           1
  :cond2 : S                        GO TO 100
            2
         :           101           IF(.NOT.(cond2)) GO TO 102
                                       S
                                        2
                                   GO TO 100
  :condn : S
            n
  :ELSE : S         102               :
           n+1
ENDCASE           100 + n - 1      IF(.NOT.(condn)) GO TO 100 + n
                                       S
                                        n
                                   GO TO 100
                  100 + n          CONTINUE
                                       S
                                        n+1
                  100              CONTINUE
```

S_1, S_2, ..., S_{n+1} sind beliebig große Gruppen von Anweisungen; cond1,
cond2, ..., condn sind in FORTRAN zulässige Bedingungen. Das durch
zwei Doppelpunkte eingeschlossene Symbol ELSE gibt an, daß S_{n+1} automatisch dann ausgeführt wird, wenn alle vorhergehenden Bedingungen
den Wert _false_ liefern. Dieser Teil der _case_ - Anweisung ist optional.
   Es gibt vier Schleifenanweisungen:

```
WHILE cond DO          100       IF(.NOT.(cond)) GO TO 101
   S                                 S
REPEAT                           GO TO 100
                       101       CONTINUE
```

S ist eine beliebige Gruppe von Anweisungen, cond eine in FORTRAN zulässige Bedingung.

```
LOOP                          100     CONTINUE
    S                                 S
UNTIL cond REPEAT                        IF(.NOT.(cond)) GO TO 100
```

S und cond haben die gleiche Bedeutung wie oben.

```
LOOP                          100     CONTINUE
    S                                 S
REPEAT                                GO TO 100
                              101     CONTINUE
```

S ist eine beliebig große Gruppe von Anweisungen.

```
FOR vble = exp1 TO exp2 BY exp3 DO
    S
REPEAT
```

Dies wird folgendermaßen übersetzt:

```
      vble = exp1
      GO TO 100
102   vble = vble + exp3
100   IF((vble - (exp2))*(exp3).LE.0) GO TO 101
        S
        GO TO 102
101   CONTINUE
```

Die drei Ausdrücke exp1, exp2, exp3 können beliebige arithmetische
Ausdrücke in FORTRAN sein. Die Variable vble darf ebenfalls von beliebigem Typ sein. Verglichen wird jedoch mit einer 0 vom Typ integer.
Bei den Ausdrücken exp2 und exp3 muß man vorsichtig sein, da sie bei
jedem Schleifendurchlauf neu ausgewertet werden.

Mit der SPARKS - Anweisung EXIT wird zur ersten Anweisung gesprun-
gen, die sich außerhalb der innersten LOOP - REPEAT - Anweisung befindet, zu welcher die EXIT - Anweisung gehört.
Wir betrachten folgendes Beispiel:

```
LOOP                    100       CONTINUE
  S₁                              S₁
  IF cond THEN EXIT               IF(.NOT.(cond)) GO TO 102
  ENDIF                             GO TO 101
  S₂                      102     CONTINUE
REPEAT                            S₂
                                  GO TO 100
                        101       CONTINUE
```

In einer verallgemeinerten Version kann man die EXIT - Anweisung in
jeder der folgenden SPARKS - Anweisungen verwenden: WHILE, LOOP, LOOP-
UNTIL und FOR. Sie bewirkt eine Verzweigung zu derjenigen Anweisung,
die der zugehörigen innersten Schleifenanweisung unmittelbar folgt.

   Die CYCLE - Anweisung kann ebenfalls in jeder Wiederholungsanweisung
in SPARKS verwendet werden. Sie bewirkt einen Sprung zum Ende der
innersten Schleife, zu der sie gehört. Man kann einen Test und gegeben-
enfalls die nächste Wiederholung durchführen. Wir geben ein Beispiel
zur Verwendung der EXIT- und CYCLE - Anweisung.

```
LOOP                    100       CONTINUE
  S₁                              S₁
  CASE                            IF(.NOT.(cond1) GO TO 103
   :cond1 : EXIT                  GO TO 102
   :cond2 : CYCLE                 GO TO 104
  ENDCASE               103       IF(.NOT.(cond2)) GO TO 104
  S₂                              GO TO 101
REPEAT                  104       CONTINUE
                                  S₂
                        101       GO TO 100
                        102       CONTINUE
```

   Ein SPARKS - Programm muß mit EOJ (end of job) abgeschlossen wer-
den. Diese Anweisung muß von Leerzeichen eingeschlossen sein und an
beliebiger Stelle zwischen Spalte 7 und Spalte 72 erscheinen.
   Mit ENDIF wird die IF - Anweisung beendet, mit ENDCASE die CASE-
Anweisung. Die WHILE-, LOOP- und FOR - Anweisungen werden durch REPEAT
beendet.
   Marken bestehen gemäß der in FORTRAN üblichen Schreibweise aus
Zahlen und stehen in den Spalten eins bis fünf.

Kommentare werden von je zwei Schrägstrichen eingeschlossen.

        //Dies ist ein Kommentar//

Sie werden vom Rechner nicht beachtet. Sie dürfen nicht länger als
eine Zeile sein; auch FORTRAN - Kommentare sind erlaubt.
    Zur Trennung mehrerer Anweisungen innerhalb einer Zeile dient
das Semikolon, z.B.

        99999   A = B + C; C = D + E; X = A

Ein Semikolon in einem Hollerith - Feld sollte von einem zweiten Semikolon gefolgt werden. Dieses wird in der FORTRAN - Version entfernt.
    Wir können nun die Arbeitsweise des Vorübersetzers beschreiben. Zwei
Entwurfsstrategien sind möglich. Bei der ersten verwendet man eine Tabelle; das Programm wird auf Schlüsselwörter hin durchsucht. In dieser
Weise arbeitet im Prinzip ein Übersetzer. Er benutzt einen sogenannten
Scanner und eine (kleine) Symboltabelle. Es wird eine Syntaxanalyse
durchgeführt und Zielcode (FORTRAN) erzeugt. Bei der zweiten Methode
verwendet man einen allgemeinen Makropräprozessor und definiert jede
SPARKS - Anweisung als neuen Makrobefehl. Solch ein Vorübersetzer ist im
allgemeinen klein und gibt dem Benutzer die Möglichkeit, auf einfache
Weise neue Konstrukte zu definieren. Diese Prozessoren sind jedoch
im Vergleich zur direkten Übersetzung langsamer. Außerdem ist es
schwierig, passende Routinen für die Fehlererkennung und den definierten Neuanfang einzubauen, die nur benötigt werden, wenn SPARKS ernsthaft verwendet wird. Daher haben wir uns für die erste Methode entschieden. In Abb. A.1 ist ein Flußdiagramm des Übersetzers dargestellt.
    Die Hauptschleife besteht darin, die nächste Anweisung zu ermit-
teln und innerhalb einer großen _case_ - Anweisung zu verzweigen. Damit
wird die gesamte Übersetzung nach FORTRAN erledigt. Findet der Vorübersetzer EOJ, dann wird die Schleife verlassen und das Programm beendet.
    Zuerst wurde der SPARKS - Übersetzer in SPARKS geschrieben. Die
ursprüngliche Version wurde mit der Hand in FORTRAN übersetzt; so entstand das erste lauffähige System. Mittlerweile wurde es von einer Vielzahl von Leuten und Klassen verwendet. Es läuft somit weitaus besser
als die ursprüngliche Version. Dennoch wurde der Vorübersetzer nicht als
korrekt bewiesen und ist daher mit Vorsicht zu verwenden.

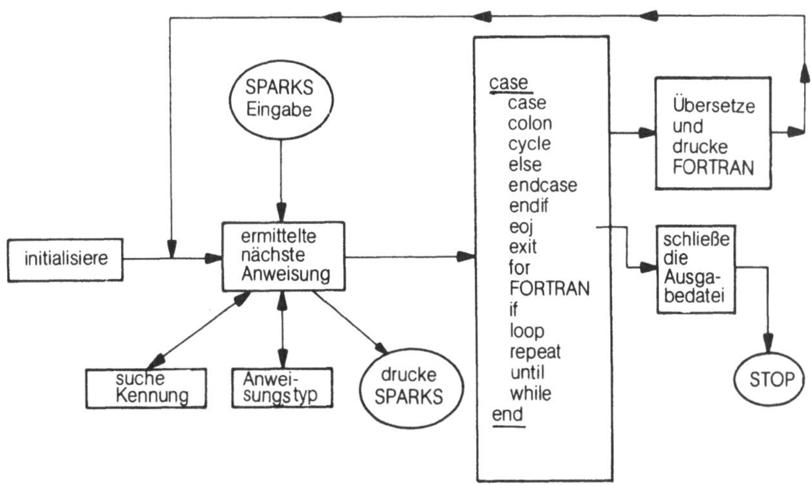

Abbildung A.1   Überblick über den SPARKS-Übersetzen

Erweiterungen

Es folgt eine Liste möglicher Erweiterungen für SPARKS. Einige davon
sind relativ leicht zu implementieren, andere dagegen erfordern einen
großen Aufwand.

E.1   Besondere Fälle der CASE - Anweisung:

```
   CASE SGN : exp :               CASE: integer variable:
     : .EQ.0 : S₁                   :1 : S₁
     : .LT.0 : S₂        und        :2 : S₂
     : .GT.0 : S₃                   ⋮
   ENDCASE                          : n : Sₙ
                                  ENDCASE
```

Die erste Anweisung wird in eine arithmetische IF - Anweisung in
FORTRAN übersetzt, die zweite in einen berechneten Sprung (computed
go to).

E.2   Eine einfache Form der FOR - Anweisung sieht folgendermaßen aus:
      LOOP exp TIMES
          S
      REPEAT
      wobei exp ein Ausdruck ist, der ausgewertet eine nichtnegative

ganze Zahl angibt. Die Bedeutung dieser Anweisung kann durch die
FOR - Anweisung in SPARKS beschrieben werden:

```
FOR ITEMP = 1 TO exp DO
   S
REPEAT
```

Es muß eine interne ganzzahlige Variable ITEMP erzeugt werden.

E.3 Erscheint in Spalte eins ein F, dann werden alle folgenden Kar-
     ten als reine FORTRAN - Anweisungen interpretiert. Sie werden
     so lange unmittelbar zur Ausgabe weitergeleitet, bis in Spalte
     eins ein F auftritt.

E.4 Man schaffe die Möglichkeit zur Erstellung eines Programmprofils,
     indem man die Zahl der Wiederholungen jeder Schleife während
     einer einzigen Ausführung sowie die Werte von bedingten Ausdrük-
     ken ermittelt.
     HINWEIS: Für jedes Unterprogramm definiere man eine Menge von
     Variablen, die nach einer der folgenden Anweisungen eingefügt
     werden können: WHILE, LOOP, REPEAT, FOR, THEN oder ELSE. Am
     Ende jedes Unterprogramms werden durch eine Ausgabeanweisung die
     Werte dieser Zähler ausgedruckt.

E.5 Man gestatte die mehrfache Wertzuweisung. Die Zuweisung

$$A = B = C = D + E$$

wird dann wie folgt übersetzt:

$$C = D + E; \ B = C; \ A = B$$

E.6 Man füge eine Wertzuweisung für Vektoren hinzu.
     Die Anweisung

$$(A, \ B, \ C) = (X + Y, \ 10, \ 2 * E)$$

wird übersetzt in

$$A = X + Y; \ B = 10; \ C = 2 * E$$

E.7 Man lasse die Möglichkeit zu, ein Feld zu "füllen":

                NAME(*) ← exp1, exp2, exp3

     Dies wird übersetzt in

            NAME(1) = exp1; NAME(2) = exp2; NAME(3) = exp3

E.8 Man führe eine geeignete Syntax und vernünftige Vereinbarungen
     ein, so daß SPARKS - Programme auch rekursiv formuliert werden
     können.
     HINWEIS: Sich gegenseitig aufrufende rekursive Programme werden
     in einem Modul MODUL (X(A, B, C)(100)) gesammelt. Der Name dieses
     Moduls ist X, die Parameter sind A, B, C, die Kellertiefe sollte
     100 sein.

E.9 Man erweitere SPARKS um Möglichkeiten zur Textverarbeitung.

E.10 Man schaffe die Möglichkeit interner Prozeduren, um den Program-
     mierer bei der schrittweisen Programmverfeinerung nach der Top -
     Down - Methode zu unterstützen.

E.11 Man versehe die Ausgabe in FORTRAN mit Folgenummern, mit
     denen man zu jeder Anweisung die ursprüngliche SPARKS - Anwei-
     sung ermitteln kann. Dies ist beim Austesten besonders hilfreich.

E.12 Zusammen mit dem genauen SPARKS - Quellprogramm drucke man eine
     Zahl, welche die Schachtelungstiefe jeder Anweisung angibt.

E.13 Man verallgemeinere die EXIT - Anweisung so, daß der Variablen
     EXIT bei der Ausführung ein Wert zugewiesen werden kann, z.B.

     LOOP
        S_1
        IF cond1 THEN EXIT : exp1 : ENDIF
        S_2
        IF cond2 THEN EXIT : exp2 : ENDIF
        S_3
     REPEAT

     Der Variablen EXIT wird entweder exp1 oder exp2 als Wert zuge-
     wiesen.

E.14 Man stelle einfache Lese- und Schreibanweisungen zur Verfügung,
      z.B. sollte man Hollerith - Zeichenketten in Apostrophe ein-
      schließen können und diese in das Format nH $x_1 \ldots x_n$ übersetzen.

Anfragen bzgl. der Definition von SPARKS richte man an:

> Chairman, SPARKS Users Group
> Computer Science, Powell Hall
> University of Southern California
> Los Angeles, California 90007

Gegen eine Gebühr von 20 Dollar (für Bearbeitung und Porto) ist eine
vollständige ANSI FORTRAN - Version von SPARKS erhältlich; Interessen-
ten schreiben an Dr. Ellis Horowitz unter obiger Adresse.

Stichwortverzeichnis

B. W. Kernighan, P. L. Plauger

Programmierwerkzeuge

Übesetzt aus dem Englischen von I. Kächele,
M. Klopprogge
1980. IX, 492 Seiten
DM 69,–
ISBN 3-540-10419-4

Inhaltsübersicht: Einleitung. – Einführung
in Ratfor. – Filter. – Dateien. – Sortieren. –
Textmuster. – Editieren. – Formatieren. –
Makro-Verarbeitung. – Ein Ratfor-Fortran-
Übersetzer. – Nachwort. – Anhang: Grund-
funktionen und symbolische Konstanten. –
Verzeichnis der Programmanfangszeilen. –
Index.

A. N. Habermann

Entwurf von
Betriebssystemen

Eine Einführung

Übersetzt aus dem Englischen von K.-P. Löhr
1981. 87 Abbildungen. XII, 444 Seiten
DM 89,–
ISBN 3-540-10510-7

Inhaltsübersicht: Einführung. – Grundlegen-
de Konzepte von Betriebssystemen. – Neben-
läufige Prozesse. – Kooperierende Prozesse. –
Kommunizierende Prozesse. – Ablaufsteue-
rung. – Speicherverwaltung. – Strategien zur
Speicherverwaltung. – Datenverwaltung. –
Systemstruktur und -entwicklung. – Sachver-
zeichnis.

Springer-Verlag
Berlin
Heidelberg
New York

T. W. Olle
Das Codasyl-Datenbankmodell

Übersetzt aus dem Englischen von H. Münzenberger
1981. XXIV, 389 Seiten
DM 79,–
ISBN 3-540-10669-3

Inhaltsübersicht: Historische Betrachtungen. – Komponenten eines DBMS. – Grundsätzliche Strukturierungskonzepte. – Abbildung von Satztypen auf den Speicher. – Abbildung von Set-Typen auf den Speicher. – Set-Reihenfolge und Suchschlüssel. – Klassen für die Speicherung und Löschung von member Sätzen. – Optionen zur Set-Auswahl. – Interne Struktur eines Satztyps. – Weitere Möglichkeiten für den Datenadministrator – Die Syntax der Schema DDL. – Subschema Konzepte. – Die Konzepte der Datenmanipulationssprache. – READY und FINISH. – Die Anweisungen FIND und GET. – DML Änderungsanweisungen. – Andere DML Anweisungen. – Datenschutzsystem. – Gerätekontrollsprache. – Restrukturierung. – Das TOTAL Konzept. – Das IMS Konzept. – Das ADABAS Konzept. – Das relationale Konzept. – Abschließende Kommentare. – Stichwortverzeichnis.

K. E. Ganzhorn, K. M. Schulz, W. Walter
Datenverarbeitungssysteme
Aufbau und Arbeitsweise

1981. 181 Abbildungen, 1 Schablone als Beilage. XVI, 305 Seiten
Gebunden DM 78,–
ISBN 3-540-10598-0

Inhaltsübersicht: Einführung: Information als Element der Technik. – Grundlagen: Prinzipien der Datenverarbeitung. Grundfunktionen. – Das Datenverarbeitungssystem: Systemübersicht. Information und ihre Speicherung. Datenverarbeitung. Informationstransport. – Erweiterungen und Ergänzungen: Hochleistungs-Systeme. Systemzuverlässigkeit. Systementwicklung und -organisation. – Schluß: Verallgemeinerte Prinzipien der Informationstechnik. – Anhang.

Springer-Verlag
Berlin
Heidelberg
New York